谨以此书献给

为云南高速公路发展事业作出贡献的决策者、建设者、管理者

"十三五"国家重点图书出版规划项目
中国高速公路建设实录

Record of Expressway Construction in
Yunnan

云南高速公路建设实录

云南省交通运输厅

人民交通出版社股份有限公司
China Communications Press Co.,Ltd.

内容提要

本书是《中国高速公路建设实录》系列丛书之云南卷,分为规划与建设管理、项目与建设成就上下两篇,其中上篇包括七彩云南、规划蓝图、建设历程、作用凸显、资金筹集、建设管理、勘察设计、征地拆迁、环境保护、工程实施、科技创新、养护管理、运营管理、政策法规、路政执法和文化建设,下篇包括国家高速公路、地方高速公路和桥梁隧道,此外还包括云南高速公路建设大事记。

本书系统总结了20年来云南省高速公路的建设发展历程,详细记述了高速公路建设过程中云南省各族人民的艰辛付出,以及取得的辉煌成就,让读者对云南省高速公路建设历史产生新的认知,极具史料价值。本书可供交通运输建设行业相关人员阅读、学习与查询参考。

图书在版编目(CIP)数据

云南高速公路建设实录/云南省交通运输厅组织编写. — 北京:人民交通出版社股份有限公司,2018.10
ISBN 978-7-114-14844-6

Ⅰ.①云⋯ Ⅱ.①云⋯ Ⅲ.①高速公路—道路建设—云南 Ⅳ.①U412.36

中国版本图书馆 CIP 数据核字(2018)第 137583 号

"十三五"国家重点图书出版规划项目
中国高速公路建设实录

书　　名:	云南高速公路建设实录
著 作 者:	云南省交通运输厅
责任编辑:	刘永超　周　宇　李　沛　尤　伟
责任校对:	张　贺　尹　静
责任印制:	张　凯
出版发行:	人民交通出版社股份有限公司
地　　址:	(100011)北京市朝阳区安定门外外馆斜街 3 号
网　　址:	http://www.ccpress.com.cn
销售电话:	(010)59757973
总 经 销:	人民交通出版社股份有限公司发行部
经　　销:	各地新华书店
印　　刷:	北京雅昌艺术印刷有限公司
开　　本:	787×1092　1/16
印　　张:	73.5
字　　数:	1457 千
版　　次:	2018 年 10 月　第 1 版
印　　次:	2018 年 10 月　第 1 次印刷
书　　号:	ISBN 978-7-114-14844-6
定　　价:	480.00 元

(有印刷、装订质量问题的图书,由本公司负责调换)

《云南高速公路建设实录》
编纂工作委员会

主 任 委 员：王云山　何　波　刘一平

副主任委员：张长生　张诚安　郭大进　杨廷仁　杨　延　黄玉峰
　　　　　　　邱　江　苏永忠　赵开江　孙乔宝　张之政　陈　跃
　　　　　　　张从明　马德芳　徐绍能　飞再明　吴卫平

委　　　员：王　萍　常　征　马骏勇　张发春　吴华金　和　昆
　　　　　　　刘　林　杨　保　陈以东　赵　谨　李继辉　马晓军
　　　　　　　王顺才　吴咏星　田景松　张　健　刘永才　陈勤彦
　　　　　　　张世俊　王文义　马先志　马志雄　罗共鸣　陈加洪
　　　　　　　张晓波　李俊峰　杨晓泉　成　瑞　宋红临　陈　琨
　　　　　　　舒　翔　徐　镭　杨品忠　刘成志　陈宙翔　彭良波
　　　　　　　王　珏　陈云忠　潘正军　王　高　常　文　李国锋
　　　　　　　邓晓顺　鲁仕泽　荀家正　支　云　陈中秋　朱晓斌
　　　　　　　丘胜祥　吴　云　邓有左　曹锡辉　耿晓云　杜江荣
　　　　　　　各州市交通运输局局长
　　　　　　　各高速公路建设指挥部指挥长
　　　　　　　各高速公路管理处处长

总 编 纂：吴卫平　王　珏
主　　编：王家凯
编　 纂：王　高　罗共鸣　杜江荣　李永红　黄建红　熊　英
　　　　　马　赟
撰　 稿：吴卫平　王家凯　杜江荣　李永红　黄建红　罗共鸣
　　　　　颜士泉　张国君　李文圣　曹　磊　张春海　赵声琪
　　　　　李家赛　张建永　熊正邦　施源峰　张　诚　程伟贤
　　　　　杨颖融　杨　鹏　龚　蓉　师廷敏　杨锡林　樊妮曼
　　　　　李　涛　唐　鹏　唐　强　宫　建　张　迪　施智华
　　　　　赵传昕　丁严砚　年晓红　曾丽萍　李春晓　刘学华
　　　　　王治辉　丛　菲　杨红芬　余庆平　杨　静　马　伟
　　　　　李雪梅　孔令瑞　宋连斌　胡　勇　陈金云　赵冬雁
　　　　　周荣英　王国从　王东波　谢　俊　张寿安　顾仰军
　　　　　张　睿　杨　勇　李　明　张海云　李　波　张丽英
　　　　　杨家琪　等
摄　 影：王家凯　杜江荣　李永红　李文圣　陈丙乾　张建全
　　　　　李正疆　李双平　庄以群　张田群　李子寿　昌建华
　　　　　太树德　黄　凯　阮卫明　王　挺　李建龙　赵长流
　　　　　杨玉彬　等

党和国家十分关心云南边疆交通事业的发展,20世纪90年代以来,国家实施了交通战略规划、西部大开发、面向西南开放桥头堡、面向南亚东南亚辐射中心、孟中印缅经济走廊、"一带一路"倡议等国家战略,制订出台了一系列交通基础设施建设优惠政策,在每个时期,云南均受益良多。尤其是习近平总书记2015年初视察云南时,提出努力把云南建成为我国民族团结进步示范区、生态文明建设排头兵、面向南亚东南亚辐射中心的重要指示,云南高速公路建设事业翻开了更具历史意义的一页。

历届云南省委省政府紧紧抓住国家宏观战略千载难逢的机会,在国家的大规划下做好云南的交通建设,接连实施了"三纵三横九大通道""国际大通道""七出省、五出境通道""滇中经济圈高速公路""南北大通道""交通综合基础设施三年攻坚"等战略,不断开创高速公路建设新局面。从1996年云南高速公路实现零的突破,到2016年全省高速公路通车里程达4 134km,目前正在全面推进"交通基础设施建设五年大会战","十三五"末高速公路通车里程将达到10 000km的宏伟目标,这无疑将彻底消除云南经济社会发展交通瓶颈的制约。

云南交通人用心血和汗水,以非凡的智慧和胆识,铺铸了一条条穿越乌蒙山、哀牢山、无量山、高黎贡山等道道山脉,跨越金沙江、澜沧江、怒江、元江、南盘江等大江大河的高速坦途,建成了全国典型示范工程生态环保的思小高速公路、建成了荣获国家优质工程金奖和国家优质工程奖30周年经典工程的新河高速公路、建成了黄金旅游线上的观光之路和文化体验之路的大丽高速公路……这一条条各具特色的高速公路,为云岭高原初步构建起了现代化的交通网络,改变了"大江湍急大山蛮,铁路漫漫云中绕,汽车蜿蜒顺山还"落后的交通面貌,为助推云南建成民族团结进步示范区、生态文明建设排头兵、面向南亚东南亚辐射中心注入了源源不竭的动力。七彩的云南七彩的路,云南交通人演绎了一曲昂扬奋进的高速公路建设交响乐章。

时光荏苒,我国高速公路建设风雨30年,通车里程已经超过了10万公里。交通运输部牵头编纂《中国高速公路建设实录》对于回顾我国高速公路建设的历史、总结经验、指导未来具有非常重要的意义。云南省委省政府高度重视《中国高速公路建设实录》之子篇《云南高速公路建设实录》的编纂,安排省交通运输厅成立了编审委员会和编纂工作委员会,并具体由云南省交通投资建设集团有限公司(原省公路投资公司)组织实施编纂工作,经过编纂人员近两年的精心编纂,《云南高速公路建设实录》终于呈现在读者面前。

《云南高速公路建设实录》真实记录了云南高速公路建设的发展历程,总结了云南高速公路建设的发展理念、管理制度、技术政策、建设实践等各个层面的情况,以及高速公路建设模式、管理理念、科技创新等方面的经验和做法,充分展示了云南高速公路的建设成就,彰显了高速公路建设者的精神风貌。它的成书,必将为续写云南高速公路建设新篇章起到借鉴、启迪和指导作用。云南高速公路建设者打下的坚实基础、积累的丰富经验,必将成为高速公路建设的宝贵财富;云南高速公路建设锤炼出的建设大军必将在今后的高速公路建设中施展才智、大显身手。

《云南高速公路建设实录》也是一项重要的交通文化建设工程,在整个编纂过程中得到了交通运输部的大力支持、帮助和指导,云南省交通投资建设集团有限公司、各州市交通运输局等做了大量工作,提供了丰实的资料,编纂人员为此付出了辛劳。这本《实录》是集体智慧的结晶,在此,对为该书付出心血以及给予支持的人们表示诚挚的感谢!

云南省交通运输厅

2018年2月

目录 Contents

上篇　规划与建设管理

第一章　七彩云南 ··· 3
　第一节　地形地貌 ··· 3
　第二节　气候特点 ··· 5
　第三节　民族众多 ··· 6
　第四节　灾害频发 ··· 6
　第五节　发展滞后 ··· 7
　第六节　交通史话 ··· 7

第二章　规划蓝图 ·· 13
　第一节　第一次规划（1991—2020 年） ··· 13
　第二节　第二次规划（2005—2020 年） ··· 14
　第三节　第三次规划（2014—2030 年） ··· 16
　第四节　云南省道网规划修编（2016—2030 年） ······························· 20

第三章　建设历程 ·· 33
　第一节　共识中起步 ·· 33
　第二节　机遇中奋进 ·· 39
　第三节　创新中跨越 ·· 45
　第四节　高速公路现状 ··· 51

第四章　作用凸显 ·· 56
　第一节　高速公路拉动相关行业发展 ··· 56
　第二节　高速公路带动汽车运输业发展 ·· 57
　第三节　高速公路促进旅游发展 ·· 61
　第四节　高速公路促进边贸发展 ·· 64
　第五节　高速公路投资促进经济增长 ··· 67

第五章	资金筹集	70
第一节	高速公路建设的资金难题	70
第二节	奋力破解建设资金难题	72

第六章	建设管理	96
第一节	严格履行建设管理程序	97
第二节	创新政府管理机制	98
第三节	打防结合　廉洁从业	102
第四节	质量管理	105
第五节	安全管理	119
第六节	投资控制	130

第七章	勘察设计	141
第一节	勘察设计理念	142
第二节	线形设计	148
第三节	桥梁设计	151
第四节	隧道设计	164
第五节	典型案例	178

第八章	征地拆迁	187
第一节	征地拆迁的过程和模式	187
第二节	难题处置及成效	192

第九章	环境保护	203
第一节	环境保护面临的挑战	203
第二节	环境保护的时代要求及进步	204
第三节	环境保护的措施及成效	208

第十章	工程实施	220
第一节	开放市场　同台竞技	220
第二节	云南企业　羽翼渐丰	222
第三节	精细管理　推行"五化"	226
第四节	克服困难　谋求发展	230
第五节	富有爱心的筑路人	231

第十一章	科技创新	234
第一节	科技创新的思路及举措	234
第二节	修一条路　出一批科研成果	238
第三节	科技攻关　破解建设难题	241
第四节	科技引领生态高速公路建设	247

第五节	科技推进安保工程建设	250
第六节	科技为桥梁建设提供支撑	252
第七节	科技为隧道建设提供技术保障	259

第十二章　养护管理 268
第一节	高速公路养护面对的主要矛盾	268
第二节	建章立制　理顺养护机制	270
第三节	养护的科技进步	277
第四节	养护管理不断规范　养护水平有效提升	278

第十三章　运营管理 286
第一节	收费管理	286
第二节	服务区建设与管理	294
第三节	智慧交通建设	301
第四节	消防安全	307
第五节	沿线开发	309
第六节	经营概况	312

第十四章　政策法规 316
第一节	省委、省政府关于加快公路建设的重要文件	316
第二节	省级地方性法规和规章	317
第三节	政策性文件	319

第十五章　路政执法 331
| 第一节 | 管理体系 | 331 |
| 第二节 | 高速公路路政管理执法 | 334 |

第十六章　文化建设 342
第一节	高速公路是社会文化传播的重要渠道	342
第二节	文化建设内涵	344
第三节	文化建设成就	347

下篇　项目与建设成就

第十七章　国家高速公路 379
第一节	G5 北京—昆明高速公路	379
第二节	G85 银川—昆明高速公路	415
第三节	G8511 昆明—磨憨高速公路	505
第四节	G8512 景洪—打洛高速公路	568
第五节	G56 杭州—瑞丽高速公路	577

第六节	G56 杭瑞高速公路昆明绕城线	696
第七节	G5611 大理—丽江高速公路	728
第八节	G5615 天保—猴桥高速公路	745
第九节	G60 上海—昆明高速公路	785
第十节	G78 汕头—昆明高速公路	794
第十一节	G80 广州—昆明高速公路	823
第十二节	G8011 开远—河口高速公路	877
第十三节	G4216 成都—丽江高速公路	919

第十八章 地方高速公路 927

- 第一节 S71 泸水—孟连高速公路 927
- 第二节 S8012 滇中环线高速公路 934
- 第三节 S24 呈贡—那坡高速公路 945
- 第四节 S25 平远街—马关高速公路 956
- 第五节 S26 呈贡—元阳高速公路 965
- 第六节 S43 丽江—上关高速公路 987
- 第七节 S30 高崾—海口高速公路 1005
- 第八节 S34 玉溪—江川高速公路 1012
- 第九节 S20 昆明长水机场高速公路 1018
- 第十节 S36 楚雄—广通高速公路 1026
- 第十一节 S27 羊街—鸡街高速公路 1038

第十九章 桥梁隧道 1046

- 第一节 各具特色的高速公路桥梁 1046
- 第二节 各具特色的高速公路隧道 1104

附录 云南高速公路建设大事记 1152

主要参考书目 1162

Record of Expressway Construction in
Yunnan
云南高速公路建设实录

上 篇
规划与建设管理

第一章
七彩云南

云南地理位置特殊,与缅甸、老挝、越南三国毗邻,自古以来就是中国通向东南亚、南亚的门户,是我国毗邻其他国家最多的省份。

边疆、山区、民族、贫困"四位一体"是云南省情的鲜明特征。

七彩的云南七彩的路。云南高速公路植根于多姿多彩的云岭大地,深深打上了这块土地的烙印,处处展现出云岭大地赋予的独特个性。认识云南高速公路,必须先认识云南这块神奇的土地。

云南省地处祖国西南边陲,北回归线横贯云南南部,东部与贵州省、广西壮族自治区为邻,北部同四川省相连,西北隅紧倚西藏自治区,西部同缅甸接壤,南部和老挝、越南毗连。与泰国、柬埔寨、孟加拉、印度等国相距不远。从整个位置看,云南北依广袤的亚洲大陆,南临辽阔的印度洋及太平洋,正好处在东南季风和西南季风控制之下,又受西藏高原区的影响,从而形成了复杂多样的自然地理环境。

云南省与邻国的边界线总长为4060km,共有8个边境州市、26个边境县(市),有国家级口岸10个、省级口岸8个,有出境公路20多条,15个世居民族与境外相同民族在国境线两侧居住。

云南全境东西最大横距864.9km,南北最大纵距990km,总面积39.4万km^2,占全国陆地总面积的4.1%,居全国第8位。

第一节 地形地貌

云南是一个高原山区省份,属青藏高原南延部分。地形一般以元江谷地和云岭山脉南段的宽谷为界,分为东西两大地形区。东部为滇东、滇中高原,称云南高原,系云贵高原的组成部分,地形波状起伏,平均海拔2000m左右,表现为起伏和缓的低山和浑圆丘陵,发育着各种类型的岩溶地形。西部为横断山脉纵谷区,高山深谷相间,相对高差较大,地势险峻,海拔一般南部在1500~2200m,北部在3000~4000m。只是在西南部边境地区,地势渐趋和缓,河谷开阔,一般海拔在800~1000m,个别地区下降至500m以下,是云南省主要的热带、亚热带地区。全省整个地势从西北向东南倾斜,江河顺着地势,成扇形分别向东、向东南、向南流去。全省海拔相差很大,最高点为滇藏交界的德钦县梅里雪山主峰卡瓦格博峰,海拔6740m;最低点在与越南交界的河口县境内南溪河与红河汇合处,海拔仅76.4m。两地直线距离约900km,高差相差达6000多米。云南地貌呈现出五个显著特征:

一、高原波状起伏

相对平缓的山区只占总面积的10%,大面积土地高低参差,纵横起伏,一定范围内又有和缓的高原面。

二、高山峡谷相间

滇西北有著名的滇西纵谷区,高黎贡山为伊洛瓦底江与怒江的分水岭,怒山为怒江与澜沧江的分水岭,云岭为澜沧江与金沙江的分水岭,各江强烈下切,形成极其雄伟壮观的地貌形态。怒江峡谷、澜沧江峡谷和金沙江峡谷气势磅礴,山岭和峡谷相对高差超过1000m。其中,怒江峡谷南北长300余公里,人称"东方大峡谷"。在5000m以上的高山顶部,常有永久积雪,形成奇异、雄伟的山岳冰川地貌。金沙江"虎跳涧"峡谷,与两侧山岭相对高差达3000余米,为世界著名峡谷之一。澜沧江的西当铁索至梅里雪山的卡瓦格博峰顶,直线距离约12km,高差竟然达到4760m,在10余公里的狭小范围内,呈现出亚热带干热河谷和高山冰雪世界的奇异景观,自然景色相当于广东至黑龙江跨过的纬度,全国罕见。

三、地势阶梯递降

全省分三个梯层,滇西北德钦、香格里拉县一带为第一梯层,滇中高原为第二梯层,南部、东南和西南部为第三梯层,平均每公里递降6m。

四、断陷盆地错落

盆地和高原台地,西南地区俗称"坝子",这种地貌云南随处可见。云南有面积1km²以上的大小坝子1442个,面积在100km²以上的坝子49个,最大的坝子是陆良坝子,其次是昆明坝子。

五、六大水系纵横

云南不仅山多,河流湖泊也多,构成了山岭纵横、水系交织、湖泊棋布的特色,山系主要有乌蒙山、横断山、哀牢山、无量山等。云南有大小河流600多条,分别属于伊洛瓦底江、怒江、澜沧江、金沙江(长江)、元江(红河)和南盘江(珠江)六大水系。这些河流分别注入南中国海和印度洋,多数具有落差大、水流急的特点,水能资源极其丰富。其中伊洛瓦底江、怒江、澜沧江、元江为国际河流。云南有40多个高原湖泊,较著名的湖泊有滇池、洱海、抚仙湖、星云湖、阳宗海、程海、泸沽湖等。天然湖泊像颗颗明珠,点缀在群山之间,显得格外瑰丽晶莹。

第二节 气候特点

一、气候复杂多样

云南季风气候特征极为明显,冬季盛行干燥的大陆季风,夏季盛行温润的海洋季风。加之地形地貌复杂,境内高山深谷纵横交错,形成了独特的立体气候类型。有的地区长冬无夏,春秋较短;有的地区终年如夏,一雨成秋;有的地区四季如春,一雨成冬。其主要特点是:年温差小,日温差大。由于地处低纬度高原,空气稀薄、干燥,各地太阳光热除随太阳高度角的变化而增减外,也受云雨的影响。夏季阴雨天多,太阳光被云遮蔽,最热天平均气温在19～22℃之间。冬季受干暖气流控制,晴天多,日照充足,温度较高,最冷月平均温度在6～8℃以上,年温差一般只有10～12℃。但阴雨天气温较低,早晚较凉,中午较热。冬、春两季,日温差可达12～20℃。

二、降水充沛 干湿分明

云南大部分地区年降水量在1000mm以上。85%的雨量集中在5～10月的雨季,以6～8月三个月降水量最多,约占全年降水量的60%。11月至次年4月为旱季,天晴日暖,风高物燥,雨雪很少,其降水量只占全年的15%,常有春旱出现。降水在地域分布上很不均匀,最多的如江城、金平、西盟等地,年降水量可达2200～2700mm;最少的如宾川,仅有584mm。

三、立体气候 变化异常

全省8个纬度间的温度差异,呈现出寒、温、热三带气候。在南、中、北部,从河谷到山顶都存在着因高度上升而产生的气候类型差异。"一山分四季,十里不同天"成为云南多样气候类型的生动写照,反映了"立体气候"的特点。"四季如春"的气候主要是在海拔1500～2000m的地带。云南南部地区全年无霜。文山、蒙自、普洱以及临沧、德宏等地无霜期达300～330天,中部的昆明、玉溪、楚雄等地无霜期约250天,比较寒冷的昭通和丽江无霜期达210～220天。此外,云南光照条件优越,具有热带、亚热带、温带、寒带等多种气候类型,植物、动物资源十分丰富,独特的地质构造形成了具有开采价值的矿产资源,素有"植物王国""动物王国""有色金属王国""香料王国""药物宝库""花卉之乡"的美称。

第三节 民族众多

云南是我国少数民族最多的省份。中华民族大家庭的56个民族云南均有,居住在云南的少数民族人口占全国少数民族人口的13.54%。少数民族自治地方土地面积27.6万km^2,占全省土地面积的70.2%。全省人口在5000人以上的少数民族有25个。云南众多的民族,堪称"祖国多民族大家庭"的缩影。

云南处在青藏高原连接中南半岛的中间地带,自古以来不仅是众多民族生息繁衍之地,而且又是各民族沿横断山脉南北迁徙的走廊。因此,云南不仅民族众多,而且民族的自然分布和社会发展与其他省区相比有着不同特点。少数民族分布随地理环境、地形地貌的变化,呈现各民族立体分布。各民族分布为大杂居与小聚居交错,以村寨为聚居点,也有少数村寨多民族杂居。

云南不仅是少数民族最多的省份,而且是跨境而居民族最多的省份。全省25个少数民族中,跨境而居的民族有13个。这13个民族分别跨越中越、中老、中缅边境,境外分布在越南北部、老挝北部、缅甸东北部的广阔地区,有的还延伸到泰国、柬埔寨和印度。

各少数民族社会、经济、文化的发展有其特定的历史过程,经济社会发展不平衡成为云南的基本省情特征。

第四节 灾害频发

云南复杂的气候特点、特殊的地理环境,既给云南带来了丰富的资源和开发建设的优势,也给云南带来了繁多的自然灾害。1991—1995年,全省每年因灾造成的直接经济损失都在30亿元以上,1995年损失高达50亿元。

云南自然灾害种类繁多,有"无灾不成年"之说。有时是单独发生,有的是几种灾害同时发生或伴随发生。主要灾害有干旱、洪涝、低温冷冻、冰雹等。干旱在云南具有频率高、影响范围广、持续时间长、危害较为严重的特点。云南洪灾具有范围集中、危害程度深的特点,洪涝灾害主要集中在夏季,7月、8月出现的频率最大,多为局部地区暴雨引发山洪、河流涨水,使沿途农田受毁灭性冲刷、淹埋,村庄、城镇受威胁。低温冷冻和冰雹灾害在云南也时有发生。

地震是威胁云南人民生命财产安全、影响工农业生产的主要自然灾害之一。云南地区的地质具有频度高、强度大、震源浅、分布广的特点。1950—1995年的46年间,云南共发生5级以上地震202次,平均每年近5次;6级以上地震41次,7级以上地震6次。仅6

级以上地震就造成死亡19275人,受伤36111人。

云南是我国四大泥石流发生地区之一。泥石流主要发生于金沙江沿岸、小江流域、龙川江流域、大盈江流域、滇南山区也有零星发生。1995年,全省发生具有一定规模和危害的滑坡、泥石流1400多次(处)。

第五节 发展滞后

改革开放给云南经济发展注入了较强活力,但由于多种原因,云南经济发展总体水平一直比较低。《新编云南省情》一书提供了1995年云南经济发展的一些相关统计数据,以及在全国的位次和比重。

云南人均生产总值(按年平均人口计算)3044元,居全国第26位;全社会固定资产投资总额380.66亿元,居全国第18位;社会消费品零售总额369.55亿元,居全国第21位;外贸进出口总额21.18亿元,居全国第17位;农民人均纯收入1011元,居全国第27位;每万人口在校大学生13人,居全国第29位;每万人口在校中学生323人,居全国第28位;实际利用外资额仅占全国的0.92%,"三资"企业户数仅占0.54%,进出口贸易总额仅占0.76%,在全国均处于后列。

该书还指出,云南城镇化水平不高,科技相对落后,人才缺乏,劳动力素质低;全省尚有73个贫困县、600多万贫困人口,有80%左右的县财政仍不能自给;基础设施仍不能适应需要,省内交通还不够顺畅,出省运力严重不足;省内地区之间、不同民族之间,乃至同一行业内部发展极度不平衡,全省贫困面较大,人民生活仍处于较低水平。

数字是枯燥的,但也是最有说服力的。这些统计数据反映了高速公路建设之前的云南经济和社会发展状况。

第六节 交通史话

古语云:"一日长一丈,云南在天上。"300万年前一次强烈的地壳运动,使海洋深处的谷地突兀而起,造出了一片峰谷纵横、川流回旋的奇异高原。"岭峦涌作千倾海,峰簇栽成万仞葱"。从海拔仅76.4m的滇南河口溯向高达6740m的德钦梅里雪山卡瓦格博峰,以平均每公里6m的节律抬升,仿佛一座绿葱葱的九百里"天梯"。闻名于世的金沙江、澜沧江、怒江几乎并排地经这里流向远方,险峰峡谷纵横交错,江河溪流奔流而下……

云南交通就植根于这样的土地上。

为了摆脱大山和江河的阻隔,云南人民一代接一代,修路不止。

一、南方丝路　历史悠长

据史料记载,云南第一条由政府组织修建的道路当数五尺道。公元前250年,秦孝文王派蜀郡太守李冰主持修筑从今天的宜宾以南通往滇东北的道路,至秦始皇时又续修而成"五尺道"。

其实,早在"五尺道"修筑之前,至少在公元前4世纪,已有驮着蜀布、丝绸、漆器的商队从蜀地出发,越过金沙江,越过高黎贡山,抵达腾越(今腾冲)与印度商人交换商品,或继续前行,抵达印度。西汉元狩元年(公元前122年),张骞出使西域归来后,向汉武帝禀报了他在大夏(今阿富汗北部)见到蜀布、邛杖及蜀郡商人私下通商身毒(印度)、大夏的情形。此后,这条通道成为官方维护管理的"国际通道",史称"蜀身毒道"或"南方丝绸之路"。它北连北方丝绸之路,在川滇间分为东西两条干道:自川西成都、西昌,经盐源或永胜、丽江入洱海地区,称"牦牛道";经蜻蛉河流域入滇中,称"姚巂道"。两道西经大理、永昌、古永间的"永昌道",东接滇池,西南通缅甸、印度。

秦"五尺道"入滇池地区后,西去洱海地区,与永昌道相接。

"南方丝绸之路"使云南成为中国陆路通向印度和东南亚的门户,也是中华民族和上述地区人民友好交往和开展经济贸易的重要通道,在增进中外交往、促进中外贸易和抵御外侮中发挥着重要作用。

二、马帮运输　担当重任

《续云南通志长编》曾这样描述云南交通:"滇处岩疆,山谷险阻,行路之难,视蜀道且过之""其唯一交通工具,为骡马肩舆""与内地及外国隔绝,有若天渊"。骡马,指的是马帮(图1-1);肩舆即轿子。

图1-1　马帮运输,担当重任

1936 年，中华书局出版的《黔滇川旅行记》就讲到了这种轿子。书中写道："在昆明街上很少见到汽车来往，黄包车也不多。就是坐云南第一把大椅的龙志舟主席，出入还是坐着四人抬的大绿轿子。""柏油马路在昆明是见不到的，所有路全是石板铺砌……"

昆明如此，其他地方更不待言。书中还写道，作者从贵州进入云南，乘坐的是二人抬的小轿子——滑竿。在黔、滇、川三省，旅客来往多乘坐这种滑竿。路上，"所见到的是一群群马帮，一群马帮最少是 50 匹马结队而行"。

《黔滇川旅行记》的作者薛绍铭于 1927 年参加中国共产党，1937 年被敌人杀害。中国工农红军长征后，他先后到福建、江西、湖南、广东、广西、贵州、云南、四川 8 省寻找红军长征部队未果，后进行社会考察，并把旅途所见所闻以笔记的形式记录下来，写成了《黔滇川旅行记》一书。

云南公路建设始于 1921 年。此时，20 世纪已经过去了五分之一。待 20 世纪过去了四分之一，即 1925 年 10 月，当时的昆明三分寺（即今西站）至碧鸡关 14.9km 公路通车，云南这才实现了公路"零"的突破。历史又前行近四分之一个世纪，到 1949 年底，云南断断续续修建公路 4000 多公里，但真正能通行汽车的只有 2783km。1949 年，全省只有民用汽车 2477 辆，60% 以上的货物运输仍由畜力承担。

中华人民共和国成立时，云南的交通运输是十分落后的，特别是一些高山巨川阻隔的山区仍处在刀耕火种、与世隔绝的状态之下，山珍只能贱卖，日用生活用品却要高价购取。"盐巴贵如金，一只母鸡换颗针"，这是当时云南边远山区的真实写照。

1951—1952 年，云南在修建和改善公路的同时，还对一些驿道主要线路进行了修复。据《云南公路史》记载，到 1954 年，11 个专区的不完全统计，全省共整修驿道 1937km。

山间铃响马帮来，这是中华人民共和国成立初期云南交通的真实写照。

三、滇缅公路　举世震惊

中华人民共和国成立以前，云南的公路建设虽然进展缓慢，但也有过令世人震惊的滇缅公路（图 1-2）。1937 年"七七"事变后，抗日战争全面爆发。同年 8 月 20 日，为了阻止其他国家的抗战物资进入中国，日本帝国主义宣布封锁中国沿海，中国沿海几乎所有港口均落入日军手中。当时，海外华侨捐款捐物，筹集了大批国内急需物资。国民政府也从西方购买了大量汽车、石油、军火等，急需紧急运回国内。开辟新的对外通道，以取得外援，摆脱日军封锁，成为中国的当务之急。11 月 2 日，国民政府决定修筑滇缅公路，并确定滇缅公路从昆明经下关、保山、龙陵，从畹町出国界，接缅甸腊戍，再与缅甸中央铁路相连。当时，昆明至下关 411.6km 简易公路已于 1935 年 12 月修通。下关至畹町 547.8km 公路要翻越横断山系的云岭、高黎贡山等六座大山的支脉或余脉，跨越漾濞江、澜沧江、怒江等五条大江大河，国外工程专家曾预言：滇缅公路起码要用三年时间才能建成。

图 1-2　滇缅公路的修建

路线方案确定后,云南省政府通令滇西 12 个县、5 个设治局,在 12 月征工赶修滇缅公路。从 1937 年 12 月下旬起,由滇西十多个民族的 20 万劳工组成的筑路大军,自带口粮、锄头,浩浩荡荡开赴工地。

1938 年 8 月 31 日,昆明至畹町全长 959.4km 的公路建成通车。短短 9 个月时间,滇西各族人民便用自己的双手开凿出一条埋葬日寇吞噬中国美梦的交通大道。据《云南公路史》记载,修筑滇缅公路,死亡人数两三千人,伤残者不下万人。平均每公里就有三名以上民工献出了生命。

滇缅公路通车,举世震惊。英国《泰晤士报》连续三天发表文章和照片,称滇缅公路"可同巴拿马运河相媲美"。当时的美国总统罗斯福特命驻华大使詹森前往滇缅公路实地考察后,感叹这条公路为"世界之奇迹"。

1938 年 12 月,第一批外国援华军用物资从缅甸腊戌运入中国畹町,再转运到昆明。1940 年,日本侵略军占领越南后,滇缅公路成了中国唯一的陆路出海通道。抗战八年,经滇缅公路运入的物资约 49 万 t。滇缅公路对于中华民族来说,是一条名副其实的生命线。

日本侵略军千方百计要切断滇缅公路运输线,以功果桥为第一目标,惠通桥为第二目标,派侦察、轰炸机狂轰滥炸,滇缅公路经受了炮火的考验。1942 年 5 月 5 日凌晨,当日本侵略军临近怒江时,守桥工兵炸毁惠通桥,将敌人阻止在怒江西岸,确保怒江以东大片国土的安全。1944 年 5 月,中国远征军强渡怒江,开始战略反攻,修复滇缅公路的施工同时展开。

滇缅公路交通中断后,中国、美国、英国三国共同开辟了中印空中航线。中国、美国、英国、印度、缅甸人民共同修筑中印公路。1945 年 1 月 28 日早上,中美盟军与从保山出发的远征军在距畹町 21km 的芒友举行会师典礼,午后,中印公路通车典礼在畹町举行。当天,中美两国联合宣布中印公路命名为"史迪威公路"。2 月 4 日上午,昆明市在西站举行"通车典礼",从此,中印公路与滇缅公路衔接,中断了两年零九个月的滇缅公路又恢复其中、缅、印国际交通运输,重新担负起抗战物资运输的重任(图1-3)。

图1-3　运送抗战物资的车队通过滇缅公路、史迪威公路到达昆明

四、交通"瓶颈"　制约发展

中华人民共和国成立后,云南公路建设从"2783"(1949年底,云南真正能通行汽车的公路只有2783km)起步,经过几代交通人的努力,有了很大变化,但直到改革开放初期,交通落后依然制约着经济发展,成为云南经济发展的"瓶颈"。

1984年6月23日,云南省召开公路建设会议。参加过那次会议的人多年之后依然记得时任省长普朝柱在报告中讲述的"滑竿"的故事。他讲的"滑竿",坐的不是人,而是猪。峨山县岔河有户村民要将肥猪送到食品公司的收购点,头天晚上便摆上酒席,宴请4个身强力壮的汉子把猪抬到山外。到了收购点,同样是盛情的招待。卖完猪一算账,村民卖猪的钱已经开支了一半。

这样的事,在云南绝非个例。德宏傣族景颇族自治州盈江县芒章乡有个叫银河的行政村。曾经担任过村长的沈富平也遇到过令他终生难忘的事。一次,他赶着3头肥猪下山出售,赶到半路,其中两头肥猪便被累死了,一头猪以八元一公斤的低价处理给屠户。请了15位乡亲替换着冒雨将另一头猪抬回寨子,结果肉已变质。

普朝柱还举了两个例子:云南省一年生产500万～600万担烤烟,光省内消费,生产一年够用五六年;云南的茶叶,生产一年够省内用十年。由于交通制约,类似的优势产品只能"以运限产,以运限销"。他说:"远距离运销,就必须有现代化的交通设施,起码是公路。没有这个起码的条件,商品生产发展不起来,农村也不可能走向富裕。云南有十大优势、八大优势,没有交通这个基本条件,哪样优势都是空的,只能在报纸上讲一讲。"

1991年10月30日～11月6日,时任交通部副部长王展意到云南视察。在云南省交通厅处以上干部会上,他尖锐地指出,云南交通运输比较落后,公路标准低、质量差。他说,全国二级以上公路占公路总里程的4.5%,云南只占0.42%,还不到全国平均水平的1/10。

公路路网密度低、公路等级低、公路通达深度低,这是云南公路当时的现状。由于公路远远适应不了经济发展的需要,一些地方不得不采用古老而落后的畜力运输。1991年,云南全省参加畜力运输的驮畜还有9.8万头。

突破交通"瓶颈",加快公路建设成为历届云南省委、省政府的重大决策。

第二章
规 划 蓝 图

　　云南是我国各类交通网络的末端,但又是我国面向南亚、东南亚开放的前沿,担负着边疆稳定、民族团结、国防安全和对外开放的重要职能,在我国国际交往中具有桥头堡和交通枢纽的重要地位。因此,云南的公路建设,特别是高速公路建设始终受到党和国家的高度重视,得到党和国家的大力支持和帮助。从1996年实现高速公路零的突破,到2016年底高速公路达到4134km,20年间,云南高速公路以平均每年200km的速度递增。

　　规划指导建设,建设依据规划。云南高速公路规划是按照全国公路网规划要求编制的。根据云南经济社会发展的客观要求和云南高速公路的发展历程,规划的编制前后经历了四次修订,规划的高速公路里程由1800km增至6000km、1.382万km、1.45万km。

第一节　第一次规划(1991—2020年)

　　20世纪90年代初,按照交通部关于编制《1991—2020年全国公路网规划的通知》(〔91〕交计字707号)的要求,云南省交通厅组织云南省公路规划勘察设计院等单位编制完成了《1991—2020年云南省公路网规划》。1995年4月,《云南省人民政府关于1991—2020年云南省公路网规划的批复》(云政复〔1995〕30号)同意组织实施。

　　这次规划编制于云南省高速公路规划建设的起步阶段。

　　1990年,云南省公路通车总里程56536km。其中,高速公路0km、汽车专用公路一级41km、二级公路195km、三级6484km、四级公路41524km、等外公路8292km。全省民用汽车保有量15.08万辆。按照交通部部颁《公路工程技术标准》(JTJ 01—1988)中汽车专用公路的相关规定,《1991—2020年云南省公路网规划》中高速公路规划总规模约1800km,路线布局方案见表2-1。

云南省高速公路规划布局(1991—2020年)　　　　表2-1

高速公路			汽车专用一级公路		
序号	起 终 点	里程(km)	序号	起 终 点	里程(km)
1	昆明—曲靖	130	1	曲靖—胜境关	80
2	昆明—楚雄—大理	338	2	大理—保山	174
3	昆明—石林—开远	221	3	昆明—武定	140
4	昆明—玉溪	90	4	石林—曲靖—宣威	213
5	锁龙寺—罗村口	352	5	路南—师宗	60

第二节　第二次规划(2005—2020年)

2004年12月,国务院审议通过《国家高速公路网规划》。国家高速公路网规划采用放射线与纵横网格相结合的布局方案,形成由中心城市向外放射以及横连东西、纵贯南北的大通道,由7条首都放射线、9条南北纵向线和18条东西横向线组成,简称为"7918网",总规模约8.5万km。途经云南省的国家高速公路网主要有6条路线和3条联络线。

2004年底,云南省公路通车里程达16.7万km,总里程居全国第一位。其中,高速公路1291km、一级公路237km、二级公路3089km、三级公路10062km、四级公路96197km、等外公路5.6万km,分别占通车总里程的0.8%、0.1%、1.8%、6.0%、57.6%和33.6%,公路密度达到42.4km/(100km^2),全省民用汽车保有量95.83万辆。

云南第一条高速公路建成后,经过近10年的快速发展,云南高速公路里程已达1291km。原《1991—2020年云南省公路网规划》对云南省公路建设与发展起到了重要的指导作用,但原规划是在20世纪90年代初社会经济和交通发展背景下制定的,不能完全适应新阶段社会经济和交通发展的需要。从经济社会发展需求看,国民经济快速增长、新型工业化蓬勃发展、城镇化加快推进、汽车社会快速到来、对外开放不断扩大、旅游业快速发展,对高速公路运输服务提出了更高的要求。中国—东盟自由贸易区的建立和"泛珠江三角洲"区域经济合作的启动,也给云南省带来了难得的发展机遇。进一步发挥云南省的区位优势和资源优势,促进云南省成为中国—东盟自由贸易区的"桥头堡",加强云南省与东部沿海发达地区的交通联系,需要高速公路交通发挥重要作用。

2005年,云南省交通厅委托云南省交通规划设计研究院及相关单位编制完成《云南省公路网规划(2005—2020年)》。2006年3月,《云南省公路网规划(2005—2020年)》经云南省人民政府常务会审议通过,云南省发展和改革委员会《云南省发展和改革委员会关于印发〈云南省公路网规划(2005—2020年)〉的通知》(云发改交运〔2006〕1438号)印发执行。

第二章 规划蓝图

一、规划布局

云南省高速公路网以国家高速公路网规划、西部省际开发通道和国家重点公路等重要的国家干线公路规划为基础,综合分析区域通道、城市密集区、旅游城市、综合运输、重要对外通道等多种影响因素进行布局规划。

(一)省会连接所有地级市和自治州首府

构筑省会与地级市和自治州的连接通道,形成以省会为中心,连接地级市和自治州首府的放射状路线,构筑城际快速网络,支持城市化和区域经济发展。

(二)形成连接相邻地级市和自治州的重要通道

促进云南省区域协调发展,构筑区域间快速通道,缩短区域间距离。构筑区域中心城市之间的连接,考虑相邻地级市、自治州首府之间的连接通道,形成区域间的快速网络。

(三)加强城市密集区的连接

根据云南省城镇体系规划,云南省将形成以昆明为核心,以曲靖、玉溪、楚雄为核体的城市密集区。为满足城镇密集区社会经济和交通发展需求,合理引导城镇密集区发展,考虑形成以昆明为中心的放射线,以及连接曲靖、玉溪、楚雄等周边城市的环状路网。

(四)形成连接周边国家的主通道

中国—东盟自由贸易区为云南省提供了难得的发展机遇。构建云南与东盟国家快速通道,促进国家对外开放。以国家公路口岸为重点,结合亚洲公路网规划、边境贸易吞吐量、双边运输协定、东盟自由贸易区发展等情况,按照每个周边国家原则上有一个通道,构筑昆明通往越南、老挝、缅甸、泰国的高速公路主通道,快速通道连接所有的对外口岸。

(五)形成连接周边省份的主通道

构建连接周边省份的快速通道,加强西南地区相邻省份的联系促进西部大开发战略实施和泛珠三角洲区域经济合作。根据相邻省份情况,与西藏、四川、贵州、广西等省(区)分别构建1~2条省际快速通道。

二、规划目标

云南省高速公路网由国家高速公路和省高速公路组成,总规模约6000km。其中,国家高速公路主线6条、联络线3条、绕城线1条,规模约3900km;省高速公路路线11条,规模约2100km(表2-2)。

云南省高速公路网布局(2005—2020年)　　　　表2-2

国家高速公路			省高速公路		
序号	起终点	里程(km)	序号	起终点	里程(km)
1	北京—昆明	210	1	丽江—香格里拉	160
2	重庆—昆明	560	2	瓦窑—六库	100
3	杭州—瑞丽	1050	3	大理—普洱	530
4	上海—昆明	200	4	云县—猴桥	340
5	汕头—昆明	260	5	小勐养—打洛	140
6	广州—昆明	540	6	红龙厂—鸡街	170
7	昆明—磨憨	690	7	砚山—天保	130
8	大理—丽江	200	8	曲靖—弥勒	180
9	开远—河口	240	9	弥勒—峨山	160
10	昆明绕城线	250	10	昆明—建水	220
			11	富宁—那坡	20

注：路线里程含重复里程330km。

第三节　第三次规划(2014—2030年)

交通运输部于2009年开始组织编制国家公路网规划，对原国家干线公路网规划进行优化调整、补充完善，历经5年时间对方案不断修改完善。经国务院同意，2013年5月24日，国家发展改革委发布了《国家公路网规划(2013—2030年)》。其中，云南境内国家高速公路19条，总里程约6640km，新增9条，新增里程2740km。

根据国务院批准的《国家公路网规划(2013—2030年)》，原有云南省道网在功能定位、布局和结构等方面均发生了较大变化。同时，按照交通运输部要求，在国家公路网框架下结合各省交通运输发展实际，重新确定省道网的布局和规模，研究调整省道网的规划布局，经省级人民政府批准后报交通运输部备案。为有效衔接国家公路网，适应云南省经济社会发展的新形势和新要求，构建布局合理、功能完善、覆盖广泛、安全可靠的省级公路网络，云南省交通运输厅于2009年同步组织云南省交通规划设计研究院及相关单位开展了《云南省道网规划(2014—2030年)》的编制工作。《云南省道网规划(2014—2030年)》经云南省人民政府审核批准，云南省发展和改革委员会以《云南省发展和改革委员会关于印发云南省道网规划(2014—2030年)的通知》(云发改基础〔2014〕802号)印发执行。

一、规划目标

有效衔接国家高速公路网，连接全省市(州)首府、全省129个区县、城市密集区、重要产业区、国家一类口岸、旅游景区、交通枢纽等，按照"加强衔接、突出核心、扩大覆盖、协调发展"的思路,构建路网更完善、衔接更顺畅、服务更广泛、能力更充分、运行更高效的高速公路网络。

(一)省会连接所有市(州)首府

建立省会至市(州)高速公路通道,发挥省会的辐射作用,促进云南省经济社会的发展。

(二)形成连接相邻市(州)的重要通道

建立相邻市(州)间的高速公路通道,促进区域经济发展。

(三)连接城市密集区

建立连接城镇密集区的高速公路通道,满足城镇密集区社会经济和交通发展的需求。

(四)形成连接周边国家、周边省份的高速通道

建立连接周边国家、周边省份的高速公路通道,促进云南对外开放。

(五)覆盖全省129个区县

连接云南省129个区县,促进县域经济发展。

(六)连接AAAA级及以上旅游景区

形成快速、安全、便捷的旅游公路网络,促进旅游经济发展。

(七)连接国家一类口岸

适应面向西南开放重要桥头堡建设的需要,连接所有国家一类边境口岸,形成云南至东南亚、南亚畅通的国际运输大通道,促进沿边县市的开放开发。

(八)连接所有铁路、公路、机场、主要港口枢纽和综合运输枢纽

连接所有综合运输枢纽以及铁路、公路、港口和机场枢纽,提高客货集散中心的集疏运效率,发挥综合运输的整体优势和组合效率,促进一体化运输发展。

二、规划方案

云南省高速公路网由云南境内国家高速公路和省高速公路组成,规划总规模约13820km。其中,云南境内国家高速公路19条,里程约6640km,即1条放射线、1条纵线、4条横线、1条绕城线、12条联络线;省高速公路39条,里程约7180km(含展望线1690km),由19条北南纵线、11条东西横线、3条绕城高速公路和6条联络线组成。

(一)国家高速公路

根据国务院批准的《国家公路网规划(2013—2030年)》,国家公路网由普通国道和国家高速公路两个路网层次构成。

2013年,国务院批准的《国家公路网规划(2013—2030年)》中的高速公路网有7条首都放射线、11条纵向线、18条横向线,简称"71118网"。这36条线路涉及云南的主线有6条。

1条首都放射线:G5 北京—昆明高速公路,简称京昆高速公路。

1条纵向线:G85 银川—昆明高速公路,简称银昆高速公路。

4条横向线:G56 杭州—瑞丽高速公路,简称杭瑞高速公路;G60 上海—昆明高速公路,简称沪昆高速公路;G78 汕头—昆明高速公路,简称汕昆高速公路;G80 广州—昆明高速公路,简称广昆高速公路。

除6条主线外,国家高速公路网涉及云南的另有绕城高速公路1条,即昆明绕城高速公路。有12条联络线,分别是:G6 北京—拉萨高速公路联络线 G0613 西宁—丽江高速公路,简称西丽高速公路;G85 银川—昆明高速公路联络线 G8511 昆明—磨憨高速公路,简称昆磨高速公路;G8512 景洪—打洛高速公路,简称景打高速公路;G42 上海—成都高速公路联络线 G4216 成都—丽江高速公路,简称成丽高速公路;G56 杭州—瑞丽高速公路联络线 G5611 大理—丽江高速公路,简称大丽高速公路;G5612 大理—临沧高速公路,简称大临高速公路;G5613 保山—泸水高速公路,简称保泸高速公路;G5615 天保—猴桥高速公路,简称天猴高速公路;G76 厦门—成都高速公路 G7611 联络线都匀—香格里拉高速公路,简称都香高速公路;G80 广州—昆明高速公路联络线 G8011 开远—河口高速公路,简称开河高速公路;G8012 弥勒—楚雄高速公路,简称弥楚高速公路;G8013 砚山—文山高速公路,简称砚文高速公路。

国家高速公路在云南境内有19条高速公路,里程约6640km。

(二)地方高速公路

云南地方高速公路以国家高速公路调整后剩余的省高速公路为基础,补充完善出省出境通道,加强路网衔接;增加省会昆明辐射全省的运输走廊和滇中经济区高速公路;补充连接国家高速公路未连接的区县市、国家一类口岸、4A及以上旅游景区、民族地区和边境山区;增加有效提高路网效率的联络线。

北南纵线(19条):S11 威信—宣威、S13 彝良—昭阳区、S15 富源—兴义、S17 麒麟区—泸西、S19 广南—兴街、S21 丘北—马关、S23 平远街—文山、S25 昆明—巧家、S27 昆明(黄土坡)—澄江、S29 昆明—建水、S31 禄劝—皎平渡、S33 晋宁—华宁、S35 永仁—金水河、S37 泸沽湖—宁洱、S39 丽江—鹤庆、S41 维西—永德、S43 临翔区—勐海、S45 贡山—泸水、S47 腾冲—瑞丽。

东西横线(11条):S10 彝良—镇雄、S12 盐津—绥江、S14 昭阳区—永善、S16 沾益—会泽、S18 易门—弥勒、S20 长水机场—楚雄、S22 宜良—陆良、S24 昆明—那坡、S28 昆明—清水河、S26 蒙自—孟连、S30 临沧—盈江。

绕城线(3条):曲靖绕城高速公路、蒙自绕城高速公路、保山东南过境高速公路。

联络线(6条):S1111 威信—叙永、S2511 巧家联络线、S1711 罗平—八大河、S2811 耿马—沧源、S2812 镇康—清水河、S2611 澜沧—西盟(表2-3)。

云南省高速公路路线方案(2014—2030年)　　表2-3

序号	编号	路线起讫点	主要控制点
一		纵线	
1	S11	威信—宣威	威信、镇雄、威宁、杨柳、宣威
联络线	S1111	威信—叙永	威信、叙永
2	S13	彝良—昭阳区	彝良、昭阳区
3	S15	富源—兴义	富源、兴义
4	S17	麒麟区—泸西	麒麟区、罗平、泸西
联络线	S1711	罗平—八大河	罗平、八大河
5	S19	广南—兴街	广南、珠街、西畴、兴街
6	S21	丘北—马关	丘北、砚山、文山、马关
7	S23	平远街—文山	平远街、文山
8	S25	昆明—巧家	寻甸(功山)、东川、巧家
联络线	S2511	巧家联络线	
9	S27	昆明(黄土坡)—澄江	黄土坡、呈贡、澄江
10	S29	昆明—建水	昆明、通海、建水
11	S31	禄劝—皎平渡	禄劝、皎平渡
12	S33	晋宁—华宁	晋宁、红塔区、江川、华宁
13	S35	永仁—金水河	永仁、大姚、姚安、牟定、楚雄、双柏、元江、红河、元阳、金平、金水河
14	S37	泸沽湖—宁洱	泸沽湖、宁蒗、永胜、宾川、大理、巍山、南涧、景东、镇沅、景谷、宁洱
15	S39	丽江—鹤庆	丽江、鹤庆
16	S41	维西—永德	维西、兰坪、云龙、永平、隆阳区、施甸、永德
17	S43	临翔区—勐海	临翔区、双江、澜沧、勐海
18	S45	贡山—泸水	贡山、福贡、泸水
19	S47	腾冲—瑞丽	腾冲、盈江、陇川、瑞丽
二		横线	
1	S10	彝良—镇雄	彝良、镇雄
2	S12	盐津—绥江	盐津、绥江

续上表

序号	编号	路线起讫点	主要控制点
3	S14	昭阳区—永善	昭阳区、永善
4	S16	沾益—会泽	沾益、会泽
5	S18	易门—弥勒	易门、禄丰、武定、禄劝、寻甸、麒麟区、陆良、泸西、弥勒
6	S20	长水机场—楚雄	长水机场、禄丰、广通、楚雄
7	S22	宜良—陆良	宜良、陆良
8	S24	昆明—那坡	昆明、石林、泸西、丘北、广南、富宁、那坡
9	S28	昆明—清水河	长水机场、两面寺、广卫、高峣、海口、晋宁、易门、镇沅、临翔、清水河
联络线	S2811	耿马—沧源	耿马、沧源
联络线	S2812	镇康—清水河	镇康、清水河
10	S26	蒙自—孟连	蒙自、个旧、元阳、绿春、江城、普洱、澜沧、孟连
联络线	S2611	澜沧—西盟	澜沧、西盟
11	S30	临沧—盈江	临沧、永德、芒市、盈江
三		绕城高速公路	
1		曲靖绕城高速公路	
2		蒙自绕城高速公路	
3		保山东南过境高速公路	

第四节　云南省道网规划修编（2016—2030 年）

一、修编背景

2013年5月，国家发展改革委印发了《国家公路网规划（2013—2030年）》，国家公路网包括普通国道和国家高速公路，云南省境内有19条6640km国家高速公路，24条1.58万km普通国道。为有效衔接国家公路网，2014年6月经云南省人民政府批准，印发了《云南省道网规划（2014—2030年）》，普通省道由100条路线组成，规划里程约2.26万km；高速公路网由19条6640km国家高速公路、39条7180km省高速公路组成，共计13820km。到2016年年底，全省公路总规模约23.8万km。高速公路主骨架基本形成。全省高速公路通车里程达4134km。其中，国家高速公路3570km，省高速公路564km，全省16个州、市中，13个州、市通高速公路，72个县、市、区通高速公路，占全省129个县、市、区的55.8%。"七出省"通道除滇藏通道外已全部实现高速化，"五出境"通道除中缅猴桥通道和清水河通道外，其余出境通道云南省境内段全部实现高速化。北起水富、南至磨憨，纵贯1300km

的成渝经济圈连接东南亚通道水富—磨憨高速公路除小勐养—磨憨段外全线贯通,东起富宁、西至瑞丽,横贯1250km的泛珠三角地区连接太平洋和印度洋通道富宁—瑞丽高速公路全线贯通。

为贯彻落实习近平总书记考察云南重要讲话精神,适应"一带一路"、长江经济带等建设要求,云南省委、省政府提出了"做强滇中、搞活沿边、联动廊带、多点支撑、双向开放"的区域协调发展新格局。

从《云南省道网规划(2014—2030年)》实施情况来看,其与云南跨越发展、建成面向南亚东南亚辐射中心的要求已不相适应。为加快构建布局合理、功能完善、覆盖广泛、互联互通的道路交通运输体系,促进云南与全国同步全面小康和面向南亚东南亚辐射中心建设,经十届云南省委常委会第21次会议、省人民政府第113次常务会议研究审议,原则通过了《云南省道网规划修编(2016—2030年)》。

二、指导思想

坚持创新、协调、绿色、开放、共享的发展理念,主动服务和融入"一带一路"、长江经济带建设,构筑与周边互联互通、省际快速畅通、省内衔接顺畅的运输通道,推进云南省从交通末梢向南亚东南亚交通枢纽中心转变,为建设面向南亚东南亚辐射中心提供坚强的交通运输保障。

三、基本原则

(一)前瞻性

既满足近期交通运输需求,更着眼于长远发展需要,站在支撑云南省经济社会发展全局的角度,充分考虑区域空间发展格局、大规模产业转移和城镇化建设的新要求,统筹谋划全省公路网布局。

(二)科学性

因地制宜,充分考虑自然条件、环境承载力以及建设能力,精准研究论证重要旅游景区、生态环境脆弱地区的交通问题,合理规划建设云南省道网,增强规划科学性。

(三)协调性

处理好公路交通与航空、铁路、内河航运等运输方式的关系,实现各种运输方式的有效衔接。加强省级公路与国家高速公路、普通国道、农村公路以及城市道路的衔接,更好地发挥区域道路网的整体功能与效益。

(四)均衡性

注重优化滇中城市群对外交通通道和城际网络,加强对边境地区、乌蒙山片区、贫困地区和民族地区的覆盖。注重加快推进中国—中南半岛、孟中印缅等国际经济合作走廊建设,加快构建连接长江经济带、泛珠三角等地区的通江达海立体交通走廊建设。

(五)功能性

注重增加高等级路网覆盖,明确普通国道、国家高速公路、普通省道、省高速公路、农村公路等各层级路网的功能和衔接关系,按照财权事权匹配原则,优化各行政等级路网配置,形成合理路网分类布局。

(六)可行性

综合考虑线位控制性规划、环境保护规划、土地利用总体规划、城镇体系规划等的相互衔接,在既有路线扩容、升级改造与路线新建过程中,节约集约利用土地,加强生态环境保护,贯彻低碳发展理念。

四、发展目标

规划建设"五纵五横一边两环二十联"高速公路网,提供高效、快捷的运输服务,普通国道、省道达三级以上标准且有效衔接,提供普遍的、非收费的基本公共交通服务,形成"高速公路+普通国(省)道",布局合理、功能完善、覆盖广泛、安全可靠的省道网。实现与周边国家和省(市、区)多路连通,昆明到州市可当日往返,州市间当日到达,125个县、市、区高速公路通达,滇中城市群内外交通互联互通,沿边高速公路贯通,重要枢纽和重要产业区高速公路连接。普通国省道覆盖所有县级以上节点、交通枢纽、物流节点和边境口岸。

五、修编方案

(一)省高速公路网

规划修编遵循"实现有效连接、提升通道能力、强化区际联系、优化路网衔接"的思路,按照"五纵五横一边两环二十联"对高速公路网进行布局,规划总里程1.45万km。强化昆明辐射全省运输通道,增加昆明—楚雄—大理复线、大理—瑞丽复线、昆明—石林复线、曲靖三宝—昆明清水高速公路;完善滇中城市群高速公路,增加易门—晋宁、昆明—倘甸、晋宁—红塔、牟定—元谋、建水—元阳、峨山—石屏—红河、蒙自—屏边、师宗—丘北高速公路;提升面向南亚东南亚路网辐射能力,加强沿边地区与周边国家路网的互联互通,增加泸水—腾冲、永德—孟连、瑞丽—镇康、勐醒—江城、河口—马关—富宁、勐腊—勐满、墨江—江城(勐康)、勐远—关累港等高速公路;补充完善滇西北路网布局,构筑旅游快速通道,促进旅游资源开发,调整增加上关—鹤庆、永胜—宾川—南涧、剑川—兰坪—泸水—片马、大理—漾濞—云龙、宾川—鹤庆—剑川高速公路;局部优化调整盈江—芒市高速公路为梁河—芒市高速公路、迤车—巧家高速公路为会泽—巧家高速公路;对生态环境脆弱、工程实施难度大的项目暂缓实施,调减贡山—泸水、香格里拉—维西、易门—戛洒高速公路。

"五纵五横一边两环二十联"布局如下:

1. 五纵

(1)威信(谢家凹)—镇雄—宣威—沾益—麒麟—师宗—罗平—丘北—砚山—文山—麻栗坡—天保。

(2)水富—大关—昭阳—会泽—寻甸—嵩明—石林—弥勒—开远—蒙自—河口。

(3)永仁—元谋—武定—富民—晋宁—红塔—峨山—墨江—江城—勐康。

(4)隔界河—香格里拉—玉龙—大理—巍山—南涧—景东—镇沅—宁洱—景洪—勐腊—磨憨。

(5)泸水—隆阳—昌宁—凤庆—云县—临翔—双江—澜沧—勐海—打洛。

2. 五横

(1)镇雄(二龙关)—彝良—昭阳—鲁甸—金阳—西昌—香格里拉。

(2)宣威(普立)—会泽—巧家—攀枝花—华坪—永胜—古城—玉龙—剑川—兰坪—云龙—泸水—片马。

(3)胜境关—富源—沾益—武定—禄丰—牟定—姚安—大理—隆阳—腾冲—猴桥。

(4)江底—罗平—师宗—石林—宜良—昆明—安宁—楚雄—巍山—昌宁—施甸—龙陵—瑞丽。

(5)罗村口—富宁—砚山—文山—蒙自—建水—石屏—墨江—镇沅—临翔—清水河。

3. 一边(沿边高速公路)

泸水—腾冲—梁河—盈江—陇川—瑞丽—畹町—龙镇桥—镇康—清水河—耿马—沧源—西盟—孟连—勐海—景洪—勐醒—江城—绿春—元阳—蔓耗—河口—马关—西畴—富宁。

4. 两环

(1)昆明绕城环线:嵩明—宜良—澄江—晋宁—安宁—乌龟山—嵩明。

(2)滇中城市群环线:麒麟—陆良—泸西—弥勒—华宁—通海—峨山—易门—双柏—楚雄—牟定—禄丰—武定—禄劝—寻甸—沾益—麒麟。

5. 二十联

串丝—绥江;永善—大关—彝良—筠连(含威信—珙县);富源—兴义;罗平—西林—广南—西畴;功山—巧家;昆明—呈贡—石林—泸西—丘北—广南—富宁—那坡;锁龙

寺—文山市—马关(含平远街—砚山);蒙自—屏边;曲靖—呈贡—通海—建水—元阳(含三宝—清水);皎平渡—武定—易门—晋宁(含昆明—禄丰、昆明—倘甸);永仁—大姚—双柏—元江—元阳—金平—金水河(含元谋—牟定);鹤庆—上关;泸沽湖—永胜—宾川—南涧—云县(含宾川—鹤庆—剑川);大开门—镇沅;墨江思茅—澜沧—勐阿(含思茅—江城);勐腊—勐满口岸(含勐远—关累港);攀枝花—大理—云龙(含祥云—大理);云龙—永平—施甸—永德—勐简;峨山—石屏—红河;梁河—芒市。

(二)普通省道

《云南省道网规划(2014—2030年)》,普通省道网由2条省会放射线、59条纵线、39条横线,共100条组成,总规模约2.26万km。

规划修编按照"财权事权匹配、国道省道互补、优化完善网络"的思路,取消单一连接乡镇、技术等级低、路网功能弱的路段,调减路线21条、11122km。重点补充完善滇西北路网,增加连接旅游景区的香格里拉(格咱)—稻城(东义)、九河—老君山公路,连接交通枢纽怒江机场的连接线共3条,普通省道共计182km。规划修编后普通省道共计82条、里程11630km,加上普通国道,可覆盖全省区域。

(三)高速公路路线编号

"五纵五横一边两环二十联"高速公路网,国家高速公路维持《国家公路网规划(2013—2030年)》确定的国家高速公路编号不变。省高速公路编号按照以下原则及顺序确定:

1. 编号结构

省高速公路编号由字母标识符和阿拉伯数字编号组成。

2. 字母标识符

省高速公路编号的字母标识符采用汉语拼音"S"表示。

3. 数字编号

(1)北南纵线,由东向西升序编排,编号依次为S11、S21、S31、S41、S51。

(2)东西横线,由北向南升序编排,编号依次为S12、S22、S32、S42、S52。

(3)沿边高速公路,纵向路线编号为S71,横向路线编号为S72。

(4)滇中城市群环线,编号国家高速公路部分为G8012,省高速公路部分为S8012。

(5)联络线,编号由S开头,后接2位数字组成。除去已编制好的五纵、五横高速公路编号(S11、S21、S31、S41、S51、S12、S22、S32、S42和S52),从S13开始按照北南、东西顺序依次排列上升。其中,联络线与五纵、五横、一边、两环共线段采用五纵、五横、一边、两环的编号,其余路段采用联络线编号,同一联络线主线部分各段采用相同编号,支线部分按照联络线编号规则另外编号。

省高速公路数字编号避免与国家高速公路数字编号重复。

（6）其他高速公路，除"五纵五横一边两环二十联"高速公路外，另外还有其他9条高速公路，分别是：S30 高峣—海口高速公路、S33 晋宁—红塔区高速公路、S34 玉溪—江川高速公路、S20 昆明长水机场高速公路、S23 长水机场北高速公路、S49 保山东绕城高速公路、S18 曲靖绕城高速公路、S36 楚雄—广通高速公路、S27 羊街—鸡街高速公路。

六、规划实施

高速公路规划总规模1.45万km（含国家高速公路6640km）。2016年底，已建成4134km，在建5523km，待建约4843km，分别占28.5%、38%和33.5%。

2016—2020年，按照"宜高则高、能开尽开、能通必通"的原则，加快完善网络；推进建成年限较早、运力紧张通道扩容改造，提升通行能力；加强国家高速公路展望线研究论证，做好项目储备。

"十三五"开工建设82个项目、7186km。其中，国家高速公路15个、1946km，省高速公路67个、5240km，建成6000km，通车里程达到10000km。实现16个州市、125个县市区通高速公路，"五纵五横一边两环二十联"中的"两纵两横"全线贯通，"两环"全面建成，建成21条出省、5条出境通道。

2021—2030年，加密提升，全面成网，"五纵五横一边两环二十联"高速公路网全部建成，通车里程达到1.45万km。

高速公路建设综合考虑线位控制性规划、环境保护规划、土地利用总体规划、城镇体系规划等相互衔接，有效降低土地占用和环境影响，促进公路建设与资源环境和谐发展。

七、保障措施

（一）促进公路协调发展

落实各级在公路建设、管理、运营、养护中的职责，提高公路建设、养护质量和运营管理水平，增强公路可持续发展能力。国家高速公路和普通国道建设由省级负责，省高速公路和普通省道建设由州市负责。省和州市各负其责，形成合力，建设好、管护好、运营好省道网。

（二）严格规划管控

省道网规划修编同步开展"多规合一"，实施操作性强，规划一经审批视同立项，不得任意增加或删减规划项目，不得随便绕长路线和增设枢纽立交。要按照"简政放权、放管结合、优化服务"的原则，简化审批手续，减少前置条件，提高审批效率，制定好5年建设、3年滚动计划，确保规划实施的严肃性和延续性。同时，要因地制宜，科学制定建设标准，优先实施重点建设项目,分轻重缓急加快项目建设。

(三)完善投资融资政策

进一步完善国家投资、省和州市筹资、社会融资相结合的多渠道、多层次、多元化投融资模式。一是加大省财政支持力度,从 2017 年开始省财政每年安排高速公路建设专项资金 75 亿元,政策执行年限与中长期规划年限保持一致。二是加大省级一般债券支持力度,积极争取亚洲基础设施投资银行、国家开发银行等开发性金融机构及丝路基金支持。三是面向全社会开放,吸引合作伙伴,尤其是要加大与中央企业的合作力度,"肥瘦搭配",大力推行政府和社会资本合作(PPP)模式,充分发挥中央企业在资金、技术、管理、装备等方面的优势。

(四)节约资源和保护环境

注重节约利用土地等资源,降低对环境的影响。在公路建设前期工作阶段,路线线位要合理确定技术标准,有效利用通道线位资源,减少对土地尤其是对耕地的占用,严格落实永久基本农田划定、保护和耕地占补平衡等规定。在项目建设阶段,对环境敏感地区建设方案要进行充分比选论证,避免大填大挖,减少对生态环境的破坏。建立政府主导、市场化运作的机制,充分发挥云南生态环境优势,选择适应当地生长条件的乡土植物品种,优化植被选配及布局,做好公路沿线两侧的绿化美化工作,形成错落有致、立体复层、特色鲜明的绿化景观带,实现绿化美化的经济效益、生态效益、景观效益。

(五)科技引领提升服务

开发和应用新材料、新工艺、新技术,降低公路建设成本,保证工程建设质量。加强公路交通信息化建设,提高路网使用效能、道路通行能力和安全性。建立高速公路紧急事件处理系统、道路运政管理系统等,完善路面和桥梁管理系统,实现路网规划、建设、管理、运营、评价、养护的科技辅助决策。积极推进省道网运输信息化、智能化建设,逐步实现多种运输方式联程联运、运输一体化,提高运输服务水平。

云南省"十三五"高速公路建设项目见表 2-4。云南省高速公路路线方案见表 2-5。

云南省"十三五"高速公路建设项目表 表 2-4

序号	项目	建设类型(新建、改扩建)	里程(km)	总投资(亿元)	规划建设年限	备注
	合计		7186	9975		
	国家高速公路		1946	2756		
1	嵩明—昆明高速公路	新建	57	75	2013—2017 年	瓶颈路
2	宣威—曲靖高速公路	新建	103	96	2014—2017 年	出省通道

第二章 规划蓝图

续上表

序号	项目	建设类型（新建、改扩建）	里程（km）	总投资（亿元）	规划建设年限	备注
3	昆明绕城东南段高速公路	新建	130	178	2014—2017年	断头路
4	蒙自—文山—砚山高速公路	新建	131	159	2014—2017年	通县高速公路
5	小勐养—磨憨高速公路	改扩建	158	131	2015—2017年	通县高速公路
6	江底—召夸高速公路	新建	108	107	2015—2017年	通县高速公路
7	新安所—鸡街高速公路	新建	38	39	2015—2017年	完善路网
8	丽江—香格里拉高速公路	新建	125	211	2014—2018年	通县高速公路
9	丽江—华坪高速公路	新建	153	287	2015—2019年	通县高速公路
10	墨江—临沧高速公路	新建	247	350	2015—2019年	通县高速公路
11	保山—泸水高速公路	新建	88	147	2015—2020年	通县高速公路
12	楚雄（广通）—大理高速公路	改扩建	197	328	2017—2020年	瓶颈路
13	弥勒—峨山高速公路	新建	122	160	2016—2020年	通县高速公路
14	峨山—楚雄高速公路	新建	188	315	2016—2020年	通县高速公路
15	昭通—金阳高速公路	新建	101	173	2018—2020年	出省通道
	省高速公路		5240	7219		
1	平远街—文山高速公路	新建	21	27	2013—2016年	已建成
2	小铺—乌龙高速公路	新建	42	84	2015—2016年	已建成
3	上关—鹤庆高速公路	新建	61	63	2015—2017年	已建成
4	晋宁—红塔高速公路	新建	50	86	2013—2017年	瓶颈路
5	镇雄—毕节高速公路	新建	14	22	2013—2017年	出省通道
6	景东—文东高速公路	新建	32	30	2013—2017年	通县高速公路
7	泸西—弥勒高速公路	新建	51	75	2015—2017年	通县高速公路
8	曲靖东过境高速公路	新建	30	39	2015—2017年	完善路网
9	武定—易门高速公路	新建	104	135	2015—2017年	完善路网
10	沾益—会泽高速公路	新建	35	54	2015—2017年	完善路网
11	功山—东川高速公路	新建	50	84	2015—2018年	通县高速公路
12	江川—通海高速公路	新建	24	45	2015—2018年	通县高速公路
13	大理—宾川高速公路	新建	50	83	2016—2018年	通县高速公路
14	保山东绕城高速公路	新建	37	42	2016—2018年	完善路网
15	武定—倘甸—寻甸高速公路	新建	107	160	2016—2020年	完善路网
16	寻甸—沾益高速公路	新建	58	92	2016—2020年	完善路网
17	昆明—楚雄（广通）高速公路	改扩建	108	150	2016—2020年	瓶颈路
18	楚雄—牟定—大姚高速公路	新建	78	95	2016—2020年	通县高速公路

续上表

序号	项 目	建设类型（新建、改扩建）	里程（km）	总投资（亿元）	规划建设年限	备 注
19	串丝—新市高速公路	新建	52	80	2016—2020年	通县高速公路
20	元江—曼耗高速公路（红河段）	新建	140	194	2016—2020年	通县高速公路
21	兴义—富源高速公路	新建	91	129	2016—2021年	出省通道
22	格勒—巧家高速公路	新建	71	127	2016—2020年	通县高速公路
23	大开门—新平高速公路	新建	39	108	2016—2019年	通县高速公路
24	澄江—江川高速公路	新建	45	68	2016—2019年	完善路网
25	机场北高速公路	新建	13	25	2016—2019年	完善路网
26	思茅—澜沧高速公路	新建	139	172	2016—2020年	通县高速公路
27	宾川—永胜高速公路	新建	73	105	2016—2020年	完善路网
28	腾冲—陇川高速公路	新建	150	220	2016—2020年	通县高速公路
29	南涧—景东高速公路	新建	110	126	2016—2021年	完善路网
30	临沧—清水河高速公路（含机场高速公路）	新建	180	242	2016—2020年	出境通道
31	文山—马关高速公路	新建	33	43	2016—2020年	通县高速公路
32	那洒—广南高速公路	新建	45	68	2016—2020年	通县高速公路
33	曼耗—金平高速公路	新建	56	78	2016—2020年	通县高速公路
34	元江—曼耗高速公路（玉溪段）	新建	41	56	2016—2020年	完善路网
35	元阳—绿春高速公路	新建	57	151	2016—2020年	通县高速公路
36	威信—镇雄高速公路	新建	118	160	2016—2020年	通县高速公路
37	景洪—勐海高速公路	新建	50	75	2016—2020年	通县高速公路
38	永胜—宁蒗高速公路	新建	98	166	2016—2020年	通县高速公路
39	石林—泸西高速公路	新建	50	73	2016—2020年	完善路网
40	大理—漾濞—云龙高速公路	新建	100	60	2016—2020年	通县高速公路
41	东川—格勒高速公路	新建	43	100	2016—2020年	完善路网
42	宣威—威宁高速公路	新建	48	65	2017—2021年	出省通道
43	彝良—宜宾高速公路	新建	76	90	2017—2021年	出省通道
44	昭通—镇雄高速公路	新建	166	74	2016—2020年	通县高速公路
45	保山—施甸高速公路	新建	35	62	2016—2020年	通县高速公路

第二章 规划蓝图

续上表

序号	项 目	建设类型（新建、改扩建）	里程（km）	总投资（亿元）	规划建设年限	备 注
46	召夸—泸西高速公路	新建	30	45	2016—2020年	完善路网
47	曲靖三宝—昆明清水高速公路	新建	136	163	2016—2020年	瓶颈路
48	宁洱—景谷高速公路	新建	73	104	2016—2020年	通县高速公路
49	临翔—双江高速公路	新建	47	50	2016—2020年	通县高速公路
50	呈贡—石林高速公路	新建	80	145	2016—2020年	瓶颈路
51	建水(个旧)—元阳高速公路	新建	133	220	2016—2020年	完善路网
52	蒙自—屏边高速公路	新建	45	45	2017—2020年	通县高速公路
53	罗平—八大河高速公路	新建	46	66	2017—2021年	出省通道
54	保山—云县高速公路	新建	170	131	2017—2020年	通县高速公路
55	镇雄—赫章高速公路	新建	12	14	2017—2021年	出省通道
56	文山—麻栗坡高速公路	新建	60	85	2017—2020年	通县高速公路
57	云县—临沧高速公路	新建	60	106	2017—2020年	完善路网
58	腾冲—猴桥高速公路	新建	57	97	2017—2021年	出境通道
59	大理—南涧高速公路	新建	80	77	2017—2020年	通县高速公路
60	云龙—兰坪高速公路	新建	90	140	2017—2020年	完善路网
61	瑞丽—孟连高速公路	新建	404	533	2017—2020年	通县高速公路
62	勐醒—江城—绿春高速公路	新建	221	274	2017—2020年	通县高速公路
63	大关—永善高速公路	新建	55	88	2017—2020年	通县高速公路
64	施甸—勐简高速公路	新建	180	252	2017—2020年	通县高速公路
65	昆明—倘甸高速公路	新建	50	75	2017—2020年	完善路网
66	鹤庆—剑川—兰坪高速公路	新建	98	159	2017—2020年	通县高速公路
67	鹤庆—关坡高速公路	新建	42	67	2017—2020年	完善路网

云南省高速公路路线方案表　　　表2-5

序号	路线起止点	主要控制点	国家高速公路路线编号	省高速公路路线编号
一纵	威信(谢家凹)—天保	威信(谢家凹)、镇雄、宣威、麒麟、罗平、师宗、丘北、砚山、文山、麻栗坡、天保	宣威—曲靖 G56 砚山—文山 G8013 文山—天保 G5615	威信—宣威 S11 曲靖—砚山 S11
二纵	水富—河口	水富、大关、昭阳、会泽、寻甸、嵩明、宜良、石林、弥勒、开远、蒙自、河口	水富—昆明 G85 嵩明—宜良 G5601 宜良—锁龙寺 G80 锁龙寺—河口 G8011	

续上表

序号	路线起止点	主要控制点	国家高速公路路线编号	省高速公路路线编号
三纵	永仁—勐康	永仁、元谋、武定、富民、安宁、晋宁、红塔、峨山、元江、墨江、江城、勐康	永仁—昆明 G5 昆明—磨黑 G8511 富民—晋宁 G5601	墨江—江城（勐康）S31
四纵	隔界河—磨憨	隔界河、德钦、香格里拉、玉龙、剑川、洱源、大理、巍山、南涧、景东、镇沅、景谷、宁洱、景洪、勐腊、磨憨	隔界河—丽江 G0613 丽江—大理 G5611 大理—南涧 G5612 南涧—宁洱 S41 思茅—磨憨 G8511	南涧—宁洱 S41
五纵	泸水—打洛	泸水、隆阳、昌宁、凤庆、云县、临翔、双江、澜沧、勐海、打洛	泸水—保山 G5613 保山—临沧 G5615 勐海—打洛 G8512	临翔—勐海 S51
一横	镇雄（二龙关）—香格里拉	镇雄（二龙关）、彝良、昭阳、鲁甸、金阳、凉山、泸沽湖、香格里拉	昭通—香格里拉 G7611	毕节—昭通 S12
三横	胜境关—猴桥	胜境关、富源、沾益、寻甸、禄劝、武定、禄丰、牟定、姚安、大理、永平、保山、腾冲、猴桥	富源—曲靖 G60 曲靖—沾益 G56 禄丰（勤丰）—龙陵 G56 龙陵（小田坝）—猴桥段 G5615	沾益—禄丰（勤丰）S8012
四横	江底—瑞丽	江底、罗平、师宗、石林、宜良、昆明、安宁、楚雄、南华、弥渡、巍山、昌宁、施甸、龙陵、瑞丽	江底—昆明 G78 昆明—祥云 G56	祥云—龙陵 S42
五横	罗村口—清水河	罗村口、富宁、砚山、文山、蒙自、建水、石屏、元江、墨江、镇沅、临翔、清水河	罗村口—砚山 G80 砚山—文山 G8013 文山—临翔 G5615	临沧—清水河 S52
一边	泸水—富宁	泸水、腾冲、梁河、盈江、陇川、瑞丽、龙镇桥、镇康、清水河、耿马、沧源、西盟、孟连、勐海、景洪、勐醒、江城、绿春、元阳、蔓耗、河口、马关、西畴、富宁		泸水—孟连 S71 孟连—富宁 S72
昆明绕城		嵩明、宜良、澄江、晋宁、安宁、乌龟山、嵩明	G5601	
滇中环线		麒麟、陆良、泸西、弥勒、华宁、通海、峨山、易门、双柏、楚雄、牟定、禄丰、武定、禄劝、寻甸、沾益、麒麟	弥勒—楚雄 G8012	其余段 S8012
一联	串丝—新市	串丝、绥江、新市		S13
二联	水善—筠连（含威信—珙县）	永善、大关、彝良、筠连；威信、珙县		永善—大关悦乐 S14 彝良—宜宾 S14 威信—珙县 S15

第二章 规划蓝图

续上表

序号	路线起止点	主要控制点	国家高速公路路线编号	省高速公路路线编号
三联	富源—兴义	富源、兴义		S16
四联	罗平—西畴	罗平、八大河、西林、广南、那洒、西畴		S17
五联	功山—巧家	功山、东川、巧家		S19
六联	呈贡—那坡	呈贡、石林、泸西、丘北、广南、富宁、那坡		S24
七联	锁龙寺—马关（含平远街—砚山）	锁龙寺、平远街、文山、马关；平远街、砚山	砚山—锁龙寺 G80	平远街—文山—马关 S25
八联	曲靖—元阳（含三宝—清水）	麒麟、马龙、嵩明、昆明、呈贡、江川、通海、建水、元阳；三宝、清水	曲靖—昆明 G56 清水—呈贡（新昆嵩）G85	三宝—清水 S26 呈贡—元阳 S26
九联	蒙自—屏边	蒙自、屏边		S28
十联	皎平渡—易门—晋宁（含昆明—禄丰、昆明—倘甸）	皎平渡、禄劝、武定、禄丰、易门、晋宁；昆明、禄丰	昆明—禄丰 G56	皎平渡—禄劝 S29 禄丰—易门—晋宁 S29 昆明—倘甸 S29
十一联	永仁—金水河（含元谋—牟定）	永仁、大姚、姚安、牟定、楚雄、双柏、嘎洒、元江、红河、元阳、曼耗、金平、金水河；峨山、石屏、红河；元谋、牟定	姚安—牟定 G56	永仁—姚安 S35 牟定—楚雄—双柏 S8012 双柏—元阳 S35 元阳—曼耗 S72 曼耗—金平（金水河）S35 元谋—牟定 S38
十二联	泸沽湖—云县（含宾川—剑川）	泸沽湖、永胜、宾川、南涧、云县；宾川、鹤庆、剑川		
十三联	丽江—上关	丽江、鹤庆、上关		S43
十四联	攀枝花—云龙（含祥云—大理）	攀枝花、宾川、大理、漾濞、云龙；大理、祥云	大理—祥云 G56	攀枝花—云龙 S44
十五联	大开门—镇沅	大开门、新平、镇沅	G5615	
十六联	墨江—勐阿（含思茅—江城）	墨江、宁洱、思茅、澜沧、孟连、勐阿；思茅、江城	磨黑—思茅 G8511	江城—普洱—澜沧—孟连—勐阿 S45
十七联	勐腊—勐满（含勐远—关累港）	勐腊、勐满；勐远、关累港		勐腊—勐满 S46 勐远—关累港 S47
十八联	云龙—勐简（含保山—瑞丽 G56）	云龙、永平、隆阳、施甸、永德、勐简；隆阳、龙陵、芒市、瑞丽	永平—保山 G56 保山—瑞丽 G56	云龙—永平 S48 保山—勐简 S48
十九联	峨山—石屏—红河	峨山、石屏、红河		峨山—红河 S37

续上表

序号	路线起止点	主要控制点	国家高速公路路线编号	省高速公路路线编号
二十联	梁河—芒市	梁河、芒市		S50
其他	高峣—海口	高峣、海口		S30
	晋宁—红塔区	晋宁、红塔		S33
	玉溪—江川	玉溪、江川		S34
	昆明东连接线		G56S	
	昆明南连接线		G56S	
	昆明长水机场高速公路	昆明、长水国际机场		S20
	长水机场北高速公路			S23
	保山绕城高速公路			S49
	曲靖绕城高速公路			S18
	楚雄—广通	楚雄、广通		S36
	羊街—鸡街	羊街、鸡街		S27

|第三章|
建 设 历 程

云南第一条高速公路——昆明—嵩明高速公路建成于1996年,但云南高速公路建设的起步必须从云南的高等级公路建设讲起。

第一节 共识中起步

1984年10月,时任云南省副省长和志强参加了中国省长代表团出访意大利。在半个月的访问期间,他们几乎跑遍了整个意大利,而且大部分时间都是乘坐客车沿公路而行。这是和志强第一次看到现代化的城乡,第一次看到高速公路。回国后,他将意大利一辆接一辆的汽车以上百公里的时速在高速公路上飞驰的情景,与云南汽车在弯弯曲曲、坑坑洼洼的公路上爬行的情景进行比较,确立了在云南修建高等级公路的目标。

一、石安公路建设

拉开云南高等级公路建设序幕的是石林—安宁公路(图3-1)。1986年7月底,云南省公路局安排云南省路桥工程四公司承担碧鸡关至安宁一级公路的改扩建工程,云南省公路工程五处负责昆明至石林新建二级公路的施工任务。项目建设过程中,不仅经历了各种建设施工的艰辛,更是经历了云南现代公路建设史上思想观念的较量和博弈。

图3-1 云南第一条高等级公路石林—安宁公路

(一)责难接踵而至

高等级公路的建设全面铺开后,一时成了当时社会上议论的热点。有人对修建高等级公路提出了质疑,认为修高等级公路严重脱离了云南的省情,给国家造成了严重的浪费,有的甚至认为这是犯罪行为。

围绕高等级公路该不该修的分歧主要在三个方面。一是工程造价问题。在云南公路建设史上,修低等级公路,20世纪60年代的造价为每公里6万~7万元,70年代每公里造价为12万~15万元,80年代初每公里造价也就20万元左右。修建碧安一级公路,设计单位大着胆子提出,每公里需要100多万元。有的领导一听,不干了,这无异于天文数字。于是,便有了"修高等级公路不如多修低等级公路、县乡公路""修高等级公路太贵,云南修不起"等说法。二是施工组织问题。此前的公路施工,人们见惯的是"人海战术",人工开挖,场面热闹。高等级公路施工必须依靠机械。少了人山人海的场面,工程刚开工,建设管理和施工单位就受到了严厉批评。有的工程技术人员算过一笔账,按当时的机械生产能力,一辆"东风"翻斗车的工效相当于700人用胶轮车运输;一部装载机相当于300个劳动力;路基人工夯实密度仅能达到78%以下,8~10t的光面压路机能达到85%左右,振动压路机则可达95%,而一级公路的填方压实度要求达到93%以上。只有采用机械化施工方法才能保证一级公路的质量标准。三是施工与保通问题。碧鸡关至安宁是通往滇西八地州的咽喉,每昼夜行车流量达1万多辆,而碧安一级公路属于边施工边通车项目,施工对通行必然造成严重影响,交通事故和交通拥堵时有发生,在全省引起巨大反响,各种责难纷至沓来。

(二)人大代表质询

1988年5月,云南省召开第七届省人代会。5月5日,经昆明市人大代表团提请,云南省人大召开质询大会,专门就石安公路建设施工问题质询云南省交通厅和省公路局。质询的主要议题有两个:一是碧鸡关至安宁一级公路施工进度慢,严重影响了交通运输;二是昆明至石林公路施工中压价购买农民砂石料,克扣农民工钱。省交通厅和省公路局领导就质询的问题作了相应陈述和解答。质询会后,省人大常委会副主任王士超带领由20多位省人大代表组成的检查组,深入石安公路施工现场进行了6天的调查研究,摸清了情况,解决了问题,澄清了是非,有力推动了工程建设。

(三)示范效应

1989年9月23日,碧鸡关—安宁一级公路建成通车。1990年12月29日,石林—安宁一二级公路全线建成通车。当时的云南省交通厅厅长杨弼亮曾用"连滚带爬,吃尽酸甜苦辣"十个字来形容这条公路的建设。

石安公路的建设尽管充满艰辛,但它给云南公路建设带来的示范效应却是十分显著的。石安公路建成通车,让人们切实感受到了高等级公路的优越性。石安公路全长120km。其中,小石坝至关上7.8km为汽车专用一级公路,关上至安宁33.4km为一级公路,其余为二级公路。与老路相比,石安公路缩短里程43.2km,而且,由于路况改善,从昆明到石林的行车时间几乎缩短了1/2。凡乘车经过石安公路的云南人都有一个共同的感受:路好、乘车舒服,可惜太短了。人们都期盼云南能有更多石安公路这样的"大路"。

对云南这样一个以公路运输为主要运输形式的边疆省份来说,就这么一条高等级公路,的确太少了。

石安公路的建设澄清了云南要不要和能不能修高等级公路的认识问题,改变了社会各界的观念,为云南公路建设理念从等外公路、低等级公路向高等级公路,最终迈上高速公路的建设历程打下了基础。同时也为云南培养了一批高等级公路建设的技术和管理人才,把云南公路建设推向机械化施工时代。

二、六条干线改造

在"七五"期间高等级公路建设探索实践的背景下,云南省公路建设从"八五"期开始进入了一个新的历史时期,高等级公路建设逐渐被人们所认可,并逐渐深入人心。

1992年,中国掀起了改革开放的新高潮。中共云南省委、省政府明确提出,贯彻邓小平同志南方谈话重要精神,一项重要的工作就是要把交通搞上去。1992年4月至7月,省委、省政府先后16次听取公路建设的情况汇报,作出了"大干3年,基本完成6条干线公路改造任务"的决定。6条干线指的是昆明通往景洪、瑞丽、曲靖、水富、罗村口、河口的6条公路,都是云南通边、出省、入海的重要通道。

6条干线全长3829km。如果按照石安公路的办法,4年改建120km,6条干线全部改建需要100年。按照省政府的部署,3年就要建1200km,石安公路的建设模式已经适应不了云南公路加快发展的需要。

(一)省政府的承诺

1992年7月27日,云南省人民政府第54次常务会议提出,加大公路建设投资,将"八五"计划投入的资金从27亿元增加到45亿元,省财政每年投入5亿元用于公路建设。在云南这个财政贫弱的省份,省财政每年投入5亿元用于公路建设,体现了省委、省政府加快公路建设的胆识和魄力。1993年9月3日,在云南省交通厅副处级以上干部会上,时任交通部部长黄镇东说,云南并不富有,但省财政每年拿出5亿元投入公路建设,这很不简单。没有哪个省拿这么多。他希望这一做法能坚持下去,坚持到2000年,云南的交通就会有很大变化。

(二)地县包干建设

1992年9月24日~9月26日,云南省政府召开全省公路建设会议,省交通厅代表省政府分别与7个地州签订公路建设承包责任书。

10月4日,云南省人民政府出台《关于加快干线公路建设的决定》(以下简称《决定》),对"八五""九五"时期云南干线公路建设的目标、原则、费用、征地拆迁、组织管理等方面作出了明确规定,《决定》还提出在"八五"后三年和"九五"期间,要重点对六条干线公路高标准、高质量地实施改造和建设;六条干线公路建设坚持"人民公路人民修、修好公路为人民"的方针,贯彻"依靠和发动人民群众、依靠沿线各级党委和政府、逐级分配任务、分段实施、地县包干承建"的原则,实行"统一规划、统一设计、统一技术标准、统一质量要求、严格验收"的办法,由省交通厅与有关地州市政府签订合同组织实施。

《决定》明确"征地拆迁工作,由地方政府承包完成""沿线各地州市要承担全部征地拆迁费用及工程费的5%~10%"。

(三)五个共识

云南高等级公路的快速发展是从《决定》出台后开始的,其中的一些优惠政策有力推动了云南高等级公路建设进程。时任省长和志强说,云南公路建设出现大干快上的局面,源于省里在交通建设上取得了五个方面的共识。

1. 制约云南经济发展的最大因素是交通

云南要进一步发展,交通问题解决不好,只是空谈。由于对这个问题认识统一,省委、省政府提出,有些项目该上,但是没有钱,暂时搁着,先上交通。这就叫"勒紧腰带上交通"。

2. 公路建设必须以改造干线公路为重点

干线不畅,支线难活。由于统一了这个思想,省委、省政府才提出大干六条干线公路,主要精力放在六条干线上。

3. 必须加快高等级公路建设

云南地处边疆,经济还比较落后,要不要修高等级公路,有段时间议论纷纷,通过实践,取得了共识:云南必须修建高等级公路,而且要加快建设速度,否则云南就会落后。

4. 要发动和依靠群众,加快交通建设

交通建设必须走群众路线,不依靠群众,速度快不了。所以省委、省政府确定了统一规划、包干承建的原则。

5. 借钱也要上交通

以前修路只靠财政投入,现在要借钱,向国内借、向国外借,边借边干。

(四)云南高速公路实现零的突破

有了"五个共识",云南很快便掀起了高等级公路建设的高潮。修建高等级公路的认识统一了,但要不要修高速公路又有了不同的声音。和志强在回忆文章里写道:"进入90年代,随着对外开放的扩大、经济的发展和现代化进程的推进,修建高速公路又提到了议事日程,省政府决定,开始修建云南高速公路。从哪里开始修呢?经过综合分析,从云南经济发展的需要出发,决定修建昆明到玉溪的云南第一条高速公路。交通部门按此做前期工作,但是我们没有估计到这一决定不仅没有得到玉溪地区的热烈响应,反而得到的是不支持的态度。唯一的理由是玉溪将自己修建昆明到玉溪的铁路,所以认为没有必要再修高速公路。我派交通厅厅长杨粥亮同志到玉溪做工作,均未取得进展。后来,反复说明这是国道改造,属于国家项目,地方必须服从大局,他们才同意在原有公路上进行适当改造。省政府就决定修成二级路,玉溪地区要求不封闭,所以建成从昆明到玉溪的二级公路后,昆明段是封闭的,玉溪段是敞开的。"这条公路的标准,鸣泉村至晋城32km由汽车专用二级公路提高为半幅高速公路。这是云南公路建设中首次提出"高速公路"这一概念。

1992年7月13日,云南省政府在曲靖召开的"滇中三市长"会议,作出了三项决策:一是三市分别成立一个省级经济开发区;二是到20世纪末,构建"两小时经济圈",即以昆明为中心,到曲靖、玉溪、楚雄用高等级公路连接起来,在两小时内到达;三是决定立即修建昆明到曲靖的高等级公路,分为两段——昆明到嵩明修云南第一条高速公路、嵩明到曲靖修半幅高速公路。昆明—曲靖公路分别由曲靖地区和昆明市承担建设任务。

按照省政府的部署,1992年12月18日,昆曲公路易隆—曲靖段拉开了施工序幕,技术标准为二级公路;1994年9月27日,昆曲公路昆明—易隆段开工建设,其中昆明—嵩明段(图3-2)45km为高速公路,嵩明—易隆段为二级公路。易隆—曲靖段于1996年1月18日正式通车,昆明—易隆段10月25日试通车。"九五"期的第一个年头,云南高速公路实现了零的突破,成为云南公路建设转向高速化的重要标志。

三、观念新,办法多

思想解放了,观念更新了,思路宽了,办法也就多了。由于有了"五个共识",加上昆明—嵩明高速公路的实践,不敢借债、负债修路的观念被破除,筹集公路建设资金的渠道增多。除发行公路建设债券、向银行贷款外,引进外资、引入股份制等筹融资的渠道拓宽,地方政府对公路建设的热情也高了,公路建设有了强有力的支撑。

图 3-2　云南第一条高速公路——嵩明—昆明高速公路

"八五"期间,云南公路建设完成投资 70.7 亿元,远远超出了省政府提出的 45 亿元的目标,全省新增公路 11700km,其中二级以上公路就增加了 722km。

进入"九五"后,云南公路建设继续保持快速发展的势头。

1995 年 11 月 8 日,引入亚行 1.5 亿美元资金建设的楚雄—大理高速公路开工。

1996 年 12 月 28 日,采用股份制融资修建的曲靖—陆良高速公路开工。

1997 年,省政府决定由红塔集团等四方投资,在昆玉二级公路基础上拓宽修建六车道的昆玉高速公路(图 3-3)。原来对高速公路建设并不十分热心的玉溪地区不仅积极支持昆玉公路建设,还于 1998 年 10 月动工修建玉溪—江川高速公路。这是云南省由地、县组织修建的第一条高速公路。1999 年 11 月 15 日,玉溪又与红河州联手动工修建通海—建水高速公路。红河州鸡街—石屏高速公路也在同日开工。

图 3-3　云南第一条六车道高速公路——昆明—玉溪高速公路

云南在1996—2000年开工建设的高速公路还有昆明南过境高架公路、玉溪—元江高速公路、大理—保山高速公路、曲靖—胜境关高速公路、元江—磨黑高速公路、昆明—石林高速公路。

1996年和1997年,云南公路建设完成投资80亿元,两年的投资远远超过1950—1985年35年的公路建设投资总和,接近1986—1995年10年83亿元的投资。云南高速公路建设在共识中实现了良好的起步。

第二节 机遇中奋进

正当云南高速公路建设在共识中向前推进的时候,新的发展机遇出现了。

一、中央决策,奋起行动

1998年,面对亚洲金融危机的影响,党中央、国务院决定扩大国内投资,重点加强铁路、公路等基础设施建设,从而增强国内需求,推动经济持续发展。

世纪之交,党中央又作出了实施西部大开发、加快西部地区发展的重大战略决策。

《中共中央关于制定国民经济和社会发展第十个五年计划的建议》明确提出:加强基础设施建设是今后五至十年一项十分重要的任务,要求西部地区基础设施建设要有突破性进展。同时国家制定了《关于西部大开发若干政策措施实施意见》,对交通基础设施建设制定了若干优惠的政策措施。

2002年,国家坚持扩大国内需求的方针,继续实施积极的财政政策,综合运用各种宏观调控手段,巩固和发展经济增长的好形势,并坚持加大实施西部大开发战略决策的力度。

2004年,国家提出在2007年底前完成国道主干线建设任务的目标。

加快西部地区交通建设是扩大国内投资和实施西部大开发战略的重要组成部分,也是西部大开发的基础性、先导性工程。交通部将西部公路建设重点分为3个层次,即国道主干线建设、区域路网建设与改造、乡村公路通达工程建设。在第一层次五纵七横12条国道主干线中9条连通西部地区,其中的3条直接连通云南,分别是:沪瑞线,从上海至云南瑞丽;衡昆线,从湖南衡阳至云南昆明;二河线,从内蒙古二连浩特至云南河口。在区域路网中,交通部规划8条省际公路通道,并作为西部地区区域路网建设的重点,其中第一条就是兰州至云南磨憨公路。云南高速公路建设成为国家高速公路网规划中的重要组成部分,云南高速公路建设迎来了快速发展的难得机遇。

二、抓住机遇,加快发展

1998年,云南省人民政府抓住党中央、国务院关于"扩大国内投资"的决策,加快公路建设步伐,公路建设投资计划从 51 亿调整到 71 亿,最后又调整到 80.6 亿,一年的投资超过了"七五""八五"10 年投资的总和。1999 年,云南公路建设完成投资 94.7 亿元。2000 年,云南公路建设完成投资 100.72 亿元,实现冲刺百亿元目标。省财政投入也从每年 5 亿元增至 6.35 亿元。

2002 年 2 月,第二次全国公路普查数据公布:到 2000 年底,全国公路通车总里程 167.98 万 km,云南公路通车里程 16.3604 万 km,其中高速公路 516.682km。云南公路通车里程接近全国通车总里程的 1/10,但公路技术等级低、抗灾能力弱、通过能力小、高等级公路比例小等问题却比较突出。为尽快改变这种现状,2002 年 11 月 1 日,云南省人民政府作出《关于加快公路建设的决定》(以下简称《决定》)。

《决定》提出,全省"十五"期间要完成公路建设任务 400 亿元,新增公路里程 3000km,到 2010 年,完成干线公路的全面改造,高等级公路比重达到 3.5% 以上;要加大力度落实好国发办《关于西部大开发若干政策措施的实施意见》和《云南省人民政府关于公路建设耕地占用税优惠政策实施意见的通知》。

(一)"三纵三横九大通道"建设

云南省委六届十一次全会通过的云南省制定"十五"计划的建议和省九届人大四次会议通过的云南省"十五"计划纲要,提出了建设"绿色经济强省""民族文化大省"和"中国连接东南亚、南亚国际大通道"的战略目标。

省委省政府进一步提出,将云南交通建成国际大通道,公路要建设"三纵三横九大通道"为主的高等级公路网;围绕强化骨架、改造干线、增加密度、完善配套、提高效益的思路,通过新建改建结合,建养并重,按照把重点放在提高路网等级上的主要原则编制云南交通发展"十五"规划。明确提出公路发展"规划"按突出重点分层次排出顺序,分期分段建设的原则,加大国道主干线及省际通道的改造力度,重点安排出省、通周、达边公路及旅游公路的建设与改造,尽快打通连接四川省、贵州省、广西壮族自治区、西藏自治区四省区和缅甸、老挝、越南三国的通道。

"三纵":北起四川省宜宾市,进入云南水富、昭通,经昆明至中越边界的河口;北起四川省攀枝花市,进入云南永仁、武定,经昆明,至西双版纳中老边界的磨憨;北起西藏盐井,进入云南德钦,经中甸、大理、临沧、勐海至中缅边界打洛。总长 3371km。

"三横":东起四川省攀枝花市,进入云南华坪县,经丽江、剑川、兰坪至怒江州片马口岸;东起贵州省盘县,进入云南省胜境关,经曲靖、昆明、大理、保山至瑞丽;东起广西百色,进入云南罗村口,经砚山、建水、元江、普洱、景谷、临沧至中缅边界清水河。总长 3100km。

"九大通道":连接国内四省区的通道有 5 个——昆明至广西南宁、北海通道;昆明至贵州省及中、东部省份通道;昆明经水富至四川成都,进一步到达中原地区通道;昆明经四川攀枝花至成都,进一步到达西北地区通道;昆明至西藏通道。

出境通道有4个,分别连接越南、老挝、缅甸等南亚、东南亚国家:昆明经磨憨,通过老挝至泰国曼谷或昆明经打洛,通过缅甸至泰国曼谷的通道;昆明经瑞丽进入缅甸通道;昆明经河口进入越南通道;昆明经腾冲黑泥塘进入缅甸、印度、南亚通道。

1. 政策措施

为确保"三纵三横九大通道"的建设,《云南省人民政府关于加快公路建设的决定》(以下简称《决定》),提出了相应的政策措施。

《决定》要求,创新机制拓宽筹资渠道,由云南省交通厅牵头成立省公路建设招商引资工作小组,统筹全省公路建设的招商引资工作;建立完备的招商引资机制,鼓励和支持国内外投资商以合资、合作、合股、独资和BOT、TOT等方式投资建设经营性公路项目;有偿转让收费路段的经营权,转让收入全部投入国省道干线公路建设。

《决定》是云南省政府继1992年出台《关于加快干线公路建设的决定》后第二个关于公路建设的决定,时间刚好间隔了10年。两个《决定》分别代表了不同时期云南公路建设的内涵和外延,代表了两个时期对公路建设的共识,对推动云南公路建设迈上新的台阶起到了重要作用。

2. 十项改革

为确保"三纵三横九大通道"建设目标的圆满完成,云南省交通厅党组提出了高等级公路建设"市场化、集约化、生态化、社会化"的发展新思路,并以"少花钱、多修路、修好路"为原则,以建立开放的交通建设市场管理体制为目标,对高速公路建设管理机制体制进行了"十项改革"。

(1)推行合理低价中标招标办法,实施阳光操作;

(2)推行第三方监理制,防止权力滥用;

(3)推行勘察设计招标和勘察设计"双院制";

(4)打破物资统供垄断,缩小统供物资范围;

(5)项目业主设计变更审批权从200万元降为50万元;

(6)实施资金来源多渠道,投资主体多元化,试行项目代建制,招标转让收费公路经营权,拓宽公路建设筹资渠道;

(7)推行会计委派制;

(8)实行党总支书记、纪检组长、监察人员三项派驻制;

(9)建立项目跟踪审计制;

(10)实行民工工资兑付合同制,建立恶意拖欠民工工资"黑名单"。

十项制度改革的实施,有效规范了云南高速公路建设管理行为,确保了高速公路建设的健康发展。

抓住机遇,"十五"期间,云南高速公路建设保持了高位增长的态势。全省建成玉溪—江川(26km)、大理—保山(166km)(图3-4)、曲靖—胜境关(74km)、昆明—石林(78km)、元江—磨黑(147km)、砚山—平远街(67km)、嵩明—功山(56.5km)、鸡街—石屏(101km)、通海—建水(66km)、安宁—楚雄(130km)共10条高速公路,完成投资790.75亿元,为"九五"期间382.42亿元的2.1倍,新增高速公路里程911.5km。

图3-4 穿行于澜沧江峡谷的大理—保山高速公路

(二)通边、出省、达海通道建设

机遇是发展的良机,但发展不可能一帆风顺。在抓住机遇的过程中同样会遇到困难和挑战。2008年,美国次贷危机引发的金融海啸波及中国,对我国的国民经济发展造成了严重影响,给云南公路建设带来了前所未有的挑战和考验,特别是金融危机造成的融资困境严重制约了云南高速公路的建设步伐。

为有效应对复杂严峻的经济形势和国际金融危机,中央作出扩大内需促进经济增长的重大决策部署,把加快基础设施和民生工程建设作为扩大内需的重要举措,在资金投入、项目审批等方面予以倾斜。这是继1998年中央应对亚洲金融危机、实施积极财政政策、加快交通等基础设施建设之后的又一次重大机遇。2009年召开的中央经济工作会议作出了"保增长、保民生、保稳定"的重大部署,交通基础设施建设领域作为贯彻"三保"部署的一个主战场,从党和国家到部省各级党委政府,都没有放松公路建设的支持力度,交通运输部在"三个服务"的指导下,对取消二级公路收费和农村公路建设两项工作给予了重点倾斜,同时强力推动国家高速公路网建设。

国家"十一五"规划继续把基础设施建设作为西部大开发的重大任务,要求拓展生产性服务业,优先发展交通运输业,建设便捷、通畅、高效、安全的综合运输体系。在公路建设领域,建成"五纵七横"国道主干线西部地区路段和西部开发8条干线公路,主要交通基础设施建设公路重点项目中,涉及云南的有北京—昆明(永仁螃蟹箐至昆明)、上海—昆明(富源胜境关至昆明)、广州—昆明(富宁罗村口至昆明)等国家高速公路西部路段。为切实把西部大开发的战略部署、方针政策和重点任务落到实处,"十一五"规划明确建立保障西部大开发顺利实施的国家政策扶持机制、金融服务支持机制、企业发展激励机制、资源合理开发机制、政府协调服务机制以及计划有效实施等体制机制。

根据"十一五"规划要求,交通部提出了"以人为本、好中求快、协调可持续发展"的理念,坚持"调整结构、转变增长、注重创新、强化管理"的原则,努力做好"三个服务",推进交通事业又好又快发展。

按照中央领导的指示和国家"十一五"规划的部署,云南省围绕把云南建成中国连接东南亚、南亚国际大通道这个中心,加快"通边、出省、达海"通道建设,积极推进国道主干线及西部开发通道建设,制定了2010年全面完成国道主干线和西部开发省际通道建设,形成省会昆明连接州市首府的快速通道的建设目标,以更好地满足全省各地经济社会发展的需要,更深入地促进中国与东盟国家的共同发展。

2007年,为打好国道主干线改造这场硬仗,云南省委、省政府和交通部领导多次深入交通厅和施工现场调研,协调解决国道主干线建设中的困难和问题。2009年,省委省政府根据"三保"决策部署,制定了全省交通运输工作的总体思路和目标,即深入贯彻落实科学发展观,建设绿色经济强省、民族文化强省和我国面向西南开放的桥头堡,转变发展方式,全面完成"十一五"目标任务。

根据2009年泛珠论坛签署的《区域综合交通建设合作备忘录》要求,云南泛珠区主要通道规划包括G85渝昆高速公路、G5京昆高速公路、G56杭瑞高速公路、G60沪昆高速公路、G78汕昆高速公路、G80广昆高速公路6条国道主干线;包括富宁—那坡—靖西—防城港高速公路。交通部提出调整国家公路网初步方案,云南又增加纳雍—河口、西宁—景洪、天保—猴桥、丽江—攀枝花等出省通道。

但是,资金严重匮乏却是云南公路建设面临的残酷现实。一是国际金融危机对国家经济形势造成严重冲击,影响大、危害深,国家整体经济形势严峻;二是云南是穷省办大交通,经济落后,各级政府财政困难;三是云南高速公路投入大、通行费收益少、投入产出倒挂、还本付息压力大、招商引资困难;四是云南高速公路建设向边远地区延伸,建设成本高,经营效益差,筹融资困难;五是高速公路债务累积随着通车里程的增加而成倍增加,债务风险逐年加大。这些因素导致了云南高速公路建设陷入了资金筹集的困境,成为云南高速公路建设最大的拦路虎,成为"十一五"公路建设规划能否实现的关键。

2010年,云南省委、省政府针对严峻的经济形势,作出了"增投资、扩消费、转方式、调结构、重民生、建和谐、快发展、上水平"的决策部署,提出了"全力以赴保障和改善民生"的要求。在这种形势下,高速公路建设的资金筹集更加困难,全省大多数高速公路建设项目陷入资金不到位的困境,建设工地出现停工或半停工状态。为确保工程建设继续推进,各项目业主和参建单位全面发动,齐心协力,共渡难关,充分利用组织、集体和个人的渠道,各显神通,千方百计筹措建设资金。项目业主找银行协商,施工单位投入自有资金,项目经理部借小额贷款、职工集资,职工个人用房产抵押贷款,等等。一切可能的渠道都被建设者们挖掘和利用起来,只为了确保项目建设的持续推进。各项目建设指挥部也调整施工组织计划,确立"保重点控制性工程、保民工工资、保材料供应"的原则,做到"工程不停工、人心不涣散、队伍不放假",确保了各建设项目的持续推进。

"十一五"期间,云南高速公路建设继续保持良好的发展势头,圆满完成了国道主干线改造和西部开发省际通道的建设任务,出省通边、内外连通的高速公路主骨架初步形成。规划的思茅—小勐养(图3-5)、平远街—锁龙寺、水富—麻柳湾、昭通—待补(其中,会泽—待补38km为高速公路)、保山—龙陵、罗村口—富宁、富宁—广南、广南—砚山、蒙自—新街、新街—河口、昆明—安宁、曲靖—嵩明、永仁—元谋、元谋—武定、小勐养—磨憨(其中,小勐养—景洪17.2km为高速公路,其余为半幅高速公路)、高峣—海口、昆明西南绕共17条高速公路相继建成。"十一五"时期,全省完成公路建设投资2022.67亿元,为"十五"时期777.48亿元的260.67%,仅2010年就完成投资702亿元,为2001年101.28亿元的6.93倍。新增高速公路1209km。到2010年年底,全省高速公路通车里程达2630km。已交工的项目全部评定为优良工程。

图3-5 绿色生态大道——思小高速公路

第三节　创新中跨越

2011年、2012年两年时间内,国家收缩银根,控制信贷,公路建设项目签订的贷款协议难以执行,云南这一时期开工建设的南北大通道项目麻柳湾—昭通、昭通—会泽、待补—功山高速公路建设项目由于资金不到位,推行的是承建单位出资合作参与建设的模式,为云南高速公路建设开拓了新的融资渠道,探索了新的建设模式。全省续建和新建的其他高速公路项目仍然在困境中坚持,在艰难中奋进。

自1996年实现高速公路零的突破,云南高速公路建设在西部省区中一度处于领先位置,高速公路通车里程在2007年达2508km,曾位列全国第七位、西部省区第一位。"十一五"后期开始,邻近的四川、贵州等省奋起直追,在短短的四五年时间内实现弯道超车,把云南远远地甩在了后面。云南高速公路建设从"前有榜样,后有追兵"变成"前有榜样,后无追兵"的局面。而这一时期,正值中央提出"一带一路"互联互通发展倡议,作为"一带一路"倡议上的重要节点,新一届的中央领导对云南交通建设提出了新要求,云南交通建设的压力空前,形势严峻,任务艰巨。交通基础设施的落后和国家发展战略的需要,对云南高速公路建设形成了倒逼的态势,实施倍增战略,实现跨越发展,是云南高速公路发展的唯一出路。

一、"三年攻坚"

2012年1月19日,云南省委、省政府提出了开展南北大通道建设攻坚会战的目标任务,提出利用3年的时间打通云南南北大通道瓶颈路段,实现云南省"饮马长江,挥师两洋,通江达海,八面来风"的战略格局。

2013年,云南省政府制定出台了《关于进一步加快高速公路建设的实施意见》,对"在全省掀起高速公路3年建设高潮,尽快建立和完善适应云南经济社会发展需要的高速公路网络体系,推进桥头堡建设"作出了安排部署。《意见》指出,全省高速公路通车里程少、覆盖面小,部分州(市)未通高速公路,与周边省区、周边国家连接不够通畅,连接通道不足,与云南经济社会发展需求还存在较大差距。要进一步加快高速公路建设,为"翻两番、增三倍、促跨越、奔小康"目标提供保障;要紧紧围绕"两强一堡"战略,以构建连接内外、通江达海、沟通两洋的高速公路网为目标,以高速公路发展推动产业发展和城镇化发展。

《意见》明确要求,云南高速公路建设要坚持"突出重点、统筹发展,合力共建、分级负责,改革创新、开放合作,市场运作、多元投资"的原则。在2013—2015年,完成高速公路建设投资1500亿元。到2015年,确保南北大通道全线贯通,实现连接内外、通江达海、沟通两洋,国家高速公路网云南境内段基本建成;实现高速公路与邻近省区对接,16个州(市)和经济强县、人口大县基本实现通高速公路。

(一)"三年攻坚"的主要任务

在建高速公路项目13项,建设总里程911km,其中,国家高速公路9项,里程826km;地方高速公路4项,里程85km。新开工高速公路项目15项,建设总里程1828km,其中,国家高速公路11项,建设里程1435km;地方高速公路4项,建设里程393km。

"三年攻坚"分年度目标为:2013年新开工8项,建设里程821km,其中,国家高速公路4项,建设里程428km;地方高速公路4项,建设里程393km。2014年新开工2项,均为国家高速公路项目,建设里程311km。2015年新开工5项,均为国家高速公路项目,建设里程696km。

(二)相应政策措施

为确保"三年攻坚"目标的实现,云南省委、省政府决定,2013—2015年,省财政每年安排20亿元作为高速公路建设资本金。州、市财政每年安排一定数额财政性资金,专项用于高速公路建设。国家高速公路项目由省直交通主管部门负责组织实施,地方高速公路由州、市人民政府和滇中产业新区规划建设办公室负责组织实施。省级每年安排不低于3000亩土地的开发指标,采取土地资源配置方式支持地方高速公路建设。

(三)各司其职　各负其责

《关于进一步加快高速公路建设的实施意见》要求各州、市人民政府和省直有关部门既要各司其职、各负其责,又相互协调、密切配合,形成推动高速公路建设的强大合力;要扎实做好项目储备,积极争取纳入国家规划,梳理好规划实施步骤及措施,提高项目前期工作计划的可行性、可操作性;要切实做好征地拆迁工作,各州、市人民政府要担负起征地拆迁工作主体责任,实行"一把手"负责制,做到主要领导围绕目标亲自抓、分管领导落实责任具体抓,根据项目建设进度按时按量完成征地拆迁任务。

按照省委、省政府的部署和《意见》要求,省交通运输厅提出:"骨架路网高速化、国省干线高等化、农村公路畅通化、水路运输现代化、交通服务均等化、系统管理一体化"的目标,完成公路建设投资2000亿元,通车里程达22.3万km。基本实现"州市高速路、县县二级路、县乡沥青路、乡村硬化路",初步构建起"连通内外、覆盖城乡、功能配套、服务高效、运转顺畅、安全环保"的综合交通运输体系的目标任务。同时,认真贯彻"四个交通"

发展理念,按照"三年攻坚"目标任务,制订计划,落实措施,责任到人,多方招商引资,加强监督管理,注重协调发展,实现全省公路建设新跨越。

(四)加大督查监察力度

为确保"三年攻坚"任务的圆满完成,云南省政府成立了铁路、公路、机场建设领导小组,组建督查组,把高速公路建设项目纳入省政府重点督查范围;省纪检、监察甚至检察系统全面介入高速公路建设领域,实行执纪专项检查,建立追责问责机制,加大督查监察力度。

省交通运输厅党组还与各高速公路建设项目签订了《项目建设责任状》,对在建高速公路实行"一月一督查、一月一专报、一月一推进",高标准、严要求、加速度、重质量、保安全,进行全方位、立体化的谋划与部署,举全厅之力,全面推进高速公路建设。

(五)南北大通道全线打通

云南高速公路建设"三年攻坚",其中最重要的一项任务就是打通云南南北大通道。这是云南主动服务和融入"一带一路"倡议、"长江经济带"等国家发展战略的具体体现。

南北大通道起于云南北大门水富,经麻柳湾、昭通、会泽、待补、功山、嵩明、乌龙、两面寺、民办科技园、宜良、石林、锁龙寺、砚山、富宁、那谢,止于龙留(滇桂界)。南北大通道包括国家高速公路网中G85银昆高速公路和G80广昆高速公路云南境内路段。这是云南南北方向的一条重要交通主线。省委、省政府将其作为"五网"建设大会战的重点工程强化领导,高位推动。省委、省政府领导多次深入施工现场进行实地调研,听取施工情况汇报,并多次召开推进会,协调解决施工中的重点难点问题。省政府还成立了省南北高速公路大通道建设指挥部办公室,要求沿线州市以及省政府相关部门主要领导参与工作,帮助解决项目建设过程中遇到的征地拆迁、项目融资等问题。

通过攻坚,南北大通道捷报频传。2015年9月25日,南北大通道上的昭通—会泽、待补—功山两条高速公路建成通车(图3-6);2015年12月26日,麻柳湾—昭通高速公路建成通车。至此,北起昭通水富、南至文山富宁全长1100km的云南南北大通道全部打通,全程实现高速化。

"十二五"攻坚,云南共建成武定—昆明、大理—丽江等24条高速公路,总里程1375km,全省高速公路通车总里程达4005km;在建华坪—丽江、香格里拉—丽江等24条高速公路,总里程1853km。全省13个州市通高速公路,通迪庆州、怒江州、临沧市的高速公路正抓紧建设。129个县有72个通高速公路,占55.8%,有效促进了全省区域经济的协调发展。

图 3-6 "三年攻坚"项目中的待功高速公路

二、"五年会战"

云南交通基础设施的落后引起了习近平总书记的关注,成为他在云南调研时的重要议题。习近平总书记指出,交通基础设施滞后是制约云南经济发展的重要问题,要加快国际大通道建设,积极筹措建设资金;云南的交通基础设施建设要有效地支撑云南经济建设,支持国家建设;云南如果没有交通支撑,要实现跨越式发展是不可能的。他强调,云南要有闯的精神,要主动融入和服务国家发展战略,闯出一条跨越式发展路子,努力把云南建设成为民族团结进步示范区、生态文明建设排头兵、面向南亚东南亚辐射中心。习总书记对云南交通建设的重要讲话精到准确,给云南交通基础设施建设注入了强大动力。其核心就是跨越式发展,关键在于"闯"。

2015 年 7 月 9 日,在"三年攻坚"即将收官的时候,省长陈豪说,三年攻坚结束,还要实施"五年会战",力争通过十年时间,让云南交通基础设施与全省经济社会发展需求相适应,与把云南建设成为面向南亚东南亚的辐射中心相匹配。

为落实好习总书记的指示,国务院和交通运输部大幅提高了云南高速公路建设资金补助的比例。中央对国家高速公路网建设项目的补助比例"十三五"时期将提高到建安费的 50%。

(一)"五年会战"的目标

2015 年 8 月 28 日,云南省政府出台了《关于实施综合交通建设 5 年大会战(2016—2020 年)的意见》。要求以做强滇中、搞活沿边、联动廊带为主线,建设内畅外通的综合交通网络,形成基础条件优越、集聚能力雄厚、支撑作用显著的综合交通体系;要以突出战略通道建设、促进滇中城市交通一体化、高效衔接各种交通方式、引领优化空间布局、加强贫困少数民族地区交通基础设施建设为要求,经过 5 年的努力,实现全省所有州(市)通高速公路,人口50万以上经济大县、滇中城市经济圈县县通高速公路,"七出省、五出境"高速公路主骨架网基本建成。到2020年,全省路网总规模达到25万km,高速公路通车里程达到6000km。

2016年3月27日,云南省委书记李纪恒、省长陈豪率队赴广西、贵州两省区学习考察,回来后云南党政代表团在昆明召开总结会。李纪恒强调,要深入贯彻习近平总书记系列重要讲话和考察云南重要讲话精神,虚心学习借鉴广西、贵州的好经验、好做法,以更大的决心补齐以综合交通为重点的基础设施短板,全力打好路网、航空网、能源保障网、水网、互联网建设5年大会战,实现以综合交通为重点的基础设施"提速升级"。陈豪提出,要学习广西、贵州先进经验和干事创业的精气神,更加重视综合交通等基础设施建设,加快前期工作,加大投资力度,奋起直追。总结会上,省交通运输厅厅长何波展示了一份"滇桂黔三省区公路建设基本情况对比表",从规划里程、通车里程、建设投资、国家补助、省级筹资等方面,将云南与广西、贵州进行了直观比较。何波说:"用数据说话看差距,云南已经慢在了起跑线,必须弯道取直,才能实现赛道超越。"

2016年5月27日,云南省政府在《关于加快高速公路建设的意见》中再次明确了"十三五"期间云南高速公路建设的目标:全省实施高速公路项目74项,里程6000km。其中,在建35项,里程3200km;新开工39项,里程2800km。按路网属性,国家高速公路15项,里程2000km;地方高速公路59项,里程4000km。

按路网类型,"断头路""瓶颈路"连通项目25项,里程1707km,计划完成投资1704亿元。其中,续建15项,里程1204km,计划完成投资1390亿元;新建10项,里程503km,计划完成投资314亿元。出省出境通道高速公路项目共10项,里程631km,计划完成投资553亿元。其中,续建4项,里程267km,计划完成投资220亿元;新建6项,里程364km,计划完成投资333亿元。通县高速公路项目共36项,里程3067km,计划完成投资3775亿元。其中,续建16项,里程1729km,计划完成投资2242亿元;新建20项,里程1338km,计划完成投资1533亿元。沿边高速公路项目3项,里程595km,计划完成投资468亿元。

到2020年,云南国家高速公路网完成80%,高速公路里程达到10000km以上。"七出省、五出境"通道基本建成。滇中经济圈县县通高速公路,所有州市及50万人口大县通高速公路,形成16个出省和5个出境高速通道,滇中城市经济圈高速公路互联互通,初步形成"五纵五横一边两环二十联"高速公路骨架网络。

(二)"五年会战"的重点

云南高速公路建设"五年会战"有两个重点——滇中城市经济圈高速公路建设和出省出境通道建设。

1. 滇中经济圈高速公路建设

2015年8月31日,武定—易门、江川—通海、功山—东川3条高速公路开工,拉开了云南公路"五年会战"的序幕,也拉开了加快滇中经济圈高速公路建设的序幕。

滇中城市圈,指云南中部以昆明为核心,半径100~150km,包括曲靖、玉溪、楚雄、红河北部49个县组成的行政辖区,占全省土地面积的29%。

滇中经济圈高速公路建设其目的是强化昆明交通枢纽地位,着力加强昆明、曲靖、玉溪、红河、楚雄和滇中新区间互联互通,引领区域城市化和新兴产业布局,提升滇中城市经济圈协作发展能力,促进滇中城市经济圈一体化;构筑以昆明为中心,联动曲靖、玉溪、楚雄的铁路、公路、城市轨道交通和航空服务为一体的滇中综合交通网络,实现无缝对接,以完善设施为重点,畅通四州市交通渠道。

滇中高速公路网规划为"二环七联十二射",路网总里程3792km(已建成1828km、在建764km),"十三五"新增高速公路1200km,其中新增高速环线598km、放射线295km、联络线307km。

2016年12月26日、27日,全长61.418km的上关—鹤庆高速公路和全长42.777km的嵩明小铺—昆明乌龙高速公路分别建成通车,成为五年会战通车的第一批高速公路项目(图3-7)。

图3-7 小龙高速公路书写云南高速公路建设新篇章

2. 出省出境高速公路建设

云南出省出境通道开始时确定为"七出省、四出境",2015年3月10日,确定为"七出省、五出境"。

"七出省"通道是:昆明—武定—永仁—四川省攀枝花—成都;昆明—昭通—水富—重庆;昆明—曲靖—富源胜境关—贵州盘县—贵阳;昆明—罗平—贵州兴义;昆明—富宁—广西百色—南宁;昆明—宣威—普立—贵州六盘水—遵义;昆明—大理—香格里拉—

德钦—西藏芒康—拉萨。

"五出境"通道是：昆明—景洪—磨憨—泰国曼谷；昆明—蒙自—河口—越南河内；昆明—保山—瑞丽—缅甸皎漂；昆明—腾冲—缅甸密支那—孟加拉国达卡—印度雷多—加尔各答；昆明—临沧—清水河—缅甸曼德勒—仰光。

"五年会战"的又一个重要目标就是继续搞好出省出境通道建设。一是突出重点，加快迪庆、怒江、临沧三州市高速公路建设；二是打通省际"断头路""瓶颈路"，实施国省道干线公路改造，实现与四川、贵州、广西、重庆高速公路快速连接；三是基本建成适应开放型经济的公路网，推进连接周边国家高速公路和国家级、省级口岸高等级公路建设，规划建设沿边高等级公路。共实施高速公路重点项目48个，总里程4049km（其中，新建国家高速公路692km、地方高速公路1500km），估算投资5637亿元，计划投资3800亿元。其中续建项目22个、新建项目26个。

通过"五年会战"，到2020年，全省高速公路通车里程将达到6000km，基本形成"内联、外通、省内成网"的高速公路网布局，为云南主动融入和服务国家"一带一路"倡议提供支撑，为建成云南面向南亚、东南亚辐射中心提供保障。

第四节 高速公路现状

云南高速公路网由云南省境内国家高速公路和省高速公路组成，到2016年底，云南高速公路通车里程达4134km。

一、国家高速公路

2013年，国务院批准的《国家公路网规划（2013—2030年）》中的高速公路网涉及云南的主线有6条，即G5京昆高速公路、G85银昆高速公路、G56杭瑞高速公路、G60沪昆高速公路、G78汕昆高速公路、G80广昆高速公路。6条主线云南境内路段，除杭瑞高速公路宣威—曲靖、汕昆高速公路江底—召夸二期工程两段在建外，其余已全部建成高速公路。

国家高速公路网涉及云南的另有昆明绕城高速公路和12条联络线。昆明绕城高速公路除全长124.65km的东南绕城高速公路在建外，其余路段已全部建成通车。

在12条联络线中，杭瑞高速公路联络线G5611大理—丽江高速公路、广昆高速公路联络线G8011开远—河口两条高速公路已建成通车。银昆高速公路联络线G8511昆明—磨憨高速公路除小勐养—磨憨段在建外，其余路段已全部建成通车；银昆高速公路联络线G8512景洪—打洛高速公路现已建成小勐养—景洪高速公路。

杭瑞高速公路联络线G5615天保—猴桥高速公路现已建成鸡街—石屏、石屏—红龙厂、保山—腾冲3段高速公路;沪蓉高速公路联络线G4216成都—丽江高速公路华坪—攀枝花(川滇界)段已建成通车。在联络线中,还有蒙自—文山、玉溪—临沧、保山—泸水、华坪—丽江、砚山—文山、香格里拉—丽江等多条高速公路在建设中。

二、地方高速公路

根据《云南省道网规划修编(2016—2030年)》,云南高速公路按照"五纵五横一边两环二十联"布局,规划总里程1.45万km。

云南地方高速公路中,已建成通车的路段有:泸水—富宁高速公路瑞丽—陇川段;S8012滇中环线高速公路曲靖—陆良段;S24呈贡—那坡高速公路富宁—龙留段;S25平远街—马关高速公路平远街—文山段;S26呈贡—元阳高速公路呈贡—澄江段、通海—建水段;S43丽江—上关高速公路上关—鹤庆段、丽江机场高速公路;S30高崂—海口高速公路;S34玉溪—江川高速公路;S20昆明长水机场高速公路;S36楚雄—广通高速公路;S27羊街—鸡街高速公路。

三、"七出省、五出境"公路

随着全省骨架路网高速化进程加快,云南高速公路网络现已基本成型,"七出省、五出境"通道基本建成。"七出省"通道中,除宣威—曲靖、江底—召夸(二期工程)、香格里拉—丽江高速公路在建,香格里拉—德钦(隔界河)未启动外,云南境内段实现高速化,高速公路出省通道达5个,其中通往四川、广西各2个,通往贵州1个。"五出境"通道中,昆明—河口—河内、昆明—瑞丽—皎漂云南境内段实现高速化;昆明—磨憨—曼谷、昆明—密支那—加尔各答除小勐养—磨憨高速公路在建、腾冲—猴桥公路待建外,云南境内其他路段已实现高速化;昆明—清水河—仰光除昆明—大理建成高速公路外,云南境内其余路段待建。全省16个州市中有13个州市通高速公路,通往迪庆州、怒江州、临沧市的高速公路正在抓紧建设。

云南高速公路明细见表3-1。云南高速公路获奖信息见表3-2。

云南高速公路明细表　　　　　　　　　　　　　　　　　　　　　　　　　　表3-1

线路名称	线路编号	起讫地点	起点桩号	止点桩号	里程合计(km)	车道里程合计(km)	四车道(km)	六车道(km)	八车道及以上(km)	通车时间(年-月-日)
合计			0	0	4134.05	18317.664	3331.912	713.544	88.594	
武汉—大理	G348	太平村—拆分点	176.272	184.772	8.5	34	8.5			2011-12-28
成都—丽江	G4216	新庄河大桥(四川界)—化肥厂K180+000	0	12.277	12.277	49.108	12.277			2015

续上表

线路名称	线路编号	起讫地点	起点桩号	止点桩号	里程合计（km）	车道里程合计（km）	四车道（km）	六车道（km）	八车道及以上（km）	通车时间（年-月-日）
北京—昆明	G5	方山—小屯立交	2503	2715.059	212.059	848.236	212.059			2013-10-26
杭州—瑞丽	G56	普立—瑞丽市勐卯镇	1922	2956.225	940.93	4499.408	641.09	231.836	68.004	2016-12
昆明绕城高速公路	G5601	晋宁余家海—盘龙区	0	93.847	93.847	563.082		93.847		2012-12-30
大理—丽江	G5611	凤仪—拉市	0	193.153	193.153	772.612	193.153			2013-12-27
天保—猴桥	G5615	蒙自县蚂蝗塘—腾冲	180	966.526	216.526	866.104	216.526			2015
上海—昆明	G60	胜境关—金钟山	2149	2329.899	99.901	448.202	75.602	24.299		2002-10-18
汕头—昆明	G78	江底—昆明	1853.462	2117.151	188.673	997.83	72.804	110.169	5.7	2015-02-16
广州—昆明	G80	罗村口—半截河	858.281	1314.477	456.196	1824.784	456.196			2011-12-30
开远—河口	G8011	弥勒县—河口	0	220.018	220.018	880.072	220.018			2013-10-09
砚山—文山	G8013	文山—文山城区	16.128	20	3.872	15.488	3.872			2016
银川—昆明	G85	水富—G85 岔口	303	803.299	500.299	2044.956	478.419	21.88		2015-09-25
昆明—磨憨	G8511	开发区—小勐养	4.65	512.254	507.604	2196.35	424.637	82.967		2010-04-25
景洪—打洛	G8512	小勐养—景洪	0	17.854	17.854	71.416	17.854			2008-12-31
曲靖—泸西	S17	曲靖市南关—陆良县西桥	1036.67	1100.52	63.85	255.4	63.85			1999-09-01
易门—弥勒	S18	江川县城—太极环岛	263.819	290.019	26.2	157.2		26.2		2002-01-29
长水机场—楚雄	S20	马房村—广通镇	0	16.929	16.929	67.716	16.929			2014
平远街—文山	S23	平远街—老回龙	0	32.4	32.4	129.6	32.4			2016-12
昆明—那坡	S24	富宁—龙留	0	22.096	22.096	88.384	22.096			2015
昆明—清水河	S26	高峣—海口	0	30.028	30.028	180.168		30.028		2002
蒙自绕城高速公路	S2601	羊街—鸡街	0	17.515	17.515	70.06	17.515			2016
昆明（黄土坡）—澄江	S27	黄土坡—昆玉互通	0	46.332	46.332	266.928	5.532	40.8		2016
昆明—建水	S29	通海县城—建水零公里	0	62.904	62.904	251.616	62.904			2004-11-26
上鹤高速公路	S39	鹤庆—军马场立交出口（青花坪）	0	60.009	60.009	240.036	60.009			2016

续上表

线路名称	线路编号	起讫地点	起点桩号	止点桩号	里程合计（km）	车道里程合计（km）	四车道（km）	六车道（km）	八车道及以上（km）	通车时间（年-月-日）
新机场高速公路	S400	两面寺立交—新机场站前区	0	14.89	14.89	119.12			14.89	2012
腾冲—瑞丽	S47	瑞丽市帕色坝—陇川收费站	0	16.26	16.26	65.04	16.26			2016
东绕城线	S48	乌龙村—广卫	0	25.482	25.482	152.892		25.482		2007-01-22
南连接线高速公路	S50	高峣立交—洛羊收费站	0	25.406	25.406	152.436		25.406		2014-08-30
汕昆高速公路支线	S81	石林—拆分点	2041.622	2043.662	2.04	9.42	1.41	0.63		2003-11-16

云南高速公路获奖信息表　　　　表3-2

序号	项目名称	获奖时间	获奖类型	奖励等级	授奖单位	受奖单位
1	昆明—嵩明高速公路建设工程	1997年	中国优质工程		交通部	
2	昆明—玉溪高速公路建设工程	2001年	国家优质工程	鲁班奖	中国建筑业协会	云南昆玉高速公路建设指挥部
2	昆明—玉溪高速公路建设工程	2001年	云南省优质工程	一等奖	云南省人民政府	云南昆玉高速公路建设指挥部
3	玉溪—元江高速公路建设工程	2002年	国家优质工程	银质奖	中国建筑业协会	云南玉元公路建设指挥部
3	玉溪—元江高速公路建设工程	2002年	云南省优质工程	一等奖	云南省人民政府	云南玉元公路建设指挥部
4	昆明—石林高速公路建设工程	2004年	云南省优质工程	一等奖	云南省人民政府	云南昆石高速公路建设指挥部
4	昆明—石林高速公路建设工程	2005年	国家优质工程	银质奖	中国建筑业协会	云南昆石高速公路建设指挥部
5	曲靖—胜境关高速公路建设工程	2004年	云南优秀工程设计	一等奖	云南省建设厅	云南曲胜高速公路建设指挥部
6	砚山—平远街高速公路建设工程	2005年	云南省优质工程	一等奖	云南省人民政府	砚平高速公路建设指挥部
6	砚山—平远街高速公路建设工程	2008年	国家优质工程	银质奖	中国建筑业协会	砚平高速公路建设指挥部
7	安宁—楚雄高速公路建设工程	2007年	云南省优质工程	一等奖	云南省人民政府	云南安楚高速公路建设指挥部
7	安宁—楚雄高速公路建设工程	2008年	国家优质工程	银质奖	中国建筑业协会	云南安楚高速公路建设指挥部

续上表

序号	项目名称	获奖时间	获奖类型	奖励等级	授奖单位	受奖单位
8	思茅—小勐养高速公路建设工程	2008年	云南省优质工程	一等奖	云南省人民政府	云南思小高速公路建设指挥部
		2009年	国家优质工程	银质奖	中国建筑业协会	云南思小高速公路建设指挥部
		2010年	中国土木工程詹天佑大奖		中国建筑业协会	云南思小高速公路建设指挥部
9	罗村口—富宁高速公路建设工程	2008年	云南省优质工程	一等奖	云南省人民政府	云南罗富高速公路建设指挥部
		2010年	国家优质工程	银质奖	中国建筑业协会	云南罗富高速公路建设指挥部
10	水富—麻柳湾高速公路建设工程	2010年	云南省优质工程	一等奖	云南省人民政府	云南水麻高速公路建设指挥部
		2012年	国家优质工程	银奖	中国建筑业协会	云南水麻高速公路建设指挥部
11	新街—河口高速公路建设工程	2011年	国家优质工程	金奖	中国建筑业协会	云南新河高速公路建设指挥部
		2011年	中国土木工程詹天佑大奖		中国建筑业协会	云南新河高速公路建设指挥部
		2011年	国家30年经典工程	优质奖	中国建筑业协会	云南新河高速公路建设指挥部

"十三五"期间,云南将继续实施高速公路项目72项,总里程7186km。按路网属性,国家高速公路5项,里程1946km;地方高速公路67项,里程5240km。

第四章
作 用 凸 显

在保山—腾冲高速公路上有座龙江特大桥。在距龙江特大桥约2km的龙川江上有座始建于清咸丰二年(1852年)的龙安桥。这座古桥在日本侵略军占领腾冲后被毁。抗日战争胜利后,当地群众在原基础上重建了供人马通行的柔性钢索吊桥。丙弄村的常启兴不仅捐了钱,还担任了吊桥施工的技术指导。70年后,担任龙江特大桥建设指挥部指挥长的常文则是常启兴的孙子。常文用"机缘巧合"四个字来概括这段佳话。他说:"龙江特大桥投资19亿多元。修建这样的大桥,首先得有国家财力作支撑。这是国家经济实力和科技水平发展到现在这个程度的必然产物。爷爷那时不敢想,就是我读书的时候也不敢想。"1980年,常文高中毕业后考上重庆交通学院。他说,当时,学校还没有正规的高速公路建设的教材,他们能够见到的只有一些用蜡纸刻印的油印资料。

龙江特大桥的实践说明,交通设施是与社会经济的发展相辅相成的,一定的社会经济形态必然会有与之相适应的交通设施。高速公路建设是改革开放以后我国社会经济快速发展的需要,是社会经济的快速发展催生了高速公路。

同时,国家经济实力的提升也为高速公路建设提供了资金保障。高速公路建设的跨越式发展,又为改善经济发展环境、降低交易成本、调整产业结构、扩大对外开放、优化资源配置和支撑经济健康快速发展奠定了坚实的基础。

第一节 高速公路拉动相关行业发展

高速公路对经济的促进作用在公路建设过程中就已显现出来。

2002年,《云南省人民政府关于加快公路建设的决定》指出,公路建设投资已占全省固定资产总投资的1/7。通过加快公路建设,能有效扩大内需,带动经济增长。高速公路建设不仅带动了社会固定资产投资,而且建设过程中大量使用钢材、水泥、砂石料、木材、沥青和汽油、柴油等,大量吸纳公路建设沿线的劳动力,稳定了省内的工程建设队伍,对拉动钢铁、建材、化工和省内流通企业,对扩大就业和脱贫致富都起到了积极的推动作用。

公路建设对相关行业的需求有拉动效应,源于公路建筑行业与其他部门之间的技术经济联系。据人民交通出版社出版的《西部开发10周年交通运输发展文集》显示,高速公路建设平均每公里需钢材1000t、水泥9000t、沥青800t。据估算,每1亿元高速公路建设投资需投入45万个工作日,为公路建筑业创造或保留约2000个就业机会,带动的社会总产值接近3亿元,相应创造国民生产总值0.4亿元。以1999年为例,云南完成公路建设投资93.8亿元,吸纳就业19.6万人次,耗用钢材12万t、水泥175万t、砂石料1220万t、木材5.5万m^3、汽油、柴油21万t、沥青8.2万t,增加消费23.4亿元。

"十一五"期间,云南交通投资不断增加,前四年平均达300亿元,2010年一举越过700亿元大关,五年累计完成交通投资2042亿元,是"十五"期790.8亿元的2.58倍。交通投资占全省固定资产投资比例达11%,成为云南应对金融危机、拉动经济增长的重要引擎。

据云南省交通运输厅2016年编写的《云南省交通运输统计资料汇编》,"十二五"期间,云南仅高速公路建设就完成1665.22亿元的投资,拉动了各类原材料消耗,需要钢筋350.36万t、钢绞线17.98万t、水泥2167.28万t、沥青74.10万t、汽柴油74.10万t、片石1847.73万m^3、砂3859.65万m^3、碎石7218.90万m^3,增加人工34304.20万工日。交通基础设施建设促进整个上下游产业链的发展,带动相关行业投资消耗,并且增加就业机会,保障社会经济稳步发展。

高速公路建设是一项耗资巨大的工程,高速公路建设投资不仅直接提供大量就业机会,为公路建设直接和间接提供产品的各部门相应增加的就业机会更是达到了公路建筑的2.43倍。

"十二五"末,云南省建成高速公路里程达到4000km,完成高速公路投资1570亿元,提供了约70650万个就业岗位,仅道路运输从业人员就达100多万人,极大地缓解了云南省就业压力,间接拉动经济增长。同时,全省平均每年的高速公路投资直接拉动经济增长近3个百分点。

1996—2014年,云南省第三产业就业人数从346.6万人增加到912.49万人,年均增长9%;第三产业就业人数占总就业人数的比重由27.56%增长了1.33%。高速公路建设的快速发展,推动了第三产业快速增长,极大地带动了道路运输、汽车制造、建材等相关行业的产业结构调整,从而促进经济迅速发展。

第二节　高速公路带动汽车运输业发展

交通运输作为国民经济的流动载体,沟通生产和消费,是经济发展诸多因素中非常重要的一个。

云南省地处西南内陆,没有海运,内河运输因为主要河流为山区河流,水流湍急,降比过大,水运不具优势。航空运输则主要集中在客运方面,对于大宗物品的运输本身不经济。铁路则由于建设投资受限,建设期长,以线运输为主,不具备面上的灵活性。这些特点,使公路运输特别是高速公路运输成为客货运输的主要形式。高速公路运输通过减少运输的中转、增加直达运输的货物周转量、缩短运输时间,体现了便捷、灵活、高效的优势。

经济的发展与交通的发展密不可分。公路建设对相关行业发展起到推动效应,主要体现在公路建设为其他行业创造良好的外部环境,进而对行业发展起到推动作用。比如:高速公路的不断发展,强有力地推动了公路交通的物流业、快速客运、汽车产业的快速发展,为经济社会的现代化发展插上了翅膀。

一、云南汽车运输回顾

中华人民共和国成立初期,云南公路里程少、等级低,汽车运输也十分落后。据《云南公路运输史》第二册记载,1949年12月,全省能行驶的载客汽车仅20辆。1950年,全省完成汽车客运量2万人次,完成旅客周转量165万人·公里。1951年,省公路运输部门有营运货车434辆,全年完成货运量11万t,完成货物周转量3326万t·km。

云南第一条高速公路诞生于1996年。以前一年的1995年为例,全省公路通车里程68236km(有30024km农村公路未纳入统计,实际总里程98260km),有民用汽车33.39万辆。全年完成汽车客运量2.09亿人次(不包括城市公共交通)、旅客周转量93亿人·公里;完成货运量3.54亿t、货运周转量192亿t·km。

二、高速公路催生高快客运

1996年,云南第一条高速公路——昆明—嵩明高速公路建成通车后,高等级公路连通了昆明和曲靖。云南高速公路从无到有,云南高快客运也从无到有。高速公路通车后,昆明、曲靖两家交通运输集团很快投入高档客车,开行了昆明—曲靖高快客运线路。这是云南省第一条高快客运线路,在经营和服务上采用"航空式"全程服务,打破了传统的道路运输模式,从车辆的配置到线路班次、服务过程都以崭新的面貌出现在云岭大地上。

1999年10月1日,曲靖—陆良高速公路通车。当天,曲靖、陆良两地间便开通了高快客运,直达豪华中巴15分钟一个班次,大大方便了两地间群众的出行。

随着云南高速公路里程的不断增长,全省高快客运的线路也不断增加(图4-1)。到2007年底,全省16个州市交通运输企业都先后开通了以昆明为中心的高快、直快客运。高快客运由当初昆明—曲靖一条线路、日发12个班次,发展到覆盖全省16个州市和主要县市的高快、直快客运网络,全部实现了"朝发夕至"和"夕发朝至"的快捷运输服务,每天从昆明发出的高快、直快车达到117个班次。昆明高快客运公司由3辆高快客车、1条高快客运线路起步,发展到 33 条线路、80 辆高快客车,线路班次不仅辐射了省内主要州市和四川、贵州等省,还连通了老挝万象等地。

图 4-1　高快豪华客车通行在高速公路上

三、高速公路促进汽车运输发展

从 1996 年开始,云南公路建设进入了高速公路建设时代,云南汽车运输也步入了快速发展时期。据《云南省交通运输统计资料汇编》,2015 年,云南省共有各类汽车 4857907 辆。

(一)客运站及客运班线

截至 2015 年年底,云南省共有等级客运站 839 个。其中,一级客运站 40 个、二级客运站 83 个、三级客运站 63 个、四级客运站 377 个、五级客运站 276 个,客运站场等级不断提高,客运站年平均日发送旅客 619781 人次。全省共开通客运班线 6486 条,线路平均日发班次 64373 个班次,其中,高速公路客运班线 781 条,平均日发班次 2984 个班次。全省共有跨省线路 355 条、跨州(市)线路 1124 条、跨县线路 1149 条、县内线路 3858 条。跨省线路、跨州(市)线路、跨县线路、县内线路平均日发班次分别为 549 班次、4493 班次、8043 班次和 51288 班次。

(二)客运车辆装备水平

截至 2015 年年底,全省道路客运车辆总数为 49204 辆,客位数 813564 座,按标记客位分大型客车 8048 辆、中型客车 13350 辆、小型客车 27806 辆;按车长分特大型 36 辆、大型 5968 辆、中型 9516 辆、小型 33684 辆;按等级分高级 10050 辆、中级 11690 辆、普通 27464 辆。全省客运车辆以中型、小型为主,通过加强对运力结构的宏观调控,车辆结构大中小匹配和车辆向中高级化发展,与道路运输需求的多元化发展日趋合理。

(三)货运车辆装备水平

截至2014年年末,云南省拥有经营性道路货物运输车辆589279辆,总吨位数2449016t。按照标记吨位,其中,大型车辆157567辆、中型车辆35701辆、小型车辆389673辆;按照车型结构,挂车7058辆、厢式车54057辆、集装箱车63辆、罐车7585辆;按照经营范围,普通载货汽车567980辆、专用载货汽车7903辆、大型物件运输车35辆、危险货物运输车5886辆。

(四)国际道路运输

截至2015年年底,云南有国际道路运输经营业户59户,从业人员1192人。其中,旅客运输经营业户11户、从业人员120人;货物运输经营业户48户、从业人员1072人。全省投入国际道路运输(图4-2)的客运车辆有86辆,客位数3182位;货运车辆1064辆,吨位数15672t。全省开通国际道路客运线路25条、货运线路25条,全年通过边境口岸由中外双方承运者完成客运量2806681人次,完成旅客周转量151097696人·公里;完成货运量6318108t,完成货物周转量330836226t·km。

图4-2 高速公路促进国际道路运输

(五)信息化建设步伐加快

2014年,云南省道路运输数字化管理服务平台建设全面启动,开发了涵盖内部管理、行业管理、市场监管、决策与应用服务、公众服务等模块,确保所有的业务实现数据共享、联动联控。启用了"省际包车客运管理信息系统",并在12个州市试用,率先在全国实现省内包车"网上申请、审核及备案"的现代化管理格局。道路运输从业人员管理平台建设顺利完成,实现了道路运输从业人员报名、考试、考核等工作的信息化管理。"七彩云南·智慧出行云服务平台"项目被评为中国交通运输信息化智能化建设优秀项目。

（六）客货运输量大幅提升

据统计,2014 年,云南省铁路、公路、水运、民航完成客运量分别为 0.34 亿人、4.45 亿人、0.11 亿人、0.11 亿人,公路交通占客运总数的 88.82%;完成货运量分别为 1.21 亿 t、10.32 亿 t、0.06 亿 t、9.35 万 t,公路交通占货运总量的 88.81%。全省道路运输完成客运周转量 321.06 亿人公里、货运周转量 1002.35 亿 t·km,道路运输业总产值突破千亿大关,高达 1211.56 亿元,在全省生产总值中所占比重为 9.56%,有力推动了全省经济平稳增长(图 4-3)。

图 4-3　高速公路促进云南货物运输向集约化、规模化发展

第三节　高速公路促进旅游发展

2016 年 1 月 30 日,"最云南·新发现"云南十大特色旅游新地标评选活动在昆明举行,位于宣威市普立乡的尼珠河大峡谷一跃成为特色旅游新秀,与其他九个旅游目的地成功入围云南十大特色新地标。

普立、尼珠河这两个地名此前都很少有人知道。普立位于宣威市东北部、云贵两省交界处,彝语意为普鲁着,含义为彝族普鲁家的住处,是宣威市最为边远的一个贫困乡。普立进入人们的视野,缘于 2015 年 8 月 25 日通车的普立—宣威高速公路,缘于普宣高速公路上的两座特大桥——普立特大桥和北盘江第一桥。

普立特大桥为高速公路悬索桥,大桥桥面至谷底高 500m。

普立属典型的喀斯特山区,是一个干旱缺水的穷地方,历史上从没有过什么像模像样的桥。普立特大桥横空出世,让普立人、宣威人,乃至曲靖人、昆明人大开眼界。2015 年 8 月 25 日,普宣高速公路通车,当年国庆长假就有省内外游客 5 万多人游览普立大桥,创造了宣威市单项旅游项目的纪录。

普宣高速公路火了普立特大桥,也让尼珠河大峡谷火了。

尼珠河当地人也称"泥猪河",是北盘江的一条支流。大峡谷位于普立乡与贵州省水城县坪寨乡、都格镇交界处,峡谷相对高差300~700m,河谷宽200~400m,大峡谷长约10km。大峡谷山势巍峨、河谷幽深、峰林怒拔、千岩竞秀、云腾雾绕、水流湍急,峡谷两岸悬崖峭壁上生存着国家二级保护动物猕猴、金雕,幽深秀丽的官寨沟、光怪陆离的溶洞、倒挂依壁的老树、色彩斑斓的悬崖峭壁、飞泻百米的雌雄双瀑,河中躺满亿万奇石。大峡谷中的尼珠河自然村依山傍水、橘树成林,农民在田间地头忙碌,村旁靠山脚处有一棵要12个成年人才围得拢的菩提树,枝繁叶茂,洒下一地绿荫……在高山断崖的映衬下,小村庄显得宁静安然,有一种世外桃源的感觉。这是滇东北地区最恢宏、最秀美、最神奇的大峡谷,是徒步探险、生态观光、漂流攀岩最理想的旅游目的地。普宣高速公路建成通车,使"藏在乌蒙人未识"的尼珠河大峡谷"一朝发掘惊世人"。

蜂拥而至的游客让普立乡党委、政府及当地群众都有些措手不及。2016年春节前,普立乡及早准备,尽量完善配套设施,在普立大桥附近的阿基卡村委会小松山选址修建了3个临时停车场和3个观景台。仅大年初一这天,到普立大桥的游客就达到21000人次,经官寨沟到达尼珠河大峡谷的游客就超7000人次。整个春节期间,累计到达尼珠河峡谷中的游客近20000人次,尼珠河村的农家客房入住率达100%,农家地道饭菜供不应求。

春节长假期间,大量游客前往普立,致使普宣高速公路和宝山—普立公路堵车均超15km。部分游客只得弃车路旁,徒步六七公里观桥。据统计,普立共接待游客7万余人,创收70余万元。

正当普立人沉浸在普立特大桥和尼珠河大峡谷带来的惊喜之中时,又一喜讯再次传遍边远的山乡、传遍全中国:2016年9月10日下午,横跨云贵两省的当今世界第一高桥——北盘江第一桥(图4-4)成功合龙。这座大桥位于宣威市普立乡腊龙村与贵州省六盘水市水城县都格镇交界处,横跨尼珠河大峡谷,距普立大桥仅12km。大桥全长1341.4m,桥面离河底垂直高度565m,相当于200层楼的高度,是当之无愧的世界第一高桥。

2016年国庆黄金周,因北盘江第一桥尚未通车,游客还难以一睹它的风采。但是,到普立大桥、尼珠河大峡谷的游客依然不减,仅10月3日一天,从官寨沟前往尼珠河大峡谷的游客就达2100人次,当地村民几乎全部出动,为游客提供食宿。

普宣高速公路建成通车,给普立乡带来了新的发展机遇。乡党委、政府提出了全面实施"生态立乡、交通兴乡、产业强乡"的新思路,提出了打造"生态旅游之乡、特色产业之乡"的新目标,努力把旅游产业培育成全乡经济发展的远景支撑点。

高速公路的建设和通车,使一些"藏在深山人未识"的旅游景点展现在世人面前,与此同时,高速公路的一些精美建筑也成了独特的旅游景点,这样的事在云南还有很多。

第四章
作用凸显

图 4-4　北盘江第一桥成为旅游景点

高速公路建成和通车,加快了汽车行驶速度,缩短了旅客在途时间,提高了旅游的舒适性和方便性,促使旅游观光形态从通过型向滞留型转变,大大促进了旅游服务业的发展(图 4-5)。

图 4-5　高快客运促进云南旅游业蓬勃发展

在云南,高速公路建设对旅游的促进作用十分明显。2015 年,全省累计接待海外入境游客 1075.32 万人次,同比增长 7.75%。德宏、红河、西双版纳由于交通条件改善,口岸入境一日游分别达到 203.96 万人次、127.15 万人次、108.63 万人次,占全省口岸一日游人数的 40.4%、25.2%、21.5%,增幅均超过 20%。其中,西双版纳州入境一日游同比增长 29.09%。

交通条件的改善,也带来了国内旅游市场的快速增长。2015 年,云南省共接待国内旅游者 32343.95 万人次,同比增长 15.04%。国内旅游市场出现三个特点:一是省外游客成为云南主要的客源市场。2015 年,省外游客占全省接待总量的 57.57%。二是省内客源市场进一步壮大。2015 年本省居民占国内游客总量的 42.43%。三是非城镇居民游客比重进一步提高。2015 年非城镇居民游客所占比重提升了 8.12 个百分点,达 27.58%。

由于交通条件改善,促进了各州市国内旅游市场发展。西双版纳、迪庆、红河、德宏、保山等热点旅游地区 2015 年同比增幅均在 15% 以上,继续保持了快速增长的势头。玉溪凭借位于滇中经济圈和良好的交通优势,接待游客达 2309.57 万人次,同比增长 13.77%。楚雄、昭通、普洱、怒江、临沧、文山等新兴的温热旅游地区实现了快速增长。

交通条件的改善,带动了"黄金周"假日旅游。节假日旅游继续成为云南旅游市场发展的强劲增长点。2015 年春节"黄金周"全省共接待游客 1265.08 万人次,同比增长 10.38%。

交通条件的改善,拉动了小长假短线旅游。2015 年元旦小长假,云南省接待旅客 298.47 万人次,占当月接待国内旅客总量的 15.04%;清明节小长假,全省共接待游客 323.13 万人次,占当月接待国内旅客总量的 12.25%;"五一"小长假接待旅客 469.32 万人次,占当月接待国内旅客总量的 16.98%;端午节小长假接待旅客 322.01 万人次,占当月接待国内旅客总量的 12.10%。

交通条件的改善,拉动了暑期旅游。依托良好的"品牌效应"和便利的交通,2015 年暑期旅游再次形成高峰。7~8 月,全省共接待国内游客 6481.71 万人次,占全年接待国内游客总量的 20.0%,同比增长 17.15%,实现国内旅游总收入达 612.25 亿元,同比增长 19.27%。从月均接待量看,暑期月接待量达 3240.86 万人次,高出全年月接待量 545.53 万人次。

由于交通条件的改善,云南旅游产业的地位进一步凸显。

从 1996 年云南第一条高速公路问世到 2013 年的 17 年间,随着云南高速公路里程的不断增加,接待国内外游客从 74 万人次增长至 24410 万人次,环比增长 18.3%;旅游收入从 17.6 亿元增长至 2111 亿元,环比增长 7%。2014 年,云南的旅游人数达到 28116.49 万人次,旅游收入达 2665.49 亿元。2015 年,全省旅游业总收入达 3281.79 亿元,比上年增长 23.09%。2015 年旅游带动就业人数达 698.02 万人,旅游业生产税净额达 100.94 亿,占财政总收入比重为 3.1%。

舒适、快捷的交通工具是旅游收入快速增长的重要因素。高速公路的建成通车,为云南省旅游资源的开发利用创造了条件,使沿线地区走上了快速发展的轨道。云南省高速公路建设提高了旅游的舒适性和方便性,缩短了旅客在途时间,旅游模式和旅游深度发生巨大变化,旅游业的持续发展,使云南旅游收入的增长速率远大于全省生产总值的增长速率。

第四节　高速公路促进边贸发展

"一座白色的钢架建筑横跨在被郁郁葱葱的热带雨林包裹着的两山之间,一条公路从建筑高大的拱门下延伸向前,又从一座金色塔形建筑的拱门下穿过。每天,大批人员、

第四章
作用凸显

车辆都要通过两个拱门往来穿行。这里,就是位于西双版纳南端边境的磨憨口岸,那座金色的建筑是老挝的磨丁口岸,而连接两个口岸的这条繁忙公路就是从昆明一直通往泰国曼谷著名的昆曼公路。"这是《春城晚报》一位记者对磨憨口岸和昆曼公路的描述。

昆曼国际大通道全长约1800km,起于中国昆明,从国家一级口岸磨憨进入老挝境内,止点为泰国首都曼谷。这是中国陆路连接东南亚国家的一条重要交通大动脉。2008年3月21日,小勐养—磨憨二级公路建成通车,昆曼大通道国内路段全线打通,全程实现高等级化,成为中国连接东盟的方便快捷的运输大动脉,其经济效益和社会效益不断显现。

昆曼大通道国内路段全线打通,不仅改善了沿线的交通条件,而且物流功能日益显现。昆明到磨憨口岸汽车仅需要10个小时左右,从昆明到曼谷的行车时间也从过去的40多个小时缩短到20多个小时。云南省内商品通过昆曼公路出口到泰国,比经两广沿海港口走南海、马六甲海峡海运至曼谷,里程缩短5000km。

昆曼大通道打通后,国务院批准设立云南勐腊(磨憨)重点开发开放试验区。试验区东、南、西三面与老挝陆地相连,西部与缅甸隔江相望,核心面积190km^2。国家赋予试验区5个功能定位:建设成为中老战略合作的重要平台、联通我国与中南半岛各国的综合性交通枢纽、沿边地区重要的经济增长极、生态文明建设的排头兵和睦邻安邻富邻的示范区。

与云南勐腊(磨憨)重点开发开放试验区相呼应,对面的老挝也建起了磨丁经济开发区。经两国协商,使跨境经济自贸区面积达到50km^{2}以上,年跨境自贸运输量达到50万t的水平。

中老两国建设跨境经济自贸区,中泰两国则利用昆曼大通道的便利,签订"滇菜换泰油"贸易协议。中泰两国各有100辆货车在昆曼公路上对开,初步目标是泰国向中国出口5.5万t成品油,中国向泰国出口相应价值的蔬菜。除了"蔬菜换石油",还有"鲜花换水果""冷果换热果"项目。中国—泰国车辆冷藏保鲜柜直接换柜业务随之展开,改变了过去中泰车辆只能在老挝境内拨货的烦琐模式。在新的监管模式下,泰国运输车辆可以直接在中老边境的磨憨口岸入境,为中泰陆路冷链无缝国际运输提供了保障。泰籍集装箱冷柜车从磨憨口岸入境,在勐腊海关关员的全程监管下,驶入指定货场与中国车辆同时进行查验、吊框换装后,泰籍车辆又载着云南鲜切花集装箱冷柜驶离磨憨口岸。

昆曼大通道打通后,大型货柜车从此更加便捷地往来于中国、老挝、泰国之间,每逢节假日,来自全国的出境自驾族更是把不大的磨憨城挤得水泄不通。每天清晨,磨憨口岸外等待入关的大货车都会排起长龙。这些货车里满载山竹、榴莲、菠萝蜜等东南亚国家的热带水果,通关后将奔赴中国的各大市场。

通过磨憨口岸,中国西南地区的新鲜果蔬可以在两天半时间进入泰国曼谷的超市及农贸市场。

昆曼公路促进了中国、老挝、泰国三国的陆路贸易往来，贸易商品逐渐朝着多元化的趋势发展。农产品是昆曼公路上的外贸主力商品。2010年，云南通过昆曼公路进出口农产品1.5亿美元，占外贸比重的27.3%。"十一五"期间，机电产品成为中国、老挝、泰国三国间往来于昆曼公路的另一类主要贸易商品。依托昆曼公路带来的运输便利，云南省五金机电商会加强了与泰北贸易合作，全省五金机电行业通过昆曼公路经营的机电产品外贸年增速达18.8%。

据海关统计，"十一五"期间，经昆曼公路通往国外物流运量累计达到177万t，贸易额13亿美元，有效带动了沿线经济发展。磨憨口岸业务量增长迅猛，仅2010年进出口货运量累计达75.4万t，同比增长37.6%，进出口贸易额增至7.53亿美元。"十一五"期间，磨憨口岸外贸年均增速51.6%，增速在全省排名第一。2011年，磨憨对外贸易货物总量69.7万t，对外贸易总额6.4亿美元，出入境人员为67.5万人次，出入境车辆18.2万辆次。

路通了，边民也富裕起来了。磨憨口岸所在的勐腊县有13万农民，年购买小轿车数量近年达到1000辆。勐腊全县21万人口，手机用户14万，加上固定电话，人均一部电话。

沿昆曼公路走出去，企业也纷纷获益。西双版纳红星公司是较早在这条国际大通道上做生意的公司。"与水路相比速度快多了，一车红提从红河拉到曼谷只要55个小时。"公司董事长杨兆忠介绍，综合淡旺两季，红星公司平均每天都有13个冷库的果蔬发往曼谷，业务最高峰时的2013年，公司营业额一度达9亿多元。

如今的磨憨已经不仅仅只是一个国家级边境口岸的角色。沿边开发开放的大潮把磨憨这个边陲小镇推向了融入国家"一带一路"建设的前沿。2015年1月，习近平总书记考察云南时为云南确定了在"一带一路"建设中努力成为面向南亚东南亚辐射中心的新坐标。随着勐腊（磨憨）重点开发开放试验区及中老磨憨—磨丁经济合作区建设的启动，磨憨成为继中哈霍尔果斯国际边境合作中心之后，我国与毗邻国家建立的第二个跨境的经济合作区。

为了进一步提升昆曼国际大通道的功能，2015年5月，小勐养—磨憨高速公路开工。

承载着融入国家"一带一路"建设重任的磨憨，将会给人们带来更多的期盼。

目前，云南省已建成国家级口岸13个、省级口岸7个、边民互市点100多个，开通了30多条边境通道和众多边民互市点。磨憨是云南边贸发展的一个缩影。

在云南建成高速公路之前的1995年，磨憨口岸出入境人员14.4万人次，出入境交通工具1.23万辆次，货运量3.2万t。2015年，磨憨口岸出入境人员139.31万人次，出入境交通工具46.35万辆次，货运量253.29万t。

云南瑞丽口岸的变化同样让人惊喜。目前，云南省会昆明至瑞丽的高速公路已全线打通。

1995年,瑞丽口岸出入境人员273.7万人次,出入境交通工具10.5万辆次,货运量32万t,进出口总额25.4亿元。2015年,瑞丽口岸出入境人员突破1500万人次,出入境交通工具达250万辆次,货运量346.5万t(2014年数据),进出口总额286.3亿元。

1995年,云南省外贸进出口总额21.21亿美元。2015年,云南省外贸进出口总额245.3亿美元。20年间,增长了11倍多。这样的发展速度,高速公路的快速发展无疑是一个重要的助推器。

第五节　高速公路投资促进经济增长

交通与经济社会发展密切相关,薛绍铭在《黔滇川旅行记》中讲述了一个生动的事例。浙江金华火腿"其味似不及宣腿之佳,而价则较昂",而且,外销数量也远远超过了宣威火腿,"此无他,地位及交通使然耳"。

公路运输的地位和作用,决定了公路的状况直接关系到云南经济和社会发展的进程。在1993年3月3日召开的云南省重点建设工作会议上,时任省委书记的普朝柱说,云南每年需调出物资2500万t,而运力只能达到1000万t,不得不"以运定产"。他说:"资源再好,如果没有交通也是废料一堆,不可能变成商品。"他强调:"云南这个区位优势能不能充分发挥出来,关键在于交通。你有条大路,比较畅通的大路,就可以搞大贸易。你有条中路,就只能搞中贸易。如果你只有小路、晴通雨阻的路,或者只有人马驿道,那个就只能搞点边民互市了。想搞大生意、大买卖是做不到的。"

从对交通运输的切身感受中,历届云南省委、省政府都十分重视公路建设。云南有了第一条高速公路之后,高速公路建设的投入不断增加,通过20年的努力、拼搏,2016年底,高速公路里程达到4134km。

据相关资料,高速公路平均速度在80~120km/h,是一般公路运能的4倍。车辆运输成本降低了1/3,通行时间节省了1/2,交通事故比一般公路降低了90%。高速公路为云南经济社会发展提供的支撑作用是十分明显的。

20世纪50年代,从昆明到下关,汽车要行驶四五天。改革开放之初,昆明到下关,汽车也要行驶两天。如今,坐上高快客车,半天即可到达。改革开放之初,从昆明到西双版纳,汽车要行驶三天,如今,大半天就可到达。

在云南,提起交通的变化,总会有说不完的话题。

改革开放之初,从昆明到云南北大门水富,由于公路路况太差,人们只得选择铁路。经成都—昆明铁路乘火车到成都,再转乘火车到四川宜宾,从宜宾再乘火车到金沙江边的小镇安边,然后乘渡船过金沙江到水富,既麻烦,又费时。如今,国高网 G85 银昆高速公路云南段全线通车,从昆明到水富半天多即可到达。

罗村口—富宁高速公路建设期间,因砚山—富宁间公路技术状况差,加之从广东、广西进入云南的大型货车较多,路途随时堵车。公路建设者们从昆明去工地,只得经南宁—昆明铁路乘火车到广西百色,再从百色乘汽车到富宁。如今,国高网 G80 广昆高速公路云南段全部建成通车,从昆明到富宁半天即可到达。

1983 年,上海的协作代表到云南德宏考察,见了德宏州领导,第一句话就问:"有没有第二条路回去?"当时,通往德宏的只有抗日战争时期修建的滇缅公路。德宏州领导如实回答:"只能原路返回。"对方叹了口气说:"德宏这地方,来了不想走,走了不想来,路实在是太难走了!"如今,德宏的路旧貌换新颜。国高网 G56 杭瑞高速公路直达瑞丽,外来的人们无须再望路兴叹了。

这就是发展,这就是变化。

公路交通是国民经济现代化的重要组成部分和必要条件,是物质生产活动和商品流通的支柱,是国民经济的命脉,也是一个地区经济繁荣、人民生活富裕、文化发达和国防巩固的重要前提。公路属于公共、半公共产品,其价值和使用价值主要体现在公路使用者获取的经济利益,是优良资产,是国民经济重要的基础设施,是交通基础设施的重要组成部分,是社会长远发展的物质基础。

云南省是一个典型的高原山区省份,铁路、航空、水运等运输方式发展滞后,在云南省综合运输体系中公路运输一直占据绝对主导地位,有着极为重要的作用。云南高速公路的建设,密切了城乡联系,推动了交通、商贸、旅游、饮食、娱乐、体育和服务等事业的共同发展。高速公路建设,带来的是人便于行、货畅其流,带来的是云南经济社会的快速发展,各族人民也从中得到了更多的便利和实惠。

一、投资促进增长　发挥关键作用

"十二五"期间,云南省固定资产投资(不含农户)完成 47782.09 亿元,其中公路水路建设投资完成 3437.66 亿元,占全省固定资产投资的 7.19%。根据云南公路水路建设投资拉动贡献对增加值的乘数为 1.77 的研究成果,"十二五"期间,公路水路建设投资对全省生产总值的贡献为 6084.66 亿元,对全省生产总值的贡献率平均为 10.55%,公路、水路固定资产投资对经济稳增长的关键作用得到充分发挥。

二、运输服务社会　经济平稳运行

通过对道路运输业经济统计专项调查取得数据的科学推算,2013 年,云南省道路运输业总产值为 1073 亿元。其中,客货运输产值 793 亿元、城市公共交通产值 61 亿元、机动车维修业产值188亿元、其他辅助业产值31亿元。2014年,云南省道路运输业总产值为1212亿元,同比增长12.95%;2013年,道路运输业产生的增加值约为435亿元,对当年全省生产总值的贡献率约为3.71%;2014年,道路运输产业的增加值约为487亿元,对当年全省生产总值的贡献率约为3.80%,增加值同比增长了11.95%,对全省生产总值的贡献率增加了0.09个百分点;2015年,作为地区生产总值评估和核算指标的公路运输综合周转量实现8.78%增长,高于2015年地区生产总值8.5%的增速,有效支撑了云南生产总值的增长。

三、特殊减免政策 切实惠及民生

2005年7月~2015年11月30日,云南收费公路绿色通道减免鲜活农产品运输车辆通行费65.34亿元,大大降低了鲜活农产品运输成本,提高了农产品竞争力,增加了农民收入,促进了农村经济发展,保障了人民基本生活需求。根据《国务院关于批转交通运输部等部门重大节假日免收小型客车通行费实施方案的通知》(国发〔2012〕37号)文件,自重大节假日减免通行费以来,云南约有5885.52万辆次7座及以下小型客车免收通行费,大大降低了社会出行负担,政策社会效益显著。

四、高速公路建设 助力经济发展

云南省国内生产总值与全省高速公路通车里程的发展存在一致性关系,主要表现在三个阶段:

1996年之前,云南高速公路里程和地区生产总值都处在低速发展阶段。

1996—2004年,两者均处于缓慢发展阶段。

2004年以后,云南地区生产总值增长很快,同时高速公路里程也在经济的带动之下迅速发展。

2004年至今,云南省高速公路里程和地区生产总值处在高速发展阶段。

1995年,云南省地区生产总值为1207亿元,2015年,地区生产总值达13717.88亿元,20年间增长了10多倍。

2004—2013年,云南经济增速平稳,全省生产总值环比每年增长31.16%,高速公路通车里程环比每年增长17.7%,表明已建成高速公路的通车对经济增长的促进作用十分明显。

第五章
资金筹集

云南省从1995年开始修建第一条高速公路,到2016年年底共建成高速公路4134km。围绕公路建设资金的筹集,省委省政府、各级地方政府、交通行业、社会的方方面面无不为之呕心沥血、倾心尽力、默默奉献,克服了许多几乎不可逾越的障碍,其间所表现出来的勇气、智慧、担当与不屈不挠的可贵品质是难能可贵的。

第一节 高速公路建设的资金难题

在20多年的云南高速公路建设中,建设资金筹措之难是所有遇到的困难当中最大的难题,主要表现在"五难"。

一、财政投资难

云南属西部欠发达省区之一,地方财政收入水平不高。据1996年出版的《新编云南省情》一书的资料,云南有73个贫困县,占云南129个县(市区)的56.59%,全省有660多万贫困人口,80%左右的县财政仍不能自给。云南有8个民族自治州和自治州外的20个民族自治县。1994年,云南民族自治地方生产总值与全国平均值的差距达10倍,与沿海地区的差距达20倍以上。20世纪90年代,云南省内几条干线公路已拥堵不堪,在无国家拨款支持、无银行贷款政策的条件下,面对巨额的高速公路投资,从省到地州各级政府难以从财政拿出用于此类投资的资金,高速公路建设工作启动艰难。

二、筹资本金难

在国家出台收费公路政策以后,云南的高速公路建设有了实施的可能。但对于银行贷款所要求的最低35%资本金的筹集,依然是一道巨大的难题。省级以下各州市地方政府能够从财政直接拨付项目资本金的可以说是微乎其微。1992年年底,云南省委省政府召开交通建设汇报会,决定"大干三年",基本完成昆玉、安楚、昆河、芒瑞、昆曲、平罗6条干线公路改造,云南省财政每年安排5亿元作为交通建设资本金,在当时的财政条件下已是史无前例之举。虽然纳入国家计划的高速公路项目能得到总投资8%~15%的中央补助(这当然是相当重要的一个基础),但其余部分的筹集还得靠建设方想法筹集。随着拟建高速公路的大量增加,2003—2004年,云南连续开工14条高速公路,资本金筹措十分困难。加之既有高速公路营运状况的不理想,老贷款的还本付息压力累加,筹集资本金的工作长期处于举步维艰的境地。

三、招商引资难

相对于全国其他经济较发达的省区,云南的高速公路在引资方面不具备优势。一方面,经济较发达的省区,很多路段车流量较大,消费人群对相应费用的承受力较强,由于大交通流量加之较高的通行费收益,高速公路的投资项目变成了投资的新热点,推动了这些区域高速公路建设的热潮。而云南像这样的路段不多,且云南经济社会发展的程度不够,对较高一点的收费水平承受力差,社会对提高收费水平反应较为敏感,提费易于引发社会矛盾。另一方面,云南不处于全国大的交通枢纽区域,大多数路段都是国家公路网的末梢,交通流主要是省内车流,过境车流比例小。云南的高速公路除了上述总收入不高之外,还有造价高、管养支出大的特点。由于云南山高谷深、地质复杂,工程中桥隧占比高(大多数都在20%以上,高的达70%以上),不良地质处治工程量大,导致云南高速公路造价是其他省区一般水平的2~3倍。云南特殊的地质、气候也导致公路的运营要面对多频次的地震、水毁、边坡坍塌等诸多自然灾害影响,自然会产生较大的管养费用。从投资人角度看,云南高速公路投资存在长期的投资风险。以上几方面的情况,使云南高速公路的引资工作显得较为困难。

四、银行贷款难

云南高速公路项目在早中期除了25%~35%的资本金之外都需要银行贷款。由于25%~35%的资本金筹集往往难以如期落实,加之云南省大多数的高速公路项目都无法轻易达到银行的效益评估要求,银行的贷款计划也经常难以顺利得到审批。很多项目都要经过业主(甚至政府)和银行的多轮磋商、协调才能得到相应的贷款。当然,客观地讲,银行贷款难,但云南这些年高速公路建设主要的资金供应仍然是在银行想尽办法鼎力支持下才得以实现。

五、规模筹资难

随着全国及邻省高速公路建设步伐的加快,作为全国公路网的重要组成部分,云南又一次面临"时不我待、追赶前行"的局面。根据《云南省道网规划修编(2016—2030年)》,要求到2030年,要建成高速公路1.45万km。"十三五"期间要建设高速公路6000km,高速公路通车里程达10000km。更为突出的是,将要建设的路段进入地质地貌更加险峻、经济更不发达的山区,由于地质的艰难、技术指标的提升、人工费、征迁费、政策变化等因素带来综合费用大幅提高,导致工程造价急剧猛升。例如:在建香格里拉—丽江高速公路全长140.3km,工程概算210.83亿元,平均每公里1.5亿元。华坪—丽江高速公路150.8km,工程概算287.38亿元,平均每公里造价1.9亿元。目前开工建设的新项目造价水平是2000年前后工程造价的5倍以上。

同时,各州市县根据地方经济发展规划,纷纷拿出各自行政区域内的路网建设规划,全省地方高速公路建设进入了一个数量大、发展快的时期,"县县通高"的呼声已多次被提上了省政府的重要议程,提高高速公路在整个交通网络中的服务水平已被纳入各级地方政府的重要目标、重大规划。云南"九五"计划以来,每年人代会、政协会关于道路修建和改造的建议和提案数量占了很大的比例,改善路网服务水平的要求已成了历届两会的热门话题。

第二节 奋力破解建设资金难题

一、抓住历史机遇 力争国家支持

云南省历届省委、省政府清醒地认识到,以公路交通为主要交通方式的云南省必须紧跟国家公路网建设的步伐,从根本上改善云南的路网服务水平,从而有力保障全省经济社会的不断发展。

云南省委、省政府在每个五年计划公路规划的基础上,积极主动做好项目的前期工作,根据国家大的经济发展机遇,不失时机地争取所规划项目得到中央的审批,力争这些项目纳入国家补助支持的计划,从而有效缓解项目资本金筹集难的问题。近些年,国家在两次应对世界金融危机的重大举措中,以拉动内需的战略措施,强力推进国家高速公路网建设,云南迎来了高速公路建设的两个高潮时期。在这期间,云南纳入国家国高项目建设计划的项目补助标准达到建安费的8%~20%(800万~1000万元/km)。

多年以来,云南省委、省政府主要领导年年多次上北京向交通运输部汇报云南交通工作的情况,争取交通运输部在高速公路项目的立项审批,高速公路国家专项基金的安排上给予云南更大的支持,缓解高速公路重点项目的资本金筹集压力,带动金融机构和社会资金的投入,形成有效投资拉动。

2007年7月27日~30日,交通部部长李盛霖、副部长冯正霖到云南调研,现场考察了思小高速公路。7月28日,云南省委、省政府召开交通工作汇报会。省长秦光荣说,云南国道主干线建设处在冲刺阶段,国际大通道建设处于决战阶段。从全国来看,云南处于末端,但从面向东南亚来说,云南处于枢纽地位,公路建设仍是关系到国家对外开放和人民群众生产生活及经济社会发展的头等大事。云南交通建设任务十分繁重,但却面临资金缺口大的困难。他希望交通部给予云南更多的帮助和指导。李盛霖说,按国务院规划要求,在2007年底完成国道主干线改造任务。云南省承担的任务繁重,交通部将一如既往对云南交通建设给予强有力的支持,同时加大对国家高速公路网项目前期工作的支持力度。

2007年9月17日~18日,云南省人民政府在文山召开全省公路建设调研工作会议。省长秦光荣、副省长顾朝曦等考察了在建公路项目。在富宁—砚山高速公路建设工地上,秦光荣强调,在政府任期内完成"五纵七横"国道主干线改造任务是国务院向全国人民作出的郑重承诺,云南是国道主干线建设的主战场。他希望有关部门和建设单位切实加强领导,采取强有力的措施,确保实现既定目标;进一步加强对责任项目的督促检查,帮助协调解决影响施工的各种困难和问题;千方百计抓好建设资金筹措,努力破解公路建设资金制约问题,发挥好融资平台的作用。

2010年5月31日~6月2日,中共中央政治局常委、国务院副总理李克强深入红河、昆明两地,考察云南省西部大开发战略实施情况和边疆民族地区经济社会发展情况。6月1日下午,在建设中的昆明西南绕城高速公路施工现场,李克强听取了省长秦光荣关于云南扩大对外开放的思路,以及公路、铁路、航空、水路等基础设施建设情况的汇报。李克强说,加强交通基础设施建设,形成连接内外、通江达海的综合运输体系,有利于提升开放水平。他强调,在总结过去10年西部大开发经验基础上继续深入推进西部大开发战略,一个重要内容就是要在大开发中实施新一轮西部大开发,既要重视沿海开放,也要更加重视沿边开放。云南在向西,特别向西南开放中具有特殊、不可替代的优势,也有一定的国际竞争力,要把这着棋下活、走好,为国家的西部大开发战略作出新的、更大的贡献。

2011年7月5日,云南省委、省政府与交通运输部就落实国务院《关于支持云南省加快建设面向西南开放重要桥头堡的意见》,加快推进云南交通建设举行会谈,并签署《贯彻落实国务院关于支持云南省加快建设面向西南开放重要桥头堡的意见、加快云南交通运输科学发展会谈纪要》。李盛霖指出,国务院《关于支持云南省加快建设面向西南开放重要桥头堡的意见》是国家支持云南经济社会发展的重大战略决策。积极推进云南桥头堡战略的实施,有利于构建我国通向东南亚、南亚陆路国际大通道,保障国家能源安全和经济安全;有利于提升我国沿边对外开放质量和水平,进一步形成全方位开放新格局,加强与周边国家的互利合作;有利于促进区域协调发展,推动云南经济社会又好又快发展,实现各族群众共同富裕和边疆的和谐稳定。交通运输部支持云南省实施交通优先发展战略的思路和措施,将与云南省委、省政府一道,共同落实中央战略部署,加大对云南交通运输发展的指导和支持力度,积极推进相关重大项目建设,为尽快把云南建设成为面向西南开放重要桥头堡提供强有力的交通运输支撑和保障;继续加快高速公路建设,重点推进出省、出境及通市州高速公路建设,全面完善高速公路网络,尽快形成通往周边国家的国际运输大通道。

刘平副省长表示,"十二五"期间,省委、省政府将坚定不移继续实施交通优先战略,加大资金投入,继续保持交通运输基础设施适度超前的建设规模和发展速度,力争完成公路建设投资2000亿元,到"十二五"末,全省公路里程达22.3万km,基本实现州市通高速路的目标。希望交通运输部一如既往地关心支持云南省交通运输建设,在政策上给予倾斜、项目上给予照顾、资金上予以扶持、技术上提供支撑,为桥头堡建设提供有力的交通支撑。

2013年3月1日,省政府与交通运输部在京举行工作会谈,共商加快交通基础设施建设步伐的好思路、好办法,努力为云南与全国同步全面建成小康社会打下坚实基础。

省长李纪恒说,云南正在全力以赴打好基础设施建设攻坚战,重点推动公路"七出省、四出境"通道取得突破性进展,确保南北大通道全线贯通,连接内外、通江达海、沟通两洋的夙愿早日实现。他希望交通运输部对蒙自至文山至砚山、丽江至香格里拉、玉溪至普洱至临沧、保山至泸水高速公路建设给予倾斜支持,进一步对南北大通道3个项目和丽江至宁蒗公路给予车购税资金补助。

交通运输部部长杨传堂说,云南交通运输建设、管理等方面的许多工作走在全国前列,为西部大开发战略的实施和云南经济社会的发展作出了重要贡献。他表示,交通运输部将一如既往地加大支持力度,不断健全完善密切配合、协同谋划、扎实推进部省合作机制,推动云南交通运输事业加快发展。

2013年8月21日,省委副书记、省长李纪恒,省委常委、常务副省长李江,副省长丁绍祥等领导,到京拜会交通运输部党组书记、部长杨传堂,就加快云南高速公路建设、加大对云南二级公路资金补助等问题进行座谈,争取交通运输部进一步加大对云南交通运输发展的支持。

李纪恒在汇报云南综合交通运输发展情况时说,云南交通运输发展得到了交通运输部的大力支持,2013年8月以前已向云南省安排公路建设补助资金216.06亿元。为破解云南省交通瓶颈制约,加快经济社会跨越发展,云南省政府制定了高速公路建设"三年攻坚"计划,决定2013—2015年投资1500亿元建设1500km高速公路。

为了进一步推进云南交通运输发展,李纪恒请求交通运输部尽快批复2013年新开工的新昆嵩、昆明东南绕、宣曲、蒙文砚4个国高网项目;尽快出具2013—2015年计划新建的小磨、丽香、新平至临沧3个高速公路项目的行业审查意见;将"三年攻坚"计划中保山至泸水、石林至江底、丽江至华坪、昆明西北绕二期4个高速公路项目纳入"十二五"国高网规划项目组织实施;加快推进云南省与周边省区联络线的实施;对云南国高网项目按建安费的40%给予资本金补助。

杨传堂表示,要确保云南省"十二五"规划和已经确认的高速公路项目的实施。他对云南提高高速公路建设补助标准的请求表示理解(以大丽高速公路作为特例已进行了补助),但目前还暂不做调整;对省际高速公路断头路要加大支持力度,不在"十二五"规划中的项目要进行调整,争取对云南倾斜支持;高速公路的前期工作部里会全力支持,但是标准不能降低。具备条件的项目要确保开工,特殊项目(交通瓶颈制约项目)可争取在"十二五"末开工,"十三五"初进行补助支持。

2013年9月12日,省委副书记、省长李纪恒一行到南北大通道昭通建设工地调研,并在会泽召开现场推进会。李纪恒强调,要切实抓好工程建设,力争把南北大通道建成一条人与自然和谐发展的生态环保路;要积极稳妥做好征地拆迁工作;要创新资金筹措思路;要用足用好用活我省加快高速公路建设的政策措施,按照"一路一测、桥隧分开、还本付息、投资回报"的定价机制制定收费标准,加大招商引资力度;继续加大与银行等金融机构的沟通协调力度,及时发放项目承诺贷款;落实各级政府承担的资金保障责任,确保地方配套资金及时足额到位。

2013年9月29日~30日,副省长丁绍祥一行到京拜会国家发改委、交通运输部和环境保护部有关领导,厅党组副书记、厅长刘一平,省发改委副主任李文冰,厅党组成员、副厅长杨延等陪同前往。丁绍祥一行在拜会交通运输部副部长何建中时,就加快云南高速公路建设问题进行汇报,争取交通运输部进一步加大对云南交通运输发展的支持。

丁绍祥在汇报云南交通运输工作时说,近年来,交通运输部从政策上、项目上和资金上对云南交通运输事业给予了极大关心和支持,有力地推动了云南交通运输事业的发展。为了进一步推进云南交通运输发展,请求交通运输部在以下方面对云南给予支持:一是宣威至曲靖高速公路项目初步设计批复;二是丽江至华坪高速公路项目。

何建中在会谈中表示,这几年云南交通发展很快,困难也不少,压力很大。云南是少数民族、沿边、贫困地区,部里结合桥头堡建设等国家战略和云南实际情况,给予了尽可能多的支持,今后也会一如既往地支持。

在北京期间,丁绍祥一行还拜会了国家发改委副主任徐宪平,就尽快批复宣威至曲靖、蒙自至文山至砚山、丽江至华坪等高速公路项目进行汇报。徐宪平明确:宣曲高速和蒙文砚高速项目报件齐全后将尽快批复。

2015年1月19日,习近平总书记视察云南,明确指出:"基础设施特别是交通设施建设滞后,是制约云南发展的重要因素。要以改革的思路,多渠道筹措建设资金,着力推进路网、航空网、能源保障网、水网、互联网等设施网络建设,加快国际大通道建设步伐,形成有效支撑云南发展、更好服务国家战略的综合基础设施体系,从根本上改变基础设施落后状况。"根据总书记的指示精神,国家有关部委针对云南高速公路建设在全国高速公路网建设中相对滞后的现状,初步确定"十三五"期中央政府对云南国高项目的补助将提高到建安费的50%。

2015年2月28日,云南省委、省政府与交通运输部在京举行会谈,双方就贯彻落实习近平总书记、李克强总理对云南发展的有关指示精神,共同加快云南交通基础设施建设达成多项共识。

云南省委书记李纪恒介绍了习近平总书记视察云南时的重要指示。他表示,为了贯彻习近平总书记、李克强总理的重要指示精神,把云南建设成民族团结进步示范区、生态文明建设排头兵和面向南亚东南亚辐射中心,云南将加快路网、水网、航空网、能源网、信息网等基础设施建设,希望交通运输部进一步加大对云南的支持力度。

省长陈豪介绍了云南交通运输发展取得的成绩、今后的发展思路和当前存在的问题,请求把云南一批公路、水路项目纳入"十三五"规划实施,请求交通运输部支持云南当年开工建设华丽、新临、保泸3条高速公路。

杨传堂在会谈时表示,云南是边疆、民族、欠发达地区,在国家战略和全国全面建成小康社会中具有特殊的位置。云南欠发达的一个重要原因,就在于交通等基础设施落后。为了贯彻落实习近平总书记、李克强总理对云南发展的重要指示精神,交通运输部将一如既往地支持云南加快交通基础设施建设。

2015年10月23日,云南省委书记李纪恒、省长陈豪在北京与交通运输部部长杨传堂举行座谈,汇报云南交通运输"十三五"发展思路,衔接"十三五"规划工作,争取国家更多支持。

李纪恒表示,云南经济社会发展的困难在交通,出路在交通,希望也在交通。云南若不全面自我加压、乘势而上、奋起直追,将进一步拉大与中东部地区的发展差距。因此,围绕综合交通"5年大会战",再次在规划上请求交通运输部给予支持。希望交通运输部加大对云南交通建设的倾斜,将具备条件的高速公路项目纳入国高网规划。李纪恒书记强调,云南交通建设面临不少问题,高速公路建设成本过亿,筹融资困难不小。但省委、省政府的信心和决心更大,将积极做好全省交通运输工作,为努力成为面向南亚东南亚辐射中心作出积极贡献。

陈豪汇报"十三五"云南交通建设工作的总体打算,简要汇报习近平总书记在中央办公厅报送的《云南实现跨越式发展亟需超常施策——习近平总书记云南考察回访调研报告》上所作的批示,并介绍了云南加大交通运输工作力度的战略考虑。陈豪表示,"十三五"云南能否与全国同步全面建成小康社会,交通建设至关重要。尽管2013—2015年,云南实施了综合交通建设"3年攻坚",极大促进了经济社会发展,全省生产总值增速位居全国第12位,但与发达地区相比差距不小。"十三五"缩小与中东部地区的发展差距,亟须进一步加快交通建设。因此,省委、省政府在"3年攻坚"即将收官之际,于2015年8月提前进行了"5年会战"动员,旨在根本解决交通瓶颈制约,促进经济社会健康稳定发展,缩小与全国的发展差距。按照习近平总书记"决不让一个少数民族掉队、一个地区掉队"的要求,希望交通运输部进一步加大对云南交通运输工作的支持力度。云南省将紧扣"努力成为我国民族团结进步示范区、生态文明建设排头兵、面向南亚东南亚辐射中心"的三个定位,努力闯出一条交通基础设施建设跨越式发展的新路子。

杨传堂指出,交通运输部与云南就交通运输发展认识达成一致。他说,"十三五"是全面建成小康社会决战决胜的五年,一定要按照交通先行的要求,做好安排部署。交通运输部将一如既往关心支持云南交通运输工作。在团结奋斗、携手攻坚的关键时刻,云南既要认真贯彻落实党中央、国务院的相关决策部署,又要紧盯习近平总书记提出的三个定位,结合云南特点,做好"十三五"交通运输规划编制工作。他指出,"十三五"期交通运输发展面临严峻挑战和艰巨任务。一是在全国经济下行压力较大的形势下,交通资金"十三五"增加的可能性不大。在资金有限的情况下,要突出重点、有保有压。二是在国家三大战略中,云南涉及长江经济带、"一带一路"倡议等。三是要深化交通建设管理体制改革,特别要拓宽筹融资渠道,探索推行政府与社会合作建设高速公路的PPP模式,多渠道引进社会资金参与交通基础设施建设。四是省交通运输厅要紧盯目标、资金双控,优化资金使用,勇于担当、敢于负责,在经济社会发展中当好先行官。

2016年5月31日,省委、省政府在北京与交通运输部举行工作座谈。

座谈会上,大家直奔主题,就云南发展中所遇到的难点、热点问题逐一展开讨论,商议解决办法。杨传堂部长说:"你们为做好云南工作、办好云南事,所展现出的激情与干劲,令人感动。"他说,目前,云南正积极探索和创新投融资模式,抓好国际大通道建设、加强现代综合交通运输网络建设、提升交通运输服务水平、打好交通扶贫攻坚战等相关工作,全力以赴补齐交通基础设施短板。"十三五"期间,交通运输部将对云南省全力推进沿边高速公路、国家高速公路、怒江机场专用公路、云南"直过民族"和沿边及人口较少民族通村组公路建设给予帮助和支持。

省委书记李纪恒表示,"十三五"将是云南加快发展的黄金机遇期、综合优势的转化释放期、工业化和城镇化的加速推进期、全面建成小康社会的攻坚决战期。面对新形势、新任务、新目标、新定位,云南将在国家各部委的关心、帮助和支持下,凝心聚力,苦干实干,攻坚克难,全力推进交通基础设施建设,决战脱贫攻坚,决胜全面小康,推动实现跨越式发展。

二、用好收费政策 走出投资困境

国家收费公路政策是中国高速公路建设最具特色的政策之一,这一政策的实施有效破解了中国高速公路建设单一由政府筹资的难题。在高速公路建设成为经济发展不可避免的重大现实问题时,云南省委、省政府果断决策,在公路建设规划中大胆推行"以收费公路为龙头,带动其他公路建设"的方针。

云南从1995年到2016年的20年间,绝大多数高速公路的建设都得益于"贷款修路、收费还贷"这一政策。20年间国家及省共批准修建收费高速公路近60条,以高速公路的收费权作为质押,向银行贷款,涉及几乎所有在滇银行和国内的其他一些银行。同时,国际的一些银行和机构也为云南高速公路建设贷出了部分款项。亚洲开发银行5次向云南高速公路项目贷款,包括楚大、元磨、保龙、武昆、龙瑞等项目。法国国家开发署也配合高速公路建设防艾工作拨款80万美元。在与银行贷款协商、谈判中,路银双方根据每个历史阶段不同的金融大环境,相互理解,相互支持,采取了既符合市场规则、又灵活处理的若干做法,实现了向建设项目放贷的目标。高速公路作为本质上的国家公益事业进行建设项目融资,各金融机构都尽可能地给予大力支持。

三、出台优惠政策　营造支持环境

云南省委、省政府对全省高速公路建设高度重视,制定了一系列的优惠政策,对推动高速公路建设提供了强力支持。1992年10月4日,云南省人民政府作出《关于加快干线公路建设的决定》,提出"征地拆迁工作,由地方政府承包完成""沿线各地州市要承担全部征地拆迁费用及工程费的5%～10%"。

2001年以后,云南进一步落实国家《关于西部大开发若干政策措施的实施意见》(国办发〔2001〕73号),及时出台《云南省人民政府关于公路建设耕地占用税优惠政策实施意见的通知》(云政发〔2002〕36号),并制定相关配套政策:一是由省级财政预算每年安排不少于5亿元的公路建设资金,用于国、省干线公路新开工项目的资本金投入;二是适当提高公路通行费、养路费征收标准;三是国道、省道干线公路建设用地免征耕地占用税;四是公路建设在批准占地范围内开采自用的砂、石材料,不需办理许可,免征矿产资源税,免收水土流失防治费等;五是干线公路建设,沿线地方政府承担工程费用的5%～10%和各类征迁费用;六是以贷款等形式修建交通基础设施,免缴营业税;七是干线公路建设建安营业税及附加由建设业主单位代扣代缴,由当地政府专项用于征地拆迁费用支出,坚决制止公路建设中的各种搭车收费现象;八是成立省公路建设招商引资工作小组,统筹负责全省公路建设的招商引资工作,鼓励和支持国内外投资商以合资、合作、合股、独资和BOT、TOT等方式投资开发建设经营性公路项目;九是实行高速公路经营权有偿转让,收入全部投入国、省道干线公路建设;十是发行公路建设债券、积极引进外资。这些优惠政策有效降低了高速公路建设成本,增强了筹融资能力,推动了云南高速公路建设不断迈上新台阶。

云南省交通厅实施创新公路建设投融资体制。积极申请国际金融组织贷款和外国政府小额贷款;将收费公路全面开放,把项目介绍给中外投资人;出让在建项目的债权,把在建项目除资本金以外的商业银行债权转让给外商或国内有能力的投资人,投资人以购买债权的方式取得一定期限的收费权,经营期满后投资人把收费权还给政府;以项目投资差额进行招商引资,转让已建成收费公路的收费权,积极吸收企业法人资金投入公路建设;通过发行债券,吸收民间资金;盘活公路存量资产,成立股份有限公司并争取发行股票,吸纳社会资金参与公路建设。

云南省委、省政府继2002年出台《云南省人民政府关于加快公路建设的决定》后,2003年又出台对公路建设贷款给予贴息的新政策,加快了全省公路建设步伐。2004年,云南省交通厅积极抓住国家2007年完成国道主干线建设这一大好机遇,充分利用对国主干线改造的各种有利条件,争取国家对国主干线加大补助力度,以缓解银根紧缩带来的资金供需矛盾。

2013年5月,《云南省人民政府关于进一步加快高速公路建设的实施意见》(云政发〔2013〕73号)出台,明确采取的七项"重磅措施"中,有六项就与资金有关:一是完善通行费收费标准定价机制,优化投融资环境。对符合《收费公路管理条例》的经营性收费公路,按照"一路一测、桥隧分开、还本付息、投资回报"的定价机制制定收费标准。收费期限不超过30年,资金回报率以人民银行规定的中长期贷款基准利率加2个百分点确定,确保经营主体在经营期内获得合理回报,增强银行放贷信心,优化公路建设投融资环境。二是加大招商引资力度,创新建设模式。进一步加大高速公路建设领域开放合作力度,完善和规范招商引资机制,积极稳妥地推进高速公路存量资产租赁、合作、出让。积极引进有实力、有信誉、有资质的投资者,以合资、合股、独资等形式,采取BOT、BT(建设—移交)、TOT等方式开发建设高速公路项目,探索适合云南实际的高速公路建设模式。通过招商引资的高速公路项目不低于3年计划总投资的1/3。三是通过共享土地出让筹措建设资金。从土地出让总收入中,增加计提高速公路建设专项资金,每年省级计提用于高速公路建设资金不低于10亿元。计提高速公路建设专项资金管理办法另行规定。四是加大财政支持力度,发挥引导作用。2013—2015年"三年攻坚"期间,云南省财政每年安排20亿元作为高速公路建设资本金。州、市财政每年安排一定数额财政性资金,专项用于高速公路建设,确保高速公路建设项目地方配套资金及时到位。五是加强汇报衔接,争取国家资金支持。加强与国家发改委、财政部、交通运输部等部委的汇报衔接,用好、用活、用足现有政策。六是争取金融政策支持,保障贷款资金到位。加强与国家金融机构的汇报衔接,提高云南高速公路行业贷款占比和客户集中度,确保高速公路贷款规模,按照资本金到位比例和工程进度确保贷款及时足额到位。

在鼓励社会资本、民间资本参与高速公路建设方面,云南省始终按照公平、公正、公开和诚实信用的原则,依法规范国家高速公路项目的投融资体制,鼓励社会资本投资高速公路项目,加快推进实施政府和社会资本合作的 PPP 模式。云南省财政厅、省交通运输厅、省发展改革委制定并印发了《云南省国家高速公路政府和社会资本合作项目实施细则(试行)》,对民间资本一视同仁,并欢迎符合条件的民间资本参与高速公路 PPP 政府采购,进入云南高速公路市场。同时,进一步完善落实支持民间资本发展的政策,清理调整现有不适合民间资本在道路运输行业发展的相关规定,在市场进入、行政许可、企业资质评定、行政收费、日常监管中真正做到一视同仁。为了更好地为民间投资服务,云南省交通运输厅还积极加强和改进政务服务,推进标准化建设,推行投资项目审批工作,加强行政审批网上服务大厅建设运行管理,简化审批流程,提高审批效率,开通网络预审批系统。在开展建设投资审批中介超市工作中,为了实现投资审批中介服务市场全面开放、平等竞争,打破地域壁垒限制和行业垄断保护的目的,云南省交通运输厅先后开展了梳理投资审批中介服务事项清单工作,积极组织符合条件的 68 家中介服务机构申请入驻全省投资审批中介超市。

2013 年 5 月 30 日,《中共云南省委、云南省人民政府关于加快高速公路建设的意见》正式出台。

2013 年,省政府明确规定涉及各州市高速公路建设路段,除 PPP 项目之外,征地拆迁工作由地方政府负责并承担相应的费用,减轻了由省级全部承担建设费用的压力。

2013 年 11 月 19 日,副省长丁绍祥一行到省交通运输厅就加快推进昆明东绕城、新嵩昆、宣曲、蒙文砚等高速公路建设进行专题调研,新嵩昆、宣曲、蒙文砚 3 条高速公路捆绑招商引资要公开、公平、公正,对央企、股份制企业、民企和社会资本一视同仁。

2016 年云发〔2016〕19 号决定:2016 年开始省财政预算资金专项安排 60 亿元高速公路建设资金,政策执行年限与中长期规划年限保持一致。地方高速公路项目补助标准由 1000 万元/km 提高到 2000 万元/km,支持"五年大会战"启动会后开工的地方高速公路项目;相关州(市)应落实项目配套补助资金 1000 万元/km 以上,与省级补助资金同步到位。在设立交通产业基金方面:利用省财政统筹安排的专项资金,通过省交通发展投资公司设立云南交通产业基金,筹措不低于 600 亿元资金用于高速公路建设。在用好用活国家补助政策方面:未纳入国家"十三五"规划但提前实施的国家高速公路项目,由省交通发展投资公司按地方高速公路补助标准以股权投入方式参与投资,待争取到国家补助资金后,以股权转让方式置换退出。纳入国家"十三五"规划的普通国省道项目,若与规划高速公路线位走向一致,在整合国家补助资金基础上,统一按高速公路标准建设,国家补助不到 2000 万元/km 的,从云南省交通产业基金中给予补足。在争取专项建设基金和 PPP 基金方面:突出申报重点,提高项目成熟度,争取更多专项建设基金支持。专项建设基金重点支持地方高速公路项目,以及经济实力相对较弱的州(市)和项目前期工作扎实、积极性高的州(市)。由云南省交通发展投资公司作为全省高速公路项目专项建设基金统一承接主体,由项目涉及地方政府和项目业主负责偿还。积极争取将云南省高速公路项目列入国家财政部PPP示范项目,争取财政部PPP基金支持。在创新融资方面:以盘活公路存量资产为核心,大力推进高速公路融资租赁、资产证券化、特许经营、PPP等融资方式,并进一步拓宽融资渠道,扩大融资规模,推动项目建设。

这些实实在在的优惠政策及措施表明了云南省委、省政府对云南高速公路建设的坚定信心,并及时有效地调整出台各个建设时期的重大政策、措施,强有力地推动云南全省高速公路建设向更高的目标快速推进。

四、改革投资体制 搭建融资平台

云南公路建设融资主要经历了三个阶段,即政府统贷统还融资阶段、政府融资平台融资阶段、其他创新模式融资阶段。

(一)政府统贷统还融资

"统贷"是指由政府以公路收费权作质押,以中央车购税投资、中央预算内基本建设投资、中央国债补助资金、财政专项资金、燃油税费改革形成的交通专项资金、政府补助资金、项目建设税费先征后投资金、以工代赈资金等来源作为项目资本金,以项目通行费收入作为主要还款来源,向国内外金融机构统一进行的融资贷款。"统还"是指政府统一偿还建设贷款本金及利息。

这一阶段主要从1995年至2006年。

(二)政府投融资平台融资

在计划经济条件下形成的政府统贷统还公路投资体制的弊病日益凸现,由于政企、政事、政资不分造成的公路投资体制不顺,机制不活等问题,已成为公路建设融资困难、存量资产难以盘活、建设资金严重不足的深层次问题,影响了公路建设可持续发展。为深化公路投融资体制改革,加快云南省高等级公路建设,按照转变职能、区分性质、搭建平台、多元融资的原则,云南省人民政府于2006年5月成立了云南省公路开发投资有限公司,2016年成立了云南省交通发展投资有限责任公司作为公路建设投融资平台。

云南省政府在成立云南省公路开发投资有限公司的文件中明确:云南省公路投资公司作为独立的法人实体和市场主体,依据国家法律、法规,按照现代企业制度的要求规范运作,自主经营、自负盈亏;同时公路投资公司作为政策性的投融资平台,是收费公路建设、管理、经营的主体和政府性资金资本化运作的实体。

云南省公路开发投资有限公司(简称"云南省公路投资公司")成立后,立足未稳,便迎来了络绎不绝的讨债者。当时,划归公司管理的共有水麻、昆安等14条高等级公路,全长1400km,总投资631亿元,其中2条公路已建成通车,有12条公路正在施工。在这些项目中,没有一个是彻底解决了建设资金的。用云南人的俗话说,都是"欠了一屁股两肋巴的债",有的项目完工几年后都没有还清欠债。

找钱、还债,确保在建项目资金有保障,项目施工能够顺利进行,成了云南省公路投资公司当务之急的头等大事。那段时间,在各家银行间穿梭,成了公司董事长郝蜀东工作的重要内容。他心平气和地向金融机构坦陈公司碰到的困难,满怀信心地展望公司的发展前景,宣传党和政府在公路建设投资上的有关政策和规定。一家家银行纷纷派出业务人员前往公路投资公司考察,银企合作关系逐步建立,随着各项信贷工作的跟进,一笔笔贷款陆续到账,公司在逐步还清欠债的同时,还有效解决了在建公路项目资金紧缺的问题。

"加快高等级公路建设,特别是高速公路建设,筹措资金是关键,也是难题。而且,这个难题将长期困扰我们。"郝蜀东认为,只有大胆改革,勇于创新,建立起符合实际的促进云南交通运输可持续发展的资金保障机制,才能从根本上解决问题。这一保障机制应当包括:筹融资渠道多元化,充分利用财政资金、金融信贷资金和社会民间资本,搭建新的平台;继续深入搞好银企合作,争取金融单位对新建项目缺口资金给予贷款支持等。很快,云南省公路投资公司便开创了昆石、楚大高速公路融资租赁先河,迈出了构建融资新格局的步伐。

云南省公路投资公司成立10年来,作为全省收费公路的投资主体,对省属收费公路存量资产及资源进行了整合,构建投融资平台,以资本运营为手段,为公路建设筹集资金。公司成立之初,债务结构比较单一,全部为银行贷款,贷款中中短期资金贷款所占比例偏高。公司成立以后,对贷款结构进行了优化,重组了大量中短期贷款,同时在扩大授信规模和贷款额度的基础上,与金融机构合作发行了信托理财产品,进行了融资租赁业务,在融资方面进行了不断的探索和创新。

根据"一带一路"倡议、长江经济带和建设孟中印缅经济走廊、把云南建设成面向南亚东南亚辐射中心等国家战略,按照云南省委、省政府决定实施云南综合交通建设"5年大会战"和"十三五"公路水路规划确定的建设目标任务,为拓展筹融资渠道,加快推进全省非收费公路和国家高速公路PPP项目,省政府批准成立云南省交通发展投资有限责任公司(简称"云南省交投公司")。

组建云南省交投公司的必要性体现在承接非收费公路投融资、承接国家高速公路PPP项目与提高国省干线管养效率三方面,主要职责包括负责全省非收费公路的投融资;作为国家高速公路政府和社会资本合作PPP项目的实施主体;负责省级相关公路建设项目的前期工作;通过市场化运作的方式,参与交通基础设施的投资、建设、管养、运营等;依法合规确定其他经营范围,并以市场化运作的方式,盘活存量、做大增量、持续发展,确保国有资产保值、增值。

云南省交通运输厅厅长何波表示,在"十三五"的开局之年,成立云南省交通发展投资有限责任公司意义重大。省交投公司是国有独资公司,省交通运输厅作为省政府授权的出资人代表,行使股东会职权。省交投公司的成立,是云南省贯彻落实五大发展理念,推动交通运输事业改革创新发展的实际行动,更是贯彻落实省委、省政府确定的建设目标任务的具体举措。

云南省交投公司成立之时还分别与国家开发银行云南省分行、中国农业银行云南省分行、中国工商银行股份有限公司云南分行签订了1160亿元的战略合作协议。

根据《云南省人民政府关于同意成立云南省交通发展投资有限责任公司的批复》(云政复〔2016〕13号),2016年3月31日,交投公司注册成立。公司围绕高效整合公路养护国有资产,优化国有资产布局,积极开展资本运作,多渠道筹集资金,全面推进云南公路项目建设。一是围绕"十三五"地方高速公路项目建设目标,用足、用好、用活相关政策,通过发起设立交通产业基金、承接国开专项建设基金,放大财政资金、专项资金的杠杆效应,突破筹融资瓶颈,助力地高项目建设;二是采取政府购买服务的模式,充分利用农发行政策性贷款;三是加快推进相关沿边高速公路、国家高速公路前期工作,加快国家高速公路采用PPP模式的推进实施。

(三)其他创新模式融资

2010年6月,国务院专门下发《国务院关于加强地方政府融资平台公司管理有关问题的通知》(国发19号),对加强地方政府融资平台公司管理工作进行全面部署。财政部会同有关部门全面部署并督促地方开展规范融资平台公司管理。云南省公路投资公司作为云南省高速公路建设和运营管理的主要平台,探索尝试采用更多方式来拓宽融资渠道。

1.设立二级筹融资平台

拿出部分效益好的高速公路设立一家或多家股份公司,条件成熟时引入战略投资者,公开发行股票上市融资。设立二级筹融资平台,一是股份公司可以利用股票市场或债券市场募集公路所需建设资金,逐步买入集团公司的其他公路资产;二是可以充分利用多个融资平台实现互相担保,将流动资金贷款占用的收费权质押额度腾出来用于发放项目贷款,破解公司只能用公路收费权质押担保的困局;三是调整公司财务结构,增加公司资金流动性。

2.做大做强子公司,增强融资能力

云南省公路投资公司拥有6个子公司、3个养护中心、1个机电维护中心、1个工程检测中心、20个公路项目建设指挥部,有员工10000多人。省公路投资公司扶持子公司做大做强,从而间接增加公路投资公司的融资能力。

3.吸引股权投资

设计适合保险资金参与高速公路建设的产品,吸引保险公司等金融机构对公司已建成或拟建高速公路项目进行股权或债券投资。

五、建立还贷基金　增强行业信用

云南省交通运输厅作为省政府高速公路建设的主管部门,一直主导和参与协调云南省公路建设融资工作。伴随云南大量的收费公路的运营、建设、还本付息、新增贷款等工作,运行当中各种矛盾不断凸现,已严重影响到高速公路建设管理的健康发展。为增强银行及相关金融机构贷款融资的信心,确保与银行、金融机构、财政等方面的矛盾得到妥善解决,经报请云南省政府批准,设立了云南省公路建设偿债基金。

云南省交通运输厅各项规费收入主要包括养路费、通行费、运输管理费及客货附加费等,这些收入在云南省财政厅实行"预算外资金,预算内管理"。依据交通运输厅与财政厅协议规定:每年上缴省财政厅的养路费、通行费及客货附加费分别按30%、70%、70%的比例提取"公路建设偿债基金"(简称偿债基金),在财政厅专户储存,剩余返还交通运输厅用于建设、维护及日常经费支出等。偿债基金的设立一方面在公路通行费外为公路项目补充了新的偿债来源;另一方面由于监管机关相对独立,极大地增强了银行支持云南公路建设的信心。偿债基金不仅在全国开创了先例,也成为我国公路建设融资成功的典型案例。

为认真贯彻落实交通运输部《关于进一步规范收费公路管理工作的通知》精神,严格把好建设项目立项、站点设置、收费权转让、收费性质界定和资金监管"五个关口",进一步规范收费公路的审批、站点设置和管理工作,开展公路经营权转让清理整顿工作。省政府颁布实施了《云南省收费公路车辆通行费免交包交管理办法》和实施细则,依法规范了车辆通行费免交、包交管理行为,促进了交通规费应征不漏,增加了车辆通行费的收入总量,多次合理调整了收费标准并实施计重收费,逐步从全省到全国实现联网收费,高速公路通行费征收水平有所提高,为高速公路建设还本付息资金筹集打下了坚实的基础。

2009年1月1日起,国家实施成品油价格和税费改革。云南省委、省政府成立"云南省成品油价格和税费改革工作领导小组",明确了"交通资金属性不变、资金用途不变、地方预算程序不变、地方事权不变"的原则,理顺各项交通资金的管理,建立交通发展专项资金,国家转移支付替代6项交通规费的资金、车购税安排的专项资金、省级财政预算内的交通建设资金、政府还贷二级公路偿债资金补助和各项交通预算外的资金,统一由省交通运输厅负责编制部门预算,统筹用于公路管养、建设、投融资和取消政府还贷二级公路收费的偿债资金补助。

六、务实协调引导　果断决策解困

"十一五""十二五"期间,云南抓住国家两次大的投资建设机遇,共开工建设超过4000km高速公路,建设资金需求量大且集中,建设过程中,数度出现资金供应紧张甚至"断炊"的局面。云南省委、省政府高度重视,十分关心,面对重重困难不退缩,每年都把高速公路的建设工作放在最重要的位置,配合国家的战略部署,明确要求要克服一切困难,想尽一切办法必须按照预定目标完成建设任务。在强大的目标压力下,各建设单位使尽浑身解数,克服许多难以想象的困难,最终还是基本按照既定目标建成完工。针对项目资本金难以到位的状况,省政府、省财政在极其困难的情况下,几度借出资金解困。2014年,在银行对云南高速公路债务存在较大风险担忧之时,云南省作出省的担保承诺。

在国家宏观调控的大背景下,银行贷款利率和存款准备金率不断上调,给云南省交通建设融资带来较大影响。国家清理和规范地方政府融资平台后,云南省公路投资公司、省公路局出现了贷款难、项目贷款发放难的问题,严重影响了在建项目正常施工。

2011年4月13日,省政府召开了银企座谈会。云南银监局、驻滇19家金融机构负责人等参加座谈会。座谈会上,有关领导向云南银监局和19家银行金融机构通报了云南交通运输发展情况和"十二五"发展思路,进一步增强了银行金融机构对云南交通运输发展的信心和支持力度。

副省长刘平说,当前,全省交通基础设施建设的形势总体是好的。最近,省政府决定采取几项特殊措施支持交通发展。一是调整公路建设指导思想,在国家宏观调控的情况下,适当减少和控制新开工项目,集中精力抓好在建项目;二是由各州市全额承担公路建设的征地拆迁费,可计入投资股份;三是实行公路建设分级负责制,各州、市政府为所建设高速公路的业主,省里负责跨州市的高速公路建设;四是每年给省公路投资公司增加资本金3亿元,从省财政借款20亿元支持该公司正常运营(年底归还省财政);五是全省政府还贷二级公路2012年取消收费后,适当调高高速公路收费标准。刘平希望各银行金融机构支持在建高速公路项目正常推进;希望云南银监局尽快采取措施帮助省公路投资公司、省公路局解决融资平台定性问题,摆脱贷款难的问题;希望云南银监局和各银行金融机构指导拓宽融资渠道。

听取相关情况后,云南银监局有关领导和各银行金融机构负责人分析了可以支持云南交通建设的信贷政策,并对破解融资难题提出建议。

省政府常务会议多次听取交通工作专题汇报,研究交通融资、剥离和土地指标等工作,紧急调集资金缓解交通建设的燃眉之急。省政府领导多次赴京到国家有关部委和金融机构争取项目立项和资金支持。

针对公路建设融资难问题在一段时期内还将存在的实际,代省长李纪恒要求各地各部门按照国家有关政策导向,坚持有保有压的方针。要保重点、保在建、推进高速公路项目建设,暂缓新开工项目建设,努力推进大丽、武昆、保腾、石锁、锁蒙、石红、普宣、龙瑞、昆明绕城西北段、丽江机场高速等 10 条在建高速公路项目建设。

李纪恒要求进一步解放思想,创新举措。一是要组建专门班子,分解落实任务,使更多的省级高速公路、干线公路进入国家公路网规划,争取国家更多的资本金支持;二是要千方百计争取贷款规模,贷款规模受限的,通过争取银行发行中期票据、短期债券、向施工单位担保贷款等融资渠道开展融资;三是要加强公路建设资金筹集政策研究,探索建立省级高速公路资本金筹措机制,尽快研究制定干线公路建设养护财政性的投入政策,明确省级、市级财政承担资金的配套比例,进一步提高公共财政的保障能力,调整车购税支出结构,完善中央资金分配调节机制,重点支持国道改造,适当兼顾省道改造;四是要加大招商引资力度,积极稳妥地推进公路存量资产的租赁、合作、出让,鼓励通过 BOT、BT、TOT 等形式开展合作,引入民间资本,筹集公路建设资金;五是要加大改革力度,尽快完成 3 家交通部门和单位退出政府融资平台的工作,尽快完成省公路投资公司债务剥离、改善资产结构、资产优化重组等相关工作。

为了有效解决云南高速公路建设的资金难题,云南省委、省政府领导及云南省交通运输厅领导在各项目的推进过程中也给予了极大支持。

2013 年 3 月 24 日,李纪恒对龙瑞高速公路资金问题作了指示,同时还与参加调研的各家银行协商,安排由省政府向各家银行出具对龙瑞项目通车运营后的还本付息缺口提供兜底补差文件,各银行根据项目进展情况逐步发放贷款资金。

普宣高速公路项目在资金紧缺的情况下,科学安排有限资金,紧紧抓住节点控制性工程的建设,确保后续资金到位后尽可能缩短项目建设工期。2011 年 8 月,在交通运输部补助资金 3.54 亿元到位的情况下,指挥部抓紧安排 7 个标段的特大桥、大桥和隧道等控制性工程开工,使工期得到了有效控制。

在随后富源召开的专题会上,云南省交通运输厅、省公路投资公司、曲靖市人民政府三方签署了合作协议和责任书,以确保普宣高速公路项目按期建成通车。李纪恒明确要求曲靖市政府要按承诺及时支付 4 亿元的征地拆迁资金。

2013 年 6 月 27 日,云南省交通运输厅党组副书记、厅长刘一平到龙瑞高速公路调研,针对省级资本金到位难的问题,表示由交通运输厅向省政府汇报,他同时要求省公路投资公司要一一化解矛盾和困难;地方政府要勇于担当,确保地方资本金到位;建设项目国内融资难题要与银行积极协调,想办法提振银行贷款信心。

2013 年 2 月 21 日~7 月 18 日,副省长丁绍祥数次到蒙文砚、龙瑞、大丽、楚广、普宣、昭会、待功、龙江特大桥等项目调研,对施工中碰到的资金、征地拆迁等难题,要求高速公路建设项目所在的州市要充分认识建设高速公路的重要性,积极支持项目建设,为项目提供征地拆迁、电力供应、群众思想教育、维护社会稳定等良好的施工环境,对于项目所需的资本金问题,相关地方政府都签订过协议,一切按照协议办,落实地方政府的出资责任。

2016年3月31日,云南省交通运输厅召开干部大会,传达贯彻省党政代表团赴广西、贵州考察情况及省委书记李纪恒、省长陈豪指示要求。厅领导传达文件精神,要求全系统干部职工正视差距、更新观念、补齐短板,认真学习贵州毕节贷款做高速公路前期工作的做法,按这个思路去谋划、去突破。

2016年4月7日~8日,厅党组书记王云山带领厅考察组赴贵州省就高速公路、普通国省干线公路、农村公路建设和管养、道路运输服务等工作进行交流学习。王云山在座谈会上指出,两省最大差距在地高网建设上,云南要利用省政府给予的1000万元/km补助的优惠政策,做好项目前期工作。

为寻求银行加大对高速公路建设项目的贷款,省政府及政府的有关金融机构全力以赴,多次召开各种会议,促成金融机构、银行对高速公路的资金、贷款给予支持。尽管银行自身有千难万难,在省政府的协调下仍然采取各种方法,尽力给予建设项目宝贵的支持。2013年在资金极度紧张、多个项目半停工的状态下,省政府加大对州市地方政府的工作要求,相关州市政府在极其困难的情况下筹集20多亿元资金用于项目建设,使"三年攻坚战"(2013—2015年)取得了圆满的成功。

七、深化市场运作 促进多元投资

面对云南省数量较大的高速公路建设需求,仅靠政府作为主体来建设高速公路显然远远不能满足时代的需要。云南省委、省政府从早期高速公路建设起就十分重视利用市场的方式,寻求社会对高速公路建设的投资和合作。省政府领导在有关会议上明确要求,在招商引资的项目中要"靓女先嫁",将收益好、运营条件好的成熟项目推介到社会上,吸引投资人,把各方面条件不好的项目留给省主导的部门、企业来做。省政府在历年组织的国内外大型招商推介会及历年的昆交会上,一直把高速公路的招商引资工作作为一项不可缺少的重要内容。

由于高速公路建设项目涉及公益事业项目的性质,相对于市场经济成熟的BOT、BT、TOT方式而言,行业对高速公路的此类运作方式一直在探索中,政策界限不是很明了。尽管如此,云南省还是以类似的做法,以合作的方式,引进了大量的资金投入到高速公路建设中。

1995年4月19日,楚雄—大理高速公路项目的转贷协议和再转贷协议在北京举行签字仪式。协议规定,中国人民银行将按亚行的条件和条款,将亚行1.5亿美元贷款转让给云南省政府,云南省政府再以人民银行和亚行的条件、条款,将贷款再转贷给楚大公司,用于楚大高速公路的建设(图5-1)。

1996年3月,云南省人民政府批准成立曲陆高速公路开发有限公司,由云南省交通厅和曲靖市人民政府作为主发起人,联合云南省公路局、云南省交通规划设计研究院和云南省公路工程监理咨询公司共同投资设立。

图5-1 楚大高速公路成为云南第一条利用外资修建的高速公路

曲陆公路项目的资金来源按入股形式筹集。其中,云南省交通厅以现金参股,占总投资的42%,用于支付工程材料费;云南省公路局所属施工单位与社会施工单位以工程机械和劳务参股,占总投资的33%;曲靖市人民政府以征地拆迁费和现金参股,占总投资的22%;云南省交通规划设计研究院和云南省公路工程监理咨询公司以技术服务参股,各占总投资的1.5%。从各股东筹集到的资金总额中,除按上述比例扣除10000万元股本金,其余为借款。2005年5月,为扩大经营实力,经曲陆高速公路开发有限公司股东会同意,通过增资扩股(按比例债转股),公司注册资本增加到35000万元。其余88980.34万元为债权,由公司用通行费收入逐年偿还各股东(图5-2)。

图5-2 股份制修建曲陆高速公路

1997年,为满足昆明、玉溪两地经济较快发展且交通流量猛增的需求,云南省委、省政府决定昆玉公路改造按准六车道高速公路标准设计,全长85.7km。昆玉公路投资为

24.8亿元,红塔集团出资15.8亿元,占63.5%(控股),省交通厅出资7.8亿元,占31.5%(含原二级路4.8亿元)。公路建成后收费效益较理想,红塔集团在2002年又收购了昆明、玉溪两市及交通厅部分股份,昆玉公路公司的股权结构为:红塔集团以现金出资20亿元占股80%,云南省交通厅以原二级汽车专用线投资4.8亿元出资占股20%。之后,红塔集团又收购了云南省交通厅4.8亿元的股份,成为全额持股的单一公司。

昆玉公路是我国南下泰国公路网的重要组成部分,也是云南省面向东南亚、走向世界的重要通道,采取由企业出巨资与国家合资建设公路,在云南乃至我国尚属首例,具有对公路建设投资体制改革的尝试和示范作用。

为进一步盘活存量资产,云南省交通厅、云南省公路投资公司分别将已建成运营的高速公路股权进行转让,腾出更多的资金,缓解过大的负债矛盾。相继对许多已成熟运营的高速公路项目股权进行转换。

1997年,为缓解云南省公路建设资金压力,吸引外商投资参与云南高速公路建设,石安二级公路经营权成功转让。2002年,国务院办公厅以《国务院办公厅关于妥善处理现有保证外方投资固定回报项目有关问题的通知》(国办发〔2002〕43号)文件要求对现有固定回报项目限期清理。2003年,为盘活云南省公路建设存量资产,吸引民间资本投资云南高速公路建设,报经省政府批准后,云南省交通厅决定将石安二级公路昆明至石林段与昆石高速公路合并转让。后经多轮谈判协商,最终与外商达成协议,在2005年完成石安二级公路整体回购工作。这是解放思想,破解云南高速公路建设资金难题的又一尝试。

1998年5月12日~14日,全省交通运输工作会议召开,牛绍尧副省长在会上讲话。他说,"九五"公路建设的投资将达到260亿~270亿元。为实现这一目标,他提出了要调动各方修建公路的积极性,加大投融资力度以及贯彻质量第一等三条要求。尤其在投融资方面,他要求探索三~五种新的模式。他还提了"四四二"的筹资办法,即省财政投入、交通部补助、交通规费投入占40%,金融信贷占40%,深化改革,组建各种形式的股份有限公司,广泛吸纳社会资金,筹资20%。

云南省交通厅党组书记、厅长李裕光在所作的工作报告中提出,筹资是云南公路建设面临的最紧迫、最严峻的问题。只要有利于公路建设,不仅要敢于引资,善于引资,还要大胆引资。形成"国家投资,地方集资,社会融资,利用外资"滚动发展的良性循环新格局,在用好资金方面要坚持"少花钱,多修路,修好路"这条主线。

2002年1月31日,全省交通工作会议在昆明召开。李裕光厅长在工作报告中提出,要根据交通部国道主干线规划和保障"三主一支持"重点项目的要求,结合云南实际,继续建好部省合作项目高速公路,曲胜和大保高速公路要确保年内建成通车,争取和创造条件确保安楚高速公路年内开工。除交通部和省财政补助资金以及厅自筹资金外,资金缺口仍很大。确保完成筹资任务是完成公路建设任务的关键。一方面要积极争取国债资金,另一方面要向金融机构和全社会广泛筹集资金。在千方百计筹集公路建设资金的同时,要强化对资金使用的管理和监督审计工作。

2003年6月12日,红河州就鸡石高速公路的项目以及其他两条高等级公路BOT项目合同签字仪式在个旧举行。在云南率先试行BOT模式,为加快公路建设进行了有益的尝试。

2004年,经云南省人民政府批准,由中国通达电子网络系统公司与云南东部高速公路有限公司、云南通达翔路桥投资发展有限公司组建的富砚高速公路有限公司负责投资、经营和管理富砚高速公路,建成后由中铁二局收购。

2005年初正式开工建设的曲嵩高速公路,在资金筹集上,除交通部按国道主干线公路标准给予补助,云南省交通厅通过银行贷款、曲靖和昆明两市负责征地拆迁费用外,曲靖卷烟厂出资8亿多元。

2008年6月27日,经省交通运输厅正式发文批复,同意昆明—石林、安宁—楚雄、楚雄—大理3条资产优质、收益前景良好、总评估价值超过150亿元的高速公路面向社会公开转让85%的收益经营权(省级出资部分)、沿线服务设施经营权、广告经营权和硅管租赁权。

2008年5月4日,经云南省人民政府批准,由云南省公路局、云南通达翔投资发展有限公司、上海奥盛投资控股(集团)有限公司、深圳投资有限公司共同投资组建云南石锁高速公路有限公司,负责建设石锁高速公路。公司注册资本为人民币2.374亿元,云南省内资金占20%,从上海和深圳引入资金占80%。此项目集融资、投资、项目建设与政府特许、政府采购等行为于一体,体现了资本、技术、管理、市场及政府资源的有效整合,是云南省引进省内外民间资金合作建设高速公路的大胆尝试。

国道昆明东绕城线是昆明市第一条招商引资建设的高速公路,概算总投资达29.38亿元,引入民间资本,没要政府一分钱投入,实现了财政资金在城市重大基础设施建设上的"零投入"。2002年昆交会上,昆明市城投公司与深圳市安远投资集团有限公司、香港同城科技有限公司签订国道昆明东绕城线投资合作协议。项目合资公司注册资本金9733万美元(折合人民币8.04亿元),其中市城投公司占股35%,安远集团占股34%,香港同城占股31%。在完成招商引资任务后,市城投公司于2005年2月将35%的股权全部转让给安远集团。

2012年12月14日,云南麻昭高速公路投资开发有限公司暨云南麻昭高速公路建设指挥部成立。为确保麻昭高速公路建设项目如期顺利推进,云南省政府批准成立云南麻昭高速公路投资开发有限公司,云南麻昭高速公路建设指挥部通过这一平台招选投资人暨合作承包建设共同建立融资—合作承包建设的建设模式。公司的成立标志着麻昭高速公路建设的组织指挥工作进入了实质性阶段,也标志着项目在拓宽融资渠道、破解融资难题的工作中取得了实质性的突破,同时开创了云南高速公路建设融资途径和建设新模式。

由云南省公路局主导建设的麻昭高速公路,创造性地探索"大昭模式":在资金极其困难的条件下,由云南省公路局及参与建设的四个国有大型企业入股,组成大昭公司,启动建成了麻昭高速公路。

玉溪市政府与被征地群众签订以地入股的协议,缓解政府征迁资金筹措的难题。

晋红高速公路是玉溪市政府与中国电建集团在云南省政府框架协议下的第一个工程合作项目,是构建昆玉旅游文化产业经济带的重要通道。项目概算总投资86.49亿元。

2013年云南省探索PPP、PPP+EPC+政府补贴等引资方式,研究出台了有关规定,进入了一个引资建设的高潮时期,先后有近十家企业全面进入云南的高速公路建设。2014年3月13日,云南省政府与中国交通建设股份有限公司在北京签署《高速公路合作投资建设协议》。双方创新合作模式,共同投资,采用"整体打包"方式推进云南交通设施建设,建设嵩明(小铺)—昆明、宣威—曲靖、蒙自—文山—砚山高速公路。

省长李纪恒在与中交建公司座谈时说,云南已经全面打响综合交通基础设施建设攻坚战,全方位开放交通建设领域,大力引进资金、技术、人才,努力构建更加完善的综合交通体系。云南省与中交建的合作,为云南高速公路建设注入了新动力,创新了云南交通建设招商引资模式,为提速全省交通建设起到了示范作用;为云南完善综合交通体系,打通出省动脉,拓宽省内城际干线,改善边远民族地区交通设施,起到了积极作用。3条高速公路建成后,将有助于云南早日实现通江达海、沟通两洋的夙愿,有助于云南融入"一带一路"建设,加快桥头堡建设,推进面向东南亚扩大开放,有助于加快民族地区赶超发展。

根据《合作建设协议》,双方拟共同出资,采用合作建设的方式,投资、建设、经营管理3条高速公路,3条高速公路工程可行性研究估算总投资约321亿元,按照"整体打包"原则,采用"BOT+EPC+地方政府补贴"投资模式,由中交建及云南省指定投资人共同投资建设,并由双方按照股份比例共同成立项目公司。

2013年6月9日,云南省人民政府与中国交通建设股份有限公司举行会谈并签订战略合作协议。根据协议,双方将在交通基础设施、城市综合一体化开发、轨道交通及其他相关领域建立全面战略合作关系。

省长李纪恒在会谈中说,云南大发展的前提是交通大发展,云南大开放的基础是交通大发展。桥通路通样样通,交通不但是基础设施,也是基础产业。欢迎中国交建全面参与云南交通建设和城镇化建设、水务建设等,云南将提供最优惠的政策和最完善的法律保障。

中国交通建设股份有限公司(简称"中国交建")董事长刘起涛说:中国交建在世界500强企业中排名216位,曾被评为亚洲最佳上市公司,目前正致力打造"五商":全球知名工程承包商、城市综合一体化开发运营商、特色房地产开发商、基础设施综合投资商、海洋重工及港口装备信息集成化综合服务商。中国交建将在云南设立机构,全面参与昆嵩、宣曲、蒙文砚3条高速公路建设(工程投资估算300多亿元),参与云南城市综合体开发、国际通道建设、滇中产业新区开发、养生地产开发、水务建设等。

云南省交通运输厅厅长刘一平说,中国交建是国家大型企业,曾参加了很多国外建设项目,代表着国家形象,有强大实力,也有许多好的理念。在今后的合作中,希望中国交建坦诚地、主动地为云南交通建设当顾问、当高参,多提宝贵意见和建议,用新的理念引领云南交通建设。在现有政策的基础上,希望双方创新合作模式,争取合作成功,实现双方效益最大化。

2014年5月4日~10日,为进一步加强云南与港澳粤的合作交流,丁绍祥副省长率云南代表团分别在香港、澳门、深圳及广州开展经济合作交流活动。参加交流活动的省交通运输厅厅长刘一平、副厅长郭大进等领导,向港澳粤政府官员和工商界人士重点推介了云南高速公路等交通基础设施建设投资机遇和招商政策。

2015年1月14日,云南省公路投资公司与工商银行云南省分行共同签署未来3年全面合作协议,共同推进云南重大公路项目的投资建设。

为多方筹集资金顺利推进高速公路建设"五年会战",云南省交通运输厅探索推行政府与社会合作建设高速公路的PPP模式,多渠道引进社会资金参与交通基础设施建设。这些举措让许多社会投资人看到了商机。中国建筑股份有限公司、中国交通建设股份有限公司、中国铁建股份有限公司、中国铁路工程总公司、中国技术进出口总公司、中国电力建设集团有限公司、中冶交通建设集团有限公司等央企,纷纷就合作建设高速公路事宜与云南省交通运输厅接洽商谈。

面对多家央企和省内外其他社会资本的投资热情,云南省交通运输厅厅长刘一平、副厅长张长生在和中冶交通建设集团负责人洽谈时表示,云南省正在制定高速公路建设招商引资的PPP规范文本,将本着"公开、公平、公正"的原则欢迎每一位投资者。只要有利于云南高速公路建设和双方发展,都会积极推进。

2015年4月24日,由中国电力建设集团旗下子公司中电建路桥集团有限公司、中国水利水电第十四工程局有限公司、中国水利水电第四工程局有限公司与云南玉溪市高等级公路有限责任公司四家单位通过PPP模式投资建设的晋宁至红塔区高速公路项目,继中国工商银行批准25亿建设开发贷款之后,又获53亿元中信银行贷款支持,项目建设资金基本得到保证。

2015年,中交建与中建总公司共同承担总投资为287亿元、总里程为150.8km的华坪—丽江高速公路PPP项目。

云南建设投资集团承担了香格里拉—丽江总里程140km、总投资210亿元的高速公路建设项目。

地方各州、市县政府,根据自身的条件也积极创造条件,寻找合作投资人,形成了省地多个积极性一起发力,开创云南建设地方高速公路的新局面。

大量的PPP合作项目为云南"三年攻坚""五年会战"及落实"十三五"高速公路建设项目打下了坚实的基础,从根本上缓解了政府投资的难题。这个时期也同时得益于整个银行贷款环境的相对宽松。

云南省还在我国开公路建筑物冠名权拍卖先河,成功拍卖了元磨高速公路上的"混凝土连续刚构世界第一高桥"冠名权,由红河烟厂出资619万元拍得"红河大桥"冠名权。

八、丰富融资产品　拓宽融资渠道

由于筹资、还本、付息、养护、日常运营涉及大量的资金运作,云南省政府、省交通运输厅及省公路投资公司面对重重困难,采用千方百计,不断寻求、探索一系列解决矛盾的策略和办法。

(一)公路资产融资租赁

云南省公路投资公司将建设形成的高速公路固定资产,解除相关质押后,形式上"转让"给租赁公司获取融资款,在租赁期内向租赁公司支付租赁本金和手续费以逐年回购高速公路资产,最后以象征性价格完成公路资产回购,圆满完成整个融资租赁业务。整个融资租赁过程中租赁公司不参与云南省公路投资公司的任何经营、管理,这种模式只是收费权质押的改变,公路的经营、管理权都未发生任何改变,公司既享有未来高速公路的增值收益,又能在很短时间内筹集到大额建设资金。采取这种融资模式,云南省公路开发投资有限责任公司先后与三家金融租赁公司开展了两条高速公路融资租赁业务,实现了近90亿元的融资金额,有效缓解了公司的资金压力。

"十二五"期间,云南大部分高速公路项目财政补助资金及州市配套资金比例较低,资本金缺口较大,资本金到位率低,造成配套银行贷款难以落实,严重影响了项目建设进度。为解决项目资本金缺口大的难题,作为云南高速公路建设主体的云南省公路投资公司从2009年开始,相继开展了昆石、楚大、昆嵩高速公路资产和安楚高速公路部分路段资产的融资租赁业务,累计融资达173.78亿元。该模式开创了国内以公路资产为标的进行融资租赁的先河,为交通基础设施建设盘活存量资产、拓宽融资渠道、优化资本结构、提高资本运作能力起到了良好的示范作用和促进作用。该模式运作成功后,在国内交通行业迅速推广,为我国交通基础设施项目筹融资工作开拓了新渠道,创立了新模式,发挥了重大作用。

(二)公路资产证券化

云南省公路投资公司将曲胜高速公路解除收费权质押,以通行费收益权作为基础资产,发行并设立"招商资管一号——云南公投曲胜高速公路车辆通行费收益权资产支持专项计划",于2016年1月22日成功募集35亿元资金,期限12年,首期发行利率4.03%,是同期国内高速公路资产证券化产品发行最低利率,成为融资模式的一大创新,开创了云南省高速公路资产证券化融资模式的先河,创造了西南地区首单高速公路资产证券化项目金额最大的纪录,是云南使用新型融资工具助推基础设施建设的代表,发挥了明显的示范作用。

(三)中短期票据和公司债券

从2010年开始,云南省公路投资公司着手通过银行间市场发行中期票据的相关工作,于2014年5月首次发行中期票据募集资金20亿元,标志着公司确立了在银行间市场的主体地位。此后,云南省公路投资公司共发行定向工具20亿元、短期融资券40亿元、中期票据52亿元、永续中票15亿元,累计融资127亿元。这些资金可用于公司资金周转、还本付息、项目资本金等,资金使用灵活,有力地支持了公司的良性发展和项目建设。

2015年11月,云南省公路投资公司取得中国证监会核准批复,于同年12月16日成功发行首期公司债券20亿元,票面利率4.1%,低于同期贷款基准利率,是同期云南企业中发行最低票面利率;2016年3月24日发行第二期公司债券20亿元,票面利率3.30%,低于同期贷款基准利率1.45%,创造了云南债券融资票面利率最低的新纪录,成功打通了证监会发债的融资渠道。

(四)信托理财

与金融机构合作,对个人发行理财产品,募集资金投放到公路建设上。实践中与云南省银行机构合作发行了5亿元的信托理财产品,效果良好。

(五)委托贷款

2008年,由于国家的宏观调控政策,银行信贷被大幅度压缩,给公司的筹融资带来不少困难,公路投资公司千方百计筹措资金,经多方商量,通过银行搭桥,获得了某央企16亿元的流动资金贷款,缓解了资金周转困难。

(六)BT、BOT、EPC、PPP等方式融资

云南省公路投资公司为加大公路沿线服务区的经营开发力度,由单一租赁经营模式转向招商引资、合作经营、自主经营等方式,使服务质量和经营效益得到同步提高。通过

BT、BOT建设方式,完成多个服务区的增设工作,进一步提升高速公路服务功能,并将EPC工程作为公路投资的发展方向,多渠道进行公路项目建设。

九、强化融资战略,升级融资平台

一是解放思想,拓宽融资渠道。云南省公路投资公司在2013年创造性地实施了"七个一点"融资思路,即向金融机构融资一点、向国家争取一点、通行费增收一点、招商引资筹集一点、地方政府承担一点、经营开发创收一点、项目建设节约一点。在"七个一点"融资思路的引领下,以银企全面战略合作为重点,以创新融资方式方法为抓手,以增强资金保障能力为核心,以确保资金安全和提高资金效率为基础,不断接洽金融机构,不断拓展融资渠道,不断丰富融资产品,与27家国内外银行和100多家非银行金融机构建立了融资战略平台及业务双对接关系,拓展和扩大了高速公路项目建设的融资盘子(图5-3)。

图5-3　全国130家银行、非银行金融机构支持云南公路建设

二是加大推介力度,聚合融资力量。通过举办较大规模的融资推介会、区域融资项目推介会、项目融资专访会、融资项目业务洽谈会等不同层级的会议,云南省公路投资公司从宏观、中观、微观3个层面加强与金融机构的业务联系,全面推进和深化与各金融机构的业务合作,公司融资平台的认可度和集聚效应大幅提升,逐步成为基础厚实、渠道多元、产品多样,并具有较大影响且值得信赖的投融资平台。

第六章
建设管理

云南省高速公路建设的主要行政管理部门是云南省交通运输厅(以下简称"省厅")。按照国家相关规定,省政府有关部门负责其职责范围内涉及高速公路建设工程的立项、审批以及向国家有关部门上报审批有关报件;省发改委负责全省高速公路的规划、立项审批及国高项目的报批;省交通运输厅负责项目前期工程可行性研究、初步设计报批、施工图设计审批、招投标管理、建设管理、竣工验收、公路运营、养护等的行业管理;省财政厅负责政府资金、高速公路国有部分的资产管理、参与融资等工作;省国土资源厅负责土地利用、矿产压覆等审批上报;省地震局负责地灾评估;省林业厅负责林地占用、林木砍伐、植被恢复等的审批上报;省环保厅负责环境影响评估等的审批上报;省安监局负责质量安全的监督;省文化厅负责文物勘查及保护的审批;省水利厅负责水土保持方案的审批上报及验收。

云南高速公路建设管理大致经历了以下几个阶段:

在1999年以前实施的几条国高项目,省级各方面高度重视,建设项目的指挥长、副指挥长由交通厅厅长或副厅长、厅总工程师、省公路局领导担任。指挥部内设机构的负责人及相关人员都从交通系统内抽调精兵强将组成。

1999年以后,高速公路建设项目仍以指挥部(事业法人)的组织形式组织建设。交通厅领导不再兼任指挥长。事业法人性质的指挥长由交通厅任命。2000年以后交通运输厅陆续成立厅直属的东部、昆磨、昆瑞3个分片区的公路投资公司,各自负责片区内国家高速公路的建设、管理。公司下设若干管理处,具体负责分片区的高速公路运营管理。

2005年以后,云南省公路局在交通厅的统一安排下,逐渐参与了高速公路建设。同时,也代表省交通厅以国家补助的资金作为股份,参与组建了多种合作形式的高速公路公司。

2006年,云南省公路投资公司成立,原3大片区公司直接撤销归入云南省公路投资公司。云南省公路投资公司在交通厅的领导下负责省级以上高速公路项目的建设、筹融资、运营管理。云南省公路投资公司负责组建工程项目建设指挥部,指挥长实行厅的审核制。云南省公路投资公司下设分区域的管理处,负责已建成路段的运营管理。公司下辖若干专业性质的各类分公司、子公司、合股公司。2013年后公司全面参与了省内不同融资方式的高速公路建设。

省、州市、县各级地方政府负责按行政分级的地方高速公路建设管理,依照行政上下对口的方式,实施涉及地方高速公路的政府管理。除以地方政府为主组织建设的项目外,州市地方政府一般不承担省级以上高速公路的建设。地方政府组织建设的高速公路项目组织形式有:以地方交通主管部门为主体建成的项目指挥部(事业法人)、地方组建的公路开发投资公司、地方通过招商引资组成的各类合作公司等。

2013年以来,随着高速公路融资建设的深化,全省多种高速公路建设的合作形式应运而生。按各种不同合作方式产生的各类高速公路公司逐渐成为项目建设的业主。按国家有关规定,相应的建设职责逐渐由具有法人资格的公司、指挥部履行。

无论何种合作建设方式,省州市各级交通行业主管部门始终履行行业管理职责,负责实施行业管理。这一时期主要的合作建设方式有 PPP、PPP + EPC + 政府补助、BT、BOT、BT + EPC 等。

第一节 严格履行建设管理程序

高速公路作为本质上的公共交通基础设施项目,必须按国家的规划,严格按相应的报批程序批准实施。云南省交通行业主管部门始终严格有效地履行国家高速公路建设管理程序,及时组织各项报件的审批,保证了工程建设管理合规合法,确保工程建设健康顺利地推进。

一、抓实立项及工程可行性研究

云南省政府根据云南以公路为主要运输方式的特点,历来高度重视高速公路项目的建设准备工作。除不断调整省的路网规划外,根据国家经济政策的变化,及时组织有关路段的工程可行性研究,力争有较多的项目储备。省政府及交通运输厅专门安排前期工作经费,有效地推动了新项目的前期工作。在"十五""十一五""十二五"期间抓住国家经济发展机遇,多条高速公路项目得到了国家的支持。

二、充分研究新开项目初步设计

云南高速公路建设项目在设计招标的基础上,由省交通运输厅主导,设计单位、地方政府参与,对工程设计进行认真的研究。在相应的历史条件下,综合项目的基本功能、地方需求、环保水保要求、投资额、安全技术标准、土地利用等因素完成设计。在实践中由于可研和初步设计的周期往往不能满足项目实施的时间要求,有效设计时间紧张,势必影响设计质量。云南省交通运输厅主动做好与交通运输部、建设单位上下沟通的工作,主动加强与设计审查单位、国家交通运输主管部门的衔接和密切联系,提前处理有关技术问题,大大缓解了设计周期不足和设计深度不够的矛盾。注重提高设计质量和水平,使设计更科学可靠,省交通运输厅出台了勘察设计双院制的规定,切实贯彻设计是工程建设的灵魂的理念,抓好工程建设管理的源头工作。

在初步设计上报审查中,省交通运输厅充分尊重和执行审查单位和交通运输部的审查意见,特别是在安全、环保等要求上,即使增加大额的建设费用也不讲条件地作出必要的调整。例如:大瑞高速公路在初步设计审查中,交通运输部将全线纵坡不得大于2.8%作为新的安全技术标准,投资增加10多亿元,省交通运输厅协调建设单位按照部的要求优化了设计。

三、严格履行报批程序

国家高速公路建设工程开工必须具备的9个主要报件的审批是一个既复杂政策性又很强的系统工程。20年来云南高速公路建设工作中,各建设主管层都提出严格要求和加强管理,各建设项目法人单位,省级各主管厅局都尽力指导、监督、协调配合,严格按国家的法规要求履行完成各项审批程序,做到开工建设项目合规合法。在建设过程中,也曾出现个别由于抢工期未批先用地、未批先砍伐的现象,省交通运输厅及各项目主管部门都高度重视,一经发现即严肃处理。个别发生的违规现象均未带来大的社会不良影响。

四、严控工程建设质量

按国家有关工程质量检测验收程序,云南省工程建设主管部门对每一个建设项目都按规定组织省州(市)有关部门、专家、质安、业主、设计施工监理等单位进行桥梁隧道等施工过程的质量监督检查,严格进行工程转序验收,项目完工后,组成验收委员会(或代部组织进行)按国家规范要求进行验收,并按标准进行打分评价。对工程具有特长的予以鼓励、推行,对存在的各类问题提出返工整改及进一步完善的要求,并限期完成。对存在重大质量隐患的部分明确要求拆除重建,哪怕造成经济上重大损失和通车时间上受到重大影响也在所不惜。

第二节　创新政府管理机制

一、严格执行建设法规　落实行业管理职能

高速公路建设项目是国家重大的公益性基础设施投资项目,投资量大、社会敏感度高、涉及面广、科技含量高、时效漫长,国家层面上一贯高度重视。高速公路建设在不同时

期根据社会发展情况,不断更新、出台相应的法规,确保了其健康、有序推进。

云南省交通运输主管部门在每个历史时期都严格认真地履行国家高速公路建设市场管理的每项法规。

根据交通部《公路建设市场管理办法》等行业规章制度,建立了云南省一系列公路建设市场管理的规章制度。诸如:实施云南公路建设市场准入制,对参加云南省高速公路建设的设计、施工、监理等有关企业进行资质预审,实行准入制。建立了云南省高速公路建设施工、监理等企业的信用评价体系,对施工、监理企业的业绩、信誉进行定期的检查、考核。配合建设厅对施工企业、监理等从业单位进行资质审查评定,有效地实施了政府的管理。在推行 PPP 模式的条件下,及时出台《招商引资监督管理办法》,对 PPP 建设项目的资金使用、质量、安全、工期、廉政建设等方面进行全程监督管理,并向合作项目派出监管部(代表省厅)。

交通部四项基本制度出台以后,云南进一步加大了对招投标项目法人、施工监理、合同等的管理力度,部的四项基本制度一直得到有效的施行。

作为全省高速公路建设主管部门的交通运输厅,针对高速公路建设的各个环节,诸如招投标、质量、安全、技术要求、造价管理、监理、检测、档案管理、企业诚信等方面出台了数十个有关的地方法律法规、制度、办法,有效地保证了云南高速公路建设市场的健康运行。

二、不断改进招投标管理

由于高速公路项目投资数额较大、招标内容繁多、利益关系复杂,建设项目的招投标工作始终是建设管理工作的一个重要部分。云南省政府各有关部门、交通运输主管部门根据国家有关的具体规定,结合云南的情况制定了各个时期的实施办法和有关规定,并认真组织实施。

(一)管理体系

在高速公路建设初期,云南省交通厅设立招标委员会,由厅长任主任委员,主管建设工作,有关副厅长任副主任委员,成员由有关部门的人员组成,参与项目的招标工作。

2002 年以后,撤销厅的招标委员会,成立云南省公路工程招标监督委员会,监督委员会主任由交通厅长出任,副主任由分管建设工作的副厅长及监察厅驻厅纪检组长担任,成员由省人大、省政协、省检察院、省发改委、省建设厅、省国土厅、省水利厅、省林业厅、省工商局、省审计厅、省环保厅等省级有关部门人员组成,负责对省级以上高速公路项目招标工作的监督。具体工作主要有:听取建设项目法人汇报招标工作计划;审阅项目招标文件,了解有无违反国家相关法律法规的内容;对涉及违规违纪、有碍公平竞争的条款提出修改的建议意见,但不作决定;听取招标、评标结果汇报,不干预招标结果;对招投标过程中出现的举报等事项由专门设立的纪检监察部门负责处置。整个招标工作由项目法人独立组织进行,并承担相关的法律责任。由于监督委员会的参与,大大减少了不规范招标、暗箱操作情况的发生,增加了招标工作的透明度,提升了招标质量。

2015年,云南省交通运输厅撤销了招标监督委员会。

(二)不断完善建设项目招标管理

省交通运输主管部门以《中华人民共和国招标投标法》《中华人民共和国公路法》《公路建设市场管理办法》等国家法律法规和规章制度为依据,结合云南交通行业特点,按照"公正、公开、透明、高效"的原则,制定了一系列有关公路工程勘察设计、施工、监理、设备材料采购等方面招投标管理的规定和办法。制定了《云南省公路工程招标监督委员会议事规则》《云南省交通厅关于对公路工程施工招标推行最低评标价法的指导意见》《云南省交通厅公路工程招标投标工作指导意见》《云南省公路建设项目招标代理招标管理办法(试行)》《云南省交通领域建设工程邀请招标管理规定》等法律法规。

根据省政府的统一部署,积极组织、协调交通运输工程项目进入云南省公共资源交易中心,初步形成省、州(市)、县(市、区)三级公共资源交易网络体系,各级公共资源交易中心按"不交叉、不冲突、不抢占、分级管理"的原则确定进场交易范围,各有关单位按照积极稳妥有序的原则,全面推进交通运输工程建设项目进入公共资源交易中心集中交易。

根据交通部发布的招投标范本,评标可有几种选择,由招标人事先在标书中约定。在2003年以前,云南基本采用的是综合评标方式(亚行项目按亚行规定采用最低价中标方式),由于综合评标方式使用中容易出现人为不可控的因素,不利于公平竞争,投标资格审查后,由招标人随机抽取30%以上的投标人进行所投标段的重新组合,避免围标行为。

低价中标虽然避免了很多不公平的招投标行为,对业主的工程造价控制也较为有利,但剧烈的市场竞争给投标人带来了巨大的压力,开始出现恶性竞争的现象,而现存的市场体系还难以有效地管控恶性竞争带来的种种后果。在交通部颁布合理低价评标办法后,云南基本采用的是合理低价法招标。为保证工程质量和施工承包人合理的施工成本,在施工标段划分上一般不采用小标段方式的招标。

(三)开放建设市场 健全诚信体系

云南高速公路的建设市场是一个较为开放的建设市场。多年来在项目招投标工作中,对来自全国各地的投标人,不设特殊门槛,没有例外条款,只要符合资质要求、履行市场管理程序的一律都可以参与云南公路工程建设的竞争。来自全国各类公路施工企业有力地支持了云南高速公路建设,不少国家大型设计单位、建筑企业为云南高速公路建设带来了很多优良的企业文化、先进的设计思路和施工技术,有效地提升了云南高速公路建设的品质。据不完全统计,20年来有340余家来自不同行业的设计、施工等企业进入了云南的高速公路建设市场。

在实行公路建设市场准入制和动态监管完善公路建设市场诚信体系建设的过程中,云南省交通运输厅制定下发了《云南省交通建设市场信用信息管理办法》《云南省交通建设工程施工企业信用评价实施细则》《云南省交通厅关于我省公路建设市场从业单位信用等级考核的通知》《云南省交通运输厅关于交通领域招标及资审工作中使用从业单位信誉信息的通知》以及"黑名单"制度。开展了云南省公路建设市场信用信息系统的研发工作,重新修订出台了《云南省公路建设市场信用信息管理实施细则(试行)》和《云南省公路施工企业信用评价实施细则(试行)》,出台了《云南省交通厅关于对公路工程施工推行第三方监理的指导意见》等一系列规章制度。截至2016年5月,在信用信息系统的注册用户达341家,涵盖了施工、监理、设计等从业单位。

三、上下协力　确保工期

历届云南省委、省政府领导对高速公路建设工作一直高度关心,高速公路建设工作始终摆在政府工作的重要位置。针对建设项目的进展情况,省委、省政府的主要领导、分管副省长多次组织高规格、大范围的高速公路建设推进会,深入工地检查督促;省州市人大、政协经常组织对辖区内公路建设项目的视察工作,形成了全省上下合力推进高速公路建设的氛围,为项目建设奠定了良好的环境条件,有效地推动了高速公路建设的进程。有关动员会、推进会对各个建设项目提出了明确的工期目标,对有关州市政府、省级有关部门也提出相关要求,明确责任,并安排有关部门督促检查。尽管不少项目困难重重,但在全省上下各有关部门的支持推动下,基本都按计划建成通车。

为确保建设项目按计划保质保量地建成,省交通运输厅分管领导、建设主管部门常年深入建设工地检查质量安全工作,督促建设进度,排查有关问题,协调处理影响工程建设的各类矛盾,诸如征地拆迁、资金筹集、安全保通、电力保障、材料供应、管线拆迁、军事用地等。定期召开有关涉路建设部门参加的生产调度会、推进会,就地及时处置影响工程建设的矛盾和问题,有力地支撑和督促建设项目的正常推进。云南省交通运输厅在日常工作中采取"一月一检查、一月一通报、一月一专报"的方式,加强对重点项目进行督导检查。

2013年省政府"三年攻坚"任务下达后,为加强高速公路建设的政府推动力,省政府在原铁路建设工作督导组的基础上加入了高速公路建设的督导内容。督导组认真贯彻国家和省高速公路建设的决策部署,践行"严检查、敢批评、善协调、重实效"的督导原则,紧紧围绕高速公路建设开展督导工作。在分管副省长的直接领导下,坚持会议督导、重点督导、专题督导的方式,有效地开展了大量的督察、推进、协调排难的工作。督导组的工作主要以协调为主,在"三年攻坚"期间,对高速公路建设中涉及地方政府、建设施工方遇到的筹融资、征地拆迁、矿产压覆、林木砍伐、管线拆迁、公铁交叉、安全隐患等涉及跨部门、跨行业的问题均进行了及时有效的协调。

督导组坚持以问题为导向，深入调查研究，对影响高速公路建设的一些重大问题，及时向省委、省政府报告并提出意见建议。针对融资、征地拆迁、矿产压覆补偿、施工影响群众生活用水等问题提出建议和意见，有不少好的建议得到了省政府及相关行业主管部门的采纳和肯定。督导组的工作加强和推动了云南高速公路建设。

第三节　打防结合　廉洁从业

由于高速公路投资巨大，国家相关管理制度还处于探索完善阶段，高速公路一直是违法违纪、腐败行为易发的高危行业，廉政建设管理的任务异常艰巨。在公路项目建设中，省交通运输厅党组在抓好党建工作的同时，重点抓好反腐倡廉工作，紧紧围绕"工程优质、干部优秀、资金安全"目标，坚持标本兼治、综合治理、惩防并举、注重预防，认真全面履行纪检监察工作职责。坚持把党风廉政建设与公路建设项目紧密结合，加强教育、健全制度、强化监督、敢于问责，为云南高速公路建设又好又快发展提供了坚强的政治保障。

一、抓工程　不忘抓廉政

20世纪90年代，根据"八五"打基础、"九五"大发展的云南经济发展战略，云南高速公路建设拉开序幕。1996年10月25日，云南第一条高速公路昆明至嵩明公路建成通车。

高速公路建设是易发腐败的领域，问题主要出现在设计环节、招投标环节、合同签订与履约环节、变更设计及工程计量环节、物资材料采购环节、质量安全控制环节、资金拨付环节、征地拆迁环节等8个主要流程和环节。为切实在公路项目建设中做到"工程安全、资金安全、干部安全"和"工程优质、干部优秀"的建设目标，驻厅纪检组强调"人生难修几条路，少留遗憾多创优；管住行业必须管行风，抓单位必须抓形象；交通人要懂得自我保护，为行业保驾护航"的廉政工作要求。

"九五"期间，云南省交通厅在各项目建设指挥部设立党总支，委派纪检组长和纪检组成员进入指挥部，在项目建设中，坚决以执行省委《五不准若干规定》和省交通运输厅《九要求》的规定，把高速公路的勤政廉政工作落实到位。

"十五"期间，各项目建设指挥部党总支坚持"从严治党，从严治政"和"两手抓，两手都要硬"的方针，以狠抓惩治和预防腐败体系建设，严格执行党风廉政建设责任制，以贯彻《廉政准则》为重点，健全监督机制和预防教育工作，落实党风廉政建设工作，为云南高速公路建设营造了良好的环境。

二、多项措施防腐败

(一)坚持教育为本　强化廉洁自律意识　筑牢拒腐防变思想防线

1. 深入学习　强化理论武装

通过专题研讨、学习交流等形式,改进领导干部的学习培训,深刻领会中央、省委关于坚持和发展中国特色社会主义、实现中华民族伟大复兴中国梦、深化改革扩大开放等一系列重要论述,增强道路自信、理论自信、制度自信,坚定廉洁从政(业)的权力观、地位观和利益观。

2. 利用典型案例进行警示教育

由项目建设指挥部党组织组织各级领导干部、关键岗位、参建单位人员到反腐倡廉警示教育基地或监狱开展警示教育。

3. 大力推进行业核心价值观宣传教育

引导广大干部树立正确的世界观、人生观、价值观和政绩观,把社会主义核心价值观与"修路修人生、养路养人品"的云南交通运输行业核心价值追求结合起来,不断激发广大干部的精神动力,不断增强廉洁自律意识。

4. 大力抓好廉政文化建设

积极借鉴古今中外优秀廉政文化。通过举办廉政文化走廊、廉政文化知识竞赛、革命传统教育、创作演出、廉政征文、论坛演讲、书画影视等活动,营造廉洁办事的氛围;通过廉政信息展示平台、机关网站和微信微博、廉政文化建设示范点、文化作品创作征集开展廉政文化建设;通过开展廉洁岗位、廉政模范、廉洁家庭评选表彰,倡导和形成以廉为荣、以贪为耻的行业风尚。

(二)完善体制机制　强化统一领导

1. 严格落实党风廉政建设责任制

把党风廉政建设和反腐败工作放在突出位置,与推动中心工作同谋划、同落实、同推进,加强对党风廉政建设和反腐败工作的统一领导;强化"一岗双责"的管理机制、"一考双评"的考核机制、"一述双报"的述廉机制、"一案双查"的问责机制,全面落实党委负主体责任、纪委负监督责任的党风廉政建设责任制。

2. 注重加强纪检监察队伍建设

凡公路建设指挥部均建立健全了纪检监察机构,并注重队伍数量和素质的"双高"配置。认真落实"转职能、转方式、转作风"的要求,各级纪检监察部门切实回到党章和法律规定的主业上来,履职尽责落实好监督责任。

3.注重廉政责任制的落实

每年初逐级签订《党风廉政建设责任书》,做到反腐倡廉责任层层分解,层层落实。在公路建设过程中,做到"双合同、一承诺",即签订工程(商务)合同的同时必须同步签订《廉政合同》和《治理商业贿赂承诺书》,明确党政主要领导同为廉政建设的第一责任人。

(三)加强制度建设　强化监督　从根本上解决腐败问题

1.注重健全和完善各项规章制度

先后在工程建设领域推行了十项制度改革,建立起比较完善的公路建设管理内控制度和公路建设市场有效监管体系;建立和落实覆盖项目建设全过程的党风廉政建设长效机制;制定和实施了一系列云南省交通运输系统教育、制度、监督并重的惩治和预防腐败体系的实施意见;建立健全惩治和预防腐败体系2013—2017年工作规划等,对建设项目实施全过程的有效跟踪监督。

2.加强工程建设全过程关键环节监督

严格招投标监督,坚持多方参与的开评标监督联合工作机制,注重引入审计和检察机关监督。建设项目全部引入了跟踪审计单位,对公路项目建设从开始到竣工实行全过程跟踪审计,发现问题及时整改和纠偏。所有公路建设项目指挥部都与沿线检察机关开展"路地共建廉政工程"活动,对所有投标单位实行行贿犯罪档案查询,对不良信誉单位按照规定进行处理。

3.加强对领导干部廉洁自律的监督

坚持一把手不直接分管人事、财务、物资采购和工程招投标,在研究"三重一大"事项时实行末位表态、集体决策;对配偶子女均已移居国(境)外的国家工作人员加强管理,按照《关于领导干部报告个人有关事项的规定》开展抽查核实工作;加强对国有企业领导人员廉洁从业的监督,严禁违规发放、赠送和收受"红包"、会员卡、购物卡、有价证券。

4.构建科技防腐机制

建立工程建设项目管理系统,实现对工程建设项目权力运行的实时监控。建立信息化系统,规范对各个审批和签认环节的监控。

5.加大查办违法违纪案件的力度

坚持以零容忍态度惩治腐败,重点查处领导机关和领导干部滥用职权、贪污受贿、腐化堕落、失职渎职案件和严重违反政治纪律和组织纪律的案件。严肃查办发生在工程建设中的案件;严肃查办商业贿赂和严重侵害群众利益的案件;严肃查办重大质量安全责任事故背后的腐败案件；严肃查办党员干部和国家公职人员违规从事营利性质的活动。

三、廉政建设　成效显著

（一）切实加强领导

省交通运输厅党组、驻厅纪检组高度重视公路项目建设，直接向公路建设项目派驻纪检人员和财务人员，将工程建设与廉政建设同部署、同检查、同落实、同考核，围绕工程建设财务、资金、招投标、承包合同、物资采购、工程计量等重点环节加强督促检查。同时，审计机构和地方检察院积极介入项目建设的全过程监督与跟踪，确保了公路建设项目规范有序、廉洁高效。

（二）加强监管　有效防控风险

各派驻项目纪检组认真履行职责，切实在公路建设项目管理工作中强化质量监管、资金监管和督察督办，有效控制了工程质量、安全生产、资金管理使用等方面存在的问题。

（三）公路建设指挥部领导班子率先垂范落实廉政责任

从工程建设初始就把反腐倡廉、建廉洁工程作为硬目标，统筹谋划，科学设置，结合工程目标责任制，对管理部门实行双目标责任制，对施工单位实行双合同制，把党风廉政建设纳入考核，实行"廉政目标一票否决制"，坚持工程建设与党风廉政建设"两手抓、两手硬"。注重把反腐倡廉教育融入建设全过程，筑牢思想防线，增强廉洁意识。

（四）制度健全　堵塞风险漏洞

一系列完整的规章制度，覆盖工程建设各个环节和领域，始终做到用制度管权、靠制度管人、按制度办事。

（五）职责明确　严格追究责任

对不履行或不认真履行职责的各类行为，加大问责力度。同时，通过工程质量安全事故和群众反映的突出问题以及来信来访和电话举报，发现案件线索，及时查处违纪违法行为。

第四节　质量管理

云南地处高原，山高谷深，河流众多，山峦起伏跌宕，地震频发，地质复杂，气候多变，旱涝互见，寒暑迥异。复杂的地质，带来了复杂的工程技术。云南高速公路建设除面临工程技术上的挑战外，工程质量隐患风险成倍增加，工程质量的控制更是一个极大的挑战。

在20多年的高速公路建设过程中,诸多现实的不利因素不断困扰着工程质量监管部门和监管人员以及施工企业。

一、质量管理面临的问题

(一)人力资源不足

在几次高速公路建设高潮中,短期内实施大规模的工程建设,客观上带来各类人才资源的不足,设计、施工中大量新人上岗,质量隐患难免。具体表现在有的设计深度不够,大量施工人员缺少必要的培训,一线上"放下锄头,走上工地"不懂技术规范的农民工不在少数。

(二)施工企业追求利润与确保工程质量之间的矛盾

由于建设市场的培育管理处于探索发展期,企业单纯逐利的价值取向不同程度地影响到工程质量。

(三)建设过程中监管体系还难以完全履行政府赋予的管理职责

监理制度的引入是社会的一个进步,但客观上目前国内的监理公司还不具备国际上成熟的市场体系下的管理条件,监理的效果参差不齐。

(四)社会不良风气影响质管工作效能

要确保质管工作到位有效,必然对所涉及的部门、施工企业、监管人员各方利益形成冲击,质管部门的工作往往遇到很大的阻力。

(五)监测手段还不完全适应快速成长的现代工程

随着大量新技术的应用,大型桥、隧、边坡逐渐增多。虽然也随之产生一些新的检测设备和手段,但其效能还有待实践验证,质量风险依然存在。

(六)紧迫的建设工期增加了质量控制的风险

有些建设项目由于种种原因,正常的设计周期不够,设计深度受到影响,预定的建设工期被各种情况拖延,常常迫使有效工期压缩,不得不采用特殊的技术手段和工艺来处置,容易导致质量风险。

针对上述种种建设过程中的不利因素,交通建设政府主管部门和具体管理机构清醒地认识到质量工作责任重大。多年来政府主管部门、各级质监机构面对困难勇于担当、不计得失、奋力工作,不断创新管理思路,提高管理水平,竭力把住百年工程的质量关。

二、质量管理体系及职责

(一)监管机构与职责划分

云南省交通厅工程质量监督机构成立于1988年,名称为质监站,科级建制,20世纪90年代后期升级为副处级机构,后正式升级为独立的正处级单位,省交通厅直属管理,受厅委托负责全省公路工程质量监督工作。2009年10月,正式成立云南省工程质量监督局,成为全国为数不多较早成立的省厅直属质量监督局。紧随其后省级以下各州(市)逐步建立了交通建设的质监站(局)。

云南省的公路建设质量监管按照国家和交通运输部的相关规定和要求,省与州(市)两级具体的职责界定分为3个阶段。

1.1988—2005年

按省交通厅主管的公路工程建设职责和范围,受厅委托,主要承担全省二级路以上的公路建设质量的监督,同时也承担二级路以下等级的大中型公路建设项目的质量监督。这一时期云南高速公路建设的质量管理和监督由省交通厅和厅工程质量监督站负责。

2.2005—2011年

按照国家和交通运输部对各级交通主管部门质量管理职责的划分,同时结合全省州(市)交通质监机构不完全具备监督高速公路条件的情况,省交通厅委托厅工程质量监督站"负责全省公路工程质量监督工作,具体负责新建、改建二级以上公路、特大桥、特长隧道和全省高速公路养护、大修的质量监督工作",代表省交通厅对全省主要公路建设的质量行为进行管理。这一时期,云南高速公路建设的质量管理和监督仍由省交通厅和厅工程质量监督站负责。

3.2011—2015年

按照国家和交通运输部对各级交通运输主管部门质量管理职责的划分,并结合各州(市)交通质监机构已具备或基本具备条件的情况,全省公路建设按照分级负责建设管理的原则进行。质量监督管理工作依然采取"统一管理,分级负责"的方式,即"县级以上地方人民政府交通主管部门负责本行政区域内公路工程质量监督管理工作"。省交通运输厅对相关部门质量监督职责进行了划分:省厅质监局主要负责对云南省公路开发投资有限责任公司、云南省公路局和省厅直管的BT、BOT等所属项目的监管;各州(市)政府负责建设的项目,由各州(市)交通质监机构直接监督。省厅质监局作为全省行业指导部门及实施国、省公路项目的监管,对州(市)质监站(局)进行业务指导、技术培训及监管。全省公路工程质量监督管理形成了统一领导、分级负责、职责明确、指导把关格局。

进入"十三五"以来,云南进入新一轮高速公路建设高潮,地方高速公路建设项目大量增加,建设模式引入 PPP 等多种形式。随着各州(市)交通质监机构的发展和完善,省与州(市)两级交通运输主管部门及对应质监机构的质量监管的主体责任划分为:省级负责国高网高速公路建设质量管理;各州(市)负责各自所属地高网高速公路建设质量管理。

(二)职责界定

按照交通部《公路建设市场管理办法》(交通部令 2004 年第 4 号)的规定,我国公路建设质量管理体系为:"公路工程实行政府监督、法人管理、社会监理、企业自检的质量保证体系。交通运输主管部门及其所属的质量监督机构对工程质量负监督责任,项目法人对工程质量负管理责任,勘察设计单位对勘察设计质量负责,施工单位对施工质量负责,监理单位对工程质量现场管理负责,试验检测单位对试验检测结果负责,其他从业单位和从业人员按照有关规定对其产品或者服务质量负相应责任"。该条规定十分清楚地阐明了为保证高速公路建设质量所必须遵循的"四级质量管理"的质量保证体系和所涉及的参建和管理相关各方的职责界定。

所实施的主要内容可简要概括为:参建各方和相关部门应认真履约合同条款、履行职责、确保工程质量;认真组织规范施工,确保工程质量符合标准和规范。施工质量管控操作体系要求做到:

施工方建立和具备质量保证体系,按检验评定标准和规范规定在整个施工过程中逐项逐环节进行质量自检保证;

监理单位作为受建设方委托或以第三方形式,按要求和比例进行抽检并对整个过程中的质量检验、评定监督进行全面控制;

项目法人(建设单位)对建设项目的质量进行全面管理负责;

交通运输主管部门及其所属质监机构按规定对参建各方的质量进行监督管理,进行相关检查、检测和交竣工的质量鉴定。四级机构职责界定的关键词依次为:保证、控制、负责、监督。

施工难度大而施工工期有限,往往是形成质量控制困难的因素之一,管理和参建单位为此付出了许多努力。

三、队伍建设及建章立制

(一)队伍建设　强化监管

云南公路交通质量监督队伍发展和实力提升的历程对应了高速公路建设发展的历程,质监机构经历了从无到有、从初步发展到壮大的过程。

省厅和质监队伍一直重视对公路工程质量监管条件的完善,厅质监局的发展历程充分体现了全省公路交通质量监管实力的发展和提升过程。厅质监局从刚成立时的不足10人,到2005年一直在16人编制之内,且十分缺乏高级专业技术和管理的质监人才。在其后的10年间,人员已扩增至53人。加上合同制辅助人员和后勤人员,人员数已经是10年前的3~4倍。另一方面,充实发展后的队伍,从人员结构、专业类型和水平层次上,已有明显提升。早期的质监工作主要是靠省内行业各方面专家协助进行,而现在已形成路基路面、桥梁、隧道、交安机电等专业,且每一专业都具有高层次实力型的专家人才。省交通质监局人员普遍达到大学水平,拥有2名博士研究生、6名硕士研究生、5名正高级工程师、19名高级工程师。多年来,质监人员在大规模的工程建设实践中不断磨炼和成长,实力较之高速公路建设的早期有了质的跨越,成为全省高速公路和公路工程建设、养护质量监管的核心力量,为高速公路建设质量监督管理发挥着重要作用。

同样,州(市)交通质监站(局)经过10多年的发展,也经历了从小到大的过程。全省16个州(市)均建立了交通质检机构,大多具备了能满足或基本满足辖区公路工程质量监督的能力。部分州(市)站(局)的规模、功能和实力已经达到较高的水平,如昆明市现在同一时期承担了几条高速公路、独立特大桥和本市其他公路工程的质量监督任务;普洱、昭通也具有一定的检测基础;州(市)质监机构为全省地方高速公路和其他公路的工程质量监督管理提供了必要的保障。

(二)建章立制 完善体系

1. 制定规章制度和办法

省厅和厅质监局高度重视质量监管的建章立制工作。在"十一五"初期,拟定编制了《云南省交通厅工程质量监督站管理制度汇编》等规章制度和办法文件,对质监机构管理的各级人员、部门岗位职责、管理办法、相关质监工作的细则和制度等进行了明确和规定。经过多年的实践,不断地修改完善,相关的规章制度更加成熟和有效。这些规章制度对各级质监机构做好质量监督管理工作发挥了重要的基础作用。

2. 编撰手册、地标及指南等书籍,强化和指导监管

为了使质监工作更加有序和更高水平地开展,省厅和质监局或协助交通运输部,或在厅的领导下,牵头和独立编撰出版了相关的手册、地标及指南等书籍。主要有:云南省地标《云南省公路机电工程质量检验与评定》(DB53/T 446—2012);由交通运输部相应司局组织,云南省交通运输厅工程质量监督局主要承担完成的《高速公路路堑高边坡施工安全风险评估指南(试行)》《公路隧道工程质量通病防治手册》;省厅、局编写出版的《云南省高速公路标准化实施要点》《云南省公路工程质量监督管理指南》《云南省公路施工安全生产管理指南》《云南省公路建设工程安全生产管理标准化用表指南》等。这些地标和指

南为高速公路和各级公路建设、管养的质量和安全监管起到了很好的指导和强化作用。

3. 抓好资质管理信用评价和监督档案管理

厅主管部门及质监局注重抓行业监理、试验检测人员和单位的自律及资质管理；组织相应的培训、考核工作；指导监督从业人员的业务工作；规范完善监理和试验检测的管理及能力的提升；确保监理、试验检测市场的健康发展；着力发挥监理、试验检测的"左右手"作用。

根据交通运输部建立公路建设市场信用体系及从业相关单位进行等级评价等规定和要求，以建设项目为载体，依据各中标单位在项目实施过程中所表现的质量、安全、装备投入、技术能力、管理水平等业绩，通过质量鉴定、工程验收等方式进行信用等级评定；在工程招投标中，项目业主对中标单位的选择，不再是简单地看企业资质，更重要的是看企业在以往建设项目中的业绩表现，促使交通建设从业单位能立足做好每一个项目，在取得好的信用等级的基础上，才有可能赢得更多更广阔的市场发展空间。根据交通运输部的要求，厅主管部门及质监局一直把这项工作摆在重要的议事日程，在项目业主初评的基础上，经过汇总整理，对从业的相关单位和人员进行复评，认真推动此项工作的深入开展。

厅及质监局努力建立和完善监督档案管理和建立监督项目档案数据库。一是委托科技公司，依托内部局域网和互联网，开发了档案管理系统。通过扫描引入工程质量安全监督文件、资料等档案，建立监督项目档案数据库，实现档案信息的查询、统计、分析等的综合应用。目前已完成了20多个监督项目资料的归档，部分项目的档案整理工作也已完成。二是进一步完善监督信息管理系统，充分发挥信息化管理优势，做好监督项目的信息收集，以便在项目竣工后利用管理系统形成监督档案；利用管理系统收集、汇总高速公路建设项目工程质量监督综合检查评比结果；建立功能模块，实现全省公路工程质量状况数据统计。

4. 突出重点，强化重点工序、重要环节的控制

针对高速公路建设出现的主要质量通病和问题，为有效控制病害和隐患，厅及质监局从不同角度完善管理方式和办法，对症下药，依次针对各建设项目、各州（市）发文或向省厅报告，及时有效纠正、控制质量病害和隐患。近几年，厅质监局制定发布和及时上报建议，形成了大量的管理办法和依据，主要有《关于认真贯彻混凝土质量通病治理活动进一步加强桥梁施工质量通病整治的通知》《云南高速公路建设项目开展工程质量监督综合检查评比办法》《云南省州（市）政府负责建设及监管高速公路工程质量安全督查办法》《关于进一步规范在建公路路基工程中间交工质量检测工作的通知》《关于加强路面施工控制相关要求的通知》《关于加强我省在建高速公路项目桥隧结构工程混凝土质量过程监控检测要求的通知》《关于加强对桥梁预制梁板易忽视的质量问题控制的通知》《关于加强桥梁结构预应力质量控制的通知》《关于对先简支后连续T形梁负弯矩区段加强施工工艺质量控制的通知》《关于建议改用预制T梁先简支后连续结构形式为结构简支桥

面连续形式的报告》《关于对云南省交通建设特大桥或特殊桥梁施工监测监控工作有关要求的通知》《关于对在建特大桥和特殊结构等桥梁进行荷载试验的通知》《关于使用预应力智能张拉系统有关要求的通知》《关于要求对独柱式桥墩桥梁进行稳定性复核验算的通知》《关于进一步加强桥梁预应力施工质量管理的通知》《高速公路冬季施工和钢筋机械连接相关要求》《关于对"平安工地"考评结果挂牌公示的通知》《关于进一步加强公路建设项目安全培训工作的通知》《云南省公路工程"平安工地"考核与企业信用评价及企业安全标准化二级达标考评挂钩管理办法》等一系列管理的规定、办法及建议。质监局每年对各个项目的各种检查形成的检查报告和抽查意见通知书都有上百份或几百份，仅2014年就发送《检查报告》115份、《抽查意见通知书》325份。

通过强化管理力度和深化细节，达到了提升全省高速公路建设质量的管控效果。

5. 推行对检测方案和检测结果报告进行评审的制度

厅及质监局为了管控好质监工作和工程质量，推行对检测方案和检测结果报告进行评审的制度，这是质量管理的又一创新举措。由于检测的技术水平、相关人员的重视程度及实际工作质量会影响检测结果报告的客观性、准确性和权威性，所以对检测工作过程必须加强管理。对委托检测单位在施工过程中所承担的主要的检测、交竣工验收的质量检测、检测实施方案、将要出具的检测结果报告等，均要通过由质监局组织的专家审查和评审。一是对事前检测实施方案中的目标、内容、方式、组织实施计划及涉及检测的安全、廉政等内容进行审查；二是对检测报告的质量、数据、报告内容、结论等进行审查，确保检测工作报告及检测结果具有客观性和权威性。若属于特殊工程和遇到特殊问题时，邀请省内外相关专家加强把关。

四、落实措施　强化管理

(一)建立质检体系　严把"三关"

云南高速公路建设项目的质量监管，实行"政府监督、法人管理、社会监理、企业自检"的质量保证体系，并建立和完善"政府监督为主，群专结合"的质量监督体系。为提升对项目监督的工作实效、监管水平和做好服务，厅质监局全面推行监督工作的项目监督负责制，实行"监督负责人—部门负责—局领导"的内部三级质量监督管理体系，定人定岗，便于服务及联系，责任落实，做到统一领导，分级把关。具体做法为：每一监督项目都落实到具体监督小组，确定监督负责人，对项目进行日常总体监督，并作为联系人，经部门管理、局领导和分管领导确认；对于主要环节和检查等重点工作，由局内统一安排和协调进行。

通过进一步落实监督责任，使监督负责人加强监督计划管理、规范各类监督工作程序、明确各种监督检查工作要点，促使监督负责人积极、主动开展工作，同时也为业主、施工、监理单位根据工程进度分阶段落实责任。从多条高速公路建设项目的质量监管成效来看实效明显。

在云南高速公路建设的质量监管上,按照严把"三关"(工程开工关、施工过程关、质量验收关)的工作思路,落实"四级质量管理"质量保证体系,基本做到了把质量问题控制在源头和过程中。

1. 项目开工前期

在项目开工前期办理监督手续的过程中,对参建单位的人、机、料等履约条件、管理行为等进行审查,认真检查质量保证体系,并对参建各方进行工前监督交底和技术培训。在工程项目实施前,对"四级质量管理"质量保证体系的实施程序、内容和要求进行交底;针对工程建设质量的难点和技术等进行专项培训,提高参建人员的质量意识、管理水平及业务水平,促进项目工程质量的提升。

在项目实施初期,主动与项目参建单位沟通,对所监督项目逐一巡查,现场了解项目实际情况及存在困难,帮助项目参建单位理清项目质量管理控制的重点及可能存在的质量风险,并协助制定相应的质量保证和控制措施,有效降低工程项目质量风险。特别对于质量风险大的桥隧工程和由于工艺技术因素可能导致较大影响的路面工程,都要针对类型特点、质量通病、预防措施,进行质量控制要点的技术专项培训,做到监督工作关口前移和做好监督服务。

2. 项目施工过程

在项目的整个施工过程中,厅质监局认真执行部省质量监督和督查办法的相关规定,各项目施工的主要环节每年不少于1~2次综合督查,根据工程的进度,对路基、桥梁、隧道和路面等进行定期或不定期的专项督查和巡视督查。

通过对在建项目的管理行为、施工工艺、工程实体等方面的检查和检测,及时掌握工程质量和安全动态,及时纠正和处理存在的问题,确保工程质量。在项目实施过程中,针对项目参建单位人员素质参差不齐,缺乏类似工程施工管理经验的问题,质监局组织省内有丰富经验的专家到现场与项目工程技术人员沟通交流,现场帮助施工人员解决工程实施中存在的实际问题,不断促进和提高项目的工程质量和安全管理水平。

3. 项目交竣工阶段

在项目的交竣工阶段,厅质监局严格按照《公路工程竣(交)工验收办法》和《公路工程竣(交)工验收办法实施细则》的规定,对业主申请具备验收的项目及时组织检测和鉴定工作,并出具相应质量检测(鉴定)报告。

通过在全国范围招标建立的检测机构资源库,抽取并委托具有相应资质的机构定期完成有关检测工作,按路基、桥梁、隧道、路面、交安等单位工程分类,做到实体检测、外观全面检查、内业资料审查,并配合工程进度分批、分阶段进行。对路基路床、桥梁和隧道的主体结构,结合施工进程均按中间交工检查和检测组织进行。对存在和需完善的质量问题,及时反馈处置。严格的竣工验收,把住了质量的最后关口,使工程的安全风险降到最低点。

(二)创新思路 各方发力

1. 质监机构内部管理采用三级质量监督管理模式

云南的高速公路建设从"十五"期以后,逐步进入了建设的高潮期,建设项目多,监督任务重,在质量监督管理工作中,质监工作的方式和工作效率问题日渐突出。厅和质监局领导创新思路,改革监督管理模式,从2005年起,试行全面推行监督工作的项目监督负责制,实行每一个监督项目按"监督负责人—部门负责—局领导"的三级质量监督体系模式。在质监局的总体负责和领导下,通过定人定岗,责任落实,分级,监督负责人进行日常负责和联系,主要环节由局统一安排,协调由部门或局集体完成。

从实践来看,三级监督管理模式设置合理,提高了工作实效,增强了监督工作力度。

2. 充分发挥"左右手"作用

要真正发挥施工、监理、业主和政府"四级质量管理"的质量保证体系的作用,仅从政府监管的层面来讲,人员和精力很有限。关键要发挥和履行好施工自检保证和监理检验控制两大基础环节的基础作用。首先得用好和管理好监理,让其履行好应尽的职责,把好施工各个具体环节的质量。其次要把好施工和监理的检测数据和工作质量关。除正常的管理外,采用另外的第三方检测力量来验证、把关和监督。因此,省厅和质监局提出了要充分用好监理和检测"左右手"的创新思路。

(1)管好和用好监理

监理是最基本和直接的质量把关者和守护神,管理和用好监理队伍,是质监的首要任务。省厅和质监局一直充分发挥政府的监督引导作用,在大力培育、规范监理市场的同时,通过抓行业自律和人员、单位的资质管理、监理人员的培训和资格考试,通过配合部行业数据库的建设,积极推行监理人员执业信息登记制度,完善监理的信用评价机制,对监理的资质、信用评价等把关和动态管理,重视规范监理市场,加强监理履约、履职管理,充分发挥监理的一线质量把关职能,发挥其第一只手的重要作用。

(2)发挥和用好检测力量

厅质监局开拓试行利用社会专业权威的检测机构资源,除用于业主第三方试验检测外,还选择有实力的权威检测机构专门用于质监机构委托的检测工作,利用和发挥社会检测资源的另一只手的重要作用。

一方面,用社会第三方专业权威的检测力量来验证、把关和监督施工过程中施工方和监理检测的数据和质量。另一方面,对于建设过程中大量的基本试验和一些专项特殊性检测,也用社会第三方专业检测机构来完成。由业主建立强有力的中心试验室,受业主管理并代表业主对建设项目的其他受委托试验检测内容进行管理,有利于对工作的合理性及质量的控制。这种创新型推行的第三方试验检测制度,其主要的意义、运作内容和作用主要为:

①项目建设管理意义上的监督检测。第三方检测机构与施工、监理方没有经济利益关系,对工程项目的监督进行日常化抽检,可以客观、公正、公平的原则服务于业主和质监机构。第三方依靠市场可信度和社会效益而生存,有利于试验检测市场的发展;规范市场竞争;建立良好的工程质量试验检测监管体系;充分发挥工地试验室对工程质量的控制和指导作用。

②第三方试验检测是在施工单位自检合格、监理抽验签认后进行的再抽检活动,具有监督和促进作用,对施工、监理方的试验检测工作具有较强的威慑力,迫使其试验检测工作必须严谨、规范,督促试验人员增强责任心,并能有效地遏制试验检测工作不认真和作假报告的现象。

③第三方检测机构具备相关专业的检测技术人员和先进的检测设备、检测手段,以科学、规范、客观、公正的试验检测结果,为项目业主管理提供决策依据。委托第三方进行检验时,业主可根据工程项目和材料的重要程度以及施工进展情况,及时制订相应的检测方案,最大限度地检出影响工程质量的问题,把潜在的质量隐患消灭在萌芽状态。经过几年的实践,第三方试验检测对于高速公路建设质量具体负责和对施工、监理的质检工作发挥监督的作用,使监督管理收到了实实在在的效果。

考虑到社会上有实力的专业权威检测机构,其规范、客观检测出来的数据既具科学性又具权威性这一特点,厅和质监局按照国家和部委对建设市场管理的相关规定,为满足全省不同等级和特殊项目公路工程质量的检测鉴定,通过公开招标方式整合了社会检测机构资源,并分别设立综合甲级、综合乙级、桥隧专项和交安机电专项4个类型及级别。每次建库有效使用周期2～3年。平时使用时,只需直接按程序对应专长进行委托,避免每一次单项检测时都要耗费大量精力、财力进行招标,而且无法满足工程进展需求的时效。资源库充分选择和利用省内外具有专长和国内一流的检测机构,发挥中标检测机构的实力和专长,委托其对所监督的各项目进行过程督查检测、交竣工验收的质量检测,特别是对于桥梁、隧道及交安机电等专业性强、质量风险大的工程的检测,做到了专业、准确、客观、公正,同时也减轻了质监机构自身大量超强度的检测工作压力。

3. 取长补短,充分发挥专家的资源优势

省厅和质监局及指挥部为控制提升特殊和高难度建设项目工程的质量监管工作水平,对全省首次建设的世界级和特殊新型结构形式的桥梁工程和其他一些特殊问题,采用部省联合专家组或邀请发达地区具有类似工程经验的国内权威专家、质监系统专家和省内外相关专家进行技术指导和质监培训。除了"请进来",还采取"走出去"学习取经的方式来弥补自己的短板。在龙江特大桥、普立特大桥等项目上,都实施了这些方式并取得了很好的效果。

(三)开展三项活动　提升工程质量

云南的山区高速公路建设,工程复杂、施工难度大,桥梁、隧道和结构支挡等历来都是项目中的难点和控制点,也是质量和安全风险大的关键点。省厅和质监局始终把这类工作作为重中之重,认真贯彻部关于开展对结构、质量通病治理、防控、促进与提升工程质量的若干办法、措施。通过开展相应的活动,细化措施和加强落实,并不断总结完善,持续不断地提升高速公路建设工程质量。

1.认真开展混凝土质量通病治理活动

在"十一五"和"十二五"期间,全省认真贯彻和开展交通运输部组织的公路水运工程混凝土质量通病治理活动。针对全省公路桥梁、涵洞、隧道和结构混凝土的主要质量通病,严格执行交通运输部方案中明确的治理目标;通过质量通病治理,全面提高全省公路水运工程混凝土结构物的耐久性、安全性和可靠性,保证其达到有效使用年限,并达到6方面的指标要求。杜绝强度不达标混凝土,有效控制混凝土的强度离散性;杜绝使用不合格原材料,钢筋、水泥抽检合格率达到100%;钢筋混凝土保护层厚度工后抽检合格率达85%以上;保证混凝土结合面与混凝土结合紧密,混凝土外观质量有明显提高;预应力孔道压浆、超限裂缝、隧道衬砌厚度等施工质量得到有效控制;形成一批较为成熟的有效控制混凝土质量的工艺和工法。

为达到治理目标,省厅采取了4项主要措施。

(1)加强领导,明确职责。专门成立了以分管厅领导为组长,厅基建处长、质监局长等为副组长,其他各相关分管领导为成员,厅质监局为办公室的治理工作领导小组。

(2)制订实施方案。省交通运输厅下发了《关于印发云南省公路水运工程混凝土质量通病治理活动实施方案的通知》(云交基建〔2009〕948号)。

(3)明确治理范围和示范项目。

(4)强化体系,执行到位。

在治理过程中,针对全省公路桥梁的主要施工通病,厅质监局对症下药,下发了《关于认真贯彻混凝土质量通病治理活动进一步加强桥梁施工质量通病整治的通知》《关于对云南省交通建设特大桥或特殊桥梁施工监测监控工作的有关要求的通知》及《关于公路工程水泥混凝土原材料使用试验检测及施工质量控制要求的通知》等文件和规定,有针对性地强化对桥梁结构和混凝土质量通病治理的力度。通过治理活动,高速公路混凝土施工质量控制从规范化、标准化及实体的内在和外观等方面看,均有较大改观。

2. 贯彻和推进高速公路施工标准化和开展"双标"管理活动

对于高速公路等主要工程的新建项目,省厅和质监局切实贯彻和推进《高速公路施工标准化技术指南》的相关内容,同时,为了更好地结合云南实际,参考借鉴了先进省份的一些措施和办法。由省厅牵头,厅质监局等相关单位参与编撰了《云南省高速公路施工标准化实施要点》,质监局编写出台了《云南省高速公路建设工程质量监督综合检查评比办法》等书籍和办法,并开展树立"标杆"行动和施工"标准化"的"双标"管理活动。

省厅和质监局以"双标"为龙头,加大质监力度,积极开展施工标准化活动,以从业单位规范化建设、施工工艺标准化建设、施工场地标准化建设为抓手,积极探索施工现场标准化管理。按《云南省高速公路施工标准化实施要点》,全力推进全省公路建设"双标"管理。为强化"双标"管理效果,对建设项目开展质量监督综合评比。先行在3个"南北大通道"项目和龙陵—瑞丽、普立—宣威、楚雄—广通等高速公路上进行试点;按《交通运输部办公厅关于开展高速公路施工标准化活动总结与考核工作的通知》的要求,厅质监局对直接监督的高速公路项目进行逐一考核,检查并认真总结,有效控制和提升了施工质量。

3. 开展质量提升年活动

2012年,在省厅的领导和推动下,全省公路建设开展质量提升年活动,并明确提出,在今后一段时期,全省公路建设质量管理要以科学发展观为指导,坚持"综合施策、标本兼治"的原则,以"质量提升年"活动为契机,深入开展质量监督管理工作。努力做到"四个必须":必须充分认识质量工作的长期性,始终把质量工作作为公路建设的永恒主题;必须充分认识工程质量的严峻形势,始终把对质量问题"零容忍"作为工程质量安全管理的核心理念;必须充分认识工程质量管理的复杂性,始终把抓系统管理作为工程质量管理的根本措施;必须认真开展好"质量提升年"活动,确保活动取得实实在在的成效。

活动还明确了质量的五项提升目标,即质量的责任意识、管理理念、控制能力、制度执行力度、实体质量水平5个方面要有明显提升。力争高速公路、独立大桥和长大隧道工程优良率达100%,国省道和重要县道工程优良率达80%,合格率达100%,农村公路工程合格率达100%。在此基础上,再借助全省制定和推行的公路工程质量"双标"管理活动和年度综合评比等,有效地促进和落实了全省高速公路建设等工程的质量提升。

(四)科技创新 提升管理水平

为完善监督管理体系、提升管理技术水平,省厅、质监局及参建单位高度重视科研工作,不断加大科研投入,加快质监管理的科学发展和可持续发展。针对监督管理体系、工程设计、施工质量技术、监督或检测技术等问题,省厅、质监局联合省内外多家科研单位与高等院校,通过自主研发、合作研究开发等形式,进行实用性的研究与探索。主要在质量检测、监管信息化建设、监督管理系统、质量控制关键技术、施工过程质量控制、桥隧结构混凝土性能、路面及农村公路等相关领域开展多个项目的研究。这些研究课题获得了相应的成果,使质量监督水平和效率得到了提升,同时也培养了有关质监人员。主要的创新和科研课题有:质监局自主研发了云南第一台隧道检测移动式升降车(图6-1);改造和集成了路面综合检测车;开展了10多个科研课题,主要有:"云南省交通厅工程质量监督系统""公路工程交(竣)工验收服务平台系统""云南公路建设项目竣工信息数据库建设""锁蒙高速公路路面、桥梁工程质量安全远程智能监控""云南省公路工程桥隧结构混凝土原材料及配合比设计关键技术应用研究""探地雷达及激光无损快速检测方法的应用研究""探地雷达及激光检测技术在路面工程中的应用研究""云南省公路建设项目竣(交)工信息数据库研究与应用""云南省公路机电设施质量检验评定技术"等相关课题。

图6-1　隧道移动式升降检测车

(五)加强监管　发挥潜能

云南交通质量监督工作方式从前期的统一由省厅局直接负责逐步发展到省、州(市)两级"统一领导,分级负责"的方式,即省、州(市)两级交通质监机构在各自主管部门委托范围内实施质量监督工作。省厅及质监局按照部规定,认真履行行业指导和监管的职能。主要工作为:一是加强对州市进行业务指导,组织力量对州(市)交通局及质监人员进行监督业务培训,提高质监队伍的能力和素质,抓好相关的质监建设;二是加强对高速公路建设项目、重点工程的关键环节、重要部位、主要桥梁与隧道等质量进行专项督查和指导,接受各类质量监督管理业务咨询;三是加强对州市质监工作的监督管理,制定了年度考核办法,每年履行实施。

近10多年来,厅质监局针对各州(市)不同时期和承担建设项目的具体情况,开展了到各州(市)进行监督指导和技术交底等培训。早期几年,州(市)高速公路建设尚未开展,对有条件的相关州市站质监人员,组织参加了厅质监局部分高速公路的督查、交竣工检测等工作,起到了既培养人员又协助工作的作用。对各州(市)质监机构,日常注重业务沟通指导,每年召开全省站(局)长会议,进行工作总结、业务交流及年度工作部署。省厅及质监局对州(市)的监督工作给予了大力指导、支持和业务把关。随着相关州(市)地方高速公路建设项目大量展开,州(市)一级质监机构的人数和业务水平都有了长足的发展,逐渐承担起了地方项目的监管责任。

通过省、州(市)两级和各方面的共同努力,地方高速公路建设主要工程质量和安全隐患得到了有效的控制。

五、实效和成果

在云南省高速公路建设过程中,始终确保工程质量和安全,全面落实工程质量责任制,不断完善工程质量监督机制。多年的监管和检测数据表明,云南高速公路工程质量水平总体处于受控状态。相继建成了一批技术含量高、质量过硬的重大工程。截至2015年,云南省已有新街—河口、思茅—小勐养、昆明—玉溪、安宁—楚雄、罗村口—富宁、水富—麻柳湾等11条高速公路获得国家优质工程金奖、银奖、詹天佑奖和鲁班奖,成为荣获国优奖最多的省份之一,标志云南省高速公路建设管理跨入了全国先进行列。其中:思小高速公路被交通运输部列为全国高速公路示范工程,2007年全国首次示范工程会议在思小高速公路现场召开,其工程建设的典型经验得到了全国同行的高度认可,并在"国优工程奖设立30年"评选中荣获经典工程称号。新河高速公路荣获"国家优质工程金奖",成为全国第三条获得国优金奖荣誉的高速公路,填补了云南工程建设领域没有国优金奖的空白,并在"国优工程奖设立30年"评选中荣获经典工程称号。

与此同时,全省建设了一些分别成为不同时期具有鲜明时代烙印的高速公路代表性工程:元江—磨黑高速公路红河大桥、水富—麻柳湾高速公路滴水崖大桥、昭通—会泽高速公路牛栏江大桥、保山—龙陵高速公路怒江大桥、普立—宣威高速公路普立特大桥和保山—腾冲高速公路龙江大桥;大理—保山高速公路地质极为复杂的四角田隧道、水富—麻柳湾高速公路老店子螺旋隧道、罗村口—富宁高速公路小间距隧道,昆明—安宁高速公路高峣立交、楚雄—广通高速公路小草村立交等工程建设水平位居国内前列,有的工程位居东南亚前列。

云南省的高速公路建设质量,虽然与国外发达国家和国内先进省份相比,从管理、设计到细节方面还有待于加强和提高。但从相关抽检数据和督查抽查情况看,近10年来全省高速公路抽检指标总体合格率始终保持在95%以上,工程质量水平总体处于受控状态。也得到了交通运输部相关领导和专家的好评及认可。在"十二五"期间交通运输部进行督查时,部质监局领导对云南高速公路建设质量这样评价:"云南的公路建设项目总体管理规范、政府监管到位,项目质量可控,安全生产平稳,没有过大的质量安全事故。说明云南在公路建设方面取得了长足进步,提升较快,质量管理水平逐步提升,标准化管理刚刚起步,监管措施在全国来讲比较有效也比较到位。"

云南高速公路建设的工程质量,凝聚了全省交通运输主管部门、质量监督机构、参建各方管理和质量检验人员的智慧、高尚的敬业精神、不懈的努力和辛勤的汗水。质监机构作为质量管理的主力军,在现有条件下尽力工作和不断探索,使全省高速公路建设工程质量总体得到充分肯定。在多年的高速公路建设质监工作中,质监队伍得到了较大提高和发展。创新思路,提出和完善了一些管理方法和措施;建立和完善了一些行之有效的规章制度;针对质量通病和主要质量问题,进行调查,分析原因,然后对症下药,拟定相关整治的一系列办法文件等。

此外,用科研、科技力量来深化和提升监管的力度和水平也是云南质监工作的一大亮点。质监科研获奖成果"探地雷达及激光检测技术在路面工程中的应用研究"荣获2011年云南交通科学技术奖二等奖,"云南省公路建设项目竣(交)工信息数据库研究及运用"荣获2012年度云南省档案优秀科研成果一等奖和云南交通科学技术一等奖,"云南省公路机电设施质量检验评定技术"荣获2013年云南省科学技术进步奖三等奖。另外,参与研究的"集成BIM和多元空间信息的建设工程全生命周期管理平台研发与应用"已申报省及国家科技奖。

高速公路大规模建设的历史过程,成就了云南公路质监队伍的大发展,也铸就了一段硕果累累的历程。厅质监局先后荣获"全国交通运输系统先进集体""全国交通建设系统工人先锋号""全国公路交通系统模范职工小家""全国安全生产督导人员培训先进集体""云南省交通运输行业优秀领导班子""云南省交通运输行业先进基层党组织""全省交通运输行业优秀质量管理小组""云南省交通运输行业安全生产先进单位""云南省交通运输行业推进惩治和预防腐败体系建设优秀单位""云南省交通运输行业社会治安综合治理维护稳定优秀单位""云南省交通运输行业精神文明和文化建设优秀单位""云南省交通运输行业依法行政先进单位""昆明市文明单位"等荣誉称号,单位职工荣获省劳动模范1人、省五一劳动奖章1人及其他荣誉和奖励。

第五节 安 全 管 理

云南省地处我国西部高原山区,地形、地貌、地质条件复杂,异常气候复杂多变,自然灾害频发。由于高速公路建设穿越高山峡谷地带,桥梁和隧道众多,不仅施工难度大,安全生产管理难度也非同一般。2005年,全省全年发生安全生产事故15起,死亡20人,安全生产事故达到了高峰期,安全生产形势异常严峻。

面对大规模的公路建设任务和严峻的安全生产形势,云南省交通运输厅视挑战为机遇,变压力为动力,创新安全监督管理机制体制,深化安全管理制度建设,加大安全生产投入,注重安全文化培育,强化监督管理实效,努力提升施工安全环境,夯实安全基础工作,高速公路建设安全生产事故的起数、死亡人数及亿元死亡率逐年下降,连续保持稳定,为云南公路建设事业的发展提供了强有力的支撑和保障。

一、体制变革

(一)安全管理发展历程

"十五"初期,国家政府机关机构改革,国家对安全监管方面存在着分工职责"交叉"的现象。在交通建设安全监督方面也存在着"管理"与"监督"概念不清,无政府机构监管的"真空"时期。特别是"十五"初期,公路建设项目指挥部基本上是交通主管部门派出的临时管理机构,充当着"现场指挥"和"代表主管部门"的双重角色,交通主管部门也仅仅是与指挥机构签订安全责任目标及考核完成情况,并没有对项目建设开展比较系统的安全监管,履行行业安全监督职责。

随着改革的深入和法制建设体系的加快,2002年国家颁布了《中华人民共和国安全生产法》,2004年国务院颁布了《建设工程安全管理条例》,建筑行业的安全监管步入了正轨,进入了法制化监管阶段。2007年,交通部颁布了《公路水运工程安全生产监督管理办法》,交通行业安全监督管理迈进了规范化、程序化、法制化的时期,各级交通主管部门按照法定职责,健全了机制体制,完善了制度办法,较好地开展了监督管理工作。

(二)体制建设逐步健全

根据国家赋予行业主管部门的安全监督管理职责,云南省认真分析了交通行业所担负的安全职责、监管特点、管理体制,结合"纵向到底、横向到边"的网络管理思路,对安全监管体制作出了重大创新改革,于2006年成立了云南省交通厅安全生产委员会,下设5个安全生产专业委员会,分别对公路建设、公路养护、水上运输、道路运输及厅属机关安全生产工作进行全方位监督管理(这一创举先于交通运输部、云南省人民政府有关规定,较之提前了3~4年时间)。随着国家对安全监管机制的深化,云南省交通厅相继推出了"管生产必须管安全""谁主管、谁负责""一岗双责"责任制,使行业内形成了"处处有人管,人人有职责"的安全管理机制。

为了更好地履行好公路建设安全监督职责,云南省交通运输厅公路建设安全生产专业委员会按照层级管理原则,突出"政府国有投资公司"应履行的社会安全监督职责,按管理隶属关系将监督职责进行了划分,分别由负责建设管理的主管单位云南省公路开发投资有限责任公司、云南省公路局、州市交通运输局负责安全监督职能,建专委开展督查的逐级监管机制。

各级各单位注重监管机构和队伍的建设,从云南省交通运输厅到省公路局、省公路开发投资有限责任公司、厅质监局、各州(市)交通运输局共配备专职安全监管人员50余人,同时要求各建设指挥部成立专职安全管理机构和满足监管需要的人员,形成了基本完善的行业安全监督机制体制。

二、制度建设

云南省着力推进安全生产长效机制建设和公路建设安全生产管理,从建立、创新安全制度体系入手,逐步建立和完善公路建设行业安全生产管理办法、制度和标准。先后制定和出台了《云南省公路建设项目危险性较大的分项工程专项方案安全管理办法》《云南省公路建设工程安全生产费用管理暂行规定》《云南省交通运输厅公路建设安全生产事故应急处理预案》《云南省公路建设工程质量安全告知制度》《云南省公路建设工程施工现场临时用电管理办法》《云南省公路建设工程施工脚手架与支架模板支撑系统安全管理规定》《云南省公路工程安全生产暨"平安工地"检查评价办法》《云南省公路工程"平安工地"考核与企业信用评价及企业安全标准化达标考评挂钩管理办法》《云南省交通运输建设施工企业安全生产二级达标考评程序和实施细则》等管理制度。

同时,为规范安全管理行为,云南省从构建安全标准化入手,编制出版了《云南省公路施工安全生产管理指南》《云南省公路建设工程安全生产管理标准化用表指南》《安全生产法规文件汇编》等;协助交通运输部完成了《公路水运工程施工安全标准化指南》《高速公路路堑高边坡工程施工安全风险评估指南》《公路工程施工安全技术规范》等行业标准、规范的编制、审定工作。其中,《云南省公路建设工程安全生产管理标准化用表指南》尚属全国首创。《高速公路路堑高边坡施工安全风险评估指南》填补了高边坡安全风险预控技术领域的空白,在全国公路建设中推广应用,被建筑、铁路和水利等行业借鉴和使用。

这些管理制度、办法和标准覆盖了公路施工主要环节的安全控制要求,在云南省公路建设安全管理工作中发挥了重要作用,使公路建设、施工和监理单位有章可循、有制可查,推进了云南省公路建设安全管理的标准化和规范化,加快了云南省安全生产法制建设的进程。

三、管理创新

(一)安全管理技术

1.集成、应用隧道安全管理系统

(1)2011年,在多年研究总结的基础上交通运输厅下发了《关于做好公路建设项目预防隧道坍塌事故控制管理工作的通知》,发布了预防隧道坍塌施工通病防治技术控制要点。该控制要点结合围岩级别,明确了二衬与掌子面、仰拱与掌子面开挖距离,以及循环开挖进尺。

(2)2012年,在多项科研课题研究和多个项目实施改进后,全省正式全面推广了隧道门禁系统、安全预警系统、逃生救援系统、洞内施工防护系统、超前预报及监控量测系统,提升了安全及应急管理水平。

2.运用BIM(建筑信息管理模型)系统提升安全监管水平

(1)2013年,对项目中的重难点工程安装了高清视频,对施工现场实时监控,及时发现施工中的安全隐患并处置。

(2)2014年,应用BIM开发一线从业人员安全教育培训系统,通过信息化系统管理,提高教育培训覆盖面,实现远程教育、过程监管。

(3)该系统规范、约束了参建各方的行为、责任,实现项目安全、质量管理的可追溯性。

3.运用无人机技术加强现场管控

2013年起,云南省在部分项目(如大丽高速公路和麻昭高速公路),运用无人机控制航拍影像系统实现高墩桥梁、高大边坡及工程重大地质灾害视频监控,及时提供预警信息,为制订工程技术方案提供翔实资料。

4.探索研究山区高速公路安全标准化措施和费用

2013年,云南省出台了《云南省公路建设工程安全生产管理标准化用表指南》和《云南省交通运输建设施工企业安全生产二级达标考评程序和实施细则》,探索研究了山区高速公路临建设施安全防护,高墩桥、长隧道安全施工,进场道路和施工便道安全防护措施和计费标准,探索山岭区安全经费投入不足的问题。

5.继续探索"幸福指数"研究运用

2015年,云南省在部分项目(蒙文砚高速公路)利用手机APP技术,在手机终端实现二维码扫描提示安全操作规程、安全知识学习与答题、心理状况自我评估、相关诉求咨询等模块,采取积分兑换机票、车票、生活用品等物质奖励机制,激励现场每一位民工参与融入,逐步实现"我要安全"的转变。

6.研发、应用公路隧道施工应急救援系统

为提高云南省公路隧道施工安全管理和应急救援水平,省厅有关领导高度重视,多次强调:隧道安全人命关天,我们的救援系统不论花多少钱,到时候哪怕救下一个人,也是值得的,其功德无量。2012年,云南省交通运输厅下发《云南省交通运输厅关于应用公路隧道施工应急救援技术的通知》(云交基建〔2012〕874号)、《云南省公路工程安全生产暨

"平安工地"检查评价办法》和《公路工程施工安全技术规范》(JTG F90—2015),经过数年攻坚克难和不懈努力,成功研制了公路隧道施工应急救援系统。

公路隧道施工应急救援系统是一个系统复杂、技术集成度高、运行安全可靠性要求高的综合性大型安全系统。它由公路隧道施工新型应急救援通道、公路隧道施工安全综合监管系统、应急救援电话系统和应急箱四大部分组成,为全国首创,获得了建设单位的好评和国家安监司的高度认可。

目前,该系统经过多次更新和完善,技术指标和系统稳定性已达到较高水平,已在云南省高速公路建设项目隧道施工中进行全面推广和应用,大大提高了云南省高速公路隧道建设项目的安全水平和管理水平。

(二)安全管理手段

1.考核评价

2013年,云南省率先引入了安全评价机构开展安全生产标准化、桥隧风险评估、安全咨询、安全教育、安全考核评价等工作,落实了"平安工地"考核评价费用,并出台了考核评价计费统一标准,调动了第三方机构参与考评的积极性。同时,云南省推行了考评工作专家会审制,对考评方案、考评报告进行会审,提高考评工作的客观性、公正性。出台了"平安工地"考核结果公示制度,对"平安工地"自评、考评结果在施工驻地、场站、洞口等重要位置挂牌公示,实行了"现浇支架和脚手架"验收挂牌公示制度,增加工序控制,增强从业人员责任感。执行了悬浇挂篮、梁板吊装等重要工序转换"三级"签认制,实现了"平安工地"考评结果与企业信用和企业标准化达标衔接挂钩,减少多头评价,实现结果共享。

2013年以来,云南省交通运输厅高度重视"平安工地"建设工作,切实以建设"平安工地"作为安全监管的重要抓手,为扎实有效推进工作,省厅创新思路,全面推进长效机制建设,强化责任制落实,注重民工教育培训,把控重要安全风险,严格执行考核评价,有效推动"平安工地"建设工作。

(1)制定和出台配套制度办法

为扎实推进"平安工地"工作,围绕"解决费用、引入机构、专家会审、覆盖培训、两项公示、挂钩信用"等6方面突破创新机制。

①引入第三方安全机构开展"平安工地"评价工作。引入专业安全评价机构对项目开展桥隧风险评估、安全咨询、安全教育、安全考核评价等业务,有效提升了安全监管水平,补充了安全监督力量。

②解决"平安工地"考核评价费用。为使"平安工地"考评工作持续有效开展,按照"谁受益、谁负责"的原则,云南省交通运输厅出台了"平安工地"考核评价收费标准,调动

了第三方机构参与考评的积极性,促进了考核工作的持续性。

③推行考评工作专家会审制。对考评方案、考评报告均采取专家会审制,从完整性、针对性方面进一步提高考评报告的质量。做到"事前部署、事中监控、结果评审"的机制,提高考评工作的客观性、公正性。

④加大一线民工教育培训覆盖面。"平安工地"最终落脚点是人员平安,其中一线民工的安全意识和操作技能尤为关键,云南省交通运输厅出台办法由第三方安全培训机构加大对项目一线作业人员进行安全知识培训,逐步提高了一线民工的安全意识。

⑤"平安工地"考核挂牌公示制度。明确责任人对"平安工地"自评、考评结果在施工驻地、场站、洞口等重要位置挂牌公示,使管理者或一线职民工知道安全管理现状。

⑥"现浇支架和脚手架"验收挂牌公示。对危险性较大的支架现浇和脚手架系统推出验收挂牌公示,增加重要工序环节控制,增强从业单位验收人员的质量安全责任。

⑦"平安工地"考评结果与企业信用和企业标准化达标衔接挂钩。将"平安工地"考核结果与年终企业信用评价以及企业安全标准化达标进行挂钩,减少多头评价,实现结果共享,促进企业母体履行主体责任。

⑧在日常检查和"平安工地"考评时对落实法规情况进行检查。要求项目建设、施工、监理单位安全管理体系的建立作为项目开工安全条件审查审批的内容之一进行前置审批把关,项目建设过程中要求母体单位对自身安全管理体系运转执行情况进行检查并修订,在"平安工地"考核时作为体系建设的重要内容考核之一,持续保持体系有效运行。对检查和考评发现的违规问题,及时向项目发送监督通知书,向母体公司发送违规违章告知函,问题较严重的约谈母体公司法人代表进驻现场整改。

(2)齐抓共管,严格"平安工地"考核评价

为确保"平安工地"建设工作取得实效,云南省交通运输厅着力构建上下联动机制,整合厅相关业务处室、云南省公路开发投资有限责任公司、云南省公路局、第三方考评机构、项目参建单位等多方资源,形成各负其责、相互监督、相互联动、齐抓共管的安全生产监理模式。在过程中严格执行考核标准,强化考评结果应用,有效推动"平安工地"建设工作。

同时,云南省交通运输厅对首次"平安工地"考评"不达标"的项目采取了以下措施。

①及时下发安全监管指令。在检查考评过程中,对现场发现的安全隐患,要求建设单位现场下发整改指令。对安全隐患较大的,由云南省交通运输厅工程质量监督局及时下发抽查意见通知书,要求立即整改。

②违规违章行为告知程序前移。对首次考评不达标、项目安全管理混乱的施工合同段,将告知程序从复评不达标前移至首次考评,提前告知其项目安全管理存在的问题,要求企业母体公司派员进驻现场落实整改。

第六章 建设管理

③严格执行复评程序,引入"回头看"机制。通过严格执行现场复评程序,强化隐患整改落实跟踪机制,督促现场整改到位。在复评或巡查时,引入"回头看"机制,将已经"达标"的单位管理运转状况、现场管控进行巡视抽查。如发现施工项目存在降低安全生产条件、现场安全隐患突出等情况,重新扣减计算"平安工地"考评分值,对不达标的再次进入复评程序。

④启动约谈机制。对"平安工地"复评仍然不达标的,或者是检查考评中发现项目安全管理比较混乱、现场安全隐患较多的单位,启动约谈法人代表的方式,要求派驻工作组进行全面整改。

2013年,云南省交通运输厅派出考评人员128人次,历时77天,考评了全省8条高速公路85个施工合同段、28个监理合同段、8个建设指挥部,共发现存在问题2239条(次),提出整改要求1167条(次)。首次考评中,施工单位达标率仅为49%,最低分为32.0分;监理单位达标率为39%,最低分为34.9分;建设指挥部达标率为50%,最低分为48.5分。

2014年,云南省交通运输厅派出考评人员111人次,历时92天,考评了全省11条高速公路92个施工合同段、29个监理合同段、11个建设指挥部,共发现存在问题2272条(次),提出整改措施1895条(次)。首次考评中,施工单位达标率为88%,最低分为55.2分;监理单位达标率为86%,最低分为45.2分;建设指挥部达标率为82%,最低分为50.2分。

2015年,云南省交通运输厅派出考评人员98人次,历时78天,考评了全省13条高速公路142个施工合同段、40个监理合同段、13个建设指挥部,共发现存在问题1802条(次),提出整改措施1646条(次)。首次考评中,施工单位达标率为91%,最低分为58.1分;监理单位达标率为89%,最低分为61.6分;建设指挥部达标率为90%,最低分为66.9分。

2013—2015年"平安工地"首次考评项目阶段得分对照如图6-2所示,建设项目首次考评达标率统计如图6-3所示。

从考评结果分析,2013年安全基础工作总体十分薄弱,项目安全管理不均衡,领导对安全重视程度高的项目,首次达标率就高,反之则不达标,安全监理水平普遍偏低。2014年开始,大部分建设项目对"平安工地"的认识有明显提升,管理水平有较大提高。到2015年,"平安工地"建设贯穿项目管理,现场安全标准化程度、文明施工形象大幅提升。主要表现在考评指标提升明显,从业单位首次考评分数、达标通过率逐年提升;现场安全管控薄弱环节得到加强,在场站标准化建设、临边安全防护、登高作业设施、临时用电等方面得到明显改善,关键部位或环节得到了有效控制。

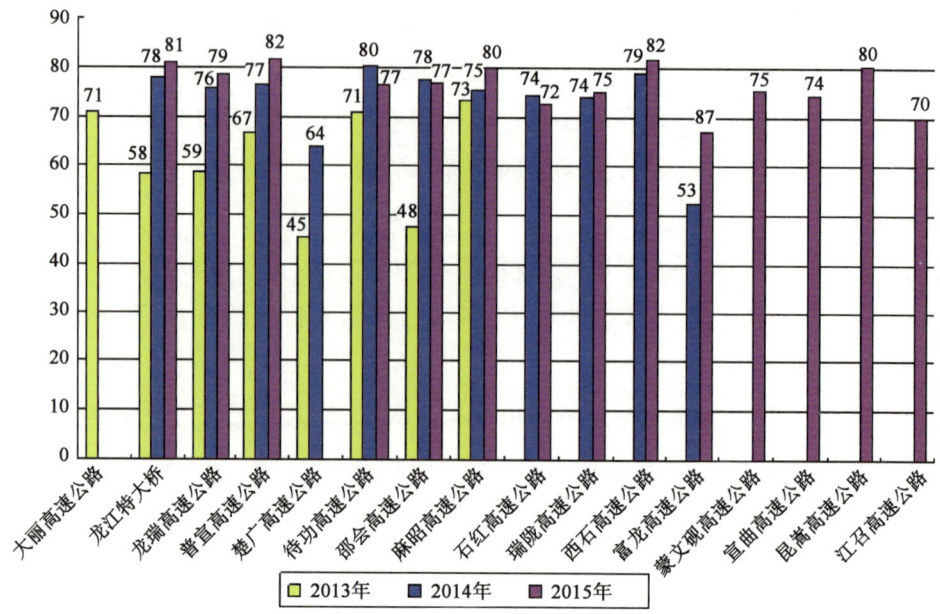

图 6-2 2013—2015 年"平安工地"首次考评项目阶段得分对照图

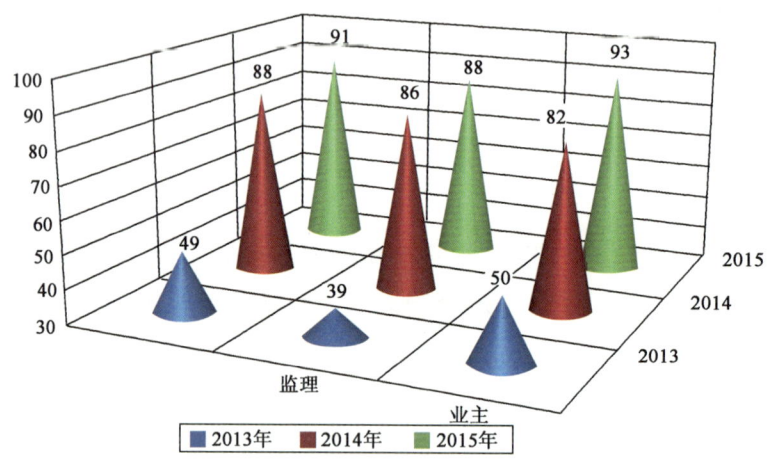

图 6-3 2013—2015 年建设项目首次考评达标率(%)统计图

2. 市场监管

云南省大力推进诚信体系建设,项目安全监督检查评价与交通主管部门信用评价体系对接,达到日常管理与信用评价挂钩,项目管理好坏与建筑市场挂钩,动态监管与企业资质证、安全生产许可证、黑名单、招投标限制等关系企业生存和市场准入相挂钩,以此触动各级管理层重视安全生产的神经。引导公路施工企业增强诚信观念,同时保护"管得好、干得好"的从业单位,构筑规范、开放、公平、公正的市场秩序。

3. 安全培训

云南省交通运输厅牢树"安全发展,以人为本"的理念,坚持把保护人的生命当作安全生产的第一要务,把安全教育培训作为提高从业人员安全意识、操作技能和安全知识的最有效途径。"十二五"期间,开办了77期公路建设项目"三类人员"安全培训班,共有14261人接受教育,对2010年后新开工建设的项目开展安全监督技术交底,2750余人参加了交底培训。特别是针对一线作业人员安全意识、技能普遍不高的情况,2014年,云南省出台办法由4家第三方安全培训机构加大对项目一线作业人员进行安全知识培训,对16个高速公路项目、共31274人进行了安全知识培训,对534名特种作业人员进行了培训,逐步提高了一线作业人员的安全意识。

4.安全投入

安全是生产的前提,而投入是安全的保障。从2007年开始,云南省新开工高等级公路建设项目认真贯彻执行不少于建安费1%的安全生产专项经费。迄今,全省高速公路投入了上亿元的安全专项经费,保障了基础条件的改善,实现了源头控制安全的目标。

5.安全宣传

利用各种信息平台,加强安全知识宣贯。全省公路建设安全生产宣传教育力度逐年加大,利用各种信息平台和多种有效形式,全面加强了安全知识培训宣传。"十五"期间,省厅组织编印了适合职民工阅读理解的"公路建设安全歌谣"口袋书和宣传画,编印了涉及公路的安全法律法规和规范标准查询软件,下发各公路建设项目广为发放和张贴,取得了很好的宣传教育培训效果,并得到了交通部的赞许,对提高参建职民工的安全意识、素质和安全防范能力发挥了积极作用。据不完全统计,仅"十一五"期间,全省发送安全短信2万余条,发放安全宣传单5万余份,安全歌谣口袋书2万余册,宣传挂图5000套,安全法规汇编2万余册。通过开展形式多样、群众喜闻乐见、内容通俗易懂的安全宣传教育,形成和发展了有云南特色的公路建设安全文化,对提高从业人员的安全意识、素质和技能,在大投入、高强度、持续掀起公路建设高潮的情况下,能够实现安全生产形势总体平稳向好发挥了重要作用。

6.其他

(1)专项行动

按照交通运输部、云南省委省政府的统一部署要求,结合云南省不同时期公路建设实际情况,云南省交通运输厅相继开展了"安全专项整治""隐患排查治理""安全生产年""平安工地建设"等专项行动。在开展活动的同时,结合不同时期的工作重点,有侧重地加大安全隐患排查整治力度,建立隐患挂牌销号和整治责任制,及时消除了安全隐患,有效遏制事故的发生,取得了显著成效。

云南省交通运输厅高度重视安全保通,尤其是在旧路改造和边施工、边通车路段的安全保通工作,各建设项目都设置和落实了安全保通的机构、人员、职责、保通方案和安全应急预案,并加强与地方政府、公安交管、安全生产监管部门的沟通协调和工作联动,积极争取沿线地方人民政府和相关部门的大力支持,妥善解决施工涉及的与人民群众生产生活密切相关的沟、桥、路、涵、水等矛盾,实现了施工和安全保通两不误。

(2)完善考核管理

云南省交通运输厅及时制定和出台了PPP等新型建设融资模式"平安工地"考核补充管理办法,从顶层构架设计,强化了项目管理层安全监管工作全覆盖。

四、管理成效

(一)安全形势逐年好转

在公路建设投资逐年大幅递增的背景下,安全事故的起数、死亡人数及亿元死亡率逐年下降,连续保持稳定。特别是"十一五"期,投资规模在巨幅增长,事故在连年下降,2007年后投资亿元死亡率没有突破1%;2008年和2009年连续"零"事故,取得了非常卓越的成效。"十二五"期间,全省公路建设规模持续增长,公路建设项目一般安全生产事故明显下降,有效控制了较大安全生产事故(图6-4),杜绝了重大及以上安全生产事故,安全生产态势持续平稳。

2003—2010年公路建设安全生产事故统计如图6-5所示,公路建设亿元死亡率趋势如图6-6所示,2003—2010年公路建设安全生产事故统计见表6-1。

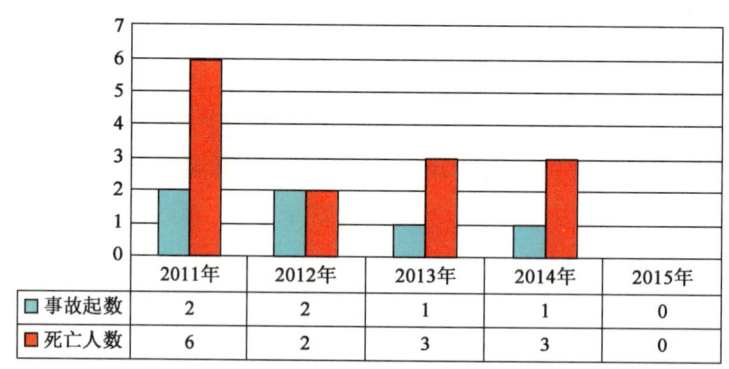

图6-4 "十二五"安全生产事故统计图

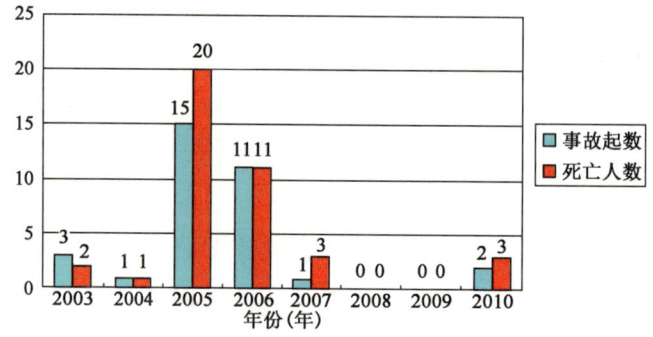

图6-5 2003—2010年公路建设安全生产事故统计图

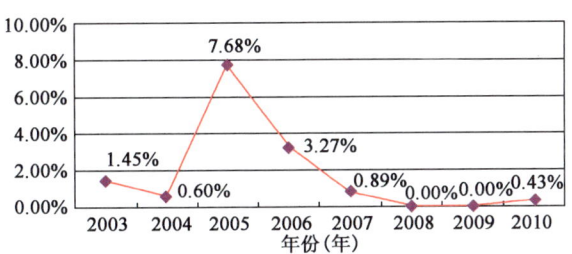

图 6-6 2003—2010 年公路建设亿元死亡率趋势图

2003—2010 年公路建设安全生产事故统计表 表 6-1

年份(年)	2003	2004	2005	2006	2007	2008	2009	2010
投资额(亿元)	138.28	167.13	260.45	336.02	338.60	287.12	364.92	700.03
事故死亡人数	2	1	20	11	3	0	0	3
亿元死亡率(%)	1.45	0.60	7.68	3.27	0.89	0.00	0.00	0.43

(二)管理体制不断创新

通过在安全管理工作中不断探索,云南省提出了一些新思路和好做法。如:创立了厅安委会和专业委员会,理顺和覆盖了交通监管的各个层面;在行业内首创了目标责任制,并强化了责、权、利与安全奖励激励挂钩机制;行业内推行了安全管理体系范本和验收机制;推行了项目安全风险评估和专项评估制度;推出了隧道应急救援系统的研究和运用;推出了项目开工前安全条件审查制度;推出了施工现场安全管理评价与市场挂钩制度等好的做法,并取得了丰硕成果。

(三)建立健全监管制度、办法、指南和标准

结合云南省公路的环境条件、建设管理特点,推出了一批安全管理制度、办法、指南和标准,为全省从业单位提供了执行依据和标准,规范了管理行为,起到了指导安全监督管理工作的引领作用。

(四)强化安全知识教育培训 提升防范意识

自 2005 年以来,云南省交通厅组织多期"三类人员"安全教育培训、项目安全监督交底和一线作业人员特殊工种培训等多种形式的培训,旨在提高各个层次人员的安全意识、安全知识、防范技能,基本实现了"要我安全"到"我要安全"的质的转变,有效提升了安全意识和技能,夯实了安全基层基础工作。

(五)应急保障能力得到加强

根据全省路网结构、路网状况、管理体制,各单位建立了符合要求的应急保障机构、应急抢险队伍和应急物资储备库,制订修订了针对性强的应急预案,增强了在用公路应对各

种重特大突发自然灾害、突发公共事件的应急反应和应急处置能力。

各高速公路管理单位和经营企业结合各自公路管养工作中重大危险源的分布状况,有针对性地建立了分级应急救援指挥机构,编制了应急救援预案,建立反应迅速、救援专业的队伍,适时开展应急救援演练,提高应急救援能力,并通过演练,不断检验、修正和完善安全应急的预案、体系和人员、物资等应急资源保障配置。

通过宣传教育培训和应急演练,云南省交通安全监管在事故应急保障机制方面得到了长足的发展,积累了应急处置经验,有效防范和遏制了事故的扩大和恶化,成功处置了多起公路建设和运营养护的突发事件,如珠街"9·11"隧道坍塌事故救援、昆安桥梁受压受损事件和香格里拉"3·29"肯古隧道坍塌事故救援等。

第六节 投 资 控 制

造价管理是高速公路建设管理的主要内容之一,科学合理的工程造价是工程质量的根本保障。造价管理集政策性、技术性、经济性和实践性为一体,覆盖项目立项、设计、招标、建设、竣工乃至运营、养护管理全过程,涉及项目建设、设计、施工、监理等各参建单位和人工、材料、设备、工期等生产要素,是一项全过程、全方位、全要素、全寿命周期的综合管理,具有多主体性、阶段性、动态性和系统性等管理特征。工程造价管理的目的是科学管理、合理使用建设资金,确保工程建设费用控制在批准的限额内,确保工程质量,确保投资效益和社会效益。

一、公路造价管理工作起步

云南省公路造价管理始于20世纪80年代。1988年3月,为适应改革开放形势下公路建设发展的需要,交通部印发了《关于加强公路工程定额管理工作的意见的通知》,要求建立健全各省、自治区、直辖市公路工程定额站。明确公路工程定额站是各省、自治区、直辖市交通厅(局)的派出机构,由交通厅(局)直接领导,代厅(局)行使政府造价监督职能,负责编制(修订)和管理本地区公路工程施工定额,指导和帮助施工企业编制企业公路工程定额,搞好定额管理,推行定额工资制;参加本地区公路建设项目的评估,承担或参与概(预)算的审查,监督检查工程预算或招标承包工程标底及中标价是否合理;掌握本地区公路工程材料设备信息,进行材料预算价格管理;负责本地区公路工程定额和概预算专业人才的培训,承担概预算专业人员资格考核和发证;承担公路工程定额和概预算的咨询工作,协调工程建设经济纠纷等8项主要工作。

1988年5月,云南省编制委员会下发了《关于云南省交通厅成立工程质量监督站和公路工程定额站的批复》，随后省交通厅下发了《关于公路工程定额站成立后有关问题的通知》，明确公路工程定额站为厅直属事业单位，由云南省公路规划设计院领导，业务上接受部定额站及厅有关处、室指导。定额站成立初期设在云南省公路规划设计院，核定事业编制10人；经费收支在公路设计院统一财务管理下单独立户，实行内部独立核算。定额站的成立，标志着云南省公路工程造价管理工作正式起步。

1990年，云南第一条高等级公路石林至安宁公路建成通车，迈出了高等级公路建设的关键一步。1994年9月，云南第一条高速公路——昆明至嵩明高速公路开工建设，1996年10月，昆嵩高速公路建成通车，云南高速公路实现了零的突破，公路建设进入高速时代。

伴随20年的高速公路建设发展历程，云南省高速公路造价管理也历经不断探索改革的过程。云南属山岭重丘区，山高谷深，沟壑纵横，地形地质条件复杂，高速公路造价是平原地区的2~3倍。大建设需要大投入，大投入需要大资金，而云南省经济基础薄弱，建设资金严重不足，全面加强造价管理，管好用好建设资金，提高投资效益，成为高速公路持续健康发展的关键。

二、云南高速公路的造价分析

（一）基本情况

通过对"八五"至"十二五"高速公路批复概算统计对比分析，云南省高速公路造价呈逐年上升趋势，且增长较快，单公里造价处于全国较高水平，但造价增速低于全国平均水平。

1. 高速公路造价不断增长

云南高速公路平均每公里造价："八五"期为2375.92万元，"九五"期为3451.50万元，"十五期"为5630.96万元，"十一五"期为9188.33万元，"十二五"为12625.56万元。每公里造价"十二五"是"八五"的5.31倍（图6-7）。

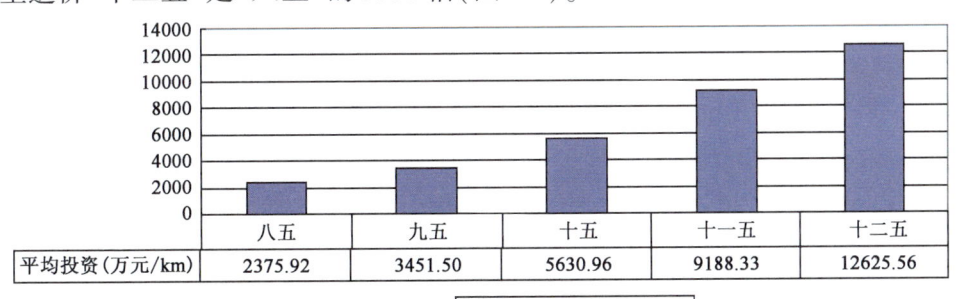

图6-7 "八五"至"十二五"期间云南高速公路每公里投资情况

2. 单公里造价处于全国较高水平

"十二五"期间,云南高速公路每公里平均造价12626万元,高于全国其他省(市)(图6-8)。

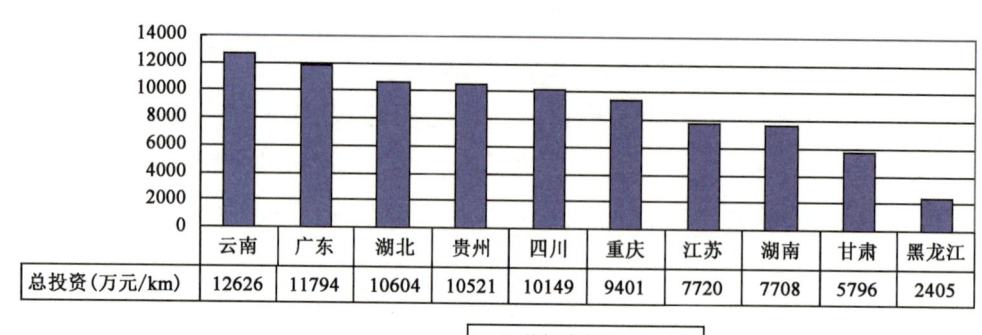

图6-8 "十二五"云南与外省(市)高速公路每公里批复投资情况对比

3. 造价增速低于全国平均水平

根据《交通运输部公路局2013年全国公路工程造价管理工作调研报告》统计数据,"十一五"至"十二五"全国山岭重丘区四车道高速公路造价平均每年增长9.53%,同期云南年均增长7.33%。

(二)主要特点

1. 建设难度大 工程投资大

桥隧比是反映工程建设难度的常用指标,"十五""十一五"及"十二五"期间,随着高速公路建设向地质地形复杂区域、偏远地区发展,云南高速公路平均桥隧比分别为35.45%、35%、48.48%,桥隧比明显高于除西南地区外的其他区域,导致工程投资高于全国其他地区。

2. 建设标准提高 建设投资增大

云南客货运输以公路运输为主。为满足发展需要,自"十五"开始,六车道高速公路比重明显增加,高速公路路基平均宽度为24.47m,"十二五"期提高到27m,增长幅度10.34%;互通式立交平均间距由"十五"期的19.1km减至"十二五"期的13.9km,比重增幅37.21%;路面设计标准提高,结构层厚度有所增加,面层结构由AC路面逐渐演变为SMA路面;五大系统、绿化及消防工程等沿线附属工程建设标准也明显提高,设备购置费从"十五"期的110.51万元/km增加至"十二五"期209.32万元/km,增幅89.41%;同时新规范标准的实施增加了施工材料,提高了材料品质和施工技术要求,也增加了高速公路建设成本。

从西南地区云南、贵州、四川、重庆4省(市)高速公路造价对比分析来看(表6-2),云南高速公路人工单价和桥隧比均高于四川和重庆,人工单价和路基宽度高于贵州。

"十二五"西南4省(市)新建高速公路造价对比　　　　表6-2

省份(直辖市)	公里造价（万元/km）	平均路基宽度（m）	千平方米造价（万元/1000m²）	平均桥隧比（%）	平均人工单价（元）
云南	11819	27	440.42	41.48	56.23
贵州	10521	25.5	438.2	46	48.07
四川	10149	24.5	395.79	37.27	51.08
重庆	9401	24.5	383.69	31.25	50.39

随着国家交通管理部门对高速公路建设技术标准的提高,严格控制道路安全选线及安全设施设计的审批,对于处于山高谷深地质环境恶劣的云南来说,工程费用也必然形成大幅上升的趋势。

3. 工料价格及征地拆迁费增长较快

"八五"至"十二五"期间,云南最低工资标准增长近700%,年均增幅13%左右。"十五"至"十二五"期间,主要建筑材料钢筋、水泥、沥青、柴油的上涨率分别为4.70%、42.95%、84.20%、76.49%,且由于地处边疆,钢材、沥青、燃油运费成本高,导致价格明显高于东、中、北、南部地区,与其他主要省会城市价格对比,平均约高12%、35%、70%。征地拆迁补偿费从"十五期"的202万元/km增至"十二五"期的730万元/km,增长率261.39%。

4. 造价管控意识不强　部分管理环节不到位

(1)长期以来,公路建设各方普遍存在"重质量、保安全、抓工期、轻造价"的观念,常常为了落实工期、质量、安全责任而不惜加大高速公路建设成本。

(2)项目前期工作周期短,特别是外业勘查和经济调查不足,导致前期工作深度与质量不足,造价不能真实反映项目特点,后期工程变更增加投资。

(3)勘察设计阶段缺乏投资控制监管与激励机制。设计合同缺少对投资控制的硬性规定,缺少对设计周期的合理约定,缺少对地质勘察工作量与质量管控措施和目标的科学约束,缺少对设计方案造价指标的控制约束,设计人员在地质状况不明确的前提下,采用扩大安全系数来减少设计风险,进而增大工程数量。设计图纸审查往往注重设计方案是否可行,功能是否能满足要求,使用是否安全可靠,忽视工程造价是否经济合理。业主、设计监理、设计咨询人员通过计算和反复比选、优化设计方案节省了造价,一般得不到应有的奖励和表扬,反而要承担风险,设计阶段的工程造价管理积极性不高。

(4)融资成本增加,不同投融资模式的项目造价管控模式未建立。交通运输部和省政府财政提供的交通建设投资非常有限,占项目投资的平均比例仅为17%~20%,其余资金都是商业银行贷款,"十五"至"十二五"期间贷款利率增长13.67%。此外,BT、BOT、EPC、带资合作建设等新投融资模式的引入也一定程度导致融资成本有所提高。

(5)施工未按合同工期组织施工,压缩工期一定程度上加大了施工单位的施工成本,导致费用索赔或补偿,加大了投资控制难度。

(6)部分项目实施阶段管理不规范。部分项目计量数据不严谨,变更控制不严,合同履约风险预控不到位,不利于项目造价的动态管理。

三、抓好造价控制的4个阶段

高速公路投资控制包括投资决策、项目设计、建设实施、竣工验收4个阶段。云南省造价管理局全面参与了4个阶段的控制过程。

(一)投资决策阶段

投资决策阶段是高速公路投资控制的第1个阶段,包括编制项目建议书、可行性研究和投资估算。项目建议书主要提出拟建高速公路项目建设的必要性、可行性和获利的可能性,经批准后,对项目技术的可行性和经济的合理性进行科学的可行性研究,减少建设项目决策的盲目性。项目建议书及可行性研究报告阶段,必须编制投资估算,投资估算是项目建议书和可行性研究报告的重要组成部分,是建设项目经济评价中支出费用的关键部分,是高速公路建设项目前期合理确定和有效控制工程造价的关键,由国家及省级发改委审批。

(二)项目设计阶段

可行性研究报告批准后,通过招投标择优选择设计单位。高速公路建设项目一般进行初步设计和施工图设计两阶段设计。初步设计阶段编制设计概算,技术设计阶段编制修正概算,概算或修正概算应控制在批准的投资估算允许的浮动范围内,经批准的概算是基本建设项目投资最高限额,是编制建设项目投资计划、确定和控制建设项目投资的依据。施工图设计阶段编制施工图预算,预算是设计阶段控制工程投资的主要指标,经审定的预算是确定工程投资、编制或调整固定资产投资计划和考核工程成本的依据。施工图预算是考核施工图设计经济合理性的依据,应控制在批准的初步设计及其概算范围内。

(三)建设实施阶段

项目实施阶段的工程造价管理是实施建设工程全过程管理的重点。招投标制度是工程造价控制的有效手段,推行和完善招投标制度是高速公路建设投资管理的主要途径,通过招投标,严格施工单位资质审查,防止施工质量低劣、财务状况差、信誉差的施工单位混入投标单位之列,利用市场竞争达到优胜劣汰、合理确定工程造价的目的。招标控制价是衡量投标报价合理与否,是否具有竞争力的标准,不得超过批复的概算金额,不得低于相应的最低成本价,编制控制价必须遵循价值规律,服从供求规律,科学、合理、准确反映建筑市场的劳动生产力水平,有利于竞争和保证工程质量。

招标结束,工程进入施工阶段。主要是加强合同管理,树立合同意识,减少履行合同纠纷,维护合同各方利益,有效地控制工程造价,同时加强工程计量与支付管理,严格审核把关。

(四)竣工验收阶段

竣工验收是全面考核高速公路建设成果的最后环节,是检验设计和工程质量的重要步骤,竣工决算是竣工验收阶段投资控制的重要工作。

四、管好投资控制的主要措施

建设资金短缺一直是云南公路建设的最大难题,为把有限的资金用在刀刃上,省交通运输厅结合云南地区差异,研究交通造价和建设市场变化规律,努力实践"少花钱、多修路、修好路"的理念,从设计、施工、监理等各个环节加强建设项目造价控制,合理安排有限的建设资金,科学控制建设造价,从源头严把造价关。

(一)科学定额　合理造价

1. 加强造价管理机构建设

从"十五"开始,省交通厅着手造价管理改革,建立专职造价管理机构,切实加强公路造价管理力量。2004年3月,厅党组改革公路工程质监站和公路工程定额站的管理体制及运行机制,下发了《关于组织实施公路工程质量监督站和公路工程定额站改革方案的通知》,同年10月,云南省交通厅定额站正式从省公路规划勘察设计院分离出来,独立为自收自支正科级事业单位,2007年4月由正科级升格为正处级事业单位。

2009年,云南省交通厅公路工程定额站更名为云南省交通运输厅工程造价管理局,同年11月25日正式挂牌,成为全国第一个站改局的省级交通造价管理机构,随着管理职能和业务范围的扩展,工程造价管理局人员3次增编,由10名扩编至45名。

在增强省级造价机构管理力量的同时,构建省、州(市)、县三级造价管理体系,加快推进成立(州)市机构,至"十二五",全省16个州(市)相继成立了造价管理机构,全省交通造价实行分级管理原则,厅工程造价管理局负责全省高速公路项目造价监督管理。

2. 加强造价管理法规建设

一是认真贯彻国家和部省有关工程建设造价管理法规,二是完善云南交通造价管理法规。

2006年9月,云南省交通厅印发了《云南省交通基本建设项目造价管理办法》(以下简称《办法》),提出了"合理确定,科学监督,有效控制"的交通基本建设项目投资控制和造价管理的基本原则,明确云南省交通厅公路工程定额站为全省造价管理专职机构,依据国家有关法律、法规和交通部有关规定及各类计价依据,代表政府对交通基本建设项目造价进行监督管理,负责全省交通基本建设项目造价管理工作,履行八项工作职责。

(1)贯彻国家、建设部和交通部及本省有关工程建设和工程造价管理的方针、政策和法律、法规,受交通厅委托负责修订本省交通基本建设项目各类计价依据、实施办法并监督、检查有关计价依据的执行情况。

(2)受交通厅委托负责组织本省交通基本建设项目劳动定额的测定和施工定额、养护定额的编制,参加交通部组织的全国公路建设工程计价依据和计价办法的编写与修订工作。

(3)受交通厅委托负责本省范围内交通基本建设项目的投资估算、初步设计概算、施工图预算、竣工决算的审查工作,提出审查意见,为上级审批、决策、上报提供依据。

(4)参与重点建设项目的竣工验收工作,参加竣工结算的审查和项目后评估工作。

(5)参加全省重点交通建设项目投资执行情况、工程招标情况和工程费用支付情况的监督检查,维护建设资金的安全运行和建设各方的合法利益。

(6)受交通厅委托负责工程造价资料的搜集、整理和分析,建立全省工程造价相关资料备案制,建立数据库和信息网,定期发布工程造价信息。

(7)受交通厅委托,负责计价依据的解释工作和工程造价业务的咨询工作,调解和仲裁工程造价方面的经济纠纷。

(8)完成上级主管部门交办的其他事项。

《办法》明确了交通基本建设工程造价的编制和管理要求,造价文件编制必须按照交通主管部门颁布的有关计价依据、办法和规定进行。工程造价分阶段计价原则,可行性研究报告阶段编制投资估算,初步设计阶段编制概算,施工图阶段编制预算。投资估算应按交通部颁布的投资估算依据进行编制,初步设计概算应根据已经批准的可行性研究报告,在初步设计的基础上以概算编制期相应的计价依据进行编制,一经主管部门批准即作为建设项目总造价的控制限额,不得任意突破;施工图预算根据施工图纸及施工组织设计等资料,按照建设阶段的计价依据等进行编制,施工图预算的总造价应控制在批准的初步设计总概算之内,省交通厅明确厅审批项目的估算、概算、预算审查由厅造价管理单位审查后报厅审批。

2011年3月1日,云南省政府发布全国第1个地方性交通造价管理法规——《云南省交通运输工程造价管理办法》(以下简称《办法》)。《办法》共25条,涵盖造价机构、造价评审、造价监督、资质资格、计量支付、工程变更、新增单价、造价软件管理等内容。它的出台使云南交通造价管理有法可依,有章可循,为全面加强和提升造价管理奠定了坚实基础,交通造价步入法制化轨道,交通造价管理实现了有法可依。

"十二五"期间,省交通运输厅先后发布了《云南省交通基本建设造价监督管理办法》《云南省公路工程项目计量支付管理办法》《云南省公路工程量标准清单管理办法》《公路工程工程量清单新增子目计价规定(试行)》《云南省交通运输工程造价从业人员继续教育实施规定》等一系列管理办法,完善了造价管理法规体系。

3.加强各项计价规则的测定、研究发布工作,及时发布造价技术规章和科研成果,为造价管理提供依据

定额是工程施工的标准,是计算工程造价的依据,必须科学合理,切合实际;质量是工程建设的生命,合理的工程造价是工程质量的保证,优良的工程质量才能体现其使用价值。从"十一五"开始,省交通运输厅围绕"科学定额,合理造价"的管理原则,一方面监督国家公路工程定额标准的实施,另一方面组织开展全省公路工程定额、计价依据及标准规范的编修,建立全省公路工程科学完善的计价体系。《公路工程工程量标准清单》《公路工程工程量清单计量规范》《公路悬索桥工程量标准清单及计量规范》《云南省公路工程定额编制规程》4项为云南省地方标准;《云南省公路工程概预算补充定额》《云南省公路养护工程预算定额及编办(2013版)》《公路桥梁维修加固预算定额》《云南省公路环境保护补充预算定额》4个为云南省地方行业标准;《云南省公路养护工程招标文件范本》《云南省公路养护工程标准清单及计量规范》《云南省公路工程安全生产工程量标准清单及计量规范》3项正申报云南省地方标准。

(二)科学设计　绿色招标

在全行业推行"十项改革",把招投标改革作为深化云南交通改革的重要内容来推进,不断总结和完善招投标评标方法,实事求是,寻求最适合云南公路交通发展的路子,经历了综合评估法→最低评标价法→合理低价法的过程。为保证控制价编制的质量和效果,省厅成立控制价指导工作组,对控制价编制工作进行全过程指导,在控制价的基础上推行低价中标,努力实现控制和降低工程造价的目标,确保了各项目的控制价均在批复的概算以内,施工招标控制价与对应批复概算相比下降幅度在10%左右。几年来,先后推行了第三方监理、勘察设计招标和勘察设计"双院制"、界定统供物资采购保管费的使用、向重点工程选派党总支书记、纪检书记、监察专员和会计负责人等一系列新举措,逐步实现阳光操作和合理低价中标,有效降低了工程标价,遏制了暗箱操作,避免了低价无序竞争。为控制工程造价、建立公平有序的公路建设市场奠定了基础,为源头和制度反腐探索了经验。

(三)抓好源头方案比选

在高速公路建设中,注重建设规模、标准的优化,科学确定设计阶段的工程造价,最大限度地提高概算的精度。充分考虑云南经济发展和工程建设资金的实际,尽量优化设计、优化线路、优化投资,科学设计隧道、绿化、防护工程,不片面追求高标准、高等级、美观化等奢侈工程。建设资源节约型、环境友好型、技术领先型公路,创造了以思小高速公路"突出环境保护、突出安全新理念、突出服务功能、突出民族文化特色""四个突出"为代表的山区高速公路建设经验。思小高速公路路线经过工可、初设、设计和施工阶段局部路线比选4个层次,减少了施工中产生变更而增加投资;罗富高速公路通过路线优选、初步设计方案优化等措施,达到了缩短工期、节约投资的目的;水麻高速公路通过技术经济分析比较,创造性地采用螺旋隧道方案,成功解决了连续十几公里长下坡傍山公路挂在悬崖陡壁、工程投资大的问题。思小高速公路节约投资5.39亿元,安楚高速公路节约投资3.24亿元,水麻高速公路节约投资近1.8亿元。

1. 因地制宜　创新理念

紧紧围绕科学持续发展观,协调处理环保、经济、美观的关系,将安全、舒适、环保理念贯穿整个建设过程,按照建设"质优、安全、环保、经济、和谐"精品工程的标准,探索和研究人性化、可持续、全寿命等先进的公路建设理念,并逐步应用于公路建设实践。

(1)广泛开发和应用新技术、新材料、新工艺、新设备,提高高速公路的工程质量和科技含量,延长高速公路使用寿命,提升高速公路的舒适性,如罗富、水麻等高速公路路面设计采用抗车辙添加剂,改善了沥青路面的耐高温性能。

(2)紧跟科技发展趋势,实施动态跟踪设计,不断完善优化设计、施工过程,在资金条件许可的情况下,将最新的科学技术和新型材料运用到工程建设中,在桥梁和特殊路段的设计施工中尽量采用"三新"技术,在滇东、滇南等多雾多雨地区加大标志、标线等交通安全设施设置密度,引入雾区监测及智能化控制系统,最大限度地消除事故多发点和道路安全隐患。

(3)积极研究和推广循环利用,服务区采用污水自然过滤和循环利用系统,减少排污,开展了主动发光轮廓标、风光互补供电系统及太阳能在隧道照明等方面节能环保技术的研究和应用,不少项目每年节约运营成本近40%。

2. 跟踪审计　过程控制

突出强化审计工作在事前、事中、事后的监督、检查、控制建设投资作用,公开招标选择社会审计机构对建设项目实施全过程跟踪审计,对工程每个细目的单价进行严格控制,有效遏制了资金的不合理支出和变更带来的投资增加。

3. 采购招标　降低成本

把稳定材料价格作为控制工程造价的重要手段，严格以造价管理机构发布的指导价格为依据，合理确定项目前期造价中的材料、设备价格，主要材料、设备严格进行采购招标，与材料、设备供应商共同分担因价格波动带来的造价风险，努力争取平稳控制造价。安楚、思小路高速公等项目在建设过程中，做到了及时把握市场行情，在材料价格还未上涨前就与相关的材料供应商进行沟通和协商，确保了项目建设的钢材、水泥、沥青等主要材料市场价格上涨时，仍能及时供应且能保持价格的相对稳定。安楚高速公路对废旧沥青桶进行招标拍卖，收回资金760万元，最大限度地将建设资金用于实体工程建设，极大地减轻了物价上涨对建设投资的不利影响，保证了施工进度，节约了管理成本。

4. 实践成本理念降低维护费用

充分考虑养护投入具有长期性和反复性，以及高速公路使用维护费用高的特点，结合技术经济比较论证，合理使用高速公路隧道；中央分隔带以工程防护为主，减少绿化工程，降低后期公路绿化养护费用；尽量采用本土物种作为路基边坡的生物防护，让有限的养护投资发挥最大的效益。

5. 发布指导价格做好造价服务

结合云南实际，推动计价依据的科学发展，根据部颁计价依据，补充和完善了云南公路建设计价依据，综合反映公路建设市场价格水平，为"合理确定造价，有效控制投资"奠定基础。

五、工程设计变更的规定

控制设计变更是控制公路项目投资的重要一环，是缓解资金短缺与建设项目众多矛盾的重要手段，为有效控制设计变更，省交通运输厅采取了四项措施。

(一)完善制度　加强监督　严格把关

改革设计变更审批管理，严格控制设计变更，将重点项目的设计变更审批权从200万元降为50万元，使设计更加规范化、制度化；自上而下规范设计变更行为，设计变更行为更加透明、合理；明确属于动态设计范畴需在工程实施过程中根据实际情况核实、调整和确认的设计变更，需经设计单位签字同意变更，并承担设计责任。

严格执行交通部《公路工程设计变更管理办法》(2005年第5号令)、《云南省公路工程设计变更管理办法》，结合项目的地质、地形、地貌及水文条件，在确保工程质量、进度的前提下，对各个工程项目变更坚持四方代表现场审定制度，经过反复分析和讨论研究，力求做到变更设计方案合理可行、安全可靠、节省投资，最大限度地减少工程变更和新增单价的发生。

(二)科学管理　均衡生产　保证工期

发挥好指挥部的职责和功能,现场调度,现场协调,根据项目总工期的要求,按照"一个阶段一个目标,一个时期一个重点"原则,进行精心组织,合理安排,细化阶段目标,分解目标任务,分别与各施工、监理单位签订阶段目标生产责任书,并层层落实到各班组、各工点,使工地现场不留空白点,同时统筹协调好土建、路面、三大系统及景观工程等不同专业间的搭接施工,较好地控制了成本费用。思小、安楚、罗富、昆安、新河等高速公路项目均实现了提前通车,不但节约了建设成本,还提前获得了通行费收入。

公路工程建设是一项风险较高的活动,为明确参建各方承担风险的责任,避免实施过程中的争执,尽最大努力规避设计变更,要求和督促项目业主加强合同的管理工作,规范各方在项目中的权利与义务,决不允许通过设计变更转嫁投资风险,杜绝非法的设计变更行为。

比起平原和沿海省区,在山雄水险、经济欠发达的云南建设高速公路绝非易事,研究交通造价控制管理规律,科学合理地确定交通建设造价,始终是促进云南交通实现全面协调可持续发展的重大课题。

第七章
勘 察 设 计

  1996年10月25日,云南昆明至曲靖公路昆明至易隆段建成通车。这条公路的昆明至嵩明45km为四车道高速公路,这是云南第一条高速公路。

  昆曲公路的测设开始于1992年下半年。为了设计出高质量的"云南高速第一路",云南省公路规划勘察设计院(现云南省交通规划设计研究院)院长、党委书记率领测设人员,穿密林,钻荆棘,脚踏实地,五次踏勘,经反复比较,选择了比较理想的线路,并以最快的速度提供了公路设计图。

  这是云南高速公路设计的开篇之作。从此,云南公路规划勘察设计进入了高速公路时代。

  云南是一个高原内陆省份,属青藏高原南延部分,境内山高谷深、沟壑纵横、地势险峻。

  云南海拔异常悬殊,最高点为滇藏交界的德钦县梅里雪山主峰卡瓦格博峰,海拔6740m;最低点在与越南交界的河口县境内南溪河与元江交汇处,海拔仅76.4m。两地直线距离为900km,海拔相差6000多米。

  云南不仅山多,河流湖泊也多。山系主要有乌蒙山、横断山、哀牢山、无量山等,大小河流有600多条,分别属于伊洛瓦底江、怒江、澜沧江、金沙江(长江)、元江(红河)和南盘江(珠江)六大水系。这些河流多数具有落差大、水流急的特点。

  云南地势具有北高南低、西高东低之势。地形地貌总的形态是,西部为构造侵蚀深切割的高山峡谷,东部则显以丘陵为主的喀斯特地貌景观。

  云南山区面积占全省总面积的94%,地形地貌可以用"山高坡陡,沟壑纵横"八个字来概括。云南人修路,少不了与大山打交道。这就决定了云南修建高速公路要付出更多的艰辛,要花更大的代价。

  设计是公路的灵魂。云南高速公路设计紧密结合云南地形地貌特点,在满足技术标准不降低、投资不增加、环境少破坏、方便施工4个前提的情况下,不断优化、完善设计,使其独具云南特色,一条条高速公路成为云南大山里一道道独特的交通风景线。

第一节　勘察设计理念

高速公路建设是一个地区经济快速发展的重要标志。回顾云南高速公路建设20年的发展历程,可以看出,高速公路建设规模、技术标准的变化是随着时代的变化、认识的提高而变化的,这种变化与国民经济发展水平、交通增长对公路建设的需求、建设资金、建设水平、安全意识、环保意识等有着密切的联系,与设计理念的提升也是密切相关的。

设计理念是公路勘察设计的总体思路和指导原则,是勘察设计人员的思维意识,更是公路勘察设计的精髓和灵魂。

一、设计理念提升的4个阶段

第一阶段:高速公路建设起步期(1995—2000年)。

云南第一条高速公路——嵩明至昆明高速公路建成通车后,高速公路建设的重要性逐步为全社会所认识。在统一规划的基础上,云南开始有计划地进行楚大、玉元、昆玉、曲胜、曲陆等高速公路的建设,初步形成了一套建设管理、设计和施工技术体系,培养了一批管理、设计和施工人才。随着楚大、玉元等高速公路建设完成,为全国山区高速公路建设积累了宝贵的经验,如分台式路基(图7-1)、高填石路堤、爬坡车道、连拱隧道、特长隧道、劲性骨架拱特大桥、大悬臂桥梁、弯坡斜高桥等。但此阶段建设的高速公路技术标准普遍偏低,设计速度以60km/h为主,部分路段的平面采用了极限指标,纵面在"规范"的基础上还有较大放宽,如楚大高速公路小于5%的纵坡不受坡长限制;玉元高速公路纵坡4%时坡长不限,纵坡在5%时坡长限制1200～1500m范围,纵坡6%时坡长放宽到700m范围;路基宽度以21.5m及22.5m居多。

图7-1　分台式路基

第七章
勘察设计

第二阶段：高速公路建设发展期（2000—2005年）。

在这个时期，国家采取了扩大内需的积极财政政策，以推动国民经济快速、稳步增长。扩大内需行之有效的措施是大规模启动基础建设项目，这给公路建设带来了前所未有的发展机遇，加之交通增长对公路建设的强烈要求，修建高速公路成了公路建设的主旋律。建设理念由以前的"以通为主"向"提高公路的快速性"转变，主要任务是提高公路等级、质量和通行能力，以满足国民经济对公路交通的需求。云南相继建成了大保、元磨、鸡石、通建、嵩功、砚平、昆石等高速公路。以红河特大桥为代表的桥梁拉开了连续刚构桥梁建设序幕，昆石高速公路三车道大断面隧道建设填补了省内隧道建设的空白，地形图航测技术和地质遥感技术在元磨高速公路中得到首次应用。但这个时期的公路建设主要强调"快速、安全、经济、舒适"的公路设计理念。建设标准总体上仍然偏低，设计中对自然环境的影响及环境保护问题考虑不够，高填、深挖、高边坡较多。

在这一阶段，云南高速公路设计在新技术的应用上有较大突破。1998年，航空摄影采用GPS定位技术在元磨高速公路测设中首次应用，并取得了成功的经验。勘测中采用航测技术测量路线走廊带，建立起数字地面模型（DTM），在公路优化设计和动态全景透视图制作中发挥了不可替代的作用。GPS的动态测量（RTK）技术的应用，实现了野外各种等级的大地测量、控制测量、道路和各种线路的放样、纵横断面数据采集、施工测量、原有公路数据采集、绘制公路网络图，并为GIS系统提供数据等。

在勘察方面，采用先进的勘探、勘测仪器设备和先进技术。如地震勘探（折射、反射、面波）、电法勘探（电剖面、电测深、高密度电法）、电磁法（EH4、CSAMT、TEM）及原位测试等手段，并引进静力触探仪、面波仪、地震仪、电法仪、TSP、TGP-12隧道的超前预报等勘探设备；对深埋隧道的勘察采用地震反射、EH4、CSAMT、TEM等深层物探技术；对沿线的地层岩性、地质构造、水文地质、河网水系等的勘测采用卫星地质遥感（RS）技术。

在设计方面，利用计算机和遥感图像进行路线选线，既简便又经济，还能直观地在卫星图片上比较方案。考虑了工程、社会、经济和环境等诸多因素，所确定的路线线形好、标准高、避开大量的不良地质、大幅度降低了公路工程勘测设计费用，缩短了公路选线时间。

此外，设计中还应用运行车速检验及动态全景仿真技术，对道路指标、运营安全及公路景观设计进行评价，不断优化设计方案，实现道路运营安全及路线与地形、环境相协调的目标。

第三阶段：全面推进与典型示范工程建设期（2005—2010年）。

为贯彻落实以人为本，全面、协调、可持续的科学发展观，交通部采取了一系列的举措，在总结川九路等项目成功经验的基础上，开展了公路勘察设计典型示范活动。2004年9月，在全国公路勘察设计会议上，针对公路勘察设计存在的问题，根据树立和落实科学发展观的要求，系统地提出了"六个坚持，六个树立"的公路勘察设计新理念，即坚持以人为本,树立安全至上的理念;坚持人与自然和谐,树立尊重自然、保护环境的理念;坚持可持续发展,树立节约资源的理念;坚持质量第一,树立让公众满意的理念;坚持合理选用技术标准,树立设计创作的理念;坚持系统论的思想,树立全寿命周期成本的理念。这一全新理念,标志着我国公路设计理念有了一次质的飞跃,也成为指导公路勘察设计工作的重要的指导方针。这一时期,公路设计强调"安全、耐久、环保、舒适、和谐",云南相继建成了思小、水麻、曲小、平锁、保龙、蒙新、新河、永元、元武、高海、昆安、安楚、罗富、富广、广砚等一大批高速公路。其中,思小高速公路做到了"人与自然的和谐",树立了"不破坏就是最大的保护"的理念;水麻高速公路螺旋展线开创了山区高速公路展线思路的先河;高海高速公路海口特大桥为云南第一座飞燕式钢管拱桥。思小高速公路被列为交通运输部典型示范工程;保龙高速公路被列为亚洲银行的典型示范工程;思小、水麻两条高速公路被评为"新中国成立60周年公路交通勘察设计经典工程";新河高速公路为云南省收获了第一枚国家优质工程金奖。这一时期建设的罗富、蒙新、保龙、平锁等高速公路由于受地形及投资制约,连续长大纵坡依然存在。

第四阶段:设计标准及技术指标提升期(2010年至今)。

这一时期云南高速公路设计有3个特点。一是采用设计速度80km/h及以上标准;二是对连续长大纵坡的平均纵坡值提出了更高要求;三是全国山区有连续长大纵坡的高速公路运营安全事故频发,引起各方高度关注。这一时期设计的山区高速公路在继续推进交通运输部"六个坚持,六个树立"设计新理念的同时,引入了运行车速检验及道路安全评价系统,结合云南实际将连续长大纵坡的平均纵坡控制在3%以内作为山区高速公路纵坡设计的重要指标。已建成通车的大丽高速公路,通过加长隧道、适当抬高线位高度等方式将连续长大纵坡的平均纵坡控制在3%以内,成为云南第一条将连续长大纵坡的平均纵坡控制在3%以内的山区高速公路,并成为一条集安全、民族、景观为一体的旅游文化路。龙瑞高速公路为克服高差,选择有利地形,通过"8"字迂回展线方式,实现了连续长大纵坡的平均纵坡控制在3%以内的建设目标。针对山区高速公路开展道路安全评价工作,分析技术指标的连续性、均衡性与合理性,并把道路安全评价作为设计的重要内容。

二、重视做好7个方面的工作

(一)以功能为主线

结合地形、地质、交通组成等,确定设计速度、路基宽度。重点突出一个"适"字,即标准采用应适当、适用,工程防护要适度。

(二)以人为本 安全至上

在确定设计方案时,把安全放在核心位置,使公路设计更符合车辆安全行驶的特性,使公路环境中存在足够大的安全空间。具体设计中遵循 3 个原则:

一是扩大道路的"安全空间"原则。尽量采用良好的线形参数,充分注意道路条件要素的一致性、协调性和诱导性,提供尽可能大的安全空间。

二是提高道路"宽容度"的原则。在规划和线形设计阶段,通过合理的调整和设计,让道路环境尽可能"宽容"(图 7-2),能够保证安全行车的道路条件,对危险起到消除或减缓作用,避免交通事故的发生或减轻交通事故的损伤程度。

图 7-2 路侧宽容设计

三是把"以人为本"置于公路设计的核心。把不断满足人们的出行需求作为设计的最终目的,在工程的细微之处体现对人的关爱,体现人性化的服务,注重公路安全性、方便性、舒适性、愉悦性的和谐统一。具体做法是:以运行车速检验设计,反复优化调整线位,加设交通安全设施;在有条件地段,提供足够的横向宽度,边沟以宽、浅、暗为主,采用加盖板、暗埋式、蝶形浅明沟相互组合的形式;在线形指标比较低的路段,设置完善的标志标线、防护墙或护栏;连续降坡段设置避险车道、爬坡车道,坡顶设置加水站等。

(三)融入自然 环境优先 景观协调

自然界存在不同"势"的走向和延续。山脉以其固有走势连绵起伏,河流蜿蜒曲折流淌不止,不同的物种群落层峦叠嶂、绵延无尽。维护自然环境的"势",要求公路线形和结构物的布设要尽可能避免切割这种势的走向和延续。保持自然景观的完整性,减少对生态环境的破坏以及对地形、地貌的自然性和稳定性的影响,把"不破坏是最大的保护"和"高速公路生态型建设技术"观念贯穿于整个设计中。从设计方案、施工方案各环节均充分考虑环境保护。摒弃先破坏、后恢复的陋习,实现环境保护与公路建设并举,公路发展与自然环境相和谐。

云南省交通运输厅总工程师吴华金认为,优秀的公路工程将最终与环境条件融为一体,成为环境条件的组成部分,与环境条件和谐共处共生,与自然地理环境友好,与社会经济发展协调,并促进经济社会的发展。

随着我国公路建设的飞速发展,特别是高原山区的公路建设发展,以及对工程地质认识的加深,公路选线从多年的"地形选线"逐步提升为"地形地势选线","地质选线"提升为"地质构造选线"。随着对自然环境的认识以及环保意识的加强,又提升为"环境景观选线"。吴华金说,环境景观选线是建设可持续发展公路的出发点,从大气环境、水环境、水土流失、动植物资源等多个侧面,指导公路选线,寻求公路建设与环境保护、工程建设与经济发展、当前利益与长远利益、局部利益与整体利益的平衡点。公路环境选线应处理好人类工程活动与自然环境的关系,环境选线的思想主要体现在两个方面:一是考虑环境对公路建设的影响;二是要考虑公路建设对环境的影响。此外,公路路基高程不仅直接影响工程投资,而且影响和制约公路的服务水平和沿线群众的生产生活。

云南省高速公路设计中,以追求自然、顺应自然为目的,人工构造物的设置尽可能少,能不用混凝土圬工就不用混凝土圬工,能够以植物加以修饰就应以植物加以修饰。从动态景观的要求出发,按"封、透、露、隐、诱"的原则做好景观设计。对于远景差的要封、远景好的要透、近景好的露、近景差的要隐(如山坡截水沟)、交通流要诱导。

(四)节约资源　持续发展

资源是人类生存发展的物质基础,也是可持续发展的重要保证。可持续发展包括生态持续、经济持续和社会持续。生态持续是基础,经济持续是条件,社会持续是目的。可持续发展要以保持自然为基础,与资源和环境的承载能力相协调,云南高速公路设计特别重视处理好节约资源和公路发展的关系。

从规划阶段起,通过合理规划公路网、统筹利用线位资源,合理确定建设方案和规模,提高土地的集约利用程度;

线位布置上尽量不占或少占良田、好地,实施最严格的耕地保护制度;

设计上精打细算,以满足功能为前提,精心拟定各断面细部尺寸(排水沟、边沟、截水沟、护坡道、碎落台等),坝区地段尽量降低路堤高度,山区地段避免高填深挖,节约每一寸土地。

(五)合理选标准　灵活用指标

设计人员充分发挥创新精神,合理选用技术标准,灵活运用技术指标,认真处理好满足道路功能、安全要求、协调、经济、环境、美观、文物古迹保护和其他资源的关系,探索选用不同的设计指标,分析不同的取值引起各个因素需求的波动,从而寻求更加优化的设计方案。

技术指标分为主要指标和次要指标:主要指标是指对安全功能有重大影响的指标,如最小圆曲线半径、最大纵坡、视距、竖曲线半径等;次要指标是指在满足安全的前提下,好中求好的指标,如曲线间直线长度。结合云南实际,灵活运用指标体现在以下5个方面:

一是保证主要指标,适当放宽次要指标。

二是对于特殊困难地段的路基宽度可适当采用最小值,以节省工程投资。

三是为合理利用地形,可采用超常规的展线方式。如水麻高速公路上的螺旋形展线与龙瑞高速公路上的"8"字迂回展线。

四是综合考虑标准规范的相应规定,对局部特殊困难路段降低设计车速,同时设置保证安全的相应标志、标记及减速措施。

五是互通立交距隧道口的距离及隧道洞口内外不小于3s设计速度行程长度范围内的平、纵线形应一致的规定可结合实际地形灵活掌握。

(六)注重细节设计　合理降低造价

建立节约型社会是党中央、国务院提出的战略目标。在公路勘察设计工作中的具体体现就是要求在公路勘察设计中不仅要注重大决策、大方案,更要注重细节设计,从细微处着手,坚持科学合理的经济设计理念,千方百计地节约资源,努力降低公路工程造价。主要从以下7方面入手:一是合理选用技术标准,灵活运用技术指标,注重动态设计;二是合理确定工程方案,重视设计基础资料的调查、收集工作;三是注重细节设计;四是加大设计深度,争取合理的设计周期;五是加强总体设计,制定项目总体设计原则;六是采用新技术、新工艺、新材料;七是设计充分考虑当地资源,就地取材。

(七)树立质量第一　全寿命周期成本理念

质量是工程的生命,更是一个行业的生命。全寿命周期成本理念,就是要从项目生命周期的全过程去看待成本。把公路放到环境和社会的大系统中去考察成本,不但应注重项目的初期建设成本,还要注重后期维修和养护成本、社会成本以及环境成本,在条件可能的情况下,宁肯先期投入大一些,也要减少后期费用,延长使用寿命;宁可项目上投入多一些,也要降低对社会和环境的影响,提高综合服务的能力。

云南山区高速公路设计中要充分考虑环境治理和保护费用,一般情况下,高路堤超过20m,深路堑超过30m时,原则上应考虑采用桥梁和隧道方案。路基挖方边坡高度若超过50m(或边坡高度大于2倍路基宽度值)时,需结合优化路线方案,采用桥梁或隧道或半桥半路、半隧半路、纵向分台与横向分离式路基等。

在公路勘察设计中,设计人员以"六个坚持、六个树立"为目标,坚持地形选线、地质选线、环保选线、安全选线、景观选线,运用运行车速理论,不断改进路线线形,消除安全隐患。合理掌握标准,灵活运用指标,使公路融入自然、顺应自然。做到平面顺适、断面饱满,尽量减少人工痕迹,在"融——融入自然;适——标准适用、适当,工程防护适度;精——精心设计,注重细节"方面下功夫。按照"安全、耐久、节约、环保、和谐"的方针,全面提升勘察设计理念,不断开创云南公路勘察设计的新局面。

第二节 线形设计

对于山区高速公路来说,公路线形的选用不仅影响公路的使用功能和造价,而且会直接影响到区域的自然环境。在具体路线设计时,云南高速公路设计充分考虑路网规划、公路功能及交通量的情况,对全线的地形、地质等自然环境以及社会环境条件作出全面分析,将其划分为若干个设计单元,针对每个单元选用适当的技术指标。

一、平面线形设计

考虑与纵、横面的协调设计,特别注意平、纵线形的协调配合,公路平、纵面设计指标和参数的确定要满足汽车动力学要求。在直线段,慎重对待公路线形中直线的运用,直线的长度不宜过长。受地形条件或其他特殊情况限制而采用长直线时,结合沿线具体情况采取相应的技术措施,直线长度一般不大于 $20v$。平曲线间以直线径向连接时,直线的长度不宜过短。同向曲线间最小直线长度以不小于 $6v$ 为宜,在地形条件受到严格限制的情况下,应不小于 $3v$;反向曲线间的最小直线长度不小于 $2v$。

回旋线的长度不宜过长,S 形曲线的两回旋线参数 A_1 与 A_2 宜相等,当采用不同的回旋参数时,A_1 与 A_2 之比就小于 2.0,有条件时小于 1.5。回旋曲线参数宜符合:$R/3 \leqslant A \leqslant R$。

在地形条件受限时,圆曲线可采用规范中的一般值;地形条件特别困难而不得已时,可采用极限值,特别注意相邻圆曲线指标的均衡与协调。

平曲线各组成要素的长度不小于 3s 设计速度行程,有条件时按 5s 控制。

路线最小转角宜大于 7°。

路线线形设计要经过运行速度检验,使得路段间的速度连续性与实际运行速度和设计速度相互协调一致,尽量做到路段间运行速度差 $\Delta v_{85} \leqslant 10 \text{km/h}$,运行速度梯度的绝对值小于每百米 10km/h,即拥有协调一致的运行速度、连续一致的路线空间线形和舒适的驾驶感受。

二、纵面线形设计

纵面线形设计结合地形、地物、水利设施、水文、地质、桥涵、通道、取弃土等综合设计，注意自然景观的协调，避免大量切割地形，避免短距离内频繁起伏。

最大纵坡及坡长控制严格按照相关规范执行，但有时虽然道路纵坡设计完全符合最大纵坡、坡长限制及缓和坡长的规定，但也不能一定保证行车顺利安全。如在地形困难、高差较大地段，当交替使用极限长度的最大纵坡及缓和坡长组合时，会形成"台阶式"纵断面线形，对行车安全不利。对于长距离升降坡，充分考虑大货车的爬坡能力及制动能力，严格控制平均坡度，一般情况下，坡度越长，要求平均坡度越缓。

对路线及桥梁高程的确定，在以水文调查计算的设计水位作控制时，参考地质灾害调查的情况，考虑河道淤塞等因素综合判断确定。

隧道内纵坡不小于0.5%，不大于4%，当受地形条件限制时，中、短隧道纵坡经技术经济比较后可适当加大；一般长度为1000~3000m之间的隧道纵坡以不大于2.5%为宜，长度大于3000m的特长隧道纵坡以不大于2%为宜。竖曲线最小半径及长度采用运行速度所需要的停车视距进行控制。

针对长纵坡路段，根据运行速度计算，采取上、下坡方向设置不同的超高值，以确保行车安全。通过冰冻积雪、超长连续纵坡路段运营安全特征分析与评价，结合现有科研成果，提出路段平纵横综合安全控制指标及处置措施。

三、平纵横组合设计

平、纵、横组合设计应保持线形在视觉上的连续性，自然诱导驾驶员的视线，根据路面排水和汽车动力学要求，选择组合得当的合成坡度。

一个平曲线与一个竖曲线组合时，平、竖曲线相互对应，且平曲线稍长于竖曲线，形成"平包竖"，当平曲线半径小于2000m、竖曲线半径小于15000m时，强调平、竖曲线组合；当平曲线半径大于6000m、竖曲线半径大于25000m时，可不强调平、竖曲线的对应关系。

路线视距不宜过远或视野过宽，尽可能避免驾驶员一眼能看到路线方向转折两次以上或纵坡起伏三次以上。不得已时，宜采用植树等办法予以遮挡。

在坡差较大时，平、竖曲线的组合注意平曲线明弯、暗弯与凹形、凸形竖曲线的搭配，一般明弯配凹曲线，暗弯配凸曲线，"明凹暗凸"可获得合理、悦目的效果，采用运行速度对其安全性进行检验，设置合理的路拱横坡值。

平、纵、横综合设计考虑线形与桥梁、隧道工程的配合，满足其桥梁、隧道工程设置的基本要求。

四、路基几何断面布置

玉元高速公路首次采用分台式路基断面,有效降低了边坡高度,减少路基开挖土石方数量及弃方数量,有利于环境保护;楚大高速公路西洱河电站采用大悬臂桥梁,有效避免了对电站库区的影响,为山区悬出露台应用积累了宝贵经验;昭会高速公路改扩建工程,采用"平面分离、纵面分台、相互交叉编辫子"的方式,实现了100%利用既有半幅,并将下坡幅路段的平均纵坡控制在3%以内。

五、路基及边坡支挡技术创新

一是创新了锚索—桩—土变形协调的设计计算方法,解决了土压力恒定不变计算方法的不足,开发了现浇式桩截面0.4m×0.6m、高13.5m和分离式桩截面0.6m×0.8m、高18.5m的预应力锚索桩,解决了高原峡谷区陡坡地段高路堤支挡的技术难题。

二是提出了杆—柱—地基协调变形的多支点弹性桩计算方法,突破了刚性支座的连续梁计算方法,突破了以往单级墙高6m的规范高度,达到了14m,解决了高原沟谷区缓坡地段高路堤支挡的技术难题。

三是创建了以整体框架为对象的设计计算方法,突破了以往采用拆分式单根弹性地基梁计算方法,成功地建成了高21m、坡度1:0.25的实体工程,突破了以往10m的最大高度和1:0.5的最大坡度,节约了土地,大大减少了对自然环境的破坏。

四是开发了支挡工程的监控评价管理系统,实现了监测信息的实时采集、无线传输、中央接收和自动评价。

五是干码片石防护膨胀土技术在保龙高速公路取得了很好的效果。

六是生物防护技术得到推广,提出了滇橄榄、云南松、地板藤等11种乡土植物种子采集和种苗繁育的方法,实现了植物种子的本土化和商品化。

七是袋装碎石桩处理沟谷性软基、斜坡软基取得良好的效果。

六、重视典型方案的比选

方案比选是高速公路总体设计的精髓,只有反复地进行论证、比选,才能真正鉴别出一条路线的优劣,只进行直观认识或部分比较无法反映出一条路线的真实情况。由于云南自然条件极为复杂,高速公路总体设计方案不仅会受到地形、地质、水文条件的严重制约,而且也受到生态、水资源、人文、交通等环境的影响,这些因素导致路线总体设计方案及工程方案多样化。设计中经常会遇到整体式路基、分离式路基、高路堤、高架桥、深路堑、隧道等相互联系、相互制约,每一个方案的变化,不仅仅表现在具体的工程方案上,还可能会导致较长路段总体方案的变化。因此,设计过程中,重视对不同总体设计方案在路线布置、工程设置、环境保护等方面可能出现的情况作全面分析、比较,通过多方案研究,进行综合比选。

在具体实践中,对特殊的重点工程、路段进行大范围研究,拟定多个不同走廊方案,不遗漏任何有价值的方案,明确方案提出的理由及比选重点;对不良地质、气象条件、长大下坡、次生灾害、高填深挖、陡坡等地段进行局部优化,拟定多个不同线位方案,分层次进行论述性比较及同精度比选,最后选择出安全可靠、技术可行、经济合理的路线方案。

对特殊路基处治、支挡防护、排水构造物、路面结构、桥涵孔跨布置及结构形式、隧道结构及洞门形式、互通式立交布设等研究及新工艺、新材料的应用,同样进行多方案综合比选,优选功能适用、安全、经济的设计方案。

技术标准拟定时,除考虑公路网规划、项目在路网中的作用和地位外,着重考虑项目区域的自然条件、控制性工程大小,正确处理技术标准与自然条件、工程规模的关系,在最大限度地保护区域自然环境的前提下,拟定技术标准。

技术标准确定后,对于交通量大或地形较好的路段,考虑车辆的运输效率、经济效益以及效益的进一步增长,在技术指标的选用上应尽量采用高指标,以满足发展的需求;在交通量较小或地形极其复杂困难的路段,为节省工程投资、减少对环境的破坏,可在保证运营安全的前提下配合地形采用极限指标,但强调指标的均衡性与连续性。

七、利用好走廊带资源

山区高速公路线形工程穿越狭长地段时都存在走廊带布局问题,或出现在垭口,或出现在山谷,公路、铁路、水利、电力、通信设施经常要同时利用同一走廊带,造成资源的稀缺和布线上的困难。如水麻高速公路关河高山峡谷路段,山谷里有内昆铁路、国道213线、水电工程、县城、乡镇以及需避让的岩堆、滑坡等,初始的工程可行性报告普洱渡至麻柳湾仅考虑二级公路标准,经过几轮反复论证,最终确定按高速公路一次性建设。实践证明,采用一次建设高速公路的方案是非常正确的。在云南这样的山区,高速公路选定一条合理的走廊实属不易。因此,云南高速公路设计中,把走廊带作为一种资源看待,按"统筹规划、合理布局、近远结合"的原则进行利用。"统筹规划"就是考虑到多种线形工程都需要走廊带,公路交通尽早规划。"合理布局"就是根据走廊带的地形,已有线形工程的位置以及新建公路的技术标准要求,做好线位布局,处理好与地形及其他工程的关系。"近远结合"就是根据新建公路的功能要求,考虑到该项目的发展潜力,建设标准适度超前,充分利用好走廊带这一不可再生资源。

第三节 桥 梁 设 计

桥梁为跨越障碍物的重要方式,是交通基础设施的咽喉、控制性节点工程,是云南高速公路设计的重要一环。

一、精细化、标准化设计

云南高速公路桥梁中,绝大多数为中小跨径桥梁,云南省交通规划设计研究院采用通用图对桥梁上部结构和下部结构进行标准化和精细化设计,特别是13m、16m、20m、30m、40m空心板、T梁及小箱梁的标准化设计。标准化设计为桥梁上部结构的场地预制施工及工厂化施工创造了条件,为实现桥梁建设的标准化施工迈出重要一步。

中小跨径桥梁上部结构集中在场地预制施工或工厂化施工,施工需要的模板及施工机械设备可以重复利用,可以有效节约建设成本;建设单位可以集中管理、监督,施工人员相对稳定,可以有效遏制中小跨径桥梁施工过程中的质量通病,同时可以有效保证桥梁的外观质量。对于云南山区高速公路建设来说,桥梁上部结构的场地预制或工厂化施工,还可以解决施工场地狭小、施工点交叉的问题,桥梁上部结构、下部结构及桥梁两侧路基可同时施工。桥梁上部结构标准化施工有利于推广桥梁建设的新技术、新材料、新工艺、新设备。上部结构在场地预制、工厂制造完毕后,可现场吊装拼接,可大大提高施工质量,提高桥梁建设的效率。

(一)上部结构

结合云南实际,桥梁上部结构采用的结构形式有预制空心板、预制T形梁、预制小箱梁、现浇箱梁等,但通常采用的通用结构形式为前三种。在部颁标准图集的基础上,设计人员使用的上部结构通用图路基宽度有24.5m、25.5m、26m、32m、33.5m、41m等,通常会根据桥梁所在路线不同路段、周围环境景观协调性、地方政府要求等方面综合考虑采用的主梁结构形式。比如处在城镇人口密集区且景观要求较高地段,结合施工难易程度,会着重选择外形美观的结构形式;在山岭斜谷地段或人烟稀少地段,则主要考虑方便施工、降低施工难度、减少造价等因素,合理选择桥梁上部结构形式,以达到经济高效的目标。

由预制结构形式组成的桥梁,根据路基宽度选择多片梁组合而成,桥梁结构分析设计理论多采用由空间分析进一步简化为平面杆系分析设计,针对上部结构适用范围广、跨径确定但联长不定的特点,建立多个不同孔跨数组合的桥梁结构分析模型:单孔简支、多孔连续,根据桥梁结构最不利受力反应,确定该路基宽度内多片梁式桥一联的最大长度,明确桥梁结构在不同施工阶段桥梁结构力学特性;平面上规定预制桥梁结构适用的最小曲线半径,防止因内外侧梁长差距过大而导致结构受力过大或预应力效应过大。对于先简支后连续预应力混凝土T形梁桥和小箱梁桥负弯矩区钢束张拉位置的设置,为充分实现设计意图,结合现场施工条件,保证结构受力安全,将张拉位置由顶板上缘开槽口改为顶板下缘设置齿板,以便更好地控制负弯矩区截面应力,并防止上缘槽口进水。

上部结构与下部结构一般采用支座连接。结合每座桥的具体位置,对相应桥梁结构采用减隔震措施,以减少上部结构由于地震向下传递的地震力。结合桥梁设计实际情况,一般采用铅芯橡胶支座和高阻尼支座、LNR系列水平力分散型橡胶支座等相关措施,以期减少对桥梁下部结构的影响和破坏。

混凝土上部结构的桥面现浇混凝土铺装层内设置的钢筋网片,采用了冷轧带肋钢筋焊网,通过直接采购成品,大大减少了工地编组的时间和焊接工作量,钢筋网片质量也得到了保证。

(二)下部结构

下部结构通常需要与上部结构配合使用,结合地形地貌地质、地震、跨越障碍物以及美观要求等情况综合确定。一般情况下,预制上部结构桥梁由于采用的支座将地震力传到各桥墩上,使各桥墩共同受力,所以单个桥墩受力相对较小,下部结构采用圆形实心截面。对于现浇上部结构的桥梁,采用固定支座和滑动支座,将桥墩分为制动墩和非制动墩,地震力只传到制动墩上,制动墩地震力较大,非制动墩受力较小,所以区别设计,使制动墩抗震能力优于非制动墩。水平向设计基本地震动加速度≤$0.2g$的地区,下部结构会采用圆形实心截面;水平向设计基本地震动加速度≥$0.3g$的地区,下部结构会采用矩形实心截面(结合美观截面会倒角或开槽口)。此外还结合上部结构路基宽度研究确定横桥向墩柱个数,同时横桥向桩基间距要满足《公路桥涵地基与基础设计规范》(JTG D63—2007)的有关规定。

桥梁下部结构尺寸和配筋的确定不但需要满足静力计算的两种极限状态,而且需要满足相应抗震设防等级对结构抗震能力的要求,并采用相应等级的抗震设防措施。桥梁截面尺寸依据桥墩墩高的不同,划分为不同级别,在超过一定高度之后,就需要采用薄壁空心墩和双肢薄壁墩。静力计算时,结合上部桥梁结构形式、一联内桥梁孔跨数和采用支座类型的不同,采用集成刚度法计算下部结构最不利受力并按规范进行荷载组合,从而得出静力计算的结构尺寸和配筋。抗震分析时,基于桥梁所处路线的环境地质情况,取出具有代表性的地质条件,综合分析下部结构在实际使用过程中可能出现的各种极端不利情况(顺横桥向桥墩墩高相差较大等),建立抗震分析计算模型。对于能力保护的构件按能力保护原则进行抗震分析和设计。对于桥墩塑性铰区域,则根据计算结果,加强塑性铰区域箍筋设置,以满足墩柱结构箍筋配筋率的要求。

随着云南高速公路建设的发展,高速公路线形指标较高,跨越深沟峡谷较多,桥墩高度也越来越大。对于高墩,统一采用空心薄壁截面以满足桥墩日益增高的需要,拓展了预制上部结构的适用范围。

由于路基宽度不断增大,盖梁宽度也随之增加,预应力盖梁调整为普通钢筋混凝土盖梁,横桥向Y形墩。该种桥墩上面为Y形分叉,下面为矩形截面实心墩。

（三）工程实例

昆明绕城高速公路西北段盘龙江特大桥为跨越盘龙江段而设，大桥上部结构采用30m预应力混凝土预制小箱梁及60m跨简支钢箱梁，上部结构桥跨布置为3×30m+4×(5×30m)+60m+2×(4×30.5m)+4×30m+3×30m。下部结构为预应力盖梁下设矩形双柱墩，基础采用承台下设钻孔灌注桩基础。大桥上部结构可在场地预制、工厂制造，现场吊装拼接。

二、抗震设计

云南大部位于高震区，地震烈度高，地震频繁，对于桥梁结构，抗震设计尤为重要。设计人员以尽量在经济与安全之间合理平衡的桥梁抗震设防的原则，采用两水平设防、两阶段设计的设计思想，以能力保护、延性设计和减隔震耗能等方法对桥梁进行抗震分析，并加强构造措施，大大提高了桥梁结构的抗震能力。

（一）桥墩作为耗能构件（延性设计）

原理：将桥墩作为延性构件设计，在强震作用下墩柱可以形成塑性铰，发生弹塑性变形，耗散地震能量；而上部结构、桥梁基础，不受损伤，基本在弹性工作范围。

适用范围：常规桥梁。

应用实例：石林—锁龙寺高速公路、大理—丽江高速公路、麻柳湾—昭通高速公路等多条高速公路上的常规桥梁。

效果：在地震烈度不高的地区通过优化墩柱配筋来提高桥梁结构的抗震性能，这一传统的抗震设计方法是适用范围最广、性能最可靠的抗震设计方式。对于预制装配式T梁及小箱梁支座形式一般采用LNR系列水平力分散型橡胶支座，这是一种地震水平力分散型支座，在一联桥中墩高相差不大的情况下，在地震作用下各个桥墩分配的地震水平力相差不大，在这种情况下一联中墩柱采用相同的配筋形式是合适的。但对于现浇箱梁一般采用盆式支座，在一联中布置一个固定支座，其余均为滑动支座，这就造成了本联中大部分的地震水平力将由固定支座所在的桥墩承受，而滑动支座所在的桥墩仅承受较小的滑动摩擦力，从而使各桥墩受力不均，在一联桥中墩高相差不大的情况下，各桥墩的配筋相同，就会造成固定支座所在的桥墩承载力不足，而滑动支座所在的桥墩承载力富裕较大的情况，显然是不经济的。为此，云南省交通规划设计研究院将桥墩划分为两种形式，固定支座所在的桥墩定义为制动墩，滑动支座所在的桥墩为非制动墩，对于制动墩加强配筋，基础采用群桩基础，以抵抗较大的地震力作用；非制动墩由于受力较小，配筋强度相对于制动墩有所减弱，从而使设计更加经济合理。

(二)支座作为耗能构件

1. 水平力分散型橡胶支座

原理：与板式橡胶支座类似，能将地震作用的水平力较均匀地分配给下部各个桥墩一起承担，是一种改进型的板式橡胶支座。它在常规板式橡胶支座的基础上做了较大的改进和创新，能满足较大的剪切变形，且与主梁、墩台进行有效连接，确保桥梁上部结构有效传力至下部结构，实现了桥梁下部结构地震水平力分散，各墩协同抵抗地震水平力。

适用范围：预制装配式T梁、小箱梁及跨度不大的现浇箱梁。

应用实例：香丽高速公路、华丽高速公路等多条高速公路。

效果：与普通板式橡胶支座相比，水平力分散型橡胶支座的性能更稳定，耐老化性能更好，具有更大的剪切变形能力且大位移剪切变形后没有残余变形，恢复能力强，更重要的是支座与主梁、桥墩有效连接，可避免落梁风险，尤其对曲线桥梁，水平力分散效果好。

2. 高阻尼隔震橡胶支座

原理：由地震的加速度反应谱可以看出结构周期超过一定数值后，地震响应总体上随着周期的增加而减少，同时在结构周期相同时地震响应又随结构阻尼的增加而减少，高阻尼隔震橡胶支座就是利用结构地震响应的这种特性，通过延长结构的周期和提高阻尼达到减轻地震作用的目的。

适用范围：高地震烈度区的预制装配式T梁、小箱梁及现浇箱梁。

应用实例：嵩明至昆明高速公路T梁和小箱梁。

效果：该条高速公路位于强震区，地震基本烈度Ⅷ度～Ⅸ度，对应地震动峰值加速度为 $0.3g \sim 0.4g$，在如此强震区的桥梁采用常规的抗震对策即靠桥墩结构自身来抵抗地震作用就显得非常困难且很不经济。高阻尼隔震橡胶支座的运用有效地解决了这一难题，它一方面通过延长结构周期和提高阻尼减少结构的地震响应；另一方面在地震中支座本身通过在水平方向的大位移剪切变形及滞回耗能吸收地震能量；同时支座本身具有很强的复位能力，地震过后基本不发生残余位移。

3. 铅芯隔震橡胶支座

原理：由地震的加速度反应谱可以看出结构周期超过一定数值后，地震响应总体上随着周期的增加而减少，同时在结构周期相同时地震响应又随结构阻尼的增加而减少，铅芯隔震橡胶支座是在一般板式橡胶支座的基础上，在支座中心放入铅芯，以提高橡胶支座的阻尼特性，从而通过延长结构的周期和提高阻尼达到减轻地震作用的目的，同时在强震时铅芯屈服又可起到耗散地震能量的作用。

适用范围：高地震烈度区的预制装配式T梁、小箱梁及现浇箱梁。

应用实例：保山至腾冲高速公路龙江大桥保山岸引桥现浇预应力混凝土箱梁，香丽高速公路虎跳峡金沙江大桥引桥。

三、顶推施工方案的钢箱梁设计

在公路跨线桥梁设计时，多采用大跨径钢箱梁一跨跨越道路，以减少跨线桥施工对下穿的运营道路的影响。钢箱梁桥采用简支或连续结构形式，为单箱多室断面、正交异性钢桥面板。钢箱梁安装方法常采用满堂支架拼装施工，一次落架成桥，施工过程中桥梁结构不受力。部分桥梁在建设条件满足的情况下在钢箱梁安装时采用顶推施工方法，由于钢箱梁在顶推过程中的受力状况与满堂支架施工方法差别较大，设计需根据施工过程中钢箱梁的受力特点进行适当调整。

钢箱梁成桥后，各控制截面的顶板、底板在恒载和活载作用下承受拉力或压力，设计中需根据其受力状况，布置顶板、底板的加劲肋，以防止顶底板出现局部屈曲。由于受拉区不宜出现局部区域，因此该区域的加劲肋间距较大（如钢箱梁底板跨中）。而当钢箱梁采用顶推施工时，箱梁各截面的顶底板将出现拉压交替现象，则可能导致顶底板加劲肋布置较大区域在施工过程中出现局部屈曲，使桥梁结构损伤。因此，当采用顶推施工方法时，需减小顶底板加劲肋的间距，以满足施工过程中的受力要求。

此外，采用钢箱梁顶推施工时，应对钢箱梁的顶推千斤顶作用处及临时支座处的局部构造进行加强，以免顶推过程中过大的集中力对钢箱梁造成损伤。

南昆铁路跨线桥工程主桥主跨跨越既有南昆铁路，为一座钢混结合梁桥，桥长230m，中垮长100m，两个边垮长65m。南昆铁路跨线桥桥面按双向六车道设计，双幅桥总宽33.5m，每幅桥宽16.5m，两幅桥净距0.5m。根据铁路主管部门批复意见，中跨8号墩侧63m梁段及大里程侧65m边跨，总计梁段长度128m采用顶推法施工，顶推桥段的总质量近2000t。从规模上看，这是云南省最大的步履式顶推施工钢混结合梁桥，也是全国最大的跨越铁路的步履式顶推施工的钢混结合梁桥。

四、高墩桥梁设计

随着山区高速公路的大规模建设以及路线指标的日益提高，云南桥梁桥墩高度纪录不断被刷新。经过多年的设计实践，结合现场施工条件，云南省交通规划设计研究院归纳总结出了高墩设计的原则。

（一）稳定计算控制截面尺寸

高墩设计的第一步就是确定尺寸。对于高墩连续刚构，稳定计算的最不利状态为施工阶段最大悬臂，横桥向失稳。原则是在该状态下，第一类稳定系数≥10.0。以香丽高速公路岩羊1号大桥为例,施工阶段第一类稳定系数为11.4。

(二)抗震计算控制配筋

对于位于动峰值加速度≥0.15g的Ⅶ、Ⅷ度地震区的高墩,正常使用状态不控制设计,墩身配筋由抗震计算决定。

(三)尽量采用等截面以方便施工

连续刚构高墩采用的施工工艺有爬模和翻模两种,桥墩采用等截面可以降低施工难度,加快施工进度,在工期普遍紧张的情况下,可以为上部预应力结构的施工争取更多的时间。以岩羊1号大桥为例,横桥向箱梁底宽为6.5m,如果墩身宽度也取6.5m,则稳定不满足要求,有两种解决方案:一是桥墩按变截面设计,墩顶宽6.5m,向下按比率渐变;二是桥墩按等截面设计,宽度8.5m,墩顶设置外包混凝土连接零号块。设计采用了第二种方案。

(四)设置墩身劲性骨架以保障安全

山区风速较大且风场复杂,存在峡谷风效应。如果没有劲性骨架,很容易发生钢筋骨架整体倾覆和模板垮塌等安全事故,对工人的生命安全造成很大的威胁。为此,设计中在连续刚构桥的高墩中增设了刚度很大的劲性骨架,钢筋、模板在劲性骨架上固定,可以预防钢筋骨架整体倾覆和模板垮塌事故的发生。工人操作时可以利用劲性骨架固定安全带,对操作工人起到安全保护作用。

五、山区互通立交桥梁设计

互通式立交受控于各种影响因素,立交区内线路多而复杂,路线形状多变,设计线形指标较低,小半径曲线、纵横坡较大、路线斜交等各种不利因素经常耦合在一起,主线或多个匝道存在相互跨越现象。基于立交区路线设计的各种不利情况,立交区桥梁需要跨越障碍物较多,存在较多的设计控制因素,需要结合立交区内实际地形地貌、既有建筑物现状及长期发展规划、立交区路线相互跨越等情况开展立交区桥梁设计工作。云南高速公路山区立交较多,相对于平坦地面上的立交,山区立交通常地形陡峻、地面高差较大、高墩多,面临桥墩高度过高、常规的现浇箱梁结构施工困难、桥面变宽必须由预制结构来解决等难题,在多座山区大型立交的设计中,设计人员解决了上述难题。

以乌龟山立交桥(图7-3)为例。这座立交桥位于武定至昆明段高速公路12合同段,是武昆高速与西北绕城高速公路的互通立交,可通往安宁、武定、嵩明3个方向。10多条匝道高高低低错落有致,形成一个5层的巨大立交枢纽,立交区共有主线桥5座,匝道桥7

座,桥梁总长近6.5km。根据跨径及墩高情况,上部结构有预制及现浇两种形式,其中预制结构为20m、30m、40mT梁,现浇结构为现浇钢筋混凝土连续箱梁。对墩高较高的桥梁,能采用预制结构的尽量采用预制结构,其中宽度变化不大的通过调整边T梁悬臂长度实现,宽度变化较大的通过调整T梁间湿接缝宽度及边T梁悬臂长度实现(发散式布梁)。对于墩高较矮、易于搭设满堂支架或异型上部结构等无法采用预制结构的,则上部结构采用现浇钢筋混凝土箱梁。对于现浇钢筋混凝土箱梁下部桥墩统一采用圆柱式的,根据墩高不同,柱径有所不同。预制T形梁根据墩高及下部跨越障碍物的情况,墩柱有圆柱式、方柱式π形墩、T形实心墩、T形空心墩、墙式空心薄壁墩5种形式。

图7-3 乌龟山立交

六、改扩建中的桥梁拼宽设计

云南高速公路改扩建工程主要分为3种情况:一是原有二级公路改扩建为高速公路;二是新建高速公路与原有高速公路交叉,交叉处需设计大型枢纽立交,位于立交区的原有高速公路需改扩建;三是既有高速公路加宽。针对以上3种高速公路改扩建的情况,云南省交通规划设计研究院在吸收国内外高速公路改扩建中桥梁拼宽设计先进技术、成熟经验的基础上,结合云南的实际情况,对高速公路改扩建工程中的桥梁拼宽设计开展了研究,取得了技术进步。

(一)桥梁拼宽连接方案

1. 上部结构与下部结构均连接

这种方式的特点是新建部分与既有桥梁形成整体,减少各种荷载(包括基础不均匀沉降、汽车荷载、温度荷载等)作用下的不均匀变形,但新拼宽结构与原有结构变形不一致易产生较大的附加内力,特别是桥梁下部结构的部分构件(如盖梁、桥墩系梁)刚度较大,变形不一致可能导致下部结构部分构件破坏。这种连接方式国内很少采用,省内也仅在个别工程上应用。

2. 上部结构连接,下部结构不连接

这种连接方式的特点是新建部分与既有桥梁上部形成整体,下部各自受力,新建桥梁与既有桥梁之间因材料差异、基础不均匀沉降等因素对桥梁上部结构产生附加内力,可采用先安装拼宽桥梁上部结构,延迟浇筑新、旧桥梁上部结构间的接缝时间,增加桩基础长度或直径,对新拼宽桥梁下部结构采取预压等方法减小影响。这种拼宽连接方式新、旧桥梁下部结构受力明确,新、旧下部结构单独受力,互不影响。上部结构连接为整体,荷载作用下新、旧桥桥面系整体变形,不存在变形差,行车舒适、平稳。这种连接方式对桥梁施工要求较高,施工过程中如果不严格控制,可能会造成原桥上部结构损伤,同时新、旧桥梁上部结构之间采用刚接,可能会增加原桥恒载,设计过程需要对全桥进行详细的分析计算。

云南多为山区高速公路改扩建工程,覆盖层较薄,下部结构之间沉降差较小,高速公路改扩建工程中主线桥可采用该连接方式。云南省交通规划设计研究院设计的昭通至会泽段高速公路下 K91+340 堂房大桥及昆磨高速公路小勐养至磨憨段改扩建工程 K37+391 南哈河 4 号大桥均采用这种连接方式。

3. 上部结构与下部结构均不连接

这种连接方式的特点是新建部分与既有部分桥梁各自受力,受力明确,相互基本没有影响。但新建部分与既有桥梁在荷载作用下挠度差异相对较大,影响行车安全性、舒适性,并增加后期的养护维修工作。这种连接方式与前两种连接方式相比,桥梁拼宽施工难度小,施工对原桥基本无影响,拼宽过程中原桥荷载不会增加。

这种连接方式主要用于设计车速较小的辅助车道及匝道,不建议用于高速公路主线桥的拼宽设计。云南省交通规划设计研究院设计的昆明绕城高速公路东南段 5 合同的辅助车道、匝道及昆磨高速公路小勐养至磨憨段改扩建工程银河立交的辅助车道及匝道的桥梁拼宽设计均采用这种连接方式。

(二)桥梁拼宽部分上部结构形式和跨径

桥梁拼宽部分上部结构的选择主要考虑以下 4 方面的因素:

1. 新拼宽桥梁与原桥的可拼接性

新拼宽桥梁上部结构采用与原桥相同的结构,新、旧桥梁上部结构构造相似,新、旧桥梁上部结构的连接构造相对简单、合理可行。

2. 新拼宽桥梁与原桥在荷载作用下的变形差异

无论上部结构连接还是不连接,新拼宽桥梁上部结构在荷载(恒载与活载)作用下的变形均不能相差过大。新拼宽桥梁上部结构如与原桥上部结构连接,新、旧桥梁上部结构刚度相差过大时,原桥上部结构在荷载作用下的内力分布会有较大改变,可能导致拼宽后原桥荷载增加,同时由于新、旧桥梁在荷载作用下变形差异,引起新、旧桥梁连接部位桥面系的开裂、破坏。新拼宽桥梁上部结构如与原桥上部结构不连接,新、旧桥梁上部结构刚度相差过大时,路面易产生纵向裂缝和横向错台,影响行车安全性、舒适性,并增加后期的养护维修工作。

3. 新拼宽桥梁与原有桥梁在外观上的协调美观

桥梁拼宽部分上部结构形式和跨径宜与既有桥梁保持一致。昭通至会泽段高速公路 K91+340 堂房大桥、昆磨高速公路小勐养至磨憨段改扩建工程 K37+391 南哈河 4 号大桥及银河立交匝 AK0+180 桥新拼宽桥梁上部结构形式及桥跨布置均与原桥相同。

针对云南有较多的空心板桥(钢筋混凝土空心板桥及预应力混凝土空心板桥)在高速公路改扩建工程中需要拼宽的情况,考虑到原桥空心板之间的连接性能及原桥跨径较小的情况,建议采用实心板进行拼宽设计。昆磨高速公路小勐养至磨憨段改扩建工程银河立交辅助 1K1+985 桥原桥为 10m 跨径空心板,拼宽设计时采用了相同跨径的实心板。

4. 桥梁拼宽部分平面线形及纵面线形的拟合

由于长期使用、施工误差及自然影响等原因,原有桥梁会产生变形,原有桥梁的平纵面线形不可能与原设计完全吻合。根据测量结果发现有些桥梁的平纵面线形与原设计相差较大,必须根据对原桥的测量结果重新拟合新拼宽桥梁的平纵面线形。

原桥测量点一般宜布置在防撞护墙内侧边缘,通过测量原桥防撞护墙内侧边缘的高程、坐标来确定拼宽桥梁部分的高程及平面位置。测量点顺桥向一般按 2.0~4.0m 布置,根据测量结果,原桥平面线形及纵面线形均拟合为与原桥设计线形相同的线形,根据拟合后的平面线形确定新拼宽桥梁的平面位置,根据拟合后纵面线形确定新拼宽桥梁的高程。

线形拟合过程中的允许偏差:平面线形可以通过对原桥翼缘板切割或切割后重新浇筑等措施做到拼接位置处原桥的平面线形与设计线形在理论上完全吻合;由于改变原桥纵面线形有较大困难,拟合后的原桥纵面线形必然与原桥实际高程存在误差,设计中要求大部分点的拟合高程与原桥实际高程相差小于 3cm,个别点处可以按小于 5cm 控制。设计中新拼宽桥梁的设计高程总体上比原桥高程低较为适宜,按最大不低于 5cm 控制比较合理。在新、旧桥梁拼接位置处,新拼宽桥梁高程总体上比原桥高程低可以保证桥梁拼宽后原桥铺装不会增加过多,拼宽过程对原桥的受力改变不大。同时新拼宽桥梁上部结构设计过程应考虑至少 5cm 的超铺,以满足新、旧桥梁间桥面横坡的调整需要。

七、连续刚构桥设计的优化

连续刚构桥是一种成熟的梁式桥,吸收了连续梁桥和T形刚构桥的优点,具有适应性强、施工方便、易于养护、造型优美、经济性好、行车舒适等优点。云南省交通规划设计研究院设计了多座连续刚构桥,并从计算理论、预应力设计、结构细节、预拱度设置、合龙顶推补偿及高墩设计等诸多方面对连续刚构桥进行了优化。

1988年,范立础院士主编的《预应力混凝土连续梁》一书中,提出一种减少由混凝土徐变引起次应力的途径,即选择预加力引起的弯矩,使它刚好抵消建造过程中产生的弯矩,这样结构不产生挠度,混凝土徐变对结构的影响也被消除。此方法简称"零弯矩"理论。

采用"零弯矩"理论计算的连续刚构桥,成桥状态时箱梁上下表面的纵向压应力基本相等,箱梁纵向基本处于轴向受压状态,则后期徐变引起的下挠将在可控范围之内。

八、拱桥设计的技术进步

云南修建了大量的拱桥,多为上承式钢筋混凝土拱桥,以及中承式钢管混凝土拱桥,如高海高速公路海口特大桥,中承式钢箱拱桥,如小湾大桥等。

玉元高速公路化皮冲大桥主跨180m,是采用钢管混凝土劲性骨架成拱法设计修建的拱桥,建成时是云南跨径最大的拱桥。

高海高速公路海口大桥(图7-4)坐落在滇池湖畔,主桥为40m+150m+40m的飞燕式(自锚式)钢管混凝土中承式系杆拱桥,造型犹如展翅飞翔的海鸥,优美的造型与滇池秀美的山光水色相呼应,成为高海公路公路及滇池上的一道靓丽景观。该桥为云南第一座钢管混凝土拱桥。

图7-4 海口特大桥

"十二五"以来,云南在拱桥设计方面又有新的突破,在大理市泰安桥改造工程上采用了上承式分离钢箱系杆拱桥,桥面由两车道增加到六车道的基础上仍可以采用老泰安桥的基础,节约了造价,减少了工期,并大大提高了通行能力。

九、斜拉桥设计的技术进步

斜拉桥由高耸挺拔的索塔、排列有致的拉索、笔直延伸的主梁组合而成,给人一种气势磅礴、苍劲有力的美感,是构思内涵最丰富、最富于想象力的桥型,具有广泛的适应性。云南早期设计了景洪大桥、昆明圆通大桥、怒江三达地大桥等斜拉桥,但均为混凝土斜拉桥,"十二五"以来,在六库怒江二桥上采用了混合梁斜拉桥,取得了显著技术进步。

(一)混合梁斜拉桥设计的技术进步

混合梁斜拉桥具有主跨跨越能力大,边跨混凝土梁能提高结构的整体刚度、减小主梁和拉索的疲劳影响,抗风性能得到改善,主塔和边跨预应力混凝土梁可同时施工等优点,在国内外桥梁工程中得到越来越广泛的应用。对于跨越山区深切峡谷的桥梁,混合梁斜拉桥边中跨比小的优点得以进一步体现,即以大跨径的主跨跨越深沟峡谷,而以小跨径边跨平衡主跨荷载,既便于山区地形的桥跨布置(以小跨径边跨适应山区的狭窄地形),也大大提高了桥梁主跨的跨越能力。

怒江二桥是由云南省交通规划设计研究院设计完成的首座混合梁斜拉桥。

六库怒江二桥的成功实施,促进了新型高性能材料在桥梁工程中的应用,推动了组合桥梁结构技术的进步,推进了混合梁桥型在云南的发展,同时为西部山区的桥梁建设提供了新思路、新办法。

(二)矮塔斜拉桥设计的技术进步

于1980年建成的瑞士Ganter桥,开创了矮塔斜拉桥的结构形式。在锁龙寺至蒙自高速公路南盘江特大桥之前云南矮塔斜拉桥建设为空白。

矮塔斜拉桥可视为介于梁式桥与斜拉桥之间的一种新结构桥型,其性能相当于梁式桥用体外索(表现为墩顶少量斜拉索)来进行加固,较连续刚构或连续梁可减少根部梁高约一半,较斜拉桥可减少塔高一半多。矮塔斜拉桥型是100~300m跨径的梁式桥和斜拉桥在技术经济上强有力的竞争形式。

在云南,矮塔斜拉桥比较有代表性的有锁龙寺至蒙自高速公路南盘江特大桥和龙陵至瑞丽高速公路瑞丽江特大桥。

十、悬索桥设计的技术进步

云南地处云贵高原,道路所经之处多为丘陵、峡谷地带,地形起伏较大,多数地形要求桥梁一跨通过峡谷,大跨径桥梁成为唯一选择。悬索桥构造简单,传力明确,跨径越大,材料耗费越少,桥的单位造价越低。悬索桥属柔性结构,具有抗震能力强的特点。云南大部分州市处于高烈度地震区,抗震性能优良的悬索桥具有明显的优势。大跨径悬索桥结构及构件简单,便于标准化制作、运输和安装,桥梁结构施工受地形和季节的影响较小。云南省交通规划设计研究院早期设计了如香格里拉金江金沙江大桥、祥临线澜沧江大桥等悬索桥,但受资金和技术等因素的制约,跨径均较小,不超过380m。"十二五"以来,该院在悬索桥设计方面取得了显著进步,完成了保腾高速公路龙江大桥、香丽高速公路虎跳峡金沙江大桥和华丽高速公路金安金沙江大桥等大跨度、有特色的悬索桥设计,部分技术水平达到了国内甚至世界领先水平。

(一)华丽高速公路金安金沙江大桥

华坪至丽江高速公路金安金沙江大桥主跨采用1386m单跨钢桁加劲梁悬索桥,华坪岸引桥采用5×41m+41m两联钢混组合梁桥,丽江岸引桥采用一孔40m钢混组合梁桥,桥梁总长度1678m。大桥主缆采用预制平行钢丝索股,每根主缆由169股索股组成,每股由127根5.25mm直径1770MPa镀锌高强钢丝组成,全桥共两根主缆。主跨矢跨比(f/l)为1/10,主缆间距为27m,吊索标准间距为10.8m。加劲梁采用板桁结合式钢桁梁结构。主桁架为带竖腹杆的华伦式结构,由上弦杆、下弦杆、竖腹杆和斜腹杆组成,各杆件均采用箱形截面。主桁桁高9.5m,桁宽27m。一个标准节段即一个节间距,长度为10.8m,在每节间处设置一道主横桁架。钢桥面铺装采用3.5cm厚浇筑式沥青混凝土GA+3.5cm厚沥青玛蹄脂混合梁SMA。

金沙江大桥华坪岸塔高222m,丽江岸塔高186m,每个塔柱下设16根直径2.8m的桩基础。两岸锚碇均采用隧道锚。

本桥是世界范围内在"三高地区"(高海拔、高差大、高地震烈度)建设的结构复杂、技术难度高、跨径大的峡谷悬索桥,也是国内宽跨比最小的公路桁架悬索桥,跨径大(1386m),但桥宽较小(27m),桥梁宽跨比达1/51。

大桥丽江岸属逆向坡,受地层岩性、产状、构造等多种因素影响,江边至高程2000m之间,岸坡的地形坡度一般在40°~45°,局部大于50°,且存在多处近直立的陡崖地貌。高程2000m以上岸坡坡度出现明显转折,为一宽缓的斜坡地貌。地层岩性以玄武岩为主,但玄武岩之间分布有多层厚度不均的凝灰岩夹层,同时,受劈理密集带影响,存在岩石破碎带。单个隧道锚拉力为31000t,为国内最大规模。

(二)香丽高速公路虎跳峡金沙江大桥

香格里拉至丽江高速公路虎跳峡金沙江大桥穿越金沙江峡谷,主桥为766m独塔单跨地锚式钢桁梁悬索桥,桥跨布置766m+160m,仅在丽江岸设置索塔。香格里拉岸直接将主缆通过索鞍支墩和锚碇锚于岩层中,减少了索塔和索塔开挖。主梁在丽江岸支承于索塔下横梁上,在香格里拉岸采用塔梁分离式结构直接支承于桥台上,丽江岸引桥为6×41m钢混组合梁桥,全桥总长1017m。在设计成桥状态下,中跨理论矢跨比为1/10,全桥共设两根主缆,主缆横向中心距为26m,平面位于直线上,纵面顺应山势采用了1.5%的单向纵坡。桥面距江面约260m。

主桥上部用整幅设计,加劲梁为钢桁架,桁宽26.0m,桁高6m,节间长度5.75m,一个标准节段长度11.5m,钢-混叠合梁桥面系;引桥上部采用分幅设计,单幅梁宽12m,为钢混组合梁桥。

丽江岸锚碇设置于桥面以下,采用扩大基础重力锚。香格里拉岸地质较好,采用隧道式锚碇,隧道锚碇置于隧道上方,距离隧道顶39.8m。

主塔为钢筋混凝土门型塔,钻孔灌注桩基础,矩形截面。索塔根据横向左高右低的地形情况,上下游塔柱采用不等高的形式,左侧塔柱总高151.5m,右侧塔柱高135.5m。

大桥设计不拘泥于悬索桥的传统形式,创新性地采用了独塔单跨地锚式悬索桥结构,这种结构形式以往多用于人马吊桥和中小跨径悬索桥,在跨径超过500m的大跨悬索桥上还是首次采用,其766m的跨径是当时世界上此类结构形式悬索桥的最大跨径。此外,该桥在国内外大跨悬索桥中第一次采用了集主索鞍和散索鞍于一体的滚轴式复合索鞍结构。由于独塔单跨地锚式悬索桥相对普通的双塔悬索桥,在结构体系、结构刚度和静动力特性以及索鞍、地锚吊索等方面存在很多不同,所以本桥有创新,技术难度大,设计要求高。大桥位于著名的虎跳峡景区内,桥型设计融入了民族文化元素,是具有极高观赏价值的人文景观。大桥的建成将增加景区观赏价值,提升景观品质。

第四节 隧 道 设 计

特殊的地形地貌决定了云南高速公路桥梁多,隧道多。云南第二条高速公路——楚大高速公路就设计了长约3.2km的九顶山隧道,这是云南第一座高速公路隧道,也是当时全国最长的公路隧道。九顶山隧道的设计和修建,成为云南山区高速公路建设的一座里程碑,使云南高速公路隧道建设有了较高起点,标志着云南具备了设计和修建特长公路隧道的能力。

继楚大高速公路之后,云南大理至保山高速公路、昆明至玉溪高速公路、玉溪至元江高速公路都设置了一批公路隧道,而且出现了桥隧相连、隧隧相望的山区高速公路独特的交通景观。

玉元高速公路在通过练江路段时,设计人员设计了曲线连拱隧道练江隧道。在平曲线上设置连拱隧道全国还是第一例。

老苍坡是元磨高速公路比较有代表性的一段。17.25km范围内,依次排开了布陇箐隧道和老苍坡一、二、三、四、五、六号隧道7座隧道和41座桥梁,桥隧里程占了52.6%。

保龙高速公路路线呈典型的长陡纵坡加急弯组合,桥隧长度占路线总长的49.3%。华坪至丽江高速公路是云南桥隧比例最高的一条高速公路,桥梁、隧道占公路总里程的80%。因此,云南高速公路设计既重视桥梁设计的技术创新,也重视隧道设计的技术创新。

云南省公路隧道发展总体呈长度越来越长、跨度越来越大,且在更多的山区和地质条件复杂的区域开始建设。全省具有跨越式、里程碑意义的8座隧道如下:

楚雄至大理高速公路九顶山隧道(3.2km),云南省第一座高速公路隧道,第一座特长隧道;

大理至丽江高速公路花椒箐隧道(4.4km),云南省第一座长度突破4km的高速公路隧道;

昆明西北绕城高速公路长虫山隧道(3.9km),云南省第一座三车道的特长高速公路隧道;

安宁太平新区太平隧道,超大跨连拱隧道(双向六车道、两侧各设一人行道),跨度达35.1m,是目前云南省跨度最大的公路隧道;

瑞丽至陇川高速公路南京里隧道(5.3km),云南省第一座长度突破5km的高速公路隧道;

怒江州贡山县独龙江公路改建工程高黎贡山隧道(6.7km),云南省第一座长度突破6km的公路隧道;

昆明东南绕城高速公路杨林隧道(9.5km),云南省第一座长度突破9km的高速公路隧道,也是目前我国最长的三车道公路隧道;

保山至泸水高速公路老营隧道(11.6km),云南省第一座长度超过10km的超长公路隧道。

一、连拱隧道结构技术创新

(一)复合式连拱隧道结构

在云南山区设计高速公路时,线路时常穿过垭口、鸡爪地形,或沿溪、沟谷布设线路,由于受地形条件的限制,相比路堑、分离式隧道和小净距隧道,连拱隧道往往更具有优势,成为中、短高速公路隧道的主要结构形式。与分离式、小净距隧道相比,连拱隧道的优点如下：

隧道洞口呈整体式路基（桥梁），避免了路基（桥梁）分幅，减少了征地面积，房建及其他构造物拆迁量小；

隧道两端洞口接线对地形要求不高，接线难度降低，接线工程量小，路线线形更加顺畅、舒适；

洞口边仰坡开挖面积减小，有利于环境保护；

在傍山地形或城市及周边对交通有特殊要求处，洞口位置选择更加灵活；

减小了地下空间利用范围，提高了地下空间利用率。

根据中墙断面形式不同，连拱隧道可分为直中墙式和曲中墙式（图7-5），直中墙和曲中墙又有整体式、中空式和分层式（复合式）三大类之分。

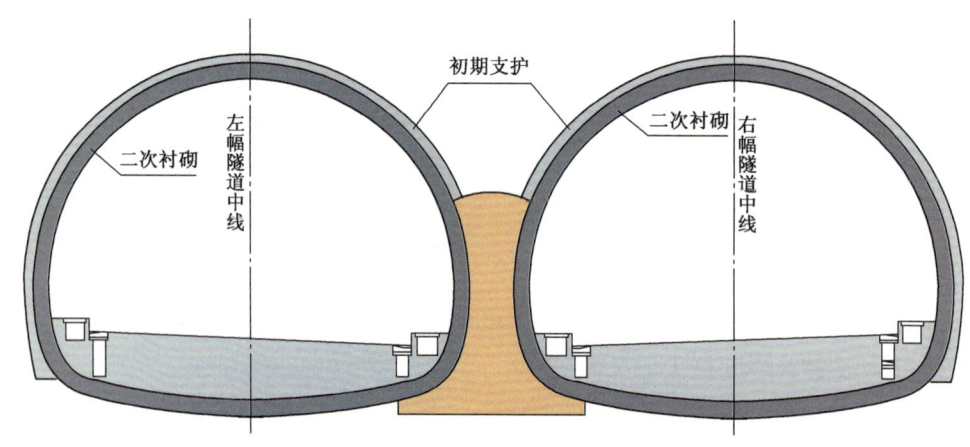

图7-5　复合式曲中墙连拱隧道断面图

整体式中墙结构中墙混凝土和隧道二次衬砌往往分开浇筑施工，这样中墙和二次衬砌之间形成一条沿隧道纵向的施工缝，易形成应力集中区，再加上中墙顶部是施工最复杂的地方，拱部空洞、隧道超挖和塌方部位大部分未回填，同时由于中墙结构受力不合理，在局部产生较大弯矩，再加上混凝土抗拉能力差，造成中墙顶部出现水平裂缝（一般80%以上的裂缝出现在中墙与拱部交接处），而成为隧道渗漏水病害的多发区。

为了规避整体式中墙结构的上述缺点，云南省交通规划设计研究院依托思小高速公路开展了"连拱隧道建设关键技术研究"（西部交通建设科技项目），并提出了复合式中墙连拱隧道结构，完善了防排水设计。这一创新，从结构上保证了连拱隧道防排水的施工质量，彻底解决了连拱隧道普遍存在的渗漏水病害。具体做法是：防水板在二次衬砌中墙处延伸至隧道边墙底，且在二次衬砌施工前一次铺设完毕；在中墙处二次衬砌也延伸至边墙基底，且一次采用模板台车施工成形，避免了在中墙顶处最易积聚地下水处留有施工缝的问题。

复合式中墙结构有效控制中墙顶部围岩变形及松动区发展,同时墙顶的回填密实度更易得到保证,且顶部支撑范围远高于整体中墙连拱隧道,使得在隧道主洞尚未开挖前,即隧道中墙顶的围岩在基本未发生变形和松弛的时候,复合式中墙的中间墙就给予了围岩足够强、足够宽的支撑,从而有效控制了隧道中墙顶围岩变形及松动区的发展。

"连拱隧道建设关键技术研究"课题研究成果已纳入《公路隧道设计细则》(JTG/T D70—2010)及正在修改的《公路隧道设计规范》(JTG D70)中,复合式中墙连拱隧道已经成为我国公路连拱隧道的最常用结构形式。

(二)无中隔墙连拱隧道结构

近年来,连拱隧道形式、设计、施工技术日渐成熟,修建数量快速增长,但是也暴露出了不少问题。

1. 连拱隧道施工中容易出现的问题

(1)一般连拱隧道基本为中、短隧道,且围岩级别多为Ⅴ、Ⅳ级,施工时往往采用先开挖中导洞、支护,待中导洞贯通后再浇筑中墙混凝土,然后再开挖主洞的施工工序,而中导洞开挖断面小,施工作业面狭窄,加上施工工序多、烦琐,导致施工进度缓慢,甚至影响工期。

(2)施工开挖工序多,导致对围岩多次扰动,扩大了围岩塑性、松弛范围,增加了衬砌荷载。

(3)中墙顶部混凝土密实程度难以控制,施工质量难以保证。

(4)中墙在施工过程中受力转换复杂。中墙在施工过程中承受了顶部支护的不平衡压力或二次衬砌带来的不平衡推力,容易引发中墙的偏移和开裂,影响隧道安全使用和耐久性。

(5)中导洞临时支护后围岩产生的变形不能及时得到抑制,导致围岩变形加剧,易产生塌方、冒顶现象。

(6)中导洞采用临时支护,开挖主洞时需要将其拆除,产生废置工程,不经济。

(7)整体式和中空式中墙连拱隧道中墙顶与主洞结合部易出现渗漏水;由于应力集中,直中墙与拱部连接处、边墙墙脚常出现裂缝,也会产生渗漏水现象。

为了解决上述问题,云南省交通规划设计研究院提出一种新的公路连拱隧道结构形式,即无中隔墙连拱隧道结构(图7-6)。该结构形式取消了传统连拱隧道的中墙结构,左右幅隧道初期支护共用一幅初期支护边墙,左右幅二次衬砌各自独立成环,左右幅采用复合式衬砌,初期支护与二次衬砌之间敷设防水层。

该结构形式采用左右幅隧道分别单独施工的施工工法,具体实现方法为:先开挖一幅隧道,施作初期支护和二次衬砌,再开挖另一幅隧道,施作该幅隧道初期支护和二次衬砌,其中后行施工的一幅隧道的初期支护与先行施工的一幅隧道的初期支护相连,并确保连接牢固,两者共用先行施工的初期支护的边墙,左右幅二次衬砌各自独立成环,形成整体受力体系。

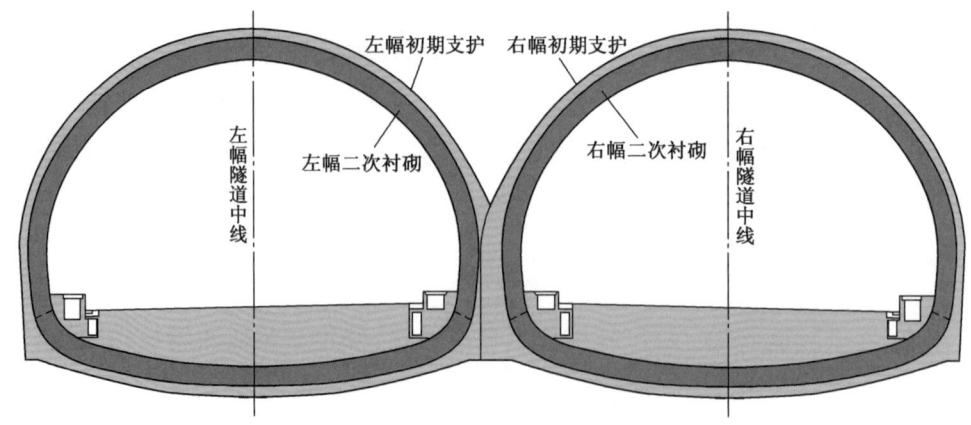

图 7-6 无中隔墙连拱隧道结构示意图

2. 无中隔墙连拱隧道设计和施工中的控制要点

（1）左右洞的中夹岩往往被多次扰动,围岩稳定性较差,施工过程中需对其进行加固处理。

（2）后行洞钢架采取螺栓锚固或焊接等方式与先行洞事先施作好的初期支护钢架相连接,确保其连接牢固。

（3）确保左、右洞共用初期支护基底有足够的承载力,必要时采取地基加固处理措施。

（4）根据隧道围岩情况,施工过程中采用机械开挖或控制爆破开挖技术,尤其注意监测后行隧道开挖对另一幅已施作的初期支护和二次衬砌的爆破振动影响,避免对其产生有害影响。

（5）施工过程中严格控制各开挖步纵向施工长度,使初期支护和二次衬砌及时封闭成环,形成完整的封闭受力体系。

3. 无中隔墙连拱隧道结构的优点和效果

（1）取消中导洞施工,采用左右两幅隧道单独施工,简化了施工工序,加快了施工进度。

（2）减少了对围岩的扰动次数,避免了中导洞施工对抑制围岩变形不及时的情况,减小了衬砌荷载,衬砌安全性提高。

（3）取消中墙,避免了传统连拱隧道中墙顶混凝土密实度难以控制的缺点,施工质量更易得到保证。

（4）避免了传统连拱隧道中墙在复杂受力状态下易出现中墙偏移和开裂的缺点。

(5)取消中导洞施工,减少了中导洞临时支护,避免产生废置工程,更加经济。

(6)左右幅形成各自独立封闭的防排水体系,衬砌渗漏水问题得到很大改善。

无中隔墙连拱隧道结构已在楚雄连汪坝至南华县城一级公路小天城隧道、大理海东新城中心片区双月路建设项目菠萝山等三座隧道及平远至文山高速公路土基冲隧道设计和施工中得以应用。

二、小净距隧道结构的应用与创新

(一)两车道小间距隧道设计施工技术

针对侧墙间距 10~20m、偏压和错台的两车道公路隧道,云南省交通规划设计研究院联合同济大学等单位开展了"小间距隧道设计施工技术研究"。课题组采用相似模型试验、数值仿真和现场监控量测反馈分析的综合方法,研究了小间距隧道在不同间距、不同台阶高度、不同偏压和埋深、不同开挖步距下的受力和变形特征,尤其是中间岩柱的受力和变形特征,给出了定量的研究成果;提出了不同净距下的开挖方法和施工控制措施;本技术的实施要点在于通过控制错台高度、掌子面间距以及开挖顺序,以保证中间岩柱的稳定性;提出了小间距隧道在减少施工工期和降低工程造价方面的方法与措施;编制了《小间距隧道施工技术指南》。成果获云南省科学技术进步一等奖,并在麻柳湾至昭通高速公路、功山至待补高速公路、富宁至滇桂界(龙留)高速公路以及汶川至九寨沟高速公路等多项工程中得到了应用。

(二)三车道小净距隧道设计施工技术

云南省交通规划设计研究院通过理论分析、数值模拟和现场监控量测,对三车道小净距隧道设计施工若干问题进行了分析和研究,在最小合理净距研究基础上,提出了三车道小净距隧道岩柱加固的基本原则和净距范围,即当隧道净距大于最小合理净距时,一般不需进行特殊加固处理,仅以采用合适的施工方案为对策,按常规系统支护即可,当隧道净距小于最小合理净距时,才需采取特殊加固措施,并结合施工监控量测及时调整修改相应对策。

基于以上研究的三车道小净距隧道结构已在楚雄连汪坝至南华县城一级公路中的钱粮桥隧道、大理海东新城中心片区览川路中和村隧道、大理海东新城中心片区双月路黄龙山隧道、鸡冠山隧道进出口接线处设计和施工中得以应用。

三、螺旋隧道设计技术创新

云南省交通规划设计研究院针对水富至麻柳湾高速公路地形、地质、水文条件极为复杂,特别是地形狭窄的老堡山段,竖向高差72m,升坡十分困难的情况,充分运用"地形选线、安全选线、地质选线、生态选线"的原则,大胆选定"螺旋形"升坡展线的特殊设计方案,设计了全国第一座螺旋形展线隧道。目前,螺旋形展线隧道的设计思路已经先后在云南水富至绥江二级公路新安隧道、香格里拉至丽江高速公路园宝山隧道以及四川省雅安至攀枝花高速公路干海子隧道等多个工程中推广应用。

四、分岔隧道设计创新

在山高谷深地区修建高速公路,跨越沟谷时桥隧紧紧相连,桥隧间路基段很短,甚至无路基段。大跨度桥梁往往采用整体式布置的斜拉桥、悬索桥或拱桥等形式,如果分幅修建则造价剧增。但是对于长大隧道,考虑到安全、工期和工程造价等因素,不宜将左右幅隧道全部设置为整体连拱形式,而是采取可以基本上不考虑左右幅洞室之间相互影响的分离式隧道(两洞室净距离保持在25~40m)。为了实现桥隧的合理衔接,隧道通常采用分岔隧道(图7-7)。

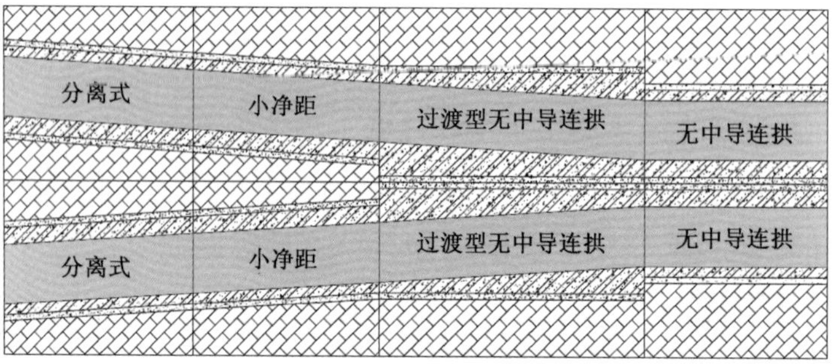

图7-7 新型分岔隧道平面布置示意图

目前国内分岔隧道根据其分岔段的布置方式可分为两种:

Ⅰ型分岔隧道:洞口段衬砌先设置为四车道大拱,然后逐渐过渡为整体式中隔墙连拱隧道、夹心式中隔墙连拱隧道、小间距隧道,最后转变为标准的上下行分离隧道。当隧道洞口中央分隔带宽度小于1.5m时,一般洞口段必须设置为四车道大拱。当洞口中央分隔带宽度在1.5~2.5m,也应考虑将洞口段设置为四车道大拱,以改善支护结构的受力条件。如四车道大拱段不进行左右洞分隔,则左右洞的通风设计应联合考虑。该布置形式的分岔隧道几乎囊括了隧道工程的各种结构形式和难点,其优点为与洞口整体式桥梁衔接极好,几乎无须设置过渡段;其缺点为结构形式多,各结构形式间的施工工法转换较为复杂,整体式中墙连拱防水效果较差,四车道大拱段造价高、施工难度大、施工风险高、施工进度慢。

Ⅱ型分岔隧道:洞口段衬砌先设置为整体式中隔墙连拱隧道,然后逐渐过渡为夹心式中隔墙连拱隧道、小间距隧道,最后为标准的分离式隧道。当隧道洞口中央分隔带宽度在

2.5m左右时,可以考虑设置为Ⅱ型分岔隧道。对于要求采用机械通风的长大隧道,应考虑小间距洞口送排风的相互影响。其优点为与洞口整体式桥梁衔接需一定长度的过渡段,无四车道大拱段;其缺点为结构形式较多,各结构形式间的施工工法转换较为复杂,整体式中墙连拱防水效果较差。

云南省交通规划设计研究院通过对上述两种分岔隧道优缺点的分析,并通过理论分析、数值模拟和结合相关工程实践,尤其是无中导洞连拱隧道在云南的实践,提出了分岔隧道新的布置形式:洞口设置过渡段将中央分隔带宽度过渡至3m,洞口段衬砌先设置为无中导连拱,然后通过设置为过渡型无中导连拱逐步过渡为小净距隧道,最后转变为标准的分离式隧道。对于要求采用机械通风的长大隧道,应考虑小间距洞口送排风的相互影响。其优点为结构形式少,施工工法转换简单,施工难度小,施工风险较低,施工进度快;其缺点为与桥梁衔接需一定长度的过渡段。

上述布置形式的分岔隧道已在香格里拉至丽江高速公路、华坪至丽江高速公路、彝良至昭通高速公路设计中应用,得到专家们的认可。

五、棚洞结构的应用与创新

棚洞作为一种新型的环保结构和有效的防护结构越来越多地被采用,该结构形式适用于高、陡、易失稳产生崩塌和落石的边坡地形条件,能有效减少边仰开挖和防护,能最大限度降低对原生植被的破坏,在生态脆弱的高原公路地区是一种值得提倡的结构形式。同时,棚洞还是一种开窗、无须设置照明、乘客能在洞中欣赏路边美景的隧道。

(一)防止崩塌和落石的棚洞结构技术应用

在保山至龙陵高速公路铁杉隧道洞口,设计人员设计了长15m的棚洞,作为隧道的洞口延长段。设计采用桩基+斜腿+纵梁+曲墙顶板的棚洞形式。该棚洞修建过程中,同时还进行洞口边坡处治,施工结束后对高速公路起到了较好的防护作用。

由云南省交通规划设计研究院设计现已建成的棚洞还有水富至麻柳湾高速公路豆沙关隧道棚洞、蒙自至新街高速公路湾田1号隧道棚洞、隔界河至德钦公路石就棚洞、富宁至龙留高速公路2合同龙留段防止边坡垮塌的棚洞、昭通至巧家二级公路防止崩塌和落石棚洞等项目。

(二)暗挖法施工棚洞结构技术创新

为最大限度地减少开挖、保护环境,云南省交通规划设计研究院在昭通市沿金沙江公路、富宁—龙留高速公路进行了暗挖法施工棚洞结构技术创新,并取得了成功。这一技术创新,为云南省交通建设提供了新的选择方案。

六、特长隧道建设关键技术创新

(一)高地震烈度区大跨度特长隧道建设与运营关键技术

杨林隧道位于昆明绕城高速公路东南段嵩明县杨林镇至宜良县北羊街段,具有"长、大、难、高"的特点。隧道右幅长9420m,纵坡－1.98%,左幅长9462m,纵坡－1.98%,最大埋深452m,是当时国内在建最长的三车道公路隧道。隧道穿越地区地层、地质构造极其复杂多变,地下水十分丰富,设计最大涌水量为103980.4m³/d,隧道区地震动峰值加速度大于$0.40g$,抗震设防基本烈度Ⅸ度。

该隧道工程具有规模特长、交通流特大、断面大且扁平、抗震设防要求高(隧址区地震烈度≥Ⅸ度)、施工对水环境影响严重、运营期能耗大等主要特点。因此,如何确保隧道工程顺利建设,并达到安全、节能的工程建设目标成为困扰工程修建的主要技术难题。鉴于此,由云南省交通规划设计研究院作为主持单位开展了"高地震烈度区大跨度特长隧道建设与运营关键技术研究"课题研究。

该课题结合杨林隧道工程特点,共设置五项研究子课题,即子课题一:大交通流特长高风险隧道疲劳缓解带设计与评价方法研究;子课题二:高烈度地震区扁平大跨特长公路隧道抗减震技术研究;子课题三:富水破碎围岩区大跨隧道施工对水环境影响及控制技术研究;子课题四:大交通流特长公路隧道动态节能运营及区域联动防灾救援关键技术研究;子课题五:大跨特长高风险隧道建养一体数字化信息管理技术研究。

拟通过本项目课题的研究,获取高地震烈度区大跨度特长隧道设计、施工及运营管理成套创新技术成果,该成果不仅可为杨林隧道设计、施工、运营及管理提供科学依据,保障其顺利建设及安全运营,其对指导我国今后类似公路隧道建设,进一步提升我国公路隧道建设技术水平同样具有十分重要的理论和现实意义。

(二)三车道公路隧道快速施工技术

岗头山隧道是昆明市三环闭合工程的控制性工程,隧道设计为三车道、单向行驶、分离式隧道:右幅全长2717m、最大埋深约为140.1m,左幅全长2742m、最大埋深约为139.6m,左、右幅隧道间距约为30m。隧道设计速度80km/h,主洞建筑限界有效净宽为14.00m、净高为5.00m;内轮廓宽14.906m、高7.62m,采用$r_1=8.42m$、$r_2=5.12m$的三心圆衬砌断面。

隧址区地质条件复杂,围岩地层岩性包括细粒岩屑石英砂岩、页岩、钙质页岩、泥岩、粉砂质页岩夹薄层状细砂岩、白云岩、灰岩、灰岩夹灰紫色细晶白云岩、粉晶灰岩、铝土岩、铝土质页岩夹硅质岩、细砂岩、火山角砾岩、玄武岩等多种。围岩级别主要划分为Ⅴ级、Ⅳ级。

岗头山隧道的一大亮点是"快速施工"。为保证按一年工期如期贯通，设计、施工采取了3项有效措施。

一是增加开挖作业面。在隧道中部设置了一座斜井，起到在左、右幅各增加两个工作面的作用；施工过程中，施工单位还根据左右幅掌子面前后拉开距离较长及实际地质情况，从左幅往右幅开挖了一座车行横通道，即在右幅增加了两个施工掌子面；施工过程中实际的开挖掌子面个数由4个增加到6个、8个，最多的时候为10个，起到了有效加快施工进度的效果。

二是调整超前和初支的施工工艺。洞身段原设计超前支护Ⅴ级围岩为超前小导管，Ⅳ级围岩为超前锚杆，且按4榀或6榀钢架打设一个循环。施工过程中为加快施工进尺，超前统一采用小导管，且在满足最小搭接长度的情况下调整为按2榀或3榀钢架打设一个循环，该措施也为安全、快速施工提供了一定的保障。

三是施工单位为激励各掌子面的子施工队快速施工，还制定了一些奖罚制度。

由于措施得力，隧道单个掌子面施工进度最快达到每天5m，每月近140m。

岗头山隧道从2009年6月施工单位进场开始施工，到2010年5月18日最后两个掌子面顺利贯通，历时不到一年时间，其修建速度为国内所罕见。

七、单洞单向特长公路隧道逃生救援设计创新

昭会高速公路改扩建工程中的大口子隧道以及邱家垭口隧道为单洞单向行车特长隧道。大口子隧道全长3135m，隧道所在路段纵坡为-2.500%、-3.900%，隧道最大埋深约212m；邱家垭口隧道全长3185m，隧道所在路段纵坡为-2.400%，隧道最大埋深约209m。由于新建隧道均为单洞，且与现有高速公路相距较远，发生紧急事故时逃生困难，救援不易，对于长度超过3000m的单洞单向特长隧道，尚未见成熟的防灾救援解决方案。在无既有经验又无现成规范的背景下，针对昭通至会泽段改扩建工程的单洞单向交通特长公路隧道的特点，设计以"人员逃生为主，车辆避难为辅"为原则，通过方案调研、理论分析、数值模拟以及现场试验等多种方式和方法，对单洞单向行车的特长公路隧道的逃生救援方案进行技术、经济比选，结合大口子隧道、邱家垭口隧道的"事故率分析""交通量分析及预测"、资金利用率及工程现状，最终选用"分期实施平行导洞"结合"隧道主动消防系统"的逃生救援方案。项目的建成，对于在保证安全的条件下经济、高效地建设及运营管理类似隧道提出指导性方案，对今后国内类似隧道的设计、建设及运营管理具有重要的指导性意义。

八、隧道运营节能减排技术创新

为了保障高速公路的安全、高效运营,高速公路配置了隧道通风系统、收费站、服务区、监控系统、通信系统、收费系统、供配电系统、照明系统等机电及沿线设施。这些设施在有效提高高速公路服务及安全水平的同时,也消耗着大量的电能。

一是非节能照明灯具比例较大。目前,隧道照明系统均采用高压钠灯作为照明灯具,少量采用无极灯、LED 灯等。高压钠灯安装数量约为 12.05 万盏,高压钠灯在隧道照明灯具的总数量占比在 95% 以上,总装机功率约为 25836kW,按正常管理年限统计,每年公路隧道运营通风、照明等所需电费约上亿元。

二是云南地理位置特殊,高速公路多处于山岭重丘区,通常为了一个隧道或少量隧道需要架设电力专线进行供电,成本较大。高速公路隧道交通流量与内地比相对偏小。但是设计与运营对高速公路隧道内的照度要求是一致的,这就造成隧道过度照明与较低交通量的矛盾。

三是设备老化陈旧,故障多。从 20 世纪 90 年代开始,云南的高速公路先后建成并逐步投入运营。其中部分路段隧道的机电照明设备现已基本达到使用寿命期,设备老化陈旧,故障率居高不下,能源消耗较高。随着时间的推移,隧道照明灯具光衰也在加大,提供隧道内的照度指标也在逐年降低,一定程度影响行车安全。

为了在保障高速公路高效、安全运营的前提下有效节约高速公路运营电能消耗,降低高速公路隧道运营成本,云南省交通规划设计研究院承担了交通运输部西部课题"高速公路运营节能技术集成应用研究及示范项目",以昆明至龙陵高速公路为依托工程,对沿线 35 个隧道、3 个服务区、3 各收费站,从新能源应用、新型节能设施、节能控制技术和节能工程措施 4 个方面共 12 类技术进行了多项研究和推广应用,取得了一系列研究成果。

(一)照明系统

通过实际调查,隧道能耗中占主要比例的是照明系统和通风系统,其中照明系统是隧道能耗的最主要组成部分,对隧道照明系统进行节能技术改造,科学选用电光源是照明节能的重要问题。

高压钠灯、荧光灯的灯具效率较低,在实际使用中浪费了大量的光通量。而 LED 灯具效率高,显色性好,光源寿命长,节能效果明显。在分析论证的基础上,云南高速公路隧道大力推广 LED 等新型节能灯具,取得了良好的节能效果。

以楚(雄)大(理)高速公路九顶山隧道为例,右幅 3204m,左幅 3199m,路线计算行车速度 60km/h。改造后,年节约电费 71 万元,减少碳排放 695.7t,节能效益十分显著。

(二)通风系统

原系统控制特点和存在的缺点:电机软启动控制,工频运转,造成电能浪费较大;系统流量控制精度不高;电机启动电流大,对电网冲击较大;对机械设备冲击较大,造成设备维修率提高;运行噪声大,设备发热量大;不能随隧道内 CO 浓度的变化自动控制转速和停止开启。

鉴于这种情况,云南省交通规划设计研究对隧道射流通风系统进行节能改造,在隧道变电所每组风机出线回路前增加一套 75kW 变频装置,变频装置通过隧道 CO 传感器实际检测情况进行风机转速调节和自动开启、停止,确保通风条件、空气质量良好的状态下,最大限度提高节能效果,从而达到节能降耗的目的。

变频改造后,电机无级调速,运行平稳;软启动,电流冲击小,电网负荷减轻;调速精度高,有利于通风质量的提升;设备维护周期延长,降低停机故障率;低噪声,有利于环保;优化的节能控制软件,实现节电 20%~50%,实现绿色用电;控制灵活,可自动、手动选择工作方式;自我保护功能完善,能延长电机和机械的使用寿命及维护周期。

根据科技项目"双向交通隧道运营通风、照明与安全技术研究"的相关研究,公路隧道通风系统中采用射流风机进行升压达到了良好的效果。计算表明,在采用不同 $Z:D_j$ 比值情况下,射流风机升压因子随 $Z:D_j$ 比值的增大而增大;在同样 $Z:D_j$ 比值情况下,射流风机轴线沿出口方向向下倾斜5°时,射流风机在相同工况下,升压效率最大。

(三)有源滤波节能技术

在以往的设计及施工中,对电力电网中存在的对隧道机电设备有害谐波问题没有引起足够的重视。在已建成通车的高速公路中,均不同程度存在谐波隐患,致使隧道供电系统投入使用后,用电设备频繁烧毁、开关不正常跳闸、控制系统失控的事时有发生,从而导致整个供电系统能耗增加、设备寿命缩短,甚至可能引发交通事故。谐波对变压器、电力电缆、电动机、电子设备、开关、电容器等都会造成严重危害。

国外谐波治理开始于 20 世纪 70 年代,现在已成熟地用于各种谐波环境,从低压 220V 到高压 735kV,从以无功补偿为主的调谐补偿滤波装置到以滤波为主的各种滤波器,从被动式(无源)滤波到主动式(有源)滤波器,从静态补偿滤波到动态补偿滤波,各种环境及需求的解决方案都有。

针对隧道内用电负荷的实际情况,一般设计中谐波治理考虑分为两部分。

1. 通风动力负荷

在建设阶段,所有的动力负荷均考虑了低压侧静态无功集中补偿装置,一般要求功率因素不小于 0.95。设计采用动态补偿滤波的方式,无功功率补偿采用 7% 调谐电抗电容器组,其固有频率为204Hz(电网在这个区域没有谐波),它对电网安全威胁较大的五次谐波(250Hz)、七次谐波(350Hz)呈电抗特性而滤除部分谐波,消除电网的不稳定因素,对50Hz基波呈强电容性而进行无功补偿,从而实现功率因数补偿与谐波治理。

2. 照明负荷

云南省新建道路大量采用了新型节能灯具LED灯,其功率因素一般达到0.95以上,所以,对于LED照明负荷,对无功补偿的要求不高,但其谐波分量较大,受谐波的影响也较大,另外在实际运营中往往存在由于风机开启台数很少,一般就用照明变压器直接带部分动力负荷的情况,所以在改造设计中将原来的无功补偿柜保留,并增加一台3次/5次有源滤波器,与无功补偿配套使用,在利用原设备的基础上,提高补偿及滤波的效率。

(四)节能型变压器的应用

变压器的总损耗等于空载损耗加上负载损耗。空载损耗不变,负载损耗随负载的变化而变化,它与负载率的平方成正比。

以昆明至龙陵高速公路运营综合节能技术示范工程为例,碧鸡关隧道安装了两台SZ9-800/10变压器,九顶山隧道采用3台S7-630/10、1台S11-630/10变压器。改造中采用了非晶合金节能型变压器。

非晶合金是一种新型材料,它不存在晶体结构,磁化功率小,电阻率高,所以涡流损耗小,用这种材料卷制成铁芯,可生产出最新型的节能变压器,可大幅降低空载损耗。

九、隧道群运营安全关键技术

云南省交通规划设计研究院在麻柳湾至昭通高速公路小垭口至上高桥隧道群设计中,从运营安全的角度出发,对隧道群的通风、照明及防灾救援都进行了针对性的分析与设计。

(一)隧道照明针对性设计

当连续隧道之间间距小且前一隧道是长隧道时,驾驶员视觉上已经适应隧道内相对暗的亮度环境,此时出现在视觉内的两隧道衔接处高亮度环境,会在驾驶员视野内形成强烈的高低亮度差对比,出现眩光效应。由于此衔接段距离短,驾驶员眼睛未适应其高亮度环境变化时,又立即进入下一隧道的低亮度环境,出现黑洞效应。这样在通过此隧道衔接处时,短时间内出现一个亮度从低到高再到低的转换、视觉上眩光效应到黑洞效应的高速转换。要求人眼跟上如此高频率的亮度转换在生理学上是不科学和不现实的,同时这样的视觉效应转换会使驾驶员心理产生强烈不适。

面对此现象的出现,做针对性设计如下:

1. 连续隧道遮光棚设置

在连续隧道衔接处,前一隧道出口处及后续隧道入口处设置遮光棚,降低衔接段自然高亮度。

2. 连续隧道入口段亮度折减

两连续隧道间的行驶时间按 80km/h 行车速度考虑小于 30s,且通过的前一隧道内的行驶时间大于 30s 时,做入口段亮度系数折减设计。

通过遮光棚设置与入口段系数折减设计,力求在符合相关规范的前提下,使连续隧道群全段亮度变化曲线变化率减小、曲线线形平滑,视觉上明暗过渡自然。

(二)隧道通风针对性设计

当连续隧道之间间距过小时,前一隧道通风产生废气在两隧道交通通风力及两隧道风机推(吸)力的共同作用下,会一定程度地排入后续隧道内,使后续隧道的空气污染浓度出现一个非零的初始值。这就要求连续隧道在进行通风计算时,后续隧道需风量计算需考虑前一隧道空气质量。

通过通风系统设计中连续、系统的考虑,力求使隧道群空气质量情况稳定、清洁,保证行车安全,提高行车舒适性。

(三)防灾救援针对性设计

根据隧道群的特点,主要从救援预案及加水检修场地设置两个方面对防灾救援做针对性设计。

1. 连续隧道救援预案设置

隧道群路段多为长隧道,隧道间距小且为桥隧相连无法设置联络道,针对这种情况特殊制订连续长隧道群防灾救援预案。

一是整个隧道群无洞口联络道,无法提供掉头逃生,故将整个隧道群视为一个救灾区段,并根据隧道事故点位置,将隧道群划分为"事故灾害点上游""事故灾害点""事故灾害点下游"3 个区段进行讨论。

二是发生重大事故灾害时,封闭整个隧道群,禁止后续车辆进入隧道群,避免二次事故的发生。

三是隧道事故发生后,应以"自救为主,施救结合"的原则进行逃生救援,发生事故时隧道内的车辆在交通信号系统、可变情报板系统及有线广播系统的指引下,根据区段划分采用不同的逃生措施。

逃生阶段:发生事故幅侧"事故灾害点上游"车辆驾乘人员应弃车,利用横通道疏散至无事故幅侧顺交通流方向逃生;发生事故幅侧"事故灾害点"附近车辆应在保证自身安全的前提下利用隧道内消防报警设施通报事故情况,并迅速弃车利用横通道疏散至无事故幅侧顺交通流方向逃生;发生事故幅侧"事故灾害点下游"车辆应顺交通流方向继续有序驶出隧道;无事故幅侧车辆应顺交通流方向继续减速靠右慢行驶出隧道,并注意避让事故幅侧逃生疏散人员。

四是逃生结束后,进入救援阶段:事故救援人员(消防车、清障车、专职消防队),应根据现场情况,按照施救路线的优先级划分采取最高优先级路线赶往现场实施救援。

2. 连续下坡隧道群加水维修场地设置

连续长下坡对大车的制动冷却系统是不小的考验,加之隧道群救援条件的限制,考虑在进入连续隧道群之前设置大车强制检修、加水区。通过防灾救援针对性设计,力求做到尽量避免事故灾害的产生,事故灾害产生后人员疏散逃生、救援组织有条不紊,把事故灾害产生的生命财产损失及不良影响降至最小。

(四)桥隧群路段交通安全针对性设计

山区高速公路桥隧群路段结合了桥梁、道路和隧道3种构造物形式,交通环境复杂,属于交通环境突变段,是交通事故的主要空间分布点。为有效地减少事故的发生,对桥隧群路段做如下针对性设计方案。

1. 速度控制

对桥隧群路段进行统一的速度控制,且在隧道口进行重复设置;同时在特殊天气条件下(大雾、积雪和结冰等)设置气象监测设施、可变信息情报板、动态限速标志,用于及时发布信息,管控速度。

2. 安全设施

针对桥隧群路段设置行车安全提醒及预告标志,同时加强隧道路段的安全设施。一是洞口设置立面标记,洞口前敷设导流斑马线;二是洞内设置突起路标、轮廓标、隧道反光环等;三是长隧道洞口设置彩色薄层铺装;四是洞口视需要设置必要的安全防护设施,并做好连接过渡处理。

第五节 典型案例

云南特殊的地形地貌决定了云南高速公路设计的难度,在一些采用常规设计思路难以通过的路段,设计人员发挥聪明才智,大胆创新,让云南高速公路突破一道道难关,不断向前延伸。这些创新成为云南高速公路设计的一个个闪光点。

一、悬臂悬空桥跨越西洱河峡谷

楚雄至大理高速公路设计最难的一段是西洱河一级电站路段。这里是一个V形峡谷,线路左侧是陡峭的岩壁,并有高压输电线铁塔,右侧是宽77m、深32m的电站水库,水库旁便是电站的发电机房。电站水库、厂房以及原320国道几乎挤满了整个峡谷。楚大公路通行必须以不占水库库容为前提,而且要保证电站的绝对安全。经过近20次的反复论证、6个方案的比选,公路通过电站水库时,最终选择了建设一座长282m的悬臂悬空桥的方案,在水库靠山一面打好基础,沿水库边沿修建桥台,采用预应力结构,将22m桥面中的11m"悬"于水库上方。悬臂悬空桥,不但未影响电站库容及电站生产,还保护了环境。

楚大高速公路西洱河一级电站悬臂悬空桥是云南第一座悬空桥,该桥的设计研究荣获1999年云南省科技进步一等奖。这是云南公路行业获得的第一个省科技进步一等奖。

二、连拱隧道穿越练江河谷

玉元高速公路通过的练江河谷,两岸山峰耸峙,练江在山谷里左冲右突,公路可利用地形不超过200m。213国道通过练江河谷时,有的地方1km就有18个弯道。玉元公路通过练江河谷时,为了达到高速公路的标准,只得频繁换岸,设计人员还提出了设置曲线连拱隧道的方案。当时,连拱隧道在全国仅修建了一座,在平曲线上设置连拱隧道全国还没有先例。

连拱隧道最大的特点是左右两个隧道中间只有一道中墙相隔,它与分离式、小净距隧道相比,具有五大优点。一是隧道洞口呈整体式路基(桥梁),避免了路基(桥梁)分幅,减少征地面积,房建及其他构造物拆迁量小;二是隧道两端洞口接线对地形要求不高,接线难度降低,接线工程量小,路线线形更加顺畅、舒适;三是洞口边仰坡开挖面积减小,有利于环境保护;四是在傍山地形或城市及周边对交通有特殊要求处,洞口位置选择更加灵活;五是减少地下空间利用范围,提高了地下空间利用率。

练江隧道(图7-8)于2000年10月建成通车,成为云南第一座双跨连拱大跨度隧道,全国第一座双拱连拱曲线隧道,为在山岭重丘区、特殊地形地质条件下修建高速公路隧道积累了宝贵经验。思小高速公路有15座隧道,其中13座设计为连拱隧道。

三、分台式路基减少对山体的开挖

玉元高速公路骆子箐段地处南盘江水系和红河水系的分水岭地带。在布线时,设计人员做了沿骆子箐左、右岸整幅、分幅布线等多个方案。由于西岸路线穿过的破碎冲沟较多,而且要经过铁矿采空区,西线方案首先被否定。而骆子箐东侧地形起伏大,地面横坡陡峻,呈30°~70°。

图 7-8　云南第一座连拱隧道——练江隧道

为减少山体开挖,保护自然环境,设计人员又在 3.3128km 路段提出了整体式(21.5m)和分幅式或分台式(2×10.75m)的路基断面方案。经比较,采用分幅式和分台式断面,不仅减少了路基开挖土石方数量,降低了边坡高度和边坡防护力度,而且避免了眩光干扰,还可以降低工程造价。分台式路基与整体式路基相比,土石方数量减少 562888m³,弃方数量减少 597794m³,总体造价节省 2140.1 万元。

继玉元高速公路之后,分台式路基在云南多条高速公路上得到应用。

四、扁斜桩大桥跨越长田水库

安楚高速公路从安宁前行后,在禄丰县境内要跨越长田水库。在修建安楚汽车专用二级公路时,长田水库上建了一座主跨 130m、全省当时最大的开口箱形拱桥。安楚高速公路经过长田水库时最初的方案是:在原桥左侧再建一座宽 17.975m、跨径 138m 的四车道箱形拱桥,其中 3 个车道作为高速公路的上行线,1 个车道作为下行线的超车道。老桥作为下行线的另外两个车道。新老桥之间设 5cm 的沉降缝,老桥左侧设置 1.475m 宽的安全带设施。

按设计图纸提供的方案,长田水库大桥采用在老桥旁明挖基础的办法施工。施工队伍进场后,经实地勘察发现,若按这一方案施工,必然会影响老桥桥台的稳定,而且,开挖出的大量土石很难避免不落入桥下的水库中。

云南省交通厅了解这一情况后,专门邀请了10多名全国知名的桥梁专家到云南调研,提出了扁斜桩方案。新的设计很快付诸实施。具体做法是,新桥不设常规桥台,而是分别在安宁岸和楚雄岸打10m和24m的扁斜桩,与水平面成45°角,犹如两个巨型楔子,斜插进山体里,桩高4.4m,宽11.8m。这一方案,开挖的土石方量仅有普通基础桩开挖量的1/3,而且,开挖基本不在地表进行,便于水保和环保。大桥主拱圈轴向力直接传递给扁斜桩,并通过扁斜桩分布于山体,受力简单明了,施工过程中,老桥的稳定和行车也不会受到影响。

扁斜桩基础,在云南桥梁施工中尚属首次。建一个扁斜桩,实际上要打3个高4.4m、宽3m的斜洞,近似于打一个连拱隧道。施工时,先将两边的洞打好,边打边支护,然后再打中间一个洞,使3个洞连成一个整体,最后布设钢筋笼,浇筑混凝土。为了确保老桥安全,开挖爆破时,采用微量控制爆破。开挖出的土石则通过天线运走。整个施工过程中,水库管理人员严格监视,没有发现土石落入水库的情况。扁斜桩设计,解开了长田水库大桥施工难题,确保了大桥施工与整条高速公路的施工同步进行。

五、螺旋隧道现身水麻高速公路

水麻高速公路从伏龙口前行28km加400m后,到达太平控制点。从太平到45km加450m的凉风凹隧道进口,高差达658m。特别是地形狭窄的老堡山段,竖向高差72m,升坡十分困难。

困难面前,云南省交通规划设计研究院大胆选定"螺旋形"升坡展线的特殊设计方案,设计了全国第一座螺旋形展线隧道。

为顺利升坡,水麻路沿老堡山山嘴螺旋式展线,盘旋而上,5次连续右转回头,于老堡山南腰螺旋交叠,然后转东南沿复兴河左岸前行。螺旋展线路段5525m,集中升坡88.91m,设分离式隧道一座,单洞长2332m;连拱隧道一座,单洞长840m;大桥6座,单幅长1951m;中桥一座,长65m。全部桥、隧均位于右偏螺旋曲线上,总转角达330°,从空中鸟瞰,形似一个巨大的希腊字母"α"(图7-9)。展线段有桥梁,有隧道,其中的老店子1号隧道是标志性工程。这座隧道位于右偏卵形曲线上,最小曲线半径只有254m,最大横坡7%,整个隧道总转角约155°。如此大转角的螺旋曲线和桥、隧相连,在全国高速公路设计中尚属首例,在世界高速公路史上也极为罕见。

这一设计,克服了地形高差集中的难题,有效避开岩堆、悬崖、危岩等不良地质,合理利用地形,不仅有利于水土保持、环境保护及运营安全与畅通,还降低了工程施工难度,节省投资 1.14 亿元,得到了交通运输部专家的赞同和认可,开创了我国山区高速公路特殊展线思路的先河,该项目被评为"新中国成立 60 周年公路交通勘察设计经典工程"。随后,螺旋形展线隧道的设计思路先后在云南水富至绥江二级公路新安隧道、香格里拉至丽江高速公路园宝山隧道以及四川省雅安至攀枝花高速公路干海子隧道等多个工程中推广应用。

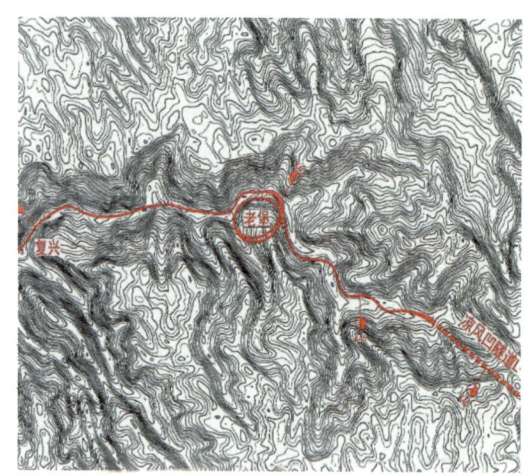

图 7-9　水麻之结

六、乌蒙山中"编辫子"

昭通至会泽高速公路原有道路为双车道二级公路(远期高速公路)标准,路线全长 100.9km。全线长大纵坡路段有 7 段,其中最长一段鲁甸大口子垭口至江底段,长 18.8km,平均纵坡 −3.7%;会泽邱家垭口至会泽坝子段长 8.2km,平均纵坡 −4.1%。其余路段长均在 3km 左右,平均纵坡 4% 左右。

在建设昭通至待补二级公路时,交通部批复文件明确指出:"起点(昭通)至会泽段约 112km,按远期扩建为高速公路标准规划设计,近期采用二级公路标准建设。"因此,在原二级公路设计、建设中充分考虑了远期扩建方案对二级公路的利用,尽量避免出现废止工程。在高速设计时,树立 100% 利用已建半幅道路的目标,宜合则合、宜分则分、宜桥则桥、宜隧则隧,灵活运用设计指标,合理采用技术规范标准,最大限度减少对已建半幅道路的影响与干扰,确保已建道路的安全、畅通。路线采用"平面分离,纵面分台、交叉换岸、编辫子"的思路设计,充分利用地形,使下坡幅位于靠山一侧。对于连续纵坡大于 3% 的路段(共 7 段),分两种情况:一是 3km 左右的路段(共 5 段),维持原道路纵坡,但调整桥上纵坡大于 4% 的路段;二是纵坡大于 3% 的较长路段,采取交叉换岸等形式,使下坡幅纵坡小于 3%。在分幅、分离路段,适当设置"U"形、"X"形等多种形式的连接,达到分幅路基使用上的完善。由于新建公路与原有二级公路频繁交叉换岸,从空中鸟瞰,高速公路不少路段形似一条大辫子,因此,设计人员形象地把昭会高速公路(图7-10)的建设称为"编辫子"。

昭会高速公路路线(图7-11)贯通长度106.207km,全线采用四车道高速公路标准改扩建,设计速度80km/h,整体式路基原则上拓宽至24.5m(会泽互通区主线维持原路基宽度22.5m);新建分离式路基宽度12.25m,利用原有二级公路作一幅路段维持原路基宽度12m;同步改造鲁甸连接线二级公路10.69km,路基宽15m。

图7-10 昭会高速公路设计效果图

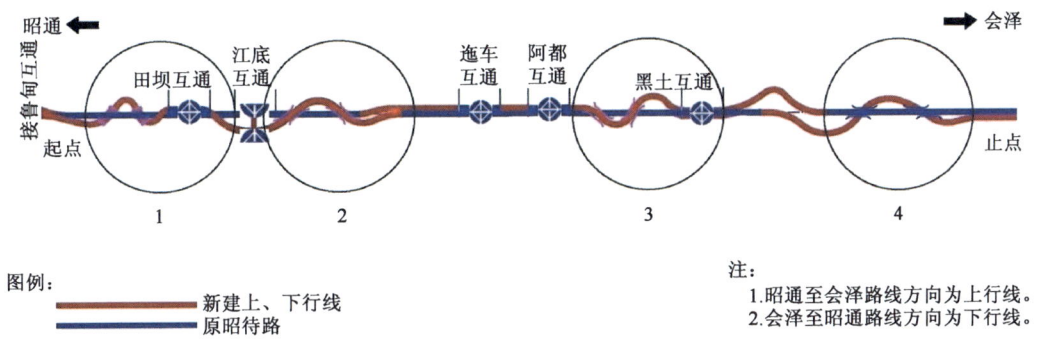

图7-11 昭会高速公路路线总体方案示意图

七、南天门下"8"字展线

全长128.39km的龙陵至瑞丽高速公路在南天门路段遇上了难题。南天门段位于高黎贡山山脉南延部分,地质构造比较复杂,褶皱、断裂构造形迹相当发育,属构造剥蚀中山中切割长垣垄状地形地貌区,地形起伏大,山高坡陡,峭壁耸立,岩体裸露,沟深林密,植被发育。从二关至南天门直线距离仅3km,而海拔高程从1600m降至1100m。如何解决此段路线走向成了整个项目的关键。在初步设计中拟定了A、B、K、F、J和M共6个方案。

其中A、B、K方案因平均纵坡过大,满足不了《公路路线设计细则》对长大纵坡的要求,只做方案论证。J方案为自然展线,里程最短,走向最顺捷,造价最省,但走廊带远离控制点,而且互通设置和施工进场、构件预制难度都比较大,还易造成对环境的破坏。F方案通过螺旋展线克服高差,线位布设于G320上方,里程长、工程量大、造价高,而且施工期间对G320干扰大,无法避让国防军事设施。通过比对,设计最终选定"8"字形展线的M方案作为南天门段实施方案。

M方案起点位于龙陵城西三家村(MK15+283.04),路线前行约2.5km后(HD-1551.62m)开始沿西南侧山腰展线降坡,穿茅草坪山,跨周家田河,经奔龙坪,前行7km左右到达坝田河(HD-1346.42m)。接着,路线先左转238°迂回向北穿茅草坪山,再右转245°向南达南天门(HD-1177.17m),尔后沿坝湾河右岸山腰展线降坡,经橄榄坡、新寨后山至那里(-957.12m),路线前行约500m后设芒市互通连接德宏州府继续沿芒市坝西侧山脚布线,止于允门,止点里程为MK55+254.86,全长39.97182km。

"8"字形展线由回头展线、螺旋展线变化而来,是利用山脊或河谷布设一对转角大于180°满足线形指标的反向曲线来实现增长里程克服高差的展线方法,因其路线形似"8"字,称之为"8"字形展线。在国内外已建或在建的高速公路中,龙瑞高速公路之前,"8"字形展线还没有先例。

八、险路系上"安全带"

据有关资料统计,我国每年发生一次死亡10人以上的特大恶性公路交通事故近百起,其中翻下陡崖峭壁和桥梁的交通事故占80%左右。陡崖峭壁路段发生恶性交通事故,被人们称之为交通事故的"黑点"。要使陡崖峭壁路段不再成为交通事故的"黑点",其中一项措施就是在这些路段设置有效的防护栏,防止事故车辆坠入山崖。

随着高速公路不断向山岭重丘区延伸,不少路段要穿行于陡崖峭壁、深沟大壑之间,设置有效的护栏成了一个亟待解决的课题。2001年8月,交通部将"公路陡崖峭壁护栏开发研究"列入西部交通建设科技项目,云南省交通规划设计研究院参加了这一课题的技术攻关。

课题组经过3个多月的调查了解到,我国山区高速公路的护栏大多采用波形梁钢护栏,基础采用打入式或埋置式。前者用打桩机将立柱按设计深度直接打入路基中;后者在路基上挖出洞坑,将立柱置入,再用混凝土将洞坑填满。在高边坡、高挡墙路段,有的虽然设置了混凝土护栏,却大都采用的是直接埋入路基中的坎锁式基础,这些护栏由于基础较浅,容易被汽车撞倒。

课题组把选择护栏的基础形式作为开发陡崖峭壁护栏结构的关键一步,通过对L式、直壁式、座椅式3种土路基上的护栏基础形式进行分析研究,确认座椅式基础稳固性最好,可以利用路面结构对基础产生的抗力来提高护栏的稳定性。接着,他们又采用理论分析、模型试验、动态数值模拟和实车碰撞试验等对护栏进行造型、优化设计和功能检验评价,成功地开发出高速公路座椅式混凝土护栏、一般公路座椅式混凝土护栏、高速公路三波梁护栏3种安全、可靠、经济、实用的护栏结构形式。试验工程选在昆明至石林高速公路和元江至磨黑高速公路上进行,选择具有陡崖峭壁路线特征的高挡墙、高边坡、路侧特别危险的路段设置新型护栏。这种新型护栏改善了护栏基础的受力状态,提高了护栏的稳定性,为陡崖峭壁护栏防护能力的发挥提供了保证。

陡崖峭壁公路护栏好比汽车上的"安全带",在一定程度上防止发生事故的车辆冲下陡崖,大大减少事故的损失。

九、避险车道助驾驶员解危难

云南特殊的地形地貌决定了高速公路不可避免地会有一些长陡纵坡加急弯组合,为提高这些路段的行车安全系数,设计人员设计了相应的"避险车道",如保龙高速公路采用擦碰式避险车道(图7-12);石红高速公路采用与主线纵坡一致的下坡式避险车道;蒙新高速公路采用网索式避险车道。

图7-12 擦碰式避险车道

保龙高速公路是长下坡路段比较多的一条高速公路,其中有30.9km连续长下坡,高差达到1261m。在公路选线阶段,设计人员便考虑到通车后的运营安全,在常规选线的基础上,利用卫星导航系统,从均衡性、连续性综合考虑路线走向和衔接,通过三维仿真分析,听取交警和路政部门的意见,确定避险车道的合理设置地点,全线设有加水点3处、避险车道11个、临时停靠点64个。避险车道还具有自动测速、报警和录像的功能。

在保龙高速公路起点路段,公路上方有这样一块醒目的标志牌:陡坡40km,避险车道4处。大型车辆,减挡控速。车辆继续往前行,标志板会随时提醒驾驶员离避险车道还有多少米,避险车道还剩几处。一位安徽的大货车驾驶员第一次跑保龙高速公路,由于坡大,加之制动失灵,车辆失去控制。按标志牌的提示,他将车子开进了避险车道。这次,他是与儿子一起来云南的。他感慨地说:"要是没有避险车道,父子俩可能就送命了!"保山市辛街驾驶员李朝芳经常跑保龙路。他说:"跑这条路心上不累,比较轻松。因为路上临时停靠点多。开货车下坡时制动容易疲软,在临时停靠点检查一下就放心了。再不行还有避险车道。由于有了这些设施,开起车来,心里也轻松得多。"

第八章
征 地 拆 迁

征地拆迁是高速公路建设中最棘手的难题之一。云南山多平地少,近39.4万 km² 的面积,山区面积占94%,仅有少量的平坝地区,全省4700万人口的适宜生产生活的土地空间显得格外珍贵,固有的人群生产生活活动已布满有限的相对平坦的区域,沿着城镇现有经济区域布设的交通网络加剧了土地资源供给的矛盾。为确保有限的土地资源得到最大的保护和有效的利用,国家不断出台最严格的土地政策。高速公路建设用地面对审批难、控制严、补偿标准高、资金投入大、涉及民生问题多等重重困难。围绕着征地拆迁及供地这一对不可避让的矛盾,云南高速公路建设征地拆迁工作一直在极其复杂的条件下艰难展开。

第一节 征地拆迁的过程和模式

云南高速公路建设征地拆迁工作在省政府及土地管理部门的关心支持下,严格执行国家土地征收政策红线,与时俱进,结合省情制定出台高速公路征地拆迁地方性法律法规,不断探索高速公路建设征地拆迁工作模式,克服重重困难,有效提供建设用地,确保了项目建设的快速有序推进。

一、征地拆迁的基本特点

与其他基本建设项目相比较,公路基本建设征地拆迁具有明显特征。征地拆迁工作涉及州市、县、乡镇区和广大农户以及电力、电信、管线、工厂、矿山、铁路、公路、水路、水利等设施,征迁涉及面广,经济利益矛盾突出,具体工作复杂且难度大。在云南高速公路建设起步阶段,往往出现吃"唐僧肉"、征迁工作职责不清、资金保障难、互相推诿扯皮、阻碍施工等情况。

(一)点多线长

公路征迁与其他以块为主的建设项目不同,公路建设项目呈线状,每条公路建设里程短则数十公里,长则数百公里。一个项目一次征地都在上千亩以上,线路跨越若干个大大小小的行政区域。

(二)涉及面广

云南高速公路公路沿线环境复杂,有基本农田、林地、矿山、林木等既有设施,还有用地性质、征地谈判、林地、林木、环保、矿产、水利、城镇、农村、军事设施、工矿企业、林业、铁路、电力、通信、民风民俗、文物等方面。有些项目还涉及不同地区,跨越相邻省区。

(三)标准繁多　达成协议艰辛

国家有关政策法规对涉及征地补偿、安置补助、青苗补偿、社会保障、农民居民搬迁后生产安置等都有明确的标准。公路基本建设征地分为永久用地和临时用地,对征用的临时用地涉及复垦、复林等工作。这些内容涉及面广,都必须按照国家的有关标准进行付费补偿、还建。每一宗地、物都必须按照国家规定,与被征拆对象一一签订有关协议。其中涉及被征拆对象的切身利益,同时又得严格维护国家利益,由此往往形成浩繁的、拉锯式的谈判,都要做十分细致艰辛的工作。

(四)土地政策不断变化和规范

根据《中华人民共和国土地管理法》《中华人民共和国物权法》《中华人民共和国民法通则》的相关法规规定:征收耕地的补偿费用包括土地补偿费、安置补助费以及地上附着物和青苗的补偿费,政策界限十分严格。

在2009年以前,云南土地补偿标准最高每亩1万多元。2009年后,云南省出台实施了《云南省被征地农民基本养老保障试行办法》(以下简称《办法》)。《办法》明确,政府在征收土地过程中根据国家确定的土地级别,每亩征收再增加不低于2万元的失地农民保证金,专项用于被征地农民基本养老保障,拆迁房屋补偿费用也由于房价的上升而提升。2014年,云南全面提高征地补偿标准,全省各地均严格按照新标准进行补偿,全省征地补偿标准在原基础上平均增幅达15.53%,省政府要求各地在执行中补偿倍数不得低于16倍,并不再设定最高补偿倍数。

随着国家更加严格的土地保护政策的实施,高速公路建设用地占补平衡、基本农田审批、林地审批等方面更为细致,征地拆迁费用大幅提高。以昆明周边土地为例,1994年动工修建的昆明至嵩明高速公路平均每公里造价才2059.24万元,而2010年7月开工的昆明西北绕高速公路征地拆迁所需资金总计约为23.34亿元,超出概算15.56亿元,平均每公里征迁费近3900万元,每公里的征迁费用远远超过了昆嵩高速公路的平均公里造价。2015年11月1日起实施的昆明市征地标准,昆明主城区征地最高补偿标准达到了251196元/亩。

二、征地拆迁的模式和阶段

云南公路建设中征地拆迁管理工作经历了由施工单位自办—行业管理—政府负责的发展过程。大体分为3种模式和3个阶段。

(一)第一阶段(1992—1996年)

这个时期公路建设采取的征地拆迁模式是地方政府负责、行业主管,征地拆迁工作及征地拆迁资金由地方政府负责。

1992年初,邓小平南方讲话以后,云南决定掀起大干交通的热潮。为了解决公路建设征地拆迁协调难和资金难的问题,云南省人民政府于1992年10月出台了《关于加强干线公路建设的决定》(云政发[1992]205号)(以下简称《决定》),决定将昆明到瑞丽、昆明至打洛、昆明至河口、昆明至南宁、昆明经曲靖至贵阳、昆明经水富至成都6条干线公路高标准、高质量地实施改造和建设。

《决定》提出:干线公路的建设必须坚持"人民公路人民修、修好公路为人民"的方针,贯彻"依靠和发动人民群众、依靠沿线各级党委和政府、逐级分配任务、分段实施、地县包干承建"的原则,实行"统一规划、统一设计、统一技术标准、统一质量要求、严格验收"的办法,由云南省交通厅与项目所涉及的地州市政府签订合同组织实施。

《决定》明确:除争取中央投资及继续执行省里已出台的优惠政策措施外,沿线各地州市要承担全部征地拆迁费用及工程费的5%~10%,自采建材免征税费,征地拆迁工作由地方政府承包完成。有公路建设任务的地州市县要组织精干得力的专门机构,由州长、市长、专员、县长负责,做好组织、指挥、协调工作;各级计委(计经委)、建委、财政、土地、物资、林业、邮电、水利、电力、税务、工商、银行等部门要给予大力支持、密切配合;交通、公路部门要认真做好本职工作。

《决定》的出台,由于明确了征地拆迁工作的主体和征地拆迁的经费,解决了困扰公路建设的一大难题,极大地调动了地方政府和人民群众建设公路的积极性。交通厅作为行业主管部门主要管规划、设计、标准、质量、项目审批、验收,省交通厅与有关地州市政府签订项目建设协议,负责筹措95%的项目资金,负责检查、指导、督促项目的实施,昆明至嵩明高速公路就是在这个时期开建的。

(二)第二阶段(1996—2002年)

这个时期征地拆迁的模式是项目建设由交通部门主管,征地拆迁工作由地方政府负责,征地拆迁资金由地方政府出资改变为垫支。

随着干线公路建设的加快,高速公路建设项目主要由云南省交通厅负责并成立交通厅直接管理的建设指挥部(项目法人)。随着建设项目的增多和标准的提高,地方政府承担征地拆迁费用和 5% ~ 10% 的工程费的规定,导致地方资金筹集难度越来越大,直接影响到了地方政府的积极性。

鉴于地方的客观情况,云南省交通厅在报经省政府同意减免沿线地方政府承担 5% ~ 10% 的工程费后,与地方政府协商决定,征地拆迁费用由地方政府先负责筹集、垫支,待项目建成后从通行费中优先逐年偿还地方政府,征地拆迁标准由地方政府与省级有关部门共同测算报省政府批准。这个办法在减轻地方政府投资 5% ~ 10% 的工程费压力的同时,地方政府负责筹措征地拆迁费用的办法不变。采取先垫支后偿还的办法既减轻了地方政府的压力,也减轻了项目筹资的压力,还提高了地方政府征地拆迁工作的积极性。

征地拆迁标准由地方政府与省级有关部门共同测算报省政府批准的措施,保证了全省范围内项目之间、地区之间合理的征地拆迁标准,给出了一个合理的高限标准。

1996—2002 年,按这项政策实施的公路建设项目主要有楚雄至大理、大理至保山、昆明至玉溪、玉溪至元江、元江至磨黑、昆明至石林、砚山至平远街高速公路,嵩明至待补高速和二级公路。

在建设过程中,由于地方政府筹集垫支征地拆迁费用难度大,征地拆迁的进度影响到了工程的进度。根据省政府规定:项目产生的建安营业税可全额返还地方用于征地拆迁费。项目指挥部采取提前缴纳地方建安营业税的办法,以加快项目建设征地拆迁的进度,缓解征地拆迁费用筹措的压力。这个办法对加快征地拆迁进度起到了积极的推动作用,但被审计后认为提前预付建安营业税是违规行为。

在这个阶段,省政府采取分工负责、共同协调的方式,由交通厅组织建设项目管理机构,负责项目的工期、质量、投资控制等,由地方政府负责建设项目的征地拆迁及协调工作,充分调动沿线地方政府的积极性,确保了公路建设项目的实施,有力地推动了高速公路建设。

(三)第三阶段(2002—2016 年)

这个时期征地拆迁的模式主要有两种:一是 PPP 合作项目,项目法人负责筹措征地拆迁资金,由地方政府负责包干使用并承担超出的部分,地方负责征地拆迁工作;二是地方政府负责本辖区内非 PPP 合作项目的征地拆迁资金支付,并负责征地拆迁工作,出资部分计入建设成本。

这个阶段,云南省国道高速公路建设的任务较重,征地拆迁的标准越来越高。由于高速公路建设数量的大幅度增加,历史上垫支征迁资金没有全部偿还,新的项目又要筹集,地方政府如何筹集征地拆迁资金又成为新的难题。

为了解决存在的矛盾问题,云南省交通厅紧紧抓住云南加快高等级路建设步伐的机遇,希望省政府修改、完善1992年出台的《关于加强干线公路建设的决定》(以下简称《决定》)(云政发〔1992〕205号),并向省政府经济研究中心起草小组解释说明征迁工作的重要性和难度,把征迁工作具体明确到新修定的《决定》中。

2002年9月,云南省政府又出台了《云南省人民政府关于加快公路建设的决定》(以下简称《决定》)(云政发〔2002〕120号)。《决定》明确了征地拆迁费用和具体征迁工作仍由沿线人民政府承担,并在批准的征地拆迁总金额内包干使用,干线公路的建安营业税及附加由建设单位代扣代缴,并由当地政府用于征地拆迁费用支出,同时坚决制止公路建设中各种搭车收费现象。

《决定》进一步落实了《关于西部大开发若干政策措施的实施意见》(国办发〔2001〕73号)和《云南省人民政府关于公路建设耕地占用税优惠政策实施意见的通知》(云政发〔2002〕36号)政策。国道、省道干线公路建设用地,比照铁路建设用地免征耕地占用税;在批准占地范围内开采自用的砂、石、土,不办理采矿许可证,免收采矿权使用费和矿产资源补偿费,免征矿产资源税,免收水土流失防治费。

《决定》要求各地州市和有关部门切实加大对公路建设的支持力度,减轻公路建设负担,营造良好的建设环境。干线公路建设中的征地费用(包括土地补偿费、安置补助费、青苗及地上附着物补偿费、征地管理费)和征地中涉及农户搬迁产生的拆迁费、耕地开垦费、临时用地补偿费、林木补偿费、森林植被恢复费、征地拆迁工作经费、勘界费等由沿线各地、州、市人民政府承担,并在批准的征地拆迁总金额内包干使用。公路建设建安营业税及附加,由建设业主单位代扣代缴,在工程所在地申请缴纳,由当地政府专项用于征地拆迁费用支出。

《决定》的出台,明确了沿线地方政府仍是征地拆迁的责任人,建设项目交给地方的建安营业税可以作为项目的征地拆迁资金。这个阶段建设的项目普遍由于很多地方政府筹措不到征地拆迁资金和5%~10%的工程费,报经省政府批准同意采取由建设项目贷款筹集征地拆迁资金,将项目概算中的征地拆迁资金总额交沿线地方政府包干使用。

为确保征迁工作正常推进,云南省政府委托省发改委、省国土厅、省林业厅、省水利厅、省环保厅、省交通厅代表省政府与建设单位和沿线地方政府共同签订《征地拆迁和施工环境保障责任书》,并严格执行。2002年12月以后开工、按此政策实施的项目主要有安宁—楚雄高速公路、思茅—小勐养高速公路、平远街—锁龙寺高速公路、保山—龙陵高速公路、昆明—安宁高速公路、永仁—元谋—武定高速公路、水富—麻柳湾高速公路、蒙自—新街高速公路、新街—河口高速公路、罗村口—富宁高速公路、富宁—广南高速公路、广南—砚山高速公路,小勐养—磨憨二级(半幅高速)公路等。

第二节 难题处置及成效

面对高速公路建设征地拆迁工作中遇到的种种难题,高速公路建设各方齐心协力,注重和谐征迁,为奠定良好的施工环境作出了不懈的努力。

一、主要难题

随着国家征地拆迁相关政策和云南省征地拆迁补偿标准的出台和社会经济的发展,土地补偿标准大幅提高,耕地占用税、失地农民保障金、植被恢复费等相关费用大幅度地提高,高速公路建设项目征地拆迁费用形成快速提升的格局,征迁费缺口大大增加。由于受各种政策性费用调增的影响,在原概算的基础上,没有哪个项目的征迁费不突破概算。武定高速公路昆明高速公路实际征地拆迁费由原来的 2.7954 亿元,增加到后来的 16.4889 亿元,增长 489.86%。昆明绕城高速公路西北段实际征地拆迁费约 23.34 亿元,超过批准概算征迁费用 3 倍多。征地拆迁工作面临着巨大的压力和难度。一段时期,地方政府承担征迁工作和费用的保障方面矛盾比较突出,征地拆迁责任书的内容不得不作进一步的细化和调整。

调整后的责任书明确了征地拆迁工作仍然由地方政府主要负责。征迁费用按照项目批准的概算,由项目建设单位筹措后,交由地方政府作为专项费用包干使用,项目建安税可用于补充包干费之外超出的费用,征迁过程中由于政府出台的相关征迁政策导致费用调增按实核定。在建安税返还使用后费用仍有缺口,经审计后由地方政府筹措 50%,项目法人筹措 50%。地方筹措的费用经决算和审计认定数额,由项目在通行费中偿还。

征地拆迁工作由于国家政策的大幅度变化及大量的征拆迁项目,多种新的矛盾较为突出。2007 年后开工的石林—锁龙寺高速公路、锁龙寺—蒙自高速公路、昆明西南绕高速公路、磨黑—思茅高速公路、保山—腾冲高速公路、武定—昆明高速公路、昆明西北绕高速公路等项目的《征地拆迁和施工环境保障责任书》的签订,经历了较为复杂艰难的过程。由于多个项目概算审批在前,土地政策变化在后,而且变化巨大,涉及包干土地征迁费的矛盾异常突出。这一系列问题都需要与地方政府分管交通、国土的领导和交通、土地责任部门沟通、协商、谈判。同时,同期开工的项目较多,涉及的协调部门多,需要统一的意见多,签订责任书又成为一个新的难题。

由于云南大多数州(市)财政困难,征地拆迁资金由地方政府承担的绝大多数都难以及时支付补偿费,致使大量存在拖欠征地拆迁补偿费的情况。2004 年,针对各条建成的高速公路做了大量的清欠工作。第三阶段实施的项目,费用落实较好,保障征地拆迁安置补偿费用筹措、兑现和落实到位,没有产生新的拖欠农民征地拆迁补偿费的情况。

二、政府部门的努力

高速公路征地拆迁工作中,经常会遇到各种各样的矛盾和问题:设计中土地面积按投影面积计算,而与农户兑现时,农户认为必须按坡地斜坡面积丈量;管线的拆迁涉及前后影响的长度与设计的误差;房屋的设计拆迁与实际影响房屋的数量的差距;更有甚者,一些老百姓故意把房屋临时加层,有意地搭建临时房屋,被戏称为"种房子";临时开垦荒山荒坡;旱地变水田、变菜地、变烤烟地;土地上附着物的急剧增加,一夜之间地上插满枝条当果树苗,密密麻麻的树枝当林地,这些矛盾和问题的存在,加大了征地拆迁工作的难度和复杂度。

新形势下,云南公路建设征迁工作和费用始终在"你亏我赢"的拉锯式矛盾中徘徊,如何实现征迁与被征迁的互相理解,合理、和谐是涉及千家万户和各级政府的一大课题。在土地资源紧缺、费用上涨、矛盾日益突出的困难面前,如何合理并依法做到"和谐、共赢",成了进一步推进云南交通可持续发展、友好和谐、以人为本的科学发展难题。

从公路建设的历史来看,征地拆迁难一直是困扰综合交通基础设施建设的大问题,实现综合交通基础设施建设顺利推进和被征地拆迁群众生产生活条件不受影响甚至得到提高的目标,是对各级政府工作的要求和考验。这些年来,各级地方政府采取有效措施加大征地拆迁工作力度,确保了高速公路建设项目的有效推进。

(一)破解难题 化解矛盾

在云南省高速公路建设推进中,云南省国土资源系统从用地预审、勘测定界、控制性工程先行用地、组件报批到登记发证,进行全程服务,较好地保证了全省高速公路建设。但对于面对具体工作的基层地方政府来说,随着各类用地项目的增加,高速公路的征地拆迁工作更显得繁重而艰辛。

"征地难"主要表现为"老三难"(基本农田补划难、占补平衡占优补优难、征地费用筹集难)和"新三难"(临时用地审批难、二次征地难、临时用地复垦难)。2015年,云南省政府铁路和高速公路建设工作督导组总结全省近几年铁路和高速公路建设中建设用地的实践经验,结合铁路和高速公路的建设特点,深入研究用地机制和管理体制,着力在现行法律法规的框架内谋求破解之策,提出了做好铁路和高速公路建设中用地服务工作的思考和建议。

基本农田80%的保护率由以县(区)改为以州(市)为考核单位,破解了处于交通枢纽的州(市)、县(区)基本农田保护率低于80%而不能进行征地的问题;

占补平衡由县(区)内平衡改为州(市)统筹平衡,允许占补指标有偿流动,为缺乏土地开垦资源的州（市）、县（区）解决了占补问题；

协助报请省人大常委会修改《土地管理法云南省实施条例》，将工程建设临时用地不可避免占用基本农田的审批权，由省国土资源厅审批下放至州（市）审批，为解决铁路和高速公路建设中隧道、桥梁临时用地困难提供了便利；

对无法复垦的临时用地，提出经五方确认后，按永久性征地补偿标准的70%直补，委托农户复垦，提倡进场公路与"村村通"公路建设相结合，生活基地与城镇化和新农村建设相结合，桥梁厂、预制厂、拌和站与县域经济工业化相结合，弃渣、取土与改田造地相结合，宜农则农，宜林则林，宜工则工，实现土地利用最大化。

云南省政府铁路和高速公路建设工作督导组提出的大部分政策建议被省委〔2015〕25号文件采用，省国土资源厅以〔2015〕81号文件细化后，下发各州（市）执行，为全省铁路和高速公路建设提供了一个宽松的用地环境。

（二）高度重视　高位推动

高速公路建设项目沿线地方政府对征地拆迁工作高度重视，把支援、服务好高速公路建设作为"一把手"工程，各级地方政府州（市）政府均组建建设协调指挥部或建设领导小组，由主要领导或分管交通领导挂帅，抽调交通、国土、林业等部门政治素质高、业务精、责任心强的工作人员参与综合协调、征地拆迁、建设环境保障等日常工作。并要求从县（市、区）政府到乡镇、村委会，都必须成立征地拆迁工作机构。多数地方高速公路建设实行州（市）级领导督导、县（市、区）级领导挂钩乡镇、乡镇领导责任到村、村组干部直接联系群众的制度，形成四级联动、一级抓一级、层层抓落实的工作格局。

按照"任务目标化、目标责任化、责任考核化"要求，高速公路沿线地方政府将征地拆迁目标任务分解到各村委会（社区），并进一步细化到各村民小组，明确任务完成时间节点，强化措施，落实责任。沿线地方政府安排专人负责整理汇总日常工作进展情况，及时掌握、对接征迁进度和存在的问题、困难，对每个周期的征地拆迁情况进行通报，形成了沿线乡镇、街道"比、学、赶、超"的良好工作局面。

（三）筹措资金　抓好管控

在地方政府筹资极为困难的情况下，地方政府通过向银行、企业借款等方式多方筹措资金，积极解决高速公路建设征地拆迁的缺口资金，有效保证了征迁工作的快速开展及施工顺利推进。征迁资金经县（市）征迁工作机构审核后，拨到乡财政所设立专户，保证资金专款专用，由乡财政通过银行支付到农户的账户，做到资金运行安全，不差群众一分钱。各乡镇的征地工作和资金兑付完成后，由乡镇将全部征迁资料和资金使用情况报县（市）征迁工作机构再次审核后，方可报账结算。同时，从项目启动伊始，主动报请第三方审计部门介入,全程跟踪进行审计,确保合法、合规支付使用征迁费用,同时也保护了参加征地拆迁工作的领导干部。

项目工可批复后,在抓紧初步设计工作的同时,各级交通部门同沿线政府加强对接,严控红线外50m范围内"抢栽、抢种、抢建"行为,安排专职人员进行巡查值守,做到图片、影像取证固定,有效杜绝了房屋突击加层、突击装修、树木突击栽插等情况的发生。对发现有违规行为的,一律叫停,恢复原貌。通过沿线政府的有效管控,避免了纠纷,减少了征迁的难度及费用的支出。

(四)坚守底线　精准执行

在高速公路征地拆迁工作中,各级地方政府坚持守护群众利益底线,深入细致开展群众工作,不让群众在拆迁中受到经济损失,也决不让投资方花冤枉钱。

在征迁补偿中,沿线各级地方政府坚决执行成文规定,不搞讨价还价。在执行过程中,做到补偿标准一律张榜公示,坚持一个标准量到底,一个标准补偿到底,公平、公正、公开地实施搬迁补偿,得到了群众的支持。同时,针对项目制定红线外房屋安全鉴定办法,明确鉴定范围,补偿办法,消除征地红线外群众担心施工过程中房屋受损而得不到解决的顾虑,既保障了群众的权益,又坚持了拆迁尺度,抵制了无理诉求,有力保证了征迁工作的正常开展。

在征地放线时,建设单位采用全站仪、RTK(厘米级卫星测量仪)等新型测量仪器,同时采取更为牢固的水泥桩固定方式,避免了在边桩放样过程中采用竹片桩、红线桩、石灰桩易遭到损毁或人为破坏、移栽情况的发生。土地征收中,施工单位积极配合沿线政府全程采用GPS卫星定位仪、全站仪、水准仪等精密测量仪器进行土地丈量工作,规范统一了土地投影面积测量标准。这种方法相较皮尺量地的方式,尽管增加了投入,但最大限度避免了可能存在的"感情尺、偏坡尺、人为尺"等因素,并通过公示、争议复核、校准,提高了土地丈量的科学性和准确性,增强了被征地群众的信任感。

(五)落实责任　心系群众

各级地方政府紧紧咬住高速公路建设项目推进确定的征迁时间节点和工程建设任务目标,州(市)、县(市、区)、乡镇、村组层层签订责任书,加大奖励和惩罚力度,推动了征地拆迁工作的开展。

镇雄县要求参与镇雄至毕节高速公路建设的施工单位对参与征地拆迁工作的基层干部进行必要的物质奖励;在10个工作日内完成征拆任务的,每亩地按20元计奖;在20个工作日内完成征拆任务的,每亩地按10元计奖;在30个工作日内完成征拆任务的,每亩按5元计奖;超过30个工作日外完成的,不予奖励。为加快征地拆迁工作,调动拆迁群众搬迁的积极性,镇雄县规定:30个工作日内拆除的,按拆除面积计算,每平方米奖励300元;45个工作日内拆除的,每平方米奖励200元;60个工作日内拆除的,每平方米奖励100元;超出60个工作日的不予奖励。这一奖励机制,极大调动了老百姓搬迁的主动性,一个村子在3天时间里就搬迁了红线内的50户拆迁户。

保山至腾冲高速公路建设的房屋和建筑物的拆迁,地方政府同样采取了奖励政策:县(市)征迁办根据《保腾高速公路腾冲段征地拆迁补偿办法》进行实地丈量评估,与被拆迁户进行协议拆迁,10户以上连片搬迁的,由县(市)征迁办另行征收安置地,统一规划,做好三通一平,由被拆迁户自行迁入。10户以下及零散的拆迁户,被拆迁户自找宅基地(不得占用农田)自行搬迁的,自找宅基地的按原土地使用证的面积每平方米补偿600元,协议签订后由县(市)征迁办先支付50%的补偿资金,待全部拆迁完毕后再支付剩余的50%。这一办法在实施过程中得到被拆迁户的大力支持和理解,所拆迁的324户,没有一户进行过强拆或因补偿问题而上访。

昆明市对南连接线(度假区段)建设的被拆迁户,按资格审定人员后,给予每人可按2000元/m^2的优惠价格购买该片区"城中村"改造的回迁安置房50m^2的优惠政策,为拆迁工作的顺利推进提供了保障。昆明市还完善失地农民社会保障体系,大渔片区土地被征用后,按5万元/亩设立被征地人员社会保障专项基金,专项用于被征地人员基本养老、基本医疗、就业扶持和发展第二三产业等支出。被征地人员参加基本养老保险,由度假区管委会建立的社会保障专项基金补助当期缴费标准的80%,个人承担缴纳当期缴费标准的20%。被征地人员已参加基本养老保险的,根据已征地情况,按照新的缴费比例进行退补。被征地人员参加城镇居民基本医疗保险的,个人缴费部分实行全额补助。

红河州制定失地农民养老保险办法,将农户搬迁与"美丽家园"建设、新农村建设有机结合起来,整合其他资金对农民建房实行综合性补助,并对失地较多的地区采取多种形式为被征地农民提供就业岗位,切实解决失地农民的生计问题,得到了广大农民群众的支持和理解,为项目的快速有序推进提供了保障。

(六)踏实工作　确保实效

为加快完成高速公路征地拆迁工作,许多负责征地拆迁的地方干部舍小家顾大家,采取"5+2""白+黑"的工作方式,放弃双休和节假日,顶烈日、冒风雨,深入田间地头、农户家里等拆迁一线,面对面做实做细群众思想工作,认真耐心宣贯征地拆迁法律、法规、政策,及时消除群众与施工单位之间的矛盾,及时发现事件苗头,及时处置,将阻工、阻路行为等问题在第一时间化解处理,把矛盾隐患遏制、解决在萌芽状态。针对部分项目迁坟数量较大的实际,在尊重地方风俗的基础上,合理制定迁坟计划时间表,即使是夜间开棺捡遗骸,只要群众要求,各方相关人员随叫随到,全力配合。深入细致的工作确保了征地拆迁工作平稳、有序推进。

对征迁及施工中因土地产权、施工安全等需要协调解决的问题,如涉及部队、铁路、电力、工厂、农场、企业、水务等,政府及时协调监管部门、项目公司(指挥部)牵头组织做好对接,对所需征收土地、地上建筑物、附着物产权、土地类别进行详细核实,及时兑现、赔付。施工单位结合征迁实际,认真制订施工方案,采取穿插施工、见缝插针、调整场地等一系列配合征迁的措施,体谅政府和群众的困难,尽量自身消化征迁困难带来的工期压力。

同时,地方政府一边搞好征地拆迁,一边抓好沿线"三改"工程的实施。在充分征求地方意见、听取群众合理诉求的基础上,积极做好水源点、还建道路、通行涵洞、灌溉沟渠等改扩建工作。特别是针对地质条件复杂的地段,有关各方多次到现场踏勘,实施方案反复研究、比对,哪怕增加大额投入,也要做到确保沿线群众饮水安全、出行方便、生产顺畅,甚至使这些设施的功能高于原有标准。

上关至鹤庆高速公路横穿西邑镇炉坪村委会辖区,将570余户1860余人分成两大块,给群众生产生活造成极大的不便。项目原设计时采用下穿涵洞、生产灌溉采用倒虹吸的方案,群众意见较大,诉求不断。地方政府及时与项目建设指挥部、施工企业多次实地查勘,最后改变设计方案,增设2处人行天桥、2处灌溉天沟,满足了群众的诉求。松桂镇长头村委会有760余户2400多人,高速公路通过的生产生活水源点对村民生产生活有较大影响。为确保工程顺利推进,同时又保护好水源地,地方政府、项目建设指挥部、施工企业经多次查看和多次变更高速公路施工设计后,采用涵洞、地沟、管道等多种方式,妥善处理好水源点的保护与工程推进,确保了水源地安全。因桥墩基桩开挖施工,导致黄坪镇新坪村委会石榴园自然村人畜饮水水源干枯,且时值春节,地方政府采用机械运输供水方式,保证了该村春节期间人畜的饮水,同时积极寻找水源,在最短的时间内投资18.6万元架设新的自来水管道,最终解决了该村人畜饮水的问题。

三、工作亮点

面对征地拆迁的各种矛盾和困难,各级地方政府创新征地拆迁机制,想办法、出政策,因地制宜,开创出具有代表性的征地拆迁工作经验,并在全省推广运用。

(一)玉溪市——村集体土地作价入股模式

玉溪市创造了"村集体土地作价入股模式"的经验,即由地方政府牵头,成立政府投融资平台公司,将土地作价入股,入股后"保本、付息、分红、流通",既缓解了建设初期政府资本金筹集的困难,又引导群众用好征地补偿费,实现了群众利益保障和高速公路建设的"双促进"。

"十二五"期间,土地作价入股这一新模式在晋宁—江川高速公路、晋宁—红塔区高速公路等重点项目征地过程中得到了较好实践。该模式既缓解了政府在项目建设中资金投入的压力,又使农民成为高速公路建设的股东,实现了农民"失地不失保障",保证了群众长期稳定的收益,实现了双赢。

(二)曲靖市——"三三二"工作法

曲靖市在具体征地拆迁工作中,始终坚持做到"三三二"(三公开、三张榜、两监督)工作法,把矛盾纠纷解决在萌芽状态,避免了征地拆迁上访案件的发生。

"三公开",即征地政策、征迁补偿标准、征地范围公开;"三张榜",即第一榜向群众公示被征拆户的土地、房屋面积初始表,第二榜公布被征拆户的土地、房屋汇总面积和补偿经费,在第一、二榜公布期无误无反映后,方能进入逐表审批与被征拆户签约兑现补偿结果的第三榜公布;"两监督",即接受纪检监察部门监督和群众监督。

"三三二"工作法用严密的操作程序和严格的征迁纪律,有效地避免了征地拆迁中可能出现的造假、骗赔及其他重大违法违纪行为的发生,有效地保护了征地农民利益,确保征地拆迁做到公平、公正、和谐。

(三)红河州——电力线路拆迁工作方法

涉及电力网线的迁改,按电力内部的管理需经过设计、招标、施工等若干程序,无异于在高速公路建设实施前增加了一个电力工程项目,往往大大延误了公路建设项目的正常工期。

红河州在开展高速公路建设项目征地拆迁工作过程中,针对高速公路建设项目电力拆迁涉及面广、拆迁量大,大部分集中在控制性工程点上的实际,把"系统组织、计划实施、统筹安排、专业施工"作为电力线路拆迁的工作思路,找到了一条简单、高效、快捷的高速公路建设项目电力线路拆迁之路。

首先,将红河州电力主管部门红河州供电局纳入州级征地拆迁工作机构"红河州高等级公路建设征地拆迁协调领导小组"成员单位,这样就保证了在电力线路拆迁协调工作中的主导优势。

其次,把红河州供电局下属集设计、施工为一体的电力工程企业选定为红河州高速公路建设项目电力线路拆迁企业,直接与电力工程企业签订电力拆迁线路总承包合同(包括设计和施工)后,企业直接进入项目拆迁工作程序。这样做的好处是可以边设计、边报批、边施工,极大地简化了电力线路拆迁的工作流程,提高了拆迁工作效率。

再次,在拆迁资金的问题上,与企业签订总承包合同后,先支付总费用(估算)约15%的资金,其余资金在拆迁工作结束后结算。最终的合同工程造价在施工图设计完成并按程序报批后,按照批准的设计预算结果,请第三方审计单位对预算进行预审计。最后,在预算审计的基础上再进行合同谈判,最终形成电力线路拆迁工程合同,既保证了合同的公平性,也保证了合同的合法性。

红河州高速公路建设项目采取的电力拆迁工作方法,简化了拆迁工作程序,提高了拆迁工作效率,保证了拆迁工作的公正、公平及合法性。同时,地方电力管理部门以政府协调者的身份参与工作,保证了整个电力拆迁工作流程的简单高效。

四、人民群众的奉献和牺牲

高速公路征地拆迁工作的顺利开展,离不开人民群众的理解与支持。在高速公路征地拆迁工作中,人民群众作出了巨大的奉献和牺牲。

"三年攻坚"战役中,南北大通道途经乌蒙贫困山区,人多地少,高速公路征地拆迁量大,失地农户多,更有一部分群众变成了失地又失房的"双失户"。麻柳湾至昭通高速公路处于典型的贫困山区,征迁后失地、失房的农户非常多,还有一些群众找一块新建房的宅基地都特别难,失地后基本生活难以保障。线路经过一些民营企业厂区、采矿区、城市规划区、省级工业园区,有的农户为国家建设搬迁了三四次,正常的生产、生活秩序受到很大影响,这些过程空耗了老百姓的财力和精力。无奈之余,地方政府官员也深感不安。据统计,麻昭高速公路被征地人口达 20481 人,大关段征地后失去基本生活保障的有 586 户 3214 人,其中悦乐镇有 394 户 1722 人,拆迁户 280 户中有 106 户失地又失房。就是在如此矛盾的条件下,人民群众还是服从国家建设大计,发扬奉献和牺牲的精神,为高速公路建设交出用地。

大理至永胜高速公路宾川段由于建设时间紧、征迁范围广,很多相关工作都在突击状态下完成。许多群众花费了大量心血种植的葡萄、橘果等经济作物虽然丰收在望,却来不及采摘,虽然心里舍不得,农民群众还是配合做好丈量登记,按照补偿政策标准签订协议补偿。尤其是房屋拆迁方面,有的拆迁户一时难以自行解决过渡居住问题,生活面临许多困难。拆迁时正值多雨季节,又进入盛夏高温,有的还住在简陋的棚屋里。另外,施工粉尘、振动碾压、爆破作业对沿线农经作物、房屋产生很大影响,施工开挖致使沿线部分沟渠、道路切断、损毁,一时难以恢复,对沿线群众生产生活出行造成一定影响。但为了支持国家建设,地方群众和老百姓顾全大局,积极主动支持和配合征地拆迁和建设工作。

2015 年 11 月 1 日,云南省国土资源厅公布的《云南省昆明市征地补偿标准》(修订)开始实施,呈贡至澄江高速公路大渔立交项目中呈贡区雨花街道的征地补偿标准比度假区大渔街道的高,形成同一项目不同的地价。大渔街道的被征地群众在征地补偿标准比周边街道办事处低的情况下,尽管有想法,还是顾全大局,积极交出土地用于支持重点工程建设。

高速公路的建设,从大局上讲是造福社会全体人民的好事。但对受征地拆迁影响的人民群众来说,宁静正常的生产生活规律受到了极大的干扰,世世代代习惯了的生活环境面临新的改变。尽管国家相关政策给予了必要的补偿,但毕竟很多付出是账面上的资金难以补偿的。在这其中,人民群众对社会的奉献和牺牲精神十分可贵。这些可贵的精神,深深地感动着高速公路建设者们,不断地警示人们:我们建设使用的每一寸土地,都饱含着用金钱也无法估量的价值。

以上的这些事例,是千千万万征迁工作中的一些代表。可以说,每条高速公路的建设用地,都与沿线人民群众的利益息息相关,人民群众最终还是把国家、社会的利益放在了第一位。

五、业主和施工单位的奉献

在高速公路征地拆迁工作中,地方政府和沿线群众对征地拆迁工作给予支持,甚至不惜牺牲经济利益。同样,为了征地拆迁工作的顺利推进,业主和施工单位也付出了大量的精力。

麻柳湾至昭通高速公路征地拆迁费由昭通市政府承担,但昭通市政府短期内难以筹集所需资金。大昭公司借出8.978亿元资金给昭通市政府,及时启动了项目建设征迁工作。昭通市政府按借款协议,在其后几年内陆续归还大昭公司。这样的协议,既解决了地方政府的困难,又保证了项目的正常动工。

大理至永胜高速公路宾川段由云南省公路投资公司负责承建,征地拆迁工作由地方政府负责。宾川县是农业经济大县,县财政收支压力巨大,没有更多的财政资金建设用于项目建设。云南省公路投资公司和下设的项目指挥部及时伸出援手,不仅承担了项目建设的全部建安费用,实现了宾川建设高速公路的梦想,还积极帮助宾川县筹措征地拆迁经费,仅开工前期就借给宾川县征地拆迁经费2亿元,为征地拆迁工作高速推进提供了坚实的资金保障。

高速公路建设是这个时代上上下下奋力而为的事业,各级政府各有各的困难,但在统一的责任体系下,各想各的招。总的来看,地方政府负责的征迁资金普遍都更难一些。由于施工企业与地方政府密切协作,相互支持和体谅,创新了很多合作形式。

六、节约用地的思维及实践

云南高速公路大部分途经山岭重丘区,沿线人均耕地较少。面对既要发展,又要保护的新形势,做到在保证发展经济建设的前提下合理节约和使用土地,减少对耕地的占用,是云南省各级政府及建设、设计等部门实施高速公路建设征地拆迁工作的一项重要内容。

(一)科学选线　节约用地

受限于山岭重丘区和人均耕地少的地形条件,云南高速公路建设项目的选线坚持从严格保护耕地、节约用地的思路出发,路线设计方案优中选优,严格控制占地数量规模,实现减少占地、节约用地的目的。

根据交通量预测结果,武定至昆明高速公路通道远景交通量达到了双向六车道的设计标准。由于武定至昆明走廊带基本为狭窄的深谷地形,若按六车道高速公路新建,将占用更多的土地资源。经过项目可行性研究过程,保留通道中已经有的国道108线(二级公路)作为辅道,通过其分担部分交通量后,通道中仅需再新建一条双向四车道高速公路即可。通过合理确定公路技术标准,控制路基断面宽度,可以少征用土地93.242 hm^2,有效保护了土地资源。

(二)严格控制公路用地

各州(市)政府及时制定临时用地管理办法,依法依规,规范高速公路用地管理。同时,强化程序管理,规范审批程序,完善审批手续,施工单位提出工程建设所需用地申请后,必须经监理、指挥部、乡镇、县区征迁办逐级审查同意后,报(州)市征迁办复核提出意见,再报(州)市政府审批,不准未批先用,少批多用,征而不用。

为节约用地,防止多批多占,浪费土地和投资,每条高速公路的每宗申请用地都必须经(州)市征迁办、协调办实地复核,该优化设计的必须优化设计,该压缩征迁面积的必须压缩。地方征迁机构专门设工程技术组,施工单位放线之后,由工程技术人员实地核实,再进行征地丈量登记。尤其是新增用地工程,由征拆指挥部工程组实地查看,运用GPS放征地线,确保征地的准确性,杜绝超征土地。安宁至楚雄高速公路建设中采用土工格栅包裹式路堤施工技术,把坡比从1:1.5减小为1:0.5,收缩边坡坡脚长度,节约土地约30%,减少土地征用近100亩,取得了明显的经济效益和社会效益。麻柳湾至昭通高速公路大关悦乐小寨中桥还建路原设计需征地26.14亩,经实地复核和优化方案,实际只征用了3.06亩。

(三)充分利用弃土场

在取弃土场的选择上,在寻找、优化取弃土场时,注重节约资源,坚持选劣地不选好地,便于土地开发复垦确保耕地质量提升的原则,对取弃土场进行严格选址,科学规划,综合利用。本着人为工程尽可能顺应自然工程,避免人为工程与自然形成冲突的设计理念,充分考虑取弃土场与耕地、环境、居民点的空间关系,对原设计的取弃土场进行合理优化取舍。将取弃土场列入工作的重点之一,在施工方预选、设计院设计的基础上,工作人员进行现场踏勘,指挥部领导亲临现场查看,对取弃土场进行优化。

思茅至小勐养高速公路沿线服务区和生活区批复用地仅157亩,既要满足交通量日益增长的需求,又不能超标用地,如何破解这一难题?指挥部充分利用弃土场,严格控制高程,进行了适当压实,路面进行弹石处理,增设了进出通道,在沿线因地制宜地改造了 26 处大小不等的临时停车区和服务区,300 多亩废地得到了有效利用。野象谷隧道进口旁原来是一段箐沟,12 万 m^3 的隧道弃渣形成了一片 18 亩多的空地,项目指挥部精心规划,将其建成一个独具特色的多功能休息观景区。建设过程中,施工单位主动与乡村沟通,将原有机耕路进行硬化改造后作为进场道路。第 2、4 合同段还根据实际地形条件,将废方弃土场改造成为了 130 亩良田。

华坪至丽江高速大理连接线宾川段征地拆迁指挥部将选择取弃土场与新农村建设有机结合起来,提出"资源节约、环境友好、可持续发展"的建设管理模式,并贯穿于高速公路建设管理的全过程中。大理至永胜高速公路瓦溪立交联络线在实施中,对原初选的 6 个取弃土场进行了优化,最终只选择了 3 个取弃土场,减少了 3 个取弃土场。

第九章
环境保护

环保是高速公路建设过程中重要而关键的一个组成部分。云南始终坚持"环保优先"的原则,把生态环境保护工作放在首位,注重在高速公路建设的规划、设计、施工、运营养护等过程中采取相应的措施来减少和杜绝公路环境污染、恢复路域生态环境。在环保和建设工程产生矛盾时,不惜增加成本、精心设计、用心施工,力保建设环保两兼顾。在加大环保资金投入的同时,云南还号召高速公路建设者、管理者、施工操作人员及人民群众积极采取保护措施,群策群力进行环境保护工作,真正落实"还山峦以秀美、还江河以清澈"的理念,使高速公路建设与环境保护在经济社会发展中达到和谐统一,成就了一批在国内外有影响和能够起到典型示范作用的环保型优良工程。

第一节 环境保护面临的挑战

随着云南经济社会的蓬勃发展,越来越多的高速公路在云岭大地上不断延伸,极大地方便了人们的生活,促进了云南与外界的沟通和交流,为现代经济社会的进步提供了必不可少的保障基础。然而,高速公路建设势必消耗资源,改变原有的地形地貌和自然景观,并且建设和运营过程中还可能产生各种干扰,影响沿线的自然环境和原有的生态平衡,高速公路建设的生态环境保护与挑战也因此成为建设者不容忽视也无法回避的双重问题。

一、生态环境的特点

云南地处青藏高原至中南半岛的连接部位,在全省38.34万km^2的土地面积中,山区、半山区面积占全省土地面积的94%以上,全省海拔2500m以上的主要山峰有30多座。特殊的地形、地貌和复杂多样的地理环境,使云南具有丰富多彩的自然和人文生态资源,生态环境十分复杂并具有多重性,素有"动物王国""植物王国""有色金属王国""旅游胜地""地质博物馆""生态多样化区域"等美誉,全省还分布着各种类型的自然保护区193个。但由于光、热、水、气等自然资源的时空分布不均,差异极大,由于人类活动领域的不断扩展、资源利用方式的不尽合理等多种原因,云南生态系统脆弱敏感、发展不足和保护不够的矛盾较为突出。

二、高速公路建设与环境保护的关系

云南山多地少,有限的平缓地带是世世代代老百姓生存繁衍的根基,高速公路规划线路的选择离不开与人群的联系,有限的走廊带是人路兼需的目标,既要开路又要保护,矛盾十分尖锐;云南特有的热带雨林自然保护区是国家的珍宝,不容毁损,但落后的边疆没有畅通的交通就无法摆脱贫困,走进现代社会;高山深谷之中,地质不稳,植被脆弱,一旦破坏万年难复,但要突破天险,大型的工程建设势必对环境造成巨大的影响;藏区高原,地壳隆起,地质复杂,就是在不干扰的自然条件下,滑坡、泥石流都会频繁发生;工程开挖稍有疏忽,必然加剧地质灾害的危害;纵横交流的云南六大水系四面奔流通往国内、国外,沿江而行的路、桥、隧大量的建设工程弃土,处理不好必然堵塞江河……云南种种的环保条件,既是大自然的美妙之处,同时也是修路人既要修路、又要兼顾环保的巨大难题。

在处理高速公路建设与环境保护两者关系问题上,云南历届政府清醒地意识到,人类的生存和发展与其他有机生物、无机环境有着密不可分的关联,与它们的兴盛衰败共生共存。因此,云南在高速公路建设项目中,十分重视生态环境保护问题。高速公路建到哪里,环保工作就跟到哪里,建设不忘环保,环保促进建设,十分珍惜一草一木、一山一水及人文景观。

正如恩格斯所告诫的:"我们统治自然界,决不像站在自然界之外的人一样——相反地,我们连同我们的血、肉和头脑都是属于自然界、存在于自然界的。"云南高速公路建设20年来,云南交通主管部门精心守护云南的蓝天碧水、绿树红花和民族风情,在高速公路建设过程中坚持"有所为、有所不为",使高速公路建设与生态环境保护之间形成了一种相生而非相克的关系,二者密不可分、相互促进、协调发展。

第二节 环境保护的时代要求及进步

欧洲和北美洲自20世纪70年代就开始对线性基础设施建设的生态学影响开展了大量研究。然而,我国对公路生态的重视和公路建设的步伐并不是同步进行的,对公路与生态环境和谐建设研究的理论与实践的知识体系以及两者的结合也比发达国家滞后,处于全国公路网运行"神经末梢"的云南起步更晚。

1998年9月,大理至保山高速公路开工建设。这条山区高速公路建设最难解决的问题之一就是环保问题。项目组织者在组织管理人员学习《中华人民共和国环境保护法》时,曾就高速公路建设与环境保护工作展开了激烈的讨论。有人说:"修路就是要开山劈石,建设高速公路更是如此,还搞什么环保?公路建设与环境保护本身就是矛盾的,要

'环保'干脆就不要修建高速公路了!"有人说:"云南,尤其是滇西,交通条件差严重制约着经济社会的发展,先把高速公路建好再谈其他的事。"也有人说:"环境保护是国家规定的,一切必须为环保让路。"

类似的观点交锋,折射的是云南高速公路建设初期建设者在环保意识方面的模糊概念。当时,很多人对高速公路建设环境保护认识粗浅,对环境保护工作的艰巨性和敏感性认识不足,甚至曾走入过环境保护为高速公路建设让步的误区。为了加快高速公路建设以带动地方经济的发展,政府部门对工程进度的要求往往要高于对环保的要求。例如:未完全按公路环保规范对公路设计、施工、运营进行严格要求和管理,只对重点工程作严格要求;无专门的环保监理;未明确规定环保经费在工程造价中的比例或比例过低等。

随着云南高速公路建设的迅猛发展,科技日益进步,人民生活水平日益提高,加之时代要求不断提高,人们对高速公路建设环境保护的目标也随着对环境问题认识的深入而不断调整和发展。尤其是继思小高速公路、小磨公路、水富至麻柳湾高速公路螺旋展线等成果之后,云南高速公路建设对引入低碳理念进行广泛的探索,促进高速公路建设与环境协调发展逐渐成为被重视和畅谈的热点话题。在高速公路建设过程中,"更大的投入用于环保"已成为公路建设管理者和实践者的共识。

一、国家对云南生态环境保护的指导、支持和监督

在交通部出台的《公路建设项目环境影响评价规范》《公路环境保护设计规范》《交通建设项目环境项目环境保护管理办法》《汽车排放污染物控制标准》《公路绿化规范》以及《全国及西部重要公路通道环保规划》《公路环境影响评价规范和公路环保设计规范》中,对公路建设各个方面的环境保护已经作了十分明确的规定。

如果将这些规范性文件看成是云南高速公路建设的"硬指标",那么国家对云南生态环境保护工作的指导、支持和监督则是云南高速公路建设发展的"加速器"。

1999年7月12日~18日,云南省人大环保委视察在建的大保高速公路环保和水土保持工作情况。在大保高速公路建设之初,指挥部就采取了一系列行之有效的措施,使工程建设与环境保护同时进行,水土保持工作初见成效。例如:严把招标关,将环保要求写入招标文件及合同文件,设立环保保证金,并制定了《工程建设环境保护实施办法》及《环保处罚实施细则》,逐级成立环保组织机构,以确保施工区域内的环境保护;将环保列入"质量、进度、安全、投资、环保、保通"等六大控制工作中,层层签订环保责任书,形成一级抓一级、一层抓一层的环保工作格局,并通过组织学习,加大对环保的宣传力度,使环保意识深入人心;对水土流失的处治实行重奖重罚,尽量减少河道污染……一系列行之有效的环保措施,创造了一个重点建设和环境保护并举的范例。

2001年2月13日,云南省委六届十一次全会通过了"十五"计划的建议和省九届人

大四次会议通过的"十五"计划纲要,提出了建设"绿色经济强省""民族文化大省"和"中国连接东南亚、南亚国际大通道"的战略目标。

2002年,《云南省人民政府关于加快公路建设的决定》出台,明确提出要"充分利用国家实施西部大开发战略中有关生态建设的政策,将全省干线公路建成绿色通道。省发展计划委员会及农、林、水等有关部门要采取有效措施,积极配合公路建设主管部门实施绿色通道建设工程。"随后,云南省交通厅党组通过深入调研和分析,提出了"市场化、集约化、生态化、社会化"的交通发展新思路。特别是在全面贯彻落实科学发展观的实践中,在云南公路建设尤其是高速公路建设中充分贯彻了生态环保理念和文化建设理念。针对云南特点,确立了"不破坏就是最大的保护"的建设理念,坚持"地形选线、地质选线、环保选线、安全选线、景观选线",因势而行,依形而设,合理掌握标准,灵活运用指标,消除安全隐患,使公路融入自然,顺应自然,最终达到"安全、耐久、节约、环保、和谐"的建设目标。

云南省交通厅要求各建设单位在施工中要尽量减少对生态环境的破坏,可砍可不砍的树坚决不砍,可毁可不毁的林坚决不毁,遇有特殊物种生存的地带,还要设法保护。此外,公路沿线要坚决退耕还林、退耕还草,并与林业部门密切合作,搞好公路及其沿线的绿化、美化。从设计、施工等各方面都要考虑生态问题,把公路建成一道风景线,实现人与自然和谐统一。云南省交通厅党组还强调:公路建设会对自然生态环境造成一定的破坏,因此在工程建设中必须坚持交通建设生态化原则。

2004年4月,时任交通部部长张春贤就我国农村公路建设为农民办好四件实事的具体措施向国务院领导作专题报告。国务院总理温家宝,副总理曾培炎、回良玉在报告上批示强调要重点抓好六项工作,其中强调在公路建设中实行最严格的耕地保护制度,要建立高效的"绿色通道"。同年9月,张春贤深入云南昆明市、红河哈尼族彝族自治州、德宏傣族景颇族自治州考察国道主干线、县际公路和乡村公路,察看德宏州"7·5""7·20"特大洪涝泥石流灾害公路损毁情况,并与云南省委、省政府交换意见。他强调:"云南拥有良好的生态环境,公路建设要贯彻好科学发展观,最大限度地保护生态环境,最小程度地影响生态环境,最大限度地恢复生态环境,努力实现交通建设与生态环境高度协调。"

2014年1月,交通运输部发布的《西部地区公路建设主要技术政策建议》(以下简称《建议》)提出,西部地区恶劣的地质环境条件更需要细心的呵护,处处关注环保。边坡防护应针对不同地质、水文情况进行设计,要严格控制爆破强度,避免诱发地质病害;桥梁建设应遵循"因地制宜,就地取材,技术先进,经济合理,环境协调,满足要求,保证安全,便于施工"的原则;隧道施工应综合考虑路线走向、路线平纵线形、地形地貌、地质条件等因素确定规模。鉴于西部地区公路建设资金紧缺,在"生态公路"和"绿色公路"建设过程中,要讲求实效,量力而行。严格控制绿化的建植费用和养护成本,鼓励采用乡土树种,种植地锦类植被和蕨木。对种植和养护困难的区段,可以采取中央分隔带加防眩板措施。《建议》还强调西部地区有不同自然特色的景观,设计建设中应强调线形与自然景观总体上的融合性,构造物与自然的协调性。

二、环境保护管理机制的建立和完善

在环境保护部、水利部、云南省委省政府的正确领导和悉心指导下,云南省始终把高速公路建设生态环境保护摆在重要的、制约性的、首当其冲的位置,不断建立和完善高速公路建设环境保护制度和机制,加强项目和施工管理,贯彻预防为主、全面规划、因地制宜、加强管理、注重效益的方针,在环境保护、水土保持工作的综合管理等方面都取得了显著成绩,管理工作向规范化方向迈进,各项水土保持工作有序向前推进。

为强化对公路建设项目环境保护、水土保持的监管,2005年,云南省交通厅设立了经云南省委批准的云南省交通厅环境保护委员会,下设办公室,负责全省交通建设项目环境保护、水土保持管理工作。由厅长任主任委员,分管副厅长任副主任委员,有关处室负责人任委员。厅环境保护委员会严格按公路建设的基本程序开展工作,按交通部、环保部、水利部和省委省政府的有关规定,结合交通行业管理的特点,严格执行公路、水路交通建设项目的环境保护和水土保持工作制度,做到尊重自然、珍惜生态、保护环境,科学发展的理念进一步深入人心,更好地服务云南生态建设。此外,各高速公路项目实施机构也成立了相应的管理机构,形成了层层有机构、事事有人管的环保管理体系,使环境保护、水土保持工作首先在组织上得到了保证,高速公路建设生态环境保护工作逐步走向成熟。

2013年,云南交通环境监测中心站正式建立,并设立了专门的机构和人员,负责高速公路环境监督管理工作,确保"三同时"制度的落实,云南交通环境监测中心站所开展的环境监测工作也较好地满足了高速公路建设项目环境影响评价和竣工环保验收的需要。

2013年1月28日,经云南省交通运输厅提出,云南省公路投资公司、云南省公路学会公路工程与环保专业委员会和长安大学联合编制了云南省地方标准《绿色公路评价标准》(DB53/T 449—2013),并由云南省质量技术监督局正式发布。《绿色公路评价标准》结合云南地质特征和公路建设的实际,将公路可持续发展行为进行集成,建立了一整套可持续发展公路的评价体系,填补了国内公路系统同类技术规范的空白,为科学合理实施绿色公路评价提供了重要技术支撑。该标准的发布规定了绿色公路评价的基本规定、绿色公路评分标准和等级评定规则。适用于云南省新建、改扩建的高速公路、一级公路、二级公路,其他等级公路可参照执行。将可持续发展理念运用到公路的立项、工可、设计、施工和运营过程的各个阶段,在公路的全生命周期内,能够最大限度地合理保护环境,最大限度地有效利用资源(节能、节地、节水、节材),最快速度地恢复生态平衡,为人们提供安全、舒适、快速、便捷的出行,与自然和谐共生的公路。该标准的发布,标志着云南在国内开启了绿色公路建设的先河。

第三节 环境保护的措施及成效

按照"构建资源节约、环境友好公路交通"的目标要求,云南始终把高速公路作为一项兼具艺术品位的工程来打造,注重从综合规划、勘察设计、施工建设、运营养护等多个环节,追求人、车、路、自然的和谐统一,取得了良好的社会效益和经济效益。历经多年的发展,云南在高速公路建设项目环境保护管理、公路工程景观绿化、环境保护工程、生态恢复治理、水土流失防治等方面成效显著,形成了云南交通运输行业环境保护的特色领域,多次受到环境保护部、水利部、交通运输部和云南省委省政府的表彰和奖励。

一、综合规划阶段

适用就是最好的,自然就是最美的,优质就是最省的。在国家高速公路网规划以及云南省骨架公路网布局的基础上,云南省高速公路网充分考虑公路功能、交通需求、路线位置、建设条件、环境影响和建设资金等因素综合确定。同时,经省内外专家反复论证,广泛征求省各厅、局有关部门,各州、市交通主管部门以及相关部门的意见。

一是严格遵循战略性、全局性、可持续发展、效率与公平的原则,注重从全省层面上进行统筹布局,并注重前瞻性和预见性,使高速公路连接的城乡能更有效、更迅速地进出公路,实现合理化。楚大高速公路作为楚雄通往大理唯一的高速路,由于车流量太大,长期处于超负荷运转状态。而计划另辟新线的昆明至楚雄至大理高速公路全程300km,按照双向六车道建设,新线将比老的昆楚高速公路缩短里程20多公里。由于标准提高,小车允许120km/h的速度,从昆明到大理2.5h可达,新高速公路日均车流承载量达5万~6万辆次,而目前的老高速公路设计的承载量是2.5万辆次(现在假期日均高峰就达5万~6万辆次)。新老两条高速公路走向平行,一南一北,两条高速公路之间平均间隔20多公里,最关键的是两条高速公路之间将设立多条连接线,连接线上不设收费站,市民驾车可以通过连接线自由在两条高速公路上切换,非常便捷。

二是兼顾不同地区的经济发展,通过对不同地区的经济与交通量调查,对高速公路建设的标准进行相应的调整:经济发达且交通量较大的地区,适当提高建设标准;经济相对较滞后的地区,建设与之相适应标准的高速公路,以减少不必要的投资,减少资源的浪费,保证每条高速公路都能充分被利用,充分发挥其社会效益和经济效益,实现最优化。例如:为了缓解云南"最堵"高速公路昆明至嵩明高速公路的交通拥堵情况,2015年4月30日开工建设的小铺至乌龙高速公路把三线合一改为三线各行其道,该线与昆嵩高速公路平行一段、交汇一段，建成通车后平均每天6万辆次、节假日13万辆次的车流量将畅通无阻。

除了注重整体规划，云南省交通主管部门还着力加强专项交通环保规划编制工作，以规划指导交通建设环保工作，如调查了解全省公路环境保护工作现状、全省湿地范围内交通基础设施现状及其影响状况，交通噪声污染现状，并提出具体的治理措施；配合国省道干线公路改建、创建文明样板路工作，绿化美化国道省道干线公路；调查分析公路建设环境影响措施，研究公路可持续发展存在的问题，提出对策措施。

二、勘察设计阶段

勘察设计是公路建设的灵魂。在过去20年的发展过程中，云南在高速公路设计的环保新理念方面进行了积极有益的探索，并取得了较好成效。

（一）树立"不破坏就是最大保护"的环保理念

坚持地形选线、地质选线、环保选线，最大限度地减少对自然环境的破坏，不刻意追求高标准、高指标，顺应山势、贴切地形，使线路尽量融入复杂多变的自然环境，若技术上无法绕避自然保护区则尽量将路线选择边缘地带影响最小的线路通过，采用设计桥梁、隧道增加投资的方式减少对环境的不利影响；尽可能降低路基填挖方高度，减少或避免高填深挖路基，有效控制取土、弃渣数量及规模，减少公路建设对水土保持的不利影响；对不良地质路段首先考虑绕避方案，不可绕避时避重就轻、因地制宜地选用跨、导、截、治等综合措施，同时做好综合比较和危险性评价；注重公路植被恢复，掩盖人工构造痕迹，将环保理念贯穿于设计的各个环节中，实现环境保护与公路建设并举，公路建设和自然环境相和谐，努力建成环保之路、景观之路、生态之路。

连接普洱、景洪两个州市的思小高速公路立项之初，一个无法回避的矛盾是：云南需要通过思小高速公路的建设带动滇西南经济的快速发展，而这片国家珍贵的热带雨林也必须得到有效保护。为保护好保护区这块"绿宝石"，尽可能减少公路修建对自然保护区结构完整性及保护功能、热带山地雨林及珍稀濒危植物、亚洲象通道产生影响，思小高速公路仅在选线上就历时5年。最终，选择了"最花钱、对环境影响最小的线路方案"，投资预算从30亿元增加到39.95亿元（最后精细的管理又节约了5.39亿元，实际完成投资34.6亿元），桥梁从54座增加到352座，隧道由2座增加到30座，桥隧总长占全线总长的近1/3。

小磨公路是昆曼国际大通道国内的最后一段，总长199km，项目全线位于西双版纳热带雨林区域，途经原始森林公园、热带雨林谷，跨越菜阳河、南哈河、罗梭江、南腊河等河流，沿线植物茂密、生物多样，工程建设与环保压力大。在路线选线和工程方案比选上，小磨公路遵循环保选线理念，减少开挖，增加桥隧比例，最大限度地保护生态；为保证当地生物资源不受破坏，线路两侧选用当地植物绿化，短时间内融入自然，做到"修旧如旧"，淡化了人工痕迹；隧道采用零开挖进洞，路基二次清场，线形设计上采用了道路虚拟仿真系统的创新技术，整条公路仿佛是在一种静悄悄的施工环境中"长"出来的。不仅如此，在保护区路段设立动物通道，回迁植物，保持了生物自然平衡，因为建设者们认为"钱可以再找，原生态环境无法再造"。在2010年12月26日于西双版纳召开的全国2010年生物多样性纳入规划环境影响评价管理会议上，小磨公路因坚持环境保护设施与主体工程同时设计、同时施工、同时投产使用，使公路与自然景观和谐，生物多样性保护完整，成为全国最成功的生物多样性规划环境影响评价管理的典型示范案例，并纳入该领域管理。会议召开期间，国家环境保护部、欧盟驻华代表、联合国开发计划署、中国（欧盟）生物多样性项目等专家和行政官员考察了小磨公路生物多样性纳入环境影响评价工作，认为"小磨公路真正实现了生物多样性的可持续发展，对全国公路建设工程中生物多样性纳入环境影响评价工作提供了最好的示范。"

安楚高速公路沿安楚二专线拼宽，改建里程达101km，占总里程的78%，设计选线本着"能合则合，不能合则分"的原则布线，尽量利用老路路线，减少农田占用。对沿线50株国家二级重点保护植物——翠柏，设计上采用避让措施，星宿江绵竹林地采用高架桥通过，恐龙化石保护区采用新线远离保护区。沿线噪声敏感区拉长距离在160m以外。

蒙新高速公路被称为"矗立在垃圾地质带上的彩虹"，因此特别重视设计工作，选择了地形复杂，但少占良田好地的线路，建成后形成了桥隧相连、隧道中建桥和长弯隧道群的奇观；石锁高速公路为服从城市规划，变堤为桥，设计时严格遵守"宁隧勿挖、宁桥勿填……"的环保理念，坚持边施工、边防护，设置隔音墙、低边坡，注重沿线居民的和谐环境，通道、供水、供电既考虑施工的需要，也顾及通车后居民使用方便。

（二）树立建设工程与周边环境和谐共存的理念

充分利用地形地貌特征，顺应地势合理选择路线走廊和灵活运用技术指标，发挥曲线线形顺应地势的优势，加大平曲线比例，注重平纵面协调均衡，力求线形的连续和流畅、与自然环境的协调；合理选用路基挡防及排水工程、桥隧工程等实体的外观及比例，灵活设置具有特色的停车区、服务区、观景台、临时停车带等设施，最大限度地提供舒适的行车环境；合理布设路线立交，为沿线区间交通的顺适快捷出入与集散、为沿线居民的出行提供最大方便；人、车、路与环境整体协调的系统工程理念将公路路线线形、实体结构物与沿线环境及景观等作为一个有机的整体进行系统工程设计，达到路线自身协调、线形与结构物相互协调、公路与环境相互协调，保护沿线环境、人文景观、自然景观及农田水利设施；在

第九章 环境保护

"精、细、美"上下大功夫,高度重视线形、结构以及每个局部、细节的处理,以追求自然朴实为导向,强化景观设计,尽力使之融入自然环境,让人感到"车在路上行,人在画中游",达到人与公路、人与自然的和谐。

昆石高速公路建设中与有关科研机构和院校合作,开展"昆石高速公路生态环境保护与景观设计研究",根据公路沿线气候、地形、人文、民族等特点,结合公路美学、公路景观及生态环境要求,把研究成果加以应用,精心设计、合理布局、科学配置,营造车动景移,自然景观与人文景观相互协调的空间走廊。昆石高速公路建设中首次将生态环境保护和景观设计运用到公路建设,其理念是综合运用科学手段、艺术的创新手法,结合昆明至石林高速公路沿线的气候、地形、自然景观、民族风情进行整体的规划和设计。起点路段中央分隔带,将原设计波形梁护栏变更为钢筋混凝土护栏和绿化,两侧设文化墙,既保安全、美观又减少日后养护费用。在全面绿化的基础上,在立交区、隧道洞门等显著区域或视点布置小品、雕塑等,使昆石高速公路建设成为具有生态环境景观、自然景观与地域民族文化景观特色的绿色通道和风景旅游线。在昆石人的质量观中,质量包括工程的内在质量与外在质量,外在质量就在于工程施工外部环境的"平、美、绿、顺"。为了保障外在质量,昆石高速公路投入环保资金达1亿多元。在昆石高速公路建设沿线,人们几乎看不到工程开挖后裸露的红土。昆石高速公路建设本着"开挖一片、绿化一片""老边坡、新路面"的原则,环保、水保取得了出色的成效,公路所过之处,青山依旧,绿水长流。昆石高速公路建设中将地域文化、云南民族风情和园林艺术融入公路景观建设,景观与生态环境保护工程投资3000多万元。将云南少数民族丰富的歌舞、服饰、绘画、雕刻工艺和昆明石林地区特有的彝族火把、阿诗玛、大三弦等物,通过现代设计手法展现出来,使公路景观既体现民族特色又富有现代气息。由于地理位置特殊,公路景观充分考虑了昆明、石林这个旅游大环境的需要,景观设计的主题思想定位为"体现地域民族特色,展示云南民族风情"。为此,设计人员对规划沿线原有的自然景观资源和人文景观资源做调查收集工作,拍摄了大量的照片,通过比较,成功地将这些文化和民族风情融入景观的设计要素中。此外,为了使整条高速公路景观达到统一而又富于变化的效果,隧道口、上跨桥、文化墙的景观都能准确、真实地反映云南少数民族文化的特色,小团山隧道采用了云南特有的牛虎案,昆明关上石虎关立交区出口的文化墙上则采用青铜凤纹、太阳纹饰,反映了云南少数民族的服饰文化和彝族对太阳的崇拜。为了适应驾乘人员在高速运动条件下对景观变化的要求,整个景观在设计尺度和空间把握上还采用了"大尺度、大空间"的原则,立交区采用大块模纹花带及成片的乔木栽植,气势宏伟,极好地烘托出高速公路简洁流畅的线形;而中央分隔带则参考中国园林设计中的"移步换景"法,频率每20m一变,以提高景观的视觉通透性,让驾乘人员充分领略自然景观,使沿线自然景观得到最大的利用,达到"佳则收之"的设计理念。引入园林和景观设计,昆石高速公路在全国是第一条,有关专家称其

"为全国公路建设开了先河"。

大丽高速公路经过大理、丽江两个国家著名风景区,因此,在立项之初就提出了"建设文化旅游公路"的建设理念,从设计开始就采用了高于典型示范工程的技术标准,纵坡达到了连续3km低于3%,弯道半径也达到了技术要求的最大值,让驾乘人员将大丽高速公路的行程变为惬意的山水景观游。

(三)树立"节约资源"的可持续发展理念

云南人口众多,人均资源贫乏,人均占有耕地少。在高速公路建设过程中,云南认真贯彻保护耕地资源的基本国策,坚持"统筹规划、合理布局、综合利用"的原则,兼顾沿线城镇的分布及其规划发展,减少和避免相互干扰,使其互相配合协调,做到合理利用路线走廊资源和确定路线线位;执行严格的耕地保护制度,少占良田好地,将耕地占用数量作为方案比选的重要依据,合理地利用土地资源,牢固树立节约资源的理念,走可持续发展道路;在确保安全、满足功能的前提下,处理好工程经济性与灵活应用技术指标的关系,对路线走廊、线位、线形、结构方案及构造形式等进行多层次、多方案、多因素的综合比选论证,确定经济可行、技术合理的最佳方案;树立全寿命成本理念,在多方案、多因素优选中对项目的前期建设投资及后期运养成本、项目自身成本与社会及环境成本同等看待,尽可能降低后期成本及对社会和环境的不利影响,提高项目的综合服务能力,用好建设投资,达到最佳经济效益。

在永仁至武定高速公路铺筑中,云南公投建设集团与长安大学通过对微表处混合料技术特性的研究,开发出了采用掺加沥青路面旧料代替新集料,技术性能达到常规标准的再生微表处技术。经测算,平均每平方米可节约1元,经过辊碾式破碎添加旧料比例高达50%,充分利用了旧料,实现了循环发展。

一辆汽车行驶在高速公路上,行驶带来的路面振动将转化为电力,可用于照明、监控、信号,甚至可以用于冬季路面融雪除冰。这不是幻想,而是一项名为"路面压电技术与设备集成研究"的低碳环保新技术,它就使用在麻柳湾至昭通高速公路上。2013年,《云南麻昭高速公路建设绿色低碳公路主题性试点实施方案》审查会在昆明召开,由交通部组织的与会专家讨论同意该"实施方案"通过审查,这标志着云南省第一条采用"融资—合作承包—偿还"模式建设的高速公路——麻昭高速公路正式被交通运输部列为全国首批绿色低碳公路主题性试点项目,这也是云南省第一条广泛应用新技术、新材料、新能源建成的低碳节能示范高速路。根据交通运输部要求,麻昭高速公路建设绿色低碳公路主题性项目实施期期限为2013—2015年,历时3年。交通运输部确定节能减排专项资金2013年补助额为1915万元。麻昭高速公路建设以绿色低碳为理念,全过程采用绿色低碳技术,实现绿色低碳效益,全方位进行绿色低碳管理,全面展示绿色低碳成果,建成一条安全、绿色、环境友好、景色优美的绿色低碳公路。

小磨公路通过组织实施省科技攻关计划项目"公路隧道太阳能照明系统",将研究开发的公路隧道太阳能照明系统整体应用于勐远1号、2号隧道,部分成果还应用于罗富高速公路富宁收费站,玉元高速公路小甸中、扬武隧道等。经观测,该系统运行稳定,基本无须维护,与常规电网供电隧道照明系统相比,装机功率是普通隧道照明系统的20%~26%,节约电能约62%,为云南省乃至全国公路隧道太阳能的推广应用起到了积极的示范和促进作用。

云南还通过污水过滤和循环利用系统,处理后的水作为高速公路绿化浇灌用水和景观用水,进行二次回用,减少了污水排放,节约了水资源。云南省公路投资公司就先后投入资金1453万元,对所辖公路服务区的28个污水处理及中水回用项目进行了改造。

三、施工建设阶段

高速公路工程施工具有工程量大、施工周期长、原始生态环境破坏严重和施工后原生态不可逆转等特点。施工建设期间,施工机械噪声会对居民生活环境造成很大影响,建筑材料存放以及运输会对空气造成粉尘污染;工程施工后,原有地形、生态环境和地貌也会发生相应变化,如土壤生物环境破坏、地表土壤破坏、区域性水土流失、原生态污染和地下水污染等。为了有效减少和杜绝高速公路施工建设带来的不良影响,云南高速公路建设、监理单位高度重视环保工作。

建设单位在建设项目征地拆迁阶段,积极配合有关部门做好征地补偿和拆迁安置工作,配合地方政府做好水利设施恢复工作,保证不影响农业生产,注重生态环境保护,保证植被恢复,减少水土流失,做到高速公路两侧"四季常青"。

大丽高速公路15合同段K108段落涉及古寺庙5座、千年古树6棵、树木群180多株,且当地2000户村民生活的唯一水源就在古寺庙下。为加强施工区域的原生态环境保护,保障当地村民的生产生活用水,专家组论证并征求指挥部技术负责人意见后,将原涉及拆迁段落变更为路肩墙,施工主线往东迁移2m,从而最大限度地保护了原生态环境区域。元江至磨黑高速公路惠清河弃方处置引用水利水坝的技术,以16万m^3废方筑坝建"土库",集中处处置固体废渣140多万m^3,获得了双赢。昆曲高速公路关箐段利用植物学移植技术,特意保留和保护岩体间植物水冬瓜的根茎,包扎伤口阻止水分散失,利用水冬瓜自身的繁殖能力恢复植被,达到自然交融点缀凸凹不平边坡,恢复了生机。

建设单位还高度重视施工过程中出现的噪声污染、水土流失、饮用水污染等问题,并采取相应的措施,降低影响程度,严格按照环境保护设计方案落实各项环境保护措施。思小高速公路野象谷隧道旁原来是一段箐沟,隧道施工过程中,这段箐沟成了弃土场,12万m^3隧道弃渣填出了一片18亩多的空地。不仅如此,建设单位还精心设计,将其建成一个独具特色、过往人员频频光顾的休闲园区。思小高速公路沿线像野象谷这样利用弃土场、荒地等设置的临时停车区、港湾式停靠站点就有8对、16处。高速公路旁设置港湾式停靠站点,在云南也是第一次。此外,在穿过野象谷路段的施工中,施工单位为了在建设中最大限度地减少对野生动物的干扰,一改以往炮声隆隆、热火朝天的施工场面,参与建设的3万多人默默进驻、悄悄动工。野象经常三五成群,轻松地来,悠闲地去,出没在施工现场,惬意地觅食、散步、嬉戏。

此外,建设单位还结合各项目的实际情况制定环境保护和水土保持管理办法,实行"一保、一奖、一处罚、二挂钩"奖罚制度,即保证环境保护,奖励环境保护开展好的施工单位,处罚破坏环境的施工单位,对指挥部、施工单位环保主要负责人进行奖罚挂钩;与施工、监理单位签订环保、水保责任书,将工程进度款的1%~5%作为环保、水保保证金,待项目工程环保、水保专项竣工验收后才予以退还。这些制度和措施,对施工中不按环保、水保要求实施的单位和个人起到了制约作用。

监理单位加大现场质量管理和稽查力度,严把验收关。一是将环境保护、水土保持工作纳入工程质量检查内容,通过听、看、查等方式进行检查,促进了环境保护和水土保持工作的开展。各指挥部加强对施工现场环保、水保工作的检查,检查中如发现未按环保、水保措施要求实施的,如随挖随倒、乱砍树木、挤河占道、乱弃、乱取等不文明行为,立即下发整改通知书,责令在规定时间内进行整改。逾期不整改的一律罚款处理,并用此款进行处置。昭待公路沿线自然环境脆弱,除斥资近2亿元(占总投资的3.86%)资金打造环保工程,布设较多深水大桥、高架桥及隧道进行水、环保外,指挥部还与北京华夏山川生态环境科技有限公司、云南省环境监测中心签订了建设期的水保监测和环保监测合同并委托长安大学编制了《水、环保监理实施方案》,规范了水、环保日常监理工作。二是在建设项目工程交工验收时,专门成立环境保护及水土保持工作检查组,对环保、水保工作进行检查,并将检查意见写入工程质量检测报告,为环保、水保验收提供了条件。通过验收的环保公路得到了国家及省环保、水利、交通主管部门的好评。2004年11月11日,中央电视台《新闻联播》专门报道了昆石等4条高速公路水土保持的工作成果。

因地制宜、就地取材,建设为生态让路,这样的场景在云南高速公路建设中随处可见。

为了不破坏勐仑、勐腊、尚勇3个自然保护区,最大限度避免大挖大开,小磨公路工程增加了7900万元投资架设桥梁,由此工程量加大了,施工难度增加了,工期也受到影响,但这些创新的措施使原生植物的环境基本保持了原貌。决策者们的共识是:若建设对原始生态造成破坏,再出多少钱也无法恢复原生态,钱可以再找,而原生态不可复制,这也是对社会、对后人的最好交代。小磨公路从基诺山路段行驶十余公里后,过往的驾乘人员还可以看到路中央为了绕开古树名木而专门留出一块绿色地带,将公路从两面分头绕开修建,堪称典范的独特景观。虽然形式上只是保护了几株古树,但珍惜自然的理念彰然

第九章
环境保护

于世。

在思小高速公路建设中,指挥部严格遵循云南省交通运输厅"保护自然、回归自然、融入自然、享受自然"的十六字工作方针,并将此转化为"融、弱、细、突"四字工作思路。融,就是将公路融入自然;弱,就是尽量弱化公路的结构形式,淡化人工痕迹,避免工程施工破坏公路沿线的自然美;细,就是做到精细管理,精心施工,注重环保工作细节;突,就是突出景观重点,突出地方和自然特色。思小高速公路通车后,以其别具一格的品质,再度成了社会高度关注的焦点。人们的关注不再是疑虑,而是对这条生态大道的高度赞誉。2006年5月13日,时任中共中央总书记、国家主席、中央军委主席胡锦涛全程视察了思小高速公路,对公路建设注重环保与生态、节约土地资源给予了充分的肯定。他说,只要落实科学发展观,不仅开发建设与环境保护可以共赢,人与自然完全可以和谐相处。之后,时任国家副主席习近平、原全国政协主席李瑞环、国务院副总理回良玉、交通运输部部长李盛霖先后视察了思小高速公路。2007年全国交通工作会议总结了思小高速公路等路段生态示范工程的建设经验,提出坚持以科学发展观为统领,加快建设创新型、资源节约型和环境友好型的交通行业的理念。云南省政府研究室曾到思小高速公路调研,对项目建设的成功经验给予了高度评价。2006年9月,思小高速公路被正式确定为交通部典型示范工程,2007年11月交通部在云南景洪召开的全国公路建设座谈会上,要求把思小高速公路建设的成功经验在全国进行推广应用。2008年7月,思小高速公路被水利部评为全国生产建设项目水土保持示范工程,这是思小路2007年被确定为全国公路工程典型示范工程之后获得的又一个国家级荣誉。2013年6月18日,交通运输部在无锡召开的全国绿色低碳交通运输体系建设试点示范推进会上,云南省公投公司在会上也重点介绍了以思小高速公路为代表的绿色低碳高速公路建设情况,受到全国同行的肯定。

新河高速公路建设中十分重视生态环保建设,成效显著。在施工中杜绝了破坏生态环境、乱挖乱弃的发生,新河路沿线的自然环境、生态、河流没有因施工而受到破坏和污染,上级和环保有关部门给予了较高评价。此外,原生态恢复也是新河路上的又一亮点。为了使这条国门高速公路成为生态路,新河高速公路的绿化不引进洋树种,全部选用本地土生土长的本土植物。科研人员深入调查当地植物群落,采集大量树种进行培育试验,并建立了苗圃,在边坡绿化中,采集公路沿线边坡表土,让土生土长的草种在公路边坡上自然生根发芽,采用挂网、人工扶土的方法,进行原生态恢复。这一做法使得新河高速公路更具地域特色。

水麻高速公路首次在省内增设了水、环保驻地监理工程师,使工程质量、安全与水、环保工作落到实处,得到交通运输部、云南省交通运输厅领导及专家的肯定和赞赏。水麻高速公路聘请国家、部、省、环保、水利部门专家对建设、施工、监理三方环保工作人员进行施工环境保护培训,增强责任意识,并采取相应措施做好环保工作。水麻高速公路工程沿线沟壑纵横、峰峦叠嶂、地形狭窄,生态环境脆弱,断裂带、断层构造众多,滑坡、崩塌、危岩落石等不良地质随处可见,在这样的地形条件限制下,老店子1号、2号隧道采用螺旋式展线升坡,成为螺旋式隧道。通过2座隧道和7座桥梁,螺旋展线长度达5525m,集中升坡88.91m,形成壮观而美丽的"水麻之结",在全国高速公路建设中尚属首例,世界高速公路建设史上也极为罕见,为山区高速公路建设提供了新的展线方式,既节约了土地又保护了地表植被。为杜绝施工过程中随挖随倒、乱砍树木、乱挤占河道等行为的发生,水麻高速公路建设时还坚持先挡后砌。委托国家和部环境监测单位,负责监测工作。建设、施工、监理三方分别定期不定期检测环保情况,发现问题及时纠正。

元磨高速公路穿越哀牢山和无量山,跨越元江、阿墨江、把边江三大峡谷,海拔高差达2000m,当时被国内权威专家定性为"建设难度居全国之首"。由于特殊复杂的地质地形、横坡陡峻、山高谷深,突起突降、路堑边坡数量甚多,为攻克边坡防护难关,设计施工中采用了地质平面仪、地震CT等地质勘探技术探明地质结构,并进行稳定性验算。分别采用拱形肋式护坡加生物防护、预应力合同绞线锚固或钢筋锚杆锚固加生物防护措施,边挖边防护,确保边坡稳定。生物防护因地制宜,根据元磨高速公路海拔高差大,具有"一日有四季""十里不同天"的立体高山气候特点,遵循植物演替规律,创造与当地自然条件相适应的植物群落的原则确定树、草品种。在海拔450～1000m气候较热地区采用以新银合欢、三叶豆为主的速生耐旱灌木草坡,在海拔1000～1700m地区采用以车桑子、三叶豆为主的速生耐旱灌木加上苇状羊茅、白三叶为主的丛生深根性草本共同组成的灌木草坡,实现了生物防护、固土护坡、四季常绿、恢复自然、美化路容的效果。

保龙高速公路建设中,施工单位驻地尽量租用沿线已有房屋,减少驻地建设对环境影响。边坡防护采用动态设计、信息化管理模式;实行集中弃土,弃土场按照"先拦后弃""上拦下截"的原则,有效防止水土流失;改河路段充分利用了原有河道,改废弃河道为弃土场,集中弃土并及时进行生物恢复和复耕;严格控制林木砍伐,严格执行"不破坏就是最大的保护"的原则,严格控制对桥梁下部、隧道仰坡及路基边线附近林木、植被的采伐;隧道洞口采用明洞延长,尽量减少洞口仰坡的开挖,避免扰动山体坡面。

罗富高速公路边施工边防护,重点做好废弃土处置、农田保护、河流保护、景观保护和设计,做到"土不乱挖,弃土不乱弃,占用要补偿,损坏要赔钱",最大限度地恢复植被和耕地,实现绿化物种本地化,使公路融入自然。

平锁高速公路南盘江沿岸山高坡陡,造成大量高边坡,主要工程为路基开挖,给环保、水保带来巨大压力,为此施工中将13.8km的路基分为两台,不少路段一台建路一台建桥。减少了数十万方的土石方开挖,不仅有效保护了环境,同时也形成了半边是路半边是桥的独特景观。

昆明东绕城高速公路全线有3477棵桥梁桩基础,大多采用人工挖孔,减少对环境的破坏。18个桥梁预制场,17个设在已成型的路基上,减少对土地的占用和对环境的污染。

石锁高速公路在施工中,提出"最小限度的破坏,最大限度的恢复"。对植被较好地段,会同设计、监理、施工单位共同研究调整方案,有效地保护了植被,也为后期恢复植被降低了成本。为充分利用沿线贯穿有石林风景区、东风农场葡萄园、弥勒湖泉生态园、竹园甘蔗林、天然竹林以及通往元阳观音洞风景区、文山壮族苗族自治州、哀牢山的哈尼梯田的旅游主要道路等自然优势,以国家利用和保护自然生态景观的严格要求为契机,提升了高速公路的自然、生态化程度,实现了建设保护的双赢。

昆安高速公路桥梁比重大,全线共有2000多棵钻孔灌注桩。全线桩基钻孔产生的泥浆达140多万 m^3。为妥善处理这些泥浆,避免对环境造成污染,指挥部与施工单位签订了环保协议,让施工单位交纳环境保证金。钻孔产生的泥浆要求全部外运,选择一些箐沟倾倒,筑起土坝后,让其自然风干,再种上草。钻孔时,施工单位先在钻孔旁建好泥浆池,将钻孔产生的泥浆引入泥浆池,再用专门的泥浆运输车运走,这些泥浆运距最远的有20多公里,为环滇池环境保护尽了最大的努力。

砚平高速公路开工之初,指挥部就制定了严格的环境保护措施,规范施工行为,要求环境保护工程与道路工程同步实施,在进行桥涵、通道、立交等施工时,尽量减少对原有水系及道路的影响,在沿线的停车区、收费站、综合服务区等区域设置了污水处理系统。施工中,注意合理选择施工场地,减少施工期间污水、废料、噪声、占地造成的影响,对所有施工场地规定竣工后必须恢复原有地貌景观。

大丽高速公路施工前,指挥部先对项目沿线树木逐一调查,将7万多株珍贵树木统一移植至苗圃,待路基完工后再将苗圃里的树木移植到大丽高速公路绿化规划区。移植的树木均用于大丽高速公路绿化,不得运往别处。提前移植,一方面能够降低成本,另一方面可以使原生植物得到很好保护,为最大限度地保护公路沿线原有的生态环境发挥重要作用。

一个个新理念、新举措充分体现了高速公路服务百姓的发展理念,也体现了云南对于建设生态环保路的追求。在打造一条条生态环保示范样板路的过程中,云南高速公路建设者也提升了环保意识,通过"以点带面",更多体现云南特色、与周边自然环境相融相生的生态环保大道相继建成,实现了"全面开花"。

四、运营管理阶段

高速公路建成运营后,会对公路周围的大气、水、声以及土壤环境造成不同程度的影响。为了预防、减缓甚至杜绝这些影响,云南始终最大限度地保护沿线耕地和生态环境,尽量坚持原有的自然面貌,注重做好当地水系路系的恢复、耕地农田的保护工作,着力为子孙后代留下一条条环保、生态、和谐的高速公路。

(一)严格执行工作程序　提升环境监管能力

结合不同时期高速公路建设的特点,进一步完善高速公路建设环境保护工作机构和人员设置,并建立健全高速公路建设环境保护工作目标责任制,逐级下达环境保护工作责任目标,严格执行相关工作程序以适应交通运输部环境保护工作职能的调整;适时开展高速公路建设环境保护工作考核,以量化目标为考核内容,纳入各级交通运输主管部门的年度考核,逐步提升高速公路建设环境监管能力。云南省人大、政协以及部分省人大代表多次到大保、思小、保龙、保腾、水麻等高速公路视察,现场听取高速公路环境保护情况,并对所取得的成效予以充分的肯定,对存在的问题提出整改要求和有效建议。

(二)强化资金保障　加大科技创新

加大对高速公路建设环境保护和环境综合利用的研究和开发,增加研发经费投入,鼓励有条件的企业及科研院所等社会力量开发绿色交通技术产品,推动技术转移体系的完善和发展。在有条件的公路隧道、收费广场、庭院照明及监控系统等引入太阳能供电,避免了非再生能源的消耗,减少了污水排放,节约了水资源;在高速公路路面养护中,依靠科技创新,大量应用废旧沥青和水稳混合料,采用水稳基层厂拌冷再生、基层就地冷再生、泡沫沥青和乳化沥青厂拌冷再生、沥青面层厂拌热再生、温拌沥青混凝土等技术;积极开展公路隧道照明综合节能技术应用,先后实施和完成了大风坝、马道子等20多条高速公路隧道照明节能技术改造,采用节能灯15726盏替代14109盏高压钠灯,装机功率由原来的2720kW降低到1051kW,并对63座隧道实施了LED主动发光诱导技术改造,共投入隧道综合节能专项改造资金9000多万元。大保高速公路马道子隧道实施了LED照明技术、有源滤波技术和车辆感应照明控制技术,综合节能效果明显,被列为交通运输行业第五批节能减排示范项目。目前,在建和拟建公路隧道将全部推广应用节能照明光源,节能理念已完全融入公路建设中。

(三)注重退耕还林与植被恢复工作

针对云南山岭重丘区的地形特点,认真开展高速公路建设边坡、取弃土场、临时用地、施工便道等生态修复工作,重点抓好建设项目施工期间挖填方的平衡,妥善处理工程弃土废渣;结合地方文化特色和旅游资源特色开展了一系列交通绿化工程,打造了一批具有生态景观服务功能的旅游、文化公路。

1996年,在昆明至曲靖高速公路建设中就首次引进瑞士喷播机械对边坡进行喷播植草,恢复植被。这一做法也揭开了云南高速公路生态建设的篇章,同时促进了云南省高速公路坡面植被恢复等生态建设的发展。2002年,昆石公路边坡植被恢复中首次引入客土喷播技术,通过喷播基材使石质边坡上长出了灌木和花草,从此解决了云南省公路岩石边坡的植被恢复问题,并在其后的安楚、思小等高速公路岩石边坡植被恢复中得到了应用。应用较多的客土有有机基材、厚层基材、木质纤维材料、喷混材料、运用植生袋客土等。丽江至香格里拉高速公路结合周边环境和工程特点,充分发挥地方民族风情与独特的自然风光,开展生态文明示范公路建设,提升公路生态环保和综合服务水平;锁龙寺至蒙自高速公路、黄土坡至马金铺高速公路等均结合地域文化特色和自然环境特征,建设了相应的生态景观工程,对服务设施进行了生态景观化改造。

(四)加强验收管理　凝聚环保共识

高速公路建设完工后,要求水土保持设施同时完工,并依据批准的水土保持方案及批复文件,由县级以上地方人民政府水务行政主管部门负责对水土保持设施进行验收。验收内容包括水土保持设施是否符合设计要求,施工质量、资金使用和管理维护责任落实情况等。对于存在的问题,提出相应的处理意见,对验收不合格的项目,责令建设单位限期整改,直至验收合格方能投入使用。严格的验收管理工作,增强了施工单位做好环境保护工作的自觉性。2014年12月26日,由云南省交通运输厅组织,云南省公路开发投资有限责任公司具体实施,交通运输部公路科学研究院、招商局重庆交通科研设计院、云南省交通规划设计研究院、云南云岭高速公路交通科技有限公司等科研、设计与施工单位共同参与完成的昆龙高速公路运营节能科技示范工程项目经交通运输部科技司组织验收通过。该示范工程结合国内外相关行业节能技术的最新成果,主要采用4大类12项节能技术对沿线40处设施进行节能技术改造。

通过20年的高速公路建设实践,环保理念越来越深入人心,建设环保型可持续发展高速公路的氛围也越来越浓厚。

第十章
工程实施

在20多年的建设发展历程中,云南高速公路从无到有,到2016年高速公路里程4136km,来自全国各地、各行各业的施工企业和广大职民工功不可没,他们是高速公路建设的一线操作者。他们用鲜血和汗水、智慧和力量,把一分一厘的投资熔铸成每段路基、每座桥梁和每座隧道,把畅通快捷的康庄大道呈现在我们面前,最终把云南经济发展、社会进步、全民小康的进程推上快车道。

云南高速公路建设的一个个高潮期,为各公路建设施工企业提供了极大的发展机遇。在这样的历史机遇中,许许多多的企业由小变大,由弱变强,从传统的小施工企业变成了充满生机活力、富有广阔发展前景的大型现代企业。各类施工企业在奉献了一条条高速公路的同时,也光彩地诠释了自身发展。

第一节　开放市场　同台竞技

云南高速公路建设从起步开始,就是一个开放透明的建设市场。高速公路建设项目通过公开招标,全国、全省公路、铁路、港航、交通武警等行业具备资质的施工企业,先后参与了云南高速公路建设施工,成为我国公路施工企业同台竞技的大舞台。云南高速公路建设为我国道路、桥梁和隧道施工企业提供了复杂的地质样本,设置了丰富的难题类型,见证了多样的气候特征,攻克了大量的世界级难题,为企业积累了厚重的施工履历,为我国建筑施工能力走向世界、勇攀世界之巅创造了条件。在云南高速公路建设中,各路桥施工企业取得了长足的进步,实现了新的跨越,积累了世界先进的施工及管理经验,为我国走上世界桥隧大国和强国提供了扎实的历练过程。

在云南高速公路招投标建设中,纳入省交通运输厅信誉记录的施工企业达340多家,这些企业来自全国各地,有中央企业、地方国企甚至民营企业,涉及铁路、公路、港航、工程武警和建筑等行业和领域,只要具备国家规定的高速公路建设施工准入资质的企业,均可参与云南高速公路建设施工投标。央企和发达省区的路桥施工企业,给云南带来了先进的施工技术和管理经验,带来了规范化、制度化、标准化的施工组织理念,有效地促进了云南高速公路建设施工的规范化管理进程，为加快云南高速公路建设步伐作出了重要贡献。在部分企业先进的施工组织管理经验的基础上，交通运输部还在全国总结推广了高速公路建设"五化"标准，倡导"让标准成为习惯，让习惯符合标准"的理念，以标准化促进项目建设施工上水平，以"发展理念人本化，项目管理专业化，工程施工标准化，管理手段信息化，日常管理精细化"引领高速公路建设施工新方向，把我国路桥施工企业的自身建设推上了一个新的高度，大大推进了企业施工能力和管理水平的提升。

随着我国内地省区高速公路网的不断完善，云南高速公路建设与发达省区的差距不断扩大，云南逐渐成为我国高速公路建设的主战场，也是全国路桥施工企业竞争角逐的重要市场。在招投标建设项目、合作投资项目、BOT项目、PPP项目等各种建设模式中，都有央企、省内外企业的身影。部分央企在云南实施了投资、施工、营运一体化建设模式。如中交集团承建蒙自—文山—砚山、宣威—曲靖、新昆明—嵩明的3条高速公路，山东高速承建红河州多条高速公路；有的承建BOT建设项目，如中铁集团二公司承建的富宁—砚山、锁龙寺—蒙自、蒙自绕城高速等高速公路项目；有的参与云南高速公路合作建设项目，如中交建设集团和中国建筑股份有限公司参与承建华坪—丽江等高速公路项目，在这一过程中，这些企业带来了资金、先进的技术工艺和经营理念、管理思维，成为推动云南高速公路建设步伐的重要力量，占据了云南高速公路建设市场的半壁江山。

随着投融资体制的改革和模式的变化，云南本土的高速公路建设管理企业也逐步解放思想，更新观念，深化改革，全面进入云南公路建设市场。在这一过程中，云南省内的路桥施工企业也实现了跨越式的发展，逐步成长为具备国内外高速公路建设施工能力的现代企业。其中代表性的路桥施工企业有：云南第一路桥工程集团、云南第二公路桥梁工程有限公司、云南第三公路桥梁工程有限责任公司、云南路桥股份有限公司、云南阳光道桥股份有限公司、云南云桥建设股份有限公司、中国云南路建集团股份公司、西南交通建设集团股份有限公司，以及后起之秀云南云岭高速公路建设集团有限公司、云南公投建设集团有限公司、云南建设基础设施投资股份有限公司、云南省交通发展投资有限责任公司等。

这些企业均是云南高速公路建设施工的骨干企业，都具备高速公路总承包一级以上施工资质。新组建成立的云南公投建设集团有限公司、云南云岭高速公路建设集团有限公司等企业，已具备投资、设计、建设、施工及营运管理一体化能力，成为云南省高速公路建、管、养及经营开发的航母级企业集团，具备国内外高速公路等融资、投资、设计、施工、营运、开发等能力的大型龙头企业集团，具备了雄厚的国内和国际竞争力。

第二节 云南企业 羽翼渐丰

云南的路桥施工企业是云南省高速公路建设的重要力量,在云南高速公路建设中具有主场优势,全省所有高速公路建设项目中,云南本土企业都占据了半壁江山,为云南公路交通运输事业的进步做出了重要贡献,成为推动云南经济社会发展的重要力量。

伴随着新中国不断加快公路交通建设的步伐,云南路桥施工企业从无到有、从弱到强成长起来。大部分企业经历了从军管、事业再到企业的发展历程,走过了承建等外路、低等级路再到高速公路的不同时代,参与了完成指令任务、参与招标竞争再到参股建设高速公路的实践探索,履行了修建翻身路、国防路、团结路再到致富路的历史使命。施工企业的发展见证了公路运输的发展,推动了经济社会的进步。时代进步的需要推动了公路运输的发展,公路发展的需求推动了施工企业的壮大,施工企业的壮大最终又成为推动经济社会发展的重要力量,这是一个内生动力的良性循环。因此,施工企业是云南高速公路建设的直接力量,高速公路建设的成就离不开它们做出的重要贡献。

1950年成立的云南省军区滇藏公路局,是云南第一路桥集团的前身;1960年3月组建的"南盘江大桥指挥所",是路桥二公司的前身;1951年8月成立的交通部公路总局第六工程局第三工程处,是路桥三公司的前身;1958年10月组建的云南省公路工程局第四工程处,是云南路桥股份有限公司的前身;1958年2月成立的"云南省公路管理局工程队",是云南阳光道桥股份有限公司的前身;成立于1956年的云南省公路局桥工大队,是云南云桥股份有限公司的前身。2015年3月,云南省公路开发投资有限责任公司深化体制改革,将下属的云南云岭高速公路桥梁工程有限公司、云南云岭高速公路养护绿化工程有限公司2个子公司分别改组为云南云岭高速公路建设集团有限公司和云南公投建设集团有限公司。

这批施工企业诞生于新中国成立初期云南公路建设事业的起步阶段。云南现代公路交通运输网在这批施工企业的手中形成,它们是云南现代公路交通事业的奠基者,是新中国云南公路交通事业的第一批功臣。从党委、政府的决策,到主管部门的规划设计,再到建设管理的组织实施,无论多么宏伟绚丽的蓝图,都是通过施工企业来实现的。而当每一条高速公路建成,它们却转战新的战场,长年累月永远跋涉在没有路的地方,成为默默无闻的幕后英雄。

特别是20世纪90年代以后,西部大开发、面向西南开放的桥头堡、建成面向南亚东南亚辐射中心以及孟中印缅经济走廊等国家战略的相继实施,云南高速公路建设迎来了一个又一个的春天,也为云南路桥施工企业的发展壮大提供了广阔的大舞台。短短20年间,大部分企业桥梁工程施工由小到大,由低到高,由少到多,由短到长;隧道工程施工从无到有,实现零的突破。桥隧工程并举,提高了企业全面施工的能力,赢得了更加广阔的高速公路建设市场。伴随企业实力的壮大,企业从单一的公路施工经营迈向了多种经营,形成了集公路施工、公路养护、市政建设、勘察设计、公路项目投资开发等多种产业的综合性企业。大部分企业年产值从最初的几十万元发展到现在的几十亿、上百亿元,云南云岭高速公路建设集团有限公司和云南公投建设集团有限公司注册资本金高达50亿元,2016年,两个集团公司的年产值均达到了100亿元以上。

一、人才培养

从几个云南老的路桥施工企业的历史沿革和档案材料来看,20世纪50年代至70年代,企业的从业人员绝大多数是为了国家的安全,以军事化编制进入修"翻身路""大三线"建设的人员,主要包括来自农村的民工、部分党政机关工作人员以及少部分经过短期培训的工程技术人员,生产施工主要是以重体力劳动为主,属于劳动密集型的生产方式。从业人员文化素质普遍偏低,文盲半文盲所占比例较大。

20世纪80年代以后,改革开放的春风吹遍中国大地,云南交通建设迈入了新的历史快车道。为适应企业的发展,适应高等级公路建设对经营管理等高层次人才的需求,各企业奋发图强,锐意进取,结合公路机械化施工要求,多渠道培养和引进各类专业技术人才,为企业后来从事高速公路建设储备了人才资源。云南路桥股份有限公司从1998年开始,平均每年从各类大中专院校招收应届毕业生150人以上,公司职工整体文化素质得到了提高。云南阳光道桥股份有限公司"九五""十五"期间,每年接收大中专毕业生近百人,"十一五""十二五"期间,平均每年接收大中专毕业生近80人,有的年份近200人。

20世纪90年代,云南拉开了修建高速公路的序幕,企业原有管理、施工建设等人员难以适应修建高速公路的要求。云南路桥施工企业充分认识到人才对企业发展的重要性,以高速公路建设为契机,在对职工加大培训力度再提高的基础上,结合高速公路建设,进一步加大各类专业技术人才培养、引进、储备力度。各企业通过全面加强组织领导、创新人才管理理念、确立工程技术与管理专业人才培养目标、广泛选拔聚集人才、建立适应市场经济的企业薪酬制度等措施,大胆使用优秀中青年技术骨干,让其在生产一线和各个层次的管理岗位上担当重任,培养出了一大批业务精、善管理的业务骨干和管理人才,实现了从传统人事管理向战略人力资源管理的转变。

进入21世纪,各企业普遍拥有了高级职称的高级工程师、高学历的研究生以及注册建造师、造价师、会计师等专业的企业管理和专业人才。从企业成立之初的低学历、低技术程度人员到拥有高学历、高职称等各类高层次专业人才,企业的人才构成实现了质的飞跃,为企业的发展发挥了重要的作用。

二、科技进步

1992年前,云南的公路隧道修建基本是一片空白,在已修建的5万多公里的公路中,仅有总长2.3km的隧道24座,而且多数是废弃的铁路隧道改造而成的。公路施工技术的滞后,严重制约了云南路桥施工企业的发展。直到云南第二公路桥梁工程有限公司参与修建的楚雄至大理高速公路控制性工程九顶山隧道1999年5月建成通车,才结束了云南路桥施工企业没能力修建高速公路隧道的历史。

隧道如此,公路大桥、特大桥的修建对于1990年前的云南路桥施工企业来说,也是遥不可及的事。云南路桥施工企业的桥梁施工技术同样落后,在20世纪90年代以前,能够独立承担斜拉桥施工的仅有云南云桥建设股份一家,全省当时共有7座斜拉桥,全部为云南云桥建设股份有限公司修建。

由于技术手段落后,云南的路桥施工企业曾连续多次投标未中,在云南修建高等级公路发展势头正猛的初期丧失了很多机遇,只能承担一些边角零星工程,致使企业一度陷入十分困难的境地。

在多次尝到被动挨打的苦头后,各企业横下一条心,勒紧裤腰带,增加科技投入,充分依靠技术进步,走科技兴企的道路。20世纪90年代中期,云南高速公路事业的发展,促进了云南路桥施工企业科学技术的进步,也为企业开展科技创新提供了广阔的舞台。各企业通过参与高速公路的建设,牢固树立依靠科学技术振兴企业的发展战略,保障科技经费的投入,科技创新取得了长足的发展。

云南云岭高速公路建设集团有限公司坚持推进科技兴企战略,以重大课题和QC课题为切入点,2013年申请成为云南省科技创新型企业,2012年成立的云南省高原山区桥梁隧道加固工程技术研究中心获得了云南省科技厅2015—2018年的建设任务,为推动公司科技创新搭建了平台。公司成立以来累计获省部级工法12项,其中"公路隧道三台阶五步开挖施工工法"获推国家级工法1项,获授权实用新型专利12项、发明专利9项、软件著作权1项。

云南公投建设集团有限公司加大科技研发投入,联合高等院校和科研机构组成"产学研"技术创新联盟,合力破解重大课题。公司成立以来获得云南省科技进步奖3项、中国公路学会科学技术奖6项、云南交通科学技术奖4项,获发明专利3项、实用新型专利5项、外观设计1项、软件著作权1项,发布云南省地方标准3部,获得国家级工法1项、省部级工法7项,建立了从沥青材料到集料生产、配合比设计到施工技术与评价的科研链条,形成了具有自身特色的技术创新体系,具备了国内外科技交流合作能力,成为昆明市企业技术中心之一。

中国云南路建集团股份公司的公路工程设计院于2012年3月14日取得公路行业甲

级设计资质以来,完成公路项目设计1000余公里,设计产值逾亿元。

云南阳光道桥股份有限公司攻克完成的"高分子复合改性沥青"等多项研究课题,能自主开发出适合各种特殊用途的乳化改性沥青,被昆明新机场指挥部直接指定负责组织实施沥青道面足尺试验段的研究与施工。

西南交通建设集团股份有限公司通过持续科技创新,解决技术难题达100余项,承建并完成了一大批技术含量高、难度大的国家和云南省的重点工程建设项目,如西南最大的昆安高速公路第六合同段特大立交桥,单跨长度160多米的澜沧江功果大桥,环保要求最高的高海、小磨等高速公路重大工程。2001—2010年,公司先后有46项管理和科技成果被推广应用。

云南路桥股份有限公司先后取得16个省级施工工法、15个实用新型专利、1个国家级施工工法等成果,2012年被国家科技部等四部委联合评为"高新技术企业",2014年被云南省科学技术厅认定为"云南省科技小巨人企业",2015年被云南省科学技术厅认定为"云南省知识产权优势企业培育单位"。

云南路桥施工企业对新工艺、新技术、新材料的学习、研究推广和运用,为持续提升企业科技竞争实力、实施企业战略提供了强力支撑。

三、设备升级

多年来高速公路建设的历史机遇使公路施工企业在装备上有了质的提升。云南路桥施工企业在机械化施工技术与组织、机械设备的合理使用与维修、科学管理等方面都取得了十分显著的成就。到20世纪90年代末,施工机械已取代了手工操作,路基、路面、桥梁、隧道进入到机械化一条龙施工,大大加快了工程进度,提高了工程质量,促进了企业发展。

20世纪50年代,云南路桥施工企业公路修建生产力低下,施工全靠人挑马驮,主要采用钢钎、大锤、撬棍、板锄、十字镐和畚箕、扁担、木轮车等极其简单的生产工具手工操作,被人们戏称为"7100"部队,即一把锄头、一根扁担、两个框。为提高工效,筑路工人动脑筋、想办法,进行技术革新和小发明、小创造,发明创造了单人冲钎、底层爆破、巧撬松石、钩担甩土、多槽形、漏斗形排土等进行路基土石方施工。路面主要是人工敲碎石和手工铺筑,碾压由人力拉石碾砣后来逐步过渡到有轻型少量压路机碾压。

到了20世纪60年代,云南路桥施工企业的施工设备基础仍然薄弱,建设规模小,技术落后,但生产力相较20世纪50年代有了一定的提高。这时期的路基施工排土,由木轮车、胶轮手推车替代了畚箕扁担。路基开挖重点石方地段,开始使用风动凿岩机打眼爆破,路面施工开始使用压路机碾压,但路面碎石的采备仍是以人工敲石为主。

20世纪70年代,云南路桥施工企业逐步增添了部分施工机械,东方红AE60HP和红旗100推土机等施工机械投入路基施工。在路面铺筑过程中,石料的开采、破碎、运输和碾压开始使用8t～15t压路机、空压机、碎石机、自卸车辆,逐步走向人机合作的施工模式。20世纪70年代是云南省黑色路面迅猛发展的时期,在公路铺筑过程中,石料的开采、破碎、运输和路面的碾压,基本实现了简单机械化作业,沥青撒布开始用小型撒布机,后使用撒布车。在大型桥梁施工方面,各工种均已不同程度地使用机械施工。

20世纪80年代后期,云南进入高等级公路修建阶段。随着高等级公路项目的复杂程度越来越高和建设规模的不断扩大,对施工装备进行更新换代是必然的要求。云南路桥施工企业开始全面配套使用推土机、挖掘机、压路机、装载机、平地机、自卸车、稳定层拌和机、摊铺机等先进的现代施工机械,在节省劳力、保证质量、加快进度、提高工效、提高生产效率和经济效益等方面显示出了机械化施工的优越性。这个时期,云南公路施工开创了山区深谷的建桥技术,应用拱桥转体施工法,以简单的机具将两岸预制的两半跨拱箱整体旋转就位合龙;公路隧道采用半断面和全断面开挖施工,开创了公路隧道机械化施工的新局面;施工过程中采用全电子测量仪器测量放样,利用检测仪器监控工程质量,利用计算机程序控制纠偏等新技术。

工欲善其事,必先利其器。进入20世纪90年代,云南路桥施工企业的机械化程度向着高、新、尖方向发展,各企业纷纷加大投入购置大型的沥青混凝土拌和设备、挖掘机、平地机、沥青混凝土摊铺机、潜孔钻机等国产或进口的施工机械设备,适应了高等级公路建设需要。这些装备的配置,使公路施工企业真正进入了现代施工企业的行列。

21世纪以来,随着系统化、社会化、信息化、一体化施工等绿色环保新理念的推行,云南路桥施工企业的施工机械逐步向智能化、低碳化、人性化发展,各企业选择机械设备不再把设备的动力和价格作为主要参考指标,而是重点选择节能高效、低碳环保、智能化人性化程度较高的施工机械来装备企业和提高企业的施工能力。这些先进的施工机械装备,为满足承建项目的艰巨性和技术复杂性,奠定了强大可靠的基础。

第三节 精细管理 推行"五化"

质量是企业的生命。云南高速公路施工企业坚持"质量兴企、科学管理、诚实守信、创优树牌"的质量方针,视质量为企业生存和发展的根本保证,全力抓好质量、进度和安全生产管理,确保项目建设有序进行。

一、项目管理精细化

云南高速公路施工企业在参与高速公路建设施工过程中,不断推进工程项目管理模式转型,改革企业经营管理模式,加快市场化步伐,加大高速公路施工项目精细化管理力度,使精细化管理的各项制度、办法、措施真正落地生根。

(一)开展"精细化管理"活动

全面推行"五化"管理,使施工组织由简单粗放向精细科学转变,工地环境由散乱不整向集约文明转变,工程品质由重视实体向内实外美转变。根据项目"五化"管理目标的重点,通过逐渐优化标准化管理手段,遵循注重细节、立足专业、科学量化的日常精细化管理原则,追求"精、准、细、严"的日常管理要求,推行精细化管理,促进把粗活做细、细活做精,保证工程质量符合规范要求,建设精品工程。

(二)加强预算管理

对高速公路施工项目全面实行以责任成本为核心的项目预算管理,规范项目管理基本流程,严格考核、审计、兑现,强化"红线"管控,确保人人有指标、个个有责任,最大限度调动项目管理者、实施者的积极性。

(三)健全工程项目标准化管理体系

制定项目作业指导书,认真做好项目策划书、项目管理责任书、项目部实施计划书、项目定期报告、项目审计报告,实现项目管理标准化与信息化的深度融合,强化全员、全过程的成本管控,堵塞效益流失的漏洞。

二、质量管理标准化

云南高速公路施工企业紧扣质量标准化主题,全面推进质量标准化,积极开展质量提升行动,实现了施工质量向标准化转变,标准向品牌转变。

(一)建立健全质量管理办法

各企业依据国家有关法律法规,各种施工规范和标准、工程建设标准强制性条文及公司质量管理体系程序文件,制定了严格的质量管理办法及措施。以企业质量、环境、职业安全健康综合管理体系运行要求为核心,以工程质量为中心,精心组织,科学管理,严格按规范及合同条款进行施工管理。同时,始终坚持把质量管理体系要求贯穿于工程施工过程中,加强施工过程中的自检和交接工作,坚持"上道工序不合格,下道工序不施工",工程质量实行全方位控制、全过程控制、全员控制的"三全控制"。

(二)强化质量标准化培训

各企业通过各种会议、劳动竞赛、现场观摩、宣传栏、标语、提示牌等多种手段和形式,深入宣贯质量负面清单和交通运输部标准化要点,宣传、鼓励、引导施工现场质量标准化活动,使各级管理人员进一步明确标准、掌握标准,更好地贯彻实施标准。

(三)全面推行施工标准化

项目部驻地建设都按照标准化要求进行布设。新开工的项目都按照混凝土集中拌和、梁板和小型构件集中预制、钢筋集中加工的原则进行前期建设。

打造标准化实验室。严格执行法规标准,完善管理制度,规范施工流程,对重点控制性工程实施严格监管,对路基、路面、桥梁、隧道、交安设施、绿化工程等进行全面管控,确保试验检测符合标准化规范要求。

全面强化过程管理。项目经理部切实履行实施主体责任,制定完善现场施工标准化推进实施方案,抓好施工全过程的标准化控制,做到细化目标、分解责任、全面巡查、全程监控、严格把关,把标准化落实到每一个环节、每一道工序。

全面实施考核奖惩。逐级签订质量标准化创建目标责任书,制定完善施工标准化建设考核办法,明确标准化创建达标要求,建立考核、评估、激励机制,实行严格的奖惩措施。

三、安全管控制度化

(一)抓好"平安工地"创建

按照"平安工地""平安工程"示范项目创建要求,落实安全生产经费和安全专职人员,加强施工安全隐患排查治理和专项治理,把"平安工地""平安工程"建设活动与日常安全监管工作结合起来,不断改善安全生产环境和条件。

(二)抓好现场安全管控

安排专人专车落实日常安全巡查和安全带班制度,建立隐患排查记录,对暴露出来的问题现场解决。同时,开展"机械设备安全""防坠落""汛期安全"等专项整治活动,进一步强化安全意识,排除隐患。对发现的重大隐患,实行整改措施、责任、资金、时限和预案"五到位"原则,有效杜绝安全事故的发生。

(三)完善应急救援体系提高应急处置能力

成立专门的应急救援组织机构,制定完善的安全生产应急预案。配备各类应急救援物资设备,并成立兼职救援队伍,由应急救援组织机构统一指挥、调度,组织应急演练。

(四)打造安全生产"513453"工程

在高速公路建设施工项目管理和实施过程中,各企业以"平安工地"建设和高速公路项目交工检测和竣工鉴定质量不符合项清单为抓手,着力打造安全生产"513453"工程。

"5"指着力开展"工点宣传标语、工地大喇叭、电影大篷车、农民工学校、三级安全教育"5大安全教育培训工程,实现安全教育培训全覆盖。

"1"指着力"根除重部署轻落实、重形式轻效果、重场面轻细节、重数量轻质量、重规章轻实践、重结果轻过程、重处罚轻教育、重考核轻监督、重检查轻整改、重感情轻原则"10类安全生产工作陋习,营造安全生产工作新气象。

"3"指着力消除"领导、安全管理者和一线作业人员"3类人员的不安全行为,有效地遏制安全事故源头。

"4"指着力化解"起重设备、脚手架、项目驻地、生产用电"4项物的不安全状态,有效地降低安全事故隐患概率。

"5"指着力落实"安全生产责任书全覆盖、安全检查全覆盖、应急演练全覆盖、一岗双责全覆盖、安全经费投入全覆盖"5项安全生产责任制,实现安全生产责任全覆盖。

"3"指着力推行"工程一切险、职民工意外险和工程第三者责任险"3类安全生产责任险,提升企业安全风险抵御力。

四、进度管理规范化

(一)抓好征地拆迁营造良好的施工环境

各企业以征迁协调矛盾问题为导向、为抓手,不等不靠,主动作为,弥合各方,咬定生产瓶颈——征迁矛盾化解目标不动摇,积极争取项目沿线地方政府和人民群众的支持,形成推动征迁矛盾困难解决的合力,树立"做问题的终结者"的管理理念,采取"保护性"施工,为工程施工顺利创造了有利的环境。

(二)建立负面问题清单形成上下同欲的建设格局

各企业紧紧围绕项目建设任务,细化形成涵盖房屋拆迁、三杆拆迁、地方大小三改、监理程序优化、设计变更、计量支付等负面问题清单,及时解决遗留问题、议而未决的问题,对工程顺利进展起到了积极的推进作用。紧紧围绕"抓节点目标、控资源配置、不留空白施工点"的思路,加大对标段节点考核力度,加强对日常施工点资源配置的调整机制,确保资源配置满足正常施工需求。

(三)强化过程管控深入标段管理

召开生产会、纠偏会,建立过程跟踪改进机制,倒排工期,制定月、周计划考核对标段施工控制性工程、节点工程进行资源排布,对标段无法配置的资源分部予以强令配置,及时发现解决重点部位的施工标段问题。对施工组织不力,无"拼搏力、战斗力"的作业单位,坚决限期予以更换,以加快工程的推进。

五、沟通协调信息化

各企业配备与现代企业管理运营和高速公路工程建设项目相适应的自动化、智能化、高技术硬件、软件、设施,建立包括网络、数据库和各类信息管理系统在内的工作平台,提高企业经营管理和项目管理效率的发展模式。各企业还引入"互联网+"理念,以高速公路建设项目施工管理为抓手,通过与国内先进信息技术企业合作,坚持统一规划、统一设计、统一流程、统一规范、统一标准,建立起企业综合管理信息系统,逐步完善综合数据库,以项目精细化管理为切入点和主线,将财务管理、质量管理、安全管理、人力资源管理、绩效管理、办公OA管理等各类管理系统化、集成化、流程化、规范化、共享化,为进一步加强信息沟通、提高工作效率、降低管理成本、提高决策水平、强化决策执行,实现科学管控,提供了高效便捷、安全可靠的技术保障和平台支撑。

第四节　克服困难　谋求发展

在云南修建高速公路,各施工企业除了克服地质条件复杂、气候条件恶劣、工程难度大、安全环保问题突出、施工场地狭窄等困难外,还要克服社会因素带来的各种困难。

一、建设资金压力

在实际施工生产经营中,由于国际、国内形势变化较快,很多大的、深层次的、难以预料和控制的矛盾突现,经常出现由于建设方(业主)资金短缺不能及时给施工企业支付工程款的现象。企业在生产中常常处于被动局面,无奈之下,企业只能被动垫付资金进行施工,有的至少垫付资金30%以上,由此陷入因资金短缺停工与垫付资金的两难局面。项目一旦停工,企业难以承受各种管理费、人工费、机械使用费租赁费等造成的损失,如果继续施工,往往造成因垫资施工,企业大量资金被占用,对企业的运营带来严重影响,这些问题在云南高速公路建设过程中时有发生。施工企业必须勇敢面对,竭力支撑,其中所付出的艰辛和努力,以及经济上的损失,都难以一一厘清。应该说,云南高速公路建设,施工企业做出了默默奉献。

二、低价中标压力

在参与高速公路建设的竞争中,受综合评标、低价中标、PPP模式建设等的限制,施工企业为了生存,不得不尽量压低报价,即使工程中标也没有多少利润空间。由于高速公路市场竞争激烈,施工企业为了养活职工或完成上级下达的产值任务,即使明知亏损,也要抱着靠加强内部管理、控制施工成本、变更索赔争取利润的想法施工,往往造成高风险和亏损的局面。

三、工期受限压力

由于种种客观原因,按计划实施的有效工期往往被挤占、拖延,延后的工程量和有限的工期目标形成巨大的矛盾,由此带来的具体工作给施工企业造成了巨大的压力。

四、和谐路地关系　化解征迁压力

占公路施工市场比重很大的砂石材料市场多涉及地方各有关方面的利益,有的地方垄断市场抬高物价,有的地方甚至出现强买强卖的现象,一方面影响了施工的正常进程,另一方面挤占了施工企业的利润空间。

面对上述种种矛盾,各企业不断调整自身管理,理顺机制适应市场,增强竞争意识、危机意识、市场意识,不断增强自身适应能力,多年来经受住了巨大变革的考验,走出了各具特色的企业发展之路。

第五节　富有爱心的筑路人

20多年的云南高速公路建设,促进了施工企业的发展,许多企业从单一的施工业务迈向了资本运营、多元发展。各企业在发展生产经营的同时,不忘履行社会责任,为云南交通事业和社会经济发展做出了贡献。合法经营,依法纳税,有的企业累计缴纳各种税费上亿元,被地方税务局评为"纳税先进单位""质量、服务、债权、管理、社会责任AAAAA级信用企业""守合同、重信用"单位;积极参与扶贫、抢险救灾、捐资助学、为项目沿线群众修建道路等精神文明创建活动,赢得了社会各界的好评。

以云南阳光道桥股份有限公司、云南路桥股份有限公司等为代表的企业认真分析公路施工企业面临的生存环境和公路发展的趋势,积极响应国家"走出去"的号召,到亚洲、非洲等国家参与高速公路建设,所负责修建的项目工程质量、进度受到了外国政府和社会的高度好评,提升了中国路桥施工企业在国际上的形象。

施工企业参与云南高速公路建设,为地方社会经济发展做出了贡献,同时也抓住高速公路建设的机遇,促进了企业素质的大幅度提升。

一、搭建"连心桥"

云南省公路投资公司挂钩保山地区扶贫后,紧紧依托保山至泸水高速公路建设项目,将项目建设与交通扶贫工作紧密结合,加大交通基础设施帮扶力度,帮扶脱贫工作取得较好成效。

坐落于保山市怒江东岸的康浪坝和勐古自然村距离芒宽乡虽只有2km,但由于没有连接两岸的桥梁,村民只能依靠渡船保持与外界的交通联系,交通不便阻碍了村里的经济发展。村民修建一般的民用住宅,用船运载建筑材料渡江,仅渡船费就得开支2万多元,这对于当地的村民来说是一笔不菲的开销。而开船时间不固定,有时要等上一两个小时才会开船,村民有事情要去江对岸就得花大半天的时间。更有甚者,因为没有桥,晚上不渡船或汛期风大水急不能渡船,导致村民晚上得疾病或待产孕妇死亡的事常有发生。

云南省公路开发投资有限责任公司了解情况后,安排保泸指挥部与设计单位多次进行方案论证,并报上级批准,增加投资7500万元,将7号、8号便道原过江临时便桥设计为与地方道路同等级要求的桥梁,解决了地方百姓的渡江难题,为当地输出经济作物提供了便利,促进了地方经济社会的发展。

修建便桥,在指挥部和村民之间架设起了一座"连心桥"。村民们经常前来热心问候和关怀现场施工人员,送来水果给他们解渴,下雨时给他们送伞,还热情地邀请他们去家里做客。

二、吃水不忘挖井人

在昭待公路途经的贵州省威宁县玉龙乡工农村后的水池旁,立有这样一块石碑。石碑正面镌刻着14个大字:"吃水不忘挖井人,代代铭记十八局。"这块石碑是工农村民委员会第四小组2004年12月18日立的。石碑背面记述了村民们立碑的缘由。工农村山高坡陡,水贵如油。长期以来,村民们吃水要到山箐里去挑,爬坡下坎,十分艰难。承担昭待公路第三合同段施工任务的中铁十八局进入施工现场后,得知当地群众吃水困难,便用水管将山里的泉水引到村头,并修建了蓄水池,工农村群众从此用上了自来水。由于山上缺水,中铁十八局为了施工需要,从牛栏江将水抽上山,当地群众同样借了光。

云南省鲁甸县大水井乡箐脚村与贵州省威宁县玉龙乡中营村之间要修一条公路,有段路要通过悬崖峭壁,修了几年都没有修通。十八局施工队伍进入施工现场后,修了20多公里便道,既为施工创造了条件,也圆了箐脚村和中营村群众修通公路的梦想。

立在工农村村头的石碑,是群众对中铁十八局的由衷赞誉,也是对全体公路建设者的由衷赞誉。

为了将工程建设对沿线人民群众的影响降到最小,昭待指挥部按照推进社会主义新农村建设的实际需要,要求各项目部及时、主动与地方乡(镇)、村社联系,派员参与,共同对设计图中设计的跨线桥、通道、涵洞进行实地调查和核实,对不能满足群众实际生产、生活需要的桥涵、通道设计作变更处理,尽可能地按满足需要的位置进行设置,从工程建设的细微处体现便民和爱民,体现以人为本,得到了沿线党委政府、群众的赞赏和好评。全线增设、变更便民桥涵、通道71座(个)。在工程项目建设中,指挥部动员和组织全线19个土建项目合同段为沿线的农户修水窖、水池101个,新修、改建乡村道路近211.66km。此外,还为农户填宅基地、捐资助学改善办学条件,改进村民饮水供电设施,维修防护乡村水渠,建盖拆迁户临时安置房等,累计投入各类机械台班2008个,投入人力7328人次。

第十一章
科技创新

科学技术是第一生产力。高速公路建设,离不开科技的强大支撑。云南高速公路20年的发展历史,是一部科技应用与创新的历史。

20年来,通过科技人员的努力,云南高速公路建设一系列科技攻关取得重大突破,一个全面开放、多元灵活、协同研发的交通科技创新体系正逐步建立,一批有特色的团队和人才队伍逐渐形成。

高速公路是云南交通建设的重中之重,也是交通科技攻关的主战场。通过新技术、新工艺、新材料的推广应用,提升了云南高速公路建设的科技含量,也为科技人员提供了施展才干的舞台,为他们的成长创造了条件。

20年来,围绕云南高速公路建设开展的科技攻关取得丰硕成果,为云南的高速公路建设提供了强有力的支撑。有3项科研成果荣获国家科学技术进步一、二等奖,数十项科研成果获云南省科技进步奖。

如果把云南方兴未艾的高速公路建设比作翱翔蓝天的大鹏,那么科技应用与创新无疑就是大鹏腾飞的翅膀。

第一节 科技创新的思路及举措

在20年的高速公路建设过程中,云南交通运输主管部门始终坚持与时俱进、不断拓展工作思路,对交通科技工作提出了明确的指导思想、发展目标和具体措施。

一、抢抓政策机遇 推进科技创新管理

一是结合高速公路建设的复杂性、艰巨性,实施"科技兴交、人才强交"战略。

二是强化组织领导。按照云南省委、省政府关于实施建设创新型云南行动计划的决定,成立了"交通运输厅建设创新型云南行动计划领导小组",制定了《关于贯彻落实建设创新型云南行动计划的实施意见》,营造了良好的科技创新氛围和环境。

三是坚持规划、计划的引领作用。在每个五年发展期,均制定相应的"交通科技发展规划",明确了交通科技工作的指导思想、发展目标、具体目标和具体措施等来指导科技

发展;"十一五"期,还特别制定了《加强技术创新,应用先进技术促进交通产业升级的实施意见》,加强科技创新成果转化和技术推广工作。

四是积极增加资金投入保障。在加大省级投入的同时,紧紧抓住交通部为支持西部省区高速公路建设每年从车购税中切出专项资金设立"西部交通建设科技经费",专门用于西部省区根据高速公路建设需要开展科技研究的专项经费的机遇;确定了以西部交通建设科技项目为龙头,带动全省交通科技全面发展的科技方针。

五是加大创新团队和人才的培育。把科技创新与人才培养紧密结合起来,通过科技攻关,为科技人才的成长创造条件;围绕科技攻关,聘请专家、学者授课,提供交通人所需要的专业技术培训,为科技攻关提供人才支持。高速公路建设的快速发展和大批科研项目的实施,带动了人才培养,一大批交通高层次人才在实践中不断成长。

二、营造科技创新环境　打造科技孵化摇篮

一是加强管理决策研究,促进科学决策。组织开展了云南山区公路路网均衡、安全适应性、安全评价规范、限速标准、山区公路工程造价控制、节约集约用地等方面的技术研究,为交通立法和制度建设提供了理论支撑和科学依据。此外,在全国率先出台了《云南省交通发展专项资金管理办法》和《云南省交通运输工程造价管理办法》,省政府下发了一系列加快发展的政策性文件。

二是充分发挥国内外高校和科研院所的智囊作用,构建科技创新体系。针对云南交通科技创新人才缺乏、创新能力不足、不能满足交通运输大发展需要的现状,采取不求所有、但求所用、借智借脑、整合资源的方式,联合国内外知名交通运输科研院所、高等院校和高科技企业,开展产学研联合科技攻关,集中科技力量解决高速公路建设中的关键技术难题。

三是完善管理机制,规范项目管理,增强行业创新团队建设。根据部、省科技项目管理新规定,及时制定印发了《云南省交通运输厅科技计划项目经费管理实施细则》,编制下发了《交通运输科技计划项目申报指南》,提出了高速公路科研方向和重点;建立了科教项目计算机管理网络,项目的网上实时申报,充实完善了交通科技咨询专家库。

四是加强科研院所建设,形成云南交通科技研发中坚力量。云南省公路投资公司、省交通规划设计研究院、省交通科学研究院和省公路科学研究院四足鼎立、齐头并进,形成了云南交通运输行业的创新骨干,为全省高速公路的建设提供了科研的技术支撑,成功研究突破了高原山区高速公路建设的各种难题。

三、推进科技平台建设　打造科技创新品牌

在云南省交通运输厅的积极引导下,云南初步建成了以国家级工程实验室为创新引

领、省级工程(技术)研究中心为发展支撑、高新技术企业和厅级实验室为应用示范的"一主六辅"科技创新体系,这一创新研发平台成为云南交通运输行业科技创新体系的基础支撑。

(一)陆地交通气象灾害防治技术国家工程实验室

以云南省交通规划设计研究院牵头,多家陆地交通领域重点科研、设计、咨询和教育企业(机构)共建的"陆地交通气象灾害防治技术国家工程实验室",针对气象灾害在路基边坡毁坏、路面性能降低、交通安全隐患、监测信息处理落后等方面的突出问题和存在的关键技术瓶颈,开展陆地交通气象灾害路基边坡毁坏防治技术、陆地交通气象灾害路面功能性改善技术、陆地交通气象灾害交通安全保障技术、陆地交通气象灾害监测信息处理技术四个重点方向的研究,为陆地交通气象灾害防治技术成果转化和产业化发展提供技术支撑。

(二)云南省公路路面材料工程技术研究中心

依托云南省公路科学技术研究院成立的"云南省公路路面材料工程技术研究中心",配备了集料、沥青、乳化沥青、泡沫沥青、沥青混合料、实体路面快速检测等设备,研发的冷、温、热再生技术实现了资源的重复利用,减少石料及其他矿产资源的过度开采,降低了能耗,减少了公路养护维修成本。

(三)云南省公路节能工程技术研究中心

依托云南省公路投资公司建立的"云南省公路节能工程技术研究中心",致力于高原山区公路节能工程技术研究开发及推广应用的科研实体,是云南省科技创新载体的重要组成部分,也是云南省公路投资公司进一步提升科技创新能力的重要平台。

(四)云南省公路标准化建管养工程技术研究中心

由云南省交通科学研究院承担组建的"云南省公路标准化建管养工程技术研究中心",以物联网、互联网、大数据、云计算等关键技术应用,提高行业关键技术的产业化研发、集成和工程化验证能力,以解决智慧综合交通运输管理、产业化中的迫切技术需求,推动云南现代综合交通的快速健康有序发展,建立更加全面的交通运输运行标准化体系,进一步提升综合交通运输信息资源的深度开发与综合利用水平。

(五)云南省公路路产监管信息化工程技术研究中心

由云南省公路路政管理总队与云南省公路科学研究院合作组建的"云南省公路路产监管信息化工程技术研究中心",围绕基于互联网的公路路产智能防盗技术、公路路面无人值守超限车辆检测识别集成技术、路网运行状态监控与路径规划关键技术三个重点研究方向,开展无人值守超限车辆检测识别设备、移动执法终端(路政通)、智慧出行助手等产品和软件系统研发工作。

(六)云南省高原山区桥梁隧道加固工程技术研究中心

由云南省公路投资公司承担组建的"云南省高原山区桥梁隧道加固工程技术研究中心",针对云南省公路交通处于高原山区的地理与气候的特点,探索桥梁与隧道养护维修加固工程领域的关键问题,运用现代高新技术手段,提出解决问题的新技术、新方法,推动云南省公路桥梁与隧道工程事业的进步及社会经济发展和高层次人才培养,集中优势科研力量强力推进高原山区桥梁与隧道维修加固的成套技术、材料与设备的研究工作。

(七)云南省公路智能运输工程研究中心

由云南省交通科学研究院承担组建"云南省公路智能运输工程研究中心",主要开展互联网、大数据、云计算等技术的应用研发,以及综合交通监管平台、决策平台、安全应急保障平台、交通信息服务平台等方面的技术引进、新产品的研发、科技成果推广等工作,并在提高行业运行水平、安全应急保障、强化决策支持、服务公众出行等方面提供技术支持。同时,与云南省交通运输厅道路运输管理局合作参与云南省交通大数据中心的筹建工作,开展高速公路交通量调查系统规划与建设、分布式隧道监控系统开发、高海拔寒区隧道节能安全成套装备技术研究与应用、高原山区路网均衡性课题研究与应用、地市级公路水毁预测系统研发、交通安全统筹 WAP 移动稽查平台、卫星定位重点营运车辆政府监管技术研究与应用、交通信息资源整合中间件研制、出租汽车服务管理信息服务平台、云南省物流枢纽平台、"七彩云南智慧出行"云服务平台建设、应急处置指挥系统和客运联网售票系统建设等项目。同时,积极开展产业转化工作,取得的相关成果成功应用于多家单位,为行业管理决策和社会公众服务提供了数据支持,行业全网联动、协同应用程度进一步提高,在保障畅通运行方面取得显著实效,在提升运行效率、服务公众出行方面取得明显突破,在引领市场秩序、强化安全应急、服务决策支持方面全面提升。

20 年科技创新管理体系的建设与不断完善,为云南省高速公路建设凝心聚力、攻坚克难提供了良好的基础,初步形成了一个以云南交通科研究所为创新主力、以交通企业为创新主体、以知名院校为创新支持系统的全面开放、多元灵活、协同研发的云南交通科技创新体系。

第二节 修一条路 出一批科研成果

修一条高速公路，出一批科研成果。这是云南高速公路建设的一大特点。

云南第一条高速公路——嵩明—昆明高速公路建设中，结合工程建设的需要，先后开展了"云南省第一条高速公路昆明—嵩明段设计研究、昆明—曲靖高速公路龙泉立交桥设计研究、路基石方大爆破及边坡稳定技术研究、高速公路边坡喷播绿化技术应用研究"等科研项目的研究和推广应用，解决了设计施工的技术难题，降低了施工成本，节约了投资，提高了工程质量，缩短了工期。

云南第二条高速公路——楚雄—大理高速公路于1996年2月动工后，省交通厅及楚大高速公路建设指挥部便明确提出，加大科技投入，将楚大高速公路建设成为高标准、高质量的高速公路，通过楚大高速公路建设，为云南高速公路建设培养人才，积累经验。指挥部结合楚大高速公路的实际，列出10多个课题报省交通厅批复后，列项开展科技攻关。参与攻关的既有业主和施工单位、监理单位、省交通科研所、省公路科研所，也有省内的云南大学、云南工业大学和省外的重庆交通学院、长沙交通学院。攻关单位以合同的形式明确了各方的责权利。

楚大高速公路的科技攻关，一个成功的范例就是西洱河一级电站悬空桥的设计研究（图11-1）。这项成果成为云南省1999年度科技进步奖两个一等奖项目中的一个，也是云南公路建设获得的第一项省科技进步一等奖。悬空桥全长282m，在水库靠山一面打好基础，沿水库边沿修建桥台，采用预应力结构，将22m桥面中的11m"悬"于水库上方。大桥施工中既没有影响电站水库库容，也没有影响电站发电，更没有影响整条公路的施工进度，而且还创造了一种全新的桥型。

图11-1 楚大高速公路西洱河悬臂悬空桥

第十一章
科技创新

320国道楚雄至大理之间有一个天子庙坡。楚大高速公路通过这里时,原设计有两座大桥。其中的一号桥高度超过40m,沟底的地质条件不好,桥的两端处于滑坡地段,施工与320国道的正常通行又形成尖锐矛盾。为解决这一难题,由楚大公司牵头,省交通厅副总工程师李友轩任组长,省交通厅科技处、重庆交通学院和施工单位省路桥二公司等单位合力攻关,决定建一座高43.75m的高挡墙以取代原设计的两座大桥。为确保挡墙质量,攻关组采用加筋土技术,并先进行1:15的大型模型试验。建成后的天子庙坡加筋土高挡墙成了云南高速公路上的第一高挡墙。在楚大高速公路上,类似的加筋土挡墙共建了6座,收到了节约投资、保护环境的效果。"加筋土技术在云南高原高等级公路建设中的应用研究"课题获得了省科技进步二等奖。

楚大公司还与长沙交通学院成功合作,研究并建成"土工格栅加筋柔性桥台",解决了桥头跳车的难题。这一课题和"膨胀土路基的加固技术研究"也获得了省科技进步二等奖。

在1999年度云南省科技进步奖评选中,楚大高速公路有5个项目获奖,其中一等奖、三等奖各1项,二等奖3项。

楚大高速公路建设获得了一批科研成果,同时也培养了一批公路建设人才。继楚大高速公路之后建设的大理—保山高速公路,从指挥长到副指挥长、总工程师全部来自楚大高速公路下属的各个分指挥部,中层干部也几乎全部来自楚大高速公路。在云南其他高速公路项目中,曾经参与楚大高速公路施工的管理干部和技术人员也发挥了骨干作用。

嵩昆高速公路和楚大高速公路的做法,在云南20年的高速公路建设中一以贯之。云南已建成通车近60个高速公路建设项目,每个项目都有相应的科研课题,力求做到每建一条高速公路,产出一批科研成果、培养一批人才、带动一片发展、树立一座丰碑。每条高速公路建设中,都有相应的科研课题为其提供技术支撑。

水富—麻柳湾高速公路指挥部把科技攻关贯穿于整个建设过程,全线确立了"山区高速公路岩堆的勘察与设计研究""山区高速公路综合营运安全技术研究""高温、潮湿路面结构研究""多雨潮湿地区路堤施工方法研究""桥梁支座安装与检测技术研究""隧道阻燃沥青路面结构研究""山区高速公路地质病害处治技术研究""山区高速公路工程建设期风险评估与管理""网络办公与项目管理信息系统""水麻高速公路沿线水土保持与生态环境重建技术研究""山区高速公路支挡结构研究"11个科研项目。指挥部与云南省公路学会、同济大学、重庆交通学院、昆明理工大学、重庆公路科学研究院、铁道科学研究院等院校及科研单位组成科研课题组开展科技攻关。

11个科研项目为水麻高速公路建设提供了强有力保障。

保山—龙陵高速公路针对项目特点及工程建设面临的道路、桥梁、安全等方面关键技术难题,与5所高校、3家科研单位、2家设计单位、16家咨询单位、20家施工单位开展了一系列科技联合攻关并取得了明显成效。科技攻关成为保龙高速公路的鲜明特色和亮点。

昆明—安宁高速公路将工程的难点作为科研的主题,结合工程,组织开展科技攻关,大力推广使用新技术、新材料和新工艺,攻克了桥梁超长灌注桩施工难点;探索出多种形式的路面结构,解决了路面早期损坏的问题。

罗村口—富宁高速公路建设指挥部加大科技投入,提高公路建设科技含量,7个项目先后被列为省交通厅的科技项目。

在元江—富磨黑高速公路、昆明—富石林高速公路、安宁—富楚雄高速公路、思茅—富小勐养高速公路、大理—富丽江高速公路、麻柳湾—富昭通高速公路,在每条高速公路建设过程中,都有科技人员忙碌的身影。工程建设中的难题,通过他们认真的分析、研究,一道道被破解;工程建设中的难关,通过他们的探索、拼搏,一道道被攻克。高速公路上的每一座桥梁,每一座隧道,甚至是每一米涵洞,每一米公路路基,都凝聚着科技的成果,都有新材料、新技术、新工艺的应用,都有科技人员洒下的汗水。

据云南省交通运输厅编写的《创新引领 大道笃行》一书介绍,"九五"期间,全省交通建设投入科技资金7883万元,部省各级有关部门支持1500多万元,完成重点科技项目170项,131项获得各级政府科技进步奖。

交通部为了支持西部省区的高速公路建设,从"十五"时期开始,每年从车购税中划出专项资金设立"西部交通建设科技经费"。结合"十五"时期云南高速公路建设的复杂性、艰巨性,云南省交通厅实施"科技兴交、人才强交"战略,确定了以西部交通建设科技项目为龙头,带动全省交通科技全面发展的科技方针,提出了《加强技术创新,应用先进技术促进交通产业升级的实施意见》,制定了《云南省公路水路交通科技"十五"发展计划》。云南省交通厅加大科技专项资金投入,并努力争取到交通部西部交通建设科技项目经费4050万元,云南省科技厅科技项目补助经费1020万元,项目承担单位依托工程投入配套资金28319.6万元。5年中,全省交通运输行业承担的交通部西部交通建设科技项目、云南省科技攻关项目和云南省交通厅科技项目364项,累计投入资金43929.6万元,30个科技项目获云南省科技进步奖。

"十一五"期间,全省5年投入科技教育经费2.57亿元,争取到部省交通科技项目20多项,经费3500余万元,走产学研结合之路,每年带动工程配套投入研发资金8000万元,经费配套比例为1∶2.5以上。全省交通运输科技创新取得重大成果,获国家级和省级科技奖50多项,其中获国家科技进步奖2项,获省级科学技术奖51项。

"十二五"期间,云南省交通运输厅共投入科技专项资金8195万元,计划内研究项目200余项,联合攻关项目50余项,还承担和完成了交通运输部和云南省科技厅的科研项目43项,共带动行业各级科技投入5.1亿元。5年中,获国家级奖励1项,获省部级以上科技奖励47项。

20年间,云南交通科研经费的投入大部分用于高速公路科技攻关,获奖的科技项目绝大部分也与高速公路建设有关。

有了科技的强有力支撑,云南高速公路不断实现新的突破。"九五"期间,云南建成高速公路517km。到"十五"末,云南高速公路达1421km,5年间净增高速公路904km。到"十一五"末,云南高速公路总里程达到2630km,"十一五"期间建成高速公路1209km。到"十二五"末,云南省高速公路总里程达4005km。"十二五"期间新增高速公路1375km。

有了科技的强有力支撑,元江—磨黑高速公路红河大桥成功飞跨元江,普立—宣威高速公路普立特大桥成了乌蒙山中的新地标,保山—腾冲高速公路龙江特大桥牵引"云中之路"到"极边";有了科技的强有力支撑,水富—麻柳湾高速公路螺旋隧道成为云南高速公路的个性化名片;有了科技的强有力支撑,滇西红层、红层软岩、膨胀土等地质难题没有挡住筑路人一往无前的脚步,一条条高速公路成功跨越横断山、哀牢山、乌蒙山;有了科技的强有力支撑,以思茅—小勐养高速公路为代表的生态高速公路成了云岭大地一道道壮美的风景。

第三节　科技攻关　破解建设难题

在云南高速公路建设中,科技攻关贯穿于施工的全过程,从路基施工、边坡防护到路面铺筑,每个环节都有科技作支撑。

一、科技引领高速公路穿越不良地质

路基施工是高速公路建设的首要环节,也是确保工程质量的重要环节。围绕路基施工开展的科技攻关是云南高速公路建设科技创新的一个重要内容。这方面的研究课题主要有:膨胀土路基病害防治技术研究、高速公路填方路基非均匀沉降综合处治技术、山区高速公路填石路堤应用技术研究、高速公路粉质细砂土用于路基填筑和上浮硬壳软土地基上修筑路堤稳定性研究、水麻高速公路多雨潮湿地区路堤技术研究、蒙新高速公路膨胀土综合利用试验研究、新型土体加固技术(TACSS)的研究应用、高液限土路基填筑与处治技术研究、山区高速公路地质病害处治技术研究、土石混填渗水高陡路堤稳定技术研究、路基填筑中高液限黏土的工程应用研究、云南地质环境下的公路建设技术对策研究、高温潮湿路段填筑方法的研究、公路路基结构安全监测及评价的智能化技

术系统开发、公路典型隐蔽工程施工质量与运行状况快速检测及处治措施关键技术研究。

云南高速公路路基施工中遇到的最大难题是膨胀土、红层软岩等不良地质,通过科技攻关,不良地质被逐一攻克。

(一)膨胀土地区公路建设有了成套技术

膨胀土在公路工程中被称为"特殊土"。由于它具有湿胀干缩、多裂隙、超固结、浸水强度衰减等特殊性,施工中常常出现路堑和路堤变形破坏。1992年以后,膨胀土地区公路修筑技术研究工作便已在云南展开。2002年,"膨胀土地区公路修筑成套技术研究"被列为交通部西部科技项目。25个单位380多名科技人员参与了相应的研究工作。经长沙理工大学等多家单位长达15年的联合攻关,在机理分析、路堤处治、边坡支护、环境保护等7个方面取得46项研究成果,涉及工程勘察、设计、施工、环保等领域,基本解决了膨胀土地区公路工程建设的关键技术难题。9项成果实现重大创新,15项技术取得重大突破,2项成果获省部级科技进步一等奖,3项成果获国家发明专利,7项成果获国家实用新型专利。首次研发了以一个平台(全国膨胀土分布信息平台)、两个理论(稳定含水率、以饱和度为主要变量的本构模型理论)、四项技术(勘察设计、路堤物理处治、边坡柔性综合防护、膨胀土地基加固)、五种方法(膨胀土判别分类、改进CBR试验、构筑物地基基础设计计算、干湿循环显著影响区快速测定、膨胀土路基压实控制方法)为核心的,集理论、方法及勘察、设计、施工技术于一体的膨胀土地区公路建设成套技术。

在应用技术突破方面,研究开发了具有综合防排水功能的柔性支护处治技术,包括设计方法和施工技术,较好地解决了膨胀土路堑边坡稳定的技术难题;开发了侧向浸水承载比试验方法及相应的配套试验装置,形成了膨胀土用作路堤填料的系列技术;提出了适合膨胀土地区生长的植物种类和族群组合及公路路域水土保持和生态恢复技术;编写了《膨胀土地区公路设计与施工技术指南》。

项目荣获2009年国家科学技术进步一等奖。

(二)大保高速公路跨越"滇西红层"

2000年建成通车的大理—保山高速公路大部分路段为"滇西红层"地质结构,滑坡区域多,由此引发的工程病害较多。为确保工期和质量,云南昆瑞高速公路有限公司与长安大学岩土与隧道工程研究所、云南地质工程第二勘察院一起,开展"云南高原山区'滇西红层'地质与桥梁桩基承载力影响因素综合研究"。

课题组依托大保公路K29+627.5m桥及周围的实际情况,对"滇西红层"的工程地质与水文地质性状进行了较为系统的研究,并对区域堆积体的稳定性进行了有效判定;通过大型原位试验,首次对"滇西红层"区桥梁桩基承载力性状及各种影响因素进行了深入研究,提出了桥梁桩基承载力的确定方法;首次利用预应力锚索,结合掏土卸载及区域注浆等综合技术,成功地对滑坡区域偏斜桥墩及桩基实现了纠偏与加固。

该项研究成果对大保高速公路建设质量的提高提供了可靠的保障,在全线推广应用后,节省工程费用达2500万元。

这项成果还应用于安楚、元磨、昆石等多条高速公路,直接经济效益8000多万元。

该项成果荣获2004年度云南省科技进步二等奖。

(三)红层软岩地区公路修建技术研究取得成果

安宁—楚雄高速公路83%的路段分布在红层软岩地质区,由云南、四川、甘肃三省联合承担的交通部西部科技项目"红层软岩地区公路修建技术研究",以安楚高速公路为依托工程,以红层软岩工程特性为研究对象。针对设计和施工中遇到的难题,课题组提出了一系列解决方案,提高了安楚高速公路的修建水平和工程质量,课题研究获得2006年四川省科技进步一等奖。

(四)高液限土等不良土路基填筑技术研究取得成果

新街—河口高速公路沿线属亚热带山地季风雨林气候,雨量充沛、气候炎热、常年高温高湿,地质情况复杂,路基填料大部分为高液限土、粉土、粉质黏土等不良填料,且天然含水量高,不利于路基填筑质量的控制。

为解决施工中的技术难题,指挥部开展了"新河高速公路不良土路基填筑技术研究",探索含砂低液限粉土填方路基综合稳定技术、含砂低液限粉土填筑路基施工工艺及施工质量控制技术、含砂低液限粉土路基防排水技术;高液限土的水理物理特征及工程病害的分析、采用"包裹法"防治病害技术、高液限土路基稳定性研究、高液限土路基填筑施工方法与质量控制研究。项目研究的成果解决了在河口高温、多雨、潮湿地区,利用高液限土、含砂低液限粉土等不良土作为高速公路填方路基填料的难题,减少了弃方,避免水土流失对红河造成的污染,大大节省了工程投资,公路周边的生态环境也得到有效保护。针对含砂低液限粉土水稳性差、路堤边坡抗冲刷能力弱等问题,项目采用边坡抗冲刷剂对路基边坡进行防护的处治措施。

新河高速公路建设充分应用了相关研究成果,首次在高温多雨环境下成功运用含砂低液限粉土与高液限土等典型不良土作为公路路基填料,共节约工程建设资金2500多万元,取得了良好的经济效益。

二、破解公路边坡施工和运营中的难题

边坡是公路建设的必然产物,是公路路面与原始地形之间的过渡面,山区高速公路的边坡有上边坡和下边坡之分。在云南山高谷深的地形条件下修建高速公路,高大边坡在所难免。再加上复杂的地质、特殊的气候,保证公路边坡的稳定成为公路建设的一大技术难题,也是公路安全运营中最大的潜在威胁。针对各条公路边坡建设中存在的实际问题,围绕边坡防护,科研人员开展了一系列科技攻关。这方面的课题有:公路膨胀土及高液限土路堑边坡稳定技术研究,山区高速公路石质边坡控爆技术研究,亚热带多雨地区土质边坡防护与加固技术应用研究,元磨高速公路边坡、桥隧、路基工程地质适宜性研究,山区公路滑坡病害典型实例剖析,云南省公路边坡灾害区划及适宜防治技术的研究,光纤智能边坡的监测技术应用研究,公路建设工程中的古滑坡防治优化研究,降雨对公路边坡稳定性的影响及处治方法研究,公路边坡生物防护技术试验应用,公路边坡高强微膨胀锚固技术研究,公路高边坡崩塌灾害防控技术研究,顺层路堑边坡稳定控制技术研究等。这些课题,围绕边坡的施工、监测控制、生物防护、稳定性分析和边坡灾害防控技术开展攻关,有效解决了山区公路边坡施工和运营中的技术问题,提高了山区公路边坡稳定性。

在云南高速公路边坡处治中,"高原山区高速公路建设支撑技术"研究发挥了重要作用。这个科研课题依托云南高速公路建设,通过省内外120多名科研人员的联合攻关,研发了3种支挡加固结构、1种新型沥青改性剂、1种绿化基材和2种植生工法,创建了3套评价与分析方法体系,突破了高原山区高速公路建设的关键技术瓶颈。

项目首创了小截面(0.4m×0.6m)、轻型化的大高度预应力锚索桩板墙,开发了新型锚定板挡墙,单级高度提高到14m;创新了高陡度预应力锚索框架,大大降低了边坡开挖总高度;基于9个实体工程约20万试验实测数据,创新的三种支挡加固结构设计理论和方法,突破了以往计算方法的精度,解决了设计施工关键技术;创建的支挡工程效果评价方法,提升了我国支挡技术的发展水平;为高原山区复杂环境下的公路建设提供了先进的支挡与加固技术。

高原山区50%以上的路基工程需支挡防护,尤其高支挡所占比例大。项目研发了3种安全、环保、节约占地的高轻型支挡结构。成果在云南、贵州、四川、广西、重庆、陕西、广东的32条高速公路及铁路上得到推广应用,取得了22.9亿元的直接经济效益。国家AA级的思小旅游景区高速公路穿越西双版纳热带雨林、元磨高速公路穿越有"豆腐渣地质"之称的哀牢山断裂带、保龙高速公路穿越怒江大峡谷。通车以来,历经多次自然灾害的考验,道路始终畅通,保护了自然资源与生态环境、减少了地质灾害损失。

该研究成果已被列为交通部重点推广计划,应用前景广阔。研究成果获2010年度国家科学技术进步奖二等奖。

三、科技为路面施工提供支撑

云南高原山区山高谷深、江河纵横的特殊地质,地形和复杂多变的气候、水文条件,形成公路长大下坡多,路面施工环境恶劣,再加上路面施工质量控制难度大、存在问题多,容易造成路面的早期损坏。针对高速公路路面设计施工中存在的问题,以及不同地区不同路段实际,科研人员分期分批开展了路面结构研究。这方面的课题有:高速公路沥青路面柔性基层结构形式及设计方法研究、山区高速公路沥青路面铺筑关键技术研究、沥青路面柔性基层研究、山区高速公路长效性沥青路面技术研究、高温潮湿路面结构研究、沥青路面级配碎石基层结构设计与施工技术研究、云南高速公路柔性基层沥青路面结构非线性研究、提高云南高速公路沥青路面抗车辙性能研究、山岭高速公路沥青路面混合料抗车辙添加剂应用技术及经济对比研究、基于使用性能的高速公路停车设施的路面结构及景观设计研究等。

开发应用路面材料的课题有:机制山沙在水泥混凝土路面中的应用技术、高性能胶粉改性沥青的性能研究与应用、高速公路沥青路面新型封层技术研究、沥青路面专用抗车辙剂在云南高速公路中的推广应用、排水降噪路面材料与铺装技术研究、钢渣在昆明绕城高速公路西南段中的应用研究、废橡胶改性沥青路面施工工艺研究试验、花岗岩矿料在沥青混凝土中应用研究、沥青路面新材料应用试验、石料欠缺地区路面稳定基层材料的开发研究、路面材料与特殊路面施工技术应用研究。

路面检测技术和路面施工质量控制方面的攻关课题有:公路弯沉自动检测系统研究,探地雷达在沥青路面病害检测中的应用试验,路基、路面测试技术研究,道路沥青及其系列产品性能常规检测评价,公路路基路面无损检测新技术研究,探地雷达及激光检测技术在路面工程中的应用研究,连续式路面摩擦系数检测系统研制,新河高速公路沥青路面全过程质量控制研究,平锁高速公路沥青路面施工质量控制技术研究,永武高速公路沥青路面施工质量动态控制技术研究。结合云南高原山区公路建设进行的一系列关于沥青路面和水泥路面设计理论、施工技术、路面材料、检测技术、质量控制、节能技术、沥青改性技术的深入、细致和持续跟踪研究,解决了云南复杂地质、不同气候、不同海拔条件下路基路面的设计、施工、检测和施工质量控制的关键技术,在柔性基层、检测技术、质量控制、沥青路面抗车辙等方面取得突破,使云南山区高速公路路面性能不断改善,质量不断提高。

针对路面养护生产存在的问题,结合日常养护生产,科研人员也开展了一系列研究。

(一)硅藻土派上大用场

沥青路面具有行车平稳、舒适、噪声低、养护方便等优点。但是,由于沥青遇高温变软,遇低温变脆,加热易老化,用沥青铺筑高速公路,必须通过外加手段,对沥青加以"改性",以延长高速公路的使用寿命。

硅藻土是一种生物成因的硅质沉积岩,主要由单细胞的水生藻类硅藻的遗骸和软泥固结而成,主要成分是非晶质二氧化硅。硅藻土的化学稳定性极好,不怕酸碱,不易氧化。研究证明,硅藻土改性沥青路面具有与 SBS 改性沥青相当的性能,费用却比 SBS 改性沥青低 60% 以上,而且具有施工简便的特点。

1997 年,"硅藻土改性沥青路面应用研究"被列为云南省省级科技攻关项目。2001 年,"硅藻土改性沥青混合料路用性能的应用研究"又被列为交通部西部交通建设科技项目。云南省公路科学技术研究所与有关单位合作,在室内对硅藻土沥青混合料进行高温稳定性、低温抗裂性等试验的同时,同步进行试验路的铺筑和验证,并与国内外普遍使用的 SBS 改性沥青的路用性能进行对比研究。

在试验取得成果的基础上,硅藻土改性沥青在云南逐步推广应用,使硅藻土这一云南特有的地产资源在公路建设中派上了大用场。硅改沥青路面分布于全省热带、温带、寒带不同地区,既有新修的高速公路,也有大中修的普通公路。该研究项目 2000 年获得云南省科技进步一等奖。

在云南高速公路建设中,全长 165.84km、2002 年 9 月 28 日建成通车的大理—保山高速公路路面使用了硅藻土改性沥青。全长 64.51256km、2011 年 4 月建成通车的磨黑—思茅高速公路同样使用了硅藻土改性沥青。

磨思高速公路项目公司借硅藻土改性沥青技术列为交通运输部重大推广和研究项目的契机,联合云南省交通科学研究院、云南省交通规划设计研究院对磨思高速公路的路面进行二次设计。原设计中路面为 SBS 改性沥青混凝土,施工中采用硅藻土改性沥青混凝土。结合课题研究,并按照 2003 年 11 月颁布的《云南省硅藻土改性沥青混合料路面设计与施工技术指南(试行)》执行,加强对施工现场管理和工艺控制,检测指标完全满足规范要求,并且大大节约投资,为硅藻土沥青路面的推广奠定了基础。

(二)粉煤灰和机制山砂用于高速公路

云南曲靖—胜境关高速公路建设指挥部与云南省公路科学技术研究所合作,结合云南材料状况和山区高等级公路修筑技术,对粉煤灰在高速公路水泥混凝土路面中的应用进行研究,提出了粉煤灰水泥混凝土路面施工的成套技术及配套技术,为粉煤灰在水泥混凝土路面中的推广应用提供了技术支持。

"粉煤灰在高等级公路水泥混凝土路面中的应用研究"课题依托曲胜高速公路等工程,与水泥混凝土路面相比,粉煤灰混凝土路面每平方米降低造价 3.7 元。不仅如此,使用粉煤灰的水泥混凝土路面平整度、强度和外观均有改善。

大量使用粉煤灰铺筑水泥混凝土路面,对治理相关工业污染找到了一条科学、合理的途径,消除了粉煤灰堆放所造成的消极影响,变废为宝,有利于发展循环经济,提高相关工业的经济效益。

在开展"粉煤灰在高等级公路水泥混凝土路面中的应用研究"的同时,曲胜高速公路建设指挥部与云南省公路科学技术研究所还联合开展了"机制山砂在水泥混凝土路面中的应用技术研究"。

课题组采用科学的试验方法,用准确的数据证明机制山砂中小于0.08mm部分的颗粒是与母岩化学成分相同的石粉,而不是泥土,并找出了检测机制山砂洁净度的合理方法,根据混凝土的不同强度等级,确定了机制山砂中的石粉含量。这一研究成果在曲靖—陆良、曲靖—胜境关、玉溪—江川高速公路等多项工程中得到运用。

由于机制山砂可就地取材、就近取材,与采用河砂相比,降低了原材料成本。据测算,机制山砂与河砂相比,每立方米材料价低20元。以曲胜高速公路为例,全线铺筑287040m^3混凝土,采用机制山砂,节约材料费用500多万元。

普立—宣威高速公路和待补—功山高速公路桥梁混凝土中也开展了机制山砂代替河砂的课题研究,课题成果应用于依托工程,减少了工程投资,降低了工程造价。

第四节　科技引领生态高速公路建设

随着经济的发展和社会的进步,国家和社会对生态环境保护的要求和呼声越来越高,公路建设从过去单一的完成路基路面、桥梁隧道工程,实现甲乙两地汽车通行功能,转变为不仅要满足汽车通行的要求,还要实现与周边生态环境协调,少破坏生态环境和不破坏生态环境。因此,每一条高速公路建设都要进行水土保持和环境评价,对云南实施"绿色经济强省、民族文化大省、七彩云南"战略,生态环境保护尤为突出,对建设的环保要求越来越高。在云南高速公路建设中,生态环境保护工程技术的研究和应用始终摆在重要的位置。根据不同地区、不同气候带的高速公路建设,先后开展了一批课题研究。主要有:云南公路生态工程研究,自然保护区高速公路边坡生态恢复工程技术研究,云南乡土乔、灌、草地锦类植物在高速公路生物防护中的调查和应用研究,昆石高速公路生态环境保护与道路景观设计,水麻高速公路沿线水土保持与生态环境重点技术研究,高速公路边坡原生态恢复技术研究,高黎贡山保护区域内高速公路环保及景观技术研究,罗富高速公路生物防护体系的研究与示范,云南干热河谷地区高速公路边坡生态恢复综合技术研究,云南省高速公路植物隔离技术推广示范,重要水源区公路建设水环境风险防控技术及复合生态效应研究,云南高速公路建设节约集约用地对策研究,干热河谷地区公路边坡的植被恢复技术应用研究,ZZLS系列绿色生态护坡材料及工程应用研究,路域生态景观建设工应用研究,高速公路沿线的污染治理,山区高速公路服务区污水生态处理及循环利用技术研究,高原山区公路建设中土壤侵蚀环境与水土流失防治研究。这些课题开展的关于公路建设生态环境保护技术、边坡绿化和景观再造技术,以及高速公路沿线及服务区污染治理技术的研究,使云南高速公路的环保工作由初期的引进外来草籽对边坡进行喷播的单调绿化,逐步过渡到草、灌、木合理搭配,植种本土化栽培的生态化绿化与特色景观融合的公路生态环保工程。树立了不破坏、少破坏就是最大保护的理念,实施了环保选线的设计模式,采用更多的隧道、桥梁,以减少边坡开挖造成植被破坏,打造了以思小高速公路、新河高速公路、保龙高速公路、麻昭高速公路等为代表的景观生态环保的绿色高速公路。

一、思小路成为景观生态高速公路

思茅—小勐养高速公路建设坚持"以人为本、可持续发展"的线位选择指导思想,开展了"思茅至小勐养高速公路环境保护与工程对策研究",在公路线位选择上提出了环保、景观选线的概念,并从实际出发,研究了热带雨林公路选线中路线技术指标的灵活运用;对热带雨林地区高速公路建设引起的环境问题进行了研究和综合评价,并据此总结和提出了适合热带雨林地区的环境保护措施和生态景观绿化设计方案(图11-2)。首次运用层次分析法进行路线选择分析;在评价环境因素时,探索性地将地下水作为影响生态环境的另一限制因子;提出桥梁和隧道代替高填深挖、建立动物通道等理论和工程措施;生态防护采用以植物防护为主、工程防护相结合的防护措施,并将乔灌草复合模式在思小高速公路中实施,充分体现物种多样性。课题提出了热带雨林地区高速公路建设环境保护的对策和建议,为热带雨林地区和其他地区高速公路的修建提供了宝贵的经验。

图11-2　融入自然的思小高速公路

思小指挥部还开展了交通部西部科技项目"云南思茅至小勐养高速公路边坡生态恢复工程技术研究",最大限度减少公路建设对周边环境的影响,及时恢复好公路沿线的生态环境。通过对公路沿线植被调查，课题组初选植被恢复用种113种，经过生态适应性试验（包括耐旱性和耐荫性试验）和繁育试验，最终选出70种乡土植物用于思小高速公路边坡生态恢复工程，包括乔木34种、灌木23种、草本7种、藤本6种，解决了物种的本地化问题，避免了外来物种入侵造成自然保护区生物多样性的破坏。课题组按照单位面积不同植物种类的不同用量，在试验边坡上进行植物配比试验，筛选出分别适用于土质、土夹石、石质等不同土地条件且满足目标群落（主要包括灌草丛、常绿阔叶混交林、针阔混交林等）的各类边坡最优植物配比方案。

二、麻昭路探索绿色低碳公路建设

2013年2月，麻柳湾—昭通高速公路列入全国首批"绿色低碳公路主题性试点项目"。麻昭高速建设指挥部按照实施方案，重点实施集中供电、隧道弃渣利用、拌和楼天然气替代、风光互补供电、LED照明及智能控制、ETC不停车收费系统、隧道运营节能通风、分布式智慧供电节能系统、水资源循环利用和全线采散装水泥、加强桥梁耐久性设计、梁板集中预制等项目。同时，在绿色公路建设中，麻昭高速公路特别注重公路绿色技术的研发创新与应用，积极打造现代工程管理和绿色低碳的全国性示范，特别在信息化建设、隧道通风照明、沥青路面压电发电、交通安全与应急等方面加强与科研单位的合作，还应用了原实施方案中没采用的新技术、新方法，为绿色公路建设和项目现代工程管理提供技术支撑。麻昭高速公路积极探索、推广特殊地质条件下绿色低碳技术，探索公路建设的规划、设计、施工、运营和养护的全过程绿色发展思路；进一步破解当前交通建设领域能耗核算、统计、运用中的一系列难题；拓宽绿色交通实践路径，以点带面、树立示范，为全面推进绿色低碳主题建设夯实基础。

麻昭高速公路沿线地质条件复杂、桥隧比高、长大纵坡多，项目积极探索、推广特殊地质条件下绿色低碳技术，共节约91502.62t标煤，其中，施工期节约78954t标煤，运营期年节约12548.62t标煤；二氧化碳减排328274.99t，其中施工期减排255189t，项目运营期年减排二氧化碳73085.99t。项目的成功示范有利于云南省乃至全国绿色低碳建设的规划、设计、施工、运营和养护。

三、运营节能科技示范　打造绿色交通范本

云南高速公路桥梁多、隧道多，加上收费站、服务区，正常管理每年仅电费营运成本就接近1亿元，用电成本十分巨大。

云南省公路投资公司联合科研单位，以昆明—龙陵段高速公路为依托工程，开展西部课题"高速公路运营节能技术综合应用研究及示范"。

项目研究秉承"安全节能和综合节能"的理念，以保障高速公路安全、高效运营为目

标,针对昆龙高速公路沿线地理气候、相关设施、运营时间和用能设备等特点,以"系统、集成、优化"为主要研究思路,综合应用理论分析、实验室及现场试验、计算机仿真等手段,研究完成了高速公路运营节能4大类12项节能技术推广应用与集成示范。

项目提出了高速公路运营节能技术三级递阶集成优化模型,开发了高速公路运营节能技术集成优化评价系统;确定了新型节能光源在隧道照明条件下的等效亮度评价指标,提出了基于人机功效法和隧道内照明评价功率密度的节能评价方法;提出了基于虚拟驾驶环境的高速公路运营车辆排放定量评价模型及评价方法。通过实施科技示范工程,申请国家发明专利1项,获得软件著作权3项,发表学术论文15篇,编制高速公路运营节能技术系列设计、施工指南25项,其中新型节能光源等效亮度、隧道照明系统节能评价等研究成果已纳入《公路隧道设计规范》和《公路隧道照明设计细则》,取得了显著的社会、经济和环境效益,为相关行业标准的形成提供了技术支撑。

云南省公路节能工程技术研究中心通过采取专项技术改造,直接在昆龙高速公路中的昆安、安楚、楚大、大丽、大保、保龙、保腾高速公路上应用,通过相关技术在高速公路隧道、服务区、收费站、特殊路段等40个应用示范点(包括35座隧道、1处沿线设施、1处自救匝道、1处特殊路段、1座收费站和1个服务区)的集成示范应用,实现年节电近1000万度,年节约电费554万元,估算年节电折合标准煤3666t,年减排二氧化碳9752t,年减排碳2849.23t。经第三方综合节能评价,综合节电率达到23.4%。作为云南首个以高速公路运营节能为主题的科技示范工程,成功打造了绿色交通发展的范本。

第五节　科技推进安保工程建设

山区公路弯急坡陡,长大纵坡、陡崖峭壁,气候复杂多变是造成重大交通事故的隐患。针对云南山区公路交通事故多发的成因和特点,结合各条公路的地形和气候特点,科技人员围绕高速公路安全开展了科技攻关。这方面的课题主要有:山区公路弯道混凝土护栏开发及一般公路护栏工程试验,山区高速公路连续下坡避险车道研究,公路陡崖峭壁座椅式护栏工程应用,山区高速公路综合运营安全技术研究,高速公路连续长下坡路段新型安全设施开发,高速公路事故预警报警系统研究,冰凌条件下高等级公路沥青路面行车安全及对策研究,云南山区高速公路特定路段养护交通安全控制技术研究与示范,公路强制减速带在山区公路特殊路段上的应用研究,面向行车安全的公路景观评价技术研究,保龙高速公路运营安全保障系统综合研究,高速公路枢纽区域交通工程与环境综合系统的研究,基于运营风险评价的高速公路事故预防与运营管理技术研究,大跨径桁架结构门式标志架、山区公路交通信息诱导系统研究,国际通道交通标志设计和设置研究,已建山区高速公路安全性后评价技术和方法的研究。这些关于山区公路交通安保技术的研究，包括了护栏、自救匝道等安全设施、预警预报系统、风险评价、运营管理、安全对策及管理等方面的内容，有效地推进了云南山区高速公路的安保工程建设，公路陡崖峭壁座椅式护栏纳入交通部组织实施的安保工程，在全省公路危险路段工程应用了20多万延米，交通事故明显降低，提高了山区公路的行车安全性。

一、山区高速公路运营关键技术及装备

"山区高速公路运营关键技术及装备"科研项目围绕西部山区高速公路桥隧结构安全保障、高边坡稳定保持连续长大下坡路段安全运行性能提升等方面的技术难题，通过10多年的联合攻关，攻克了高墩大跨混凝土桥梁缺损状况监测评定、隧道安全可靠性移动快速无损检测诊断、高陡边坡稳定性甄别与保持和连续长大下坡安全保障等方面的关键技术，形成了保障西部山区高速公路安全运营的关键技术及装备，解决了山区高速公路长大下坡安全、高边坡稳定和桥隧检测等难题，为山区公路安全行车添加了多级安全防护。该项目由云南省公路开发投资有限责任公司与中国科学院地质与地球物理研究所、同济大学、清华大学等联合攻关完成，荣获国家科学技术进步奖二等奖。项目成果在云南、重庆、浙江等省市53条山区高速公路上成功应用，累计应用里程达3960km，有效提升了山区高速公路安全畅通性能，节省了运营成本及建设期工程造价，产生了近54亿元的经济效益。

在研究成果的基础上，充分发挥典型示范效用，打造了以思茅—小勐养、保山—龙陵、新街—河口、大理—丽江、麻柳湾—昭通等高速公路为代表的融入安全文化建设理念的示范公路。保龙高速公路被确定为亚行官方的安全典型示范项目；大丽高速公路获得了交通运输部和安全监管总局的2014年度公路水运建设项目"平安工程"冠名；麻昭高速公路建设项目被推选为交通运输部"平安交通"建设示范项目，成为2014年度全国公路水运三家获此殊荣的项目之一。

二、国际通道交通标志设计和设置

云南省公路投资公司等单位开展的"国际通道交通标志设计和设置研究"课题，通过研究小勐养—磨憨口岸公路和新街—河口口岸高速公路中国际通道交通标志的设计和设置，编写《国际通道交通标志设计和设置建议》，指导云南省内其他国际通道标志的设计，为我国其他省份的类似道路的标志设计提供了经验，填补了我国标志标线设计上的空白，促进了相关国家标准的制订或完善。研究取得了6个方面的成果。

（一）研究图形类和文字类交通标志版面设计方法和设置方法

课题针对国际通道交通特性，通过分析国际通道交通标志设计和设置的相关规定，充

分考虑国内外驾驶员的需求,提出了一套可行的国际通道图形类交通标志设计方案;在预告、指示重要信息时,根据实际需要可单独设置外文标志,以满足外籍驾驶员的需求,单独设置的外文标志设置在原国标标志后方 50m 左右的地方,版面内容采用邻国标准的相关规定,提出了一套文字类交通标志设计方法。

（二）公路海关标志设计方法研究（国内）

在分析相关协定所规定使用的海关标志比选欧盟各国的海关标志的基础上,结合我国特点,设计了符合我国的国际通道海关标志,该标志作为我国国内首次出现,已基本能够满足驾驶员视读需求,且符合相关协定的规定。

（三）基于 E-prime 和 DMDX 心理行为刺激软件研究驾驶员标志反应正确率和反应时间的实验技术

应用心理学理论,基于 E-prime 和 DMDX 心理行为刺激软件编程模拟试验对驾驶员标志反应正确率和反应时间进行试验研究,该试验技术在国内外具有显著的新颖性。

（四）基于驾驶员视认正确率和反应时间的标志效果评价技术的研究

采用模拟试验的技术评价,基于驾驶员视认正确率和反应时间对标志效果进行了评价,该效果评价技术在国内外均具有显著的新颖性。

（五）不同语言组合文字类标志对驾驶员视读效果影响的研究

提出了在国际通道的标志设置中,应尽量避免在同一标志版面上出现三种或三种以上的文字。建议在预告、指示重要信息（如通关口岸、服务区或其他外籍驾驶员活动较多的地点）时,根据实际需要单独设置外文标志,以满足外籍驾驶员的需求。

（六）研发一套适用于国际通道交通标志设计设置的辅助软件

这一软件方便国际通道特殊标志设计、设置的需求分析。

该研究成果获 2013 年云南省科学技术进步三等奖。

第六节　科技为桥梁建设提供支撑

桥梁是跨越江河峡谷的重要纽带,是大型人工构造物,投资大、要求高、技术难,常常是高速公路建设中的控制性工程。在山区高速公路建设中桥梁所占比重较大,也是改善山区高速公路线形、缩短里程、减少高速公路建设对生态环境造成破坏的重要设施。

云南山区高速公路要穿越江河、峡谷、溶洞、不良地质、复杂地形等不同地带,就必须

第十一章
科技创新

有经济适用、坚固耐久的桥梁以满足公路建设需要。根据全省各个时期高速公路建设的实际,云南组织开展了以高速公路桥梁建设技术为代表的科技攻关。攻关的课题有:高桥墩、长悬臂、大箱形断面连续刚构桥施工过程抗风动力特性分析研究,云南强震山区千米级悬索桥关键技术研究,大跨径悬索桥施工监测控制及荷载试验,钢管混凝土桁架拱桥管道节点寿命研究,超长灌注桩承载性能试验研究,超长桩体外索钢箱拱桥新技术研究,钢管混凝土拱桥混凝土配合比设计及其质量检测技术研究,双拉力预应力技术研究,滇西红层地质与桥梁桩基承载力影响因素综合研究,轻质高强混凝土梁试验研究,山区高速公路桥面铺装关键技术研究,山区高速公路上跨桥梁结构形式与景观研究,桥面防水体系的研究与应用,高性能混凝土应用技术研究,预应力钢筋混凝土悬带结构桥设计、施工技术研究,高原山区V形深谷大半径曲线拱式结构、高墩大纵坡桥梁稳定技术、深水高墩连续刚构桥梁设计研究,部分预应力钢筋混凝土(后张法)带翼箱形板梁系列设计研究,无缝桥梁技术在云南的应用研究。这些研究课题,较好地解决了红河大桥、澜沧江大桥、海口大桥等各类桥型建设中的技术问题,为元磨高速公路连续刚构世界第一高桥——红河大桥、祥临公路澜沧江大跨径悬索桥、高海高速公路钢管混凝土拱桥、预应力钢筋混凝土悬带桥、安晋高速公路无缝桥梁等新型桥梁的顺利建成通车提供了科技支撑。

在研究桥梁桥型设计、结构分析、抗震稳定等技术难题的同时,根据桥梁建设需要,对桥梁施工技术也进行了深入研究。这方面的课题有:元江高墩特大桥施工关键技术研究,祥临公路澜沧江大桥设计施工技术研究,特大桥"箱形刚构"施工工艺,无支架盖梁现浇梁板施工研究应用,挖孔桩承载特性及施工技术研究,钢—混凝土组合连续刚构桥设计施工关键技术研究,无伸缩缝整体式桥梁设计与施工技术研究,钢管混凝土系杆拱桥设计施工关键技术研究,连续刚构桥梁设计施工关键技术研究,小半径S形平曲线连续刚构桥施工过程中空间力学行为分析与施工控制技术研究。桥梁施工技术和施工控制技术的试验研究,解决了新型桥梁和大型桥梁施工的技术问题,提出了云南山区高速公路桥梁的一系列设计施工技术指南和施工工艺、工法,提升了云南桥梁施工技术水准。

桥梁重大科技攻关不断突破,屡创纪录。1999年,楚大高速公路西洱河一级电站悬空桥创造了"悬空桥"新桥型。

2002年,"云南高墩特大桥施工关键技术研究""云南高原山区'滇西红层'地质与桥梁桩基承载力影响因素综合研究"等课题的开展,成功突破高原山区大跨、高墩特大桥结构设计和混凝土施工等技术难题,在V形高山峡谷的元江河谷竖立起当时世界连续刚构第一高桥——红河大桥。

随着科技的发展,新材料的开发和应用,云南省不断创新大跨径桥梁结构形式,完善并标准化各类桥梁施工工艺,设计理念由容许应力法转变为极限状态法,设计阶段采用高度发展的计算机辅助手段,进行有效的快速优化和仿真分析,运用智能化制造系统在工厂生产部件,利用 GPS 和遥控技术控制桥梁工程施工,大跨径钢箱梁悬索桥的设计和施工技术上的突破,超大载重吊装施工技术的发展,软基地带桥梁超长钻孔灌注桩的设计、施工和检测技术的研究,以及桥梁预应力管道注浆效果检测技术、大跨桥梁的实时监测及其应用技术的研发,使云南桥梁建设技术得到了全面提升。

2015 年,云南省依靠科技力量在深达 500m 的普立大峡谷竖立起当时世界第一高钢箱梁悬索特大桥——普立特大桥。2016 年,在喜马拉雅山系横断山脉之间竖立起亚洲山区最大钢箱梁悬索桥——龙江特大桥。高科技手段的研发与运用推广,成功孕育了云南诸多世界性重大桥梁,实现了"逢山开路,遇水架桥"的重要跨越。科技创新在云南高速公路桥梁建设中发挥了重要作用。

一、10 项新技术新工艺在红河大桥得到应用

元磨高速公路上的红河特大桥总长 801m,为五不等跨预应力混凝土连续刚构桥,桥墩高 123.5m。经交通部科技信息研究所查询,建成时为同类型桥梁世界第一高桥。元磨高速公路建设指挥部与重庆交通学院、中港第二航务工程局依托大桥工程开展"元江高墩特大桥施工关键技术研究",进行了高温燥热气候下高性能泵送混凝土的研究,长索管道真空压浆及水泥浆配合比的研究,元江大桥箱梁竖向预应力钢绞线应用研究,高温气候条件下的大体积混凝土温控技术研究,大型构件、设备整体安装技术研究,新型模板和脚手架应用技术研究,大跨径桥梁施工监控技术研究等多项技术攻关。

课题研究成果不仅在红河特大桥工程中得到应用,还在保龙高速公路的 7 座连续刚构大桥上得到推广使用。

(一)高泵程泵送混凝土

通过课题研究,在昼夜温差大的情况下,红河大桥采用高性能混凝土长距离、高泵程泵送的施工工艺,收到了良好效果。

(二)采用了超长弯曲管道真空辅助压浆施工技术

略。

(三)采用竖向预应力钢绞线

红河大桥首次在特大跨径连续刚构桥中采用竖向预应力钢绞线,解决了连续刚构桥中竖向预应力粗钢筋有效预应力难以控制的问题,为建立竖向有效预应力提供了保证。

(四)特高柔性高墩控制技术研究取得成效

项目对连续性刚构桥特高柔性高墩垂直度、主跨线形、应力施工监测和控制技术研究的成果,确保了红河大桥墩身垂直施工误差小、主跨线形圆顺、合龙精度高。

(五)混凝土配合比研究确保泵送混凝土质量

通过持续燥热气候条件下的高性能、长距离(400m)、高泵程(150m)混凝土配合比的研究和运用,确保了红河大桥泵送混凝土的质量。

(六)成功应用超长预应力弯曲管道真空辅助压浆技术

通过超长(264m)预应力弯曲管道真空辅助压浆技术的应用研究,很好地解决了管道内浆体的密实度及饱满度问题,确保了压浆质量,编制了《元磨高速公路项目后张预应力管道真空辅助压浆工艺技术要求》,推进了真空辅助压浆工艺技术的发展。

(七)采取积极措施控制承台混凝土施工温度

红河大桥2号、3号主墩承台为长23.2m、宽18.2m、高5m的钢筋混凝土结构,混凝土强度等级为C30,体积2111.2m^3。一个承台就有篮球场那么大。大体积混凝土在施工中,由于水化热作用,会产生温度应力而出现温度裂缝。根据理论计算分析,进行了各种试验和系统研究,确定了红河大桥承台混凝土施工时温度控制方案和应对措施。在承台混凝土施工中,进行跟踪监测和控制,取得了令人满意的效果,在浇筑完成后的成品检查中,没有发现温度裂缝。

(八)悬臂浇筑法施工解决挂篮安装难题

红河大桥上部结构为单箱单室直腹式箱梁,箱室最大高度14.5m,箱梁顶宽22.5m,最大悬臂长度为129.5m。受地形和高度的制约,采用悬臂浇筑法施工。红河大桥中箱梁翼缘板边缘较薄,设计提供的边缘能承受的单点荷载为10t,不足以承受半个挂篮。通过对大型构件、设备整体安装技术研究,解决了红河大桥的挂篮安装难题。

(九)翻升模板装置提高柔性桥墩施工效率

红河大桥2号、3号墩墩身均采用双柱式薄壁柔性桥墩,经过现场反复试验研究,墩身施工的模板采用了翻升模板装置,该装置将施工脚手平台与模板结合起来设计,既节省材料,又降低设备耗费。施工时充分利用现场材料提升机,不需要另行配置专用提升设备,其安全性和可操作性更优于普通的模板形式,适合于特殊地形条件下高墩柱的施工。该装置不仅拼拆简单,而且提高了施工效率,混凝土外观质量得到保证。

(十)跟踪监测监控确保合龙精度

红河大桥所在地自然环境差,施工应力变化、风荷载、温度变化等因素的影响大。因此,在施工的全过程,进行了内应力、高程、线形、温度、风荷载的跟踪监测,进行适时结构应力、应变计算分析的全过程监控。大桥线形圆顺,合龙精度高。大桥中跨合龙允许误差3cm,实际误差只有2cm;边跨允许误差3cm,实际误差只有1.4cm;墩柱误差允许2cm,实际误差只有9mm。

二、科技助力普立特大桥跨越深谷

科技创新在普宣高速公路普立特大桥建设中同样发挥了重要作用。

(一)火箭弹牵引先导索飞跨深谷

普立特大桥主塔塔尖距离深谷谷底550多米,大桥主跨径达628m,先导索跨越深谷是一大难题。指挥部大胆采用火箭抛送先导索的技术方案,创造了云南首次、全国第三次的成功案例,大大缩短了普立特大桥主缆架设周期。

(二)主缆首次采用锌铝合金钢丝

锌铝合金镀层钢丝拉索,其钢丝采用锌铝合金镀层代替纯锌镀层,该镀层具有比纯锌镀层更高的耐腐蚀性能。锌铝合金镀层钢丝具有同目前的热镀锌钢丝一样的机械性能,同时还具有更好的耐久性。其防腐蚀机理主要体现在两个方面。一是铝的化学性能十分活泼,热镀后钢丝表面会形成一层致密的氧化铝,在腐蚀环境下就容易钝化形成保护层。在腐蚀介质中,表层富锌相作为阳极先被腐蚀,其铝含量会不断升高而使得氧化铝含量不断增加,使得镀层阻隔外界有害物质的能力更强。同时铝的加入也抑制了防腐性能较弱的、组织疏松的锌铁合金过渡层的生成,有利于提高镀层整体的防腐蚀能力。二是锌-铝合金镀层发生破坏并露铁点,镀层作为铁-锌铝电池的阳极被溶解,钢基体受到保护。

(三)钢箱梁缆索吊机空中旋转吊装

普立特大桥首次采用缆索吊机高空纵向移动,横向旋转90°安装钢箱梁的方法。这也标志着国内山区峡谷钢箱梁悬索桥吊装水平迈上了一个新的台阶。

(四)高山峡谷地区悬索桥隧道锚设计施工关键技术研究

普立特大桥主桥为主跨628m的简支钢箱梁悬索桥,主缆边跨为166m,主缆矢跨比为1/10。宣威岸锚碇采用嵌岩重力式锚碇,普立岸锚碇采用隧道锚,锚塞体长35m,倾角42°。

课题开展工程建设所必需的特殊地质下锚碇区工程岩体特性研究、隧道锚围岩抗拔力学机理与稳定设计准则研究、不同设计施工阶段的岩体稳定性及构筑物相互影响分析、岩体加固等方面的试验等研究工作,课题研究成果对于解决我国当前西部大跨径悬索桥的关键设计技术问题,促进大跨径悬索桥的科技进步,降低工程造价、提高结构安全性具有重要意义。发表论文:《普立特大桥隧道锚现场模型试验研究:夹持效应试验》《普立特大桥隧道锚碇区岩体工程特性研究》《隧道式锚碇——围岩系统破坏机理的数值试验研究》《围岩剪胀特性对隧道式锚碇》《山区公路悬索桥隧道锚设计》《山区悬索桥隧道式锚锭受力特性分析》《云南普立悬索桥粘滞阻尼器参数研究》。

（五）高原冻雨山区大跨径钢箱梁悬索桥施工关键技术研究及工程应用

该课题以普立特大桥钢箱梁悬索桥为依托,开展大温差环境下悬索桥施工关键技术研究、高原山区强风环境下大跨径悬索桥施工关键技术研究、高原山区大跨径悬索桥施工过程质量控制关键技术研究、悬索桥施工误差对成桥状态影响研究等工作,解决了工程建设中的关键技术问题,为工程的顺利建设提供了技术支持。发表论文:《大体积混凝土水化热温度特征数值分析》《高原山区悬索桥钢箱梁现场制造质量控制关键技术》。

三、科技助力龙江特大桥穿越云雾

保腾高速公路龙江特大桥建成后,云南飞虎文化传播有限公司邀请国内知名音乐人创作了《云中的路》的歌曲。歌中唱到"一座大桥穿越云雾,通向天边连接幸福",这是对龙江特大桥的真实写照。

龙江特大桥处于高烈度强震山区,采用重力式锚碇结构,为国内首次在全风化玄武岩地区采用该种锚碇类型。同时钢箱梁施工采用缆索吊装方案,规模为世界同类桥梁之最。

面对施工难点,指挥部和各参建单位积极进行科技创新,采用了5项新技术、新工艺和新材料,并开展了"强震山区千米级跨径悬索桥关键技术研究"。科技助力龙江特大桥穿越云雾。

（一）新技术新工艺新材料的采用

1. 在国内大跨径桥梁施工中首次采用无人飞行器牵引先导索过江的施工技术

该方法施工环境条件要求低、安全度高、费用低、速度快,先导索架设施工避免了对桥位周边交通、植被、环境和民生的影响,社会反映较好。

2. 在国内首次成功采用索股入鞍段预成型及架设技术

在传统的索股架设施工中,索股全长均为六边形,入鞍前需加入填充丝,将索股整形为四边形后方可入鞍,工效较低,入鞍段丝股平顺度难以保障。指挥部联合上海浦江缆索股份有限公司、中交第二公路工程局有限公司等相关单位,积极探索索股入鞍段预成型及架设技术;厂内制造时将入鞍段由六边形整形为四边形,并设计专用工装器具,制定标准化操作流程,形成了一套可行的索股入鞍施工工艺。通过使用该工艺,索股架设仅用时43天,较一般主缆架设方案提前了两个多月,架缆的速度为世界之最;在保证施工质量的前提下,极大地提高了施工工效。

3. 在国内首次采用圆形缠丝+缠包带方式+除湿系统方式进行主缆防护

Cableguard TM 缠包带所用材料是一种名为氯磺化聚乙烯的合成橡胶(国内俗称海帕龙),具有优异的耐臭氧性、耐大气老化性、耐化学腐蚀性等,较好的物理机械性能、耐老化性能、耐热及耐低温性、耐油性、耐燃性、耐磨性及耐电绝缘性。其是比较成熟的防护技术,对烈日、雨水、大气尘埃、酸雨及空气中大量的化学腐蚀物具有特强的抗蚀作用。

腾冲地区降雨丰富、桥位湿度大,在主缆架设中缆内存水的问题不可避免,为保证大桥主缆防护效果,指挥部在部省联合技术专家组第二次会议上提请将主缆防护设计变更为缠包带方式+除湿系统,得到了专家组的一致认可。经过进一步的调查研究后,2014年8月22日,指挥部组织召开龙江特大桥桥面铺装、主缆防护、桥梁健康监测及管养系统方案设计、专家评审会,正式确定龙江特大桥主缆防护系统采用圆形缠丝+缠包带方式+除湿系统。

4. 国内首次采用喷洒葡萄糖酸钠作为缓凝剂配合水枪冲刷的施工方法进行锚碇混凝土凿毛施工

鉴于人工凿毛施工工效低下、质量不稳定,严重制约锚碇施工进度的情况,指挥部积极进行工艺创新,探索总结出了采用喷洒葡萄糖酸钠作为缓凝剂、配合水枪冲刷的凿毛新工艺,有效提高了工效,降低了成本,获得了云南省交通运输行业 2015 年度优秀 QC 成果奖。

5. 在桥梁大体积混凝土中成功采用火山灰作为混凝土外掺剂

由于混凝土中粉煤灰外掺剂在雨季期间供应难以保障(云南电力供应在雨季期间以水电为主),且运距长,结合腾冲和龙陵本地火山灰生产供应的实际情况,经试验研究,在腾冲岸锚碇大体积混凝土中采用掺加火山灰替代粉煤灰。火山灰的应用有效降低了混凝土水化热和碱含量,保障了锚碇施工进度和工程质量。

(二)强震山区千米级跨径悬索桥关键技术研究

2009 年,依托龙江特大桥,交通运输部设立了西部交通建设科技项目——"强震山区千米级跨径悬索桥关键技术研究"课题。该课题包括了 3 个专题,分别为:强震山区千米级悬索桥抗震性能分析与适宜体系研究、山区千米级悬索桥关键施工技术研究、强震山区桥塔处高边坡安全性分析与安全监测技术研究。

龙江特大桥是一座在强震山区修建的主跨 1196m 千米级悬索桥,场地基本地震烈度在我国已建和在建的 1000m 级悬索桥中是最大的。

课题研究成果对于确保依托工程的建设和运营安全有重要的支撑作用,也为以后在强震山区修建同类桥梁提供了技术支撑。

课题研究提交研究报告18份,申请专利8项,培养研究生14人,发表学术论文15篇。

1. 强震山区千米级悬索桥抗震性能分析与适宜体系研究

首次系统地开展了强震山区千米级悬索桥的适宜体系和抗震性能计算分析研究,形成了二套强震山区千米级悬索桥的抗震设计方法,成功地在依托工程中应用,填补了国内空白;课题组完成了世界上首例千米级悬索桥的振动台全桥地震模拟试验,攻克了振动台全桥地震模拟试验的关键技术,为大跨径悬索桥的抗震性能研究提供了新的技术方法和手段,并且提出了适用于高地震烈度区索支撑桥梁主塔的一种新型抗震横梁以及一种横梁抗震设计新方法,能有效提高横梁和主塔的横桥向抗震性能。最后,通过对龙江特大桥施工图设计方案在设防地震动作用下计算表明,龙江特大桥的抗震性能总体上满足要求。

2. 山区千米级悬索桥关键施工技术研究

通过全面分析现有的悬索桥先导索架设技术,结合现代高新技术的发展,提出了利用现代高新技术产品遥控无人小型飞行器架设先导索的技术,并在国内外首次提出并实现了悬索桥先导索的小型遥控无人飞行器架设和悬索桥钢箱梁的多地制造方案。根据研究成果,龙江特大桥成功实现了大桥两岸三地的制造方案,以及在国内外首次设计完成了悬索桥施工中的千米级大吨位缆索吊机,成功应用于工程实践,并且提出了利用主索塔顶位移监测主索索力大小的方法。

3. 强震山区桥塔处高边坡安全性分析与安全监测技术研究

采用1:2000比例尺的工程地质调绘、工程地质钻探、物探、原位测试、室内试验等多种方法,基本查清了桥位区域工程地质条件,水文地质条件、对龙江特大桥桥位区的引桥、主塔、锚碇基坑的地质情况进行了较详细的评价,为龙江特大桥工程的施工图设计提供了可靠地质依据。

第七节 科技为隧道建设提供技术保障

桥梁多、隧道多是云南高速公路的显著特点。隧道建设具有缩短公路里程、降低纵坡、保持高速公路线形,具有公路建设不占或少占耕地,不破坏植被等优势。但是,隧道施工难道大、造价高、工期长、不可预见的问题多,运营期需要通风、照明,运营成本高。特别是在云南高原山区地形复杂、地质破碎的环境下进行隧道建设,各种不可预见的问题都将会出现,给隧道建设带来很大困难。针对山区高速公路隧道建设的难题,科研人员依托隧道建设开展科技攻关和课题有数十项。科研为隧道建设提供了坚强的技术保障(图11-3)。

图11-3　使用高科技探测隧道地质数据，为施工提供超前预报

这方面的科研课题有：元磨高速公路隧道围岩分类及应用研究，隧道超前预报智慧化识别技术研究，超大断面改良隧道围岩稳定与施工动态控制技术，公路隧道防水技术，安楚高速公路大红田隧道超前地质预报及监控量测，元磨高速公路隧道工程监测信息管理系统，元磨高速公路隧道动态回馈设计与信息化施工研究，小间距隧道设计施工技术研究，连拱隧道地质超前预报及施工控制技术，三维成像隧道地质超前预报成套技术研究，隧道衬砌自密实免振混凝土技术及其应用研究。在公路隧道运营管理方面，为降低隧道运营成本，加强隧道运营的过程管理，提高隧道运营安全，针对隧道运营中存在的问题，科技人员也开展了科技攻关，主要课题有：公路隧道健康诊断应用技术研究，公路隧道光纤自动测温系统的应用试验，云南公路隧道节能技术应用研究，双向交通隧道运营通风、照明与安全技术研究，太阳光光纤照明技术在隧道照明中的应用技术研究，山岭公路隧道照明安全与节能技术研究，太阳能光发电在收费站及隧道中应用推广，隧道中用反光材料取代照明系统的试验研究，隧道阻燃多孔沥青路面施工技术研究。在科技项目的支撑下，云南建成了国内高速公路第一座螺旋隧道、第一座太阳能照明隧道，建成了连拱隧道、小间距隧道等高难度的隧道，及时有效地解决了云南山区公路隧道建设、运营、管理、养护中的技术问题，为全省不同等级公路隧道的顺利建成和安全运营提供了技术保障。

一、地质超前预报确保隧道施工安全

由于公路隧道断面大、地质条件复杂，极易引起塌方、漏水，不仅给工程带来极大的困难，也会导致人员伤亡、工期延误，从而造成巨大的经济损失。

云南元磨高速公路建设指挥部和云南航天质量无损检测站采用新的预报理念，建立起隧道内外探测相结合、地震波的构造探测与电法的含水性探测相结合、地球物理探测与地质调查相结合的隧道综合预报技术,突破了传统预报观念,提高了预报的科学性、可靠性和准确性,对确保隧道施工质量和安全起到至关重要的作用,同时也为完善隧道设计、确定隧道施工工艺、调整支护参数、合理变更设计和有效控制投资提供了重要依据。

本项目获得的成果在元磨公路大风垭口和布陇箐两座隧道的地质超前预报按计划完成,由于预报比较准确,减少了工程事故,降低了施工风险,避免了人身伤害和设备损失,使工期提前了180天,工程造价降低了10%,产生了巨大的社会和经济效益。

二、大断面隧道研究填补省内空白

昆石高速公路小团山、阳宗隧道净跨均为14.8m,是当时国内公路跨径最大的隧道,其设计和施工没有成熟的技术和经验可以借鉴。昆石高速公路建设指挥部与重庆交通科研设计院合作,开展"高速公路大断面隧道围岩稳定性与施工监测技术研究"。

课题组以新奥法原理为基础,应用岩体力学理论,依托两个隧道开展现场围岩监控量测,对大断面公路隧道围岩稳定性进行了分析研究,制定出一套有效的监控量测方法和动态、综合分析系统,提出合理的支护措施和施工方法。

课题研究填补了云南省三车道大断面公路隧道研究领域的空白。经测算,103m的结构试验段比原设计预算费节约资金109.53万元,完成每延米单洞隧道节约投资10%的目标,实际工期缩短4个月。

三、攻克隧道渗漏水难题

为解决公路隧道渗漏水问题,保证隧道内设备的正常运转和行车安全,保证隧道结构的使用安全,减少隧道的维修费用,延长隧道的使用年限,昆石高速公路建设指挥部与重庆交通科研设计院、北京交通大学合作,开展"高速公路隧道防排水技术研究"(图11-4)。

图11-4 加强科技创新,攻克隧道渗漏技术难题

课题组以昆石高速公路为依托工程,结合云南特有的水文地质情况,重点分析公路隧道防排水的薄弱环节,研究相应的技术措施。在小团山隧道行车横洞实施了30m长的纤维高性能湿喷混凝土(HPS)单层永久衬砌防水试验段,解决了防水、承载和耐久性问题,且工程造价比原设计的复合衬砌节省961.08元/延米。在阳宗隧道152m围堰涌水严重地段进行科研试验,成功解决了复合式衬砌隧道富水段的防排水技术难题。提出了"凿槽引排"和涂刷渗透结晶型防水材料的渗漏水综合整治技术。研究成果在昆石高速公路的小团山、阳宗隧道、清水沟1号隧道、清水沟2号隧道实体示范工程中应用,取得了显著的社会经济效益。依托工程试验段拱墙无渗水,地面不冒水,提高了隧道运营期间的驾驶安全性,美化了隧道运营环境。

四、连拱隧道技术研究取得成果

随着西部大开发战略的实施和交通基础设施建设规模的逐步扩大,云南公路隧道修建的数量日益增多,新的隧道结构形式和相应的施工方法不断涌现,连拱隧道就是其中之一。思小高速公路全线设置15座隧道,其中13座为连拱隧道。

连拱隧道由于跨度大,结构复杂,不利因素多,设计和施工的难度都比较大。2002年,"连拱隧道建设关键技术研究"列为交通部西部交通建设科技攻关项目。云南省公路规划勘察设计院、同济大学、云南思小高速公路建设指挥部共同承担了项目的研究任务。

课题组以思小高速公路为依托工程,探明了连拱隧道围岩与结构的力学转换机制,攻克了设计与施工中的技术难点,建立了连拱隧道动态反馈设计与信息化控制方法及管理程序,研制出连拱隧道监测数据库管理软件、施工动态数值模拟分析软件、计算机辅助设计软件等。

五、小间距隧道设计施工有了技术指南

小间距隧道是空间近距离双向隧道在同一参考平面的布置方式之一,其结构介于双孔平行隧道和连拱隧道之间。为解决小间距隧道在浅埋条件下施工的风险和施工困难而实施项目研究。

罗富高速公路以净间距在10m以上的小间距(介于小净距和分离式中间)隧道为研究对象,重点对小间距隧道的适用性、施工关键技术以及与分离式隧道的经济性比较展开研究,研究成果依托罗富高速公路平年隧道建设工程,根据模型试验、数值模拟和监测数据的反馈分析,对小间距隧道的设计和施工技术进行了较为系统的研究,提出了施工建议,为隧道设计施工和及时调整支护参数等提供依据,确保施工安全和施工质量,降低成本,制定了小间距隧道的施工技术指南,使小间距隧道的设计和施工水平达到了一个新的高度(图11-5)。

图 11-5　罗富高速公路平年小间距隧道施工技术荣获云南省科技进步一等奖

六、太阳能用于隧道照明

针对西部公路中小隧道照明系统的配套资金和运营成本等问题,云南省交通规划设计研究院等开展了"公路隧道太阳能照明系统研究"。课题研究分为公路隧道太阳能照明系统适用条件与合理配置方案、应急照明子系统、引导照明子系统、基本照明子系统、公路隧道口太阳能加强照明子系统、照明系统适宜性、辅助工程措施 7 个子课题。

经过 6 年多的刻苦攻关,以云南省高速公路中小隧道为依托,课题组研发了适宜中小隧道太阳能应急、引导照明的低功耗相关产品,适宜中小隧道太阳能照明系统的隧道洞口加强照明专用灯具;提出了适宜的隧道照明节能车道有效占用专用 PLC 控制技术——基于车道有效占有感知及快速开闭控制的低交通量公路隧道太阳能照明系统节能控制技术;完成了中小隧道太阳能照明系统设计计算书,编制了中小隧道太阳能照明系统设计施工指南;提出了高速公路机电系统养护评价方法,开发了高速公路机电系统养护评价软件;搭建了太阳能隧道照明 2000W 的实验室模拟系统,进行了太阳能隧道照明系统及灯具布设的模拟实验,为本项目的实施提供了科学、有效的实验数据及技术支撑;基于项目研究成果,完成了一项 440m 的高速公路隧道的太阳能照明系统依托工程——昆曼国际通道云南段小磨公路 15 合同勐远 1 号隧道太阳能隧道照明系统。

项目研究为云南省高速公路机电系统的预养护、养护策略制定和养护工作的实施,提供了重要的技术支撑。

七、反光材料在短隧道节能照明中发挥作用

对于短隧道而言,运营费用的大部分都用在照明电费的开支,节能降耗成为降低隧道运营成本的重要措施。在国家发改委发布的《节能中、长期专项规划》中,明确提出交通运输及绿色照明工程是节能的重点。为在保证行车安全的前提下有效降低隧道照明能源

消耗,保腾高速公路实施了"反光材料在短隧道节能照明研究"。

课题综合应用理论分析、模型试验、数值仿真和现场实测等手段,系统研究了反光材料辅助隧道照明技术,首次开展了反光材料(含自发光材料)在隧道节能照明中的基础理论和辅助功能的系统研究,为隧道照明节能开辟了新的途径;提出等效节能照明,利用材料的光反射作用降低照明系统的负荷,引入人眼视觉功效作为评价指标,对隧道内行车安全进行评价,实现了节能降耗;系统研究了反光材料与常用光源的匹配问题,评价了反光材料在隧道照明环境下的使用性能,为反光材料在隧道照明领域的推广应用打下基础;利用自发光材料的蓄光、余辉发光作用,降低了隧道照明对电力需求的依赖,提高了隧道火灾断电条件下隧道内人员的安全逃生与救援能力。同时,编制了《反光(含自发光)材料辅助隧道节能照明应用设计指南》。

该课题研究成果已在保腾高速公路鹿山隧道得到应用。

附:云南高速公路获奖科技项目

20年来,科研工作伴随云南高速公路建设,解决了一道道工程技术难题,收获了累累科技硕果。

一、国家科学技术进步奖项目

一 等 奖

膨胀土地区公路建设成套技术(2009年)

二 等 奖

高原山区高速公路建设支撑技术(2010年)
山区高速公路运营保障技术及装备(2015年)

二、云南省科学技术进步奖项目

一 等 奖

楚大高速公路西洱河一级电站悬空桥设计研究
元江高墩特大桥施工关键技术研究
新建公路路域环境生态恢复技术研究
硅藻土改性沥青路面应用研究
小间距隧道设计施工技术研究(2008年)

山区支挡结构的研究(2009年)

轻质混凝土用于大跨径桥梁的研究(2009年)

山区高速公路危险路段交通安全设施系统的研究(2010年)

高原山区路网均衡性研究应用(2011年)

二 等 奖

云南省第一条高速公路(昆明—曲靖)昆明至嵩明段设计研究

一九九一—二〇〇二年云南省公路网规划

加筋土技术在云南高原高等级公路建设中的应用

云南高原高等级公路膨胀土路基加固技术研究

土工格栅加筋柔性桥台的应用研究

云南省山区高等级公路边坡生物防护技术

高等级公路建设边坡病害防治技术研究

路面弯沉自动检测系统

元磨高速公路隧道围岩分类及应用研究

云南高原山区"滇西红层"地质与桥梁桩基承载力影响因素综合研究

岩石边坡生态恢复及环境治理关键技术研究(2006年)

连拱隧道建设关键技术的研究(2006年)

思茅至小勐养高速公路环境保护与工程对策研究(2007年)

高速公路雾区安全保障技术(2008年)

山岭高速公路沥青路面混合料抗车辙剂综合应用技术研究(2009年)

云南省沥青路面柔性基层研究(2009年)

桥梁预应力管道注浆效果检测技术研究(2011年)

高速公路机电系统养护管理评价技术(2012年)

山区公路隧道灾害预警集成技术与集成装备研究(2014年)

沥青路面疲劳极限设计方法研究(2014年)

云南省高速公路运营节能技术综合应用研究及示范(2014年)

云南公路边坡非饱和特殊土低碳修复关键技术研究与应用(2015年)

锁蒙高速公路路面与桥梁工程施工质量远程智能控制技术研究(2015年)

山区公路生态固坡技术及非饱和土特性测试装备研制(获2013年云南省技术发明二等奖)

三 等 奖

钢纤维水泥混凝土路面应用技术研究

YN86 型路面自动弯沉仪简介

大跨径桥梁施工控制技术研究

中期计量支付结算及投资控制系统

水泥混凝土路面滑模施工配套技术研究

云南大保高速公路建设管理计算机多媒体系统

云南省高等级公路收费、监控、通信网络系统研究应用

公路陡崖峭壁护栏开发研究

公路数字化地面模型(DTM)应用技术研究

改性沥青混合料关键技术研究

粉煤灰在高等级公路水泥混凝土路面中的应用研究

高速公路大断面隧道围岩稳定性与施工监测技术研究

元磨高速公路隧道动态回馈设计与信息化施工研究

路基路面排水系统施工技术研究

路基石方大爆破及边坡稳定技术研究

光纤智能隧道与边坡的监测技术应用研究(2006 年)

云南山区高速公路建设投资控制的管理与技术创新及应用研究(2006 年)

沥青路面水损害早期破坏防治技术研究(2006 年)

膨胀土路基病害防治技术研究(2006 年)

山区高速公路选线合理性研究(2006 年)

连拱隧道地质超前预报及施工控制技术研究(2007 年)

云南思茅至小勐养高速公路边坡生态恢复工程技术研究(2007 年)

思茅—小勐养高速公路全程监控技术研究与应用(2007 年)

边坡加固施工工艺与施工控制技术研究(2007 年)

山区高速公路桥面铺装关键技术研究(2008 年)

高速公路联网收费试验工程建设(2008 年)

污水生态处理及景观水体处置技术研究与示范(2008 年)

云南山区高速公路沥青路面质量控制关键技术研究(2008 年)

膨胀土地区公路环境保护技术研究(2008 年)

山区公路特殊路段强制控速设施应用研究(2008 年)

云南公路建设发展的 TOT 项目方式应用研究(2008 年)

山区高速公路膨胀土综合利用研究(2009 年)

山区高速公路填石路堤应用技术研究(2009 年)

新河高速公路不良土路基填筑技术研究(2009 年)

山区高速公路综合运营安全技术研究(2009年)

山区岩堆勘察设计施工关键技术与应用研究(2009年)

排水降噪路面材料与铺装技术研究(2009年)

小磨公路和谐交通安全保障技术研究(2009年)

云南元磨高速公路边坡病害群治理工程效果评价及应对措施研究(2009年)

大跨径悬索桥施工监测控制及荷载试验技术研究(2009年)

保山—龙陵高速公路运营安全保障系统综合研究(2010年)

云南高温、潮湿山区高速公路路面结构研究(2010年)

提高云南高速公路沥青路面抗车辙性能研究(2010年)

云南省公路工程工程量清单计量规则(2010年)

沥青路面级配碎石基层结构设计与施工技术研究(2010年)

山区高速公路长效性沥青路面技术研究(2010年)

公路桥梁超长灌注桩承载性能试验研究(2011年)

双向交通隧道运营、通风、照明与安全技术研究(2011年)

云南永武高速公路沥青路面施工动态质量控制技术(2011年)

山区高速公路工程风险分析与控制对策研究(2011年)

高速公路桥梁伸缩缝快速更换关键技术研究(2012年)

基于路面性能衰变规律的沥青路面预防性养护决策技术研究(2012年)

无伸缩缝半整体式桥梁设计与施工技术(2013年)

对地质灾害进行可视化监测预警(2015年)

国际通道交通标志设计和设置研究(2013年)

山区高速公路安全性后评价方法与技术(2013年)

云南省公路机电设施质量检测评定技术(2013年)

山区在役大跨桥梁结构动力特性演化机理与实时监测评估技术研究(2013年)

温拌橡胶沥青混合料关键技术研究(2014年)

高黎贡山区域高速公路建设环保及景观技术研究(2014年)

基于主客观安全性的云南高速公路运营风险评估技术与对策(2015年)

高性能胶粉改性沥青的性能研究与应用(2015年)

公路典型隐蔽工程施工质量快速检测关键技术研究(2015年)

山区公路地质灾害可视化监测预警与综合信息管理研究及应用示范(2015年)

第十二章
养护管理

云南高速公路多数路段按山岭重丘区高速公路设计和修建,穿越在高山与峡谷之间。受特殊的地形、地质、水文和立体气候影响,高速公路易发滑坡、泥石流、崩塌、洪水冲刷、地震、水毁、路面结冰等自然灾害。高速公路因自然灾害每年造成的损失巨大,水毁遗留工程较多,给高速公路养护管理造成了极大的困难。同时,随着社会运输总量的迅速增长,云南高速公路运输逐年呈现出大型化、集装箱化的趋势,普通货运车辆超载现象相当普遍,造成高速公路超负荷运行,导致高速公路及其设施的严重损坏,不仅缩短了公路使用周期,还增加了公路维护费用。

云南高速公路经营管理单位本着建设是发展,养护也是持续发展的理念,紧紧围绕交通运输部"三个服务"的要求,千方百计克服高原地区立体气候复杂多变、自然灾害频发、路网资源紧缺等特有的困难,坚持以公路"畅、安、舒、美"为养护目标,全面提升养护管理水平,为云南经济社会全面发展提供坚强有力的交通保障。

各高速公路经营管理单位在实践高速公路管养这一任务的过程中,针对高速公路养护工作产生的各类矛盾,不断提高认识,克服困难,改善工作,创新思路。同时,结合管养过程中发现的问题,又反馈到在建项目的工程中,使云南高速公路建设养护工作更加成熟和完善。

第一节 高速公路养护面对的主要矛盾

一、养护资金投入不足

云南高速公路建设成本高,大部分建成通车的高速公路在通车后的10多年里,通行费收入还不够偿还银行贷款利息,导致养护管理资金投入不足。

以云南省公路投资公司为例,该公司的养护资金全部来源于通行费收入,每年养护费用投入占通行费收入总额的12%~15%。但随着管养里程的不断增加,各路段通车年限的增长,车流量的大幅增加以及大量超载车辆的影响,各路段路况衰减加剧,养护费用每年均以20%的幅度递增。从实际情况需要投入和处治的各项工程费用看,每年大约需要

10 亿~12 亿元。

二、养护保障能力不足

由于云南高速公路建设对资金的需求量大,特别是"十二五""十三五"期间,高速公路的建设任务更加繁重,这个时期财力、物力主要倾向于建设工作,由于资金的紧缺,不同程度地影响到养护管理工作。行业内部大量技术人员和管理人员向建设项目流动,养护管理工作受到削弱。

由于养护资金紧张,已安排的养护计划往往难以正常组织实施,致使养护建设投入不足。养护的科学化决策体系建设速度缓慢,不能形成有效的生产能力。

养护施工作业的组织能力不足。对养护施工需要"快速组织、快速实施、快速撤离"的认识不够,对既要重视经济效益,同时还要重视社会效益的理解不深刻,导致养护效率不够理想,养护管理成本高,个别养护项目施工组织存在窝工等问题。如由于准备不充分,材料、设备和工程量不配套,导致封道、并道时间长,现场设备闲置,造成负面影响。

三、应急抢险保通量大

云南自然灾害频繁,各类灾害引起的次生灾害影响大,道路应急保畅工作往往成为社会关注的焦点。雨季期间,各路段山体滑坡、泥石流等地质灾害频发,仅云南省公路开发投资有限责任公司管辖范围,每年发生较大的灾害次数超过 100 次(点),抢险保通费用近 3000 万元。灾害应急抢险工作繁重,费用较高。发生水毁,除了要负责及时抢险保通,承担工程费用以外,还要承担百姓的农田损失、房产损失,甚至一些无理要求的赔偿。这些问题的协调往往很被动。凡是水毁工程,最大的受害者是高速公路管养单位。

四、养护安全压力较大

2015 年年底,根据公路安全隐患排查结果,全省共需处置的隐患点多达 14.69 万个,需投入处治资金约 332 亿元,形势非常严峻。

同时,高速公路养护施工安全保通压力大。投入的安全保通费高,特别是在一些长下坡、急弯段落以及隧道内施工、桥梁梁板维修更换、特殊路段路面大修等,出现养护项目投入的安全保通费用高于直接工程费,个别项目甚至是工程费的数倍,带来了资金和安全的双重压力。

五、养护资源配套困难

云南高速公路建设成本高,桥、隧等路基构造物多,高边坡、高挡墙、高填方较为普遍,对养护工作要求高,养护资源不足的矛盾较为突出。

建设期对养护基地、料场、弃土场的规划和设置等往往难以同时配置到位,管养期重新增设难度大、费用高,挤占了有限的养护费用。特殊运行设备与供货厂商合同约定不够,需要厂商服务时存在困难。在地形陡峻和长下坡路段虽然在设计和建设中符合相关技术标准,但在实际运行中许多现实问题依然存在,例如超限、超载、超速等。有个别路段安全设施设置显得不足,通车运营中交通安全事故频发,重新改造和新增安全设施费用投入多,布设难度大,社会关注度高,工作显得较为被动。

第二节　建章立制　理顺养护机制

在高等级公路建设管理养护体制方面,早在1991年云南省就成立了第一个高等级公路管理机构——昆明高等级公路管理段,隶属省公路局昆明公路管理总段领导,负责养护、收费和路政管理三项工作。此后,随着全省高等级公路里程的迅速增多,省公路局下属的一些管理总段也相继成立了高管段(含收费站、养护工区〈中心〉和路政大队)。2001年省交通厅组建了云南昆瑞、昆磨、东部3个高速公路公司,负责全省大部分高速公路的管养工作。2004年,制定出台3大高速公路公司管理暂行规定,强化了规范管理,为进一步确立三大公司的法人实体和市场主体地位打下了基础。随后又组建了曲陆高速公路公司、昆玉高速公路公司、石安高速公路经营管理公司和昆明、楚雄、大理、曲靖、开远、思茅(今普洱)、景洪高管段等16个高等级公路管理机构。2006年5月,省政府批准成立了云南省公路投资公司,昆瑞、昆磨、东部3个高速公路公司并入该公司。云南省公路投资公司成立初期,养护工作主要是延续原三大公司的路段管理处和养护施工力量来实施养护生产管理(这个时期云南大部分高速公路都属云南省公路投资公司管理)。2008年,公司在调研的基础上组建了8个营运管理处。2009年,公司以4个子公司为母体,以线代面组建了5个养(维)护中心,与8个管理处实行"管养分开"。通过深化改革,理顺体制,逐步建立起公司、管理处、养护中心组成的三级养护管理体制。公司层面负责统筹下达养护任务指标,8个管理处代表公司行使养护作业的监督管理职能,全面负责辖区路段的养护管理、应急处置等工作。各养(维)护中心在管理处的指导监管下,负责组织实施日常的维修维护和应急抢险工作。

一、建立完善制度　加强规范化管理

在全国还没有一个完善的高速公路养护管理体制和养护市场尚未形成的情况下,云南省公路投资公司本着"有利于公司的发展、有利于增强综合实力、有利于完善公司各项建设"的原则,按照"统一的工作目标、统一的工作步骤、统一的工作规范"的要求,结合公

第十二章
养护管理

司管养路段实际,制定了《养护管理实施细则》《养护管理办法》《养护工程考核办法》《养护预算计划管理草案》等一系列养护管理规章制度,逐步建立起一个较为完善的养护管理体系。结合国家和省厅的相关要求,使养护管理步入制度化、规范化、标准化轨道。日常维护有据可查,养护工程有据可依,大中修工程从设计到施工逐步规范,公路养护质量稳步提高。

(一)统筹规划 促进养护工作有序开展

立足于现有的路网结构、路况特征,着眼于全面建设小康社会和"一网"(省高网)、"二廊"(滇西公路文化走廊、滇南绿色生态走廊)的需要,根据道路状况和技术标准,合理编制养护管理的中长期规划,把制定养护规划作为养护工作实施的前提,力求用长远的规划来合理安排每年的养护计划,有序开展养护管理工作,确保养护目标任务按期实现。

"十一五"期间,云南省公路投资公司制订了《养护规划大纲》和《公路处治和预防性养护实施方案》。大纲根据通车年限、交通流量,将已建成的公路养护划分为四类(表12-1)。

高速公路养护类别划分 表12-1

通车年限	交通流量(辆)(年平均昼夜)	养护类别
3年以内	20000以下	一
4~6年	20000~25000	二
7~10年	20000~25000	三
10年以上	25000以上	四

依据养护类别分别采取不同的养护方案和养护措施:

一类:巡查→保洁→检测→分析→保养(维护)→预防性养护。

二类:巡查→保洁→检测→分析→小修保养(维护)→预防性养护。

三类:巡查→保洁→检测→分析→小修保养(维护)→处治→预防性养护。

四类:巡查→保洁→检测→分析→小修保养(维护)→处治、修复→预防性养护。

预防性养护技术方案及措施:结合云南道路情况,根据检测数据和预防性养护技术的应用,采用雾喷封层、微表处(图12-1)、同步碎石、稀浆封层、再生、沥青碎石罩面等技术。

处治修复养护技术方案及措施:按路段使用和衰减破坏状况,修复路面结构层和病害,采用路基治水、路面排水、结构层修复、路面大、中修、再生技术等。

一、二类道路全面实施预防性养护,三、四类道路在确保道路技术状况的前提下,在三年内完成施工缺陷、病害处治,达到预防性养护的基本条件,从而实现公司所有路段按三年一轮全面进入预防性养护的目标。按照不同的道路养护类别采取不同的方案及措施,最大限度地做到方案合理、措施得当、成本最低、效果明显,从而稳步进入公路养护的良性循环。

图 12-1　现场演示微表处技术

在规划大纲的指导下,结合实测路况指标编制年度养护计划,指导生产。

(二)加大投入　提升高速公路路况质量

云南省公路投资公司克服建设任务繁重、资金需求压力较大的困难,千方百计抓好养护资金的筹集,随着通行费的增长,每年都加大养护的投入力度,做到把通行费收入的20%以上作为养护资金投入到养护管理当中。5年里,累计征收通行费150亿元,养护的总投入达到了35亿元。5年内完成的主要工程数量:养护维护费累计7.7亿元(不含对公路局的代征代养费用);路基和滑坡工程治理费用1.55亿元;路面大修和病害处治14.4亿元;路面预防性养护2.54亿元;桥梁隧道病害处治费用1.38亿元;隧道机电设施更换1.18亿元;新增工程和安全隐患治理2.06亿元;定期检测观测费用8440万元;运营管理用房更新改造5418万元。由于养护资金投入到位,云南省公路投资公司管养路段道路技术状况指标MQI值均保持在90以上,路网的整体服务水平逐年提高。机械化抢险如图12-2所示。

二、细化管养类别　搭建工程平台

(一)落实基础性养护工作

为使小修保养等基础性养护工作得到落实,云南省公路投资公司在《养护实施细则》中对各项工程的日常维护工作内容、范围、养护频率等进行了详细的规定,并按照年公里确定日常维修维护费用,养护资金得到有效保障。同时,明确小修保养任务由各养(维)护中心完成,落实了较为专业的养护工作队伍,使各路段的日常维护工作得到加强,确保了路况的稳定。

图 12-2　机械化抢险,确保高速公路畅通

(二)全面推行预防性养护

云南省公路投资公司成立初期,养护生产沿袭过去的传统矫正养护方式。2009 年开始,公司利用组织各路段大修处治工程措施,将预防性与矫正性养护放到同等重要的位置。在其后的 3 年中,共安排预防性养护计划投资超过 2.5 亿元。实施预防性养护超过 500 万 m^3,使各路段路况质量得到明显的改善和提升,路况质量衰减速度减缓,为下一步各路段全面进入预防性养护的良性循环奠定坚实的基础。

(三)加强桥隧养护与桥隧病害处治力度

截至 2016 年 11 月,云南省公路开发投资公司管养高速公路 36 条,养护里程达 3027.255km(其中高速公路 2775km),管养桥梁 7346 座 1210km(其中特大桥 96 座 138km),管养隧道 489 座 393km(其中特长隧道 20 座 73km、长隧道 93 座 174km)。

桥梁、隧道的数量和里程已占很大比重,为切实加强桥隧养护力度,公司把桥隧养护纳入养护工作重点。

1. 建立了桥梁、隧道管理制度和养护管理系统

管理系统含基础数据管理、养护检查、技术状况评定、加固维修等。各管理处、养护中心配备专职的桥梁养护工程师,桥梁养护工程师都经过培训并持证上岗。制订了《桥梁养护管理实施细则》《隧道(土建部分)养护管理工作细则》《病害桥梁处治办法》等制度,认真落实《桥梁养护规范》。按照桥梁隧道养护管理办法,安排对各路段桥隧进行定期检查,并对管养路段桥梁、隧道设置定期观测网点,确保了桥隧的健康使用。对特大桥逐步安装健康检测系统,桥梁重要病害动态管理制度基本建立。云南省公路投资公司成立以来,安排各路段定期检测观测费 8440 万元。对九顶山、大风坝、四角田、万宝山、清水沟、

腰店子、白泥井隧道的渗漏水等病害进行处治,确保了桥隧等重要构造物运营安全,杜绝了养路不养桥隧的现象。

2. 加强隧道机电工程的管养

由于管养各路段高速公路通车时间参差不齐,隧道机电设备产品、型号、系统不统一,加上早年通车的路段设备陈旧老化,给维修维护工作带来困难。在资金安排上逐年加大投入,对系统及机电设备进行更新改造,部分问题突出路段隧道机电工程设施得到更换,同时加强设施设备的维护,保证了系统的正常运行。通过改造,大部分隧道存在的问题得到解决,系统和设备技术状况明显改善,隧道通风、照明、监控、通信、消防、供配电等系统的设备完好率得到较大提升。5 年中,在隧道机电工程的管养方面投入资金 1.18 亿元。

(四)通过对 7 条路段的大修工作　形成养护工程管理程序

云南省公路投资公司所辖楚大、大保、玉元、元磨、昆石、昆嵩、曲胜 7 条路段,因通车时间较长且养护欠账较大、车辆超载运输现象严重,加上部分路段原设计路面排水方面的缺陷,导致路况差、病害严重。为此,2010 年安排对 7 条路段进行大修或专项处治,全面改善道路技术状况(图 12-3)。并在大修工程的管理措施上推行了养护工程的"四项制度"。

图 12-3　路面维修

1. 理顺大修工程实施的程序和管理

2009 年,公司对《养护管理实施细则》进行修订,并制定了《养护管理考核办法》。对养护工程的工程设计、工程招投标、工程监理、工程资金管理、工程项目的管理与考核等作了详细的规定。明确了大修工程实施的程序,在制度上予以规范。对于大修及专项工程,由各管理处按照省交通运输厅《养护工程招投标管理办法》进行招标或组织竞争性合同谈判确定施工单位。

2. 严把工程设计关

特别是对于路面结构设计,要求设计单位以实际轴载调查数据、实测弯沉数据为依据进行工程结构设计,并在年初将方案上报审核确定后方能安排计划。其他特殊处治工程均委托有设计资质的单位进行设计,并由公司相关部门共同对方案进行审核,再报厅审批后组织实施。

3. 完善监理制度　加强工程质量管理

对所有大中修和专项工程,均实行监理制度,严格质量控制。在实施过程中,公司领导以及相关处室不定期巡查,要求各单位加强过程控制,加强监督,确保工程施工质量,各项大修工程质量合格。

三、建立养护基地　增强生产能力

云南省公路投资公司成立后,以公路网为基础对公司的养护生产网点进行规划,对部分在建项目养护基地进行了跟踪;对已投入营运养护、条件先天不足路段,经过对沿线砂石料场、弃土场、水、电、路等可利用的或有使用条件的进行统一规划,采取多种方式筹措资金,建立完善养护基地和养护料场。目前已建成安宁、玉溪等一批养护基地。建成安宁试验检测基地。这些基地的建成,为公司养护创造了良好的工作条件。

配置先进的检测设备和养护机械化设备。云南省公路投资公司投入2900余万元,为试验检测中心配置了400台(套)各种先进的试验仪器、检测设备。采购了近3亿元的养护生产专用设备配备到4个养(维)护中心。各养(维)护中心在养护生产中基本具备了备料、拌和、铺装、压实成型的机械化作业能力,公司各种养护机械设备价值达4亿多元。为养护工程的机械化养护创造了必要条件,养护机械化作业初具规模。

四、引入创新理念　注重节能环保

在养护管理的过程中,公司高度重视养护新技术的推广应用。紧密结合发展循环经济,构建和谐交通的要求,多措并举,大胆推广应用低能耗、低污染、低成本、高效率、环保型、节约型的公路养护"四新"技术,在推进养护管理"六化"的同时,道路状况不断改善,确保了路网的通畅。

通过大力开展路面再生技术研究和应用,公司在5年中就减少了2亿多元养护费用的开支,节约石料57万t,节约沥青3000多吨,同时减少约70万t废弃旧料对环境的污染,真正实现了节约资源、环境友好的目标。

五、深化综合服务　确保路网安全

(一)应急抢险机制得到监理和完善

近年来国家对公路的应急保畅提出了更高要求。公司对此高度重视,积极建立起高效的预防保畅机制,做到机构、人员、制度落实,抢险物资到位。公司以三个养护中心为依托,分别成立了滇东、滇南、滇西应急指挥中心,由三个中心具体负责应急保畅工作。在滇西、滇南、滇东分别成立了3个应急物资储备库,同时依托各路段的各个养护基地,储备了一系列的应急抢险物资,为应急抢险工作提供了有力保证。在雨季水毁、冬季冰雪灾害和其他突发事件的应急处治任务中,各应急指挥中心发挥了巨大的作用,出色地完成了应急抢险任务(图12-4)。

图12-4　破冰除雪保畅通

各管理处、子公司、养护中心根据自己的职责制定了《自然灾害应急预案》《隧道消防抢险应急预案》《桥梁抢险应急预案》《恶劣气候条件下的应急预案》,并不定期组织演练,保证应急抢险队伍在关键时刻拉得出,顶得上。由于制度完善、经费到位、保障有力、管理规范、内业台账资料完整齐全,2009年,云南省公路投资公司在接受交通运输部的防汛抗旱应急救援专项大检查中,获得西南七省区第一的好成绩。

(二)开展运营道路安全综合整治　加大安保费用投入

根据路段情况,实施安保工程。5年来,共投入安保资金2.06亿元,采用增设自救匝道、增加交通工程、提高路面抗滑系数、增建加水点等措施,加大安全保障力度。对云南省政府督办的安全整治路段和社会重点关注的安全事故多发路段,投入专项资金,实施了安保工程,使交通事故明显减少,提升了公司所辖路段的安全保障能力和社会的认可度。强化高速公路管理养护,全面提升高速公路服务水平,紧紧围绕"三个服务",坚持"建管养一体"的工作思路,一手抓高速公路投资建设,一手抓养护管理;围绕"畅、安、舒、美"公路养护目标,理顺养护管理体制,狠抓养护管理工作的制度化、标准化、规范化建设,全面促进养护质量和管理水平上新的台阶;重点加强日常维护、路面病害处治、桥梁病害处治,弥补历年公路养护欠账,转变过去传统的矫正式养护方式为预防性养护方式,建立健全应急抢险机制,公路养护管理工作逐步规范,路况得到明显提升。

第三节　养护的科技进步

云南省高速公路养护工作坚持科技兴路、持续发展的原则,结合高速公路养护特点和自身实际,大力推广和应用先进的养护技术和科学管理方法,改善养护生产手段,提高高速公路养护科技水平。

一、购置先进设备提升机械化专业化水平

云南省公路投资公司购买了多功能路况快速检测车、桥梁检测车、路面横向摩擦力系数测试和自动弯沉仪等检测设备和仪器约400台(套)。云南省交通运输厅工程质量监督局和省公路工程试验检测中心也分别购买了多功能路况快速检测车、桥梁检测车等检测设备(图12-5),大力推行使用自动化设备进行公路技术状况检测和病害识别、养护工程检测等工作。

图12-5　采用先进设备,科学评价路况质量

结合现代公路养护特别是高速公路养护工艺更精细、规范性更强、作业更及时等特点,购置的先进设备如德国的移动式拌和楼、超薄罩面摊铺机、稀浆封层车及多功能养护车、沥青混合料再生修补车等,满足了机械操作性好、自动化程度高、作业能力大、速度快、污染小的养护要求,不断提升养护机械化和专业化水平。

目前,全省公路日常养护、大中修养护已基本实现了机械化和专业化,养护机械化水平显著提升,取得了良好的经济效益和社会效益。

二、加大养护新技术研究和推广应用力度

结合云南省高速公路管养实际,各高速公路经营管理单位联合部公路科学院、长安大学等科研单位及高等院校对沥青路面养护时机决策方法、高速公路沥青路面养护新型封层技术、路面快速修补材料等进行研究,加大养护新技术研究和推广应用的力度,多项研究成果得到了交通运输部和省科技厅的肯定,并得到推广应用。

各高速公路经营管理单位还大力推广和应用国内外较为成熟的新技术、新材料、新工艺、新设备成果。沥青路面微表处、雾封层、超薄磨耗层、沥青混凝土再生利用、就地热再生等均得到了有效应用,取得了较好效果。

云南省公路投资公司出台了"路面预防性养护还原封层施工工法""水泥稳定碎石厂拌再生施工工法"等技术指南。楚雄—大理、玉溪—元江高速公路路面大修工程联合交通运输部科研院所组成技术联盟,与德国、南非等国家开展合作,进行路面再生技术研究和应用。该项目引进了先进的技术和设备,在路面大中修过程中,尽量减少原路面废料的排放,最大限度地进行回收利用,对水稳基层采用就地或厂拌冷再生的方式实现100%的回收利用,对沥青下面层采用泡沫沥青就地冷再生或厂拌冷再生、乳化沥青厂拌冷再生的方式进行废料回收利用,对沥青中面层采用厂拌热再生的方式进行废料回收利用,对上面层采用整套就地热再生机组进行再生利用。曲靖—胜境关高速公路上采用"碎石化"技术,对水泥混凝土路面进行就地"白改黑"改造试验。

云南省公路投资公司在元江—磨黑高速公路开展桥梁北斗卫星在线实时监测系统建设,降低了特大桥、特殊结构桥梁健康监测系统的建设、监测、维护费用,提高了监测效率;在楚雄—大理高速公路桥梁病害处治中,采用桥面铺装环氧涂层新材料和技术,在确保桥面铺装水泥混凝土厚度满足要求的同时,增加了桥面抗滑系数;应用桥梁铰缝注胶处治技术,对桥梁空心板铰缝损坏进行注结构胶处治,避免了因凿除铰缝重新恢复带来的新旧结构结合中的隐患以及影响通车时间长等问题。

通过各项再生技术的综合应用,形成了一套完整体系的路面再生技术,把节约资源、保护环境的要求很好地贯穿于高速公路养护工程设计、施工、管理全过程,实现了高速公路养护经济、环保、节能、高效的目标,推动高速公路养护工作再上新台阶。

第四节　养护管理不断规范　养护水平有效提升

云南高速公路养护坚持建管养并重的原则,按照"提升管理水平、推进科学养护、强化应急保障、确保优质服务"的方针,遵循"以人为本、安全第一、养护优先、依法治路、科

技支撑、体制创新"的要求,着力夯实高速公路养护管理基础,养护水平逐年得到了提升,2015年全省高速公路优良路率达到96.59%。

一、行业管理制度化

(一)完善规章制度

2006年以来,云南省交通厅结合云南公路养护的实际,建立健全了一系列长效管理机制,为公路养护管理工作的开展奠定了良好的基础。根据有关法律法规和规范分别制定了《云南公路养护工程管理实施办法》《云南省公路桥梁养护管理工作规定》《云南高等级公路养护、维护管理检查考核办法》《云南公路养护工程质量监督管理办法》《云南省公路路面预防性养护技术指南》《云南省高速公路服务区建设、改造与经营管理暂行办法》《云南省高速公路联网收费技术要求》《云南省交通厅路政管理工作考核办法》《云南省交通厅路政管理工作量化考核标准》《云南省人民政府关于加强非法超限超载车辆治理工作的实施意见》等一批公路养护、收费管理、路政管理、治超等方面的管理制度和办法,使公路养护管理工作有法可依、有章可循,行业管理的规范化、科学化水平大幅提升。

(二)加强检查考核

不断加强对高速公路养护管理的行业监管工作,加大行业管理和指导的力度。坚持定期和不定期对公路养护管理单位的养护、收费、路政管理等工作情况进行检查、考核,奖优罚劣,及时整改存在的问题。云南省交通运输厅每年安排500万元专项资金,对高速公路、干线公路桥梁技术状况、隧道机电系统和通信、收费、监控系统的设备完好率进行复核检测。同时,在全省实行公路养护和沿线服务设施管理社会公示制度,通过社会和群众监督,促使公路运营管理单位认真做好公路养护工作。

通过上述办法和措施,行业监管能力进一步提高,公路管理、经营单位养好管好公路的社会责任感和紧迫感明显增强。

二、养护资金投入机制化

云南省建立了养路费(燃油税替代资金)为主、市(县)自筹资金配套、收费公路业主自行负责、稳步增长的经费投入机制。各高速公路经营管理单位认真贯彻落实有关规范和管理办法要求,把高速公路养护各项工作措施落到实处,高速公路正常养护得到了强化。

"十一五"期间,全省各级交通运输主管部门、公路管理机构、公路经营管理单位加大了公路养护投入的力度,在养护资金入不敷出、捉襟见肘的情况下,千方百计地筹措和保障养护资金,竭尽全力加大资金投入,5年中干线公路养护资金投入累计达95.76亿元。

"十二五"期间,全省累计投入养护管理资金123.47亿元,比"十一五"增加27.71亿元,增长29%。其中,云南省公路投资公司克服建设任务繁重、资金需求压力较大等困难,着力抓好养护计划管理和养护资金筹集,不断加大养护的投入力度,总投入达到了75.2亿元,占通行费收入的26.3%。

三、公路养护规范化

(一)加强公路正常养护

道路养护坚持以路面养护为中心,以桥隧养护为重点,依靠科技进步,着力提高养护规范化、机械化和专业化水平,切实加强公路经常性、预防性、及时性和周期性养护,由单一养护、粗放型养护向全面养护、集约型养护转变。各高速公路管养单位根据情况及时安排公路大中修工程,全面提高路况水平。

(二)全面推行预防性养护

"十一五"期间,全省各级交通主管部门和相关单位高度重视所辖高速公路的预防性养护工作,经历了预防性养护技术研究,试验路段尝试,逐步应用,取得较好效果后在全省范围推广应用循序渐进的过程。全面加强路面状况评价、桥隧技术状况评价、动态管理和病害监测等工作,建立公路路况评价机制和桥隧技术状况预警机制。"十二五"期间,全省加强路面状况评价、桥隧技术状况评价、动态管理和病害监测等,初步建立起了公路路况评价机制和桥隧技术状况预警机制。

云南省公路投资公司根据高速公路通车年限和路面技术状况,制定高速公路预防性养护实施方案,明确了实施原则,对路面结构还处于基本良好或路面病害发生初期的路段实施了裂缝封堵、雾封层、微表处、超薄磨耗层等预防性养护措施,有效防止了高速公路路面过早出现衰变破坏,保持了公路的良好技术状态。

各高速公路管养单位通过积极推广应用预防性养护的新设备、新材料、新技术、新工艺,有效延长了公路使用寿命。

(三)强化桥隧等重要构造物的养护管理

随着云南高速公路一大批跨度大、技术复杂、结构多样的大型桥隧设施的建成,保障桥梁、隧道安全运营成为高速公路养护管理工作最紧迫、最重要的任务之一。

云南省交通运输厅制定并认真落实《云南省公路桥梁养护管理工作规定》《云南省高等级公路桥梁、隧道、重要构造物结构检查规定》等规章制度,逐桥划分桥梁养护和安全运行工作责任。加强桥梁、隧道经常性(日常)检查、定期检查和痕迹化管理,加大桥隧等控制性工程的检查、监测和养护力度,重点加强二、三类桥梁养护和隧道管养工作,加强定期监控与监测和改造危桥的力度,严防"突发破坏"现象的发生,确保公路桥梁运行安全。"十二五"期间,建立起13座特大型桥梁健康监测系统,在昆明即可进行监控管理;建立和完善桥梁养护管理从业资格制度,加大对桥隧养护管理人员的培训力度,通过培训确定了一批桥梁养护管理工程师。

同时,全省各级交通运输主管部门还加强了行业管理,认真负责履行监管职责,定期监督检查,切实强化了全省高速公路桥隧等重要构造物的养护管理。

(四)实施路网结构改造工程

根据交通运输部要求,云南省加大路网结构改造力度,加强了工程设计、施工、交竣工验收等各个环节的管理,确保了工程平稳、有序实施。通过积极实施危桥改造工程、安保工程和地质灾害防治工程,全省普通公路桥梁承载能力也得到普遍提高,路网的整体安全水平得到显著提升,山区公路抗灾能力得到明显改善,为群众提供安全、便捷、舒适、美观的出行环境。

"十一五"期间,针对云南山区高速公路弯多、坡长、坡陡等特点,全省对已通车的高速公路实施安全后评价,根据评价结果,对存在安全隐患及事故多发路段实施安保工程。云南省公路投资公司自筹资金,投入近1亿元对玉溪—元江、元江—磨黑、昆明—石林、罗村口—富宁等高速公路的长下坡路段采取增设自救匝道、增加交通安全设施、增强路面抗滑系数等措施,有效减少了道路交通事故的发生。路面平整度检查如图12-6所示。

图12-6 严格平整度检查

"十二五"期间,全省投入资金3.9亿元,对高速公路(含普通公路)187座16410延米危桥进行改造加固;投入资金2.6亿元,对763km高速公路(含部分普通公路)重点灾害路段进行处治;投入资金3.9亿元,对4247km高速公路(含普通公路)危险路段实施安保工程,桥梁承载能力普遍提高,路网的整体安全水平得到显著提升。此外,还投入资金2

亿多元,在事故多发路段增设自救匝道、增加交通工程、提高路面抗滑系数等措施,减少了道路交通事故的发生。

(五)加强养护基地规划建设

云南省公路投资公司建成养护基地 29 处、试验检测中心 1 处,养护基地服务范围辐射公司所有管养路段,为养护工作提供了基本保障。

(六)深化养护服务管理

各高速公路经营管理单位在抓好养护硬件投入的同时,进一步拓展养护服务内容,提升养护服务水平,把养护管理工作延伸到公路运营全过程,按有关规范做好标志标牌和提示标志设置等工作,确保通行车辆和养护作业人员安全、文明施工,尽可能地减少养护施工对交通的影响,努力构建完善的公共服务体系。

四、建养衔接　建设为养护创造条件

针对建设期有关工作与后期养护工作在资源考虑上衔接不紧的问题,为克服建设任务繁重、建管养矛盾突出、养护资金需求压力较大等困难,云南省交通运输厅提出若干对策,要求各高速公路建设运营管理单位进一步加强建管养衔接工作,千方百计寻找对策,消化矛盾,确保运营高速公路为社会提供便捷、舒适、安全、畅通的行车环境和优质服务。

(一)抓实基础管理工作

抓实基础管理工作,进一步完善养护基础数据库维护工作。新建成通车的公路项目,在基础数据库的建立上,指挥部要加强管理。交工验收试通车时,需提交经过认真校核的基础数据库档案,基础资料与现场实际工程吻合,数据准确。

(二)建管养生产环节不得重复投入和浪费

各建设项目在建设期间,应充分考虑后期管养,统筹规划,利用项目建设期间的便利同步建设或预留管养站点、料场、基地等,以减少后期建设难度和重复投入。养护单位应主动与建设指挥部沟通,共同商讨,合理布设管养站点、料场、基地等,为后期管养创造良好的条件。

(三)充分考虑管理养护成本和维护便利性

建设项目新材料、新技术的应用要充分考虑今后管理养护的成本和维护的便利性。建设期间部分新材料、新技术的应用增加了建设项目的科技含量,在一定程度上降低了建设成本,但在运营管理阶段会带来维护成本过高、材料采购困难等问题。因此,要重视部

分新技术不够成熟、使用中病害频发,从而导致养护困难的问题。

(四)建设齐备的相关配套设施

建设中要求相关配套设施设置齐全。部分房建项目在建设期没有充分考虑后期使用的便利性和设置的合理性。一些站点建设不合理,导致管养期间使用时非常不便。一方面设置不合理的建筑大量空置,无人居住。一方面大量的管养人员住房紧张,需要扩建。因此,高速公路建设中要高度重视房建设施的不配套给使用者和管理者带来工作上不便的问题。

(五)设置永久性观测网点

对桥梁隧道等特殊工程的永久性观测网点应在建设期设置完成,并在交工验收时经验收合格后移交。

五、安全监管常态化

(一)加大监管力度

云南省交通运输厅加强对全省干线公路养护管理的行业监管工作,加大行业管理和指导的力度。每年定期和不定期对公路养护管理单位的养护、收费、路政管理等工作情况进行检查、考核,奖优罚劣,及时整改存在的问题。在全省实行公路养护和沿线服务设施管理社会公示制度,通过社会和群众监督,促使公路运营管理单位认真做好公路养护工作。

各相关单位深入落实"一岗双责、党政同责",大力开展企业安全生产标准化创建达标、平安工地创建、"防坍塌、防坠落、反三违"、道路客运安全年、"六打六治"打非治违和"平安交通"整治、"危险爆破物品专项检查""隧道消防安全专项检查"等多项专项整治,安全形势持续稳定。通过上述办法和措施,全省公路行业管理得到了加强,行业管理能力进一步提高,增强了管理经营单位养好、管好公路的社会责任感和紧迫感。

(二)提升应急处置能力

云南省高度重视应急保畅工作,积极建立高效的应急保畅机制,做到应急处突有机构、有人员、有制度、有物资储备。以云南省公路开发投资有限责任公司为主的高速公路应急指挥中心,建立了22个应急物资储备库和3个应急抢险突击队,18个应急抢险突击分队,常备抢险人员近千人,储备了1800多万元的应急抢险物资,为应急抢险工作提供了有力保障。公司与安监、交警、路政等单位建立了应急处置联动机制,制订了一系列规范的应急处突管理制度和高效的应急处置预案。各管理处也有针对性地制订了本辖区内的分项应急处置预案,不定期组织演练,以保证应急抢险队伍在关键时刻"拉得出,顶得起,作用好,效率高"。

云南省公路投资公司每年都开展运营道路安全综合整治工作,根据路段情况,实施安保工程。采用增设自救匝道、增加交通工程、提高路面抗滑系数等措施,加大了运营安全保障力度;增设冰害天气预警系统、隧道自动喷淋系统等,提高了道路的安全通行能力,实现了运营"更安全"的目标。

云南省公路局成立了干线公路应急指挥中心,规划建设 7 个省级和 16 个市级应急保障基地建设;挂牌成立了国家区域性公路交通应急装备物资云南储备中心,改造了国防交通战备器材储存仓库,加大了应急通信、救援装备投入。建立健全应急保障机制,制订了一系列应急处置预案;加快应急指挥平台、应急队伍建设,组织开展了多次多项有针对性的应急演练,应对自然灾害的快速反应和应急处置能力不断提高,在昭通鲁甸、普洱景谷等地震应急处置中得到了检验,受到了省委、省政府和交通运输部的高度肯定,得到了灾区各级政府和群众的一致好评。

六、提升公路公共服务水平

全省各级交通主管部门和公路管理机构及经营管理单位不断强化"以人为本""以车为本"的服务意识,努力为社会提供安全、舒适、畅通、便利的道路交通条件,公路的综合服务能力和服务水平明显提高。在公路服务区改造、管理和收费管理方面,加大力度进行硬件投入和软件升级。

(一)加强收费站改扩建力度

针对高速公路车流量逐年上升的趋势和收费站出入口通行压力越来越大的情况,为了确保车辆快捷通过收费站,提高收费服务水平,各高速公路经营管理单位投入资金,重点对通行压力较大的收费站进行了改扩建,为出入车辆提供快捷服务,满足了快速通行的需要。

(二)抓好服务区提升改造工作

各高速公路经营管理单位进一步完善高速公路服务区功能,建成了一批功能齐全、环境优美、安全卫生、管理有序的服务区。

七、改善提升机电设施效能

为确保机电设施效能的提升和改善工作的有效开展,云南省交通运输厅组织实施了"隧道照明太阳能光伏电池供电配置"和"高速公路节能技术综合应用研究与示范"两个

第十二章
养护管理

交通运输部西部交通科技项目,以及"公路数字化隧道整体解决方案"等多项涉及公路机电设施效能的提升和改善相关技术的应用研究项目,组织实施了交通运输部科技示范工程"云南昆龙高速公路运营节能科技示范工程",并将研究成果逐步应用推广于云南省新建和运营高速公路。

近年来,云南在高速公路隧道 LED 照明及其无极调光智能控制、隧道 LED 主动发光诱导、供配电系统有源滤波及无功补偿、太阳能风能供电、公路数字化隧道管控、ETC 不停车收费、区域联网收费等多类技术的应用及推广方面开展了大量卓有成效的工作,全省高速公路机电系统、设备运行效率在得到提升的同时,进一步营造了安全的行车环境,管理效能和服务水平也得到了进一步的提升。仅"十二五"期间,云南就投入近 2 亿元高速公路隧道专项整治资金,对单排照明隧道 LED、水消防、通风、自动报警、灭火系统、PLC、紧急电话、通信和监控、路面、标线、局部衬砌裂缝进行改造和处治;投入近 7000 万元对 153 座普通干线隧道进行了治理,取得了较好的成果,得到交通运输部的通报肯定。

第十三章
运营管理

高速公路建成通车后,运营管理成为充分发挥高速公路作用的重要保障环节。高速公路的运营管理包括收费管理、服务区建设与管理、公路沿线设施开发等,这些工作直接影响到高速公路的社会服务功能水平和运营的经济效益。

第一节 收费管理

按国家有关规定,收费公路分两类:一是政府还贷性收费公路,二是经营性收费公路。政府还贷收费公路是指由政府出资、以收费权抵押、贷款修建的收费公路,收费年限一般为20年,西部省区为25年。经营性收费公路是指由拥有特许经营权(通过投资,由政府批准获得公路收费权的法人单位或股份公司),以经营收费高速公路为目的而建设的高速公路,这一类高速公路的收费年限一般为25年,西部不发达省区为30年。

一、收费管理体系及制度

云南省交通运输厅设置征费办公室,负责全省高速公路收费工作的政府行业管理。

云南省收费联网中心负责全省及涉及其他省区高速公路联网云南省收费业务及拆分工作。

到2015年云南省有高速公路收费站277个。瑞丽帕色收费站如图13-1所示。在全省高速公路建设初、中期,各路段未连线成网。各路段分别设置主出入口及匝道收费站,数量庞大,且不利于车辆便捷通行。在全省、全国联网以后,具备条件的主道收费站全部撤销。

云南省交通运输厅征费办作为全省公路通行费收费工作的政府管理部门,从二级公路收费到高速公路收费,根据各个不同的历史时期,制定了相关的法规制度。

作为占全省高速公路主导地位的云南省公路投资公司成立后,通过废、改、立新增了《高速公路联网收费管理办法》《车辆通行费、通行费票据、IC卡管理规定》《收费、监控、通信系统维修维护管理办法》《收费、监控、通信系统安全运营管理规定》《绿通车查验实施管理办法》等200余个规范性文件,建立健全了政策法规、收费标准及批复、管理制度、绿通政策执行、政务公开、票据和数据管理、联网收费及技术应用、收费服务8个方面制度化、规范化和标准化的管理体系,保障了征费管理工作平稳、有序、健康可持续发展。

图13-1　独具民族特色的龙瑞高速公路瑞丽帕色收费站

二、收费标准的制定程序

收费公路的收费标准由各省(直辖市、自治区)政府审批。云南省政府高速公路收费标准的管理机构是云南省物价局。各高速公路公司或建设单位提出收费标准的报件,由省物价局审核并组织听证会,并进行公示,最后以省政府文件批复执行。运营期间需重新调整收费标准的,仍按相应程序履行审批手续。

按国家有关规定及国际通行做法,政府在确定收费公路的收费标准时充分考虑高速公路投资总额,预估测算运营中各个时期的交通量,以及运营成本(管理费用、养护成本等)、社会资本投资的平均利润率水平和高速公路路段区域社会经济发展水平(即付费承受力)等。

云南初期建设的几条高速公路收费标准制定时,政府考虑到社会的经济发展水平较低,承受力较差,每车公里标准在0.18~0.22元,按当时的测算标准,楚大路要近百年才能还清贷款,这显然给投资人带来巨大的运营压力。从一般意义上来讲,收费公路的本质是一种选择性使用的公路,但我国高速公路已兼具基本路网(政府投资)和经营性公路(贷款投入、企业投入)的性质,社会也难以接受纯收费公路定价原则的收费标准。社会承受力和云南省公路投资公司收益之间的矛盾这些年来在不断探索中逐渐得以缓解和调整。

2006年以后,省政府对全省经营性高速公路车辆通行费收费标准车型分类、计费系数、基本费率做了进一步规范和统一。2007—2010年,曲靖—胜境关、昆明—石林等高速公路逐步调整了通行费费率。

云南经营性高速公路通行费收费标准自2007年调整后,多年未作调整,与全国其他省份相比处于中下水平,导致高速公路运营公司通行费收入无法实现按时按期支付银行利息及本金,"贷款修路、收费还贷"难以实现良性循环。为缓解高速公路融资压力,提升银行贷款信心,省政府经过近5年的酝酿和研究决定,2012年前建成通车的21条高速公路执行新的费率标准。基本费率由0.26元/车公里、0.28元/车公里、0.32元/车公里、0.45元/车公里等不同费率标准,调整为普遍执行客车0.40~0.43元/车公里、货车0.08元/吨公里的基本费率,并全面推行货车计重收费,进一步规范了收费管理。

2013年,省政府出台了"桥隧分开、一路一测、还本付息、投资回报"的高速公路定价机制,大大改变了原来统一费率、标准偏低、融资困难的局面。同时,对2013—2015年建成通车的武定—昆明、保山—腾冲、大理—丽江、楚雄—广通、西桥—石林、龙陵—瑞丽、待补—功山、昭通—会泽、富宁—龙留、石屏—红龙厂等高速公路均按新机制的最高标准核定收费标准,为新通车项目增收、新建项目融资以及其他相关工作的开展提供了重要的政策支持。

2013年,为破解在建项目融资难问题,省交通运输厅和发改委联合发文,在昭会、待功等高速公路建设期间,就对收费标准进行预审预核,为项目融资提供了有力的支持条件,提振了银行放贷信心,一定程度缓解了建设融资困难,此举属全国首创。

2015年8月,全省高速公路通行费收费标准再次进行调整,费率的调整增加了现金流,增强了运营公司还本付息的能力,极大地改善了高速公路公司的融资环境,为下一个五年计划完成高速公路建设任务夯实了经济保障基础。

三、收费方式的发展进步

(一)大力推行运用ETC收费

2008年,云南省公路投资公司在西南三省率先开始探索建设、推广使用ETC。同年7月,首批试点在昆明、大理、保山建立了3个ETC服务充值点。2009年,云南第一条ETC通道在昆明—安宁高速公路建立开通。2011年后,各高速公路经营管理单位在全省大力推广ETC车道建设,并发展了大量储值卡用户。通过非现金业务管理平台的建设及ETC车道的建设,极大地推动了云南省高速公路非现金支付业务的发展。用户通过ETC车道出收费站的通行速度至少提高10倍以上,实现省内高速"一卡通",极大地提高了用户过站体验,缓解了收费站与车辆用户的关系,减少了收费站排队缴费时产生的大量尾气,推进了高速公路绿色发展道路的步伐。2012年,ETC实现全省高等级公路推广使用(含未联网高速路段和一级路),并于2015年顺利实现了ETC全国联网。

截至2016年10月,云南省公路投资公司建成使用ETC车道268条,设立了40个

ETC客服网点、25个充值点,培育ETC用户约85万户。云南省公路投资公司ETC车道平均通过率超过规范要求达到99.7%以上。全省ETC用户规模突破130万户,网点432个(其中合作银行建行网点323个,用户数40万户,较2015年新增ETC用户58万户,网点26个,非现金支付率达到27%以上)。

(二)应运而生的联网收费

1. 推进联网收费

大力推进高速公路联网收费系统改造,提高了联网收费工作效率,加快了全省征费工作一体化的进程,在方便了通行人员的同时也减少了收费站点的设置,节约了运营成本。

在云南高速公路发展过程中,各分段式的高速公路陆续建成,由于各条建成的高速公路采用分段式收费,在相应的国、省道干线上有若干个主线收费站,影响了车辆的便捷通行。随着全省高速公路逐渐连线成网,初步具备联网收费的条件,联网收费工作被提上了议事日程。2004年,云南省交通厅委托云南省交科所研究联网收费课题,课题完成后获得云南省科技进步三等奖。

2009年,云南省交通运输厅安排云南省公路投资公司根据当时云南省各路段收费实际情况,组织开发符合云南高速联网收费需求的高速公路联网收费软件。

2010年,由云南省公路投资公司组织开发的高速公路联网收费软件经中国软件测评中心检测通过,并获得检测证书,同时取得了中国版权局认可的著作权证书。同年6月,经云南省交通运输厅批准,软件在昆明—龙陵高速公路全线进行了试运行。运行期间软件运行稳定,收费工作正常。9月,全省统一使用由云南省公路开发投资有限责任公司研发的高速公路收费软件,实行全省高速公路联网收费。统一全省联网收费模式,拆除了路段之间存在的主线收费站,实现了全省范围内联网路段的直达,全面提高了车辆在跨路段通行时的通过率。

2010年,云南省交通运输厅根据《云南省机构编制委员会办公室关于成立云南省高速公路联网管理中心的批复》(云编办〔2010〕90号)精神,成立了云南省高速公路联网管理中心。

2. 推进全国联网收费工作

在全省实现高速公路联网收费的基础上,交通运输部要求实现全国联网收费。云南积极推动与全国的高速公路联网收费,搭建了现代科技和信息技术应用发展平台。至"十二五"末,全省277个收费站中有192个收费站设立了412条ETC车道,另有85个收费站没有建ETC车道,ETC车道收费站覆盖率为69.31%;全省31个主线收费站,共建有

81条ETC车道,主线站ETC车道覆盖率为100%；全省246个匝道收费站,其中161个匝道站建有331条ETC车道,匝道站ETC车道收费站覆盖率为65.45%。全省42条高速公路实现了滇南、滇东南、滇东北、滇西4个区域联网收费,联网里程近4000km。

2014年,按照省政府、省交通运输厅关于协助做好军车ETC工作的安排,云南省公路投资公司组织技术人员根据军车ETC系统相关技术要求,对现有的联网收费软件进行修改完善,以满足部队发行的ETC卡、签在云南高速公路通行,支持了国防科技建设。同年,根据省交通运输厅关于支持全国ETC联网工作,以及对云南省联网收费储值卡打折方式进行变更的安排,公司根据全国ETC联网收费技术要求,在参考外省储值卡打折方式的前提下,提出了符合云南省使用的储值卡打折方式,对储值卡内的余额进行换算,满足了全国ETC联网收费工作后与其他省份打折方式兼容并行,推进了云南的全国ETC联网收费工作。

2015年,全国ETC联网收费技术对云南省高速公路联网收费软件提出了新的功能需求,各高速公路经营管理单位组织大量人力、物力投入全国ETC联网收费工作。在原有基础上,增加对外省非现金卡的消费应用与支持,增加对国标黑名单卡的下发、对非现金流的检验及传输、统一时钟服务管理等。经过半年多的修改、完善、测试等工作,2015年7月25日,云南省高速公路成功并入全国ETC联网收费省份行列,实现了一卡走全国,全国各省卡可畅游云南的目标。

2016年9月,根据省政府及省交通运输厅关于跨境车在云南省内口岸收费站可以享受优惠的工作安排,对指定口岸收费站进出高速公路的相关车辆实行通行费减免政策,各高速公路经营管理单位完成了联网收费软件的修改完善,推进了云南省跨境运输行业的发展。

至此,全省通过罗村口—富宁、富宁—龙留、水富—麻柳湾、永仁—武定高速公路,实现了与广西、四川两省区省际高速公路的联网收费。

3.搭建监控管理平台

2012年,云南省公路投资公司在大力投入高速公路监控系统平台统一的工作中,高速公路应急指挥中心建立起全省统一的高速公路监控管理平台,实现高速公路监控图像可统一调度使用,在遇到重大事故或自然灾害时,可以第一时间提供现场图像及调度情况。同时,改善开发推广了云通宝APP应用,为车主提供实时可靠的路段车流量情况,极大地方便了车辆通行。

4.全面推行计重衡器改造

2005年,思茅—小勐养高速公路实行计重收费。主要为解决大货车偷逃通行费严重超载,严重损坏道路、安全隐患突出的矛盾。全省主要收费站陆续采用计重收费方式,上述矛盾得到了较大的缓解。

从2012年开始,为解决货车驾驶员利用动态计重设备的漏洞,采用各种逃费手段漏交、少交通行费,收费站征管压力大、矛盾突出,治安案件时有发生等问题。各高速公路经营管理单位对各收费站计重车道进行全面改造,用地磅式汽车衡替代原用的动态汽车衡。投入使用的整车式计重秤,计量精度达0.14%~0.2%,杜绝了跳秤、冲秤、使用液压千斤顶(气囊)等逃费行为,减少了收缴矛盾,提高了公路通行效率。

5. 抓好应急指挥中心建设

2011—2012年,云南省公路投资公司先后投入2亿元建成公司应急指挥中心,实现了收费广场和收费岗亭监控图像的实时传输,提升了公司对收费现场情况的监控和指挥协调水平;开通了"96123"服务热线,促进了ETC的推广和云通卡的发行,提高了交通出行信息服务水平,加强了集中及时受理社会公众报警、求助和投诉能力,使征费管理工作科技化迈上了一个新台阶。

(三)收费监控

1. 打击偷逃通行费违法犯罪行为

2008年,在省交通厅和云南省公路投资公司的共同努力下,打击高速公路偷逃通行费违法犯罪工作得到全省公、检、法等部门的理解和支持。云南省高级人民法院、云南省人民检察院、云南省公安厅于2008年3月5日联合出台施行了《关于办理偷逃收费公路车辆通行费违法犯罪案件适用法律若干问题的意见》(以下简称《意见》),成为我国第一个专门针对防范和打击偷逃收费公路车辆通行费违法犯罪的地方规范性法律文件。这一文件的出台,为从根本上遏制偷逃通行费违法犯罪行为提供了重要的法律保障。《意见》的出台,不仅彻底解决了惩治偷逃收费公路车辆通行费违法犯罪法律适用的问题,而且标志着云南对偷逃收费公路车辆通行费违法犯罪的惩治正式步入法制化轨道。

2. 建立警企合作长效工作机制

2013年,云南省公路投资公司与省公安厅刑侦总队签订了"警企合作长效工作机制",建立了资源共享、优势互补、上下联动的打防新模式,形成了统一指挥、统一协调、统一整治的警企协作新局面,为深入开展防范和打击高速公路违法犯罪活动奠定了基础。公司下属管理处按照警企合作长效工作机制,和属地公安机关建立了"防范和打击涉路犯罪办公室",属地资源已形成了打逃合力。此项工作在全国交通行业属首例,为云南省公路投资公司继续深入地开展打逃工作奠定基础。

3. 持续高压打击遏制偷逃通行费违法犯罪势头

云南省公路投资公司完善出台了《打击偷逃车辆通行费违法犯罪行为奖励办法》,提出对参与防范和打击涉路犯罪的单位和个人进行奖励,有效提高了公司内外不同人员防范和打击涉路犯罪的主动性、积极性和防控能力。同时,公司牵头组织多区域多业主开展专项整治和联合稽查,取得了明显成效,联网路段联合整治能力得到提升。

(四)完善内部管理

以云南省公路开发投资有限责任公司为主要代表的高速公路公司不断加强公司内部的收费管理工作,取得了不少经验和成效,为全省高速公路公司收费管理打下了很好的基础。主要做法有:

1. 完善规章制度

在执行好《云南省收费公路车辆通行费监督稽查管理办法》的同时,还出台了《通行费稽查管理实施办法》《收费服务标准》《车辆通行费免交包交申办管理规定》《收费、清分数据校验工作管理办法》等,建立了科学的征管监督、奖惩激励机制。

2. 加强稽查队伍建设　形成稽查合力

一是各管理处成立稽查大队,配置专门从事稽查工作人员;二是收费站成立协警大队,内保人员着协警服,有效地处理车道纠纷;三是加大专项资金投入和专业培训,加大层级间的支持和配合,从之前的站点不敢管、管理所很难管的情况,逐渐形成到所、站、班组齐抓共管转变的良好局面。

3. 提升系统设备功能　抓实日常稽查

云南省公路投资公司不断完善三大系统和设施设备的建设,大力提升监控能力。一是持续不断投入资金进行电缆、监控设备等改造,通过增加高清摄像头,强化监控中心监督职能;二是依托智慧高速项目,增加系统自动稽查功能,通过自动筛分数据,跟踪可疑车辆,有针对性地进行专项稽查;三是通过数据分析、图像对比、录像核实、专项清理通行卡、利用"黑名单""灰名单"等功能,加强在途车辆和可疑车辆的查处,提高稽查工作的效率。

4. 持续开展优质文明服务活动　加大监督力度

云南省公路投资公司成立以后,持续开展优质文明服务活动,以"优质文明服务样板收费站"建设为龙头,充分发挥其模范带头作用,全面提升云南高速公路收费站点规范管理水平和文明服务品质。通过着力提高一线员工技能水平,最大化降低业务差错率,通过收费亭内设置摄像头,加强各层级监督轮巡,提高员工服务水平并提升拒腐能力。收费站员工微笑服务如图13-2所示。

云南省公路投资公司优质文明服务已成为云南省高速公路文明服务最佳水平代表,公司收费员、监控员多次参加全省交通行业技能比赛均取得优异成绩,囊括了个人和团体赛的大部分奖项(图13-3)。公司取得的成绩不但得到了上级领导和社会大众的充分肯定和赞许,人民网、《云南日报》等多家主流媒体也对公司优质文明服务进行了正面报道。优质文明服务已成为公司"路畅人和"服务品牌重要的支撑,充分展现了公司良好的企业形象。

图13-2 微笑服务温暖人心

图13-3 胜境关收费站的员工获得"青年文明号"称号

5. 强化绿通查验工作

云南省公路投资公司积极探索更为有效的绿通查验方式,加大绿通查验力度。一是制定《绿通车查验管理办法》,明确对偷逃费车辆的处理程序。二是在收费站广场和高速公路关键部位加装高清摄像镜头,提高了绿通查验监控识别能力。三是在有条件的收费站设置绿通查验点,加强打击假冒绿通车,对有逃费意向车辆形成震慑,对通行费增收发挥了明显的作用。四是引进先进绿通查验设备,研究通过科技手段,预防和治理偷逃费行为。

第二节 服务区建设与管理

截至2016年底,云南省共有高速公路服务区95对,其中综合服务区63对、停车区29对。

云南省大多数高速公路属收费公路,出行人员只要上了高速公路基本都在一个全封闭的路线上运行,频繁出入高速公路很不方便,行程中所需的服务由高速公路配套的服务提供,主要是途中休息、公厕、餐饮、购物、加油加气、修车、必要的救助等。随着社会需求不断提升,这些基本功能也在逐步提升档次,服务需求范围也在不断扩展。作为世界人口大国的中国,高速公路的服务区具有很多与国外不同的特色。诸如人车众多,主要节假日人流峰值较高,餐饮习惯复杂多样,驾乘人员素质参差不齐、差异大等。同时,处于国民生活水平快速上升的时期,出行人群消费观念、消费水平、消费方式也在快速变化,这些特点注定了高速公路服务区也必然面临不断改进、不断提升、不断创新的挑战。

一、服务区历史状况

云南高速公路服务区建设从起步阶段就存在估计不足、认识不到位、业务不精的状况。运营过程中各类矛盾不断显现,影响了服务区的服务水平,服务工作不尽如人意,跟不上时代发展要求。早期建设的一些服务区在规模、档次上都显得偏小、偏低,在服务管理水平上存在较大差距。较长时间内改善服务工作的办法不多,行动迟缓。尽管有再投资、征地拆迁等矛盾存在,但相应的改进措施明显不到位。突出问题表现在以下五个方面。

(一)服务区设计规划不合理

部分服务区的功能布局、设施配置不尽合理,既不能满足使用者的需求,也不符合经营者的经营要求。服务区建设缺乏统一规划,造成沿线服务区功能搭配不尽合理,有的利用效率不高,有的超负荷运转;服务区功能用地布局不够紧凑,功能区布局不合理,造成车流、人流相互干扰,场地利用率低;服务区总体布置单调、呆板,缺乏美感,美化绿化严重不足。

(二)服务区设施配套不完善

随着社会经济发展和自驾出行的普及,出行者对高速公路服务区的功能需求迅速提升,但云南高速公路服务区项目配套设施主要是加油站、公厕、便利店和餐厅。在设计建设中还应前瞻考虑设置自驾、房车、露营、儿童乐园等营地设施以及充气、充电等服务功能,以适应出行工具的更新和出行者的新需求。

(三)服务区升级改造滞后

随着高速公路建设连线成网,既有服务区规划设计规模偏小、档次偏低与急速增加的大交通流、人流极不适应,也有受地形限制、征地拆迁困难等因素的影响。服务区域扩展推进困难,服务区在高速公路上的分布密度不能满足需要,迫切需要进行升级改造,但由于资金筹集、用地审批等原因,一直未有较大的突破。

(四)经营管理层次有待提高

云南高速公路服务区从业人员来自于各行各业,文化修养、职业技能等方面存在很大差异,不同程度地存在管理水平低、服务质量及环境卫生条件差的现象,影响着高速公路的整体形象。同时,高速公路服务区商品价格高,消费者停车多消费少的现象普遍存在。

(五)行业管理不成熟

从历史的角度看,高速公路事业在很短的时间内形成较大的规模,作为与之配套的行业管理成了一项新内容,从体制、政策范围上都没有充分的准备和研究。

针对高速公路服务水平亟待提高的状况,云南省交通厅于2005年调整厅内编制,撤销劳工处,成立高速公路管理处,其中一项职责就是高速公路服务区的规范管理。从实践上看,虽然有规章制度,但落实到各具体单位,改善服务的效果仍然提升缓慢。

二、服务区升级改造

(一)目标明确　全面改造

2013年,云南高速公路服务区存在的问题多次被提到了的重要议事日程。省政府主要领导尖锐地指出,服务区脏乱差的现象一定要彻底改变,要求务必把高速公路服务区、收费站及厕所卫生问题当作一件大事来抓,为树立云南的文明、良好形象作出贡献。

云南高速公路服务区反映出来的问题,其根源在于交通运输工作的理念、思路、方法跟不上社会的发展和群众出行的需求。多年来,全省交通部门把主要精力集中在公路规划、设计、建设这些环节,对服务区这个"面子工程"重视不够、投入不够、管理不够。思维还停留在"100-1=99"这个数学计算公式上,认为只要把大多数的事情做好,就可以赢得社会和群众的认可。但是,社会和群众使用的却是"100-1=0"计算方法。100件事情中,只要错了一件,社会和群众就有理由持否定态度。为此,省交通运输厅发出了"全力以赴抓整改,树立交通好形象"的动员令,要求围绕"设施完备、服务规范、环境优美、群众满意,树立云南交通好形象"的目标,按照整治重点、整治时间表,凝聚全行业力量,动员一切资源,全力整治公路服务设施环境卫生。

为彻底改变服务区的问题,分管副省长多次召集省交通运输厅、省公路投资公司、省公路局等部门研究,要求迅速拿出整治方案,开展整治工作。省政府还专门召开全省公路服务设施环境卫生整治电视电话会议,要求各州市政府积极支持,动员交通运输、公安、工商、石油等部门齐抓共管,重拳出击,并对整改工作作出全面部署,要求重点整治174个高速公路服务区。到2013年10月底,公路沿线服务区卫生间、餐厅及周边环境得到显著改善;到2013年底,维修、更换、改造服务区内有关服务设施;到2014年,投入使用的服务设施全部升级改造完成。

云南省政府印发了《云南省高等级公路服务设施环境卫生整治实施方案》,列出了整治工作的七大任务:加强高等级公路服务区(加油站)环境卫生管理,提升服务区以及收费站、加油站服务水平;维修和更换损坏、缺失的设备设施;加强对产权不属于公路经营管理单位的高速公路服务设施的环境卫生整治;修整服务区(加油站)场地;清理高等级公路服务区(加油站)"乱摆摊设点,以路为市"现象,拆除服务区周边违法违章建筑;提升改造功能落后的高等级公路服务设施;加强车辆非法超载治理力度,确保道路交通安全等。省政府还制定了高速公路服务设施环境卫生整治工作联席会议制度,省精神文明建设办公室、省公安厅、省监察厅、省国土资源厅、省商务厅、省卫生厅、省政府督查室、省工商行政管理局、省食品药品监督管理局、中石化云南分公司、中石油云南分公司均为联席会议成员单位。

对云南省委、省政府和交通运输厅作出的安排部署,作为高等级公路服务区主要管理单位的云南省公路投资公司和省公路局迅速行动,第一时间启动服务区升级改造工作。云南省公路投资公司成立了由主要领导挂帅的高速公路服务区改造提升工作领导小组,负责高速公路服务区环境卫生整治和软、硬件改造提升工作。公司把党的群众路线教育实践活动与全面实施高速公路服务区改造提升工作相结合,重点在服务区规模、功能分区、卫生间设置、绿化美化和管理水平提升及经营绩效、文化特色上下功夫,推进高速公路服务区建设管理和服务工作上台阶上水平。

同时,云南省公路投资公司制定出台了《服务区改造提升方案》,按照大、中、小型服务区及停车区进行分类,提出了六个方面的标准和要求;公司与各管理处签订了高速公路服务区改造提升目标责任书,层层落实领导责任和工作责任。在服务区升级改造中,按照"一区一规划"的原则,以卫生间改造为重点,对31个服务区进行分类,适当增加部分服务区占地面积,实现公路沿线大、中、小型服务区的合理配置。改造后的服务区,全部达到规模够用、功能合理、卫生清洁、标识醒目、绿化美化、文化丰富、管理精细、服务人性的目标。同时,在各主要进出省通道重点打造1~2个具有地域特色、民族特色、文化特色的服务区,对正在建设或即将建设的服务区则进行重新规划,进一步完善服务设施和功能。

对规模及功能基本适应的服务区,重点在加强管理,落实责任,提升管理水平;对需要改扩建和完善软硬件设施的服务区,则制定改扩建方案及扩大土地征用方案;对需完善功能的服务区,按照上台阶上水平的要求制订升级改造方案。公司还对所辖服务区供水系统进行全面调研,对供水系统不能满足需求的服务区实施升级改造。

省公路局也对全省高等级公路服务设施环境卫生进行了全面排查整治,路政总队在全省国省干线公路上广泛开展路域环境整治工作,中石油、中石化云南分公司积极配合云南省公路投资公司和省公路局对所属的加油站进行环境整治。

省级各有关部门、高速公路沿线各州市党委政府也积极投入高等级公路服务区改造提升行列,形成了所涉区域社会各方全面参与的工作局面。

（二）擦亮窗口　再塑形象

云南高等级公路服务区升级改造专项整治工作遵循"一区一策,对号入座,对症下药"的方法,逐一制订整治方案,从设计、审批、实施、验收等环节,有针对性地开展整治工作。整治工作以卫生间为重点,对所有服务区卫生间进行改造,增加蓄水设备,完善清洗设施,确保卫生间干净无异味;抓好停车区改造,合理划分停车区域,设专人进行引导管理;抓好餐厅改造,建立健全餐饮食品卫生许可公示制度,全面改造设备设施和就餐环境,做到餐饮食品安全卫生,环境整洁优美,服务文明,价格公道;抓好其他公共服务设施改造,加油站做到文明服务,计量准确,诚信经营;服务区商场入室,质量合格,明码标价;严禁在通道、停车场占地摆摊;车辆维修规范作业,严格按规定收费;拆除违法违章建筑,消除安全隐患,最终把高等级公路服务区打造成功能完善、服务优良的形象窗口。

专项整治中,省监察、公安、工商、卫生等服务设施环境卫生整治工作联席会议成员单位,昆明、曲靖、玉溪、楚雄等州市和中石化、中石油云南公司召开专题会议,对最难啃的6个服务区制订了整治方案。一是明确整治范围、责任部门、整改时限、整治重点,进一步查找服务区设施和管理存在的问题,建立长效机制;二是及时维修更换损坏和缺失设备设施,重点解决公厕用水、通风、排水等问题,整治私搭乱建现象,提升服务区整体形象;三是理顺服务区的管理体制,以沿线政府为主体,协调各经营主体,提出整改方案;四是对服务区场地进行硬化修整;五是对服务区加减速车道进行整治,消除安全隐患;六是对设置不合理、影响高速公路畅通安全的禄脿服务区加油站研究制订搬迁方案。会后,各方迅速行动,拿出有力措施整治6个服务区存在的"顽疾"。特别是在玉溪市的全力推动下,由昆玉高速公路公司和中石化管理经营的余家海服务区率先行动。不到四个月的时间,余家海服务区告别"脏乱差",打造成为人性化、特色化的综合服务区,成为全国一流的现代化服务区。

从2013年9月启动到2014年10月,全省高等级公路服务区改造提升工作取得了显著成效,基本完成了省委省政府下达的整治任务。为实现改造整治目标,各责任单位加大投入,科学管理,严密组织,确保了改造提升工作按计划快速推进。云南省公路投资公司投入资金2.6亿元,对所辖24条高等级公路上67处服务区近100个卫生间进行提升改造,增设了母婴间、保洁间、老人、儿童蹲坑便位和儿童洗手台等无障碍设施。云南省公路投资公司辖区内的服务区卫生间总面积从改造前的14482m^2扩大到37972m^2,男女坑位分别从1004个和1229个上升到2611个和4243个,彻底解决了高峰时期驾乘人员如厕难问题。同时,省公路投资公司还对服务区停车场、餐厅、加油站、标志标线等进行改造、维修、改移或扩建,提升服务设施硬件品质,累计投入了12.79亿元。昆玉公司投入资金1亿元对所辖路段服务区实施改造。省公路局投入大量资金,对所辖的高等级公路服务区实施改造。楚雄交通运输集团投资4000万元对楚雄程家坝服务区进行提升改造,完善了设施,拓展了功能。

2015年元旦,全省174个高等级公路服务区以全新的面貌迎接新年的到来。各服务区标志标线醒目、功能齐全完善、分区规范合理、环境整洁卫生、服务文明周到、商品价格公道、厕所干净无异味、就餐环境优美。高等级公路服务区"脏、乱、差"局面得到彻底扭转,服务区形象得到大幅提升,赢得了良好口碑。

三、服务区优质文明服务

在服务区升级改造的过程中,原有服务区的软硬件条件得到了完善和提升,新建的服务区得到了规范,做到了有根可循,有据可依。

按照省委省政府的要求,省交通运输厅在服务区升级改造的同时,在"完善、巩固、提升、长效"上下功夫,组织力量深入全省服务区现场调研,外出四川、广西等省区学习取经,制定了《云南高速公路服务区管理办法》,报经省政府同意后于2014年10月1日起正式施行,标志着云南高速公路服务设施建设管理工作进入一个新的阶段。《云南高速公路服务区管理办法》从规划、建设、经营、管理、监督等方面,对服务区的功能定位、规模选址、规划设计、建设施工、经营内容、文明服务、监督管理、检查考核等方面制定了流程和标准,明确了禁止事项。

以此为依据,省交通运输厅进一步制定了《云南省高速公路服务区星级考核评定管理办法》,对服务区进行年度星级考核评定,以星级考核评定的方式对全省服务区进行考核管理。管理办法对星级考核评定组织形式、总体要求、星级划分、记分办法、评定标准、考核范围、评定程序、加分事项、扣分情况、通报表彰等方面作出详细规定。为增强可操作性,省交通运输厅还制定了《云南省高速公路星级服务区考核评分标准》,把综合管理、保洁管理、保安管理、餐饮管理、超市管理、汽车维修、加油管理7大类管理,按1000分为总分细化分解,分别量化到每项管理工作中,进行年度检查考核评定,对星级服务区进行通报表彰,对评定结果进行公示,广泛接受社会监督。

星级考核评定管理办法归纳、总结和提炼了服务区升级改造过程中省公路投资公司、省公路局等单位开展的服务区文明创建活动的经验,借鉴了外省服务区管理的先进经验,接地气、易操作,符合服务区管理的实际,成为全省公路服务区开展文明创建活动的指南和依据。

在服务区升级改造过程中,云南省公路投资公司、省公路局等主管单位同步开展了服务区文明服务创建活动。改造后的服务区在保证停车、餐饮、加油、休闲、购物、车辆维修等服务外,还增加了安全保卫、消防、医疗急救、商务、信息提示、手机充电等便民服务。为提高服务质量,省公路投资公司以打造"温馨驿站"为载体,创新服务理念,把服务区作为"城市的延伸",作为"社区"来建设,从细微处着手,突出人性化服务,努力营造"家"的氛围;在公司所辖服务区开展"优质服务百日竞赛"主题活动,通过宣传发动、对照查找、自查自纠、持续改进、民意调查、总结奖惩六个阶段活动,坚持边正常营业、边征询意见、边查找不足、边整改问题。通过竞赛活动,公司所辖服务区环境整治有成果、饭菜质量有提升、服务态度有转变、公益服务有实效,有效提高了顾客满意度。

省公路开发投资公司还率先开展"星级"服务区创建活动,积极塑造云岭高速好形象。创建活动通过创新服务体制机制、塑造企业服务文化、美化净化服务环境、完善公益服务设施、提升综合服务水平、确保商品质量安全等几个方面,全力打造创建星级服务区。公司主要领导亲自担任创建领导小组组长,分管领导具体负责,每位领导挂钩一条线,责任到人,狠抓落实。活动从完善治理结构、理顺管理体制、加强队伍建设、强化人员培训、加大设施改造、健全激励机制、提高工作效率等方面着手,按照思想动员、组织实施、总结验收三个阶段全面开展创建活动。创建中总结提炼了"平民价位、星级服务"的服务区核心价值观,确立了"面向顾客、依托顾客、服务顾客、感动顾客"的经营理念,以"绿化、美化、亮化、净化"为环境建设目标,以"花园式环境、人性化管理、亲情化服务、宾馆式接待、星级化标准、特色化餐饮"为管理目标,塑造服务区新形象。

省公路局、昆玉公司等单位也在所辖服务区广泛深入地开展了文明创建活动,取得了明显成效。省路政管理总队以整治"三超"现象为重点,大力整治违法违规运输行为,依法维护路产路权,维护路域治安环境。

《云南高速公路服务区星级考核评定管理办法》出台后,再次为服务区文明创建活动注入了强大动力,全省公路服务区全面掀起了文明创建活动高潮,服务区文明服务劳动竞赛活动蓬勃开展,全省服务区文明服务水平不断提升。

四、服务区发展规划

经历了20年高速公路服务区建设、管理的实践,相关部门及企业深深感到,服务区建设要不断学习借鉴发达地区先进经验,超前谋划,不断改进。省交通运输厅对服务区建设管理提出了明确的规划思路。

(一)规划目标

以"统筹规划、分类指导,优化设计、体现特色,保证功能、服务公益,强化管理、科学发展"为原则,统筹规划2020年云南高速公路服务区的建设,提出总体的规划方案,指导未来云南高速公路服务区的建设和改造,使高速公路服务区的布局更加合理,功能更全面,服务更人性,资源更节约,更好地适应云南高速公路发展的要求。

(二)规划范围

云南省规划确定的"七出省、五出境"高速公路网项目,高速公路大通道"断头路"项目,省际及省州市间高速公路连通项目,通达广西、贵州、四川每省两条以上高速公路通道项目,以及沟通毗邻国家每国一条以上高速公路通道项目等"三纵""三横""九大通道"干线及高速公路网络建设范围内的服务区全部纳入规划范围。通过约20年建设,建成一批数量充足、规模适中、功能完善、服务优良、适应发展的服务区。

(三)规划方案

截至2016年,云南高速公路通车4134km,建成服务区95处。通过"五年大会战"至2020年,计划新增高速公路4000km,全省高速公路通车里程达8000km。服务区数量测算为:A类服务区8000/50=160(处),B类服务区按A类服务区70%计算为160×70%=112处,C类服务区根据项目实际,作为特殊情况个别处理。A、B两类服务区总数为272处。

五年大会战中,云南高速公路规划建设4000km,需建设各类服务区136处左右;在部分营运高速公路改扩建中,需对原有服务区进行调整加密或改扩建;对营运中的95处各类服务区,需对部分服务区进行改造扩建,进一步完善功能。

此测算数量为概念性数据,目的在于全省高速公路服务区建设的宏观指导和规划控制。实际数量根据路网结构、建设进展、交通量预测等实地调查结果,进行分析调整,最终确定每条高速公路的服务区数量。服务区类型及功能列表见表13-1。

服务区类型及功能列表 表13-1

功　能	A类	B类	C类	备　注
停车功能	√	√	√	
加油功能	√	√	√	
餐饮功能	√	√		
住宿功能	可考虑设客房或钟点房			
维修功能	√	√		
购物功能	一般是超市形式	超市或小卖部	可考虑小卖部	
公厕功能	√	√	√	

续上表

功　　能	A 类	B 类	C 类	备　　注
休息功能	室内或室外休息区	休息室		
医疗、救护功能(医疗站)	√	可适当考虑		

高速公路服务区用地由七大类设施构成：引道、停车场、休息区(含餐饮、购物、休息厅、厕所等)、车辆维修区、加油区、旅客休闲广场、绿地及园地。服务区的总体建设规模由各类设施用地组合与叠加而成。总体规模＝停车场＋餐厅＋超市＋旅馆(或休息室)＋公厕＋加油站＋维修所＋广场＋园地＋匝道＋其他。

层级配置：处于不同路网层级结构的高速公路服务区，其配置应视该高速公路项目在路网中的层级和功能有所区别。

各州(市)区域间国家高速公路服务区的配置，可考虑30～45min里程设置一处A类服务区，B、C两类服务区间隔设置，间距在30～50km，两个A类服务区之间可设3～5个B、C类停车区。

州(市)区域内高速公路服务区配置B、C两类服务区，间隔设置，B类服务区间距平均为50～80km一处，C类停车区间距参考20～30km一处，两个B类服务区之间设2～3个C类停车区。

市(县)域内高速公路服务区配置以C类为主，间距参考20～30km一处，卫生间、加油站及小卖部依托服务区设置。

第三节　智慧交通建设

2013年，《云南省智慧交通建设纲要》(简称《纲要》)出台。云南智慧交通是以智慧的理念、辩证的思维、使用现代信息技术为手段，全面提升交通管理和服务水平。

《纲要》提出了开展云南智慧交通"1356"工程建设：建设一个中心，即全省统一的"智慧交通数据资源汇聚和云服务处理中心"；整合三大资源，即交通运输"基础设施、运输工具、服务设施"资源；构建五大体系，即"深度感知、广泛互联、协同智能、开放式服务交通和安全保障"；在智慧交通体系中重点建设六大类应用系统，涵盖"智慧路网、智慧装备、智慧出行、智慧物流、智慧管理和智慧应急"。

一、智慧路网

以公路、水路路网基础设施、服务设施为主体，以提高路网的使用效率、实现对交通基础设施的有效供给和合理配置为目标，通过对路网运行信息的采集和分析，实现对路网运行状况的有效监测和管理，保障日常交通顺畅，提升路网规划决策水平。

(一)信息采集与接入

全省视频监控、交通量检测、气象监测等系统充分发挥作用,采用多方式采集路网运行信息,分析路网运行状况,保障了公路路网的安全、畅通。省交通运输厅监控指挥中心于2013年开始投入运行。目前已接入高速公路、重点客运站、重点港口、路政巡查车等1500路视频监控信号,为各级管理部门和媒体实时掌握全省各地交通状况,以及指挥调度提供了有力支撑。

1. 交通流量调查

针对交通流量调查业务需求,云南交通调查统计分析系统在全省建设了170个交通流量调查点,覆盖全省各主要高等级公路及各主要出入省、出入昆主要线路,为全省交通流量统计分析、黄金周经济运行分析、养护作业、公众出行服务等业务提供数据支持,并将数据实时上传交通运输部,为全国的各项交通数据分析提供了基础数据支撑。

2. 高速公路专题气象服务

根据省交通运输厅与省气象局的合作协议,目前已经在昆明至磨憨沿线布设了22个专门气象监测点,下一步还将在全省所有高速公路实现100个专门气象监测点的布设,以实现更加精细和精准的气象服务,并将该服务推广到全行业,为行业执法、业务处理、公众出行等提供强有力的支持。

(二)业务管理与应用

高速公路联网收费系统、ETC不停车收费系统、公路养护管理系统等业务系统的开发使用为云南公路路网管理、规划、养护等工作提供了技术和数据支撑。截至2016年底,云南省通车收费高速公路4060km。建成通车ETC车道480条,高速公路收费站ETC覆盖率达到75%,其中主线收费站ETC覆盖率达到100%。全省432个ETC客服网点发行"云通卡"用户145.58万户,并实现了手机自助充值和"记账卡"上线。系统的良好应用有效保障了全省高速公路安全畅通。云南省公路投资公司的公路养护管理系统将分散的纸质竣工资料以及公路养护管理过程中的工程检测动态数据进行标准化处理,实现了公路养护信息的统一管理、维护和资源共享。同时,系统通过数据处理和分析,为养护管理工作提供快速准确的工程技术状况信息以及公路养护管理数据信息,使其成为公路运营和养护管理的有效辅助工具。

(三)支持保障

通过高速公路信息通信系统联网工程建设,打通了部省间信息化高速公路;同时通过交通工程竣工档案系统和公路建设项目信息管理系统等系统建设,极大方便了各业务部门对公路路网资料的管理、查询和使用。根据交通运输部统一规划,云南省作为全国高速公路联网传输线路的组成部分,主要沿沪昆高速和广昆高速分别连接贵州省和广西壮族自治区,共同构建西南环网。交通工程竣工档案系统通过完善升级,目前实现了公路工程竣工档案的网上报送、存档及查询。公路建设项目信息管理系统通过整合各公路建设项目数据库信息,提供云南省公路建设项目重点工程部位的三维模型数据,并将模型数据与云南省交通地理信息共享平台的数字高程模型数据、卫星影像数据、项目管理信息进行集成,实现了在GIS系统中查询公路项目管理信息。通过系统建设,各业务部门可以按需进行公路相关资料的实时查询,有效保障了业务工作的顺利开展。

二、智慧装备

以运输工具为主体,强调将物联网、现代移动通信技术、遥感技术、北斗卫星导航技术等综合应用到交通运输工具、装备的动态、实时监管中,以实现各种运输装备的有效衔接,提高运输效率为目标,基本建成涵盖智能化车辆、公路养护装备等自动化水平较高的智慧交通装备,实现对车辆的全面定位、跟踪和管理。智慧装备是强化交通运输过程监管,确保交通运输安全,预防和较少道路交通事故的发生,实现交通运输动态、可视化监管的重要手段。

(一)车辆可视化监控管理系统

全省客运班车和旅游客运车辆、危险货物运输车辆及抢险救灾、紧急物质运输车辆(即"两客一危"车辆)和部分货运车辆完成了具有行驶记录功能的卫星定位装置、导航仪、通话手柄、外接摄像机、车载视频服务器、3G视频监控等设备的安装,实现对道路运输车辆在全省范围内的远程监控和定位管理。该系统已成为道路运输企业加强车辆动态监管,提高营运效率,预防客运车辆重特大交通事故发生的重要手段。

(二)公路资产检测及养护装备智慧化

公路资产检测与养护装备包括路况检测装备、公路资产日常巡查数据采集装备、桥梁隧道检测装备、交通量检测装备、公路资产日常养护巡查装备等。云南省路况检测装备包括多功能道路检测车、自动弯沉车及横向力系数车。按照《公路技术状况评定标准》(JTG H20—2007),横向力系数每两年检测一次,路面结构强度(弯沉)抽样检测。

三、智慧出行

以社会公众为主体,以提高公众出行效率和服务水平、满足人民群众不断提升的出行需求为目标,基本建成覆盖广泛、便捷高效的智慧交通出行服务,实现对交通运输客运的感知、监测和调度。

（一）七彩云南·智慧出行

1. 城市出行

将实现综合出租车、公交车、自驾车为一体的全方位出行指导,提供根据实时交通状况变化的导航,最大限度地缓解交通拥堵。

2. 城际出行

为出行者提供班线车的实时位置、等待时间等相关信息,为自驾车提供路况导航、急救导航、加油导航等便民措施。

3. 产业链带动

带动信息采集前端设备制造商、终端设备制造商、应用软件提供商、通信网络运营商、信息集成商、信息服务提供商等产业的发展。

（二）推进道路客运联网售票

2013年12月,交通运输部明确提出启动省域道路客运联网售票平台工程,"实现客运站和客票代理机构以及互联网、电话等多渠道客票信息查询和售票,更好地服务群众出行,同时有效整合道路客运动态信息资源,增强道路客运动态监管能力,为实现全国道路客运联网售票奠定基础。"云南省交通运输厅根据全省道路客运联网售票实际情况,申请交通运输部把我省纳入试点省份,同时积极按照交通运输部相关要求,做好项目建设申请和立项工作。

（三）行业呼叫中心12328扩展建设

建设主要涵盖省厅、全省路政、运管单位,同时整合接入云南省公路投资公司及昆明市公共交通部门现有呼叫分中心平台。通过租用运营商语音中继线路,同时依托行业专网,建设省、州（市）、县（区）三级呼叫分中心,使用统一的12328短号码面向公众提供全省公路水路基础信息、道路运输管理、公路路政、高速公路、公共交通等综合交通信息咨询与投诉监督服务。

四、智慧物流

智慧物流以打通物流链、提高物流全程的控制力和运输效率为目标。管理收集物流信息,建立全省智慧物流体系,实现对交通运输货物仓储、配送等流程的有效控制,同时对货运站场、物流园区进行监管,从而降低物流成本,提高运输效益。

(一)智慧交通综合物流平台

平台以"1+nX"为布局进行建设,"1"是指建设一个面向政府行业管理部门和企业服务的智慧交通物流公共信息平台,"nX"指在平台建设成功的基础上拓展和衔接信息服务体系。"n"代表全省交通运输系统内的若干个子系统,"X"代表某一类信息系统中 X 个具体的信息软件。智慧交通综合物流平台,为政府、企业、个人提供在线电子商务贸易、发布货源信息、查找运力信息、虚拟车队管理、车辆货物跟踪、在线交易结算、仓储信息发布、通关预报备、短信通知服务接口等功能的"一站式"物流信息及业务处理服务。

(二)云南区域物流交换节点平台

按照国家平台对区域交换节点的建设要求,建设云南的区域交换节点。结合交通运输部"交通运输物流公共信息平台"的建设规划,云南智慧交通物流公共信息平台将按统一接口规范和技术标准,建设省级交通物流数据资源交换中心,并作为全国交通运输物流公共信息平台的有机组成部分,集合整个交通物流链中各类数据(含公路路网、航道网、道路运政、水路运政、路政、道路与水运物流平台、对外服务热线等多种信息数据),对外和对内提供数据资源、公共接口和数据交换服务,实现跨区域、跨行业、跨部门的数据交换与共享,为平台参与者提供信息服务与决策支持。

(三)物流企业调度网

调度平台利用 GPS、移动互联网、在线支付等先进技术,解决物流行业信息不对称、运价不明朗、无效竞争、高空载率、高运营成本、车辆诚信无监管、服务质量差等老大难问题。通过先进技术简单化处理,驾驶员可以通过手机随时随地寻找货源,减少无效空跑,提前预约配货;物流公司可以通过平台随时定位车辆位置,了解车辆动态,实现车队管控和车辆调度。平台通过诚信认证,解决车辆、货源信用问题,为物流行业提供一个信用保障。

五、智慧管理

以行业管理者和决策者为主体,以提高行业管理水平为目标,依托已建成的电子政务系统、公文传输系统及数据中心,建设公平、科学的智慧管理系统体系,实现对交通运输行业的实时、全面的监管。

(一)交通运行监测和决策分析系统

在交通流量调查、固定资产投资统计等业务系统的基础上,实现对交通运输运行状态的监测和预警,对各类交通数据资源的综合分析处理,有效提高对现有交通数据资源的利用深度和使用效率。

（二）公路、水路建设与运输市场信用信息管理系统

实现对公路水路建设市场、运输市场的企业、从业人员、运输业户等信用信息的评价，接受社会公众的监督投诉，提供信用信息的查询。

（三）综合交通运输协同执法系统

系统以交通运输行业现有的执法流程为依托，实现执法前案件分发的协同，执法中数据共享的协同，执法后统一查询展现分析的协同。系统建设能够规范交通运输行业执法标准，提升交通运输行业执法效率，提高政府的服务水平，能较好地满足交通运输行业对执法管理的需求。

（四）行业政务协同系统

完成全省范围内县级交通管理部门的政务办公系统和公文传输系统的推广应用，实现县级以上交通部门的公文、档案、资料的数字化管理及政务信息的共享，提高各州（市）及县（区）级交通部门的行政办公质量和效率。

（五）视频会议系统

建成覆盖省、州市、县三级的视频会议系统，为政务办公、政令传达和服务监督提供强有力的技术支撑手段。

六、智慧应急

以提升交通运输应急处置水平为目标，其主要内容是以云南省公路、水路交通运输安全监测为核心的智慧应急救援服务，实现对突发事件事前的预警、事中的处置、事后的评估与总结，有效保障交通运输安全。

云南交通行业的智慧应急工作，以"移动应急指挥平台""应急处置与公众信息服务""安全畅通与应急处置"等一批重大项目建设为契机，与"智慧路网""智慧装备"等相互配合，目前已形成智慧应急体系的基本框架，在历次重大自然灾害和事件中，发挥了重要作用。

（一）日常监测

通过交通流量调查系统、道路视频监控系统等智慧装备，结合 GIS 地理信息系统，实时地监测云南路网出入昆和出入省等各主要节点的车流速度变化情况；通过路政执法人员携带的移动终端实时报送监控道路阻断信息等，在执法过程中及时应对突发事件；通过与气象部门实现信息共享，及时提供路网中的重大天气情况服务等。通过以上手段，分析判断路网运行的健康度，收集历史数据，对险情和突发事件的发生概率做出预测，从而实

现对可能发生的应急事件提前预警、及时处置。

(二)应急处置

在应急处置方面,移动应急指挥车"天鹰6号"上装配有VSAT卫星通信系统、公网通信系统、超短波通信电台、现场图像采集、视频会议等系统,能够在现场提供网络连接、音视频采集、视频会议、语音通信等功能。确保在应急状态中,公用通信网中断的情况下,前方与各级指挥中心保持通信,对各方进行指挥调度。视频采集功能确保在各类路况灾害发生的情况下,运用车辆、单兵等固定或移动的多种视频信息采集方式,深入灾害现场,采集真实的视频,通过卫星宽带专线网络与各级指挥中心进行交互。联动功能主要通过卫星宽带链路,确保与各级指挥中心进行视频会议,利于前后方的统一调配,实现车指、车车、车人之间的信息联动,并实现可视化调配。

在鲁甸"8·03"6.5级地震、景谷"10·07"6.6级地震等重大自然灾害发生后,厅通信监控指挥中心第一时间从日常值守转为应急值班状态,立即与省政府应急指挥中心、交通运输部路网中心以及设立在当地的现场指挥部实现了视频指挥系统的联通,为多方协商提供了技术保障。

第四节 消 防 安 全

各高速公路经营管理单位把高速公路消防安全特别是隧道消防安全作为运营安全工作的重要组成部分,和业务工作同部署、同检查、同考核、同奖惩,纳入年度考评工作内容。

一、消防安全的基本要求

(一)隧道消防安全要求

云南各高速公路经营管理单位认真落实国家相关的行业工程建设、隧道消防安全规范,主要包括《公路隧道设计规范》(JTJ 026—1990)、《公路隧道通风照明设计规范》(JTJ 026.1—1999)、《公路工程技术标准》(JTG B01—2003)、《公路隧道消防设计施工管理技术规程》等。

隧道工程的消防设计、消防专项工程施工及验收、运营消防安全管理等,必须贯彻"预防为主,防消结合"的方针,消防设计应针对隧道的火灾特点,立足于自防自救,采用相应的防火措施,做到安全适用、质量可靠、经济合理、技术先进。

隧道消防专项工程应与隧道其他工程、设施同步设计、同步施工,与隧道同时验收、使用。消防专项工程应按照经批准的设计施工图施工,不得随意更改;确需更改的,建设单位必须重新申报审批。

消防专项工程施工安装完成后进行分项工程调试和联动调试,由具有建设行政主管部门核发的消防专业承包一级和二级资质证书的单位承担消防专项工程施工。施工前对消防设施及其组件、管件和主要材料进行检查,看其是否齐全,是否符合设计选型,以确保施工及施工进度的要求。设计单位向施工单位进行技术交底,使施工单位能够更准确地理解设计意图,尤其是在施工难度比较大、施工各专业相互交叉等部位,以及隐蔽工程、施工程序、施工工艺、技术要求、质量控制等方面,设计单位与施工单位间加强交流、沟通,达成共识,以确保消防专项工程的施工质量。

隧道消防专项工程设计施工图依据现行国家、行业、地方工程建设标准设计的,是施工的基本技术依据。按照《中华人民共和国消防法》的有关规定,消防设计由建设单位报公安消防部门审核批准后方可用于施工。施工单位应按照经审核批准的图纸施工,不得随意更改。确实变更的,必须由设计单位进行修改,公安消防部门重新审核批准后,方可变更。

(二)其他消防安全要求

一是单位不发生较大(含)以上火灾事故或造成较大社会负面影响的火灾事故。

二是成立消防安全领导机构,制订年度消防工作计划,落实消防安全主体责任、消防安全责任人和"一岗双责",消防安全管理人员依法履职。

三是建立健全消防安全工作制度、管理台账及消防安全操作规程。

四是认真执行建设工程消防设计审核、验收备案规定,不得随意改变使用性质和消防安全条件。建筑总平面布置、防火间距、消防通道、防火分区、安全疏散符合消防技术标准要求。建筑消防设施设置符合消防技术标准要求,定期进行维护保养并保持完好有效。对即将通车运营的公路隧道按照有关规定配备消防设备和器材。

五是制订灭火和应急疏散预案,每年组织开展生产及办公区域消防疏散逃生演练、施工现场消防应急救援演练和消防安全培训各不少于1次。

六是每季度至少召开1次消防安全会议,部署开展消防安全工作。

七是开展消除火灾隐患能力、扑灭初级火灾能力、组织疏散逃生能力、消防宣传教育能力"四个能力"建设。

八是每季度至少开展1次消防安全隐患排查治理,列出问题清单,建立台账。

九是消防控制室值班人员与保安员要持证上岗,建立消防安全工作台账。

二、提高隧道安全的措施

昭通—会泽高速公路起于鲁甸立交,接麻柳湾—昭通高速公路,止于原昭待公路会泽立交,全长104.41km,是在原有公路的基础上,采用四车道高速公路标准进行改扩建。其中大口子隧道(长3135m)、邱家垭口隧道(长3185m)是全线的控制性工程之一,两个隧道均为分离式路基单洞单向,设计净跨度为11.2m,净高7.1m。大口子隧道地质为强风化玄武岩,隧道掘进极易发生坍塌、冒顶。邱家垭口隧道是南北大通道昭会高速公路的重点、难点工程,隧址处于喀斯特地貌且地表沟壑纵横,最小埋深仅40m,其中进口段属粉砂质泥岩,强风化,节理裂隙极为发育,岩体破碎,隧道掘进过程中经常发生拱部土体剥落、局部土体坍塌现象。施工过程中,承建单位不断克服各种困难,特别是出口段在施工过程中先后发现3000多个大小不等的溶洞,施工较为困难。

为解决单洞单向特长隧道在运营期安全保障与救援体系问题,昭会高速公路建设指挥部与云南省交通规划设计研究院等单位联合开展"单洞单向特长隧道运营安全保障与救援体系研究"科技课题。根据课题研究成果及相关评审意见,两条特长隧道防灾救援方案采取"平行导洞分期实施+隧道低压细水雾消防系统"相结合的方式实施。建设阶段平行导洞暂缓实施,在隧道消火栓系统、水成膜泡沫灭火装置、灭火器、水硬性防火涂料等消防工程的基础上,增加低压细水雾消防系统,以提高防灾救援阶段的安全性。课题项目安装的低压细水雾消防系统喷嘴管布设在隧道正中央,单个灭火分区细水雾灭火系统布设,喷嘴按不同的角度依次排列,分别为垂直下喷、偏左45°和偏右45°,有效增大了细水雾的保护范围。大口子隧道每孔隧道划分为112个灭火分区,邱家垭隧道每孔隧道划分为114个灭火分区,每个分区长20m、面积200m^2,安装有一排喷嘴管,喷嘴额定工作压力10bar(1bar=10^5Pa)。灭火时,开启火源区域及相邻两个分区,三个分区的用水量共为1594.5L/min。计算出系统最大用水量为1594.5L/min(最大扬程为170m,额定流量为95m^3/h),喷雾强度达到2.6L/min·m^2。

2016年10月16日,课题组组织了相关参研单位在邱家垭口隧道进行了实体火灾试验,并邀请国内外隧道安全专家、公司相关部门专家领导对试验方案进行研讨和现场指导。实体试验表明,课题研究推荐采用的"低压细水雾消防系统"对隧道火灾能够起到明显的减灾作用,可从火场温度、烟气场方面有效控制火势规模,提高火灾情况下洞内逃生环境的安全性。

第五节 沿线开发

一、初期阶段

在云南高速公路建设的初期阶段,由于绝大多数的高速公路运营单位主要任务是承担政府高速公路建设、运营工作,虽然对高速路的多种功能、资源和优势有一些粗浅的考虑,如:争取综合利用公路沿线的土地资源、交通网络、管线布设基础、出行需求及各项涉及交通的合作项目,但受体制、资金、国家土地政策等条件的限制,在依托道路优势、公路投资公司资产优势等的利用上起步较晚,走得不远,形成单一依托"线内"资源的格局。从高速公路公司结合道路优势研究自身发展的思路上展开不够,丧失了一些机遇,一定程度上制约了高速公路经营企业对沿线资源的利用及开发。

二、实践过程

2006年云南省公路投资公司成立后,不断探索路域经济开发,先后由云岭沿线公司、属地管理处实施路域经济的开发工作,因采取的经营模式主要是以租代管的租赁模式,导致经营业态单一,经营效益低,公司无营业收入和经营效益,企业发展成效不明显。

根据云南省公路投资公司"强主业、壮辅业、创新业、业业皆好"的战略目标,做大做强路域经济,实现公司持续、跨越式发展的战略目标,云南省公路投资公司对原来的经营模式实施了改革创新,于2015年成立了云南公投经营集团,由经营集团对公司所属全线资源、资产进行统筹规划、合理布局、综合开发,以最大限度整合利用资源,发挥资源、资产的规模化效益,获取最大经营效益。

(一)工作目标

1.转变观念　做大路域经济

解决思想僵化的问题,转变经营管理理念,抓住高速公路建设的重大机遇,以市场需求为导向,深化经营管理模式的改革创新,挖掘完善服务功能,增加营业收入和收益;整合内部同质化、碎片化资源,充分发挥沿线资源的规模经营效益;盘活沿线存量经营资源,加大新项目的开发力度,打造培育高速公路沿线经济带,做优、做强、做大路域经济,为实现公司跨越式可持续发展奠定坚实基础。

2.改革服务区的经营管理模式

(1)从租赁经营为主的模式向自主经营为主的模式转变

新建服务区实行统一设计经营业态布置方案,分业态进行招商,商品实行准入制并集中配送,集中收银并纳入公司收入管理;对餐饮、小吃、零星经营项目采取"保底收益+收入提点"的办法进行管理。规范经营,依法纳税,合法实现公司的经营收入和收益。对现有服务区要求与经营户协商,按照上述原则加快推进改革,通过提质增效,实现互利共赢。

(2)从分散化的服务区物业管理模式向专业集中化管理模式转变

由分公司在服务区设立物业管理经理部,实行经理负责制,专门负责服务区的物业专业化管理工作,包括卫生保洁、交通疏导、设施维修、绿化环保、水电使用、安全管理等工作。统一收取物业管理费,统一劳务管理,统一服务品牌形象,统一工作标准,统一考核奖惩。实现服务区管理的过程标准化、结果优美化。

（3）从较为单一的经营业态模式向更为丰富的经营业态模式转变

因地制宜，统筹规划，以驾乘人员的需求为导向，合理布局新业态、开发新资源，开设名优土特产品、当地特色品牌、环保健康食品门店（柜台），引进知名连锁品牌店；设置信息服务窗口，提供旅游、住宿、餐饮、保险、通信、航班等信息服务和预定、代售服务；联合医疗机构开设应急医疗服务窗口；设置名优商品展示区（亭），拓展服务区室内外特色广告、电子宣传媒体。

3. 整合同质化碎片资源，走规模化经营之路

经营公司逐步采取全资收购或者控股收购的方式整合内部同业单位，避免内部恶性竞争，发展壮大单体产业，提升整体经营效益。

4. 把石化产业做成经营集团的支柱产业

（1）加大与合作的石化公司商谈力度，确保公司收益不受损失；如与原合作公司达不成协议，新增站点不再纳入原合资公司，到期站点逐步退出，由经营公司自主经营。

（2）按照销售资源对等注入的方式与有合作条件的石化公司合作成立由云南省公路投资公司控股的成品油销售公司，通过 $1+1=2$ 的方式，增加公司成品油销售收入和收益。

（3）通过采取租赁、收购、合作的方式取得油库资源和批发资质，建立成品油采购、储存、销售、配送一体化的产业链。

（二）发展规划

根据经营集团的发展定位，以服务区经营收入为基础产业，成品油销售为支撑产业，大力发展文化创艺传媒、生态环境建设、清洁能源、电商物流、健康旅游等业务板块，经过3~5年的发展，到2020年将经营集团培育成为支撑云南省公路投资公司未来可持续发展的主力集团公司。

1. 布局成品油销售终端网络

向省商务厅专项申报高速公路沿线加油站建设五年规划，积极争取将高速公路沿线加油站作为专项建设规划给予审批。同时利用与地方政府合作的机会，努力向地方政府争取给公投司配置"十三五"规划的加油站指标，每个地州（市）城市配置10座以上加油站，每个县（市）城市配置5座以上加油站，有高速公路连接线的乡（镇）配置2座以上加油站，到2020年建成遍布全省的云南公投成品油销售终端网络。

2. 有序布局新能源产业

与能投国融、华烁能源等实力较强的新能源投资运作公司合作，利用好国家支持政

策,有序加快推进加气站、充电桩、光伏产业的建设,提前布局高速公路的新能源网络。

3.加快发展电商物流产业

建立和对接电商网络,依托服务区、收费站的优势,逐步开展地方土特产品的线下销售、线上销售。借助边境口岸、国际大通道发展国际物流和国际旅游业。

4.服务区+汽车露营地+旅游开发

结合全省汽车露营地建设规划,统筹规划、设计、建设高速公路沿线汽车自驾游露营地,形成全省汽车自驾游露营地网络,为自驾游人员提供集吃、住、游、玩、乐为一体的服务场所,从国外发展情况来看,发展前景较好。

5.积极参与生态环境建设

结合绿色发展理念,抓住"创建省级、国家级园林城市、海绵城市"的发展机遇,积极参与生态恢复、环保治理、海绵城市建设等,搭建PPP融资平台,介入生态环境的投资、建设。集约整合"三园"建设成果,搭建生态农业种植平台,打造生态农业种、供、销一体化产业链。

通过五年的培育和发展,到2020年经营公司将拥有加油站200座以上,将拥有采购、储存、销售、配送一体化的成品油产业链,服务区经营管理水平和盈利能力将大幅提升,新兴媒体、新能源、电商物流、健康旅游、生态建设等产业逐步壮大,力争发展成为大型国有骨干企业集团。

第六节 经营概况

20多年来,随着云南省经济社会的不断发展,在国家及行业政策不断变化进步的条件下,产生了大量的高速公路建设运营公司。总体情况看,这些公司中以高速公路收费为主要投资盈利目的的公司为数不多。绝大多数与政府合作建立的公司仍然肩负着提供社会公益产品服务和企业运营生存的双重责任。中国收费高速公路从根本上讲,不完全同于国际意义上的收费公路,可以说确实是具有中国特色的收费高速公路。

通过对云南省公路投资公司的运营状况的了解,也可以全面认识云南高速公路建设运营发展的一个侧面。

一、云南省公路投资公司的性质及职能

交通条件的改善,尤其是高速公路的快速发展,有力地促进了云南经济社会的发展,提高了人民群众的生活水平。但是,在计划经济条件下形成的公路投资体制弊端日益凸显,由于政企、政事、政资不分造成的公路投资体制不顺、机制不活等问题,成为云南公路

建设融资困难、存量资产难以盘活、建设资金严重不足的深层次问题。为深化公路投融资体制改革,加快云南省高等级公路建设,按照转变职能、区分性质、搭建平台、多元融资的原则,云南省人民政府于2006年5月出资50亿元成立了云南省公路投资公司,将省属收费公路资产及相关资产、债务和部分人员划入云南省公路投资公司。云南省公路投资公司的性质为省人民政府出资设立的国有独资有限责任公司,经省人民政府授权作为具有投资性质的国有资产经营和投资主体。按双重性质定位,作为独立的企业法人实体和市场主体,依据国家法律、法规,按照现代企业制度的要求规范运作,自主经营、自负盈亏。同时,作为政策性投融资平台,收费公路建设、管理、经营的主体,政府性资金资本化运作的实体,充分体现省人民政府公路建设的意图。实现政企、政事、政资分开。

云南省公路投资公司的主要职责是作为全省收费公路的投资主体,对省属收费公路存量资产及资源进行整合,集中使用,构建投融资平台,以资本运营为手段,为公路建设筹集资金;承接和运用省人民政府的公路建设资金、政府信用资金、国家公路建设专项资金和国债资金,对省属收费公路项目进行投资、建设、管理、经营;积极采用公路特许经营权转让、发行公路债券、上市等多种投融资方式开展国际合作,吸引社会资本和外资,建立良性循环机制;开发经营公路沿线的土地和服务设施等,参与公路沿线城市的房地产开发经营;实现国有资产保值增值,做大做强。

云南省公路投资公司成立以来,按照云南省委、省政府和省交通运输厅的安排,履行高速公路项目业主职责,借助国家和省级补助资金作为资本金,向金融机构融资后组织项目建设。项目建成后由云南省公路投资公司下设的区域性高速公路管理处负责征费管理、日常养护及沿线设施的经营开发等日常管理工作。"十二五"期间,云南公投一方面继续贯彻落实好云南省委、省政府交通发展的意图,主动承担国高网项目的投融资及建设任务。另一方面加快向市场化转型的步伐,与部分州市政府、省内外其他企业合作共同出资建设高速公路。

二、公司管理现状

经过不断发展,云南省公路投资公司及下属企业的业务范围不断拓展,从公路桥梁隧道建设养护、市政工程、园林绿化、桥梁隧道检测维修加固、设计、监理、咨询、沿线广告拓展到建筑材料、沥青、水泥、油品等大宗物资的经营,自主开发生产道路安全护栏、桥梁和墩柱模板、桥梁伸缩缝、施工钢管支架等交通设施产品,具备了高速公路通信、监控、机电、消防设施等的安装施工能力。云南省公路投资公司已成为全省高速公路投融资、建设、管理、经营的主要力量,形成集路域经济开发、能源、金融、传媒、信息、物流等产业为一体的多元化发展的大型企业。

三、公司财务状况

云南高速公路建设对统筹城乡发展、促进区域经济社会协调发展发挥了重要作用,有力促进了全省经济的发展。公司成立十年来,资产规模不断增加,从公司成立时的862亿元,增加到2016年9月底的2528亿元,增加了1666亿元,提高了1.93倍;净资产从234亿元增加到658亿元,增加了424亿元,提高了1.81倍。公司的绿通减免、节假日及其他减免77亿元,降低了人们的出行成本,对拉动内需、促进经济的发展起到了重要作用。云南属高原地区,地质情况复杂,高速公路桥隧比高、建造成本高,养护成本高,盈利能力不强。为克服影响公司健康运营的各种矛盾,公司不断强化财务管理。

(一)融资攻坚取得重大突破

2013年以来,公司按照"七个一点"的融资思路,筹融资金额屡创新高,2013年融资312亿元,2016年达到560亿元。融资渠道多元化不断取得突破,除传统的银行贷款外,成功打通了国家发改委、交易商协会、证监会等直接融资渠道,并创新运用融资租赁、企业债、公司债、资产证券化、短期融资券、定向工具、永续中票、中期票据、私募债等融资工具,先后引入两批次国家基础建设专项基金,融资平台的认可度和集聚效应大幅提升。

(二)资金管理水平不断提高

公司将融资权限上收,集中全公司资源与银行洽谈融资,将各指挥部到位资金按照"统贷统还"模式统筹使用,推动了融资工作,提高了资金使用效率;公司通过委托一家银行上门收款的方式,实现了通行费资金的高度集中,提高了资金管理水平;公司成立结算中心,加强资金运作。通过集中资金、集中结算、集中支付的管理模式,将下属单位的资金集中起来统一管理,有利于盘活存量,降低成本,提高资金效率;有利于扩大融资,实现规模化效应;有利于改善公司资金信息质量;有利于加强财务监督,规范资金管理。结算中心成立后,促进了公司整体资金运作水平的不断提高。

(三)内部控制制度建设和执行不断强化

公司先后出台了《建设资金管理办法》《固定资产管理办法》《全面预算管理暂行办法》等20多个规章制度,涉及公司核算、预算、资金管理、资产管理、费用报销、银行账户管理、财务人员委派、对外担保等各个领域。规范了业务流程,明确各自权限,规定了责任义务,确保公司经济业务有章可循,有规可依。

与此同时,公司狠抓内控制度执行,特别是在资金安全方面常抓不懈。一是严控账户数量。公司将下级单位的账户开设权限上收,严格审查下级单位的开户申请,对于可开可不开的账户不予批复,对于已不发生业务的账户一律要求及时注销,严格控制账户数量。对于未经公司同意就擅自开户的,一律视同小金库,并要求追究相关单位及人员的责任。二是严把审核关。对于资金拨付申请严格审核,无预算和超预算的资金申请一律不予办理。对于超范围、超规定的费用一律不予报销。三是资金审批和支付分离。公司机关严格执行审批和支付相分离,印鉴使用三分离的制度,负责审批的人员不参与资金划拨,财务印鉴分别由不同的人员和部门保管,确保资金支付安全。四是电子划账四分离。银行U盾由4人保管,每笔支付要经过4人层层审核后才能出款。10年来公司依法依规管理和收付资金,经受住了各级部门的审计。

(四)预算管理成效明显

公司预算管理工作从无到有,从粗到细,从不合理到合理,从不科学到逐步科学,预算执行水平不断提高。通过全面预算,一是编制预算时采取以收定支、零基预算的方式有效降低公司的营运成本。二是通过对预算执行的分析,有效评价和判断执行单位的工作开展情况、执行效率情况和责任落实情况,为考核提供了依据。三是强化了预算控制意识,预算的严肃性得到充分体现,确保公司既定财务控制目标的实现。

(五)核算水平不断提高

公司的报表历来受到各方重视,由于公司的资产规模、贷款额度和行业特点,决定了财务报表既要满足公司内部管理的需要,还受到上级有关部门、外部审计、金融机构和中介机构的密切关注。公司不断加强会计基础工作,统一了会计核算科目和核算范围,提出改善公司财务状况的合理化建议,不断提升核算水平,按时按质按量编制财务报表,及时在上交所披露财务信息,满足公司融资和管理的需要。

(六)财务信息平台不断完善

云南省公路投资公司成立之初多采用单机财务软件,有的甚至是人工记账,财务信息化严重滞后,信息质量不能满足公司发展的需要。2012年开始,通过两年多的努力,公司建立起一套涵盖公司本部、管理处、指挥部和子公司的财务管理系统。功能包括会计核算、预算、报表、银企直联、决策分析等模块,财务信息平台的不断完善,为公司决策提供了有力的数据支撑。

十年来,云南省公路投资公司身兼双职,一方面作为政府高速公路投资建设的政府平台,另一方面作为实体的国有企业,在不断探索、实践、奋争中不断发展、成熟、壮大。公司的整个发展历程也是公路投资企业最典型的写照。

第十四章
政策法规

为改变云南公路状况,1992年,云南省人民政府出台了《关于加快干线公路建设决定》,从此,云南加快了高等级公路建设的步伐。进入21世纪以后,云南省委省政府、省交通运输厅、省国土资源厅先后出台了一系列高速公路建设的地方性法规、规章和规范性文件,为加快高速公路建设步伐提供了法律保障和支持。

第一节　省委、省政府关于加快公路建设的重要文件

1996年,全长45km的昆嵩高速公路建成通车,实现了云南高速公路零的突破。进入21世纪后,云南省委、省政府确立了"建设旅游大省、民族文化大省和建设国际大通道"三大战略目标。2002年,省政府出台了《关于加快公路建设的决定》(云政发〔2002〕120号),由省级财政预算每年继续安排不少于5亿元的公路建设资金用于公路建设,并提出了以"三纵""三横""九大通道"为主的云南高等级公路网建设目标。云南省交通运输厅提出了"市场化、集约化、生态化、社会化"的交通发展新思路,全力加快全省交通建设步伐,推动了全省交通建设的健康发展。

"十二五"时期,云南的公路建设继续坚持以科学发展为主题,以调整结构,转变经济发展方式为主线,加快"四个交通建设,紧紧围绕建设"两强一堡"和"一带一路"战略目标,牢牢把握稳中求进、好中求快、变中求新的总要求,以国家高速公路网项目"断头路"、省际连接线、"卡脖子"路段改造扩建等项目为重点,大力推进高速公路建设。2013年省政府出台了《关于进一步加快公路建设的实施意见》,明确了三年高速公路建设攻坚目标。针对"十二五"时期融资难、贷款难的实际,云南省政府出台了五项特殊举措,由各州市全额承担公路建设的征地拆迁费,可计入投资股份;实行公路建设分级负责制,各州市政府为二级以下公路和本州市所建高速公路的业主,省政府负责跨州市的高速公路建设;每年给省公路投资公司增加资本金3亿元,从省财政贷20亿元支持该公司正常营运(年底归还省财政);适当调高高速公路收费标准;省政府出面协调各银行金融机构,进一步增强了银行金融机构对云南交通运输发展的信心和支持力度。

2015年8月,省政府出台了《关于实施综合交通建设5年大会战(2016—2020年)的

意见》,要求经过5年的努力,实现全省所有州(市)通高速公路,人口50万以上经济大县、滇中城市经济圈县县通高速公路,"七出省五出境"高速公路主骨架网基本建成。2016年5月,省政府在《关于加快高速公路建设的意见》中,再次明确了"十三五"期间云南高速公路建设的目标,全省实施高速公路项目74项,到2020年,全省路网总规模达到25万km,高速公路通车里程达到8000km。

到2016年底,云南高速公路通车里程达4134km。云南高速公路建设的快速发展是省委省政府高度重视公路建设的结果。

云南省委、省政府有关重要文件见表14-1。

云南省委、省政府有关重要文件　　　　表14-1

序号	名　称	文　号	发文单位
1	关于加快干线公路建设的决定	云政发〔1992〕205号	云南省人民政府
2	关于加快公路建设的决定	云政发〔2002〕120号	云南省人民政府
3	关于进一步加快高速公路建设的实施意见	云政发〔2013〕73号	云南省人民政府
4	关于进一步规范国家投资工程建设项目招标投标加强政府投资项目管理工作的通知	云政发〔2015〕57号	云南省人民政府
5	关于加快高速公路建设的意见	云发〔2016〕19号	中共云南省委云南省人民政府

第二节　省级地方性法规和规章

为促进云南高速公路持续健康发展,进一步明确高速公路建设、养护、运营、服务、管理等职责,根据国家公路建设的法律、法规并结合云南实际情况,由省人大和省政府相继出台了一系列的地方性法规和规章。

一、地方性法规

(一)云南省高等级公路管理条例

为加强高等级公路管理,保障高等级公路的完好和安全畅通,1995年7月21日,云南省第八届人民代表大会常务委员会第十四次会议通过了《云南省高等级公路管理条例》(1995年10月1日起施行)。该条例将高等级公路的管理职责赋予省交通行政部门,其所属的公路管理部门设立的高等级公路管理机构,负责对辖区内高等级公路实施养护、路政、收费管理。条款的设置具有一定的前瞻性,规定了高等级公路管理机构应当逐步建立监控系统,掌握高等级公路的使用和变化情况,及时处理道路自然破损、肇事损坏和设施故障。还设置了奖励条款,对执行该条例有先进事迹的组织和个人,由县级以上人民政府或者公路主管部门给予表彰和奖励。2010年,对全省在护路工作中成绩突出的县长和乡长进行了表彰。

(二)云南省建设工程招投标管理条例

为加强建设工程招标投标管理,规范建筑市场交易行为,提高建设工程质量和投资效益,保护招标投标者的合法权益,根据有关法律、法规,结合云南实际,制定《云南省建设工程招投标管理条例》(1997年1月1日起施行)。该《条例》规定,凡在本省行政区域内非生产性项目总投资在200万元以上、生产性项目总投资在500万元以上的国家投资、集体投资或者国家、集体参与投资并控股的建设工程,包括新建、扩建、改建项目,必须实行招标投标。

(三)云南省公路路政管理条例

为加强公路路政管理,维护公路路产不受侵占和破坏,保障公路完好畅通,发展公路事业,1997年1月14日,云南省第八届人民代表大会常务委员会第二十五次会议通过了《云南省公路路政管理条例》(1997年1月14日起施行)。该《条例》适用于云南行政区域内的国道、省道、县道和乡道的公路路政管理。高等级公路的路政管理按照《云南省高等级公路管理条例》执行,《云南省高等级公路管理条例》没有作出规定的,依照本《条例》执行。

(四)云南省土地管理条例

《云南省土地管理条例》(1999年9月24日起施行)分为总则、土地的所有权和使用权、土地利用总体规划、耕地保护、建设用地、监督检查、法律责任、附则八章四十二条,对建设用地的规划报批、征地补偿、建设施工、监督检查与法律责任做出了具体规定。

(五)云南省基本农田保护条例

《云南省基本农田保护条例》(2000年5月26日起施行)规定,根据土地利用总体规划,铁路、公路等交通沿线,城市和村庄、集镇建设用地周边的集中连片的耕地,应当优先划为基本农田保护区,并明确国家能源、交通、水利、军事设施等重点建设项目选址确实无法避开基本农田保护区,需要占用基本农田的,建设单位应当持有关批准文件,向县级以上人民政府土地行政主管部门提出用地申请,由县级人民政府土地行政主管部门拟订方案,经同级人民政府审核后,逐级上报国务院批准。

(六)云南省收费公路管理条例

2000年,云南高速公路里程快速增加,急需一部地方性法规对新出现的投资、建设、养护、经营、使用和管理等活动进行规范,云南省第九届人民代表大会常务委员会第十八次会议,通过了《云南省收费公路管理条例》(2000年9月22日起施行)。该《条例》第六条规定了高速公路连续里程20km以上才能收费。收费公路车辆通行费的收费标准应当根据投资来源和额度、当地经济发展水平、公路的技术等级和规模、通行能力、还贷期限、使用者受益程度以及投资合理回报等因素分等级确定或者调整,由收费公路的投资者提出方案,报省交通行政主管部门审查后,由省物价行政主管部门批准。

(七)云南省地质环境保护条例

《云南省地质环境保护条例》(2002年1月1日起施行)规定,建设铁路、港口、机场、三级以上公路、装机容量1万kW以上的水电站和小(一)型以上水库,应当进行地质环境影响评价,并作为环境影响评价报告的专篇,地质环境影响评价专篇应当由国土资源行政主管部门组织专家评审,并自受理之日起20日内作出认定。

在地质灾害易发区内进行的工程建设和有可能导致地质灾害发生的工程项目,建设单位在申请建设用地前,应当委托有资质的单位进行地质灾害危险性评估。评估结果由省国土资源行政主管部门自受理之日起15日内作出认定。

(八)云南省建设工程造价管理条例

为了加强建设工程造价管理,合理确定工程造价,确保工程质量,提高投资效益,维护工程建设各方的合法权益,促进建设事业的发展,根据有关法律、法规,结合云南实际,制定了《云南省建设工程造价管理条例》(2002年11月1日起施行)。

二、云南省政府规章

云南省政府规章见表14-2。

云南省政府规章 表14-2

序号	名 称	文 号	发文单位
1	云南省公路绿化管理规定	云南省人民政府令第34号〔1996〕	云南省人民政府
2	云南省高等级公路交通管理办法	云南省人民政府令第97号〔1997〕	云南省人民政府
3	云南省政府投资建设项目审计办法	云南省人民政府令第145号〔2008〕	云南省人民政府
4	云南省交通运输工程造价管理办法	云南省人民政府令第164号〔2010〕	云南省人民政府

第三节 政策性文件

在公路建设项目管理方面,云南省除严格执行国家的各项规章外,并结合本省实际,由行业部门报请省政府制定出台了有关招投标、投资、征地拆迁、建设、质量、安全生产、造价、审计、信用评价、路政管理以及廉政建设等方面的规范性文件(表14-3)。

云南省政策性文件 表 14-3

序号	名　　称	文　号	发文单位
1	关于云南省建设项目用地预审和建设用地计划管理的规定	云政发〔1998〕27 号	云南省人民政府
2	关于在高等级公路两侧统一征地开发事宜的通知	云政办发〔1998〕207 号	云南省人民政府办公厅
3	云南省公路工程质量管理办法	云政办发〔2000〕206 号	云南省人民政府办公厅
4	云南省鼓励投资公路基础设施办法	云政发〔2004〕168 号	云南省人民政府
5	云南省企业投资建设项目备案办法(试行)	云政发〔2004〕224 号	云南省人民政府
6	关于印发云南省重大投资项目审批和核准制度的通知	云政发〔2007〕63 号	云南省人民政府
7	云南省收费公路车辆通行费免交包交管理办法	云政发〔2008〕63 号	云南省人民政府
8	云南省收费公路联网收费管理办法	云政办发〔2010〕231 号	云南省人民政府办公厅
9	关于加强非法超限超载车辆治理工作的实施意见	云政发〔2010〕65 号	云南省人民政府
10	云南省重点建设项目管理办法	云政发〔2014〕8 号	云南省人民政府

一、公路建设市场招投标管理

针对公路建设招投标存在的一些问题,云南省交通运输厅从招投标制度的统一、深化资格预审力度、推行合理低价法等方面对如何加强公路施工招投标的管理作出相应规定(表 14-4),以保证公路建设市场的良好秩序。

云南省公路建设招投标管理相关规定 表 14-4

序号	名　　称	文　号	发文单位
1	关于发布《云南省公路建设市场管理规定(试行)》的通知	云交基建〔1997〕433 号	云南省交通厅
2	云南公路建设项目公路工程招投标流程图	云交党〔2005〕13 号	云南省交通厅
3	云南省公路养护工程市场准入管理实施细则	云交基建〔2005〕第 361 号	云南省交通厅
4	云南省交通领域建设工程邀请招标管理规定	云交基建〔2009〕862 号	云南省交通运输厅
5	关于省级交通建设项目进入云南省公共资源交易中心招标投标等有关事宜的通知	云交基建〔2010〕1310 号	云南省交通运输厅
6	关于调整云南省公路港航工程建设项目评标专家库的通知	云交人〔2012〕354 号	云南省交通运输厅
7	关于印发《云南省交通运输工程建设中挂靠资质投标违规出借资质问题专项清理工作实施方案》的通知	云交监〔2012〕403 号	云南省交通运输厅
8	关于发布《云南省公路工程建设用表标准化指南(试行版)》的通知	云交基建〔2012〕688 号	云南省交通运输厅
9	关于印发云南省公路水运工程建设项目招标投标随机抽取确定投标标段办法(试行)的通知	云交基建〔2013〕444 号	云南省交通运输厅
10	关于规范公路建设项目招标代理选择方式的通知	云交基建〔2014〕7 号	云南省交通运输厅
11	关于印发公路建设市场秩序专项整治行动工作方案的通知	云交基建〔2015〕354 号	云南省交通运输厅
12	关于印发公路水运建设工程围标串标问题治理工作方案的通知	云交基建〔2015〕680 号	云南省交通运输厅

二、工程技术设计规范

为加强高速公路设计管理,坚持勘察设计程序,搞好高速公路中的技术规范,根据国家有关规定,并结合云南高速公路建设的实际情况,制定了相应的规范性文件(表14-5)。

高速公路勘察设计规范性文件　　　　　　　表14-5

序号	名称(现行)	文 号	发文单位
1	公路隧道消防技术规程	DB 53-14—2005	云南省建设厅
2	高速公路服务设施设计规范	DB 53/T 2011—2015	云南省交通运输厅、云南省质量监督局
3	公路连拱隧道设计规范	DB 53/T 2012—2015	云南省交通运输厅、云南省质量监督局
4	公路避险车道设计指南	DB 53/T 2013—2015	云南省交通运输厅、云南省质量监督局
5	公路路堑边坡支护工程设计指南	DB 53/T 2014—2015	云南省交通运输厅、云南省质量监督局
6	道路用抗车辙剂沥青混合料施工技术指南	DB 53/T 2015—2015	云南省交通运输厅、云南省质量监督局
7	云南省公路工程变更设计管理办法	云交基建〔2001〕5号	云南省交通厅
8	云南省公路工程变更设计管理办法	云交基建〔2003〕826号	云南省交通厅
9	云南省公路建设项目勘察设计管理办法	云交党〔2005〕13号	云南省交通厅
10	云南省公路工程竣工文件编制及立卷归档实用范本	云交基〔2012〕1053号	云南省交通运输厅
11	云南省高速公路勘察设计指导意见		云南省交通运输厅
12	关于印发《公路水运建设工程设计变更违规行为治理工作方案》的通知	云交基建〔2015〕893号	云南省交通运输厅

三、投资经营与审计

为了进一步加强公路建设项目投资管理,明确参建各方职责,严格控制建设成本,提高投资效益,树立体现科学发展的公路工程项目全寿命周期成本理念,在公路工程项目决策和设计阶段,加强重大项目和重点资金审计监督,全面落实重点建设项目跟踪审计,进一步加强建设项目资金和投资的控制管理(表14-6)。

高速公路建设资金管理与审计相关规定　　　　　　　表14-6

序号	名　称	文 号	发文单位
1	云南省公路建设项目投资审计的有关规定	云交监审〔1996〕91号	云南省交通厅
2	云南重点公路建设项目会计委派管理办法	云交党〔2005〕13号	云南省交通厅
3	云南公路工程建设项目(政府投资)管理流程图	云交党〔2005〕13号	云南省交通厅
4	云南公路建设项目竣工财务决算管理办法	云交党〔2005〕13号	云南省交通厅
5	云南公路建设项目建设单位财务管理有关规定	云交党〔2005〕13号	云南省交通厅
6	云南公路工程建设项目决算若干规定	云交党〔2005〕13号	云南省交通厅
7	云南高速公路沿线附属设施经营管理办法		云南省交通厅
8	云南省高速公路服务区建设、改造与经营管理暂行办法	云交高管〔2009〕180号	云南省交通运输厅

续上表

序号	名　　称	文　号	发文单位
9	云南省公路水路建管养以奖代补资金管理办法	云交财〔2010〕733号	云南省交通运输厅
10	云南省交通基本建设项目跟踪审计管理办法	云交审〔2010〕1297号	云南省交通运输厅
11	云南省交通运输厅经济责任审计管理办法	云交审〔2010〕1297号	云南省交通运输厅
12	云南省国家高速公路政府和社会资本合作项目实施细则（试行）	云财建〔2016〕79号	云南省财政厅、云南省交通运输厅、云南省发展和改革委员会
13	关于进一步加强公路建设项目投资管理的实施意见	云交基建〔2016〕326号	云南省交通运输厅

四、征地拆迁

国家公路建设，尤其是高速公路建设已经进入了建设的高潮阶段，但是，公路建设前的征地拆迁工作却是最难解决的问题，它不仅涉及敏感的拆迁补偿问题，也涉及地方道路的总体规划问题与地方人民的生活习惯和被征拆对象切身利益，所以，科学严谨的征地拆迁政策规定对保障国家和人民群众的利益，顺利推进公路建设，确保社会稳定至关重要。征地拆迁相关规定见表14-7。

征地拆迁相关规定　　　　　表14-7

序号	名　　称	文　号	发文单位
1	关于加强公路用地和公路保护用地管理的规定	云土发〔1994〕56号	云南省土地管理局、云南省交通厅
2	关于贯彻落实《云南省人民政府关于加快公路建设的决定》的实施意见	云国土资〔2002〕49号	云南省国土资源厅
3	关于印发《〈云南省土地登记条例〉实施细则》的通知	云国土资籍〔2003〕10号	云南省国土资源厅
4	关于进一步抓好具体建设项目供地工作有关问题的通知	云国土资用〔2004〕47号	云南省国土资源厅
5	云南省建设项目用地预审管理实施办法	云国土资〔2008〕4号	云南省国土资源厅
6	关于修订云南省十五个州（市）征地补偿标准的通知		云南省国土资源厅

五、安全生产

结合公路建设工程安全的实际，云南省公路建设工程安全生产行业监督实行"分级监督、属地负责"原则，云南省交通运输厅工程质量监督局具体负责履行对全省纳入国家高速公路网的公路建设工程安全生产的行业监督职责，各州市交通运输主管部门负责对本行政区域内的公路建设工程（纳入国家高速公路网的公路建设工程除外）的安全生产依法依规实施行业监督。高速公路建设施工安全相关规定见表14-8。

高速公路建设施工安全相关规定　　　　　表14-8

序号	名　　称	文　号	发文单位
1	关于成立云南省交通厅安全生产委员会的决定	云交运安〔2002〕65号	云南省交通厅
2	关于转发加强建设项目安全设施"三同时"工作有关文件的通知	云交运安〔2004〕32	云南省交通厅
3	云南省交通厅关于公路建设工程中认真贯彻《建设工程安全生产管理条例》的通知	云交运安〔2004〕584号	云南省交通厅
4	云南省交通厅关于转发开展公路水运工程施工企业安全生产管理人员考核工作的通知	云交运安〔2004〕907号	云南省交通厅
5	云南省交通厅关于云南省公路水运工程施工企业安全生产管理人员考核工作的通知	云交运安〔2004〕1024号	云南省交通厅
6	云南省交通厅关于对在公路上跨线施工的项目进行严格审批的通知	云交运安〔2005〕512号	云南省交通厅
7	云南省交通厅转发交通部关于加强雨季公路水运工程施工安全生产工作文件的通知	云交运安〔2005〕531号	云南省交通厅
8	云南省交通厅关于印发对全省公路和桥梁采取安全限行措施等三个通告的通知	内部明电〔2007〕48号	云南省交通厅
9	云南省交通厅关于开展交通基础设施安全隐患专项整治行动的通知	云交运安〔2007〕654号	云南省交通厅
10	云南省交通厅关于印发公路建设安全管理三个办法的通知	云交质监〔2008〕689号	云南省交通厅
11	关于开展交通施工企业安全生产标准化达标工作的通知	云交基建〔2014〕186号	云南交通运输厅
12	关于印发云南省公路工程"平安工地"考核与企业信用评价及企业安全标准化达评挂钩管理办法的通知	云交基建〔2014〕330号	云南省交通运输厅
13	关于进一步加强全省在建高速公路工程质量和施工安全管理的通知	云交基建〔2015〕353号	云南省交通运输厅
14	关于进一步明确公路建设工程安全生产行业监督职责的决定	云交基建〔2016〕1号	云南省交通运输厅

六、质量管理

为进一步加强工程质量检测工作和监督管理,规范和提高云南工程质量检测工作整体水平,确保工程建设质量,云南省在认真贯彻国家和交通运输部加强公路工程质量法规的同时,结合云南高原山区特色制定了一系列规范性文件。高速公路建设质量管理相关规定见表14-9。

高速公路建设质量管理相关规定

表 14-9

序号	名称	文号	发文单位
1	关于加强公路建设用水泥产品质量管理实行产品"准用证"制度的通知	云经贸调〔1999〕211号	云南省经济贸易委员会
2	关于公路工程统供部分材料问题的规定	云交基建〔1999〕387号	云南省交通厅
3	重点公路建设项目管理实施意见(试行)	云交办〔2001〕773号	云南省交通厅
4	云南公路建设项目工程质量监督管理暂行规定	云交党〔2005〕13号	云南省交通厅
5	关于对在建特大桥和特殊结构等进行荷载试验的通知	云交质〔2008〕007号	云南省交通厅工程质量监督局
6	云南省高等级公路养护工程竣(交)工验收办法	云交高管〔2009〕470号	云南省交通运输厅
7	关于进一步规范全省公路工程试验检测活动的通知	云交基建〔2009〕512号	云南省交通运输厅
8	云南省公路工程建设项目第三方试验检测管理办法	云交党〔2010〕91号	云南省交通运输厅
9	关于公路工程建设项目推行第三方试验检测的通知	云交基建〔2010〕91号	云南省交通运输厅
10	关于对云南省交通建设特大桥或特殊桥梁施工监测监控工作有关要求的通知	云交质〔2010〕055号	云南省交通运输厅工程质量监督局
11	关于认真贯彻混凝土质量通病治理活动进一步加强桥梁施工质量通病治理的通知	云交质〔2010〕056号	云南省交通运输厅工程质量监督局
12	关于加强云南省公路路基填方施工质量控制的通知	云交质〔2010〕105号	云南省交通运输厅工程质量监督局
13	关于公路工程水泥混凝土原材料使用、试验检测及施工质量控制要求的通知	云交质〔2010〕152号	云南省交通运输厅工程质量监督局
14	关于发送《云南省公路水运工程试验检测信用评价相关工作用表》的通知	云交质〔2010〕163号	云南省交通运输厅工程质量监督局
15	关于规范公路工程水泥混凝土外加剂的通知	云交基建〔2011〕104号	云南省交通运输厅
16	云南省公路工程工地试验室管理办法	云交基建〔2011〕117号	云南省交通运输厅
17	关于水泥在公路工程结构混凝土中使用管理的有关规定及要求的通知	云交质〔2011〕39号	云南省交通运输厅工程质量监督局
18	关于在建公路沥青路面施工质量几点控制要求的通知	云交质〔2011〕67号	云南省交通运输厅工程质量监督局
19	关于加强沥青材料质量控制相关要求的通知	云交质〔2011〕268号	云南省交通运输厅工程质量监督局
20	关于印发《云南省公路建设工程质量监督工作程序及标准》的通知	云交基建〔2012〕158号	云南省交通运输厅

第十四章 政策法规

续上表

序号	名　　称	文　号	发文单位
21	关于发布《云南省公路工程竣工文件编制及立卷归档实用范本》的通知	云交基建〔2012〕1053号	云南省交通运输厅
22	关于加强路面施工控制相关要求的通知	云交质监〔2012〕127号	云南省交通运输厅工程质量监督局
23	关于进一步加强桥梁预应力施工质量管理的通知	云交质监〔2012〕160号	云南省交通运输厅工程质量监督局
24	关于严格规范高速公路工程交工验收工作的通知	云交基建〔2013〕389号	云南省交通运输厅
25	关于进一步加强和规范我省公路建设项目专项试验检测工作的若干意见	云交基建〔2013〕630号	云南省交通运输厅
26	关于印发云南省机电工程质量鉴定实施细则（试行）的通知	云交质监〔2013〕98号	云南省交通运输厅工程质量监督局
27	关于加强我省在建高速公路项目桥隧结构工程混凝土质量过程监控检测要求的通知	云交质监〔2013〕232号	云南省交通运输厅工程质量监督局
28	关于加强浅蝶形边沟施工质量控制的通知	云交质监〔2013〕235号	云南省交通运输厅工程质量监督局
29	关于开展管理建设项目专项试验检测工作检查的通知	云交质监〔2013〕253号	云南省交通运输厅工程质量监督局
30	关于印发高速公路建设工程质量监督综合检查评比办法的通知	云交基建〔2014〕442号	云南省交通运输厅
31	关于加强钢筋直螺纹机械连接相关要求的通知	云交质监〔2014〕14号	云南省交通运输厅工程质量监督局
32	关于加强我省在建公路建设项目工地试验室试验检测管理相关要求的通知	云交质监〔2014〕233号	云南省交通运输厅工程质量监督局
33	关于进一步规范在建公路路基工程中间交工质量检测工作的通知	云交质监〔2014〕252号	云南省交通运输厅工程质量监督局
34	关于使用预应力智能张拉系统有关要求的通知	云交质监〔2014〕260号	云南省交通运输厅工程质量监督局
35	关于加强高速公路进场道路质量管理的若干意见	云交质监〔2014〕318号	云南省交通运输厅工程质量监督局
36	关于进一步加强路面工程施工过程质量控制的通知	云交质监〔2014〕345号	云南省交通运输厅工程质量监督局

续上表

序号	名称	文号	发文单位
37	云南省交通运输厅关于印发进一步加强水运工程建设质量管理工作若干意见的通知	云交基建〔2015〕16号	云南省交通运输厅
38	关于进一步加强全省在建高速公路工程质量和施工安全管理的通知	云交基建〔2015〕353号	云南省交通运输厅
39	关于加强高速公路路面养护工程质量管理的若干意见	云交质监〔2015〕48号	云南省交通运输厅工程质量监督局
40	关于切实加强在建高速公路工程质量和施工安全管理的有关意见	云交质监〔2015〕144号	云南省交通运输厅工程质量监督局
41	关于加强高速公路交通安全设施原材料质量控制工作的通知	云交质监〔2015〕177号	云南省交通运输厅工程质量监督局

七、造价管理

云南省交通运输行政主管部门在认真贯彻交通工程造价法规同时，制定了一系列规范性文件（表14-10），在实践中发挥了积极的作用，已成为行之有效的管理措施。

高速公路造价管理相关办法　　　　　　　　　　　　表14-10

序号	名称	文号	发文单位
1	云南省公路工程工程量标准清单及规范	DB 53/T 2001—2014	云南省质量技术监督局
2	云南省公路工程定额编制规程	DB 53/T 445—2012	云南省质量技术监督局
3	云南省悬索桥工程量清单及规范	DB 53/T 2003—2014	云南省质量技术监督局
4	云南省公路养护工程预算编制办法及定额	JT 53/T 001—2013	云南省交通运输厅
5	云南省交通基本建设造价监督管理办法	云交基建〔2009〕639号	云南省交通运输厅
6	云南省公路工程造价从业人员持证上岗管理办法	云交人〔2008〕35号	云南省交通厅
7	云南省交通建设工程招标控制价管理办法	云交基建〔2009〕761号	云南省交通运输厅
8	云南省公路工程概算预算补充定额	云交基建〔2010〕94号	云南省交通运输厅
9	云南省交通运输工程定额管理办法	云交政法〔2010〕549号	云南省交通运输厅
10	云南省公路工程工程量标准清单管理办法	云交基建〔2010〕425号	云南省交通运输厅
11	云南省交通运输工程造价人员从业信息管理规定	云交人〔2010〕256号	云南省交通运输厅
12	云南省公路环境保护工程补充预算定额	云交基建〔2011〕775号	云南省交通运输厅
13	云南省公路桥梁维修与加固工程预算定额	云交管养〔2011〕128号	云南省交通运输厅
14	云南省公路基本建设项目估算概算预算编制办法补充规定	云交基建〔2013〕3号	云南省交通运输厅
15	云南省公路工程绿化估算指标	云交基建〔2014〕190号	云南省交通运输厅
16	云南省公路工程项目计量支付管理办法（试行）	云交基建〔2014〕472号	云南省交通运输厅
17	公路工程安全生产工程量清单及计量规范（试行）	云交基建〔2016〕895号	云南省交通运输厅
18	公路工程工程量清单预算编制办法（试行）	云交基建〔2016〕896号	云南省交通运输厅

八、规范高速公路建设市场信用管理

为深入推进云南省交通建设市场信用体系建设,提高信用管理信息化水平,云南省交通运输厅重新开发完善了《云南省公路、水运建设市场信用信息管理系统》(云交基建〔2014〕890号),明确了管理职责、注册与登录管理、信息录入及审核等工作。高速公路建设市场信用管理办法见表14-11。

高速公路建设市场信用管理办法　　　　表14-11

序号	名　称	文　号	发文单位
1	云南省交通建设市场信用信息管理实施办法(试行)	云交基建〔2010〕1026号	云南省交通运输厅
2	云南省交通建设工程施工企业信用评价实施细则(试行)	云交基建〔2010〕1026号	云南省交通运输厅
3	关于印发《云南省公路建设市场信用信息管理实施细则(试行)》和《云南省公路施工企业信用评价实施细则(试行)》的通知	云交基建〔2012〕515号	云南省交通运输厅
4	关于印发《云南省公路设计企业信用评价实施细则(试行)》的通知	云交基建〔2014〕9号	云南省交通运输厅
5	关于运行云南省公路水运建设市场信用信息管理系统的通知	云交基建〔2014〕890号	云南省交通运输厅

九、路政管理

根据《中华人民共和国公路管理条例》等有关法律法规,结合实际,1995年7月21日和1997年1月14日经云南省第八届人民代表大会常务委员会通过,分别发布了《云南省高等级公路管理条例》和《云南省公路路政管理条例》。同时,为贯彻好条例,维护公路路产不受侵占和破坏,保障公路完好畅通,发展公路事业,在加强公路路政管理工作上相继制定了一系列的规范性文件(表14-12)。

高速公路路政管理相关规定　　　　表14-12

序号	名　称	文　号	发文单位
1	关于下发公路路产赔偿费、清理费、占用公路路产费收取标准的通知	云交财〔1994〕352号	云南省财政厅、云南省物价局、云南省交通厅
2	公路路政管理实施办法	云交路政〔2003〕1号	云南省交通厅
3	公路路政员管理实施办法	云交路政〔2003〕2号	云南省交通厅
4	路政管理许可办法	云交路政〔2003〕807号	云南省交通厅
5	超限运输检测管理规定	云交路政〔2003〕535号	云南省交通厅
6	关于印发《治理车辆超限超载工作经费管理规定》的通知	云交路政〔2004〕922号	云南省交通厅

续上表

序号	名 称	文 号	发文单位
7	关于加强公路两侧建筑控制区管理的通知	云交路政〔2008〕251号	云南省交通厅、云南省国土资源厅
8	关于印发《云南省公路路政管理总队公路路政巡查执法规范》《云南省公路路政管理总队公路路政管理机构值班备勤制度》《云南省公路路政管理总队公路路政信息报送规定》的通知	云路政〔2009〕147号	云南省公路路政管理总队
9	关于印发《云南省交通运输厅突发事件信息报告和处理办法》的通知	云交应急〔2010〕890号	云南省交通运输厅
10	关于加强交通运输应急队伍建设的指导意见	云交应急〔2010〕695号	云南省交通运输厅
11	关于印发《云南省交通运输行政执法责任追究若干规定》和《云南省交通运输行政处罚自由裁量实施办法》的通知	云交政法〔2010〕1293号	云南省交通运输厅
12	关于印发《云南省公路路政行政执法投诉举报管理实施办法(试行)》的通知	云路政〔2010〕143号	云南省公路路政管理总队
13	关于印发《云南省公路路政行政处罚罚款决定与罚款收缴分离和当场收缴罚款实施办法(试行)》的通知	云路政〔2010〕187号	云南省公路路政管理总队
14	关于印发《云南省公路路政管理总队行政执法人员考核评议办法》的通知	云路政〔2010〕260号	云南省公路路政管理总队
15	关于印发《云南省公路路政管理总队行政执法人员培训制度》的通知	云路政〔2010〕261号	云南省公路路政管理总队
16	关于印发《行政执法证件管理规定》的通知	云路政〔2010〕515号	云南省公路路政管理总队
17	关于印发《云南省公路路政文明执法规范》的通知	云路政〔2011〕26号	云南省公路路政管理总队
18	关于印发《云南省公路路政管理总队公路竣(交)工接管路政工作规范(试行)》的通知	云路政〔2011〕88号	云南省公路路政管理总队
19	关于印发《云南省交通运输行政执法人员着装管理暂行办法》的通知	云交政法〔2012〕215号	云南省交通运输厅
20	关于印发《云南省交通运输行政执法评议考核办法》的通知	云交政法〔2012〕268号	云南省交通运输厅
21	关于印发《云南省公路路政管理总队路政巡查规范》的通知	云路政〔2012〕364号	云南省公路路政管理总队
22	关于印发《云南省公路路政管理总队执法记录仪使用管理规定》的通知	云路政〔2012〕401号	云南省公路路政管理总队
23	关于印发《云南省公路路政管理总队路政涉诉法律案件管理规定》的通知	云路政〔2013〕154号	云南省公路路政管理总队
24	关于印发《云南省公路路政管理总队路政巡查责任追究暂行办法》的通知	云路政〔2013〕156号	云南省公路路政管理总队

续上表

序号	名称	文号	发文单位
25	关于印发《云南省高速公路服务区星级考核评定管理办法》的通知	云交管养〔2014〕1093号	云南省交通运输厅
26	关于印发《云南省公路路政管理总队规范执法行为监督考核办法(试行)》的通知	云路政〔2014〕253号	云南省公路路政管理总队
27	关于印发《公路运行状态信息管理及路政应急响应系统(E路畅行)管理办法》的通知	云路政〔2014〕306号	云南省公路路政管理总队
28	关于印发《云南省收费公路车辆通行费监督稽查管理办法》的通知	云交政法〔2015〕102号	云南省交通运输厅
29	关于印发《云南省交通运输行政执法监督办法》的通知	云交政法〔2015〕268号	云南省交通运输厅
30	关于印发《云南省高速公路服务区路政巡查监督管理实施办法》的通知	云路政〔2015〕6号	云南省公路路政管理总队
31	关于印发《总队值班管理规定》的通知	云路政〔2015〕43号	云南省公路路政管理总队
32	关于印发《公路运行状态信息管理及公路交通运输突发事件应急响应工作制度》的通知	云路政〔2015〕95号	云南省公路路政管理总队
33	关于印发新修订《云南省公路路政许可审批规范》的通知	云路政〔2015〕107号	云南省公路路政管理总队

十、廉政管理

为了加强公路基本建设中的党风廉政建设,预防和遏制公路基本建设中的腐败行为,保证公路基本建设资金的安全和有效使用,印发了《关于对公路工程建设项目加强监督管理的规定》(云交监〔2001〕86号)。形成用制度管人、管物、管财和用制度管理约束一切、用制度管理规范一切,交通运输厅制定了公路工程建设廉政长效机制。高速公路廉政管理相关规定见表14-13。

高速公路廉政管理相关规定 表14-13

序号	名称	文号	发文单位
1	云南省公路工程建设项目监督管理的若干规定	云交监〔2003〕323号	云南省交通厅
2	云南公路建设项目勘察设计廉政合同(范本)	云交党〔2005〕13号	云南省交通厅
3	云南公路建设项目建设施工廉政合同(范本)	云交党〔2005〕13号	云南省交通厅
4	云南公路建设项目监理廉政合同(范本)	云交党〔2005〕13号	云南省交通厅
5	云南公路建设项目"路地共建廉政工程"活动暂行办法	云交党〔2005〕13号	云南省交通厅
6	云南公路建设项目法人集体研究决策制度	云交党〔2005〕13号	云南省交通厅
7	云南公路建设项目法人(指挥部)、各级领导、各部门工作职责	云交党〔2005〕68号	云南省交通厅
8	云南省道路客运班线经营权服务质量招投标管理办法(暂行)	云交运〔2005〕68号	云南省交通厅

续上表

序号	名称	文号	发文单位
9	关于建立全省公路水路"三乱"监督网络和快速反应机制的意见	云交监〔2008〕285号	云南省交通厅
10	云南省收费公路车辆通行费免交包交管理管理办法	云交费〔2008〕388号	云南省交通厅
11	云南省收费公路车辆通行费监督检查办法		云南省交通厅
12	云南省公路建设项目法人资格、机构、人员编制管理暂行规定	云交人〔2008〕581号	云南省交通厅
13	云南省高速公路建设项目指挥部管理办法(试行)	云交人〔2009〕987号	云南省交通厅
14	云南公路建设项目招标投标活动投诉受理工作管理办法	云交政法〔2010〕62号	云南省交通运输厅
15	云南省交通运输厅干部管理工作规定		云南省交通运输厅
16	云南省交通运输厅党政领导干部选拔任用工作监督检查实施办法		云南省交通运输厅
17	中共云南省交通运输厅党组关于印发《云南省交通运输系统廉政长效机制》的通知	云交党发〔2010〕69号	云南省交通运输厅
18	云南省交通运输厅党风廉政建设责任制实施办法		云南省交通运输厅
19	云南省交通运输厅领导干部个人重大事项报告制度		云南省交通运输厅
20	云南省交通运输厅县处级领导班子正职述职述廉实施办法		云南省交通运输厅
21	云南省交通运输厅投诉举报工作管理规定		云南省交通运输厅
22	云南省交通运输厅廉政案件调查处理实施办法		云南省交通厅
23	云南省高速公路建设项目"十公开"实施方案	云交监〔2010〕1292号	云南省交通运输厅
24	云南省交通运输行政执法责任追究若干规定	云交政法〔2010〕1293号	云南省交通运输厅
25	云南省交通运输行政处罚自由裁量实施办法	云交政法〔2010〕1293号	云南省交通运输厅

第十五章
路 政 执 法

高速公路延伸到哪里,路政管理就扎根到哪里。云南高速公路执法队伍从无到有、从小到大,执法建设从欠规范到规范。经过近20年的艰苦实践与探索,云南高速公路路政管理工作逐步走上规范化、专业化轨道。

第一节 管 理 体 系

随着云南高速公路的诞生,云南高速公路路政管理队伍应运而生。为加强对高速公路路政管理,云南省交通运输厅着力抓好高速公路路政执法机构设置、队伍建设和法制建设等工作。

一、管理队伍

(一)从无到有 艰苦创业

1996年,云南省第一条高速公路昆明—嵩明高速路建成通车,云南高速公路建设实现了零的突破。1998年12月,全长为178.78km的楚雄—大理高速公路建成通车。

路建好了,高速公路的路政管理问题却接踵而来,原有的普通国省干线公路路政管理模式显然不能适应高速运转的高速公路管理模式。为适应云南高速公路从无到有的跨越,加强高速公路路政管理,云南高速公路路政执法开始了艰难的摸索和创业。1999年初,云南省交通厅从厅机关、养征稽查、公路局系统抽调人员筹建高速公路路政执法队伍。

2000年6月,经过一年多的筹建,昆瑞、昆磨、东部三个高速公路路政管理支队正式挂牌成立,分别对应昆瑞、昆磨、东部高速公路有限公司。

三个高速公路路政管理支队为省交通运输主管部门直属的交通行政(路政)执法单位,经费保障从养路费中的路政费用和通行费中的路政费用列支,办公用房、生活用房、路政装备按照"急用先办、逐步到位"的原则,由对应的昆瑞、昆磨、东部高速公路有限公司提供。

三个高速公路路政管理支队及所属的大队、中队均为事业编制,路政业务由省交通厅路政处指导考核,并实行驻地服务。

(二)开拓创新　发展壮大

"高速公路延伸到哪里,路政管理就扎根到哪里。"这是高速公路执法发展的真实写照。

2003年,云南掀起了国道主干线改造高潮,高速公路建设进入了加快发展阶段,三支高速公路执法队伍管辖的高速公路如雨后春笋般增长,下辖的大(中)队、执法人员和公路里程不断增加,步入了高速公路路政事业发展的快车道。2007年,经省编办重新核定,三个支队为正处级事业单位。

三支高速公路执法队伍建队之初,按照云南省交通厅"一流的队伍、一流的管理、一流的窗口、一流的业绩"的理念要求,实行半军事化管理,并结合自身特点,从加强队伍建设、规范路政业务、科技强队等方面分别对高速公路执法作了积极有益的探索尝试,形成你追我赶、百花齐放、管理效能突出、执法形象良好的喜人局面。队伍整训如图15-1所示。

图15-1　队伍整训,提高执法能力

昆瑞支队以"以人为本、以制管人、以德治队、依法治路"为理念,形成了以建章立制、规范管理为主线的路政文化,实行执法人员绩效考核激励机制和执法人员年度考试合格颁发职业资格证上岗制度。

东部支队以"全心全意为人民服务,树立交通执法好形象"为宗旨,确立了"执法程序化、服务规范化、管理目标化、行动军事化"的工作目标,形成了"保护路产,当好卫士"的职业文化。

昆磨支队以"做一个负责任的部门,做一个负责任的路政员"为理念,把路政执法定位为"依法管路保通的工作队、治理公路违法行为的战斗队、传播交通文明的宣传队、有险就上的抢险队、救死扶伤的先遣队、为民排忧解难的服务队",坚持队伍管理正规化、执法执勤规范化、管理方法科学化、为民服务本职化,形成了以"路畅人和——满意创造价值"的文化体系。

(三)顺应改革 融合发展

2008年9月,全国实行公路养路费改征燃油税(费改税)改革。云南省交通厅率先完成费改税人员安置,在原养征稽查局挂牌成立"云南省公路路政管理总队",将原省交通厅直属的昆瑞、昆磨、东部三个高速公路路政管理支队划归路政总队,作为总队组建的主体和基石。将原养征稽查局下属的各养征稽查处人员与地方公路管理总段划转人员合并,按照全省16个州(市)的行政属地,分别成立16个普通国省干线公路路政管理支队,由路政总队一并管辖。全省路政队伍的资金保障由养路费和通行费列支转变为中央财政转移支付。这一改革,实现了云南路政从分散型向集约型的转变。

2009年5月,云南省公路路政管理总队正式开始运作。总队成立以后,紧紧围绕"保护路产,维护路权,确保公路完好安全畅通"为中心工作,按照国家交通运输部、省交通运输厅有关规范化建设要求,对3支高速公路执法队伍历经9年风雨洗礼积累的管理经验、规章制度和信息化建设成果等进行移植借鉴和整合创新,不断强化"法治路政、智慧路政、平安路政、服务路政"建设,管理能力和服务水平不断提高,路政管理工作逐渐迈入规范化执法和"三基三化"建设的轨道。

二、管理体制

按照政事、政企分开原则,高速公路路政执法机构自成立之日起就与公路经营企业相分离,即"管养分离"。在省交通运输厅和省公路路政管理总队的统一领导下,三个高速公路路政管理支队及其下属机构履行行政管理职责,公路经营企业负责养护及经营管理。同时,因高速公路建设投融资主体不同,部分地方高速公路的路政管理工作由属地交通运输局内设的路政管理机构负责,业务上受省公路路政管理总队指导。

各级高速公路路政执法机构(支队、大队、中队)严格履行法定职责,负责国家高速公路、大部分地方高速公路、少数高等级公路及高速公路联络线的路政管理工作,积极保护路产维护路权,保障高速公路的完好、安全与畅通。同时,为新建、改建高速公路提供安全保通服务,具体负责办理涉路行政许可及许可监管、超限运输治理、通行费监督稽查等工作。

随着高速公路里程的不断延伸,各级高速公路路政执法机构面临机构、编制、经费等高度紧张与任务日益繁重的矛盾,省公路路政管理总队在事权范围内进行了部分管辖权的调整优化,各级高速公路路政执法机构逐步将高等级公路交由16个普通国省干线支队管辖,以集中精力更好地管理新建、改建的国家高速公路和地方高速公路。

三、法制建设

云南高速公路的零突破,对法律法规提出了新要求,相关法制建设也被提上议事日程。1995年7月21日,为加强高等级公路管理(含高速公路和一、二级公路),根据《中华人民共和国公路管理条例》及有关法律、法规规定,云南省第八届人民代表大会常务委员会第十四次会议通过了《云南省高等级公路管理条例》,并于1995年10月1日施行,成为云南省高速公路路政管理的首部地方性法规。1997年1月14日,《云南省公路路政管理条例》施行;2000年9月22日,《云南省收费公路管理条例》施行,进一步填补了高速公路路政管理的法律空白。

在近20年的发展历程中,新情况新问题不断涌现,国家法制建设也不断加快。随着《公路法》和《公路安全保护条例》的相继颁布,《云南省高等级公路管理条例》《云南省公路路政管理条例》的主要立法依据《中华人民共和国公路管理条例》于2011年7月1日废止,国家相继出台或修改了一些与路政执法密切相关的法律,如《行政许可法》《行政强制法》《行政诉讼法》等,两个《条例》的修订工作迫在眉睫。在省交通运输厅的坚强领导下,厅政策法规处牵头组织省路政总队、云南省公路投资公司起草了《云南省公路路政管理条例》《云南省高等级公路管理条例》修订稿,广泛征求相关单位及专家学者意见,目前正按照立法程序稳步推进。

为加强对高速公路车辆通行费的监督稽查、服务区监督管理、高速公路路政执法站所建设等工作,省交通运输厅制定了《云南省收费公路车辆通行费监督稽查管理办法》《云南省高速公路服务区管理办法》《云南省高速公路路政执法基层站所业务用房及超限检测站建设指导意见(试行)》等规范性文件。

第二节 高速公路路政管理执法

在高速公路路政管理执法过程中,云南高速公路路政管理部门在抓好依法治路工作的同时,不断开拓创新,高速公路路政管理执法取得了较好成效。

一、依法治路

云南高速公路执法坚持加强与地方政府、相关单位的协作,努力探索路产路权管理的新方法、新措施,推动建立管养协作机制,加强路政巡查,健全完善巡查考勤制度,巡查由路面为主向高速公路周边辐射。严格高速公路建筑控制区管理,预防与执法并重,路产路权保护能力不断增强。三个支队自2000年成立以来,累计查处路政案件63566起,立案率100%、结案率99.6%、路产恢复率100%,为国家追回路产损失5.9439亿元。

(一)疏堵结合 专项治理常态化

三个支队每年定期组织开展有针对性的专项整治活动,做到日常巡查执法与专项行动并举,堵疏结合,积极开展穿越城镇(村寨)路段桥梁下方及周边安全隐患专项整治、路域环境专项整治等活动,大力整治高速公路路域环境顽症,路域环境进一步改善,通行能力进一步提高。

(二)强化公路治超 保障公路桥梁安全

三个支队主动与地方各级政府和治超各级部门加强协作,积极推进建立部门联合治超联动机制和高速公路治超网络建设,强化治超政策研究、现场管理和执法检查,认真落实治超工作纪律,高速公路治超工作进一步加强。完成了昆明—楚雄、武定—昆明、昆明—玉溪3条高速公路"超限车辆自动检测识别系统"的建设,参与省公科院"云南省公路大件运输路径规划与监管系统"项目。截至2016年底,共配备执法记录仪2000余台、便携式称重仪353台。依托固定超限检测站和高速公路入口流动检测点,共检测车辆4068万辆,全省高速公路超限率始终控制在3%以下,有效保护了路桥安全。

(三)强化服务区监督管理 提升服务窗口形象

服务区是体现高速公路服务质量的重要窗口,按照省交通运输厅要求,2009年起,各级高速公路路政执法机构在日常路政巡查中对服务区进行检查监督,逐步形成了工作机制。2015年,结合省交通运输厅制定的《云南省高速公路服务区管理办法》,省公路路政管理总队制定了《云南省高速公路服务区路政巡查监督管理实施办法》,进一步明确了高速公路路政执法机构对服务区监督管理的内容和职责,既节约了公路养护管理的成本,又提升了高速公路的服务质量,为人民群众出行创造了更优良的条件。

(四)加强通行费监督稽查 维护经营者权益

随着高速公路的迅猛发展,联网收费和计重收费工作的推进,破坏公路附属设施、偷逃公路车辆通行费等违法行为日趋严重,并且呈智能化和集团化发展的趋势,高速收费公路经营管理单位没有执法权,面对此类情况显得治理手段不足,严重影响了收费工作正常的运营秩序。云南省交通运输厅通过出台规范性文件《云南省车辆通行费监督检查办法》,明确了各高速公路路政执法机构对车辆通行费监督稽查职责,并加强对收费公路收费秩序维护,加大对通过拒交、少交、逃交等方式偷逃通行费行为的打击力度,与高速公路收费管理单位间的配合协调更加紧密顺畅,对维护收费站正常通行秩序、减少车辆通行费流失等起到了较好效果。

(五)加强应急队伍建设 提高应急保通能力

"反应及时、行动迅速"的应急处突能力是确保高速公路高效运行的要求,也是云南高速公路路政执法应急队伍建设的目标。各级高速公路路政执法机构注重平时演练(图15-2),主动与协作单位进行联合处突,当自然灾害和突发事件发生时,及时启动应急处突预案,不畏艰险、全力以赴,采取多种措施,迅速恢复高速公路通行能力,为高速公路上驾乘人员提供服务和帮助。

图15-2 开展应急演练,提高处置突发事件的能力

2008年1月,云南滇东北出现罕见的持续大范围雨雪和冰冻的极端天气,气温低至零下15℃,东部支队路政人员不畏严寒坚守岗位,免费为滞留高速公路驾乘人员提供了近3万元的水和食品。在冰凌灾害期间每天安排6台车次、3班出巡,共计分流疏导车辆12000多辆,引导护送车辆计3000多辆,并积极采取措施清除积雪,畅通路面。

2014年8月,昭通市鲁甸县发生6.5级地震,造成多条公路出现中断,云南高速路政管理部门采用无人机航拍技术获取了受灾路段宝贵的资料,为第一时间抢通灾区的生命线赢得了时间。

2015年以来,云南省路政总队实行24小时值班备勤制度,制定了《公路运行状态信息管理及路政应急响应制度》,积极推进昆明等5地应急物资储备库的建设,更新补充了一批应急物资装备。举办应急管理知识培训,主动开展或参与地方政府组织的应急演练,完成了"12328"服务监督电话呼叫层级架构建设,路政应急救助保障能力明显增强。

截至2015年12月,云南省公路路政管理总队累计发送信息90150条次,上报阻断信息共995条次。在全省21条高速公路应急保通工作中,累计出动路政保通巡查车辆5671辆次、路政保通人员16914人次。

二、执法创新

(一)执法规范化树好形象

云南路政始终重视高速公路执法队伍的执法行为规范体系建设。

1. 规范执法办案

云南省公路路政管理总队制定和颁布了《云南省公路路政管理总队公路路政行政许可审批规范》《云南省公路路政行政处罚自由裁量权实施细则》《规范路政执法行为监督检查办法》《涉诉路政案件管理规定》《路政巡查管理规定》《行政强制工作指引(试行)》《路政案件办理示范案例》等一系列工作规范,增强了执法实践过程的可操作性。2015年,云南省公路路政管理总队又结合《云南省高速公路服务区管理办法》,制定了《云南省高速公路服务区路政巡查监督管理实施办法》,明确了高速公路执法部门对服务区的监督管理职责和内容,节约了高速公路养护管理成本,有效提升了服务质量。

2. 规范执法行为

云南省公路路政管理总队定期开展执法评议考核和组织案卷评查,严格按照《公路法》《行政许可法》《行政处罚法》《行政强制法》《公路安全保护条例》等法律法规和《交通运输行政处罚行为规范》等5个规范,对高速公路执法机构在开展行政许可、行政处罚、行政强制、行政检查等时的执法行为进行严格监督检查,坚持做到"主体合法、权限合法、依据合法、形式合法、内容合法、程序合法",确保无越权行政、违法行政情况发生。

3. 加强执法监督

云南省公路路政管理总队高度重视依法行政和执法监督工作,逐级建立法制监督机构,配齐法制监督员,在支队执法监督科设置了行政复议办公室,形成分级统一、上下联动的工作机制,实现了法制监督的全覆盖,保障了执法监督工作的有效开展。

(二)管理信息化提升效能

云南高速公路执法坚持"科技创新、科技强队"的工作方针,积极推进执法工作信息化建设。

三个高速路政支队依靠职工开发了执法业务系统、公文处理系统、报表处理系统等管理信息化系统,先后在永仁、胜境关超限运输检测站建成了不停车预检超限检测系统。2010年,云南省公路路政管理总队在高速公路执法队伍开发的"高速公路路政业务管理系统"基础上,通过二次开发和不断完善,形成了"云南交通执法业务管理系统",并在全省路政系统推广使用。2013年,云南省公路路政管理总队被确定为交通运输部信息化建设试点单位,全省374辆路政巡查车安装了GPS车载卫星定位系统,以及采集现场音视频的车载云台,极大提升了路政应急处置能力。2015年,云南省公路路政管理总队圆满完成了受省交通运输厅委托研发"云南省交通运输行政执法人员资格管理系统"的任务,并与"全国交通运输行政执法综合管理信息系统"联网对接,实现了全省交通运输行政执法系统的执法人员和执法证件的信息化管理。

昆磨支队创新性地使用视频分频技术,对辖区路段公司的800余段路面监控资源进行整合,在昆明—玉溪高速公路余家海服务区建立了云南首个高速公路路政服务工作站和首个路政网巡中心,对辖区内定时行驶的客运班车安装视频巡查设备,通过设备与客运班车驾驶员的联动,成功实现让客运班车驾驶员部分替代常规路政巡查工作。昆磨支队还在刺桐关服务区安装了一套不停车无人值守超限检测系统,对通过检测路段正常行驶状况下的车辆进行轴载及几何尺寸的精准检测,并将数据迅速发送到执法人员的执法终端,从而大幅度提高路政的超限运输治理能力。

（三）宣传立体化引导舆论

各级高速公路路政执法机构以"路政宣传月""安全生产月"等活动为契机,印制图文并茂、通俗易懂的爱路护路行为规范漫画海报、路政工作宣传单、路域环境整治宣传册等宣传材料,发放给过往群众和沿线学校(图15-3)、社区、厂矿等企事业单位,开展普法宣传工作。同时,各级高速公路路政执法机构通过新闻媒体、车载广播、喷刷墙体宣传标语、悬挂宣传横幅、微信微博等方式,向社会公众进行爱路护路和公路管理法律法规宣传,通过手机客户端向社会推送路况信息、政策法规等便民信息,引导社会关注"云南路政"执法服务工作,较好地引导了社会舆论,为高速公路执法营造了良好的舆论氛围。

图15-3 "爱路护路"宣传进校园

（四）综合保障体系优化服务

云南省公路路政管理总队认真贯彻交通运输部提出的"三个服务"要求,打造高速公路综合服务保障体系,积极开展路地共建、路运共建、路警共建"三项建设",将传统单一的执法管理向执法服务转变,实现了从单一型分口管理向复合型综合治理的跨越,避免了单一分口管理的死角和弱点,提高了高速公路执法的公共服务、应急处置和路面管控能力。

1."路运"共建

根据高速公路的特点和管理需要,昆磨支队率先建立高速公路信息交流处突指挥中心,实现了路况信息的快速通报和快速处置。

2."路地"共建

昆磨支队在加强宣传的同时,着重建立联勤联动机制,所属各大队积极与沿线乡镇、教育、电力等部门签订共建协议,为防范和打击偷盗破坏公路附属设施、公路建筑控制区管理、突发事件应急处置等工作创造了良好的外部环境。

3."路警"共建

各级高速公路执法机构认真遵循《云南省交通运输厅云南省公安厅关于交通运输部门与公安部门公路水路联动执法工作的指导意见》的工作要求,与辖区沿线派出所、边防、交警等部门签订共建协议,切实抓好打击违法超限运输、偷逃车辆通行费、开展联合巡查等工作,取得了显著成效。

(五)"三基三化"建设开创新局面

2010年,云南省公路路政管理总队严格按照交通运输部颁发的执法形象建设标准,因地制宜推进"三基三化"建设,实现了执法场所外观、执法标志、执法证件、执法服装的"四统一",涌现出了许多管理规范、富有特色的基层执法站所。其中,昆磨支队普洱大队被确定为交通运输部基层执法站所"三基三化"建设试点单位,并于2016年1月接受了交通运输部的检查考核。

(六)提前介入保通护航

昆明—安宁、保山—龙陵、思茅—小勐养、小勐养—磨憨、磨黑—思茅、石屏—红龙场、大理—丽江、江底—召夸、武定—昆明等20多条高速公路建设期间,云南省公路路政管理总队要求三个高速公路路政执法支队就近派驻执法人员,负责在建高速公路施工现场秩序维护、安全保通、路产资料的整理收集等工作,并对部分条件较好的在建高速公路尝试与当地政府加强联系和协作,摸索在建高速公路前期路政管理,为公路建好移交后的路政管理奠定基础。

大理—丽江高速公路建设期间,沿线个别企业、单位、个人利用监管真空期,擅自埋设、铺设各类管线设施,抢占利用桥下空间,私自设立广告牌等违法行为十分突出。及时清除路障如图15-4所示。昆瑞支队派驻公路建设指挥部人员在保通期间收集了翔实的资料,向大理州政府、丽江市政府积极汇报,提出高速公路在建期间的路政管理工作建议,受到了高度重视和大力支持。大理州政府、丽江市政府相继发布了《大理白族自治州人民政府关于加强本州行政区域内大丽高速公路路政管理的通告》《丽江市人民政府关于加强辖区内大丽高速公路路政管理的通告》,大力加强大丽高速公路建设期间的路政管理工作,为大丽高速公路建成后的畅、洁、美奠定了良好的管理基础。

图15-4 及时清除路障,保证公路畅通

各高速公路路政管理单位在新开建设项目的初期,就提前进入项目的建设过程,对项目的路产路权界定、变化等情况有比较完整、清晰的了解,为其后的路产路权管理奠定了可靠翔实的基础。

三、执法成效

2005年以来,云南高速公路路政执法工作获得全国性集体荣誉10多项,涌现出了一批具有代表性的先进个人。昆瑞高速路政支队于2006年被交通部评为"全国交通系统治理公路'三乱'先进集体",2008年被交通部评为"全国交通行政执法责任制示范单位",东部高速路政支队被交通运输部表彰为2008年度"全国交通依法行政示范单位",昆磨高速路政支队于2010年被交通运输部评为"交通行政执法先进单位",东部、昆磨支队于2007年、2009年、2010年三年获得"全国交通运输企业文化建设优秀单位"称号。三个支队下属的大保、嵩待、昭通、临沧大队被共青团中央命名为"全国青年文明号",普洱、曲靖大队被全国总工会授予"工人先锋号"称号,大理大队被交通运输部评为2014年度行政执法评议考核优秀基层站所,昆楚大队于2006年被评为全省交通系统治理公路"三乱"先进集体。1名职工被交通运输部表彰为2008年度全国交通文明执法标兵,1名职工获得人力社会资源保障部和交通运输部2009年度"全国交通系统先进工作者"称号,1名职工被评为2013年第十三届全国职工职业道德建设先进个人,1名职工荣获2013年度云南省团委最美青工和2015年度团中央青年岗位能手,1名职工于2008年被云南省委省政府表彰为"云南省第一批新农村建设优秀指导员",1人于2008年荣获云南团省委、省青年联合会"云南省青年五四贡献奖"奖章。

第十六章
文化建设

云南道路交通文化有悠久的历史,高速公路建设赋予了云南道路文化更深的内涵,将云南道路文化推向了一个崭新的阶段。

第一节 高速公路是社会文化传播的重要渠道

云南修建高速公路以来,建设者遵循以技术、质量、安全标准为核心的建设理念,实现了高速公路快捷通畅的目标。同时,云南高速公路建设追求以人为本、尊重自然,实现了人、车、路与自然的全面和谐的核心价值理念,从而使高速公路成为社会文化传播最重要的渠道。

一、建设的使命与追求

"路畅"是云南高速公路建设管理者的基本要求,"人和"则是云南高速公路建设管理者的使命与追求。

云南高速公路建设通过改善交通基础设施,提高人流和物流的流通速度和效率,减少流通成本,拉近人与人之间的时空距离,创造经济效益,增加社会财富,推动了社会观念的转变和社会文明进步。高速公路建设,直接拉动经济增长,让公路沿线及更广大区域的人民群众增加了经济收入,改善了物质文化生活条件,走上了致富之路,造福一方百姓;通过落实惠民理念,高速公路建设对直接关系沿线群众生产生活的沟、桥、路、涵等,结合工程建设加以改善,让群众生活更方便,生产更便利,发展更有保障,推动了沿线经济社会发展;高速公路建设注重保护和改善沿线生态环境,维持原有的生态、水文系统,并在保护的同时加以改善,打造环境优美的生态环保公路;以高速公路为载体传承文明,倡导和传播先进的文化和理念,加强民族间、区域间的文化交流,增进民族团结,促进文化融合,推进了社会主义精神文明。

云南高速公路以建设百年工程理念为载体,传承和弘扬中华民族的灿烂文化,让每条高速公路成为建设者留给后人的功德碑,向社会和后人昭示了公路建设者的品格、品德和品位,昭示了公路建设者的理想、追求和目标,昭示了社会文明的传承、延续与进步历程。

第十六章
文化建设

建设有品质的高速公路,创作公路艺术作品,为社会和子孙后代留下精神财富,是云南高速公路建设和管理者除了建设之外的又一明确要求和神圣使命。高速公路建设管理者坚持将品质、文化和理念等精神产品植入高速公路建设和使用者的心灵,让公路体现的品质、蕴含的理念、传承的文化、弘扬的精神、展示的审美思想等驻留公路使用者的心灵,从而使建设者实现了与公路使用者的心灵沟通,实现了不同的公路使用者之间的心灵交融。高速公路在发挥通畅功能、大幅度缩短时空距离的同时,力求实现人们心灵的沟通和交流,缩短人与人之间心灵的距离,建设沟通心灵之路,架设融会心灵之桥,即建心路、架心桥。这也是云南高速公路建设管理者打造"路畅人和"品牌的良好初衷。

二、建设促进文化传播

云南高速公路建设坚持在传承中创新,在传承古老的南方丝绸之路文化、承载公路发展历程的基础上,结合云南的省情和公路行业的实际,在边坡、挡墙、服务区、收费站、停车区的建设中反映当地历史文化、民族风情,因地制宜融入生态文化、普洱茶文化、抗战文化、民族文化、旅游文化等具有鲜明地方特色的文化元素,让驾乘人员直接了解到云岭高原优美的自然风光、众多的名胜古迹、丰富多彩的物产、绚丽多姿的民族风情和底蕴深厚的地方历史文化。

随着云南高速公路建设的迅猛发展,云南公路人在创建滇西公路文化走廊(图16-1)、滇南绿色生态走廊和建立云南公路馆的基础上,不断创新高速公路文化建设,延伸打造出云南高速公路绿色生态文化走廊和民族历史文化走廊两条走廊带,建立了云南公路文化微展馆和云南公路图书馆。

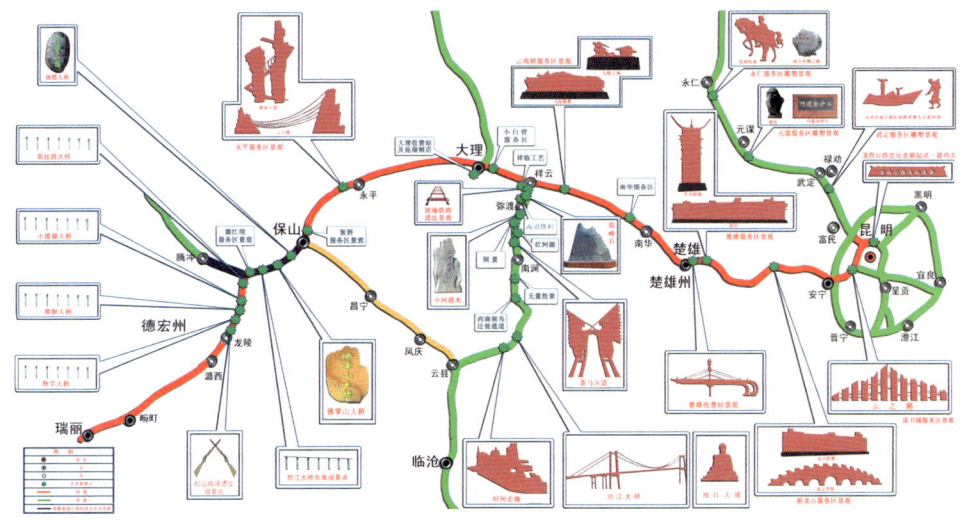

图16-1 滇西公路文化走廊示意图

"两廊"新延伸,"一馆"变"三馆",高速公路成为了云南社会文化传播最重要的渠道。

第二节 文化建设内涵

在高速公路文化建设中,云南公路人深入贯彻落实党中央关于"培育和践行社会主义核心价值观"的理念,主动融入和服务于云南建设绿色经济强省、民族文化强省战略,通过行业核心价值体系建设推动高速公路行业文化建设,提升行业文化建设水平,塑造和树立行业形象,彰显了鲜明的时代特征和丰富的文化内涵。

一、推进过程

(一)文明公路运输线

1994年以来,在多年创建文明公路运输线取得丰硕成果的基础上,云南省交通厅按照省委、省政府制定的《云南省文明走廊工程建设规划》,结合交通部治理公路"三乱",建设"文明样板路"的要求,制定下发了《关于继续搞好创建文明公路运输线竞赛活动、实施云南省"文明走廊工程"的意见》。云南省交通厅提出,逐步把昆明至瑞丽、昆明至打洛、昆明至水富、昆明至富宁、昆明至富源等6条干线公路建成省级文明公路运输线。从2003年起,对已建成的昆明至玉溪、玉溪至元江段高速公路逐步开展创建文明公路运输线活动;在道路条件好、创建热情较高的德宏州区域内开展"创建文明公路运输网"活动;对正在建设中的各条高速公路,将分段实施创建文明公路运输线活动。

2004年,全省建成了昆明至玉溪、昆明至楚雄、芒市至瑞丽3条厅级文明公路运输线,建成了昆明至富源胜境关、昆明至罗平江底、昆明经大理至丽江、昆明经开远至河口4条省级文明公路运输线。

2007年,云南省公路投资公司在《精神文明建设十一五规划和实施办法》中提出,以昆明为中心的放射状国道主干线为主建设文明公路运输线,并在"十一五"期间实现以下目标:在巩固已建成的昆明—丽江、昆明—河口、昆明—罗村口、昆明—胜境关4条文明公路运输线的基础上,把昆明—瑞丽、昆明—磨憨、昆明—水富、昆明—永仁、祥云—临沧等国道主干线云南境内路段,全部建成文明公路运输线。

(二)文明高速公路运输线

2016年1月,经云南省文明委同意,云南省文明办、省交通运输厅、公安厅、旅游发展委员会、卫生和计划生育委员会、教育厅、工商行政管理局、商务厅、团省委、妇女联合会印发了《云南省文明公路运输线创建工作方案》,决定打造昆明至瑞丽、昆明至磨憨、昆明至河口、昆明至胜境关、昆明至水富、昆明至永仁和昆明周边7条文明高速公路运输线,并对文明公路运输线创建目标任务、标准等提出了明确要求。

《云南省文明公路运输线创建工作方案》提出,到2020年,全省建成通车的高速公路,有80%以上创建成为省级文明高速公路、文明服务区、文明收费站。在此基础上,把全省高速公路打造成文明高速公路运输线、弘扬云南优秀民族传统文化运输线、展示七彩云南形象运输线。

《云南省文明公路运输线创建工作方案》适用于2020年底前建成通车的高速公路,文明高速公路运输线以2015年底前建成通车的高速公路按地域、线路走向归并为7条文明高速公路运输线,2016年后建成通车的高速公路参照该《方案》创建。

(三)高速公路文化建设的实施

1. 高速公路文化景观雏形

20世纪80年代末,云南第一条高等级公路石林—安宁公路建成时,建设者在公路旁树立了一个反映建设成就的纪念碑。云南第一条高速公路——昆明—嵩明高速公路建成后,建设者在小庄立交区用不锈钢制作了一个纪念碑,成为云南最早的高速公路文化景观。2003年,昆明—石林高速公路建设者为把这条高速公路建设成云南的第一条以旅游为主的高速公路,指挥部与国内科研院校和文化单位合作,第一次实施了高速公路文化景观建设。

2. 高速公路文化建设的推进

(1)云南省交通运输文化建设

2006年,交通部印发《交通文化建设实施纲要》后,云南省交通厅成立了推进交通文化建设领导小组,制定了《云南省交通运输文化建设实施办法》,提出了云南交通运输文化建设的指导思想、基本原则、总体目标、实施步骤。《办法》明确提出,力争在"十二五"期末,初步建立起符合社会主义先进文化前进方向和云南省交通运输发展战略,具有鲜明时代特征和行业特色的交通运输文化体系。通过交通运输文化建设,凝练全省交通运输行业核心价值观和行业理念,树立行业的良好社会形象,营造团结和谐、充满活力的良好氛围,增强行业凝聚力和影响力,激发行业的创造力,推进全省交通运输事业又好又快发展。

(2)"云之路·路畅人和"行业文化服务品牌

2006年,在对已经运营的高速公路和正在建设中的高速公路进行充分调研论证的基础上,作为云南省政府的政策性投融资平台,主要从事高速公路项目的投融资、建设、管理、经营,以及公路沿线经营开发管理业务的云南省公路投资公司创造性地作出了打造"滇西公路文化走廊"和"滇南绿色生态走廊"的决策,并制定印发了公路文化走廊建设实施方案。

同时,根据交通运输部文化建设"十百千"工程实施方案、云南建设中国面向西南开放的桥头堡战略和省交通运输厅的有关要求,云南省公路投资公司按照"三个服务"的要求,提出了建设"云岭高速·路畅人和"行业文化服务品牌的重大战略决策,并以打造"中国交通文化十大品牌"为目标,深入开展文化服务品牌建设实践,不断强化品牌支持体系建设,提高品牌知名度和满意度,全面提升云南高速公路行业形象,增强企业发展软实力,为云南高速公路科学发展提供品牌支撑。

"云之路·路畅人和"行业文化服务品牌具有丰富的内涵和较为宽广的外延,不仅是云南高速公路的建设目标和服务形象,还体现了云南省公路投资公司的价值诉求、管理理念及企业文化,具体包含该公司的核心价值观、经营管理理念、努力奋斗的方向、事业发展的目标、企业文化的精髓、行业服务形象、云南高速公路的社会形象7个方面,贯穿云南高速公路的建设、管理、养护、营运服务等全过程。

"云之路·路畅人和"主要文化理念包括公司使命、公司愿景、公司精神、九大应用理念及特色理念。

公司使命——开创美好生活新通道。

公司愿景——建畅通便捷大道,创行业一流企业。

公司精神——服务无终点,追求无止境。

管理理念——人才为基,制度为用,创新为本。

经营理念——诚信,守法,合作,共赢。

人才理念——德才兼备,人尽其才。

服务理念——让爱随高速公路延伸。

安全理念——安全第一,预防为主,注重细节。

质量理念——质量是企业的生命;科技理念——博采众长,勇攀高峰。

廉洁理念——堂堂正正做人,清清白白做事。

学习理念——学无止境,知深行远。

和谐家园——把建设平安幸福、团结友爱、崇尚学习、开拓进取、快乐向上的和谐家园作为公司义不容辞的职责,着力建设平安之家、团结之家、学习之家、快乐之家。

通过不断提炼和总结,云南省公路投资公司发布了企业文化手册《彩云之路》《视觉形象识别系统管理手册》《员工行为规范》等和一系列完整的规章制度。

(3)云南省交通运输行业文化

云南省公路投资公司提出的打造两条公路文化走廊的方案得到云南省交通厅党组的高度重视。2008年,云南省交通厅制定了《云南省高速公路创建文化走廊实施意见》(云交政发〔2008〕1074号),决定把昆明至瑞丽、迪庆至临沧两条公路建设成为公路文化走廊,把昆明至磨憨公路建设成为绿色生态走廊,推进全省交通行业文化建设步伐,并明确提出了创建工作的原则,对文化景观布点、内容构成、展示主题、表现形式、目标要求、建设进度等进行了详细的规划,对新建设公路项目的文化景观建设提出了指导性意见,力争把文化景观建设成为精品工程。

2014年9月,云南省交通运输厅印发的《关于进一步推进交通运输行业文化建设的实施方案》《云南交通运输行业核心价值体系建设实施意见》提出,要把行业文化的"软实力"转化为推动行业发展的"硬支撑",重点推进"三大工程"[形象文化塑造工程、文化场馆建设工程和单位(机关、企业)文化创建工程],在行业内形成一批有影响力的文化品牌和文化示范单位。要通过开展行业形象塑造行动,树立云南交通好形象。一是树立行业服务形象,将"七彩云南·智慧出行"系统打造成为方便百姓使用的出行好帮手,提供更专业、更权威、更贴心的出行资讯和信息服务;二是进一步巩固提升高等级服务区环境卫生整治工作,把工作重点放在提升服务设施的管理和服务质量上,建立高速公路服务区管理的长效机制,让过往驾乘人员充分感受到"服务至上,美在交通",努力打造路畅人和的和谐局面。通过交通文化建设,积极支持和引导交通职工健康、和谐、正常的生活和有品位的生活。

二、公路文化走廊

云南公路文化走廊建设紧扣滇西公路中滇缅公路的文化特色,大力弘扬滇西公路蕴含的抗战文化、民族文化和公路文化;紧扣滇南公路绿色生态这一主题,弘扬公路行业建设生态、环保公路的理念,展示生态文化、民族文化和普洱茶文化。通过文化走廊建设推动公路行业文明服务建设,提升服务水平和服务质量,为社会提供优质热情、安全舒适、快捷便利的出行环境,为驾乘人员提供丰富多彩的精神食粮,提高公路行业职工队伍精神文化素质,塑造和树立良好的行业形象,为建设民族文化旅游强省作贡献。

云南公路文化走廊建设通过以滇西公路文化走廊和滇南绿色生态走廊为载体,把云南高速公路建设成为国际交往的友谊之路、民族团结的和谐之路、风光优美的观光之路、优质服务的文明之路、社会进步的康庄之路、人民群众的致富之路、持续发展的生态之路,最终建设成为践行"三个服务"的模范之路。

第三节 文化建设成就

在为社会提供优质的公路产品的同时,云南公路人把高速公路文化建设作为践行社会主义核心价值体系、交通运输行业核心价值体系建设的重要抓手,坚持以先进文化为引领,不断深化高速公路行业精神文明建设,以精神文明的创建进一步推进高速公路文化建设。

经过20多年的努力,以高速公路为载体、重温展示传承路域特色文化的云南高速公路文化建设在传承中得到了创新发展。从镌刻着蜀身毒道、南方丝绸之路、茶马古道、滇西干道、滇缅公路、史迪威公路、昆洛公路历史烙印的滇西公路文化走廊,穿越热带雨林的滇南绿色生态走廊,并由此延伸打造出的"民族历史文化走廊""绿色生态文化走廊"两条文化走廊带,再到揭示云南交通历史变迁、反映云南公路建设成就的云南公路馆和云南公路文化微展馆,以及传播公路文化资源、推进公路文化的云南公路图书馆的建立,一条条高速公路成了承载云南地方特质的生态路、旅游路、文化路,在助推云南绿色经济强省、民族文化强省战略和努力成为民族团结进步示范区、生态文明建设排头兵、面向南亚东南亚辐射中心,谱写好中国梦的云南篇章的进程中写下了浓墨重彩的一笔。

一、两条文化走廊带

伴随云南高速公路如火如荼的建设步伐,发掘和传承云南优秀公路传统文化成为每个高速公路建设指挥部的共识。随着每条高速公路项目公路文化景观建设的加强,云南公路人在滇西公路文化走廊和滇南绿色生态走廊的基础上,延伸打造出了"民族历史文化走廊"和"绿色生态文化走廊"两条文化走廊带。

(一)民族历史文化走廊

民族历史文化走廊涵盖盐津县豆沙关—会泽、罗村口—文山、河口—蒙自至昆明、楚雄、大理、丽江、保山、德宏瑞丽和腾冲猴桥范围内的高速公路。这条走廊以"承载公路发展历程,铭记抗战历史功绩,展示地域民族风貌,弘扬时代和谐精神"为主题,并通过多种形式植入地域文化景观的公路文化走廊,丝路文化、茶马文化、抗战文化和现代公路文化等在这条走廊上交错展示。

1. 大丽高速公路——文化建设谱新篇

大理—丽江高速公路连接大理、丽江两大世界级旅游城市,并通达"大香格里拉"旅游圈,拥有丰厚的历史积淀、厚重的文化内涵、丰富的民族风情、神奇的自然风光,沿线地域特色文化资源丰富,可用于展示宣传的文化形态种类繁多(图16-2)。

在大丽高速公路建设过程中,云南省委省政府提出了"把大丽高速公路打造成提升全省对外形象的标志工程和精品工程,打造成人与自然和谐相处的绿色工程和生态工程,打造成造福人民的民心工程和德政工程"的要求,云南省交通运输厅和云南省公路开发投资有限责任公司也明确要求,要把大丽高速公路建设成为安全便捷路、历史文化路、生态景观路、经济致富路、民族团结路。

第十六章
文 化 建 设

图 16-2　大丽高速公路文化景观

为提升大丽高速公路建设品质,大丽高速公路建设指挥部高度重视大丽高速公路的文化旅游功能建设,确立了打造"文化旅游公路"的建设理念,并把大丽高速公路文化建设作为课题进行专项研究,开创了我国高速公路文化建设课题研究的先河。指挥部联合云南大学、重庆交通大学和云南路景公路文化咨询有限公司,在对大理、剑川、丽江等地的地域特色文化资源及公路建设文化进行深入挖掘的基础上,确立了"大丽高速,龙跃凤鸣"的文化建设主题,提出了"确保营运安全通畅,地域文化特色鲜明,旅游助推作用明显,管理养护方便和'路畅人和、快捷便民'"的建设理念。

大丽高速公路文化建设确立了以"风光大理""智巧剑川""交融九河"及"合和丽江"四个文化段为具体支撑的建设思路。以全线隧道、服务区、停车区、观景台、加水站、主要桥梁及沿线主要交通标识系统为建设载体,采用雕塑、文化墙、浮雕、彩绘等多种艺术表现方式,对全线 11 个隧道进行了文化景观营造,在 3 对服务区及 3 个停车区设置了不同文化内容的文化墙、雕塑及景观小品,对 26 座主要大桥进行了桥名艺术化展示,设置了 8 个各具特色的借景观景的观景台。

大丽高速公路的文化建设,对全线旅游资源进行了深度挖掘和宣传,提升了旅游资源价值。将双龙隧道涌水引入双龙加水站,设置文化底蕴深厚的"水文化墙"及小桥流水景观,引入的水解决了大车加水、绿化用水、生活用水、消防用水等问题,实现了"变废为宝,一水五用",吸引了过往驾乘人员和游客的驻足观赏,产生了较好的社会经济效益;在风景秀丽、景观独特的双廊附近设置了扬帆起航的船型观景台,过往驾乘人员和游客不仅可以观赏到"银苍玉洱"及双廊古镇的美景,而且可以领略风光大理的特色文化,其独特的创意设计和别致的景观效果颇受游人青睐;在拉市海服务区设置的"路畅人和"主题小品,用纳西族东巴文表现云南省公路投资公司"云之路·路畅人和"核心价值观,不仅具有较好的视觉景观效果,而且把地域民族文化和公路建设文化有机融为一体,把大丽高速公路打造成了白族、纳西族民族风情特色和路域文化特色鲜明的文化走廊,使其成为了建设品质较高的文化旅游公路。

文化底蕴深厚、自然景观秀丽的大丽高速公路被中国高速公路网"第二届中国最美景观路(桥)体验交流活动"称为"云南最美景观路",新华网云南频道等多家媒体对其进行了专题报道,并给予了"大丽高速公路是一条名副其实的文化路、景观路"的高度评价。大丽高速公路文化景观建设取得的丰硕成果,积累了经验、树立了典范,开辟了云南高速公路文化景观建设的新篇章。

2. 保龙高速公路——丝路文化有传承

保山—龙陵高速公路沿线自古以来便是我国与东南亚各国经贸往来与文化交流的必经之地。沿线具有历史悠久的蒲缥文化、哀牢文化、永昌文化、南方丝绸之路文化、滇西抗战文化及民族民俗文化、高黎贡山国家级自然保护区、澜沧江等灿烂丰富的历史文化资源和生态文化资源(图16-3)。丰厚的人文资源和丰富的自然资源,是沿线地区的财富,更是保龙高速公路彰显公路文化、创建人文之路得天独厚的条件。

图16-3 保龙高速公路文化景观

保龙高速公路开工建设后,云南省公路投资公司总经理姜志刚明确提出,要在高速公路建设上作点文化的"文章"。他说:"我们无论修什么样的高速公路,规模再大、困难再多、科技含量再高也都是规范和技术的重复,从昆明到这里,这条路承载了厚重的交通历史文化,如果仅是为了修路而修路,那这条路就没有什么文化品质可言,如果我们将文化元素植入到这条公路上来,那保龙高速公路就有灵魂了。"

为切实提升保龙高速公路的文化品位与建设品质,云南省公路投资公司和保龙高速公路建设指挥部联合全国首家公路文化建设公司——云南路景公路文化咨询有限公司,对沿线文化资源进行了大量实地调研,并提出了"按照文化景观与路、自然环境相互和谐、普适性和艺术性相互统一、经济性与品位性有机结合、文化与路域旅游文化发展良性

第十六章
文化建设

互动"的建设理念,坚持"传承性原则、可视性原则、代表性原则等,系统植入地域文化及民族文化因子,系统展示和传承公路建设文化及公路历史文化,提升保龙高速公路文化品位"建设的指导思想,在全线进行了公路文化景观建设。指挥部利用路域特色文化因子及特色文化形态对全线16处公路主要构筑物及附属设施进行了重新命名;对全线4座隧道进行了文化景观装饰,有机植入了路域特色文化因子;在各标段临时停靠点内设置了22个工程责任碑石;在松山血战等4处临时停靠点精心建设了公路历史文化及地域特色文化景观;在全线设置了特色旅游文化宣传标识系统;利用丝路文化、高黎贡山生态文化、滇西抗战文化、蒲缥文化、民族民俗文化等设计和应用了现代LOGO传媒系统;在全线设置了电子显示屏滚动显示特色文化内容;利用电视片、专著、网站等传媒示范推广保龙高速公路路域特色文化景观和公路建设文化;在潞江坝服务区进行了文化建设,建设了少数民族风情街、热带水果果园、怒江大桥观景台、中心广场、公路馆观景台、滇西抗战历史文化墙等一系列服务区特色文化景观,把潞江坝服务区打造成了集停车、加油、餐饮、购物、观景、游览公路博物馆等功能于一体的高品质、高品位的多功能大型综合服务区。

保龙高速公路文化建设不仅提升了保龙高速公路的建设品位与文化品位,而且使保龙高速公路成为一条文化内涵丰厚、品位较高的高速公路,得到了社会各界的高度评价。亚洲开发银行中国代表处高度赞赏并将其确定为"亚洲开发银行'以人为本,和谐高速'示范工程",新华网、中国财经报、云南网等主流媒体对保龙高速公路文化景观进行了多次专题报道,潞江坝服务区被中国交通运输部评为"全国百佳服务区"。

3. 麻昭高速公路——乌蒙天路文化浓

按照麻柳湾—昭通高速公路建设的目标要求,结合麻昭高速公路建设管理创新的实际,麻昭高速公路建设指挥部联合云南路景公路文化咨询有限公司在对昭通朱提文化、红色文化、名人文化及乌蒙风光等特色文化资源进行充分提炼的基础上,采用塑石、浮雕等多种艺术表现方式,在麻昭高速公路起点建设了具有磅礴险峻的乌蒙山特色的"乌蒙天路"主题形象;对全线17座隧道进行了文化植入和景观品质提升,建设了展示乌蒙山壮美自然风光、展示昭通名优特产——苹果等路域特色文化资源的隧道文化景观;采用塑石艺术表现方式,对6座特大桥桥名进行了桥名艺术化展示。

通过上述文化景观建设,显著提升了麻昭高速公路建设品质与文化品位,实现了将麻昭高速公路打造成路景怡人、文化内涵丰富的文化公路的建设目标。

4. 昭会高速公路——滇铜文化焕光彩

昭通—会泽高速公路途经铜商文化、会馆文化悠久灿烂的会泽和朱提文化、红色文化、交通文化底蕴深厚的昭通,沿线具有十分丰富的旅游资源、自然资源和历史文化资源。

为将沿线特色文化因子有机植入到昭会高速公路中,云南省公路投资公司、昭会高速公路建设指挥部联合云南路景公路文化咨询有限公司,对全线文化资源进行了深入研究,在全线建设了具有会泽会馆建筑风貌特色的会泽收费站和展示鲁甸黑顶鹤自然保护区及乌蒙山壮美风光的鲁甸收费站,在迤车服务区建设了以展示豆沙关"五道并行"、牛栏江"江底四桥"交通奇观及五尺道、南方丝绸之路、万里滇铜京运古道历史和云南南北大通道简介等为主要内容反映滇东北地区交通变迁历史的"乌蒙之路"和"南北通途"文化墙。同时,对全线13个隧道进行了文化景观装饰。

通过上述文化景观建设项目的实施,提高了昭会高速公路的建设品质和文化品位,提升昭会高速公路的社会形象,对带动沿线旅游文化产业发展产生了积极的助推作用。

5. 待功高速公路——文化建设获赞誉

待补—功山高速公路沿线有五尺道、南丝绸之路、万里运铜道、会泽会馆文化、铜商文化等众多悠久灿烂的历史文化资源和壮美的乌蒙山自然景观。

在待功高速公路建设之初,云南省公路投资公司就提出了"全面提升待功高速公路建设品质,促进云南南北大通道整体形象的提升"的要求。待功高速公路建设指挥部联合云南路景公路文化咨询有限公司,结合工程特点及工程建设实际,按照"四个突破,文化有特色"的工作部署和要求,对沿线会馆文化、铜商文化及乌蒙山区雄伟壮观的自然景观等特色文化因子进行了充分挖掘。

按照"突出两个节点,打造一条长廊,重点彰显特色"的思路,待功高速公路文化建设以"云之路"为主题,汲取了祥云、铜币、蓝天等特色文化因子,对全线11个隧道进行了具有生态文化特色和铜商文化特色的文化景观营造。在纲纪服务区建设了"云之路"摩崖石刻、待功高速公路建设风采等景观小品,并对1处抗滑墙和1处抗滑桩进行了文化植入和景观塑造,将待功高速公路打造成了奇美壮观、如入云端的高品质文化公路和景观公路,树立了南北大通道的良好形象,得到了地方政府和省政府相关领导的一致赞誉,产生了较大的社会反响。

6. 昆安高速公路——雕塑诉说筑路史

昆明—安宁高速公路碧鸡关隧道是滇西公路文化走廊的起点,在洞门的正上方有知名书法家题写的"滇西公路文化走廊"几个大字,并在隧道上下行线中间设置了文化墙,文化墙与洞门上方标语风格一致,协调统一。

昆安高速公路的读书铺服务区,有一块以梅里雪山为造型名为"彩云之路"的红色雕塑,金马碧鸡、马帮、铁索桥,伴着天光云影直指蓝天。翻阅这块雕塑,云南的筑路史,南方丝绸之路,茶马古道的悠远马蹄声,云南滇西抗战的传奇故事如卷轴般徐徐打开。在读书铺服务区的下行线,则用灯箱展示了滇西公路的风采和公路文化建设的情况。

7. 安楚高速公路——浓缩交通变迁史

安宁—楚雄高速公路恐龙山服务区重点展示以禄丰星宿江桥和炼象关为代表的古桥

第十六章
文化建设

古道文化,展现了从滇缅公路、老320国道、安楚二专线到高速公路的现代交通发展变迁史。同时,将禄丰恐龙文化融入其中。

楚雄作为滇中腹地,自古就是云南的交通枢纽,现代公路的变迁又充分体现了彝州社会文明的进步与发展。从"要致富先修路、要致富爱护路"到"交通决定人的生活方式",充分体现了公路与社会文明发展的关系,体现了社会各阶层对公路交通认识的理念提升。安宁楚雄高速公路楚雄服务区通过彝族传说"三女找太阳"雕塑的方式体现主题,楚雄收费站也按彝族的风格进行了装饰。

8. 楚大高速公路——抗战血线展风采

楚雄—大理高速公路经过的云南驿,作为云南省省名的起源地,是彩云之南的故乡,具有悠久的历史,积淀了丰厚的文化。同时,云南驿作为滇西古道的枢纽,是古代滇西地区东连省会昆明和中原腹地,北上四川、西藏,西出缅甸、印度,南下缅甸、泰国的交通枢纽,具有丰富深厚的古道文化、马帮文化,是云南古代极具影响力的最重要的驿站。云南驿还是两条抗战"血线"滇缅公路和驼峰航线的中转站,在中国乃至世界反法西斯战争中具有重要历史意义和历史地位。

云南驿服务区文化景观建设围绕上述方面的内容,采取雕塑、浮雕、文化墙相结合的方式充分加以体现。

9. 大保高速公路——雕塑再现救亡史

大理—保山高速公路永平服务区文化景观建设主要展现以博南古道、霁虹桥和云龙古桥为代表的古道古桥文化和以滇缅公路、老320国道和大保高速公路为代表的现代公路文化,建成了《博南古道》和《云之链》两个大型公路文化景观雕塑,突出体现公路前辈们在修建、抢修和保护滇缅公路功果桥中的英勇事迹,彰显了救亡图存、抵御外辱、勇赴国难的大无畏牺牲精神。

10. 龙瑞高速公路——国门文化特色浓

龙陵—瑞丽高速公路沿线区域傣族、景颇族、彝族等少数民族民俗文化、佛教文化、滇西抗战文化、南方丝绸之路文化、边境文化及热带雨林景观等人文与自然资源丰富灿烂。龙瑞高速公路建设指挥部遵循"建设旅游文化公路,把龙瑞高速公路打造成国门生态之路"的建设目标,决定实施公路文化景观建设,把龙瑞高速公路打造成具有沿线地域文化特色、滇西民族风情特色及国门边境文化特色的文化景观长廊,全面提升龙瑞高速公路综合品质。

为更好地挖掘、提炼及展示当地最具典型性、代表性的文化形态,龙瑞高速公路建设指挥部联合云南路景公路文化咨询有限公司多次对沿线文化资源进行了实地考察调研,深入挖掘了芒市、瑞丽、龙陵等地的特色文化资源。本着展示和传承路域特色文化、增进民族团结、助推旅游发展、树立行业形象相统筹的原则，围绕"金龙祥瑞"主题，汲取沿线最具代表性的傣族文化、南方丝绸之路文化、滇西抗战文化、茶马古道文化等地域特色文化因子，以及绿孔雀、黄龙玉等地域特色资源，采用彩绘、浮雕、景观塑石等多种艺术表现方式，在起点建设了"金龙祥瑞"主题形象；对全线15个隧道进行了文化植入，建设了具有滇西抗战文化特色、傣族风情等的隧道文化景观；对全线8个收费站雨棚进行了风貌装饰，将8个收费站建设成了具有沿线民族建筑风貌特色的收费站；在全线3对服务区建设了"滇缅血线"情景雕塑、中缅"胞波情深"文化墙等文化景观；对3座特大桥进行了桥梁名称艺术化展示，为龙瑞高速公路全线隧道、收费站、服务区、桥梁等构筑物披上了浓郁的地域特色外衣。

龙瑞高速公路文化建设，不仅实现了打造成"国门生态之路"的建设目标，更实现了G56在云南省境内昆明至瑞丽最后一段的完美收官。

11. 昆石高速公路——园林景观开先河

昆明—石林高速公路建设中与有关科研机构和院校合作，开展"昆石高速公路生态环境保护与景观设计研究"。根据公路沿线气候、地形、人文、民族等特点，结合公路美学、公路景观及生态环境要求，将研究成果加以应用，精心设计、合理布局、科学配置，营造车动景移、自然景观与人文景观相互协调的空间走廊。昆石高速公路建设中首次将生态环境保护和景观设计运用到公路建设，结合昆明至石林沿线的气候、地形、自然景观、民族风情进行整体的规划和设计。起点路段中央分隔带，将原设计波形梁护栏变更为钢筋混凝土护栏和绿化，两侧设文化墙，既保安全、美观又减少日后养护费用；在全面绿化的基础上，在立交区、隧道洞门等显著区布置小品、雕塑等，使昆石高速公路建设成为了具有以生态环境景观、自然景观与地域民族文化景观为特色的绿色通道和风景旅游线。

昆石高速公路建设中还将地域文化、云南民族风情和园林艺术融入公路景观建设，景观与生态环境保护工程投资3000多万元，将云南少数民族丰富的歌舞、服饰、绘画、雕刻工艺和昆明石林地区特有的彝族火把、阿诗玛、大三弦等极富民族文化元素，通过现代设计手法展现出来，使公路景观既体现民族特色又富有现代气息。

为了使整条高速公路景观达到统一而又富于变化的效果，昆石高速公路隧道口、上跨桥、文化墙的景观都能准确、真实地反映云南少数民族文化的特色，小团山隧道采用了云南特有的牛虎案，昆明关上石虎关立交区出口的文化墙上则采用青铜凤纹、太阳纹饰，反映了云南少数民族的服饰文化和彝族对太阳的崇拜。

为了适应驾乘人员在高速运动条件下对景观变化的要求，整个景观的设计尺度和空间的把握上采用了"大尺度、大空间"的原则，立交区采用大块模纹花带及成片的乔木栽植，气势宏伟，极好地烘托出高速公路简洁流畅的线形。而中央分隔带则参考中国园林设计中的"移步换景"法,频率每 20m 一变,以提高景观的视觉通透性,让驾乘人员充分领略自然景观,使沿线自然景观得到最大的利用,达到"佳则收之"的设计理念。引入园林和景观设计,昆石高速公路在全国是第一条,有关专家称之"为全国公路建设开了先河"。

12. 西石高速公路——天然石头建景观

西石高速公路沿线具有闻名世界的石林风景区、"阿诗玛"等浓郁彝族民俗风情和陆良爨文化等特色旅游文化资源。为展现石林县"阿诗玛的故乡"的民族风情魅力,充分利用公路建设开挖露出的景观石,西石高速公路指挥部联合高速公路文化景观建设经验丰富的云南路景公路文化咨询有限公司,按照"最大限度利用既有资源"的指导思想,利用路基两侧天然景观石建设了"石门大开""阿诗玛的故乡"等展示石林喀斯特地貌奇观和彝族民族文化的公路文化景观,并利用开挖出的景观石在全线 5 处立交区及沿线视野开阔地带建设了独具石林喀斯特地貌特色的文化景观小品。

通过文化景观建设,西石高速公路打造成了具有喀斯特地貌特色和民族文化特色的高速公路,显著提升了西石高速公路的建设品质,体现了"最大程度利用既有资源、实现经济节约"的文化景观建设思路,为其他高速公路文化景观建设做出了示范。

(二)绿色生态文化走廊

绿色生态文化走廊起于永仁,途经昆明、玉溪、普洱,止于西双版纳磨憨,形成了一条连接川滇两省的绿色生态文化旅游公路,是一条以地域民族文化和绿色生态为两大特点打造的绿色生态文化走廊。行车于这条走廊上,可以领略丰富的茶马古道文化、猿人文化、元江热区文化、普洱茶文化、版纳热带雨林文化等多种文化。

1. 思小高速公路——天人和谐、师法自然

思小高速公路的特征是"绿"。车在路上行,犹如在绿海里航行。人们看到的是绿,感受到的是绿,尝到的是绿,闻到的是绿,处处是绿,留恋的也是绿。可以说,思小路沿线,是绿色的世界(图 16-4)。

思小高速公路穿越热带雨林和国家级自然保护区,其所处的生态环境的独特性和唯一性是项目最主要的特点,保护生态环境成为项目建设需要解决的首要问题和难题。为了实现工程建设与环境保护的共赢,建设者借鉴、吸收了国际上较为流行的一些生态工程及景观设计理念,把"先保护、再恢复"的理念分解到公路工程建设的各个环节中,通过采取"生态选线""原生地貌保护""野生动物保护""原生植被保护""水环境保护"5 项保护措施和"边坡生态恢复""取弃土场生态恢复""生活环境恢复"3 项恢复措施,实现了公路建设与自然环境及沿线居民生活环境的"天人和谐"的目标,为我国生态高速公路的建设树立了具有说服力的楷模。

图 16-4　思小高速公路生态景观

（1）生态选线

路线的走向和位置决定了公路对生态大环境的影响,尽管可以采取种种恢复措施,但是任何后天人为的绿化都无法与经过长时间自然演替而形成的自然相媲美。因此,生态环境保护最终成为思小高速公路选线中首先考虑的问题。

对应公路建设的不同阶段,思小高速公路根据对生态环境保护的贡献将生态选线划分为四个层次。

第一层次:工程可行性研究阶段的走廊带选择。思小高速公路的工程可行性研究从1986年起,历经多次讨论、研究、修正,其间有多部门、多学科的专家学者参与了调研和论证,其中对生态环境的影响是讨论的主要内容,一直到2000年5月才最终确定走廊带方案。一条高速公路走廊带的选择花费了数十年的时间,这里面有认识逐步提高、理念不断深入的原因,同时也体现了思小高速公路建设者对生态保护慎重、严谨的态度。

第二层次:初步设计阶段的路线方案确定。路线优化出总体走向方案之后,在具体路段线位布设时,同样遵循"尊重自然、服从自然、不破坏就是最大的保护"的理念,以生态保护为先决条件进行比选。初步设计阶段,遵照生态选线的原则,对沿线的大木桥、南岛河、二台坡等7个路段进行比选,并提出了8个研究方案,比选里程累计长度占路线总长度的52.4%。

第十六章

文化建设

第三层次：施工图设计阶段的局部线位方案设计。进入施工图设计阶段后，根据实地考察，从生态保护出发，又对初步设计进一步分析，对局部路段再次进行细化和调整。细部线位优化的里程为线路总长的25.6%。

第四层次：施工中细部路段的线形微调。生态选线的理念，从线路走廊选定延续到施工全过程；从宏观决策延续到微观及细微工作中。在施工过程中，发现更有利于生态的线位方案时，或者在施工图设计的线位上有重要生态敏感物时，则对道路线形进行微调，尽可能保护生态环境。思小公路施工中，曾采取为珍稀植物让路举措，受到了社会赞扬。

（2）原生地貌保护

思小高速公路沿线山川、河流发育，山间的坝区平整，地貌形式丰富多样。为了减少对原生地貌的破坏，思小高速公路在路线选择时巧妙地应用桥梁、隧道，以及对路基进行精心设计和处理，最大限度地保存了沿线动植物赖以生存的基础和稳定的地理结构。

（3）野生动物保护

思小高速公路K45～K55、K72+200～K82+130和K85+611～K87+900三处路段是野生动物经常出没的路段。为了保护珍稀野生动物活动场所，建设中采取桥梁、隧道等措施，建立了足够的动物通道，降低"廊道阻隔效应"。

（4）原生植被保护

对于思小高速公路而言，对沿线原生植被的保护，包括对热带雨林植被的普遍保护和沿线古树名木的重点保护两部分内容，保护措施除"生态选线"和"原生地貌保护"两项源头性的措施外，在建设过程中技术人员牢固树立"不破坏就是最大保护"的理念，采取一系列措施对雨林植被和古树名木进行保护。

初步设计阶段，经过曼井缅傣族村寨路段的路线方案正好穿过十多棵当地群众称为"神树"的大榕树，若方案不进行调整势必要砍伐或移植这十几株"神树"，而这是当地群众难以接受的。为此，在施工图设计阶段，设计人员对局部线位进行了调整，虽然投资有所增加，但这些大榕树却被完好地保留下来。

施工过程中，施工人员发现野象谷南立交的匝道三角带处有一棵古老的珍稀树种，属于国家重点保护植物，同时也是热带雨林的标志性植物，必须严格予以保护。如果按照原设计，在三角带处路基采用路肩挡土墙方案，势必会影响这棵珍稀的保护植物。因此，在施工阶段调整了路基设计方案，把挡土墙调整为路堤，边坡的坡度以将该树的整个根系保留下来所需坡率为标准。如今，这棵大树安然无恙地站在那里默默地陪伴着思小高速公路，成了思小高速公路景观的一个组成部分。

（5）水环境保护

思小高速公路在借鉴国内外同类技术经验基础上，在云南省内首次引入生活污水土壤渗滤处理系统技术，并针对思小高速公路沿途所辖14个附属区所产生的生活污水进行污水深度处理,以保护公路沿途生态环境,同时,在部分处理水量较大的站点实现中水回用,将处理后的生活污水回用于景观绿地的喷灌用水,以节约用水。

(6)边坡生态恢复

在工程实施过程中,对沿线的挖方边坡进行了细致的调查分析,确定了合理的边坡坡率,宜陡则陡,宜缓则缓,同时,选择合适的边坡生态恢复植物如大红花、狼尾草等,实现景观效果和绿化效果。

(7)取弃土场生态恢复

在思小高速公路主体工程设计方案中,已考虑了对取土场的植被恢复措施,工程数量充足。取土场场地整平后,归还当地政府进行复垦。为避免地表裸露时间过长,整平后的取弃土场及时撒播速生的先锋草种进行植被恢复。思小高速公路土石方经过全线平衡后,须取土 $848734m^3$,布设 7 处取土场,占地 382.044 亩,随着工程竣工所有取土场均已进行了复垦或植被恢复处理。相对取土场而言,弃土场更容易引起新的水土流失。思小高速公路施工中,经过土方平衡后,还产生弃方近 $5000000m^3$。弃土场沿线布设 18 处,另有两处弃土用于服务区内的地形改造。随着主体工程施工,同时对弃渣场及时进行防护和植被恢复。

(8)生活环境恢复

公路建设势必会对沿线居民生产生活产生一定的负面影响,在思小公路后期动态设计阶段,针对普文小学路段(K42+285~K42+395)提出了设置声屏障的要求。为此,在工程实施阶段,对声屏障的设置原理、降噪效果预测及具体形式等作了深入的研究和分析,最终选择了与自然、人文环境相协调的声屏障方案。

公路是一个条状构造物,不可避免地对生态环境造成一定的破坏。对于已遭到破坏的生态环境,思小高速公路的建设者们按照"师法自然"的原则,采取"三同时"的积极措施,运用生态原理和技术,借鉴地域植物群落,承袭当地物种的演替规律,尽快恢复被破坏的植被,科学而艺术地再现地带性群落,使建成的公路融入自然,使其生态尽快得到恢复,营造出一条"车在林中行,人在画中游"的绿色走廊。

根据路基、路侧净区、边坡、中央分隔带、隧道、桥梁、立交等结构特点及弃土场恢复工程需要,以热带雨林为背景,采取"融、弱、细、突"等景观营造手法,努力把思小公路打扮成一条连续、圆滑、顺畅、舒适、宜人的绿色走廊。

运用"精、美、细、巧"的方法,以山水、田园、村庄、孤木、玩石为音符,绘制一个个变化的节奏,再把沿线的服务区、观景台、收费站、停车站及沿线的跨线桥等设施,装扮成一幅幅美丽诱人的画面。充分运用现代科学技术,实行全程监控,保证车辆安全快速地行驶。

通过采取上述措施,思小高速公路形成了以安全为主题,以流动为旋律,以人、车、路、环境为系统的国内外经济文化交流的绿色走廊。

2. 永武高速公路——精雕细琢建精品

永仁—武定高速公路通过《滇之门》《苴却传说》《南方丝绸之路》《期待》《巧渡金沙江》《罗婺先民耕种图》7组文化景观雕塑,展现沿途民族文化、地域文化和历史文化(图16-5)。

图16-5　永武高速公路文化景观

永武高速公路穿高山深谷,沿线少数民族多为彝族,元谋因发现170万年前的"元谋人"和作为红军巧渡金沙江地点之一而闻名海内外。在文化景观工程建设过程中,建设者精益求精,从严要求,7组景观的设计从96个方案中精挑细选,通过不断对比,优化完善而成,取得了很好的效果。

《南方丝绸之路》雕塑使古今的道路、交通方式以直观视觉的形式呈现在人们面前,并形成鲜明对比。永武高速公路沿线艺术景观突出其起点处于由川入滇的门户特征,展现沿途民族文化、地域文化和历史,于永仁、元谋、武定服务区内设计展现本地区民族文化、地域文化和历史的公共景观雕塑作品。

元谋服务区下行线方向"期待"雕塑以元谋地区发现的古猿人"元谋人"为题材进行创作来表现元谋作为人类故乡的独特地域文化,告诉人们,这里曾经是人类的发祥地。位于公路边眺望远方的"元谋人"使人产生某种遐想。

"红一军团于1935年5月4日到达元谋的龙街渡口。此处江宽水湍,没有渡船,浮桥架起一半就被急流冲走,很难在此渡江。军委命令一军团折往皎平渡,留下红二师继续架设浮桥,摆出渡江架势,以迷惑敌人,从而保证了渡江的顺利成功"。元谋服务区上行线方向"巧渡金沙江"雕塑以这一历史事件为线索,表现了我党我军是有勇有谋之师。

3. 武昆高速公路——多元文化促旅游

武定—昆明高速公路途经有以"雄、奇、险、秀"著称的狮子山和佛教文化、牡丹文化、民族文化等多元文化共融,底蕴深厚的武定县和自然资源及人文资源丰富,被称为"昆明北大门""川西门户""中国杨梅之乡"的富民县,并止于气候宜人、民族风情浓厚、文化质朴的历史文化名城——昆明。

按照云南省公路投资公司和武昆高速公路建设指挥部"创先争优在武昆,强化管理出精品"的目标,为更好地挖掘、提炼及展示当地最具典型性、代表性的文化形态,打造好武昆高速公路文化景观,武昆高速公路建设指挥部联合云南路景公路文化咨询有限公司多次对沿线进行了实地考察调研,深入挖掘路域特色文化。本着安全通畅、注重生态、文化植入、经济实用、功能统筹的原则,从公路交通文化、地域历史文化、民族民俗文化三个方面进行文化因子的提炼总结,以"武昆高速,滇川枢纽,和谐通途"为公路文化建设主题,分"罗婺流芳""滇北锁钥""春城彩练"3个文化段,借助隧道、桥梁、抗滑墙等载体,在起点展示了武昆高速公路主题形象,并设置了3个分段形象,在富民服务区上下行线设置了展示红色文化、古滇国历史文化、彝族罗婺文化、武昆高速公路建设风采等不同文化内容的文化墙,对全线4座隧道进行了文化景观营造,对12座主要大桥进行了桥名艺术化展示,对1处抗滑墙进行了文化景观装饰,在全线设置了20处推介沿线特色旅游资源的旅游文化标识标牌,系统展示了沿线特色文化、武昆高速公路建设风采和云南省公路开发投资有限责任公司企业文化。

通过上述系列文化景观建设,武昆高速公路建设成了具有沿线路域文化特色、民族风情特色的文化走廊,对提升武昆高速公路文化品位与建设品质,促进云南特别是滇中经济社会又好又快发展发挥了积极的助推作用。

4.元磨高速公路——优选植物道路美

元江—磨黑高速公路穿越哀牢山和无量山,跨越元江、阿墨江、把边江三大峡谷,海拔高差达2000m。

由于特殊复杂的地质地形、横坡陡峻、山高谷深,突起突降,路堑边坡数量甚多。根据元磨高速公路海拔高差大,具有"一日有四季""十里不同天"的立体高山气候特点,遵循植物演替规律,创造与当地自然条件相适应的植物群落的原则确定树、草品种。在海拔450~1000m气候较热地区采用以新银合欢、三叶豆为主的速生耐旱灌木草坡,在海拔1000~1700m地区采用以车桑子、三叶豆为主的速生耐旱灌木加上苇状羊茅、白三叶为主的丛生深根性草本共同组成的灌木草坡,实现了生物防护、固土护坡、四季常绿、恢复自然、美化路容的效果。

二、云南公路馆

云南保山潞江坝,这个被人们誉为与太阳相拥吻的地方,古代丝绸之路、滇缅公路、中印公路、320国道、保龙高速公路都从这里经过。这里恰好是中印公路昆明至雷多的中点,是云南走向南亚桥头堡建设格局中的节点位置。

第十六章
文化建设

由云南省公路投资公司建设的云南公路馆位于保龙高速公路的潞江坝服务区。云南公路馆建筑面积1200余平方米,于2011年5月建成开馆,是全国第一个面向社会免费开放的公路文化主题馆(图16-6)。

图16-6 云南公路文化主题馆外景

听怒江涛声、观大桥雄姿、品历史文化、赏民族风情,是云南公路馆的精髓所在。在云南公路馆,对话云南悠久厚重的公路交通历史,感受云南独具特色的公路交通文化,了解云南公路交通的建设发展成就,追忆滇缅抗战"血线"建设的悲壮,铭记滇西抗战的历史功勋,体验交通带来的快乐,是每个在潞江坝服务区度假的人的共同感受。

云南公路馆布展在内容上突出了以公路文化为主,其他文化为辅;以高速公路为主,农村公路为辅;以现代交通建设成就为主,交通发展历史为辅;现代科技手段与传统展示方式相结合的特点。在功能作用上,突出了把公路馆建设成为交通文化展示平台、爱国主义教育基地和行业职业道德教育基地。

公路馆分馆外馆内两部分。馆内与馆外的有机结合,达到了馆内外互为补充、相得益彰的展示效果。

馆外,建成按比例缩小的惠通桥、滇西抗战文化墙、滇缅公路示意图,广场展示石碾、推土机、军用吉普、坦克、军用十轮大卡车等滇缅公路和滇西抗战历史实物。石碾和推土机是当年修筑滇缅公路和中印公路时的主要机械;吉普车是工程技术人员检查工地使用的交通工具;十轮卡车则是滇缅公路上运输抗战物资的主要运输工具。使人们在这些锈迹斑斑的历史实物中感悟修建滇缅公路和滇西抗战的悲壮与不朽。

在展馆外阳台,塑立了袁滋为五尺道题词碑、霁虹桥碑、茶马古道碑、惠通桥碑、毛泽东和朱德题词碑、6块云南交通名碑以及养护滇缅公路的一丘田道班等,向人们展示了云南交通从秦修五尺道到现代公路的发展轨迹。在众多的名碑中,毛泽东的题词最有代表性,"为了帮助各兄弟民族不怕困难努力筑路",将永远激励公路人为建设云南交通不懈努力的决心。

惠通桥在滇西抗战中起到了举足轻重的作用。惠通桥始建于民国25年(1936年)。1942年初,日寇自缅甸北犯滇境,日寇逼至怒江西岸桥边,守桥部队将惠通桥炸毁,将日军阻隔在怒江以西,粉碎了日军直捣昆明、重庆的企图。公路馆在此修建了一座按比例微缩的惠通桥,让人们缅怀那段难忘的岁月。

馆内则分序厅、云南公路赋、云南公路交通变迁、云南三大国际通道、云南公路交通建设成就、云南公路交通六个一百、云南公路与经济社会宏图远景、云南公路通向未来8个主题展区,俨然一个公路大观园、公路历史博物院、资料库。布展充分考虑受众者可读、可视、可记、可参与及艺术审美等需要,通过多台高流明高画质投影机拼接,结合高保真音箱系统和触摸查询控制系统共同组成大场景环幕。其中,公路交通"六个一百"选择有历史影响的云南公路交通大事,包括云南公路交通100个人物、100个故事、100个第一、100件大事、100个精彩瞬间、100件作品等。展馆内还通过纯虚拟3D沙盘、自动旋转展示装置、高流明高画质投影机等展示典型公路及大型构筑物如保龙路、小磨路、思小路、怒江大桥、牛栏江大桥等的外貌和建设过程。

三、云南公路文化微展馆

云南公路文化微展馆于2016年5月建成,位于云南省公路投资公司机关大楼。

云南公路文化微展馆按照"传承·寻梦、创新·筑梦、展望·追梦"的总体思路进行布局,并以五尺道、茶马古道、南方丝绸之路、滇缅公路、史迪威公路等为主线,综合利用多种方式,全面、系统地展示了云南公路文化的发展变迁,主要由200多平方米的公路文化墙展板、云南交通规划示意图沙盘、反映云南交通发展变迁的大型浮雕和云南高速公路代表性工程微缩模型等组成。

四、云南公路图书馆

云南公路图书馆于2016年5月建成,位于云南省公路投资公司机关大楼。

云南公路图书馆藏书规模6万余册,占地面积700多平方米。图书馆收藏了国内外现有的公路建设、工程、社科、人文、自然和新中国成立以后云南公路人在公路建设领域取得成就的文史书籍,为提升行业队伍专业知识技能、传播公路文献文化资源、推进公路文化建设搭建了一个有效的平台。

"两廊三馆"的建设是云南公路文化建设的重大实践和文化创新。"两廊三馆"各具特色,各有侧重,各有亮点,相得益彰,成为云岭高原上一道亮丽的风景线和云南公路建设管理的品牌,提升了云南公路的文化品位。

交通运输部文明委对云南高速公路文化建设给予高度评价:把行业文化与路域文化

有机结合,亮点突出,在全国独树一帜,经验可向全国推广。

五、文明创建

(一)优质文明服务

云南省交通运输厅在高速公路收费服务领域着力推行标准化、精细化管理,为驾乘人员提供"三笑"服务,努力打造现代高速公路管理文化品牌。

为了让车行得"通畅",也让驾乘人员行得"舒畅",全省交通运输行业把"路畅人和"作为最高追求,把群众满意作为第一标准,把提升服务质量作为核心任务,在交通服务窗口大力开展优质文明服务活动,为人民群众提供"畅通、便捷、舒适、美观"出行条件和"文明、周到、融洽、和谐"的人性化服务环境,争当优质服务标兵,争创群众满意窗口。

2009年12月,承担着全省80%以上高速公路运营管理任务的云南省公路开发投资有限责任公司启动了"优质文明服务样板收费站"创建活动,把昆明西、小喜村、大理、水富等10个门户、枢纽收费站作为"优质文明服务样板收费站"创建试点。

在创建过程中,云南省公路开发投资有限责任公司全面推行"依法收费,文明服务;业务熟练,规范快捷;站亭整洁,安全畅通"的收费工作标准和"微笑服务、'迎礼'手势、'三笑三正'服务、文明服务用语"的优质文明收费服务标准,建立优质服务、优良秩序、优美环境以及工作程序化、服务规范化、管理科学化、分配合理化、行动军事化的"三优五化"服务和管理体系,开展服务之星、样板收费站、标杆收费站评选活动,为驾乘人员提供"三笑服务"。当车辆驶进车道时,给予"迎宾式"微笑;驾驶员交费时,给予"感谢式"微笑;起杆放行时,给予"回眸式"微笑。同时,要求收费服务做到入口发卡、出口客车收费和货车计重收费的时间控制在10s、15s、30s以内。

2010年9月26日,优质文明服务在云南省公路投资公司22条高速公路、139个收费站全面启动。5110名收费员换上全新的服装,庄严宣誓要做到"依法征费、热忱服务、站亭整洁、畅通快捷、公平公正、接受监督、以人为本、共建和谐"。

2010年10月,云南省交通运输厅召开全省收费公路优质文明服务现场交流会,全面推广云南省公路投资公司的优质文明服务,要求服务窗口为服务对象提供人性化、亲情式、全方位的优质高效服务,争创"温馨交通示范岗""微笑彩云南服务标兵",着力打造服务设施齐备、服务环境良好、管理方法科学、工作业绩突出的文明窗口,努力打造云南交通运输优质服务品牌。

(二)树立交通好形象

2014年4月,为巩固拓展全厅党的群众路线教育实践活动成果,进一步提升交通运输服务水平,促进行业核心价值体系建设,为深化改革营造良好氛围,树立良好的行业形象,云南省交通运输厅启动了深入开展树立交通好形象活动,以促进全系统干部职工的思想、作风和行业精神文明建设,加强全系统服务型党组织建设。

活动要求,要树立为民务实的好形象、树立敢于担当的好形象、树立改革创新的好形象、树立清正廉洁的好形象、树立行业稳定和谐的好形象。要坚持广泛动员,做到全员参与、人人有责、从我做起;坚持分类推进;加强督导;坚持务求实效,把人民群众满意作为检验活动成效的标尺。要切实加强干部职工队伍思想建设,着力深化三年高速公路建设攻坚战,进一步提升道路运输服务水平,加强公路养护管理、保障路网畅通,努力在深化交通运输改革上实现良好开局,开展执法评议考核、提升文明执法水平,完善直接联系和服务群众制度,大力加强机关作风建设,讲好"交通故事"、集中宣传一批交通先进典型。

活动要求,要清楚"一个使命",就是"服务至上,美在交通"。"服务至上"是发展需要坚持的基本理念,是对工作的根本要求,在"建、管、养、运、安"各项工作中必须把服务突出出来。"美在交通"是窗口服务单位要把工作做好,为服务对象提供优质、人性化的服务,赢得服务对象的认可和肯定,进而升华为对交通好形象的认可。要明白"一个计算法",就是"$100-1=0$的社会计算法"。要坚持"两手抓",一手抓建设,解决老百姓走得了的问题,扩大交通基础设施的总量;同时,要一手抓管理养护,让老百姓走得舒心、走得顺心,树立交通好形象。

(三)"美丽家园"建设

2009年2月,云南省公路投资公司在高速公路基层站所启动"1135"工程建设(每周1次升国旗仪式;每月1次队列训练;开展"菜园、果园、养殖园"三园建设;每年读5本好书、写5篇心得体会、做5件好事、植5棵树、栽5盆花),决定把"1135"工程建设作为推动运营管理服务、企业文化建设和职工队伍建设的载体。

"1135"工程建设开展以来,该公司9个管理处近200个收费站和65个隧道管理站把驻地附近、立交区空地、边坡、无价值的绿化带(树)盘活成菜园,种上蔬菜、果树,建盖猪圈、鸡圈、羊圈,使原来沉睡休眠的土地最大限度地发挥了作用,"三园"建设提质增效工作取得明显成效。据统计,截至2015年底,菜园种植面积达到160723m^2,种植50个品种26459株果树,养殖11类牲畜19416只(头)。"三园"建设坚持采取生态种植养殖的方式,建设成果受到了客户的青睐,各类"三园"建设成果仅2014—2015年两年时间就实现销售收入近360万元,涌现出了"花园式站点""依靠勤劳双手改善职工生活站点""开动脑筋建设美好家园站点"等一批特色样板站点。

2016年,在"1135"工程建设取得明显成效的基础上,为促进公司的战略转型升级,云南省公路投资公司有效整合公司资源,提出将"加工厂"建设纳入"三园"建设,实施"三园一厂"建设,"1135"拓展为"11315",并制定《"三园一厂"建设工作考核办法》,倡导各单位根据区位优势,建设更多的发电厂、百货公司、超市公司、酒店、食品公司、矿泉水厂,为公司长远发展、转型升级奠定坚实基础。

云南省公路投资公司以重点进行"菜园、果园、养殖园、加工厂"的"三园一厂"建设的"11315"工程建设,丰富了高速公路基层一线员工的餐桌,降低了职工生活费,给职工带来实惠。同时,通过"1135"工程建设的开展,对提升员工凝聚力和整体素质,全面打造学习型、务实型、创新型、服务型员工队伍,增强员工主人翁责任感,增强职工勤俭办企业、踏实工作的作风,培育员工"企业是我家""建设美丽家园"理念,构建和谐企业起到了积极的推动作用,其经验被省内外其他高速公路运营管理单位乃至其他行业单位参考借鉴。

六、报纸杂志

云南高速公路建设的迅猛发展,离不开省内行业报纸杂志的大力宣传。通过云南交通报、云南现代交通科技、云岭高速等报纸杂志的广泛宣传报道,让社会更多地了解到了云南高速公路的建设历程和建设成就。

(一)《云南交通报》

《云南交通报》于1983年3月5日创刊,由云南省交通厅主办。1984年确定为周一刊8开小报,1985年起对外公开发行,1995年改为周二刊。2001年起改为连续性内部出版物,同时改为周一刊,2011年起改为周一刊4开大报。到2015年底,《云南交通报》共出版1973期。

《云南交通报》把宣传云南交通当作神圣使命和义不容辞的责任,从20年前云南第一条高速公路诞生起,高速公路的宣传报道一直是报纸的重头戏。20年来,记者、编辑们追随云南高速公路建设的步伐,采写和编辑了大量有关高速公路建设的消息、通信,详细记录了云南高速公路的建设历程,讲述高速公路建设的故事,为后人留下了大量珍贵的历史资料。《云南高速公路建设实录》编撰过程中就引用了《云南交通报》的不少资料。

无论在公开发行期间或是改为内部出版物后,《云南交通报》在云南新闻出版界均获得较高评价。

(二)《云南现代交通科技》

《云南现代交通科技》原名《云南交通科技》,是云南交通行业技术类实用型科技刊物,创办于1980年。1999年,经国家新闻出版署批准向国内外公开发行,2000年全国报刊整顿时,《云南交通科技》改为连续性内部资料出版物。2012年,《云南交通科技》经云南省交通运输厅批准,改由云南省交通运输厅主管、省公路学会主办,并改名为《云南现代交通科技》。《云南现代交通科技》积极配合云南交通建设,为科技人员提供技术研究、发表论文的平台,也为公路一线建设者提供学习和了解新技术的平台。结合云南高速公路建设的特点,《云南现代交通科技》开展了滇西膨胀土地区施工技术的讨论、热带雨林地区的思小公路建设环境保护的讨论、云南山区高速公路建设规划的讨论,及时报道了公路建设中一些难点和重点的科技攻关项目。《云南现代交通科技》每年6期,年发表论文平均120篇。

(三)《云岭高速》

2007年1月,云南省公路投资公司创办内刊《云岭高速》。刊物定为月刊,每年12期。《云岭高速》紧紧围绕高速公路项目建设、收费、养护、经营开发和企业文化建设、精神文明创建等工作,全面反映和深情讴歌了云南高速公路建设、运营管理的巨大成就,已成为云南省公路投资公司树立社会形象的旗帜、团结鼓劲的号角、精神文明和企业文化建设的有效载体,办成了全体干部职工的精神家园,深受公司职工的喜爱,得到了行业内外的肯定。

七、纪实类作品

云南高速公路建设引起了社会各界的广泛关注,交通系统以及社会各界作家、记者们深入采访,撰写了大量纪实类作品。这些作品,生动记录了云南高速公路的建设历程,热情讴歌了为云南高速公路建设做出奉献的公路建设者,成为云南高速公路文化建设的重要组成部分。

(一)《大通道》出版发行

2010年10月,云南建设中国连接东南亚南亚国际大通道纪实《大通道》一书由云南民族出版社出版。这是为庆祝中华人民共和国成立60周年,在云南省委宣传部、省文联的支持下,云南省作家协会组织作家采写的十部报告文学之一。作者白山是位回族女作家,她创作的《血线——滇缅公路纪实》曾获第五届全国少数民族文学创作骏马奖。2006年,在云南省文学艺术"四个一批"人才评选中,白山被授予"云南文学艺术贡献奖"。从开始写作到作品正式出版,《大通道》历经十年。白山称之为"十年磨一剑"。十年间,她经历了漫长的采访、思考、写作、再采访、再思考、再修改、再写作……她说,《大通道》的创作"就像在自己的心灵里、生命里修一条路,一条另一种形式的大通道。我的信念和汗水,都融入了它的路基"。

(二)《美哉,大丽高速公路》

2014年4月,反映大丽高速公路建设历程的长篇报告文学《美哉,大丽高速公路》由云南出版集团云南人民出版社出版。该书作者为原《春城晚报》总编辑刘祖武。从 2013 年 3 月 16 日第一次与建设中的大丽高速公路亲密接触,到同年 12 月 30 日大丽高速公路建成通车,作者先后 10 次前往施工一线采访,每次停留时间都在一周左右。在掌握大量素材和资料的基础上,作者把大丽高速公路的建设,放在云南省经济社会发展、全省交通基础设施建设以及云南省公路投资公司成长壮大的背景下透视;在表现大丽高速公路建设这一重大事件的同时,把目光投向广大建设者,注重在建设者中发现人物,以事带人,以事写人;在表现人物时,不仅写出他们做出的不平凡事,更重视挖掘他们不平凡的内心世界,撰写出他们做人做事时所呈现出的人性光辉和英雄品质,从而告诉读者,他们很平常,但很了不起。

(三)颜士泉系列作品

云南省作家协会会员颜士泉跟踪云南公路建设,撰写了以云南公路建设为题材的一批纪实作品,其中反映云南高速公路建设的作品有:由云南科技出版社出版的《壮志铸大保》,云南大学出版社出版的《昆安彩虹》,云南出版集团云南人民出版社出版的《乌蒙磅礴筑水麻(上下册)》《古道新颜》。这些作品分别记叙了大保高速公路、昆安高速公路、水麻高速公路、永武高速公路的建设历程,真实再现了公路建设指挥部和公路建设者的感人故事,讴歌了一批在公路建设中涌现出的英雄模范人物,诠释了云南交通干部职工作风硬、能吃苦、乐于奉献和善于打硬仗的英雄本色。

(四)安楚高速公路"突破瓶颈"

2005 年 6 月,《突破瓶颈——安楚高速公路建设纪实》一书由云南民族出版社出版。本书作者为原《云南交通报》副总编王家凯。作者通过深入采访,以螳螂川大桥、大红田隧道、长田水库大桥、孔家庄隧道等节点工程为线索,真实记录了安楚高速公路的建设历程,再现了公路建设者攻坚克难、用智慧和汗水"突破瓶颈"的气概和风采。

八、摄影画册及相关书籍

云南高速公路建设日新月异的发展,吸引了行业内外摄影爱好者的眼球,他们用手中的相机,定格高速公路建设一个个精彩瞬间。云南高速公路相关行业主管部门通过摄影比赛、编辑画册等方式,适时把摄影爱好者的精彩照片收集整理成册,为记载云南交通事业特别是高速公路建设事业的发展变迁留下了宝贵的图片资料。云南省交通厅重视高速公路资料的收集、整理,编辑相关书籍,记录高速公路的建设历程和发展历史。这些图片和文字,为《云南高速公路建设实录》的编撰提供了宝贵资料。

（一）"昆石杯"交通职工摄影大赛

2003年，为宣传云南公路建设中默默奉献的普通劳动者，为交通系统摄影爱好者提供广阔的创作空间，依托建设中的昆明—石林高速公路，云南省交通工会与昆石高速公路建设指挥部联合开展"昆石杯"全省交通职工摄影大赛。大赛共收到来自全省公路建设、养护、路政、客运、水运等单位100多位摄影爱好者的400多帧照片。

摄影大赛由云南省摄影家协会组成的评委对所收到的作品分新闻类和艺术类进行评审。参赛作者中有交通系统的领导干部，有在职的交通职工，也有已经退休的老同志。他们的作品定格了交通职工的五彩生活，记录了云南交通事业的发展，特别是高速公路的建设。大赛结束后，近200帧获奖和入选照片编辑成《彩云之路》画册。

（二）纪念抗日战争胜利60周年系列活动

2005年8月，在抗日战争胜利60周年之际，云南省交通厅开展系列活动，重温滇缅公路的辉煌历史，对交通职工进行了一次生动的爱国主义教育。画册《滇缅公路——镌刻在人们心中的丰碑》就是这次系列活动的一项成果（图16-7）。画册汇集了大型图片展和"重走滇缅路"摄影大赛征集到的大量照片。

图16-7 介绍滇缅公路历史的大型画册

云南省交通工会与昆瑞高速公路有限公司联合举办"昆瑞杯"纪念抗日战争胜利60周年"重走滇缅路"摄影大赛，交通系统60多位摄影爱好者参赛，参赛作品达260多件。139名志愿者、30多名记者及工作人员从昆明汽车客运西站——滇缅公路零公里处起步，开始了历时7天的"重走滇缅路"之旅。8月28日，由云南省交通厅主办，春城晚报、云南人民广播电台交通之声、云南骁骑越野基地承办，云南大山饮品有限公司、中国人寿云南省分公司等合办的"自驾车重走滇缅路"活动正式启幕。8月29日,由云南省交通厅主办的《滇缅公路——镌刻在人们心中的丰碑》大型图片展览在昆明展出,200多幅图片形象地向人们全面介绍了滇缅公路的历史。8月30日,云南省交通厅召开纪念抗日战争胜利60周年座谈会,一些专家学者、南侨机工代表,以及滇缅公路和中印公路沿线党政领导,回顾了滇缅公路在抗日战争中发挥的重要作用,共同缅怀为抗战胜利而捐躯的英雄们。

(三)"昆磨杯"摄影比赛

为多角度展示昆磨公路的风采,2006年,云南省摄影家协会、云南省摄影家协会交通分会与昆磨高速公路有限责任公司合作,开展"昆磨杯"摄影比赛。这次比赛,参加人数107人,参赛作品556幅。在摄影比赛的基础上,省交通厅编辑出版了大型画册《从茶马古道到昆曼国际大通道》。画册分大路风采、古道沧桑、翻身大路、大路变迁和国门之外五章,真实记录了从茶马古道到昆洛公路再到昆曼国际大通道的变迁,浓缩了云南数千年的交通史。画册汇集了"昆磨杯"摄影比赛的部分获奖作品,各公路总段向画册积极提供文字材料和图片资料,当年参与昆洛公路建设的老同志们,还把珍藏了50多年的老照片提供出来,使画册增添了历史的厚重感。

(四)改革开放30年系列活动

2008年,为纪念改革开放30周年,展示改革开放30年以来云南交通建设的飞速发展,云南省交通厅开展了系列活动。

1.举办"云南交通30年"征文活动

数百件应征稿件以不同的样式,从不同的角度反映了改革开放30年云南交通事业的发展历程、伟大成就、巨大变化、宝贵经验和付出的艰辛努力。在征文活动的基础上,省交通厅编辑了《云南交通30年辉煌》一书,并由云南出版集团云南人民出版社出版。

2.编辑出版画册《云南交通30年嬗变》

画册由云南省交通厅主办、云南省摄影家协会交通分会承办、云南省公路投资公司协办。画册《云南交通30年嬗变》由路的嬗变、桥的嬗变、隧道嬗变、运输嬗变、改革创新、科技教育、文明创建等方面的内容组成,收录了部分老同志珍藏多年的老照片和云南省图书馆提供的珍贵历史照片,较为全面地记录了云南交通事业改革开放30年发生的巨变。

3.举办改革开放30周年摄影图片展

展览在云南省图书馆举办,展出图片400多幅。这些图片展示了云南交通建设所走过的艰辛历程、建设过程中的精彩瞬间,展示了高速公路的风采,展示了云南交通由封闭型交通到开放型交通、管理型交通到服务型交通、传统型交通到现代交通的历史跨越。

(五)《云南公路桥梁》

2004年10月,云南省交通厅主编的《云南公路桥梁》画册由云南科技出版社出版。这是云南省交通厅继1999年12月编辑出版《云南桥梁》后,再次推出的又一本桥梁画册。五年间,云南公路建设,特别是高速公路建设和桥梁建设有了巨大的变化和发展。到2003年底,云南公路总里程达16.6万km,其中高速公路1129km,有各类桥梁12216座、456526延米。该画册以云南五年高速公路桥梁建设为主体,共分为七篇,分别介绍梁桥、拱桥、悬索桥、斜拉桥,以及弯、坡、斜、高桥群和立交桥、桥隧相连景观。

(六)《云岭高速公路》

云南第一条高速公路建成于1996年10月。10年后的2006年,云南建成17条高速公路,里程突破1500km。为纪念云南首条高速公路建成通车十年,云南省公路学会编辑出版了大型画册《云岭高速公路》。画册全面回顾了云南十年高速公路建设历程,并展示了全省已建和在建的30多条高速公路的风采。

(七)《云南公路隧道》

2009年8月,云南省公路投资公司、云南省公路学会、云南省公路学会隧道专业委员会合编的《云南公路隧道》大型画册由云南出版集团云南科技出版社出版发行。画册从1952年云南建成第一座公路隧道讲起,追述了云南从建设低等级公路隧道到建设高等级公路隧道,再到建设高速公路隧道的历史轨迹。画册分为蹒跚起步、大胆探索、步入高速、攻坚克难、科技创新、渐入佳境六章。画册用两个"300"概括了云南2008年的公路隧道,数量近300座,总长度约300km。

(八)《大通道的攻坚之战》

2005年6月,安楚高速公路建设指挥部指挥长孙乔宝主编的《大通道的攻坚之战——安楚高速公路建设纪实》大型画册由云南民族出版社出版发行。画册以图文并茂的方式全景式展示了安楚高速公路的建设历程,诠释了公路建设者们创造的"安楚速度",讴歌了安楚高速公路建设中塑造出的"安楚精神"。

(九)《"十五"云南交通 科技支撑铸辉煌》

科学技术是第一生产力。高速公路建设离不开科技的强有力支撑。云南高速公路发展的历史,就是科技进步的历史。高速公路建设是"十五"期间云南交通工作的主旋律,也是云南交通科技攻关的主战场。在每个高速公路建设项目中,都有科技项目作支撑。有了科技的强有力支撑,预应力混凝土连续刚构"世界第一高桥"成功飞跨元江;世界最

第十六章
文化建设

小半径反向 S 曲线连续刚构桥出现在云岭大地上。有了科技的强有力支撑,滇西红层、膨胀土等不良地质没有挡住筑路人一往无前的脚步。《"十五"云南交通 科技支撑铸辉煌》大型画册,详细展示了云南"十五"交通科技创新特别是高速公路建设科技创新取得的成果。画册由云南省交通厅主编,云南出版集团云南科技出版社于 2006 年 4 月出版发行。

(十)《滇缅公路的新起点》

2007 年 2 月,由昆安高速公路建设指挥部指挥长常文主编的《滇缅公路的新起点——昆安高速公路建设纪实》大型画册由云南出版集团云南科技出版社出版发行。昆安高速公路是一项难度极大的工程,是一项受到各方关注的工程,是一条有深厚历史底蕴的公路。1925 年,云南第一条公路在这里诞生;1938 年,举世震惊的滇缅公路从这里走向世界。滇缅公路几经改造、更替,已不再是原来意义上的滇缅公路。在这本画册的编辑过程中,昆安高速公路建设指挥部的同志们一致选择了"滇缅公路的新起点"做书名。在他们心中,有一份深深的滇缅公路情结。让滇缅公路的起点旧貌换新颜,是他们倍感自豪的事。继承滇缅公路的传统,公路建设者们在这里建成了云南最长的高架桥、最大的立交桥,创造了云南公路史上一个又一个崭新的"第一"。

(十一)《山与海的对话》

云南没有海。云南富有的是山。离云南最近的海是北部湾。从高山深谷走向蔚蓝的大海,云南人一代接一代,谱写了一部壮观的交通史。富砚高速公路建设就是一次山与海的深情对话。《山与海的对话——云南富砚高速公路建设纪实》大型画册从历史的对话、改革的对话、速度的对话、质量的对话、科技的对话、土地的对话等不同角度,展示了云南公路建设投资体制改革的一次成功实践。画册由云南富砚高速公路有限公司编,由云南出版集团云南科技出版社于 2008 年 4 月出版发行。

(十二)《国门唱响大路歌》

大型画册《国门唱响大路歌》由云南新河高速公路建设指挥部编辑,云南出版集团云南科技出版社于 2008 年 12 月出版发行。新河高速公路是云南第一条通达国门的高速公路。新河高速公路建设是一曲在国门前唱响的大路歌,一曲奋进的歌,一曲创新的歌,也是一曲奉献的歌。在这曲大合唱中,工程建设指挥部、施工单位、监理单位、设计单位、当地党委政府、沿线各族群众通力合作,使新河高速公路建设成了一曲和谐之歌。画册从新河高速公路面临的难题入手,全方位展示了公路建设指挥部攻坚克难的勇气和智慧、筑路企业的风采和公路建设者的精神风貌。

(十三)《阳光大道》

从2003年开始,云南省交通厅在交通基础设施建设领域,特别是在重点公路建设项目中积极探索,逐步推行改革评标办法、改革监理模式、改革勘察设计模式、改革物资采购办法、调整变更设计审批权、改革投融资体制,推行会计委派制、实行党建三项派驻制、建立项目跟踪审计制、建立民工工资兑付合同制等十项制度改革。为推广和普及十项制度改革,由云南省交通厅主办、云南东部高速公路有限公司承办,先后组织了十项制度改革的电视知识竞赛和征文活动。征文活动结束后,云南省交通厅编辑了《阳光大道——云南省交通厅十项制度改革征文选编》一书,并由云南出版集团云南人民出版社出版发行。

(十四)《"十五"云南交通科技成果与实用技术》

该书由云南省交通厅主编,云南科技出版社于2006年5月出版发行。全书共70多万字,系统介绍了"十五"期间经过云南省交通厅、省科技厅、交通部有关部门主持召开专家会议鉴定或验收确认的交通科研成果,其中的桥隧工程、道路工程、岩土工程、工程管理、材料与试验等章节,充分展示了"十五"云南高速公路建设的科研课题和取得的成绩。

(十五)《创新引领 大道笃行》

由云南省交通运输厅主编的《创新引领 大道笃行——云南高速公路二十年发展之科技创新》一书,2016年12月由云南出版集团云南科技出版社出版发行。全书分为探索发展"十五"年、铸就辉煌"十二五"、勇于追梦"十三五"三篇。第一篇回顾了"九五""十五""十一五"十五年间云南高速公路建设发展历程,以及交通科技工作在其中发挥的重要作用;第二篇全面总结了"十二五"期间云南交通运输事业,特别是交通科技创新所取得的辉煌成就;第三篇初步提出了"十三五"期间云南交通科技创新的思路、目标、重点和任务。云南省交通运输厅党组书记王云山在为该书所写的序言中写道:"20年来,一条条高速公路穿越横断山、哀牢山、乌蒙山、高黎贡山,跨过金沙江、澜沧江、怒江、红河,成为云岭大地一道道壮美的风景,这是交通建设者的功绩,也是交通科技工作者勇于创新和默默奉献的成果。"

(十六)《公路文化的理论与实践》

2012年3月,云南省公路投资公司原党委副书记宋明的专著《公路文化的理论与实践》一书由云南出版集团晨光出版社出版发行。宋明曾参与过楚大、大保等多条高速公路的建设,担任云南省公路投资公司党委副书记后,又组织和参与了云南千里公路文化走廊和企业"路畅人和"文化品牌的创建和实践。他将自己的学习探索和实践经验概括提炼,对公路文化的建设提出了独到的见解。

九、建设管理系列丛书

云南省交通厅和各高速公路建设指挥部重视高速公路建设经验的总结,不少指挥部将总结的经验汇集成书。这些实践经验成为云南高速公路文化建设的重要组成部分。

(一)吴华金系列丛书

云南省交通运输厅总工程师吴华金结合云南高速公路建设实践,与张林洪合作编著了《公路排水设施施工手册》《路基填筑施工技术》《山区公路选线》,与胡江碧合作撰写了《山区高速公路安全工程》,单独撰写了《道路工程哲学》。五本论著均由人民交通出版社出版发行。

《公路排水设施施工手册》介绍了公路排水的重要性、排水设计和施工的原则、排水系统组成及排水设施施工的质量保证体系,详细讲述了路基地面排水设施、路基地下排水设施、软土地基的排水固结设施、路基边坡防护排水设施、公路构造物与下穿道路排水设施、路面排水设施以及路面结构内部排水设施的结构、施工方法、工艺、质量控制和检测等内容,同时还讲述了路基、路面施工临时排水设施的施工方法。

《路基填筑施工技术》介绍了土石填料的物理性质、工程分类方法的基础知识以及路基的基本形式和要求,一般土、特殊土和土夹石的力学性质和影响因素;详细论述了土石填筑料最佳含水量和最大干密度的确定方法,一般路基的填筑施工工艺、方法和质量控制及检测方法,掺灰处治湿软土的理论和施工工艺、方法及质量控制方法,粉煤灰填筑路基的结构形式及施工工艺、方法和质量控制方法,多雨潮湿地区路堤填筑施工工艺、方法和质量控制方法及防护技术。

《山区公路选线》论述了山区走廊带选择、山区公路选线方法、公路地质选线和特殊地区选线、特殊工程选址、公路环境景观选线、山区公路路线方案的选择。

《山区高速公路安全工程》从人、车、路和环境系统层面,对山区高速公路建设和运行管理的安全保障技术作了较为全面而系统的研究和论述。内容涵盖了山区高速公路建设与运行管理的安全工程基本思想、内容、技术、方法和最新的研究成果。

《道路工程哲学》在回顾中西方哲学及工程哲学发展历程的基础上,以过程分析为主线,系统分析了道路工程中所蕴含的哲学思想;阐述了国内外道路建设活动的历史及工程哲学研究进展;分析了中西方哲学主要思想及道路网规划中的哲学思辨;探讨了道路建设与经济、社会及自然环境的辩证思想;辩证分析都江堰工程、滇越铁路人字桥、成昆铁路和云南思小高速公路、水麻高速公路螺旋隧道等工程的哲学思想和主观能动的智慧;分析了未来道路工程的发展方向和对新型道路工程人才的要求。

(二)《山区高速公路建设与管理》

2002年11月,由云南省公路学会和云南玉元高速公路建设指挥部编著的《山区高速公路建设与管理——云南玉溪至元江高速公路》一书由人民交通出版社出版。该书系统介绍了玉元高速公路建设与管理的经验,提出和解决了在山区修建高速公路的一些带有共性和个性的难点问题。时任交通部副部长的胡希捷在为该书所做的《序》中写道:"《山区高速公路建设与管理——云南玉溪至元江高速公路》一书,从工程技术和建设管理两个方面,对玉元高速公路建设管理的实践进行了全面的回顾和总结……""本书对弯、坡、斜、高桥的设计与施工、隧道施工、路基的深挖高填、高边坡的设计与处治、绿化环保等方面,都做了很好的分析和总结,探索出了一条在山区修建高速公路的成功道路,对其他的高速公路建设特别是山区高速公路建设有很好的借鉴作用。"

(三)安楚高速公路建设与管理丛书

2005年6月,由云南民族出版社出版的《安楚高速公路建设与管理》、由云南科技出版社和云南民族出版社合作出版的《安楚高速公路论文集》出版发行。《安楚高速公路建设与管理》全面记录了安楚高速公路建设过程中管理工作的各个方面。全书分上、中、下三册,上册为安楚高速公路工程项目管理办法;中册为设计和路基施工方面的经验总结;下册汇集了路面施工、交通工程施工、绿化、工程监理等方面的管理经验。安楚高速公路建设过程中,攻克了红层软岩、膨胀土等不良地质的施工难题,通过实践积累了不少宝贵的经验。建设者们对实践经验不断进行总结、提炼,进行理性思考,将其上升到理论的高度。《安楚高速公路论文集》收集的就是科技人员、管理人员撰写的论文。论文集分为上、下两册,上册主要是综合和路基施工方面的论文,下册汇集了路面施工、绿化、桥梁、隧道施工等方面的论文。

(四)思小高速公路建设丛书

思小高速公路在我国公路建设史上具有开风气之先的引导价值和典型意义。思小公路建设者们在施工中认真思考,在实践中不断总结,思小公路建成通车后,又完成了一项宏大的精神工程,编辑出版了《昆曼国际大通道:思茅—小勐养高速公路建设丛书》。这套丛书由人民交通出版社于2007年8月出版,分为五册。第一册为《生态公路探索与实践》;第二册为《雨林公路修建技术(思小高速公路建设论文集)》;第三册为《国门生态路(思小高速公路影集)》;第四册为《公路边坡生态恢复技术》;第五册为《公路连拱隧道设计和施工技术》。

十、先进集体及劳动模范

在云南高速公路建设和经营管理中,涌现出一批先进单位和劳动模范。

云南各高速公路经营管理单位紧紧围绕优质文明服务活动、树立交通好形象活动和文明公路运输线创建等工作,深入开展行业精神文明创建,推进高速公路行业文化建设。一些高速公路经营管理单位的文化理念和行业文化品牌赢得了社会的广泛认知,一批收费站荣获国家、省级"青年文明号""工人先锋号""全国交通运输行业文明示范窗口""巾帼文明岗"等荣誉称号。2012年12月,云南省公路开发投资有限责任公司行业文化服务品牌"云之路·路畅人和"入选"十二五"首批候选全国交通运输文化品牌名单。2014年10月,保山—龙陵高速公路高黎贡隧道管理站被国务院授予"全国民族团结进步模范集体"称号。2016年7月,元江—磨黑高速公路老苍坡隧道管理站党支部被党中央授予"全国先进基层党组织"称号。

云南高速公路建设受表彰劳动模范信息见表16-1。

云南高速公路建设受表彰劳动模范信息表　　　　表16-1

序号	姓名	性别	民族	获奖名称	工作单位
1	陈勤彦	男	汉族	2000年全国劳动模范	云南省交通科学研究院
2	沈忠武	男	汉族	2001年部劳动模范	云南省公路开发投资有限责任公司
3	孙永祚	男	汉族	2002年省劳动模范	云南省航务管理局(时任东部高速公路公司总经理)
4	熊玉朝	男	白族	2004年部劳动模范	云南省公路开发投资有限责任公司
5	张从明	男	汉族	2004年部劳动模范	云南省公路开发投资有限责任公司
6	孙乔宝	男	汉族	2004年省劳动模范	云南省公路开发投资有限责任公司
7	常文	男	汉族	2008年省劳动模范	云南省公路开发投资有限责任公司
8	王珏	男	汉族	2008年省劳动模范	云南省公路开发投资有限责任公司
9	彭赛恒	男	汉族	2009年部劳动模范	云南云岭高速公路工程咨询有限公司
10	陈宙翔	男	汉族	2009年部劳动模范	云南云岭高速公路桥梁工程有限公司
11	李建刚	男	汉族	2010年全国劳动模范	云南省交通规划设计研究院
12	郝蜀东	男	汉族	2011年省劳动模范	云南省公路开发投资有限责任公司
13	李忠海	男	汉族	2014年省劳动模范	云南省交通规划设计研究院
14	陈加洪	男	汉族	2015年部劳动模范	云南交通咨询有限公司
15	王文义	男	汉族	2015年部劳动模范	云南省公路工程监理咨询公司
16	杨龙	女	汉族	2015年部劳动模范	云南省公路开发投资有限责任公司昭通管理处
17	孙英勋	男	汉族	2015年部劳动模范	云南省交通规划设计研究院
18	蒋鹤	女	壮族	2017年省劳动模范	云南公投建设集团设计研究院有限公司
19	孙武云	男	汉族	2017年省劳动模范	云南武倘寻高速公路建设指挥部

Record of Expressway Construction in
Yunnan
云南高速公路建设实录

下 篇
项目与建设成就

|第十七章|
国家高速公路

2004年,国务院通过《国家高速公路网规划》,确定放射线与纵横网络相结合的布局形态,其中有7条首都放射线、9条南北纵向线、18条东西横向线,简称"7918网"。2013年,国务院批准的《国家公路网规划(2013—2030年)》中的高速公路网为"71118网",在原"7918网"的基础上南北纵向线增加了2条。

"71118网"涉及云南的主线有6条,分别是G5北京—昆明高速、G85银川—昆明高速、G56杭州—瑞丽高速、G60上海—昆明高速、G78汕头—昆明高速、G80广州—昆明高速。

除6条主线外,国家高速公路网涉及云南的另有12条联络线和1条绕城高速。12条联络线分别是G6北京—拉萨高速联络线G0613西宁—丽江高速,G8511银川—昆明高速联络线昆明—磨憨高速、G8512景洪—打洛高速,G42上海—成都高速联络线G4216成都—丽江高速,杭州—瑞丽高速联络线G5611大理—丽江高速、G5612大理—临沧高速、G5613保山—泸水高速、G5615天保—猴桥高速,G76厦门—成都高速联络线G7611都匀—香格里拉高速,广州—昆明高速联络线G8011开远—河口高速、G8012弥勒—楚雄高速、G8013砚山—文山高速。绕城高速即G5601昆明绕城高速公路。

从"7918网"到"71118网",涉及云南的一个变化是原重庆—昆明高速(渝昆高速)更名为银川—昆明高速(银昆高速)。

在这一章里,将对"71118网"中涉及云南的主线、联络线、绕城高速已建成通车的路段进行详细介绍。

第一节 G5 北京—昆明高速公路

G5北京—昆明高速公路起于北京,止于昆明,是《国家公路网规划(2013—2030年)》中的高速公路网规划项目,即"71118网"中的第5条放射线,简称京昆高速。

京昆高速公路途经北京、河北、山西、陕西、四川、云南6省(市),路线全长2865km,所经主要城市有:北京、保定、石家庄、太原、临汾、西安、汉中、广元、成都、西昌、攀枝花、昆明。京昆高速公路从四川攀枝花市进入云南永仁县,在云南分为永仁—元谋、元谋—武定、武定—昆明 3 个高速公路建设项目,全长 211.933km,现已全部建成通车。

一、永武高速公路——滇川两省一线连

在四川省著名的钢城攀枝花市南面,有一个清爽宜人的好去处——云南省永仁县方山。京昆高速从这里进入云南,永仁—武定高速公路以这里为起点,将川滇两省紧紧连在一起。

永武高速公路分为永仁—元谋高速和元谋—武定高速两个项目。两个项目的交汇点元谋是一片有深厚历史底蕴的热土。1965 年,在这片热土上,发现了距今 170 多万年的元谋人牙齿化石。《云南人类起源与史前文化》一书中提出,云南最早的道路应该在元谋坝子。元谋人采集食物和狩猎野兽时行走的足迹形成了这一地区人类最早踩踏出来的道路。这些道路成了元谋人的生活之路和生产之路,构成了元谋人最原始、最简单的陆路交通路线。

永元、元武两个高速公路项目在元谋相接,云南最早的道路现已无迹可寻,但从远古道路到现代化高速公路的建设却让人产生无数联想,让人感慨万端。

(一)项目概况

永元高速公路是国家高速公路网 G5 北京—昆明高速公路进入云南的首段,公路由西北向东南布线,途经永仁、元谋县的 5 个乡镇;西北起于永仁县川、滇交界的方山附近,与四川省攀枝花—田房高速公路相连;东南止于元谋县能禹镇摩诃村,与元谋—武定高速公路连接。位置如图 17-1 所示。

图 17-1 永仁—元谋高速公路位置图

第十七章
国家高速公路

永元高速公路项目全长 56.66km,全线按双向四车道高速公路设计,设计速度为 80km/h,路基宽度为 24.5m,行车道宽度按 3.75m×4 设计,设计最大纵坡 5%、最小平曲线半径 310m。桥梁及构造物设计荷载为:汽车—超 20 级,挂车—120,抗震设防烈度为 Ⅶ度;设计洪水频率:特大桥 1/300,大、中、小桥和涵洞、路基 1/100。另在永仁设置联络线共 1.73km。

项目批准概算投资 23.9586 亿元。项目资金来源:交通部安排交通专项资金 3.54 亿元(国家投入资本金),其余 20.4286 亿元资金均由云南省自筹(含利用国内银行贷款)。

根据云南省交通厅云交人〔2004〕242 号文,批准成立云南永武高速公路建设指挥部,履行永元、元武两个高速公路项目的建设管理职责,任命徐建国为指挥长。

永元高速公路建设工期 3 年,2005 年 4 月 16 日开工建设,2008 年 4 月 14 日建成通车。

2011 年 1 月 12 日,云南省审计厅组织对项目竣工决算和绩效审计审定:项目实际完成投资 18.407441 亿元,节约概算投资 5.551203 亿元。

元谋—武定高速公路与永仁—元谋高速公路相连,由西北向东南布线,途经元谋、武定县的 6 个乡镇,止于武定县狮山镇,与武定—昆明高速公路连接。如图 17-2 所示。

图 17-2　元谋—武定高速公路位置图

元武高速公路全长 91.693km,全线按双向四车道高速公路设计,设计速度为 80km/h,路基宽度为 24.5m,行车道宽度按 3.75m×4 设计,设计最大纵坡 5%,最小平曲线半径 310m,桥梁及构造物设计荷载为:汽车—超 20 级,挂车—120,抗震设防烈度为Ⅶ度。设计洪水频率:特大桥 1/300,大、中、小桥和涵洞、路基 1/100。地震设防烈度:按Ⅶ度设防。另设联络线:元谋 1.016km、猫街 11.4km、武定 2.03km,共 14.446km。

全线主要工程数量:路基土石方 2253.14 万 m^3;圬工砌体 43.07 万 m^3;特大桥、大桥、中桥共 52929.75m/315 座(按单幅计);隧道 4395.87m/6 座;涵洞及通道 273 道;互通式立交5处、分离式立交16处;桥梁占全线比例28.86%。路面工程:路面底基层设计数量120.5万 m^2,路面基层设计数量1280.24km^2,路面面层设计数量1578.59km^2;交通工程:波形护栏258.844km,混凝土防撞墙约27.6km,标线508.82km,突起路标45983个,刺铁丝和隔离栅118.409km,标志标牌1042块,百米桩1844个。

全线共设匝道收费站5个、综合服务区2处、加油站2处、加水点3处、紧急避险车道3处、路线监控管理按音、视频传输技术多点监测,基本实现全程监控,管理分中心设在元谋。

元武高速公路项目批准概算投资50.3862亿元。项目资金来源:交通部安排交通专项资金5.88亿元(国家投入资本金),其余44.5062亿元资金均由云南省自筹(含国内银行贷款)。

项目沿线地形、地质非常复杂,生态环境脆弱,断裂带和断层构造、滑坡和泥石流、膨胀土和软基、熔岩和采空区等不良地质随处可见,工程技术及质量要求高,工程任务十分艰巨。

元武高速公路建设工期36个月,2005年4月16日正式开工建设,建设过程中,由于国家宏观经济政策的调整以及地震等自然灾害的影响,在永元项目建成通车后,指挥部根据上级的指示精神,及时对项目建设计划做出调整,并采取措施巩固项目建设的成果,稳步推进项目建设。全线路段各项工程于2008年10月31日前基本完成,2008年11月交付使用。

2011年1月12日,云南省审计厅组织对项目竣工决算和绩效审计审定:项目实际完成投资45.212105亿元,节约概算投资5.174184亿元。

(二)前期工作

1.永元高速前期工作

永元高速公路经交通部交规划发〔2004〕95号文批复立项,并经交通部交公路发〔2004〕480号文批准了项目的初步设计。

云南省交通运输厅以云交基建〔2004〕463号文批复了项目的施工图设计;国土资源部以国土资函〔2005〕820号文批复了项目的建设用地;交通部于2005年8月8日批准项目开工建设。

项目的勘察设计由具有甲级设计资质的云南省公路规划勘查设计院承担。全线8个土建工程合同段,分别由云南省第二公路桥梁工程公司和中铁十九局(集团)第四工程有限公司等8个具有国家一级以上施工资质的省内外企业承担施工。项目共15个施工合同段,其中路面工程合同段2个、绿化工程合同段2个、沿线房建工程合同段1个、交安设施工程合同段1个、三大系统工程合同段1个。

云南省公路规划勘察设计院中标担负了项目的勘察设计任务后,在施工图设计上严格执行交通部对该项目的初步设计批复,技术标准满足部颁公路工程技术标准及规范、规程的要求;平、纵指标选用恰当,与地形结合较好;平纵面设计组合恰当,线形顺适、美观;构造物设计方案合理、安全、经济、方便施工;桥梁设计采用了先简支、后结构连续,既方便施工,又提高了行车的舒适性;交通管理、收费、服务设施齐全,不良地质地段工程处治方案经济、合理、可行;总体设计符合安全快捷、地质选线、环保优先、因地制宜的原则。

2004年5月底,项目初步设计文件编制完成报省厅审查后,在云南省交通运输厅的争取下,7月中旬交通部专家组抵滇对永元等高速公路项目的初步设计进行现场办公审查,7月底在昆明召开了项目初步设计审查会;8月中旬,指挥部配合云南省交通厅有关部门将修改完善的项目初步设计文件报送交通部审批;9月6日,交通部对永元高速公路建设项目的初步设计进行了批复。

国家环境保护总局环审〔2004〕418号文对项目的环境影响报告书进行了批复;国家水利部水函〔2004〕265号文对项目的水土保持方案进行了批复;云南省国土资源厅云国土储〔2004〕51号文对项目的建设用地矿产资源调查进行了批复;云南省国土资源厅云国土环〔2004〕159号文对项目的建设用地地质灾害危险性评估进行了审查批复;云南省文物管理委员会云文管〔2004〕16号文对项目的文物考古调查勘探评价进行了批复;云南省地震局云震安评〔2004〕34号文对项目工程场地地震安全性评价进行了批复。

永元指挥部委托云南省地质环境监测总站、长安大学、重庆交通科研设计院、云南省文物考古研究所、云南省地质工程研究院、国家林业局昆明勘察设计院等单位分别编制了《公路建设用地地质灾害危险性评估》《建设用地压覆矿藏评估报告》《环境影响评价大纲》《环境影响报告书》《水土保持方案大纲》《水土保持方案报告书》《文物考古调查、勘探评价报告》《工程场地地震安全性评价》《使用林地可行性研究报告》和《林木采伐调查设计》。永元指挥部人员配合编制单位深入项目现场调查、协调各地方有关部门查询相关资料,保证了整个编制工作按计划顺利完成。

国土资源部2005年8月31日以《关于国道108线兰州至磨憨公路永仁至元谋段高速公路工程建设用地的批复》(国土资函〔2005〕820号)对项目建设用地进行了批复,共批复项目建设用地300.9409公顷,其中服务区用地4.42公顷。

2007年10月中旬,永元高速公路交安工程和三大系统联合设计通过了云南省交通厅组织的审查并批复;2008年3月初,项目的环保工程施工图设计通过了云南省交通厅组织的审查并批复。

永元高速公路的招标工作严格按照《中华人民共和国招投标法》、交通部《工程建设项目招标投标办法》和云南省交通厅发布的《公路工程国内招标文件范本云南省补充规定》(云交基建〔2003〕609号文)等规定,本着公平、公正、择优、规范的原则,选择设计、施工、监理和物资供应单位。项目招标的所有资格预审文件、招标文件、监督报告、评标报告、标底编制都经过云南省公路工程招标监督委员会的审议,招标程序符合法律、法规要求。公证机关均对各个重要环节进行了公证,并有专职人员到现场进行招标监督。

(1)土建施工及监理服务招标

根据云南省交通厅的交通改革工作要求,项目的所有招标工作严格按照相关规定和程序进行,均实行"最低评标价法"进行公开招标。

永元高速公路建设项目土建工程施工及监理服务的招标工作于2004年8月中旬开展至12月中旬完成,项目分为8个土建合同段、2个监理合同段。主要工作程序有:招标文件审查、公告、资格预审、资格评审、发售招标文件、现场考察及标前会;开标、评标;省公路工程招标监督会议审议、主管部门审批、公告、报备等。

(2)其他工程与材料物资招标

指挥部根据项目的总体计划安排以及土建工程的进度情况,按照招标程序要求,分期分阶段完成了钢筋、钢绞线、橡胶支座、伸缩缝等材料招标工作;在项目建设的相应阶段,完成了路面、沥青、绿化、沿线设施、交通工程隧道机电、三大系统和安全设施的招标工作;在物资采购上,由于部分物资受到市场供求关系的影响,公开招标难以进行,按照招投标规定以及经云南省交通厅批复同意,适时启动了部分水泥、钢筋合同等统供物资的商务合同谈判工作。

(3)招标的组织和监督工作

为了做好招标组织工作,指挥部成立了招标领导小组,建立健全工作机构,相应的职能机构承担了整个招标工作的组织、计划和安排,并对招标过程中出现的问题进行研究处理。指挥部党总支积极配合上级委派的专职监督人员以及地方检察院工作人员做好监督工作,以确保所有的招标工作能有效地避免人为因素和不正当行为。

土建施工、监理服务、路面、交通工程、沿线设施、大宗材料物资采购等招标监督为云南省监察厅驻云南省交通厅监察室;其他招标为昆瑞公司纪检组和指挥部党总支书记作为监督人员进行监督;商务谈判和合同谈判由地方检察院人员、指挥部监督人员(持证)全程参与监督;招标重要程序,如资格预审文件、资格评审报告、招标文件、评标报告、标底编制等,由云南省公路工程监督委员会监督会议审议并通过,各项目招标结果都及时报主管部门批复或核备。

项目前后共实施设计、施工、监理、检测、保险、物资等公开招标27个合同;实施物资、施工等商务谈判招标13个合同,共完成40个合同的签订。在项目所有的招标工作结束和工程的实施过程中,以及项目的后期工作中均未发生不良举报和投诉。

永元高速公路项目标段划分情况见表17-1。

第十七章

国家高速公路

永元高速公路项目标段划分情况表

表 17-1

标段号	起 止 桩 号	工程内容及长度	施工单位
JL1	K0+596.5~K29+700	土建施工工程监理合同 29403.5m	云南省公路工程监理咨询公司
JL2	K29+700~K57+381.02	土建施工工程监理合同 27681.02m	云南云路建设监理公司
LMJL1	K0+596.5~K29+700	路面施工工程监理合同 29403.5m	云南省公路工程监理咨询公司
LMJL2	K29+700~K57+381.02	路面施工工程监理合同 27681.02m	云南云路建设监理公司
JTJL	K0+596.5~K57+381.02	交通安全设施施工工程监理合同 57084.52m	云南云路工程监理咨询有限公司
JDJL	K0+596.5~K57+381.02	机电施工工程监理合同 57084.52m	云南纪星交通工程监理咨询公司
FJJL	K0+596.5~K57+381.02	房建施工工程监理合同 57084.52m	云南省公路工程监理咨询公司
TJ1	K0+596.50~K10+457.88	土建施工工程合同 9860.58m	云南第一公路桥梁工程有限公司
TJ2	K10+457.8~K17+951.75	土建施工工程合同 7493.87m	云南路桥股份有限公司
TJ3	K17+951.7~K25+478.12	土建施工工程合同 7526.37m	云南第五公路桥梁工程有限责任公司
TJ4	K25+478.12~K29+700	土建施工工程合同 4221.88m	路桥集团第二公路工程局第一工程处
TJ5	K29+700~K35+257.88	土建施工工程合同 5557.88m	中港第二航务工程局
TJ6	K35+257.88~K41+300	土建施工工程合同 6042.12m	中铁十九集团第四工程有限公司
TJ7	K41+300~K50+534.83	土建施工工程合同 9234.83m	云南第二公路桥梁工程有限公司
TJ8	K50+534.8~K57+381.02	土建施工工程合同 6846.19m	中国云南路桥建设集团股份有限公司
LM1	K0+596.5~K29+700	路面施工工程合同 29403.5m	西南交通建设工程总公司
LM2	K29+700~K57+381.02	路面施工工程合同 27681.02m	云南第二公路桥梁工程有限公司
JT1	K0+596.5~K29+700	交通安全设施施工工程合同 29403.5m	云南省公路局道桥技术工程公司
JT2	K29+700~K57+381.02	交通安全设施施工工程合同 27681.02m	北京云星宇交通工程有限公司
AL2	K30+900~K41+424		云南第二公路桥梁工程有限公司
JD	K0+296.5~K57+381.02	机电施工工程合同 57084.52m	清华紫光股份有限公司
LH1	K0+596.5~K29+700	绿化施工工程合同 29403.5m	云南海侨园艺有限公司
LH2	K29+700~K57+381.02	绿化施工工程合同 27681.02m	云南利鲁环境建设有限公司
FJ1	K0+596.~K57+381.02	沿线设施施工工程合同 57084.52m	云南第二建筑工程公司

(4)征地拆迁和环保工作

根据国土资源部对项目建设用地的批复,按照云南省发改委、国土资源厅、林业厅、交通厅与楚雄州人民政府签订的《征地拆迁和施工环境保障责任书》的要求,永元高速公路建设征地拆迁和施工环境保障工作由楚雄州政府具体负责。楚雄州人民政府成立了州、县两级协调办公室,负责项目在永仁、元谋区域的征地拆迁协调工作。指挥部按照交通部对项目概算中批复的征地拆迁费用以及《责任书》的要求,拨付给楚雄州政府协调办,作为专项资金用于项目的征地拆迁工作,并包干使用。

项目沿线为经济欠发达地区和少数民族聚居区,自然生态环境脆弱,征地拆迁范围广,涉及较多群众的直接利益,征地拆迁工作艰巨和复杂。沿线各级党委和政府、人民群众从支持高速公路建设的大局出发,积极配合,克服了各种困难和干扰,较快地完成了征地拆迁,并认真做好了施工环境保障工作,有力地支持了项目建设的顺利实施。

根据项目土地使用证的办理结果,以及政府审计对项目的征地拆迁审定,永元高速公路建设实际用地278.4678公顷,其中主线266.46公顷、联络线6.3公顷、收费站2.1525公顷、服务区3.5553公顷,与国土资源部批准的建设用地300.9409公顷相比,节约建设用地24.893公顷。

2. 元武高速前期工作

元武高速公路经交通部交规划发〔2004〕89号文批准立项建设,并经交通部交公路发〔2004〕511号文批准了项目的初步设计。

国家环境保护总局环审〔2004〕417号文对项目的环境影响报告书进行了批复;国家水利部水函〔2005〕63号文对项目的水土保持方案进行了批复;云南省国土资源厅云国土资储〔2004〕53号文对项目的建设用地矿产资源调查进行了批复;云南省国土资源厅云国土环〔2004〕158号文对项目的建设用地地质灾害危险性评估进行了审查批复;云南省文物管理委员会云文管〔2004〕15号文对项目的文物考古调查勘探评价进行了批复;云南省地震局云震安评〔2004〕33号文对项目工程场地地震安全性评价进行了批复。

国土资源部2005年8月31日以国土资函〔2005〕819号《关于国道108线兰州至磨憨公路元谋至武定段高速公路工程建设用地的批复》对项目建设用地进行了批复,共批复项目建设用地493.9198公顷,其中服务区用地4.6667公顷。

云南省交通厅以云交基建〔2004〕464号文批复了项目的施工图设计;国土资源部以国土资函〔2005〕819号文批复了项目的建设用地;交通部2005年8月18日批准项目开工建设。

永武高速公路建设指挥部通过全国公开招标,经过公平、公正评审,坚持择优选择的原则,确定设计、施工、监理单位。中标单位均符合国家规定的资质及业绩要求。

第十七章
国家高速公路

云南省公路规划勘察设计院中标担负了本项目的勘察设计任务。北京华宏监理公司、云南云路建设监理公司等4家监理单位中标负责土建工程监理任务。

根据云南省交通厅的交通改革工作要求,元武高速公路建设项目土建施工及监理服务招标工作均实行"最低评标价法"进行公开招标。

土建工程施工及监理服务的招标工作于2004年8月中旬开展至12月中旬完成,项目分为B1~B17共17个土建合同段、BI~BIV4个监理合同段。其中,B8、B17合同因第一次招标不成功又进行了第二次招标。

指挥部根据项目的总体计划安排以及土建工程的进度情况,按照招标程序要求,分期分阶段完成了钢筋、钢绞线、橡胶支座、伸缩缝等材料招标工作;在项目建设的相应阶段,完成了路面、沥青、绿化、沿线设施、交通工程隧道机电、三大系统和安全设施的招标工作;在物资采购上,由于部分物资受到市场供求关系影响,公开招标难以进行,按照招投标规定以及经省交通厅批复同意,适时启动了部分水泥、钢筋合同等统供物资的商务合同谈判工作。

元武高速公路项目标段划分情况见表17-2。

元武高速公路项目标段划分情况表　　　　表17-2

标段号	起 止 桩 号	工程内容及长度	施工单位
JL1	K60+266.2~K85+937.58	土建施工工程监理合同 25671.37m	北京华宏路桥咨询监理公司
JL2	K86+000.38~K105+180	土建施工工程监理合同 19179.62m	云南云路工程监理咨询有限公司
JL3	K105+180~K127+233.12	土建施工工程监理合同 22053.12m	云南元土工程监理有限公司
JL4	K127+233.12~K151+960	土建施工工程监理合同 24726.88m	云南交通基建工程监理有限公司
LMJL1	K60+266.2~K85+937.58	路面施工工程监理合同 25671.37m	北京华宏路桥咨询监理公司
LMJL2	K86+000.38~K105+180	路面施工工程监理合同 19179.62m	云南云路工程监理咨询有限公司
LMJL3	K105+180~K127+233.12	路面施工工程监理合同 22053.12m	云南元土工程监理有限公司
LMJL4	K127+233.12~K151+960	路面施工工程监理合同 24726.88m	云南交通基建工程监理有限公司
JTJL	K60+266.21~K151+960	交通安全设施施工工程监理合同 91693.79m	云南云路工程监理咨询有限公司
JDJL	K60+266.21~K151+960	机电施工工程监理合同 91693.79m	云南纪星交通工程监理咨询有限公司
TJ1	K60+266.21~K69+000	土建施工工程合同 8733.79m	云南云桥建设股份有限公司
TJ2	K69+000~K76+500	土建施工工程合同 7500m	云南第一公路桥梁工程有限公司
TJ3	K76+500~K81+900	土建施工工程合同 5400m	云南路桥股份有限公司

续上表

标段号	起止桩号	工程内容及长度	施工单位
TJ4	K81+900~K85+937.58	土建施工工程合同 4037.58m	湖南娄底路桥建设有限责任公司
TJ5	K86+000.38~K92+060	土建施工工程合同 6059.62m	甘肃省公路工程总公司
TJ6	K92+060~K95+640	土建施工工程合同 3580m	路桥华南工程有限公司
TJ7	K95+640~K99+589.69	土建施工工程合同 3949.69m	中国云南路桥建设集团股份有限公司
TJ8	K95+589.69~K105+180	土建施工工程合同 9590.31m	中铁二十二局集团第四工程有限公司
TJ9	K105+180~K111+220	土建施工工程合同 6040m	中铁十七局集团有限公司
TJ10	K111+220~K114+900	土建施工工程合同 3700m	路桥集团第二公路工程局
TJ11	K114+900~K120+610	土建施工工程合同 5710m	云南第二公路桥梁工程有限公司
TJ12	K120+610~K127+223.12	土建施工工程合同 6613.12m	岳阳市通衢兴路公司
TJ13	K127+223.12~K133+460	土建施工工程合同 6236.88m	西南交通建设工程总公司
TJ14	K133+460~K137+750.34	土建施工工程合同 4290.34m	北京市海龙公路工程公司
TJ15	K137+750.34~K143+260	土建施工工程合同 5509.66m	云南省阳光道桥股份有限公司
TJ16	K143+260~K146+951.35	土建施工工程合同 3691.35m	上海远东国际桥梁建设有限公司
TJ17	K146+951.35~K151+960	土建施工工程合同 5008.65m	云南省第三公路桥梁工程有限责任公司
LM1	K60+266.2~K85+937.58	路面施工工程合同 25671.37m	云南云桥建设股份有限公司
LM2	K86+000.38~K105+180	路面施工工程合同 19179.62m	山西路桥第二工程有限公司
LM3	K105+180~K127+223.12	路面施工工程合同 22053.12m	云南阳光道桥股份有限公司
LM4	K127+223.12~K151+960	路面施工工程合同 24726.88m	云南第三公路桥梁工程有限责任公司
JT1	K60+266.21~K105+180	交通安全设施施工工程合同 44913.79m	云南省公路局道桥技术工程公司
JT2	K105+180~K151+960	交通安全设施施工工程合同 46780m	中国公路工程咨询集团有限公司
JD	K60+266.21~K151+960	机电施工工程合同 91693.79m	清华紫光股份有限公司

(三)项目实施

在项目建设的整个过程中,指挥部坚持项目建设的成败关键在于质量的责任意识,突出以工程质量为核心的各项管理工作,全面推进项目建设;始终坚持"依法、依规搞建设,以工程质量为核心,以合同管理为纽带"的项目管理原则;始终坚持"在建设一条高速公路的同时,给沿线人民留下交通人良好的印象和感情,也留下一片青山绿水"的和谐理念;始终坚持提高自身素质,搞好廉洁自律,树立正确的取舍观,积极向上、严谨务实、转变作风、增进服务的工作精神;把握第一要务、尽职第一责任,以管理创新、扎实推进交通改革为动力,实现项目建设的各项目标。

1. 项目管理

（1）健全管理机构　完善各项职能和工作制度

根据云南省交通厅批准成立永武高速公路建设指挥部,并负责实施项目建设的指示精神,指挥部结合项目管理工作的需要,本着精简、适应、效率的原则,将工作机构设置为"四处一室",即工程合同处、财务处、物资处、安全保通征地拆迁处和办公室;按项目实施区域特点划分现场管理,在永仁、元谋、武定三县设置了三个分指挥部,实行一级核算、二级管理;明确了各处、室和分指挥部的工作职能,建立和不断完善各项工作职责、规章制度,按照工作需要对人员进行配置;根据职责范围、工作内容与实际需要,制定岗位职责、内部管理办法,实现内部规范管理。

建立了党的组织和工会组织,健全指挥部党总支委员会和三个分指挥部党支部委员会,围绕项目的建设,认真抓好党的建设、职工政治思想工作、党风廉政建设,以较大的精力对项目的招投标工作、工程变更和计量、资金管理的各个环节进行监督管理,确保项目顺利进行。

指挥部认真按照上级的有关规定,实行各级、各岗位的工作人员按借调与聘用相结合、公开和透明的人事管理制度,办理完善相关手续,总体上适应项目建设的需要。

（2）健全质量保障体系　严格控制工程质量

工程质量是永元高速公路的生命和主题,质量责任重于泰山。项目建设过程中,指挥部认真执行"政府监督、法人管理、社会监理、企业自检"的质量管理规定,建立了指挥部、总监理工程师办公室,现场指挥部、总监理工程师代表处的质量工作机构;全面落实项目参建各方的质量管理体系和工作责任,并随项目的实施不断完善和加强。

①建立质量保证体系,落实质量管理制度和措施。指挥部建立了指挥长领导下的总监理工程师负责制的工程质量管理体系,在认真抓好总监办、各总监代表处工作职责落实的同时,于2005年初完成了对两个驻地高监办的工作部署,督促各监理、施工单位按招标文件要求,建立健全了各自的质量管理组织机构和质量保障体系,进一步明确了参建各方的工程质量责任,落实了质量保障措施,并在整个施工过程中坚持抓好落实;逐一检查落实各单位试验室的工作能力和管理情况,并通过厅质监局的检查验收。

为了进一步强化项目的质量工作,按照"以项目为依托,充分发挥各自的优势,加强项目质量控制能力,拓展学院科研教学平台"的工作思路,与云南交通职业技术学院合作,联办了项目的三个中心试验室,形成了第三方试验、检测的工作机制;通过招标选择具备资质的单位,对隧道、桥梁桩基、抗滑桩进行检测和特大桥的施工质量监控;坚持对现场质量工作的巡查、定期检查,在施工沿线各醒目地段公布了质量举报电话,借助社会力量共同做好质量监督工作;推行了以A5中港二航局合同段实行的首件工程质量认可制、A7云南第二路桥公司合同段现场质量管理先进示范单位的竞赛机制。按目标考核要求,对施工及监理单位进行定期检查考核,在各个施工阶段对大桥和特大桥、路面工程、房建工程以及项目的重要环节进行专项质量检查,确保工程质量品质。图17-3为路基填筑施工图,图17-4为桥梁对接图。

图17-3 路基填筑

图17-4 桥梁对接

②加强原材料质量控制。项目建设所用的钢筋、水泥、橡胶支座、钢绞线等重要建材由指挥部通过招标采购供应各合同段,实行主要材料的统供管理制度,指挥部中心试验室认真做好进场材料的试验检测工作。

③强化现场管理,严格工程质量的监督管理。现场指挥部及高监办采用"一检、二促、三指令"的监理方法强化工程现场监理工作,对重要的工程部位和施工环节,监理人员实施旁站全程监督;为加强工程质量检查和稽查力度,指挥部定期组织综合大检查,现场指挥部适时或有针对性地进行工程质量检查,发现问题及时处理,把质量隐患处理在施工过程中;指挥部和各现场指挥部稽查人员不间断地对现场施工的工序、工艺、工程质量、安全、环保、监理人员在岗及履职情况进行稽查。在现场稽查中,稽查人员进行违约处罚

121次。截至工程竣工前的2008年3月28日,针对现场施工中一些违反工艺流程、安全操作规程的行为以及事实上存在的质量缺陷,总监办和各高监办共发出67份监理工程师整改指令,这些指令都得到了落实。

④认真做好质量检测,以检测数据作为评定质量的依据。桥梁桩基、特大桥、路面等重要工程由专业检测单位进行100%的检测或进行质量监控,不合格的工程必须返工;对质量缺陷,经处理后复检,直到合格为止。到2008年3月底,共完成现场抽检346158组,其中施工单位237067组、驻地办76563组,频率90.6%,中心试验室32528组,频率9.39%。

2007年,交通部颁发了《公路工程质量督察办法》(质监公字〔2007〕5号文)和《公路水运工程安全生产监督管理办法》(2007年第1号令),指挥部根据上级的要求,认真组织贯彻学习。同时,按照两个文件的相关规定,对施工现场开展了自纠自查工作,进一步促进了工程质量和安全生产管理工作。

云南省交通厅、云南省公路投资公司高度重视项目的质量管理工作,先后多次组织工程质量监督检查,云南省交通厅质监局分别于2005年10月10日~16日、2006年9月12日~23日、2007年11月5日~7日对项目工程质量进行专项监督检查;2007年12月~2008年2月,指挥部组织了对项目桥梁工程的专项自检工作;云南省公路投资公司于2006年8月1日~6日对项目进行质量及安全检查;2007年2月、4月云南省交通厅质监局对项目路槽进行工序交工检测,并于2008年1月、3月分两次对项目桥梁进行交工质量检测;通过厅质监局检测数据反映,项目质量优良。

2006年2月14日~21日,云南省重点建设项目稽查特派办重点对指挥部内控管理、监理单位履职情况、施工单位合同管理等方面进行稽查后,对项目建设管理工作给予了较好的评价。

2007年4月16日~17日,交通部质量监督总站对永武高速公路项目进行了质量安全的督查检查,对质量、安全等工作取得的成绩给予了充分的肯定。

2010年11月,云南省建筑业学会完成了项目优质工程评审现场复查和档案资料检查,美丽壮观的高速公路以及装订整齐合格的档案资料给评审专家留下了良好印象,项目获得了省级优质工程二等奖。

(3)做好计划管理　推进项目顺利进行

按照项目建设的总体部署和计划安排,指挥部与各合同段签订了各阶段《目标责任书》,严格实施计划管理,控制工程进度,确保项目总体均衡实施。一方面按目标要求合理安排进度计划,组织高监办认真对施工单位的施工进度计划进行审核,确认进度计划编制合理、科学和具有可操作性;另一方面按照《目标责任书》的要求,定期检查项目建设的进度,对于存在的问题,及时采取措施帮助各施工单位解决,针对出现的重大技术和地质问题,及时组织技术攻关和工程变更设计工作。

为保证项目建设目标的顺利实现,指挥部将三年的总工期分为不同的阶段目标,采取树先进典型和奖惩措施等激励机制,以点带面、全线互动、整体推进,调动参建单位积极性;在项目建设面临多种困难和挑战时,从争取建设资金、搞好物资供应、协调路地关系和化解一些重要矛盾方面,做出了艰苦的努力,确保项目建设按计划完成。

(4) 控制项目投资　搞好资金管理

强化工程技术管理,抓好重要环节的工作,坚持以合同管理为纽带的管理原则,严格各项管理,有效控制项目的投资。项目设计周期短、设计的深度和广度受到一定的限制;项目区域内具有地势陡峻、地质复杂的特点,存在地下暗河、滑坡、崩塌、断层、膨胀土、软基等不良地质病害,严重地威胁项目工程的路基、桥梁等,也增加了投资控制的难度。为做好控制投资,指挥部主要抓好以下工作:

①强化项目建设重点环节的管理,明确指挥部各管理层和管理岗位投资控制的工作责任,严格高监办的投资控制职能、审批权限和审批程序,按合同文件规定加强计量与支付工作的责任管理;实行指挥部分项目核算和内部经费包干核算制度,严格项目核算和内部经费管理;加强材料物资管理和现场使用管理,实行指挥部零库存、按计划由厂(商)直接调拨各合同段、每月与供需方结算的方式,减少了由指挥部运输、库存占用的环节,提高了材料物资管理效率,指挥部物资部门以较多的精力抓好现场的物资使用和管理与核算;切实抓好对勘察设计的管理,通过采用设计勘察"地勘监理制"、施工图设计审查"双院制"、滑坡等不良地段技术处理"咨询制"等管理机制,提高了设计深度,减少了变更数量。

②抓好项目的复测工作,实施设计方测量责任负责制,由各方对设计提供的成果,在复测后共同签认,避免工程量的基础性变化;控制变更设计规模、数量,强化工程计量和设计变更审批等合同管理程序。按照省交通厅和省公路投资公司对设计变更管理要求,在指挥部成立之初,即根据交通部第5号令、云南省交通厅云交基建〔2003〕826号、云交基建〔2005〕88号文要求,组织编制了《云南永武高速公路工程设计变更管理办法》(暂行)并将其作为招标文件的组成部分,组织各方相关人员进行学习;在项目实施过程中,严格执行设计变更程序、切实加强对设计变更的管理职责。采取的措施还包括:坚持变更方案的设计、施工、监理和业主的"四方会签"制、驻项目跟踪审计组参与设计变更审查的"会审制"等,有效地控制了变更规模和数量,项目共产生变更设计693份,增加金额0.8458亿元。

③优化项目的工程设计,加强控制性工程和不良地质地段工程的动态设计和技术咨询工作,通过对设计方案的技术经济分析和比较,选择可行、经济、适用的最优方案,以达到节约投资的目的。在现场调研的基础上,取消了A7合同黄瓜园段4.5km的沿老国道进行改造的二级路联络线以及一座跨线桥,节省工程投资约2600万元,避免了和云南省

公路管理部门计划大修工程的重复投资,避开了复杂的路段施工和保通安全风险。据元谋县协调办测算,减少拆迁房屋设施近 8000m²,树木砍伐 1210 棵,节约征迁费约 360 万元;优化了 A6 合同 K36~K39 近 3.4km 的线路,将原设计从元谋物茂坝区穿过,改为利用后山荒山修路,里程减少 0.13km,工程投资与原路线相比减少约 820 万元;据元谋县协调办测算,减少占用水田 126.69 亩、旱地和林地 42 亩,节约征迁费约 420 万元;对 A8 合同跨铁路桥的净空调整优化、A2 和 A3 合同部分路段的膨胀土处治、A4 合同段特大桥的滑坡体治理等,都进行了设计的完善优化,取得了成功的经验,节约和控制了投资。

④对新增项目单价的审核,指挥部根据交通部及云南省交通厅的现行定额,按照项目管理机制和合同文件要求,由项目跟踪审计组提出咨询意见后,各方共同参与会审后批复的工作程序进行。

在项目资金的使用上也制定了严密的程序。首先是认真贯彻云南省交通厅建设项目会计委派制度,突出了委派会计的资金审核权和支付否决权,严格计量程序和审核工程计量工作,确保每一笔支付都合法有效;按指挥部建立的资金使用计划管理机制,要求各合同单位定期上报资金使用计划,指挥部审核后通知开户银行办理资金手续;组织各施工、监理单位集中开设银行账户,统一资金管理,并与开户银行签订资金管理协议,为各施工单位安装了"网上银行"系统,不仅提高了业务效率,也极大地提高了监管能力。经云南省交通主管部门和有关部门的多次检查,对整个财务管理和核算工作给予了充分的肯定。

(5)加强安全管理与监管工作

公路建设是典型的劳动密集型行业,参建人员多,工程沿线地形地貌复杂,路、桥规模和工程形式多样,这给安全管理与监管带来了很大难度。项目进入实施阶段,按照云南省交通厅和云南省公路投资公司的要求,指挥部在安全生产工作和安全监管方面做了以下工作:

①健全安全生产工作体系。指挥部建立了安全管理领导班子和日常工作机构,明确了两级管理机构和日常工作部门,划分和明确了各级机构与人员的工作职责,强化了痕迹化管理工作要求。密切联系地方安全监管部门,共同加强对各监理、施工单位的安全生产监督管理。

②落实安全生产责任制。指挥部在各个年度与施工和监理单位签订了《安全生产责任书》,并督促施工单位和劳务施工队签订了《安全生产责任书》,将安全生产责任层层加以落实。

③针对工程开工后的实际情况,指挥部增补修订了安全规章制度,如:安全生产管理实施细则、安全保通管理办法和安全保通快速反应机制、安全保通责任书及考核办法、指挥部机动车驾驶员安全管理制度、永武高速公路民用爆炸物品管理规定、安全生产月报表制度、安全生产整改通知书制度、安全生产违约处罚决定书办法、指挥部内部安全管理规

定等,不断完善安全管理工作。

④重视安全生产培训工作,如通过联系云南省交通厅及交通安全统筹中心代交通部到指挥部对各参建单位人员集中培训和考核,对合格人员颁发了由建设部统一印制的《建筑施工企业项目负责人安全生产考核合格证书》,使各参建单位的安全管理人员做到持证上岗。

⑤做好日常性安全工作的巡查、监督,开展安全生产宣传教育活动。指挥部制定了严格的安全生产检查和巡查制度,充分调动监理单位安全生产监督管理的积极性。各分指挥部除日常工作巡查外,每月进行一次安全检查。指挥部每季度组织一次全线安全检查,每半年进行一次大检查,并进行《安全生产责任书》执行情况的考核;对发现的安全隐患和违规行为立即下达整改指令,事后在收到整改反馈报告时,又对整改情况进行验收,并留下工作痕迹归档;冬春季节,重点进行防火、防不安全用电、用气检查,从各个方面避免安全事故的发生。

⑥做好民用爆炸物品的管理。按要求,各合同段共建民爆物品仓库4个,并通过了所在县公安局的验收。对爆炸物品的临时仓储、散件运输、审批、登记、回收、现场使用等环节的管理做出了明确的规定。在满足工程施工需要的同时,确保了民爆物品始终处于严格监控之下,没有发生流失现象。

⑦坚持属地管理原则,争取地方政府管理部门对项目建设安全生产管理工作的支持和指导。组织各施工单位在进驻现场后,与地方安监、公安等部门及时建立工作关系,与所在地县政府签订了《安全生产责任书》,建立起各方面的安全工作责任制,理顺了工作关系。

⑧为确保项目与原108线9处改线段过往车辆安全以及平面交叉口交通安全,投入近100万元资金增设安全标志、标牌和防护设施,按照安全规范设置;安排合同段组织了80多人的保通人员执守,并与沿线公安交警联系进行巡察,确保了施工期间过往车辆和行人的安全。

⑨指挥部实行了与施工、监理单位共同建立的雨季防洪和地质灾害监测的预防机制,并与地方政府和气象部门建立联动机制,纳入工作预案,增强了项目防灾抗灾和预防的综合能力;每年雨季前,邀请地方政府部门对工地进行地质灾害防治和防汛抢险工作安排、布置、检查,并建立一系列报告制度、值班制度、应急演练和应急预案。三年的时间里,由于认真抓好了各项工作的落实,项目建设中做到了虽有灾害、但无人员伤亡和重大损失。

在2008年"8.30"地震的抗震救灾工作中,指挥部按照楚雄州政府的要求,顾全大局、严格纪律,认真按预案组织开展工作,临时对两个高速公路项目进行全线开通,为抗灾物资和救灾队伍提供了重要的道路通行条件,展现了交通人能吃苦、能战斗的精神风貌和品格,受到省、州党委和政府的表彰。

由于制度健全、措施到位、管理严格,项目实现了未发生重大安全事故,也无重大经济损失的目标,指挥部被云南省交通厅等上级单位多次授予"安全生产先进单位"称号。

(6)搞好项目的党建和廉政建设

项目启动后,指挥部定下了"修好一条高速公路,锻炼一支过硬队伍,培养一批优秀人才"的目标。指挥部党组织认真抓好干部、职工的各项学习和政治思想工作,杜绝一些社会上的恶习和不良嗜好进入指挥部,并形成内部有效的管理制度;坚持党的组织生活,加强党员的党性锻炼,与地方党委的党校联系,对入党积极分子做好培训和教育;针对项目建设的特点,对重要岗位的工作人员,分别签订了《廉政责任书》,多次组织参加警示教育,做到警钟长鸣;针对项目建设的党建和廉政建设工作,提出了总体的安排部署和工作要求。项目开工后,指挥部每年与分指、施工、监理等单位签订《党风廉政建设责任书》,认真贯彻经济合同和廉政合同"双合同制"、招标过程监督制、重大事项集体研究决策制。

指挥部加强制度建设,完善各项规章制度,从源头上预防和扼制腐败。根据云南省交通厅党组、云南省公路投资公司的要求,指挥部与楚雄州人民检察院联合成立了永武高速公路建设预防职务犯罪领导小组,作为"路地共建"廉政工程与长效机制的一项重要举措,加强与检察机关的工作联系,并与各参建单位签订廉政责任书;在项目建设中开展普法活动,宣传预防职务犯罪知识和发放宣传册;在沿线公布举报电话,设立举报箱,接受全体参建人员和社会各界的监督。

云南省纪委治理商业贿赂办公室和云南省交通厅纪检组领导曾到项目进行检查和调研,通过察看工作资料、现场察看听取汇报,对指挥部治理商业贿赂和党风廉政建设取得的成绩给予了积极的评价。

永武高速公路建设期间,有7位同志加入了中国共产党、1位同志被评为全省交通系统劳动模范、3位同志走上了新建项目的指挥长岗位、3位同志进入了公司所属单位的领导班子。

(7)关心群众利益　营造和谐的建设环境

指挥部认真贯彻"人民公路为人民,群众利益无小事"的工作指导思想,在开展项目建设的同时,关心和维护沿线人民群众的切身利益,积极营造和谐的路地关系和建设环境。

图17-5为永仁县彝族群众欢庆永元路通车的情形。

在项目初步设计与施工图设计阶段,指挥部积极与地方政府沟通和联系,尽量减少项目的实施对人民群众的生产、生活带来的影响。工程建设初期,指挥部就下发了《关于对沿线设计的跨线桥、通道(涵)进行现场调查》的通知,要求各施工单位及时、主动与地方乡镇、村社联系,派专人参与,共同对设计图中设计的跨线桥、通道、涵洞进行实地调查核实,对不能满足群众实际生产生活需要的桥涵、通道设计作变更处理,尽可能地按满足需要的位置进行设置。全线共增设和变更便民桥涵、通道21座,增加投资315.7万元。

图 17-5　永仁县彝族群众欢庆永元路通车

全线 8 个土建合同段结合施工实际,为沿线的农户修水渠、水沟、倒虹吸、渡水槽 2300m,投资 256.08 万元。

根据设置的进场便道情况,新修、改建乡村道路 83.56km,投资 417.8 万元;增加便民设施,如捐资助学、村民饮水供电设施、乡村水渠防护维修、为拆迁农户平整宅基地等投资为 182.04 万元。

全线所做便民桥涵和通道,为沿线的农户修水渠和水沟、渡水槽、倒虹吸,新修和改建乡村道路、填宅基地,以及防火救火等共投入各类机械台班 1008 个,有 2372 人次参加上述设施的修建和工作,投入资金约 1300 万元。

这些措施和工作,改善了沿线群众的生产生活条件,密切了与人民群众的关系。

(8)精神文明建设取得较好成绩

在项目建设过程中,指挥部及各参建单位高度重视精神文明建设和党风廉政建设,提倡积极向上、健康活泼的项目建设风气,把构建和谐的建设项目、树立先进典型、创先争优、党员先锋示范的活动作为精神文明和党风廉政建设的目标。

指挥部、永仁分指、元谋分指都被所在地政府授予"文明单位"和"青年文明号"的称号。

云南第二公路桥梁公司永元项目 A7 合同段项目部、云南省监理咨询公司永元项目 AI 驻地高监办等单位,因工程进度快、质量好,管理工作出色,在连续几个月目标工作中都被评为工期、质量优胜单位。指挥部还召集各参建单位在 A7 合同段工地召开现场会,把工程质量、施工组织和管理的经验和精神风貌介绍给大家。通过树立典型、以点带面的方式,促进整个项目的施工。

项目参建单位和职工共同捐资帮助永仁县建设一所希望小学;在县委、县政府的关心和组织实施下,永仁县甸子交通希望小学已经在 2006 年建成并投入使用。指挥部还积极开展扶贫济困送温暖活动,于 2005 年组织干部职工向永仁县店子村、永定镇,元谋物茂、能禹镇等村镇捐款 324600 元;2006 年,指挥部的 29 名干部职工又为"送温暖、献爱心"活动捐款 2300 元。在 2007 年夏秋时节沿线遭受五十年一遇的大涝时,各施工单位积极主动地配合沿线各级党委政府投入人力、物力、机械与村社群众一起抽水抗涝保秋收。2007 年 5 月,指挥部 37 名干部职工为玉溪市元江县青龙厂鹏程小学捐款 2600 元。

(9) 做好项目水保、环保工作

项目沿线地形、地质条件相对复杂,自然环境脆弱,对环境保护、水土保持要求高,按照建设环境协调、可持续发展项目的要求,项目在设计时就十分注重水、环保工作。

项目建设初期,指挥部提出了"精心组织,加强施工用地和水、环保管理,为沿线人民奉献一条优质高速公路的同时,也留下一片青山绿水"的工作方针。指挥部成立了水、环保领导小组,设置水环保办公室负责项目水环保措施的落实和日常监督管理工作;邀请重庆交通科研设计院专家对指挥部、施工单位、监理单位水环保工作人员进行培训,提高了相关人员的能力和水平,并在云南省在建高速公路项目中率先实行了水土保持工作监理制度。

项目实施过程中,严格按照《水土保持方案报告书》的规定,开展了水土保持和环境保护监测工作,由指挥部委托具有监测资质的北京华夏山川生态环境有限公司,承担水土保持和环境监测技术服务工作。工作内容包括:水土流失现状调查、施工期间水土流失情况监测、水土保持工程效果监测、水环保工作现场技术指导等,在监测期间每年向上级或地方水行政主管部门报送半年、年监测报告。

整个项目在水、环保工程项目上的投资达 19454.59 万元,占项目概算投资的 8.09%。

2006 年 5 月 9 日~11 日,受云南省人大的委托,楚雄州人大到项目现场进行《水土保持法》执法检查。在进行了沿线现场检查和听取汇报之后,检查组认为该项工作扎实细致、汇报实事求是、工作中法制意识强,体现了"以人为本和可持续发展"的建设理念。检查组充分肯定了永元、元武两个项目的水环保工作,认为项目水、环保工作是近几年楚雄州境内重点建设项目水土保持和环境保护的榜样和一面旗帜。

(10) 做好农民工工资支付监管工作

根据《云南省建设领域农民工工资支付管理试行办法》和上级主管部门的有关要求,指挥部将农民工工资管理纳入了监管工作中。此项工作由指挥部工会主席分管、相关部门参与、综合办公室做好具体工作,各分指、各合同段都成立了相应的工作机构,形成了项目建设内部农民工工资监督管理工作机制。按照监督管理的工作职责,指挥部在《工程项目建设管理办法》中明确规定,各承包单位必须按招标文件要求对农民工的管理和工资支付做出书面承诺。指挥部要求各合同段必须做到每月上报计量时,将农民工工资支付计划和上月支付清单一同上报,否则不予计量;通过"网上银行"拨付资金,在审批工程费用支付计划的同时,审核农民工工资支付计划,并与银行共同监控资金的使用和流向;对新招标的项目,中标单位在签订合同时必须签订维护农民工合法权益补充合同。

指挥部定期或不定期对各合同段农民工管理和工资支付情况进行检查,在施工现场对农民工进行询问。通过检查,各合同段基本上按指挥部的要求建立了农民工工资发放台账,优先保证农民工工资支付,杜绝恶意欠薪的情况发生。

每年春节前夕,指挥部都召集参建单位召开"春节期间农民工工资支付工作会议",邀请项目所在地县政府、劳动局、公安局的领导参加会议并作指导。会议对农民工工资支付工作进行布置安排。同时,各参建单位还在会上签署《保障农民工工资支付承诺书》,该承诺书一式三份,分别交给指挥部,以及所在县的劳动局、公安局,便于指挥部、地方政府部门监督实施。

2. 建设者群像

在永武公路建设中,涌现出了许许多多敢想敢干、敢于创新的建设者,他们把自己的青春年华、理想和追求无私地奉献给了永武高速公路。

(1)"不要命"的指挥长

2003年国庆节过后,云南省交通厅党组决定组建永武高速公路建设筹备组,负责履行对永元、元武两个项目的筹备管理,项目建设进入倒计时。徐建国被任命为指挥长。

毕业于云南省交通学校的徐建国参加工作后,先后任技术员、工程师、队长。1989年,他还被委派参加中国公路桥梁总公司中标的突尼斯共和国安贝二级公路建设,任项目部物资设备组组长,并出色地完成了外派任务。1991年回国后,他又马不停蹄地投入到了昆明圆通大桥、西苑立交桥、南过境高架桥等建设任务中。由于工作出色,他于2000年改任省公路局副总工程师。

项目建设的各项前期准备工作展开后,徐建国就像一只织布的梭子,忙碌地奔波于国家有关部、委和省有关部门,请示和汇报项目的各项评审工作;往来于项目沿线的各个路段,组织有关设计人员反复查勘研究线路,虚心听取地方政府和群众的意见,从以人为本、保护环境、维护群众的利益着手,认真解决一个个具体问题。很快,项目的设计、各项评审、请示的审批,地方的征地拆迁和组织保障机构的建立,都全面加速推进……

在征地拆迁工作中,年过半百的徐建国每天和年轻同志一起早出晚归、攀崖涉水,当地淳朴的民风和落后的经济面貌让他感触很深。他觉得自己就像战场上的将军,而自己全部的思维和生命仿佛都属于眼前的这片彝州大地。

2005年3月,永武项目各个土建合同段陆续进场,即将展开大面积的施工。为了确保施工顺利进行,徐建国和党总支书记李永庆于26日带领征拆保通处处长杨红兵、工会主席吕杰等人与州协调办主任杜鹏及沿线各县协调办负责人,从永仁到武定方向就征地拆迁工作对各个合同段进行逐一落实控制性工程用地。每到一个合同段,都要召开座谈

第十七章
国家高速公路

会,了解情况,逐一研究解决办法。这次征地拆迁工作持续进行了半个月,回到武定后又立即与武定县委、政府召开座谈会。在晚餐时,由于连日劳累,徐建国突然晕倒,吕宁、杨红兵、办公室主任张一凡等人急忙把他送到县医院。

第二天下午,徐建国从医院回来,在指挥部召开工作会,他把近期指挥部的工作安排部署之后说:"县医院建议我到昆明对病情作进一步检查。在我住院期间,除了向上级汇保外,希望大家为我保密。一是不要让施工单位的人来探望;二是除工作必须外,指挥部的干部职工一律不准到医院探视。你们只要把自己的工作做好了,就是对我最大的关心、爱护和支持。有事请给我打电话。"

徐建国于当晚入住云南省第一人民医院,经医生检查诊断为高血压、心瓣膜增厚等病症。主治医生告诫他:"你劳累过度,身体十分虚弱,必须住院治疗,既来之,则安之,你不准工作,需要静心休养,配合治疗。"

可是,这样大的项目,这么多的投资,项目才刚刚开工,每天都有成千上万个问题需要处理与解决,身为指挥长的徐建国怎么能安心躺在病床上休养呢?除了吕杰、李世伟、李兴全3人在必要时来昆明向他请示、汇报工作外,徐建国的电话就没停过,手机都打得发烫了。

护士从来没见过这样的病人,看他在病床上还这样没日没夜的工作,忍不住地劝道:"徐总,你真的不要命啦?这里是病房,不是你的办公室,你需要静养!"

2007年6、7月,永武高速公路建设进入冲刺阶段,桥梁吊装、隧道贯通、施工进入白热化状态。徐建国白天黑夜地在工地上组织指挥生产,最终因劳累过度导致旧病复发,又一次住进了医院。但他身体还没有恢复,就急着往项目部打电话,了解工程进展情况,再一次把病房当成了指挥部,把病床当成了办公室。医生护士见一次劝他一次,但他完全就像没听见一样……

(2)"财务大臣"董云江

2004年,只有26岁的董云江由云南省路桥一公司借调到永武高速公路筹备组负责财务工作,并被任命为财务处处长。指挥部这一出人意料的决定,不仅让许多人难以理解,连董云江自己也完全没有料到。因为永武两个项目概算投资多达74.3448亿元,这对于他来说简直是天文数字,责任太大了!

有人问指挥长徐建国:"这么重要的一个'财务大臣'的职位,这样大的一笔建设资金,交给一个20多岁的年轻人来做,能放心吗?"

徐建国说:"业务不会我可以请人教,但人的品质更重要。只要人品好、工作热情高、敢想敢干,就有希望,就能做好工作。小董可塑性强,只要注重培养与引导,就能成才。再说了,培养年轻人也是我们的责任。"后来的事实证明,徐建国的想法是正确的,他大胆任用年轻干部的做法是成功的。

科班出身的董云江毕业后被分配到云南省路桥一公司财务处,先后参加过玉元、鸡石等高速公路建设。虽然年轻,也算是练过几天手脚,有一定的财务工作基础。对于徐建国对他的任命,他充满着感激:"当时我跟徐指挥长并不认识,他是看了我的简历后才找我谈话的。徐总对我说,'小董啊,我现在把这副重担交给你,它关系到永武公路建设的成败啊!你不要害怕,要敢于承担,有什么困难就跟我说。年轻人嘛,不懂就问,我相信你能做好工作!'"

为了把项目建设资金管理好,董云江认真考虑后,向指挥长徐建国提出了一些想法:在财务核算上,实行建立一套总账,分项目核算的办法;在资金管理使用上,试行"网上银行"的方式。指挥部对这一管理模式进行了研究,并经多方评估之后认为可行,该方案最终也得到了指挥部的认可。

然而,永武高速公路项目里程长,总指又设在武定县,银行也少,金融机构的服务跟不上,建设资金数额太大,安全压力也大。经过综合考虑,指挥部决定与银行共同开发一个"网上银行"平台,并把这个平台移植到项目上来。随后,指挥部对各项目部的相关人员进行业务培训,协商项目部配备了电脑及软件。为安全起见,在试行"网上银行"时,财务处还设了4个密钥,只有4个密钥联合开启,资金才能拨付。"网上银行"的建立和使用取得了显著的效果,得到了各施工单位的认可与好评。

为了切实加强资金的管理和使用效率,"网上银行"建立之初,董云江每天总是要废寝忘食地工作十几个小时,才能保证项目资金使用始终处于可控之中。不仅如此,董云江还在繁忙的工作中抽时间下工地,了解施工企业资金使用效率和资金需求情况,帮助和指导项目部财务人员管好用好资金。在建设资金的使用上,他恨不得把一分钱掰成两半来用,在他的带领下,财务处的工作开展得有声有色。

(3)"材料好管家"老李和小李

指挥部的材料管理员李勇毕业后先后参加过安楚、昆石等高速公路建设,2004年10月借调到永武指挥部物资处,协助物资处处长李世伟负责物资管理工作,并协调各施工单位报送物资计划。

按照规定,每个月18号需要报送下一个月的计划,再与工程合同处协调,共同商量材料使用的科学性和合理性。

为确保钢筋、水泥、钢绞线、橡胶支座、锚杆锚具供应,老李和小李一起走访昆明水泥厂、昆明钢铁厂等厂商,和供货单位建立了稳定的协作与供货关系。在他们的努力下,昆明钢铁厂和昆明水泥泥厂专门成立了一个针对永武公路项目的工作小组,以保证钢材的供应。他们还到上海申佳、无锡中冶、江阴华新等钢绞线生产厂家驻昆办事处,与供货商座谈,建立了良好的合作关系,因此在钢材和钢绞线十分紧张的时候,永武项目也没断过材料。即使是在全国市场钢绞线上涨到9000多元的时候,经他们与厂家多次协商,永武项目钢绞线的供货价格始终都能维持在较合理的价位上。

第十七章
国家高速公路

为了确保施工需要,他们深入工地现场,一家一家地了解钢材、水泥等材料的储备、使用和近期需求情况,做好记录。回来后认真分析研究,制订采购计划。

2007年5月和6月,全线施工进入关键时期,然而水泥供应却十分紧张。老李和小李在水泥厂住了一个多星期,天天守着要水泥。当时,昆明水泥厂每天只能生产六七百吨水泥,他们两人就紧跟其后,说到嗓子冒烟才让水泥厂挤牙膏似的给永武项目挤出三四百吨水泥,从而保证了工程施工不断炊。

2008年,由于全省公路、铁路、水电等交通能源基础设施建设开工面大,钢材十分吃紧,加之指挥部欠昆明钢铁厂货款近4000多万元,昆明钢铁厂不供货。救工地如救火的老李和小李天天往厂里跑,恨不得叫人家亲爷爷、亲奶奶。考虑到过去两家的合作关系一直很好,昆明钢铁厂最终答应每天供应几吨钢材,但这几吨钢材对于施工需求来说只能算是救急,离施工实际需要相差甚远。为此,老李和小李急得睡不好、吃不香,又火急火燎地跑外省、求厂家,风餐露宿、往返奔波。那一年,柴油也极为紧张,老李和小李急得像热锅上的蚂蚁,到处求人。但为了永武项目,他们并不觉得求人有多丢人,因为觉得为了公路建设求人也不丢人,自己对得起这条路。

(4) 工地美女龙赛琼

元谋分指工程合同科副科长龙赛琼长得窈窕秀丽,是大家眼中名副其实的美女,但这个美女却整天与合同书、变更设计和成千上万枯燥无味的数字打交道。在浩如烟海的文书与数据中,她的青春也在不知不觉间磨损着。

问及她是如何进入公路行业的,她说:"直到现在还有人不解我是怎样在路桥这个艰苦而奔波不息的行业坚持下来的。很多人都认为,公路建设是男人的天地,作为一名女性,为什么不换一份稳定轻闲的工作?说句实话,一开始我留下来并不是有多么崇高的精神追求,我只是想'既来之则安之',同时也想了解一下高速公路是怎样通过筑路人的双手一寸寸延伸的,这些公路人是怎样在艰苦的环境下开展工作的,难道他们是铁骨泥胎吗,他们就没七情六欲吗,他们又是怎样对待工作、生活和家庭的?随着交往的深入,我被他们感动了,他们来自五湖四海,性格各异、语言不同,但是都有一颗淳朴、火热的心。是他们的言传身教,让我知道了做人的真谛,理解了公路人的厚重。"

来到工地后,龙赛琼才知道世界之大、知识无限。为了做好工作,她平时一丝不苟地完成自己分内的工作,业余时间坚持刻苦学习业务和技术规范,并努力完成领导安排的各项工作。面对庞大的数字,加上元谋分指工程合同科合同管理人员只有两人,其中一人还是兼职,实际上只有她一个人在支撑着。为了保证工程计量报表按时上报审批,她经常加班加点,忙到深夜,但艰苦的环境和繁重的工作也很快让她成长、成熟起来。

2001年6月,龙赛琼参加工作后第一次回家,刚进门,弟弟妹妹就笑了。母亲见了她,说:"孩子,你被太阳晒得太黑,皮肤也粗糙了,掉到煤堆里都找不着了……"话还没说完,母亲的眼泪就掉了下来。

是啊,城里的姑娘和女士们出门时要撑防紫外线太阳伞,涂脂抹粉,还要往脸上抹一层防晒霜。而龙赛琼和其他在永武项目上的女同志,每天在工地上一站就是10多个小时,风吹、日晒、雨淋,而为她们遮风挡雨兼防护的却永远只是那顶黄色的安全帽。可是,她们从不说一声苦,也没说过一声累,面对空旷的大山和烈日的灼烤,她们是那样的从容沉稳、真诚,真可谓"红颜不让须眉"。龙赛琼和她的姐妹们始终用自己美好的心灵和勤劳的双手,在工地上编织着各种各样的花环,心甘情愿地让青春在大山里默默流淌,却用智慧和汗水把坎坷变为通途,把山与山连接起来。

(四)科技创新

为确保"建一流水平、创一流精品工程"的目标,指挥部不断加大科技投入,针对工程建设中存在的问题,先后投入了315.6万元开展了多项科技研究。

由指挥长徐建国为科研项目组组长、以长安交通大学教授杨人凤、云南省交通厅基建处副处长陈炳云为项目副组长,由云南省公路开发投资公司总工程师谢凤禹、工程技术处处长王高,指挥部副指挥长李兴全、总监丁永明、总工李全、副总工段春泉、指挥长助理、工程合同处处长韩波、副处长汪永林、物资处处长李世伟、工会主席吕杰、长安交通大学教授车南翔、博士生张海哲、研究生张远君,云南交通职业技术学院高级工程师黄开正、副教授虞波等人员组成的项目科研组,先后开展了《RBNOLIT(利路力)新材料在公路工程中的应用》试验项目,《高速公路沥青路面施工质量动态控制技术》和《沥青路面专用抗车辙剂在云南高速公路中的推广应用》等多个科研项目。

同时,指挥部针对一些关键技术问题,与东南大学、重庆交通大学、长安大学、云南交通职业技术学院等大专院校开展技术合作。指挥部围绕元谋炎热地区、长下坡路段路面抗车辙(路面AL2合同段)、特大型桥梁设计(小哨山)、质量监控数据传输无线"蓝牙"技术、桥梁桩基自平衡法荷载试验技术、土林地貌抗冲刷边坡、膨胀土地区路基水害防治和承载力改良、路面质量动态控制、挖方路堑自稳性边坡无工程措施生物防护、生态环境与景观设计等,开展科技攻关,并推广应用车辙王、桥面喷砂打磨工艺、大变形量RB模块化伸缩缝、收费站路面混凝土添加纤维与加垫隔离膜、纳米涂层自清洁波形护栏、监控系统矩阵—音视频传输技术等新技术和新材料。

云南省交通厅先后将"泥石流路基、桥梁设计与防治技术研究"和"沥青路面质量动态控制技术研究"两个项目列为永元高速科技项目,共投入科研经费434万元。其中,云南省交通厅补助50万元、指挥部配套投入384万元。元武项目共投入科研经费734万元,其中云南省交通厅补助110万元、指挥部配套投入624万元。

此外,指挥部、各参建单位、技术协作单位多人撰写了10余篇论文,分别发表在《公路》《云南现代交通科技》《云南交通职业技术学院学报》等刊物上，这些论文是对项目建设的实践的经验总结，也是对项目建设的成果的肯定。

二、武昆高速公路——着力建设"民心路"

每条路都会有难点和亮点。武定—昆明高速公路建设过程中最大的难点是征地拆迁。建设指挥部把难点当作建设的着力点，把项目建成了"民心路"。

武昆高速公路属于亚洲开发银行贷款的项目，它的移民安置计划、少数民族政策、环境保护、社会及经济效益评价等均得到了亚行和同行们的好评和肯定。

（一）项目特点

武昆高速公路是国家高速公路网 G5 北京—昆明高速公路的终点路段。

武昆高速公路是云南重要的西北出口，也是云南通往四川省的重要通道之一。在永仁—武定高速公路建成通车后，京昆高速云南境内仅有武定—昆明未通高速公路，昆明—禄劝二级汽车专用线成了这条大动脉上的瓶颈，严重制约着云南与祖国内地的联系，阻碍了云南经济社会发展和国家改革开放的步伐。突破和打通这个瓶颈，完善国家高速公路网，就是武昆高速公路建设的任务和使命。

项目建设中，沿线坝区大量分布的软土地基处治是施工中的难点工程，但最难的不是技术性的，而是云南省内所有能碰到的征地拆迁难题在武昆高速公路建设项目中都能碰到，尤其是输油管道、高压线、云铜排污管、铁路、军缆、城中村的拆迁等。麻地箐隧道、西游洞特大桥、乌龟山立交是项目的重点控制性工程。施工与征地拆迁的矛盾，工期与质量、安全的矛盾，城区施工与保通的矛盾等构成了武昆高速公路建设的特点和难点。武昆高速公路建设项目指挥部与施工单位一起经过不懈努力，将难点一一化解。注重民生、环境，体现了路与地、路与人、路与自然的和谐发展，这是武昆高速公路建设的一个显著特点。

（二）项目概况

1. 基本情况

武定—昆明高速公路（简称"武昆高速公路"）起于武定县，接永武高速公路，止于昆明市小屯互通立交，与二环、三环快速系统相接。路线位于昆明市、楚雄州境内，呈南北走向，全长 63.58km（其中昆明市境内 48.96km、楚雄州境内 14.62km）。位置如图 17-6 所示。

武昆高速公路采用双向四车道高速公路标准建设，其中武定—富民段约 37.5km（图 17-7），设计速度为 80km/h，路基宽 24.5m；富民—昆明段约 26.1km，设计速度为

100km/h,路基宽 26m。主要控制点为武定、解家营、者北、富民、大营、乌龟山、普吉、小屯。全线共有挖方 1239.9 万 m³,填方 620.3 万 m³,防护工程 39.3 万 m³,排水工程 13.9 万 m³,路面 167.8 万 m²,涵洞通道 166 道,特大桥 13030.04m/8 座,大桥 30242.18m/101 座,中、小桥 3795.48m/70 座(桥梁均按单幅计),隧道 10482m/8 座(按单洞计算),互通式立交 4 处,服务区 1 个,收费站 4 处(不含乌龟山 4 处匝道收费站),监控管养中心 1 处,管养房 25157m²,以及边坡防护、标志、标线、护栏、隔离栅、收费、通信、监控等交通安全设施。桥隧比占路线的 42.06%。

图 17-6 武定—昆明高速公路位置图

图 17-7 武昆高速公路富民段

武昆高速公路属亚行贷款项目,使用亚行贷款资金 2 亿美元,概算总投资 51.42 亿元人民币。

项目沿线为山岭重丘地形地貌,分布平坝、高山、丘陵、河谷,其中普吉至乌龟山立交、乌龟山立交至富民坝区等路段高差大、纵坡陡且坡长;沿线地质复杂,施工难度较大,坝区大量分布软土地质,山岭区多台地分布,堆积层较厚,滑坡、泥石流及坍岸等地质灾害常有发生。

项目工程主要构造物为冲孔桩基、圆形或方形墩柱、钢筋混凝土T形梁、空心板梁、混凝土连续箱梁、连续刚构桥;分离式隧道、连拱隧道等。

武昆高速公路建设工期批复为4年,2010年3月18日开工建设,2013年10月26日建成通车,实际工期比批复工期提前半年。

2. 前期决策

国务院于2001年11月同意西部开发8条公路干线工程规划并批准武昆高速公路立项,可直接编报工程可行性研究报告。2004年,云南省交通厅委托云南省公路规划勘察设计院完成工程可行性研究报告。2006年6月,启动项目建设筹备工作。2006年8月,云南省公路规划勘察设计院根据国家发改委的咨询意见,编制完成了工程可行性研究补充报告。

2008年6月,国家发改委批准了武昆高速公路工程可行性研究报告。国家发改委认为"适应西部开发战略实施的需要""加强川滇两省经济社会联系,改善区域交通条件,促进沿线地区资源开发与经济社会协调发展,同意建设武定至昆明公路"。

2009年2月,交通运输部批复了武昆高速公路初步设计,对武昆高速公路建设项目的线路方案、立交区及隧道设置、管养及服务设施规模、技术标准、路基路面方案、交通工程、三大系统、工程概算等做出了批复。

3. 参建单位

2006年6月21日,云南省交通厅批准成立云南武昆高速公路建设指挥部和云南武昆高速公路有限责任公司,负责项目建设管理工作,任命杨玉宝为指挥长、马福斌为党总支书记、高国红为副指挥长、段孟贵为总工程师,指挥部业务上受云南省公路投资公司、云南省交通厅双重管理。

指挥部通过全国公开招标,经过公平、公正评审,坚持择优选择的原则,共有44家设计、施工、监理单位参与武昆高速公路建设,各方参建单位均符合国家规定的资质及业绩要求。

在武昆高速公路勘察设计工作中,云南省公路勘察设计院组织有100多名职工参与的测设队,投巨资引进先进的设计软件和测设设备,确保了勘察设计任务的完成。设计着重考虑公路与自然环境、地形地貌的协调一致,考虑地质条件和工程建设的社会人文环境,强化地质选线,做到环保优先、景观协调,贯彻可持续发展的指导思想,把武昆高速公路建设成为一条具有交通安全性、行车舒适性、景观协调性、生态持续性、经济适用性、耐久性的山区高速公路。2015年9月,武昆高速公路荣获云南省优秀设计一等奖。

承担武昆高速公路建设施工任务的施工单位根据施工承包合同规定的条款,建立健全组织管理机构,上足施工队伍,投入机械设备和管理人员,建立以总工程师为中心的质量自检体系,成立安全保通队伍,完善党组织领导下的监督保障机制,开展创建"党员先锋岗"和建立"党员责任区""创先争优"等活动,围绕"创全优、争国优"的投标承诺,科学管理,严密组织,昼夜奋战,确保了质量优、进度快、环保好的建设施工目标,全面履行了投标承诺。武昆高速公路有土建15个合同段、进场道路3个合同段、路面3个合同段、绿化工程5个合同段、交通安全设施3个合同段、沿线房建设施4个合同段、机电与消防6个合同段,共39个施工合同段。所有施工单位均能全面履行合同,项目管理人员按时到位并长期驻守工地现场,工作责任心强,业务管理水平高,在确保工程质量的前提下,加快工程进度,圆满完成各项施工任务。

武昆高速公路项目实行第三方监理,土建分为2个合同段,监理工作围绕质量、进度、投资3大重点,成立了总监理工程师领导下的三级管理体系,下设总监办、中心实验室和高监办。指挥部还制定了专门的质量管理实施办法并列入合同条款,根据工程进度制定了专门的质量管理规定、51条具有针对性的管理措施。监理单位到位监理人员125人,监理人员文化程度高,有职称人员比例占到全体监理人员的91%。各监理单位严格执行监理工作方针、法规、合同文件及业主各项管理办法;以工程质量监理为核心,严格执行监理程序,按规定签认工程数量,控制工程费用;监理人员坚守现场,实行全天候巡查和稽查,发现问题立即整改,切实把质量管理措施落到实处,使工程质量始终处于受控状态。同时,指挥部牢固树立廉洁自律意识,忠于职守,做到了对业主负责,让业主放心,使承包人满意。

建设单位见表17-3。

武昆高速公路项目建设单位表 表17-3

序号	参建单位	单位名称	合同段编号及起止桩号	主要负责人
1	项目管理单位	云南武昆高速公路建设指挥部	K0+000~K63+577	杨玉宝、马福斌
2	勘察设计单位	云南省交通规划设计研究院	K0+000~K63+577	刘永才、李志厚
3	施工单位	中铁十八局集团有限公司	(TJ1)K0+000~K8+200	马孝福、杜军
4	施工单位	中铁十八局集团有限公司	(TJ2)K8+200~K14+500	王永全、李艳涛
5	施工单位	中铁十八局集团有限公司	(TJ3)K14+500~K18+000	龚清、王延松
6	施工单位	中国云南路建集团股份公司	(TJ4)K18+000~K22+800	许礼金、潘世玉
7		邵阳公路桥梁建设有限责任公司	(TJ5)K22+800~K27+700	雷新斌、刘丁文
8		中铁隧道集团二处有限公司	(TJ6)K27+700~K33+400	段海松、王宝
9	施工单位	河南高速发展路桥工程有限公司	(TJ7)K33+400~K39+600	吕文飞、陶泽敏
10		中铁隧道集团二处有限公司	(TJ8)K39+600~K45+600	刘洪金、史仲秋
11		云南路桥股份有限公司	(TJ9)K45+600~K49+196	吴官钦、杨保
12		新疆昆仑路港工程公司	(TJ10)K49+196~K52+010	刘新成、韦启文
13		中铁十八局集团有限公司	(TJ11)K52+010~K54+375.43	王永生、周意咏

第十七章 国家高速公路

续上表

序号	参建单位	单位名称	合同段编号及起止桩号	主要负责人
14	施工单位	云南阳光道桥股份有限公司	(TJ12)K54+375.43~K57+000	张祥祥、何永林
15		四川川交路桥有限责任公司	(TJ13)K57+000~K59+000	方跃光、李文进
16		西南交通建设集团股份有限公司	(TJ14)K59+000~K61+300	张晓夸、郭 强
17		中铁四局集团有限公司	(TJ15)K61+300~K63+577.58	朱永红、袁世雄
18		云南金沙江建设工程有限公司	(1)K0+000~K14+184.7	母荣华
19		云南云岭高速公路桥梁工程有限公司	(2)K1+140~K5+233.67	陈金彪
20		云南保山道路桥梁工程公司	(3)K0+000~K1+140	吕文飞
21		中国云南路建集团股份公司	(LM-1)K0+000~K22+800	李 斌、伍东良
22		云南阳光道桥股份有限公司	(LM-2)K22+800~K45+600	王昌正、彭 海
23		安徽省公路桥梁工程公司	(LM-3)K45+600~K63+577.58	陈凯旋
24		云南云岭高速公路养护绿化工程有限公司	(LH-1)K0+000~K18+000	董雪虎
25		云南绿茵环境有限公司	(LH-2)K18+000~K33+400	李 霞
26		云南绿盛美地景观有限公司	(LH-3)K33+400~K38+840	李维春
27		云南今业生态集团有限公司	(LH-4)K38+840~K54+760	石安文
28		云南万得凯园林景观有限公司	(LH-5)K54+760~K59+000	王德军
29		广东省交通发展有限公司	(JA-1)K0+000~K22+000	陆家勇
30		云南长江现代交通设施有限公司	(JA-2)K22+000~K43+800	谭应峰
31		浙江久久交通设施有限公司	(JA-3)K43+800~K63+577.58	高 峰
32		湖北民族建设集团有限公司	YS-1	陈红祥、吴朋林
33		河南派普建设工程有限公司	YS-2	张学庆、陈 波
34		四川中成煤炭建设(集团)有限责任公司	YS-3	夏志君、程永华
35		昆明江南建筑工程有限公司	YS-4	杨春亮、江得平
36		上海电科智能系统股份有限公司	(JD-1)K0+000~K63+577.58	钟洪兴
37		云南康迪科技有限公司	(JD-2)麻地箐隧道	郭家成
38		北京诚达交通科技有限公司	(JD-3)大三竜、二村、象鼻岭隧道	安 博
39		云南省送变电工程公司	(JD-4)K0+000~K63+577.58	孙志宏
40		北京深华科交通工程有限公司	(JD-5)K0+000~K63+577.58	宋国荣
41		云南金亚消防工程有限公司	(XF-1)K0+000~K63+577.58	李 鑫、戴长路
42	监理单位	河北翼民工程咨询有限公司	进场道路	李光武
43		北京华宏工程咨询有限公司	K0+000~K45+600	熊宏伟
44		云南省公路工程监理咨询公司	K45+600~K63+577.58	刘惠兴
45		云南交通基建工程监理有限公司	K0+000~K63+577.58	白 林
46		云南纪星交通工程监理咨询有限公司	K0+000~K63+577.58	马 聪
47	设计咨询单位	福建省交通规划设计院	K0+000~K63+577.58	陈 航、林志良

(三)建设情况

1. 项目筹备

指挥部自组建以来,严格按照各项审批程序的规定和亚行的有关要求,认真做好前期各项审批工作,先后完成了全部18项申报审批工作。

2006年12月,水利部以《关于西部开发通道兰州—磨憨公路武定至昆明段水土保持的复函》(水保函〔2006〕548号),批复同意武昆高速公路水土保持方案。

2007年4月,环保总局《关于西部开发通道兰州—磨憨公路武定至昆明段环境影响报告书的批复》(环审〔2007〕148号),批复同意武昆高速公路环境影响报告书。

2009年8月,云南省交通运输厅《云南省交通运输厅关于武定至昆明高速公路两阶段施工图设计的批复》(云交基建〔2009〕253号),批复了武昆高速公路施工图设计。

2006年10月25日,云南武昆高速公路建设指挥部(云公路投发〔2006〕196号)成立,2007年2月25日云南武昆高速公路有限公司(云公路投发〔2007〕128号)成立,实行"一套班子两块牌子"的管理模式。

武昆指挥部内设工程质量管理处、工程计量与合同处、财务处、安全保通处、征地拆迁协调处、物资处、监理工程师管理办公室、综合办公室、亚行事务办公室、党总支办公室"六处四室",共10个职能部门,组织机构健全、到位。

根据工程实际,武昆高速公路共分为15个土建施工合同段、2个监理服务合同段。工程按照《公路工程国内招标投标文件》的规定,严格执行国家《招标投标法》《公路工程施工资格预审办法》《公路工程施工招标投标管理办法》《公路工程施工监理招标投标管理办法》等有关法律、法规和规章,严格按照Fidic条款和亚行的相关要求,在招标代理机构的配合下,在公证机构的公证下,在省交通运输厅派驻监督人员全程监督下,由随机抽取的专家和招标人共同组成评标委员会进行评标,按照公平、公正、公开、科学择优的原则,择优选择施工、服务单位。

武昆高速公路途经昆明、楚雄两州(市)的五华区、富民县(图17-7)、武定县,征地拆迁工作由地方政府负责。项目批准用地357.7582 km^2,其中服务设施用地5.3333 km^2;批准同意占用征用林地104.9268 km^2。

项目建设拆迁各类地面附着物种类繁多,任务艰巨,共拆迁各类房屋设施270993.08 m^2,拆迁各类构筑物116924.89 m^3,迁改各种电力、通信、水管533.52km,搬迁坟墓252冢,补偿零星果木285638棵,拆迁其他附属物18296.86 m^2。

武昆高速公路征地拆迁概算费用279537184元,实际完成征地拆迁投资1638966246.57元,超概率为486.31%。

征地拆迁工作中,指挥部积极维护沿线群众利益,支持地方建设,在保障和改善民生、支持沿线城市建设等方面,投入大量资金,采取修水渠、设通道、新增机耕道路、架桥梁、挖井取水抗旱等措施,改善群众生产生活条件,为推动地方建设做出了重要贡献,各级地方党委、政府及沿线群众十分满意。

2. 项目实施

武昆高速公路区位特殊,其中普吉—小屯段已经进入昆明市区,这就决定了该项目的建设不能按部就班,必须打破常规,超前预谋,精密策划,科学管理,严密组织,妥善处理施工与通车、质量与工期、施工与征地拆迁这三对主要矛盾,确保提前通车、争创国优、培养人才的建设管理目标。在投资紧张、工期紧缩、保通严峻、征地拆迁困难的形势下,如何高标准建好武昆高速公路,是全体建设者面临的严峻课题。

(1) 服务为本,强化组织协调

为扎实加大组织、指挥、协调服务力度,指挥部多次召开专题会议和现场办公会,深入施工一线进行现场办公,现场处理,现场确定有关方案;认真分析项目建设中存在的对项目总体目标实现有较大影响的各项因素,针对各合同段不同的工作重点以及存在的问题和困难,扎实解决;针对征地拆迁工作重点和难点,提出以工程进度促进征地拆迁的工作思路,不断加强与地方政府的协调沟通,加大征地拆迁工作服务协调力度,打破常规,输油管道、高压线等管线在未拆迁的情况下,调整施工方案,抢抓施工进度;结合"四群"教育活动的开展,了解和掌握沿线群众的生产生活情况和施工单位因缺水造成的停工情况,力所能及地帮助沿线群众开展抗旱自救,帮助施工单位解决施工管理和现场管理中存在的各种问题。

(2) 突出监督重点,强化过程监督

指挥部认真查找容易滋生腐败的环节,堵住腐败源头,参与对工程计量和支付程序、变更设计审批程序的监督,规定在工程计量、资金支付、变更设计的审批时必须由党总支书记进行会签,在合同谈判、签订各类合同时,纪检组必须全程参加。

指挥部不断强化党内监督和制度监督,坚决贯彻执行《关于建设工程承包和工程廉政"双合同"制的通知》的规定,在签订各类合同的同时签订"廉政合同",确保指挥部党员干部的廉洁自律,不谋私利,自觉按合同办事,认真履行合同条款,使各项工作更加透明,更加公平、公正、公开。

(3) 强化群众意识

依托高速公路建设,极力改善沿线群众的发展现状,是沿线地方政府和项目执行者共同的愿望。为了扶持沿线群众增加经济收入,指挥部要求施工单位尽可能雇用当地劳动力,经常与地方政府相关领导及工作人员一起,到施工现场了解工程建设涉及的民生问题,查看工程建设对水利水系和对当地道路造成的影响,现场提出解决方案;切实做好征地拆迁、安全保通和综治维稳相关工作,切实解决和处理好由于施工给沿线群众带来的影响,及时化解和消除水沟阻塞、道路灰尘、机械振动、噪声影响等问题引发的阻工,实实在在为沿线群众办实事、办好事。

由于施工沿线盛产水果,各施工单位在赶进度、保质量、重安全的同时,注重保护当地群众的民生利益,投入洒水车进行洒水,有效降低粉尘对周边村庄及沿线水果的影响。施工期间,云南连续3年大旱,各施工单位主动投入水泵、橡胶管等为群众灌溉葡萄地,为旱情较重的村寨无偿送水,缓解当地群众的用水之急,力所能及地将旱灾损失降到最低程度。施工单位还组织装载机、挖掘机等施工设备帮助群众平整场地、修建生产生活道路、清理水沟等,密切了与群众的关系,真正把武昆高速公路修建成一条"民心路"。

(4)高度重视环保、水保工作

对于环境敏感点,从公路线形设计考虑,能避让尽量避让,不能避让的采取工程措施减少对环境的影响。在武昆高速公路沙朗河水源区路段(含饮用水抽水站),经多次方案优化比较,避开了环境敏感点;在石碑河水库区设计中,采用外挂排水管进行路面排水、设置加强护栏等措施,防止危险物品对库区水体污染;在小甸、大营等学校、居住区设置声屏障、隔声窗减少噪声污染,禁止在该区域内夜间施工。

(5)加强农民工工资兑付的管理

为规范承包人的用工行为,从源头上解决农民工工资支付问题,切实维护农民工合法权益,指挥部在全省率先提出《农民工管理实施办法》,采取农民工工资支付保障金制度和业主、银行、承包人三方会签制度以及农民工工资支付结算公示等切实可行的措施,在农民工工资没有及时支付到位的情况下,不能将工程款拨付给承包人,确保农民工工资按时足额发放;不断加强与地方劳动部门的沟通与协调,与富民县劳动监察大队建立联席机制,共同妥善协调解决农民工工资支付的相关问题。

为保障农民工合法权益,指挥部采取了以下五项措施:

①设立项目农民工工资支付管理领导小组,加强对农民工工资发放工作的日常检查,组织施工、监理单位定期对农民工人数、工资标准、工资兑付等情况进行检查,随时掌握各标段农民工数量和工资发放情况。

②采取农民工身份登记实名制,由项目部财务将农民工工资直接兑付给农民工本人,或直接存进农民工本人提供的账户上。

③设立农民工工资支付保障金账户,在每期支付报表中扣除当期支付金额的1%,作为承包人按期支付农民工工资的保证金,在农民工工资没有及时支付到位的情况下,不能将工程款拨付给承包人。

④要求施工单位对农民工工资的支付负直接责任,全面负责与之形成劳动关系的农民工的用工管理。

⑤要求施工单位在工地醒目位置设立农民工劳动权益保障告示牌,明确农民工工资发放制度,公开举报电话和各级责任人,并将每月民工工资支付情况予以公示。

(6)注重"五化建设",推动科学发展

为认真贯彻落实交通运输部、云南省委省政府、云南省交通运输厅和云南省公路投资公司关于深入推进"五化"建设,加快转变现代公路发展方式的一系列指示精神,指挥部紧紧围绕武昆高速公路定位和各项工作指标,着力在提升项目建设管理水平上下功夫,全面推进"五化"建设。

①把握科学发展主题,突出发展理念人本化。

指挥部坚持用科学发展观武装头脑、指导实践,深刻领会科学发展观的科学内涵和精神实质,始终坚持以人为本宗旨,按照做好"三个服务"的要求,将满足人的发展、调动人的积极性、突出人的创造性作为项目建设管理的核心理念。

指挥部从项目设计阶段起就充分体现环境保护的理念:从景观设计入手,通过植物高低的变化引导视线,构造景观的节奏感;从公路线形入手,优化平纵组合、改善线形,使其流畅连续,确保车辆快速安全通过,提供舒适的行车条件,营造出"车在路上走、人在画中游"的优美的公路交通环境;从公路结构入手,要求边坡以曲线柔美自然流畅的曲面为主,挡墙由高至低或由低至高渐变且与路线线形吻合为主要造型,边沟以隐蔽、宽浅或远离路基为首选。在工程施工阶段,把以人为本的发展理念贯穿到项目建设和施工的细微之处和全局当中。

②注重提高队伍素质,提升项目管理专业化水平。

项目经理作为工程项目的具体要求组织者和协调者,对于工程建设的成败起着决定性作用。他们所具备的专业技能和综合素质,对工程质量优劣标准的把握,对项目建设目标的认定至关重要。要实现对项目的质量控制、进度控制、投资控制和安全管理、合同管理、信息管理等要求,就需要各参建单位具有高水平的专业化组织机构和专业化人才队伍。指挥部根据路基、桥梁、隧道等分项工程的技术难易程度,要求施工单位组建专业化组织管理机构,加强不同专业技术人员和管理人员的合理配置,充分发挥各专业技术人员的特长,做到专职专用,确保管理队伍"专、精、强"。

③以首件工程认可制为基础,推广标准化建设。

一是以首件工程作样板。为严肃首件工程制度,使首件工程真正起到工程施工典范作用,指挥部规定:凡施工完成的首件工程必须及时编制施工总结报告,确定施工技术参数、工艺流程以及质量控制措施,技术指标、设备和人员要求;每首件工程完工后要及时填写首件工程认可证书,按要求进行报批。通过对路基、桥梁、隧道等关键工程(工序)实行首件工程认可制和样板工程推广活动,及时分析总结施工及监理要点,明确质量标准、统一工艺流程,带动了整个项目建设,有效促进了全线施工质量的提高。

二是加强标准化建设。指挥部全面加强驻地、工地、预制厂、拌和站、钢筋加工厂的标准化建设,着力在路基填方、挡土墙、涵洞通道、边坡防护、桥梁墩柱、梁板预制及安装、隧道掘进、初期支护、防排水系统、二次衬砌和路面、绿化施工等分项工程中强调质量标准、技术规范和统一施工工艺、工序,强化标准化管理、标准化施工和标准化控制,印发、转发了一批工程施工标准化建设管理的指导性文件。同时,组织全线各参建单位到标准化建设工作突出的第 3 合同段、第 15 合同段进行观摩,并在项目全线全面推广应用。

④充分利用网络平台,实现管理手段信息化。

在工程建设管理领域广泛运用信息网络技术,加强建设项目信息资源的整合和利用,能够规范管理流程,提高管理效率。在项目建设中,为加大对项目施工现场的监管力度,指挥部着眼于项目建设重点控制性工程点多、桥隧比大、施工环境复杂等特点,加强科技创新和节能减排工作。充分利用指挥部 OA 办公平台和指挥部网站以及 QQ 群,对公共信息、资料、文件的传输、下载等实现网络传输,促进无纸化办公,有效提高了工作的时效性,达到了信息互通、资源共享的效果;网站主要用于对项目建设综合情况进行及时更新和宣传,并与上级主管单位网站和各新闻网站有效链接,第一时间反映项目建设信息,为外界了解项目建设进展情况、加强交流学习搭建了平台。指挥部还根据不同时期的需要,以手机短信的方式发送有关安全生产、综治维稳信息,真正把管理手段信息化要求落在细微之处。

⑤狠抓施工细节,认真落实日常管理精细化。

为进一步提高工程质量,学习和吸收省内外先进管理经验,指挥部要求各施工单位狠抓施工细节,在全线全面推行精细化施工管理。各施工监理单位紧紧围绕项目建设总体目标要求,严格按照设计图纸和工期要求,强化组织,精细管理,有序组织施工生产;重点抓好材料堆放场、混凝土拌和场、钢筋加工场、预制场的规范建设,向工厂化施工靠拢;认真抓好钢筋混凝土、路基、桥梁、隧道施工的质量控制管理,在所有工点设立标准规范的标示牌,标示管理机构、项目概况、操作规程、安全事项等,将日常管理精细化落实到每一个施工环节。

(7)项目重大变更

根据交通运输部关于工程变更的有关规定和分类划分,武昆高速公路建设项目没有重大变更,只有 2 个较大变更。

①武昆高速公路 K4+200~K6+300 段左侧边坡。在 2010 年 9 月开挖过程中,由于该段岩性以泥岩为主且倾向顺层,覆盖层(多为亚砂土、亚黏土、黏土)较厚、土质松散,在水的作用下,连续发生 3 次滑坡。2010 年 12 月,在云南省交通运输厅的组织下,现场进行调查并制定了该滑坡处治方案:调整路线纵坡,增加抗滑挡墙。变更设计增加金额 6027035 元。

②武昆高速公路 K33+400~K39+600 段路基填方。该路段为富民坝区,主要为河流侵蚀堆积单元,堆积层岩性多为黏土,且堆积层较厚,地基承载力较低,属于典型的软基处理,原设计为碎石桩处理,经检测,效果并不理想。2010 年 8 月,在云南省交通运输厅的组织下,现场进行了调查并制定了该深层软基处治方案:碎石桩桩径由 $\phi 377mm$ 调整为 $\phi 500mm$,桩长根据实际加长,桩间距由 1.5m 调整为 1.2m。变更设计增加金额 16885478 元。

(四)复杂技术工程

武昆高速公路项目复杂技术工程主要为:麻地箐隧道、大三竜隧道、西游洞特大桥的施工。

1. 麻地箐隧道

下行线长 3118m,上行线长 3075m,属于特长隧道。作为武昆高速公路的重点控制性工程,隧道内工程地质复杂,岩体破碎、节理裂隙发育、地下水丰富,岩性多以泥岩、砂岩、灰岩为主,差异性大,施工中突出监控、地质超前预报的作用,严密观察围岩变形数据及时调整支护参数。

隧道于 2010 年 3 月 18 日开工,合同工期 30 个月。前期由于施工便道、电力及征地问题等种种原因影响了工程施工进度,但通过精心组织施工,调节阶段任务,统筹安排、规范施工,在各个施工段的平行作业中相互支援,确保每道工序施工人员充足。施工高峰期人员最多达到 500 人,施工过程中对工程的重点和难点进行了专项安全、技术交底,确保按质、按期、安全地完成各项目标任务。

2. 大三竜隧道

属于连拱隧道,进口段位于大三竜村下方,附近方圆 200m 范围内有民房 43 幢,100m 范围内有民房 15 幢,50m 范围内有民房 4 幢。隧道进口暗挖段Ⅴ级围岩 80m,埋深 2~15m,此段隧道穿越地层为泥岩夹泥质粉砂岩,岩石呈强—弱风化状,节理裂隙发育,原设计在本段中隔墙完成后采用单侧壁导坑法施工。后来考虑单侧壁导坑法开挖量较大,炸药用量就大,难以保证洞顶附近民房安全,且易出现坍方冒顶事故发生。最后决定采用 CRD 开挖方法(交叉中隔墙法),先开挖隧道左半洞顶部,架设工字钢,工字钢闭合呈环后,开挖左半洞底部。后开挖隧道右半洞顶部,架设工字钢,工字钢闭合呈环后,开挖右半洞底部。隧道贯通后,当地砖房极少出现裂缝,未发生当地百姓阻挠施工,给当地留下了较好的社会形象。

3. 西游洞特大桥

全长 694.8m(单幅)。其中,左幅起止点桩号为 K53+530~K53+876,桥长 346m(含桥台长);右幅起止点桩号为 K53+474.2~K53+823(含桥台长),桥长 348.8m。上部采用 88m+160m+88m 预应力混凝土连续刚构,下部采用钢筋混凝土双薄壁空心墩 4 座,最高墩 84m,基础采用 9 根直径 2m 挖孔灌注桩桩基承台基础,两岸为重力式桥台。

大桥位于深"V"字形沙朗河谷上方,因附近是景点西游洞,故为此名,其建设的艰难程度也如"西天取经"一样充满艰辛。两侧谷岸陡峭,现场施工场地狭窄,材料存放运输很困难。昆明端无修筑便道条件,钢筋、模板等材料只能通过索吊从武定岸运到昆明岸搭设的施工平台,再通过塔吊吊至施工现场,混凝土通过搭设的 176m 滑槽送至谷底,滑下去的混凝土通过混凝土输送泵打进模板内。此外,施工地点位于沙朗水源保护区,又是沙朗中学学生的必经之路,学生进出时段,桥梁停止施工;施工地处风口,冬季气温经常在零度以下,浇灌的混凝土不易凝固,造成工期进度缓慢。建设者们不畏艰险、艰苦努力,按期圆满完成了各项施工任务。

(五)科技创新

武昆高速公路建设共实施了 3 项科技项目。其中,"山区隧道建设环境保护关键技术研究"课题取得的科研成果达到了国际先进水平,被评为中国公路学会科技技术二等奖。另外两项课题分别是"公路典型隐蔽工程施工质量与运行状况快速检测及处治措施关键技术研究"及"云南省高速公路植物隔离技术及示范研究"。

"山区隧道建设环境保护关键技术研究"属于交通部西部科研课题,分为四个专题展开研究:

1. 隧道生态环境影响综合评价及防治对策研究

该专题建立了新的隧道生态环境影响多因素综合评价指标体系,填补了国内空白。

2. 基于环境保护的隧道洞门选型研究

该专题建立了基于环境保护的"隧道洞门环境经济评价模型",填补了国内空白。

3. 基于环境保护的隧道防排水原则及措施研究

该专题提出了基于环境保护的防排水技术关键措施。

4. 隧道施工废水处置技术研究

该专题将污染治理与资源节约融为一体,开发出经济、可行的隧道施工废水处理与回用技术。

武昆高速公路在实际的隧道设计、施工中,融汇了上述科研成果的理念,把隧道建设得更贴近于自然,更环保、更和谐。

(六)运营养护管理

武昆高速公路设置一对富民服务区,分别由加油站、停车区、检修房、餐饮区和室外道路组成。

全线设禄劝、罗免、富民、昆明西北4处收费站；设置富民分处（管养中心1处），下设富民监控分中心1处及麻地箐、沙朗隧道管理站2处，建筑面积25157m²。

武昆高速公路于2013年10月26日通车营运后，经两年缺陷责任期维护维修，除正常维修维护和病害处治外未发生大修养护情况。

第二节　G85银川—昆明高速公路

G85银川—昆明高速公路是国务院2013年批准的《国家公路网规划（2013—2030年）》中的第11条纵向线，简称银昆高速。

银昆高速起自宁夏回族自治区银川，途经惠安堡、彭阳、平凉、华亭、宝鸡、留坝、汉中、巴中、广安、重庆、内江、宜宾、昭通，止点为昆明。

银昆高速在云南境内主线有水富—麻柳湾、麻柳湾—昭通、昭通—会泽、会泽—待补、待补—功山、功山—嵩明、嵩明—昆明7个路段，全长552.22km，现已全部建成通车。

银昆高速在云南有两条联络线，分别是G8511昆明—磨憨高速公路，简称昆磨高速；G8512景洪—打洛高速公路，简称景打高速。

一、水麻高速公路——让乌蒙昭明宣通

水富—麻柳湾高速公路全线在昭通市境内。昭通古称"朱提"，因藏在乌蒙山脉的深深褶皱之中，唐朝以后以山名称"乌蒙"。清朝雍正年间，云、贵、桂总督鄂尔泰以乌蒙"不昭不通之甚者也"，题请雍正恩准"举前之乌暗者，易而昭明，前之蒙蔽者，易而宣通"，易名昭通。"乌蒙"改叫"昭通"，这是一种强烈的期盼，期盼这里早日昭明宣通。水麻高速公路建成通车，助推了这一期盼的实现。

水麻高速公路是一条典型的山区高速公路，因其投资规模大、工程量大、施工环境艰险，在云南高速公路建设史上留下了浓墨重彩的一笔。这条乌蒙大动脉上有著名的螺旋隧道，有龙浴关河连续长达5km还多的滴水岩特大桥，有穿越历史文化古镇豆沙镇、与远古的"五尺道"千年相会的豆沙关隧道，还有张窝水电站库区长虹卧波、游龙起舞的张窝水中桥……处处桥连隧，隧绕山，山环水绕，现代化的高速公路与苍凉雄浑的乌蒙高原交相辉映，山也大气磅礴，路也神奇壮美。

（一）相关背景

1. 五尺道的修筑

公元前250年，秦朝派蜀郡太守李冰从僰人古道（今宜宾一带）的崇山峻岭中开山凿

岩,修筑通往朱提(今昭通)的驿道。李太守等人采用积薪焚石、浇水爆裂等既原始又充满智慧的办法,在悬崖陡壁上一寸寸、一尺尺地将道路艰难向前推进。这比他主持修筑的举世闻名、遗荫千秋的成都都江堰工程还要艰难。到了汉武帝时,国力更加强盛,又开始了对这条路的续修。到公元前112年,五尺道基本完工,从僰道经朱提,连通了建宁(今曲靖),这100多年间艰苦卓绝的努力,使得川滇之间"栈道千里,无所不通"。今天的水麻高速公路就修筑于当年五尺道穿越的崇山峻岭间。

2.水麻公路修筑前的公路状况

出昭通城远行,到水富252km。水富是云南的北大门,除昭通—麻柳湾一段为二级公路外,其余全是低等级公路。一早离开昭通,傍晚蹭到水富,这是正常速度。如果在关河峡谷狭长走廊带里遇上堵车,堵个几小时、半天、一两天都算平常,堵三四天甚至一周也不算稀罕。

盐津—水富公路同样不堪重负。这段公路于1974年11月开始修建,1979年7月30日竣工。其间有昭通、威信、巧家、鲁甸、镇雄、彝良、盐津7个县的干部民工和云南省公路工程局的职工共3286人参与修建,当时修路靠的是人海战术,全凭人工肩挑背驮,工具是十字镐、锄头和撮箕。路虽然修通了,但路基仅为6.5m、路面仅为3.5m宽的砂土路、弹石路,虽经1989年、1996年两次油路改建,也难以承担越来越繁重的运输任务,更难与滇东北出滇入川交通大通道的名头相符。

(二)项目概况

水麻高速公路是国家高速公路规划网中G85银川—昆明高速公路云南境内的首段,是云南省通往四川、重庆及中原各省的运输大动脉,也是云南省规划的"三纵三横、九大通道"公路网的重要组成部分。

项目全长135.335904km(不含联络线)。其中,水富县境内47.732km、盐津县境内59.772km、大关县境内27.831km。水麻高速公路主线K0+303.14~K132+834.58、水富联络线LK0+000~LK1+700、普洱渡联络线LK0+000~LK2+856.72均按四车道高速公路标准建设。

水麻高速公路起于水富伏龙口,接四川宜宾—水富高速公路止点,路线跨关河沿西岸山坡展线,沿老公路向西南经楼坝、张滩坝、庙口,跨过庙口河后逆店口河升坡,经太平、复兴至凉风凹,路线穿凉风凹后沿串丝河降坡,经砖房、龙台、串丝,于二溪口设冷水溪隧道穿山梁后逆上清河展线,向南经王爷庙后,沿上清河支流展线升坡至箭竹塘,设箭竹塘隧道穿山梁后,继续沿上清河布线,经中和、花鱼坪至竹麻林,出竹麻林隧道后顺万古小河展线降坡,经会同溪至豆沙关后,路线逆关河多次跨河换岸布线,经黄荆坝、大关河电站、滴水岩至麻柳湾,止于昭通—麻柳湾二级公路止点K92+683处,较原有老路缩短里程9km。

位置如图17-8所示。

图17-8 水富—麻柳湾高速公路位置图

水麻高速公路为山岭重丘区高速公路,设计速度60km/h。路基宽22.5m,行车道宽2m×2m×3.5m;平曲线一般最小半径200m;平曲线极限最小半径125m;最大纵坡6%;停车视距75m;桥涵及构造物车辆荷载汽车—超20级,挂车—120,桥涵宽度与路基同宽;设计洪水频率特大桥为1/300,大中桥、小桥、涵洞及小型排水构造物1/100。设计2026年远景交通量:水富至普洱渡段为25910辆/日,设计年限内平均增长率为9.4%;普洱渡至麻柳湾段为25880辆/日,设计年限内平均增长率为9.7%。项目所经地区最低海拔275m(路线起点伏龙口处),最高海拔1207m(凉风凹隧道K47+760处),相对高差932m。沿线地震活动的强度和频度较高,为强震区,有历史记载以来发生过多次地震,其中5级以上的地震就有4次。1844年、1917年、1974年先后发生过3次6.5~7.1级的破坏性地震。指挥部根据中华人民共和国国家标准建筑抗震设计规范(GB 50011—2001),结合全线地处Ⅶ度区的实际,沿线构造物按相应烈度设防。

项目主要工程数量为路基土石方3271.5万m³,其中挖方2541.7万m³,填方729.8万m³。排水、防护石砌工程300.83万m³。桥涵、隧道工程特大桥21427m/10座、大桥64736m/239座、中桥7611m/108座、小桥204m/7座。最长的滴水岩特大桥桥长为5054m;涵洞7014.93m/289道,分离式隧道20084.4m/14座(单幅单座计)连拱隧道6206m/22座(单幅计);桥梁、隧道长度占路线总长44.3%(桥、隧长度以单幅计)。

全线设高管段1处(昭通)、监控通信中心1处(中和)、隧道管理所2处(凉风凹、竹麻林)、隧道变电所5处(老店子、凉风凹、冷水溪、箭竹塘、竹麻林)、养护工区1处(水富)、服务区2处(串丝、龙坪)、停车区2处(楼坝、中和)、主线收费站2处(水富、麻柳湾)、匝道收费站5处(庙口、普洱渡、中和、豆沙关、岔河),设有功能齐全的隧道通风与照明、隧道消防、通信管道、三大系统(通信、收费、监控综合系统)工程,对全线设施、设备进行全面监测及监控,设有边坡防护、标志、标线、护栏、隔离栅、收费、通信、监控等交通安全设施。

项目初步设计总概算92.0966亿元,建安费用为76.06411亿元,平均每公里造价6805万元(含联络线)。

水麻高速公路主要控制点有:起点伏龙口,途经楼坝、庙口、太平、复兴、河咀、凉风凹隧道、砖房、龙台、串丝、鹰嘴岩、普洱渡、二溪口、王爷庙、箭竹塘、中和、花鱼坪、竹麻林、会同溪、豆沙关、下银厂、黄荆坝、大关河电站、滴水岩,止点麻柳湾。

水麻高速公路于2004年10月19日开工建设,2008年7月1日试运营通车。

(三)前期决策和项目招标

1. 前期决策

2002年11月,云南省交通厅以《关于组建水富至麻柳湾高速公路建设指挥部的通知》(云交人〔2002〕792号文)成立了项目法人。王萍任云南水麻建设指挥部指挥长,负责项目建设管理工作。

2002年4月,云南省公路规划勘察设计院开始进行内业及现场的调研工作,同年8月编制完成水麻公路的工程可行性研究报告(代项目建议书)。

2002年9月,云南省发展计划委员会以《关于审批二连浩特至河口公路水富至麻柳湾段项目可行性研究报告(代项目建议书)的请示》(云计基础〔2002〕1003号)上报国家计委。鉴于项目所处特殊的地形地质条件及路线走廊带情况,为满足配合金沙江下游溪洛渡和向家坝两大水电站建设的需要,原水富至普洱渡段为高速公路、普洱渡至麻柳湾段为二级公路的设计方案调整为全线四车道高速公路。同年5月,设计单位对原工可报告做了补充完善。

2003年11月,国家发展和改革委员会批准工程可行性研究报告。

2004年3月,交通部批准初步设计。

2004年5月,云南省交通厅批准两阶段施工图设计。

2004年10月11日,交通部批准了开工报告,同年10月19日指挥部下达了开工令,项目正式开工建设。

2. 招标情况

通过公开招标,云南省公路规划勘察设计院中标并担负了水麻高速公路的工程勘察设计任务。

在建设过程中,设计单位组织了3个设计代表组,设计代表深入工地,及时解决施工中相关问题。根据现场工作需要,云南省公路规划勘察设计院多次组织专家组到工地进

第十七章
国家高速公路

行技术指导及解决技术复杂问题、研究重大变更设计方案。

施工招标中采用最低评标价法进行评标,使招标工作成为阳光工程。水麻高速公路项目于2004年7月完成了土建项目的招标工作(土建第1、12、13、14、20、21、22、23合同段因第一次招标失败,于同年9月完成第二次招标)。经过公开招标,最后选定的28家土建工程施工单位均为国家公路工程一级及一级以上施工企业。

在随后的施工中,又按上述招标程序采用最低评标价法分期、分阶段完成材料物资(水泥、钢筋、锚杆、锚具、钢绞线、桥梁支座、打孔波纹管、PVC防水卷材、沥青)、路面、绿化、房建、隧道机电、三大系统和交通工程的招标工作。在物资采购上,由于受到短期市场价格波动及供货时段的影响,按照云南省交通厅的有关文件规定,适时启动水泥等统供物资的价格谈判工作。

水麻高速公路项目实行业主自办监理模式。15家监理单位均能按合同承诺到位,满足工程监理服务的需要。

水麻高速公路项目标段划分情况见表17-4。

水麻高速公路项目标段划分情况表　　　　　　　表17-4

起止桩号	工程内容及长度	施工单位
K0+303.1~K21+869.87	土建施工工程监理 21566.7m	重庆育才工程咨询监理咨询公司
K21+869.87~K39+600	土建施工工程监理 17730.13m	云南省公路工程监理咨询公司
K39+600~K45+100	土建施工工程监理 5500m	云南省公路工程监理咨询公司
K45+100~K61+091.7	土建施工工程监理 15991.7m	贵州路通公路工程监理有限责任公司
K61+163.38~K75+700	土建施工工程监理 14536.62m	北京华通公路桥梁监理咨询公司
K75+700~K89+400	土建施工工程监理 13700m	海南海通公路工程咨询监理有限公司
K89+400~K101+000	土建施工工程监理 11600m	铁二院咨询监理公司
K101+000~K116+000	土建施工工程监理 15000m	北京华路捷公路工程技术咨询有限公司
K116+000~K126+380	土建施工工程监理 10380m	云南元土工程监理有限公司
K126+380~K132+834.58	土建施工工程监理 6454.58m	云南云路工程监理咨询有限公司
K0+303.14~K34+780	路面施工工程监理 34476.86m	云南云路工程监理咨询有限公司
K34+780~K75+700	路面施工工程监理 40920m	云南云路工程监理咨询有限公司
K75+700~K132+834.58	路面施工工程监理 57134.58m	云南省路工程监理咨询公司
K0+303.14~K132+834.58	机电施工工程监理 132531.44m	北京兴通交通工程监理有限责任公司
K0+303.14~K132+834.58	沿线设施施工工程监理 132531.44m	云南省路工程监理咨询公司
K0+303.14~K5+135.91	土建施工工程 4832.77m	云南省第三公路桥梁有限责任公司
K5+135.91~K13+700	土建施工工程 8564.09m	中国有色金属工业第六冶金建设公司
K13+700~K21+869.87	土建施工工程 8169.87m	四川路桥建设股份有限公司
K21+869.87~K28+484.87	土建施工工程 6615m	西南交通建设工程总公司
K28+484.87~K34+780	土建施工工程 6295.13m	中铁十七局集团第三工程有限公司

云 南
高速公路建设实录

续上表

起 止 桩 号	工程内容及长度	施工单位
K34+780～K39+600	土建施工工程 4820m	江西省公路机械工程局
K39+600～K41+720	土建施工工程 2120m	中铁十二局集团第四工程有限公司
K41+720～K45+610.63	土建施工工程 3890.63m	陕西路桥工程总公司
K42+967.76～K45+100	土建施工工程 2132.24m	中铁十三局集团有限公司
K45+100～K47+264	土建施工工程 2164m	中铁三局集团有限公司
K47+264～K54+700	土建施工工程 7436m	四川华西集团有限公司
K54+700～K61+091.7	土建施工工程 6391.7m	云南第二公路桥梁工程有限公司
K61+163.38～K66+162.68	土建施工工程 4998.88m	云南云桥建设股份有限公司
K66+162.68～K70+941.15	土建施工工程 4778.47m	中铁二十一局集团第三工程有限公司
K70+941.15～K75+700	土建施工工程 4758.85m	道隧集团工程有限公司
K75+700～K79+783.35	土建施工工程 4083.35m	湖北荆州市公路桥梁建设总公司
K79+783.35～K84+641.09	土建施工工程 4857.74m	贵州省公路桥梁工程总公司
K84+641.09～K89+400	土建施工工程 4758.91m	四川武通路桥工程局
K89+400～K94+088.17	土建施工工程 4688.17m	中铁十七集团有限公司
K94+088.17～K97+860	土建施工工程 3771.83m	云南第一公路桥梁工程有限公司
K97+860～K101+000	土建施工工程 3140m	中国云南公路桥梁工程总公司
K101+000～K105+070.51	土建施工工程 4070.51m	云南路桥股份有限公司
K105+070～K109+989.62	土建施工工程 4919.62m	新疆昆仑路港工程公司
K109+989.62～K116+000	土建施工工程 6010.38m	沧州路桥工程公司
K116+000～K121.406.78	土建施工工程 5406.78m	中铁四局集团有限公司
K121+406.78～K126+380	土建施工工程 4973.22m	中铁大桥局集团有限公司
K126+380～K130+280	土建施工工程 3900m	中国路桥(集团)总公司
K130+280～K132+834.58	土建施工工程 2554.58m	攀枝花公路桥梁工程总公司
K0+303.15～K13+700	路面施工工程 13396.85m	云南第三公路桥梁工程有限责任公司
K13+700～K34+780	路面施工工程 21080m	西南交通建设工程总公司
K34+780～K54+700	路面施工工程 19920m	中铁二十三局集团有限公司
K54+700～K75+700	路面施工工程 21000m	云南云桥建设股份有限公司
K75+700～K94+088.17	路面施工工程 18388.17m	新疆昆仑路港工程公司
K94+088.2～K109+989.62	路面施工工程 15901.42m	中国云南路建集团股份有限公司
K109+989.62～K132+834.58	路面施工工程 22844.96m	云南第一公路桥梁工程有限公司
K0+303.14～K34+780	交通安全设施施工工程 34476.86m	北京京华路捷交通设施工程有限公司
K34+780～K75+700	交通安全设施施工工程 40920m	广东新粤交通投资有限公司
K75+700～K94+088.17	交通安全设施施工工程 18388.17m	云南云桥建设股份有限公司
K0+303.14～K21+869.87	绿化施工工程 21566.73m	深圳市园林设计装饰工程有限公司
K21+869.87～K45+100	绿化施工工程 23230.13m	云南华龙园林绿化工程有限公司

续上表

起止桩号	工程内容及长度	施工单位
K45+100~K66+162	绿化施工工程 21062m	云南绿源建筑景观工程股份有限公司
K66+162.68~K89+400	绿化施工工程 23237.32m	云南园林绿化发展有限公司
K89+400~K105+070.51	绿化施工工程 15670.51m	云南绿茵环境建设有限公司
K105+070.51~K132+834.58	绿化施工工程 27764.07m	云南利鲁环境建设有限公司
	沿线设施施工工程	昆明群力建筑公司
	沿线设施施工工程	江苏省第一建筑安装有限公司
	沿线设施施工工程	云南建工集团第七建筑工程有限公司
	沿线设施施工工程	云南CY集团建筑有限公司
K0+045~K46+680	机电施工工程 46635m	中咨泰克交通工程有限公司
K47+264~K75+700	机电施工工程 28436m	中铁一局集团电务工程有限公司
K97+783.35~K109+989.62	机电施工工程 12206.27m	中国路桥工程有限责任公司
K0+303.14~K47+670	隧道机电消防施工工程 47366.86m	云南海天消防工程安装有限公司
K47+670~K106+250	隧道机电消防施工工程 58580m	昆明荣成天宇控制系统工程有限公司
K0+045~K106+244	隧道机电消防施工工程 106199m	昆明官房建筑安装经营有限公司
K0+240~K34+780	通信管道施工工程 34540m	江苏智运科技发展有限公司
K34+780~K75+700	通信管道施工工程 40920m	云南瀚海通信有限公司
K75+700~K132+834.58	通信管道施工工程 57134.58m	中铁八局电务公司
K0+000~K132+834.58	三大系统施工工程 132834.58m	上海交技发展股份有限公司
K0+000~K132+834.58	供配电施工工程 132834.58m	昭通昭电实业有限公司

(四)项目特点

豆沙关(图17-9)是水麻高速公路的必经之地,麻柳湾是水麻高速公路的止点,两个地方都在关河沿岸。当地人曾有这样的描述:"太阳不照豆沙关,春风不吹麻柳湾。"

图17-9 豆沙关路段

出昭通城北行33km,有一个听着名字就感到寒冷的地方——凌子口。穿过已建成通车的昭通—麻柳湾二级公路的凌子口隧道,天气一下子就会变"嘴脸"。通常是昭通坝子艳阳高照,凌子口一出则是云缠雾绕、阴雨绵绵;或是昭通坝子秋高气爽,气温宜人,这边已是霜刀凌剑、寒风刺骨;暖季昭通坝子最高气温不超过30℃,而这边河谷地带,30~47℃的闷热高温见惯不怪。凌子口隧道处海拔1950m,往北走44km,就到了麻柳湾,海拔陡然降到只有700m。

水麻高速公路的起点位于水富县伏龙口,海拔仅275m,而地势较高的凉风凹隧道处,海拔又冲高到1207m,就是这将近千米的高差,以及跨深涧、绕峻岭、卧河谷的蜿蜒起伏的线形,使得水麻高速公路遭遇了千变万化、喜怒无常的气候。典型的江边河谷地带的热,热得人烦躁难耐,像钻进了蒸笼一样。而且空气湿度极大,衣服、被褥洗后长时间晾不干,霉气滋生,长出一层灰白色的毛,不习惯的人皮肤还容易感染湿毒等传染性疾病;典型的江边河谷地带的冷,冷得人骨头生疼,像被关在一个冰窖中找不到出路。尤其使人郁闷的是,不论阴冷天,还是所谓的晴天,都很难见得到太阳。据盐津分指挥部的晴雨表统计,2005年全年中,仅有42天不下雨,有16天晃晃太阳。在中和承建第17合同段的贵州公路桥梁工程总公司的项目经理郑庚学曾感慨地说:"这里的太阳比贵阳还贵。"

中铁十七局集团水麻高速第五合同段项目部有位同志填写了一组饶有趣味的"十六字令":山,苍茫乌蒙不见巅,回首望,连绵不断山;谷,万丈峡谷仰头观,一线天,绝壁不可攀;雾,云雾翻腾卷巨澜,机声隆,千军战鼓喧;雨,绵绵细雨线未断,天放哭,泥泞横天边;水,洪水卷石吼山涧,抢险急,路毁桥断残。这首小令的的确确道出了水麻高速施工的艰难。在水麻中标的单位中,有7家修过青藏铁路、青藏公路工程,他们说,水麻线比青藏线难干。23合同段项目经理夏胜滨、19合同段项目经理吉天林、5合同段项目经理王应权这些硬汉铁汉,没有在青藏线打过退堂鼓,却屡屡在在指挥部领导面前"泪洒水麻"。

绵绵的阴雨不仅烦人,还是公路施工的大敌。在2006年持续几十天的阴雨中,指挥长王萍心急如焚,他一声令下,让施工单位买来塑料薄膜,利用高边坡搭起大棚,强行挡雨进行填方。这种不得已的奇思妙想,不失为水麻施工中的一个创意。面对紧迫的工期,面对有效施工期的有限,王萍常有些粗俗地告诫项目经理们:在水麻线干活,好天气是等不来的,你们要像"瞎子打老婆"那样,拿着一天算一天!

有人戏谑说:"水麻,水麻,是水带来了太多的麻烦!"关河的洪水,曾将数十吨的桥连梁带基础从河东"搬"到了河西,洪水过处,施工工地被"修理"得面目全非;连绵不绝的雨水,常年把工地搅成一片烂泥坑;还有陡峻的山崖如同乌云密布,处处摆出泰山压顶的气势;巨型的滑坡、频频光临的泥石流,大大小小几十次恐怖的地震,使水麻工程屡屡遭受惨重的损失,但建设者们经受住了严峻的考验。在逆境之中,水麻高速公路挣脱羁绊,冲开乌云迷雾,渐渐在山川沟谷中现出巨龙般的身形。

（五）工程建设亮点

环境折磨人，环境更加造就人。在高温、多雨、潮湿、地势高低悬殊的乌蒙山中，筑路人不惧艰险，顽强拼搏，在水麻线上留下了一串串闪光的足迹。

1. 螺旋展线升坡成为全国首例

水麻高速公路经过山高水急、地形狭窄的老堡山路段时，采用螺旋曲线围绕老堡山盘旋展线的办法集中升坡。螺旋曲线由5个连续右偏卵形曲线组成，中间夹7段缓和曲线，全部桥、隧均位于右偏螺旋曲线上，总转角达330°，形成一个巨大的希腊字母"α"。其中，老店子1号隧道转角达155°，河咀大桥转角为98°。如此大转角的螺旋曲线和桥、隧相连，在全国属首创，在世界高速公路史上也极为罕见。这一群新颖奇特的螺旋曲线和桥隧组合，为山区高速公路建设提供了全新的展线思路，也成了云南公路的个性化名片。

2. 为路基"打伞"

水麻路大部分路段都处于多雨潮湿的气候带，有的路段进场后两年加起来总共才有1个月时间能见到太阳，工地泥泞不堪，施工人员平均一个月就会穿烂一双雨鞋。为此，水麻指挥部启动了"高温、多雨、潮湿地区高速公路路面构造研究"和"水麻高速公路多雨潮湿地区路堤施工技术研究"两个课题，采用多项措施应对雨水成灾的问题。一是在路基上搭建巨大的雨棚，为路基"打伞"，遮住天上的雨水，让伞下的流动空气吹走路基上的水分；二是在不能搭建雨棚的地方，用塑料薄膜盖住路基，防止新的水分入侵路基；三是通过多次试验，改变填料的结构，增加水分的透析。这些不得已的"鬼点子""穷办法"，有效地解决了多雨潮湿地区修建路基的难题。

为路基"打伞"，成了水麻高速公路的一段美谈。

3. 将高速公路轻轻放在古迹旁

穿越石门关、五尺道和豆沙古镇的豆沙关隧道左幅出口下方六七米处的悬崖绝壁间，还有一座建于清代乾隆年间的观音阁。为更好地保护好历史文物、名胜古迹，项目部专门请来专家，依靠新的爆破技术，奇迹般地在文物古迹旁大大小小成功起爆成百上千次。隧道打通了，文物古迹却毫发无损，成为建设和保护的一个和谐典范。

将高速公路轻轻放在古迹旁，这是公路建设者的态度，也是实际行动。

4. 让鱼儿拥有快乐通道

在由西南交通建设工程总公司承建的第4合同段，太平乡短短的一段河道就设计筑起了5道拦河坝。为了确保生态平衡，做到长年流水不断，鱼类能在枯水和洪水季节自由上下游动，还专门在拦河坝两侧设置了长长的鱼道。这是珍爱生命、敬重自然的理念在水麻路上的具体体现。

5. 隧道口的鹅掌楸和红豆杉

由中铁三局第五工程公司承建的第 10 合同段自进场之日起,就积极与当地林业部门联系,将征地界内的所有保护植物进行移栽,保护了不少乌蒙山中的国家一级保护植物红豆杉和二级保护植物鹅掌楸。凉风凹隧道左右幅两洞口之间的鹅掌楸又粗又高,移栽难以成活,只能作砍伐处理。砍掉这么粗大的保护植物实在可惜,于心不忍。项目部为此重新进行实地测量,经反复论证后,确认鹅掌楸对正线工程施工影响不大,最终决定保留下来。几棵高大雄壮的鹅掌楸和附近 4 棵红豆杉蔚然林立在高速公路的隧道口,它们的叶片随风而舞,似在向筑路人挥手致意。

6. 天有多高路有多长

要说环保、水保,135km 长的水麻高速处处留下了环境意识的烙印。龙浴关河、连续长 5.2km 的滴水岩特大桥,置于河中似巨龙起舞。踏波前行彩虹飞架的喇叭溪特大桥、冷水溪连续桥、张窝电站水中桥(图 17-10)……水麻高速公路的建设,处处闪烁着现代工程技术的全新理念,处处体现着环境保护、自然和谐的人文关怀。整个工程所处区域是长江上游水土保持重点防护区,也是云南省人民政府公告的水土流失重点治理区。如此浩大的工程,能够"不惊山不扰水",还山川本来的面目,这绝对是一个了不起的成绩!这也是水麻指挥部在云南乃至全国高速公路建设中率先实施交通工程环境监理带来的成果。

图 17-10　张家窝电站水中桥

国家环保局环保司的专家牟广丰说,水麻高速公路建设的环境意识是规范的、超前的,是值得称道和肯定的。

乌蒙山是雄奇险峻的,也是多灾多难的。在修建水麻高速公路的岁月中,公路建设者们遭遇过惊心动魄的山体大滑坡、泥石流;遭遇过大大小小上百次地震;遭遇过昭通地区百年未遇的雪灾……修建水麻公路,可谓酸甜苦辣五味俱全。指挥长王萍说:"凡是能在水麻高速公路建设中坚持下来的人,都是英雄!"党总支书记赵声琪是昭通人,作为一个亲身参与指挥建设的"水麻人",他深情地写下了这样的诗句:在我的故乡/路是云的翅膀/随云起云飞/路伸进了天上/天有多高路有多长/云有多香路有多靓……

(六)科技创新

指挥部紧紧围绕边坡加固、生态环境与景观设计、多雨地区施工等难点,申报了"山区高速公路地质病害处治技术研究""山区支挡结构的研究""山区高速公路上跨桥型结构和景观研究""山区高速公路岩堆的勘察设计处治研究""云南高温、潮湿山区高速公路路面结构研究""多雨潮湿地区路堤施工技术研究""山区高速公路综合运营安全技术研究""沿线水土保持与生态环境重建技术研究""工程建设期风险评估与管理""桥梁橡胶支座检测与安装技术""水麻公路指挥部网络办公与项目管理信息系统"11个科研课题,投入科研经费2369.722万元。其中,云南省交通厅投入225万元,指挥部安排配套资金2114.722万元。

经过专家委员会验收鉴定,11个科研课题研究成果均达到国际先进水平或国内领先水平,共培养人才200余人,发表论文50余篇,申请专利1项。

1. 山区高速公路综合运营安全技术研究

课题结合水麻高速公路实际,针对山区高速公路中急弯、陡坡、连续下坡、视距不良、路侧险要、螺旋展线路段六种类型事故高发路段,提出避险车道间距确定方法、辅助设施设计方法和公路沿线边坡危岩的风险性评价方法,并针对在我国高速公路上首次运用的螺旋展线的展线方式、运营管理、评价方法的研究,提出考虑横断面和隧道影响的运行速度修正模型,螺旋展线下坡方向宜采用逆时针旋转的展线原则,螺旋展线路段运行速度梯度的评价等成果,并在山区各等级高速公路中推广运用。

2. 云南高温、潮湿山区高速公路路面结构研究

课题针对高温潮湿山区高速公路路面材料组成及性能、路面结构组合及特性,研究高温潮湿环境对沥青混合料宏观力学性能、半刚性基层沥青路面水、温稳定性及疲劳性能的影响;采用疲劳损伤理论,对高温潮湿条件下沥青路面在水、温度、荷载等因素作用下的疲劳寿命进行了预估;提出了适合于高温潮湿山区高速公路合理的路面结构、材料要求、施

工质量控制等路面设计施工技术指标,以解决潮湿多雨山区地带由于路面结构和类型选择不合理而导致的路面易破坏、耐久性差等问题,使潮湿多雨山区的高速公路路面结构合理、经济耐久、安全可靠。该课题具有良好的推广应用前景,能减少潮湿多雨地区高速公路沥青路面疲劳损坏,提高沥青路面的抗疲劳与水温稳定性,延长路面的使用寿命,节约工程费用和养护维修费用,实现良好的经济和社会效益。

3.山区高速公路岩堆的勘察设计处治研究

课题组采用相似材料进行了边坡开挖卸载、降雨入渗等工程特殊情况下的相似模拟试验;进行了岩堆地区高速公路边坡施工三维数值分析,编制了针对山区岩堆地区高速公路施工的《岩堆体高速公路勘察设计与施工技术指南》,并在水麻高速公路中得到了具体应用,具有显著的经济效益和社会效益,累计获得经济效益近千万元。项目技术创新成果给工程建设带来的不仅使工程质量得到提高和安全施工满足工期要求,更重要的是使云南岩堆地区高速公路施工技术水平达到了国内先进水平。

4.桥梁橡胶支座检测与安装技术

课题针对普通板式橡胶支座、四氟板式橡胶支座、盆式橡胶支座在支座安装施工中集中出现的各种问题及简支转连续梁桥支座更换技术进行研究,提出了适合于中小跨径连续梁桥支座更换的"余弦逐波顶升"的新技术,并针对山区高墩简支转连续梁桥支座更换工程提出了与之相适应的钢蝴蝶梁法、钢套箍法、气动顶升法三种施工新方法,结合水麻高速公路桥梁施工运用和模型试验,确定了20m、30m、40m三种跨径的简支转连续T梁桥在进行支座更换时梁体顶升量的限值分别为1.8cm、2.5cm、2.5cm。该数值可作为实际支座更换施工中梁体顶升量的控制指标,通过该模型试验也验证了"余弦逐波顶升"这一新方法在实际工程中的可行性,并在全国桥梁施工维护中推广,研究成果达到了国内领先水平。

5.多项成果得到应用

针对生态重建技术中植物调查、选育、培育、边坡配置试验等技术措施在高速公路建设中的运用研究,"多雨潮湿地区路堤施工技术研究""工程建设期风险评估与管理""水麻公路指挥部网络办公与项目管理信息系统"3项课题均取得了相应成效,并在水麻高速公路建设中得到了成功运用。

(七)建设经验

1.依法依规,高起点建设

指挥部在成立之初就明确提出了"工期提前、确保优良、争创国优、投资不突概"的目标。

第十七章
国家高速公路

水麻高速公路项目投资巨大、里程较长、工程艰巨、涉及面广、协调工作任务繁重,项目建设管理履行了从项目建议书、工程可行性研究、初步设计、施工图设计、水土保持、环境保护、文物考古调查报告编制及审批到设计、地质灾害评估、施工和监理公开招标、建设用地审批、征用林地审批、开工建设等一系列基本建设程序。同时,指挥部还按照国家招标投标法等法律法规的要求,公开招标选择设计、监理、施工单位和物资供应商,充分体现了公开、公平、公正和诚实信用的原则。通过严格招标,有效杜绝了"转包、分包"现象,为高起点、严标准建设水麻高速公路奠定了坚实基础。

2. 提前介入,控制投资

项目建设管理,质量要保,安全要保,投资同样要保。指挥部在勘察设计阶段就提前介入,通过多个方案的优选,对局部路线走向及单项工程设计进行了优化和完善,既保证了设计的科学性和合理性,又节约了投资。

3. 建章立制,环保施工

根据国家环境保护总局的有关要求,指挥部严格执行"三同时"要求,制定了《环境与水土保持管理实施办法》,专门成立了水保环保办公室,建立健全了水保环保工作台账,与各承包人签订了水保、环保目标责任书,建立了有效的施工环境监控机制;认真落实环境保护管理工作和环境污染防治措施,加强基本农田保护和景观设计,做好河流水质保护工作,提高环境保护意识和文明施工水平,切实做好环境保护工作;重点加强了取、弃土场的审批和取弃土管理,做到了借土不乱挖、废土不乱弃、水土不流失,最大限度地恢复耕地和植被,使公路建设与环境保护得到有机的协调发展。

4. 加强合作,路地和谐

项目建设过程中,指挥部十分重视与地方建立协调的工作机制,和谐路地关系,着力抓好党风廉政建设、社会治安综合治理和安全生产工作,在安全生产、民工工资兑付和社会治安综合治理责任书的形成机制下,与地方政府建立了路地联席会议制度,深入开展了云岭先锋、保持共产党员先进性教育、平安工地创建等一系列的活动,充分发挥党组织的战斗堡垒作用和党员的先锋模范作用;与承包人签订了专项协议书,实行农民工工资保障金制度,维护农民工合法权益和沿线群众的切身利益;及时、主动与地方乡镇、村社联系,共同对设计图中设计的跨线桥、通道、涵洞进行实地调查核实,对不能满足群众实际生产生活需要的桥涵、通道设计作变更处理,尽可能按满足需要的位置进行设置;注重水、环保工作,投入大量建设费用改善沿线群众的生产生活条件,方便群众的安全便捷出行,让沿线人民群众分享到工程建设的成果。

项目征地拆迁涉及公路正线、连接线、立交区建设用地及地上地下建筑(构筑)物的拆迁;公路营运管理配套的收费站点、管理机构、监控、养护中心和沿线服务设施等的用地和拆迁;施工进场道路、设计变更完善、地质变化、水毁、滑坡塌方等自然灾害产生的新增建设用地及拆迁;纳入工程设计和投资概算的临时用地。昭通市各级党政主要领导亲自督战,甚至坐镇现场指挥,协调解决征地拆迁难题,为水麻高速公路建设营造了良好的施工环境。项目经国土资源部批准使用土地为9608.28亩,实际使用面积为14474.94亩,实际使用面积比批准使用面积增加4866.66亩。征地拆迁费用为158464486元。各级党政主要领导为保通的组织管理也做了大量的工作。

5. 周密计划,统筹推进

指挥部将全部工程划为6个责任目标期,以分期责任工期保证总目标的实现,使项目建设有序推进。同时,针对施工中的一些难点问题(多雨潮湿地区施工、地质病害处治等),大力开展科学研究,把美学理念引入公路建设,进行景观建设,使水麻高速公路项目独具特色。针对施工中的一些难点问题,指挥部还与相关科研单位合作,大力开展柔性基层、小间距隧道、生物防护及附属区污水处理等项目的科学研究与示范,积累了可贵的经验,也为项目建设提供了强有力的科技支撑。同时,在细节上狠下功夫,大胆创新,进行景观建设,使水麻高速公路独具其特色。

6. 顽强拼搏,攻坚克险

在水麻高速公路建设中,建设者先后遭遇了昭通市60年一遇、80年一遇特大水灾,50年一遇特重低温冰凌灾害,以及2004—2010年间的6次4.6级以上地震灾害,给公路施工带来了重大损失,为了战胜这些灾害,水麻高速公路的管理者和施工人员付出了艰辛的努力。

(八)运营养护管理

2008年7月1日正式通车并进入试运营期后,水麻高速公路由云南省公路开发投资有限责任公司昭通管理处进行日常养护和管理;云南省东部高速公路路政支队成立水麻高速公路路政大队负责路政管理工作;昭通管理处在做好职责范围内工作的同时,积极加强与路政、当地交警部门的沟通和协调;相关单位对缺陷责任期内出现的问题及时与指挥部进行沟通,并及时进行了处理。

二、麻昭高速公路——一线连通桂滇川

莽莽乌蒙,既有重峦叠翠的美景,也有"难上青天"的路途。行路虽难,但生活在此的人们从未放弃过对外界的探索。自秦开五尺道,两千余年,纵横南北,从未断绝。古道悠悠,诉说着乌蒙山区漫长的文明史,也见证着这里艰难的发展历程。

2015年12月26日,麻柳湾—昭通高速公路建成通车。至此,北起昭通水富连四川、南至文山富宁接广西全长1100km的云南南北大通道全部打通,云南真正实现了"千里高

速牵南北,一线连通桂滇川"。

(一)项目特点

1. 工程建设任务艰巨,桥隧比高

全线桥隧比为48.83%,其中大关段45km桥隧比高达84.5%;小垭口至上高桥段9.8km就有5座隧道,公路在人迹罕至的群山中穿越,地上一条路,空中一线天;牛家沟特大桥墩高136m,桥面距谷底高差达209m,山谷两侧悬崖峭壁相距560m,属当时同类桥型云南第一高桥。

2. 地形地质复杂,气候条件恶劣

项目处在川滇盆地与高原过渡地段,沿线沟壑纵横、峰峦叠嶂、悬崖峭壁,海拔高低悬殊较大;沿线地质构造复杂,滑坡、不稳定斜坡、岩堆、危岩、膨胀土、软土等随处可见,局部存在泥石流隐患,不良地基达56段20.635km,堪称"不良地质博物馆"。同时,沿线雨雪冰冻灾害频发。据昭通市气象局监测数据统计:自1951年有气象记录以来,上高桥至青岗岭、北闸常年阴霾天气,雾气笼罩,日平均气温在0℃以下最多的一年有95天,在10℃以下最多有180天,雾日最多50天,气候条件极为恶劣。

3. 单公里造价高,融资压力巨大

项目单公里造价为1.374亿元,在同期云南省在建高速公路项目中位列最高。项目共有中央及云南省财政30.66亿元的项目资本金,其余只能靠银行贷款解决。

4. 征地拆迁量大,协调维稳难度大

全线需征、租用土地1.3万亩,拆迁房屋18万余平方米,电力、通信线路121.6km和大量坟墓及地面附属物。因沿线多为贫困山区,人多耕地少,贫困面广,征迁难度大;部分线路经过城市规划区、少数民族聚集区、矿区、坟山等特殊、敏感区域,征迁协调、施工维稳工作难度大。

(二)项目概况

G85麻昭高速公路是国家高速公路规划网中银川—昆明高速公路在云南省的重要路段,是云南省三年攻坚南北大通道建设中的重要战场,也是云南省同期建设工程量最大、施工难度最大、地质气候条件最恶劣的高速公路建设项目。项目起于大关县麻柳湾,与水麻高速公路连接,止于昭通鲁甸县大水塘,与昭通—会泽高速公路连接。线路走向和主要控制点为麻柳湾、大桥、墨翰、上高桥、靖安、昭通东、昭通新民,途经大关、昭阳、鲁甸3个县(区)、13个乡镇。位置如图17-11所示。项目设计里程105.715km。全线采用高速公路标准建设,桥、涵设计汽车荷载为公路—Ⅰ级;路段为双向四车道、路基宽24.5m,行车速度 80km/h。其中,昭通北至昭通南互通式立交段 21.14km 为双向六车道,路基宽度 33.5m,设计速度 100km/h。

图 17-11 麻柳湾—昭通高速公路位置图

麻昭高速公路工程建设艰巨程度被列为全国第三、云南第一。项目设有隧道 51461.705m(单洞)/17 座,其中,长隧道 35604.35m(单洞)/9 座,占隧道总长的 73.4%;桥梁 55284.61m/191 座,其中特大桥 15023.51m/13 座、大桥 37004.2m/109 座、中小桥 5527.25m/86 座;涵洞 159 道、通道 66 道。全线设大关、悦墨、上高桥、靖安、昭通北、昭通、昭通南 7 处互通式立交,设服务区 2 个、停车区 2 个;全线开挖路基土石方 815 万 m^3,填方 522 万 m^3,总弃方 988 万 m^3,浆砌圬工 760862m^3,混凝土圬 2776760m^3;路面铺筑面积 1147350m^2。

项目于 2012 年 8 月 3 日开工,2013 年 2 月 18 日破土动工,2015 年 12 月 31 日建成通车。

项目建成,对打通云南省南北大通道交通枢纽,完善国家高速公路主干线网络,建成云南省连接成渝地区、通往西南腹地和粤桂两广的通江达海战略通道,加快服务和融入"一带一路"国家发展战略,带动乌蒙山片区国家连片扶贫开发,维护边疆稳定和民族团结具有重要战略意义。

(三)前期决策

1. 南北大通道攻坚项目

麻昭高速公路修建前,从昆明至昭通至水富的出滇入川经济命脉 G85 银昆高速公路云南境内只有4段高速公路,即水富—麻柳湾、会泽—待补、功山—嵩明、嵩明—昆明,其余路段均为二级封闭专用公路,麻柳湾至昭通就是二专线中的一段。面对逐渐增多的客货车辆,道路通行能力差、物流运输效率低的弊端日益凸显,已经成为云南省出滇入川、通江达海的南北大通道中的瓶颈路段,严重制约了云南省的社会经济发展,阻碍了边疆与内地的经济文化交流。2012年1月19日,云南省委、省政府提出了开展南北大通道建设攻坚会战的目标任务,提出利用3年的时间打通云南南北大通道瓶颈路段,实现云南省"饮马长江,挥师两洋,通江达海,八面来风"的战略格局,并将麻昭高速公路建设任务交给云南省公路局作为项目业主组织实施。

2012年6月26日,国家发改委批准同意麻昭高速公路可行性研究报告。

2012年9月29日,交通运输部批复了麻昭高速公路初步设计的报告,对麻昭高速公路建设项目的线路走向、建设规模及技术标准、路基路面方案、立交区及隧道设置、管养及服务设施规模、交通工程、三大系统、工程概算等做出了明确批复。

2.参建单位

2012年3月16日,云南省公路局正式发文成立云南麻昭高速公路建设指挥部,并报经云南省交通运输厅批复同意,任命刘和开为指挥长、张贤康为副指挥长兼总工程师、沈冰为副指挥长兼总监理工程师、徐建国为副指挥长。在建设过程中,由于沈冰另有任用,后任命陈鸿毅为副指挥长兼总监理工程师。指挥部内部设有综合办公室、财务处、合同处、工程处、物资处、安全处、总监办、征迁保通处、中心试验室9个职能处室,共有管理岗位工作人员66名。

2012年8月23日,云南省公路局党委正式发文成立中共麻昭高速公路建设指挥部总支部委员会,任命刘家顺为党总支书记。

2012年10月23日,经云南省人民政府批准,麻柳湾—昭通高速公路项目建设公司成立,由云南省公路局代政府履行出资人及管理职责。

麻昭高速公路采用招选投资人暨合作承包建设者的方式,于2012年10月12日~2013年1月10日期间进行招标,招标段落划分A、B、C、D共4个合作承包建设标段共22个工区,招标范围为路基、路面、桥涵、隧道、交叉及绿化(不含景观绿化)、环保、水保等工程,北京城建道桥建设集团有限公司、中铁十二局有限公司、中国铁建股份有限公司、云南建工集团有限公司中标;监理单位为云南省公路工程监理咨询公司。

项目监理模式为业主设置总监理工程师办公室1个,下设4个第三方驻地监理工程师办公室。监理招标招选4个驻地监理工程师办公室。指挥部于2012年8月6日~2013年1月30日对麻昭高速公路施工监理服务进行招标,最终与4家中标人签订监理合同。

指挥部严格按照《中华人民共和国招标投标法》的有关规定,对交通工程、机电消防、房建工程等工程项目进行了公开招标,确定了承包单位。

麻昭高速公路项目参建单位见表 17-5。

麻昭高速公路项目参建单位表 表 17-5

序号	参建单位	单位名称	合同段编号及起止桩号	主要负责人
1	项目管理单位	云南麻昭高速公路建设指挥部	K0+000~K105+715	刘和开
2	勘察设计单位	安徽省交通规划设计研究总院股份有限公司	勘察设计 1 合同段 K0+000~K35+129.013	王晓飞
3		云南省交通规划设计研究院	勘察设计 2 合同段 K36+000~K105+715	崔向雷
4	施工单位	中铁大桥局集团有限公司	A 合同段 K0+000~K16+600	武斌
5		北京城建道桥建设集团有限公司	A 合同段 K16+600~K20+822	杜兆波
6		中国铁建投资有限公司	B 合同段 K20+822~K35+129.013	王江来
7		中国铁建股份有限公司	C 合同段 K36+000~K69+000	王万锋
8		云南建工集团有限公司	D 合同段 K69+000~K105+715	朱红兴
9	监理单位	云南云路工程监理咨询有限公司	K0+000~K20+822	李兴云
10		云南省公路工程监理咨询公司	K20+822~K35+129.013	陈世艾
11		北京华通公路桥梁监理咨询有限公司	K36+000~K69+000	赵厚生
12		贵州陆通工程管理咨询有限责任公司	K69+000~K105+715	邓勇
13	设计咨询单位	湖南省交通规划勘察设计院	设计咨询 1 合同段 K0+000~K35+129.013	彭建国
14		陕西省交通规划设计研究院	设计咨询 2 合同段 K36+000~K105+715	石飞荣

3. 征地拆迁

按照项目建设协议,征地拆迁工作由昭通市地方政府负责。指挥部坚持采用"路地联席共建"的工作方式共同推进征迁工作,与地方征迁部门定期召开路地联席会研究解决征地拆迁工作中存在的问题和困难;积极倡导项目业主与地方政府、各参建单位、沿线群众一个脑袋、一个心脏的"一体之人"理念,齐心协力推进征迁工作,仅用了 18 个月的时间就基本完成了征迁工作,累计征用土地 1.69 万亩,拆迁房屋 805 户共 18.27 万 m^2,迁移坟冢 3616 冢,取得了昭通公路建设历史上最好的征地拆迁工作成绩。

(四)重大变更

项目全线存在大量松散地质,外表看似坚固,实则一碰即碎。项目重大变更的典型代表为中铁十四局承建的 K67+450~K67+600 大边坡。大边坡原设计共 6 级,防护形式为锚杆框格梁,锚杆长度 9m。在方案实施过程中,由于原地质极为破碎,加之鲁甸"8.03"地震扰动,边坡不断坍塌。

2014年1月,边坡自上而下开挖至第2级坡时发生垮塌,开裂缝隙地表显现局部达1m宽,垂直高差达0.7m。边坡上最高处出现的裂缝距离线路中心高度达131m。边坡垮塌后,根据四方现场踏勘结果,C5工区冒着危险开辟便道至坡顶,将垮塌边坡清理。2014年5月初边坡清理完成后,为避免受雨水影响再次发生垮塌,建设者将边坡用C20挂网喷射混凝土封闭。

2014年8月5日,边坡又出现局部垮塌,第3级、第4级边坡出现开裂,滑移面明显,边坡顶部开裂位置距山顶约5m,距线路中心线高度约220m,C5工区第一时间将该情况向指挥部进行了汇报。经过连续观察,该段边坡呈现不断下滑趋势,裂缝逐步增大,边坡附近山体开裂,C5工区应指挥部要求紧急对该段进行封闭,并安排专人24小时值班。

因边坡塌方后完全将通往2号T梁预制场、北闸隧道的便道堵死,导致T梁预制与隧道无法正常施工。C5工区历时25天在距离路面约70m的位置开挖出约8m宽的平台作为缓冲带,之后立即组织对右幅塌方体进行清除,使二号梁场基本恢复了正常生产,顺利完成了桥梁和隧道的施工任务。

2015年3月,经业主及设计单位多次察看现场,确定对高边坡进行刷坡处理。结合边坡发展现状,决定将原设计变更为将整个开裂、破碎山顶削除,下降约57m,显露岩层基本稳定,形成一个山顶平台。平台距路面高度为170m,从距离中线最近处向左侧开挖,开挖至距离中线约250m处,边坡裸露岩层基本稳定,后视地质情况合理确定坡比,适当高度设置5~10m宽的碎落台,坡面根据地质情况采用挂网喷锚和柔性防护。该处边坡共增加土石方开挖约130万m^3,增加防护面积约3.5万m^2。

(五)建设过程

1. "大昭模式"巧筹资

2012年12月,刚刚挂牌的麻昭指挥部向社会公开承诺:"麻昭高速公路将于2015年底建成通车。"对于经济基础十分薄弱的乌蒙山区各级地方政府而言,高达145.28亿元的估算总投资,不能不说是个天文数字。钱从哪里来?这一融资难题困扰着每一个麻昭人。

最困难的时候,指挥部连买办公用品的钱都拿不出来。于是,不少人开始担心麻昭项目会不会陷入"一开工就停工"的尴尬境地。

面对筹融资难的问题,麻昭人多方咨询求教、大胆探索。"豪言壮语说出去了,我们总不能打自己脸吧,"指挥长刘和开说:"再难也得想办法。"

指挥部积极创新筹融资工作理念,用了近半年时间,与60多家意向性投资者经历了3轮近100多次艰难谈判。最终,一种新的高速公路建设模式——"融资—合作承包建设—偿还"模式成型,破解了麻昭高速公路融资难题。

经云南省人民政府批准同意,云南大昭高速公路投资开发公司成立。作为麻昭高速公路工程项目融资平台,建立了相应的法人治理机构,采取合作承包建设增资扩股方式筹集注册资本金。通过公开招标,确定4家实力雄厚的大型国企作为投资人及合作承包建设单位。投资人所投入的资金仅作为工程建设期间的启动资金和信贷资本金,在工程完工前由大昭高速公路投资开发公司利用政府每年的补助资金逐年回购,并按照占资付息的原则,按银行同期利率支付利息。

2013年2月,麻昭高速公路建设指挥部正式与北京中瑞恒基建设工程有限公司、中国铁建投资有限公司等4家单位签订了"合同协议",投资人为融资平台注入投资款40亿元。

对于建设方来说,解决了启动资金和信贷资本金不足的难题。对于合作承包投资人来讲:一方面,有利息收益作保证,降低了投资风险;另一方面,由于是合作承包建设,还能从项目建设中获得一定的利润,真正达到双赢的效果。

因为在融资方面采取了独具特色的"大昭模式",麻昭高速公路成为南北大通道最先开工的项目,开创了云南高速公路建设"巧妇能为无米之炊"新局面。

2. "一山放过一山拦"

融资难、地形难、地质难、气候难、征迁难、管理难、工程难,对麻昭高速公路而言,可谓"一山放过一山拦"。在困难面前,麻昭人砥砺前行,留下了许许多多让人感慨、感叹、感动的故事。

2012年2月23日,刚接到建设麻昭高速任务的第二天,刘和开就赶到昭通小凌子口,第一次以指挥长的身份向交通运输部领导汇报工作,也第一次被凌子口的刺骨寒风吹得直打哆嗦。面对老昭麻二级路破碎泥泞的路面和沿线陡峭的山坡,原本还踌躇满志的他顿时感到:传说中的昭通"抬头一线天,低头见深渊;天无三日晴,地无三尺平"果然不假,麻昭高速公路的建设任务实在艰巨。

麻昭高速公路沿线自然条件差,气候恶劣,生态环境脆弱。公路沿线地形地质构造复杂,地质灾害多,山高谷深、沟壑纵横,沿线各种不良地质分布广泛,需穿越7条地震断裂带,岩溶等潜在不良地质分布广,被地质专家称为"天然地质博物馆"。项目有8座高墩大跨径连续钢构桥梁以及8座长隧道,因工程艰巨、技术难度大,属于全线重点控制性工程,成了麻昭建设项目攻坚克难的硬骨头。牛家沟特大桥是麻昭的第一号工程,大桥桥面距谷底最大高度209m,最大跨径180m,最大墩高141m,为当时亚洲同类型桥梁第一高桥。腰岩特大桥所处位置,当地老百姓俗称"猴子岩",意思就是猴子都爬不上去的地方,施工单位整整用了一年的时间才在悬崖峭壁上开凿了3km的进场道路,每公里的造价达到了3000万元以上,艰难程度可想而知。连建设者都感叹:"如果不是现在科技发达,有了卫星定位,这路根本没法修。"

第十七章
国家高速公路

回想起一次工程检查中的情景，指挥部总工张贤康至今心有余悸。2014年8月3日，鲁甸发生6.5级地震，造成正在施工的麻昭高速公路一处高大边坡垮塌，张贤康带着几位技术人员到现场察看，一行人爬到边坡顶部，通过实地勘察，现场讨论，终于找到了施工解决办法。但下来时却犯了难——坡太陡，稍微往下探脚，砂石就不断往下滚落，稍不注意就有可能跌落进几百米深的谷底。就这样，一行人在上面困了好几个小时。最后，坡下的人想了个办法，用铲车开道，才把一行人放在铲车斗里接了下来。

指挥部筹建之初，面临的是"一穷二白"的境地，想要真正破土动工还有很长的路要走。当时，指挥部账户上没有一分钱，办公室是借用昭通总段应急中心办公用房，办公生活设施是向商家赊来的。大家没有被困难吓倒，项目部成员拿着项目建设批复的相关文件（唯一的资本），就到中石油、中石化等单位洽谈合作经营沿线加油站和广告牌的事宜。开始，人家根本不相信，以为是骗子，一进去就要被轰走。但是，凭着锲而不舍的精神，终于使对方相信了。最后，通过正常的竞价招标程序，与中石化达成合作经营协议，他们将2.4亿元打进指挥部的账户时，指挥部干部职工高兴了，再也不用过那种被别人追债的日子了。

"修了好路走不着，买了房子住不着，家里父母管不着，生了小孩领不着。"这是对公路人形象的描述。

麻昭指挥部财务处副处长陆荣元从文山老家来到昭通修建麻昭高速，一年到头也回不了几次家。他的孩子正处于"叛逆期"，曾多次离家出走，为了让孩子能安稳度过"叛逆期"，他不得不把孩子从文山带到昭通读书，为的就是能把孩子带在身边。但"屋漏偏逢连夜雨"，陆荣元的妻子得了脑溢血，家庭的重担都压在了他一个人身上。妻子小孩都接到昭通后，他整天更忙了，上班时间要忙着在办公室处理业务，下班了还要赶回临时租住点煮饭给妻子和小孩吃，身心承受着巨大的压力，但是他从来没有怨言，心里面想着再苦再累也要坚持把麻昭高速公路修完。

中铁十四局C5工区的项目经理孙国庆是一个典型的山东汉子。参建麻昭高速公路后，回山东老家探亲的次数屈指可数。有一次，妻子利用公休假的机会从山东来到工地与他相聚，但无奈的是，半个月的时间，除了去接妻子的时候见了一面，夫妻之间基本上就没有再见过面。妻子早上打电话给他，他在工地上；妻子晚上打电话给他，他在办公室处理工作；最后，妻子无奈地哭着回家了。妻子离开后，孙国庆也暗自流泪。一边是亲情，一边是工作，工期这么紧，一刻也耽误不起。

国家发改委审批工程可行性研究报告时建议：根据这个项目的实际情况，建议工期批准为5年。经历过青藏铁路建设的中国铁建项目经理也感慨：单论施工的难度和环境的恶劣，麻昭项目要比青藏铁路艰难。但经过全体建设者艰苦卓绝的努力，麻昭高速公路从开工到通车仅仅用了3年时间。

3. 标准化建设造精品

麻昭高速公路全线梁片抽检合格率达100%,刘和开自豪地将其评价为"一个奇迹"。成就这一奇迹的是标准化建设。

指挥部采用的BIM(建设信息管理)系统,不仅可以实时监督项目建设过程中标准化建设落实情况,而且还能通过工程的三维数据,直接查看到工程质量信息。一旦发现违背标准化施工的情况,能够立即制止,避免出现质量安全隐患。

BIM系统只是项目利用新技术推行标准化建设中的内容之一。此外,像墩粗型直螺旋钢筋连接技术,采用这一方法除工期得到保证外,也易于进行混凝土浇筑,且经济性较好;梁板智能预应力张拉系统,不仅操作简单,而且能自动检测故障,实现精准张拉;循环智能压浆系统,能够充分保证张拉的同步性和张拉力控制的准确性(图17-12)。

图17-12　建设中的芝来沟特大桥

为了充分保证工程质量和进度,麻昭指挥部从一开始就着力进行施工标准化建设,结合项目实际、特点以及施工中遇到的问题,出台了一系列标准化施工规范。从开工前的《云南麻昭高速公路施工标准化实施要点》,到施工准备阶段的《关于明确项目临建设施标准化建设流程与要求的通知》,再到施工阶段的《关于上报桥梁预制场建设规划的通知》《关于要求加强路基"土石方填筑"和"三背"回填质量控制的通知》《关于加强桥梁梁板预制和吊装质量安全控制的通知》等,各种规范、通知密集出台。同时,指挥部明确总监办全面负责项目施工标准化工作,建立健全施工标准化管理机构,编制项目施工标准化管理办法,把施工标准化纳入招投标范围。

由于麻昭高速公路项目的18家参建单位来自全国各地,技术水平参差不齐、对施工标准化认识不一致,指挥部十分注重抓好施工标准化宣贯和培训工作,提升了技术和管理人员的标准化生产水平。同时,力行首件认可制,制定了《云南麻昭高速公路首件工程认可实施方案》,明确了首件工程申请、审批、实施、自检、验收、总结、推广和资料归档等要求,为保证工程质量打下了基础。

4."十抓十保"筑平安

麻昭指挥部以"平安交通"建设示范为契机,确立了"十抓十保"的工作思路,即抓制度建设,保实施有序;抓安全文化,保和谐氛围;抓教育培训,保安全意识;抓民爆物品,保社会稳定;抓应急管理,保应对有效;抓安全检查,保事故预防;抓平安工地,保安全标准;抓长效机制,保安全常态;抓安全科技,保管理提升;抓管理探索,保示范成果。

围绕项目建设管理实际,指挥部一方面从夯实安全管理基础、强化安全监管职责、建章立制、细化责任、着力推行施工安全标准化入手;另一方面适时深入工地现场,进行安全隐患的排查治理,搞好安全教育培训工作,加强安全管控措施,保证各项安全管理工作按计划完成(图17-13)。

图 17-13 麻昭高速公路开展重点项目劳动竞赛

开工前,民工要做的不是急着进场,而是习惯性地看看工地门口竖着的"安全生产幸福指数公示牌",上面是两张笑脸,这才放心地走进工地。幸福指数公示牌上设有四个等级,从绿色笑脸到红色哭脸,安全生产等级由民工自己评定,如果动态等级达不到要求,工人们可以拒绝开工。这是麻昭高速开展平安交通建设的一项创举。

此外,麻昭高速公路的每个标段都有一本爱心亲情公示本。上面清楚地记录着施工人员的姓名、年龄、血型、遗传病史以及紧急联系人等信息。指挥部纪检组长朱金亮说:"这样一来,如果工地发生事故,有施工人员出现人身伤亡,我们就可以有针对性地展开救治,节约大量抢救时间。"

引进无人机航拍监控技术,也是指挥部实施安全管控的"新法宝"。麻昭高速项目有很多桥梁高墩施工和路基高边坡施工,监管难度大,外形小巧的无人机是"小机器大作用",无人机下方安装有可360°旋转的高清摄像头,在安全管理人员的操控下,无人机的飞行高度可达100~500m,通过GPS卫星定位系统,将拍摄到的现场情况传回地面,可以快速获取人难以到达的施工部位的现场信息,让施工现场监控更直观、更方便、更全面。利用信息化管理系统 BIM 技术,采用传感技术、卫星定位和视频技术对隧道、桥梁等重点部位以及危险源进行全覆盖安全监控。该项技术理顺了安全生产管理体系,使安全生产台账更加规范、科学,健全了安全生产责任人档案,使安全风险得到最有效的控制。

2013年12月,麻昭高速公路在云南省交通运输厅质监局组织的"平安工地"建设考评中,成为云南省唯一一家一次性全部通过考评的在建高速公路项目;2014年9月,麻昭高速公路又被交通运输部列为全国第四批部级"平安工地"示范创建项目,同时被交通运输部评选为全国公路水运"平安交通"示范工程。

5.绿色低碳呵护青山绿水

作为交通运输部绿色低碳公路主题性试点项目,麻昭高速公路项目积极探索、推广特殊地质条件下绿色低碳技术,全方位、多角度建设全国首批、影响力广的绿色低碳主题试点。

麻昭高速公路在设计阶段就充分考虑全寿命周期对环境、生态的影响,立足当地高原山地自然地理特征,坚持路线与地形条件相互协调原则,合理确定线形,避免高填深挖;在技术范围内采用了以桥梁代替路堤、隧道代替路堑的通过方式,最大限度地减少对沿线自然原生态环境的扰动。

开工伊始,云南省交通运输厅和云南省公路局就围绕"深化交通运输行业节能减排,打造低碳示范高速公路"的思路,积极采取措施,打造绿色低碳工程。由云南省交通运输厅主持,制定了《云南省昭麻高速公路建设绿色低碳公路主题性试点实施方案》。

为了做到总体指导、统筹协调,云南省交通运输厅成立试点工作领导小组,组织研究制定相关政策、措施,监督绿色低碳公路各项制度、标准要求的落实。同时,组建了由交通运输主管部门、专家咨询与技术支持小组以及项目实施主体组成的三级组织保障机构。指挥部成立试点项目节能减排工作小组,监督绿色低碳公路试点工作在各参建主体不同环节中的落实情况。

在建设施工过程中,指挥部采用多种新材料、新工艺、新方法,既提升了工程质量,又实现了绿色低碳的目标。采用的温拌沥青技术,使沥青能在相对较低的温度(一般拌和温度降低30℃以上)下进行拌和及施工,同时保持其不低于热拌沥青混合料的使用性能,节约了大量燃油。使用的原路面材料冷再生技术,将旧路原材料重复利用,无须耗费开采新材料、无须加热、无须占用大量的土地堆放路面废弃材料,这保护了生态环境,又降低了柴油的耗费量,还减少了对环境的污染。采用的低能耗隧道照明通风系统,利用太阳能光和热,加热空气,在隧道内形成风压与"烟囱效应",实现自然通风,并通过反射、光纤等手段将太阳光引入隧道,实现自然光照明。据估算,以往1km长的隧道1年的电费近130万元,使用该项技术后,麻昭高速公路17个隧道将节约电费上千万元。

由云南建工D2工区承建的昭阳特大桥位于昭通市昭阳区肥沃的农田里。据项目工区施工人员介绍,该段原本设计为路堤填方,为节约土地、保护耕地才改为桥梁。这一优化设计为沿线群众节约土地116亩,预计每年的粮食产量达100t左右。

中铁十六局C6工区青林段沥青面层施工采用的都是温拌沥青技术拌和的沥青料。正常沥青拌和要求达到170℃的高温,而温拌沥青只需要140℃就可以完成,节约大量重油,减少重油燃烧的二氧化碳排放。麻昭高速公路项目全线共有49.6km的沥青中面层采用了温拌沥青技术,较采用传统沥青拌和技术节省重油约25t,有效节约了工程成本,保护了环境。他们采用的沥青拌和站油改气技术,通过使用天然气作为燃料进行沥青拌和,整个拌和站没有了燃油呛鼻的气味,可以节约燃油1600t,减少二氧化碳排放3200t。

另外,麻昭高速公路项目还对老昭麻公路二专线拼宽路段8.1km的沥青路面进行铣刨收集重复利用,有效节约沥青20000t,减少二氧化碳排放939t。

刘和开说:"云南山多,虽然对修路造成了重重困难,但这青山绿水却是一笔财富。我们不是在复制一条高速公路,而是在创作一条高速公路的作品,要像画家画幅画,要像诗人作一首诗一样创造麻昭路。"因为始终把绿色低碳理念贯穿于整个麻昭高速公路建设的全过程,麻昭高速公路建成后,冬天货车驾驶员不用再为小凌子口路面结冰无法通行而烦恼,因为路面压电技术可以解决这一难题;收费站设有ETC收费系统,不需要排队停车就能刷卡通行;所有收费站、服务区都采用地热供暖、污水循环处理;高速公路与沿线自然和谐相处,犹如车在画中走、人在景中行。

6. 文化建设聚人心

指挥部按照发展理念人本化的要求,分步骤做好企业文化的视觉系统、行为文化、企业理念的规范统一工作,突出以"精神文化、廉政文化、管理文化、制度文化、走廊文化"为特色的企业文化建设思路,大力开展企业文化建设活动,提出了以"无私实干的奉献精神、负重克难的进取精神、敢为人先的创新精神、优质快速的高效精神"为价值核心的大昭精神;以"最优管理型、最优服务型"指挥部建设为目标,提出了"全面工作创第一"的大昭理念,充分展示了大昭人不畏艰难、勇攀高峰、追求卓越的工作气概。完成了麻昭高速LOGO的设计、宣传、推广工作;完成了13本文字资料、4本宣传图集、5部视频宣传片的汇编制作工作;完成了文化展厅的设计、布置工作。全体参建人员的凝聚力、执行力、战斗力不断提升,认同感、荣誉感、自豪感显著增强。

此外,作为全省在建高速新闻宣传示范项目,为充分展示施工过程中的艰难险阻、歌颂劳动者的拼搏奉献精神,麻昭指挥部还提出了一本宣传画册、一本管理纪实书籍、一部麻昭电视纪录片、一部麻昭宣传片、一首展现麻昭精神风貌的歌曲、一部微电影"六个一"

工作目标,充分运用互联网新兴媒介,实现网站、微信、微视"三位一体"的宣传工作载体和模式。

(六)科技创新

1. 绿色低碳科研项目

2013年6月,麻昭高速公路被交通运输部列为全国首批"绿色低碳公路主题性"试点,一批研究课题顺利实施。

(1)路面压电技术与设备集成研究

路面压电技术是依靠压电材料特性,将车辆行驶带来的路面震动转化为电力的技术。研究开展1~2处试点工程建设,建成后为该试验段公路提供必要的照明、监控、信号等所需的电力,减少了能源消耗,并为该技术大规模推广应用做好准备。

(2)低能耗隧道通风照明一体化系统原理与应用

该研究充分利用太阳能光和热,加热空气,在隧道内形成风压与"烟囱效应",实现自然通风,并通过反射、光纤等手段将太阳光引入隧道,实现自然光照明。

(3)项目建设BIM建筑模型信息化系统

开展信息化建设管理,通过先进的信息化BIM系统,实现了远程实时监控、工程进度、建筑模型、管理台账、竣工档案等24个信息模块的无缝对接,确保信息化建设走在了云南省领先位置。

2. 平安交通示范科技成果

2014年9月,麻昭高速公路被交通运输部评选为"平安交通示范"工程,在示范工程中一批科研课题实施并取得成果。

(1)制定山岭重丘区高速公路临建设施安全防护标准

主要包括:项目部驻地标准、民工驻地标准、混凝土拌和站标准、钢筋加工场标准、梁板预制场标准;山岭重丘区高速公路进场道路、施工便道安全防护、临边防护、应急道路保通安全防护标准。

(2)制定山岭重丘区高速公路施工安全防护标准

包括:高墩桥、深基坑(含人孔桩)、长隧道(单向施工隧道)、高边坡等施工安全防护标准。主要包括:桥梁40m以上的高墩施工、上部结构现浇、悬浇施工安全防护标准;深度超过2m,特别是深度大于5m的深基坑、深度大于20m以上的人工挖孔安全防护标准;1000m及以上长隧道施工门禁、通风系统、超前地质预报和监控量测系统、洞内施工防护系统、安全预警系统、逃生、救援系统等安全防护标准以及单向施工隧道出洞安全防护标准等,完善制定高边坡安全防护标准。

(3) 制定标准化施工安全费用的计取、管理及使用标准

一般规定,施工单位应当按照招标文件计列的安全生产费用项目清单报价,安全生产费用总额不得低于投标价的 1.5%,但山岭重丘区地质、气候复杂,高速公路建设安全生产费用要远大于 1.5%,特别是桥隧占比大、高墩桥、长隧道集中的山岭重丘区高速公路,安全生产费用投入就会更大。因此,在制定山岭重丘区高速公路临建设施和高墩桥、深基坑(含人孔桩)、长隧道(单向施工隧道)、高边坡等施工安全防护标准的同时,指挥部还探讨建立了安全生产费用计取、管理及使用标准。

(4) 无人机监控系统的运用

运用无人机控制航拍影像系统实现高墩桥梁、高大边坡及工程重大地质灾害视频监控,保证桥梁、路基施工安全、质量,为及时制定工程技术方案提供翔实资料。指挥部运用 BIM 视频实时监控系统,对地质灾害、安全事故进行预警、预防、预控,实现了痕迹化管理,达到可预防、可追溯的目的。

(七)运营养护管理

麻昭高速公路共设置悦墨服务区、靖安服务区、昭通北服务区、昭通南服务区 4 个服务区;设置大关、悦墨、上高桥、靖安、昭通北、昭通、昭通南 7 个收费站,以及昭通监控中心。

麻昭高速公路建成通车后,车辆通行流量及经济效益将迅速增长。根据工可报告中预测的交通量,2016 年交通量达到 10980 辆/日(标准小客车),到收费期 20 年交通量将达到 32048 辆/日(标准小客车),到收费期 30 年交通量将达到 40622 辆/日(标准小客车)。

三、昭会高速公路——空中看路像"长辫"

昭通—会泽高速公路位于滇东北乌蒙山区,向北通往长江,连接成渝地区,通往西南腹地,向南达北部湾,进入太平洋和印度洋。其先后建设两幅高速公路的设计既保证了行车的安全性、舒适性,又因地制宜灵活穿梭,从空中鸟瞰,新路老路如同辫子一般,设计得十分艺术。2015 年 9 月 25 日,昭会高速公路新的半幅建成通车后,强势拉动了乌蒙山片区、滇东南石漠化片区扶贫开发,带动了沿线社会经济发展。

(一)相关背景

1. 从昆明—宜宾古道到 213 国道

历史上,云南昆明与四川宜宾间有一条古老的驿道,这条古道最早可追溯到连接川、滇、黔的僰道。古道从四川宜宾经昭通到会泽,再到昆明。会泽境内矿藏资源丰富,早在

西汉建元六年(公元前35年)就置堂琅县。明朝所铸"嘉靖通宝"为世界最大的古钱币。清朝乾嘉时期,会泽(时为东川府)的铜冶业达到鼎盛,所运京城之铜达全国的60%以上,故有"万里京运第一城"的美称。

繁忙的铜运使会泽古驿道四通八达,仅会泽通往昭通的古驿道就有3条。这3条古道均从现在的江底镇跨越牛栏江。

1935年,沿着古老的驿道,中国工农红军长征途中攻占了会泽县城,并于水城梨园进行"扩红"。当时,会泽有1300多穷苦大众参加红军。水城村也因此成为红军长征途中"扩红"最多的地方之一。

1937年,公路通到会泽县城。1949年1月,会泽至昭通鲁甸公路通车。新中国成立后,从1950年起,从嵩明至昭通的公路先后进行了4次改造,成为213国道的一部分。

2. 昭待公路的修建

2002年9月27日,云南省人民政府做出《关于加快公路建设的决定》,提出了以"三纵""三横""九大通道"为主的云南高等级公路网建设目标。"三纵"中有一条四川宜宾经水富、昭通、昆明至河口的公路。"九大通道"中也有一条昆明经水富至四川成都的公路。昭通—待补公路就是其中的一段。

2005年春节后,昭待公路开工建设。一场国道主干线建设的攻坚战在乌蒙山中打响。

昭待公路全长148.809km,其中会泽—待补38.035km为高速公路,昭通—会泽110.774km为二级公路。乌蒙山山高谷深,桥梁集中是昭待公路的最大特点。全线共有桥梁303座,其中,大桥、特大桥占88.1%。

昭待公路除牛栏江前后20km路段外,其余路段处于高寒山区。气候恶劣,冬季寒冷,施工期短。很多时候,公路建设者们不得不顶着寒风,在浓雾中坚持施工。

昭待公路项目是云南省交通厅推行"第三方监理"的试点项目。经过公开招标,云南省公路工程监理咨询公司中标担负了监理工作。项目建立了总监理工程师质量负责制,下设1个总监办、2个总监代表处、2个中心试验室、8个高级驻地办,共到位监理人员209人。这项措施,既有效加强了质量控制与管理,也精干了指挥部的机构与人员。监理人员坚持以过程控制为核心,采用实体工程首建制、原材料控制、现场旁站、抽检、试验和检测等多种手段,将质量隐患消除在萌芽状态,特别加强了对隐蔽性工程、重点关键部位的现场监理力度,确保任何一道工序的施工质量均达到要求,以工序质量控制,保证分部、分项、单位工程质量。

指挥部在各施工项目部建立健全了项目经理领导下的总工程师质量负责制,配备质检工程师、试验工程师、现场质量管理人员和试验检测人员,设置工地试验室,负责现场质量管理和控制。指挥部设置稽查处,随时对各合同段的施工进度和质量进行稽查,与监理方的质量控制形成"双拳出击",为工程质量的管理上了"双保险"。在指挥部制定的作为合同文件组成部分的13种管理办法中,属于工程质量管理办法的就有7种。

昭待公路是交通部的重点督查项目之一。交通部督查组在指挥部听取汇报,到施工现场检查。云南省交通厅、云南省公路投资公司多次组织桥梁、隧道、路面专项及综合的质量检查。指挥部针对检查中发现的问题,组织召开专题会议研究落实。

指挥部选择有资质的昆明岩土工程公司质量检测中心等4家单位,对桥梁、隧道、软基处治等重点工程质量进行检测和控制;委托昆明安泰德软件公司通过高科技手段对重点控制性工程(三座连续刚构桥)的施工现场进行随时监控,落实资金,解决3座连续刚构桥冬季施工时的蒸汽养生问题;在现场试验取得良好效果的基础上,全面推行真空辅助压浆工艺,彻底解决了大跨径桥梁预应力损失问题;委托省地震局对隧道地震的影响进行分析。

指挥部聘请长安大学的专家和教授对油路面工程配合比进行设计。

按照建设环境友好型社会的要求,指挥部制定了《云南昭待高速公路环境保护与水土保持管理实施办法》,成立了环保、水保办公室,安排了4名工作人员负责此项工作。全线19个土建合同段的水、环保组织机构健全,人员和措施到位。指挥部还按"三同时"要求,分别与北京华夏山川生态环境科技有限公司、云南省环境监测中心签订了建设期的水保监测和环保监测合同;委托长安大学编制了《水、环保监理实施方案》,规范水、环保日常监理工作。水、环保工程质量严格按设计和《公路工程质量检验评定标准》的要求进行检测和评定,均符合要求。

指挥部将工程质量责任详细分解,量化到人,层层落实,重奖重罚,使整个工程建设质量处于严格的监管之中。指挥部、总监办定期进行质量大检查。总监代表处每月一次,总监办每季度一次,指挥部每半年进行一次质量大检查。

指挥部加强变更设计管理工作。设计变更严格按照交通部《工程变更设计管理办法》和省交通厅在工程变更设计方面的管理办法,以及《昭待高速公路变更设计管理办法》执行,所有变更设计无论金额大小,坚持设计、施工、监理及业主"四方会签"的原则。变更设计严格按程序逐级上报审批。

2007年12月18日,昭通—待补公路建成通车。

俗话说:"逢山开路,遇水架桥。"对于公路交通而言,自然界中主要障碍便是山与河,而建筑桥梁,无疑是突破河流、沟壑天堑的最主要也是最有效的手段。昭待公路的300多道桥梁就像一道道七色的彩虹,点缀在乌蒙山中,与周围的青山绿水、与高原的红土地相互映衬,融为一体,构成了一处处亮丽的风景。这些桥梁既为大山里的各族群众提供了交通方便,也给了人们美的享受。

(二)项目特点

昭会高速公路是云南省第一条一次规划、分期实施、在高原山区改扩建的高速公路,同时也是云南省第一条跨省修建的高速公路,线路途经贵州省威宁县玉龙乡。昭会高速公路在改扩建过程中通过3次交叉换岸,将原半幅高速公路鲁甸至牛栏江、邱家垭口至会泽共34km的长下坡改建为上坡行车,有效地保证了运营期间的行车安全。由于昭会高速公路的这些"第一",项目建设也面临着4个重大困难:一是原半幅高速公路车流量大,重型车辆多,保通难度和压力巨大;二是跨省施工征地拆迁及施工环境保障协调工作难度大;三是牛栏江特大桥墩高130km,主跨190m,结构复杂、施工难度大;四是由于项目是改扩建工程,施工场地狭窄。另外,沿线多数地段存在冬季低温冰雪、冰凌等恶劣气候,给施工、道路安全保通、路域生态环境保护工作带来了严峻挑战。

昭会高速改扩建工程是将原有双向两车道的半幅高速改扩建成为包括分离式路基、两侧拼宽等多种方式的全幅高速。在对原有半幅高速进行改造过程中遇到因路面加铺而造成原有护栏高度不足、护栏防护等级偏低以及边通车边施工的过程中无法做到护栏有效安全防护的问题。为解决这些问题,项目建设单位综合考虑各方面因素,对不同路段提出了双层双波护栏、三波护栏和混凝土护栏等不同的改造方案,不仅解决了以上原有道路改扩建工程中的实际问题,对于其他道路的改造施工也具有较高的参考价值。

为保障热拌沥青混合料生产过程中的质量,同时便于质量监督部门能够及时监督工程质量,昭会高速公路路面试验段施工过程中采用了热拌沥青混合料实时监控系统,以事前预控、事中监控、事后分析三个步骤实现热拌沥青混合料生产全流程的质量管理,这在云南省高速公路建设中尚属首次,昭会高速公路的应用表明,该系统满足监管部门对热拌沥青混合料生产过程监控和反馈的需求,对保障沥青路面的施工质量具有重要意义。

(三)项目概况

昭会高速公路是国家高速公路规划网中G85银川—昆明高速的一段,是云南省干线公路网规划中"七出省"通道昆明—水富公路的重要组成部分,也是云南三年攻坚、南北大通道建设路段之一。昭会高速公路改扩建工程起于昭通市鲁甸县,经田坝、江底、迤车、阿都、黑土,止于曲靖市会泽县,主线全长104.411km,主要控制性工程为大口子特长隧道、牛栏江特大桥、邱家垭口特长隧道,另同步建设鲁甸连接线10.950km。工程正线用地为4434.6亩(不含鲁甸连接线),如图17-14所示。

昭会高速公路直接连接云南省的昭通市、曲靖市、昆明市等人口众多、经济总量较大的地区,其中直接经过的会泽县是典型的山区农业大县,人口高达 100.7 万。昭会高速公路南北纵贯乌蒙连片特困地区,云南片区的 13 个县区直接受益。

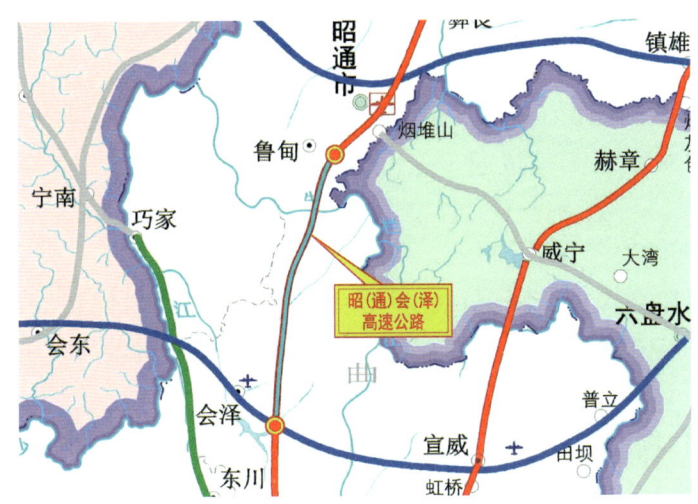

图 17-14 昭通—会泽高速公路位置图

项目主线按双向四车道高速公路标准建设,设计速度 80km/h,整体式路基宽度 24.5m,新建分离式路基宽 12.25m,已建分离式路基宽 12m,设计汽车荷载为公路—Ⅰ级,设计交通量为 2035 年远景平均交通量 36288 辆/日。抗震设防烈度均为Ⅶ度。

昭会高速公路主要工程数量为路基土石方 1054.43 万 m^3、防护工程 28.08 万 m^3,路面 142.62 万 m^2;特大桥 3353.2m/3 座、大桥 23764.28m/82 座、中小桥 2639.86m/40 座,涵洞通道 182 道;设置单洞隧道 14221m/15 座,其中特长隧道 6320m/2 座、中隧道 7154m/10 座、短隧道 747m/3 座长(桥、隧长和座数均按单幅计),互通式立交 7 处;全线设综合服务区 1 处、停车区 3 处、收费站 8 处、管理分中心 1 处、养护工区 3 处、隧道管理所 2 处,总建筑面积为 30825m^2;以及边坡防护、标志、标线、护栏、隔离栅、收费、通信、监控等交通安全设施。

昭会高速公路改扩建工程批准概算为 69.91 亿元(含鲁甸连接线)。其中,中央安排专项基金 11.73 亿元、云南省安排公路建设资金 6.43 亿元,其余 51.75 亿元资金利用国内银行贷款解决。

项目地处滇东高原与滇西高原分界线,总体形成高山、高中峡谷地形—高中山高原地形—中山高原地形变化趋势,区域西北药山海拔 4041m,其自然环境地表崎岖、群山连绵,地势西北高、东南部低。山地、河谷、河谷平原和山间盆地相互交错。路线区域附近地面最高海拔 2551.17m,最低海拔 1200.00m,平均海拔 1889.28m,相对高差一般大于 500m,区域内山峰和河谷组成一系列近南北走向的高山河谷重叠的地形,呈现为中山地形地貌特征。区域内地貌主要受构造、侵蚀、溶蚀以及堆积作用控制。根据岩性、构造及主导应力,路线所经区域地形地貌主要有构造侵蚀中山山地、构造溶蚀中山山地、构造侵蚀溶蚀中山山地、山间断陷盆地 4 种地貌类型。

项目工程主要构造物为冲孔桩基、圆形或方形墩柱、预应力钢筋混凝土 T 形梁、空心板梁、分离式隧道等。

昭会高速公路批复建设工期 3 年,2012 年 11 月 23 日举行开工典礼,2013 年 6 月 6 日开工建设,2015 年 9 月 25 日建成通车。

(四)前期决策和参建单位

2012 年 1 月,昭会高速公路项目建设筹备工作正式启动。同年,云南省交通运输厅下达了昭会高速公路前期工作任务书,由云南省公路规划勘察设计院负责完成工程可行性研究报告。

2012 年 11 月,国家发展和改革委员会就项目可行性研究报告做出批复:"为贯彻落实西部大开发战略,完善国家高速公路网络,尽快发挥路网规模效益,改善区域交通条件,促进沿线地区资源开发和经济社会协调发展,同意实施昭通至会泽公路改扩建工程。"

2012 年 12 月,交通运输部批复了项目初步设计。2013 年,交通运输部批准项目开工报告,同意项目开工建设。

2012 年 2 月 28 日,云南省交通运输厅批准成立昭会高速公路建设指挥部,负责昭通至会泽高速公路的建设管理工作,任命苏子兴为指挥长、邹俊为党总支书记、朱雪松为副指挥长、陈新文为副指挥长兼总工程师、朱德庆为总监理工程师,下设综合办、工程处、合同处、财务处、安全保通处、征迁处、物资处、总监办、会泽分指挥部、江底分指挥部"六处二室二分指",指挥部业务上受云南省公路投资公司管理。

指挥部通过全国公开招标,经过公平、公正评审,坚持择优选择的原则,共有 38 家设计、施工、监理单位参与昭会高速公路建设,各方参建单位均符合国家规定的资质及业绩要求。

在昭会高速公路勘察设计工作中,云南省交通规划设计研究院针对本项目的特点及难点,施工图设计按初步设计"三控、三宽、四辩、四连、五沿、六拓"的总体设计指导思想和原则,通过曲线拟合的设计方法,实现了既有老公路 100% 利用,做到了高山峡谷区高速公路改扩建的和谐统一,较好地控制了特长隧道、特大桥等控制性工程规模;提高了原有道路的平面指标;采用"编辫子"的措施(图 17-15)将新建路幅和老路幅进行上、下行路幅调换后,有效缓解了连续长下坡的问题,在分幅、分离式路段设置横向连接线,完善了分幅路基的使用功能。同时,坚持地质选线、环境选线和严格保护耕地的原则,路线平纵设计,能较好地与沿线地形、地物相协调配合,做到环保优先、景观协调,始终贯彻可持续发展的指导思想,把昭会高速公路建设成一条兼具交通安全性、行车舒适性、景观协调性、生态持续性和经济适用性的山区高速公路。

图17-15　乌蒙山中"编辫子"

在工程建设过程中,面对施工现场条件复杂、工期紧张、施工难度大、周边环境复杂等诸多不利因素,施工单位项目领导亲临现场,积极协调各方、解决技术难题、组织分配劳务资源,顺利实现指挥部的节点计划;积极配合指挥部和监理单位的监督管理工作,在跟进进度的同时严把质量安全关,不仅确保杜绝安全生产事故目标实现,也确保了施工质量与施工进度,全面履行了投标承诺。

昭会高速公路共有30个合同段,其中,土建施工8个合同段,路面施工4个合同段,交通安全设施3个合同段,隧道交通照明系统2个合同段,隧道消防工程2个合同段,通信、监控、收费系统3个合同段,绿化工程4个合同段,沿线房屋建筑设施3个合同段,供配电工程1个合同段。所有施工单位均能全面履行合同,项目管理人员按时到位并长期驻守工地现场,工作责任心强,业务管理水平高,在确保工程质量的前提下,加快工程进度,圆满完成各项施工任务。

昭会高速公路项目实行指挥部自办监理,监理工作围绕质量、进度、投资3大重点,成立了总监理工程师领导下的三级管理体系,下设总监办、总监代表处、中心试验室和高监办。项目全体监理工程师在监理工作过程中认真执行相关施工验收规范标准,及时有效解决建设过程中出现的各种问题;定期、不定期与指挥部沟通,参与工程建设的有关技术工作,提供技术支持;在监理工作中,积极向业主、设计单位提出合理化建议,积极协调解决合作单位之间的各种问题,切实把质量管理措施落到实处,使工程质量始终处于受控状态。

昭会高速公路项目参建单位见表17-6。

昭会高速公路项目参建单位表

表 17-6

序号	参建单位	单 位 名 称	合同段编号及起止桩号	主要负责人
1	项目管理单位	云南昭会高速公路建设指挥部	K0+000.85~K104+154.54	苏子兴
2	勘察设计单位	云南省交通规划设计研究院	K0+000.85~K104+154.54	李志厚
3	施工单位	中铁十六局集团有限公司	土建1合同段 K0+000.85~K13+710	何 非、雷 宏
4		云南云桥建设股份有限公司	土建2合同段 K13+710~K21+930	王 坤、陈江宇
5		中铁十二局集团第三工程有限公司	土建3合同段 K21+930~K29+150	刘 喆、梁大鹏
6		中铁十二局集团有限公司	土建4合同段 K29+150~K41+100	李崇智、王发明
7		云南阳光道桥股份有限公司	土建5合同段 K41+100~K58+998.54	李事明、陈汉斌
8		云南云岭高速公路桥梁工程有限公司	土建6合同段 K58+998.54~K77+800	陈跃文、张存华
9		云南第二公路桥梁工程有限公司	土建7合同段 K77+800~K86+300	王庆详、刘跃成
10		中国路桥集团西安实业发展有限公司、中铁一局集团第五工程有限公司	土建8合同段 K86+300~K104+154.54	孙 剑、郑克银
11		云南云岭高速公路桥梁工程有限公司	路面1合同段 上K0+000.85~上K21+930	张存华、王宝德
12		云南路建集团宏程路桥工程有限公司	路面2合同段 上K21+930~上K31+430、下K31+011.818~下K51+440	刘 军、崇家满
13		云南云岭高速公路养护绿化工程有限公司	路面3合同段 下K51+440~下K77+800	母其章、李晓胜
14		云南云桥建设股份有限公司	路面4合同段 下K77+800~下K94+003.18、上K93+300~上K104+154.54	敖家学、陈 勇
15		云南万得凯园林景观有限公司	绿化1合同段 上K0+000.85~上K21+930	王德军、孙 昱
16		央邦建设集团股份有限公司	绿化2合同段 上K21+930~上K31+430、下K31+011.818~下K41+100	韩永峰、邓美霞
17		云南恒达市政园林工程有限公司	绿化3合同段 下K41+100~下K77+800	叶 锦、眭 辉

第十七章
国家高速公路

续上表

序号	参建单位	单位名称	合同段编号及起止桩号	主要负责人
18	施工单位	云南云岭高速公路养护绿化工程有限公司	绿化4合同段下K77+800~下K94+003.18、上K93+300~上K104+154.54	周鸿煜、吴朝辉
19		河南隆祥建筑工程有限公司	房建1标K0+000.85~K41+100	牟泽彬、许开宏
20		重庆市黄浦建设(集团)有限公司	房建2标K41+100~K104+154.54	陈明权、刘叔建
21		四川亚泰建设有限公司	房建3标K0+000.85~K104+154.54	杨吉钢、庹远泽
22		云南云桥建设股份有限公司	交安1标K0+000.85~K41+100	王 坤、刘万华
23		湖南天弘交通建设工程有限公司	交安2标K41+100~K77+800	刘奉江、刘国民
24		龙岩市新鑫公路工程有限公司	交安3标K77+800~K104+154.54	肖益群、沈东升
25		中海网络科技股份有限公司	通信、监控、收费系统1标K0+000.85~K104+154.54	朱林泉、富松祥
26		北京诚达交通科技有限公司	通信、监控、收费系统2标K0+000.85~K104+154.54	刘国法、胡雁鸣
27		中咨泰克交通工程集团有限公司	通信、监控、收费系统3标K0+000.85~K104+154.54	张 涛、徐华峰
28		云南省交通科学研究所	隧道通风照明系统1标K0+000.85~K41+100	段明磊、欧家存
29		紫光捷通科技股份有限公司	隧道通风照明系统2标K41+100~K104+154.54	付增辉、黄 玉
30		昆明荣成天宇控制系统工程有限公司	隧道消防工程1标K0+000.85~K41+100	张庆荣、李 磊
31		昆明华安工程技术有限责任公司	隧道消防工程2标K41+100~K104+154.54	马 贵、钟红光
32		云南云岭高速公路交通科技有限公司	供配电工程1标K0+000.85~K104+154.54	王俊涛、郭 华
33	监理单位	云南公路建设监理公司	土建监理1驻地办K0+000.85~K21+930	余惠林
34		云南省公路工程监理咨询公司	土建监理2驻地办K21+930~K41+100	廖旭初

续上表

序号	参建单位	单位名称	合同段编号及起止桩号	主要负责人
35	监理单位	武汉中交路桥设计咨询有限公司	土建监理3驻地 K41+100~K77+800	彭学忠
36		湖南湖大建设监理有限公司	土建监理4驻地 K77+800~K104+154.54	董泽福
37		昆明建设咨询监理有限公司	沿线设施施工监理 K0+000.85~K104+154.54	熊作海
38		重庆中宇工程咨询监理有限责任公司	机电施工监理 K0+000.85~K104+154.54	吴 强
39	设计咨询单位	山东省交通规划设计院	K0+000.85~K104+154.54	赵尚栋

(五)建设情况

1. 项目筹备

2012年,环保部批复同意昭会高速公路改扩建工程水土保持方案。

2012年12月18日,指挥部通过竞价谈判,确定云南鑫德招标咨询有限公司为昭会高速公路的招标代理机构,负责昭会高速公路的招标工作。

2013年,云南省交通运输厅对昭会高速公路施工图设计进行了批复。

2013年3月11日,在中国采购与招标网、云南省公共资源交易中心网同时发布施工招标和监理招标资格预审公告。

2013年4月8日,正式发售招标文件。

2013年5月9日~12日,交通部抽取评标专家组成"评标委员会",在完全封闭的情况下进行评标工作。

指挥部严格按照国家《招标投标法》的有关规定,对路面工程、交通工程、绿化工程、机电、消防、房建等工程项目进行公开招标,确定承包单位及监理单位。

昭会高速公路途经曲靖、毕节、昭通三州(市)的会泽县、威宁县和鲁甸县,征地拆迁工作由地方政府负责。项目批准用地324.8公顷,其中农用地320.09公顷。

项目建设拆迁各类地面附着物种类繁多,任务艰巨,涉及两省三个地州市,共拆迁各类房屋设施221901.39m^2,改移各种电力、通信线路85.45km,搬迁坟墓804冢。

征地拆迁工作中,昭通市委、市政府十分重视,向昭会指挥部借款1亿元,市里也安排专项资金,确保群众的征地拆迁补偿款得到及时足额兑付。市里还明确提出,充分发挥乡镇、村社基层政权组织的优势,按照"琐事不出户(组)、小事不出村(社)、大事不出乡(镇)"和"路上问题路下解决,绝不影响施工"的要求,把矛盾化解在基层,化解在萌芽状态,为公路建设提供了良好的外部环境。指挥部积极维护沿线群众利益,支持地方建设,着力保障和改善民生、支持沿线城市建设,各级地方党委、政府及沿线群众十分满意。

2. 项目重大决策

(1) 抓党建　发扬抗震救灾精神

指挥部紧紧围绕中心工作,充分激发党员的积极性,深入推进党组织的思想建设、组织建设、作风建设、制度建设和反腐倡廉建设,深入开展党的群众路线教育实践活动,切实提升干部职工的政策执行力、业务执行力、制度执行力、服务执行力,并引导党员干部一心一意谋事业、夜以继日干工作、精益求精创一流。

在遭遇昭通鲁甸"8.03"地震灾情后,指挥部立即成立32人组成的抢险突击队,紧急抽调1~4合同段4台装载机、4台挖掘机、6台交通保障车,第一时间赶往鲁甸至震中龙头山镇公路塌方路段、昭通至巧家二级公路开展抢险救援工作,全力配合云南省公路局架通了通往重灾区龙头山镇龙泉河两岸的钢架桥,为鲁甸抗震救灾做出了贡献。指挥部因此被云南省交通运输厅评为"鲁甸'8.03'地震抗震救灾先进单位",被云南省公路开发投资有限责任公司评为"2014年度'抗震救灾、抢险保通'先进单位"。

(2) 创新理念　狠抓安全保通工作

昭会高速公路采用"平面分离,交叉换岸,编辫子"等设计思路,客观上造成交通流与施工流交叉,立体气候交叉,上下、左右交错施工的局面。同时,路线呈"两高三低"M形态势,长大纵坡,区域气候差异较大,交通流量大,特别是重载车辆多,在紧张施工的条件下,安全保通工作压力很大。

针对安全保通工作的严峻形势,指挥部建立健全安全管理组织机构,先后成立了安全生产委员会、安全保通处,抓好日常安全保通管理工作;指挥部领导班子与东部高速公路路政管理支队通过签订保通协议、提前派驻路政人员进入指挥部参与建设管理工作等方式,积极探寻新的合作方式;成立由指挥部、路政、交警、管理处、地方安监局、监理驻地办、合同段项目经理部组成的安全保通工作领导小组并划分相应职责,定期或不定期召开安全保通工作联席会议,现场实地察看、解决安全保通工作中出现的新问题。

由于措施有力,尽管保通压力大,项目建设过程中,未发生任何安全责任事故。

(3) 迎难而上　克冰抗雨保工期

昭会高速公路沿线多数地段存在冬春低温冰凌、夏秋暴雨泥泞等恶劣气候,给工程施工、道路安全、路域生态环境保护造成巨大影响。每年11月到次年2月期间冰凌不断,只能间歇式施工;雨季,部分分项工程只能停工保安全。因此,每年真正的施工时间大约只有6个月。针对这一情况,指挥部决定:必须以最短的时间、最可靠的工程质量完成昭会高速公路建设任务,最大限度地减轻工程建设对全省经济社会发展造成的影响。

为此,指挥部采取措施,实行阶段目标考核奖惩责任制度,把目标计划落实到月、到周、到天,通过现场督查处罚和阶段考核奖惩相结合的方式,施工人员坚持24小时轮班作业,各参建单位和全体建设者心往一处想,劲往一处使,始终牢牢掌控着工程进度。

(六)复杂技术工程

昭会高速公路的复杂技术工程主要有大口子特长隧道、牛栏江特大桥、邱家垭口特长隧道、新老路拼宽改建路基施工等(图17-16)。

图17-16　上下行线在红土地上交汇成昭会之"心"

大口子特长隧道进口位于云南省昭通市昭阳区布嘎回族乡新街三社,出口位于贵州省威宁县玉龙乡团结村一组,全长3135m,是一座上行的双车道高速公路特长隧道。作为昭会高速公路的重点控制性工程,隧道工程地质及水文地质条件复杂、岩体破碎强烈、差异风化性强,岩溶发育弱强烈,会泽端洞口段浅埋且偏压严重,岩体较破碎,施工时采用半明半暗的施工方法进洞,最大限度地保护原有自然山体的稳定,避免大开大挖。同时,加强地表的变形监测,根据情况适时加强防护措施。在施工建设中,施工建设单位克服泥石流冲沟、斜坡侵蚀地形地貌、洞口端浅埋且偏压严重、岩体破碎等地质条件,工程实现了"零事故、质量零缺陷"的目标。

牛栏江特大桥建设时被誉为亚洲第一公路连续刚构高桥。指挥部创造性地采用"先边跨合龙,后中跨合龙"的施工方法。新的施工方法虽然增加了工程难度和施工风险,但却有效避免了大跨连续刚构桥梁主跨下挠的病害。

邱家垭口特长隧道是昭会高速公路建设项目控制性工程,是南北大通道昭会段重点难点工程,全长3185m,由中铁一局和中国路桥联合承建。隧道处于喀斯特地貌且地表沟壑纵横,最小埋深仅40m,其中进口段属粉砂质泥岩强风化、节理裂隙极为发育、岩体破碎。隧道掘进过程中经常发生拱部土体剥落、局部土体坍塌现象,特别是出口段在施工过程中先后发现3000多个大小不等的溶洞,加大了施工难度,施工进度受到很大制约。为此,在全体参建人员的共同努力下,隧道于2015年4月21日顺利贯通,为昭会高速公路顺利建成通车奠定了坚实的基础。

昭会高速公路建设利用已建成的二级公路作为半幅路基,新建半幅路基,达到高速公路双向四车道的标准。新老路拼宽时,中央分隔带位于新路面的车道处,必须对其进行处理和补强,新的中央分隔带处为满足植树绿化,埋设通信设施等要求,需将旧有路面结构层挖除,导致工程难度大大增加。

(七)科技创新

昭会高速公路建设实施了多项科技攻关课题,取得了丰硕的科研成果。

1. 高峡深谷区高速公路改扩建节约增效和安全保障技术研究与工程示范

针对高峡深谷高速公路改扩建工程特点和需求,指挥部重点开展了扩建工程新旧半幅路线设计方案研究、扩建工程交通安全设施再利用和安全保障能力提升技术研究、隧道洞口与桥面路段路面结冰监测预警与安全处置技术、救援通道布局等关键技术研究。该项目依托昭会高速公路针对扩建工程中新旧两幅路线设计、既有交通安全设施的评估与重复利用、交通安全设施优化设置、路面结冰预警与安全处置、隧道救援疏散与联络通道布局等技术难题,借鉴国内外相关先进技术与成功经验,综合理论分析、数据挖掘、试验验证以及应用技术研发,在保障交通安全水平、符合相关标准规范的基础上,充分考虑经济性、实用性及适用性,提出针对性的技术改造方案,为昭会高速公路改扩建工程节约增效及交通安全设施的完善与提升提供技术支撑。

2. 云南高山峡谷地区旧路路面改造综合技术应用研究

该项目以云南昭会公路旧路改造工程为依托,结合该地区环境、交通条件和原有道路使用状况进行高山峡谷地区路面改造综合技术研究。重点包括旧路评价与分级、旧路加铺材料优化设计、旧路加铺结构层间抗剪技术研究、旧路加铺结构力学行为特征分析与结构组合设计,以及特殊路段路面改造处理。如:桥面、隧道路面、广场路面的结构材料设计。该项目研究旨在对原有昭会公路的改造提供技术支撑,解决旧路改造过程中面临的关键技术难点,最大限度地利用原有道路,并确保升级改造后的公路具有优良的使用性能和较长的使用寿命。项目通过室内外测试分析技术,对云南昭会公路旧路使用情况及结构性能进行科学准确的分析评价,实现旧路的分段工作。在此基础上,针对项目所处的高山峡谷地区公路改造特有的要求和工程特点,开展加铺层高磨阻沥青混合料、高性能沥青混合料组成优化设计;针对旧路与新铺层的层间处理问题引入动态设计参数和性能预测模型,构建改建公路结构设计体系,为今后改建公路做出示范;对改造路面的力学行为特征进行数值模拟,优化改建公路结构组合设计。

3. 单洞单向特长隧道运营安全保障

该项目以昭会高速公路改扩建工程中的单洞单向行车的特长公路隧道(大口子隧道和邱家垭口隧道)为依托,旨在通过技术调研、现场测试、数值模拟与理论分析等手段,揭示单洞单向特长隧道的事故特征及其安全影响因素、给出单洞单向特长隧道救援体系的设置方案、建立灾变条件下单洞单向特长隧道的救援体系及制定运营期间交通安全管理控制的指导性原则和方案,为国内类似隧道的设计、建设和运营管理提供切实可行的技术经验,达到减少或者规避运营安全事故、提高隧道服务水平、取得良好社会经济效益的目的。根据国内外目前公路隧道已发生的火灾案例来看,长大隧道发生火灾的概率较大,而其带来的人员伤亡、经济损失及社会影响一般较大。随着社会经济的发展,交通量逐年增长,特别是在公路方面,危险品运输车量也在增多。加之日趋严重的恐怖主义破坏行为和其他诸多因素,可以预见未来交通隧道内的火灾危险性应呈上升的趋势,所以开展对特长隧道安全保障和防火救灾技术的研究具有较高社会和经济价值。而对于改扩建工程出现的单洞单向行车的特长隧道,运营阶段的安全保障与应急救援是一大难点,且国内外在该方面的研究甚少,该课题的研究可为其提供重要的技术支持,对交通运输发展有着重大的积极意义。

4. 路面防冰试验段研究

昭会指挥部在干松林大桥桥面老路沥青路面加铺改造中掺入"路丽美"防冰融雪剂作为主动抗冰雪的试验路段,在今后的公路养护、除冰保畅中提供借鉴。"路丽美"防结冰作用机理是利用路面的空隙和毛细管原理,即当大气的环境温度降低、湿度增大引起路面层不同深度的湿度发生变化,"路丽美"会从不同的深度被极其缓慢地抽提迁移到道路面层释放出来,从而与路面的冰雪发生类似盐化作用防止或延缓路面结冰。为寻求如何保障冬季路面的行车安全和畅通,减少交通延误的有效方法,昭会指挥部在干松林大桥桥面老路沥青路面加铺改造中掺入"路丽美"防冰融雪剂作为主动抗冰雪的试验路段,并在今后的公路养护、除冰保畅中提供借鉴。

(八)运营养护管理

昭会高速公路设置迤车服务区、小海停车区、野猪冲停车区、鲁甸加水站,分别由加油站、营业室、宿舍楼、公厕、水泵房、配电房和室外道路组成。

全线设鲁甸、田坝、江底北、江底南、迤车、阿都、黑土、会泽八处收费站;设置昭通监控分中心、会泽监控分中心及大口子隧道管理所、邱家垭口隧道管理所。

四、会待高速公路——水上看路似玉带

会泽—待补高速公路是国家高速公路规划网中 G85 银川—昆明高速公路的一段,也是昭通—待补公路项目中的一段。昭待公路建设中,昭通—会泽段为二级公路,会泽—待补段为高速公路。昭待公路筹建时,开初的路线方案没有考虑从会泽县城附近通过,而是选择了石咀方向。从石咀到待补,线形好,投入也少。而从会泽县城附近通过,公路难以远离毛家村水库,工程难度加大,环保水保压力也同样加大。从会泽县地方经济发展的需要出发,路线最终还是选择了后一个方案。公路从会泽到待补,刚好要从毛家村水库旁通过。这一方案,让人们有了一个独特的视野:乘一叶小舟进入毛家村水库,从水上看会待高速公路。

蓝天、白云、碧水、青山,会待高速公路就像一条玉带环绕在大山腰间(图 17-17)。水上看路,高速公路就在青山碧水间,就在画中。

图 17-17　玉带萦绕山水间

(一)项目概况

会待高速公路起于邓湾北侧,经得阜山北侧,于 K340+713 设 19×30m T 形连续梁桥跨越水城居民区,进入会泽坝子。沿县城西北侧沿会泽坝子布线,于 K342+012.91 设会泽互通式立交,于 K346+100 到达三孔桥,过铁马革度假村西侧,于 K351+500 设 11×40+9×29.50m T 形连续梁桥跨越会泽—梅香箐公路、以礼河及毛家村,K352+600 抵达毛家村水库大坝。然后,路线沿毛家村水库西岸毛家村—梅香箐公路布设,为了避免高填深挖,尽可能减少废方数量,设置了大、中桥梁进行跨越。路线经大地坪、三家塘、新村、落戈、鹧鸡,于 K370+700 离开毛家村水库,过梅香箐,于 K376+000 处设待补分离式隧道(1490m,按单幅计),K377+500 设待补立交,止于会泽县待补镇。路线全长 38.03459km。主要控制性工程为毛家村水库路段分布的 1 号、2 号两座深水大桥。如图 17-18 所示。

项目按四车道高速公路标准建设,设计速度 60km/h,路基宽度 22.0m,设计交通量为 2035 年远景平均交通量 11576 辆/昼夜(小汽车)。抗震设防烈度为Ⅷ度。新建分离式路基宽 12.25m,已建分离式路基宽 12m,设计汽车荷载为公路—Ⅰ级,挂车—120。

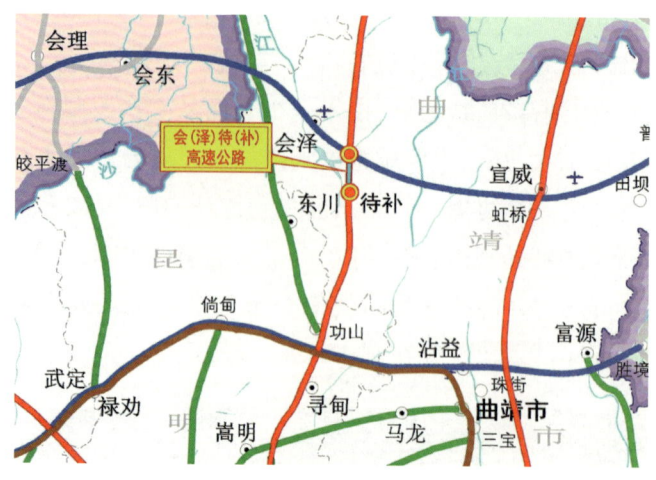

图 17-18 会泽—待补高速公路位置示意图

会待高速公路批复建设工期 36 个月,2005 年 1 月 1 日开工建设,2007 年 11 月 30 日完成主体工程任务,2007 年 12 月 18 日建成通车并进行试运营、开征通行费,比计划工期提前了 13 天。

(二)参建单位

2004 年 1 月 12 日,云南省交通厅批准成立昭待公路建设指挥部;2 月 11 日,批准指挥部设立工程技术处、财务处、稽查处、征地拆迁安全保通处、综合工程管理处、合同处、物资处和办公室 8 个职能部门。"七处一室"均有明确的工作范围、职能职责和内部管理办法,分别对项目质量、工期、投资、安全、物资等工作实施控制和规范管理。指挥部还建立健全了党团、工会组织,员工最多时达 60 人,基本满足了工程项目建设的需要。

指挥部通过全国公开招标,经过公平、公正评审,坚持择优选择的原则,共有 12 家设计、施工、监理单位参与会待高速公路建设,各方参建单位均符合国家规定的资质及业绩要求。

会待高速公路处于山岭重丘区,地面起伏较大,沟壑纵横,地形横坡陡峭,沿线受不良地质等制约因素影响较大,云南省交通规划设计研究院和中交第二公路勘察设计研究院在线路布设中遵循地质选线的原则,注重路线平、纵断面线形组合设计,使之达到平、纵断面配合适当,线形舒顺、视觉良好,保证满足汽车行驶及驾驶员的视觉和心理反应要求,同时注意线路与当地环境和自然景观协调,注重环保设计。此外,在结合地方发展规划的情况下,设计主要以曲线线形为主,顺应地形、地物条件布设,尽量避开村庄、高压线的干扰,在不受条件控制时,不片面追求高指标,不人为地追求曲线线形而使线路增加绕行距离,把会待高速公路建成一条舒适、经济、生态的高水平公路。

会待高速公路共有 16 个合同段。其中,土建施工 6 个合同段,路面施工 2 个合同段,交通工程2个合同段,绿化工程2个合同段,房建工程2个合同段,机电工程1个合同段,通信、监控、收费系统1个合同段。

会待高速公路是云南省交通厅推行最低评标价法的项目之一。项目的勘察设计、路基路面工程、沿线房建、交通工程、三大系统、绿化工程、物资采购、施工监理等主要施工和服务采购均进行了公开招标,未达到法定应招标的工程和服务采购等,由指挥部直接进行委托,经过价格谈判后签署合同。项目严格按照《中华人民共和国招标投标法》、交通部《工程建设项目招标投标办法》和云南省交通厅发布的《公路工程国内招标文件范本云南省补充规定》等法律法规,公开招标选择设计、监理、施工单位和物资供应商。项目招标的所有资格预审文件、招标文件、评审报告、评标报告、业主标底都经过云南省公路工程项目招标监督委员会的审议,过程公正,充分体现了公开、公平、公正和诚实信用的原则。在完成土建、橡胶支座和伸缩缝、路面、统供材料物资采购、房建、绿化、隧道机电、三大系统和交通工程等全部招标工作后,自始至终未发生不良举报与投诉。

(三)项目实施

1. 征地拆迁

会待高速公路建设用地类型包括水田、旱地、荒地、园地、宅基地、鱼塘、菜地、林地和临时用地。征地拆迁面积达5236.44亩。沿线为经济欠发达地区,人口众多,自然生态环境脆弱,征地拆迁范围涉及沿线村镇集体和个人的直接利益,协调工作艰巨而复杂,责任重大。项目启动后,曲靖市、会泽县均成立了征地拆迁领导小组,当地党委、政府、有关单位和各族人民群众从支持公路建设的大局出发,舍小家为国家,大力支持、积极配合,顺利完成了征地拆迁工作任务,确保项目建设顺利进行并如期建成通车运营。

2. 质量控制

(1)实行第三方监理模式。作为云南省交通厅推行第三方监理的试点项目,会待高速公路实行第三方监理。该模式明确了监理单位的职责权利,打破了以往业主自办监理模式。按照实行第三方监理的要求,云南省公路工程监理咨询公司在会待高速公路项目上设置了三级监理机构,建立总监理工程师质量负责制,下设1个总监办、2个总监代表处、2个中心试验室、9个高级驻地办,施工高峰期共到位监理人员204人,监理人员执证率保持在90%以上,有效加强了质量控制与管理。云南纪星交通工程监理咨询有限公司按照委托合同承诺,到位监理人员14人,下设1个总监办和2个高监办(一个高监办负责监理三大系统、隧道机电工程,另一个高监办负责通信管道工程的监理服务工作)。施工中,坚持以过程控制为核心,采用实体工程首件制、水泥混凝土和原材料控制、现场旁站、抽检、试验和检测等多种手段,将质量隐患消除在萌芽状态,特别加强了对隐蔽性工程、重点关键部位的现场监理力度,确保每一道工序的施工质量均达到要求,以工序质量控制分项、分部和单位工程的质量。

(2)建立健全纵向和横向质量管理体系。指挥部在各施工项目部建立健全了项目经理领导下的总工程师质量负责制,配备质检工程师、试验工程师、现场质量管理人员和试验检测人员,设置工地试验室,负责现场质量管理和控制。指挥部设置稽查处,随时对各合同段的施工进度和工程质量进行稽查,与监理方的质量控制形成"双拳出击",为工程质量管理上了"双保险"。在指挥部制定的作为合同文件组成部分的13种管理办法中,属于工程质量的管理办法就有7种。

(3)落实整改措施,消除质量隐患。作为交通部重点督查项目之一,会待高速公路在建设之初,云南省交通厅、原东部高速公路有限公司、云南省公路投资公司就给予高度重视,对工程质量控制长抓不懈,多次组织桥梁、隧道、路面专项及综合的质量检查。在每次的检查中,检查组的领导、专家均对存在的质量隐患及不足提出整改意见,特别是对如何提高和控制工程质量提出了很多宝贵的意见和建议。指挥部针对这些问题和建议,组织召开专题会议研究落实,如建立桥梁支座逐块检查制度、梁板等重点构造物逐片检测及责任人落实制度等,对问题整改情况成立专门检查组对照检查,使问题都得到整改,意见建议得到有效落实。

(4)委托和聘请专业机构监测、保障工程质量。选择有资质的昆明岩土工程公司质量检测中心等4家单位对桥梁、隧道、软基处治等重点工程质量进行检测和控制;委托云南省地震局对隧道地震的影响进行分析;专门聘请长安大学的专家、教授对路面级配碎石、水泥稳定碎石基层及沥青路面工程配合比进行设计;专门购置累积颠簸仪,检测路面平整度。

3. 造价控制

指挥部严格按照招标程序,明确施工单位和材料物资供货单位,严格执行履约条约;加强变更设计管理,在处理变更设计时,以确保工程安全为前提,坚持技术可行、经济合理、方便施工,变更设计无论金额大小,都坚持设计、施工、监理及业主"四方会签",按程序严格逐级上报审批;对合同外发生的各种新增单价,在坚持合同文件条款的基础上,坚持通过办公会议集体讨论决定。通过这些措施,有效控制了工程造价,节约了投资。

4. 建设过程

(1)待补立交桥:在软基上奋起

昭待高速公路一路翻山越岭到它的终点——会泽县待补镇附近时与嵩明—待补公路汇合。会待高速公路穿过待补隧道后,便上了连接嵩待公路的纽带——待补立交桥。

承建待补立交桥的是云南云桥建设股份有限公司。

第十七章
国家高速公路

2004年9月20日,项目部经理段玉平、常务副经理杨树芳和同事们风尘仆仆地赶到待补镇安顿好职工后,就去拜访镇、村及有关方面负责人。段玉平知道,待补地区大多数是彝族群众,只有把当地人的历史文化、生活习惯和生产情况弄清楚,才能跟群众和谐相处,得到大家的理解和支持。

2005年2月,因段玉平另有任用,云南云桥建设股份有限公司派吴自明接替他的工作。吴自明将项目部人员分成2个道路工程队、2个桥梁工程队和1个隧道工程队,由项目部统一指挥、控制和协调。

2005年3月6日,各工程队按照分工迅速进入各自的工地。负责待补立交区软基处治的现场技术主管李正波和路基二队队长李飞鸿带着人马首先来到立交区施工区域准备打砂石桩。可是,由于地基太软,简直就像烂泥塘,机械的车轮一动就陷进去了,钻机等设备根本就进不去。后来他们才了解到,这里原先是一片湖泊,因为待补河的一条季节性支流的河水断流了,便逐渐变成了一片沼泽地,随着时间的推移,湖水枯竭后才渐渐变为陆地。

吴自明、杨树芳和项目总工喻卫华到现场看了以后,和李正波、李飞鸿商量:"实在不行的话,只有拉砂石块来垫,但一定要注意安全、稳步推进。"

李正波和李飞鸿立即安排人力和运力去拉砂石。可是软基面层太深,要填1m多厚的砂石机械才能勉强通过,难道要将近2km^{2}的待补立交区全填上砂石?那么多的砂石去哪里弄暂且不说,光是复测放样过后的问题就远比他想的要严重得多——最深的软基有12m多深,最浅的也有7m深,这还是他们参加公路建设多年来第一次碰到这样糟糕的地质。

仅仅是清场,李正波和李飞鸿就耗费了2个多月的时间。

待补立交区全长1651.25m,立交形式为单喇叭形。其主线上跨,共有4个匝道、1条连接线。立交区不但地质情况十分复杂,而且对施工成孔工艺的要求也相当高。

2005年春节过后,吴自明、杨树芳、项目部副经理冯发勋、李飞鸿和李正波把第一阶段的施工重点放在了待补立交区和隧道的开挖上。

根据待补地区的软基地质情况,碎石桩的设计桩深分别为7m至12m不等。从2005年3月中旬到5月底,吴自明和项目部的人花了78天的时间打下3.4万棵碎石桩,总长超过40万m,比从昆明到大理的路程还要远,整个待补立交的地层下面就像是纳鞋底似的,密密麻麻的全是碎石桩!

就在打砂石桩之后不久,桥桩的钻孔作业也于2005年4月间相继动工。现场技术主管张泽久和桥梁工程队队长董海波按照项目部的安排,在打过碎石桩的地段上第一批4台钻机先行施工,并按照软基处治的情况和需要增加钻机数量。

5月底,待补立交桥软基基本处治完毕,董海波和张泽久上足8台钻机一天24小时连轴转。他们没有白天和晚上,也没有星期天和节假日,基本上都是大雨小干、小雨大干、无雨拼命干。

8月中旬,待补地区下了一场大雨,把整个立交区变成了一片汪洋,水深超过40cm,同时被水淹的还有当地农民的一些住房和田地,施工被迫中断。此外,待补立交桩基钻孔由于软基处理和征地拆迁等问题的影响无法连续施工,工程时断时续,进展缓慢。一直到2006年9月间,指挥部与嵩待公路管理处、嵩待路政大队和当地交警部门等单位多次协商后才初步达成协议,开始进行最后8棵桩的施工。在得到允许进入桥位作业的通知后,建设者不分你我、合力同心,终于在年底前全部完成了桥下基础工作。在浇筑桥墩时,由于天气特别冷,许多捆扎钢筋的工人手脚都被冻麻木了,但依然咬紧牙关坚持到最后。

从2005年9月浇筑第一个桩基到2006年12月浇筑最后一个桥墩,一年多的时间里,待补立交桥在经历了一系列的磨难后终于在软基上挺起了脊梁,看到了成功的曙光。

(2)待补隧道:突破重重困难

与待补立交桥相连的待补隧道比立交区早4个多月就开始动工了。然而,由于征地拆迁及改道等一系列问题,被耽搁了很长一段时间,施工局面迟迟难以形成。

待补隧道为双幅4车道,左洞长785m、右洞长705m。2004年11月20日,隧道工程队长罗文杰带领第一施工组组长李海鸥、第二施工组组长张金华来到现场准备做套拱台架的时候,嘎里行政村小铺子村民小组的20多位村民来到施工现场阻工。

一位村民问:"你们施工的洞门口有我们村祖上的5座坟,问题还没商量好怎么就动工了?"

罗文杰上前赔笑着说:"老乡,有问题我们好好地商量,还是请乡亲们先回去,我们一边施工一边商量,你看行不行?"

"我们几家坟主早就商量过了,每座坟墓的迁移安置费要5000元,不给这么多他们都不干。"

老百姓说的也在理,只是让施工单位出这么多钱实在也很困难。本来就是最低价中标,加之待补立交区被水淹,还有一些青苗赔偿费,项目部之前就已经赔了200多万元。现在乡亲们的思想一下子也做不通,眼看施工不成,罗文杰只得叫李海鸥和张金华两位组长先把施工人员带回去,等和乡亲们谈妥了再动工。

当天晚上,吴自明和罗文杰一起到小铺子村民小组拜访了5家坟主。给人家递烟斟酒、说好话、赔笑脸、讲政策、说施工单位的困难……他们先后到小铺子村民小组10多次,脚底磨起了老茧,嘴皮磨起了泡,最后终于和村民达成了协议:每座坟迁葬费800元,迁移地点由坟主自己决定,在条件允许的情况下项目部提供人力和机械支持。

迁坟问题解决了,但困扰他们的还有隧道出口的征地拆迁问题。待补隧道的出口是在昆明方向,这里有3户人家和镇政府一排20多间的房子。因为征地拆迁的赔偿问题,吴自明、冯发勋等人已经协调了好几个月,但问题始终没有得到解决。

据不完全统计,从施工到完工,2年多时间里,当地老百姓上路阻工就达1100多次。眼看5个多月过去了,待补隧道的出口依然不能动工,昭待公路建设指挥部指挥长王高和会泽县负责征地拆迁的张副县长一起来到工地,经过2天的协调,村民们才勉强同意拆迁。

吴自明心里的一块石头总算是落了地。他和喻卫华、冯发勋商量,为了感谢村民们的支持,每户奖励他们10000元。为了配合村民的搬迁,吴自明还安排人员和机械帮助他们平宅基,盖房子。新房建好了,又帮助他们把家搬过来。

待补隧道自2004年11月18日做套拱后,罗文杰和施工组长李海鸿、张金华等人就一天三班倒,24小时不停地施工。吴自明、喻卫华和冯发勋也经常在隧道里跟班作业,开头掘进还算顺利,但2005年3月间左右洞已分别掘进180多米时,由于围岩破碎发生了渗水,小塌方不断,险象环生,施工进展十分困难。罗文杰一边安排人去购买水泵排水,一边加强隧道内的安全监测。同时,积极与指挥部联系,争取对隧道渗水问题进行有效处治。

由于采取了较好的防护措施,待补隧道的施工进度、安全和质量工作始终处于受控状态。2005年7月14日和8月10日,隧道左右洞先后顺利贯通。

(四)复杂技术工程

在重点控制性工程毛家村水库路段分布有毛家村水库1号隧道、1号大桥和2号特大桥,海拔在2169.58~2283.09m,地形切割深,属构造剥蚀中山—高山区,集中了项目施工的重点和难点。

2004年12月初,毛家村水库2号特大桥按照总工雷新民设计的"水中固定平台操作法"进入施工状态。由于1号、2号桩基均为钻孔桩基,需在水中作业并搭建"水中固定平台"。按照设计方案,先从岸边搭建一座钢便桥到达桩位,再用51根$\phi1000mm$的钢管,在25m深的水库里搭建一个水中固定的钻机工作平台后才能进行钻孔作业。

在搭建平台的前一天,项目经理许海乾对施工队长吴振华和现场技术员王宏江说:"明天就要下水作业,我提几点要求,一是水中作业要确保安全,措施要到位;二是不能污染水源;三是作业面要控制在平台范围内,钻机钻出的废渣不能落入水库,要及时装袋运走。"

吴振华和王宏江异口同声地说:"请许经理放心,我们已经制定了规范和措施,也制订了应急预案。"

第二天早上,龚光华和吴振华带着各自的人马和机械设备,分别向1、2号墩桩基工地进发。1号墩开头还算顺利,谁知好景不长,在钻头下到10m的时候遇到了玄武岩。这种石层相当坚硬,5t 重的大铁锤冲下去只能听见一声清脆的撞击声,却没有往下沉的感觉。龚光华他们一天 24 小时连续施工,只能冲下去几厘米,要是照这样冲下去,那 53m 的桩孔要冲到猴年马月。

龚光华为这事急得直冒汗,他前思后想,决定加大冲击钻头的重量。这天下午正遇上许海乾和雷新民来工地了解情况,龚光华就把想换钻头的想法和他们说了。许海乾和雷新民当即就同意了他的想法。

投资十多万元换了 8t 的钻头后每天能打下 80 多厘米,施工进度基本趋于正常。然而到了 5 月初,当 1 号桩孔冲击到距设计桩深只差 1.8m 的时候,钻头掉了!

许海乾和雷新民到现场看了以后,初步决定用人工进行打捞。然而,大家满头大汗地弄了七八天,可那 1.9m 高的铁锤就好比一座金刚,岿然不动。

雷新民将此情况向昭待指挥部做了汇报,指挥长王高等人到现场后提出两个意见:一是作为沉孔处理;二是继续打捞,按原设计要求施工。

这事也惊动了省交通厅副厅长吴卫平和总工程师吴忠彩,他们看了现场后要求项目部慎重考虑,坚决杜绝安全隐患。

指挥长王高和省公路规划设计院总工李志厚也到现场进行了研究。李志厚说:"如果钻头实在拿不出来,从安全考虑,也可以将未成孔的 9 棵桩基加深 5~15m 进行处理。"王高说:"这样吧,你们再考虑一下,项目部先拿一个方案,我们再研究决定。"

为了安全起见,许海乾和雷新民还是决定把钻头取出来,并设计了一个打捞方案:做一个钢护筒,把桩孔里的水抽掉,实行小爆破,然后把钻头取出来。这一方案也得到了王高的肯定与支持。

6 月 1 日,许海乾和雷新民到 1 号桩位组织实施打捞钻头作业。现场负责人吴振华安排工班长彭智勇派人用泥浆泵先抽干孔内泥浆和碎石,为方便作业,又从水位以下 1m 位置割除钢护筒,吊下钢筋笼,用空压机向孔内通风,然后用简易的卷扬机将作业人员送到孔底,实施清底、打眼、装药及放炮作业,爆破装药量每次控制在 1kg 以内,并需要进行无数次小当量的爆破。

施工前,雷新民还特别交代吴振华和现场技术员翁木炎:"用于卷扬机送人下去的吊篮要用 25mm 的钢筋,焊接成直径 1m、高 1.8m 的吊篮,便于操作,吊篮的顶端用钢板焊接,以免孔壁掉落小石块伤人。"

等到孔底碎石、泥浆清完之后,爆破工郭长明乘坐着钢筋吊笼,随着卷扬机的下降首先到了孔底,打炮眼,装炸药。在超过 50m 深的井下作业非常困难,作业面小、空气稀薄,虽然井口不停地送氧,但干上一二十分钟却已是大汗淋漓。郭长明在井下装好炸药雷管之后,顺利地升到井口。现场负责人翁木炎请许海乾按动第一轮爆破的按钮,当许海乾的手指按下电动按钮之后,紧接着就从井下传来一连串闷雷般的响声。接着就从井下腾起一股浓烈的烟雾,井口开足鼓风机,一直吹了20多分钟才把烟雾排完。待烟雾散尽,施工人员再下去,接着又是循环作业……在他们的整个施工中,没有一块石头和一件杂物落入水库,湖水仍然清如蓝玉。

经过14天的日夜奋战,大家终于把冲击钻头用钻机工作架吊了上来。

相对于1号桩基来说,2号桩基的施工除了遇到玄武岩以外,施工进展还算顺利。到8月中旬,两主墩桩基的浇筑也顺利完成。就在桩基开钻的同时,许海乾和雷新民已经开始研究承台及墩柱的施工了。毛家村水库2号特大桥水面海拔高程2198.98m,承台高程2203.31m。1号和2号承台长均为18.2m、宽13.2m、高4m,差不多有大半个篮球场大,每个承台需浇筑混凝土960m^3。

为了承台的浇筑方案,他们已经熬了好几个夜晚了。两人初步商定采用"高标号砂浆底模",这主要是为了适应承台模板自重就有35t、加上人员及机具等重5t和首次浇筑承台一半的混凝土重量1249t的重力要求。考虑到承台对于承台混凝土的浇筑,经过认真设计与测算,考虑到体积庞大、混凝土浇筑数量多,在施工过程中聚集水化热大,造成浇筑体内外受热不均匀和内外约束不一致,使混凝土内部产生较大的温度应力,将导致裂缝的产生,会给工程埋下质量隐患的问题。他们决定对承台分两次分层浇筑,每层浇筑厚度30cm,采用从一端向另一端斜向浇筑的方法进行。分别用两个拌和站同时进行,再用输送泵将混凝土送入箱模。为了解决浇筑混凝土内外温差的问题,他们决定在承台内部埋设直径32mm的冷却水管,在每个承台浇筑的混凝土的不同部位选择9个测温点,用直径20mm的钢管灌水,用温度计测温。同时,专门安排两人每天24小时进行测温,确保浇筑质量与安全。

8月6日下午,1号承台实施混凝土浇筑作业。此时,毛家村水库碧空如洗,几片薄云在蔚蓝色的天空悠闲地飘浮着,水库湖面的微波轻轻地荡漾。项目部领导和施工人员早早地来到现场,两个拌和楼开始运转,运输车辆一字摆开,工人们各就各位,一场浇筑承台的攻坚战就要打响……

下午4时30分,许海乾一声令下,霎时,机器的轰鸣声、人声、电动搅拌混凝土的响声、汽车的喇叭声汇成一曲宏伟的交响曲。1号承台浇筑一共持续了24小时,工人们换了一班又一班,但许海乾和雷新民却一直坚守在施工现场,一天三餐由项目部食堂送到工地。许海乾还给工友们送水送饭,而他自己却总是随便扒上几口饭菜就算了事。雷新民也和他一样,一会儿看看混凝土浇筑面上的振捣情况,一会儿又察看一下温度,一会儿又去了解砂石水泥拌和情况。渴了喝一口矿泉水,困了找个地方靠一下。即便是偶尔小憩,他也要交代施工人员自己在什么地方,以免误事。

一天一夜的浇筑还算顺利,第二天中午时分,雷新民对许海乾说:"你已经10多个小时没休息了,回项目部午餐后休息一会儿再来。"

"还是你回去吧,这里由我值守。"许海乾说,"你这几天都没休息好,你到晚饭后再来换我。"两人你推我我推你,结果谁也没离开工地,一直到最后一锤混凝土浇完才一起回项目部。

在毛家村水库2号特大桥开始钻桩孔的同时,毛家村水库1号大桥桩基的施工也进入了攻坚阶段。1号大桥处于毛家村水库的一条湾沟里,全长340m。其中,第3~7号墩柱设计在水里。按照原设计桩孔地质属于玄武岩,然而左幅6号、7号桩钻下去不到15m便遇上了煤层,当冲击钻下到18m时,由于煤层松软、地层压力加大,一个多月里连续发生了6次塌孔。

许海乾和雷新民几乎天天来工地,他们与施工队长吴晓江和现场技术主管熊国明商量,由QC质量小组开展技术攻关,最后决定用片石和黏土回填再钻。然而先后反复回填五六次,填入的片石和黏土超过610m³也未成功。第二天,指挥部工程技术人员分析研究后用25.5m深的钢护筒进行整体防护作业,这才把难题给攻克下来。

位于蛤蟆山一座小山梁上的毛家村水库1号隧道原设计为双幅连拱式隧道。要是按照正常进度,施工时间那也就是个把月。然而,项目部花了2年零4个多月,仍有超过20m的任务难以攻克。

问题出在蛤蟆山上。蛤蟆山十分陡峭,山坡上不少树木被当地的林业部门列为森林区,有的还属于国家保护的珍贵树种,征地拆迁和稀有树种保护问题始终得不到解决,一拖就是好几个月。加之蛤蟆山外硬内软,出口为残坡积碎石土层,土质松散而且极易坍塌。

2004年12月1日,许海乾和雷新民带着毛家村1号隧道施工队长施修云、现场主管技术员郭祖方一起来到昆明方向的隧道出口施工位置,要求施工人员进洞后加强防护,注意安全。

施修云是闯过大风大浪的工程队长,起初也没把这个小隧道放在眼里,郭祖方心里也很踏实,因为一切都在按计划和方案进行。

谁知中隔墙做完之后,才进洞20m便发生了塌方,塌方把整个洞口都给埋了。

塌方后的第三天,指挥长王高等人来看隧道,他们当场建议改为从进口掘进。

当一切准备妥当后,当地的老百姓却不让施工,协调又花去了将近一年时间,大量人员、机械就这么耗着,大家都急得像热锅上的蚂蚁。直到2005年4月10日问题基本得到解决,施修云和郭祖方才带着人马进入工地。

有了前面的经验,施修云这次进洞就格外的小心。他们组织精兵强将一天24小时连续作业,进展十分顺利,然而10月23日下午,在进口端的右洞掘进过程中又发生了大塌方,由于山坡进洞处属于浅埋,山体产生偏压,把已掘进的超过40m的暗洞全压垮了,总塌方超过8000m³,致使隧道顶端洞开,将洞塌成了明洞。

毛家村1号隧道施工又一次停了下来。在多次认真分析研究后,指挥部建议将原来的暗洞改为明洞。

2007年5月,毛家村1号隧道和毛家村水库2号特大桥相继建成完工,许海乾、雷新民和书记秦长明的脸上露出了幸福的笑容,虽然他们平添了少许白发,然而,他们是幸福的,那耸立在毛家村水库上雄伟的特大桥,便是中铁二十局项目部全体建设者的永恒塑像,如同一首凝固的旋律,永远缭绕于红土高原的上空。

(五)科技创新

结合会待高速公路项目工程建设,指挥部针对一些关键技术问题,紧紧围绕深水(毛家村水库)、隧道施工、边坡加固、生态环境及景观设计等方面开展科技攻关,提高科技含量。其中,"山区高速公路石质边坡控制爆破技术研究"被列为云南省交通厅的科技项目,共投入科研经费468万元。施工过程中,大量地采用了国内外的新技术、新工艺、新材料。

从毛家村水库(国家一级饮用水源)西岸通过时,为尽量减少公路对水库的影响,尽量少挖山体,尽量少破坏植被,多采用桥梁跨越等方法。另外,为使公路上的路面积水不污染水库,对水库周围所有路基及桥面排水均采用集中排水法,并且在集中排水的出水口处设置沉砂池,集水沉淀净化后方能排入水库。

毛家村水库路段分布的1号、2号两座深水大桥为T形连续刚构桥,跨径均为82m+146m+82m,桥宽均为(10m+2×0.5m)×2,两桥的固结墩基础均为高桩承台式结构,每个墩设计有12根直径为2.0m的钻孔灌注桩,所有桥墩承台及桩基均处于水库中,属深水桥墩。施工时,深水桥墩采用钢护筒桩基结合刚构平台进行,刚构桥的箱体则采用挂篮进行,并在全桥的关键受力部位设置传感器,以监控桥梁的形变及受力情况,确保桥梁安全。

为节约用地,减少工程量,在K356+770~K356+893段左侧采用了加筋土路堤的形式。

K322+000~K327+300段线路所经地区多为典型的滇东"红层"区域,该区域一般上覆红色黏土,下卧坚硬石灰岩,且该红色黏土含水率高,属于高液限膨胀土,不能作为填方材料。因此,经取样试验分析,最终弃掉红色黏土并借含石土填方或在红色黏土中加拌生石灰后作路基填料。

针对沿线的复杂的地形、地质条件,部分段落岩层极其破碎,路线多处穿越滑坡地段,稍一开挖就会诱导滑坡复活,产生滑动。因此施工时采用"边开挖边防护"和"先防护,后开挖"的方式,重视新技术、新工艺、新材料的应用,部分边坡采用了工程防护和生物防护相结合的方法。此外,根据边坡的地形、地质条件,部分边坡还采用了混凝土喷锚、削坡减载、混凝土框格梁、抗滑桩等防护处治。

隧道运营通风、照明、监控、报警、消防等设施全部采用计算机控制,并根据季节、气候、日照以及昼夜变化的规律自动检测编程控制,其管理系统达到了国内先进水平。

(六)运营养护管理

会待高速公路通车进入试运营期后,日常养护管理工作归属云南省公路开发投资有限责任公司昭通管理处负责;路政管理工作归属云南省东部高速公路路政支队成立的昭待高速公路路政大队负责。

在两年缺陷责任期内,管养单位认真监督各施工单位,对交工验收时提出的需要进一步完善的工程缺陷和在试运营中发现的工程缺陷进行处治,做好相应的后续施工工作。日常养护中,做到"通畅、清洁、绿化、美观";为加强雨季水毁预防和抢险工作,指挥部还就水毁预防和抢险工作专门成立工作领导小组,与管理处签订水毁预防和抢险工作协议,加强雨季上路巡查工作,发现水毁隐情,及时解决排除,保证道路安全畅通;重点抓好工程缺陷处治施工期间的安全保通工作,制定安全保通预案和方案,落实安全责任制度,适时进行安全监控和防范;路政大队加强路产路权管理,依法打击对各类损坏、侵占路产的行为,对建设期内不够完善或被盗损的各种标志设施及时报告,并及时进行更换、完善和修复。

五、待功高速公路——越过千峰跨万壑

这里是山的王国,乌蒙山连绵起伏,历来是修路人难以跨越的险关。清乾隆五十二年(1787年),靠经营马帮积累了财富的士绅刘汉鼎捐资在悬崖绝壁上凿出一条栈道,缩短了会泽运铜古道近10km。这段名为"石匠房栈道"的古老隧道是云南最早的隧道。

有趣的是,云南建于1952的第一座公路隧道也在与会泽相邻的东川铜矿公路上。

1990年以前云南最长的公路隧道——被称为大、小隔障的隧道同样在会泽境内,1988年10月建成,长度分别为340.80m和319.53m。

在待功高速公路沿线,公路建设者精心打造了多处文化景观。在这些文化景观中,有两处特别引人注目。

跑马坪隧道口的两个景观石上,一个写着"2+3=10000",另一个写着"两桥三隧一万米"。这是待功高速公路的起始路段,朱家村、中梁子、跑马坪3座隧道加上与3座隧道相连的两座桥,总长10km,其中的中梁子隧道为云南已建成通车的高速公路隧道中最长的一座。中梁子隧道海拔2407m,是云南最高海拔的高速公路隧道,公路建设者特意在隧道口的景观石上写下了"乌蒙路顶"4个大字。

待功高速公路另一处引人注目的文化景观是《待功高速赋》:"桥梁跨万壑,隧道越千峰。山高云低处,大道势如虹。艰难何所惧,付与笑谈中"。这是待功高速公路的真实

写照。

(一)项目概况

待功高速公路(图17-19)是国家高速公路规划网中 G85 银川—昆明高速公路的一段,是云南南北高速大通道的重要组成部分,是云南省委省政府督导的重点项目,也是云南省综合交通三年攻坚战的主战场之一。

图17-19　待补—功山高速公路位置示意图

项目建设对于推动云南省桥头堡战略和建成面向南亚、东南亚的辐射中心战略实施,促进省内南北联系,促进民族团结共荣,加强国防建设,维护边疆稳定等具有重大的战略意义和现实意义。

项目沿线自然环境表现为地表崎岖、群山连绵;山地、沟谷、丘陵和山间盆地(当地人称"坝子")相互交错。山区路段存在集中升、降坡,地形对路线克服高差影响较大;洪涝、三秋连雨、冰雹、大风、冰冻积雪、大雾等是影响项目的主要气候因素,也是待功高速公路项目建设的难点。

项目起自会泽县待补镇,经岔河、板坡、卡竹、杨桥冲、蒲草塘,止于寻甸县功山镇。全线总体由北向南布线,连接已建成的会泽—待补、功山—嵩明两段高速公路。路线全长67.179km,其中会泽县境内46km、寻甸县境内21km。设计速度80km/h,路基宽24.5m,路面行车道宽度 4×3.75 m,批准概算投资77.41亿元,建安费59.43亿元。其中,交通运输部安排专项资金13.83亿元、云南省安排公路建设资金8.26亿元、地方政府征地拆迁费5亿元、国内银行贷款资金50.32亿元。

全线设计有桥梁16698m/77座(双幅长),隧道18026m/11座(双幅长),桥隧比51%,其中K0~K30路段桥隧比高达70%,全线在板坡、卡竹、蒲草塘3处设互通式立交。

项目地处滇东高原与黔西高原分界处、乌蒙山系主峰地段,境内群山起伏,地势西高东低,呈阶梯状下降,是我国地形由西向东逐级下降的第二级台阶的主体,均属中山—高原地形(图17-20)。海拔多在1850~2875m,由高原和被切割的高中山地貌组成。总体地势西北高、东南低,表现为起伏切割的中山地形,相对高差达500~1000m,山高谷深、沟壑纵横,山川相间排列,山区、河谷条块分布,山体基本呈北东或北北东向展布,多由岩浆岩、沉积岩系组成;河谷内零星发育河漫滩及Ⅰ~Ⅱ级阶地。测区内最高点为中梁子拾粪地脑包,海拔2875m,最低点位于功山镇功山大河,海拔1850m。

图17-20 待功高速公路蜿蜒前行

初设批复项目总工期3年,2013年6月施工单位正式进场,7月20日开工建设,2015年9月25日正式建成通车。

(二)前期决策及参建单位

2012年2月28日,云南省公路投资公司批准建立云南待功高速公路建设指挥部,负责待功高速公路的建设管理工作,任命邓有左为指挥长、陈玉留为党总支书记、杨云东为总工程师、杨自全为总监理工程师,指挥部业务上受云南省公路投资公司管理。指挥部设综合办公室、财务处、物资处、合同处、工程处、总监办、安全保通处、征拆协调处8个处室。

2012年11月9日,国家发展和改革委员会批复项目的工程可行性研究报告;2012年12月31日,国家交通运输部批准本项目的初步设计和投资概算。

指挥部通过全国公开招标,经过公平、公正评审,坚持择优选择的原则,共有37家施工、监理单位参与待功高速公路建设。

待功高速公路共有9个土建合同段、3个路面合同段、3个绿化合同段、1个供配电单位、3个交安合同段、1个三大系统单位、3个隧道消防合同段、4个隧道通风照明合同段、3个沿线设施合同段。

第十七章
国家高速公路

待功高速公路项目实行指挥部自办监理,监理工作围绕质量、进度、投资三大重点,成立了总监理工程师领导下的三级质量管理体系,下设总监办、中心试验室和驻地办高监。

待功高速公路项目参建单位如表17-7所示。

待功高速公路项目参建单位表　　　　　　　　表17-7

序号	参建单位	单 位 名 称	合同段编号及起止桩号	主要负责人
1	项目管理单位	云南待功高速公路建设指挥部	K0+000~K67+179	邓有左
2	勘察设计单位	云南省交通规划设计研究院	K0+000~K67+179	邓永兴
3	施工单位	云南第二公路桥梁工程有限公司	土建第1合同段 K0+000~K3+220	王洪山
4		中铁一局集团第五工程有限公司	土建第2合同段 K2+220~K11+620	郝小苏
5		中铁十二局集团有限公司	土建第3合同段 K11+620~K21+560	王春景
6		云南阳光道桥股份有限公司	土建第4合同段 K21+560~K30+327.392	陈 奇
7		云南路桥股份有限公司	土建第5合同段 K30+327.392~K37+000	蔡丛兵
8		中铁十六局集团第四工程有限公司	土建第6合同段 K37+000~K45+300	郝文朝
9		云南云岭高速公路桥梁工程有限公司	土建第7合同段 K45+300~K50+049.653	张兴波
10		云南云岭高速公路桥梁工程有限公司	土建第8-1合同段 K50+049.653~K57+860	张兴波
11		云南第一公路桥梁工程有限公司	土建第8-2合同段 K57+860~K61+532.648	董 震
12		云南第一公路桥梁工程有限公司	土建第9合同段 K61+532.648~K68+205.512	董 震
13		云南第一公路桥梁工程有限公司	路面第1合同段 K0+000~K23+530	刘兴林
14		云南阳光道桥股份有限公司	路面第2合同段 K23+530~K50+049.653	陈 奇
15		云南云岭高速公路桥梁工程有限公司	路面第3合同段 K50+049.653~K68+205.512	张兴波
16		云南恒达市政园林工程有限公司	绿化第1合同段 K0+000~K23+530	叶 锦
17		云南利鲁环境建设有限公司	绿化第2合同段 K23+530~K50+049.653	丁云峰
18		江西省园艺城乡建设集团有限公司	绿化第3合同段 K50+049.653~K68+205.512	曹 丰
19		广东省交通发展有限公司	交安第1合同段 K0+000~K23+530	王宗旺
20		青岛建工集团有限公司	交安第2合同段 K23+530~K50+049.653	高 峰

续上表

序号	参建单位	单位名称	合同段编号及起止桩号	主要负责人
21	施工单位	云南长江现代交通设施有限公司	交安第3合同段 K50+049.653~K68+205.512	李海俊
22	施工单位	盛云科技有限公司	隧道消防第1合同段	刘帮均
23	施工单位	中铁隧道股份有限公司	隧道消防第2合同段	马守生
24	施工单位	昆明荣成天宇控制系统工程有限公司	隧道消防第3合同段	张庆荣
25	施工单位	江苏安防科技有限公司	机电第1合同段	朱建勇
26	施工单位	北京诚达交通科技有限公司	机电第2合同段	马 磊
27	施工单位	中铁十二局集团电气化工程有限公司	机电第3合同段	郝跃军
28	施工单位	云南康迪科技有限公司	机电第4合同段	孙连江
29	施工单位	广西桂川建设集团有限公司	沿线建筑设施第1合同段	覃文彬
30	施工单位	云南景顺建设工程有限公司	沿线建筑设施第2合同段	姚凤琼
31	施工单位	河南派普建设工程有限公司	沿线建筑设施第3合同段	马秋柱
32	监理单位	云南省公路工程监理咨询公司	第1驻地办	李先延
33	监理单位	河北华达公路工程咨询监理有限公司	第2驻地办	李文刚
34	监理单位	北京路桥通国际工程咨询有限公司	第3驻地办	许爱华
35	监理单位	云南云岭高速公路工程咨询有限公司/云南公路建设监理公司	第4驻地办	刘建彪
36	监理单位	中国公路工程咨询集团有限公司	第5驻地办	黄金山
37	设计咨询单位	广西壮族自治区交通规划勘察设计研究院	K0+000~K67+179	余丕远

(三)建设情况

1. 征地拆迁

待功高速公路共需征用土地5658亩,需拆迁房屋359户,需拆除杆线设施124.45道,需迁移坟冢156座。

按照征迁责任书规定,项目拆迁总包干费用为(概算)4.9975亿元,由地方政府出资。其中,昆明市(寻甸县)2亿元、曲靖市(会泽县)2.45亿元。根据实际情况计算,实际拨付征迁费用为4.128亿元。其中,昆明市(寻甸县)1.25亿元、曲靖市(会泽县)2.878亿元。

2. 项目实施

(1)加强质量专项监控　大力推广使用工程"联检制"

指挥部在劳动竞赛中用制度规范管理,在质量管控上坚持"让标准成为习惯,让习惯符合标准"的管理理念,明确职责,形成"人人有责、事事尽责、相互负责"的责任链,从质量源头开始抓起,严防死守质量管理的每一道关口;参建单位桥梁工程使用的钢模板、高强度垫块等材料实行市场"准入制",有效控制了混凝土保护层的合格率,确保了桥梁外观整体质量;实行"关键工程部位联检制",成立质量稽查大队,常驻施工现场,24小时不间断轮流进行质量稽查,发现质量隐患即现场督促整改;稽查大队联合监理单位、施工单位进行专项检查,杜绝各种施工关键部位的质量通病,避免在重要工序转换中埋下质量隐患,对路基工程、桥梁工程、隧道工程等部位实行联检,通过召开墩柱混凝土浇筑现场交流会、梁板孔道压浆现场观摩会、桥梁支座垫石施工工艺现场观摩及支座安装培训会等方式,大力推广使用工程"联检制",进一步加强工程质量管理、规范施工方法、施工工艺、总结提高工程质量新方法和新工艺,确保各道工序的施工质量。

(2)强化安全生产管理　从细节着手助推安全生产

指挥部坚持以"平安工地"创建为抓手,不断创新安全生产管理模式,大力推行创建责任、检查考核、奖惩兑现"三同步",保证了安全生产工作目标责任的落实。指挥部在安全生产管理中坚持打破常规,加强管理,进一步开拓工作新思路,全力抓好"平安工地"创建工作;从桥面系安全防护措施到位、危险施工路段设置安全专用通道、施工临时用电使用管理规范化、安全生产奖罚信息公开透明化、安全生产标准化等细节着手,对重点部位和大面积施工部位严格管控,成功试点隧道灯箱"首件制"、墩柱施工安全爬梯实施"首件制"、高处施工Z字梯"首件制",进一步提高了工作效率,为待功高速公路项目建设安全生产提供了有力保障。在云南省交通运输厅质监局2014年7月的"平安工地"考评中,待功高速公路1合同段被评为A级。

(3)把好环境保护关口　确保施工生态环境得到有效控制

指挥部坚持"和谐生态"管理理念,下大力气做好环水保设计,在工程建设展开前,严格按照"谁建设、谁保护""既要金山银山、又要绿水青山"的环保要求,将环水保工作纳入生产过程之中,统筹兼顾环境保护与工程建设同步进行,成立了领导小组,建立健全完善的组织保障体系,制定了切实可行的措施,施工中坚持"不破坏就是最好的保护"原则,尽量减少对环境的破坏;实行集中弃土,弃土场按照"先拦后弃""上拦下截"原则,弃满后及时绿化或复耕,有效防止水土流失;通过加强思想教育,建立环水保工作责任体系,做好宣传警示工作,加强与地方政府、林业、土地、环保、水务等部门的沟通协调,做好文明施工,修建拦沙坝,做好督导检查工作等系列措施,让建设者自觉树立了"环境保护人人有责、驻地环境连家乡"的环保理念,自觉保护好生活驻地的山水和草木,为把待功高速公路建成一条生态环保路和安全优质路奠定了基础。

(4)创新项目管理手段　提高项目建设管理水平

指挥部科学制定工期,层层分解责任,建设管理过程中大胆管理,创新思路,把生产建设任务与奖惩问责制度紧密结合起来,制定了《督办制度》《奖惩问责制度》等督查制度,通过层层签订"工作承诺书""目标责任书"等手段,每月组织进度检查考评,对完成责任目标的单位进行奖励,对进度滞后的单位进行违约处罚,对进度严重滞后的单位约谈项目法人代表,以经济奖惩为杠杆,做到"奖得心动,罚得心痛",进一步强化施工单位负责人的责任意识和紧迫意识。

(5)推行文明施工　营造良好施工环境

施工项目部配足洒水车,定人定车定时段对各标段辖区进行洒水降尘,尽量减少扬尘对沿线老百姓造成影响;项目部驻地生产生活垃圾指定专门地点集中堆放;在村民集中区域禁止夜间施工,学校区域减少施工噪声对学生造成的不良影响;雨季施工时设置临时排水系统,保障村民生产生活不受影响;在施工路段设置明显的安全标志标牌,并安排专人现场指挥和疏导交通,确保行人安全;积极联合寻甸县和会泽县政法委成立施工环境保障组,明确各方工作职责,认真履行相关职责,全面负责协调解决待功高速公路全线堵路阻工、非法闹事、矛盾纠纷等工作;切实做好矛盾纠纷排查化解工作,切实摸清老百姓合理诉求,对不合理诉求正面回应,现场办公协调解决问题,全力以赴做好群众工作,对不稳定因素进行深入排查、及时化解、有效协调、稳妥处置,为待功高速公路全面建设营造稳定和谐的良好施工环境。

(6)加强廉政风险防控　营造风清气正的建设氛围

指挥部把廉政风险排查工作与生产建设工作同安排、共部署,认真组织各阶段廉政风险排查工作。组织业务处室认真清查梳理出高速公路建设业务工作流程图18个,并确定了存在潜在廉政风险的重点环节,提出防控措施;通过认真排查,指挥部及各处室、各施工、监理单位填写《岗位廉政风险点排查及防控措施登记表》26份,查找出潜在廉政风险点808条、主要表现形式844类、提出防控措施846条;共评定A级(一级)风险点84个、B级(二级)风险点67个、C级(三级)风险点11个;印制了《云南待功高速公路建设指挥部廉政风险防控工作指导手册》并在全线范围内推广运用;初步建立了预防制度4项、教育制度4项、监督制度11项、惩治制度6项。通过廉政风险排查,进一步明确了岗位职责,提高了廉政风险防范意识,真正把权力关进了制度的笼子。项目建设过程中,未发现任何违法违纪及被举报现象。

(7)注重团队建设　着力打造攻坚克难的和谐团队

指挥部坚持以人为本,努力构建和谐的劳动关系,与项目部之间树立"一体化"理念,讲大局、讲团结、讲奉献、讲协作,关爱外来务工人员,切实维护农民工合法权益,树立品牌意识,争创和谐团队;成立了"征迁协调突击队""质量稽查先锋队""安全保障先锋队"三支先锋队伍,深入施工一线,现场帮助协调解决施工中遇到的难题;抽调各处室11名精兵强将现场蹲点,与项目部人员同吃同住同劳动,采取介入式管理,将主要管理力量下沉到一线,加强现场服务与协调,对发现的问题要求立即进行整改;工程技术处与设计代表对项目建设中存在的技术问题进行及时变更处理,优化设计方案,保证技术方案不影响施工;指挥部班子成员每人挂钩联系3家施工单位,及时有效解决现场难题;建立了指挥部、设计、监理、施工单位四方联席工作制度,对重大疑难问题实行集中研究、现场会签,提高服务效率,快速扫除了影响施工进度的一系列障碍。

(8)践行"110式响应、120式服务"一线工作法

"110式响应、120式服务"是待功指挥部为一线施工服务保障提出的要求。指挥部要求指挥部安全保通先锋队、质量稽查先锋队和征地拆迁突击队员三支党员突击先锋队在面对工作中随时出现的困难时必须做到快速反应、及时支援和贴心服务。

对此,很多项目工作人员都有切身感受。不论是征地拆迁,还是现场定方案,只要打电话,指挥部工程处的人和设计代表一般当天就到现场,及时解决问题。在征地拆迁中,老百姓一堵路,指挥部就会带着县征迁办人员来到现场及时协调解决问题。

(四)复杂技术工程

中梁子隧道双幅全长9km,是云南目前已建成的最长的一座高速公路隧道,也是"三年攻坚"项目的控制性工程之一。

待功高速公路路基边坡结合土石方平衡情况,有条件的地段尽量采用较缓的坡比,采取以生态绿化为主的路基边坡防护形式,最大限度地恢复自然植被、掩盖人工痕迹;尽量减少工程防护,既节省工程数量,又与沿线自然环境协调。

路面针对项目所处区域夏季高温、多雨的气候条件,基层顶面采用乳化沥青稀浆封层,有效地减少水损害,延长路面使用寿命;表面层采用改性沥青混凝土SMA-13,保证沥青路面抗车辙及抗水损的性能,延长路面使用寿命。

桥梁大量采用先简支后连续的上部结构,综合简支和连续两种结构的特点,既有预制装配、施工简单方便的优势,又避免过多较弱的桥面连续接缝,具有变形小、伸缩缝少的优点,有利于减少车辆的冲击和振动,提高结构的抗震能力、耐久性,改善行车的舒适性。

地形测绘中采用了GPS卫星定位系统进行测量,利用计算机建立数字地面模型,提高了测量精度和设计质量,消除了分段坐标误差。

此外,应用"CAD集成技术",计算机辅助设计与绘图也贯穿于整段路的设计中,路线设计图表、公路用地图表、路基设计图表、桥涵图表、隧道图表、立交图表及交通工程图表等均采用计算机辅助设计与绘图,计算机出图率达到100%,大大提高了设计效率和设计质量,缩短了设计周期。

(五)科技创新

待功高速公路桥梁多,混凝土用量很大,而可应用于混凝土的天然河沙资源运输成本

非常高。指挥部根据"就地取材"原则,用机制砂代替河砂,减少了工程投资,降低了工程造价。机制砂代替河沙,从技术层面上,目前对机制砂大多数是从应用角度考虑,没有对机制砂进行系统研究,致使在使用工程中出现许多问题。因此开展待功高速公路沿线的山区机制砂特性对桥梁工程中混凝土性能的影响及作用机理的研究,有效解决了待功高速公路桥梁工程机制砂混凝土应用中存在的关键技术问题。

该项研究取得的成果为:编写了《滇东北桥用机制砂混凝土设计与施工技术指南》;发表了1篇期刊论文《云南滇东北桥用机制砂的性能研究》。

(六)运营养护管理

待功高速公路设置待补、岗纪服务区,由宿舍楼、站房、经营综合楼、公共卫生间、修理库、综合服务楼、加油站组成。

全线设置收费站3处,分别是板坡、卡竹和蒲草塘收费站;设置隧管所2处,分别是中梁子和板坡隧管所;设置变电所10处,分别是朱家村、中梁子(进出口各1处)、跑马坪(进出口各1处)、打营(进出口各1处)、漆树坪(进出口各1处)、大宝山变电站。

六、功嵩高速公路——出乌蒙天高地阔

银昆高速公路从四川宜宾进入云南后,一路前行,水麻高速公路、麻昭高速公路、昭会高速公路、会待高速公路、待功高速公路始终在乌蒙山里穿行。功嵩高速公路走出了乌蒙山(图17-21),进入寻甸坝子、嵩明坝子。从此,银昆高速公路少了大山、河流和沟壑的阻隔,少了桥梁、隧道,眼前天高地阔。

图17-21 走出乌蒙山

(一)项目概况

功山—嵩明高速公路是国家高速公路规划网中G85银川—昆明高速公路的一段,是部省合作建设并列入云南省"十五"重点建设项目的嵩明—待补公路的一段。嵩待公路

全长119.52km,其中嵩明—功山56.791km为山岭重丘区四车道高速公路,功山—待补段为二级公路。

项目建设对于改善滇东北地区交通状况,促进民族地区经济发展,扩大对外开放,完善路网结构具有十分重要的政治、经济意义,经济和社会效益十分明显。

功嵩段高速公路起于寻甸县功山镇,经寻甸天生桥、寻甸羊街坝子、嵩明小铺,止于昆明—曲靖公路嵩明互通式立交。功山—小铺段为新建高速公路,小铺—嵩明段沿原嵩明至曲靖二级公路拼宽(图17-22)。设计速度80km/h,路基宽24.5m,路面行车道宽度4×3.75m。路面为沥青混凝土路面;最大纵坡6%;最小曲线半径127m;桥涵及构造物设计荷载:汽车—超20级,挂车—120;桥涵与路基同宽,抗震设防烈度按Ⅷ度设防。

图17-22 功山—嵩明高速公路位置示意图

项目的勘测设计工作由云南省公路规划勘察设计院负责。参建单位见表17-8。

项目于2000年9月29开工建设,2003年11月完成施工任务。

嵩待公路项目参建单位表　　　　　　　表17-8

序号	参建单位	单 位 名 称	合同段编号及起止桩号	主要负责人
1	项目管理单位	云南嵩待高速公路建设指挥部	K0+000~K124+422.17	张汝文
2	勘察设计单位		K0+000~K124+422.17	向 晖
3	施工单位	中港第一航务工程局第四工程公司	土建一合同 K0+000~K7+460	王建中 杨林龙
4		中国水利水电第十三工程局	土建二合同 K7+460~K18+080	高宗文 李洪生
5		山西省公路第一工程公司	土建三合同 K18+080~K28+000	王小义 裴先红

续上表

序号	参建单位	单位名称	合同段编号及起止桩号	主要负责人
6	施工单位	云南省第四公路桥梁工程有限责任公司	土建四合同 K28+000~K37+400	刘容斌
7		深圳市建设投资控股公司	土建五合同 K37+400~K47+100	付志庆
8		云南省第三公路桥梁工程公司	土建六合同 K47+100~K56+600	章施文 杨艳梅
9		中国水利水电第十四工程局	土建七合同 K60+821.22~K68+000	张生华 吴仕林
10		中国云南公路桥梁工程总公司	土建八合同 K68+000~K75+100	仲 纲 白江义
11		云南第一公路桥梁工程有限公司	土建九合同 K75+100~K81+600	何志平 张 勇
12		云南第二公路桥梁工程有限公司	土建十合同 K81+600~K89+100	李南海 李 峰
13		西南交通建设工程总公司	土建十一合同 K89+100~K97+004.89	杨怀忠 黄 俊
14		武警交通第二总队	土建十二合同 K97+200~K105+000	封同喜 田补会
15		云南省公路桥梁工程处	土建十三合同 K105+000~K109+890.76	段玉华 喻文华
16		云南省第二公路桥梁工程有限公司	土建十四合同 K109+890.76~K117+100	马 康 谈 勇
17		云南第五公路工程处	土建十五合同 K117+100~K124+422.17	庄先生 姜 平
18		云南路桥股份有限公司	路面一合同 K0+000~K18+080	杨光映 席飞鸿
19		云南公路桥梁工程处	路面二合同 K22+080~K47+100	段玉华 贾天平
20		云南第三公路桥梁有限责任公司	路面三合同 K37+400~K56+600、K104+00~K124+422.17	潘 洪 杨 庆
21		云南第二公路桥梁有限责任公司	路面四合同 K60+821.22~K97+004.89	杨天厚
22		西南交通建设工程总公司	路面五合同 K97+200~K124+422.17	黄金成 李富成
23		北京路安交通科技发展有限公司	机电一合同 K0+000~K124+422.17	周 川 武斌松

第十七章 国家高速公路

续上表

序号	参建单位	单位名称	合同段编号及起止桩号	主要负责人
24		云南省火电建设公司	机电二合同	胡晓钟 伍文舟
25		云南省送变电工程公司	机电三合同	马　钦 王长安
26		昆明荣成天宇控制系统工程有限公司	机电四合同 K0+000～K124+422.17	张庆荣 段寿陶
27		云南公路桥梁工程有限公司	交通工程一合同 K0+000～K37+400	陈文杰 孙　涛
28		长江现代交通设施有限公司	交通工程二合同 K37+400～K89+100	朱　丹
29		北京深华科交通工程有限公司	交通工程三合同 K89+100～K124+422.17	宋国荣 杨准山
30		北京路安交通科技发展有限公司	交通工程四合同 K75+400～K121+000	李俊峰 李革成
31		云南东部高速公路机械工程公司	交通工程五合同	王建仓 牛兴顺
32	施工单位	云南阳光道桥公司	交通工程六合同	马光伟 王从银
33		云南云浩工贸有限公司	绿化一合同 K0+000～K18+080	付东海 王　玲
34		云南长江海绿环境工程有限公司、云南长江交通设施有限公司	绿化二合同 K18+080～K37+400	王海春 栾晓东
35		北京绿茵大地园林绿化工程有限公司	绿化三合同 K37+400～K56+600	黄庆宝 胡光超
36		云南云路装饰设计工程有限公司	绿化四合同 K61+060～K81+600	段　钧 都　燕
37		昆明利鲁绿化装饰有限公司	绿化五合同 K81+512～K97+004.98	段正福 钱建昆
38		昆明五华城建绿茵园林工程公司、云南省公路局绿化工程公司	绿化六合同 K97+200～K124+330	胡　青 谷志学
39		云南星星绿化工程有限公司	绿化七合同	马　超 陈德忠
40		云南云浩工贸有限公司	绿化八合同	付东海 王　芩

续上表

序号	参建单位	单位名称	合同段编号及起止桩号	主要负责人
41	施工单位	昆明利鲁绿化装饰有限公司	绿化九合同	段正福 钱建昆
42		寻甸仁德建筑公司	房建一合同	史有德 浦仕彦
43		云南华新建筑工程有限公司	房建二合同	杨绍兴 朱德春
44		云南省宣威市东方建筑工程集团有限公司第五项目部	房建三合同	张本书 冯灿明
45		云南中建嵩待高速公路项目经理部	房建四合同	常 春 李绍泉
46		云南省第二建筑工程公司	房建五合同	李爱华 邹 俊
47		云南九洲建筑工程公司	房建六合同	颜学新 马兴榜
48		深圳方兴空间膜技术开发有限公司	房建七合同	王凤刚 楼镇刚
49		云南东启电气工程有限公司	房建八合同	李正光 杨晓川
50	监理单位	云南云通监理咨询有限公司	土建监理一合同 K0+000～K18+080	胡沙克
51		云南交通基建工程监理有限公司	土建监理二合同 K18+080～K37+400	胡沙克
52		中国对外建设总公司东方工程分公司	土建监理三合同 K37+400～K56+600	胡沙克
53		云南公路建设监理公司	土建监理四合同 K60+821.22～K75+100、K56+600～K75+100	胡沙克
54		昆明公路桥梁市政工程监理咨询公司	土建监理五合同 K75+100～K86+600	胡沙克
55		云南省公路工程监理咨询公司	土建监理六合同 K86+600～K105+000	胡沙克
56		铁道部第二勘测设计院监理公司	土建监理七合同 K105+000～K117+100	胡沙克
57		云南省公路工程监理咨询公司	土建监理八合同 K117+100～K124+422.17	胡沙克
58		云南纪星交通监理咨询有限公司	机电监理合同 K0+000～K124+422.17	胡沙克
59		云南交通基建工程监理有限公司	沿线设施监理合同 K0+000～K124+422.17	胡沙克
60	设计咨询单位			

注：本表为嵩明—待补公路参建单位情况。其中土建一至六合同段为高速公路，即功山—嵩明高速公路，其余路段为二级公路。

（二）施工过程

按照交通部《公路建设市场管理办法》《公路工程施工招标投标管理办法》及《公路工程国内招标投标文件范本》的要求，指挥部本着公开、公正、公平的原则择优选择了施工、监理队伍。

为保证功山—嵩明高速公路建设的顺利进行，确保工程的建设质量，按照云南省交通厅有关文件要求，成立了与工程建设相适应的建设指挥部，具体负责项目的质量、进度和投资等建设管理工作。指挥部下设技术质量处、合同处、财务处、办公室、保通处、征地拆迁处、机材处、总监理工程师办公室8个部门，下设寻甸分指挥部开展建设管理工作。全线共划分为6个土建合同段、4个路面合同段、2个交通安全设施合同段。

七、嵩昆高速公路——云南高速第一路

30年前，云南没有高速公路，中国也没有高速公路。那时，中国人只能从国外的图片或电影、电视里见到高速公路。

1988年10月31日，上海至嘉定18.5km高速公路建成通车，标志着中国高速公路通车里程实现了零的突破。

云南高速公路实现零的突破与其他省份相比，整整晚了8年。

1996年10月25日，昆明—曲靖公路昆明至易隆段通车，其中昆明—嵩明段45km为高速公路。

昆嵩高速公路是云南公路建设进入高速时代化的重要标志（图17-23）。

图17-23 刚通车时的嵩昆高速公路

（一）相关背景

1992年，当神州大地掀起新的改革大潮的时候，中共云南省委和省人民政府更加感

受到了交通问题的急迫,云南公路建设提上了省委、省政府的重要议事日程。从1992年4月到7月,省委、省政府先后16次听取公路建设的情况汇报,明确提出:大干3年,基本完成滇缅、昆明—打洛、昆明—河口、昆明—水富、文山(平远街)—剥隘、昆明—曲靖6条干线公路的改造任务。

当年7月13日,省人民政府在曲靖召开玉溪、楚雄、曲靖三市对外开放座谈会,明确提出,加快交通建设,尽快实现昆明至三市之间的行车时间缩短到2小时以内。

按照省政府的部署,昆明—曲靖公路分别由曲靖地区和昆明市承担建设任务。

1992年12月18日,易隆至曲靖路段拉开了施工序幕。

1993年11月29日,云南省政府在嵩明召开"加快昆明地区高等级公路建设进度现场办公会",和志强省长再次强调,"八五"要重点完成昆明地区公路高等级化的枢纽工程和6条干线公路局部地段的改造任务。

1994年9月27日,昆曲公路昆明至易隆段开工。

1995年8月1日,云南省省长和志强率领省市有关部门的领导视察昆曲公路。他说,昆曲公路的建设,是云南公路建设高速化的重要标志。他要求把这条公路建成云南第一流的高标准、高质量的公路。

经过公路建设者的顽强拼搏,易隆至曲靖段于1996年1月18日正式通车。昆明至易隆段10月中旬通过竣工验收,10月25日试通车。

早在两千多年前,五尺道从四川宜宾南下到达滇池地区,曲靖就是必经之地。明代大旅行家徐霞客在他的"游记"里,记述了嵩明至昆明的3条道路。他写道:"盖杨林为大道,最南而迂;兔儿为中道,最捷而坦;邵甸为北道,则近依梁王,最僻而险。"嵩昆高速公路选择的正是徐霞客称之为"捷而坦"的"中道"。

昆明至曲靖,原经东站菊花村,里程为160km。改建后的昆曲路,里程仅为130km,里程缩短30km。

昆曲公路昆明至嵩明45km为四车道全幅式高速公路,嵩明至曲靖为二级公路,设计速度分别为100km/h和80km/h。

昆曲公路全线通车,使云南省委、省政府建设昆明地区高等级化公路枢纽工程、2小时内从昆明到达滇中三市的目标变成了现实。

(二)工程概况

嵩明—昆明高速公路是国家高速公路网规划中G85银川—昆明高速公路、G56杭州—瑞丽高速公路和G60上海—昆明高速公路的共用段。

嵩昆高速公路起于嵩明县,止于昆明市盘龙区小庄立交桥,全长44.95km(图17-24)。技术标准:山岭重丘区高速公路;设计速度:100km/h;路基宽:24.5m;最小平曲线半径:

800m;最大纵坡:4%;荷载等级:汽车—超20级,挂车—120,双向四车道。

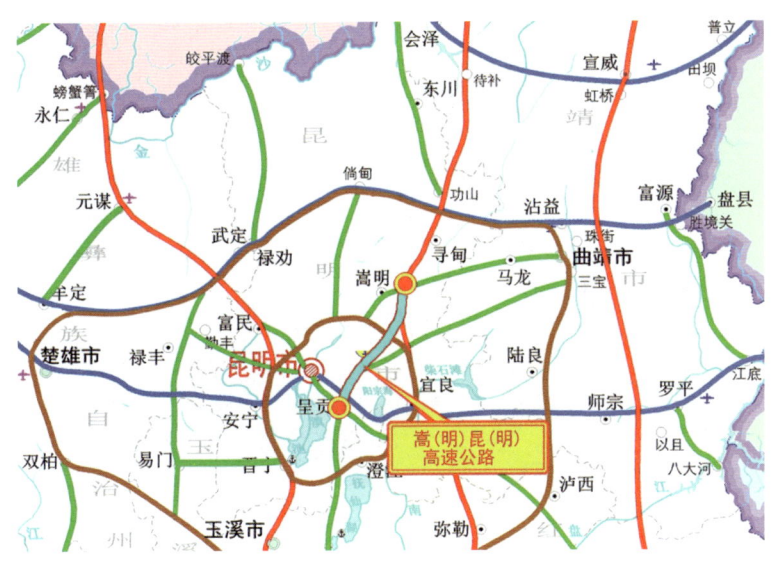

图 17-24　嵩明—昆明高速公路位置示意图

昆曲公路总费用 204201.89 万元,其中嵩昆高速公路每公里造价 2059.24 万元,是云南平均每公里造价相对较低的高速公路。嵩昆高速公路建设工期 25 个月,是云南高等级公路建设中工期较短、质量最好、变更设计最少的一个项目。

嵩昆高速公路通车,实现了云南高速公路零的突破,时任云南省省长的和志强写下了"云南高速第一路"的题词。

(三)"第一"乐章

嵩昆高速公路是云南第一条高速公路,在云南高速公路建设史上写下了多项"第一"。

1. 云南首座高速公路立交桥

在嵩昆高速公路止点——昆明市龙泉立交桥,那种高速公路的现代化感觉呼啸而至。无论是它的造型还是设计思想,在云南公路建设上均称得上史无前例之作。整座桥联系昆明市北京路、东二环路、嵩昆公路 3 个方向来往的车辆。这是云南第一座大型高速公路立交桥。3 个方向来往车辆上了桥后没有交接点,各行其道,无须绕圈。整座桥的造型宛如两只振翅高飞的天鹅相叠,引颈冲天。往曲靖方向,立交桥延伸出了 1153m,犹如长虹贯日,浩气入云。

龙泉立交特大桥由小庄立交桥(图 17-25)和菠萝村长桥组成,全长 4441.22m,仅小庄立交的规模就是空前的。看得见的工程尚且不说,单是那些看不见的工程,在云南桥梁工程几十年的建桥史上都还是第一次。这座长 2141.16m 的桥,在地下共埋了 255 棵钻孔灌注桩。这些桩有直径1.2m和2m的两种,桩长30~40m。也就是说,在深入地下近40m的地方,桥梁工人凭着高度的智慧,在地下竖起了一片水泥混凝土"森林"。

图17-25 小庄立交桥

2.设计施工写下新篇章

嵩昆高速公路修建的过程同样不凡。

作为云南第一条高速公路,无论在工程质量管理,还是设计、施工等方面,嵩昆高速公路均写下了崭新的篇章。

居住在公路边的人,大都领略过汽车噪声的厉害。而嵩昆公路旁兔耳关小学的师生们却无此忧。为保证学校师生的学习和生活不受汽车噪声影响,云南公路史上的第一堵隔音墙就建于此。这堵投资5万多元,形似砖垛的墙高3.6m、长88m。它像无言的保护神,保护着山区儿童的健康成长。

嵩昆高速公路挖方地段边坡上,种上了绿油油的小草。这是从瑞士引进的边坡生物防护技术,在云南尚属首次。这些叶如绵羊毛般弯曲叫"高羊毛"的草,不仅使公路上边破披上了绿装,而且还阻挡了雨水对边坡的冲刷。对公路上边坡的防护还不仅限于此。为了防止山上落石滚下,在九龙湾等路段,山坡上挂上了铁丝网,从山顶一直挂到上挡墙。

作为高速公路的配套措施,嵩昆公路在设计时已考虑到预埋通信线路。

在这条路上,针对以往高等级公路建设中的一些常见病、多发病采取了相应措施。比如桥头跳车,采用设置桥头搭板,同时改变台后填土的形状,将传统的倒梯形改为正梯形,使其符合应力分布规律,从根本上解决了桥背因压路机无法压实而造成桥路结合部沉陷的问题。

3.博采众家之长,筑我康庄大道

"博采众家之长,筑我康庄大道"是嵩昆高速公路施工的一大特点。平面线设计突破了传统观念,在确定线路总方向的前提下,首次采用曲线定线法,使平面线形圆滑、连续、均衡,与地形、地物相适应,与周围环境相协调。

云南省公路科研所将科研成果应用于实践,在嵩昆高速公路上,与施工单位合作,成功地试行预裂光面爆破,避免了大爆破对边坡的损坏,保证了边坡的顺适。

填方时,采取积极措施,对深层次的软土地基,采用塑料排水板技术,通过横向铺筑的透水性材料,使软土地基逐步排水固结,对浅层的软弱地基,首次采用了土工格栅和土工布的新技术,以保证路基均匀沉降。

软基地带的桥、涵基桩,首次引入铁路施工中常用的粉喷桩工艺,将干水泥直接喷入软土,形成一棵棵水泥基桩,既省时又省力。

在路基填筑中,插杆挂线,严格控制松铺厚度,以确保路基平整度和密实度。路面施工中,全线采用摊铺机铺筑水泥稳定层。

在采用新技术、新工艺的同时,大批先进的施工机械开赴嵩昆路,使施工单位如虎添翼。云南省公路五处投资1700多万元引进了德国制造的ACP拌和楼。这台设备,油温、料温、含油率全部由计算机控制,每小时可拌沥青石料160t。五处还投资586万元新增了一台福格勒摊铺机,使企业的机械设备适应了高速公路建设的需要。省路桥一、二、三、四公司也投入巨资,引进大量先进机械设备。

严谨的科学态度,加上采用先进的技术、工艺和机械设备,云南公路建设跃上了一个新的台阶。

嵩昆高速公路是云南第一条功能齐全的高速公路,为云南高速公路建设开了一个好头。它是云南第一条采用收费系统、有先进的监控设备和急救通信设施的高速公路;第一条按《公路工程国内招标文件范本》进行监理的高速公路;第一条采用生物工程治理边坡的绿化公路;第一条没有突破概算的高等级公路;在交通部列项的高等级公路中,首创优质工程。

(四)高扬的主旋律

在嵩昆高速公路的诸多"第一"中,特别值得一提的是按《公路工程国内招标文件范本》(以下简称《范本》)试行招标管理及工程管理,云南省公路工程监理咨询公司独立承担了昆明至易隆67.17km工程的监理任务,并在施工现场设立了总监代表处。

《范本》被称为中国的Fidic条款,试行《范本》,这本身是现代化的,而且它的修建方式也正在向现代化探索和迈进。

《范本》还不是完全意义上的Fidic条款,但它的试行,已经是施工全过程的主旋律。

仅1994年1月1日,就有3家施工单位接到了总监代表处关于"暂不发开工通知书"的通知,原因有的是管理人员、设备未到位,有的则因为更换主要负责人事先未与监理工程师协商。施工场地上再也不是那种举办完热闹的开工典礼后,施工单位想怎么干就怎么干的情况了。真正的开工令,得由监理工程师考察后下达。这就是《范本》的管理模式。

为适应《范本》管理模式,总监代表处制定了《公路工程质量控制程序》《施工监理工作制度》《公路工程质量控制措施及要求》等一批便于操作的文件,对每道工序的施工均提出了具体的要求。与此同时,投资近百万元购进了核子密度仪、沥青含量仪等一批先进的检测设备。

程序是严格的,检验也是严格的。任何一个单项工程开工以前,施工单位都要填写开工申请单,监理工程师对材料进场、施工试样、人员到位等准备工作进行检查,符合施工条件之后才下达开工令。每一个重大工序的交换也要进行中间检验,凡中间检验不合格者,不允许进行下面工序的施工。

一家施工企业拉运的石料因为下雨,沾了些泥土,监理明令把这些石头拉出去,不允许使用。41km+(600~800m)一段路槽施工适逢雨季,路槽弄好,刚准备铺水泥稳定层就遇到雨天,雨水浸泡后路槽变软,只好等天晴,把泥土晒干重新铺筑、碾压,好不容易弄好了,又下雨了。于是所有工序又得重新开始一遍。就这样,200m 的路段周而复始折腾了近 1 个月。

总监副代表王文义说,执行《范本》说起来容易,做起来相当难。对施工单位来说,"痛苦"是难免的。市场经济实质上已将企业推入了以追求盈利为目的的轨道。衡量一个企业最重要的标准便是经济效益。而对公路修建而言,提高质量势必会加大企业的投入,从而降低经济效益,这时,企业的天平便会自觉或不自觉地倾向经济效益一边。也就是说,仅依靠企业的自觉约束,是难以提高施工质量的。只有将企业经济效益与质量直接挂钩,才能从根本上管住质量。

在昆曲高速公路昆易段施工现场,监理工程师除了拥有质量否决权外,还拥有另一项至高的权利——计量支付权。任何工程,包括分项工程,如果没有监理工程师的签字认可,施工单位将领不到钱。

质量管理是个系统工程。在这条路上,代表政府行使质量监督职能的云南省交通厅质量监督站也以他们严格的质量验收管理,为这条路的高质量立下了不可磨灭的功劳。

(五)和谐的交响

要想修好路,必须先有好的设计,路的好坏与设计密切相关。如果把公路施工看成是一场交响乐的演奏的话,那设计便是谱写曲谱。

云南省公路规划勘察设计院接受昆曲公路的测设任务是 1992 年下半年的事。为了设计出高质量的"云南高速第一路",院长范绍家、党委书记梅嵘峥率领测设人员穿密林,钻刺棵,脚踏实地,5 次踏勘,经反复比较,选择了比较理想的线路。特事特办,院里实行设计总负责制,副总工程师倪亦元挑起了设计总负责的担子。他吃住在四测队,与队长王康等一道精心筹划,以最快的速度提供了昆曲公路设计图。

昆曲公路昆明至易隆段由昆明市组织建设,建设单位为重点公路昆明枢纽工程建设指挥部。工程投资概算为12亿元,昆明市承担全部征地拆迁费用和15%的工程投资。征地拆迁涉及官渡区、嵩明县所属的8个乡镇、28个办事处、108个村庄,还涉及一些企业和部队。工程需征地5565亩,拆迁建筑物10.8万 m^2。昆明市实行县区包干、办好奖励的办法,1994年9月中旬便提供了第一批工程用地4943亩,为工程开工创造了条件。指挥部认真履行组织、指挥、协调、服务的职能,强化施工现场管理,积极筹措资金,确保了工程的顺利进行。

从云南省委、省政府到省交通厅,再到建设、设计、施工、监理单位,对嵩昆高速公路都十分重视。省领导以及昆明市委、市政府、人大的领导都曾到工地视察,协调解决施工中的问题。云南省交通厅和省公路局的领导也曾多次到工地视察,发现问题,及时采取措施。

由于客观条件的限制,小庄立交桥1995年5月8日才正式动工,与其他标段相比,开工时间整整晚了半年。为了打好攻坚仗,省桥工处调集了一、四、七3个桥队合力攻关。小庄立交桥不仅没有拖整个工程的后腿,而且成了整条线最先完工的项目。

省路桥二公司施工的菠萝村大桥长1153m,共有38孔,由于条件限制,开工时间比小庄桥还晚10天。公司组织了4个专业桥队投入施工,并组织突击队参与公关,终于提前完成施工任务。

在施工线上,到处都弘扬着无私奉献的精神,到处都流传着感人的故事。省路桥一公司施工的C合同段里程不足5km,但土石方总量却超过300万 m^3,施工高差达100m,明槽最大切挖深度达43m,填方高度达14.5m,而沟底最窄处仅2m。按施工规范,插杆挂线施工,每层松铺厚度不得超过30cm。松铺、压实、再松铺、再压实,这一高填方起码也要铺150层。这层层铺就的路基好比一本大书,记下了高原上修筑高速公路的艰辛,也记下了筑路人不可磨灭的业绩。1995年3月~5月,施工进入高潮,上百台施工设备在并不开阔的工作面上分点施工,多头作业,工地上终日灰沙弥漫,地上的黄灰足以没过脚踝。施工机械、汽车因吸入大量沙尘,使用寿命急剧下降。建设者们戴着防尘罩,喝着能够清肺除尘的猪血汤坚持施工。他们克服重重困难,终于将突兀于古驿道的天然屏障关簪垭口筑成坦途。

为了建成"云南高速第一路",建设者们放弃了节假日的休息,放弃了与亲人们团聚的机会。省路桥四公司参加昆曲公路施工的职工自1994年9月进入工地后,紧张奋战了2年。1996年国庆节,工程基本完工,项目经理部决定让大家休息一天、喘口气。放假的通知刚发出,有关部门就要求四公司支援另一家施工单位,项目经理部马上调集队伍前往支援。相互协作、相互支援，成为嵩昆高速公路施工的又一特点。林业部昆明工程承包公司的大型摊铺机在完成公司任务之后，先后支援3家施工单位铺路。省路桥四公司施工的一座桥按设计要求，预应力张拉要采用后张法，而四公司的施工人员过去只搞过先张法，不知道后张法的要领。总监代表处代表亲自出马，从省桥工处为他们请来熟练技工，手把手进行指导，为四公司解决了难题。在小庄立交桥的施工中，连续梁现浇是关键性工程。全桥连续梁分12联浇筑。一联箱梁的质量，有的竟达7353t。然而，桥区又偏偏是软土地带。按以往的方法，必须先打一些混凝土灌注桩，再在灌注桩上面搭支架浇筑连续梁。采用这样方法，等于要将五六百万元资金白白埋入地下。总监代表处与桥工处一起反复研究，提出了充分利用地基硬壳层、采用满堂式支架浇筑连续梁的方案。方案被批准后，监理工程师们又与施工单位一起，认真进行负载试验，在取得可靠数据的基础上才将方案付诸实施。

可以说，"云南高速第一路"是设计、建设、监理、施工各方密切合作的一项宏大成果。

（六）营运养护管理

嵩昆高速公路上的严家山收费站作为云南第一条高速公路上的第一主站，在近10年的征费工作中，以理想信念教育为核心，以诚信服务社会为载体，以建设学习型站区为工作手段，始终坚持以文明收费的形象服务驾乘人员，严格实行社会承诺服务和挂牌服务，形成了人人讲文明、树行业新风的良好局面，1997年7月被共青团云南省委命名为省级"青年文明号"，1999年6月被共青团中央授予国家级"青年文明号"称号，2002年顺利通过国家级"青年文明号"的复检工作，1999年10月被云南省精神文明建设指导委员会授予创建文明行业窗口工作"先进单位"，2005年被评为全国交通行业文明示范窗口单位，连续7年被云南省交通厅评为"先进集体"和"优秀收费站"。

随着昆明城的快速发展，严家山收费站已被拆除，但收费员们创下的业绩却写在了云南交通的史册上。

八、小龙高速公路——大路越走越宽阔

2015年9月7日，国务院批复同意设立云南滇中新区。批复一出，初期规划范围包括安宁市、嵩明县和官渡区部分区域在内的滇中新区如何更好地发挥其在"一带一路"倡议、长江经济带等国家和区域发展总体规划中的核心和龙头作用，形成云南跨越发展新的重要增长极，成为备受云南人民关注的热门话题。

2016年12月27日，一条推进滇中城市经济圈一体化的高速大通道——连接嵩明小铺、昆明乌龙的小龙高速公路建成通车。

这条高速公路是云南目前最宽的双向八车道高速公路、首条拥有双向四个隧道的高

速公路、拥有目前云南最宽的公路桥——八车道高速公路大桥的高速公路。

小龙高速公路以磅礴的气势一往无前,带给人们的是一种壮阔,一种大气。它的建成,极大地缓解了昆明至嵩明之间的交通压力,昆明至嵩明半小时即可到达,嵩明也因此成为滇中未来的交通枢纽中心,魅力尽显。

(一)相关背景

新中国成立之前,云南是一个以马帮运输为主要运输方式的省份。据《云南公路史》介绍,清朝末年至民国初年,云南驿道主要有10条干线,东川昭通道就是其中的一条。这条驿道从昆明经嵩明、寻甸、东川(会泽)、昭通、大关达四川筠连,水路可西通金沙,东走长江,北通岷江,陆路经宜宾可达四川各地。这条道路在清代是京铜运输和重要路线。

嵩明作为东川至昭通古道上的重要驿站,留下了不少古代交通的印记。县城嵩阳镇附近就曾有明清时代留下的古桥。在罗锦村附近的果马河上有座建于清康熙四十八年(1709年)的两孔石拱桥——罗锦桥。龙街村西,有座明清两代都曾经重修的三孔石拱桥——龙济桥,2002年被列为县级重点保护文物单位。城西的弥良河上有座建于明嘉靖年间的三孔石拱桥——万历桥。

1929年,云南省政府决定全省实施"四干道八分区"的公路建设计划。"四干道"即滇东干道、滇东北干道、滇西干道、蒙剥干道(蒙自至剥隘)。其中前两条干道都从嵩明经过。1932年3月,滇东北干道嵩明杨林至柳树河路段公路修通,这应该是嵩明境内最早建成的公路。

1981年11月30日,国务院授权,由国家计委、国家经委和交通部联合发布《关于划定国家干线公路网的通知》和《国家干线公路网(试行方案)路线布局图》。在这次划定的国道网中,云南入网的公路有8条。这8条公路中又有两条从嵩明经过,分别是国道213线和320线。

国家发展改革委发布的《国家公路网规划(2013—2030年)》中,有6条国家高速公路通往云南,其中G85银昆高速公路、G56杭瑞高速公路、G60沪昆高速公路3条国家高速公路通过嵩明。

交通的发展是不断传承的。建于清康熙年间的罗锦桥就曾经改造成为国道213线的公路桥。建于明嘉靖年间的万历桥则作为嵩明通往白邑的县乡公路桥。

1996年10月,云南第一条高速公路嵩明—昆明高速公路建成通车,实现了云南高速公路零的突破。1996年因此而成为云南高速公路元年。

因长期处于超负荷运行状态,有"云南高速第一路"之称的嵩昆高速公路一度不堪重负,道路严重拥堵,交通事故频发。

2015年,云南省委省政府做出重大决策:新建小龙高速公路。这也是云南"十三五"开局之年大干快上和高速公路建设"五年会战"的龙头项目。

从古老的驿道到公路初通,从普通国道到"云南高速第一路",从四车道高速公路到八车道高速公路,不同的时代,同样的枢纽,浓缩了云南交通的历史;大路越走越宽阔。

(二)项目概况

小龙高速公路是改移老嵩昆高速公路的新建项目,车流十分密集,施工保通压力大。小龙高速公路也是按双向八车道标准建设的项目,技术要求高、工期紧、任务复杂繁重。

小龙高速公路位于昆明市盘龙区及滇中产业新区嵩明县、大板桥镇境内,起于G85银昆高速公路与G56杭瑞高速公路交叉形成的小铺枢纽西侧,止于杭瑞高速公路与昆明东连接线的乌龙互通南侧(昆明北收费站),主线全长约41.731km(图17-26)。其中,整幅新建八车道里程为33.132km;沿旧路改建八车道里程为9.645km。设计速度为100km/h,其中,起点小铺至兔耳关段为新建8车道高速公路,路基宽度41.0m(整体式路基)/20.5m(分离式路基);兔耳关至乌龙段为"4+4"模式的改扩建八车道高速公路,新建路基宽度20.5m,路面类型为沥青混凝土路面。

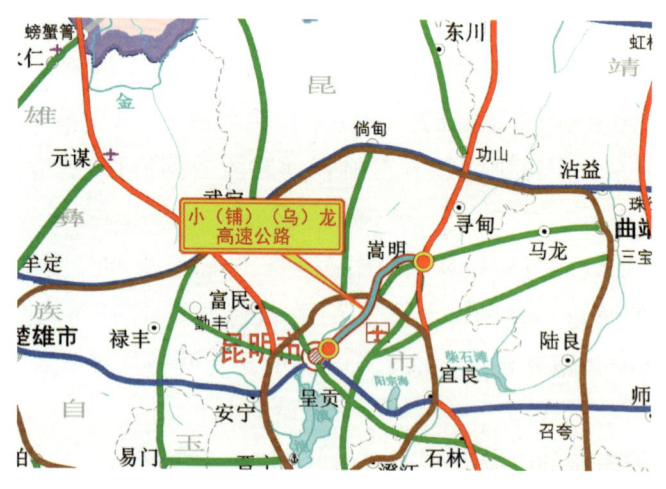

图17-26 小龙高速公路地理位置示意图

项目由云南省发改委以滇中经贸发[2014]110号文批准建设,初步设计概算批复为90.7976亿元,其中建安费为61.0663亿元,总工期24个月。项目由云南省公路投资公司组建工程建设指挥部具体组织实施。杨云东任指挥长,邓有左任党委书记,刘剑波任党委副书记,孙武云任总工程师,范新荣任副指挥长,杨发任指挥长助理,马永任副总监理工程师。

项目于2015年4月30日举行开工仪式,2015年7月正式动工,2016年12月27日建成通车,实际工期18个月,比计划工期提前半年(图17-27)。

图 17-27 八车道大路通远方

小龙高速公路通车,标志着"云南高速第一路"嵩昆高速公路完成了历史使命,华丽转身。其中,兔耳关至乌龙 9.645km 改造成为小龙高速公路的组成部分,小铺至军马场路段变为市政道路,军马场至兔耳关路段将改造滇中新区道路,其中主道双向八车道,辅道双向四车道,中央分隔带 30m 预留未来昆明至嵩明的有轨电车,道路两侧还将规划 50m 宽的生态廊道。

小龙高速公路建成通车并作为昆明绕城高速公路外环线共用段,是实现外绕闭合的重点段,对充分发挥昆明结点枢纽城市作用,巩固昆明作为全国性综合交通枢纽结点城市和区域性国际交通枢纽城市地位等具有重要意义。

小龙高速公路项目参建单位如表 17-9 所示。

小龙高速公路项目参建单位表　　　表 17-9

序号	参建单位	单 位 名 称	合同段编号及起止桩号	主要负责人
1	项目管理单位	云南小龙高速公路建设指挥部	K0+000～K41+780	杨云东 刘剑波
2	勘察设计单位	云南省交通规划设计研究院	K32+550～41+855	赵　剑
3		中交第一公路勘察设计研究院有限公司	K0+000～K41+855	张稚光
4	设计咨询单位	中交第一公路勘察设计研究院有限公司	K32+550～41+855	张稚光
5		云南省交通规划设计研究院	K0+000～K41+855	刘永才
6	施工单位	云南云岭高速公路桥梁工程有限公司	土建 1 标 K0+000～K2+806	张星江 徐　杰
7		中铁十四局集团第三工程有限公司	土建 2 标 K2+806～K4+900	朱虹生 杨玉强

续上表

序号	参建单位	单位名称	合同段编号及起止桩号	主要负责人
8	施工单位	中铁十二局集团第二工程有限公司	土建 3 标 K4＋900～K7＋100	李永亮 李　峰
9		中铁十六局集团第一工程有限公司	土建 4 标 K7＋100～K8＋800	褚人猛 李瑞华
10		中铁十七局集团有限公司	土建 5 标 K8＋800～K10＋500	郭琦峰 于文德
11		云南第二公路桥梁工程有限公司	土建 6 标 K10＋500～K11＋900	孙少明 李世翔
12		云南云岭高速公路桥梁工程有限公司	土建 7 标 K11＋900～K14＋300	张兴波 张殿东
13		云南云岭高速公路养护绿化工程有限公司	土建 8 标 K14＋300～K16＋500	林芝敏 冯义虎
14		云南阳光道桥股份有限公司	土建 9 标 K16＋500～K17＋700	向乔顺 何永林
15		云南路桥股份有限公司	土建 10 标 K17＋700～K19＋100	钱文付 金文昌
16		山东泰和公路工程有限公司	土建 11 标 K19＋100～K22＋620	翟左吉 毕冬梅
17		河南省中原水利水电工程集团有限公司	土建 12 标 K22＋620～K23＋900	王海峰 梁　勇
18		中铁十八局集团有限公司	土建 13 标 K23＋900～K24＋900	景　琦 付福银
19		贵州省公路工程集团有限公司	土建 14 标 K24＋900～K29＋600	李维明 李德孝
20		中铁四局集团第四工程有限公司	土建 15 标 K29＋600～K31＋300	庞洪巾 王文超
21		云南圣迪交通工程有限公司	土建 16 标 K31＋300～K32＋760	朱恩利 李兴亮
22		四川瑞通工程建设有限公司	土建 17 标 K32＋550～K35＋220	王海荣 李　敬
23		云南云桥建设股份有限公司	土建 18 标 K35＋220～K37＋800	敖家学 徐　浩

续上表

序号	参建单位	单位名称	合同段编号及起止桩号	主要负责人
24	施工单位	云南路建集团宏程路桥工程有限公司	土建19标 K37+800~K41+780	李万明 崇家满
25		云南云岭高速公路养护绿化工程有限公司	路面1标 K0+000~K16+500	李 波 吴建军
26		云南第三公路桥梁工程有限责任公司	路面2标 K16+500~K31+300	施 伟 白汝康
27		广西路建工程集团有限公司	路面3标 K31+300~K41+780	黄耀清 龙 斌
28		云南云岭高速公路交通科技有限公司	交安标 K0+000~K41+780	李双祥 董瑞常
29		云南公投市政园林工程有限公司	绿化1标 K0+000~K16+500	罗素芳 吴朝辉
30		云南万得凯园林景观有限公司	绿化2标 K16+500~K31+300	王德军 张静彪
31		云南恒达市政园林工程有限公司	绿化3标 K31+300~K41+780	李云鹏 范继光
32		四川省输变电工程公司	供配电 K0+000~41+780	侯景亮 唐 毅
33		昆明荣成天宇控制系统工程有限公司	隧道消防：马鞍山隧道	黄其伟 李 佩
34		云南云岭高速公路交通科技有限公司	隧道机电、三大系统 K0+000~41+780	李秋佐 李 全
35		江西昌宇建设工程公司	房建1标	周梨军 胡阿芳
36		广西贵港建设集团有限公司	房建2标	罗 坚 覃坤贤
37	监理单位	云南公路建设监理公司	监理1合同 K0+000~K16+500	王洪波
38		云南省公路工程监理咨询公司	监理2合同 K16+500~K31+300	刘惠兴
39		河北华达公路工程咨询监理有限公司	监理3合同 K31+300~K41+780	悦中海
40		云南纪星交通工程监理咨询有限公司	机电监理 K0+000~41+780	周海榆
41		云南展旭公路工程咨询有限公司	房建监理 K0+000~41+780	李云峰

续上表

序号	参建单位	单位名称	合同段编号及起止桩号	主要负责人
42	检测单位	苏交科集团股份有限公司	桩基检测1合同	王军华
43		安徽省七星工程测试有限公司	桩基检测2合同	谢向阳
44		湖南联智桥隧技术有限公司	隧道检测	梁晓东
45		招商局重庆交通科研设计院有限公司	T形刚构桥检测	方波平
46		云南公路工程试验检测中心	中心试验室	严 圆 谭晓琦

(三)建设过程

小龙高速公路建设由云南省公路投资公司负责组织实施,嵩明县配合,共分土建、路面、交安、房建、绿化等11个单项方面,并划分成45个标段快速推进。

1."巧"征迁

征地拆迁是项目建设的一场"硬战",也是最大的"拦路虎"。小龙高速公路全线共需征用土地6904亩,拆迁房屋263户10.2万 m^2,包括山庄、酒厂、养殖场、苗圃、水窖、水井、坟冢等,种类繁杂。由于地处昆明城乡接合部,涉路居民、集体和企业利益诉求意识强烈,有些拆迁对象因未实现个人目的,便纠集不明真相的村民阻工堵路,多时一天达三四起,征地拆迁工作难上加难。

在诸多困难和考验面前,项目建设指挥部切实转变工作作风,巧妙推行"110式响应、120式服务"工作机制,克服"等、靠、要、发号施令"的思想,深入基层、深入农户、向下看、弯下腰,本着"再硬的骨头也要啃"的精神,一一扫清施工障碍。

(1)以情动人助征迁

指挥部征迁协调处工作人员进村入户,与拆迁对象谈感情、话家常,换位思考,设身处地为拆迁户着想。既严格执行政策标准,也力所能及地为拆迁农户办实事、做好事,解决实际困难。在农民和村集体需要时,指挥部安排机械帮助开挖地基、整修道路;拆迁户需要借用帐篷,积极协调解决;拆迁户用水困难,安排运送生活用水等。这些富有人性化的举动,深深感染了许多搬迁对象。

(2)以理服人促征迁

拆迁中,指挥部坚持一把尺子量到底,一视同仁,没有亲疏之分,营造风清气正的征地拆迁环境。关箐大桥是小龙高速公路重点控制性工程之一,地处空港管委会兔耳社区关箐小组辖区,需拆迁农房56户、小型加工厂3家,征地150亩。该村人口密集、土地稀少、交通不便、经济发展滞后。由于之前老昆曲路修建时就经历过拆迁,因而村民有很大的抵触情绪。2015年5月下旬开始启动征地拆迁工作以后,指挥部领导就把关箐大桥段的工作作为重点,工作人员先后166次到滇中新区、空港管委会、兔耳社区、关箐小组协调搬迁工作;仅到56户农户家中做沟通工作就达187次。"征迁难、难于上青天",大部分农户工作做通就签了协议并及时搬了家,但少数几户做了多次思想工作仍不通。指挥部便集思广益,动员亲属、学校等社会力量参与其中,终于赢得了时间,完成了协议签订。2016年6月15日,关箐村56户民房基本拆除完毕,为关箐大桥的施工创造了条件,也为路面工程打通了施工材料运输通道。

(3)依法行政保征迁

对在政策允许范围内、已按标准解决搬迁问题,仍提出过高补偿和无理要求,甚至煽动、怂恿、组织其他老百姓阻工堵路的"钉子户",指挥部协调地方政府,依法坚决打击。关箐村为了搬迁利益,一度出现了抢建抢盖房屋的现象,一些人不顾政府三令五申,一夜之间十多幢房屋拔地而起,用泥土当砂浆,用竹竿当柱子和横梁,不用基础,直接将空心砖砌在地上,大有"种房子、栽房子"之势。经与空港管委会及时对接,空港管委会组织队伍,指挥部机械配合,将临时搭建的设施强力拆除。经过反复3次强拆,私搭乱建的违法行为才被制止。

2."快"推进

小龙高速公路批复工期为2年,但开工时间为2015年7月,实际通车时间为2016年12月28日,实际工期仅有一年半。在征迁工作干扰大、改造路段保通压力大、工期短的情况下,为确保整个工程按期完工,各参建单位以施工总进度作为生产管理的中心环节,加强生产协调配合,对关键性、控制性工程集中人力,投入大量设备,精心组织,在全线掀起大干快上的施工高潮,在"快"字上做足了文章。动工建设的第一年,实际完成工程量就超过80%,不断刷新道路施工的纪录,书写了忠诚、干净、担当的时代新篇章。

土建11标以路基工程为主,设计挖方218万m^3、填方154万m^3,石方占比达90%以上,施工任务和压力较大。该标段全力以赴,共投入挖掘机21台(含破碎锤)、推土机8台、振动压路机8台、装载机11台、自卸车32台,机械设备比正常施工投入几乎多出一倍,累计用时5个月就完成了路基土石方工程,并经云南省交通运输厅质检局转序验收合格,为路面工程施工赢取了宝贵的时间。

土建6标桥梁工程是进度控制重点,弥良河特大桥为25×40m装配式预应力T形梁桥,共有桩基263棵、预制T梁468片,最大墩高为55m,高度大于30m的墩(双幅)共36个。为充分利用工作面,项目部配备了24套桩基成孔设备、16座塔吊,建设2个T梁预制场,设置底座34个,配备边模4套、中模6套,保证多个施工作业班组能平稳、连续进行平行流水作业施工,从而大大缩短了工期。

土建9标负责隧道施工,马鞍山隧道工程共有1座/4洞(小净距),共长3635m(单洞平均长908.75m),围岩类别变化复杂。为确保隧道按计划工期贯通,结合工地的实际情况,项目部共投入8台开挖台车、7台全液压衬砌台车,采用从两端进洞对向开挖施工,使洞内开挖、出渣、超前支护和衬砌模筑混凝土等工序形成平行流水作业,缩短工期,为保证隧道按期贯通打下了坚实基础。

弥良河特大桥、对龙河大桥、龙福村特大桥等6个控制性工程正常的施工时间需要24个月左右,但指挥部超前谋划,在招投标文件中硬性规定:施工单位进场施工最少要进2台旋挖钻,配合5台普通钻。在正式进场施工以后,全线桥梁桩基施工全部采用旋挖钻,6个月的时间就把具备施工条件的桩基础全部完成,提高了大桥的施工速度。施工沿线大部分梁板预制场都布置在主线外,桩基施工、梁板预制、墩柱施工基本同步进行,有效压缩了施工时间。

在对龙河大桥施工中,为使雨季不影响进度,十三标项目部在浇铸桥板上方搭配雨棚,提出"雨天当一天,晴天当两天"的战斗口号,虽有大雨倾盆,仍然坚持施工。

十五标项目部为确保工期,加快施工进度,组织800多个施工人员挑灯夜战,日均吊装重达140t的T形厢梁4片,1个月内吊装预制厢梁122片,使兔耳关特大桥率先在全线贯通,受到指挥部重奖。

在施工冲刺阶段,指挥部从领导到普通职工,挂钩施工单位督促巡察,进度、质量、安全等集于一肩,丝毫不敢懈怠,经常与黎明一起出工,与黄昏做伴归来。

3. "严"质量

千秋大业,质量为先。指挥部充分发扬云南省公路投资公司的"匠人精神",在快速推进施工进度的同时不忘严控质量,在质量管控上坚持"让标准成为习惯,让习惯符合标准"的管理理念,明确职责,形成人人有责、事事尽责、相互负责的责任链,工程质量从源头抓起,严防死守每一道关口。

(1)标准化建设作先导

严格按照交通运输部《高速公路施工标准化考核办法》《云南省高速公路施工标准化实施要点》的要求迅速展开施工标准化建设,在不到1个月的时间内就完成了项目职民工驻地、钢筋加工场、梁板预制场、混凝土拌和站的标准化建设并通过了云南省交通运输厅质监局验收,为整个项目的全面开工建设创造了条件,并为以后的质量控制打下了基础。

(2)首件工程作示范

首件工程认可制以每个土建合同段为单位分别进行,每一个分项工程的首件产品都必须由指挥部、监理、施工单位共同参与,对首件工程的各项质量指标进行综合评价,以指导后续工程批量生产,及时预防和纠正后续批量生产可能产生的各种质量问题。凡未经首件工程认可的分项工程,一律不得批量生产。

（3）管理细节下功夫

模板入场使用前，驻地办、项目部共同对各类模板进行严格检查，验收合格方可投入使用，未通过验收的模板一律清除出场；试验工作是工程质量控制的核心，对全线混凝土回弹强度、钢筋保护层厚度等关键指标进行全覆盖检查；对控制性工程对龙河连续刚构桥引入了第三方施工监控，对主梁高程观测、主梁轴线观测、结构应力监测、预应力锚下应力检测、墩身垂直度观测、承台沉降观测、预应力管道注浆饱满度进行施工全过程监控，使质量得到有效控制；指挥部每月进行一次质量安全综合检查；推广成熟的施工工艺和施工方法，组织施工单位、监理单位召开支座安装演示现场会、负弯矩张拉压浆施工工艺现场会、路基强夯施工现场会等各种交流学习现场会，使各施工标段之间通过最直观的方式更好地交流学习，达到取长补短的目的。

（4）管理方法有创新

指挥部斥资400万元引进视频监控系统，在全线重点工程位置设置了27台视频监控设备，对工地现场质量、安全、进度进行24小时全天候监控。为解决混凝土质量不稳定、地材及原材料质量参差不齐的问题，指挥部在全线设置3个混凝土拌和站，集中拌和、集中管理，有效提高了全线混凝土质量，经云南省交通运输厅质监局的质量综合督查，全线混凝土强度合格率达100%。由于工期紧迫，全线大部分路基填方没有工后沉降的时间，为解决这一难题，指挥部引进液压式强夯设备18台，路基每填筑2m进行一次强夯，经过试验验证对路基整体密实度起到明显效果。T梁负弯矩张拉属于监管盲区，较难监管极易发生质量问题。为解决这一难题，指挥部引进便携式视频监控设备对每一束负弯矩张拉压浆进行全程监控录像，并要求监理单位存档备查，通过该项措施使负弯矩张拉压浆质量得到有效控制。

（5）管理力度作保障

对质量问题采取高压态势，指挥部对质量意识淡薄、质量控制不严的施工单位进行重处重罚，绝不姑息。严格落实交通运输部"高速公路交工检测和竣工鉴定质量不符合项清单"的要求。

通过上述管理办法和措施，小龙高速公路的整体工程质量得到了有效控制，也得到了云南省交通运输厅质监局的肯定和认可。经厅质监局综合督查，小龙项目实体检测路基工程压实度、分层厚度、排水工程断面尺寸、铺砌厚度、涵洞结构尺寸、涵洞混凝土强度等多项指标合格率达到80%以上，支挡工程混凝土强度等11项指标的合格率达到100%。

4."控"安全

指挥部从桥面系安全防护措施、危险施工路段设置安全专用通道、施工临时用电使用管理规范化、安全生产奖罚信息公开透明化、安全生产标准化等细节着手，对重点部位和密集施工部位进行严格管控，为小龙高速公路建设安全生产提供了保障。

因项目沿线岩溶发育,桥梁、路基存在极大的安全隐患,在进行桥梁、路基施工前,指挥部就聘请第三方检测单位对全线路基挖方段的路床岩溶物高密度电法探测37.952km/测线,地质雷达探测21.86km/测线;桥梁桩基岩溶探测120棵。

因部分路段上、下行线路基加宽工程需占用原功嵩、嵩昆高速公路硬路肩进行围挡施工,为确保施工期间道路畅通及过往车辆的行车安全,指挥部结合项目实际分别制订了保通方案,并报属地交警、路政、安监局审批;与路政、交警等单位就施工期间的安全保通、应急维稳工作建立了联动体系,设置固定执勤点,实行24小时不间断巡逻值守;在云南省广播电台、报纸等多家媒体刊登施工公告,印制8万份施工公告宣传单分发给过往驾乘人员,并在主要路口设置施工公告牌;在昆曲高速公路上下行线设置被动防护网14095m²,围挡施工15km,投入安全保通经费500余万元。

为了预防交通事故,小龙高速公路不仅在车道限速方面进行了规定,在隧道口、弯路、坡路、桥梁路段等路段做了限速规定,在应急车道使用方面也做了规定,严禁车辆占用应急车道。

为做好立交汇合路段的安全预防工作,指挥部还在兔耳关立交附近安装了旋转护栏,提供一种全新的道路安全保障。旋转护栏的工作原理是把富有弹性且防撞耐磨的旋转桶支撑在立柱上,使旋转桶可以在立柱上自由旋转,当车辆发生事故撞击时,通过旋转桶的自由旋转分解汽车撞击力,使垂直于护栏方向的撞击力分解到平行于护栏的方向上,被旋转桶有效地吸收和减小,从而最大限度地降低交通事故的发生率,保护人们的人身生命安全。小龙高速公路上黄色的旋转桶不仅起到安全提醒、防护的作用,也成了一道亮丽的风景线。

5."扬"文化

作为八车道高速公路,宽敞、舒适的小龙高速公路途经明代名人兰茂故里和"世界传统文化艺术龙狮之乡""花灯之乡"的嵩明县。因此,在公路文化景观的建设过程中,指挥部严格遵循"公路文化有特色"这一工作理念和目标,特别注重打造和弘扬公路文化。服务区、隧道、收费站、互通立交……无一不彰显着独特的公路文化内涵。

小龙高速公路起点处,矗立着一块景观塑石,"云南公投"logo及"小龙高速"字样清晰可见,成为进入小龙高速公路的景观标志。

嵩明隧道(图17-28)是小龙高速公路上唯一的隧道,位于嵩明境内靠近昆明一侧,隧道的天然形象让人联想到开启昆明建设现代化大都市的北大门。这一四洞八车道的小净距隧道本身就是一道风景,在全国全世界来说也是极为罕见的。隧道景观建设以微开的门为造型设计元素,汲取祥云、"日月同辉"、滇王金印为装饰元素,对隧道进行文化装饰,意为昆明乃至云南北边的"开放之门、迎宾之门、文化之门、艺术之门"。隧道的"大红门"巍峨壮丽、气魄宏伟、文化感十足,既容易让人记住,也能唤醒人们对历史的追忆。

图 17-28　嵩明隧道

此外,高速公路沿线各收费站也都植入了地域特色文化,对收费雨棚也进行了特别的装饰,赋予其文化艺术的美感。

(四)复杂技术工程

全长 649.28m 的对龙河大桥所处地貌单元为低中山河谷区,地形起伏大,河谷两岸悬崖直立,地面高程相对高差超过 100m,两岸自然坡角约 75°,几乎与地面垂直。该桥施工环境恶劣,山高谷深,交通不便;地质和水文地质非常复杂,电网能力紧张,地材紧缺,征地拆迁工作问题复杂;安全风险高、工艺复杂、施工难度极大。

施工便道是施工的生命线。每项工程都必须修筑施工便道,然而,对龙河大桥便道的修筑难度却超乎所有人的想象,施工便道需从谷底顺着山势"之"字形盘旋而上,才能到达山顶,几乎是从悬崖峭壁上凿出来的。短短 2.5km 的便道,建设者用了半年才修通。

便道修好后,材料运输、施工建设又成了摆在建设者面前的难题。

6 号和 9 号桥墩以及两边引桥位于对龙河谷陡崖之上,机械根本进不去,建设者就用铁锹镐头开出了一条崎岖的小路,最初这里所用的每根钢筋、每块模板、每袋水泥都只能靠人工搬运。为了抢进度,他们吃住在工地,把一根根钢筋、一袋袋水泥、一块块模板背到了山上,把一筐筐泥土从坑内挖起。半山腰的桩基施工时,按规定钢筋笼加工需要在加工地内焊好,再用机械运到现场用吊车垂直吊入孔内。可是一个直径 2.2m、长 9m 的钢筋笼有几吨重,人工根本无法运输,也无法放入孔内。项目部就优化工艺,采用垂直法加工——在孔的上方搭架子,把钢筋一根一根立起来,焊到加强筋上。不仅如此,建设者还在山脚和半山腰之间安装了长 140m 的混凝土输送泵管,采用大功率车载泵注浆。这种方法,有效地解决了大桥半坡桩基施工难题。

7 号桥墩先后在地下 18m、22m、27m、34m 处遭遇葫芦串溶洞,漏泥、涌水、坍孔……一个又一个难题接踵而至。为此,项目部设计了一个如"金刚罩"的钢套筒护体保护在桩基四周,并结合采用回填片石、黏土、膨润土等混合物后反复冲孔的方法,才有效解决了上述难题。

左幅5号墩2号桩基在施工时也遭遇了一个高20m、宽22m、长30m的巨型溶洞,这个溶洞长相当于7层高楼,空腔体积就超过1000m³。为了使大桥基础坚如磐石,项目部只得在溶洞里浇筑混凝土"金字塔"托举桩基。"金字塔"最底部浇筑直径超过10m、厚2m的基础,然后2m一层,依次浇筑混凝土,最后在"金字塔"顶部下钢套筒进行桩基施工,让大桥基础稳固。

(五)科技创新

小龙高速公路施工难度大、技术要求高,为此,项目部组织技术人员研究新工艺、引进新材料、运用新工法,努力提高项目整体施工水平。

在薄壁空心墩的施工中,创新双层劲性骨架精确定位的钢筋安装工艺,另外购进高压水泵、加压设备、喷淋管等材料设备,对墩身进行养护,有效地保证了施工质量;在大体积承台混凝土浇筑过程中,为避免产生的水化热"烧"坏承台,通过优化混凝土配合比,在混凝土中添加外加剂,另外预埋4层镀锌冷却水管,采用"内降外保"法养护,特别是优化设计后提出的大体积混凝土"集中进水、四周循环出水"冷却管方案,有效解决了酷暑季节施工时的水化热问题;在箱梁施工中,采用智能张拉、智能大循环压浆系统、自动喷淋系统,避免了施工过程中人为因素的影响,有效确保了梁体施工质量。此外,为确保高墩施工安全,提高工效,项目部还创造性地采用了液压自爬模的施工方法。该系统只需要把外面的钢模架固定在液压支架上,就可以通过自动爬升调平控制装置进行控制,浇筑完一段混凝土后,模板自动进行爬升,进行上部结构的浇筑,实现数字化、自动化施工。相比传统的翻模施工,极大节省了人工和施工时间,且具有安全性好、精度高、安装方便、操作容易、环境污染少、危险性小等特点。

(六)舞龙人的故事

小龙高速公路与"龙"有缘,除了"乌龙",这条路上还有"对龙河""龙福村"。公路各取起点和止点小铺和乌龙的一个字,名为"小龙",但小龙并不"小",它是滇中大地上舞动的巨龙,而公路建设者就是舞龙的人。

1.指挥长的"秘密"

"工程施工图制定很科学合理,为什么不认真执行?面对实际问题,只图简便是不行的。征地拆迁工作多不容易,把头都变成斗大,才有了现在的施工局面。"

"工程处等几个部门立刻安排整改,按我说的方案上人、上设备,3天时间必须见到成

第十七章
国家高速公路

效,否则按指挥部奖惩制度落实,不要解释!"

"你这个项目经理是怎么当的？说过多少次,小龙项目是省'十三五'开局大干快上的首要工程,这样干,项目进度、质量如何保证？好好反省,立即整改,否则就给我走人!"

……

这个"走到哪里骂到哪里"的人就是小龙指挥部的指挥长杨云东。工作稍有空闲时,他带着一帮年轻人打球打得很凶,但在项目部管理时更凶。据说某个项目的负责人想向他反映问题,喝了点酒壮壮胆后才敢走进他的办公室。

杨云东在项目管理上的这种霸道,让好多人对他又怕又想。怕的是只要他到工地,挨骂是免不了的;想的是只要有他在,所有的问题就都不是问题了。

杨云东这样的工作风格,作为指挥部总工程师、十多年前就曾与其有过工作交接的孙武云非常熟悉,也最有发言权,因为他们早在修建蒙新高速公路的时候就一起共事了。孙武云说:"蒙新高速公路建设时因问题不少,中途换将,杨云东被选派到指挥部当总工兼总监。头天放下行李,打扫好宿舍,第二天他就上工地了,一处一处看,连续十几天徒步把整个蒙新线都走了一遍。情况摸清楚了,一个一个提出解决方案,项目建设得到有力推进,最后还得到了上级的肯定。他真的是功不可没!"

当时,杨云东才35岁,是全省项目建设指挥部为数不多的年轻总监理工程师之一。"他的白发就是那时给苦白的,"一位当时也在指挥部的同事说。

"小龙项目是'特殊中的特殊',以前还没有过这么快的时间节点要求,没有过四十五个项目标段。作为指挥长,他的压力可想而知,那么多项目,不严厉点是管不下来的。如果说他恶,我的理解是严厉。"同样在蒙新高速公路和杨指挥共事并任小龙指挥部副总监理工程师的马永说。

相处的时间久了,大家发现了这个严厉的指挥长有一个"秘密":无论工作再苦再累,事务再多再忙,他每周都要"偷偷"开上私家车从工地溜回昆明一趟。有时是晚上,有时是中午,有时甚至是大半夜,十分神秘。这一做法引起了指挥部主要领导和很多同志的注意,也引来了一些猜测和议论。不得已,相关领导找到了杨云东,经一再追问和反复做思想工作,他终于道出了实情。原来,早在很多年前,他的老父亲就已卧病在床,经过治疗虽有缓解,但行动大不如前,生活起居大多靠母亲和妻子在家照料。由于母亲年纪大、身体也不好,妻子毕竟是个女同志,老父亲洗澡和刮胡子一类的事便成了一个十分现实和棘手的问题。因此,杨云东自己也不记得从什么时候起开始了这种"偷偷摸摸"的生活,后来也就形成了一个习惯,每周要"偷偷"回趟家,为老父亲洗个热水澡,刮一下胡子。有时没有"偷跑"成功,两三个星期后才回去,老父亲期待的眼神让他十分心酸。"交代"完自己的问题,杨指挥慎重地提出:如果真的影响了工作,自己考虑辞职回家照顾老人。得知实情后,主要领导含着泪说:"云东啊,你我同事兄弟这么多年,这样大的事,咋就不早说呢?

都是为人子女,谁都会理解,再说你根本就没有影响工作。只是这样利用休息时间跑,身体吃不消啊!从今天开始,我特许你每周回家一次尽尽孝,如果有什么问题,我来承担责任。"就这样,杨云东"偷偷摸摸"的行为结束了,取而代之的是每周六晚上回去,第二天一早又出现在工地上。

2016年中秋节前,指挥部很多同志注意到,杨指挥星期六没有回去。原来,眼看项目进入冲刺阶段,实在忙不过来,他就与大哥商量,把父母送到了宜良老家大哥家。起初父亲还以为只是回去过节,可到了该洗澡刮胡子的时候,儿子还没到,老人家就开始明白是怎么回事了,于是不停地说:"快打电话,我要回昆明,我要云东照顾。"如此过了十多天,老父亲连饭量都明显不如以前,大哥没有办法,只能打杨云东的电话。看到儿子出现,老父亲才放下了心,脸上露出了孩子般的笑容。这样一来,杨云东的老习惯又恢复了。后来大家每每谈到此事,他总是说:"唉,真干不动了,工作太累不说,老人确实需要照顾,等干完手头的这些项目,我一定向公司申请回离家近点的单位上班,无论什么岗位,只要能尽孝就行。"说归说,但大家心里都明白,这位从参加工作就没有离开过指挥部的工程技术管理干部,早在很多年前就说过同样的话。

所谓"恶人",一个连他自己都自嘲带有"匪气"的指挥长,在其咄咄逼人、霸气十足的项目管理者身份下,还是一个真实的、长期为老父亲洗澡、刮胡子的儿子。

2. 项目总工:用心测算每一条高速公路

孙武云,高级工程师,云南小龙、武倘寻高速公路建设指挥部总工程师、党委委员。历任技术员、主任工程师、项目总工、副经理、经理、指挥部工程技术处处长、总工程师等职务。先后被省公路投资公司评为先进生产工作者,被中共云南省交通运输厅党组评为优秀共产党员。

孙武云自1996年加入公路建设队伍后,就一直从事高速公路建设,长期坚持在工程施工一线从事工程技术管理工作,21年如一日,辛勤耕耘,他善于学习、敢于创新、坚持原则、乐于助人,为云南高速公路事业做出了积极贡献。

爱岗敬业做奉献,他临危受命担当重任,攻坚克难,21年来先后完成了一座座桥梁、一条条隧道、一个个边坡的攻坚施工,为一个个高速公路建设项目的如期建成通车扫除了障碍。他先后参与了楚雄至大理、大理至保山、安宁至楚雄、永仁至武定、蒙自至新街、待补至功山、小铺至乌龙、武定至倘甸至寻甸等8条共942km高速公路的建设,截至2016年底,他所参与修建的高速公路占云南高速公路总里程4250km的19.69%,已建成的7个项目都实现了按时通车,造就了一个个精品工程。待功高速公路比原定工期提前10个月建成通车,仅用18个月就把8车道的小龙高速公路建成通车,参建的安楚高速公路建设项目被评为全国交通建设优质管理十佳项目和全国交通基础设施建设廉洁工程项目,被评为云南省优质工程一等奖。

第十七章
国家高速公路

他不推诿、不搪塞，哪里需要，他就在哪里冲锋陷阵，哪里攻坚，他就在哪里踏石留印。高山、深沟、陡崖都有他与他的团队并肩战斗的身影，都有他和同事的足迹。他经常马不停蹄地穿梭于路基、涵洞、桥梁、隧道以及每一个施工点、关键工程节点和疑难杂症的施工现场。21年来，他放弃了无数的节假日和休息日，唯一休过的一个年假，是在2014年妻子癌症晚期最后弥留之际陪她走完最后的时光，匆匆处理完后事，他又冲进了待功高速公路的攻坚战场，3个月后又临危受命担当小龙高速公路建设指挥部的总工程师，承担更大的责任。一个个重任接踵而至，让他感到亏欠的不只是妻子，也有女儿和母亲，从女儿小学到考上大学，他没有参加过一次家长会，没去见过一位任课老师。父亲较早离世，让母亲承担照顾五个兄弟姐妹的重任，还来不及帮助母亲卸下一点包袱，让母亲享一下清福，却又要母亲帮助自己料理家务、照顾女儿，最近开会办事几次路过家门也没能回去过一次，只能给母亲打个电话。太多的指责，他都简单地回应："没办法，工程进入关键时期，走不开啊，母亲会理解的。"

他以问题为导向，以国家和人民的利益为重，优化方案，服务大局，为项目创造了较好的经济效益。21年来所参与的高速公路项目，他始终坚持在工地现场，认真比选设计方案，及时为施工单位解决各种问题。在待功高速公路建设中，优化设计了中梁子特长隧道建设方案，及时发现并处置了蒲草塘电力线路安全隐患，最终为工程节省了5000万元的建设成本。在升任小龙高速公路建设指挥部总工程师后，他把龙福村特大桥原设计117跨2550m优化为89跨1950m，减少28跨共600m，节约投资1.79亿元，把嵩明隧道原设计两洞各四车道标准优化成四洞各两车道的建设标准，建成云南首座四洞八车道高速公路隧道，既提高了施工和营运安全，又节约投资1.55亿元。在整个小龙高速公路方案优化后，还成功解决了龙福村特大桥梁板预制、防震措施处置、213国道改线口子预留问题，解决了对龙河大桥桩基溶洞处置、天成石场路段改线问题，总计为项目节约3亿元左右的投资，为嵩明新区和空港新区发展腾出了优质的土地资源和发展空间，为项目按省委、省政府要求时间通车做出了重大贡献。在他的带领下，武倘寻高速公路项目通过1年时间的线路优化调整，避开了更多集镇、良田、水源、矿产以及生态脆弱区、保护区、民族文化核心区等，积极推行建筑信息模型（BIM）管理，全面落实交通运输部、省交通运输厅"绿色交通""智慧交通"的设计理念，全面打造绿色生态品质工程，为子孙后代留下青山绿水。

3. 大博士杨发

小龙指挥部指挥长助理杨发是公司引进的第一个全日制博士研究生毕业的技术人才。博士不都是搞研究蹲办公室的，能在项目上沉下心管好工地吗？大家都十分怀疑。

"这不是杨助理吗，还要加班？"

"是喽，路面一个标段刚铺好一部分，有一个文件要急着回来处理一下。"杨助理灰头灰脑，穿一双分不清黑白的迷彩鞋，脸在灯光的反射下显得黝黑黝黑。

"处理完事情,今天就不用再守夜了吧?"

"不行,不行。等一下还要赶回工地,现在路面铺设正是关键。走了,改天再聊啊。"他边说边急步走向办公室。

这是小龙指挥部办公室主任曹磊与杨发的一段对话。

第二天清晨,天刚蒙蒙亮,曹磊与杨发又不期而遇。

"昨晚守工地守得那么晚,怎么这样早就起来了?"曹磊问。

"睡不着啊,得去看看昨天晚上铺的情况。"话音刚落,杨发就上了车,消失在晨雾里。

大家都说,路面工程启动后,不知多少个黑夜白天,杨助理的状态总是如此。正如指挥长对他的评价一样,他做到了"坚持原则,吃苦耐劳""分配任务,盯紧盯死"。

大家还说,杨助理在充分发挥自身技术优势的同时,还善于根据项目的特殊性,借助"外脑"会商解决技术难题,牵头在指挥部建立了路面咨询管理机制,确保了工程建设质量与进度,提高了工作效率。杨博士还未结婚,据说他的准新娘也在读博士,他们约定等她毕业后就从北京回云南安家,支持杨博士的工作。

"不知道的人,还真不把他当博士看。"一个项目经理半开玩笑半认真地说,"他在工地上的干劲和样子,和我们技术员,甚至和农民工完全没有两样。"

2016年11月中旬,大家几天没见到杨发了,正疑惑,从他的微信里得知,原来他的家乡宁蒗县建县60周年,作为彝乡走出来的博士,他被县里作为励志代表邀请参加。

回来后和同事谈及此事,杨发说接到邀请时他非常犹豫,因为小龙高速公路路面施工正值关键时期,县里又多次催促。工地走不开,不去又对不住家乡的养育之情,直到县庆的头一天,他才鼓起勇气向指挥部领导请假,指挥部领导特批了他3天假。面对这个据说上小学才开始学说汉语的彝家博士,大家都能理解这份深情厚谊。

4. 又喝"高"了的王永生

"真不容易,我们完成任务了!"2016年11月4日晚,小龙高速公路对龙河大桥右幅合龙的日子,一个身材敦实的小老头在合龙现场,见到戴着印有指挥部安全帽的人就拉着他们的手不断地重复着这句话。细心的人还注意到,王永生饱含泪花,显然也喝了不少酒。

被一个男人拉着手不停地说话,这让刚到指挥部不久的曹磊感觉也有些不自在。了解情况的同事陆海龙解释说:"他又喝高了,之前10月份大桥左幅贯通的那天也一样,也是这样拉着指挥部的人就不停地说,见到农民工就抱,今天他肯定喝了不少。"

"他是谁?怎么这么激动?"

"项目经理王永生。对龙河大桥是小龙高速公路最关键的控制性工程,他这样喝,指挥部的人都理解。因为大桥建设过程中遇到的困难太大了,他自己也没有信心能在这么短的时间内完成,现在算是大功告成,能不高兴吗?你别看他其貌不扬,能干这种T梁桥的项目经理没有几个,而对龙河大桥也不是他修的第一座T梁桥了,这个人有点牛!"

这个被很多人认为有点"牛"的项目经理,其实也有不"牛"的时候。2016年6月,云南省公路投资公司组织高速公路五年大会战"鼓干劲、促生产"文艺宣传活动,现场就在对龙河大桥工地,王永生被指挥部指派代表施工单位发言,这个转战大江南北的中铁十八局老资格项目经理,握话筒的手一直在不停颤抖,抖得简直就像筛糠。指挥部一个参加活动的同事每提到此事描述说"他拿稿子的手就像捧着一碗滚烫的开水"。

其实,熟悉王永生的人都知道,他的强项只是干活,让他当众说话,确实是难为他了。他负责承建的项目从开工第一天起到整个大桥合龙,每天他都扎在施工现场,工地上一双破胶鞋一身旧衣服,如果不是项目部工作人员的介绍,混在施工队伍中你根本不相信他就是项目经理。

在小龙高速公路建设工地上,像王永生这样只会干不会说的项目经理其实也不止他一个。

5. 睡工地的项目经理吴军国

小龙高速公路土建十五标中铁四局集团项目经理吴军国是一个常被大家称为"国军"的领头人。

指挥部有领导这样描述他们项目部:"把小龙高速公路标价最大、技术难度最高的标段交给'国军'干,加上所在单位为中国中铁的标杆单位,肯定没有问题。"

十五标有504片40m T梁,主线上却只有180m路基适合建一个小梁场,场地受限,要在规定的工期内完成制梁任务压力很大。原计划25天内必须先完成梁场路基的10万 m^3 土石方,当时正值雨季,该段路基范围内又全部是孤石夹杂红黏土,项目部组织了8台挖机、4台破碎头、20余台翻斗车,道路泥泞,就把通往弃土场的道路硬化,翻斗车上的土卸不下来,就派2台挖机蹲在弃土场从车上挖;孤石多,就请爆破公司到现场爆破,不达目的不罢休,25天顺利完成了该段路基的施工,为梁场建设创造了条件。

在组织桥梁下部施工中,吴军国围绕架梁顺序组织生产,地质复杂,孤石、溶洞很多,给桩基施工带来难度,技术出身的他本着"问题不过夜"的原则,总能把特殊地质条件下的孔桩施工难题迅速解决,现场6台旋挖机日夜不停,确保了月完成桩基146根的记录。为保证架梁任务不受影响,吴军国还合理规划,组织6家下部结构施工队500余名施工人员拼抢墩柱,保证了现场生产围绕计划目标稳步推进。

2016年2月,面对项目工期提前3个月的"死命令",按已有工程设施,墩柱和盖梁可以上队伍加模板,可是40m T梁梁场生产能力有限,每天生产2片T梁是绝对做不到的。最重要的台座不能加,既定的施工计划如何测算都完不成,增加新的梁场在当时又绝不可能。怎么办?面对问题,吴军国二话没说,自己把床搬到了梁场,从白天到夜晚,24小时住在梁场、吃在梁场、盯在梁场,研究如何提高T梁的产量。通过多次模拟试验,采用增加

1台龙门吊、增加班组、24小时作业等办法,在不增加梁场、不提高单价的情况下,使T梁生产能力从每天2片增加到每天4片,按质、按时、按要求完成了指挥部确定的目标任务。每每提到此事,指挥部和监理单位的很多人都清楚"有此成绩,是吴军国守出来的"。

  项目部的人都知道,吴军国并非只有驻守工地的时间这样"拼命",平时他每天工作到夜晚11点,早晨按时起床点名,年年如此,月月坚持。2015年7月,小龙高速公路施工期间,远在湖南长沙老家的母亲生病住院需要照顾,他没能回去;8月,孩子要上学,老婆在家急得直哭,就等着吴军国回去想办法。因为现场大干脱不开身,他把本该男人处理的事硬是交给了妻子,至今提起此事,孩子老婆还在埋怨。2016年春节,他安排大多数职工回去过年,自己却坚守在工地,妻子和孩子到工地来探亲,但因为太忙,他甚至没有抽空陪同远道而来的妻儿到昆明去逛一逛,而是一心扑在工地上,一刻也没敢离开。说起对家人的亏欠,吴军国这位30多岁的汉子几度哽咽。

  6."问题娃娃"的爹周家映

  周家映是指挥部总监办副主任,他算是"周旋"于小龙、武倘寻两个项目(两个项目、一套班子)的代表人物。往往是上午才见他在禄劝县的武倘寻工地,下午就见他出现在嵩明县的小龙工地上。

  他给人最深的印象是总面带微笑,对领导如此,对同事如此,对施工单位和农民工同样如此,很少有人见他发过脾气。即使是谈起在别人认为十分痛苦的事,他也总是轻描淡写、笑着讲述。

  然而,这样一个乐观的人,内心却深埋着一些很少向他人提起的"家事"。

  2016年9月,周家映将自己14岁的儿子从大理老家送到了安宁市好孩子三生教育培训学校,这是一个面向"问题孩子"的民办专门培训机构。据说,儿子是经周家映同意后,由学校直接从家中带走的,他至今仍然记得儿子被四个彪形大汉带走时两眼露出的愤怒、无助和惊恐。

  "没有办法啊,实在是管不下来了。我长期不在家,儿子被老人惯着,不听话,不读书,再不下决心,娃娃就废了。只要一回家,我还是尽量管,也打过几回,但不管用。现在娃娃大了,打也不是办法。也尝试过和他交流,好几次讲得我俩都泪流满面,但只要我一离开,又变回原样了。"儿子到培训学校没几天,周家映将学校传来的照片给几个同事看,照片上是一个稚气未脱的小男孩,头上缠满了绷带。原来,叛逆的儿子为了以示抗议,用头去撞学校的窗户玻璃,头部划破,造成轻伤,吓得他连忙请假赶往学校,所幸儿子无大碍。为此,周家映的爱人和岳父岳母十多天没有和他说话,至今仍对他埋怨不止。他却说:"没事,3个月很快会过去,希望家人能理解,娃娃能改好。"

  祸不单行。2016年10月,从小带儿子一起生活的岳父因焦急、思念、担心外孙,患病住进了医院。这一次,周家映同样是草草地回家一趟,又匆匆赶回了工地……

"眼光有多远,事业就有多大;胸襟有多宽,队伍就有多强"。对于杨云东、杨发、王永生、吴军国、周家映以及所有在小龙高速公路上奋战过的人来说,这条路承载着他们太多的情绪和情感。他们曾付出过太多的汗水与泪水,但最终也成就了梦想,收获了荣光。

第三节　G8511 昆明—磨憨高速公路

银昆高速公路联络线 G8511 昆明—磨憨公路,包括昆明—玉溪、玉溪—元江、元江—磨黑、磨黑—思茅、思茅—小勐养、小勐养—磨憨 6 段公路,全长 674.8km。除小勐养—磨憨公路在建外,其余 5 段 507.7km 已建成通车。

一、昆玉高速公路——高奏云岭六弦曲

有谁能做这样一把琴:琴把是昆明,琴尾是玉溪,而琴身,则是富饶的滇中大地?

昆明—玉溪高速公路就是这把巨大的琴。这是云南第一条六车道高速公路。六个车道便是六根琴弦。

公路建设者们正是这六弦巨琴的制造者,也是这六弦巨琴的演奏者。他们用自己的心血和汗水,用自己的聪明和智慧,在云岭大地上,奏出了一曲壮美的交通乐章。

(一)项目特点

昆明—玉溪高速公路是云南省第一条由企业和政府联合投资、企业控股建设的高速公路,是云南省实行公路投资体制改革的成功典范,由云南红塔实业有限公司、云南省交通厅以股份制形式共同投资修建。其中,云南红塔实业有限公司的投资额占项目总投资的 80% 以上,拥有绝对控股权。

昆玉高速公路的建设、收费、养护、经营开发及日常管理工作由云南红塔实业有限公司、云南省交通厅组建成立的云南昆玉高速公路开发有限公司全权负责。

2001 年,昆玉高速公路获云南省优质工程一等奖;2002 年获中国建筑业协会颁发的"中国建筑工程鲁班奖"。

(二)项目概况

昆玉高速公路(图 17-29)是国家高速公路网规划中 G85 银川—昆明高速公路联络线 G8511 昆磨高速公路的首段,也是昆明—曼谷国际大通道的重要路段。路线全长 86.342km,工程于 1997 年 11 月开工建设,1999 年 4 月建成通车。

昆玉高速公路为全封闭、全立交、双向六车道高速公路,设计速度 100km/h(缓丘区)、80km/h(重丘区)。路基宽度 26.5m(缓丘区)、26m(重丘区)、13.5m(分离式)。最

小平曲线半径 400m,最大纵坡 6%,载重标准:汽超—20 级,挂车—120,全线抗震设防烈度为 8 度。

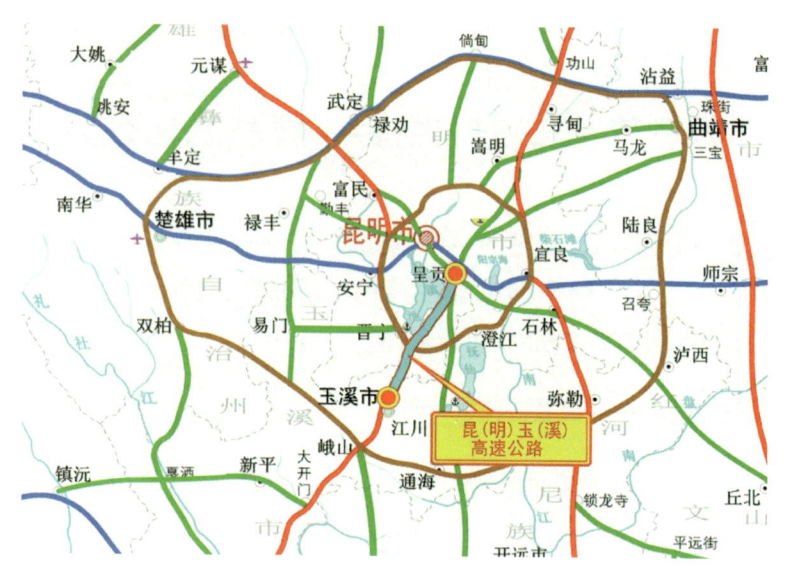

图 17-29　昆明至玉溪高速公路位置示意图

项目路基挖方 501.315 万 m^3,路基填方 523.468 万 m^2;沥青路面 229 万 m^2;特大桥 745m/1 座,大桥 637.34m/3 座,中小桥 5335.19m/153 座,人行天桥 736.48m/15 座,跨线桥 1775.4m/27 座,通道 212 处;隧道 680m/1 座;互通式立交 15 处,分离式立交 25 处。

昆玉高速公路总概算为 1997448530 元,竣工结算为 1831287000 元,节约投资 166161530 元,每公里造价为 21163363 元。

(三)前期决策

1993 年,昆明至玉溪二级汽车专用公路建成通车后,随着云南经济的快速发展,交通量增长迅猛,已不适应沿线经济和社会发展的需要。

1995 年,云南省委、省政府将昆明至玉溪二级公路的改建列为"99 昆明世界园艺博览会"的配套工程,并作出了引入红塔集团投资参与高速公路建设的重大决策。

1996 年 2 月 15 日,根据省委、省政府的决定,云南省交通厅会同红塔集团、玉溪地区行署、昆明市人民政府就共同出资修建昆玉高速公路进行了商谈并达成一致,于同年 3 月以云交计〔1996〕115 号文《关于修建昆明至玉溪复线公路的请示》报省政府审批。

1996 年 6 月,省政府批准同意由云南省交通厅、红塔集团、玉溪地区行署、昆明市政府四方采取股份制形式建设昆玉高速公路。

1996 年 10 月,云南省计划委员会同意昆明至玉溪复线工程可行性研究报告。

1997 年 3 月,云南省交通厅批准同意昆明至玉溪高速公路初步设计。

1997年4月4日,云南省政府在玉溪主持召开昆明至玉溪高速公路投资建设协调会,确定了昆玉高速公路改造的总投资为19亿元。其中,红塔集团出资10亿元,股权比例为52.6%;云南省交通厅出资7.8亿元(含原二专线建设投资4.8亿元),股权比例为41%;玉溪地区行署、昆明市政府负责征地拆迁各按6000万元入股,股权比例各占3.2%。工程实施过程中,玉溪地区、云南省交通厅按10∶3的比例投入工程建设费用。四方股东在会上签署了《关于设立"云南省昆明至玉溪高速公路开发有限责任公司"发起人协议书》。表17-10为昆玉高速公路建设从业单位信息采集表。

昆玉高速公路建设从业单位信息采集表　　　　表17-10

序号	参建单位	单位名称	合同段编号及起止桩号	主要负责人
1	项目管理单位	云南昆玉高速公路开发有限公司	K4+650~K90.992	吴忠彩
2	勘察设计单位	云南省公路规划勘察设计院	K4+650~K90.992	张发春
3	项目监理单位	云南省公路工程监理咨询公司	K4+650~K90.992	耿龙新
4	施工单位	云南公路桥梁工程处	K5+550~K8+650	杨汝凌
5		云南省第四公路桥梁工程公司	K8+650~K15+050	胡绍华
6		云南省第五公路工程处	K15+050~K23+395.56	马培新
7		云南省铁路建筑公司	K23+390.33~K29+650	李良慕
8		中国有色第十四冶金建设公司	K29+650~K36+050	马 辉
9		云南省建筑机械化施工公司	K36+050~K41+809.08	文铁铮
10		云南省第二公路桥梁工程公司	K41+950~K45+650	史候润
11		嵩明县建筑机械化施工公司	K41+650~K53+150	王金友
12		云南省第一公路桥梁工程公司	K53+150~K60+950	杞文昌
13		西南交通建设工程总公司	K60+950~K67+108.46	吴天祥
14		云南省第三公路桥梁工程公司	K66+624.18~K71+004.32	曾佑铭
15		西南交通建设工程总公司三公司	K71+004.32~K77+650	房游江
16		云南省第四公路桥梁工程公司	K77+650~K84+650	龙元照
17		云南省第五公路工程处	K84+650~K90+946.9	孙锡民

(四)项目实施

昆玉高速公路连接昆明、玉溪这两个云南的重要城市,其26.5m宽的路基、双向六车道、时速100km的建设规模,当之无愧地成为云南在20世纪所建设的最具现代化气势、等级最高的高速公路。

1.投资体制改革的实践

经云南省人民政府批准,昆玉高速公路由云南省交通厅、红塔集团、昆明市政府、玉溪市政府四方采取股份制形式在原二级路上进行改造。与新的投资体制相适应的是全新的建设管理组织机构。四方股东委派董事组成董事会,作为昆玉高速公路开发有限公司的权力机构和决策机构。公司实行董事会领导下的总经理负责制,建设期间,董事会授权昆玉高速公路建设指挥部代表业主负责建设管理工作。

新的体制带来新的气象,昆玉公路是云南公路项目中资金到位率最高的一个。资金的及时到位,确保了工程的顺利进行。

2. 改造与拼接的技术处理

昆玉公路是1999年昆明世界园艺博览会的配套工程,按照云南省政府的要求,工程必须在1999年3月底前完工,工期没有回旋的余地。

在山心坡,3.7km的路段内,集中了明槽、隧道、长桥3项控制性工程;在刺桐关,1.9km范围内集中了73万 m^3 土石的开挖(图17-30);在第五合同段6.4km路段内,先后有尖山、馒头山、小山三个山头挡道。由于昆玉高速公路是在原汽车专用二级公路的基础上建设的,二专线上桥梁的改造成了一大难题。需要改造的桥梁有70多座,每座桥都要将桥板之间的铰接缝一点一点凿开,然后再将桥板吊起,对高程进行调整。

图17-30 昆玉高速公路刺桐关路段

面对提前实施的二专线改造,除了拼搏,筑路人别无选择。

对昆玉高速公路来说,1998年6月27日是个至关重要的日子。这天,云南省政府领导现场办公,解决工程建设中的一些具体问题。按原设计方案,昆玉高速公路建设中,原二专线保留不动作为半幅,再新修半幅拼接成为6个车道。1998年6月,整条高速公路已具雏形。新路老路合在一起,显得有些别扭。现场会当即决定,昆玉高速公路必须按国内一流高速公路的标准来考虑,要求云南省交通厅尽快修改完善设计,将原二专线提前改造。不然的话,这个路七高八低的,很难看,会把形象搞坏了。现场会还提出,增加的投资由红塔集团和云南省交通厅按10∶3的比例分摊。

从指挥部、分指挥部到施工单位,大家回过头去看这次现场会时,都认为这一板拍得好,现在的昆玉高速公路才像模像样。当然,为此,公路建设者们又付出了更多的心血和汗水。晋城分指挥部指挥长黄廷康形象地将二专线改造称为"两片瓦"变"一片瓦"。公路一般是中间高、两边低,类似民居"瓦"的形状。如果二专线不改造,昆玉高速公路好比一旧一新搭在一起的两片"瓦"。改造二专线,就是将两片"瓦"变成一片大"瓦"。这仅仅是一种比喻,实际情况要复杂得多、艰难得多。

第十四冶金建设公司机械化公司承建的五合同段经过尖山、馒头山、小山三个山头。三座山中尤以尖山难"啃"。高速公路开工后,二专线留作上行线,在二专线右方,开凿下行线。面对高差达30m的尖山,施工人员采用山顶打竖井、山脚打耳洞的办法,"重炮"炸尖山,仅用44天便"啃"掉尖山24万 m^3 巨石,开出了下行线路基。由于下行线是按高速公路标准设计,路基与原二专线最高高差达7m。二专线改造提上日程后,十四冶机化公司又移师尖山左侧,再次"啃"下尖山18.6万 m^3,彻底改变了新路老路"一脚低一脚高"的状况。两炸尖山,可以看出改造二专线的必要,但从整条路来看,尖山路段的改造还不是最大的难题。最令指挥部头疼的是,为了让90座老桥与89座新桥协调一致,几乎每一座老桥的高程都需要进行调整,有的桥高程要提高1m多。时间不等人,施工单位说干就干,让施工人员用錾子一点一点将桥面板的铰接缝凿开,然后再将面板吊起,对桥台的高程进行调整。面对牢固的铰接缝,施工人员虽然使出了吃奶的力气,一人一天也只能凿开40cm。如此速度,桥梁高程的调整不知要搞到什么时候。指挥部总工程师张汝文从以前用千斤顶顶升房屋的实践中得到启发,提出了在桥下纵横堆码木垛、用数十个千斤顶整体抬升桥面板梁的方案。

每个桥用40个千斤顶,80名施工人员从两侧同时使力顶推,边顶边垫木垛,300多吨重的桥面板梁,一天只能顶推20cm。板梁抬高后,敲掉旧桥台帽,按高程要求浇注新台帽,再将板梁就位,高程调整便告结束。云南省桥工处承担了6座老桥的改造,最高的高程要顶高1.73m,最低的也要顶高58cm。从1998年6月27日提出二专线改造到9月30日,6座桥全部改造完工。当然,桥处为此也付出了代价,除人力的投入外,仅购买木料就花了36万元,买千斤顶花了57万元。

公路建设者们的心血和汗水没有白流,有了他们的付出,才有高标准、高质量的昆玉高速公路。1998年4月8日~16日,云南省交通厅组织验收检查组对昆玉高速公路的路基、路面、桥梁、隧道、立交、交通工程等进行检测验收,各项技术均达到设计要求,综合评分为95.85分,为云南高等级公路建设项目中的最高得分,暂定为优良工程(图17-31)。

3. 质量管控

工程质量是公路建设永恒的主题。昆玉公路指挥部始终把工程质量放在工作的首位。早在工程开工之初,便制定了工程质量管理办法,建立健全质量保证体系。在施工中,除监理人员严把质量关外,指挥部和呈贡、晋城两个分指挥部设有质量督查组,施工单位项目部设有质检科,分公司设有专职质检员,工班设有兼职质检员。层层设防,将质量隐患消灭在萌芽状态。

图 17-31　春光大道无限春光

承担昆玉高速公路第五合同段施工任务的中国有色十四冶机械化公司项目经理马辉对如何搞好公路工程质量有自己独到的见解。他说:"对待工程质量,要做事前诸葛亮。"他认为,企业要生存,就要有活干。公路工程是一种无形的广告,质量搞好了,企业信誉就有了,质量搞砸了,该有的也没有了。这个公司把工程质量当作企业的生命线,在路基填筑中,公司发现有段路松铺厚度与指挥部要求相比,超过了五六厘米,除对质量管理人员进行经济处罚外,负有直接责任的一名工程师被责令下岗回家。

做事前诸葛亮,就是要对工程质量有预见性,采取切实可行的措施,防患于未然,而不是消极地等出了质量事故再作处理。这可以说是昆玉高速公路施工的一个特点。工程动工后,指挥部便提出了创全优工程的质量目标。

为了确保工程质量,实现创一流的目标,工程开工前,指挥部抓紧质保体系的建立和各级实验室的设置,做到用科学的检测数据指导生产。要求施工单位抓好人、机、料、场四个环节,强化技术人员、施工人员的质量意识,严格按施工规范和程序施工;准备充足必要的施工机械和设备;把好材料的规格和质量关;加强现场管理。指挥部制定的各项确保工程质量的措施,具体、实在,便于操作,也便于检查。

在构造物支砌上,全线统一使用砂浆拌和机。如有违反,发现一次罚款 5000 元。

路基填筑,采用插杆挂线的办法,控制松铺厚度,以确保压实度。

针对全线软基路段较多的实际,采取换填或嵌填片石、碎石垫层处理、补充塑排板或粉喷桩的办法进行处治。

在雨季施工中,指挥部当机立断,指定统一的路基填筑料场,选择含石量较高、透水性能好的填料进行填筑。

第十七章
国家高速公路

在边坡防护上,借鉴昆嵩高速公路、楚大高速公路的成功经验,采用六角空心砖护坡,美化了公路,仅呈贡分指挥部就购进5台六角空心砖制作机,分配给施工单位使用。

工期与质量是一对矛盾。昆玉公路的工期没有回旋的余地。不能强调保质量而延误工期,也不能一味保工期而影响质量。面对这对矛盾,承担第一合同段施工任务的云南省桥梁工程处采取相应对策:加大管理力度,加大人力、物力的投入。项目经理杨汝凌举例说,一合同段原定填料的料场在跑马山,运距7km。为了保证填筑质量,后来将料场改在石安公路大风垭口和昆玉公路第五合同段的尖山垭口,运距分别为22km和24km。这样,每方填料的成本就增加了20多元。昆玉高速公路的建设者们把这种加大投入的做法称为"花钱买质量"。

承担十三合同段施工任务的云南省路桥四公司项目部经理龙元照毕业于武汉河运专科学校,1991年参加工作后曾参加过某公路的整修工作。他说:"我最怕的就是补路。凡有车过,头都不敢抬起来看,害怕丢人。"有了这段历史,他对质量的认识也就更深了一层。用他的话说,质量干好了,钱也得了,面子也有了。质量搞不好,钱花了,汗淌了,还要挨骂。

为了给自己施压,昆玉公路建设第二个6月目标结束,跨线桥建起后,他们就将云南省路桥四公司的大牌子高高挂在了6座桥上,让过往的人都知道,四公司在此施工。要是路没修好,就将丢四公司的脸面,砸四公司的牌子。项目部所有人的工资均与工程质量、效益挂钩,实行一月一评。有10件事干好了,只有1件干砸了,一个月的工资也就没有了。

过硬的质量,要有必要的投入作保证。指挥部提出:宁可今日花小钱,避免将来花大钱。

作为"99昆明世博会"的配套工程,昆玉高速公路无法以牺牲工期来换取质量。从实际出发,指挥部明确提出,宁愿现在多花点钱,尽量做到万无一失,避免质量出现问题后再投入大量资金重修。面对工后沉降期不足,而沿线有近40km路段又处于湖象沉积软土地带的实际,指挥部决定做好填前处理。根据软土地基厚薄、软硬程度,采用嵌填片石或碎石、灌注水泥粉喷桩、安放塑料排水板等措施进行处理。据总工程师张汝文介绍,整个工程有8000万元的资金花在了填前处理上。填前处理结束后,路基填筑正适雨季。为确保路基质量,除坚持行之有效的插杆挂线、控制松铺厚度等措施外,指挥部统一指定了含石率超过70%的料场。对填挖结合部和桥、台、涵"三背"进行特殊处理。在水泥稳定层铺筑中,为保证压实度,指挥部作了两条硬性规定:第二层必须采用机械摊铺;晚上7点以后不准施工。由于质量意识深入人心,施工单位都能自觉加以执行,有的单位甚至在指挥部规定的基础上提出了更严格的要求。指挥部规定,构造物支砌中必须采用砂浆拌和机,云南省桥工处项目部为防止施工人员偷工减料,用砂浆拌和机集中拌料,拉到现场供使用。指挥部要求路基松铺厚度每层不得超过30cm,桥工处施工的一些路段,每层的松铺厚度控制到了 15cm 以内。为了质量，舍得下决心、舍得花工夫、舍得花钱，这是昆玉高速公路建设的一个特点。

面对一个接一个的难题，工程指挥部和施工单位背水一战。用常务副指挥长吴忠彩的话说，即使脱几层皮、掉几斤肉，也要把工程拿下来。指挥部采用倒排工期的办法，制定了分阶段的目标任务，并与呈贡、晋城两个分指挥部签订目标责任书，采用限期完工的办法，确保工程进度。一旦发现工程滞后，分指挥部便发出通知单，提醒施工单位认真组织。80 多公里长的工地上，到处是热火朝天的施工场面。

第一合同段位于水网地带，软土地基多、桥梁多，3.9km 的路段内有特大桥 1 座、中桥 7 座、小桥 5 座，而且施工干扰大。承担施工任务的云南省桥梁工程处加大管理力度，见缝插针，加大人力和机械的投入，人闲机不闲，坚持 24 小时作业，圆满完成了第一阶段责任目标。

晋城分指挥部辖区内的一个料场备下的约 1000m^3 路面层用料，经检查达不到要求，分指毅然决定限期清除，降等使用，用作路基填料。指挥长黄廷康说，材料合格才能质量合格。材料关把得严，施工的关把得更严。晋城分指挥部的做法是加大督察力度，看施工单位是否按要求施工，看监理是否履行职责。如果发生质量问题，监理也要承受施工单位罚款额 10% 的罚款。黄廷康说，理由很简单，甲方聘用监理，是要你来把关的，关把不好，就是失职。其实，他已经是"三上昆玉公路"了。前两次，他作为施工单位的项目经理参与昆玉公路二专线的建设，而第三次则是作为建设方的代表。有了前两次的实践，使他对搞好施工管理充满了信心。在整条昆玉高速公路上，与黄廷康一样"三上""两上"的不在少数。施工单位不少都是多次参与高等级公路建设的老企业，当然也有初次中标的新军。中国有色十四冶机械化公司就是这样一支公路建设的新军。这家企业第一次中标参与公路建设。公司领导把昆玉公路施工作为提高企业信誉的好机会，面对第五合同段 49 万 m^3 的土石开挖，调集挖掘机、装载机、推土机等先进机械设备，顺利征服了尖山、馒头山、小山三只拦路虎。

呈贡分指挥部加强夜晚巡查，若发现质量问题，当即要求施工单位返工。第二天再杀"回马枪"，看施工单位改了没有。有一次，指挥长谢小迳检查到一家正在浇薄壁桥台的施工单位时，发现竟然没有监理旁站。她马上派人去"请"监理，并盯在一旁，充当了 40 多分钟的监理角色。

谢小迳过去一直是以施工单位的身份参与公路施工，当指挥长在昆玉高速公路上还是头一次。在整条公路 14 个合同段中，她指挥着 6 个合同段。在分指挥部的每个办公室里，都贴着这样一条标语：创一流管理水平，树一流服务形象，建一流高速公路。谢小迳制定的这条工作原则，从一个侧面反映了她的决心和魄力。指挥施工，协调征地拆迁，工作繁忙，但她依然坚持写工作日记，总结经验教训，不断充实和提高自己。

4. 决战山心坡

昆玉高速公路从鸣泉村向前延伸42.5km后,山心坡像只拦路虎横亘在前。

1992年,昆玉二级公路鸣狗段动工,山心坡一度成为控制性工程。600m明槽,最高挖深41m,土石方49万 m^3。山心坡劈开了,承担施工任务的云南省公路五处留下了这样一组统计数字:打洞室炮井500个,仅钢钎就耗用了2t多,耗用合金钻头1600多个。公路通了,山心坡一个山头硬是被劈成了两个山头。

昆玉高速公路开工,山心坡又一次成了全线最为艰巨的控制性工程。大明槽再行降坡,路基开挖33万 m^3,加上取土石作其他路段路基填料,总挖方量达71万 m^3。紧接大明槽是一座745m的长桥。明槽和长桥作为下行线。明槽左侧,山心坡又被洞穿,680m长的隧道作为高速公路上行线。

三大控制性工程集中在山心坡,从指挥部到施工单位,人们都捏着一把汗,担心山心坡拖整个工程的后腿。有人甚至断言:昆玉公路能否如期完工,关键就看山心坡。

承担施工任务的云南省路桥二公司变压力为动力,调集精兵强将,兵分三路,决战山心坡。公司所属第三桥梁工程处开进长桥工地,第五工程处负责明槽降坡,隧道工程处与中铁十二局一起开凿隧道。

明槽开挖,二公司采取从内部抽调和外部租用的办法,汇集了大型推土机5台、挖掘机4台、凿岩台车2台、装载机8台、自卸翻兜车80辆。工地上,人闲机不闲,一天24小时机器轰鸣,汽车往来穿梭,开凿出的黑色玄武岩被一车车运往料场。玄武岩被凿碎后,黑色的灰尘满天飞,一班工作下来,工人们一身一脸全是黑灰。加之隧道就在旁边,明槽只能用小炮一层一层地剥。尽管如此,工程却在快节奏中进行,凿岩台车3分钟打一个炮眼,每天开挖4000 m^3。最终,明槽降坡工程提前11天完成。

山心坡长桥是一座28孔的预应力空心板梁桥。光预制板就要制作224块。工程开工后,二公司投入5台钻机突击基础工程,并在长桥两端分别设立大型预制场,以三天出两片空心板的进度确保工期。

山心坡隧道跨径13.97m、高8.75m,是云南当时跨径最大的公路隧道。山心坡系二类危岩,隧道掘进后,塌方多,加之玄武岩内大量渗水,给施工带来了很大难度。二公司项目部从实际出发,制定了"短进尺,弱爆破,强支砌,多循环,勤测量,限衬砌"的施工方案,与中铁十二局一起,从隧道两端分别向中间推进。最终,隧道比计划提前8天贯通。

云南省路桥二公司组织隧道施工的是年仅25岁的项目副总工程师张卓。他老家在甘肃,1993年从昆明地质学校毕业后,先后参加过安楚二级公路一号隧道、昭通凌子口隧道的施工。根据家乡的习俗,父母为他选定日子,要求他回老家结婚。但他说服了父母亲人,坚持在工地举行婚礼。结婚当天上午,他依然在工地指挥施工,第二天照样出现在工地上。项目部的同事们开玩笑说,张卓只当了一天新郎。

项目总工魏洪祥妻子在项目部任劳工员,工地真正成了他们的家。孩子是在昆曲公路工地生的。孩子刚满月,便与父母一起来到昆玉公路工地。项目经理史侯润妻子在楚大公路工地,夫妻俩一年见不上几次面。有的工人家在农村,一年没有探过亲。五分公司哈尼族主任工程师马干九家在绿春县,父亲去世时他因工作忙,没能回去奔丧。按照哈尼族的习俗,老人入土三年,子女无论如何也要上一次坟。直到第四年清明节,马干九才请了三四天假匆匆忙忙赶回家,祭扫老人的墓地后便赶回工地。干部职工团结奋战,使令人担心的山心坡工程变成了放心工程。

山心坡工程,集中体现了筑路工人无私奉献、一往无前的精神。这种精神,正是将昆玉高速公路建成精品工程的最根本的保证。

二、玉元高速公路——山区高速展新貌

玉溪至元江高速公路建设创造了云南公路建设史上的多个第一,全线有云南公路"第一桥""第一坡""第一洞"之称。建设项目荣获2002年度云南省优质工程一等奖、2003年度国家优质工程奖。原交通部副部长胡希捷评价:"玉元高速公路是我国第一条真正意义上的山区高速公路。"

(一)项目特点

玉元高速公路是国家高速公路网G85银川至昆明高速公路联络线G8511昆明至磨憨高速公路的一段,也是昆明至曼谷国际大通道的重要路段。

玉元高速公路处于哀牢山脉,沿线山峦连绵、沟壑纵横,地形地貌复杂,地质水文条件差,特殊的地形地貌决定了玉元高速公路建设具有桥隧相连(图17-32)、深挖高填、坡陡弯多、工程艰巨、环保难度大、边坡治理难的特点。

图17-32　桥隧相连

玉元高速公路的建设,探索出了一套在深山峡谷中修建高速公路的科学管理方法、科学施工的成功经验。原交通部部长黄镇东1999年初视察在建的玉元高速公路后,感慨地评价:"云南地处高原,山高谷深,地形地质极为复杂。在云南修路难,修高等级公路更难。玉元高速公路确确实实上了一个台阶。"

（二）项目概况

玉元高速公路(图17-33)地处玉溪市红塔区和峨山、新平、元江县境内,起于玉溪市红塔区高仓(昆明至玉溪高速公路止点),向南经研和、峨山、大开门、扬武、红龙厂、青龙厂、甘庄,止于元江二塘桥(元江至磨黑高速公路起点),全长112.091km,其中玉溪市红塔区境内17km、峨山县境内35.961km、新平县境内21km、元江县境内38.13km,比老公路缩短32km。

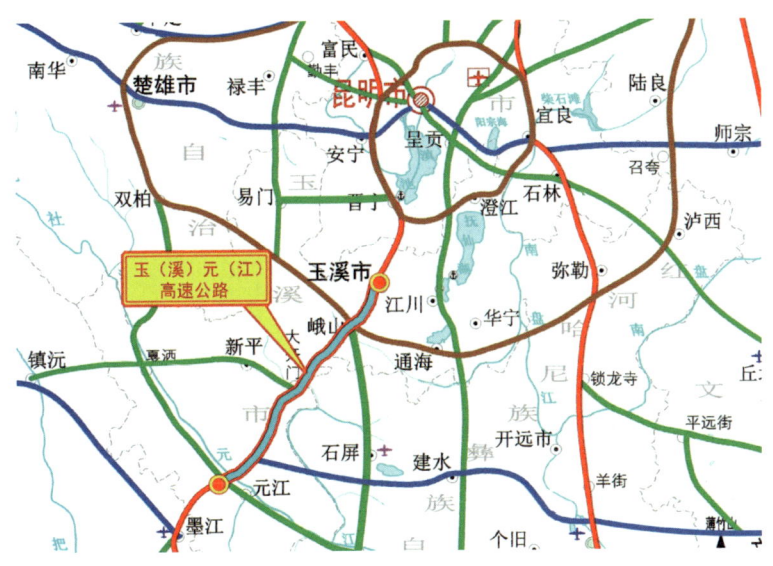

图17-33　玉溪至元江高速公路位置示意图

玉元高速公路玉溪高仓至洪水塘段15.348km按平原微丘区高速公路标准建设,洪水塘至二塘桥段96.743km按山岭重丘区高速公路标准建设。设计速度分别为:玉溪高仓至洪水塘(K92+000～K107+948.39)段100km/h;洪水塘至二塘桥(K107+948.39～K211+100)段60km/h。路基宽度分别为:玉溪高仓至洪水塘段24.5m,行车道宽2×7.5m,中间带3.0m,中央分隔带2.0m,硬路肩2.5m,土路肩0.75m,左侧路缘带宽0.5m,中央分隔带内植灌木绿化;洪水塘至二塘桥段21.5m(整体式),行车道宽2×7.0m,中间带2.0m,中央分隔带1.5m,硬路肩2.25m,土路肩0.5m,左侧路缘带0.25m,中央分离带上设置钢筋混凝土防撞护墙,护墙上设置防眩板。平曲线最小半径125m,最大纵坡6%。桥涵设计荷载:汽车—超20级,挂车—120。

玉元高速公路为全立交、全封闭和全控制出入的四车道高速公路,设有完善的交通安全、服务管理设施和通信、监控收费系统。

项目主要工程数量为路基土石方2017.5万 m^3,挡土墙64.21万 m^3(其中混凝土7480m^3),特大桥1175.25m/4座(单幅),大桥11430.11m/64(座)(单幅)、中桥6174.04m/84座(单幅)、小桥616.34m/24座(单幅),涵洞10101.31m/319道,通道2534m/98道,互通式立交9处,跨线桥18座,分离式隧道7080m/8座(单洞),连拱隧道174m/1座,浆砌排水沟37万 m^3,边坡绿化429万 m^2,沥青路面223.4万 m^2,全线设置完善的标志、标线、防撞护栏、防落网、刺铁丝隔离栅。

全线分别在高仓和扬武设有两处服务区,在骆子箐、小甸中、扬武及马鹿箐隧道设隧道管理所,全线设计有先进的动态交通工程、收费系统、通信系统和监控系统。对小甸中、扬武隧道等中、长隧道,设置完善的机电设备和营运设施,包括安全设施、交通信号系统、通风照明及其控制系统,监控、供电及消防系统等。

玉元高速公路项目原概算30.4亿元。1997年5月,玉元公路开工不久,交通部颁布了新的从1998年1月实行的《公路工程技术标准》,取消了汽车专用公路,改为高速公路和一般的一级公路。经云南省交通厅批准并报交通部同意,玉元公路按高速公路的标准对路基边坡坡比、边坡防护及交通安全设施等进行完善设计,并调整总概算为45.18亿元报交通部审批。经交通部批复,玉元高速公路概算为41亿元。

玉元高速公路建设工期为3年6个月,1996年12月开工建设,2000年10月29日建成通车。

(三)前期决策和参建单位

为加快玉元项目的实施,云南省交通厅于1996年11月5日、8日两次召开会议,就组建"云南玉元公路建设指挥部"和组织玉元公路招投标工作进行研究,并以《关于玉元公路建设有关问题的请示》报云南省人民政府批准指挥部的组建、招投标、征地拆迁标准等问题,云南省人民政府以《云南省人民政府办公厅关于玉元公路建设有关问题的复函》回复省交通厅,同意成立玉元公路建设领导小组,领导小组下设指挥部,按规定和程序组织实施玉元高速公路的建设任务。1996年12月,交通部批准了云南省交通厅上报的《玉溪至元江公路开工报告》,玉元公路建设全面进入项目执行管理阶段。

为确保项目顺利进行,云南省交通厅批准成立云南玉元高速公路建设指挥部。1996年12月~1998年12月,晋福祥兼任指挥长,1998年12月起,吴忠彩任指挥长。指挥部下设办公室、合同管理处、工程技术质量管理处、财务处、设备物资处、征地拆迁协调处、开发经营处六处一室。根据工程实施的实际需要,在峨山、扬武两处设分指挥部负责现场管理和服务。

第十七章
国家高速公路

为实现"标准高、质量优、效益好"的建设目标,指挥部首先从选择施工单位入手,在云南省交通厅 1996 年 11 月 21 日成立的"玉元公路施工招标委员会"领导下,严格按照《公路工程国内招标投标文件范本》,本着公开、公平、公正和诚实信用的原则,采取国内公开招标的办法,选择了具有相应资质的 14 家施工单位承担全线 15 个合同段的路基施工任务。

绿化工程、路面工程、沿线服务设施、病害工程滑坡治理、交通工程、隧道工程、隧道设施等均由指挥部报请云南省交通厅同意成立招(议)标委员会,严格遵照《中华人民共和国招标投标法》《公路工程招标投标管理办法》等有关法规规定的招标程序确定施工承包单位。表 17-11 为玉元高速公路项目参建单位表。

玉元高速公路项目参建单位表　　　　表 17-11

序号	参建单位	单位名称	合同段编号及起止桩号	主要负责人
1	项目管理单位	云南玉元公路建设指挥部	K92+000 ~ K211+100	吴忠彩
2	勘察设计单位			
3	施工单位	云南第公路工程处	土建一合同 K92+000 ~ K103+000	
4		云南省凌亚公路工程公司	土建二合同 K103+000 ~ K116+000	
5		云南公路桥梁工程处	土建三-1 合同 K116+000 ~ K121+200	
6		武警交通第二总队第五支队	土建三-2 合同 K121+200 ~ K127+986.61	
7		铁道部第二十工程局二处	土建四-1 合同 K127+986.61 ~ K129+545.678	
8		铁道部第十二工程局	土建四-2 合同 K129+545.678 ~ K131+361.947	
9		铁道部第十二工程局	土建五合同 K131+361.947 ~ K134+500	
10		铁道部第十九工程局	土建六合同 K134+500 ~ K140+699.433	
11		云南第一公路桥梁工程公司	土建七合同 K140+6644.49 ~ K150+700	
12		云南省第四公路桥梁工程公司	土建八合同 K150+700 ~ K162+050.79	
13		铁道部第十八工程局第三工程处	土建九合同 K163+000 ~ K167+623.54	
14		云南第二公路桥梁工程公司	土建十-1 合同 K167+623.54 ~ K178+954.56	
15		铁道部第二工程局	土建十-2 合同 K178+954.56 ~ K181+300	
16		云南省第三公路桥梁工程公司	土建十一合同 K181+300 ~ K199+500	
17		中国云南公路桥梁工程总公司	土建十二合同 K199+500 ~ K211+100	
18	监理单位			
19				
20	设计咨询单位			

(四)建设情况

1996年,交通部批复了玉元高速公路的工可报告和初步设计。云南省交通厅对玉元高速公路施工图设计进行了批复。

玉元高速公路征地拆迁协调由地方政府负责。项目启动后,玉溪市红塔区、峨山县、新平县和元江县均成立了重点公路建设领导小组,专门负责征地拆迁协调工作。

1.项目建设重大决策

(1)建立内部款项支付制度

指挥部在办理各种结算时,严格遵守国家规定的有关银行结算办法和现金管理制度,可使用支票结算的,一律使用支票转账结算,在国家规定的现金使用范围内或支票转账不便结算的,方可使用现金结算。

(2)建立对外款项支付制度

指挥部对各承包单位及各料款的结算,严格按照国家规定的基本建设拨款程序、原则和工程价款结算办法办理。

(3)资金集中管理 杜绝多头开户

为控制好玉元高速公路的投资,指挥部坚持"资金集中管理,杜绝多头开户"的原则。指挥部除允许物资处单设银行账户进行内部独立核算外,其余部门一律不允许开设账户,公路建设投资和管理费用均由指挥部财务处统一管理和使用,分指挥部实行备用金按月报账制。指挥部在遵循"专款专用,专户专储"的前提下,原则上尽量压缩银行账户,除上级和有关部门规定必须开设的专用账户外一律杜绝,从而有利于资金的集中调度使用,充分发挥资金的使用效率,保证资金安全,减少了银行账户差乱。

2.抓好工程质量和进度控制

(1)坚持"百年大计,质量第一"方针

按照"百年大计,质量第一"的方针,指挥部提出了"精心组织、精心施工、科学管理、严格监督,把玉元高速公路建成一条标准高、质量优、效益好的高速公路"的质量工作目标。为实现这个目标,指挥部紧密结合工程实际,工作安排上做到全面有序,施工中做到均衡生产,把质量终身负责制的责任落实到各个岗位。

(2)树立精品意识 把质量放在一切工作的首位

坚持"一个中心,两个服从",实现"一个目标"。即以质量为中心;当工程进度和质量发生矛盾时,进度服从质量,当经济效益与质量发生矛盾时,经济效益服从质量;坚定不移地实现创全优工程的质量目标。

(3)建立健全制度 切实保证工程质量

由于项目施工难度大、技术复杂且含量较高,为确保在质量管理方面万无一失,指挥

部率先狠抓质量管理的制度建设。依据交通部《公路工程质量检验评定标准》及《公路工程竣工验收办法》,结合项目实际,制定了《玉元高速公路工程质量处罚实施细则》《玉元高速公路质量控制程序》等制度,明确了指挥部、监理、施工单位的质量管理工作职责和考核奖惩办法,严格技术标准,并组织质量督查组进行定期或不定期的督查,以及分阶段的质量大检查,发现问题及时整改,使质量控制贯穿于整个施工的全过程。

(4)认真实施监理制度

玉元高速公路的监理工作实行业主领导下的总监理工程师负责制。指挥部设总监理工程师同时担任指挥部副指挥长,设置三级监理机构,即指挥部设总监办公室,峨山、扬武分指挥部设总监代表处,若干合同段或一个合同段设驻地监理组。全线共设16个驻地监理组,经过招标选择了云南省云通监理咨询有限公司等监理单位负责实施施工监理。

各级监理机构以质量控制为核心,努力做好进度控制和计量支付工作,较好地履行了业主赋予监理的职责。绝大多数监理机构、人员能较好地按照业主提出的"监、帮、促"要求,做到"严格监理,热情服务,秉公办事,一丝不苟",积极帮助、指导承包商健全质保体系,熟悉高速公路施工要求,解决工程中存在的疑难问题。

(5)采取措施 全方位抓好工程质量

①用科学的数据指导施工。

玉元高速公路开工之初,指挥部切实抓好各级质量保证体系的建立和试验检测机构的设置,在峨山、扬武两个分指设置2个中心试验室,配备试验设备96台;各监理组、施工单位(主线承包单位)共设15个试验室,配备主要试验设备660台,为搞好质量控制提供了科学的试验检测资料。

②狠抓人、机、料、场四个环节。

强化各级技术人员、施工人员的质量意识,严格掌握技术标准,严格施工规范和程序,确保必须配备的施工机械和设备,切实抓好材料的规格和质量,提高施工现场管理水平。

③实施样板工程,促进工程质量上台阶。

为确保玉元高速公路创全优工程,工程开工后,指挥部提出了实施样板工程计划,即每一分部、分项工程开工前,先做样板工程。要求样板工程必须从材料、设备、施工工艺、施工组织、工程的内在和外观质量、资料等方面符合规范和设计要求。样板工程做好后,由指挥部召集施工、监理、设计单位有关人员参观学习、总结推广。通过实施样板工程,对提高全线工程质量起到了积极的推动作用。

④努力消灭质量通病。

玉元高速公路在工程质量管理中,始终贯彻云南省交通厅制定的质量工作原则:以路面平整度为龙头,以路基压实度为重点,抓死内在质量,搞好外观质量,消灭质量通病,使公路质量上一个新台阶。一是对路基、防护工程、隧道、桥涵台背等关键部位施工进行特殊处理,严格选用填料,对施工工序、质量标准、检查考核方法及奖惩措施等均提出了具体的要求;二是凡施工、监理单位在关键部位施工时必须设立标牌,标明关键部位的工程名称、工艺要点、桩号、施工单位、项目经理、施工责任人、监理责任人等,把质量责任制落实到每一个人的具体操作行为中,把责任分解到每一个具体的施工人员身上。

⑤推广使用砂浆拌和机。

针对以往圬工砌体工程施工中砂浆拌和多以人工拌和、配合比不均匀、砂浆质量难以控制的客观情况,指挥部提出,全线施工圬工砌体必须采用砂浆拌和机拌和砂浆,保证了砂浆的拌和质量。

⑥严格质量检查制度。

对石砌工程进行破坏性抽样检查,不留质量隐患。在玉元高速公路建设过程中,除云南省交通厅每年度组织的质量大检查外,指挥部每个季度都会同监理单位、设计代表处组织大的质量检查。

⑦加强质量稽查工作。

指挥部、分指挥部抽出专人配备专车成立质量稽查组,对工程质量实施全方位、全天候的监督和检查,稽查组有责任、有权对监理工程师、施工过程和结果进行监督和检查。稽查组一旦发现质量问题,坚决按照《玉元高速公路工程质量处罚实施细则》进行处罚,决不姑息迁就。

⑧坚持标准,严格转序保全优。

在玉元高速公路的整个建设过程中,指挥部对各道工序的施工都从严把关。路基工程的转序,经施工单位自检、监理检验,再由指挥部报云南省交通厅进行验收。路槽的宽度、高程、压实度、平整度及实测弯沉等均需达到规范要求。对于路面工程施工,指挥部严格路面各层的转序验收,同时实行底基层、基层、面层的逐项验收转序。坚持上道工序不经验收,达不到优良工程标准,不准进行下道工序施工,对于不合格的工程坚决作返工处理,并且严格执行指挥部制定的质量奖惩办法。

3. 工程设计变更实行"四方"会审制

指挥部成立后即制定了《云南玉元高速公路变更(完善)工程设计管理办法》,在实施中又进一步补充和完善了该办法,具体操作时采用"四方"会审制,即需要变更(完善)设计时,先由承包人提出申请,再由建设、监理、设计、施工四方到现场核实,四方均认可后,现场办理处理卡,并开始实施。超过指挥部审批权限的变更(完善)设计,上报云南省交通厅批准后实施。

通过采用"四方"会审制,对确保工程质量、加快工程进度、降低工程造价起到了积极的促进作用。

4. 安全和环保工作

玉元高速公路指挥部十分重视安全生产工作,针对玉元高速公路土石方量大,桥、隧多,爆破和高空作业多的特点,在不同施工阶段,制定下发了若干安全生产规定,同时多次组织进行安全检查,把事故隐患消灭在萌芽阶段。到工程完工为止,玉元高速公路建设中没有发生重大伤亡事故,实现了安全生产。

玉元高速公路开工后,指挥部明确提出:"公路建设与环保同步进行"。指挥部严格按照《环境保护法》等法律、法规组织全线环境保护工作,认真贯彻落实国务院颁发的《建设项目环境保护管理条例》和国家环保总局下发的《关于贯彻实施〈建设项目环境保护管理条例〉的通知》,把环境保护工作列入议事日程。玉元高速公路项目建设基本做到与环境保护设施同时设计、同时施工、同时投入使用,并通过了水利部水土保持司和云南省环保部门的验收。

元江县甘庄农场依靠假莫代水库进行灌溉。玉元高速公路刚好从水库上游通过。为了确保水库安全,玉元公路指挥部、扬武分指挥部与玉溪市水利局、元江县水利局、甘庄农场多次协商,专门在水库的源头修建了两道拦沙坝,第一道高8m,专门拦截粒径比较大的土石,第二道再一次拦截泥沙。水库右边有个取土场,指挥部要求施工单位先做挡土墙后取土。采取这些措施,目的只有一个,不让泥沙流入水库。

"不待群众找上门,主动把工作朝前做",这是玉元公路各施工单位对待群众利益的积极态度。在扬武隧道附近的山头上,有个叫底色莫的彝族村寨,村民用水要走2km到隧道下面的山箐里去挑。隧道动工后,水沟堵塞,群众用水受到影响。施工单位投入20多万元架设水管,并在村子最高处修建水池,使上百户彝族群众用上自来水。

玉元高速公路经过练江河谷,沿河十几公里的路段同时施工,峨山县最担心的就是练江下游的县城雨季会受水淹。峨山县政府、人大、政协组成专门的工作组,一周要跑一次工地。峨山分指挥部指挥长苏子兴与县里签订责任书,分指又与施工单位签订责任书,确保雨季之前将路基废弃土、杂物清理完毕,弃土场做好防护工程,与公路建设同步,对河道截弯改直。由于措施得力,雨季中,峨山县城安然无恙。1998年10月26日,时任云南省人大常委会副主任张宝三率队对玉元公路贯彻《中华人民共和国环境保护法》和《中华人民共和国水土保持法》的情况进行视察。视察组中,一位曾在玉溪地区行署工作过的云南省水利厅副厅长感慨地说:"练江一直是地委、行署的一块'心病',20世纪80年代就曾提出治理改河的方案,由于种种原因一直未能如愿。随着玉元高速公路的建设,河道得到了治理。指挥部真是为玉溪人民做了一件大好事。"

(五)复杂技术工程

1. 玉元高速公路"第一洞""第一坡""第一桥"

在云南公路建设史上创造了多项第一,最为引人注目的当数"第一洞""第一坡""第一桥"。

玉元高速公路经过峨山后,一头扎进了练江河谷。这里,两岸山峰耸峙,练江在山谷间左冲右突,可利用的地形不超过200m。公路进入河谷,一道陡峻的山梁便挡住了去路。挖明槽,坡太陡;打隧道,上下行线却无法分开布设。于是,这里有了云南第一座公路连拱隧道。所谓连拱,即上下行隧道紧紧连在一起,中间仅隔一道几米厚的墙。这座隧道长度170m,在云南公路隧道中并不算长,但由于两拱相连,施工时,必须先将中间的隔墙即中导洞打通砌好,然后再一前一后将两个边导洞打通砌好,最后再正式开凿隧道,施工前后要打5次洞,工艺要求比较高。由云南省桥梁工程处和铁道部十八局联合投标的这座隧道,为云南的公路建设提供了宝贵经验。

玉元高速公路通过"第一洞",过小甸中隧道、骆子箐隧道后,一道高边坡赫然出现在公路左侧,这便是全线有名的第一道高边坡,也是云南当时最高的公路边坡。原交通部部长黄镇东在视察玉元公路时,曾感慨地说:国内外的公路他看了不少,但还从未见到过这么高的边坡。

这道边坡垂直高度148m,足有50层大楼那么高。

对公路施工而言,边坡越高,施工难度就越大,风险也越大。开挖50层大楼一般高的边坡可以说是地形和地质条件逼出来的。按照原设计,这里是一座隧道,优化设计后改为开挖七八十米的边坡。施工中,为了确保边坡的稳定,开挖量不断增加,直至山体被"切"去了一半,形成了148m的高边坡,开挖的土石方量达40多万 m^3。

边坡开挖后,防护又是一道新的难题。防护工程分为14台,下面5台为实体挡墙和护面墙,上面9台为窗孔肋式防护,孔内植草。6000多立方米用于防护的石料,全凭民工用肩膀背上坡,每千克石料背上边坡,仅搬运费就要花8分钱。这道200m长的高边坡,上百名施工人员用了整整两年半的时间才将其治理完工。

过了"第一坡"后,玉元高速公路进入了一段鸡爪形的山箐内。山高箐深,桥梁一座接一座,其中的一座便是被称为"云南第一桥"的化皮冲特大桥。

化皮冲大桥全长412.5m、高80m,主跨180m,建成时是云南跨度最大的一座公路桥,同时也是云南第一座劲性骨架钢管混凝土结构大桥。大桥施工有两道关键工序:一是焊接。总重540t、每根直径为30cm的钢管须按一定的弧度焊成20节。二是吊装。焊好的钢管要吊到100多m的高空,在两山之间的桥墩上架起来。

按照常规,钢管焊接要在工厂里进行加工,然后运到工地。而化皮冲大桥的进场道路根本适应不了这种运输。承担施工任务的云南省桥梁工程处大胆实践,将钢管运到工地焊接。为确保焊接质量,处里挑选了10多名焊工进行专门培训,总工程师何坡城亲临工地坐镇指挥,终于高质量地完成了焊接任务。经专家检测,焊接合格率达100%。吊装过程中,桥工处已经退休的高级技师、全国劳动模范陈德厚担任总指挥。老劳模沉着应对,为"云南第一桥"的建设再次立下新功。

2. 高难险美

在玉元高速公路建设指挥部,从指挥长吴忠彩到各部门的工作人员,谈起这条公路,都爱说四个字:高、难、险、美。这是对玉元公路特点的高度概括(图17-34)。

图17-34 玉元高速公路在哀牢山间画出优美曲线

玉元公路的"高",体现在方方面面。由于公路沿线山高谷深,因而深挖高填多、桥高、边坡高、挡墙高……全线有大中小桥197座,大桥和特大桥桥墩高达三四十米。与高桥、高边坡相对应的还有高填方。最高的填方达51m。按设计要求,填方分层碾压,每层松铺厚度30cm,碾压后密实度要求达到98%,每米需填5层,50m就要填250层。

玉元高速公路的施工可以说是难关道道,其中还有难以预料的险情。在这些难关之中,最难的当数小甸中隧道。

小甸中隧道刚好位于1970年1月峨山7级大地震的侵蚀中心区,岩体疏松破碎,裂隙发育,加之地下水丰富,施工极为困难,施工单位吃尽了塌方、涌水的苦头。

面对前所未有的压力,工程建设者们没有退缩,他们从小甸中隧道的实际出发,采取积极有效的措施,终于将一道道难关甩到了身后,征服了玉元高速公路最大的一只"拦路虎"。

小甸中隧道集中反映了玉元高速公路的工程难度,同时也反映出玉元公路的巨大效益。洞穿小甸中,使玉元公路避开了原213线有名的化念坡,大大缩短了汽车的行驶里程。

由于有了小甸中隧道为代表的一批隧道,有了化皮冲特大桥为代表的一批大中小桥,玉元高速公路与老公路相比,里程一下缩短了32km。就这32km里程的缩短,带来的经济效益和社会效益是十分巨大的。以三菱越野车为例,100km 油耗约 15L,少跑 32km,至少可以节油 5L。以每升油 3.4 元计算,与老路相比,光油钱就可以省下 17 元。如果将公路等级提高后汽车时速加快、磨损减少等因素算上,效益就更为可观。玉溪到元江,走老路,汽车要行驶 3 个多小时,走玉元高速公路,只要 1 个多小时。

筑路人对公路有一种特殊的感情。承担第七合同段施工任务的云南省路桥一公司项目经理杨玉宝说,修路的人最难受的就是交路的时候。那一刻,就像把亲闺女嫁出去一样。指挥长吴忠彩也说过类似的话。他说,公路通车,就像姑娘出嫁一样。

玉元高速公路是筑路人心中的女儿。女儿出嫁前,他们已将她打扮得漂漂亮亮。乘车沿玉元高速公路前行,使人感受到的是一路美景、一路壮阔。边坡上,茵茵绿草中点缀着星星点点的小花;隔离带上,柏树青青,迎春花吐出了嫩芽。这就是玉元公路"高、难、险、美"中的"美"。

建设指挥部从工程动工之初就明确提出,工程施工与环境保护同步进行,在抓好工程质量的同时,搞好绿化美化,把玉元高速公路建成一条与周围环境相协调的风景线。

路基工程动工后,指挥部督促施工单位在大大小小的弃土场上及时种上青草或树木。针对全线边坡绿化面积达 240 多万 m^2 的实际,指挥部采用招标的方法,从近 20 家参与投标的单位中选择了 8 家参与绿化,并从美国、英国、瑞士、加拿大等国引进优质蒿羊毛、狗牙根、黑麦草种进行绿化。

为了把玉元高速公路打扮得更美,公路建设者们大胆创新,在边坡挡墙墙脚设置花坛,种上美人蕉、爬山虎等花草。在中间隔离带的绿化上,建设者也进行了大胆探索,练江河谷内的 13km 隔离带用绿化代替原设计的防眩板,种上了迎春花。为减少浇花带来的麻烦和危险,这段公路的绿化还采用了先进的滴灌技术。

由于防护措施到位,尽管深挖高填多,玉元高速公路并未给沿线的生态环境带来大的影响。公路建成了,留下的依然是一路青山绿水,一路美景。

(六)科技创新

1. 化皮冲特大桥的施工

化皮冲特大桥为西南首座上承式钢管混凝土劲性骨架拱桥,其钢管现场焊接达到工厂施工方能达到的国家一级焊缝标准。

2. 高低台分离式路基

因地制宜创新设计了山区高速公路独有的高低台分离式路基,为山区高速公路的建设提供了宝贵的经验。

3. 爬坡车道的设置

爬坡车道的设置及纵坡指标的采用,经论证后得到了交通运输部的批复认可。

4. 高填筑路基

为消耗废方和节省桥梁,采用高填石路堤($H=57\text{m}$),为后来的设计和施工积累了经验。

5. 公路陡崖峭壁护栏的开发研究

项目所开发的"座椅式"混凝土护栏的结构形式合理,能够有效阻止车辆越出护栏,并具有良好的导向功能,为山区高速公路高挡墙危险路段提供了一种安全可靠、经济实用的混凝土护栏结构。

6. 大跨径桁架拱门架标志的利用

与原来的交通标志门架结构相比,相同跨径高度的门架大跨径桁架结构门式标志节省钢材50%~60%,并能够承受与现有门架相同的风力,且由于新型桁架结构不需在中央分隔带设置立柱,施工难度大大降低,道路景观和行车安全得到了改善,该项目于2001年荣获国家实用新型技术专利。

7. 隧道技术创新

练江曲线连拱隧道首次在云南省高速公路建设中采用;扬武曲线隧道、马鹿箐"S"形反曲线隧道的设置,合理解决了地形限制,为设计规范提供了有价值的补充和论证。

8. 护栏滑模施工

中央混凝土防撞护栏采用了滑模施工,使外观平滑流畅。

9. 中央防眩采用生物措施

配合使用绿化滴灌技术,使行车感观改善。

10. 钢管混凝土拉筋带的采用

丰富了软土路基的处理方式。

11. 改进桥梁施工工艺

单臂梁柱铰接、桥面预应力张拉、I形简支梁结构体转接等技术的采用,丰富了桥梁施工工艺。

12. 改进边坡施工工艺

根据山区高速公路的特点,采取了边坡自上而下边开挖、边防护、边绿化的工艺,在确保路基稳定的同时,有效遏制了环境污染和水土流失,并辅之以抗滑桩护坡、预应力锚索挡墙、窗肋式护坡加六角空心砖铺砌再加生物措施,边坡防护形式的多样化,使拥有亚洲第一高边坡(148m)的玉元高速公路边坡稳定,绿化形式多样,形成一道靓丽的风景线。

2002年6月,玉元指挥部被云南省交通厅评为"九五"科教工作先进单位。

三、元磨高速公路——大道跨越回归线

在中国、老挝、泰国三国间,由北向南贯穿着一条公路大通道——昆明—曼谷公路。2000年,中、老、泰三国政府达成合作协议,决定把这条国际大通道建成高等级公路,使之

成为中国与东盟和南亚联结的纽带。

元江—磨黑高速公路与玉溪—元江高速公路相连,标志着从昆明到普洱县磨黑的345km路段为全程高速公路,昆曼国际大通道云南境内路段高速公路像一条腾飞的巨龙,在墨江县城附近跨越北回归线,昂首前行。

(一)相关背景

20世纪50年代初,中国人民解放军在大陆上追击国民党军队的最后一次战役——滇南战役的硝烟刚刚在元江两岸散尽,9万多获得翻身解放的农民自带板锄、畚箕和简单的行李,从玉溪、思茅、蒙自来到元江两岸、哀牢山间,凭一根扁担、8根绳子、一对畚箕,用三年零三个月时间修通了一条"翻身之路"——昆明—打洛公路。

提起昆洛公路,人们忘不了的是那些急弯和陡坡。在公路人中,还流传着这样一个真实故事:一位干部从思茅到墨江,在一个叫马萨坡的地方搭便车。第一次拦车,驾驶员不理。他沿小路追到第二个回头弯,再拦那位驾驶员的车,对方还是不理。到了第三个回头弯,对方依然不理。他穷追不舍,到第四个回头弯,又一次拦下那位驾驶员的车,驾驶员只好说:"上来吧!"这就是昔日的昆洛公路——人走小路与汽车爬坡一样快。

今天的元磨高速公路就是在先辈们当年修筑"翻身之路"的崇山峻岭间横空出世的。元磨高速公路通车,让这样的故事真正成了历史(图17-35)。

图17-35　新路旧道天壤别

作为1998年国家实施积极的财政政策、拉动内需确定的16个国家重点建设项目之一,国家、云南省委、省政府、省交通厅及当地政府高度重视元磨高速公路的建设。元磨高速公路建设者攻坚克难、不辱使命,在悬崖峭壁上开路、在断裂带上打隧道,付出了常人难以想象的艰辛。

(二)项目特点

元磨高速公路线路跨越哀牢山、无量山和元江、阿墨江、把边江"两山三江",在海拔

470~2050m 的崇山峻岭之间四上四下,高差达 1580m,建成时是云南高差最大的一条高速公路(图 17-36)。

图 17-36　大路入云端

由于河谷深切,自然边坡陡峻,大多数路段都悬挂在长大斜坡上,且沿线岩体破碎,被专家称为"豆腐渣"地质。特殊的地理位置和地质条件,使元磨高速公路创下了云南乃至全国高速公路建设的多项"第一"。主要特点有:

1. 地质最复杂,地质病害最多

元磨高速公路全线滑坡、坍塌等不良地质达到 155 段(处),最大单处滑坡面积达 7.5 万 m^2,160 万 m^3 滑坡规模和治理难度为全国高速公路之最。

2. 地形最复杂,地势陡峻

全线范围内垂直高度大于 30m 的路堑高边坡多达 349 处(其中,高于 50m 的 199 处、高于 100m 的 66 处),稳定性差、风险大,高边坡之多及治理难度为全国之首。

3. 经过四上四下八次大起伏

全线横跨哀牢山、无量山、元江、阿墨江、把边江"两山三江",路线经过四上四下八次大起伏,高差在 450~1700m 之间交替变化,坡陡高差之大在国内高速公路建设项目中罕见。

4. 建成同类桥型世界最高桥红河特大桥

元磨高速公路上的红河特大桥采用 (58+182+265+194+70)m 预应力混凝土连续刚构,建成时为同类桥型世界最高桥,桥高 164m,墩高 123.5m,主跨跨径 265m,科技含量高、施工监控技术国内领先。全线共有 8 座同类型特大桥。

5. 建成云南最长高速公路隧道

元磨高速公路大风垭口隧道建成时为云南最长高速公路隧道(上行线长 3354m、下行线长 3373m,全长 6727m),施工中遇到的各种地质病害如塌方、突泥、涌水、断层、溶洞、瓦斯等为全国公路隧道施工所罕见。

6. 桥隧所占比例高

元磨高速公路全线桥、隧所占比例高,桥隧里程长达43.453km,占路线总长的30%。

7. 运行效益显著

元磨高速公路是云南重点公路项目中与老路相比缩短里程最多的一个项目。高速公路比老国道213线缩短里程67km,缩短31%。汽车平均时速由过去的30km提升到60km,运行时间由原来的7个小时缩短到2个小时。时间节省了,汽车的油耗、轮胎费、保修费也大大降低。

(三)项目概况

元磨高速公路(图17-37)是国家高速公路网规划中G85银川—昆明高速公路联络线G8511昆明—磨憨公路的一段,是昆明—曼谷国际公路的重要组成部分,是中国云南与缅甸、老挝及整个东南亚经济贸易往来的国际运输大通道,也是云南"三纵三横、九大通道"规划建设项目之一。路线起于元江县二塘桥,接玉元高速公路,经元江、红光、南溪、碧溪、墨江、忠爱、通关、把边及黄庄,止于普洱县的磨黑镇,接磨黑—思茅公路。根据地形地质情况,全线共设8座大跨径连续刚构特大桥、2座大跨径的箱拱桥,设有14座连拱隧道、9座分离式隧道。路线全长147km,按四车道高速公路标准建设,设计速度60km/h,路基宽22.5m(其中11km设计速度100km/h,路基宽26m)。设计荷载为汽车—超20级,挂—120,路线最大纵坡6%,最小平曲线半径150m,设计洪水频率特大桥1/300,路基及其他桥涵构造物按百年一遇。其余各项技术指标按照中华人民共和国交通部颁发的《公路工程技术标准》(JTJ 001—1997)执行。

图17-37 元江—磨黑高速公路位置示意图

全线路基土石方(含变更)6409.39万 m³,平均每公里43.5万 m³;挡土墙、防护、排水工程185.76万 m³,平均每公里1.26万 m³;桥梁共计58566.89m/445座(单幅长),平均每公里398.4m/3座。其中,特大桥6064.5m/14座(双幅长)、大桥37197.62m/199座(单幅长)、中桥14027.5m/192座(单幅长)、小桥1278.54m/40座(单幅长)。隧道25138m/46座(单洞长)。其中,3000m以上特长隧道2道、1000m以上长隧道4道、涵洞13890.8m/547道。

元磨高速公路在元江、红光、南溪、碧溪、墨江、忠爱、通关、把边及德安设置9处互通式立交,分别在墨江、通关、黄庄设综合服务区3处,设元江、大风垭口和老苍坡3个隧道管理所,设11个收费站以及功能齐全的收费、监控、通信系统和隧道管理系统,以及边坡防护、绿化、标志、标线、护栏、隔离棚等交通安全设施。

元磨高速公路批准概算投资66.47亿元。其中,交通部补助8.49亿元、财政部专项补助0.25亿元、国家开发银行贷款14亿元、亚洲开发银行贷款2.5亿美元(折合人民币20.75亿元),其余不足部分由云南省自筹。

元磨高速公路于2000年5月18日正式开工建设,2003年12月28日建成通车。项目建成通车,对实现云南"建设绿色经济强省、民族文化大省、中国连接南亚、东南亚国际大通道"的战略目标,加快云南经济建设步伐,促进边境贸易和旅游业的发展起到了十分重要的推动作用,对加强我国与南亚、东南亚各国的经贸往来具有十分重要的意义。

(四)前期决策

1996年初,根据云南省政府《关于加快干线公路建设的决定》和云南省交通厅《关于加快六条干线公路改造方案》,云南省交通厅决定,将昆磨公路元江—磨黑段的预可行性研究工作下达云南省公路规划勘察设计院,并与交通部公规院共同完成。按照要求,云南省公路规划勘察设计院开始对本项目按汽车专用二级公路标准进行勘察。

1996年1月,交通部批准云南元江—磨黑公路项目作为利用亚行1998财年贷款项目。

1996年4月,云南省公路规划勘察设计院对昆磨公路全线进行了交通量(OD)调查并广泛搜集了社会经济和交通运输资料,通过对运输量、交通量发展预测和现有公路状况、区域环境的综合论证,认为该路段必须修建汽车专用一级公路方能适应需要,并再次对该段公路按汽车专用一级公路标准进行实地复查、勘察,按照交通部的有关规定开始编制预可行性研究报告。

1996年7月,云南省计委、云南省交通厅联合向国家计委上报了项目建议书。

1996年9月,云南省公路规划勘察设计院编制了工程可行性研究报告。

1997年4月,受国家计委委托,中国国际工程咨询公司组织专家组对元江至磨黑公路项目建议书及预可行性研究报告进行了现场调研、评估,并提出了评估意见,建议按高速公路标准改建。

1997年8月和1998年4月,云南省公路规划勘察设计院两次编制了工可补充报告,对交通量预测、建设规模及技术标准、投资估算与资金筹措、经济评价等作了补充和调整。

经国务院同意,1998年3月5日,国家发展计划委员会批准该项目立项。

1998年9月,云南省交通厅向交通部上报了元磨高速公路初步设计。同年11月19日,交通部批准该项目初步设计,概算总投资664713.71万元,项目总工期4年。

1999年6月17日,元磨公司向亚行正式提交了关于国际咨询专家的招标文件。经亚行审批后,于1999年7月17日开始出售招标文件,并于7月27日~28日举行了共有7家国际咨询公司参加的咨询招标标前会和现场考察。经过招标评审并经亚行批准,意大利国际咨询公司正式获准参加亚行贷款元磨高速公路项目咨询服务。

2000年2月1日,国土资源部批准项目建设用地963.1045公顷。

1997年6月26日,国家环保局审批通过环评报告。

2000年4月2日,水利部审批通过项目水土保持方案报告书。

2000年4月5日,云南省交通厅批准项目《公路工程开工报告》,同意开工。

2001年10月22日,云南省交通厅批准该项目施工图设计,投资预算为696619.97万元。

(五)参建单位

根据云南省交通厅云交人〔1998〕482号文件要求,云南元磨高速公路建设指挥部(云南元磨高速公路有限公司)于1998年10月正式成立。指挥部按照交通部有关要求正式办理了项目法人资格证书,任命沈忠武为指挥长,并报交通部核备。

元磨高速公路项目的计划、实施、建设及管理工作由指挥部全面负责。指挥部下设行政办公室、工程技术质量管理处、合同管理处、总监办、财务处、设备处、物资处、亚行办、中心试验室、人事处及安统处,根据工程实施需要,分别在工程沿线的元江、墨江两县成立元江分指挥部、墨江分指挥部和通关分指挥部负责工程现场管理和服务工作。同时,按照三级管理模式,实行指挥部管分指挥部、分指挥部管监理、监理管施工的模式,质量监管由业主自办监理,成立总监办的总监理工程师负责制,下设三个总监代表处。

为了严肃招标工作纪律,指挥部制定了不准单独接待投标人和与元磨公路建设有经济关系的任何商人;不准在家里、酒店等任何娱乐场所接待投标人;不准接受任何形式的礼品、礼金和有价证券;不准接受任何形式的请吃、请玩、请娱乐的"四不准"制度,并上报云南省交通厅,确定了指挥部的招标工作负责人、工作人员及项目实施计划时间表。

元磨高速公路严格按照《公路工程国内招标投标文件》规定,严格执行国家《招投标法》《公路工程施工资格预审办法》《公路工程施工招标投标管理办法》《公路工程施工监理招标投标管理办法》等有关法律、法规和规章,对土建工程、交通工程、三大系统工程、隧道机电工程、隧道送变电、隧道消防、绿化工程、沿线建筑设施工程在全国范围内进行公开招标,最终选择了18个土建工程、18个边坡绿化、3个交通工程、3个沿线建筑设施工程、3个隧道机电、2个送变电、2个隧道消防、1个三大系统、3个中央分隔带绿化和14个监理合同段的参建单位。

元磨高速公路由云南省公路规划勘察设计院设计。施工过程中,设计院还派出6名设计代表常驻工地,设计院相关领导不定期带队组织各部门到现场服务。

各施工单位均能按照合同承诺到位相应的施工管理人员、施工机械及检测试验设备,建立有关施工管理规章制度、质量奖惩办法及各项施工操作实施细则,建立健全内部质量保证体系。各监理单位均能按监理协议书规定到位承诺的相应数量的监理人员,对于重点工程、重点部位做到全天候旁站监理,坚持"上道工序检测不合格,下道工序不能施工"的监理要求,以工程质量监理为核心,严格执行监理程序。表17-12为元磨高速公路建设从业单位信息采集表。

元磨高速公路建设从业单位信息采集表　　　　表17-12

序号	参建单位	单位名称	合同段编号及起止桩号	主要负责人
1	项目管理单位	云南元磨高速公路建设指挥部	K211+100~K371+822.02	指挥长:沈忠武 副指挥长:张从明 李润生
2	勘察设计单位	云南省公路规划勘察设计院	K211+100~K371+822.02	张树
3	施工单位	中铁十五局集团第二工程有限公司	土建一合同 K211+100~K216+500	刘实行 邓光祥
4		中港第二航务工程局	土建二合同 K216+500~K218+500	钱华伟 茅兵海
5		中铁一局集团有限公司	土建三合同 K218+500~K228+100	赵立波
6		云南省第一公路桥梁工程有限公司	土建四合同 K228+100~K237+461.97	马泽辉 许敏
7		云南公路桥梁工程处	土建五合同 K237+461.97~K253+000	杨汝凌 李仓
8		中国水利水电第十四工程局	土建六合同 K253+000~K258+000	王栋 杨元红

续上表

序号	参建单位	单位名称	合同段编号及起止桩号	主要负责人
9	施工单位	中国云南公路桥梁工程总公司	土建七合同 K258+000~K267+755.34	胡宝贵 解国强
10		中国十五冶金建设有限公司	土建八合同 K267+755.34~K279+753.894	唐克斌 梁盛喜
11		中铁隧道集团二处有限公司	土建九合同 K279+753.894~K287+674.88	魏云红 文献江
12		四川隧道工程有限公司	土建十合同 K287+674.88~K291+820	尹 勇 张玉泉
13		中铁隧道集团有限公司第一工程处	土建十一合同 K291+820~K301+460	何平阳 刘家和
14		路桥华南工程有限公司	土建十二合同 K301+460~K303+420	
15		中国葛洲坝水利水电工程集团有限公司	土建十三合同 K303+420~K314+188.82	朱 峰 罗 毅
16		云南第二公路桥梁工程有限公司	土建十四合同 K322+200~K329+600	杨玉坤 陈 韦
17		云南第五公路工程处	土建十五合同 K329+600~K339+100	朱树福 张明鸣
18		交通部第一公路工程总公司厦门工程处	土建十六合同 K339+100~K348+600	葵光远 佃心刚
19		中国路桥(集团)总公司	土建十七合同 K348+600~K360+400	杨永智 林顺泉
20		云南省第四公路桥梁工程公司	土建十八合同 K360+400~K371+822.02	角述宾 钱文付
21		昆明乡村高尔夫俱乐部有限公司	绿化一合同 K211+100~K216+500	张 福 王莘夫
22		云南绿源草坪绿化有限公司	绿化二合同 K216+500~K218+500	李 帆 敖成林
23		深圳市万信达园林草业有限公司	绿化三合同 K218+500~K228+100	李成明 刘 磊
24		云南生态技术有限公司	绿化四合同 K228+100~K237+280	徐人龙 唐成心
25		北京绿菌达绿化工程技术公司唐山豪门园林有限公司	绿化五合同 K237+461.97~K253+885	李欣君 江玉林

第十七章
国家高速公路

续上表

序号	参建单位	单位名称	合同段编号及起止桩号	主要负责人
26		云南省公路局绿色高新科技开局发中心	绿化七合同 K257+230～K267+755.34	赵庆云 马绍宾
27		云南恒苑绿色产业开发有限公司	绿化八合同 K267+755.34～K279+753.894	苟 健 庞金虎
28		云南利鲁环境建设有限公司	绿化九合同 K279+753.894～K287+674.88	高慧林
29		湖南绿苑环境工程有限公司	绿化十合同 K287+674.88～K291+820	杨春林 刘健康
30		北京绿菌达绿化工程技术公司、唐山豪门园林有限公司	绿化十一合同 K291+820～K301+460	李欣君 江玉林
31		昆明乡村高尔夫俱乐部有限公司	绿化十二合同 K301+460～K303+420	王莘夫 李海林
32		云南海屹经营开发有限公司	绿化十三合同 K303+420～K314+188.13	杨家贤 何文宾
33		云南大地城市园艺有限公司	绿化十四合同 K322+200～K329+600	马 先
34	施工单位	昆明今业花卉园林有限公司	绿化十五合同 K329+600～K339+100	邓 坡 黄少国
35		云南交林林业勘察绿化有限公司	绿化十六合同 K339+100～K348+600	翟志华
36		云南利鲁环境建设有限公司	绿化十七合同 K348+600～K360+400	高慧林
37		深圳市农科园林装饰工程有限公司	绿化十八合同 K360+400～K371+822.02	丁一兵 马永林
38		广西中科院广西植物研究所	中央分隔带绿化 A 合同 K211+000～K247+479.64	张付茶 王要刚
39		石家庄开发区环美花卉园林绿化服务中心	中央分隔带绿化 B 合同 K253+000～K303+420	卢志新 于秀藏
40		昆明今业花卉园林有限公司	中央分隔带绿化 C 合同 K303+420～K371+822.02	邓 坡 钟星云
41		云南省第八建筑工程公司	隧道消防系统 H1 合同 K212+460～K279+540	邵 昆 余 林
42		深圳捷星工程实业有限公司	隧道消防系统 H2 合同 K279+538.94～K287+674.88	张正成 张新华

续上表

序号	参建单位	单位名称	合同段编号及起止桩号	主要负责人
43	施工单位	云南省交通科学研究所	硅管敷设 A 合同 K211+100～K272+700	和永军 杨金铨
44		北京市飞达交通工程公司	硅管敷设 B 合同 K272+700～K371+620	夏晓津 陈建国
45		中铁十二局集团电气化工程有限公司	送变电一合同 K211+100～K279+538.94	梁卫兵 温海军
46		云南省送变电工程公司	送变电二合同 K285+400～K371+822.02	赵玉福 杨海滨
47		上海电器科学研究所	隧道机电一合同 K211+100～k253+000	陈建中 万 鸣
48		云南省交通科学研究所	隧道机电二合同 K253+000～K279+538.94	段明磊 张 勇
49		广州海特天高信息系统工程有限公司	隧道机电三合同 K279+538.94～K371+822.02	彭国芳 梁海斌
50		紫光股份有限公司	机电三大系统 K211+100～K371+822	闫华学 刘长军
51		云南省公路局道桥技术工程公司	交通安全设施 A 合同 K211+100～K247+479.64	李冀昆 赵建军
52		武安市交通安全设备有限公司	交通安全设施 B 合同 K253+000～K303+420	张东华 任红斌
53		凯通交通工程有限公司	交通安全设施 C 合同 K303+420～K371+822.02	刘玉林 王家福
54		云南省第三建筑工程公司	房建 A 合同 K231+830～K246+100	许坤林 刘继孙
55		云南省第三建筑工程公司	房建 B 合同 K253+800～K302+860	付 梅 周 麟
56		云南省第八建筑工程公司	房建 C 合同 K326+500～K371+250	孙庆亨 吴军民
57		云南第五公路工程处	忠爱联络线合同 K0+000～K4+875.1	期家富
58	监理单位	北京华通公路桥梁监理咨询公司	土建监理一合同 K211+100～K218+500	温树林
59		北京中通公路桥梁监理咨询有限公司	土建监理二合同 K218+500～K253+000	温树林
60		河北廊坊冀民监理公司	土建监理三合同 K253+000～K258+000	温树林
61		海南海通监理公司	土建监理四合同 K258+000～K279+538.94	温树林

续上表

序号	参建单位	单位名称	合同段编号及起止桩号	主要负责人
62	监理单位	云南省公路工程监理咨询公司	土建监理五合同 K279+538.94～K291+820	温树林
63		北京育才布朗监理公司	土建监理六合同 K291+820～K303+420	温树林
64		北京成明达公路桥梁监理咨询公司	土建监理七合同 K303+420～K329+600	温树林
65		北京华宏公路桥梁监理咨询公司	土建监理八合同 K329+600～K348+600	温树林
66		云南省公路工程监理咨询公司	土建监理九合同 K348+600～K371+822.02	温树林
67		云南纪星交通工程监理公司	三大系统监理合同 K211+100～K371+822.02	温树林
68		北京兴通交通监理公司	机电监理合同 K211+100～K371+822.02	温树林
69		云南公路建设监理公司	忠爱联络线监理合同 K0+000～K4+875.1	温树林
70		云南纪星交通工程监理公司	交通安全设施监理合同 K211+100～K371+822.02	温树林
71		云南省交通基建监理公司	中央绿化监理合同 K211+100～K371+822.02	温树林
72		云南省交通基建监理公司	房建监理合同 K211+100～K371+822.02	温树林
73	设计咨询单位			

(六)建设情况

1.征地拆迁

按照云南省人民政府有关文件要求,元磨高速公路项目征地拆迁由玉溪、思茅两地市政府负责。随后,两地市政府分别与云南省发改委、省交通厅、省国土资源厅签订了《征地拆迁及建设环境保障责任书》,由地方政府负责征地拆迁工作,负责建设环境的维护和建设过程中的社会治安工作。两地市政府成立了专门的征地拆迁工作部门,指挥部也成立了征地拆迁处具体负责施工单位与地方政府、沿线群众的协调。同时,针对元磨高速公路项目部分红线外遗留的征地拆迁问题,以及《征地拆迁环境保障责任书》中未明确办理《元磨高速公路国有土地使用证》所需的公路产权勘界责任及费用等,由云南省审计厅、云南省公路开发投资公司,思茅市、玉溪市政府,元磨指挥部共同协商,本着实事求是、合法合理的原则,对遗留问题进行了妥善解决。

2. 质量管理

(1)完善质量体系,落实质量责任

指挥部建立了指挥长领导下的总监理工程师质量负责制,下设的总监办(总监代表处)、工程处(工程科)、合同处(合同科)、中心试验室都是质量管理的职能部门。总监办(总监代表处)负责建立健全各项监理工作制度,监督、落实高监办的工作,负责对现场质量进行不间断检查特别是对早、中、晚容易出现管理空白的时间段及关键工序进行重点检查,并定期召开工地检查会议,通报现场质量问题,限期整改落实;中心试验室负责检查审批承包人的试验设备和试验资料,同时对监理的试验检测资料进行定期或不定期检查;工程处(工程科)负责技术交底、按四方签认制度进行常规变更设计的处理和审批,做好重大技术方案资料的收集整理工作,为上级决策提供完整的基础资料;合同处(合同科)负责招标文件的编制和各项合同管理工作,建立计量台账,审核上报的计量支付报表、审核新增项目单价及变更设计工程数量。

各部门相互协作、齐抓共管,按照三级质量保证体系和"业主管理、社会监督"的双向质量监管方式对元磨高速公路的质量进行"纵向到底、横向到边"的全方位管理。

(2)提升质量理念,强化基础管理

在全线牢固树立"质量就是生命"的质量意识,把质量管理作为项目管理的核心,采取多种措施强化基础管理,提高工程质量。

①强化监理责任

建立监理个人档案,由指挥部对监理人员进行考评,结果计入个人档案。对成绩突出的进行表彰奖励;对不称职的,予以清退。

②强化技术培训

按照不同工程项目的特点和难度,邀请专家现场培训全线工程管理和施工技术人员。如:邀请滑坡处治专家现场讲解锚索、锚杆从制作、钻孔、安装、注装、张拉到工程验收各个环节的技术要点;邀请隧道专家现场讲解连拱隧道每道施工工序的注意事项。

③强化四方验收

关键工序、关键部位一律由指挥部、设计代表、施工、监理四方共同到现场进行验收,对工程质量进行共同把关。如:路基填方的填前处理在施工单位报请监理检查验收后,由指挥部组织设计代表、施工、监理到现场共同验收,只有合格后才能进行第一层填土。

④强化推广先进设备

每项工程开工前,指挥部要先组织对现场的机械设备进行逐一落实,确保设备先进、质量过硬。如:使用不小于16t压路机进行路基碾压;使用混凝土强制式拌和机拌和;使用电子计量设备;使用滑模式衬砌台车浇筑隧道中隔墙,保证工程进度和工程质量"内实外美"。

⑤强化典型示范作用

指挥部组织全线施工、监理单位相关人员对不同合同段的样板工程进行实地观摩,推行样板工程。对于存在质量问题的工程组织高监办的施工单位召开现场分析会议,使各施工单位技术人员对施工工艺、施工标准有直观认识,在全线营造"学先进、树样板"的良好氛围。

⑥强化现场稽查

指挥部加强现场检查力度,组织进行定期、不定期的质量专项大检查,发现问题及时召开质量通报会,限期整改,并按规定对相关单位或相关人员进行违约处理和责任追究,在质量问题上决不迁就,坚决推倒重来。

⑦用"试验数据"说话

强化试验检测,加大试验抽检频率,用"试验数据"说话。指挥部把路基压实度、水泥、砂石材料、沥青等作为中心试验室的抽检重点,对检测不合格的必须进行清理或返工;委托第三方检测单位对桥梁桩基础和隧道质量进行检测,经检测合格才允许进入下道工序的施工;隧道混凝土浇筑前,采用探地雷达对初期支护的工字钢间距、喷射混凝土的厚度、与围岩的结合部进行无损检测,合格后方能进行二次衬砌。

通过层层质量把关,使隐蔽工程的质量实现透明化,有效控制了施工单位对隐蔽工程粗制滥造和偷工减料的行为。

3. 造价控制

(1)严谨招标,降低单价

从招标开始,指挥部就对工程每个细目的单价进行严格控制。在合同谈判阶段,结合工程实际对施工单位的不平衡单价进行全线平衡调整,对新增单价的批复以套用、抽换合同已有单价为主,有利于控制工程造价;在工程现场变更中,优先考虑合同中已有的单价确定变更设计方案,避免新增单价的不确定性增加项目投资。

通过公开招标,确定了承包人的合同总价。在各专业实际结算后,大部分专业合同结算价均控制在合同价内。

(2)把握行情,节约成本

指挥部及时把握市场行情,在材料价格还未上涨前就与相关的材料供应商进行沟通和协商,确保项目建设的钢材、水泥等主要材料市场价格上涨时仍能及时供应且供应价格波动不大。

(3)优化设计,避免浪费

按照云南省交通厅制定的《云南省公路建设项目变更设计管理办法》,结合元磨公路的地质、地形、地貌及水文条件,指挥部在确保工程质量、进度的前提下,对各个工程项目变更坚持四方代表现场审定制度,经过反复分析和讨论研究,力求做到变更设计方案合理可行、安全可靠、节省投资。通过严格审核、把关,使工程变更金额得到有效控制,节约了工程成本。

(4)科学组织,均衡生产

根据总工期的要求,指挥部按照"一个阶段一个目标,一个时期一个重点"原则将整个建设过程按六个阶段目标实施,分别与各分指挥部签订阶段目标责任书,分解目标任务。同时,分指挥部也与施工、监理单位签订阶段目标生产责任书并要求各施工、监理单位把任务层层落实到各班组、各控制工点,使工地现场不留空白点。在最后收尾阶段,安排协调好土建、路面、三大系统及景观工程等不同专业间的施工衔接。科学合理的阶段目标管理在整个建设过程中贯穿了目标责任明确、任务分解、层层落实的措施。

(5)跟踪审计,控制过程

按照云南省交通厅在事前、事中控制建设投资的要求,指挥部在建设过程中就委托审计单位开展中期审计,发现问题及时纠正。同时,审计单位也提出了许多合理化的建议,在工程施工中有效控制了投资,同时也为竣工审计的顺利进行奠定了良好基础。

(七)复杂技术工程

元磨公路的一项项"第一"是与施工的难度密切相连的。

今天,当你驾车行驶在元磨高速公路上,感受到的只有路的宽阔、顺畅和车的快速。你很难想象,筑路人在悬崖峭壁上开路、在断裂带上打隧道的艰辛。

由云南省公路桥梁工程处施工的第五合同段位于元江支流南溪河峡谷内。工程动工前,工程技术人员步行到现场查勘,意外地发现了一些废弃的路基,经向当地群众了解得知,20世纪50年代这里曾经修过路,因工程艰巨,最后只得半途而废。今天的高速公路就修建在当年连一般公路都无法修通的崇山峻岭之间。五合同段9.6km公路8次跨越南溪河,设有两座连拱隧道,桥隧总长占线路的48%。特别是南溪河一号隧道,出口就在悬崖上,与隧道相连的是一座460m长的箱梁桥。为了修建这9.6km高速公路,施工单位修了28km便道,在南溪河上架设了13座简易钢架桥。

老苍坡也是元磨路比较有代表性的一段。17.25km范围内,依次排开了布陇箐隧道和老苍坡一、二、三、四、五、六号7座隧道和41座桥梁,桥隧里程占52.6%。云南高速公路桥连隧、隧连桥的雄奇景观在这里得到了最充分的展示。而这些隧道、桥梁,以及那一个连一个的高边坡,每一个施工中都有难以想象的困难,每一个都留下了令人难忘的故事。

元磨高速公路所经地段岩性大部分以风化严重的泥岩夹砂岩的滇西红层为主,被专家称为"豆腐渣"地质。元磨高速公路建设指挥部加大科研的投入,邀请一批全国工程界著名的专家到现场参与技术攻关。他们中有中国工程院院士王思敬,时任铁道部科学院副总工程师徐邦栋研究员、交通部总工程师凤懋润、交通部专家委员会副主任杨盛福、中国工程勘察院研究员方鸿琪,铁道部西南研究院院长、著名隧道专家王建宇研究员,铁道部西北研究院院长、著名滑坡治理专家王恭先研究员。一个工程项目集中这么多知名专家参与攻关,在云南公路建设史上是从来没有过的。

大风垭口隧道位于哀牢山断裂带上,并两次穿越南溪河源头,隧道施工可能遇到的各种疑难杂症在这里几乎全都遇上了。塌方、突泥、涌水、断层、溶洞、瓦斯……一个接一个的"拦路虎"相继出现在公路建设者们面前。在涌水地段,每小时涌水量达1000多立方米,钻杆常常被水流从山体内推出。工人们只得穿上雨衣在泥水里艰难地掘进。承担施工任务的中铁五局和水电十四局从国外引进TSP203地质超前预报仪,并委托同济大学的10多名博士、硕士现场监测预报,终于成功攻克了这一难关。

新材料、新技术、新工艺的采用,以及合理的施工方案也是元磨公路成功的关键。在红河大桥上,采用的新技术、新工艺、新材料就有6项:高性能、高强度泵送混凝土技术;镦粗直螺纹钢筋连接技术;新型模板和脚手架应用技术;大型构件、设备整体安装技术;超长预应力管道真空压浆技术;高温气候条件下的大体积混凝土温控技术。这座同类型桥梁"世界第一高桥"桥墩下的承台有篮球场那么大,一个承台浇灌的混凝土就有2100多立方米。大桥上部箱室宽22.5m,最薄处高5m,最厚处高14.5m,有5层楼那么高。大桥中跨合龙允许误差3cm,实际误差只有2cm;边跨误差允许3cm,实际误差只有1.4cm;墩柱误差允许2cm,实际误差只有9mm。如此高的施工精度,不能不说是个奇迹。

新材料、新技术、新工艺在边坡治理上也大显身手。桩板墙,抗滑桩,预应力锚索,锚杆,钢管注浆,对付滑坡的"十八般武艺"在元磨高速公路上全都派上了用场。全线打下抗滑桩1434棵,使用预应力锚索33.147万m、预应力锚杆7万m。不安分的大山仿佛穿上了厚厚的铁布衫,只得乖乖地让筑路人打洞、架桥、建大路。

(八)科技创新

结合元磨高速公路的特点,指挥部围绕边坡稳定、病害地质处治、隧道施工、桥梁设计与施工、生态环境与景观再造、交通安全设施研究、信息化管理等方面开展研究,共有16个项目分别列入部、省、厅及昆明市的科研项目,科研资金投入2241万元。

元磨高速公路的科研课题中,除红河大桥获云南省科技进步一等奖外,"高等级公路建设边坡病害防治技术"课题提出了高边坡病害分类标准和依据,提出了高等级公路抗滑支挡技术的选型原则,其中预应力锚索弹性地基框架有限差分法等属于国际领先水平。该成果荣获2005年度云南省科学技术进步二等奖。

"元磨公路隧道动态反馈设计与信息化施工研究"课题形成了隧道工程动态设计与

信息化施工的成套新方法,在复杂地质条件下高速公路隧道的施工中有很好的应用效果,获 2005 年度云南省科学技术进步三等奖。

指挥部还开展了"隧道超前预报智能化识别技术研究""空心板单板三支座受力性能研究""云南元磨高速公路边坡、桥隧、路基工程地质适宜性研究"和"酸性集料沥青改性剂研究"等课题研究,均取得了显著成果。

在积极引进先进的新工艺、新技术方面,指挥部通过项目的实施,与各科研、院校合作,优势互补,实现了真正意义上的产、学、研相联合,不仅在元磨公路工程项目上取得了较好的效果,也真正实现了在峡谷高山中、在"豆腐渣"地质上修建了一条优质的高速公路,培养了一批优秀的专业技术人才。一是引进了 TSP203 隧道地质超前预报系统,加强隧道的地质探测工作。在隧道掘进之前,用 TSP203 隧道地质超前预报系统对隧道掌子面前 100m 范围内的围岩地质情况进行探测,确定围岩类别以及是否存在地质病害(如地质断层、空穴等)。然后,根据地质预报结果确定隧道掘进方案,校对并修正隧道衬砌的支护参数。这样,既保证了隧道安全、顺利施工,又防止支护过多造成经济上的浪费以及支护强度不够而造成工程事故。二是用地质雷达(GPR)对隧道衬砌的各结构层进行质量无损检测。项目隧道衬砌各结构层在施工过程中,采用地质雷达进行质量无损检测,不合格的工程进行返工处理,合格后才能进行下一结构层的施工,保证了隧道衬砌的工程质量。三是采用了地震 CT、地质面波仪进一步对路堑边坡的地质进行地质勘探。通过勘探,充分掌握各边坡的岩性、风化程度、走向、节理状况、富水状况、各物理力学等参数,然后进行边坡的稳定性分析,根据分析结果进行工程防护设计。四是首次采用超声波仪进行桥梁桩基础的质量检测。项目全部桥梁桩基础(包括全部抗滑桩)均采用超声波检测,利用超声波仪对每棵桩基的完整性进行检测,确保了桩基础的施工质量。五是采用自平衡检测技术对大直径桥梁桩基承载力进行检测。对常规检测方法无法实施的直径 2m 及以上的桥梁桩基础,采用了自平衡检测技术进行了承载力检测,确保桩基承载力满足设计要求。六是直径在 25mm 及以上的受力钢筋采用镦粗直螺纹连接技术,不仅保证了工程质量,而且大大提高了钢筋的安装效率。

四、磨思高速公路——车行普洱闻茶香

这里是普洱茶的故乡。与普洱茶一起闻名于世的还有茶马古道。

20 世纪 50 年代初,以翻身农民为主力军的筑路队伍开赴深山,修建了被称为"翻身之路"的昆明—打洛公路。

2011 年 4 月建成通车的磨黑—思茅高速公路的起点,正处于茶马古道上的宁洱县磨黑镇,全线均在普洱市境内。

车行普洱闻茶香。茶马古道、昆洛公路、磨思高速公路并行于普洱的崇山峻岭间。茶

马古道上深深的马蹄印目睹了云南交通的变迁。

(一)相关背景

1. 茶马古道通四方

在云南西双版纳自古就有"六大茶山",三国前就有茶树种植。清朝中期,古"六大茶山"鼎盛,产品远销四川、西藏、南洋各地。六大茶山的茶叶因自古就在普洱集散,因而得名"普洱茶"。普洱茶外销之路,就是历史上的茶马古道。

清朝时,普洱茶的年产量达到10万担的规模。以普洱为中心向外辐射的6条茶马古道将普洱茶行销至中国本土和越南、缅甸、泰国等地,并转运到中国香港、中国澳门地区以及东南亚,甚至欧洲。贡茶采办官吏,川、藏、闽、浙及海外茶商聚集于六大茶山,马帮塞途,商旅充斥,形成了普洱茶的极盛时期。

清道光二十五年(公元1845年),从昆明经思茅至倚邦通过磨者河上的承天桥再到慢撒、易武由石板镶成的古茶马道,约宽2m,长达数百公里。

茶马古道兴起于唐宋,繁荣于明清,兴盛在民国,衰落于20世纪50年代。

1983年,思茅地区文物普查时发现,古茶马驿道保存得较为完好的还有那柯里驿道、茶庵塘驿道等。

2. 翻身人修翻身路

中华人民共和国成立后,近9万翻身农民积极响应党和政府的号召,自带锄头、畚箕和简单的行李,打着红旗,浩浩荡荡地开赴筑路工地,奋战三年零三个月,在昔日茶马古道穿越的崇山峻岭间,打通了重要的干线公路昆洛公路,在云南交通史上写下了浓墨重彩的一章。

昆洛公路的建成通车,结束了滇西南各族人民与现代化交通工具无缘的历史。过去由昆明步行去勐海需要26天,通汽车后以车代步只需3天。

公路通到哪里,哪里便比过节还热闹。饱受了交通不便苦头的边疆各族人民争相观看从来没有见到过的汽车。

汽车第一次进入思茅(即现在的普洱市)恰逢1953年端午节。四乡八寨的群众得知消息,不少人头天晚上就打着火把下山,见了汽车,总是摸了又摸,看了又看,好奇地问驾驶员:"汽车一天要吃多少料"。有位七八十岁的老太太是家人用滑竿抬下山看热闹的。见了汽车,她拿出粽子就喂,并问驾驶员:"这车要吃多少粽子?"驾驶员告诉她:"汽车不吃粽子,只吃油。"她接着说:"油我们去打(买)。"驾驶员又告诉她:"汽车不吃香油,只吃汽油。"

(二)项目特点

磨黑至思茅高速公路(图17-38)是国家高速公路网规划中G85银川至昆明高速公路

联络线 G8511 昆明至磨憨公路的一段,是国家西部大开发确定的八条干线公路中兰州至磨憨口岸公路的组成路段,也是昆明至曼谷国际大通道中的一段,是连接我国西北、西南地区及通往东南亚、南亚各国的重要陆路通道,在全国和云南省公路网规划建设中的地位和作用十分重要。

图 17-38　磨思高速公路在群山间蜿蜒前行

项目地处横断山区南部,为边缘受强烈切割的山原地形。山原顶部缓和起伏,地势总体两边低中间高、垂直变化大、沟壑切割深,山岭纵横、构造发育,有断裂谷、背斜谷,属中切中山、浅切中低山地形,沟谷发育、地表植被较茂盛。项目地质条件差异较大,各种不良地质均有不同程度发育,位于无量山断裂带,自北而南纵贯路线,地质构造复杂,位于三江褶皱系的南部,经历了多次的构造运动、岩浆活动、混合岩化作用及变质作用,有岩溶、崩塌、岩堆、泥石流、软土、红黏土等不良地质现象及特殊性岩土。

针对这一情况,在桥梁、隧道工程的建设中,采用了联络线 K0+502.97 桥现浇混凝土连续箱梁、K1+661 桥预应力空心板预制,立交 K2+391 桥现浇混凝土连续板,立交 K2+620.87 桥现浇混凝土连续板、K3+884、K4+883.5 桥预应力 T 形梁,K6+440、K6+844.5 桥预应力 T 形梁,高墩柱、高边坡、路基挖方、路基填方、软土地基、土工合成材料、挡土墙(砌体)、抗滑桩、涵洞(通道)、锚杆(索)框格梁、隧道钢筋网支护、T 形梁预制、隧道洞口截水沟、隧道爆破、隧道塌方处理等很多复杂的施工技术方案。

项目路线区域地处哀牢山两侧永平至思茅中生界"滇西红层"槽地的东南部,地形复杂多变,地势北高南低,总体上呈缓坡状倾斜,山脉多呈南北向展布。路线区域最高点为坝卡箐隧道的过老山,海拔1824m,最低点为株臭河与那柯里河交汇处,海拔1170m,相对高差654m,属构造侵蚀中低山地貌,地质作用以构造侵蚀、风化剥蚀为主。株臭河、那柯里河、思茅盆地局部有冲、洪积堆积作用。路线穿越的山间盆地主要有磨黑盆地、宁洱盆地、普洱盆地。

路线区域地处青藏滇西缅印尼歹字型构造体系中段东支哀牢山西侧。在漫长的地质历史发展、演化过程中,经历多次地壳运动,使区内构造极为复杂多变,近南北向断裂为区域内控制性断裂;北西、北东及近东西向断裂从起点K0+000~K41+300路段十分发育,尤以同心(株臭河)地段极为突出。受上述构造影响,该路段地形复杂多变,不同时代的地层挤压破碎强烈,不良地质发育,以小型浅层滑坡、古滑坡、坍塌体为代表。

磨思高速公路以政府和企业合作组建"项目公司"的方式建设,是经云南省人民政府和省交通厅批准的云南省施工总承包试点的第一条高速公路,也是云南省投资体制改革、由企业投资修建的第一条高速公路。2008年,受金融危机影响,项目融资和贷款比较困难。云南省政府进行了调研、协调,并以云政复〔2009〕94号文(《关于磨黑至思茅高速公路由经营性收费公路转为政府还贷公路有关事项的批复》)对磨思高速公路项目业主变更等问题作了批复。2012年,国家发改委以发改基础〔2012〕3121号文对磨思高速公路建设项目进行了批复,项目由核准制转变为审批制。

磨思高速公路的建设是落实西部大开发战略的具体体现。

(三)项目概况

磨思高速公路(图17-39)总体走向由东北向西南,起点K0+000接元磨高速公路、止点K371+600,路线沿原磨思二级公路延伸约1km后离开二级公路跨越磨黑河,路线布设于原G213线走廊带上,途中在K2+620.89设置磨黑互通与老G213线相连,并于K3+900附近经过磨黑镇东侧。路线于新寨附近跨越磨黑河与老G213线,翻越土地祠垭口后右转,沿北侧山箐缓缓升坡而上,由隧道通过坝卡箐山梁,下坡之后顺沿麻栗坪河箐沟前进至金鸡乡东侧,下穿G213线三级路穿越金鸡垭口,在K24+901.34处设互通式立交,联络线接至宁洱县城国道G213二级公路。其后,路线左转过土锅寨东面,经那么岭开始展线升坡,穿越木瓜箐垭口,随后往南降坡至困夺乡回到老213线走廊带上,并沿株臭河南岸布线,在K33+870处设置同心互通与同心乡政府所在地及现有路网交通相连。在多次跨越那柯里河后,路线再次与磨思二级路会合并平行布设于其左侧,途经头道河乡、那柯里河乡,并于K42+890附近跨越二级路,随后右转沿春子箐北侧展线升坡,设春子箐隧道穿越山梁后,降坡经中寨、纳贺水库东岸到达白庙东,并在K57+640处设置思茅北互通立交,匝道同普洱市政府规划道路相连。最后,路线沿坝区边缘思茅城西山脚布设,经天干箐,于 K64+450 跨过思茅至澜沧路,到达普洱市以西的路线止点 K64+619.49,接思小高速公路起点 K0+490。

图 17-39　磨黑至思茅高速公路位置示意图

项目按双向四车道高速公路标准建设,设计速度为 60km/h,全长 64.51256km,较磨思二级公路缩短里程 5.5km,主要控制点为磨黑、宁洱、同心、普洱。沿线设 4 处匝道收费站、1 处养护工区、2 处隧道管理所、1 处宁洱管理处、1 处普洱管理中心、1 处普洱服务区、2 处停车区,设互通式立交 4 处,工程用地 5550 亩。

项目远景交通量 2026 年全线平均 30583 辆/日,设计速度 60km/h,路基宽度 23.0m,行车道宽度 4×3.50m,行车视距 75m,圆曲线一般最小半径 200m,圆曲线极限最小半径 125m,最大纵坡 6%,最小坡长 150m,设计荷载等级公路—Ⅰ级,地震动峰值加速度:普洱 0.15g、思茅 0.20g。设置摄像头 44 个,覆盖全部收费广场、收费车道、收费亭以及立交区,实现了 100% 全覆盖和全程监控,设入口车道 9 条、出口车道 13 条。

项目主要工程数量为路基开挖土石方 1157.57 万 m^3、路基填方 552.59 万 m^3、挡土墙 20.45 万 m^3,改移地方道路 47 段约 18.58km,钢筋混凝土盖板涵 3867.31m/132 道,钢筋混凝土箱涵 42.64m/道,通道 1675.81m/48 道,改移老路线外桥 173.78m/6 座、跨主线桥 198.31m/2 座,小桥 249.5m/7 座(以单幅计)、中桥 2813.43m/49 座(以单幅计)、大桥 31123.84m/108 座(以单幅计)、分离式隧道 4 座长 8960m。桥隧约占路线总长的 33.36%。

项目工程主要构造物有桥梁、涵洞、高边坡、高挡墙、排水、圆形或方形墩柱、分离式隧道、混凝土拱形格、浆砌片石拱形格、锚杆框格梁、锚索框格梁、T 形连续桥梁、桩基挡土墙等。

磨思高速公路于 2008 年 10 月 2 日开工,2011 年 4 月建成通车。

(四)前期决策

随着元磨、思小高速公路相继建成通车,交通流量增加,磨黑至思茅二级公路成为了大通道中的瓶颈。二级公路通行能力小、交通拥挤,严重影响人们的通行并制约着当地社会经济发展,当地政府及沿线人民迫切希望磨思高速公路能早日开工建设。为此,普洱市人民政府(原思茅地区行署)上报云南省政府,经云南省政府批准立项建设磨思高速公路。

2004年5月,磨思高速公路进行"工可"编制工作。次月,云南省交通厅组织专家和有关部门进行了"工可"审查。

2005年5月,国家发改委委托中咨公司在普洱进行"工可"审查,11月交通部对该项目进行了审查并形成了核准意见。

2006年3月17日,国家发改委对该项目进行了核准批复。

2006年4月,云南省交通厅组织专家在普洱进行初步设计审查。同年8月,云南省交通厅对初步设计进行了批复。在此期间,项目在各级政府和部门的大力支持下,基本完成了其他各项审批工作,建设资金由云南路桥股份有限公司投入资本金,中国农业银行、交通银行和中国进出口银行给予贷款支持。

2006年项目建设进驻动员大会召开后,5个项目部和4个工程处进驻开展工作,同时办理土地、监理招投标工作。

(五)参建单位

项目是以市政府和企业合作组建"项目公司"的方式建设,是经云南省人民政府和省交通厅批准的云南省施工总承包试点,也是云南高速公路建设投资体制改革、由省内公路施工企业投资修建的第一条高速公路。

根据《云南省计委对以合作方式建设磨思高速公路问题的意见》和省政府的批示精神及思茅地区行政公署与云南路桥股份有限公司签订的协议,2004年1月5日,思茅地区行政公署同意由云南路桥股份有限公司牵头在普洱组建普洱磨思高速公路开发经营有限公司(下称"项目公司")作为项目业主,全权负责该磨思高速公路的资金筹集、项目建设、经营管理等具体事宜。任命角述兵为磨思公司董事长、总经理(2010年,起郭学侦为董事长、总经理),马利云为总工程师,漆泰生为总监理工程师。项目公司下设综合办公室、合同处、财务处、工程处(质量稽查办)、总监办、试验室、安全征迁处7个部门,有管理及后勤服务人员40人(其中工程及经济类管理人员22人,占管理人员总数的67%),具有公路建设甲级项目法人资格。

经云南省交通厅批准,磨思高速公路建设项目推行"施工总承包"试点工作。通过全国招标,严格按照"三公"要求,择优选取了25家设计、施工、监理单位参与磨思高速公路建设。

磨思高速公路共有23个合同段。其中,桥梁、路基4个合同段,隧道1个合同段,路面2个合同段,绿化2个合同段,交通安全设施4个合同段,沿线设施4个合同段,通信管道三大系统2个合同段,隧道机电2个合同段,隧道消防2个合同段。

项目的设计单位为云南省交通规划设计研究院。按合同要求,设计单位组织成立了项目后续服务组,项目负责人经常带领相关设计人员深入现场处理设计问题,做到有求必应,同时派常驻设计代表2人。按项目公司变更设计管理办法规定,先后对设计中10余处(段)工程进行优化调整。

监理工作围绕质量、进度、投资三大重点,设总监办、驻地监理办,实行两级监理体系,并委派总监理工程师,建立总监理工程师负责制的质量管理组织,每周利用2~3天对工地进行检查巡视,及时处理工地问题。工程分4个监理合同段,设4个驻地监理办。其中,第一监理合同段由云南云通监理咨询有限公司中标;第二、三监理合同段由云南云路工程监理咨询有限公司中标;第四监理合同段由云南公路建设监理公司中标。

工程动工后,项目公司多次召开大型专题会、一般工地会议,查办和解决属于"常见病、多发病"等一般性质量问题;将工程监理作为质量管理的前沿核心和基本点,着力维护监理工程师在工程质量管理中的权威性;授权各驻地监理办对现场发现的不合格工程和违规作业者开具《工程违约处罚通知单》,实施违约金处罚,使现场施工质量得到有效的控制。表17-13为磨思高速公路建设从业单位信息采集表。

磨思高速公路建设从业单位信息采集表 表17-13

序号	参建单位	单位名称	合同段编号及起止桩号	主要负责人
1	项目管理单位	普洱磨思高速公路开发经营有限公司	K0+000~K64+619.49	周培军
2	勘察设计单位	云南省公路规划勘察设计院	K0+000~K64+619.49	李志厚
3	检测单位	昆明南方岩土工程技术开发公司	K0+000~K32+000桩基工程	昝从江
4		云南太明工程检测有限公司	K32+000~K64+619.47桩基工程	周云
5		重庆交通科研设计院	K12+637.71~K15+522、K47+480.83~K51+400隧道工程	刘永华
6	监理单位	云南云通监理咨询有限公司	(第1高监办)K0+000~K12+637.71	黎明寿
7		云南云路监理咨询有限公司	(第2高监办)K12+637.71~K32+000	刘卫国
8		云南云路监理咨询有限公司	(第3高监办)K32+000~K51+400	许静
9		云南公路建设监理公司	(第4高监办)K51+400~K64+619.49	王洪波

续上表

序号	参建单位	单位名称	合同段编号及起止桩号	主要负责人
10	监理单位	云南纪星交通监理咨询有限公司	坝卡箐、春子箐隧道、隧道消防	何 维
11		珠海巨业建设监理有限公司	A:沿线收费站(四个);B:磨黑、同心房建、坝卡箐隧道进、出口房建、春子箐隧道进、出口房建;C:宁洱立交区房建;D:普洱立交区房建	赵文杰 张 浩 严庆生 欧阳军
12	施工单位	云南路桥股份有限公司	土建1合同 K0+000～K12+637.71	黄晓东
13		云南路桥股份有限公司	土建2合同 K15+522.6～K32+000	夜国光
14		云南路桥股份有限公司	土建3合同 K32+000～K47+480.83	张水华
15		云南路桥股份有限公司	土建4合同 K51+400～K64+619.49	何云峰
16		云南路桥股份有限公司	土建5合同隧道 K12+637.71～K15+522.6、K47+480.83～K51+400	应 熊
17		云南路桥股份有限公司	路面1合同 K0+000～K32+000	龚庆斌
18		云南路桥股份有限公司	路面2合同 K32+000～K64+619.49	岳 敏
19		杭州京安交通工程设施有限公司	JA01:K0+000～K32+000	来汉连
20		成都时代交通工程有限公司	JA02:K32+000～K48+005	黄启超
21		云南云桥建设股份有限公司	JA03:K48+005～K64+619.49	张 涛
22		湖南省永州市公路桥梁建设有限公司	JA03:K32+000～K64+619.49	王焕益
23		昆明荣成天宇控制系统工程有限公司	坝卡箐、春子箐隧道消防	陈 煜
24		江苏智运科技发展有限公司	JJ01:K0+000～K64+619.49 通信管道	周友国
25		中铁一局集团电务工程有限公司	SJ01:K12+760～K15+365 坝卡箐隧道	朱 祥
26		江苏安防科技有限公司	SJ02:K47+980～K50+300 春子箐隧道	刘卫平
27		云南路桥股份有限公司	LH01:K0+000～K32+000	李 祥
28		云南路桥股份有限公司	LH02:K32+000～K64+619.49	李 祥
29		云南新兴航钢结构工程有限公司	A:沿线收费站(四个)	杨建平
30		大理东旭建筑工程有限公司	B:磨黑、同心房建、坝卡箐隧道进、出口房建、春子箐隧道进、出口房建	苏叁元
31		普洱瑞光建筑工程有限公司	C:宁洱立交区房建	黄 刚
32		宜良县草甸建筑公司	D:普洱立交区房建	崔体林

(六)建设情况

1. 项目筹备

(1)资金筹措

磨思高速公路估算总投资约39.8亿元人民币。其中,国家安排中央专项基金(车购税)7.15亿元、云南省安排公路建设资金10.6亿元,其余22.05亿元资金利用国内银行贷款解决。交通部批准概算投资为 40.09 亿元。因在建设过程中的设计变更、地震等变故都增加了投资成本,实际投资 61.59 亿元,远远超出预算投资。为保证项目顺利实施,工程及征地拆迁款等支付按照《磨思高速公路财务管理办法》执行,按流程办理支付手续,按规定扣留质保金,并做到项目资金专户存储、专款专用,银行协助监控资金流向。

（2）工程招投标

工程招投标按有关法律法规和云南省有关规定,采用自行招标方式,先后依法组织了设计、施工和监理招标。其中,设计和施工按 1 个标段组织招标;监理按 4 个标段组织招标。

设计和施工总承包招标采用邀请招标和资格后审;施工监理招标实行公开招标和资格预审,并在《中国经济导报》上发布招标公告;参加每个标段投标的均在 3 家以上;工程专项检测等其他项目采用议标形式确定服务单位。

招标文件采用部、省招标文件范本,并制定配套的项目专用本,其中没有排斥或限制潜在投标人条款,评标标准和方法在招标文件中公布。评标时,依法组建评标委员会,按规定在云南省交通厅招标评标专家库抽取评审专家开展评标工作,并在云南交通信息网站公示中标结果。

在监督管理方面,省市交通主管部门对招标投标活动依法进行了监督管理,对招标公告进行审核,对招标文件、资格预审结果、评标报告等进行备案,并派人员会同纪检监察部门对资格预审、开标、评标等重点环节进行现场监督。同时,还邀请公证机构进行公证,使招投标工作真正做到公平、公正、公开和诚实信用。

（3）征地拆迁

项目沿线征地涉及面积广,地形复杂,植被丰富,拆迁各类地面附着物种类繁多,任务艰巨。

根据 2004 年 1 月 5 日普洱市人民政府与投资商云南路桥股份有限公司签订的《合作建设思茅至磨黑高速公路协议》,2006 年 3 月,普洱市人民政府与云南路桥股份有限公司签订了《云南磨思高速公路建设征地、拆迁及环境保障总包干协议书》,对项目公司给予享受外商投资的各项优惠政策,并给予享受国家西部大开发的优惠政策。

2006 年 9 月 29 日,国家林业局以准予行政许可决定书的形式核发了《使用林地审核同意书》,同意磨思高速公路建设项目占用征用林地 135.0412 公顷。其中,占用宁洱县国有林地 4.5098 公顷,征用宁洱县集体林地 87.642 公顷;占用普洱市思茅区国有林地 5.6344 公顷,征用普洱市思茅区集体林地 37.255 公顷。

2006 年 12 月,普洱市人民政府与项目公司签订了《征地、拆迁及环境保障责任书》,明确政府负责组织项目征地拆迁和环境保障协调工作,拆迁安置补偿等费用按 1.4 亿元人民币包干使用。

2011年3月6日,中华人民共和国国土资源部批复磨思高速公路工程建设用地,同意普洱市思茅区、宁洱县将农民集体所有农用地292.9501公顷(其中耕地152.0104公顷)转为建设用地并办理征地手续,另征收农民集体所有建设用地4.0513公顷、未利用地0.9245公顷;同意将国有农用地33.6688公顷(其中耕地0.4073公顷)转为建设用地,同时使用国有建设用地22.2759公顷、未利用地9.0803公顷。

2. 项目实施

(1) 重大决策

"1+1"两级建设管理模式及多级管理模式。按总承包施工的合同管理模式,项目构成"1+1"的两级建设管理体系,即项目公司 → 施工总承包指挥部。简单的合同关系减少了大量建设管理工作和中间环节,便于项目公司将更多精力用于资金筹措和研究后期营运管理,一定程度解决了企业重建设、轻管理的不足。

为了对整个项目进行全方位的安全监管,施工总承包指挥部建立了"指挥部、项目部、工程处"三级安全管理体系,配备各级专职安全人员35人。"磨思高速公路施工总承包指挥部"是在现场设立的施工组织机构,根据工程特点和施工管理需要,参照项目法施工组织形式,施工指挥部实行分段责任制,将土建合同工程分为5段组织施工。其中,4个路基段和1个隧道段每个分段按一个建制项目部进行管理,组成了三级施工管理体系,即施工指挥部 → 各项目经理部 → 各施工处。项目公司设总监办,并委派总监理工程师,实行两级监理体系,即总监办 → 驻地监理办。

试通车后,磨思高速公路由磨思公司直接经营管理。公司设办公室、财务处、监控中心、营运稽查处、安全环保处(交协警大队)、工程养护处、质量稽查处、精神文明处、人力资源处、党支部、工会、团支部12个部门,直接对磨思高速公路的收费营运、经营开发、营运维护等进行管理。磨思高速公路全线设磨黑、宁洱、同心、思茅北四个匝道收费站和宁洱隧道、普洱隧道两个隧道管理站,共有管理、收费及内保人员,构成了"1+1"式的两级管理模式,即磨思公司 → 收费站、隧道管理站。

(2) 应对6.4级地震突袭

项目位于思茅—宁洱地震带内,地质构造十分发育,且性质复杂,新构造运动强烈,地震活动频繁。据有关历史记载,株栗河、勐野井、江西、黎明、通关、宁洱等地多次发生地震,尤其以株栗河频率最高,6.5级以上地震多次发生在此地。

2007年6月3日5时34分56秒,宁洱县宁洱镇(东经101°01′,北纬23°04′)发生6.4级强烈地震,倒塌房屋10多万间。路线所经的株栗河地震带是本区震级高、烈度大、活动最频繁的地震带。依据中华人民共和国国家标准《中国地震动参数区划图》(GB 18306—2001)、《云南省地震动反应谱特征周期区划图》及《云南省地震动峰值加速度区划图》划分,宁洱县的抗震设防烈度为7度,地震动峰值加速度为$0.15g$,思茅区的抗震设防烈度为8度,地震动峰值加速度为0.20g。

宁洱地震给正在进行施工的磨思高速公路项目工地造成很大损伤,所有项目部、工程处、民工队伍住地等多处房屋均受到不同程度的损坏、倒塌,电力中断,所幸没有人员伤亡,但却造成了施工中断,工地混乱,调节整修的状态。按中华人民共和国行业标准《公路工程技术标准》(JTG B01—2003)的规定,宁洱县、普洱市的公路工程应进行抗震设计,随着近年来对地震安全的调整,桥涵工程在设计中考虑结构安全问题,增加了结构调整,大幅度增加了投资,也耽误了工期。

(3)员工集资修大道

2007年末,一系列贷款项目关闸断水,磨思高速公路项目建设资金短缺,到了空前艰难的地步,融资极为困难。为不使公路控制性工程停顿下来,公司上下广泛动员、各尽其力,干部、职工纷纷拿出积蓄或向亲友同学熟人借钱,即使在2008—2009年的全球性金融危机中,磨思高速公路的诸多控制性工程也得以保证顺利施工。

(4)抢工期,赶进度

在经受了2007年"宁洱6.4级地震"及全球金融危机的影响后,工地长时间处于停工或半停工状态。

2009年10月,大部分建设资金得以落实,当资金压力得到缓解之时,项目又面临着一个更加巨大的挑战——工期。针对工期紧、要求高、任务重、工程量大等特点,首先制订总体施工计划,在总体目标计划的基础上,结合工程的特点,制订以每月为单位的阶段性计划,以月计划保证年计划。在实施过程中将各项计划分解细化,落实到每个人头上,同时检查前一段计划执行情况,分析计划中存在的问题,提出相应措施和办法,通过对各阶段超前监督检查,紧紧抓住重点工程工期的控制,及时采取对策,解决关键问题,其次合理倒排工期,把目标层层分解,责任到人。

全公司上上下下,各尽其责,碰到施工难题半夜也要赶过去处理,白天黑夜连轴转在整条磨思线上成了一道景观,工地上出现了"热火朝天、大干快上"的施工局面。为了赶进度、求质量、保安全,施工、监理、技术人员全都钉在了工地上,有的人带着病也要赶工程进度;有的人已一两年没回家看望过一眼妻子儿女,一心扑在工地上;有的家庭甚至是父子齐上阵,只留女眷病患在家中照料,像这样的情况在工地上比比皆是。

通过全体参建者无节假日、无双休日,夜以继日奋战,云南省交通运输厅督导组多次到施工现场指导工作,普洱市政府成立督导组排忧解难,与磨思公司合力解决项目征地拆迁难、筹措资金难、安全保通难等难题,围绕"紧前不紧后"的原则使工程紧张有序、按目标整体推进,并于2010年5月大部分路基施工成型开始分时分段逐步进行路基转序,路基转序合格后进入路面工程施工,2010年5月13日路面工程逐段开工,2010年10月10日交通安全工程逐段开工,2011年4月25日磨思高速公路建成,按预计工期完成,顺利进入试通车营运。

3. 设计变更

2009年12月31日,云南省交通运输厅同意将磨思高速公路右幅K16+437.5(右)18×25m桥的第10~18孔桥改为路基,1~9孔改为T形连续桥梁,左幅K16+437.5(左)8×25m桥改为路基,变为整体式路基的变更设计;在K16+428处增设1-4×4m斜交混凝土盖板涵,将汇水由路线右侧流至左侧;在K16+449~K16+469处路基右侧设4×3m浆砌排水沟,将路基右侧汇水引入K16+428涵洞;在K16+505(涵洞出口)~K16+469处路基左侧设4×3(5)m浆砌排水沟,代替原自然主沟排泄汇水。

2010年7月12日,云南省交通运输厅同意将磨思高速公路路面上层面和中层面采用的SBS改性沥青混合料变更为硅藻土改性沥青混合料结构,设计厚度上层面4cm、中层面6cm不变。

为加强磨思高速公路工程设计变更管理,搞好施工设计的优化完善工作,确保工程技术标准、工程质量和施工安全,有效合理控制投资,顺利完成建设任务,项目公司在严格遵守双方签订的合同基础上,按照实事求是的原则,对设计变更及工程量增减,按设计变更程序办理,在合同变更的费用控制上,严格按照招标合同文件单价审核。

为把磨思高速公路建成"绿色、环保、生态"之路,本着"安全、经济、合理"的原则,在对设计规范要求和现场进行了认真仔细的实地察看后,磨思高速公路的部分桥梁也重新作了优化设计:

(1)取消K4+593的2~25m T形梁桥;

(2)取消K15+912的5~25m T形梁桥;

(3)取消K16+250左13~25m、右2~25m T形梁桥左幅1~5跨;右幅1~2跨;

(4)取消K32+629的15~25m T形梁桥1~12跨;

(5)取消K35+965的10~25m T形梁桥6~10跨;

(6)取消K61+411的6~25m T形梁桥;

(7)K34+325.49~K35+641段路线设计方案。

(七)复杂技术工程

因地形、地貌、地质的复杂性和特殊性,磨思高速公路项目建设过程中要考虑的因素多而细,尤其是在桥梁和隧道施工过程中产生了许多复杂的施工技术方案。如:改二级公路K0+502.97现浇连续箱梁桥专项施工技术方案。

K0+502.97桥位于磨思高速公路第一合同段内,为跨主线而设,跨径为6×20m,全长126.88m。其中,第三、第四跨跨越元磨高速公路。该桥设计为钻孔灌注桩,共9根。桥台钻孔桩直径1.6m,长22m;桥墩钻孔桩直径1.8m,桩长26m。桥台桩顶皆设有承台,桥台为柱式台,桥墩为立柱,立柱直径1.5m。上部构造为整体现浇钢筋混凝土连续箱梁,箱梁为单箱单室断面,腹板处梁高为1.45m。第一跨梁顶宽9.0~8.56m,梁底宽为桥台支承处沿桥纵向1.5m范围内为7.0m,其余为5.06m;第二跨梁顶宽为8.56~8.50m,梁底宽为5.06~5.0m;第三、第四跨梁顶宽8.50m,梁底宽为5.0m;第五跨梁顶宽8.5~8.82m,梁底宽为5.0~5.32m;第六跨梁顶宽8.82~9.73m,梁底宽为桥台支承处沿桥纵向1.5m范围内为7.73m,其余为5.32m。全桥共设5道墩顶横隔梁、2道台顶端横隔梁。连续箱梁采用C40混凝土,共637.6m^3。

现浇连续箱梁支架采用部分满堂式贝雷片支架。搭设支架时,贝雷架支架上搭设纵向5×20m方板,横向15×15m方木,连续箱梁底模板及侧模板采用厚1.2cm的高强度竹胶板。连续箱梁混凝土浇筑竖向分两次浇筑,断缝位置设置在倒角与腹板相交处。纵向一联采用逐孔分次浇筑,每次浇筑的施工缝应设置在1/5~1/4跨径范围内,施工缝严格拉毛并冲洗干净。同一次浇筑时,从跨中向墩顶方向浇注,最后浇筑墩顶两侧各3m左右范围内梁段及横隔梁,以防止在浇筑过程中墩顶位置出现竖向裂缝。混凝土强度不低于2.5MPa时方可拆除侧模,混凝土强度达到30MPa(设计强度的90%)时拆除顶模板。卸架时,先卸悬臂部分,再从跨中向两边卸架。同一联内第三孔以后,保证浇筑梁段前有不少于两孔支架未拆除。

(八)科技创新

项目公司遵循科技创新的原则,采用了一些新的技术和工艺,实用、新型、快速、有效,多项技术先后获得国家专利和国家级工法。其中,国家专利5项、国家级工法11项。

1. 硅藻土改性沥青的应用

项目公司借磨思高速公路硅藻土改性沥青技术列为交通运输部重大推广和研究项目的契机,联合云南省交科所、设计研究院对磨思高速公路的路面进行二次设计。原设计中路面为SBS改性沥青混凝土,施工中采用硅藻土改性沥青混凝土,做专项设计和实验。结合课题研究,并按照2003年11月颁布的《云南省硅藻土改性沥青混合料路面设计与施工技术指南(试行)》执行,加强对施工现场管理和工艺控制,检测指标完全满足规范要求,并且大大节约投资,为硅藻土沥青路面的推广奠定了基础。

2. 采用混凝土预制块铺筑紧急停车带

为了突显普洱市茶马古镇特色,K55+371.5~K56+026.5(左幅)及K55+381.5~K56+026.5(右幅)作为景观设计,紧急停车带面层采用混凝土预制块铺筑,这是云南第一次在高速公路硬路肩使用混凝土预制块,对高速公路施工有重要的借鉴意义。

3. 采用KST灌木护坡技术

磨思高速公路全线有17处边坡采用KST灌木护坡技术,这种技术在云南高速公路边坡施工系首次采用,特别是对松散石质边坡取得了很好的绿化效果。

4.钢管预应力索防撞活动护栏

磨思高速公路第四合同段原设计有7处紧急开口采用不锈钢活动护栏,考虑到行车安全,原设计不锈钢活动护栏采用钢管预应力索防撞活动护栏结构形式。钢管预应力索防撞活动护栏结构形式为云南高速公路第一次使用,应用前景广泛。

(九)运营养护管理

磨思高速公路设计中在立交区及前后增加了服务区、停车区及养护工区设施,保证车辆安全行驶,交通运营顺畅。沿线设置K19+000(左)停车区、K19+900(右)停车区、K34+900(左)停车区、K36+100(右)停车区、K60+920~K61+359普洱服务区、普洱养护工区。

磨思高速公路通车营运后,项目公司充分整合闲置的土地资源,对沿线服务设施进行了有步骤的规划,完善高速公路的沿线服务功能,为司乘人员提供优质、便捷的服务,进一步做好文明路、景观路、绿色走廊的经济大通道,助力经济发展。

磨思高速公路通车营运后,车辆通行流量及经济效益迅速增长。2011年4月通车后,2011年全线交通总流量为2388583辆,日均量为6544辆。以后每年车流总量均有递增。

通行费征收方面,2011年磨思高速公路通车当年共计征收通行费88739753.87元,随着社会经济的发展和车辆拥有量的迅猛增长,以后每年收取通行费数量均呈递增趋势,社会效益和经济效益与日俱增。

五、思小高速公路——铸造和谐生态路

汽车从滇南重镇思茅起程,经过刀官寨收费站,便进入了绿海之中。高速公路像一条银色的项链,将沿线的自然风光串联起来,使每一处美景都得到了最充分的展示:刀官寨,绿意盎然,松涛阵阵;南岛河,青山绿水,夹道相迎;普文坝,豁然开朗,田园风光;麻地河,苍翠扑面,秀色养眼;大渡岗,万亩茶园,绿波起伏;二台坡,层层胶林,树影婆娑;野象谷,茫茫雨林,万顷碧波;小勐养,青山环绕,鸟语花香。

2006年4月6日,思茅至小勐养高速公路提前75天顺利建成通车,沿线"路难走车难行"的状况得到了根本改变。

车在路上行,人在画中游。建设者更新理念,着力铸造思小高速公路的独特品质,使思小高速公路成了一条独具特色的国门生态路,也给驾乘人员留下了美的享受。

2006年5月13日,时任国家主席胡锦涛全程视察思小高速公路,对思小公路的建设给予充分肯定,他说:"只要认真落实了科学发展观,不仅开发与环境保护可以共赢,人与自然也可以和谐相处。"其后,时任国家副主席习近平、原国家领导人李瑞环、时任交通部

部长李盛霖也先后对思小高速公路进行了视察。

思小高速公路建设的成功经验得到了交通部的高度关注。2006年9月,思小高速公路正式被确定为交通部典型示范工程;2007年11月,交通部在云南景洪召开的全国公路建设座谈会上要求"把思小高速公路建设的成功经验在全国进行推广应用";2008年4月,思小高速公路被水利部评为全国生产建设项目水土保持示范工程;2008年6月,思小高速公路荣获云南省优质工程一等奖。

(一)项目特点

思小高速公路是国家高速公路网规划中G85银川至昆明高速公路联络线G8511昆明至磨憨公路的一段,也是昆明至曼谷国际大通道上的重要路段。

思小高速公路是我国第一条经过热带雨林的生态高速公路,其中共有37km穿越了小勐养自然保护区的次生林带。思小高速公路在设计、建设过程中,主要体现在"四个突出"上。

一是突出环境保护。路线设计时充分考虑山形地势、不追求高线形指标,路线布置灵活多样,结合宜桥则桥、宜路则路,边坡处理自然顺适,隧道洞口简洁自然;在施工中,做到不该砍的树一棵不砍、能不碰的树尽量不碰。

二是突出安全新理念。在很多细节处理上时刻为司乘人员考虑,以运行车速理论为指导,对线形指标进行级差控制,做到线形合理衔接和自然过渡,路基边沟设置为浅边沟和盖板边沟,在有条件路段设置了路侧净区,充分体现了设计的宽容理念;在多雾路段设置了多雾灯,降低了雾天对行车安全的影响。

三是突出服务功能。结合地形和沿线景观特点,全线设置了26处停车点、观景台和服务区,设计了人性化的标志牌和生态型声屏障,尽可能在细微之处体现出对司乘人员、游客和沿线群众的人文关怀。

四是突出民族文化特色。结合项目地域特色,充分尊重少数民族的风俗和习惯,巧妙地设计了傣族公主帽形式的隧道洞门、傣族特色的服务区建筑,以及生动直观的个性化标志牌等;建设过程中,注重公路自身景观与沿线自然景观、人文景观的和谐,注重公路设施与交通需求的和谐,使公路在满足功能的同时与沿线环境融为一体,实现了把思小高速公路建成一条环保之路、景观路和生态之路的目标。

(二)项目概况

思小高速公路(图17-40)起于思茅市南郊刀官寨西侧,止于景洪市小勐养镇附近,全长97.75km。主要控制点有:思茅市南郊刀官寨、曼歇坝、南岛河、景洪市普文镇、大干坝、红沙河、关坪、三岔河、小勐养。

第十七章
国家高速公路

图 17-40　思茅至小勐养高速公路位置示意图

思小高速公路技术标准为山岭区 4 车道,路基宽 22.5m,最小平曲线半径 225m,设计速度 60km/h,设计荷载汽车—超 20 级,挂车—120。抗震设防烈度:起点至 K89+400 为Ⅶ度、K89+400 至止点为Ⅷ度。所经地区最高处海拔为 1300m(曼歇坝垭口)、最低海拔 750m(小勐养坝),相对高差 550m。

项目概算总投资 39.95 亿元,实际完成投资 34.57 亿元,与概算投资相比节约了 53897.14 万元,节约比例达 13.48%;单位造价 3378.82 万元/公里,同比单位造价较低。

全线主要工程数量有路基土石方 1649.32 万 m^3,防护工程 78.33 万 m^3,大桥 30699.16m/140 座(单幅)、中桥 12199.28m/184 座(单幅)、小桥 587.75m/26 座(单幅),隧道 9090.4m/30 座(单幅),涵洞 240 道、通道 93 道,全线共设互通式立交 5 处、半互通式立交 3 处。

路面总厚度为 67cm(纵坡大于 3.8%的上坡段落设计总厚度为 75cm),各结构层厚度分别为:级配碎石底基层厚度 20cm,总量为 175 万 m^3;水泥稳定碎石基层厚度 34cm(纵坡大于 3.8%的上坡段落设计总厚度为 40cm),总量为 165 万 m^2;沥青下面层厚度 4cm(AC-25),总量为 149 万 m^2;沥青中面层厚度 5cm(AC-20),总数量为 210 万 m^2;沥青上面层厚度 4cm(SMA-16),总量为 208 万 m^2。

交通工程数量为:波形梁护栏 303.34km、标线 79996m^2、标志牌 2376 处、突起路标 75683 个、刺铁丝隔离栅 74853m、焊接网隔离栅 44987m。

全线共设刀官寨、曼歇坝、南岛河、普文、大渡岗、关坪和野象谷南、野象谷北互通立交 8 处,设曼歇坝 1~4 号、南岛河、麻地河 1~5 号、干坝河、大干坝、二台坡、野象谷和百花山隧道 15 处。全线设置监控通信中心 1 处、服务区 1 处、停车区 1 处、养护工区 2 处、匝道收费站 8 处和终点临时主线收费站 1 处，在思茅、野象谷增设 2 处行政管理所。

(三) 前期决策和参建单位

1998 年 8 月 2 日、2002 年 8 月 13 日，交通部先后批准了思小高速公路的工可和补充工可。

2003 年 6 月 20 日，交通部批准思小高速公路开工报告，同意思小高速公路开工建设。

2002 年 10 月，根据云南省交通厅云交人〔2002〕683 号文件，思小高速公路建设指挥部成立，任命王珏为指挥长，负责该项目的质量、工期、投资及建设管理。指挥部实行二级管理体制，下设工程处、合同处、总监办、征地拆迁处、财务处、安全保通处、中心试验室、综合办公室、党办，工地现场设置 8 个高级驻地监理工程师办公室。

2003 年 1 月 23 日～2005 年 9 月 6 日期间，指挥部先后完成了项目土建、施工监理、桥梁桩基检测、隧道质量无损检测、工程保险、路面、三大系统（通信、监控、收费）、沿线建筑设施、景观绿化、隧道机电、隧道送变电、隧道消防、沥青材料采购、计重收费系统设备采购等项目的招标工作。

通过全国公开招标，指挥部择优选择了项目设计、施工、监理单位。

在项目勘察设计工作中，中标单位云南省公路勘察设计院着重考虑公路与自然环境、地形地貌的协调一致；考虑地质条件和工程建设的社会人文环境，强化地质选线，做到环保优先、景观协调。

根据施工承包合同规定的条款，各施工单位建立健全组织管理机构，上足施工队伍，投入机械设备和管理人员，建立以总工程师为中心的质量自检体系，成立安全保通队伍，完善党组织领导下的监督保障机制，开展创建"党员先锋岗"和建立"党员责任区"活动，围绕"创全优、争国优"的投标承诺，科学管理，严密组织，确保了质量优、进度快、环保好的建设施工目标，全面履行了投标承诺。

根据项目实行指挥部自办监理的实际，监理工作围绕质量、进度、投资三大重点，成立了总监理工程师领导下的三级管理体系，下设总监办、总监代表处、中心试验室和高监办。各监理单位严格执行监理工作方针、法规、合同文件及业主各项管理办法；以工程质量监理为核心，严格执行监理程序，按规定签认工程数量，控制工程费用；监理人员坚守现场，实行全天候巡查和稽查，发现问题立即整改，切实把质量管理措施落到实处，使工程质量始终处于受控状态。同时，牢固树立廉洁自律意识，忠于职守，做到了对业主负责，让业主放心，使承包人满意。表 17-14 为思小高速公路建设从业单位信息采集表。

第十七章

国家高速公路

思小高速公路建设从业单位信息采集表

表 17-14

序号	参建单位	单位名称	合同段编号及起止桩号	主要负责人
1	项目管理单位	云南思小高速公路建设指挥部	K0+490～K96+600	指挥长：王珏 副指挥长：喻正富
2	勘察设计单位	云南省公路规划勘察设计院	K0+490～K96+600	赵秀强
3	施工单位	中国葛洲坝水利水电工程集团有限公司	土建一合同 K0+490～K3+220	朱 峰 周 山
4		中铁十二局集团第二工程有限公司	土建一-2 合同 K3+220～K6+360	李永亮 谢世红
5		中铁十八局集团有限公司	土建二合同 K6+360～K15+700	杜洪举 郭 宏
6		云南公路桥梁工程有限公司	土建三合同 K15+700～K24+750	刘 云 王 坤
7		西南交通建设工程总公司	土建四合同 K24+750～K35+600	王现合 杨志华
8		云南第三公路桥梁工程有限责任公司	土建五合同 K35+600～K45+400	曾佑明 罗春荣
9		浙江省交通工程建设集团有限公司	土建六-1 合同 K45+400～K48+800	邬兴祥 赵建华
10		中铁隧道集团有限公司	土建六-2 合同 K48+800～K51+200	胡红卫 罗志军
11		中铁十五局集团第二工程有限公司	土建七-1 合同 K51+200～K54+000	金文星 邓光祥
12		中港第二航务工程局	土建七-2 合同 K54+000～K57+800	钱华伟 王多成
13		中铁十一局集团第四工程有限公司	土建八-1 合同 K57+800～K61+300	陈志海 张 明
14		云南第二公路桥梁工程有限责任公司	土建八-2 合同 K61+300～K65+374.51	陈 苇 朱自林
15		云南路桥股份有限公司	土建九合同 K65+374.51～K73+063	夜光国 金文昌
16		中国云南公路桥梁工程总公司	土建十合同 K73+063～K81+433.72	蒋文权 李家和
17		云南第一公路桥梁工程有限责任公司	土建十一1 合同 K81+433.72～K86+500	刘书华 杜灿武

续上表

序号	参建单位	单位名称	合同段编号及起止桩号	主要负责人
18	施工单位	中铁一局集团有限公司	土建十一2合同 K86+500~K88+958.82	魏明忠 张晓玮
19		云南第五公路桥梁工程有限责任公司	土建十二合同 K88+958.82~K96+600	张 波 王安金
20		云南第三公路桥梁工程有限责任公司	路面一合同 K0+490~K24+750	娄 伟 白汝康
21		中国云南公路桥梁工程总公司	路面二合同 K24+750~K51+200	蒋文权 刘建平
22		云南第二公路桥梁工程有限责任公司	路面三合同 K51+200~K73+063	陈 苇 朱自林
23		云南第一公路桥梁工程有限责任公司	路面四合同 K73+063~K96+600	张丕云 李 鹏
24		福建省漳州市公路机械修配厂	交安一合同 K0+490~K35+600	杨清江 吴家斌
25		杭州萧山金鹰交通设施有限公司	交安二合同 K35+600~K65+374.51	吴国根 施瑞康
26		云南省公路局道桥技术工程公司	交安三合同 K65+374.51~K96+600	赵建军 胡 青
27		云南省第六建筑工程公司	房建一合同思茅境内	王 宏 彭显同
28		中国有色金属工业第十四冶金建设公司	房建二合同景洪境内	吴军民 赵 丹
29		清华紫光股份有限公司	三大系统合同 K0+490~K96+600	刘长军 赵 勇
30		清华紫光股份有限公司	机电二合同 K0+490~K65+374.51	刘长军 唐国华
31		北京兴兴交通通信工程技术公司	机电三合同 K65+374.52~K96+600	马 达 米铁强
32		云南省送变电工程公司	送变电合同 K0+490~K96+600	郑大陆 龚荣江
33		云南青山消防电子工程有限公司	隧道消防合同 K0+490~K96+600	杨 臻 龚 刚
34		南京好望全兴称重系统有限公司	称重收费系统合同 K0+490~K96+600	徐红金 杨 硕

续上表

序号	参建单位	单位名称	合同段编号及起止桩号	主要负责人
35	施工单位	云南今业生态建设集团有限公司	绿化一合同 K0+490~K35+600	曹明举 黄少国
36		云南利鲁环境建设有限公司	绿化二合同 35+600~K65+374.51	石永生 高慧林
37		云南海侨园艺有限公司	绿化三合同 K65+374.51~k96+600	姚志勇 李文志
38	监理单位	云南云路工程监理咨询有限公司	监理一合同 K0+490~K15+700	李国锋
39		海南海通公路工程咨询监理有限公司	监理二合同 K15+700~K36+600	李国锋
40		育才—布朗交通咨询监理有限公司	监理三合同 K36+600~K51+200	李国锋
41		云南省公路工程监理咨询有限公司	监理四合同 K51+200~K65+374.51	李国锋
42		河北冀民公路工程监理咨询公司	监理五合同 K65+374.51~K81+433.72	李国锋
43		云南省公路工程监理咨询有限公司	监理六合同 K81+433.72~K96+600	李国锋
44		昆明建设监理咨询有限公司	房建监理合同 K0+490~K96+600	李国锋
45		云南纪星交通工程监理咨询有限公司	机电监理合同 K0+490~K96+600	李国锋
46	设计咨询单位			

(四)建设情况

1. 项目筹备

2001年11月14日,国家计委下发了《关于西部开发8条公路干线规划建设有关初步设计的批复》,思小高速公路作为西部开发八条通道建设项目之一,免予立项报批。

2002年12月31日,交通部批准了思小公路项目的初步设计。

2003年2月28日,云南省交通厅批准了思小公路项目的施工图设计。

2003年12月9日,国家林业局同意扩建国道213线思小高速公路穿越保护区勐养片区实验区并开展相关工程建设。2004年1月,国土资源部同意思小公路的建设用地,2004年1月4日,国家林业局批准采伐指标。

2004年5月27日,国家环境保护总局批准思小高速公路的环境影响报告书。

2003年10月23日,水利部批准了思小公路的水保方案报告书。

2. 项目实施

(1)征地拆迁

根据"征地拆迁由地方政府承担"的有关要求,普洱市、西双版纳傣族自治州政府分别与云南省发改委、省交通厅、省国土资源厅签订了《征地拆迁及环境保障责任书》,明确征地拆迁资金由建设单位从批准的初步设计概算征地拆迁费中拨付地方政府包干使用,地方政府负责征地拆迁工作,负责建设环境的维护和建设过程中的社会治安工作,并成立了专门的征地拆迁工作部门。指挥部成立了征地拆迁处,具体负责施工单位与地方政府、沿线群众的协调。针对项目部分红线外遗留的征地拆迁问题及《征地拆迁环境保障责任书》中未明确办理《思小高速公路国有土地证》所需的公路产权勘界责任及费用等,云南省审计厅,云南省公路投资公司,普洱市、西双版纳州政府及指挥部共同协商,实事求是、合法合理地对遗留问题进行了妥善解决。

路线设计时,尽量沿山脚布线。开工前,指挥部要求施工单位在红线 8m 内的土地不得开挖和占用,并主动与村民沟通,将原有机耕路进行硬化改造后作为进场道路而不是重新开辟进场道路;及时恢复农田灌溉,利用废梁板为地方群众修路建桥。同时,认真听取沿线干部群众意见,对原设计中缺项、漏项的工程进行调查研究,以满足群众生产生活需要为前提制定解决方案,并服务于沿线城市发展规划的需要,支持地方城市建设。第 2、第 4 合同段还根据实际地形条件,将弃土场改造成为 130 亩良田。沿线百姓与建设者相互支持,关系融洽,项目征迁工作进展顺利。云南省人大常委会在视察移民搬迁点时,曾对思小高速公路的征迁工作给予了较高评价。

(2)生态保护"四字方针"

思小高速公路是我国第一条穿越热带雨林的高速公路(图 17-41)。国家交通部,中共云南省委、省人民政府,以及云南省交通厅对其生态保护工作极为重视。交通部、中共云南省委、省人大、省政府、省政协的领导曾到工地视察,对环保工作提出要求。交通部将"思小高速公路建设环境保护与工程对策研究"和"连拱隧道关键技术研究"列为西部交通建设科技项目,为思小高速公路建设提供科技支撑;云南省交通厅先后 5 次召开专题会议,对思小高速公路的环保问题进行认真研究,将其定格为"生态旅游高速公路",明确提出了"人与自然和谐发展"的总体方向和"保护自然、回归自然、融入自然、享受自然"的 16 字工作思路。分管高速公路建设的云南省交通厅副厅长吴卫平在开建之初对建设指挥部提出了明确要求:"西双版纳是我国热带雨林景区之冠,这片景区恰似镶嵌在王冠上的美玉,我们三生有幸成为这块美玉的雕刻师,一定要精心雕琢,为王冠增光添彩"。建设者们对自然生态发自内心的爱和全新的建设理念,为使思小高速公路建成独具特色的国门生态路奠定了坚实的基础。

在广泛听取专家学者和社会各界意见的基础上,指挥部将云南省交通厅的工作思路细化为"融、弱、细、突"四字方针。融,就是将公路融入自然;弱,就是尽量弱化公路的结构形式,淡化人工痕迹,避免工程施工破坏公路沿线的自然之美;细,就是做到精细管理,精心施工,注重工程的细节;突,就是突出重点,突出特色。指挥部把环保作为工作的重中之重,制定了《云南思小高速公路项目环境保护与水土保持管理实施办法》,编印了《云南

第十七章
国家高速公路

思小高速公路项目环保常用法律法规知识手册》,发给施工单位和监理人员,要求大家严格按环保的法律法规办事。

图 17-41　绿色大道

　　思小高速公路1997年开始筹建,2003年6月20日动工。从筹建到动工,其间相隔了6年,路线方案几经变更。充分的前期工作,使思小高速公路的设计更加贴近自然。

　　在方案选择上,思小路沿国道213线走廊带布线。213线通车已有近50年,两侧的土地已被充分开发利用,沿线的树木多为次生林或经济林木。采用这一方案,最大限度避免了对原始森林的破坏。

　　在线形布设上,思小高速公路尽量顺适地形地貌,平面线形曲化,全线布设曲线112个,总长近70km,在线路总长中,曲线超过了70%。全线累计直线路段仅19km。山转路转,减少了对山体的大开大挖,线形也更加平顺、连续、柔和、优美,与地势地形协调,与自然和谐。

　　针对公路沿线的地形地貌,思小高速公路在路线布设上提出了"宁隧勿挖,宁桥勿填"的理念。路基填土高度大于20m尽量采取桥梁过渡,挖方深度超过30m时采用隧道穿过。隧道从工可时的1座增加到15座,桥梁从工可时的50多座增加到300多座,桥、隧总长超过27km,在线路总长中的比例超过了28%。最后的实施方案与工可时的方案相比,仅高填方改桥就减少了对3.4多万 m^2 植被的破坏;深路堑改隧道,使17.5多万 m^2 地貌得到了保护。

　　这一理念,在野象谷路段得到了最充分体现。这一路段是野象经常出没的地方。野象习惯沿沟谷活动。为了保留"象路",本来可以填平的沟坎全部设计为桥,因此,这段公路成为思小线桥、隧比重最大的一段。4km路段内,桥、隧长2.8km,占了70%。桥梁比原有213国道和山箐高出8~15m,高速公路与野象自然隔离。汽车与野象各行其道,互不干扰。

由中铁一局集团有限公司施工的思小高速公路11-2合同段位于野象谷附近,是野象出没最频繁的地方。项目部在《施工组织设计》中,专门列出了"野生动物保护"的内容,定期组织全体施工人员学习有关野生动物保护的法律法规,并进行考核,没有通过考核者不得上岗。项目部规定,施工中,避免在野生动物出没高峰进行爆破作业。爆破时,派出专人警戒,以免误伤野生动物。每当野象出现时,项目部便及时通知附近的作业点暂停施工,组织专人防护,疏散围观群众。渐渐地,野象熟悉了工地,施工人员也熟悉了野象。每当野象出现在工地,施工人员便会相互转告:"大象到工地视察来了"(图17-42)。

图17-42 独具特色的思小高速公路野象谷隧道

11-2合同段项目总工张晓玮说,野象到他们的工地"视察"过20多次。有时来的是七八头,有时来的却有二三十头。每次,它们总是悠闲地来,悠闲地去,从未与施工人员发生过不愉快,就连工地上的工具也从未损坏过。最奇特的是2003年11月发生的一件事。一天傍晚,一群野象来到了项目部炸药仓库旁。仓库离工地也就一百来米。野象在仓库旁叫了一夜,白天依然没有离去。仓库保管员唐加军发现,原来,一头母象将这里当作了产房。母象历经痛苦的分娩,其余野象则警惕地围成一个圆圈,守卫在母象的身旁。两夜一天之后,小象出世,象群这才迈着方步走进了山林。

与11-2合同段相邻的11-1合同段同样是野象经常出没的地方,承担施工任务的是云南省路桥一公司。项目经理刘书华说,在工地上,他就见到过野象七八次。一天下午,在野象谷隧道施工的人员晚饭后前往工地准备继续施工,只见施工机械旁有七八头大象,大家开玩笑说,大象是到工地看护机械来了。民工张东明在工地见到过野象十多次。他说,以前曾听说过大象伤人的事。第一次见到野象,心里有些紧张,害怕大象发怒。大象到工地附近一般是找水喝,或者吃芭蕉。来的次数多了,也就习以为常了。施工人员都欢迎它们到工地上"视察"。

在桥梁和隧道的设计上,思小高速公路也有全新的理念。在桥梁线形和隧道轴线线形上,根据地势,"宁曲勿直""宁长勿短"。隧道洞门设置"宁正勿斜",尽可能垂直地形进洞。这些措施,目的就是要使桥梁和隧道服从和配合线路,尽量减少开挖,最大限度保护公路沿线的自然环境和一草一木。

承担 11-2 合同段施工任务的中铁一局为了保护两棵参天古树,取消了一段挡墙。有段边坡原设计坡度较缓,要开挖 5 个台阶,对植被影响较大。在路基断面复测中,项目部根据地质情况,对边坡坡度进行适当调整,既减少了工程造价,也使大量植被得到了保护。

在云南省路桥一公司施工的 11-1 合同段,立交区匝道上需要砍伐一棵两人合围的大榕树。工程动工前,项目经理刘书华先与环保局联系。环保局的同志告诉他,这棵大榕树已有 275 岁,刘书华实在下不了砍树的决心。他打报告给指挥部,建议将匝道涵洞适当延长,路线拼宽,形成环岛。275 岁的大榕树最终得以保留。

由葛洲坝集团公司施工的第一合同段有两座大桥从森林中通过。一座长 360m,另一座长 500m,两桥之间仅相隔 40m。测量放样时,按常规施工方法,一座大桥只要在山顶设一个控制点即可。施工人员宁可增加工作量,不乱砍一棵树。每个承台都要转测三四次,一座桥就设了上百个复测点。桩基施工时,为了尽量保护桥墩周围的树木,施工人员先用绳子将树拉开,施工结束后再恢复原状。有的桥墩周围围了整整一圈树。整条思小高速公路,所有的桥梁都采用了这样的施工方法。

在施工过程中,思小高速公路还有不少创新之举。桥梁桩基尽量采用人工挖孔,以减少对环境的破坏;将桥梁预制场设在已经成型的路基或隧道之内,减少了对土地的占用和对环境的污染。桥梁桩基施工中,周围的树木采用打枝、断顶等方法尽量保护,使桥梁墩柱和树木融合在一起,形成了"桥从林上过,树在桥下长"的独特景观。桥梁下面,施工时只清除墩位处的植被,桥跨下的植被尽量保留。在隧道施工上,思小公路建设指挥部提出了"零开挖进洞"理念,做到早进洞晚出洞,适当延长洞口,让隧道洞口周围的植被得到妥善保护。边坡采用开放式防护措施,以框格为坡面骨架,植树种草,将坡面融入自然。

思小高速公路的环保措施精细而又实在,从施工队伍进场就开始抓起。指挥部与施工单位签订的合同明确规定,施工单位尽量租用沿线老百姓和农场的房屋,不得随意建盖工棚,以减少对环境的影响。全线 17 个项目部和 6 个高监办,除两个单位因条件所限利用荒地搭建工棚外,其余全都租用了民房。施工队伍进场时,充分利用老 213 线和农村的机耕路,尽量避免新修施工便道。

思小高速公路指挥部还有个共识:人工做得再好也没有自然的美。要善于"借景",让公路周围的自然风光该"露"的"露"出来,让美得到充分展示。不该"露"的人工痕迹,比如边坡上的截水天沟,就有意识地将其掩藏在树林之中,或者通过绿化将其掩蔽起来。实在遮不了的,则采用视线引诱法,将驾乘人员的视线引导到美的景物之上。让驾乘人员置身于风景之中,得到美的享受。

(3)常思"小"处

除了"融、弱、细、突"四个字外,思小高速公路建设指挥部的领导们还十分看重四个字:"常思'小'处"。在他们心目中,这四个字有丰富的含义,它将思小公路隐含其中,其意就是要把思小公路随时放在心上。这四个字还有另一层意思,那就是从"小"做起,从细节做起,对管理者来说是"精细化无缝隙管理",对施工人员来说是"精心施工、精雕细刻"。这四个字也可以看成是"融弱细突"四个字中"细"字的进一步深化。

中国古代思想家老子有句名言:"天下难事,必做于易;天下大事,必做于细。"公路建设者们正是从细微之处做起,不断提升了思小公路的品质。

思小高速公路全线 300 多座桥梁大小不同,桥型各异,按照设计,桥上的防撞墙也各不相同。与桩基、墩柱、梁板相比,防撞墙算不上是桥梁施工的重点和难点。但公路通车后,防撞墙却是桥梁最显眼的混凝土工程。如果这些防撞墙五花八门,必然会影响到整条公路的品质。指挥部的几位领导统一认识,提出了统一模板,集中批量生产,统一全线桥梁防护墙的施工方案。这一措施,使思小公路桥梁防撞墙统一、规范,呈现一种协调之美。

桥梁防撞墙上,思小高速公路还有一处看似不显眼的改进。以往的常规做法,桥梁防撞墙与边坡之间有一段三四十米的波形护栏做过渡。思小高速公路在桥梁防撞墙与边坡之间采用圆弧过渡,让防撞墙自然与山体相连。

隧道洞门的设置在隧道施工中有标准图可以套用,施工难度也不大。但思小高速公路指挥部的领导们同样高度重视。他们认为,套用标准图,施工简单,但必然会给人呆板、单调的感觉。经过认真论证,全线隧道洞门采用一洞一景的形式修建,15 对隧道,15 种样式,而且巧妙引入具有当地民族特色的一些文化符号,既有傣族民居的图案,也有傣族公主帽的样式,给人留下的是一种变化之美、和谐之美。

公路排水沟在公路工程中也算不上复杂工程,常规做法,排水沟与路缘一样高,排水沟盖水泥混凝土盖板。思小公路建设指挥部的领导们在这一看似不显眼的部位同样动了脑筋。他们采用宽容理念,在有条件的路段,将排水沟加深 60cm,改为埋置式水沟,排水沟盖板上垫上 50cm 厚的泥土,培植草坪,生硬的水泥盖板被巧妙地掩埋起来,排水沟上的草坪作为过渡,无形中拓展了公路的宽度,同时也使公路与边坡很自然地连成一体。

思小高速公路指挥部有项规定:一个项目部只能设一至两个混凝土拌和楼,混凝土实行集中拌和,桥梁梁板预制实行工厂化施工。这项措施,避免了混凝土拌和遍地开花的现象,既有利于确保工程质量,也有利于环境保护。

在思小高速公路 7 处坡陡弯急的路段,为解决速度差给行车带来的安全隐患,指挥部将路面超高从设计的 6% 调整至 8%～9%,以利于车辆平稳转弯。在 13.8km 长上坡路段,将路面结构层中的水稳层增加 6cm,以增强路面结构的耐久性。

与壮观的大桥、隧道相比,这些改进算不上大手笔,但带来的却是综合效应。排水沟加深了,地下水对公路的影响减少了。防撞护墙圆弧过渡,减少了波形护栏的安装,减少了工程费用。而且,这些小的改进,增加了公路的美感和安全感,给驾乘人员带来的是一种舒适的心理感受和视觉享受。

K49+503大桥旁边有一段边坡。边坡上刚好有两棵桶粗的大树。为了保护好这两棵大树,指挥部的领导到现场进行具体安排,要求施工单位开挖边坡时,先用胶皮将树干包起来,然后再用钢绳将其牵引固定。两棵大树如今生长茂盛,巍然屹立在公路边坡上。

常思"小"处,从一棵树的"小"事做起,思小高速公路建设过程中,保护了大量珍稀树木。这些被保护下来的古树名木又成了思小高速公路的景点。

常思"小"处,思小高速公路建设指挥部的领导们想出了一个个奇妙的点子。

常思"小"处,使思小高速公路指挥部有了从细节入手,一丝不苟的严谨作风。精细管理成了思小高速公路建设的一大特色。

在公路建设者们看来,公路建设中的一个个细小环节就好比是电影的一个镜头、一个画面、一组音乐。电影大片只有捕捉和淋漓尽致地描绘好细节,才会使人物血肉丰满、故事扣人心弦、情节催人泪下。公路建设也一样,只有做好一盘混凝土的浇筑、一块防水板的安装,甚至是一个钢筋接头的焊接,才能打造出完美的品质。

公路的品质往往体现在细微之处。正是由于在细微处精心打造,思小高速公路才成了一条高品质的生态大道、旅游大道,成为云南最美的一条高速公路。

(4)质量工作"6+1"

中央电视台有个为大众所熟知的栏目"非常6+1"。思小高速公路建设指挥部在路面工程的质量工作上,也有个"6+1"。

这里的"6",指的是6个"度":路面平整度、沥青混合料的温度、压实度、清洁度、摊铺厚度、工程进度。6个"度"外,另加1个"态度"。这"6+1",贯穿于思小公路路面工程建设的始终。

平整度是公路质量好坏最直接的反映。指挥部有个共识:思小高速公路沿途风景如画,路面平坦了,乘车人才能人在车中坐,舒适坦然地欣赏一路美景。如果路面平整度很差,车辆颠簸,乘车人不得不紧张地抓着扶手,哪里还有心思去欣赏路旁的美景。因此,平整度是思小公路建设指挥部着力打造的一个指标。

6个"度"中,清洁度也值得一谈。这个"度"就是讲公路的清洁。油路面铺筑时,与中央分隔带绿化几乎是同时进行。为了确保清洁度,中央分隔带绿化时,附近路面铺上塑料布或土工布,不让绿化用的泥土污染路面。油路面铺筑3层,每一层铺筑前,都要用高压水将路面冲洗干净,以免路上的尘土和其他杂物影响路面工程的质量。

6个"度",每一个"度"都有丰富的内容和相应的措施办法。

6个"度"中的"进度",在思小高速公路有一种全新的解释:均衡施工。在思小高速公路,听不到"大干快上"一类口号,也见不到挑灯夜战一类红红火火的场面,但整个工程却在平稳推进。思小高速公路隧道施工中有个新鲜的提法:悄悄进洞,悄悄出洞。对一条从自然保护区边缘通过的高速公路来说,"悄悄"二字,让人想到的是不要去打扰森林里的大象,不要去打扰森林里的小鸟。今天一棵桥桩,明天一个边坡,日积月累,路在悄悄地延伸,不知不觉中,一项雄伟的工程便出现在边疆的大地上。思小高速公路建设工期为三年,实际工期比计划工期提前两个月,而且,工程费用也完全控制在概算之内。

指挥部重视6个"度",更加重视加"1"的那一个"度"——"态度"。他们认为,没有这个"度",那6个"度"再好也落实不了。指挥长王珏说:"正确的态度,就是要真诚。真诚,就要有爱心,爱这条路,爱公路沿线的一草一木,爱自己从事的这份事业,用心去做。"

指挥部一班人廉洁自律,团结协作,用心修好思小高速公路。指挥长王珏、党总支书记常征、副指挥长喻正富、总监理工程师李国锋家都在昆明,除到昆明开会或办事顺便回家看看外,他们与其他职工一样,常年坚守在指挥部,没有星期天,没有节假日。

领导以身作则,使思小高速公路建设指挥部成了一个思想活跃、勇于创新、凝聚力强的集体。思小高速公路竣工之前,云南省公路学会的几名退休老专家到指挥部帮助整理竣工资料。出乎老专家们意料的是,思小高速公路内业资料几乎与外业同步。一天,指挥部驻地大渡岗镇停电。工程处的技术人员点着蜡烛为施工单位审查设计变更资料。老专家们看在眼里,都十分感叹。

在路面施工中,指挥部派出8名工程技术人员,4个标段每个标段两人,吃在工地,住在工地,督促施工单位将6个"度"逐一落实到位。按规范要求,铺筑路面抗滑层时,沥青混合料出厂温度必须控制在170℃～190℃之间。有家施工单位运到工地的6车沥青混合料温度超过了200℃,把关的工程技术人员和监理工程师毫不含糊,将这6车料作废料处理。

公生明,廉生威。指挥部真诚修路,施工单位同样真诚修路。云南省路桥总公司承担了思小高速公路27km路面工程的施工任务。为确保施工质量,项目部经理蒋文权与总工刘建平一人守在沥青料拌和场,一人守在摊铺现场。拌和站把一次关,现场再把一次关。有两次,沥青料运到工地,倒在摊铺机上后,刘建平发现有拌和不均的情况,当机立断,让施工人员马上停工,将不合格的沥青料重新运回拌和站,用于铺垫便道。施工现场,有专门负责测沥青料温度的,还有专门数压路机碾压遍数的。压路机必须辗压8次,一次也不能少。

在抓好企业自检、施工监理、政府监督三个环节的基础上,思小高速公路建设指挥部采用招标的方法,引入第三方,对混凝土结构等隐蔽工程进行检测,严防死守,层层把关。全线3729棵桥梁桩基,15座隧道的每一榀工字钢间距、每一米初期支护断面都采用了声波透测、地质雷达检测,使隐蔽工程实现透明化。

(五)科技创新

思小高速公路指挥部十分重视科学技术在现代化高速公路建设的作用,坚持科研与生产相结合,对质量控制的重点、难点项目组织科技攻关,对施工方案、施工工艺和施工材料等方面进行创新,以科研成果指导施工,并在施工中加以推广应用,努力加快工程进度,提高工程质量,创造更大的经济效益和社会效益。

1. 积极开展科研,突破技术难点

在整个工程建设过程中,指挥部共进行了自然保护区高速公路边坡生态恢复工程技术研究、思茅至小勐养高速公路建设环境保护与工程对策研究、连拱隧道建设关键技术的研究、连拱隧道地质超前预报及施工控制技术研究、山区支挡结构研究、山区高速公路沥青路面质量控制关键技术研究、山区高速公路桥面铺装关键技术研究、高速公路雾区安全保障技术研究、思小高速公路全程监控技术研究9项科研课题研究,并取得了较好的效果。在"连拱隧道建设关键技术研究"中,首次提出了三层中墙结构,并建立了三层中墙结构隧道的设计、施工、防排水方法及技术,攻克了全线13对连拱隧道设计和建设中的难点,获云南省科技进步二等奖。在"山区支挡结构研究"中,对沿线高填路段支挡结构提出了较为系统的设计计算方法和施工技术。在"思小高速公路建设环境保护与工程对策研究"中,提出了"土壤毛管渗滤系统处理污水"新技术,通过土壤净化系统,对生活污水进行净化处理,使其达到中水的排放标准,并经人工湿地的进一步净化,用来浇灌花草和冲洗场地。该技术在沿线的管理站、收费站已加以运用,该系统不仅投资少、运行成本低,且处理效果好,有效解决了沿线附属设施的污水处理问题,这在云南省高速公路建设中尚属首次。在"自然保护区高速公路边坡生态恢复工程技术研究"中,提出把工程防护与生态恢复相结合,恢复物种全部本土化,思小高速公路也因此成为云南省第一条没有石砌护坡的高速公路。

2. 大胆使用新材料,满足公路新要求

思小高速公路经过热带雨林地区,沿线地区夏季高温多雨,路面疲劳损坏、高温车辙、水损坏等病害容易产生,建设者从路面材料要求、级配设计、路面结构层组合设计、施工工艺和质量控制等方面展开深入研究,解决路面修筑中的关键技术。为延长沥青路面的使用寿命,指挥部对沥青上面层和中面层采用SBS改性剂,实施双层改性,并在下封层与面层、面层与面层间喷洒SBR改性乳化沥青,有效避免了高速公路沥青路面损坏的发生,延长了路面使用寿命。同时,把路面悬浮式级配调整为骨架密实型级配,并对压实设备、压实温度都作了硬性规定,在云南实现了大厚度、超宽度一次摊铺碾压成型水稳层的首创。为解决驾驶人员驶入隧道时产生的"黑洞效应",杜绝安全事故的发生,指挥部联合科研单位开发了太阳能供电的主动发光标志,安设在隧道两侧,使导向明显,确保了安全,节约了电源。

3.合理引进新工艺,施工达到新水平

为解决半刚性基层透水易损坏的问题,思小高速公路在沥青面层下铺筑 0.5cm 厚的 PC-1 阳离子乳化沥青稀浆下封层,使面层与基层牢固地黏附在一起,形成密实的封层,防止了雨水的侵入,确保了工程质量。这是云南省第一条铺筑乳化沥青稀浆封层的高速公路。在"山区高速公路桥面铺装关键技术研究"中,对桥面铺装的结构、材料、施工工艺等展开系统研究,形成较为完善的桥面铺装成套技术,首次用铣刨机对桥面水泥混凝土浮层进行铣刨,保证混凝土面板与沥青面层的有效结合,有效解决了桥面铺装的技术和施工难题。"山区高速公路沥青路面质量控制关键技术研究""山区高速公路桥面铺装关键技术研究"分别获云南省科技进步三等奖。

4.推广使用新设备,质量迈上新台阶

在路基施工中,使用高吨位振击式压路机对全线路基进行碾压,确保了路基密实度,并使用冲击式压路机对全线路基进行冲击式检测和补压,有效提高了路基强度。在混凝土工厂化生产中,使用计算机自动计量控制混凝土生产,提高了生产效率,确保了路面平整度,使云南省高速公路路面施工平整度迈上了一个新的台阶。

思小高速公路建设指挥部指挥长王珏在《回望思小》的文章中写道,思小高速公路"因其路线穿过热带雨林和多民族居住地,特殊的地理位置和建设环境,早在项目动工之初,就一度成为社会关注的热点。修思小高速公路会不会对当地的生态环境造成负面影响?建设伊始,不少人对此心存疑虑"。思小高速公路通车后,"以其沿途优美的景观、舒适和便利的独特魅力,吸引了众多的自驾游客前来体验观光。'到版纳看野象,去思茅品普洱,上思小泡氧吧'已成为当地旅游部门一句时尚的导游词"。他深情地写道:"思小高速公路通车的第一天,我叫上驾驶员到路上又跑了个来回。车轮下的思小高速公路是那样的整洁而美丽,那样的舒适而顺畅。在付通行费时,眼睛也被泪水模糊了……"

第四节　G8512 景洪—打洛高速公路

景洪至打洛高速公路起于景洪,止于打洛(口岸),是 G85 银昆高速公路的联络线,编号 G8512。景洪至打洛高速公路全线均位于云南西双版纳傣族自治州境内,途径西双版纳州政府所在地景洪,向西经勐海县,到达打洛(口岸)。

小景高速公路——一路葱绿到版纳

汽车沿昆曼国际大通道一路南行,经昆玉高速公路、玉元高速公路、元磨高速公路、磨思高速公路,驶入生态大道思小高速公路,到达青山环绕、鸟语花香的小勐养。汽车从小勐养进入小勐养—景洪高速公路,依然是一路葱绿,一路美景,驾驶员不必看路牌提示,从路旁的满目苍翠中就明白已经进入了美丽的西双版纳。

(一)相关背景

对于今天的人们来说,普洱茶不再是一个陌生的字眼。提起普洱茶,人们就会联想到历史上有名的六大茶山。它们是普洱茶的原产地。六大茶山分布于西双版纳景洪市基诺山、勐腊县象明乡和易武乡境内。茶马古道与普洱茶相伴而生,到清朝道光二十五年(1845年),易武经倚邦至思茅235km的驿道全部铺砌为石路。断断续续隐藏在深山密林里的石板路上,深深浅浅的马蹄窝至今还在讲述着古道昔日的繁忙。

继茶马古道之后,昆洛公路是云南交通史上又一辉煌的篇章。20世纪50年代初,以获得翻身解放的贫苦农民为主力的9万筑路大军奋战3年零3个月,打通了昆明至打洛公路。1953年12月10日,公路通到景洪,当地傣族群众敲响象脚鼓,载歌载舞,像过泼水节一样喜庆公路通车。

为了提高昆洛公路的通行能力,从昆洛公路通车那天起,公路建设者和养路工人就不断对这条重要的干线公路进行改造。1999年7月,新建的小勐养至景洪25.24km二级汽车专用公路和西双版纳大桥建成通车,西双版纳公路建设迈上了一个新的台阶。

小景高速公路建成通车,标志着西双版纳交通步入了高速公路时代。

(二)工程特点

小勐养至景洪高速公路是小勐养至磨憨公路建设项目的组成部分。小磨公路是国家高速公路网规划中G85银川至昆明高速公路联络线G8511昆明至磨憨公路的末段,也是昆明至曼谷国际大通道中国境内的末段。小磨公路起于小勐养镇北侧,接思小高速公路止点,向南经勐仑、勐远、勐腊、尚永,止于磨憨中老边境29号界碑处,接昆曼公路老挝段起点。路线全长171.484km,景洪连接线长14.202km,项目路线总长185.686km。全线在小勐养、银河农场两处设互通式立交。小磨项目主线从起点到银河立交3km为高速公路,其余路段为二级公路,这3km高速公路是小磨公路与小景公路的共用段,景洪连接线则全部为高速公路。连接线等级高于主线,这是小磨项目的一个显著特点。

小磨公路属银昆高速公路联络线昆磨高速公路末段,小景公路则属于银昆高速公路另一条联络线景洪至打洛高速公路(编号G8512)的首段。小景高速公路含小磨公路主线3km及景洪连接线14.2km,全长17.2km。

(三)工程概况

小勐养至景洪高速公路(图17-43)起于西双版纳傣族自治州景洪市小勐养北侧,接思茅至小勐养高速公路止点,经银河互通立交,沿回弄沟,穿越回弄山隧道,沿菜阳河并多次跨越菜阳河及勐景二级公路,过景洪原始森林公园边缘,经曼外老寨、曼外新寨后并入小勐养至景洪老二级公路,止于景洪市澜沧江东岸环形交叉口。主要控制点:银河农场、回弄山、景洪原始森林公园、景洪(澜沧江东岸)。

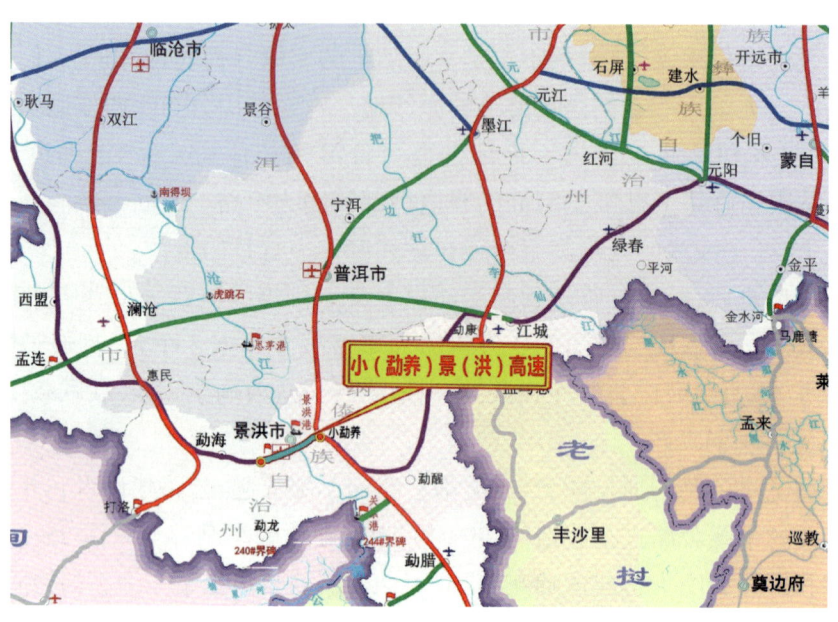

图 17-43　小勐养至景洪高速公路位置示意图

该路段采用双向四车道高速公路标准建设,桥梁与路基同宽。设计速度 60km/h,路基宽度 22.5m。桥涵及构造物设计荷载:汽车—超 20 级、挂车—120,技术指标按《公路工程技术标准》(JTJ 001—1997)执行。行车道宽度 2×(2×3.5)m。

建设规模:其中景洪连接线 14.2km,主线长 3km。景洪连接线为新建项目,主线为改建项目。

主要工程数量有:路基土石方 618.89 万 m^3,排水及防护工程 10.59 万 m^3,大桥 10419.24m/40 座(单幅)、中小桥 2079.62m/27 座,隧道 6916m/8 座(单幅),涵洞通道 1792.08m/78 个。全段有 2 处互通式立交、1 处分离式立交、3 处收费站,房屋建筑面积 13832m^2。

路面工程设计总厚度为 75cm,各结构层厚度分别为:级配碎石底基层厚度 15cm,级配碎石基层厚度 30cm,沥青稳定碎石上基层 10cm(ATB-30),沥青下面层厚度 8cm(SUP.25),沥青中面层厚度 8cm(SUP.19),沥青上面层厚度 4cm(SMA-13)。

交通工程数量分别为:标线 139221m,波形护栏 27.953km,缆索护栏 5.909km,标志牌共 199 处,突起路标 16302 个,刺铁丝隔离栅 945m、隔离栅 13042m、门架标志牌 5 处、可变情报板 5 处、轮廓标 1777 个、百米桩 276 个。

第十七章
国家高速公路

全线建设用地 12073.3 亩。其中耕地 4870.41 亩,园地 4432.54 亩,林地 1321.322 亩,其他农用地 193.52 亩,建设用地、未利用地等 1255.5 亩。概算批复征地拆迁费用为 2.84159 亿元。

小景高速公路采用概算包干、地方政府负责具体实施征地拆迁工作。工程建设指挥部成立了安全保通征迁处负责协调,配合地方政府完成征地拆迁相关工作。全线拆迁各类房屋 73790.7m²,电缆、光缆拆迁改造 369.9km,坟地搬迁 85 处。

项目开工日期为 2005 年 1 月 1 日,2008 年 6 月 15 日试通车。

(四)建设依据

2004 年,交通部批准小勐养至磨憨公路立项,批准小磨公路工程可行性研究报告和初步设计。

2005 年,云南省交通厅批准小磨公路两阶段施工图设计。

小磨公路建设指挥部严格按照《招标投标法》规定的程序,先后完成了设计、土建施工、路面施工、施工监理、三大系统(通信、监控、收费)、沿线设施等项目的招标工作。表 17-15 为小勐养—景洪高速公路项目建设从业单位一览表。

小勐养—景洪高速公路项目建设从业单位一览表 表 17-15

工程项目	合同段	里程桩号	施工单位	监理单位	设计单位
土建工程	1	LK0+000~LK4+000	中铁十二局集团有限公司	河北冀民公路工程咨询有限公司	四川省公路规划勘察设计研究院
	2	LK4+000~LK6+600	中铁十二局集团第四工程有限公司		
	3	LK6+600~LK10+200	中交第三公路工程局有限公司		
	4	LK10+20~LK14+202	中铁大桥局集团有限公司		
	5	K0+000~K15+085	云南阳光道桥股份有限公司	中铁二院(成都)咨询监理有限责任公司	
路面工程	1	LK0+000~LK14+247	云南路桥股份有限公司	河北冀民公路工程咨询有限公司	
		LK0+000~LK20+000		中铁二院(成都)咨询监理有限责任公司	
三大系统	A	全线(收费、监控、通信设备采购、安装)	江苏安防科技有限公司	北京兴通交通工程监理有限责任公司	
隧道机电	A	回弄山~景洪连拱隧道	云南省交通科学研究所		

续上表

工程项目	合同段	里程桩号	施工单位	监理单位	设计单位
沿线建筑设施	A	小勐养收费站~景洪管理所、养护区	中冶建工有限公司	云南城市建设监理有限公司	云南省公路规划勘察设计研究院
交通工程安全设施	A	K0+000~K15+020（景洪连接线）K0+000~K68+000主线	云南长江现代交通设施有限公司	河北冀民公路工程咨询有限公司	
				中铁二院（成都）咨询监理有限责任公司	
				云南公路建设监理公司	
				北京中通公路桥梁工程咨询发展有限公司	

注：隧道机电、隧道消防、三大系统按土建分别由四川省公路规划勘察设计研究院、云南省公路规划勘察设计研究院进行设计。

（五）设计变更

小景高速公路建设过程中，共变更设计978份，涉及金额12521万元。变更设计主要原因有：土建1合同回弄山隧道地质情况十分复杂，K3+140断层破裂带发生了较大规模的突涌泥石流；由于地质及地形变化、环境条件改变、坍方处治增加边坡防护等工程涉及1、4、5合同段；路基填前处理涉及1、5合同段；桥梁桩基长度及施工方法改变，涉及1、2、3、4、5合同段；隧道支护参数的调整，涉及1、2合同段。

（六）建设过程

2004年5月11日，云南省交通厅下发了《关于对小磨公路实施勘察设计典型示范工程活动的通知》，要求小磨公路按照交通部"典型示范工程"的标准建设。根据这一指导思想，小磨公路建设指挥部多次咨询国内专家、学者及西双版纳自治州土地、林业、环保等部门的意见，对"典型示范工程"的建设进行了多次探讨，最终提出并形成了设计思路：以科学发展观和"以人为本"的理念为指导，大胆创新和探索，借鉴国内外成功的经验，灵活运用技术标准和各项指标，突出区域民族特色，全力打造具有人性化、个性化的安全、环保、舒适、和谐、经济的国际大通道和绿色旅游观光高速公路。

在总体设计上，遵循安全、服务社会、尊重地区特性、整体协调一致和自然性五个原则，从内容到形式尽可能融合西双版纳的地域风情和民族特征，使沿线设施与沿途地形、地貌、热带雨林的特征和傣族、基诺族文化传统有机统一。

小景高速公路作为小磨项目等级最高的路段，在建设过程中，充分体现了"典型示范工程"的要求，最大限度地减少了圬工砌体；采用各式生态景观结构物，美化环境；桥、隧及交叉工程总体布置贴近自然,尽可能地与环境相协调,与周边的山川、河流、沟谷等自然景观成比例;充分考虑美学效果,结构物外观与当地建筑风格相一致,使其成为当地建筑的有机组成部分;隧道施工做到零开挖进洞,洞门自然化、民族化;桥梁结构选择及布孔充分结合地形,跨径与墩高的比例关系灵活,布孔强调跨径的一致性或变化的韵律性,桥形墩台引入美学设计。

建设过程中,将景观打造与绿化同步纳入土建工程,做到早安排、早布置,将公路施工与艺术创作融为一体,使人工痕迹大大降低。建设者们坚持"不破坏就是最大保护"的原则,将公路主体作为一种资源配置融入西双版纳自然及民族环境,营造出了一种"人在车上坐、车在画中行"的优美公路交通环境(图17-44)。

图17-44 一路葱绿到版纳

(七)复杂技术工程

1.回弄山隧道

回弄山隧道是小景高速公路全线的重点和控制性工程。隧道左幅长2555m,右幅长2560m。隧道位于景洪市小勐养镇八一农场曼纳村境内。该镇地处全国和西双版纳自治州最著名的热带雨林自然保护区,是我国乃至世界最美丽的"绿色盆景"。小勐养自然保护区是西双版纳最大的保护区。在这片绿色的保护区内,生长着5000多种植物和约600种脊椎动物,并以其特有的热带原始森林景观和数量较多的野生亚洲象,吸引着众多的中外游客。

中标承建小磨公路第一合同段回弄山隧道的是中铁十二局集团第二工程公司。按照小磨指挥部"典型示范工程"的要求,为了使植被不被破坏,保护自然环境,减少征地,中铁十二局集团第二工程公司决定把施工便道尽量修建在正线的路基上,这样既使施工便道的修筑更加合理,减少征地拆迁的麻烦,也为后续工程的施工创造了有利条件。

工程开工后,中铁十二局集团第二工程公司又建立了一块面积36亩、确保在施工中移栽国家保护植物和培育珍稀树种的基地,提前为恢复植被做好准备。

在隧道的施工方案上,中铁十二局集团第二工程公司考虑了很长一段时间。过去的隧道施工一般是将相当范围内的覆盖层以路堑的方式清除,把洞口边仰坡挖得又高又陡,致使山体遭到破坏,植被无法恢复。这种老方法最大的缺陷是在隧道口大兴土木,留下各种各样非常壮观的洞门,与周围的绿色极不协调,造成工程投资浩大而自然硬伤累累,严重地破坏了自然景观。中铁十二局集团第二工程公司认为,小磨公路穿越西双版纳原始森林,在隧道施工上应当采取与交通部和云南省交通厅确定的"典型示范工程"相适应的施工方案。因此,如何尽量减少对自然的破坏,甚至不破坏也就成了隧道施工的关键。

在认真学习了小磨指挥部制定的《云南小磨公路勘察设计典型示范工程实施细则(试行)》,又跑到实地去看了几次现场后,项目经理王学先认为:应该采取保护山坡地绿色进洞的方案进行施工,即采用零开挖、超前大管棚进洞,在套拱里进行暗洞明做施工。这种方法可以最大限度地减少隧道口边仰坡防护工程,确保隧道口的山坡和生态植物免遭破坏,从而实现自然进洞、绿色进洞的目的。他的想法很快就得到了项目总工王启胜的赞同。

回弄山隧道进口位于回弄沟主沟和右支沟交汇部位的山坡上。山体内隧址区属于中山构造剥蚀型地貌,地质结构处于澜沧江褶断地带。风化裂隙,断层破碎带含水层,属二三类围岩。因石质差、断层多、涌水丰富,施工隐患极大。但由于施工组织严密,安全、质检、观察及监测尽心尽责,进洞作业基本顺利,隧道以每天3m多的速度向前掘进。

2005年3月22日,回弄山隧道左线进口已经掘进320m,右洞掘进到300多米。这一地段位于安马山断层地带,属于推压扭性大断裂。由于地质条件差,接二连三地发生险情:当天晚上10时许,右线隧道内左侧拱脚处突然发生涌水,并伴有泥石流。施工人员听到现场技术员吹响的急促哨音后,丢下手中的工具就往外跑,泥石流以极快的速度一下涌出200多立方米,在隧道内涌流30多米远才停下来……

由于施工人员撤得快,并未发生意外事故。半个多小时后,王学先、王启胜和高监赵峰、小勐养总监代表处主任张国辉先后赶到现场察看,初步商定采用6m长的小导管注浆加固方案进行处置。可就在注浆施工的过程中,在3月24日、27日的两天里,又接连发生两次共1000多立方米的突发性泥石流。此时,左右两洞已经先后发生大小塌方10多次,并伴有大量涌水。虽然是顺坡,积水仍然很深,掌子面每天用4台水泵不停地抽,才能勉强维持施工作业。

然而,就在王学先他们组织力量对塌方处进行注浆的时候,又出现了新的险情:2006年4月11日上午10时50分,右洞掌子面拱顶突然出现有碗口粗的一股水往外流,特别是左侧拱脚处的涌水越来越多,情况十分危急。虽然在掌子面施工的26名施工人员幸运地全部撤出,但3000多立方米的塌方还是将正在施工的1台挖掘机、1台装载机、5台喷锚机、2台地质钻探机、2台压浆机和部分材料机具掩埋,台式架车变形,机械设备受损严重。

鉴于此次灾情较重,地质复杂,问题较多,指挥长杜绍福决定请云南省交通厅专家组来看一看,并由项目部拿出具体方案,待塌方稳定后再进行处治。

2006年4月5日10时40分,右线掌子面左前方再度发生冒顶塌陷。坍坑直径15m,开裂的长度有100多米,隧道里的地质灾害又有新的发展⋯⋯此时,左线隧道也不太平,前前后后、大大小小的塌方、涌水、泥石流已发生了20多次。

当天下午,云南省交通厅总工程师吴忠彩、厅咨询公司经理吴华金、厅质监站长和昆、省公路设计院总工程师李志厚,四川省交通厅公路设计院院长戴勤堂、隧道专家余敏等人组成的专家组察看了现场,并于第二天组织召开小磨公路重大技术方案评审会。经过一番论证,会议形成了隧道坍塌的具体处治意见:一是同意采用断面帷幕注浆固结隧道周边的流塑地层,加强超前支护、初期支护和二次衬砌、地基改良等综合治理措施。二是指挥部委托专业单位加强地勘工作,并根据地勘报告及实际情况确定处置范围。

会议一结束,王学先和王启胜连晚饭都没吃,跳上越野车直奔项目部。路上,他们两人商量着如何落实厅专家组关于隧道塌方和泥石流的处置方案,如何组织施工,尽快打开回弄山隧道工程的施工局面,想争取在最短的时间里、以最快的速度处置完泥石流,把失去的时间抢回来。

第二天上午,中铁十二局项目部回弄山隧道泥石流处治现场施工组分为3个班,雄赳赳、气昂昂地直奔隧道。他们每天三班倒,不分白天黑夜连轴转。经过5天的苦战,泥石流终于被清除了。50多天后,隧道掘进终于赶上了正常进度。

好景不长,2006年11月16日零点20分,隧道出口端左线掘进到掌子面时突然发生崩塌,有5股小涌水开始向外喷射。几分钟后,发生了大量涌水,将初期支护体冲毁并坍塌下来,同时,涌水量骤增。施工人员迅速撤离,王学先和王启胜及时赶到现场,看到隧道里的涌水还在不断地增大,十分危险,他们要求现场技术人员"加强观察量测,有情况随时报告。"

11月21日零点20分,洞内并发特大泥石流,约有8000m^3、3m多厚的泥石流冲出200多米,把左线隧道整个给堵塞了。一台施工台架被冲倒,一些电机和材料被冲毁和掩埋,施工被迫完全中断⋯⋯

险情引起了指挥部和云南省交通厅的高度重视。在组织专家及有关单位到现场察看,召开会议对回弄山隧道的施工进行了认真的分析和讨论后,最终确定了工程处治方案。

随后,指挥长杜绍福和总监吴云、总工林涛、小勐养总监代表处主任张国辉立即赶往一合同段驻地,连夜商量落实专家组确定的处治方案的措施,并提出了严格的要求和建议。大家走出会议室,一股寒气袭来,王学先一看表,已是子夜一点多了。

2007年春节前夕,回弄山隧道最艰巨的处治工程拉开了序幕。王学先、王启胜和项目书记胡吉省组织了"青年抢险突击队",一天三班连续作业,项目部的几个领导分班盯在隧道里指挥抢险。这一年的春节,他们是在回弄山隧道里度过的。

2007年6月29日凌晨4时30分,回弄山隧道右洞中导洞顺利贯通,8月6日左洞贯通。至此,回弄山隧道终于在千难万险中见到了黎明前的曙光。

2. 森林公园大桥

小磨公路第二合同段位于小勐养镇五家寨村境内,全长2.6km,概算投资1.96亿元。可在这2km多的路段里,有着小磨公路控制性工程回弄山隧道的一半工程、九龙联拱式2座隧道以及12座大中小桥,桥隧占路线总长的81.2%以上。

森林公园大桥有1号和2号两座大桥。难度较大的1号大桥分左右两幅桥。全桥长560m,共有124棵桥桩、106棵桥墩,桩基最深24.9m,桥墩最高14.13m。大桥基本上沿莱阳河走,莱阳河水面有16m宽,有许多桩基都要在水中作业。

中标承建第二合同段的是中铁二十局第四工程处。

2005年2月28日,施工队在项目经理许海乾、副总工金有为的带领下来到了森林公园莱阳河畔。修了几十年的路,许海乾还真没见过像森林公园这样美的地方。他回头问金有为:"桩基开挖的废渣怎么处置?"

"按照你的意见,在河岸边选了两块地,准备买一些编织袋,将废渣装起来垒在河边的空地上,以后倒上土,再栽上一些树木用于绿化。"金有为回答。

林深树密,开便道就会毁掉大量的树林,因此项目部最终决定用钢管搭建便桥或者是栈道。这样一来,所有的材料和机械设备都要靠人背进去。搭建450多米长的钢管栈道跨过沟谷和雨林,需要投入120多万元,40多吨钢管和一些辅料,虽然大大增加了工程的投资,但却避免了开挖对自然环境造成的破坏。

相关材料用汽车运输到公路边后,再请施工人员肩挑背扛地往山下搬运。许海乾刚刚安排了人去移栽正线上保护树种,又来到搭建施工栈道的工地,他对施工人员说:"同志们,我们对一些珍稀保护树木不太懂,希望大家在施作时要特别地小心、处处要谨慎,千万不要折断诸如小树和树枝,力争做到不损一树一木,确保所有植物生长如故。在这里,除增加了一座钢管栈道外,要做到像什么也没发生过一样。"

经过一个多月白昼黑夜的施工,一条450多米长、近两米宽、顺着山势弯弯曲曲的施工栈道修建完成。这条钢管栈道虽然粗糙,与森林公园美丽的自然环境不是很协调,但也不失为深山密林里的一道风景。

钢管栈道修通后,许海乾上足了人马,将施工用的钢筋、水泥等一应物资人工运进工地。对一些较大的机械设备,人背不动的就拆散了抬进去。那情形,如愚公移山,也似蚂蚁搬家,可谓费尽心力。

2005年3月,森林公园大桥桩基开挖。桩径1.8m,最深24.9m。开挖后不久,由于地质复杂,加之莱阳河水面较宽,施工难度很大。为了加快工程进度,2005年8月上旬,许海乾将张利胜从昭待公路第十六合同段调过来,任小磨项目部总工程师。

张利胜先后参加过个冷、平锁高速公路建设。虽然年纪轻,却有着丰富的公路施工经验。

很快,张利胜便集中精力投入到森林公园两座大桥的施工中。这两座大桥的桩基大部分处于莱阳河的河谷里,原设计为冲孔桩,但如果采用冲孔桩作业的话,就会产生大量的泥渣污染水源,影响下游几个村寨群众的饮水。为了保护自然环境和水源,项目部、总监代表处和指挥部最终决定将冲孔桩变更为挖孔桩。

让人意想不到的是,当桩基开挖到十五六米的时候,在井下作业的施工人员由于长期浸泡在水中,出现了皮肤溃烂的现象。在工地上治不好,离开工地几天后就自然痊愈。许海乾和项目书记邓正德向指挥部反映后,经当地水利和卫生部门化验和检测后发现,桩基坑眼的水质含有二氧化硫和其他一些不明物质。为了保护施工人员的安全与健康,项目部买来了高腰雨裤和橡胶手套,施工人员的心里也就踏实了许多。

这年秋天,森林公园大桥一部分桥桩准备浇筑。由于钢筋笼又大又长,如果在预制场捆扎,在运输过程中不可避免地要损坏一些树木。为了最大限度地保护生态,避免花草树木受到损坏,项目部决定用人工把所需要的钢筋先抬进去,用于浇筑的钢筋笼就在桩孔上捆扎焊接,一截一截地往下放,然后采用输送泵就地浇筑。

在浇筑桥桩和墩柱的日子里,不论是烈日炎炎,还是风雨交加,也不论是白天还是晚上,许海乾、邓正德、张利胜、金有为等项目部领导人每天跟班作业,天天连轴转,不浇筑完毕就不离开现场。

2006年3月,森林公园大桥开始梁板吊装。直到架桥机把巨大的梁板平平稳稳地安放在桥墩的支架上,大家的心才算落了地。

2007年春天,森林公园大桥如同两条巨龙,在小勐养的自然保护区升腾。它们成为亚热带自然保护区一道靓丽的风景,与森林公园有机、和谐而完美地结合在了一起。

第五节　G56 杭州—瑞丽高速公路

G56杭州—瑞丽高速公路(简称杭瑞高速公路)起点为浙江省杭州市,止点为云南省瑞丽口岸,是国家高速公路网"71118"中的第12条横线,途经安徽省黄山,江西省景德镇、九江,湖北省咸宁,湖南省岳阳、常德、吉首,贵州省遵义、毕节、六盘水,云南省曲靖、昆明、楚雄、大理、保山、芒市等地。

杭瑞高速公路在云南共有4条联络线,分别是:G5611大理—丽江高速公路、G5612大理—临沧高速公路、G5613保山—泸水高速公路、G5615天保—猴桥高速公路。

杭瑞高速公路主线云南段有普立—宣威、宣威—曲靖、曲靖—嵩明、嵩明—昆明、昆明—安宁、安宁—楚雄、楚雄—大理、大理—保山、保山—龙陵、龙陵—瑞丽10个项目,全长1014.28km,除宣威—曲靖94.3km在建外,其余9个项目920km已建成通车。

嵩昆高速公路为与银昆高速公路共用段,此节不再复述。

杭瑞高速公路4条联络线中已有鸡街—石屏高速公路、石屏—红龙厂高速公路、大理—丽江高速公路、保山—腾冲高速公路建成通车。

一、普宣高速公路——两桥造福一方人

俗话说:"一座桥造福一方人。"而在宣威市的普立,因两座大桥的建成,为这个边远、贫困山乡带来了外界丰富而精彩的气息。

普立是一个干旱缺水的地方,历史上从没有过什么像样的桥。2015年8月25日普立大桥正式通车,大桥桥面超出普立大峡谷谷底500m,这座钢箱梁悬索桥横空出世,一下成了普立人乃至宣威人热议的话题。2015年国庆期间,人们从宣威、曲靖、昆明等地前往普立,争相一睹普立大桥的风采。人头攒动,汽车排成长龙。这是普立从来没有过的场景。2016年国庆,人们对普立大桥的热情依然未减,仅10月3日前往参观的人就超过万人。

正当人们争相热议普立大桥的时候,普立大地上又一座更为壮观的大桥再次成为人们争相谈论的话题,这座桥就是北盘江第一桥(该桥跨越北盘江支流尼珠河)。北盘江第一桥位于云南、贵州两省交界处,由云贵两省共建。大桥全长1341.4m,上跨720m,桥面至谷底高度565m,是名副其实的世界第一高桥,2016年9月10日合龙。

两座大桥让普立知名度大增,也让藏在深山无人识的尼珠河峡谷吸引了越来越多的旅游者,尼珠河峡谷成为"云南十大特色旅游新地标"。仅2016年10月3日,经普立官寨沟到尼珠河峡谷的游客就达2100人。

今天,当人们谈起普宣高速公路的时候,首先想到的就是普立大桥和北盘江第一桥。普宣路因桥而闻名。普立,因桥而闻名。

(一)项目概况

普宣高速公路是国家高速公路网规划中G56杭州—瑞丽高速公路入滇首段,也是云南通往贵州、四川、重庆、湖南、湖北、江西、安徽、浙江等地区的快速通道(图17-45)。

普宣高速公路由东北向西南展布于曲靖市宣威市境内,起于宣威市普立乡腊龙村,接

贵州段毕节—都格高速公路终点北盘江第一桥,经过普立乡、宝山镇、格宜镇、龙场镇、来宾镇、双龙办事处、西宁办事处和落水镇,与在建的宣威—曲靖高速公路相接。

图 17-45　普立—宣威高速公路位置示意图

普宣高速公路采用双向四车道高速公路标准建设,起点至龙场段 48.47km,设计速度为 80km/h,路基宽 24.5m;龙场至终点段 36.453km,设计速度 100km/h,路基宽度 26m。桥涵设计荷载采用公路—Ⅰ级,其余技术指标均按照部颁《公路工程技术标准》(JTG B01—2003)的规定。宣威南互通式立交联络线采用一级公路标准建设。

普宣高速公路建设工期批复为 48 个月,概算投资 84.939 亿元,2012 年 5 月 23 日正式开工建设,2015 年 8 月 25 日建成通车,比预计通车时间提前了 9 个月。图 17-46 为普宣高速公路部分路段。

图 17-46　普宣高速公路

(二)前期决策

在云南省发展和改革委员会及云南省交通厅的指导下,按照部颁《水运、公路建设项目可行性研究报告编制办法》、国家发改委计办投资〔2002〕15号《投资项目可行性研究指南(试用版)》的规定,2006年,云南省规划勘察设计院编制完成了《国家高速公路网横12杭州—瑞丽高速公路普立(滇黔界)—宣威段项目建议书》,并经云南省交通厅初审通过。在项目建议书的基础上,编制小组又多次深入实地调查,收集沿线大量资料,于2007年8月,编制完成了工程可行性研究报告。

2009年1月14日,中华人民共和国环境保护部(环审〔2009〕22号)对关于国家高速公路网横12普立(黔滇界)—宣威段环境影响报告书进行批复。

2009年3月25日,中华人民共和国国土资源部(国土资预审字〔2009〕136号)对关于国家高速公路网横12普立(黔滇界)—宣威段建设用地预审意见的复函。

2009年12月4日,云南省国土资源厅(云国土资储〔2009〕61号)关于国家高速公路网横12普立(黔滇界)—宣威段建设项目用地压覆矿产资源的批复。

2010年8月31日,国家发展改革委(发改基础〔2010〕1967号)对云南省普立(黔滇界)—宣威公路可行性研究报告进行了批复。

2010年12月17日,交通运输部(交公路发〔2010〕748号)对云南省普立(黔滇界)—宣威公路初步设计的批复。

2011年5月5日,交通运输部(交公路发〔2011〕216号)对云南省普立(黔滇界)—宣威公路普立特大桥技术设计进行批复。

2011年12月27日,中华人民共和国国土资源部(国土资函〔2011〕993号)对国家高速公路网横12普立(黔滇界)—宣威段工程建设用地进行批复。

2012年3月26日,云南省交通运输厅(云交基建〔2012〕52号)对国家高速公路网横12普立(黔滇界)—宣威段高速公路两阶段施工图设计进行批复。

2012年5月23日,中华人民共和国交通运输部(交公路施工许可〔2012〕10号)准予云南省普立(黔滇界)—宣威公路项目施工的行政许可的批复,项目开工时间为2012年5月23日,完工日期2016年5月9日,工期48个月。

2012年3月26日,云南省交通运输厅(云交基建〔2012〕52号)对国家高速公路网横12普立(黔滇界)—宣威段高速公路两阶段施工图设计进行批复。

2014年9月18日,云南省交通运输厅(云交基建〔2014〕269号)对国家高速公路网横12普立(黔滇界)—宣威段高速公路绿化工程两阶段施工图设计进行批复。

2014年9月18日,云南省交通运输厅(云交基建〔2014〕270号)对国家高速公路网横12普立(黔滇界)—宣威段高速公路沿线设施施工图设计进行批复。

2014年9月18日,云南省交通运输厅(云交基建〔2014〕271号)对国家高速公路网横12普立(黔滇界)—宣威段高速公路机电工程、交通安全设施施工图设计进行批复。

(三)建设情况

1. 主要工程量和参建单位

普宣高速公路全线土建施工13个合同段、路面及绿化施工各4个合同段、交安设施施工3个合同段、施工监理3个合同段。三大系统及隧道机电系统设备采购及安装共5个合同段、消防系统设施采购及安装2个合同段、施工监理1个合同段。沿线建筑设施施工3个合同段、施工监理1个合同段。

主要工程数量为：路基土石方2265万 m^3，桥梁188座（特大桥6座、大桥85座、中桥62座、小桥35座）单幅总长39441m，隧道20座（长隧道10座，中隧道6座，短隧道4座）单幅总长20850m，涵洞222道，边坡94万 m^2/53个，构造物52万 m^3。桥隧占路线比例33%（其中起点至K15+000，桥隧比例为84.1%）。

普宣高速公路项目参建单位见表17-16。

普宣高速公路项目参建单位表　　　　表17-16

序号	参建单位	单位名称	合同段编号及起止桩号	主要负责人
1	项目管理单位	云南普宣高速公路建设指挥部	K0+000~K84+000（宣威南联络线K0+400~K4+992）	喻正富
2	勘察设计单位	招商局重庆交通科研设计院有限公司	K0+000~K84+000（宣威南联络线K0+400~K4+992）	童韬
3	土建施工单位	贵州省公路工程集团有限公司	土建一合同段 K0+000~K4+650	王伯航
4		中铁一局集团第五工程有限公司	土建二合同段 K4+650~K7+800	黄礼金
5		云南第二公路桥梁工程有限责任公司	土建三合同段 K7+800~K10+750	杜庆希
6		中铁大桥局股份有限公司	土建四合同段 K10+750~K12+500	李军成
7		葛洲坝集团第五工程有限责任公司	土建五合同段 K12+500~K18+900	汪少雄
8		中铁四局集团第四工程有限公司	土建六合同段 K18+900~K27+200	高前发
9		中国云南路建集团股份公司	土建七合同段 K27+200~K38+900	肖国新
10		云南路桥股份有限公司	土建八合同段 K38+216.779~K46+480	王在杭
11		四川武通路桥工程局	土建九合同段 K46+480~K52+651.992	陈卫萍
12		浙江八咏公路工程有限责任公司	土建十合同段 K52+651.992~K61+300	吴永清
13		云南第三公路桥梁工程有限责任公司	土建十一合同段 K61+300~K68+400	陈春
14		云南路建集团宏程路桥有限责任公司	土建十二合同段 K68+400~K76+200	杨光宇
15		云南云桥建设有限公司	土建十三合同段 K76+200~K84+000 联络线 K0+400~K4+992	王坤

续上表

序号	参建单位	单位名称	合同段编号及起止桩号	主要负责人
16	路面施工单位	云南第二公路桥梁工程有限公司	路面一合同段 K0+000~K27+200	王洪山
17		云南路桥股份有限公司	路面二合同段 K27+200~K46+480	应 雄
18		云南第三公路桥梁工程有限责任公司	路面三合同段 K46+480~K68+400	施 伟
19		云南公投建设集团有限公司	路面四合同段 K68+400~K84+000 联络线 K0+400~K4+992	母其章
20	绿化施工单位	云南万得凯园林景观有限公司	绿化一合同段 K0+000~K27+200	王德军
21		云南交林林业勘察绿化有限公司	绿化二合同段 K27+200~K46+480	杨帅章
22		云南长江云通环境工程有限公司	绿化三合同段 K46+480~K68+400	杨 辉
23		云南今业生态建设集团有限公司	绿化四合同段 K68+400~K84+000 联络线 K0+400~K4+992	黄少国
24	交安施工单位	广东省交通发展有限公司	交安一合同段 K0+000~K27+200	胡伟雄
25		云南云岭高速公路交通科技有限公司	交安二合同段 K27+200~K61+300	李秋佐
26		安徽天洋交通工程有限公司	交安三合同段 K61+300~K84+000 联络线 K0+400~K4+992	闵 沂
27	房建施工单位	江西昌南建设集团有限公司	房建一合同段 K0+000~K23+000	罗勇恒
28		安徽水安建设集团股份有限公司	房建二合同段 K23+000~K62+000	钱勇生
29		云南景升建筑工程有限公司	房建三合同段 K62+000~K84+000	陈 文
30	机电施工单位	北京诚达交通科技有限公司	通信收费系统 K0+000~K84+000	刘国法
31		中海网络科技股份有限公司	道隧监控系统 K0+000~K84+000	张利中
32		云南康迪科技有限公司	通风照明一合同段 K0+000~K12+000	李 腾
33		甘肃紫光智能交通与控制技术有限公司	通风照明二合同段 K12+000~K84+000	钟 强
34		海力控股集团有限公司	隧道消防一合同段 K0+000~K12+000	叶碧云
35		昆明荣成天宇控制系统工程有限公司	隧道消防二合同段 K12+000~K84+000	殷寿陶
36		云南省送变电工程公司	隧道送变电 K0+000~K84+000	顾 欣
37	监理单位	山东格瑞特监理咨询有限公司	一总监办 K0+000~K18+900	张培龙
38		云南云路工程监理咨询有限公司	二总监办 K18+900~K46+480	张勇兵
39		河北翼民工程咨询有限公司	三总监办 K46+480~K84+000	赵 峰
40		云南纪星交通工程监理咨询有限公司	机电监理 K0+000~K84+000	古家滨
41		云南易通工程监理咨询有限公司	房建监理 K0+000~K84+000	金 平
42	设计咨询单位	中交第一勘察设计研究院有限公司	设计咨询 K0+000~K84+000	赵 刚

2. 建设管理

项目沿线地形地貌、地质及气候条件极为复杂。深切峡谷、丛峦叠嶂;全线隐伏岩溶较为普遍,存在涌水、突泥、滑坡、隧道穿越煤层及采空区等不良地质;沿线山区暴雨多,局部路段常年大雾并有冰雪等灾害,K0+000~K18+900地段每年11月至次年2月大部分时间受浓雾及冰凌气候影响,全年有效施工期仅有六七个月。

受上述因素影响,项目建设过程中遇到的工程技术难题、安全环保难题和施工组织难题较多。首先,在深切峡谷间修建大跨径悬索桥、连拱隧道渐变至分离式隧道、超小间距隧道(同时存在浅埋、煤层及采空区)、顺层岩石高边坡等,需解决的技术难题较多。其次,因高空作业安全防护难,生态环境脆弱,安全、环保问题较为突出。第三,施工场地狭窄、设备材料进场难度大,每年10月至次年4月施工黄金期均因缺水而影响工程施工,施工组织极其艰难。

此外,受国家严格的存贷比考核和地方融资平台清理的双重影响,银行贷款困难,2011年2月~2013年6月,项目建设资金严重不足,曾一度影响了工程的有效实施。

尽管困难重重,指挥部在项目建设管理过程中仍排除万难、合力作为,采取了许多有效的措施和突破性的创新:一是以推进标准化建设为根本,确保工程建设质量;二是以创建"平安工地"为抓手,不断提升安全管理水平;三是开展路地共建,做实廉政防控工作;四是以控制性工程为突破口,确保建设工期按期完成;五是以管理创新、技术创新和信息化管理、技术运用为手段,推进工程建设进度;六是以履行建设职责为己任,严格落实水环保要求;七是以建设人文环境为切入点,着力打造和谐团队。

具体来说,主要体现在以下五个方面:

(1)质量管理。实施"标准化""精细化"管理,提升项目品质。按照交通部"五化"建设的要求,指挥部在施工管理过程中坚持"两集中(混凝土集中拌和、钢筋半成品集中加工)、三统一(混凝土构件模板统一加工、梁板预制场统一规划设计、小型预制构件统一预制)",着力强化精细化施工与管理,工程技术人员认真"抓好每一道工序,做好每一件小事",在"精、细、严"上下功夫,做到精细施工、精细管理;科学制定考核方案,对精细化管理实施目标考核;建立健全质量保证体系;完善制度,筑牢基础,确保质量控制有章可循;实施第三方监理;实施第三方检测;以"四看一感受"(看边坡、路缘石、水沟、防撞挡墙和波形护栏,感受路面平整度)为亮点提升项目品质;级配碎石底基层及水泥稳定基层碎石级配由4种级配变成5种级配;实行重点工程实名制。2015年上半年,该项目质量在云南省公路投资公司在建项目中排列第一名。

(2)进度管理。一个时期一个重点,结合项目建设阶段的重点、难点,签订"阶段目标责任书",扎实推进工程进度,督促各施工单位落实责任目标,抓好施工组织,强化进度管理,加快建设步伐。指挥部通过详细掌握各土建合同段开工以来完成的实物工作量,结合各标段的工程特点,重点对剩余工程量倒排工期进行分解,明确各标段年内要抢抓的节点工程并进行量化,签订"节点工期目标责任书"并逐月进行检查考核。

(3)安全管理。始终贯彻"安全第一、预防为主、综合治理"的方针,紧紧围绕工作计划,以"平安交通""平安工地"建设和安全标准化建设及大检查、大整治为抓手,重点强化组织领导、责任落实、制度体系、宣传教育、"平安工地"创建、隐患排查治理、应急处置、保障投入、督查考核九项措施,保持了安全生产形势的持续稳定。项目从建设到通车未发生过重大安全事故,自始至终保持了安全生产的平衡态势。

(4)合同管理。严格执行管理办法,实施经济合同、廉政合同、安全合同"三合同"管理;严格履行合同,严格计量支付,计量资料管理信息化,按章办事。合同签订方面,除招标主合同严格按照招标规范签订外,其余合同的签订均制定了附属合同管理办法,采取了由合同处把关,各部门会签、指挥部领导会审的办法,有效地控制了各项合同的签订。进度控制及计量支付方面,结合工程实际,工程完成及时计量、及时审核、及时支付,确保工程进度有序推进。项目建设过程中,没有发现不廉洁行为及合同履行的纠纷问题。

(5)信息化管理。普宣高速公路信息化系统建设作为全省试点的科研项目,结合项目实际,进行了系统的研究开发,建立起了一套适合高速公路建设管理的信息化系统,并先后在云南省多个高速公路项目上推广运用,取得了良好效果。

3.设计变更

(1)K0+040~K0+500右边坡变更

地质情况:路线区属构造剥蚀中山峡谷、溶蚀地貌单区。地形总体向东南倾斜,沿线路轴线地形起伏较小,地面高程1490.8~1529.7m,相对高差38.9m,地形坡度约8°~35°。路线区横向地形坡度较大,地形高程1478.5~1618.5m,相对高差140m,地形坡度约25°~40°,局部陡坎可达71°。地表均为第四系全新统残坡积黏土夹碎石所覆盖,线路区基岩出露零星。线路内地下水主要为松散岩类孔隙水、碎屑岩类风化带网状裂隙水及碳酸盐类岩溶裂隙水。

原设计方案:每级平台设置排水沟,边坡开挖线5m外设置截水沟;边坡按10m高分级,坡率1:1.25,第八级坡高4.8m,坡率1:1.25;边坡平台设置宽度均为2.0m;K0+040~K0+310段第一级边坡采用17×6抗滑桩,抗滑桩长度12m,第一、二、四、六、七级设锚杆框格梁加固,第三、五级设锚索框格梁加固;K0+310~K0+500段第三、五级边坡设锚索框格梁,锚索长度以进入中风化灰岩不少于10m控制,第一、二、三级边坡设锚杆框格梁。裸露坡面喷薄植草防护。

2014年11月25日上午9时40分,K0+160~K0+220段左右第三级以上坡体突然产生破坏垮塌,沿岩层层面从顶部至第三级边坡发生滑塌破坏。K0+300~K0+384 段右侧边坡上部两级边坡产生变形,边坡顶部产生的后缘出现高约 1.3m 的陡坎,裂缝宽度约为 0.3m,形状呈圈椅状。经云南省交通运输厅专家、指挥部、设计单位、监理单位、施工单位相关代表现场查勘研究决定,要求设计单位进一步优化边坡设计方案,2015 年 5 月,优化方案通过专家评审。

优化方案:边坡坡率及排水维持原设计,K0+040~K0+100 段第三级边坡按原设计实施,边坡坡面锚杆格子梁内增设 6 束十字丝锚索,单根锚索长度为 24m;K0+100~K0+160 段第三、四级锚杆格子梁内增设 6 束十字丝锚索,单根锚索长度为 24m,格子梁采用绿化防护;K0+160~K0+220 段采用"清方+抗滑桩支挡+锚固+排水"的综合处治措施。第三级~第八级边坡坡率 1∶1.6~1∶1.8,施工时不同断面间采用圆弧过渡渐变。第三级、第五级:边坡采用 6 束锚索($l=20m$)框格梁(每级 4 排)防护,第四级、第六级、第七级、第八级:边坡采用锚杆($l=12m$)格子梁(每级 4 排)加固;K0+220~K0+300 段第三级边坡采用 6 束锚索($l=22m$)框格梁(每级 4 排)防护,第四、六级锚杆格子梁内增设 6 束十字丝锚索,单根锚索长度为 24m;K0+300~K0+384 段采用"(锚索)抗滑桩+锚索框格梁+锚杆格子梁+清方+路堑墙+截排水"综合加固处治措施;K0+384~K0+500 段采用"抗滑桩+锚索框格梁+锚杆格子梁+截排水"综合加固处治措施。

(2)大岩上隧道 ZK7+267~ZK7+236 段塌方变更

塌方位置地表位于斜坡农田内,围岩主要为灰岩,围岩为Ⅳ级,隧道埋深 90m 左右。Ⅰ区围岩破碎,节理裂隙发育且杂乱,裂隙局部夹土严重,Ⅱ区为土填充溶洞。

原设计隧道结构采用 FⅣ型衬砌结构,具体参数为:40cm C25 钢筋混凝土,22cm C20 钢筋网喷射混凝土,内设格栅钢架,间距 1m,锚杆采用 3m 长 φ22 砂浆锚杆,间距 1.2m×1.0m。

根据地表及洞内现场会勘,结合超前地质预报探测结论,处治方案分为地表处治和洞内处治,其中地表处治采用周围截排水+底部挂网喷混封闭+水泥土+土石回填+表面封闭+监测等技术手段。

一是在地表塌坑周边 5m 范围外设置 30×30cm 的截水沟,沟壁采用 5cm 厚 C20 水泥砂浆抹面。

二是加强塌坑周边的地表沉降监测。

三是待该段洞内二次衬砌施作完毕后,对地表塌坑进行回填;洞内处治采用超前地质预报+超前局部帷幕注浆+超前预支护+旋喷桩基底加固+衬砌结构加强+确保防排水体系+监测等综合手段,施工方法采用 CRD 法。具体做法为:

①超前局部帷幕注浆 2m C20 混凝土止浆墙,超前帷幕注浆 31m,加固范围为隧道开挖轮廓线外 6m,采用单液浆。注浆量 1704.76m^3。

②T76N 自进式锚杆 + φ42 小导管超前预支护 T76N 自进式锚杆在拱墙岩溶充填部分设置,每排 40 根,每根长 15m,环向间距 30cm,排距 9m。超前小导管在拱部 145°范围布置,每排 43 根,每根长 4.5m,环间距 40cm,排距 1.8m。

③加强支护结构。喷射混凝土:28cm;22b 工字钢加强:间距 60cm;φ6.5 钢筋网:15cm×15cm;系统锚杆:100×60cm;岩溶填充体范围:5mφ42 小导管;基岩部分:3.5mφ25 中空锚杆;二次衬砌:65cmC25 钢筋混凝土。

④旋喷桩基底加固。采用 Φ1200 三重管旋喷桩加固隧道基底,间距 90×90cm,长度 15m。待隧道上台阶开挖后,探明结构底板下 15m 范围内的围岩情况,进一步细化旋喷桩的长度和布设范围。

⑤CRD 法开挖。工程造价增加约 700 万元左右。

(3)K13+330~K13+478 段右幅高挡墙优化变更

该段原设计为半路半桥形式,左幅为龙家岩大桥,右幅为路基,右幅左侧设计为 M7.5 浆砌片石衡重式路肩墙,长度 148m,最大墙高 18m,该段挡墙覆盖层主要为较厚的高液限黏土,存在较大的安全隐患。2013 年 11 月 5 日,云南省交通运输厅专家及四方代表现场查勘研究决定对高挡墙进行优化处理,将右幅路基调整为 7~20m T 梁桥。

(4)德积服务区 K19+580~K19+620 左幅(对应匝 B:K0+393.7~K0+433.7)增设 1~40m T 梁

该处有一面积为 1500m² 的天然水塘,原设计为路基填方,填方施工完毕后该水塘将被完全填埋。根据现场调查,服务区周边水源极其缺乏,加之路线上原有的天然水塘为该片区唯一的水源点,周围 5000 余村民常年在此取水,并多次反映要求保留此水源。此外,该水塘常年水位不变,周围地势较低的地方均无水源,水塘保存后可作为德积服务区运营时的取水点和周围村民的取水点。

为解决今后服务区管理用水村民用水的问题,保留德积服务区 K19+580~K19+620 左(对应匝 B 右:K0+580~K0+620)天然水塘,在跨水塘处增设 1~40m T 梁跨过水塘(两岸桥台形式采用 C30 混凝土重力式桥台),确保不破坏水塘的水源点;在水塘周边增设挡土墙保护水源不被填埋。工程造价增加约 600 万元左右。

(5)平川隧道左幅 ZK50+290~ZK50+322 初支出现裂缝、初支下沉侵衬变更

地质预报显示该段围岩为灰色、褐红色中厚层状灰岩,中等~强风化,层间结合程度差,受构造影响严重,岩体破碎,呈角(砾)碎石状松散结构,局部为土夹石状松散结构,稳定性较差,含基岩裂隙水和岩溶水,地形为山谷凹地,覆盖土层厚度约 40m。设计为 V 级围岩,采用 S5d 衬砌类型:φ42×4 注浆小导管、长度 4.5m,均按 200×120cm 间距梅花形交替布置;C25 喷射混凝土厚 29cm,φ8 双层钢筋网 15×15cm;I22b 钢拱架,间距 60cm;预留变形量 15cm。300g/m² 土工布及防水板;C25 防水钢筋混凝土衬砌厚度 70cm。超前支

护采用单层 $\phi 42\times 4$ 注浆小导管、长度 4.5m 注浆小导管,单根长 4.5m,每环 45 根,纵向搭接长度 2.1m。

2012 年 9 月 24 日,该段(按设计已施工完毕)由于长时间下雨,致使覆盖层饱水增大构筑物上方压力,ZK50+306~ZK50+310 段出现地表塌陷,同时 ZK50+290~ZK50+322 段初支出现裂缝,并下沉浸衬,浸入深度 3.8~53.5cm 不等,四方代表现场查勘后决定对该段进行如下处理:

①对 ZK50+290~ZK50+308 段 C 单元以上的初支增设 23 榀 I22b 工字钢;

②对 ZK50+290~ZK50+322 段进行逐榀换拱处理,换拱段初支参数为 S5d,超前支护采用双层 $\phi 42\times 4$ 注浆小导管、长度 4.5m 注浆小导管,单根长 4.5m,每环 90 根,纵向搭接长度 2.1m;

③由于地表为凹地,为确保工程安全,在该段二衬增加 43 榀 I18 工字钢;

④地表采用先铺防水板后回填的方式处理。

(6)K54+920~K57+120 夏家屯大桥纵坡调整变更

夏家屯大桥原设计为 $12\times 30m+3\times 40m+9\times 30m$ T 梁,跨盘龙河和原贵昆电气化铁路。施工图设计考虑了上跨铁路和下穿高压线的净空要求,须搬迁 220kV 高压铁塔 2 座和 110kV 高压铁塔 2 座。

2012 年 12 月 6 日,新贵昆电气化铁路建成通车,原老贵昆电气化铁路同时废置。夏家屯大桥可考虑做降坡处理,无须搬迁高压铁塔。经四方代表多次现场查勘研究决定作如下优化处理:

①降低路线左幅 ZK54+920~K55+482.031 及右幅 YK55+000~K57+120 段高程;

②夏家屯大桥桥跨由 $12\times 30m+3\times 40m+9\times 30m$ T 梁调整为 $14\times 30m$ T 梁。

该变更降低了工程造价约 1553 万元,避开了 4 个高压线铁塔,大大降低了施工难度。

(7)K60+500~K60+950 北立交区软基处治优化变更

北立交区大部分地段地形低凹,地表水丰富,覆盖层为 6.0~7.5m 厚高液限黏土,且易于聚集汇水。原设计为振冲碎石桩,须拆迁 8 座高压铁塔。受高压铁塔拆迁影响,大部分振冲碎石桩未能施作,且雨季汇水影响路基稳定性,增加处治难度。为确保施工质量,减少工程投资,四方代表及跟踪审计现场查勘决定作如下变更处理:主线 K60+500~K60+780 段,在碎石桩顶增设 3m 片石垫层(高出水面 1m)+30cm 碎石土+1 层土工布+三层土工格栅;主线 K60+780~K60+950 段,取消碎石桩,在原地表抛石挤淤(厚度 1m)+1m 片石垫层+30cm 碎石土+1 层土工布+三层土工格栅;匝 A:K0+100~K0+200 段,在碎石桩顶增设 2m 片石垫层(高出水面 1m)+30cm 碎石土+1 层土工布+三层土工格栅;匝 A:K0+000~K0+100,匝 A:K0+200~K0+327.720 段,取消碎石桩,在原地表抛石挤淤(厚度 2m)后填 1m 片石垫层+30cm 碎石土+1 层土工布+三层土工格栅;匝 B:K0+

000～K0+120段,取消碎石桩,在原地表抛石挤淤(厚度1.5m)后填1m片石垫层+30cm碎石土+1层土工布+三层土工格栅;匝B:K0+120～K0+180段填1.2m片石垫层;匝E:K0+000～K0+240段,取消碎石桩,在原地表抛石挤淤(厚度1.5m)后,填0.8m片石垫层+20cm碎石垫层+30cm碎石土+1层土工布+三层土工格栅;匝E:K0+240～K0+320段在碎石桩顶增设1.5m片石垫层+20cm碎石垫层;联络线LK0+740～LK0+940段,取消碎石桩及土工格栅,LK0+740～LK0+905段在原地表抛石挤淤(厚度1m)后,填1m片石垫层+20cm碎石垫层,垫层以上填碎石土至路槽顶面,第一层碎石土填筑完成后在顶面加铺1层土工布(该段落为低填地段)。软基处治宽度均至地界桩(红线范围)。

(8)K62+113上跨线桥改为隧道变更

项目K62+113与宣威至倘塘二级公路相交(斜交50°),原设计为宣倘二级公路上跨线桥[(26+40+26)m连续箱梁桥]跨越普宣高速公路。施工时:

①改移宣倘二级公路进出口的位置;

②拆迁楼房,层数2～5层不等,均为砖混结构,总面积约9766m³。为确保施工安全,减少房屋拆迁数量及施工时对房屋的影响做如下变更处理:取消宣倘二级公路上跨线桥,增设70m长明挖隧道。

(四)复杂技术工程

1. 大岩上隧道工程

该隧道左洞长2708m、右洞长2702m,位于云贵高原过渡的斜坡地带,属于褶皱抬升中山地貌,地势西南高东北低。区域地貌特征差异较大,从谷底往上依次形成峡谷、低山、半山、高山等地貌类型。地层岩性为石灰系上统马平群、下统栖霞组、下统茅口坡组、残坡积层。受地质构造影响严重,岩体破碎、地质条件较为复杂,岩体完整性差异较大,裂隙较为发育,呈碎裂状、松散结构,易坍塌,围岩自稳能力差。主要地质问题右线进口段存在斜坡土体易产生偏压,洞身内有凹槽段崩坡堆积体、岩溶发育,穿煤层,易于产生瓦斯事故,同时该处交通不方便也增大了施工材料运输的难度。因此,指挥部在施工过程中遵循"超探测、预堵水、管超前、即支护、弱爆破、短进尺、早封闭、勤监测、备预案"的原则进行作业,以减少对围岩的扰动,隧道穿过煤层时严格按《铁路瓦斯隧道技术规范》进行施工,加强监控监测,同时加强安全教育,做好应急预案。穿越崩坡段时短进尺,预支护同时控制放炮药量;穿越房屋时按爆破速率不超2cm/s进行爆破,同时加强沉降观测,有效减少了对房屋的损坏。

2. 普立隧道工程

普立隧道左洞长度1296m(分离式861m+小净距81m+连拱隧道354m)、右洞长度

1374m(分离式939m+小净距81m+连拱隧道354m)。隧道所处位置地形复杂,气候环境恶劣,运输条件较差。地质岩性主要为第四系全新统残坡积,浅层黏土覆盖,岩性多为灰岩,岩体完整性较大,岩溶发育,溶蚀、溶腔、溶槽较多,多为裂隙水和岩溶水。隧道K9+752处为三四标分界线,右洞进出口处存在偏压,左右洞出口下方为普立特大桥隧道锚。交叉施工作业面较多,施工干扰大。隧道施工采用进出口同时进洞掘进的方式进行开挖,进口段采用单侧壁导坑法、小净距段采用台阶法、连拱段按三导洞法施工。施工时采用TSP超前探测系统、地质雷达和超前地质钻孔等综合手段进行地质预报;专人指挥各作业面协调施作,严格控制施工爆破参数,统一复核隧道断面尺寸及线性控制。

3. 普立特大桥工程

普立特大桥全长1040m,双向四车道,桥面纵坡为+1.65%,桥跨布置形式为4×40m预制混凝土T形梁+628m单跨钢箱梁悬索桥+6×40m预制混凝土T形梁,主缆矢跨比1/10,主缆横向间距26m,吊索顺桥向标准间距为12m;主桥钢箱梁采用流线型扁平加劲梁,宽28.5m,高3.0m,全桥共分53个节段制造,单节段钢梁段长12m,质量约140t,全桥钢梁用钢约8000t;主塔为门式框架结构,塔肢高153.5m,基础为直径3.0m人工挖孔桩基础。普立岸主缆锚固形式为岩洞式隧道锚锭、宣威岸锚碇重力式锚。全桥土建工程量混凝土约15万m³,钢梁用钢梁约8000t,主缆、吊索2869t;索鞍、索夹等构件620t,钢筋8833t,钢绞线615t,工程技术难度大。

大桥跨越普立大沟,两岸地形陡峭险峻,施工场地狭窄,气候条件恶劣,雨雾天气较多,同时牵涉施工专业队伍较多。为确保施工质量和整体施工进度,指挥部采取主要领导直接负责、综合协调的管理模式进行管理,开展了隧道锚、关键技术研究、风相关性研究课题,先后邀请国内专家对主塔、重力锚、隧道锚、主缆制作架设、钢箱梁制作安装等关键技术方案进行评审并进行现场施工指导。同时,采用第三方监控进行施工全过程监控,严格按照"政府监督、第三方检测、社会监理、企业自检"进行质量层层把关。

4. 法马坡隧道工程

法马坡(得马田)隧道左洞全长395m,其中Ⅴ级围岩244m,Ⅳ级围岩151m;隧道右洞全长396m,其中Ⅴ级围岩286.65m,Ⅳ级围岩109.35m。法马坡隧道左、右洞相距较近,两隧道中线距离约15m,隧道净距约1.28～2.63m,为超小净距隧道。最大埋深约38m,洞口段最浅埋深不足1.0m,下穿宣文二级公路和村庄,浅埋偏压严重。地层岩性主要为泥质页岩,理状构造,夹薄层煤层,伴有夹层黏土,煤层采空区。

主要施工采用单侧壁导坑法和预留核心土环形开挖法,把围岩较差的洞室作为先行洞,按同工序保持一定距离平行施工,将开挖面合理划分单元,自上而下实施有序分部开挖;喷、锚、网、型钢拱架联合初期支护随挖随护,紧跟工作面;采用光面爆破和微震控制爆破技术以及对拉锚杆预加固中岩墙技术,使初期支护体系、中岩墙与围岩共同组成承荷体系,充分发挥围岩自稳能力;建立监控量测体系,实施信息化管理,保证施工过程处于受控状态。

(五)科技创新

针对普宣项目施工地质条件较大、气候环境恶劣以及质量要求较高、施工工期紧张等特点,普宣项目主要采取如下科技创新手段进行建设管理和技术改进措施。

1. 科技创新的措施

(1)高速建设管理系统的应用

普宣高速公路信息化系统建设是全省试点的科研项目,指挥部通过与软件公司配合,进行公路信息化管理系统的研究开发,并借鉴前期项目和国内外公路建设的先进经验,结合项目实际反复论证测试,建立起了一套适合普宣高速公路建设管理的信息化建设系统。系统设立了22块模版,涵盖了普宣高速公路建设从招标开始,直至工程实施过程中的计量及内业资料的管理、设计变更各个领域。同时,将视频监控系统应用于项目建设中,全线共设置了4个摄像头,对小湾T形连续刚构桥、普立特大桥、宝山特大桥的关键性工程部位进行了进度、质量、安全的过程监控。

(2)隧道采用门禁系统

隧道施工人员安全帽里植入芯片,实现了管理上的现代化、信息化、智能化。

(3)火箭弹牵引先导索

普立特大桥是目前建成的世界第一高桥。主塔塔尖距离深谷谷底550多m,大桥主跨径达628m。指挥部大胆采用火箭抛送先导索的技术方案,创造了云南首次、全国第三次的成功案例,大大缩短了普立特大桥主缆架设周期。

(4)普立特大桥主缆首次采用锌铝合金钢丝

锌铝合金镀层钢丝拉索,其钢丝采用锌铝合金镀层代替纯锌镀层,该镀层具有比纯锌镀层更高的耐腐蚀性能。锌铝合金镀层钢丝具有同目前的热镀锌钢丝一样的机械性能,同时还具有更好的耐久性。防腐机理如下:

①铝的化学性能十分活泼,热镀后钢丝表面会形成一层致密的氧化铝,在腐蚀环境下就容易钝化形成保护层。在腐蚀介质中,表层富锌相作为阳极先被腐蚀,其铝含量会不断升高而使得氧化铝含量不断增加,使得镀层阻隔外界有害物质的能力更强。同时铝的加入也抑制了防腐性能较弱的、组织疏松的锌铁合金过渡层的生成,有利于提高镀层整体的防腐能力。

②锌-铝合金镀层发生破坏并露铁点,镀层作为铁-锌铝电池的阳极被溶解,钢基体受到保护。

(5)普立特大桥钢箱梁缆索吊机空中旋转吊装

普立特大桥首次采用缆索吊机高空纵向移动,横向旋转90°安装钢箱梁的方法。这也标志着国内山区峡谷钢箱梁悬索桥吊装水平迈上了一个新的台阶。

(6)智能张拉、压浆系统的应用

预应力智能张拉系统通过计算机软件控制实现预应力张拉全过程自动化,杜绝人为因素干扰,能有效确保预应力张拉施工质量,是目前国内预应力张拉领域最先进的工艺。该系统能精确控制施工过程中施加的预应力值,将误差范围由传统张拉的±15%缩小到±1%;及时校核伸长量,实现"双控";一台计算机控制两台或多台千斤顶同时、同步对称张拉,实现"多顶同步张拉"工艺;实现张拉程序智能控制,不受人为、环境因素影响;停顿点、加载速率、持荷时间等张拉过程要素完全符合桥梁设计和施工技术规范要求,避免或大幅减少了张拉过程中预应力的损失;自动生成报表杜绝数据造假。

(7)钢筋数控弯切机的应用

采用德国工业PC及CNC控制系统高准确度技术,一体化自动送进加工原材料,确保加工精度;自动控制放线架机构,防止乱线,双线弯箍送入系统,大大降低劳动强度;带有机械直径记忆功能的快速调整机构和智能故障识别报警系统,便于维修护理;采用新式分体式刀座,耗能成本较低。

(8)底基层、基层集料级配规格的突破

级配碎石底基层及水泥稳定基层碎石级配规格由4档级配变成5档级配,规范要求0~4.75mm作为一档集料,而2.36mm和4.75mm都是级配控制的关键性筛孔,为了加强路面质量控制,普宣高速公路在云南首次将此档集料分为0~2.36mm和2.36~4.75mm两档,优化了混合料级配,使路面各项指标得到极大提高,增加了路面的使用寿命。

普宣高速公路在建设过程中共有六项课题研究。

2. 主要科研课题

(1)顺层路堑边坡稳定控制技术研究

顺层边坡是指岩层走向与线路方向一致、岩层倾向与边坡坡向相同的层状结构岩体边坡。

该课题依托云南普宣高速公路工程项目,在路堑边坡地质调查与分类研究基础上,采用现场试验、室内试验、模型试验、理论分析与数值计算相结合的方法对不同类型顺层路堑边坡的稳定性评价方法、开挖预支护控制措施、爆破开挖对边坡坡面与层面损伤及稳定性影响等进行系统研究,分析边坡破坏模式及其影响因素,优化边坡支护方案,提出顺层路堑边坡稳定控制技术,为山区高等级公路建设提供了一套可靠实用的顺层边坡设计与施工控制关键技术,保证了工程质量与施工安全,加快了工程进度与降低成本。研究成果具有重要理论意义,丰富了顺层边坡稳定性评价与控制理论,对顺层路堑边坡设计与施工具有重要参考价值,发表论文为《顺层岩质边坡预支护开挖及锚索优化设计研究》。

(2)高山峡谷地区悬索桥隧道锚设计施工关键技术研究

该课题依托的云南普立特大桥是普宣高速公路上的重要节点工程,主桥推荐方案为主跨628m的简支钢箱梁悬索桥,主缆边跨为166m,主缆矢跨比为1/10。宣威岸锚碇采用嵌岩重力式锚碇,普立岸锚碇采用隧道锚,锚塞体长35m,倾角42°。

课题开展工程建设所必需的特殊地质下锚碇区工程岩体特性研究、隧道锚围岩抗拔力学机理与稳定设计准则研究、不同设计施工阶段的岩体稳定性及构筑物相互影响分析、岩体加固等方面的试验等研究工作,课题研究成果对于解决我国当前西部大跨径悬索桥的关键设计技术问题,促进大跨径悬索桥的科技进步,降低工程造价、提高结构安全性具有重要意义。发表论文《普立特大桥隧道锚现场模型试验研究:夹持效应试验》《普立特大桥隧道锚碇区岩体工程特性研究》《隧道式锚碇-围岩系统破坏机理的数值试验研究》《围岩剪胀特性对隧道式锚碇》《山区公路悬索桥隧道锚设计》《山区悬索桥隧道式锚锭受力特性分析》《云南普立悬索桥粘滞阻尼器参数研究》。

(3)高原冻雨山区大跨径钢箱梁悬索桥施工关键技术研究及工程应用

该课题以普立特大桥钢箱梁悬索桥为依托,开展大温差环境下悬索桥施工关键技术研究、高原山区强风环境下大跨径悬索桥施工关键技术研究、高原山区大跨径悬索桥过程施工质量控制关键技术研究、悬索桥施工误差对成桥状态影响研究等工作,解决了工程建设中的关键技术问题,为工程的顺利建设提供了技术支持。发表论文《大体积混凝土水化热温度特征数值分析》《高原山区悬索桥钢箱梁现场制造质量控制关键技术》。

(4)特定高原气候与复杂道路条件耦合作用下高速公路行车危险路段安全保障技术研究

该课题依托普宣高速公路工程,开展普宣高速公路所处的特定高原气候与复杂道路条件耦合作用下高速公路行车危险路段的识别方法研究,并在此基础上提出安全保障措施实施方法,保障普宣高速公路行车安全性、降低事故率,将普宣高速公路打造成一条环境友好、行车安全舒适的民生路、优质路。

主要研究内容:特定高原气候与复杂道路条件耦合作用下高速公路风险源特征分析;不同程度气候条件影响高速公路行车安全特性研究;复杂平面线形条件下行车风险分析与控制技术;长大纵坡条件下高速公路行车风险分析与控制技术;行车危险路段识别方法研究;危险路段安全保障技术研究。

解决的技术关键问题:实现不同车型在不同道路条件下的行车动力学仿真模拟;实现国内外不同制动器温升模型的分析与对比;低能见度与低附着系数条件下安全车速模型的构建。发表论文《普宣高速公路交安设施优化设计》。

(5)高强高性能机制砂混凝土配制与施工控制技术研究

本课题研究机制砂的制备技术、质量控制技术以及机制砂特性对混凝土性能的影响,揭示机制砂级配、石粉含量等对混凝土影响规律及作用机理。

主要研究内容:高强高性能混凝土用机制砂的制备技术与技术指标研究;高强高性能机制砂混凝土配制技术研究;高扬程泵送机制砂混凝土离析防治技术研究;机制砂混凝土施工质量控制技术研究。

解决的技术关键问题:建立高强高性能混凝土用机制砂的评价方法和评价指标;建立基于超填充的高强高性能机制砂混凝土配合比设计方法;建立高强高性能机制砂混凝土液化离析的评价方法和评价指标。发表论文《机制砂颗粒特性对胶砂综合性能的影响研究》。

(6)喀斯特石漠化地区高速公路以石为景的自然景观技术研究

该课题拟依托普立至宣威高速公路,开展公路沿线景观石材资源的现状数据提取、分析及评价,并在此基础上研究石材造景的理论。

主要研究内容:3S技术等在公路路域景石资源调查中的应用;建立喀斯特石漠化地区公路景石资源评价指标体系及评价方法;建立喀斯特石漠化地区公路以石为景的景观营造技术理论;高速公路红线范围内、外景石资源的保护技术及造景技术。发表论文《喀斯特地区公路路域景石资源评价指标体系研究》。

(六)运营养护管理

普宣高速公路共设有1个主线收费站宝山主线收费站和6个匝道收费站,分别为普立收费站、得马田收费站、格宜收费站、龙场收费站、宣威城北收费站、宣威城南收费站;共设置服务区2处,分别是宝山服务区和灰硐服务区。

二、曲嵩高速公路——滇东大道谱新曲

据史料记载,公元前250年,秦孝文王派蜀守李冰主持修建从今四川宜宾以南经夜郎到郎州的道路,因该路北段路宽五尺,故史称"五尺道"。郎州即今天的曲靖市。

曲靖素有"滇黔锁钥""云南咽喉"之称。从古老的"五尺道"到现代公路,数千年间,一条滇东大道始终与之紧紧相连。曲嵩高速公路的建设为滇东大道写下了崭新的篇章。

(一)项目概况

曲靖—嵩明高速公路(简称曲嵩高速公路)是国家高速公路网G56杭州—瑞丽高速公路和G60上海—昆明高速公路的共用段,是云南省"三纵三横,以昆明为中心对外9个

通道"公路网的重要组成部分、云南省滇东运输大动脉,也是曲靖市规划的"二纵二横、四条通道"高等级公路为主骨架的主轴线。

曲嵩高速公路起点位于曲靖市麒麟区,向东接在建的宣威—曲靖高速公路和已通车的曲靖—胜境关高速公路;止点位于昆明市嵩明县小铺,向西接嵩明—昆明高速公路,途经曲靖市马龙县、昆明市寻甸县易隆和嵩明县。曲靖—嵩明高速公路位置如图 17-47 所示。

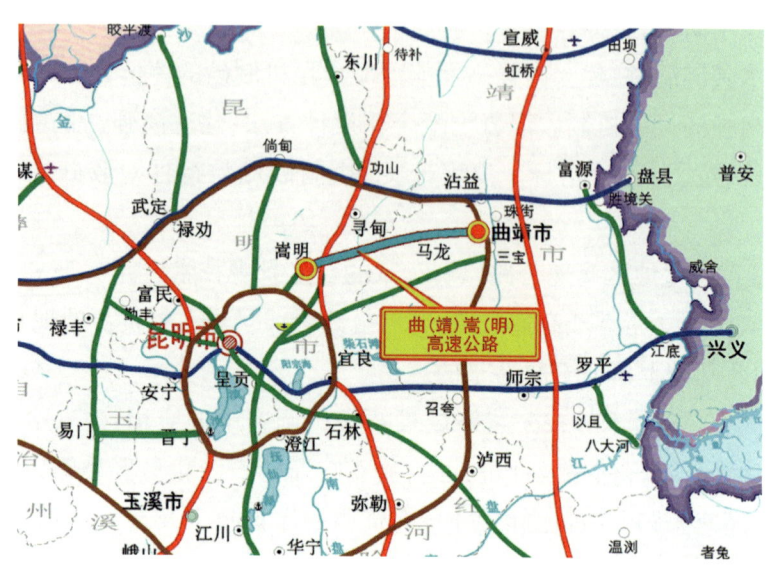

图 17-47　曲靖—嵩明高速公路位置示意图

曲靖—嵩明(小铺)高速公路路线总体方向由东向西展布,起点 K0+000 位于麒麟区南侧王家山附近,与建成通车中的曲靖—胜境关高速公路起点 K0+000 相接,路线采取沿昆曲老路改扩建,在 K1+635 处跨潇湘河后,经红庙上村,基本沿原昆曲公路北侧布线设起伏纵坡,至麒麟区与马龙县交界处后继续升坡达小坝子,于 K11+700 处设南海子互通式立交。此后,路线在地势较缓的山丘沿原昆曲路两侧继续布线,于 K13+100 经过大龙潭水库南侧后升坡达山梁。而后开始降坡,经土瓜冲、杨官田、杨外营,于 K20+299.34 上跨老 320 线,至 K24+023.87 设马龙互通式立交与马龙县城联络,继续沿昆曲路左侧加宽布线,于 K22+828.7 上跨马龙县龙泉北路,在 K23+824 设置桥梁跨过马龙河,经长坡岭水库、昌隆铺,到达本项目公路最高点红军哨垭口,过乌龙箐、黄土坡、三星坝后至旧县,在 K41+470 设旧县喇叭形互通式立交。而后路线仍沿昆曲路继续延伸,于 K45+600 附近与老昆曲公路分离,从老昆曲公路北侧布线至 K47+300 重新回到老路右侧,继续沿老路拼宽布线,过高堡屯后上行线沿用老路,采用明挖的方式穿过易隆垭口;下行线右转于 K53+600 设置 T 形连续梁桥跨越梁家田的凹地,于 K55+230~K55+780 段设置隧道穿越易隆垭口后,左转接上老路,经蜂子岩村,于 K57+840.35 设置喇叭形易隆互通式立交,与寻甸县连接。而后经马田村,于 K60+400 上跨老 320 线,进入嵩明境内,经望高楼、杨达村、过达龙村、赵家村进入坝区,过烂泥箐村、牛足村、积足矣村、小保旺村,于 K62+588 处设置 T 形连续梁桥上跨牛栏江,于 K63+201 处设小新街互通式立交。止点连接小铺立交,与昆嵩高速公路和嵩待高速公路连接,设计里程 K0+000~K76+224.094,设计全长 76.224km,路线综合实际长 76.581km。

曲嵩高速公路相对老昆曲公路缩短里程 1.2km。曲靖至马龙段设计速度 120km/h,双向八车道,半刚性基层柔性沥青混凝土路面,最小平曲线半径 1010m,最大纵坡 4%;马龙至嵩明小铺段设计速度 100km/h,双向四车道,半刚性基层柔性沥青混凝土路面,最小平曲线半径 545m,最大纵坡 5%。沿线地势基本上是西高东低,地形起伏,山脉多是北东—南西向分布,山岭间分布有众多山间洼地,路线海拔高差近 300m,地面横坡陡,不良地质占路线总长 7%,软基长达 3250m,占路线长 4.3%。全线有土石方 1500 万 m^3,平均每公里 19.7 万 m^3;桥梁 71 座(单幅计)、5134 延米,占路线长 6.7%,其中特大桥 1 座、1564 延米,大桥 4 座、1182 延米,中小桥 36 座、2388 延米,互通立交桥 5 座,跨线桥 30 座,涵洞及人行通道 262 道;隧道 1 座(单洞)、545 延米;桥隧占路线总长 0.68%;路面 228.6 万 m^2;占用土地 5067.7 亩;总投资 225000 万元,平均每公里造价 2952.8 万元。

曲嵩高速公路概算投资 22.5 亿元(不含新增绿化工程),预算投资 26.6 亿元,设计工期 3 年。工程于 2004 年 12 月 19 日召开进场动员会,2005 年 3 月正式开工建设,全体参建人员克服安全保通压力大,原材料供应紧张等重重困难,从第一道工序起抓质量,从第一个工日起保进度,通过两年多的努力,主线工程于 2007 年 5 月 31 日建成通车。同年 10 月 31 日召开了交工验收会。2009 年 6 月 13 日,曲嵩高速公路完成了竣工验收质量鉴定检测。

(二)相关背景

曲嵩高速公路位于云南省经济相对发达的东部地区,是连接省会昆明和滇东重镇曲靖的重要通道。项目动工前,昆明至曲靖间主要公路有昆曲公路和省道 101 线(原 G320 线)。

昆曲公路(GZ65 昆明至曲靖段)是昆明与曲靖、昆明与贵州省之间的主要通道,全长约 130km,路面等级较高,均为沥青混凝土路面,1996 年 10 月全线通车,其中昆明至嵩明段为双向四车道高速公路,全长约 45km;嵩明至曲靖段长约 85km,采用高速公路标准,先期建一幅,计算行车速度 80km/h,路基宽 13m,路面宽 12m,双向两车道。省道 101 线经曲靖、杨林、大板桥至昆明,路面宽 6~8m,路基宽 8~10m,基本达三、四级公路标准,局部路段路况较差,弯急坡大,路面破坏严重,混合交通,车辆行驶速度很低。

随着我国西部大开发战略的实施,区域间的经济联系不断加速,昆曲公路交通量保持较快的增长趋势,从区域内整个公路网布局看,原道路路网等级结构不尽合理。曲靖—胜境关高速公路、曲靖—陆良高速公路和宣威—天生桥一级公路通车后,已形成以曲靖为中心向四周放射的昆曲路、曲胜路、曲陆路、宣天路等干支相接的公路运输网络,但昆曲公路曲靖至嵩明段仍然是双向两车道,从整个通道上形成了两端宽中间窄的"瓶颈"地段,无法发挥整个通道快速、安全、舒适的作用,导致道路拥挤不畅,通过能力差,车辆行驶安全性差,交通事故发生频繁。本段公路交通量已处于饱和状态,急需尽快改建,以适应社会经济的发展需求。根据交通量分析预测,在2002—2026年间,昆曲公路趋势交通量年均增率达6.5%,到2010年交通量为9085辆(中型车/日),将达到饱和状态,交通运输非常拥挤和繁忙,制约区域经济发展。突破这段"瓶颈",对尽快贯通规划中的国道主干线公路,逐步完善以国道为主骨架的路网体系,促进云南经济的全方位发展,具有十分重要的意义。

昆明是云南省的省会,西南地区的中心城市之一,国家历史文化名城,我国重要的旅游、商贸城市。曲靖市是云南省第三大城市,境内资源丰富,物产众多。多年来经济总量仅次于昆明市和玉溪市,位居全省第三位。根据云南省工业布局的调整,未来云南工业发展的重点将由昆明逐渐移向曲靖,沿昆曲高速公路逐步建立起"工业经济走廊",项目的建设对充分发挥曲靖的资源优势和昆明市的中心辐射作用十分有利。

建设曲嵩高速公路是完善国道主干线公路网和区域内公路主骨架的需要;是满足交通量快速增长,破解曲靖与昆明之间的交通运输"瓶颈"的需要;是适应曲靖市经济快速发展和加强滇东与昆明之间经济进一步交流的需要。

按设计,曲嵩高速公路在原昆曲公路13m路基的基础上拼宽改建。在资金筹集上,除交通部按国道主干线公路标准给予补助、云南省交通运输厅通过银行贷款、曲靖和昆明两市负责征地拆迁费用外,曲靖卷烟厂出资8亿多元。

项目建成后,昆曲公路将全线形成四车道高速公路,大大提高公路的通过能力,影响区域车辆出行,到2026年本项目预测交通量为49259辆标准小客车/日,项目按四车道高速公路建设可以满足通道内的交通出行需求,并加大云南省与贵州省等地区的交流与合作,促进曲靖市及沿线地区经济快速发展。

昆曲高速公路开通后,两城市间的公路运输距离仅130多公里,方便了两市间的交通出行。昆明是全省政治、文化、经济中心城市,随着滇池治理工程的实施,昆明将重点发展第三产业和轻工业,而可能污染环境的重工业将会逐渐加强控制;曲靖市是滇东中心城市,矿产资源和农业资源丰富,主要是以重工业、能源型工业、农业为主。因此,从昆明与曲靖两市的功能定位看,两市经济互补,曲靖可为昆明提供煤炭等能源型产品和剩余劳动力,而昆明作为全省中心城市,其信息、科技、文化等能直接向周边城市辐射,两市之间的物流、信息流、交通流将不断增加,促进社会经济各方面共同发展。随着两市之间经济交流的加强,修建本项目已成为曲靖市及项目沿线各地区的迫切要求,是适应曲靖市经济快速发展和加强滇东与昆明之间经济进一步交流的需要。

(三)主要工程数量

项目设置曲靖、南海子、马龙、旧县、易隆、小新街6个立交匝道收费站,设置小铺主线临时收费站1个(全省联网收费后现已拆除),曲靖至马龙段公路等级为双向八车道高速公路,设计荷载为公路—Ⅰ级,设计速度120km/h;马龙至嵩明(小铺)段为双向六车道高速公路,桥梁设计荷载为汽车—超20级,挂车—120,设计速度为100km/h。全线大中桥5995.58m/34座、小桥382.02m/17座,通道、涵洞7970.834m/321道,上跨桥2385.59m/30座,隧道545m/1座,路面220万m^2。路基土石方1748万m^3,其中挖土石方1193万m^3,填方550万m^3。挡土墙238634m^3,边坡防护66245.65m^3,排水工程183812.3m^3,标志牌1124处,标线578000m^2,波形护栏239km。图17-48为曲嵩高速公路路面施工。

图17-48 曲嵩高速公路路面施工

全线共完成征地425.7336公顷、房屋拆迁185户/86937.3m^2、迁坟1028冢,征用临时工程用地1361.816亩,累计补偿征地费用16717.33万元。

(四)项目建设

1. 前期决策

2003年,完成了《国道主干线(GZ65)上海—瑞丽公路曲靖至嵩明(小铺)段工程可行性研究报告》及《初步设计》。

2003年4月、2003年10月,云南省发展计划委员会及云南省交通厅以云交计〔2003〕141号文件《关于对国道主干线(GZ65)上海—瑞丽公路曲靖—嵩明(小铺)段工程可行性研究报告的批复》及云交计〔2003〕445号文件《关于国道320线曲靖至嵩明(小铺)高速公路曲靖至马龙段补充工可的批复》,同意项目可研方案。

云南省交通厅以云交建〔2003〕507号和云交基建〔2003〕399号文件批复了初步设计,云南省交通厅又以云交基建〔2003〕516号和云交基建〔2005〕116号文件批复了施工设计图。

2004年11月,建设单位曲靖市公路建设开发有限责任公司委托云南省环境科学研究所编制完成了《国道主干线(GZ65)上海—瑞丽公路曲靖—嵩明(小铺)段工程环境影响评价报告书》。

云南省环保局于2005年1月11日以云环许准〔2005〕6号文件《云南省环境保护局准予行政许可决定书》,从环境保护角度分析,同意该项目建设。

云南省国土资源厅于2003年7月28日以云国土资预〔2003〕18号文件《关于国道主干线(GZ65)曲靖至嵩明(小铺)段公路项目的用地预审意见》、2003年8月27日以国土资源厅函〔2003〕291号文件《关于国道320线云南省境内曲靖—嵩明(小铺)段高速公路控制工期的单体工程先行用地的复函》同意该项目建设。

2006年2月20日,云南省交通厅批复了曲嵩高速公路施工许可申请、开工报告并备案,同意该项目开工建设。

2. 土建、路面、监理招投标

2004年10月5日,曲嵩项目发布招标公告,项目法人为曲靖市公路建设开发有限责任公司,招标代理机构为云南山重建设工程招标咨询有限公司。

(1)组织领导

为了规范招投标市场,曲靖市政府成立了分管副市长任组长的曲靖市重点项目招标监督委员会,成员有财政、城建、纪委、检察院、审计局、计委等相关部门领导和专家,对招标工作资格审查、标底审定、中标候选人审定等主要环节召开会议集体审定,杜绝招投标中的各种人为因素。

(2)委托中介机构

根据曲靖专业技术人员少、工程建设任务重的实际情况,经市交通局党委会研究确定,委托具备高速公路招标代理资格的云南山重建设工程招标咨询有限公司进行招标代理。

(3)施工招标资格预审

①资格预审文件的编制:由招标代理机构编制资格预审文件,经业主组织审定后上报云南省交通厅进行批复,经批复后按程序发售。

②资格预审公告发布:2004年10月5日在《云南日报》《中国经济导报》以及中国采购与招标网发布。

③资格预审报名:2004年10月9日~13日8:30~17:30内,共有231家(371份)施工企业报名参加土建工程的资格预审申请,共有65家(69份)施工企业报名参加路面工程的资格预审申请。

④资格预审递交:2004年10月25日8:30~17:30内,共计收到225家土建单位的354份资格预审申请书,41家路面单位的45份资格预审申请书。

⑤资格预审评审:2004年10月26日,业主组织招标评审工作人员与招标代理机构人员共同组成资料清理小组,根据资格预审文件的要求,对资格预审申请书进行符合性审查和强制性资格条件审查,为评审委员会提供准备资料;2004年10月30日~11月2日,由2名业主代表和5名从云南省交通厅专家库中抽取的专家组成的评审委员会,在监督人员的监督与相互监督下,评标委员会对清标资料进行审核,对所有资格预审申请进行评审。对通过符合性审查和强制性资格评审条件评审的投标申请人,在具体打分时,各评委每项次的最低评分不得低于该项满分的60%,并将7位评委的打分去掉1个最高分和1个最低分计算得出一份资格预审文件的最后得分,并按得分的高低进行排序,将排列的前8名作为通过资格预审的申请人。

(4)施工招标阶段

①招标文件的编制:由招标代理机构编制招标文件,经业主组织审定,报曲靖市审计局审核后,上报云南省交通厅进行批复,经批复后按程序发售。

②投标邀请:经云南省交通厅云交基建〔2004〕470号文批准,2004年11月7日向合格的投标单位发出投标邀请书,其中土建64份、路面29份。

③招标文件的发售:2004年11月8日~12日,通过资格预审的单位凭投标邀请书到云南山重建设工程招标咨询有限公司购买招标文件,共发售招标文件土建72份、路面28份。

④投标文件的递交:2004年12月6日8:30~13:00。

⑤标底的编制:2004年12月2日~6日,在监督人员的监督下由招标代理人从业主和招标代理机构具有造价管理资格的人员中抽取编标人员,在监察人员的监督与相互监督下进行编标工作,并将编制好的标底资料封闭交由监督人员保管,编标工作组所有

人员在相互监督的情况下进入标底定标会议室。经招标监督委员会通知财政、城建、纪委、检察院、审计局、计委、业主等相关部门领导和专家于12:00进入定标会议室,会议室由公安人员进行守护,进入定标会议室后的人员均不得离开,于12:30召开招标监督委员会第三次会议。会议通过听取编标工作组的汇报,在结合和充分考虑地方材料的实际情况下,决定对编标人员编制的标底下调1.5%作为定标后标底,现场启封计算定标后标底并重新封标,交由监督人员于12:45前往开标现场。所有相关人员在标书递交截止时间后方可离开。

⑥公开开标:2004年12月6日13:00在曲靖市广电大楼会议室开标。

⑦评标工作:2004年12月7日~13日业主组织招标评审工作人员与招标代理机构人员,根据招标文件的要求,对投标文件进行清标工作;2004年12月14日、15日,由2名业主代表和5名从云南省交通厅专家库中抽取的专家组成的评标委员会,在监督人员的监督与相互监督下,评标委员会对清标资料进行审核,并按招标文件规定对投标人所提交的履约保证金进行了确认,经确认共有12家土建投标单位、4家路面投标单位按招标文件要求在投标后7日内提交了履约保证金,经详细评审后推荐了中标候选人和后备中标候选人。

(5)合同的签订

①合同的拟定:由合同管理人员依据《招标文件》及相关的法律、法规、标准和规范起草合同,由相关的造价管理人员对中标候选人的投标报价进行不平衡报价调整,报经招标委员会和监督部门审定后形成合同文件。

②合同谈判与合同的签订:在监督人员的监督和公证人员的公证下,根据评标结果按序通知中标候选人在规定的时间与业主进行合同谈判,经谈判达成一致意见后进行合同的签订。

③合同的组成:通过合同谈判和签订后,由合同管理人员进行整理并报经公证机关进行装订成册,合同由施工合同协议书、合同谈判条款、工程量清单说明书、标价的工程量清单、中标通知书、曲嵩高速公路承诺书、工程廉政合同等构成。

(6)相关规范、标准

《中华人民共和国招标投标法》、国家发展计划委员会等七部委〔2001〕第12号令《评标委员会和评标办法暂行规定》、交通部〔2002〕第2号令《公路工程施工招标投标管理办法》、国家发展计划委员会等七部委〔2003〕第30号令《工程建设施工招标投标办法》、交通部公路发〔2003〕70号文《公路工程施工招标委员会工作细则》、交通部《公路工程国内招标文件范本(2003年版)》等。

施工监理招标和交通、房建、机电、绿化工程的招标同样按严格的程序进行。

(7)绿化工程

曲嵩高速公路建设中,绿化工程是其中的一个亮点。根据2006年12月25日《中共曲靖市委专题会议纪要(15)》精神,曲嵩高速公路绿化工程按虚拟工程量进行公开招投标,控制投资约1800万元。

①曲嵩高速公路的景观绿化

曲嵩项目绿化总面积1798020m^2(不含曲靖立交)。其中,上下边坡1172463m^2,中央分隔带、弃土场及道路两侧8个主要景点477556m^2,5个立交区148000m^2;苗木品种81种,其中,乔木类21种、小乔木17种、灌木类28种、藤本类6种、宿根及草本类9种。

曲嵩高速公路景观绿化按曲靖市前置审计价为16529.369359万元(不含曲靖立交)。

北京中交国路环境景观园林工程技术有限公司中标承担绿化设计,中标价为85万元。

施工单位中标人为:A标昆明官房园林绿化工程有限公司,中标价402.38083万元;B标昆明云海环境工程有限公司,中标价667.920455万元;C标云南交林林业勘察绿化有限公司,中标价320.318962万元;D标云南长江绿海环境工程有限公司,中标价351.98049万元;合同总价为1742.6万元。

②曲靖立交区景观绿化

曲靖市委、市政府高度重视曲靖立交区景观绿化工程,2008年8月19日《市委专题会议纪要》(18号)、市政府《会议决定事项》(曲政办会通〔2008〕40号)明确提出,全力打造安全、文明、宜居的森林型、园林型、生态型珠江源大城市要求。绿化工程于2008年12月底正式开工,2009年3月28日完工。

曲靖立交是曲靖连接省会昆明和出省通边的重要节点,是曲靖城市的窗口,绿化工程力求达到"三型五层次""碧绿镶金"、城在森林中、森林在城中、多层次、四季常绿、四季有花,充满云南地域特色的景观绿化效果。曲嵩项目承担了该立交区共4.5万m^2的景观绿化建设工程,该绿化工程涉及72种苗木,其中乔木5600多株/37种,灌木120000多株/35种;回填砂砾离水层和种植红土45000余m^3;置景石2000t;地形整理和盲沟工程;新增给水浇灌系统工程。该工程总投资为人民币2131.5490万元(前置审计价,不含暂定金额)。

曲靖高速公路项目参建单位见表17-17。

曲嵩高速公路项目参建单位表 表17-17

序号	参建单位	单 位 名 称	合同段编号及起止桩号	主要负责人
1	路基一标	中铁十一局集团第四工程有限公司	K0+000~K4+853.13	韩存昌
2	路基二标	中国建筑第六工程局	K4+853.13~K10+200	周小强
3	路基三标	中铁二十三局三公司	K10+200~K16+400	
4	路基四标	中国光大国际经济技术合作有限公司	K16+400~K25+296.86	安加心
5	路基五标	中国铁路工程总公司	K25+000~K36+152.02	

续上表

序号	参建单位	单位名称	合同段编号及起止桩号	主要负责人
6	路基六标	中铁十五局集团第六工程有限公司	K36+153~K49+000	
7	路基七标	中铁十一局集团第三工程有限公司	K49+000~K56+900	
8	路基八标	中国建筑第五工程局	K56+900~K66+000	
9	路基九标	中国冶金科工集团公司	K66+000~K76+224.09	
10	路面A标	攀枝花公路建设责任公司	K0+000~K10+000	
11	路面B标	云南阳光道桥股份有限公司	K10+000~K25+296.86	
12	路面C标	宜昌市宏发路桥建设有限责任公司	K25+000~K49+000	
13	路面D标	西南交通建设工程总公司	K49+000~K76+224.1	
14	交通工程A标	陕西高速交通工贸公司	K0+000~K19+000	
15	交通工程B标	云南省公路局道桥技术工程公司	K19+000~K38+000	
16	交通工程C标	杭州京安交通工程设施有限公司	K38+000~K57+000	
17	交通工程D标	湖南长路交通设施建设有限公司	K57+000~K76+224.109	
18	机电工程	上海交际发展股份公司	K0+000~K76+224.109	
19	绿化A标	昆明官房园林绿化工程有限公司	K0+000~K10+000	
20	绿化B标	昆明云海环境工程有限公司	K10+000~K25+296.86	
21	绿化C标	云南交林林定勘察绿化有限公司	K25+000~K49+000	
22	绿化D标	云南长江绿海环境工程有限公司	K49+000~K76+224.109	
23	房建A标	云南省宣威市东方建筑工程集团有限公司	曲靖收费站	
24	房建B标	广东开严建安集团有限公司	南海子站	
25	房建C标	云南省陆良县第二建筑工程公司	马龙站	
26	房建D标	沾益县福鑫建工集团有限责任公司	旧县站	
27	房建E标	云南安厦建筑工程有限公司	易隆站	
28	房建F标	云南省南江建工有限责任公司	小新街	
29	房建G标	曲靖市民丰建筑建材有限责任公司	小新街	
30	房建H标	曲靖市万达建工集团有限公司	管理处及监控中心	

（五）科技创新

针对曲嵩高速公路大吨位车辆多、交通量大的实际，云南省交通厅、曲嵩指挥部和设计单位多次赴山西、宁夏考查,并针对沥青混凝土路面损坏主要表现为车辙损坏的实际,提出使用法国 PRI 公司的 PR PIAST.S 沥青混合料改性路面。随后,通过大量试验,经云南省交通厅批准同意,K0+000~K10+000 及 K25+000~K49+000 两段使用 PR PIAST.S 沥青混合料改性路面,其余段使用 SBS 改沥青改性路面,明显提高了路面的抗车辙能力和使用寿命。

(六)运营养护管理

曲嵩高速公路设置服务区 6 个,分别为红庙服务区(K4+550)、杨官田服务区(K15+200)、马龙服务区(K23+350)及左所服务区(K50+400),以及原有的旧县服务区(K42+600)、易隆服务区(K61+500)。

曲嵩高速公路自建成通车以来,为充分发挥高速公路服务功能、提高高速公路服务质量和水平,曲靖市公路建设开发有限公司加大了开发力度,通过招商引资、土地租赁、自主投资等方式推动服务区建设。

收费站点设置方面,根据云南省人民政府《关于同意曲靖至嵩明高速公路收取车辆通行费和规范调整昆明至嵩明高速公路、曲靖至胜境关高速公路车辆通行费收费标准的批复》(云政复〔2007〕54 号)文件,曲嵩高速公路共设置收费站 7 个,2009 年 9 月云南省高速公路实行联网收费后,拆除小铺收费站,现有 6 个收费站,分别为:曲靖收费站(图17-49)、南海子收费站、马龙收费站、旧县收费站、易隆收费站、小新街收费站。

图 17-49 曲嵩高速公路曲靖收费站

2007 年 11 月 1 日,曲嵩高速公路建成通车后,当日出口车流量就达 10239 辆。截至2007 年 12 月 31 日,累计通行车辆 706209 辆,日均车流量 11577 辆;2008 年度累计通行车流量 4689477 辆,日均车流量 12848 辆;2009 年度累计车流量 5640172 辆,日均车流量 15453 辆,增幅 20.27%;2010 年度累计车流量 6814095 辆,日均车流量 18669 辆,增幅

20.81%;2011年度累计车流量7762275辆,日均车流量21267辆,增幅13.91%;2012年度累计车流量8315413辆,日均车流量22782辆,增幅7.13%;2013年度累计车流量9023112辆,日均车流量2421辆,增幅8.51%;2014年度累计车流量10109251辆,日均车流量27697辆,增幅12.04%。

针对以上实际,曲靖市公路建设开发有限责任公司积极探索曲嵩高速公路养护管理的模式和方法,全力确保人民群众出行的顺畅和安全:设一个副总经理分管养护工作,下设养护处、总工办两个部门负责公路养护的日常工作,在曲嵩公路管理处设养护科负责日常巡查工作。

为节约养护成本,由曲靖市地方公路处成立具有二类甲级资质的养护公司进行曲嵩高速公路的日常养护及小修保养工作,大中修工程则按招投标程序进行。曲靖市公路建设开发有限责任公司对养护公司只计直接费用,不计间接费用,费用够养人及设备即可。这样一来,既实现了自己的工程自己做,又做到了管养分离,大大节约了养护成本,使养护管理形成了公司养护处→管理处养护科→养护公司的三级管理模式,养护管理工作得到全面加强。

因维修养护及时到位,曲嵩高速公路建成通车后没有进行过大修。2015年1月13日~19日,云南省交通规划设计研究院试验检测中心组织相关人员及设备对曲嵩高速公路路面行驶质量、路面结构强度、路面抗滑能力和路面损坏状况调查等方面进行了相关检测。根据检测结果,曲嵩高速公路技术等级优达81.7%、良达18.1%、中达0.2%。2015年5月,曲靖市公路建设开发有限责任公司将曲嵩公路全线分为2个标段,就养护维修事宜进行招投标,投入资金6700万元。

三、昆明南过境高架桥——云南首条高架路

1989年9月23日,云南省第一条高等级公路——石林—安宁公路(简称石安公路)建成通车。因其途经昆明主城区南部,"南过境"由此叫响。

"南过境"路段位于城郊接合部,在昆明火车站附近,两侧聚集了几个大型批发市场。当时,凡是从全国各地进入云南,由滇东南、滇东北过境昆明,前往滇西南、滇西北的车辆,都必须经过这条有名的"南过境"咽喉通道。

由于经济快速发展,石安公路行车流量剧增,公路两侧商贸活跃,过境车与昆明市内交通混合,南过境公路通车不久,便出现了交通堵塞,南过境变成了"难过境"。为缓解交通压力,云南省、昆明市领导于1996年8月27日决定,在石安公路石虎关至大观河一段公路上方建设高架桥。于是,云南有了首条高架公路。

桥亦是路,路亦是桥。南过境高架桥建成通车,打开了云南桥梁工程建设的广阔天地,也翻开了昆明城市交通建设崭新的一页(图17-50)。

第十七章
国家高速公路

图 17-50 公路在如林的楼宇间穿行

(一)项目特点

1. 修建时是云南建桥史上最长的一座桥

南过境高架桥是昆明世博会配套工程,又是昆明市环路网枢纽圈中的南干道(南二环线),属于城市门户建筑。就建筑结构而言,与桥梁无异,修建时是云南建桥史上最长的一座桥,也是昆明市最大的钢混建筑。滇池路立交63m跨径简支箱形梁桥,创全国同类桥梁跨径之最。桥梁设计突破陈规、闯出新路,开创新颖、独到的桥体结构。

2. 综合施工难度在云南桥梁建设史上没有先例

桥梁建设对地质条件的选择十分严格,而高架桥沿南过境公路而建,坐落在滇池沉积层上,属软土地带,地下水位高,下有泥炭层、流沙层,地质情况十分复杂。在设计、钻探、施工等方面都有很大的难度。

施工区位于昆明市南部经济带,临路多为商用铺面及公共设施,公路线外无可利用的施工场地,施工场地非常狭窄。施工区不能阻断交通,在保证车辆、行人通行的条件下进行施工作业,征地、拆迁工作与施工同步开展,各种输电、通信、供排水、煤气等管线临路、地埋、空越纵横交错,任务量很大,迁改困难。施工区位于城乡接合部,是外来流动人口的主要聚居地,人口密集,社会治安复杂,加之开放施工区,工地敞露,现场管理非常困难。

高架桥施工,多系高空作业和吊装,吊件重达30~50t。施工安全风险也很大。

(二)项目概况

1. 基本情况

昆明南过境高架桥(图17-51)是国家高速公路网规划中G56杭州—瑞丽高速公路在昆明的过境段,是昆明及滇东、滇东南、滇东北等地通往滇西方向的重要通道,也是昆明主城区快速交通系统中重要的枢纽环线,是昆明市城市交通骨干路线,主要承担着主城区域快速迂回交通和过境交通功能,在昆明交通路线中发挥着至关重要的作用。它东接国家高速公路网 G80 广州—昆明高速公路、G78 汕头—昆明高速公路重合段昆明—石林段高速公路,西接昆明—安宁高速公路,是云南省规划的"三纵三横"公路主骨架的重要组成部分。

图 17-51　昆明南过境高架桥位置示意图

昆明南过境高架桥东起石虎关立交,西止大观河桥,即南过境线 K0+295.44~K7+417.5,全长 7.1221km。项目包括:正桥桥梁工程 307 跨、长 6.534km,正桥引道长 0.589km;春城路、滇池路立交匝道桥共 76 跨,桥跨总长 1.601km,引道长 1.425km。设计速度 60km/h,桥面宽度 25.5m,双向六车道,设计荷载新桥部分为城市 A 级或汽车—超 20 级,旧桥部分按汽车—20 级,挂车—100 级。设计远景交通流量为 37000 辆/昼夜(20 年)。

昆明南过境高架桥于 1997 年 12 月 28 日开工,1998 年 12 月 18 日完工,12 月 28 日正式开放交通。

昆明南过境高架桥由云南省公路规划院完成地质钻探、道路纵断面设计、K0+335~K4+005 桥跨设计、正桥引道初步设计,云南省公路局完成 K4+005~K7+004.5 桥跨设计;北京建达道桥咨询公司完成桥梁施工图设计。

高架桥梁为钢筋混凝土、部分预应力(A 类)混凝土简支结构,于民航路、滇池路设匝道。主桥为桩基础,横墙式钢筋混凝土轻型桥台,门框式桥墩。基础除 16 根挖孔桩桩径为 $\phi200$ 外,其余为 $\phi150$ 钻孔桩,支承有箱梁的桥墩,每柱 2~3 根 $\phi150$ 钻孔桩。桥墩盖梁属预应力构件,两立柱中距 17.3m、悬臂 4.6m,两边支承预制大梁者呈倒 T 形截面,支承有箱梁者呈座椅式截面。预制大梁标准跨径 16~30m,为预应力空心板,板宽 1.48m;

跨越南过境线盘龙江桥和两立交桥的45m、63m大梁,为现浇预应力箱梁,其中跨隧滇池路立交桥的63m箱梁是当时国内最大跨度简支梁桥。立交匝道的桥跨布置和桥台形式与主桥相同,桥墩独柱独桩,普通钢筋混凝土倒T形盖梁。

正桥桥跨部位全宽26.5m,分左右两幅,每幅宽12.75m,桥面净宽11.7m、三车道;两立交匝道除下高架桥去春城路的匝道宽5.0m、桥面净宽4.0m外,其余桥宽7.0m、净宽6.0m;桥下行车净高除民航路平交处为4.5m外,其余均大于5.0m。

最小平曲线半径300m,桥面最大横坡6%,最大纵坡4%,设计速度60km/h。桥面铺装为6cm水泥混凝土、4cm沥青混凝土。

南过境高架桥主桥及引道桥为桩基础,横墙式钢筋混凝土轻型桥台,门框式桥墩。基础16根为挖孔桩,其余为钻孔桩,箱梁下每柱2~3根钻孔桩,其他为独墩独柱。桥墩盖梁为预应力盖梁,两柱中距为17.3m,悬臂为4.6m,支撑预应力空心板的呈倒T形截面,支撑箱梁的呈座椅式截面。预制预应力空心板跨径为16m、20m、25m、30m共4种。30m跨位于箱梁两侧,16m、25m跨用于立交区,标准跨为20m,板宽为1.48m。

南过境高架桥跨径16.6~63m不等,上部结构大部分为空心板梁,其他有大空心板、箱梁、钢箱梁。

南过境高架桥工程量为:路基土方13万m^3,石砌圬工2万m^3,混凝土18万m^3,沥青路面2.13万m^2;征地25.3亩;耗用水泥8.3万t、普通钢材1.8万t、钢绞线2564t;工程造价55900万元,其中高架部分51440万元、每平方米0.2805万元,其他工程4460万元,征地拆迁0.3745万元。

2. 前期决策

南过境高架公路是昆明市路网枢纽工程的重要项目,是为昆明世界园艺博览会做准备的工程,不仅具有重要的社会经济意义,而且关乎国家、省、市的形象和声誉,云南省政府指定省交通厅负责组织实施,要求一年完成。这是一项建设任务,也是一项政治任务。由于时间紧、任务重、要求高、难度大,对各施工单位是一次锻炼,也是一次考验。各参建单位抽调精兵强将,组织施工队伍,1996年10月15日进场做施工前的准备工作。有关招标议标工作,严格按照国家规定的有关程序办理。

3. 参建单位

设计单位:云南省公路勘察设计院、北京建达道桥咨询公司。

监理单位:云南省公路监理咨询公司。

施工单位:云南省路桥一、二、三、四公司,云南公路五处,云南桥梁工程处、桥工处一分公司、桥工处交通工程公司。

（三）建设情况

昆明南过境高架桥是在车流量 17000～32000 辆、两旁楼房林立的公路上维持正常交通的情况下建造的，因此工程范围不能布置现场；施工设施、工程构件和施工人员的安全时刻受到行车威胁。为此，在鸣泉村、宝海公园、明波分别设置了拌和能力 55～125m³/h 的水泥混凝土拌和厂，竞争性地向各施工单位供应混凝土；在远离工程场地、运输条件较好的地方设置了 11 个混凝土构件预制场，指挥部购买和组织了 14 辆容量达 6m³ 的混凝土运输车、4 台移动混凝土泵车供各标段浇筑混凝土使用。

桥梁下部构造全为厂拌混凝土，墩台帽使用泵车灌注。

主桥和匝道共有基桩 744 根，其中钻孔桩 728 根、控孔桩 16 根，K6+163.2～K7+417.05 合同段使用磨桩机成孔和浇注水下混凝土，其他标段钻孔桩使用循环钻机成孔，水下混凝土使用罐车注入导管浇筑，桩长较设计值大 0.2m，钻孔桩沉淀厚度 0～0.2m，挖孔桩桩径 φ200，成孔后桩底垫以 0.15～0.2m 碎石，按清水要求浇筑水下混凝土。

桥墩立柱横断面尺寸，滇池路立交 63m 箱梁立柱 130cm×180cm，其余 130cm×150cm。使用吊车、吊斗向模内倾注混凝土，整个构件一次浇筑。后张法预应力混凝土构件，在预加应力时，采取张力、引伸量双控制，以引伸量为主。

跨径 16m 大梁，梁高 70cm（室内净高 34cm），预制时分两次浇筑混凝土，跨径 20～30m 大梁一次浇筑。混凝土配合比按快凝、早强设计，施加预应力龄期不少于 5d、强度大于设计 80%。30m 大梁按后张法预应力施工，并将施工混凝土提高到 C50，按设计的 C40 检验。为确保预应力钢束有设计的混凝土保护层，大梁底板厚度较设计值增大 2cm。

大梁安装采用穿巷式门架吊装就位和吊车就位，支座为承载力 30t 球冠橡胶支座，大梁底板横坡 2%～5%，对于桥面横坡 6% 的，相邻大梁采取丢台处理。

现浇箱梁的混凝土水泥为专门生产 625 号普通硅酸盐水泥，泵送混凝土，分两次浇筑，工作缝设在腹板与顶板交界处。45m 箱梁在第一次浇筑混凝土强度不低于设计 80% 的情况下，对 B5-1、B5-3、B5-5、B5-6，共 8 束张拉至控制张力顶锚压浆，B5-2、B5-4、预备束，共 6 束张拉 75% 临时顶锚，然后浇筑顶板混凝土。顶板混凝土达 80% 以后，对临时顶锚和未张拉的纵向钢丝束，按全截面引伸量平均误差要求施加预应力。63m 箱梁在顶板混凝土达 80% 后，一次对纵向 66 束施加预应力。箱梁预备钢丝束都施加了预应力，各纵向钢丝束顶锚张力相差较大，但各箱梁全截面引伸量平均误差都不超过 -5%。

1. 项目筹备

根据工程实际，南过境高架桥共分为 8 个施工合同段、1 个监理服务合同段。

2. 项目实施

由于施工路段行车流量大、行人密集，征地拆迁、交通保通、社会协调工作难度较大，昆明市政府派出相关领导担任副指挥长,市交警支队队长担任征地拆迁和保通处长,负责征地拆迁和保通协调工作。

项目于1996年12月28日正式开工,竣工日期为1997年12月28日。

1996年12月13日召开第一次工地会议,对开工前的各项准备工作进行检查,为开工创造条件,使工程实施有一个良好的开端。

1997年3月28日召开第二次工地会议,总结第一次工地会议以来,生产、监理工作情况,把工作推向正常化管理轨道。

1997年11月4日~19日,由指挥部工程质量处主持,对高架路混凝土桥面铺装进行中间交工检查验收。

工程竣工验收质量满足相关规范及设计要求。

(四)复杂技术工程

主要有45m、63m跨径箱梁施工,以及主桥盖梁按部分预应力后张法施工。

(五)科技创新

该工程的工艺和技术,在云南公路工程尚属首次使用。先张法预应力大梁的预加应力,实行各钢丝束整张整放。后张法预制大梁预应力钢丝束,使用扁管、锚固端扎花锚、张拉端扁锚;倒T形盖梁预应力钢丝束,使用扁管、扁锚。预制大梁支承,使用球冠橡胶支座。使用旋喷后注水泥浆工艺,接长基桩、改善地基强度和基桩连接效果,较大地提高了基桩承载力。

(六)运营养护管理

由于南过境高架桥已列入昆明市市政道路工程,故全线未设置服务区及收费站,并于2009年10月昆明市二环快速系统通车后限制了货运车辆及大型客运车辆通行。

南过境高架桥于2012年7月移交昆明桥隧管理有限公司进行管理养护,自移交昆明桥隧管理有限公司维护和管理后,除正常维修维护和病害处治外未发生大修养护情况。

2014年9月,江苏省交通科学研究院有限公司受昆明市交通运输局的委托对南过境高架桥进行全面检测,共检测出三类桥跨共计98跨,四类桥跨共计78跨。

四、昆安高速公路——大动脉龙头舞起

这是一条具有深厚历史底蕴的公路。九十多年前,云南第一条公路在这里诞生。八

十多年前,令世界震惊的公路——滇缅公路从这里走向世界。

昆明—安宁高速公路建成通车,使滇西公路大动脉以全新的姿态舞起龙头,使滇缅国际大通道有了崭新的起点(图17-52)。

图17-52　阳光大道

(一)项目特点

昆安高速公路是国家高速公路网G56杭州—瑞丽公路的重要路段,也是国道主干线GZ65上海—瑞丽公路的重要路段,是云南省会昆明通往滇西九州(市)的公路运输主要通道和运输大动脉,也是昆明市向西的门户。昆安高速公路起于南过境高架桥原大观收费站,止于安宁和平村与安楚高速公路相接。路线全长22.37km,批准概算投资为29.9亿。全线设计速度为100km/h,双向六车道。昆安项目以桥、隧为主,桥隧长占总里程的60%。

昆安高速公路沿线人口稠密,地下管网盘根错节,与铁路、公路、电网交叉干扰多,而且地处滇池湖畔,环保要求高。指挥部在筹建之初就认识到昆安项目的困难和特点,把争取和谐的建设环境当作项目顺利推进的关键,主动向昆明市政府汇报,听取各方面的建议,注重公路建设与周边经济发展相协调,施工与车辆通行兼顾,在设计阶段大胆提出高架桥分幅建设,形成上层为国高网高速干道、下层为城市主干道功能格局的设想,方案一经提出就得到了云南省公路设计院的高度重视和云南省交通厅的支持,从源头上把施工和通行相干扰的矛盾降至最低,为工程的顺利推进奠定了良好的基础。

昆安高速公路具有单位造价高、技术含量高、环保要求高、保通压力大、施工环境复杂、征地拆迁协调工作量大、社会关注程度高等特点。在昆安高速公路修建前,石林—安宁公路在大观收费站拆除后,日车流量达到6万多辆,沿一级路修建的9km高架桥路段,通行道路和施工工地无法明显分离。为解决通行压力,指挥部采取了24小时连续作业的措施。对影响交通较大的工序安排在夜间施工,如钻孔灌注桩的浇筑、大梁吊装等尽量安排在夜间12时以后到次日凌晨实施,把施工对通行的影响降到最小。同时狠抓文明施工,当省、市有重要活动和"黄金周"等特殊日子,坚决做到工程给通行让路。

昆安高速公路项目努力实践了云南省交通厅提出的十项改革制度,实行了项目法人制、公开招标制、合同管理制,采用了第三方监理,实施了党总支书记和主办会计委派制、项目跟踪审计制、农民工工资保障制、委托银行资金监管制,打破了物资统供方式,并与昆明市检察院西山区检察院开展了路地共建廉政工程活动。

(二)项目概况

1. 基本情况

昆安高速公路起点位于昆明市南过境公路原大观收费站,与建成的石虎关—大观收费站高架公路相接,途径高峣、碧鸡关垭口、华哨村、桥钢、何家凹、读书铺,止于安宁和平村,与安楚高速公路相接。路线经过昆明市西山区和安宁市。全线在西山区境内13.3km、安宁市境内8.1km。昆安高速公路位置示意见图17-53。

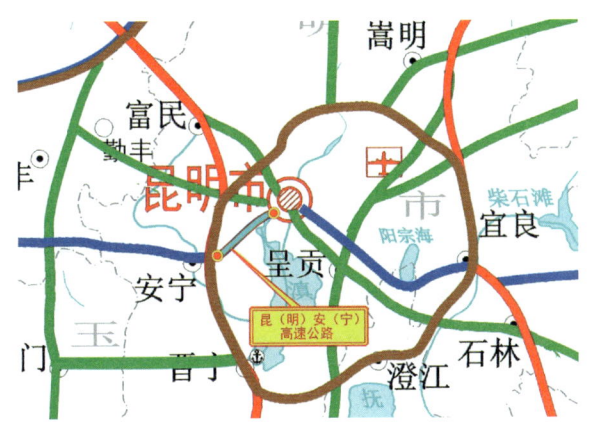

图17-53 昆明—安宁高速公路位置示意图

路线起点采用6车道分离式高架桥,路基宽度为26m,K18+867.32采用6车道整体式路基,路基宽度为33.5m。全线设计速度为100km/h。桥涵设计荷载:公路—Ⅰ级。抗震烈度Ⅷ级。

全线主要工程数量有路基土石方508万 m^3;防护工程38206.29 m^3;特大桥18691m/2座,大桥3176.48m/11座,中桥837.3m/15座,小桥186.96m/9座;隧道3415m/4座;涵洞通道2385.92m/65座;互通式立交5处;路面工程79.38万 m^2,柔性基层沥青路面结构设计;波形梁护栏28km,标线46149 m^2,标志牌269处,突起路标15000个,焊接网隔离栅22km。昆安高速公路全线设有1处主线收费站、2处匝道收费站;设有读书铺服务区1个、碧鸡关隧道管理处1个和交通安全设施。全线公路用地2803亩,平均每公里用地

127.41亩。

昆安高速公路批复概算投资为28.1亿元,调整概算投资为29.9亿元。其中交通部资金1.66亿元、云南省财政补助资金0.79亿元、市自筹资金1亿元,其他采用国内银行贷款。

昆安高速公路主要控制点:大观收费站、高峣枢纽立交、碧鸡关隧道、读书铺、和平村。

昆安高速公路建设工期3年,2004年10月28日举行了进场动员会,同年11月30日正式开工建设,于2007年2月28日正式建成通车,比批复工期提前288天通车。2007年3月1日与安楚、楚大高速公路实行联网收费,开始试运营。

2. 前期决策

云南省发展计划委员会以云发改交运〔2004〕288号文《云南省发展改革委员会关于国道主干线GZ65上海—瑞丽公路昆明至安宁段工程可行性研究报告的批复》,批准建设工期3年,批复日期2004年4月22日。

云南省交通厅以云交基建〔2004〕217号文《云南省交通厅关于对昆明至安宁高速公路初步设计的批复》批准了昆安项目初步设计,概算总投资28.1亿元,批复日期2004年7月1日。

云南省交通厅2005年8月8日通过了昆安高速公路施工许可申请。

3. 参建单位

2004年3月30日,云南省交通厅以《关于成立富广等七个高速公路建设指挥部的通知》(云交人〔2004〕242号)成立了云南昆安高速公路建设指挥部;同日以《关于熊玉朝等十位同志任免职务的通知》(云交人〔2004〕243号)任命常文为昆安指挥部指挥长。

指挥部通过全国公开招标,经过公平、公正评审,坚持择优选择的原则,参与昆安高速公路建设的各设计、施工、监理单位均符合国家规定的资质及业绩要求。昆安项目实施第三方监理模式,设昆安项目总监办,由总监理工程师全面负责;总监办下设昆明、安宁、路面三个驻地代表处,并成立了监理中心试验室。

云南昆安高速公路工程勘察、设计任务通过公开招投标,由云南省公路规划勘察设计院完成。昆安高速公路设计方案合理,充分利用地形,平纵面设计线形流畅,构造物布设合理,边坡防护与绿化工程比较完善,与沿线景观协调一致,环境舒适美观,各种设施完善实用,行车安全、舒适,服务水平高,社会效益好。

2004年10月昆安高速公路开工以后,设计院先后派出驻工地设计代表4人,组成昆安高速公路设计代表处,设计代表深入工地,现场解决施工中的相关问题;此外,设计院领导(包括院长、副院长、总工程师)、总工办、桥处、设计后期服务处、测设处、隧交处、建筑分院等部门的领导、专业设计工程师,也多次到昆安线,进行设计交底、技术指导及解决技

第十七章
国家高速公路

术复杂的问题和进行重大变更设计。设计代表在工作中注意职业道德,做到了及时、热情、周到的服务,坚持实事求是,在安全、可靠的前提下,注意节约投资,尽量做到经济、科学、美观,并考虑沿线人民群众的利益,为昆安高速公路的顺利建成通车提供了有力的保障。

昆安高速公路共划分土建工程12个合同段、路面工程1个合同段、绿化工程3个合同段、沿线设施3个合同段、道路照明工程1个合同段、机电工程4个合同段、静态交通工程3个合同段,共计27个主要工程的施工合同段。

施工单位主要人员、施工设备、试验仪器均能按照投标文件承诺及时到位,进场的机械设备性能完好;施工单位均制定了健全的安全生产规章制度,文明施工措施,制定了详细的施工组织设计,在施工中以施工组织设计为指导,结合工地现场及时对施工组织进行调整,施工工期都在合同工期内按时按质按量完成。

昆安项目共有4个监理单位,土建、路面、绿化工程由云南元土工程监理有限公司承担;土建10合同、12合同下穿铁路工程由云南铁路工程监理有限责任公司承担;机电工程、交通工程、道路照明工程由云南纪星交通工程监理咨询有限公司承担;管理养护房屋由云南易通建设工程监理咨询公司承担。

四家监理单位监理人员持证数量都与合同约定一致,监理人员未出现清退情况;检查管理制度健全,工作责任明确,在执行中层层落实,责任明确;监理配置的试验仪器、交通工具、办公设备与合同约定一致或比合同数量有所增加。在质量控制中重点突出,措施得力,方法得当,按时进行工地巡查,对重要工序进行全天候、全过程旁站,使施工质量均按合同要求执行;监理的各种资料签认及时,书写认真,笔迹清楚,无涂改,意见签署详细、具体、明确,用语规范。在合同管理方面措施得当,落实到位。监理每期计量均到现场核实工程数量,确保计量准确,计量支付严格按程序执行。

昆安高速公路项目标段划分情况见表17-18。

昆安高速公路项目标段划分情况表　　　　　表17-18

标段号	起止桩号	工程内容及长度	施工单位
JL1	K6+826.60~K28+490	土建工程施工监理21663.4m	云南元土工程监理有限公司
JL2	K6+826.60~K28+490	机电工程施工监理21663.4m	云南纪星交通工程监理咨询有限公司
JL3	K6+826.60~K28+490	沿线设施工程施工监理21663.4m	云南省易通工程监理咨询有限公司
TJ1	K6+826.60~K7+658.05	土建工程施工831.45m	中铁十七局集团第六工程有限公司
TJ2	K7+658.05~K9+000	土建工程施工1341.95m	云南云桥建设月份有限公司
TJ3	K9+000~K12+388	土建工程施工3388m	中国云南路建集团股份有限公司
TJ4	K12+388~K13+859.72	土建工程施工1471.72m	云南第二公路桥梁工程有限公司

续上表

标段号	起止桩号	工程内容及长度	施工单位
TJ5	K13+859.72~K15+258.317 左幅 K13+859.72~K15+051.317 右幅	土建工程施工 1398.59m(左幅),1191.59m(右幅)	云南第五公路桥梁工程有限责任公司
TJ6	K15+258.317~K16+180 左幅 K15+051.317~K16+165 右幅	土建工程施工 931m(左幅),1113.69m(右幅)	西南交通建设工程总公司
TJ7	K16+180~K16+980 左幅 K16+165~K16+938 右幅	土建工程施工 800m(左幅),773m(右幅)	中铁十六局集团有限公司
TJ8	K16+980~K17+775 左幅 K16+938~K17+740 右幅	土建工程施工 795m(左幅),802m(右幅)	云南路桥股份有限公司
TJ9	K17+775~K19+900 左幅 K17+740~K19+900 右幅	土建工程施工 2125m(左幅),2160m(右幅)	辽宁五洲公路工程有限责任公司
TJ10	K19+900~K23+600	土建工程施工 3700m	云南第三公路桥梁工程有限责任公司
TJ11	K23+600~K27+150	土建工程施工 3550m	云南第一公路桥梁工程有限责任公司
TJ12	K27+150~K28+490	土建工程施工 1340m	中铁四局集团工程有限公司
LM13	K6+600~K28+474.96	路面工程施工 21874.96m	云南第一公路桥梁工程有限责任公司
XF	K16+230~K27+550	隧道消防工程施工 11320m	昆明荣成天宇控制系统有限公司
JDFJ	K16+245~K17+620 K27+260~K27+550	房建机电工程施工	上海电器科学研究所(集团)有限公司
BD		供配电工程施工	云南省火电建设公司
JD		三大系统机电工程施工	亿阳集团股份有限公司
JDZM	K6+826.6~K28+490	机电照明工程施工 21663.4m	昆明恒辉城市艺术工程有限公司
JT1	K6+600~K28+974	交通安全设施工程施工 22374m	云南长江现代交通设施有限公司
JT2	K6+600~K28+974	交通安全设施工程施工 22374m	北京深华科交通工程有限公司
JT3	K6+600~K28+974	交通安全设施工程施工 33274m	湖北建通交通开发有限公司
LH1	K6+785.4~K14+277	绿化工程施工 7491.6m	云南海侨园艺有限公司
LH2	高峣互通立交	绿化工程施工	云南恒达市政园林工程有限公司
LH3	K16+165~K28+490	绿化工程施工 12325m	云南利鲁环境建设有限公司
FJ1	高峣监控管理分中心	房建工程施工	云南省第二建筑工程公司
FJ2	碧鸡关	房建工程施工	昆明一建建设(集团)有限公司
FJ3		房建工程施工	云南建工集团第十建筑有限公司

(三)建设情况

1. 项目筹备

云南省发展计划委员会以云发改交运〔2004〕288号文《云南省发展改革委员会关于

国道主干线 GZ65 上海—瑞丽公路昆明至安宁段工程可行性研究报告的批复》,批准昆安高速公路建设工期 3 年,批复日期 2004 年 4 月 22 日。

云南省交通厅以云交基建〔2004〕217 号文《云南省交通厅关于对昆明至安宁高速公路初步设计的批复》批准了昆安项目初步设计,概算总投资 28.1 亿元,批复日期 2004 年 7 月 1 日。

云南省交通厅以云交基建〔2009〕137 号文《云南省交通运输厅关于国道主干线上海—瑞丽公路云南昆明—安宁高速公路概算调整的批复》批复了昆安项目初设调整概算投资 29.9 亿元,批复日期 2009 年 5 月 25 日。

云南省交通厅以云交基建〔2004〕422 号文《云南省交通厅关于昆明至安宁高速施工图设计的批复》批复了昆安项目施工图设计,批复日期 2004 年 10 月 26 日。

2004 年 9 月 6 日,云南省发改委、云南省国土资源厅、云南省林业厅、云南省交通厅与昆明市人民政府签订"云南昆安高速公路征地拆迁及施工环境保障责任书"。2005 年 1 月,昆明市人民政府批准《云南昆安高速公路征地补偿标准》(昆政发〔2005〕1 号),同意昆安高速公路征地补偿标准;2004 年 8 月 13 日,云南省国土资源厅以《关于云南昆安高速公路项目建设用地预审的批复》(云国土资预〔2004〕57 号)批准昆安高速公路用地预审。2004 年 10 月 14 日,昆明市国土资源局分别以《关于云南昆安高速公路建设安宁段临时用地的批复》(昆国土资耕〔2004〕113 号)、《关于云南昆安高速公路建设西山区段临时用地的批复》(昆国土资耕〔2004〕114 号)同意昆安高速公路开工临时用地。2007 年 7 月 23 日,国土资源部以《关于国道主干线上海至瑞丽公路昆明至安宁段高速公路工程建设用地的批复》(国土资函〔2007〕584 号)同意昆安高速公路的建设用地;2004 年 12 月 23 日,云南省林业厅以《使用林地审核同意书》(云(昆)林地审〔2004〕33 号)批准同意昆安高速公路使用林地,同时以〔2004〕采字第 60 号办理林木采伐许可证。

云南省环境保护局以云环审〔2004〕738 号文《关于国道主干线 GZ65 上海至瑞丽公路昆明(大观收费站)至安宁(和平村)段环境影响报告书的批复》批复了昆安项目环境影响报告书,批复日期 2004 年 9 月 19 日。

云南省水利厅以云水保〔2004〕100 号文《云南省水利厅关于批准国道 GZ65 上海至瑞丽公路昆明至安宁段高速公路工程水土保持方案初步设计报告书的函》,批复了昆安项目水土保持方案初步设计,批复日期 2004 年 9 月 9 日。

云南省交通厅于 2005 年 8 月 18 日通过了昆安项目施工许可申请。

2004 年 2 月 9 日,云南省交通厅经会议研究决定,要求云南昆瑞高速公路有限公司组建昆安项目筹备组,抓紧开展昆安高速公路建设项目的前期工作。

2004 年 2 月 26 日,云南省交通厅以云交基建〔2004〕63 号文对昆安高速公路建设项目筹备组的《关于昆明(大观收费站)至安宁(和平村)高速公路建设项目工程勘察设计招标的请示》及《招标文件》进行了批复。

昆安高速公路建设项目筹备组通过公开招投标，确定由云南省公路规划勘察设计院承担本项目初步设计及施工图设计任务。

昆安高速公路原设计路面为半刚性基层，为了贯彻交通部关于提高路面质量的对策措施，云南省交通厅下发了云交基建[2005]522号文件《云南省交通厅关于昆安高速公路路面进行设计修改完善的通知》，因考虑到云南省没有柔性基层设计及施工经验，依据通知精神，昆安指挥部委托重庆交通科研设计院进行昆安项目柔性基层沥青混凝土路面的设计。

按照《中华人民共和国招投标法》、交通部《公路工程施工招标投标管理办法》《公路工程施工监理招标投标管理办法》等相关法律、法规的规定和国家基本建设程序要求，昆安指挥部自2004年7月8日公开发布土建工程招标公告，至2006年4月10日绿化工程评标结束，昆安指挥部先后组织进行了土建工程、路面工程、工程监理、机电工程、交通工程、绿化工程、房建工程的招标，按照公平、公正、科学择优的原则，选定了施工、监理单位。所有招标项目均采用最低评价法的方式进行招标，通过招标，共选定29家施工单位，签订合同价格为204050.0596万元，为概算建安费用的92.12%。

昆安指挥部将土建工程划分为12个合同段，路面工程划分为1个合同段，土建工程和路面工程施工监理1个合同段，于2007年7月~10月在全国范围内进行公开招标。通过资格预审、投标邀请、评标等程序，对土建、路面合同段采用最低评标价法、监理采用综合评估法进行评标，最终确定13家施工单位及1家监理单位中标。

昆安指挥部将绿化工程划分为3个标段，管理养护房屋工程划分为3个标段，道路照明工程划分为1个标段，于2006年3月~4月在全国范围内公开招标，通过双信封与最低评标价法进行评标，最终确定7家单位中标。

交通安全工程、机电工程等划分为7个合同段，于2005年9月~12月在全国范围内公开招标，通过双信封法与最低投标价法评标，最终确定7家单位中标。

云南昆安高速公路正线、联络线、立交区建设用地及地上地下建构筑物的拆迁，公路营运管理配套的收费站点、管理机构、监控、养护中心和沿线服务设施等的用地和拆迁，施工进场道路、设计变更、完善和地质变化、水毁、滑坡塌方等自然灾害产生的新增建设用地及拆迁，纳入工程设计和投资概算的临时用地等，经国土资源部《关于国道主干线上海至瑞丽公路昆明至安宁段高速公路工程建设用地的批复》（国土资函[2007]584号）批准，同意昆明市西山区、安宁市将农村集体农用地118.9928公顷（其中耕地94.8658公顷）转为建设用地并办理征地手续，另征收农村集体建设用地13.431公顷，同时使用国有建设用地54.4684公顷，共批准建设用地186.8922公顷。

昆安项目实际征地2277.6507亩，利用老路612.0693亩，总计建设用地2889.72亩，折合192.648公顷。

昆安高速公路建设勘测定界用地2803.393亩,实际征地2249.2937亩(勘测定界中的石安、安楚公路已属于公路用地,没有新的征用);设计拆迁房屋及建构筑物192370.24m²,实际拆迁房屋及建构筑物361437.39m²。超出较大,主要原因是昆安高速公路地处昆明市城郊接合部,沿线居民住宅区、学校、建材市场等密集,地上地下管网分布复杂,不可预见问题较多。

昆安高速公路征地拆迁包干费为20123.71万元,建安营业税为7287.10万元。指挥部实际拨付昆明市征地处征地拆迁资金18700万元;指挥部支付与征地拆迁相关的费用为1129.93万元;根据昆明市政府2006年6月8日第119期会议纪要,昆安高速公路借款1400万元给西山区政府用于昆安高速公路征地拆迁工作(后由借改拨);实际上缴建安营业税7287.10万元。指挥部到位征地拆迁资金21229.93万元。昆明市政府分两次到位10000万元征地拆迁资金。

征地拆迁费用情况:经昆明市审计局确认,昆安高速公路征地拆迁工作实际费用为36360.9万元。

2. 项目实施

由于昆安高速公路的特殊区位,决定了该项目的建设必须超前预谋、精密策划、科学管理、严密组织,妥善处理施工与通车、质量与工期这两对主要矛盾,确保完成提前通车、培养人才的建设管理目标。昆安项目最终实现了比批复工期提前288天通车的目标。

(1)重视前期工作,加强与相关单位的联系,为建设和谐昆安奠定良好基础。

昆安高速公路碧鸡关以东路段要在昼夜行车量6万多辆的石林—安宁高等级公路之上架设高架桥,施工与通车的矛盾十分尖锐。碧鸡关下,隧道穿山而过,困难和风险同在。在碧鸡关以西,昆安高速公路多次与成昆铁路交会,公路施工与铁路通行的矛盾同样是一道难题。此外,还要处理好施工与环保、水保的矛盾。昆安高速公路建设指挥部筹备之初,就充分认识到昆安项目的困难和风险,在2004年4月22日项目获省发改委立项批准后,及时组织人员积极开展项目前期各项工作,明确分工,责任到人,对口联系,跟踪落实,在短短半年时间内,完成了环境评估、地质灾害、矿产压覆、林地占用、文物考古调查、地震安全性评价、水土保持等方案的报批,并获得了批复。在建设用地审批过程中,克服2004年国家冻结建设用地审批权,用特事特办的方法,争取到了省政府及各大厅局的高度重视和社会各界的支持,办理了临时用地手续,为2004年底的开工奠定了基础。

昆安高速公路地处城郊,项目建设总用地2803.383亩,需拆迁各种建构筑物449253.44m²,拆迁大小各种管线104787.84m。沿线涉及拆迁的有商铺、厂矿、学校、村民,指挥部主动向昆明市、西山区、安宁市汇报,加强与西山区政府昆安公路征地拆迁指挥部、安宁市昆安公路征地拆迁指挥部联系沟通,分期、分步骤进行研究、解决问题,逐步取得沿线百姓理解和支持,为昆安施工创造了良好、和谐的环境,确保了工程建设的顺利进行。

(2)积极应对交通体制改革,为建设和谐昆安做好资金准备。

一个项目的顺利运作,资金的支持如水之源头。昆安项目前期工作中,云南省交通厅、昆瑞公司就对昆安项目的融资做了大量工作,在指挥部的配合下,顺利与各银行签订了贷款合同。

和谐的项目也要靠顺应形势变化的超前意识来体现,2006年云南省公路投资公司成立前,为适应省政府深化公路投融资体制改革,确保昆安高速公路建设项目全体建设者在改革中思想不乱、工作不断,按计划高效运转。年初,领导就主动向金融、法律机构咨询。在得知贷款主体发生变化,贷款资金链可能发生暂时中断的信息后,指挥部积极向省交通厅、原昆瑞公司反映,得到了交通厅领导支持和银行的理解,在一个月时间内,争取到了10亿元资金。2006年下半年在全省各在建指挥部资金严重紧缺的情况下,昆安项目未因资金问题影响工程进展,同时还抽调5000万元资金支援兄弟指挥部解燃眉之急。

建设资金来之不易,为把每一分钱都用在建设上,指挥部加强了建设资金的监督管理。严格实行"一支笔审批"制度,没有指挥长的批准,财务一分钱都不能支付;严把计量支付关,严格按程序审批计量支付;委托银行对拨付各合同段的项目资金使用进行监督管理,利用银行的专业优势和经营特权,对工资发放、大宗资金去向和非用于本项目的生产资金流向进行控制。对建设资金的严格控制,减少建设过程中人为因素或其他方面的干扰,是保证履行合同的有效手段。通过这一系列规定和措施,昆安高速公路项目没有发生大的资金挪用情况,有效控制了资金的异常流动。

(3)树立服务意识,加强物资供应协调,建立昆安和谐稳定的物资供货关系。

和谐项目不仅要靠全体参建者共同建立,还要靠广大供货商共同参与。昆安项目钢材、商品混凝土、钢绞线等主要物资占到了主体工程造价的70%以上,保证物资供应成为整个工程正常开展的重要环节。指挥部采取控制物资采购质量但不统供的办法,实施"放手不撒手"的物资管理模式,采购前,指挥部、监理单位和施工单位对市场进行调查研究、实地考察,选取多家厂商作为备选对象协调施工单位进行联合,形成采购优势,集中洽谈,集中采购,达到在保质的前提下,降低成本的目的。实行控而不统,不仅避免了因市场价格变化给指挥部带来的风险,也为施工单位节约了上千万元的成本。

在实施"放手不撒手""控而不统"的管理模式下,指挥部物资供应协调处以服务施工单位和供货商为宗旨,在指挥部、供货商、施工单位三方间建立起相互信任的和谐关系。一方面,对工程质量有较大影响、数量较多、市场紧缺的钢材、钢绞线、商品混凝土、桥梁支座、桥梁伸缩缝等物资由指挥部进行代扣代付;另一方面,在2005年和2006年市场出现钢材、水泥供不应求,价格上涨的时候,昆安项目通过指挥部建立的良好关系,厂商不但满足全线各施工单位钢材及水泥使用数量,而且在价格上也以市场最低价供应,为施工单位带来了上千万元的经济效益。同时,在石油沥青市场大幅涨价之初,指挥部协助施工单位,提前采购储备,避免了在高价位采购的风险,仅此项就为施工单位节约6000万元。

昆安项目的物资供应管理办法,不仅为工程建设节约了资金,也稳定了施工队伍,昆安项目建设的两年,是国内各种建筑材料价格波动较大、市场难以预测的两年,昆安指挥部与各参建单位一起未雨绸缪,积极主动地想办法,使昆安项目物资供应一直不乱、不断,为项目顺利进行,为稳定建设环境,构建和谐昆安提供了有力的保障。

(4)强调计划,攻坚克险,优质高效建好昆安高速公路。

昆安项目地理位置导致的征地拆迁困难,以及途经滇池沉积层超长桩的设计,全省最大立交群、全省最大开挖断面隧道的施工,大规模钢箱梁的使用,柔性基层路面的实施,下穿成昆铁路的小河边下穿隧道的施工,都要求昆安项目必须进行科学有效的计划管理。

昆安项目的征地拆迁工作十分艰难,为了满足工期的要求,从开工之初,指挥部就十分注重科学制定施工计划,结合征迁和保通提供的施工条件,提出"以工程施工促征地拆迁"的指导思想,及时地调整施工计划,充分利用现有施工条件,征地拆迁提供一个施工点,就实施一个施工点,见缝插针24小时进行施工。边进行施工边请昆明市、昆明市西山区、安宁市的有关领导和部门上工地,汇报建设情况,反馈征迁问题,争取得到最大的支持和理解。事实证明,此做法是非常有效的。在根据征地拆迁情况及时调整施工计划、经过详细测算充分调配施工力量的前提下,对每一个工点都有具体的要求,在征地拆迁结束后多少天内完成。科学的计划是昆安项目在征迁困难的情况下得以不断推进的基础。

项目前期控制性工程碧鸡关隧道地处螺旋断层影响区,设计为双幅标准三车道,左幅总长1430m、右幅总长1405m,开挖断面为18.2m,是省内开挖断面最大的隧道。由于碧鸡关隧道昆明端上方是昆明通向滇西方向唯一的出口干道,老320国道、高海公路及通往西山龙门风景区的道路都要从此通过,施工过程中,一旦发生大的塌方,将会导致昆明向西出口的道路被堵断,影响到昆明西出口的正常运转。指挥部高度重视隧道施工的安全,多次召开专题会议研究施工技术方案,派经验丰富的老工程师负责隧道工作的日常检查督促,及时提供应有的技术支持。施工单位克服电力线网及征地拆迁影响,在工程动工初期,电力线没有接通的情况下,采用柴油发电机,保证施工用电;采用全机械化作业,提高工作效率,从放炮到支护结束,完成一个循环,以往要几天,全部采用机械后,只需十一二个小时就能完成。2005年12月28日碧鸡关隧道左幅顺利贯通,右幅也于2006年1月13日提前3天顺利贯通,同时实现了零伤亡的安全生产控制目标。

12合同段小河边下穿成昆铁路隧道工程是昆安公路又一个控制性工程。由于采用上跨铁路方案,纵坡无法达到高速公路设计要求,只能采用下穿隧道施工设计方案,而这种方法存在着很大风险,建设方案讨论了近一年时间,直到2006年初才确定下来。这是一个技术含量高、行车干扰大、施工难度大、安全责任大的施工难题。昆安指挥部与施工单位、昆明铁路局一起反复研究,制定了详细的施工计划,安排精细到分钟,并制定了两套应急预案,成功攻克了一道道难关。

(5)和谐指挥部、和谐的合作关系是昆安高速公路建设项目和谐运作的保证。

针对昆安项目建设的特点,指挥部先后制定了计量、安全、质量、监理、保通、党总支工作、廉政建设工作等方面共58个规定、制度和管理办法,并作出几项决定:一是领导班子分工协作,凡是涉及人员考核、干部聘用等规章制度以及有关投资、质量、进度、计量、廉政和施工中碰到的重大问题,都必须民主决策。如无特殊情况,任何人不得随意更改。二是指挥部的内部处室之间、指挥部与各施工单位之间各项工作的联系必须坚持按合同、按制度和规定办理,各部门上下左右之间的工作做到程序化、规范化和制度化。三是制定了内部组织纪律。凡是要求职工做到的,领导干部首先做到。要求职工不做的,领导干部首先不做。

指挥部党政班子齐抓共管,形成了内外和谐的氛围,营造了良好的施工环境。

首先,处理好工程施工与车辆通行矛盾,从工程设计上采用分离式高架桥,确保昆石公路双向四车道能正常通行;制定详细、周密的施工安全保通方案,开工后取得交警支持,把大观收费站至碧鸡关段作为保通的重点和难点,以实施交通管制为突破口,保证施工安全和车辆通行安全。

第二,加强与沿线各级党组织和政府的协调和沟通,积极争取沿线群众的理解和支持。同时认真协调解决工程建设与沿线群众生产生活密切相关的沟、桥、路、涵、水等矛盾,投入30多万元帮助修筑安宁市黑土场村1.5km混凝土路面,加强了关联,减少了施工干扰。

第三,与地方检察机关建立廉政共建单位,以"工程优质、干部优秀"为终极目标,以"路地共建廉政工程"活动为主要载体,签订"预防职务犯罪工作达标责任书",设置联系信箱,发放联系卡,开展警示教育、送法进工地、张贴预防职务犯罪宣传画、知识竞赛等系列活动,增强广大建设者的法制意识,工程建设实现了零犯罪、零举报、零投诉的可喜成绩,施工单位反映,在昆安干活,没有过多的思想干扰,没有"吃、拿、卡、要"、攀比奢侈、粗暴浮夸及赌博等不良习气,能集中精力组织生产。

第四,指挥部牵头联合全线各合同段与西山区公安局保安公司签订沿线巡查、防盗防抢、群防群治合同,做好沿线社会治安综合治理工作。加强与地方公安派出所联合,打击社会不法分子利用昆安建设之际进行违法犯罪。在维护昆安施工安全中,涌现出大量先进人物。在2005年6月~9月期间,一合同段中铁十七局王世国协助公安破获刑事案件6起,抓获犯罪嫌疑人8人,查处治安案件20起,涉案人员高达25人。

第五,加强对农村外出务工人员工资的监管,特别是对春节、中秋节两节的检查督促和学生开学期间的工资兑付,确保昆安项目不拖欠一位农村外出务工人员工资。妥善处理农村外出务工人员信访等问题,坚决杜绝恶意克扣和拖欠农村外出务工人员工资的行为,教育和引导承包人树立正确、辨证的用工观念。

(四)科技创新

昆安高速公路建设指挥部将工程的难点作为科研的主题,结合工程组织开展科技攻关,大力推广使用新技术、新材料和新工艺。科技创新成了昆安高速公路建设的一个显著特点,为昆安高速公路工程施工提供了强有力的技术支撑。

1.超长灌注桩的施工

高架桥施工是昆安高速公路建设的一个难点。围绕高架桥桩基施工,科技人员开展"超长桩承载性能研究"和"桩底桩周压浆技术研究"。为检验超长桩的承载能力,技术人员选择了3根主线桩和3根线外桩,现场堆载,进行模拟试验,线外桩堆载2000t,线内墩堆载1000t,在堆载量比设计荷载大两倍的情况下,桥墩无明显变形,试验数据表明,大直径长桩是安全的(图17-54)。

图17-54 桥上桥下车水马龙

2.小河边下穿铁路隧道的施工

小河边隧道是昆安高速公路的头号难点工程。按常理,这样的工程工期至少也要两年,但施工单位积极开展技术攻关,仅用10个月便攻克了这一难点。

3.高崚立交采用全方位的动态监控

高崚立交枢纽规模大,为西南地区最大规模的立交群,出口多。为方便驾驶员行驶,指挥部与科研单位合作,开展高崚立交枢纽研究。课题组认真分析,找出立交桥的6个危险点,其中主线桥5个、匝道桥1个,在危险点设立情报板和智能诱导屏,进行动态监控,以方便车辆行驶。

4. 柔性路面基层的应用

为探索多种形式的路面结构,解决路面早期损坏的问题,指挥部引进全寿命周期理念,与科研院所合作,开展柔性基层路面研究,采用沥青稳定碎石层和沥青面层结构形式。

纵坡大的桥,车辆行驶后往往会产生沥青面层与桥面的推移,形成搓板。为改变这种状况,昆安高速公路在全线桥梁上铺设 3~6mm 厚的沥青胶砂。这种材料有两个作用:一是防水;二是作为黏结剂。铺筑沥青胶砂后,在沥青层与桥面之间形成牢固的黏结层,有效防止沥青面层与桥面的推移。

5. 用科技手段攻克施工难题

公路建设者们用科学的态度对待昆安高速公路,用科学的手段建设昆安高速公路。按规范要求,桥梁桩基钻孔时,泥浆的比重不超过 1.13。承担昆安高速公路第二合同段施工任务的云南云桥股份有限公司项目部进入工地后,根据以往的施工经验预料到,由于施工地段地质条件较差,多系细砂层、粉砂层,泥浆比重小钻孔容易出现坍塌,必须加入适当的黏土,使泥浆的比重加大。加入黏土,增加了泥浆的数量,清孔难度加大,但对施工安全却十分有益。第一根桩施工时,二合同段项目部按 1.28 的泥浆比重施工,收到了较好的效果;2004 年 12 月 5 日,二合同段浇出全线第一根桩;12 月 30 日又浇注出全线第一片梁。指挥部总结推广了二合同段的经验,全线钻孔时泥浆比重均调整到 1.25~1.28。二合同段浇注的第一片梁同样作为样板在全线推广。项目总工陈江宇感慨地说:"施工中可能遇到的问题,事先预料到,事先有准备,就可以从容应对,减少开支。事中碰到了再去想办法,花费就大。事中没发现,事后处理代价就更大。"

混凝土的预制,同样体现出二合同段的科学态度。二合同段工地附近就有宽敞的预制场地,但因为旁边就是铁路,经常有火车通行,为避免火车振动影响混凝土预制的质量,项目部宁可舍近求远,在 3km 外选择新的预制场。长 29m、最重达 99t 的预制件,加上拖车总重达 120t,在保通压力巨大的情况下运输和吊装,难度很大。二合同段所有梁板吊装完毕,仅保通费用就花了 180 万元,光隔离道路的锥筒就用坏了几千个。尽管增加了一些开支,但确保了工程的质量。

以科学的手段管理施工,以科技的力量提高质量,昆安高速公路是一条名副其实的科技之路。

五、安楚高速公路——突破瓶颈大路宽

安宁—楚雄高速公路是国家高速公路网规划中 G56 杭州—瑞丽高速公路在云南境内的重要路段。在楚雄—大理高速公路建成通车后,安宁—楚雄二级汽车专用线就成为这条大动脉上的瓶颈,严重制约着滇西 8 州(市)与云南腹地乃至祖国内地的联系,阻碍

了滇西地区经济社会发展和改革开放的步伐。突破和打通这个瓶颈,就是安楚高速公路建设的任务和使命。

安楚高速公路建设项目被评为"全国交通建设优质管理十佳项目""全国交通基础设施建设廉洁工程项目",获"国家优质工程银质奖"和"云南省优质工程一等奖";安楚指挥部被评为"全国交通系统先进集体""云南省2001—2005年度公路工程建设与质量管理'先进单位'"。项目每公里造价2700多万元,工程两年半建成通车,创造了"安楚速度",在云南公路建设史上写下了浓墨重彩的一章。

(一)项目特点

项目建设中,占线路总长78%长达101km的施工保通、占线路总长83%的红层软岩地质处治、沿线坝区大量分布的软土地基处治、螳螂川特大桥大跨径T梁吊装、长田大桥扁斜桩基施工、双向六车道隧道施工、孔家庄隧道小间距边墙施工、101km新老路拼宽改建路基施工等,是施工中的难点工程;螳螂川特大桥、大红田特长隧道、长田大桥、星宿江段、彩云隧道、孔家庄隧道等,是项目重点控制性工程;施工与保通的矛盾、工期与质量的矛盾、新老路基(桥涵)拼宽搭接的整体稳定、红层软岩地质路基处治等,构成了安楚高速公路建设的特点和难点。

在云南高速公路建设中,安楚高速公路建设项目有多个"首次":首次组建了派驻党总支,把党建及党风廉政建设纳入建设管理体系,培养了一批优秀干部;首次由省政府组建安全保通领导小组,统筹协调全线安全保通工作;首次按交通部2004年第3号令进行交工验收;首次在桥梁建设中采用扁斜桩基础,第一次使用钢绞线实施梁板吊装;首次采用加筋带包裹路堤施工技术,节约了用地,减少了填方;首次在路面工程中使用改性沥青,提高了路面使用性能,延长了使用寿命;首次采用轻质混凝土大跨径桥梁施工技术,建成云南第一座轻质混凝土跨线桥;首次使用溶剂型防水黏结剂;首次采用伸缩缝低于路面3mm施工工艺,提高了行车舒适性;首次提出"柔性基层"及"长寿命沥青路面概念"并付诸实践;首次采用双向六车道隧道技术标准。

(二)项目概况

安楚高速公路(图17-55)辐射9个州(市)、38个县(市),国土面积20多万 km^2,占全省土地面积的50.76%;辐射人口1460多万人,十多个世居少数民族,占全省总人口的34.8%。路线起于安宁市和平村,与昆安高速公路相连,经安宁、草铺、安丰营、三合邑、长田、下河尾、平地垭口、小云甸、孔家庄、连汪坝、程家坝、上章村,止于楚雄市达连坝,与楚雄至大理高速公路相连。主线全长129.86km,与原安楚二专公路相比缩短里程7.82km;纳入项目建设的禄丰二级公路联络线全长23.08km;路线总长153.88km。路线经安宁市

29.4km,易门县3.7km,楚雄州96.7km,共占用土地11116亩。

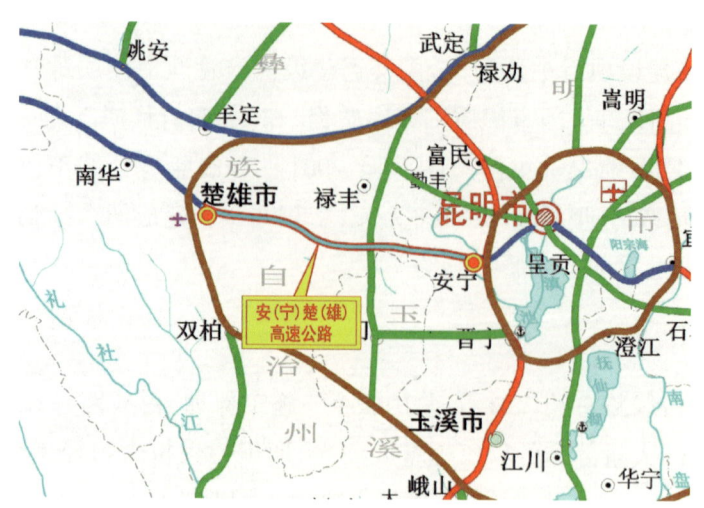

图17-55　安宁—楚雄高速公路位置示意图

项目主线设计速度100km/h,路基与桥涵宽度26m,双向六车道,设计荷载汽车—超20级,挂车—120,设计交通量为2024年远景平均交通量49307辆/日。抗震设防裂度为安宁市Ⅷ度,禄丰县和楚雄市Ⅶ度。

主要工程数量为路基土石方2875万m³,防护工程132.8万m³,排水工程32.1万m³,路面338.9万m²;大桥14759.1m/66座、中桥8275.07m/142座、小桥2251.93m/95座,涵洞通道18773.64m/764道,隧道9279m/12座,互通式立交9处;全线设综合服务区2处、收费站10处,监控管养中心2处,管养房24500m²;还有边坡防护、标志、标线、护栏、隔离栅、收费、通信、监控等交通安全设施。

安楚高速公路批准概算为40.28亿元(含禄丰联络线)。其中,交通部安排5.99亿元、云南省财政统筹2.17亿元、国债1.0亿元、银行贷款31.12亿元。

项目沿线为山岭重丘地形地貌,分布平坝、高山、丘陵、河谷,大红田至长田、细细坡至星宿江、星宿江至大平地、小云甸至孔家庄等路段,高差大、纵坡陡;线路经过安宁、易门、禄丰三县(市)丘陵区,长田峡谷区,星宿江、阿家河河谷区及楚雄市丘陵区,沿线绝大部分段落为"滇西红层"地质,红层软岩分布占路线总长83%;沿线坝区大量分布软土地质,沿线山岭河谷区则分布有滑坡、泥石流、岩溶塌陷及坍岸等地质灾害。

项目工程主要构造物为冲孔桩基、扁斜桩基、圆形或方形墩柱、钢筋混凝土拱形梁、T形梁、空心板梁、轻质混凝土箱梁;分离式隧道、连拱隧道等。

安楚高速公路建设工期3年,2002年12月19日举行开工典礼,2003年1月8日开工建设,2005年6月27日建成通车,比计划工期提前半年。

项目建设为推动西部大开发战略实施,促进滇西矿产、农业、水利和旅游开发,推动金沙江、澜沧江、怒江水电及滇西地区风电资源利用，促进民族团结共荣，加强国防建设，维护边疆稳定等具有重大的战略意义和现实意义。

1. 前期决策

1998年5月，安楚高速公路项目建设筹备工作启动。同年，云南省交通厅下达了安楚高速公路前期工作任务书，由云南省公路规划勘察设计院完成工程可行性研究报告。

2001年，国家计委批准了安楚高速公路工程可行性研究报告，随后报经国务院批准后印发了审批通知。

2002年，交通部批复了安楚高速公路初步设计，对安楚高速公路建设项目的线路方案、立交区及隧道设置、管养及服务设施规模、技术标准、路基路面方案、交通工程、三大系统、工程概算等作出了批复；审查同意了投标单位资格预审；12月6日，交通部批准公路开工报告，同意安楚高速公路开工建设。

2. 参建单位

2001年6月21日，云南省交通厅批准成立云南安楚高速公路建设指挥部和云南安楚高速公路公司，负责项目建设管理工作，任命孙乔宝为指挥长，张祖祥、尹兴国为副指挥长，李文龙为总工程师，邓有左为总监理工程师，指挥部业务上受昆瑞高速公路有限公司管理。

指挥部通过全国公开招标，经过公平、公正评审，坚持择优选择的原则，共有76家设计、施工、监理单位参与安楚高速公路建设，各方参建单位均符合国家规定的资质及业绩要求。

在安楚高速公路勘察设计工作中，云南省公路勘察设计院组织三个测设队100多名职工、投巨资引进先进的设计软件和勘测设备，确保了勘察设计任务的早日完成。设计着重考虑公路与自然环境、地形地貌的协调一致，考虑地质条件和工程建设的社会人文环境，强化地质选线，做到环保优先、景观协调，贯彻可持续发展的指导思想，把安楚高速公路建设成为一条具有交通安全性、行车舒适性、景观协调性、生态持续性、经济适用性的山区高速公路。项目设计荣获"云南省优秀设计一等奖"。

承担安楚高速公路建设施工任务的施工单位均具备要求的施工资质。各施工单位根据施工承包合同规定的条款，建立健全组织管理机构，准备充足的施工队伍，投入机械设备和管理人员，建立以总工程师为中心的质量自检体系，成立安全保通队伍，完善党组织领导下的监督保障机制，开展创建"党员先锋岗"和建立"党员责任区"活动，围绕"创全优、争国优"的投标承诺，科学管理，严密组织，昼夜奋战，确保了质量优、进度快、环保好的建设施工目标，全面履行了投标承诺。安楚高速公路共有75个合同段，其中土建18个合同段，路面8个合同段，交通安全设施12个合同段，通信管道3个合同段，隧道机电3个合同段,通信、监控、收费系统3个合同段,绿化工程20个合同段,沿线设施8个合同段。所有施工单位均能全面履行合同,项目管理人员按时到位并长期驻守工地现场,工作责任心强,业务管理水平高,在确保工程质量的前提下,加快工程进度,圆满完成各项施工任务。

安楚高速公路项目实行指挥部自办监理,监理工作围绕质量、进度、投资三大重点,成立了总监理工程师领导下的三级管理体系,下设总监办、总监代表处、中心试验室和高监办。指挥部制定了5个质量管理实施办法列入合同条款,根据工程进度制定了15个质量管理规定、130多条有针对性的管理措施。8家监理单位到位监理人员237人,监理人员文化程度高、有职称人员比例大。各监理单位严格执行监理工作方针、法规、合同文件及业主各项管理办法;以工程质量监理为核心,严格执行监理程序,按规定签认工程数量,控制工程费用;监理人员坚守现场,实行全天候巡查和稽查,发现问题立即整改,切实把质量管理措施落到实处,使工程质量始终处于受控状态。同时,牢固树立廉洁自律意识,忠于职守,做到了对业主负责,让业主放心,使承包人满意。

(三)建设情况

1. 项目筹备

2002年,云南省交通厅《关于印发云南安宁至楚雄施工图设计验收报告的通知》(云交基建〔2002〕676号),同意对安楚高速公路施工图设计进行验收。

2003年,国家环保总局《关于上海至瑞丽国道主干线云南安宁至楚雄公路环境影响评价大纲的审校意见的复函》(环审〔2003〕64号),批复同意安楚高速公路环境保护方案;国家水利局《关于上海至瑞丽国道主干线云南省安宁至楚雄公路水土保持方案的复函》(水函〔2003〕29号),批复同意安楚高速公路水土保持方案。

2002年9月6日,云南省交通厅成立"云南安楚高速公路土建工程招标委员会",主导安楚高速公路的招标工作。根据工程实际,安楚高速公路共分为18个土建施工合同段,8个监理服务合同段,见表17-19。工程按照《公路工程国内招标投标文件》规定,严格执行国家《招标投标法》《公路工程施工资格预审办法》《公路工程施工招标投标管理办法》《公路工程施工监理招标投标管理办法》等有关法律、法规和规章,本着公开、公平、公正和科学择优的原则,在全国范围内公开招标。

安楚高速公路项目标段划分情况表 表17-19

标段号	起 止 桩 号	工程内容及长度	施 工 单 位
JL1	K29+500～K48+000	土建工程施工监理18500m	云南云路工程监理咨询有限公司
JL2	K48+000～K73+350	土建工程施工监理25350m	北京中通公路桥梁工程咨询发展有限公司

续上表

标段号	起止桩号	工程内容及长度	施工单位
JL3	K73+350~K88+434.37	土建工程施工监理15084.37m	云南省公路工程监理咨询公司
JL4	K88+434.37~K104+000	土建工程施工监理15565.63m	云南公路建设监理公司
JL5	K104+000~K125+000	土建工程施工监理21000m	铁二院咨询监理公司
JL6	K125+000~K146+000	土建工程施工监理21000m	北京华宏路桥咨询监理公司
JL7	K146+000~160+818.84	土建工程施工监理14818.84m	云南省公路工程监理咨询公司
JL8	K0+000~K23+084.27	土建工程施工监理23084.27m	云南省公路工程监理咨询公司
JL9	K29+500~K160+818.84	沿线设施工程施工监理131318.84m	云南交通基建工程监理有限公司
JL10	K29+500~K160+818.84	隧道机电工程施工监理131318.84m	云南纪星交通工程监理咨询有限公司
JL11	K29+500~K160+818.84	环保工程施工监理131318.84m	云南交通基建工程监理有限公司
TJ1	K29+500~K38+000	土建工程施工8500m	云南第一公路桥梁工程有限公司
TJ2	K38+000~K48+000	土建工程施工10000m	西南交通建设工程总公司
TJ3	K48+000~K60+000	土建工程施工12000m	淮南矿业(集团)有限责任公司
TJ4	K60+000~K70+409.83	土建工程施工10409.83m	云南第五公路桥梁工程有限公司
TJ5-1a	K70+400~K73+493	土建工程施工3093m	中铁十二局集团第三工程有限公司
TJ5-1b	K71+593~K73+200	土建工程施工1607m	中铁十九局集团第二工程有限公司
TJ5-2a	K73+493~K74+815	土建工程施工1322m	中铁二十局集团第三工程公司
TJ5-2b	K73+720~K75+246.34	土建工程施工1526.34m	中铁隧道集团一处
TJ6	K75+246.34~K80+000	土建工程施工4753.66m	云南第一公路桥梁工程有限公司
TJ7	K80+000~K88+434.37	土建工程施工8434.37m	中铁一局集团公司
TJ8	K88+434.7~K96+608	土建工程施工8173.3m	中铁十二局集团第四工程有限公司
TJ9	K96+608~K104+000	土建工程施工7392m	云南第五公路桥梁工程有限公司
TJ10	K104+000~K114+716.19=115+800	土建工程施工10716.19m	中国云南公路桥梁工程总公司
TJ11	K115+800~K125+000	土建工程施工9200m	中铁十二局集团有限公司
TJ12	K125+800~K134+100	土建工程施工8300m	云南路桥股份有限公司

云南

续上表

标段号	起止桩号	工程内容及长度	施工单位
TJ13	K134+100~K146+000	土建工程施工 11900m	新疆昆仑路港工程公司
TJ14	K146+000~K160+818.84	土建工程施工 14818.84m	云南第二公路桥梁工程有限公司
TJ15	K18+454.69~K23+084.27	联络线土建工程施工 4629.58m	贵州省公路工程总公司
LM1	K29+500~K48+000	路面工程施工 18500m	云南第一公路桥梁工程有限公司
LM2	K48+000~K73+350	路面工程施工 25350m	云南第五公路桥梁工程有限公司
LM3	K73+350~K88+434.37	路面工程施工 15084.37m	路桥集团第一公路工程局第三工程公司
LM4	K88+434.37~K104+000	路面工程施工 15565.63m	云南路桥股份有限公司
LM5	K104+000~K125+000	路面工程施工 21000m	中国云南路建集团股份有限公司
LM6	K125+000~K146+000	路面工程施工 21000m	云南第二公路桥梁工程有限公司
LM7	K146+000~K160+818.84	路面工程施工 14818.84m	云南第三公路桥梁工程有限公司
LM8	K18+454.69~K23+084.27	路面工程施工 4632.58m	云南公路桥梁工程有限公司
FJ1		房建工程施工	云南省第三建筑工程公司
FJ2		房建工程施工	昆明江南建筑工程公司
FJ3		房建工程施工	云南九洲建筑工程有限公司
FJ4		房建工程施工	昆明第二建筑工程有限公司
FJ5		房建工程施工	云南省第二安装工程公司
FJ6		房建工程施工	云南建工安装股份有限公司
FJ7		房建工程施工	大理市第七建筑工程公司
FJ8		房建工程施工	云南省第二安装工程公司
LH1		绿化工程施工	中科院广西植物研究所
LH2		绿化工程施工	昆明大色彩绿化有限公司
LH3		绿化工程施工	云南五洲绿化有限公司
LH4		绿化工程施工	北京绿茵达绿化工程技术公司
LH5	K29+500~K48+000	绿化工程施工 18500m	玉溪宏达园林工程有限公司
LH6	K48+000~K70+000	绿化工程施工 22000m	云南绿源草坪绿化有限公司
LH7	K70+000~K88+434.37	绿化工程施工 18434.37m	云南今业生态建设集团有限公司
LH9	K88+434.37~K96+608	绿化工程施工 8173.63m	云南正彬造园林有限公司

第十七章
国家高速公路

续上表

标段号	起止桩号	工程内容及长度	施工单位
LH10	K96+608~K104+000	绿化工程施工 7392m	云南玉厦市政园林工程有限公司
LH11	K104+000~K115+800	绿化工程施工 11800m	云南大地城市园艺有限公司
LH12	K115+800~K134+100	绿化工程施工 18300m	云南华凯园林建设发展有限公司
LH13	K134+100~K160+818.84	绿化工程施工 26718.84m	湖南绿源环境工程有限公司
LH14	K29+500~K48+000	绿化工程施工 18500m	昆明百代高尔夫运动公司
LH15	K48+000~K66+000	绿化工程施工 18000m	云南世博园艺有限公司
LH16	K66+000~K88+434.37	绿化工程施工 22434.37m	云南云路景观装饰工程有限公司
LH17	K88+434.37~K104+000	绿化工程施工 15565.63m	云南园林绿化发展有限公司
LH18	K104+000~K125+000	绿化工程施工 21000m	云南云路景观装饰工程有限公司
LH19	K125+000~K146+000	绿化工程施工 21000m	北京绿洲科技发展有限公司
LH20	K146+000~K160+700	绿化工程施工 14700m	桂林锦绣园林开发有限公司
LH21		绿化工程施工	云南利鲁环境建设有限公司
JT1	K29+500~K73+350	通信管道工程施工 43850m	四川高交通信息工程有限公司
JT2	K73+350~K115+800	通信管道工程施工 42450m	北京路安交通科技发展有限公司
JT3	K115+800~K160+818	通信管道工程施工 45018m	北京瑞华赢科技发展有限公司
JT4	K29+500~K73+350	交通工程防撞护栏工程施工 43850m	河北银达交通工程工业有限公司
JT5	K73+350~K115+800	交通工程防撞护栏工程施工 42450m	湖北建通开发公司
JT6	K115+800~K160+818.64	交通工程防撞护栏工程施工 45018.64m	四川路桥建设集团交通工程有限公司
JT7	K29+500~K73+350	交通标志工程施工 43850m	云南省公路局道桥技术工程公司
JT8	K73+350~K115+800	交通标志工程施工 42450m	北京深华科交通工程有限公司
JT9	K115+800~K160+818.08	交通标志工程施工 45018.64m	河北银达交通工程工业有限公司
JT10	K29+500~K73+350	隔离栏工程施工 43850m	云南长江现代交通设施有限公司
JT11	K73+350~K115+800	隔离栏工程施工 42450m	北京深华科交通工程有限公司
JT12	K115+800~K160+818	隔离栏工程施工 45018m	四川金城栅栏工程有限公司
JT13	K29+500~K73+350	交通工程标线工程施工 43850m	云南长江现代交通设施有限公司

续上表

标段号	起止桩号	工程内容及长度	施工单位
JT14	K73+350~K115+800	交通工程标线工程施工42450m	四川路桥建设集团交通工程有限公司
JT15	K115+800~K160+818.64	交通工程标线工程施工45018.64m	北京通大现代设施技术开发有限责任公司
JD1	K290+500~K160+818	隧道机电工程施工131318m	上海交技发展股份有限公司
JD2	K71+650~K132+500	隧道机电工程施工60850m	四川高路交通信息工程有限公司
JD3	K71+970~K74+845	隧道消防工程施工2875m	昆明荣成天宇控制系统工程有限公司
JD4	K290+500~K160+818	监控系统工程施工131318m	北京诚达交通科技有限公司
JD5	K290+500~K160+818	收费系统工程施工131318m	浙江浙大中控信息技术有限公司
JD6	K290+500~K160+818	收费、监控、通信系统工程施工131318m	上海交技发展股份有限公司

2002年9月16日,在中国交通报、云南日报、中国经济导报和中国招标网同期发布施工招标和监理招标资格预审公告。

2002年10月16日,正式发售《招标文件》。

2002年11月23日~26日,交通部抽取评标专家组成"评标委员会",在完全封闭的情况下,进行评标工作。

在工程项目整个投标、开标及评标过程中,有上级纪检监督部门、公证机关进行全程监督和现场公证。

指挥部还严格按照国家《招标投标法》的有关规定,对路面工程、交通工程、绿化工程、机电、消防、房建等工程项目进行公开招标,确定承包单位及监理单位。整个招标过程严格遵循了"三公"原则和国家颁布的法律、法规和规章制度,未发生任何违规违纪行为,做到了依法建设和依法管理。

安楚高速公路途经昆明、玉溪、楚雄三州(市)的安宁市、易门县、禄丰县和楚雄市,征地拆迁工作由地方政府负责。项目批准用地687.3436公顷,其中服务设施用地8.5333公顷;批准同意占用征用林地195.114公顷;建设期补征土地55.3414公顷。

项目建设拆迁各类地面附着物种类繁多,任务艰巨,共拆迁各类房屋设施119285.27m^2,拆迁各类构筑物5366.4m^3,迁改各种电力、通信、水管453.06098km,搬迁坟墓1364冢,补偿零星果木102674棵,拆迁其他附属物11264.54m^2。

安楚高速公路征地搬迁概算费用141836068.07元,测算征地搬迁包干费及二次征地费、补助费145783946.87元,实际拨付、支付145391332.94元,比例达99.70%。

征地拆迁工作中,指挥部积极维护沿线群众利益,支持地方建设,在保障和改善民生、支持沿线城市建设等方面,变更增加工程投资达6000多万元,为改善群众生产生活条件,推动地方建设做出了重要贡献,各级地方党委、政府及沿线群众十分满意。

2. 项目实施

由于安楚高速公路的特殊区位,项目直接影响到滇西8州(市)甚至全省社会经济的发展,决定了该项目的建设不能按部就班,必须打破常规,超前预谋,精密策划,科学管理,严密组织,妥善处理施工与通车、质量与工期这两对主要矛盾,确保提前通车、争创国优、培养人才的建设管理目标。在投资紧张、工期紧缩、保通严峻的形势下,如何按国优标准建好安楚高速公路,就是全体建设者面临的严峻课题。

(1) 抓党建 促"双优"

在公路建设指挥部派驻党总支和纪检组,是云南省交通厅党组对公路建设管理体制进行改革的重要举措,安楚高速公路就是落实这一重要决策的首个项目。厅党组派出原厅组织人事处干部刘林到指挥部任党总支书记、纪检组长,发文成立了安楚高速公路建设指挥部党总支。党总支的政治核心作用、先锋模范作用和监督保障作用,对项目建设实现"工程优质、干部优秀"的目标发挥了保驾护航的重要作用。

指挥部党总支在厅党组和昆瑞公司党委的领导下,探索建立了从指挥部、分指挥部到施工监理单位的党的组织体系,制定了《中共安楚高速公路建设指挥部总支委员会工作制度》《云南省安楚高速公路建设指挥部党支部工作目标管理考核实施办法》《安楚高速公路建设指挥部党员发展工作实施细则》《安楚高速公路建设廉政建设管理实施办法》等一系列规章制度,为建设项目开展党建及党风廉政建设提供了组织保障和制度保障;党总支建立了"中心组"学习制度、民主生活会制度和党政联席会议制度,充分发挥了政治核心作用;严格执行工程建设"双合同"制,认真做好招标监督工作,在与施工、监理单位签订承包合同时,同时签订《廉政建设合同》,明确双方的廉政职责、义务和权利。同时,抓紧各级管理人员的廉洁从业教育,筑牢思想防线,充分发挥了监督保障作用;党总支在项目建设广泛深入地开展"云岭先锋"工程创先争优活动,在各标段建立"党员先锋岗"和"党员责任区",发动广大党员冲锋在前,勇担急难险重的突击、抢险和攻坚任务,充分发挥了先锋模范作用。

在党总支的团结和带领下,全体建设者不分昼夜,不计得失,忘我工作,拼搏奉献,涌现了一大批优秀共产党员和数不胜数的感人事迹,各级管理人员没有发生任何违规违纪行为。该项目被评为全国交通基础设施建设廉洁工程项目,为规范公路建设领域党建和党风廉政建设做了大量开创性的工作。党总支制定的一系列规章制度、管理办法,搭建的活动载体和实施措施,为后续公路建设项目开展党建和党风廉政建设工作提供了有益的借鉴和参考。安楚高速公路建设者塑造的"四种精神",创造和总结的七条建设管理经验,成为云南省公路建设事业一笔宝贵的精神财富。

(2)抓保通　顾大局

安楚高速公路78%的路段共计101km沿原安楚二专线拼宽改建,工程要施工,车辆要通行,这给施工和安全保通都带来极大困难,在云南高速公路建设中前所未有。在如此大的保通压力下,正常的建设工期应在三年以上,但滇西九个州(市)经济社会发展的现状及各族群众生产生活的需要不容许这么长时间的影响,工程建设不仅不能延期,而且要提前建成通车,而安全保通工作就是实现这一目标的保障。

为此,云南省政府专门为安楚高速公路项目成立了安全保通领导小组,这在公路建设领域仅此一例;指挥部也把安全保通工作列入重中之重,把安全保通上升到与工程质量、施工进度和投资控制同等重要的位置来抓,交通厅分管领导带领指挥部及相关人员对周边几百公里的交通状况进行了深入调研,制定了全面详细的保通措施和应急预案。一是成立保通领导机构,组建保通队伍,制定工作制度,落实保通责任,加强现场巡查和值守,加大舆论宣传,根据总体进度计划制定详细的分阶段保通方案。二是采取工程措施,严密组织,狠抓落实。按设计保通方案,主线施工至少要封闭7个月,指挥部经反复研究决定对全线新老路交叉干扰的路段,逐段制定施工保通方案,逐天逐段落实工程进度,限时放车通行;加快禄丰联络线的建设,为实行交通分流创造条件,缓解主线保通压力;在主线封闭施工期间,对老二专线49座主线桥梁、18座跨线桥的拆除重建和73个新老路重合交叉路段实施突击施工。

为落实好这些措施,施工现场实行24小时工作制,采取流水作业,不同部位采取平行作业,把原定81天封闭施工期变成243天来使用。通过严密组织,实际仅用了76天就实现了主线放车通行。安楚高速公路在边施工边通车的情况下,没有发生因施工造成的交通阻塞和交通事故,确保了450万辆社会车辆从建设工地安全通行,维护了滇西地区1460多万各族群众正常的生产生活,最大程度减轻了对全省经济社会发展的影响。

(3)抢进度　保民生

作为滇西大动脉的起点段和瓶颈,安楚高速公路建设施工必然严重制约和影响全省经济社会的正常发展,必然会给滇西8州(市)各族群众的正常出行造成不便。考虑到这些不利因素,当时分管的省领导甚至提出过暂停或缓建安楚高速公路的问题,可见该路段在全省经济社会发展中的分量,这也是省交通厅和指挥部考虑的头等大事。必须以最短的时间完成安楚高速公路建设,最大程度减轻工程建设对全省经济社会发展造成的影响,最大程度减轻对滇西8州(市)各族人民正常生产生活带来的干扰,这就是指挥部对项目建设的认识和定位。

为把决策落到实处,指挥部采取行政措施实行阶段目标考核奖惩责任制度,把目标计划落实到月、到周甚至到天,通过现场督查处罚和阶段考核奖惩相结合,始终把进度计划置于牢牢掌控之中;党总支发动各级党组织广泛开展创先争优活动,建立"党员先锋岗"

和"党员责任区",充分发挥先锋模范引领作用;各参建单位团组织组建"青年突击队",勇担各种突击攻坚任务。由于各参建单位和全体建设者心往一处想,劲往一处使,确保了各项目目标按计划完成。在20多千米禄丰二级公路联络线的施工中,指挥部组织突击会战,昼夜拼搏,仅用35天就完成了从路基、桥涵到过渡式沥青路面的施工任务,提前实现了主线封闭施工车辆分流的目标;在49座主线桥和18座跨线桥拆除重建、73个新老路交叉段落和101km的路基施工中,仅用76天就完成了全部施工任务,提前实现了主线放车通行的目标。在安楚高速公路建设中,这样的事例数不胜数,而这些都是通过严密的组织和艰苦的鏖战实现的。这种势头一直保持到项目建设的最后一刻,最终实现了提前半年建成通车的目标,创造了云南高速公路两年半建成通车的纪录,被社会各界誉为"安楚速度"。

安楚高速公路从开工建设之日起,仅用10个半月实现路基贯通,避开材料涨价高峰期,减少钢筋开支5000多万元、钢绞线开支730多万元、工字钢开支680多万元、水泥开支8000多万元、沥青开支9000多万元。由于整体工期提前,使安楚高速公路在变更增加投资1亿多元的情况下,仍然节约概算投资3.24亿元,创造了巨大的经济效益。

安楚高速公路建成通车,突破了滇西大动脉的瓶颈。新公路虽然仅比安楚二专线缩短里程7.82km,但昆明至楚雄的行程却由原来的3~4小时缩短至1.5小时,使滇西8州(市)快速畅通地融入全省经济社会发展大局,有力地推动了云南经济社会整体前进的步伐。

(4)四改六　增效率

安楚高速公路原设计为四车道山岭重丘区高速公路,但全线路基宽度为26.5m,如按原设计以四车道划线,会极大地浪费路面空间,严重制约通行承载能力。指挥部经慎重考虑,决定按六车道划线,把硬路肩作为行车道使用,沿途增设港湾式停靠站。这样就使公路的通行能力和通行效率提高了三分之一,最大程度利用和发挥了安楚高速公路的潜能。

事实证明,这一决策非常正确。在安楚高速公路通车后的几年,通往滇西的后续路段——四车道的楚大高速公路接着就变成了新的瓶颈,拥堵事件和交通事故频发,特别在节假日期间。而安楚高速公路作为滇西大动脉的起点段,车流量更大更集中,却始终保持了安全、畅通、快捷,这无疑是得益于四车道改六车道带来的通行效率的大幅提升。

安楚高速公路与320国道、广大铁路在龙川江畔相会示意如图17-56所示。

3. 重大变更

(1)红层软岩路段路基换填

"滇西红层"即红层软岩地质路段,占安楚高速公路路线总长83%,约107km。红层软岩见光即散、遇水即软,不能满足路基填料要求,更不能用作路基填料。大理至保山高速公路建设中首次提出"滇西红层"地质概念,给大保高速公路建设造成了很大的困扰。安楚高速公路建设中,指挥部联合四川、甘肃有关单位开展了交通部西部科研课题"红层软岩地区公路修筑技术研究"。根据研究成果,认为有必要对红层软岩地质段落的路基

93区、95区及路堑进行换填处治,解决好红层软岩地质路基填方质量问题。这也是安楚高速公路路基施工的关键。

图17-56 安楚高速公路与320国道、广大铁路在龙川江畔相会

为确保路基密实度和耐久性,满足技术指标要求,延长路基使用寿命,指挥部分别以云安指技〔2003〕211号、云安指技〔2003〕225号、云安指技〔2003〕226号上报请示省交通厅。省交通厅组织专家组深入施工现场调研,同意对安楚高速公路红层软岩地质路基进行换填,并形成了会议纪要。

施工中,共换填路堑68.1万 m^3,借方超运1439万 $m^3·km$,增加费用3929万元;共换填路基95区139万 m^3,借方超运2621万 $m^3·km$,增加费用5888万元;共换填路基93区111.8万 m^3,借方超运903万 $m^3·km$,增加费用2681万元。共计增加投资12498万元。

安楚高速公路红层软岩路基换填对加强路基质量发挥了重要作用,成功解决了云南红土高原红层软岩公路路基施工的难题,成为云南高速公路建设领域红层软岩地区路基施工示范项目,也是全省首个系统研究解决红层软岩路基施工技术的高速公路建设项目,为全面提高云南高速公路建设质量积累了技术理论和实践经验。

(2)楚雄西立交位置改移

安楚高速公路上章村立交原设计位置在项目止点达连坝,以安楚二专线达连坝立交为基础进行改造扩建,为半互通立交。因楚雄州行政中心搬迁,并将市区西北部龙川江沿岸规划为开发新区,州政府提出将达连坝立交移至上章村,连接楚雄州经济开发区(彝人古镇)的上章村联络线,并将原设计的Y形半互通立交变更为十字形全互通立交,增加投资3000多万元。

(四)复杂技术工程

安楚高速公路项目复杂技术工程主要为:大红田特长隧道、长田水库大桥、孔家庄隧道、红层软岩地质处治、101km新老路拼宽改建路基施工等。

大红田隧道下行线长2785m,上行线长2835m。作为安楚高速公路的重点控制性工程,上下行隧道工程地质及水文地质条件复杂,岩体破碎强烈,差异风化性强,岩溶发育弱强烈,呈垂直悬挂式溶隙、洞,岩溶差异较大。施工中采用CD工法左右侧分别开挖,严格控制围岩变形量,确定上部开挖高度,中间设临时工字钢支护,严密观察围岩变形数据及时调整支护参数。同时,采用地质超前预报和现场围岩收敛量测进行监控量测,制定施工保障措施,确保了隧道施工安全快速推进。

细细坡隧道受曲线影响,高跨比仅为0.48,在大跨度连拱隧道洞口浅埋段采用ϕ108mm钢花管大管棚注浆超前支护,加固围岩,保证快速安全进洞;软弱围岩段采用ϕ42mm小导管注浆超前支护,有效地控制了超挖现象;复合式衬砌初期支护采用型钢钢架、格栅钢架、锚杆、湿喷混凝土联合支护,降低了粉尘,改善了工作环境,保证了初期支护的强度与质量。

孔家庄隧道一侧离原二专线隧道洞壁最薄处仅4m,另一侧紧靠水库坝脚,洞顶覆土有引水隧道,施工安全形势异常严峻。施工中采用弱爆破、短进尺、强支护、跟衬砌的施工方法,确保了全过程的施工安全。

长田大桥沿老桥拼宽改建,必须兼顾施工及通车安全,施工中在云南省首次采用扁斜桩基础,把大桥原设计的传统桥台改为扁斜桩,保证了新桥基础开挖的安全和老桥通车的安全,既方便施工,又减少了土石方开挖,避免了弃土对水库的污染;上部箱梁安装在云南首次采用钢绞线取代扣索滑车组的新工艺,施工安全性和工作效率得到明显提高。

红层软岩地质路段占安楚高速公路路线总长83%。为确保路基强度和耐久性,施工中对红层软岩地质路段全部采用级配料进行换填,最远运距达83km。仅此项路基换填就增加投资1.2亿元。

在长达101km新老路拼宽路基施工中,为解决新老路基搭接不均匀沉降的质量隐患,按宽度1.5m、深度1.1m挖除老路基,用抗剪切性能高的碎石土进行填筑,老路槽0~40cm与新路基同层压实;开挖后的新老路拼接区以路基中线为准铺设两层土工格栅,以幅宽2.5m新老路基各一半铺设,再进行新路基填筑;老路基设有路肩式挡土墙的段落拆除挡墙1.5m,老路基设有路堤墙的段落,墙顶填土高度小于或等于1.0m的拆除墙身1.5m,小于或等于2.0m的拆除墙身1.0m。在原路堤边坡开挖宽度1m以上的台阶后进行新路基填筑。这些措施确保了新老路基的整体性和受力抗力的均匀性,为后续建设项目老路改扩建提供了难得的经验。

(五)科技创新

安楚高速公路建设实施了多项科技攻关项目,取得了丰硕的科研成果。其中,"红层软岩地区公路修筑技术研究"课题取得的科研成果填补了行业空白,被评为四川省科技进步一等奖;"岩石边坡生态防护技术研究"课题取得的科研成果,达到国际先进水平,被评为云南省科技进步二等奖。

1.红层软岩地区公路修筑技术研究

红层软岩独特的工程性质,对公路会产生严重的危害,不能用作施工材料,而安楚高速公路83%的路段约107km分布在红层软岩地质区。指挥部实施了由云南、四川、甘肃三省联合攻关的交通部西部科研课题"红层软岩地区公路修筑技术研究",以红层软岩工程特性为研究对象,课题成果明确了红层软岩的概念,建立了红层软岩的结构理论体系,得出了红层软岩风化剥蚀的定量规律,奠定了红层软岩岩体工程问题的理论基础;在应用技术方面,提出了各类地质结构红层软岩边坡稳定评价方法及加固原则、路堤稳定与沉降计算方法及关键施工控制参数,路基桥梁、挖方隧道分界控制参数及选线技术方案,形成了红层软岩地区公路建设的成套技术,填补了行业空白,对确保路基工程质量发挥了关键作用,充分体现了技术的实用性及推广价值。

2.路域生态恢复研究

岩石边坡绿化是公路建设中的难题,安楚高速公路建设项目实施了"岩石边坡生态防护技术研究"课题,以"产、学、研"相结合的方式组成课题。课题成果新型岩石边坡植物生长基质、新型绿化基材高强度黏结材料、植物组合和配比、不同岩质和坡比的最佳锚固深度和间距等四项成果,在国际国内均属首创,填补了国际公路建设行业的空白,为云南山区高速公路岩石边坡生态恢复与治理提供了有力保证,还可广泛应用于矿场、水电站、水库等行业,产生了较好的经济效益(图17-57)、社会效益和生态效益,对社会经济发展具有积极的推动作用,经云南省科学技术奖励委员会审定,达到国际先进水平。

3.新材料新工艺应用与研究

安楚高速公路建设中实施了"路面新材料应用与研究"课题,首次对SMA混合料进行研究及道路铺装试验,有效提高了路面各结构层的技术指标,提高了路面质量;提出了"柔性基层"及"长寿命沥青路面"的概念,针对柔性基层路面设计提出了建设性建议方案;开展了"轻质混凝土用于大跨径桥梁的研究""膨胀土特性研究",使用溶剂型防水黏结剂,有效解决了桥梁铺装层推移的问题;在隧道进出口端路面使用新研究的抗滑层;采用伸缩缝安装低于路面3mm的施工工艺,确保了营运后的路面平整度,大大提高了行车舒适性等。这些新工艺在云南省高速公路建设中均为首次应用,取得了良好效果,已在其他高速公路建设中推广应用。

图17-57　公路融入自然　大地更加壮美

4. 采用先进设备　确保工序质量

安楚高速公路建设中采用高吨位振击式压路机对全线路基进行碾压,确保了路基密实度;使用平整度检测仪从路面底基层开始对平整度进行逐层检测,确保了路面平整度均方差控制在0.6mm以下,使云南省高速公路路面施工平整度迈上了一个新台阶;采用电脑自动计量拌和站进行混凝土生产,提高了生产效率,确保了混凝土质量;采用低松弛钢绞线替代钢丝绳做扣索,用千斤顶替代滑车组和卷扬机做动力装置,进行大跨径、大吨位桥梁梁板吊装,收到了少、快、好、省的效果。

5. 采用新技术　减少土地占用

为减少土地占用,特别是减少征地、拆迁和补偿费用,安楚高速公路建设中采用土工格栅包裹式路堤施工技术,把坡比从1:1.5减小为1:0.5,收缩边坡坡脚长度,节约土地30%,减少土地征用近100亩,取得了明显的经济效益和社会效益。

6. 坚持管理创新　降低营运成本

安楚高速公路把隧道监控与道路监控合二为一,设置综合监控中心,既提高了监控效率,方便管理,又节约了营运养护费用;隧道通风、照明、监控、报警、消防等设施,全部采用计算机控制,并根据季节、气候、日照和昼夜变化规律,自动检测编程控制,该隧道管理系统达到国内先进水平。

(六)运营养护管理

安楚高速公路设置恐龙山、楚雄两对服务区,建筑面积2537m²,分别由加油站、营业室、宿舍楼、公厕、水泵房、配电房和室外道路组成。

全线设和平村、温泉、草铺、安丰营、三合邑、长田、彩云、连汪坝、程家坝、上章村(楚雄西)10处收费站;设置安宁监控中心、楚雄监控分中心及大红田隧道管理站。

安楚高速公路通车营运后,经两年缺陷责任期维护维修,通过交通部组织的竣工验收鉴定为优良工程,正式移交云南省公路开发投资公司维护、营运和管理。缺陷责任期间,除正常维修维护和病害处治外未发生大修养护情况。

安楚高速公路通车后,车辆通行流量及经济效益迅速增长。根据工可报告预测,安楚高速公路2005年全线平均交通量为20760辆/日,2020年为49080辆/日,2024年为57260辆/日。安楚高速公路通车当年,车流量即达到20806辆/日,2006年为19345辆/日,2007年29223辆/日,2013年增长到47109辆/日,建成通车至2014年日均交通量为35000辆左右。由此可知,随着社会经济的发展和车辆拥有量的迅猛增长,安楚高速公路发挥的社会效益和经济效益将远超预期目标。

六、楚大高速公路——首引外资建高速

1995年4月19日上午,楚雄至大理公路转贷协议和再转贷协议在北京举行。时任云南省副省长牛绍尧代表省政府分别同中国人民银行和云南楚大公路公司在转贷协议和再转贷协议上签字。

云南成立了以牛绍尧副省长为组长的楚大公路建设领导小组。中国人民银行按亚行的条件和条款,将亚行1.5亿美元贷款转贷给云南省政府,云南省政府再以中国人民银行和亚行的条件条款,将贷款再转贷给楚大公司,用于楚大公路建设,贷款期限为24年,其中含4年半宽限期。

楚大公路成为云南第一条引进外资建设的高速公路。

(一)项目概况

楚雄至大理高速公路是交通部和云南省"九五"期间的重点建设项目,是国家高速公路网G56杭州至瑞丽高速公路的重要路段,是昆明通往滇西、滇西北、滇西南8州(市)的交通大动脉,也是通往东南亚周边国家的重要通道。该项目是云南省第一次部分使用亚洲开发银行贷款建设的高速公路项目,也是云南省第一次按照国际模式(惯例)进行建设管理的公路项目。

楚大高速公路(图17-58)辐射楚雄市、南华县、祥云县、弥渡县、大理市、漾濞县6个县(市)19个乡镇77个村,北接省会昆明,西通大理,服务于滇西南的广阔地域,贯穿全国

闻名遐迩的"古生物之乡"和"人类发祥地"楚雄、"文献名邦"大理两个自治州,北上是著名的丽江古城,纳西古乐闻名天下,继续北上是素有"香格里拉"之称的藏区高原中甸。楚大高速公路是古代南方丝绸之路所经之地,社会人文环境丰富多彩,旅游资源开发价值潜力巨大。

项目路线长,地处滇中高原,地形起伏较大,大部分为山岭区和重丘区。局部为陷落盆地及断陷宽谷盆地(坝子),大的有南华、祥云坝子。受"三江"及其支流的切割,路线多处穿越地质构造断层带,沿线工程地质和水文地质条件复杂,不少地段为工程地质条件较差的"滇中红层"带。

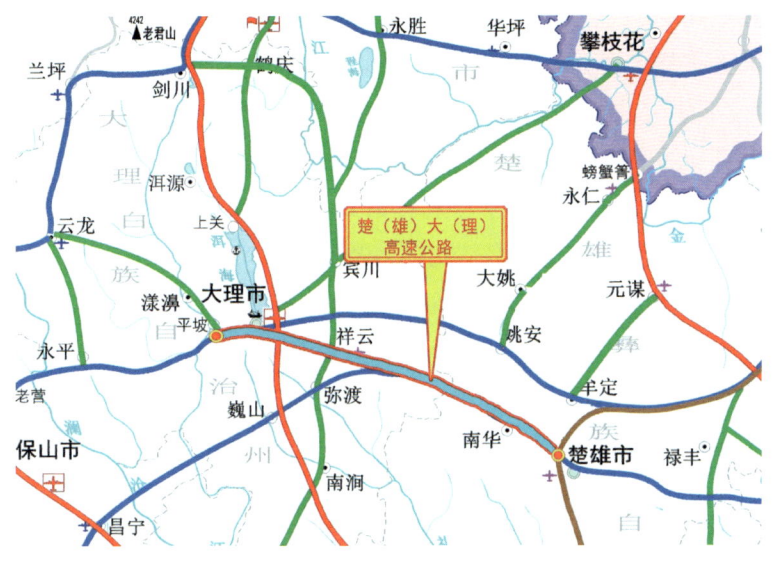

图 17-58 楚雄至大理高速公路位置图

项目建设中,有许多特殊技术措施。如:云南省第一座大悬臂悬空桥、当时第一高边坡、云南第一长隧道 3190m(单洞)、多样的边坡防护形式、最高加筋挡土墙、高填方、轻盈的跨线桥、半边桥、旱桥、桥隧相接、分离式路基、分台式路基、用土工材料加固路基、用土工格栅解决桥头跳车技术等研究;成功的软基处治技术、抗滑桩、预应力锚索、预应力混凝土格子梁、桩板墙、有民族特色的收费站、功能完善的服务、通信、监控、收费系统。该段公路共有 10 多项科技课题,均通过了交通部组织的课题鉴定。

楚大高速公路原设计为一级公路,后变更为高速公路。东起楚雄市达连坝,经南华县城(南)、沙桥,翻越天申堂垭口,过龙潭、下庄、祥云县城(北),翻越全线最高的九顶山垭口,经金厂箐、小江西,翻大风坝垭口,沿金星河下至大理市南缘福星村,再沿西洱河谷下至西洱河入漾濞江河口的平坡镇止。路线全长 178.779km。其中楚雄州境内长 59.226km,大理州境内长 119.513km。

项目主线分段计算行车速度及路基宽度:K262+700~K292+097.25 设计速度为

100km/h,路基宽度为24.5m;K171+760~K194+957.17设计速度为80km/h,路基宽度为23.0m;K194+957.17~K262+700及K292+097.25~K358+730计算行车速度为80km/h、路基宽度为21.5m。全线桥涵构造物与路基同宽,隧道净宽为9.75m,桥涵设计车辆荷载为汽车—超20级,挂车—120。全线抗震设防烈度为楚雄至下庄Ⅶ度、下庄至祥云及大理至平坡Ⅷ度、祥云至大理Ⅸ度。

主要工程数量为路基土石方2480.9937万 m^3,挡土墙125.9451万 m^3,软土处理9.31km,征用土地13388亩,沥青混凝土路面3299.185km^2,大桥2691.19m/12(座)、中桥5259.17m/74(座)、小桥3282.8m/120(座),涵洞20707.39m/662(道),通道364道,互通式立交9处,跨线桥45座,分离式隧道7858m/2座(单洞长);全线设置标志、标线、防撞护栏、防落网、刺铁丝隔离栅,路线经过学校、村镇附近设置隔音墙,设收费站12个、服务区3处,高管段2处,管理所6处以及先进的动态交通工程、收费系统、通信系统和监控系统。

楚大高速公路批准概预算为43.9亿元。其中,亚行贷款1.5亿美元(折合人民币近13.05亿元),交通部投资6.1亿元,云南省财政安排15亿元,云南省交通厅筹集资金6.23亿元,楚雄、大理两自治州筹集资金3.52亿元。

项目所经的楚雄州境内为典型的山岭重丘区地形。大理州位于云南中部偏西,处云贵高原西南部,属金沙江、红河、澜沧江三大水系分水岭地段,所经地区有第四系覆盖层及"滇中红层""滇西红层",多分布于K292+200~K315+900范围内,而前寒武系变质岩多分布于K339+100~K385+547.34西洱河及漾濞江两岸。

项目地处滇中高原,地表受河流水系切割,沿线地形复杂,新建高速公路与原有320国道、广大铁路及分布于峡谷两岸的西洱河梯级电站、电站厂房及生活区相互间的影响和干扰较大。路线所经西洱河河谷地段,河谷狭窄陡峭,河道弯曲纵坡大,地质也极为复杂,如图17-59所示。

图17-59 楚大高速公路蜿蜒于山水之间

项目的主要构造物为隧道、空心板、工形组合梁、T形梁、箱形拱、高架桥、半边桥等。

楚大高速公路于1996年2月1日开工建设,1998年7月18日楚雄至祥云段通车,1998年10月28日凤仪至大合江段通车,1999年5月1日全线通车。

(二)前期决策

楚大公路建设项目是在国家计委、交通部、中国人民银行的大力支持下,由云南省人民政府、省计委、省交通厅严格遵守基本建设程序立项批准建设。

1. 立项、审批与引进亚行贷款

1990年3月,云南省交通厅对该条路段组织了大规模的交通量OD调查,为项目的可行性研究提供了可靠依据。1993年4月完成了项目建议书,同年8月由省计委、省交通厅联合向国家计委、交通部、中国人民银行总行上报。国家计委于1993年11月25日以计交通字〔1993〕2305号文批准了项目建议书,同意将其列为亚行1994财年贷款项目。据此,云南省交通厅编制了项目可行性研究报告,1994年10月18日正式上报国家计委、交通部。1994年2月17日~21日,中国国际工程咨询公司组织专家对工程可行性研究报告进行评估。经补充、修改、完善的工可报告再次上报国家计委、交通部。1994年3月13日~16日和5月14日~21日,亚行官员在昆明分别对该项目的"工可报告"进行了预评估和正式评估,并形成备忘录;1994年3月21日及5月24日,国家计委、交通部、中国人民银行、亚行、云南省计委等单位在北京召开了评估总结会,确定将楚大公路正式列为亚行1994财年计划项目。1994年6月,国家环保局批准了楚大公路项目环评报告后,云南省公路设计院立即开始施工图设计,并于同年9月通过了云南省交通厅的设计验收;1995年3月14日,交通部批准了初步设计;1995年7月,项目土建工程招标完成;1995年11月8日,楚大公路建设指挥部在楚雄召开楚大公路开工座谈会;1995年12月,国家正式批准楚大公路建设开工,1996年2月1日,时任省长和志强在楚雄达连坝主持开工典礼,拉开了楚大公路建设的帷幕。

2. 土建工程、设备采购、国内监理、国际咨询顾问招标

1994年10月~1995年6月,在国家计委、中国人民银行、交通部、国家机电产品进出口办公室和云南省政府的支持下,楚大公路项目严格按国际惯例进行了土建工程招标、设备采购招标、国内监理招标、国际监理咨询顾问招标工作。

为确保楚大公路建设顺利完成,云南省政府成立了以时任副省长牛绍尧任组长,省计委副主任吕人杰、交通厅厅长杨弼亮任副组长,省级有关厅局及楚雄、大理两自治州领导参加的楚大公路建设领导小组。云南省交通厅根据省政府(云政交〔1994〕47号)批示组建了云南楚大公路公司(云南楚大公路建设指挥部,简称楚大公路公司),实行两块牌子、一套班子,作为该项目的建设管理单位和执行机构,在云南省交通厅领导下具体负责项目

建设的招标建设管理和指挥、协调工作,负责借贷、用贷、还贷,对建设项目实行建、养、管、营一条龙项目法人负责制。

为及时处理建设过程中出现的问题,协调好建设单位、监理单位、设计单位、施工单位、地方各级政府的关系,加强施工现场的管理和指导,楚大公路公司分别在楚雄、祥云、大理设立三个分指挥部作为楚大公路公司的派出机构,分区域行使指挥、管理、协调职能。

楚大高速公路共有土建工程13个合同段、交通安全设施(全线由云南省交通科研所承担)、隧道工程(由铁道部第二设计院工程建设监理公司承担)、房建工程(由云南省交通基建工程监理有限公司承担),见表17-20。

楚大高速公路项目标段划分情况表 表17-20

标段号	起 止 桩 号	工程内容及长度	施 工 单 位
TJ1	K171+760~K184+000	土建工程施工12240m	云南省路桥四公司第二项目部
TJ2	K184+000~K190+600	土建工程施工6600m	新疆昆仑路港工程公司
TJ3	K204+000~K214+860	土建工程施工10860m	云南第五公路工程处
TJ4	K214+860~K216+200	土建工程施工1340m	铁道部第十六工程局
TJ4	K216+200~K218+460	土建工程施工2260m	云南省第二公路桥梁工程公司
TJ4	K218+460~K225+960	土建工程施工7500m	中国云南公路桥梁工程总公司
TJ4	K225+960~K231+025.64	土建工程施工5065.64m	西南交通建设工程公司
TJ5	K230+550~K255+800	土建工程施工25250m	云南第五公路工程处
TJ6	K255+800~K275+000	土建工程施工19200m	云南省第四公路桥梁工程公司
TJ7	K275+200~K292+300	土建工程施工17100m	云南省第二公路桥梁工程公司
TJ8	K292+300~K309+142	土建工程施工16842m	云南省第三公路桥梁工程公司
TJ9	K309+300~K315+325.32	土建工程施工6025.32m	铁道部第十九工程局
TJ10	K318+060~K328+600	土建工程施工10540m	云南省第一公路桥梁工程公司
TJ11	K328+600~K335+500	土建工程施工6900m	铁道部第十二工程局
TJ12	K335+500~K347+080	土建工程施工12580m	水电十四局路桥工程公司
TJ13	K347+080~K359+112.512	土建工程施工12032.512m	云南省第一公路桥梁工程公司

(三)建设情况

1995年2月,交通部基建处预审查组赴现场对楚大初步设计进行审查。1995年5月~12月18日,根据亚行要求。楚大公路公司须聘任国际专家作咨询顾问。为此,按FIDIC推荐的办法及亚行认可的方案,进行招标。提出申请咨询公司18家,经审查确定短名单7家,递交财务建议和技术建议的有5家。经评审并报亚行认可选定加拿大N.D.Lea公司,于1995年12月18日签订项目咨询服务合同。1996年11月4日,交通部以《关于部分一级公路设计标准调整的批复》(交公路发〔1996〕921号)同意云南楚大公路由一级公路调整为高速公路。1998年6月16日~25日,省交通厅主持,组成交工验收委员会对楚大公路1~8合同段土建工程进行交工验收。交通厅于1998年8月7日以《楚雄至大理高速公路 1~8 合同段工程交工验收报告》（云交基建〔1998〕361 号）明确该验收工程质量符合部颁规范要求，各项技术指标均符合批准的设计文件及变更设计要求。工程平均分为95.5 分，暂定为优良。1998 年 7 月 18 日该段开通试通车。2001 年 8 月，亚行完成云南楚大公路贷款项目的竣工报告。

1. 重大决策

楚大公路原设计公路等级为汽车专用一级公路。建设期间，为适应云南省国民经济发展要求，交通部于 1996 年 11 月以交公路发〔1996〕921 号文批复，同意楚大公路由一级公路调整为高速公路。调整后，概算金额由原来的 43.9 亿元增加至 53.3945 亿元。据此，云南楚大公路公司和云南省公路规划勘察设计院按照部颁高速公路技术标准对楚大公路原设计进行了修改和完善，主要修改及完善设计有以下方面：

（1）楚大高速公路沿线地质复杂多变，为确保路基边坡稳定和行车安全畅通，楚大公路沿线边坡均作了改缓设计，增设碎落台和增加边坡防护工程。

（2）楚大高速公路起点接安楚公路，止点接大保公路，起点处后延 80m 与安楚公路相接并完善达连坝互通式立交桥；止点段原 1.051km 为三级公路过渡段；在建设中大保公路决定开工建设，经云南省交通厅批准这一段过渡段由三级公路改为高速公路。

（3）楚大高速公路标准提高后，交通工程设施增加了防眩板、照明高杆灯组、交通标志牌等安全设施和监控、通信系统。

（4）新增板桥互通式立交，天申堂、大合江半互通式立交，同时相应增加三座立交区的收费、监控、通信系统设施。

（5）因隧道内地质复杂，九顶山隧道围岩类别较原设计有较大变化，增加了工程数量和投资。

（6）楚大高速公路路面面层结构原设计为 8cm 沥青碎石、4cm 沥青混凝土。按高速公路标准实施后改为 5cm 粗粒式沥青混凝土、4cm 中粒式沥青混凝土、3cm 沥青混凝土抗滑层，工程量及投资均有较大增加。实施后的 12cm 厚面层仍达不到高速公路车辆行驶要求，后又增铺了 3cm 沥青混凝土抗滑层，并将其费用纳入调整概算。

（7）鉴于楚大高速公路是亚行贷款项目，通行费收入应单独核算，增列了达连坝、大合江两个主线收费站。

（8）应地方政府及沿线人民群众的要求，增加了部分通道涵洞、灌渠沟、人行天桥。

（9）楚大高速公路沿线地质不良地段较多，全线共发生和处治大型滑坡病害 31 处。

（10）征地拆迁工作实施中，由于对农民补助标准的提高，征地拆迁费用增幅较大。

完善、修改设计所增加的工程数量和工程项目，云南省公路规划勘察设计院本着"原概算的编制办法和原则不变，所有单价及取费标准不变、工程数量采用实施工程数量"的原则对原概算进行了调整，并编制了楚雄至大理段一级公路改高速公路的两阶段设计文件。

楚大一级公路改为高速公路后调整概算上报总额为 5980687881 元。其中，含编制办法规定计列的不可预见费为 5.99 亿元，若剔除预备费则上报概算为 53.81 亿元，经交通部交公路发〔2003〕381 号文批准工程概算总额为 533945.289 万元。

2. 低标价中标

低标价中标是 FIDIC《土木工程设施合同条件》第四版在国际上的惯常做法，也是亚行对楚大高速公路建设项目的要求之一。但在 20 世纪 90 年代中期，国内市场经济中法制不健全，计划经济向市场经济过渡中建筑市场明显处于"买方"市场的情况下，采用低价中标方式显然不尽合适。最直接的后果就是，极易产生承包人不顾可行性、合理性，为了中标盲目降价，使报价"畸形"，从而给工程实施和管理带来许多困难。但同时也为其后逐渐成熟的"合理低标价"中标方式探索了经验，后者更符合国情、更切实际、更能达到招投标的目的。

楚大高速公路建设的实践说明，最低标价中标形成的合同，给管理工作和监理工作造成的不仅是工作量的增加，而且使工程难以为继，无法顺利开展。为了确保工程顺利完成，经云南省交通厅批准，后来采取了与各单元工程质量和完成工期直接挂钩的"质量及工期奖"给予支付的方式才使施工单位有足够的资金维持工程的正常完成。

3. 征地拆迁的影响

在施工合同中按计划完成征地拆迁，按规定时间给施工承包人提供施工场地是业主的责任。楚大高速公路建设征地拆迁工作由云南省政府安排地方各级政府完成，当时既无合同又无协议约束此项工作的完成。楚大高速公路部分地段尤其是西洱河地段的 12 合同段、13 合同段由于征地拆迁滞后，无法按期正常展开施工，给施工单位造成经济损失而向业主索赔。征地拆迁费政策性的增加在事前更难以预计。

4. 边坡病害处治

由于地质不良，边坡渗水，路基高边坡按设计破土施工直至防护工程完成后，多次发生变形坍滑、坍塌坠石等病害，危及公路安全。指挥部重新安排勘测设计，增加工程进行整治，涉及较大工点共 31 处，增加工程费约 7400 万元。

5. 指挥部与监理工程师相结合的三级管理模式

这种管理模式实际是"业主领导下的监理"的管理，既有别于计划经济下"建设指挥部"的模式，也区别于 FIDIC 推荐的委聘监理工程师完全"第三方"独立的"监督管理"模式。实践说明，这样的模式符合当时业主、监理工程师以及整个建筑行业的实际情况，是行之有效的。

三级管理主要取决于楚大高速公路工程规模。对不同的工程可根据规模的大小适当调整分级。

第十七章
国家高速公路

（四）累积的经验

楚大高速公路与目前云南已建成的其他高等级公路相比，不论在建设里程、建设标准、资金筹措、工程建设的组织管理、施工监理，还是其后的经营管理、道路养护、收费还贷等许多方面都不同，为其后云南省高速公路事业的发展作了许多可贵的探索，积累了许多成功的经验。

（1）省委、省政府的正确决策和有关部门的大力支持，是完成项目建设任务的前提和保障。

云南作为边疆山区省份，公路运输占交通运输的 90%，在国民经济和社会发展中占有极为重要的地位。当时，云南纳入国家统计的公路里程达 7 万多千米，居全国第三位，但全省公路标准普遍低、抗灾能力弱，通而不畅，严重制约了经济发展、改革开放的进程。为解决这一矛盾，省政府做出在"八五"后三年及"九五"期间，对昆明至瑞丽、昆明至磨憨、昆明至河口、昆明至南宁、昆明经曲靖至贵阳、昆明经水富至四川六条干线公路进行高标准、高质量地改造和建设的决定。楚大高速公路正是这一计划的组成部分。

公路建设资金数额巨大，过去靠政府投资的单一投资主体格局已不能适应社会经济对公路交通的客观需求，严重制约了公路建设的发展速度。为加快公路建设步伐，完成对六条干线的改造，首要的是解决建设资金不足的问题。云南省委、省政府要求广开门路，改变投资主体单一的局面，采取利用贷款、引进外资、发行公路建设债券等多种渠道筹资。楚大高速公路建设正是在省委、省政府的正确决策下，争取了亚行贷款、交通部补助，加上省财政投资、地方投资，才得以顺利投入建设。

楚大高速公路建设过程中，云南省委、省政府极为关心重视，1996 年 2 月 1 日，时任省长和志强亲自主持开工典礼，副省长牛绍尧先后几次在大理主持召开了楚大公路质量现场会、"征地拆迁协调会"，现场解决建设过程中的质量问题和拆迁难点问题。时任交通部部长黄镇东等部领导亲临楚大公路，对工程建设管理、质量、现场管理提出了具体要求。1997 年 7 月 22 日，省长和志强视察楚大公路建设情况，要求把楚大高速公路建成具有旅游观光价值的国内一流精品工程的高速公路。省委、省政府领导的重视、关心，极大地鼓舞和激发了广大建设者的建设热情，全体建设者奋力拼搏，克服各种困难，于 1997 年 6 月顺利完成了路基土石方工程。1998 年 4 月～5 月，时任省委书记令狐安、省长和志强又分别亲临楚大高速公路视察，充分肯定了楚大高速公路建设的成绩，并对楚大高速公路今后的收费还贷、路政管理、沿线经营开发管理做了重要指示，对管好楚大高速公路提出了具体要求。

楚大高速公路的建设还得到了省计委、土地、财政、电力、邮电、税务、金融、审计、铁路、新闻单位等省级各有关部门的大力支持。

云南省交通厅作为楚大高速公路的主管部门,始终把楚大高速公路建设作为重中之重来抓,明确提出要举全厅之力修好楚大公路,并从人力上给予充实、从资金上给予保证、从政策上给予配套完善。为及时解决项目建设中出现的技术、资金等问题,厅长杨弼亮亲自兼任项目指挥长,云南省交通厅成立了楚大办,由厅有关职能处室负责人组成。为把好投资控制,及时处理工程设计中的变更、优化设计,专门成立了楚大高速公路变更设计审定组。指挥部每月定期召开厅领导参加的现场生产调度会,布置工作。当隧道进度滞后时,厅领导亲自深入洞内现场办公,解决问题。楚大高速公路建设大部分施工单位的主管部门——云南省公路局也全力支持楚大公路建设,多次召开施工单位协调会议,研究解决施工中的实际问题。此外,云南省公路规划设计院还在楚大高速公路的三个现场指挥部派驻设计代表,及时解决施工中的设计问题。

(2)地方政府和各部门积极协调配合,认真搞好征地拆迁工作,为项目创造了良好的施工环境。

征地拆迁是工程建设顺利进行的前提,没有征地拆迁工作的进度,就没有工程的进度和质量。征地拆迁工作涉及面广,关系各方利益,困难多、阻力大。按照云南省委、省政府的决定,楚大公路建设的征地拆迁工作及费用由楚雄和大理两州政府承担。楚大公路建设里程长,征地数量大、拆迁面广、难度大,涉及邮电、通信、电力、水利等各部门,特别是西洱河地带(图17-60)公路、房屋、电力、通信、水管纵横交错,其拆迁难度在云南省公路建设史上也是少有的。在这样的条件下,总体上楚大公路的征地拆迁工作仍以高质量、高速度完成,满足了施工进度的需求。

图17-60 楚大高速公路西洱河路段

为搞好征地拆迁工作,楚雄、大理两州沿线各级政府均实行州长、市长、县长、乡长负责制。楚雄州成立了征地拆迁协调办,大理州成立了州重点办负责领导沿线所属各县的征地拆迁工作。通过加大筹措资金力度和被拆迁单位工作力度,广泛深入宣传,公路沿线的广大干部群众充分认识到楚大公路建设对促进两州经济发展和扩大对外开放的意义,许多单位及沿线人民还在未兑现补偿费的情况下让出了土地,搬迁了房屋。指挥部也充分体谅地方政府和沿线广大人民群众的困难,积极筹措资金,以提前预缴施工营业税的方式给地方政府征地拆迁资金支持。建设单位也坚持先盖房后拆迁,确保拆迁户安居乐业,赢得了沿线人民的支持。

(3)楚大公路的工程监理把国际惯例与中国国情和云南实际相结合,实行业主领导下的三级监理制,走出了一条适合云南省情的正确路子。

施工监理是确保工程质量、进度,实现投资控制的关键。按照FIDIC条款,监理是独立于业主和承包人的第三方,受业主委托,按合同文件对承包人的施工、质量、进度、投资进行监督。楚大公路的施工监理结合中国国情、云南实际,经亚行同意,实行业主领导下的三级监理制。三级监理由总监理工程师办公室(总监办)、总监理工程师代表处(总监代表处)、驻地高级监理工程师办公室(驻地办)组成。全线监理机构根据亚行和中国政府签订的理解备忘录要求,结合楚大公路建设管理和国内公路基建行业的实际情况,采用业主组建和招标相结合的方式,即总监理工程师办公室、总监理工程师代表处两层机构,由楚大公路建设指挥部(业主)组建,高级驻地监理工程师办公室采用国内招标方式择优选定、组建。根据亚行要求,楚大公路建设项目还通过国际招标聘请外国咨询公司担任顾问。

为了使监理工作制度化、规范化,楚大高速公路总监办编制了《施工监理实施办法》,明确了监理工作依据,建立完善了监理工作制度、监理工作程序、各级监理工程师的职责权限。在三级监理实施过程中,各级监理各司其职、各负其责。总监办负责领导全线的质量管理和工程监理,对全线质量工作进行指导、监督、检查;楚雄、祥云、大理三个现场指挥部所设的总监代表处对所辖合同段的高级驻地办进行监理工作的全面管理和指导,各驻地办则根据《施工监理实施办法》和技术规范,质量标准和业主的质量工作要求对施工单位的质量进行现场管理,指导、帮助施工单位搞好质量工作。这在两年多的实践中经过不断完善、改进,在监理工作模式,制度建设、业务建设、管理建设、队伍建设、后勤服务方面都走出了一条适合云南省情的路子。

(4)发扬"严格、务实、质量第一"的楚大精神,是建好楚大公路的根本动力。

楚大高速公路是云南省第一次引进亚洲开发银行贷款建设的高速公路,其工程建设的成败至关重要。云南省交通厅明确指出,楚大公路建设的成败关键在于质量。为优质、按期建成楚大高速公路,指挥部提出了"严格、务实、质量第一"的楚大精神,并要求建设、设计、施工、监理单位始终将这一精神贯彻落实到各项工作中去。严格,即严格的管理、严格的要求、严格的工作作风;务实,即要求各项工作紧紧围绕工程建设及工程管理的需要进行,并最终实现质量第一的目标。

为提高承包人创优质工程的积极性,指挥部还制定了《楚大公路质量奖惩办法》,对工程质量实行重奖重罚,及"三不放过"原则。加强施工现场管理,三个现场指挥部均成立了由工程技术人员组成的工程质量稽查组,每天巡回检查工地。一旦发现质量问题便及时指出,或限时返工处理、罚款。同时,认真督促承包人和监理搞好工程质量,并定期、不定期地进行质量大检查。为确保隧道施工质量,大理指挥部组成由指挥长挂帅的隧道蹲点组,每天在通风和照明条件较差、污染严重的隧道里巡查。

为充分调动广大干部职工的工作热情,楚大高速公路建设二级指挥部上下一心投入工程建设,做到"千斤重担人人挑,人人身上有指标",各处室都制定了严格的规章制度及劳动纪律,明确每一个人的工作职责,并根据各自的工作业绩实行责任目标与奖励、调动推荐、实习生转正挂钩的内部管理机制,增强每一个人的工作紧迫感、责任感。

各施工单位把参加楚大高速公路建设作为树立企业形象的创牌子工程,精心组织资金、机械、技术力量投入施工,千方百计确保工程质量。

由于广大建设者始终坚持"严格、务实、质量第一"的楚大精神,楚大高速公路的建设质量受到了交通部、亚行及云南省内外同行及全省人民的一致肯定。

(5)确保"边坡稳定,不留后患",是搞好边坡处治的重要前提。

楚大高速公路在建设过程中把边坡的治理当作一项重要内容来抓,这既是高速公路建设的重要内容,也是创建精品工程和环保工作的需要。楚大高速公路高填深挖地段较多,开挖的最高上边坡达135m,最大填土高42.2m。在边坡处治中,楚大高速公路全线路基上下边坡遵循确保稳定、不留后患的原则,采取因地制宜、综合治理、工程防护与植物防护相结合的措施。在高填深挖地段,首先放缓边坡,再采取相应处治措施,仅放缓边坡一项就增加土石方近1200万 m^3。根据边坡处治原则,全线边坡地质不良地段均采用了块石护坡、喷锚等工程防护措施,对严重滑坡地段则进行特殊工程防护;通过招标采用预应力锚索抗滑结构和预应力锚索抗滑桩及挡土墙结构,有效地治理了楚雄州南华县境内天子庙坡滑坡以及234号、235号、236号电力铁塔等处滑坡。大部分地段上下边坡都埋置了大网格、小网格或六角空心砖,实行播草种草绿化;土壤贫瘠边坡和裸露岩石边坡则培育耐旱的攀缘植物覆盖,尽量做到边坡不裸露黄土,起到既美化环境又稳定边坡的作用。

(6)搞好公路绿化美化,是创建环保高速公路的重要指导思想。

公路建设在促进社会经济发展的同时,也不可避免地会对沿线环境造成一定的破坏和影响。因此,指挥部把搞好环保工作作为一个重要的指导思想,要求将工程建设对沿途生态环境的破坏减少到最低限度,注重搞好公路的绿化、美化,建设环境优美的现代化高速公路。

一方面,指挥部要求各施工单位搞好环境保护,防止水土流失;路基大面积开挖后,要求雨季前必须完成边沟、截水沟、拦沙坝等,完不成的要求开挖土质边沟、截水沟保持排水通畅,以免雨水冲刷造成泥石流堵塞沟渠河道,认真清理废弃土方和取土场,并按照国家有关规定植树种草,达到美化要求。有条件利用的还进行复垦还田,及时清理河道沟渠,确保不影响沿线农业生产;对施工中造成破坏的河道灌溉沟渠,能恢复的尽量恢复,实在难以恢复的均按有关规定进行补偿。

另一方面,根据云南省委、省政府要求,指挥部还把楚大高速公路全线的绿化、美化当作搞好环保的一项重要内容,包括路基上、下边坡,各生活服务区、立交区、中央分隔带的绿化。绿化工程采用招标方式选择施工单位分段进行。

由于指挥部始终重视环保工作,所以尽管全线开挖土石方高达 6000 多万 m^3,但没有造成水土流失,确保了沿线农业生产和生态环境不受影响,做到了路线试通车时全线绿化基本完成,改变了以往先通车后绿化的做法,绿化效果也得到了沿线地方政府的肯定。

(7)引进一流现代化设备,搞好交通设施建设,对确保楚大高速公路的正常运营发挥了重要作用。

交通工程设施是高速公路的配套工程,是公路现代化建设的装备,包括收费、监控、通信、交通安全设施等。楚大高速公路共设 12 个收费站,设福星村监控中心,南华、祥云、福星村 3 个监控分中心以及福星村通信中心、南华通信分中心、福星村、南华、达连坝、沙桥、天申堂、下庄、祥云、凤仪 8 个通信节点站。收费、通信、监控三大系统—采用招标方式,由交通部诚达公司中标承担工程总承包。收费系统由收费车道设备、三级计算机网络、闭路电视监视系统构成,车道设备引进法国生产的本道控制器收费系统,计算机网络引进美国康柏公司产品,闭路电视监控系统引进日本松下设备,可对收费广场的交通流量、收费设备运行、广场安全、收费员收费情况进行监视。

监控系统由一套监控中心、三套监控分中心、紧急电话、监控系统外场设备等组成,监控中心、监控分中心采用美国康柏公司设备,监控系统外场设备包括可变限速标志、气象检测器、路侧紧急电话、闭路电视摄像机等,紧急电话全线共设 40 对,每 4km 一对。

通信系统中,通信中心设 600 门程控交换机一套;通信分中心设 400 门程控交换机一套,8 个通信节点站设 SDH 传输设备,采用美国 BOCOM 公司的光纤传输设备。

以上设备均达国内先进水平,对确保楚大高速公路的正常营运发挥了重要作用。

(8)加大科技投入,提高科技含量,既提高工程质量,又出科研成果、培养人才。

楚大高速公路是在高原横断山区、地震高发地区修建,地质复杂,长隧道、软土、膨胀土、高液限土等给施工带来了重重困难。楚大高速公路建设结合工程建设的需要,与大专院校、科研单位联合开展了多项科技课题研究,并把研究取得的成果运用于工程施工和管理。如:楚大公路公司与长沙交院联合研究运用土工格栅技术处理软地基、膨胀土及桥背填土不均匀沉降,与重庆交院联合研究加筋土挡墙等四个课题。由公司工程技术人员编制的公路工程中期计量支付及投资控制软件和公路工程计算机辅助设计荣获 1997 年度云南省科技进步奖。

楚大高速公路上的西洱河一级电站悬空桥是云南第一座悬空桥。这座悬空桥的设计研究获1999年云南省科技进步一等奖,这是云南公路行业获得的第一个省科技进步一等奖。此外,楚大高速公路还有"加筋土技术在云南高原高等级公路建设中的应用研究""土工格栅加筋柔性桥台的应用研究""云南高原高等级公路膨胀土路基的加固技术研究"三个项目获省科技进步二等奖,"多次扩裂控制爆破新工艺的研究与应用"获三等奖。

(9)主要材料由业主指定的物资公司负责统一招标采购供应,对确保工程质量、控制投资具有重要作用。

为确保工程质量,控制投资,防止承包人使用不合格材料,楚大高速公路建设所需的主要物资由楚大高速公路物资供应部组织供应,包括各种钢材、木材、炸药、橡胶、汽油、水泥、沥青、反光膜等需要量大,关系工程建设质量共30多种物资。指挥部规定:施工单位自行采购的材料不予支付材料款。

采取统一招标供货既严把了材料进场质量关,又可大宗订购、降低价格,从而节约资金,实现投资控制。同时,物资供应由于按用材计划采购供应,避免出现过多积压,造成浪费。

楚大高速公路建设对主要材料的供应实行统一招标采购后调拨给施工单位的做法,对于确保工程质量、控制投资起到了重要作用。

(五)面向两个市场搞好资本运作　外汇置换"换"出4.4亿

楚大高速公路建设期间实际使用亚行贷款1.47亿美元,未提用部分经有关部门和亚行批准注销。已使用部分按贷款协议规定,从1999年6月15日起开始偿还,还款期限至2018年6月15日。到2003年6月15日,贷款本金余额1.35亿美元。

项目建设初期,国内基本建设贷款利息较高,楚大高速公路的贷款年利率6.6%。1998年亚洲金融危机后,世界经济不景气,2000年后美国经济增长放缓,美国联邦储备局不断降低银行利率,国际金融市场美元利率不断下降。至2003年初,伦敦国际金融市场美元6个月银行业拆借率LIBOR已降至1.2%左右,国内商业银行贷款是1997年以来的最低利率。由于楚大高速公路实行的是亚行总库制下的单一美元借款,利率是固定的。也就是说,不管美元利率怎样变动,这笔贷款都必须按6.6%的年利率支付利息。

云南省交通厅审时度势,及时提出"用低息贷款提前归还高利息贷款,以降低筹集公路建设资金的成本",置换楚大高速公路亚行贷款成为置换工作的首选。

2003年全国"两会"期间,云南省交通厅提出借贷工商银行贷款提前归还亚行贷款的设想,得到了云南省政府和银行方面的支持。7月10日,中国工商银行总行批复,同意以楚大高速公路收费权为贷款质押,向云南省交通厅发放1.37亿美元贷款以置换亚行美元贷款。9月15日,财政部同意提前还款,并发出付款通知单。

提前归还亚行贷款,楚大高速公路共需支付亚行本金1.33亿美元、利息281万美元、贴水(提前还款的补偿)406万美元。国内贷款当时利率是1.8%,与亚行贷款6.6%的利率相比利差为4.8%。在贷款利率固定不变的情况下,以人民币与美元按8.3比1的比例折算,楚大高速公路既可提前15年还清亚行贷款,还可节约利息支出4.4亿元人民币。

工行承贷后,拉住了优质客户,拓展了自身业务。在此贷款期内,工行还可分期收到2524万美元的利息。

这笔贷款置换,使亚行、工行云南省分行、楚大高速公路三方均受益,各方皆大欢喜。

七、大保高速公路——跨越滇西万重山

横断山由北向南,高山深谷相间,横隔了川滇两省西部及西藏东部的东西交通。千百年来,为打破横断山的阻隔,云南人不屈不挠,在交通史上写下了一页页辉煌的篇章。

古老的南方丝绸之路是中国最早的一条对外交通线,两千多年前就悄无声息地促进着中国与异域的交流。

20世纪30年代,滇西各族人民用9个月时间新修大理至畹町500多公里公路,改善和铺筑路面900多公里,使滇缅公路全线通车,令世界为之震惊。

今天,在滇缅公路通过的崇山峻岭间,大理至保山高速公路车水马龙,一往无前。这是跨越横断山区的第一条高速公路,是横断山交通又一崭新的里程碑(图17-61)。

图17-61 穿越滇西万重山

(一)项目概况

大保高速公路是国家高速公路网规划中G56杭州—瑞丽高速公路在云南境内的一段,是国道主干线GZ65上海—瑞丽公路的一段,也是我国通往南亚、东南亚国际大通道的重要路段(图17-62)。

大保高速公路处于大理州和保山市境内,路线起于漾濞县平坡镇,止于保山大官市,全长165.84km,西与保山至龙陵高速公路相接,东与楚大高速公路相连,1998年9月开工建设,2002年9月28日全线建成投入使用。

图 17-62 大理至保山高速公路位置示意图

大保高速公路项目概算总投资 70.4 亿元,为当时云南投资规模最大的工程,其投资相当于新中国成立后云南公路建设前 40 年投资的总和。

大保高速公路按山岭重丘区高速公路标准建设。设计速度为:山岭区 60km/h、重丘区 100km/h。路基宽度为:山岭区 22.5m(整体式路基)和 2×11.5m(分离式路基)。其中,行车道宽 2×7.0m、中间带宽 2.5m、中央分隔带宽 1.5m、硬路肩宽 2.5m、土路肩宽 0.5m、左侧路缘带 0.5m。中央分隔带上设置钢筋混凝土防撞护墙,护墙顶设置防眩板。重丘区 26m。其中,行车道宽 2×(7.5+3.5)m、中间带宽 2.0m、中央分隔带宽 1.5m、硬路肩宽 0.5m、土路肩宽 0.5m、左侧路缘带 0.25m。极限最小平曲线半径 125m,最大纵坡山岭区 6%、重丘区 4%。桥涵设计荷载:汽车超—20 级,挂车—120,桥涵外缘与路基同宽。

大保高速公路建设工程浩大,仅开工前所修进场道路就达 116km,施工期间修施工道路高达上千公里。项目共完成路基土石方 5543 万 m^3(其中填方 1985 万 m^3),排水防护工程 300.74 万 m^3。环境保护及水土保持工程:拦沙坝 7.72 万 m^3、边坡绿化 4212.11 千 m^2;沥青混凝土路面 11478 千 m^2;隧道单洞长 22.354km/12 座;特大桥、大桥 33551m/171 座;中、小桥 13752m/248 座;涵洞通道 20442m/708 道;互通式立交 10 处;设 10 个匝道收费站和永平、板桥两个服务区。桥梁总长超过 25km,桥梁、隧道、涵洞总长达 35.8km,占公路总长的 50.3%,是当时云南已建和在建高速公路中施工难度最大的一个项目。

(二)前期决策

大保高速公路依据交通部《关于大理(平坡)至永平公路项目建议书的批复》(交计发

〔1997〕293号)、交通部《关于大理(平坡)至永平公路工程可行性研究报告的批复》(交计发〔1997〕877号)、交通部《关于大理(平坡)至永平公路初步设计的批复》(交计发〔1998〕239号)、交通部《关于永平至保山(大官市)公路项目建议书的批复》(交计发〔1997〕500号)、交通部《关于永平至保山公路可行性研究报告的批复》(交规划发〔1998〕727号)、交通部《关于永平至保山公路初步设计的批复》(交计发〔1998〕801号)、云南省交通厅《关于大理至永平公路施工图设计及预算的批复》(云交基建〔1999〕221号)及交通部批准的开工报告等批准项目建设的文件开工建设。

(三)参建单位

为保证大保高速公路建设顺利进行,确保工程的建设质量,云南省交通厅于1998年成立了云南大保高速公路建设指挥部,任命年仅32岁的陈跃为指挥长,这是当时云南大通道建设中最年轻的指挥长。

指挥部内设办公室、总监办、合同管理处、工程技术质量管理处、财务处、设备处、物资处、征地拆迁协调处及大平地、永平、保山分指挥部,开展建设管理工作;各州、市、县(区)成立协调办及指挥部,配合大保高速公路建设指挥部进行项目的实施工作。

大保高速公路建设采取业主负责制,通过竞争性招标方式对施工、监理单位进行招标。全国各地的22家单位报名参加投标,最后有17家施工单位和5家监理公司中标,见表17-21。

大保高速公路项目参建单位表 表17-21

序号	参建单位	单位名称	合同段编号及起止桩号	主要负责人
1	项目管理单位	云南大保高速公路建设指挥部	K347+500~K513+200	陈 跃 宋 明 黄玉豪 常 文
2	勘察设计单位	云南省公路规划勘察设计院	K347+500~K513+200	
3	施工单位	云南省第一公路桥梁工程有限公司	土建1A合同 K347+500~K355+200	沈尚林 李小兴
4		中国人民武装警察部队交通第二总队	土建1B合同 K354+000~K355+200	杨 碧 徐建新
5		云南省第四公路桥梁工程公司	土建2合同 K355+200~K363+600	高厚侦 熊世银
6		中铁十二局集团有限公司	土建3A合同 K363+600~K371+500	余绍水 刘银主

续上表

序号	参建单位	单位名称	合同段编号及起止桩号	主要负责人
7	施工单位	水电十四局路桥工程总公司	土建3B合同 K363+600~K366+300	陈闯云 张维华
8		云南第五公路工程处	土建4A合同 K371+500~K378+700	崔同金 陈汉斌
9		云南省铁路总公司	土建4B合同 K378+800~K379+700	黄文荣
10		云南公路桥梁工程有限责任公司	土建5A合同 K381+400~K386+830.4	杨树芳 李又庆
11		中国在色十四冶第四建筑安装工程公司	土建5B合同 K379+700~K381+400	丁　陈 王友霖
12		云南第二公路桥梁工程有限公司	土建6合同 K387+300~K394+957	黄　孝 裴正芳
13		铁道部第十六工程局	土建7-2合同 K394+957~K396+532.5 上行线、K394+957~K396+599.43 下行线	
14		铁道部二十工程局	土建7-2合同 K396+532.5~K398+100 上行线、K396+599.43~K398+100 下行线	
15		中国云南公路桥梁工程总公司	土建8A合同 K398+500~K399+400	吕　俊 王春华
16		云南省建工集团总公司	土建8B合同 K98+100~K398+500、K399+400~K399+700	杨锦松 金　明
17		云南第三公路桥梁工程公司	土建9合同 K407+300~K415+400	王　萍 刘明谷
18		西南交通建设工程公司	土建10A合同 K415+400~K419+124.93	王现合 李升连
19		西南交通建设工程公司	土建10A合同 K415+400~K419+124.93	黄金城 冯晓春
20		云南省建筑机械化施工公司	土建10B合同联络线 K3+000~K4+939.95	杨兴华 陈德江
21		中国云南公路桥梁工程总公司	土建11合同 K419+900~431+300	全凤文
22		铁道部第十八工程局	土建12合同 K431+300~K436+159.85	徐剑雄 闫　滨
23		中铁十九局集团第二工程有限公司	土建13-1合同 K436+159.85~K438+179.8 上行线、K436+159.85~K438+162.2 下行线	孙吉东 何　旭
24		铁道部第二十工程局	土建13-2合同 K439+738~K438+179.8 上行线、K439+738~K438+162.2 下行线	祝建周 王德双

第十七章
国家高速公路

续上表

序号	参建单位	单位名称	合同段编号及起止桩号	主要负责人
25	施工单位	云南第二公路桥梁工程有限公司	土建14A合同 K439+738～K445+769.77	胡 珍 袁 刚
26		中国建筑第五工程局	土建14B合同 K443+885～K444+470.96	
27		中国水利水电第九工程局	土建14C合同 K440+461.7～K441+176.53	刘代旭 钱 怡
28		铁道部第二十工程局	土建14D合同 K444+347.8～K444+530上行线、K443+990～K444+521.8下行线	祝建周 雷跃军
29		云南第五公路工程处	土建15合同 K446+300～K454+400	李志民 王 永
30		云南公路桥梁工程处(联营体)	土建16合同 K454+400～K456+700	林梅雄 杨之云
31		云南第一公路桥梁工程有限公司	土建17合同 K456+700～K463+700	杜绍福 李治江
32		云南省第四公路桥梁工程公司	土建18合同 K463+700～K471+000	胡少华 颜棕松
33		云南公路桥梁工程处	土建19合同 K471+000～K478+500	华鹤定 陈江宇
34		贵州省公路工程总公司	土建20合同 K478+499.64～K485+533.73	张 林 张忠胜
35		中国有色金属工业第十四冶金建设公司	土建21A合同 K485+550～K489+700	李学德 吴 文
36		中国人民警察武装部队交通第二总队	土建21B合同 K489+700～K491+800	(崔 明 焦瑞平) 夏远红
37		交通部第一公路工程总公司厦门工程处	土建22A合同 K491+800～K499+100	张福田 刘云富
38		云南省第三公路桥梁工程公司	土建22B合同 K496+110～K499+100	曾佑铭 陈新文
39		云南省第三公路桥梁工程公司	土建23合同 K499+100～K507+100	曾佑铭 陈新文
40		中铁十二局集团有限公司	土建24合同 K507+100～K513+200	余绍水 张变西
41		云南省第一公路桥梁工程有限公司	路面1合同 K347+500～K371+500	沈尚林 李小兴

续上表

序号	参建单位	单位名称	合同段编号及起止桩号	主要负责人
42	施工单位	云南省第四公路桥梁工程公司	路面 2 合同 K371+500~K395+363.5	杨光映
43		云南省第五公路桥梁工程有限责任公司	路面 3 合同 K382+091.0~K512+804	万建兵 罗映辉
44		中国云南公路桥梁工程总公司	路面 4 合同 K397+735.5~K419+124.934	吕 俊 王春华
45		云南第二公路桥梁工程有限公司	路面 5 合同 K419+900~K436+612 上行线、K419+900~K436+619 下行线	黄 孝 裴正芳
46		云南公路桥梁工程有限责任公司	路面 6 合同 K439+710~K456+700 上行线、K439+739~K456+700 下行线	赵玉国 贾天平
47		云南省第三公路桥梁工程有限公司	路面 7 合同 K456+600~K485+533.73	娄 伟 白汝康
48		云南省第五公路桥梁工程有限责任公司	路面 8 合同 K485+533.73~K513+200	赵平才 李先林
49		昆明公路管理总段公路机械工程公司	交通安全设施 3 合同 K347+500~K478+499.64	杨苏宏 黄淮江
50		北京深华科交通工程有限公司	交通安全设施 4 合同 K478+499.64~K513+200	宋国荣 夏晓津
51		上海交技发展股份有限公司	机电 1 合同	朱 磊 朱林泉
52		云南省第五建筑工程公司	机电 2 合同	
53		昆明荣成天宇控制系统工程有限公司	机电 3 合同	
54		云南省第二安装工程公司	机电 4 合同	杨聪一
55		云南省第二安装工程公司	机电 5 合同	杨聪一
56		云南省送变电工程公司	机电 6 合同	赵荣国 子 宏
57		云南省送变电工程公司	机电 7 合同	赵荣国 子 宏
58		上海电器科学研究所	机电 8 合同	
59		云南生态技术有限公司	绿化 1 合同 K347+500~K355+200	张志伟
60		云南生态技术有限公司	绿化 2 合同 K355+200~K363+600	张志伟
61		北京运科技贸公司	绿化 3 合同 K363+704.2~K371+500	曹顺利 陈济丁
62		北京运科技贸公司	绿化 4 合同 K371+500~K379+700	曹顺利 陈济丁

第十七章
国家高速公路

续上表

序号	参建单位	单位名称	合同段编号及起止桩号	主要负责人
63	施工单位	云南高夫草坪园林有限公司	绿化5合同 K379+500～K386+830.4	高家名 徐为良
64		云南海屹经营开发有限公司	绿化6合同 K387+300～K395+100	胡济民 汤更卿
65		昆明今业花卉园林有限公司	绿化7合同 K397+730～K407+300	邓辅唐 邓辅商
66		湖南绿苑环境工程有限公司	绿化8合同 K407+300～K415+400	张勃 张常路
67		云南海屹经营开发有限公司	绿化9合同 K419+900～K436+612	杨家贤 罗素芳
68		云南滇龙畜产开发有限公司	绿化10合同 K439+720～K454+500	丁绍产 杨春
69		云南园景科技产业有限公司	绿化11合同 K454+400～K463+700	陈如春 罗季杰
70		云南省环境科学研究所	绿化21合同 K463+700～K478+500	吴学雾 李英南
71		昆明乡村高尔夫俱乐部有限公司	绿化13合同 K478+499.64～K485+533.73	张付荣 李海林
72		昆明乡村高尔夫俱乐部有限公司	绿化14合同 K485+550～K499+100	张付荣 李海林
73		昆明乡村高尔夫俱乐部有限公司	绿化15合同 K495+575～K513+200	苏一波 王要刚
74		大理州建筑安装总公司	房建1A合同	
75		云南省建工集团总公司	房建1B合同	
76		云南省第二建筑工程公司	房建2合同	江荣辉 杜光伟
77		大理州建筑安装总公司	房建3合同	
78		大理州建筑安装总公司	房建4合同	
79		大理州建筑安装总公司	房建5合同	
80		云南省第三建筑工程公司	房建6合同	
81		云南省第二建筑工程公司	房建7合同	李建明 江荣辉
82		云南省第八建筑工程公司	房建8合同	

续上表

序号	参建单位	单位名称	合同段编号及起止桩号	主要负责人
83	施工单位	云南省轻工业建设公司	房建9-1合同	娄天池 娄天池
84		江西省动力设备工程(集团)有限责任公司	房建9-2合同	翁同胜 张锦等
85	监理单位	云南省公路工程监理咨询公司	监理1合同 K347+300~K355+200	郭天龙
86		云南省公路工程监理咨询公司	监理2合同 K355+200~K363+600	郭天龙
87		北京育才交通工程咨询监理公司	监理3合同 K363+600~K371+500	郭天龙
88		北京育才交通工程咨询监理公司	监理4合同 K371+500~K379+700	郭天龙
89		北京华通公路桥梁监理咨询公司	监理5合同 K379+700~K386+830.4	郭天龙
90		北京华通公路桥梁监理咨询公司	监理6合同 K387+300~K394+957	郭天龙
91		云南铁路工程监理有限责任公司	监理7-1合同 K394+957~K396+532.50上行线、K394+957~K396+599.43下行线	郭天龙
92		云南铁路工程监理有限责任公司	监理7-2合同 K398+100~K396+532.50上行线、K398+100~K396+599.43下行线	郭天龙
93		云南公路建设监理公司	监理8合同 K398+100~K407+300	郭天龙
94		北京华通公路桥梁监理咨询公司	监理9合同 K407+300~K415+400	郭天龙
95		北京华通公路桥梁监理咨询公司	监理10合同 K415+400~K419+124.93	郭天龙
96		重庆育才工程咨询监理有限公司	监理11合同 K419+900~K431+300	郭天龙
97		重庆育才工程咨询监理有限公司	监理12合同 K431+300~K436+159.85	郭天龙
98		四川二淮国际工程咨询有限责任公司	监理13-1合同 K436+159.85~K438+179.8上行线、K436+159.85~K438+162.2下行线	郭天龙
99		四川二淮国际工程咨询有限责任公司	监理13-2合同 K439+738~K438+179.8上行线、K439+738~K438+162.2下行线	郭天龙
100		北京中通公路桥梁工程咨询发展有限公司	监理14合同 K439+710~K445+769.77上行线、K439+738~K445+769.77下行线	郭天龙
101		山西省交通建设工程监理总公司	监理15合同 K446+300~K454+400	郭天龙
102		云南公路建设监理公司	监理16合同 K454+400~K456+700	郭天龙
103		铁二院工程建设监理公司	监理17合同 K456+700~K463+700	郭天龙
104		云通监理咨询有限公司	监理18合同 K463+700~K471+000	郭天龙

续上表

序号	参建单位	单位名称	合同段编号及起止桩号	主要负责人
105	监理单位	中国对外建设总公司东方工程分公司	监理19合同 K471+000~K478+500	郭天龙
106		长沙交院华南交通工程监理公司	监理20合同 K478+499.64~K485+533.73	郭天龙
107		中国对外建设总公司东方工程分公司	监理21合同 K485+550~K491+800	郭天龙
108		云南云通监理咨询有限公司	监理22合同 K491+800~K499+100	郭天龙
109		云南公路建设监理公司	监理23合同 K499+100~K507+100	郭天龙
110		云南公路建设监理公司	监理24合同 K507+100~K513+200	郭天龙
111		云南省公路工程监理咨询公司	监理25合同 K347+600~K370+600	郭天龙
112		长沙交院华南交通工程监理公司	监理26合同 K370+600~K395+600	郭天龙
113		四川二淮国际工程咨询有限责任公司	监理27合同 K382+088~K512+765	郭天龙
114		云南公路建设监理公司	监理28合同 K397+735~K419+124.934	郭天龙
115		重庆育才监理咨询有限公司	监理29合同	郭天龙
116		北京华通公路桥梁监理公司	监理30合同 K439+710~K456+700	郭天龙
117		铁二院监理咨询公司	监理31合同 K456+700~K485+533.73	郭天龙
118		云南公路建设监理公司	监理32合同 K485+500~K513+200	郭天龙
119		云南省公路工程监理咨询公司	监理33合同 K347+500~K511+280	郭天龙
120		云南交通基建工程监理有限公司	监理34合同	郭天龙
121	设计咨询单位			

(四)建设情况

大保高速公路所处位置为横断山脉中段,跨越澜沧江、怒江两大水系间的崇山峻岭,山高谷深,地形地质十分复杂,古滑坡和古滑坡群遍布,V字形峡谷和W形地貌的滇西红层、27条断层带贯穿整条道路,工程十分艰巨。

为实现探索出一套先进的高速公路管理经验,创造一批科技成果,培养一批技术和管理人才,实现"创全优、控投资、积经验、出成果、育人才、奠基础"的建设目的,大保高速公路建设指挥部提出了"严谨、务实、高效、廉洁、全优"的十字大保精神,全力攻克V形狭谷和滇西红层的难题,并采取多种方式抓好工程期间的工程质量、工期,有效控制投资。

1. V形峡谷辟坦途

大保高速公路不少路段布设于V字形峡谷内。其中最为典型的是一至三合同段。

由云南省路桥一公司施工的一合同段位于漾濞江河谷内。两岸地势陡峻,布满了悬崖峭壁。地势稍微平坦的右岸是车水马龙的老320国道，即昔日的滇缅公路。大保高速公路别无选择，只能从左岸的峭壁上通过。6.1km的路段内，土石方开挖量近300万m^3，而且大部分为石方，用作路基填方的仅27万m^3，近270万m^3必须运走。项目部克服了一个个难题，硬是在悬崖绝壁之上凿出了一条高标准的高速公路。

施工场地狭窄，根本无法修筑施工便道，一公司项目部设法投入780万元，在320国道与工地之间的漾濞江上架起了5座贝雷架钢架桥，确保了工程的及时开工。

承担大保高速公路第一座大桥施工的一公司桥二分公司在一无施工场地、二无便道运送物资的情况下，通过溜索运输，率先架通了全线第一座大桥。

一公司施工路段隔河有个新兴加油站。5个大油罐并排安放在漾濞江边，过了江就是工地。这是一段石方工程，设计开挖量约有17万m^3，施工现场离油罐也就约40m。加油站急需搬迁。大保高速公路动工后，行车量猛增，加油站的生意也日渐红火，多次协商，经营者都不愿搬迁，但工期不等人。一公司项目部毅然决定采用深眼密布小药量控制爆破，爆破形成平台后又改用锥破锤头震动破碎的方法，将岩体切割、分解，最后形成路基。加油站负责人见对面的悬崖上出现了一条宽宽的公路，而自己的加油站片瓦未损，惊奇地对一公司的施工人员说："真没有想到，动静都没有，你们的路就修出来了。"

难点不止新兴加油站一处。在坦底么村附近，公路边坡顶部离坦底么村仅四五十米，村民们曾担心施工放炮震坏自己的房屋，不准施工。一公司项目部特意到一家工厂定做了特制的雷管，并向村民许诺如因施工使房屋受到损坏，承担损失费用。精准的控制爆破既确保了施工，也确保了坦底么村的安全。

大保高速公路顺漾濞江左岸前行，到了漾濞江与顺濞河会合的岔河时，由于地形限制只得跨过顺濞河，沿顺濞河右岸，与320国道平行布线，然后再回到顺濞河左岸。有的路段甚至要将320国道改线，将原有的320国道作为大保高速公路的路基。要施工，滇西的经济大动脉320国道必须畅通。这一难题摆到了承担第二合同施工任务的云南省路桥四公司的面前。四公司项目指挥部组织强有力的现场保通小组，及时指挥疏导车辆，做到了施工和保通两不误。

中铁十二局集团公司承建的第三合同段有4.8km路段挡墙紧靠顺濞河河岸，属浸水挡墙。砌挡墙先得打基坑，而打基坑要受河水的制约。面对困难，中铁十二局项目部开展"建党员先锋岗，创红旗责任区"活动，党员带头，攻下了一道道难关。有段工地原设计为一座中桥，由于场地狭窄，优化设计为路基。140m路基有4万m^3借土回填、1.2万m^3浆砌施工。这段工程刚好是项目副经理卫宪法的"工程责任区"。他每天坚守工地12小时以上，有时甚至通宵坚守在工地，困了睡个囫囵觉，饿了吃碗方便面。在他的指挥下，34台大泵抽水机不停运转，作业人员分为4个小组轮番鏖战，3台挖机、24台翻斗车不停地拉运弃土和材料，终于提前完成路基施工任务。第六项目部经理刘均铭的"责任区"离驻地仅 200m,为抢下基础挡墙,他曾两天一夜未回驻地,一直坚守在工地上。经过建设者们的顽强拼搏,公路挡墙蜿蜒似长龙,江水,驯服地沿着河道流淌,一切都显得自然、平常。然而,在这平常的背后,却有公路建设者们付出的无数艰辛。

2. 滇西红层攻难克险

在大保高速公路,从指挥部到施工单位,人们谈得最多的一个话题就是滇西红层。滇西红层指的是侏罗纪白垩纪的陆相碎屑沉积岩,以紫色、紫灰、褐红色为主,岩体完整性极差。

大保高速公路建设者们真正认识滇西红层是 2000 年 10 月。此前,这条动工于 1998 年 11 月 28 日的高速公路大部分路基已基本成形,边坡已开始防护,有的还植上草。不料,连续暴雨造成大量山体滑坡,成段成段的路基被毁,较大的病害工程就有 76 处。处理这些病害工程成了大保公路的一场攻坚战。

由云南公路桥梁工程总公司施工的第八合同段是病害比较严重的一个合同段。在公主岭梁子,公路路基基本成形后,整个山体往下滑,大滑坡形成的裂缝有四五十厘米宽,深不见底。处治的方法是在路基上下方分别打 16、17 根抗滑桩将山体固定,然后在两排抗滑桩之间填筑路基。抗滑桩最大的一根口径为 $3m \times 3.5m$,深达 42.5m,混凝土体积达 $446.25m^3$。打这样的抗滑桩最难的是挖孔。由于土质松软,挖孔时极易形成坍塌。一般情况下,挖孔时只需 15~20cm 的混凝土护壁,公主岭抗滑桩护壁混凝土的厚度不得不增至 30cm。桩孔挖好后,放进孔内的钢筋骨架就足有 50t 重。有的施工人员开玩笑说,公主岭梁子一根抗滑桩耗用的钢筋、水泥,足够建盖一栋小别墅。这段不足 200m 的公路,打下的抗滑桩就有 33 根。

云南省路桥二公司施工的六合同段长 7.9km,是典型的滇西红层区。施工挖出的大石块,见了太阳就一层层剥落,一两个月内便全部散掉。施工人员将滇西红层的土粒比做"老仓米",松散、无黏性,高边坡要坍,一两米高的边坡要坍,甚至施工便道也要坍。二公司施工的边坡没有一个不坍塌的,有的边坡先后"刷"了 3 次,坡度由设计的 1:1.25 放缓到 1:1.5,再放缓到 1:1.75。

云南省路桥二公司干部职工最刻骨铭心的是古富村附近的一个大明槽。明槽长 200m 左右,前后都是大桥,挖方 3 万 m^3,填方 4.3 万 m^3。2000 年雨季前,路基工程已基本完成,大家只想把工程再做得美观一些,为二公司露露脸。不曾想,雨季开始了,开挖好的边坡一点点往外滑,干部职工沉默了。负责这段路基施工任务的二公司三处党员带头,实行三班倒,对滑坡进行减载,希望制止住滑坡,但他们的努力丝毫不起作用。边坡上,1.5~2m 宽的裂缝深达五六米,而且一直延伸到山后。大保公路指挥部邀请钻探队进行勘探,这个明槽刚好处在古滑坡堆积带上,一般的处治措施难以奏效。经论证,边坡上设置 44 列锚碇板,从锚碇板上再打进 90 束深 28~30m 的预应力锚索,下部设置 18 根抗滑桩,将山体牢牢固定。为抗滑桩打孔的情景就像农村打井,约590m^3混凝土全部靠人工一趟一趟背上去的,绕路上山一个来回要走560m。

要说难,还有比六合同更难的。在第三合同段,水电十四局承担施工任务的路段上,有一个垂直高度达230m的高边坡。它比玉元公路上被称为云南第一高边坡的骆子箐边坡整整高出了80多米。

对公路建设而言,边坡高并不是好事。大保高速公路除采用隧道工程外,在漾濞江和顺濞河沿线,采用半边桥半边路的结构、改变河道在原河道内支砌挡墙等方法,避免了一些高边坡。三合同段的高边坡纯属不得已而为之。

这个大边坡刚好处在古滑坡体上,而且共有3个滑体,这给边坡的治理带来了很大难度。边坡治理共分8台进行。治理办法有抗滑桩、锚索、格子梁、锚碇板、肋梁、锚杆等。其中,锚碇板7排、肋梁4排、抗滑桩3排。抗滑桩、锚碇板等与预应力锚索相连,将边坡牢牢固定。这个大边坡,肋梁、格子梁、锚索等的施工,钻孔深度达1.5万m,混凝土的用量达3000m^3,30m长的锚索,20多名民工排成长蛇阵,沿着近400m长的便道,一根一根地艰难抬上山。水泥用人背马驮,一个上午也就能运上两三趟。

3. 多措并举抓管理

(1) 健全制度　规范管理

要建一流的工程,先得有一流的管理。指挥长陈跃用"系统性、超前性、及时性、科学性"来概括大保公路的建设管理。指挥部在项目前期招标时就考虑到了工程竣工时的相关工作,围绕"质量、安全、进度、环保、投资、保通"六大控制目标,本着"统筹规划、全面安排、分步实施、分解落实、责任到人"的建设管理原则进行管理,结合实际制定了《工程质量管理实施办法》《工程进度管理实施办法》《廉政建设十条规定》等30多个重要管理实施办法,并将其归纳为《云南大保高速公路建设"11511"管理精要》,形成了规范化、程序化、制度化的管理,使工程的质量、进度、投资处于有效的控制之中。指挥部还编制出《云南大保高速公路建设项目计划管理甘特图》,明确了项目从开工到竣工各个环节的工作重点、目标、工期和责任部门,每做一件事都有相应的程序,使整个工作井然有序,有条不紊。陈跃将其称为用制度管项目、管人、管工期、管质量。他举例说,对施工单位的计量支付要经过13道关,拨付又要经过7道关,严密使管理规范。

所谓"超前",就是工程动工时就考虑到施工过程甚至竣工时的工作。大保公路有两个成功的例子:一是工程动工之初便把将来实施管理的有关设施乃至昆瑞公路全线的网络平台一起统筹考虑;二是在土建阶段便想到将来的路面施工、碎石的提前准备。

所谓"及时",就是计量支付及时,处理问题及时。大保公路施工中有17段、52个点与320国道交叉,施工与保通的矛盾十分突出。遇到紧急情况,指挥部一班人不分白天黑夜,哪里有问题就出现在哪里。这种雷厉风行的作风,确保了大保高速公路施工与320国道正常通行两不误。

所谓"科学",就是实施计算机网络管理。指挥部与各分指挥部、财务、计量、设计变更等全部形成网络,使整个工程处于电子化科学管理之中。

(2)严格要求　狠抓质量

由于施工难度大,地质十分复杂且灾害多,桥梁、隧道多,众多的高边坡施工、桥梁高空作业,工期控制是难点,工程质量管理也是难点。为此,指挥部从始至终贯彻着"以质量为核心,严格要求"的管理原则,主要从以下几个方面来加强工程质量控制:

①建立健全工程质量保证体系。实行指挥长负责制,推行总监理工程师负责制。云南省交通厅质量监督站定期、不定期地组织质量大检查;三个现场指挥部设立质量稽查科,实行现场巡回稽查;按照三级监理体系,在各施工合同段设立驻地监理办公室,对施工全过程进行监理;各施工单位分别设质检科及工地试验室。由此,构成一套周密完整的"政府监督、建设单位稽查、社会监理、施工企业自检"的质量保证体系。

②制定项目技术规范。依照交通部《公路工程技术标准》《公路工程质量检验评定标准》等标准、规范,借鉴其他项目管理经验,结合大保高速公路实际,制定了《云南大保高速公路技术规范》,把各分项工程的质量标准划分为基本要求、实测项目、外观鉴定和质量保证资料几个部分。

③扎实开展公路建设质量年活动,强化质量意识,提高业务素质和责任心。通过开展活动,建设者增强了使命感、责任感和紧迫感,从思想上认识到质量重于泰山。思想认识到位后,着力于人员素质的提高。施工单位根据施工进程分阶段由项目总工亲自给全体施工人员授课,进行技术交底,讲解施工难点。驻地监理根据工程特点和专业分工,开展施工监理知识讲座。现场指挥部根据各阶段目标任务,定期组织全体管理人员集中讨论,分析难点及管理中的薄弱环节,提示重点。同时,及时组织技术干部参加全国监理工程师培训,系统学习"三监控两管理一协调"知识。通过培训和讲座、走出去、请进来等措施,全面提高了全体参建人员的整体业务素质。

④坚定不移地贯彻云南省交通厅"以路面平整度为龙头,以路基压实度为重点,抓死内在质量,保证外观质量,消灭质量通病,使质量工程再上一个新台阶"的质量工作方针,落实具体措施。坚持对质量事故原因不查明不放过、责任不分清不放过、责任人不处理不放过"三不放过"原则。

⑤编制完善的施工监理实施办法。《云南大保高速公路施工监理实施办法》全面系统地对监理工作进行了规范,从对监理工作的总体要求到各级监理机构的职责划分,从施工准备到工程竣工全过程,从各种制度到具体措施,从大纲到细则,使监理工作做到法制化、标准化、规范化、程序化,加强了建设项目质量管理。

⑥加强试验、检测,严把材料质量关。为确保各种工程材料质量,指挥部建立了中心

实验室,在三个现场指挥部建立了工地试验室,各合同段驻地办配备了常规试验设备,各施工单位项目经理部建立了工地试验站,形成了覆盖全线的试验网络,对工程材料、施工工艺进行抽检验收。

⑦认真编制和审查施工方案。施工单位、监理单位对所有施工方案结合工程实际,从技术、组织管理和经济等方面进行全面分析,综合考虑,确保施工方案在技术上可行、在经济上合理,落实组织保障措施。

⑧加强勘察与测量。大保高速公路跨越多个不同地质区域,尤其是横穿滇西红层,地质情况复杂多变,且工程集隧道、桥梁、高填深挖于一体,为使建成后的工程安全、可靠,建设期间加强了控制:在设计地质勘察的基础上,加大投入进行了地质补勘;在隧道工程中委托有资质的单位进行地质超前预报;在大桥工程上委托科研部门专门进行监控量测。施工单位也采取了施工监控措施,对所有桥梁机桩进行无损检测判定质量;建立桥梁、特殊构筑物施工观测网络;对软土地基处治工程,设置观测点,定期进行观测等。

⑨强化现场监理。为控制现场施工质量,驻地监理在每个分项工程开工前要认真审查后经监理工程师复验同意才能进行后续工序。坚持现场巡查,重点工序实行全过程旁站,发现施工质量问题及时解决。

⑩实行现场稽查。在三个现场指挥部设立工程质量科,配备稽查车随时在工地现场巡回稽查,发现质量问题从重处罚。

此外,实施质量隐患有奖举报也是指挥部加强质量管理的一项重要措施。指挥部严格遵循《云南大保高速公路质量隐患举报有奖实施管理办法》规定,凡对大保高速公路工程质量隐患给予举报经监督人员、质量稽查人员查证、核实的,给予举报人100～1000元的奖励,为举报者保密。经举报人举报的质量隐患经处理后,追加举报人工程返工费的千分之一给予奖励。

实施质量隐患有奖举报,将公路建设置于社会的监督之下,对工程质量的提高起到了积极的促进作用。一天,在八至十合同段承担监理任务的云南公路建设监理公司监理组接到举报电话,一辆东风车可能将从锡厂河运来的沙子运进了八合同施工地段。锡厂河的沙子由于在锡矿附近,受到锡矿选矿废水的腐蚀,强度很差,用当地农民的话说,砌猪圈都不敢用。这样的沙子一旦用到了工程上,那将后患无穷。因此,锡厂河的沙子是大保高速公路指挥部明令禁止采用的材料。接到电话后,监理组所有监理人员立即查找这车可能运进工地的不合格沙子。监理人员对锡厂河沙子的特性都比较了解。这种沙子表面看颗粒均匀,但有一种类似臭鸡蛋的味道。他们走遍工地,将几乎所有的沙子都查遍,才在马道子隧道口找到了这车沙子,当即用装载机将其洒铺在施工便道上。原来,这车沙子是一名私家车驾驶员私自运入工地的。他原想将这车沙在工地卖个好价钱,到了工地,见无机可乘,便悄悄将沙子倒在工地溜走了。

大保高速公路实施质量隐患有奖举报,还引来了一位"王海"式的打假专业户。这是一位来自滇东北镇雄县的农村外出务工人员。他看到有奖举报的告示后很动心,举报质量隐患,搞得好一次就可以得到1000元奖金,这比施工可强多了。他找到永平指挥部指挥长许斌全,明确表示:"我别的不干了,专门到工地找问题去。"

这位打假专业户开始到工地"横挑鼻子竖挑眼",不曾想还真让他挑出了毛病。一天,他来到永平指挥部,反映工地上有一段挡墙打了"补丁"。稽查科很快前往调查,确有其事。由于施工放样不准,这段挡墙基础打好后出现了偏差,施工人员只好在基础外打了一个三四十厘米厚的"补丁",而且挡墙已经砌了1m多高。情况查实后,施工单位被罚款1万元,并责令对这段挡墙进行返工,监理受到了批评教育,举报人得到了1000元的奖励。

初战"告捷",这位打假专业户劲头更足了。质量稽查科的人天天到工地稽查,他也天天到工地检查。后来,他又反映某段工地挡墙用了风化石,某段挡墙有空洞。经稽查人员核实,与实际情况有出入,给他作了解释,同样给予适当奖励。后来,他实在发现不了什么大的质量问题,就悄悄回镇雄老家去了。

打假专业户回家,从一个侧面反映了大保公路质量管理的成效。但从指挥部到施工单位,大家依然十分谨慎,不敢有丝毫松懈。指挥长陈跃说:"工程质量好不好,公路通车两年后才能说。要经得起实际检验,让老百姓来评说"。大保公路质量工作有不少可借鉴的经验,但最为可贵的就是这种务实的精神。

(3)尽职尽责　严控投资

陈跃常用这样一句话提醒同事和部下:"苦钱犹如针挑土,花钱好比水推沙。"他说,"70.4亿元的工程投资是云南人民节衣缩食省下来的血汗钱,一旦造成失误,即使把头砍下来,也无法挽回给国家和人民造成的损失。唯一的选择就是优质、高效地建好工程。"

公路工程没有重复性,这条路与那条路不可能完全相同,因此,就没有可比性。一个概算为55亿元的工程项目,张三管理花52亿元,李四管理花54亿元,都在概算范围内,好像都是合理的,但对国家来说,李四管理无形中就多花了2亿,增大了投资成本。陈跃随时用这个例子告诫自己,一定要凭良心、凭党性,尽职尽责,花好国家的每一分钱。

①制定优化设计管理办法,鼓励参建各方技术人员及有识之士积极进行优化设计,自开工至今,全线共产生优化设计8项,累积节约投资近1000万元。

②严格审查设计变更,制定"变更设计管理实施办法"。

③切实做好工程计量管理工作,使工程计量及投资控制规范化、程序化,做到工程计量真实、准确。

④科学确定技术方案及工程处治措施,做到该花的钱花到位,不该开支的一分也不多花,应用新工艺、新技术、新材料,在确保质量的前提下节约工程成本。

⑤加强资金管理,使工程建设资金管理民主化、科学化、制度化、程序化和规范化,降低资金使用成本。

⑥完善固定资产管理办法,使有限的建设资金最大限度地应用于工程建设。

⑦加强物资供应管理,降低物资供应周转、流通成本。

(4)强化意识　确保安全

①建立安全生产责任制,狠抓责任落实。指挥部始终贯彻"生产必须安全"的方针,把强化安全意识,落实安全责任制当作头等大事来抓,坚持六大控制并举,质量、安全并重的指导思想。成立安全生产管理委员会,建立"劳动安全奖励基金",开展安全生产教育,推行"人人管安全"的全员安全生产管理机制。

②制定《安全生产考核奖惩办法》和《安全生产管理规定》《安全生产操作规程》,对全体建设者进行安全生产知识培训。一月进行一次安全生产检查,把安全隐患消灭在萌芽状态。

③定期召开安全生产会议,检查通报安全生产情况,狠抓督办落实。

④成立项目建设治安维护办公室,在社会治安管理方面发挥积极作用。

⑤加大安全生产投入,全线仅安全生产措施费就投入1807.8万元。

(5)落实责任　注重环保

大保高速公路弃方多,平均每公里弃方达16.88万 m^3,有40km 路段又是沿江河、水库边布线,环境保护和水土保持成了第六个难点。跨越白庙书库如图17-63所示。

图17-63　跨越白庙水库

①制定《工程建设环境保护管理办法》,实行"一保一处罚""二挂钩"的奖惩措施,即"保证环境保护、奖励对环境保护开展好的施工单位,处罚破坏环境的施工单位",对指挥部和施工单位环保组织机构主要负责人实行奖惩挂钩。

②建立组织机构,落实环保责任。指挥部、各施工单位项目部分别成立环保领导小组,各级指挥长、项目经理亲自任组长,下设办公室,设专人进行管理、落实。

③措施具体、奖罚分明。为使环保工作真正落到实处,指挥部制订了一系列管理制度与措施。首先,逐级签订责任书,层层落实责任;其次,用经济手段管理环保;第三,对责任人采取对等奖罚措施,促使各级环保组织在工程建设中加强管理;第四,工程现场处治措施具体,施工中的每项作业都有具体的环保措施。

(6)多措并举　着力保通

大保高速公路开工后,近50km的施工路段与320国道相互干扰,昼夜车流量从原来的3000辆增至20000辆。320国道和施工进场道路的保通也成了一大难点。为此,指挥部采取了一系列措施,既使施工得以顺利进行,同时又保证了320运输线的正常进行。建设期间,无论是施工高峰期还是雨季,均未发生过大的阻车事件。

①设立专职保通机构。根据工程施工与运输保通矛盾突出的特点,指挥部设立了保通处,专门协调管理保通工作。

②制订具体的保通措施。凡是与320国道干扰的路段,开工前必须制订相应的保通措施并认真落实到现场。

③现场指挥部、施工单位建立保通协管队伍,统一培训协管人员,与交警部门密切配合,加强统一协调管理。

④重点值守。对于重点保通路段,施工期间(特别是雨季)安排专人值守,现场指挥部及各施工单位建立雨季保通值班制度。

(五)科技创新

结合工程实际,指挥部组织专家和工程技术人员开展了"云南高原山区滇西红层地质与桥梁桩基承载力影响的因素综合研究",推广运用新技术、新工艺、新材料和新结构,攻克了滇西红层软弱地基给施工带来的道道难题。一道道巍峨的挡墙、桩板墙,加上一根根巨型锚杆、抗滑桩,将极易滑坍的滇西红层牢牢锁住,使高速公路在横断山中蜿蜒西行。

在沥青路面施工中,大保高速公路成功推广运用了硅藻土改性沥青混凝土,使硅藻土这一云南特有的地产资源在高速公路建设中派上了大用场。

大保高速公路在全国首开12座隧道集中监控的先河,大大降低了建设的运营成本;水泥稳定层一次成型作业,桥墩(柱)推广使用了滑模施工工艺,大保高速公路建设管理多媒体系统和大保高速公路合同管理及投资控制系统软件的开发,也大大提高了工程的科技含量。

八、保龙高速公路——怒水天堑变通途

保山至龙陵高速公路位于云南省西部保山市境内,是国家高速公路网规划中G56杭州至瑞丽高速公路的一段,国道主干线GZ65上海至瑞丽公路云南境内的一段;是云

南省"三纵三横,以昆明为中心对外9个通道"公路网的重要组成部分,是云南省"十五"公路建设的重点工程之一,也是保山市规划的"三纵三横,三大通道"地方公路网的主轴线。保龙高速公路的建成,对贯通国道主干线公路,逐步完成以国道为主骨架的路网系统,促进云南经济全方位发展具有十分重要的意义。保山—龙陵高速公路位置示意如图17-64所示。

图17-64　保山—龙陵高速公路位置示意图

项目路线纵断形成一个典型的V字,从起点至潞江坝段一路下坡,从潞江坝至止点段一路上坡,最长上坡达30.9km。沿线地质条件较差,地理环境也非常艰苦。沿线气候条件对公路建设影响严重。

保龙高速公路跨越怒江峡谷,怒水天堑变通途。

(一)项目特点

保龙高速公路全线均处于怒江大峡谷中,先下至谷底,再上到山梁上,沿峡谷呈横V字形。这样一来,其特殊性就凸现出来了:一是坡降大,30.9km连续降坡需克服1261m的高差。二是怒江大峡谷为高烈度地震区,公路需穿越31条断层、48处滑坡、7处岩崩、8处岩溶塌陷,据省地质环境专业部门评估,地质灾害中等以上的路线长43km,占全路线总长56.38%。三是怒江两岸侵蚀严重,沟谷纵横,桥梁隧道多,占全线总长的49.3%。马家寨隧道(单洞长2830m)、镇保隧道(单洞长2890m)和怒江特大桥(2208m)成为全线的重点控制性工程。上述三点决定了第四点进场艰难,指挥部为施工单位修的四级弹石进场道路就达62km,总投资3100多万元。有些地方连施工进场道路都无法修建。五是环境恶劣、工程艰巨。由于受技术标准限制,有些路段不得不走悬崖绝壁,有的路段不得不在地质不良地段、滑坡地段上过;施工队伍住的是吊脚楼,走的是绝壁羊肠道,吃的是露天风雨餐;钢筋混凝土结构物多,地形狭窄,没有堆料场、预制场;钢筋用人抬,水泥用马驮,碎石用槽梭。

(二)相关背景

保龙高速公路的前身是被人们称为"西南丝绸之路"的古道。一条路开辟了两千多年,也行走了两千多年。两千多年中,有马铃声声笙歌曼舞,也有血雨腥风鬼哭狼嚎。在抗日战争时期,举全滇之力突击修建了滇缅公路,现代交通取代了古道连通了世界。可惜好景不长,公路切断与否并不重要,重要的是,这条穿越于横断山脉的公路在此后数十年间并没有成为人们希望的大动脉,从昆明向西南,仍然是遥远的险途。尤其是从保山到龙陵一段,直上直下怒江峡谷,对过往的车辆和人员来说,都是惊魂之旅(图17-65)。为了改善路况,20世纪90年代,一条新修的公路绕开了壁立的松山,蜿蜒于高黎贡山的纵横沟壑中。可惜这条路出现得晚了一些,通车没有几年,前面的德宏州境内,高等级公路已经修通,背后的昆明,一条高速公路也逶迤而来到了保山,怒江峡谷的这一段,自然而然成为一段绕不开的遗憾。

图17-65　地势险要,施工物资只能用马帮驮运

保龙高速公路何时动工修建?公路两端的保山和德宏盼望了多少年?其实保龙高速公路的前期准备工作一直没有停过,在经历了反复的论证之后,2004年10月28日,终于迎来保龙高速公路施工进场动员大会的召开,标志着跨越怒江大峡谷的公路建设正式开始。

(三) 项目概况

保龙高速公路起于保山市隆阳区大官市附近,经冷水箐、杨三寨、马家寨、登高、新城、镇保、小田坝,止于保山市龙陵县龙山卡新田垭口附近,与龙陵至瑞丽高速公路起点K589+200相接。设计全长76.34078km。其中,保山市隆阳区境内长57.14078km、龙陵县境内长19.2km。

项目主线设计速度为60km/h,路基宽度为22.5m;桥涵设计车辆荷载为汽车—超20级,挂车—120。设计交通量为2026年远景交通量为32147辆/昼夜。K513+200～K570+700抗震设防烈度为8度,设计基本地震加速度值为0.20g;K570+700～K589+200抗震设防烈度为Ⅷ度,设计基本地震加速度值为0.30g。

主要工程数量为:路基土石方1896万m^3,路面底基层1007720m^2,路面基层1013875m^2,路面面层1363476m^2,防护工程854631m^3;桥梁235座(单幅),其中特大桥9149.75m/13(座)、大桥35977.15m/156(座)、中桥4277.05m/60(座)、小桥155.24m/6(座),桥梁桩基4108棵,桥梁梁板7089片;涵洞、通道203道;隧道17884.88延米(单幅)/26处;互通式立交3处;联络线3条共计19.82km。全线设收费站3个、综合服务区1个、隧道管理所1个以及波形梁钢护栏、标线、隔离栅、防眩板、轮廓标、单双跨门架标志及其他交通标志,全程监控、通信系统和隧道监控、照明、消防系统以及边坡防护、绿化、交通安全设施系统。

保龙高速公路批准概预算为554431万元。其中,建筑安装工程费455144万元,其他费用99287万元。资金来源:亚行贷款2.5亿美元,法国开发署贷款0.35欧元,国家专项基金84100万元,云南省重点公路建设资金88400万元,其余为云南省自筹解决(包括利用国内银行贷款)。

项目的主要构造物为桥梁、分离式隧道、连拱隧道等。

项目于2004年12月27日经交通部批准开工建设,2008年4月30日,大官市到潞江坝立交段建成通车,同年9月8日,全线建成通车。

(四) 前期决策

2003年7月,保龙高速公路工程可行性研究获得国家发改委批复;2004年6月,项目初步设计获得交通部批复;2004年7月,施工图设计获云南省交通厅批复;2004年12月27日,交通部批准项目开工,工程进入全面实施阶段。

(五) 参建单位

1999年,国家计委将保龙高速公路列入亚行贷款项目计划;2003年3月,根据云南省交通厅《关于组建云南保龙高速公路有限公司的通知》(云交人〔2003〕161号)、《关于组建云南保龙高速公路建设指挥部的通知》(云交人〔2003〕162号),成立了云南保龙高速公路建设指挥部,彭赛恒任指挥长,负责项目的建设管理工作。

所有招标项目均按照国家有关规定和法定程序进行,并实现了招标零举报。

2003年6月~9月,项目完成了勘察设计招标工作,初步设计、施工图设计中标单位为云南省公路规划勘察设计院。

2004年12月9日,项目完成了14个合同段的土建施工招标工作,云南阳光道桥股份公司等14家单位中标。

2004年2月~11月,完成8个标段的施工监理招标工作,云南公路工程监理咨询公司等5家单位中标。

2007年1月,完成路面施工招标工作,云南路建集团股份公司和云南路桥股份有限公司中标。

2006年4月~2007年7月,完成3个绿化合同段、2个沿线设施合同段、2个交通安全设施合同段的工程施工招标工作。

2007年3月,完成路面施工材料沥青、水泥招标工作。

2007年9月,完成监控、收费、通信三大系统和风机国际招标工作,北京诚达交通科技有限公司、浙江金盾风机风冷设备有限公司分别中标。

此外,指挥部还组织完成了国际咨询服务招标、养护设备招标等招标工作。

为实现项目质量、投资、工期三大控制目标,指挥部按照相关建设法规和云南省交通厅的有关规定,先后制定了17个内部管理办法、27个项目管理办法和各种规章制度,作为进行项目建设管理的重要依据;先后共签订各种合同(协议)105份,所有合作单位均能认真履行合同,施工、监理单位主要人员进场调整都得到指挥部的审查批准,没有发生重大违约行为;项目实行总监理工程师负责的工程监理体系,8个驻地办的监理人员234人,指挥部采取监理业务素质测评、监理日志考评等13项措施强化监理工作。

保龙高速公路项目参建单位见表17-22。

保龙高速公路项目参建单位表　　　　表17-22

序号	参建单位	单位名称	合同段编号及起止桩号	主要负责人
1	项目管理单位	云南保龙高速公路建设指挥部	K513+200~K589+200	彭赛恒
2	勘察设计单位	云南省公路规划勘察设计院	K513+200~K589+200	

续上表

序号	参建单位	单位名称	合同段编号及起止桩号	主要负责人
3	施工单位	云南阳光道桥股份有限公司	土建一合同 K513+200～K520+360	李事明 魏兴尚
4		云南第三公路桥梁工程有限公司	土建二合同 K520+360～K529+300	匡松岳
5		中铁二十局集团第二工程有限公司	土建三合同 K529+300～K533+705.22	王世勇 王喜民
6		中国云南路桥建设集团股份有限公司	土建四合同 K533+705.22～K539+940	肖国新 马吾俊
7		中铁十二局集团限公司	土建五合同 K539+940～K543+500	胡曙峰 张伟民
8		云南云桥建设股份有限公司	土建六合同 K543+500～K550+600	林梅雄 夏佳仁
9		中铁十五局集团有限公司	土建七合同 K550+600～559+158.13	杜胜禄 金子星
10		云南第二公路桥梁工程有限公司	土建八合同 K559+158.13～K563+940	魏思祥 袁绍权
11		中铁隧道集团有限公司	土建九合同 K563+940～K568+000	郑之凯 秦玉富
12		中港第二航务工程局	土建十合同 K568+000～K571+650.99	邱祥建 邱祥建
13		中铁十九局集团第三工程有限公司	土建十一合同 K571+650.99～K575+800	刘 智 王 寿
14		贵州省桥梁工程总公司	土建十二合同 K575+800～K578+590	沈长春
15		云南第一公路桥梁工程有限公司	土建十三合同 K578+590～K584+311.21	张东清 刘光顺
16		西南交通建设工程总公司	土建十四合同 K584+311.21～K589+200	谢长实 杨许波
17		中国云南路桥建设集团股份有限公司	路面一合同 K513+200～K550+600	肖国新 秦 川
18		云南路桥股份有限公司	路面二合同 K550+600～K589+200	杨光映 王树元
19		云南省第二建筑工程公司	沿线设施一合同 K513+200～K550+600	赵鸿林 张留金

第十七章 国家高速公路

续上表

序号	参建单位	单 位 名 称	合同段编号及起止桩号	主要负责人
20	施工单位	云南省第四建筑工程公司	沿线设施二合同 K550+600~K589+200	王采峰 王自忠
21		云南长江现代交通设施有限公司	交通工程一合同 K513+200~K550+600	何 昕 灿 斌
22		四川金城栅栏工程有限公司	交通工程二合同 K550+600~K589+200	王爱民 付育全
23		北京诚达交通科技有限公司	机电一合同 K513+200~K589+200	刘国法 刘子明
24		上海电气科学研究所	机电二合同 K513+200~K589+200	腾广汉
25		中铁十三局集团电务工程有限公司	机电三合同 K513+200~K589+200	陈丕刚 耿殿富
26		陕西高速交通工贸有限公司	机电四合同 K513+200~K589+200	彭吉微 陈伟英
27		云南银塔电力工程有限公司	机电五合同 K513+200~K589+200	郑大陆 梁辊初
28		云南省火电建设公司	机电六合同 K513+200~K589+200	黄文强 梁 韬
29		深圳捷星工程实业有限公司	机电七合同 K513+200~K589+200	秦向东 李寿昆
30		北京路安交通科技发展有限公司	机电九合同 K513+200~K589+200	刘彦岗 王爱明
31	监理单位	云南省公路工程监理咨询公司	监理一合同 K513+200~K529+300	陈 建
32		云南省公路工程监理咨询公司	监理二合同 K529+300~K533+705.22	陈 建
33		云南云路工程监理咨询有限公司	监理三合同 K533+705.22~K543+500	陈 建
34		云南云路工程监理咨询有限公司	监理四合同 K543+500~K550+600	陈 建
35		铁二院咨询监理公司	监理五合同 K550+600~K563+940	陈 建
36		重庆育才工程咨询监理有限公司	监理六合同 K563+940~K571+650.99	陈 建
37		铁二院监理咨询公司	监理七合同 K571+650.99~K578+590	陈 建
38		云南交通基建工程监理咨询公司	监理八合同 K578+590~K589+200	陈 建
39		云南省公路工程监理咨询公司	路面监理一合同 K513+200~K550+600	陈 建
40		云南云路工程监理咨询有限公司	路面监理二合同 K550+600~K589+200	陈 建

续上表

序号	参建单位	单位名称	合同段编号及起止桩号	主要负责人
41	监理单位	云南交通基建工程监理咨询公司	沿线设施监理合同 K513+200~K589+200	陈 建
42		云南云路工程监理咨询有限公司	交通工程监理合同 K513+200~K589+200	陈 建
43		北京兴通交通工程监理咨询有限公司	机电监理合同 K513+200~K589+200	陈 建
44	设计咨询单位			

(六)建设情况

1. 项目筹备

2004年8月12日,保山市人民政府分别与云南省发改委、国土资源厅、林业厅、交通厅签订了《云南保龙高速公路征地拆迁及施工环境保障责任书》。责任书明确:由保山市人民政府负责组织国土等相关部门和沿线政府按程序组织实施,征地拆迁费用由建设单位负责筹措(含税金),并及时拨付保山市国土资源局包干使用;指挥部负责筹集经交通部批准的概算中的征地拆迁费6977.85万元,连同指挥部代扣代缴的建安营业税拨付给保山市政府委托的保山市国土资源局,代市政府设立专户,专项用于保山至龙陵高速公路征地拆迁及协调工作,并实行包干使用,不足部分原则上由保山市政府筹集;如超出数额大,经审计确认后协商解决。

根据国土资源部《关于沪瑞国道保山至龙陵公路工程建设用地的批复》(国土资函〔2005〕174号)批准,保龙高速公路建设项目征占用建设用地5442.44亩,征地拆迁直接影响5063户20939人。其中,4860户20054人受征地影响,171户135人因项目建设影响房屋安全,涉及拆迁。地方政府已全部提供建设用地,移民安置工作均严格按照亚行要求进行。

保龙高速公路项目建设工作受到了地方各级党委、政府的高度重视,相关部门和沿线群众积极支持建设工作,地方政府还成立专门机构,抽调专职人员负责征地拆迁工作;相关职能部门积极为建设施工办理各种报批手续,按时足额提供建设用地,为项目建设赢得了时间;沿线人民群众在当地党委、政府的领导下,积极支持保龙高速公路建设,为项目的实施营造了良好的施工环境。在施工过程中,指挥部会同施工单位、监理单位以及地方政府,共同协调解决好影响群众生产生活的问题。对施工影响的农灌系统和地方道路的恢复,积极采取措施,当年能恢复的坚决恢复,当年无法恢复且影响农田灌溉的,采取造或补偿损失的方式进行补偿;对受影响的农灌系统和地方道路重点采取每年雨季前清理一次、雨季后排查一次的方式进行协调解决。先后分阶段、分重点进行了5次清理,形成会议纪要62份,并逐项落实解决。

2. 项目实施

(1) 一条望眼欲穿的路

保龙高速公路(图17-66)动工兴建,给望眼欲穿的保山市隆阳区、施甸县和德宏州龙陵县干部群众带来了向往和希望。没有路盼路,盼来了修路就要给予大力支持。和其他重点工程项目一样,地方政府负责征地拆迁,沿线三县一区4乡3镇38个行政村涉及搬迁171户750人,征用永久性建设用地7087.51亩。尤其是河谷中土地本来就少,又是粮食和经济作物的高产地,困难可想而知。2004年3月,保山市、区县、乡镇政府成立相关机构,多方面全力做好征迁工作,为建设营造了良好的施工环境。建设期间,保山市委、市政府共召开专题会议5次,市、县(区)联合召开建设动员大会3次,市委、市政府、人大、政协领导到工地检查、调研、慰问5次,及时为项目建设提供了建设用地。

图17-66 保龙高速公路风采独具

把保龙高速公路建设视为己任,把被动接受任务变为主动解决存在的问题,在建设中涌现了许多感人至深的故事。龙陵县邦迈、镇平等乡镇的村民,看到原来的老土路坑坑洼洼,测量队的车过不去,拉来砂石填平坑塘;测量人员路过村子,村民给他们送来开水;测量中视线不好需砍一些芭蕉树,村民们自己动手。邦迈村委会安排专门人员为施工队煮饭,村干部当向导钻山沟找石料;资料袋、对讲机等遗失在户外,拾到的群众及时送回……以心换心,施工单位接纳了邦迈村10个村民小组抽调的60余名青壮年的劳务输出。

地处高黎贡山上的傈僳族村寨小米地,建村100多年后才有70多户300多人口。当听到保龙高速公路要穿村而过,并设一个立交出口与龙陵县城相连,小米地彻夜不眠,当夜决定把每年二月初八举行的刀杆节提前举行。2004年12月27日,施工队进驻小米地,傈僳族村民倾村而出,载歌载舞夹道欢迎。此后征地、搬迁,没有人不同意,更没有人讨价还价。两个多月后,一个小米地人不愿意听到的消息传来:小米地立交出口改在别的地方,联络线改道镇安。一些失望的小米地人便寻找各种借口给施工设置一些不大不小的障碍,施工队陷于进退两难的尴尬境地。

如何解开傈僳同胞的心头疙瘩?施工队和协调办工作人员走进群众家里座谈,打听到原来通往小米地的施工便道是在老路上随便改造而成,拖拉机勉强可行,大货车进来有几个弯转不过来,群众曾经提出截弯改直,水田边做挡墙,水洼处建涵洞,将来施工完成了,可以作为通村公路。施工单位立即向指挥部汇报,投资25万元改造出一条宽敞的乡村公路,保证晴雨畅通。为了不让高速公路通车后封闭于路外的傈僳族同胞被现代文明遗忘,施工单位决定以训代岗,把当地村民培训为临时技术工人。村中的劳动力几乎全都动员到工地,先从简单的工作开始,然后根据个人的情况教给一技之长。一天一个劳力有30多块的收入,有了简单技术的傈僳族同胞,与施工、监理单位的人员恢复了朴素而纯洁的关系,施工的环境又一次和谐起来。每年的"上刀山下火海"节日,大家一起唱歌跳舞,久久不愿离开。

早日建好保龙高速公路,也是所有建设者的共同愿望。指挥部党总支向施工、监理单位发出号召,分别在隆阳区和龙陵县援建一所希望小学。沿线的中小学也安排、接纳了建设、施工、监理单位21名职工子女就近入学。逢年过节,送来的一头头披红挂彩的肥猪也表达了沿线各级政府和人民群众对建设者的牵挂、问候。

(2)一条高技术和高质量的路

设计是公路的灵魂,全新的建设理念是保龙高速公路的一大亮点。根据长大纵坡、复杂的不良地质地形,在整个建设过程中建设者坚持以人为本,树立全面、协调、可持续的科学发展观,采用灵活设计(合理选用技术标准)和创作设计,努力实现"安全舒适、环境优美、质量优良、系统最优"的目标。

在初步设计阶段,指挥部请云南省公路规划勘察设计院的专家多次到实地踏勘,进行地质选线,对地质危害较大的地段采取避让方案,对工程量、工程安全隐患大的路段进行多方案比选,确保工程的安全性与经济性。

建设初期,本着"预防为主"的指导思想,指挥部把保龙高速公路地质灾害超前预报作为一个重要课题,聘请了中国滑坡协会专家组组长王恭先教授、著名地质专家李聚金对全线的不良地质路段进行调查,并对工程处治方案进行咨询。根据专家的意见,指挥部与设计方对滑坡处治方案进行了优化、完善,对滑坡治理"先防护再开挖",避免了因滑坡复活而造成的工程浪费;在建设期间,王恭先、李聚金等专家先后7次至施工现场进行指导,确保滑坡处治工程顺利进行。至今,全线48处滑坡无一复滑。

由于保龙高速公路全线地质状况复杂多变,指挥部聘请中铁西北院作为技术咨询单位,对路基挖方边坡的防护实行动态跟踪设计,对滑坡及高边坡的稳定性进行评估,结合开挖后的实际地质状况,合理确定边坡的防护方案,确保路基边坡的稳定。

针对T形刚构桥跨中下挠及腹板开裂等常见病,指挥部聘请桥梁设计大师杨高中作为咨询专家,对结构设计及施工控制两方面进行研究,力求在T形刚构桥的建设方面有所改善、提高;针对目前高速公路建设中普遍存在的沥青路面早期损坏现象,指挥部与云南省公路规划勘察设计院、东南大学合作,对沥青路面的长效性进行研究,并聘请东南大学作为保龙线路面施工的技术服务单位,聘请法国爱集思国际工程咨询集团的路面专家对保龙高速公路的路面设计、施工进行咨询,力争在长效性沥青路面的建设上取得进步;针对镇保隧道施工中出现的难题,指挥部邀请中国工程院院士梁文灏、博导王建宇一行到镇保隧道现场实地察看地质状况、施工情况及地质所引发的工程病害,对应采取的技术措施、方案进行了指导。

结合项目长大纵坡的特点,指挥部坚持以人为本的思想,高度重视道路安全设施的设计工作,与长安大学、云南交通咨询公司、云南省公路规划勘察设计院合作,对运营安全保障系统进行综合研究,并与国外技术咨询公司合作,聘请国内外道路安全专家进行咨询,学习国外先进的设计理念,不断完善道路安全系统,力保今后的运营安全。

除了充分利用国内社会资源外,国外方面还聘请了丹麦金硕公司作为技术咨询单位。金硕公司保龙项目的负责人长驻施工现场,同时定期派出路基、桥梁、隧道、道路安全等方面的专家至现场进行技术咨询,通过与金硕公司的合作,有效利用了国外新技术、新材料、新工艺,确保了工程质量。

在项目建设中,为彰显以人为本的服务质量,建设者在尽可能提高服务质量上下功夫,设计充分考虑到预防道路安全交通事故,指挥部邀请国家预防道路交通安全事故专家组进行会诊,在具备条件的地方设置了6个失控车辆救助匝道、63个临时停车点、5个观景点;在坡陡弯急的地方,上边坡挡墙进行开放式设计,车在路上走,加入"允错"理念,充分体现了公路设计的人性化。

在动态设计中,高度重视环保设计,充分考虑对沿途生态的保护,施工设计中坚持不破坏或少破坏原生态。为了减少对沿线土层和生态的破坏,设计单位增加了桥隧的比例,尽量避免高填深挖,对边坡进行了及时地、最大程度地恢复生态,努力实现公路建设与自然环境的和谐。

在施工过程中,严格遵循"防治为主、全面规划、综合防治、因地制宜、加强管理、注重效益"的水土保持方针,严格执行水土保持方案,做到建设与保护同步。从设计源头抓起,实行集中弃土,按照"先拦后弃、上拦下截"的原则,有效防止了水土流失;边坡防护采取了动态设计、信息化的管理模式;改河路段充分利用了原有河段,将废弃的河段改为弃土场,进行集中弃土,弃土完成后将及时进行生物恢复和复耕;严格控制公路建设过程中对林木的砍伐,严格执行"不破坏就是最大的保护"原则,严格控制对桥梁下部、隧道仰坡及路基边线附近树木、植被的采伐。3年半来,指挥部投入环境、生态、水源保护的资金达2.3亿元。

怒江特大桥的全透视桥栏所采用的高张拉材料以及全线数十座大桥、长隧的成功修建,就是高技术和新理念的结晶。目前,云南省跨江第一长桥——怒江特大桥已成为通向南亚国际大通道上一道壮美、亮丽的风景!

建设、施工单位自上而下建立了严格的质量管理体系,依据合同文件和技术规范,补充制定了64份易于操作的管理规定和办法。建设方按现场质量、施工工艺、文明施工、监理人员履职情况、驻地办违约事件、内业资料整理、施工进度控制、施工安全控制等11项进行百分制考核,按责任书兑现奖惩。

质量管理更重要的是要敢于动真格。施工初期,一次在某工地检查中发现桥梁墩柱施工的钢筋滚扎直螺纹套筒连接接头不合格,指挥部立即责令停工整顿进行通报,处以6万元的质量违约金。负责该合同段施工监理的驻地高监办被处以9000元的违约处罚。接着指挥部对全线14个土建施工合同段进行了一次钢筋机械接头连接专项检查。指挥部以办讲座的形式将所发生的质量"败笔之作",向合同段项目部总工、驻地监理工程师进行集中演示。随后,指挥部的质量稽查人员对多个环节上出现的施工质量通病加强检查,发现一起,处理和整改一起。施工期间,指挥部累计向各施工合同段项目部、驻地监理组发出工程质量违约整改通知书167份,不合格工程坚决不予验收计量。

(3) 一条拼搏苦斗的路

保龙高速公路桥梁多、隧道多,桥梁和隧道的建设是整个工程的关键。

2007年1月19日凌晨1时,保龙高速公路三大控制性工程之一——怒江特大桥的主桥顺利合龙。

怒江特大桥2004年12月开工建设,大桥全长2208m,承建单位云南云桥股份有限公司组织科技攻关,攻克了工程量大、水下基础施工难度大、高墩施工难度大、箱梁浇筑工艺复杂、技术难度大、吊装难度和施工安全风险较大五大难题。从2004年11月大桥开工建设的那天起,建设者就走上了拼搏的起点。首先是主桥墩施工,技术人员按方案用钢管焊成一个大笼子,四壁护边后深入江底,然后往笼子里填入140m^3的大石头,形成临时桥墩,再搭建施工便桥。可大笼子一入水,立即被湍急的江水流冲得无影无踪。公司总工程师连夜从昆明赶到现场,重新制订方案组织施工。第二套方案是用50号工字钢制成钢桩,然后用60t的震动打桩锤把11m长的钢桩打到江里。方案成功了,10多天后,120m长的便桥架好,重25t的钻机和其他设备安全运抵施工点,所有的施工人员都投入到特大桥主桥墩水下基础的建设。28号、29号主桥墩的钻孔桩深55.5m,施工前要开挖一个1000m^3的承台,承台的护壁和排水是建设中必须解决的一个难题。技术人员制订了三个方案。一个是传统的T形开挖,但工程量大、工期长,根本不可能在5月汛期到来之前完成水下基础工程;否决了第一方案,就只能采用钻孔注浆护壁方案,即在基坑的周围适当的位置用钻机打两排孔,边打边注浆,水泥浆扩散后凝固了砂砾,形成一堵封水防护墙。这个方法在其他工程建设中使用过,但要移植过来,必须先做试验。试验的结果是:钻机打了孔还没注浆,一拔孔砂砾石坍塌把钻孔全埋了。钻不了孔就意味着方案将被否决,而时间逼近4月份中旬,来自上游的水慢慢往上涨,水花溅到钢便桥上,这意味着枯水季节即将结束,一旦下雨形成洪水,便桥冲了不说,江中施工的人员和机械设备毫无安全保障。眼看着江水将浸泡堆在一旁的水泥,只好层层码放沙袋阻隔。撤退的命令谁也不敢轻易下,一旦下达,工期就要往后延一年。在僵持中,江水终于退了,这短短的24小时,人们仿佛经历了一场生与死的考验。第三方案迅速制定出来,在沉台外用挖机搅动砂砾和卵石,水泥浇进去搅拌均匀后凝固下来,一道坚固的防护墙形成了。问题迎刃而解。

40多天后,主墩承台开挖完成,于2005年雨季来临前如期完工。1000多个日日夜夜后,云南跨江第一桥主体工程宣告完工。

大桥难建,隧道更不好打,尤其是在沟壑纵横的高黎贡山。2007年12月2日下午3时,大山的1444m深处一声炮响,高黎贡隧道右幅贯通,两端相对掘进的两组施工队穿过正在消散的硝烟,紧紧拥抱在一起。

高黎贡隧道是保龙高速公路13座隧道中最长的一座,右幅全长2888m,处于怒江大断裂和大坪子断裂的中间,围岩为强风化、易破碎的花岗片麻岩,裂隙水丰富,加上高地应力、高埋深和次生断层、节理裂隙发育,施工中先后7次塌方,其中3次冒顶。承建的中铁十九局集团第三工程有限公司的建设者,面对滑坡带动变形、洞顶塌陷、洞内塌方等地质灾害造成的初支变形、拱架扭曲折断现象,把所有能够用上的施工技术都用了。2005年6月26日,掘进中发生地表沉陷,处理历时4个多月。2006年1月14日,洞内塌方和地表沉陷,处置长达7个月之久。2007年12月17日,局部地段发生突泥,处理又耗时近4个月。一次次的变故,一次次被战胜,穿越高黎贡山的第一个高速公路隧道终于贯通。

八标段也有它的特殊之处,4.79km的标段有2座连续刚构桥、8座T形梁桥、4座连拱隧道,其中2.34km长的户冲河段就有3座隧道、1座连续刚构桥、4座T梁桥。走南闯北的建设者进入户冲河工地时,不禁对刀削般陡峭的山坡和狭窄的河谷感到不可思议,7个刚毕业招来的大学生吓跑了3个,谁都怀疑施工的可能性。

山坡太陡,找不出摆放机器设备的地方,施工人员先在陡坡上劈出一小块平地,堆放上材料,再一寸一寸向前推进。为了给施工人员建工房,百般无奈之下,只有借鉴百越民族盖"吊脚楼"的经验,在陡峭的山坡上打入钢桩,铺上木板,再盖简易房。远远看去,房屋就像悬挂在半空中。2006年9月17日,施工人员刚住进去时,天上下着小雨,没有任何征兆,二号隧道进口外侧进场道路路基突然塌陷,山体裂开,建好的路基滑了下去,隧道外侧被削去一大半。隧道还能不能保住?如果保不住,线路又该怎么走?

意外发生后,指挥部的领导来了,交通部、铁道部和云南省交通厅的专家来了。经多次现场勘察,最后做出一个大胆的尝试:在滑坡地段打入锚索,用锚索将隧道脚锁定在山体上,然后再进行施工。补救方法颇为有效,施工人员吃在隧道口,住在公路边,夜以继日工作。入夜,灯的长龙缥渺于怒江西岸户冲河深谷,与星辰媲美。

(4)一条国际化的路

保龙高速公路是云南第三个利用亚行贷款建设的高速公路,也是法国开发署在基础设施领域来华投资的第一个项目。亚行贷款 2.5 亿美元,法国开发署贷款 0.35 亿欧元。有这个背景,项目必须进行国际招标,前期准备工作要遵循亚行的"游戏规则",不能"特事特办"。开工后,亚行、法国开发署联合组成的检查团,对项目贷款协议实施情况进行检查就成了家常便饭。建设期间,亚行检查团对涉及项目的机构管理、技术组织、环境保护、财务和贷款约文的履约等情况进行多次检查,并对是否能达到目标进行了评估。老外的结论简单明了:满意。

更令沿线群众和建设者称道的是,亚行和指挥部对艾滋病防治工作的重视(图17-67)。2005 年 3 月,根据中国政府与亚洲开发银行签订的保龙高速公路项目贷款协议,项目执行机构"玛丽斯特普"国际组织同保山市卫生局、保山红十字会、保龙公路建设指挥部联合实施的总投资 80 万美元的"保龙安康行动"启动,直至 2008 年 6 月"安康行动"圆满结束。项目开展期间,指挥部积极支持、配合安康项目在保龙公路沿线的开展。从农村外出务工人员进入工地的那天起,防艾的警钟就已经在全线敲响,发放宣传品、药品,培养骨干,开展各项活动,农村外出务工人员从被动接受到主动参与、人人参与,行动取得预期效果。

图 17-67　开展艾滋病防治宣传

除了亚行官员陈松森和法国开发署的官员定期视察保龙高速公路外,常年奔跑在保龙高速公路上的是丹麦金硕公司驻项目地的专家组组长查尔斯·斯隆先生,这位毕业于英国利兹大学土木工程专业的英国人来到保龙高速公路建设工地,和指挥部的工作人员一起上下班,一起上工地,还拎着饭盒一起在职工食堂排队打饭菜。但到了现场,常常为了一点"鸡毛蒜皮"的小事,一较真就是大半个钟头。尤其是对施工、监理单位提供的统计报表,一旦对其准确性有了疑问,就会跑到现场找当事人核对,直到完全弄清楚为止。他的认真严谨赢得了人们的尊敬。与这位老外一起工作过的人都会说:"斯隆先生的敬业精神,值得我们大家学习。他给我们带来的痕迹化管理理念,拉近了我们和西方发达国家公路建设管理的差距。"

(七)科技创新

保龙高速公路(图17-68)地处云贵高原西部,下怒江峡谷,翻高黎贡山,路线纵断面呈典型的V字形,30.9km的连续降坡需克服高差1261m;路线所经区域自然条件恶劣,沿线高山纵谷,地质地形特殊而复杂,新构造运动活跃,岩体松散破碎,地震活动频繁,处于高烈度(8度)地震区,全线共经断层31条、滑坡48处、岩崩7处、岩溶塌陷8处。据云南省地质环境监测总站地质灾害危险性评估,地质灾害危险路段长达43km(占路线总长56.38%),对水保、环保要求较高,特别是在滥枣河、户冲河、沙田等路段滑坡密集规模大、横坡陡峭稳定性差,工程建设造价高,工程安全风险大。

图17-68 俯瞰保龙高速公路

面对工程复杂情况,指挥部借助社会专业技术力量,整合社会专业技术资源,解决诸多技术问题。同时,聘请了西北铁路设计院作为地质咨询单位,东南大学作为路面技术支撑单位,交通部科研所作为绿化技术咨询单位;著名地质专家王恭先7次深入现场,桥梁设计大师杨高中4次到工地现场,著名的隧道专家王发林4次深入工地帮助解决技术难题。与此同时,指挥部联合有关单位开展了有针对性的五大课题攻关:

1. 连续刚构桥梁设计施工关键技术研究

该课题以保龙高速公路全线七座连续刚构桥为依托,对连续刚构桥腹板主拉应力的控制、跨中挠度的控制、连续刚构桥施工质量的控制、连续刚构曲线桥抗扭抗风稳定行为、抗震能力、连续刚构桥有效预应力检测控制方法、保龙高速公路全线桥梁施工监控、荷载试验、运营监控一体化远程监控方法等内容进行系列研究,确保保龙高速公路全线连续刚构桥设计合理、施工优质、运营安全;建立连续刚构桥梁关键工艺工序、质量控制及验收评估指南。

2. 山区高速公路长效性沥青路面技术研究

我国沥青混凝土路面大规模应用时间很短,技术还不成熟,许多高速公路在运营初期便出现了较为严重的早期破坏(泛油、车辙、拥包、松散、坑塘等病害),产生这些破坏的主要原因在于沥青路面结构设计、原材料的选择、混凝土配合比设计、施工控制中没有强有力的技术支撑。特别是山区高速公路的建设国内外并不多见,因此,结合保龙高速公路的特点进行沥青路面技术研究。

3. 保龙高速公路运营安全保障系统综合研究

通过对保龙高速公路运营安全保障系统研究,能有效提高保龙高速公路在运营过程中的主动安全管理效能、防护安全保障效能、紧急避险救助效能和不利气候条件下的运行安全保障能力,平均事故发生率应明显低于未进行综合治理的同类山区高速公路,运营安全总体水平得到明显提升。

4. 桥梁预应力管道注浆效果检测技术研究

该课题通过对桥梁预应力管道注浆效果无损检测技术研究,加强施工质量的过程控制,消除工程质量隐患,确保桥梁的设计使用寿命。

预应力钢绞线要在桥梁使用过程中确保长期发挥应力作用,达到设计要求,预应力管道的注浆质量效果是其重要的影响因素之一。达到设计要求的注浆质量可以使预应力钢绞线充分发挥作用。由于金属材料在高应力状态下锈蚀速度很快,所以如果预应力管道注浆不密实,管道中的金属材料易发生腐蚀,从而影响桥梁的耐久性、安全性,并且锚下存在注浆质量缺陷时,会出现锚下混凝土应力集中致使破坏,随时间推移引起的预应力损失现象,会改变梁体的设计受力状态,从而影响桥梁的使用寿命。为了加强对施工质量的过程控制,确保施工质量达到设计要求的质量标准,该课题通过研究无损检测的方法来对注浆效果进行评价,并根据检测出的注浆质量缺陷及时采取补救措施,达到消除隐患、确保工程质量的目的,促进注浆施工工艺的不断改进。

5. 高黎贡山区域高速公路环保及景观技术研究

该课题的研究,为高黎贡山区域内高速公路环保及景观建设摸索出一套完整的具有普遍意义理论体系和实施办法的,适宜山区高速公路环保及景观建设的设计规范和施工规范。其目的在于迅速提高高黎贡山区域内高速公路环保及景观建设的成效,从而提高我国高速公路景观生态建设的合理性,避免因不合理的管理、设计和施工导致高速公路建设期间及后期营运产生的诸多问题,节约国家投资。该课题的研究成果对项目决策人员、工程人员乃至科研、教学人员都具有很高的参考价值,成果的广泛应用将大大提升我国山区高速公路建设质量、节约大量工程资金,进而促进山区高速公路持续不间断的良性发展。结合保龙高速公路边坡生态建设,进行高黎贡山区域内高速公路强风化花岗岩边坡的生态护坡技术的试验,开发得出环保及景观生态建设的综合技术研究成果,用于指导高黎贡山区域内高速公路高陡边坡乔、灌、草的配置及分层混喷植生技术的工程实际应用,具有较好的生产实际应用价值。

(八)运营养护管理

保龙高速公路设置何家湾服务区,建筑面积 $5500m^2$,分别由加油站、营业室、宿舍楼、公厕、水泵房、配电室和室外道路组成;全线设大干岩、何家湾、高寨立交收费站综合管理房、小田坝主线临时收费站综合管理房;设置保山监控通信中心、何家湾养护工区。

2008年9月8日,保龙高速公路全线建成通车后,根据云南省公路投资公司的有关精神和要求,由保山管理处负责养护管理工作,由滇西养护中心负责道路等工程日常护维修工作,由云南云岭高速公路有限公司交通科技公司西部分公司负责交通机电、三大系统等设施维护维修工作。保龙高速公路自建成通车以来,通过建、管、养各方的共同努力,至今项目总体使用情况良好,道路沿线设施、设备完好,运营安全,各项使用功能均能正常运转。保龙高速公路下怒江上高黎贡山虽然路线不长,通车试运营后运行状况良好。

九、龙瑞高速公路——巧妙越过南天门

在中国古代传说中,天宫的大门叫南天门。

天上有南天门,地上也有南天门。地上的南天门指的都是地势险要之处。在云南龙陵县和芒市交界处就有一道南天门。

南天门在云南历史上留下过深深的印记。当年,震惊世界的滇缅公路曾经蜿蜒通过南天门隘口;中国远征军打响南天门阻击战,阻击从芒市增援松山的日本军队,为把日本侵略军赶出国门立下了功勋。

沿着滇缅公路的印迹,龙瑞高速公路在南天门用一个"8"字展线,巧妙地越过南天门隘口,趟过128.46km的山山水水,悠然地降于享有"孔雀之乡"美誉的德宏州瑞丽市。保山市龙陵县龙山卡、德宏傣族景颇族自治州州府芒市、边境城市瑞丽,在地图上用线条把这三个地名连起来,就是龙陵至瑞丽高速公路的大致走向。

金龙献瑞孔雀乡。2015年11月底,龙瑞高速公路提前3个月建成通车,从昆明到中缅边境口岸畹町、瑞丽均实现8小时到达,结束了德宏州"没有一公里高速公路"的历史,

也在云南省滇西方向打开了一扇驱动发展的大门。

(一)项目特点

龙陵(龙山卡)至瑞丽(弄岛)高速公路是国家高速公路网规划中G56杭州至瑞丽高速公路的最后一段,是亚洲公路网AH14线中国—东盟交通合作战略规划中"三纵四横"主通道和云南省高速公路网的重要组成部分,也是云南重点推进的"四出境"国际大通道之一。

龙瑞高速公路纵跨保山市和德宏州,项目主要位于德宏州境内(图17-69)。德宏州拥有2个国家级口岸、2个省级口岸,不仅是中国对缅贸易的主要口岸,也是通往东南亚和南亚的重要口岸。项目区内龙陵(龙山卡)至瑞丽原有公路修建于八九十年代,为老标准二级公路及四级下限公路,二级公路设计速度40km/h,路基宽8.5m,瑞丽至弄岛段为四级公路,设计速度20km/h,路基宽6.5m。以上两段原有道路长期以来路线穿村镇而过、人车混行,路基窄、弯急坡大,路况差。随着国家改革开放政策力度的进一步加大,以及东盟自由贸易区的形成,边贸经济得到了快速发展,该段公路的交通运输压力增大、通过能力降低、交通事故频发,成为交通主干道的"瓶颈"段落,与日益增长的经济发展速度极不协调,已不能满足社会发展的需要。龙瑞高速公路的修建,对完善云南省高速公路网,贯彻落实国家西部大开发政策部署,加快滇西经济发展,全面建设小康社会和沿线社会主义新农村建设具有重要的促进作用,对发展边境贸易和加深中缅两国人民的传统友谊,促进大湄公河次区域的经济合作具有深远意义。

图17-69 龙陵至瑞丽高速公路位置示意图

(二)项目概况

龙瑞高速公路主线全长134.092km,起点K0+000与建成通车的保龙高速公路止点

（K598+200）相接，路线向西展线降坡，在龙陵以北 2km 处（K12+233.56）设龙陵互通与龙陵县城相接，后向西布线至新寨，设官坡隧道穿过大坡山梁，向西沿坝田河降坡，于杨家坟山头反向"8"字形展线降坡至老路走廊带到达芒市坝子，分别于内芒乖（K39+295.16）和芒别（K48+288.71）设芒市互通、风平互通与芒市、芒市机场和潞西至盈江二级公路相接，后沿二级公路以南山脚连续升坡至三台山，设 2320m 长隧道穿过三台山后，设遮放互通（K72+170）连接遮放，用大桥跨过芒市大河后进入遮放坝子。其后，路线顺山脚布线，设遮相互通（K88+215）连接遮相，路线继续向西沿南面山脚展线，设畹町隧道，出隧道进入畹町，设畹町互通（K116+257.89）连接，后在 K118+046 设矮塔斜拉桥跨越瑞丽江进入瑞丽，于 K125+200 设姐勒互通连接瑞丽及弄岛，止于 K126+400。

弄岛连接线二级公路全长 29.187km，为连接高速公路和中缅边境弄岛口岸而建，起点与高速公路衔接，经姐勒村、南闷村、允岗村，于 K4+600 跨瑞丽至章凤二级公路，经瑞丽市景颇族博物馆南侧、瑞丽市戒毒所南侧，于 K8+300 经瑞丽市地震安置区西侧，后路线沿勐卯镇西侧布线，于 K17+800 过合心村。之后，于 K20+100 过坝别，沿瑞丽至弄岛老路改建，于 K20+550 离开老路，过南端、广母、吨哄喊、弄岛农场三分场五队、上头水库南面、哈允雷、雷午后，止于南畹河中缅交界边防检查站附近，接瑞丽至缅甸八莫公路，止点里程 K29+200。

项目沿线所经主要城镇为龙陵、芒市、遮放、遮相、畹町、瑞丽、弄岛；主要的公路和铁路为 G320 公路，省道 321 公路，龙陵至腾冲、潞西至盈江、遮放至陇川二级公路以及部分地方道路，拟建大理至瑞丽铁路保山至瑞丽段等；主要河流有邦滇河、芒市大河、龙江、瑞丽江等。

项目工程主要构造物有挖孔桩基、钻孔桩基、圆形墩柱、方形墩柱、Y 形墩柱、钢筋混凝土连续刚构桥、矮塔斜拉桥、T 形梁、空心板梁、钢筋混凝土预应力连续箱梁；分离式隧道、连拱隧道等。

项目主线为双向四车道高速公路，设计交通量为 2030 年远景平均交通量 29081 辆/日，设计速度 80km/h，路基宽度 24.5m，设计荷载公路—Ⅰ级；桥梁设计洪水频率特大桥 1/300，大、中、小桥及其他构造物 1/100；抗震设防烈度 8 度，征用土地 14158.425 亩。

全线路基土石方 2915 万 m^3，圬工 106 万 m^3，软基处治 371.77 万 m^3，路面底基层 293.4 万 m^2，路面基层 270.8 万 m^2，路面面层 332.2 万 m^2，特大桥 8598.56m/10 座、大桥 53893.06m/171 座、中桥 5584.98m/82 座、小桥 281.7m/7 座，涵洞 277 道，通道 150 道，分离式特长隧道 8634m/2 座，分离式长隧道 8258m/5 座，分离式中、短隧道 6478m/11 座，连拱隧道 2994.62m/12 座，互通式立交 7 处。

项目设主线收费站 1 处、匝道收费站 7 处、隧道管理所 3 处、变电所 7 处、监控通信分中心 1 处、管理处 1 处、养护工区 2 处、服务区 5 处，核定项目管理养护及服务设施各站场区总用地面积 346 亩,总建筑面积 63110m²。

交通运输部批复项目初步设计总概算投资 107.45 亿元。2012 年 12 月 29 日,云南省人民政府要求"将龙瑞高速公路弄岛连接线 5.2km 与瑞陇线交叉段建成高速公路,由云南省公路投资公司组织实施",新增 4.20 亿元人民币,总投资增至 111.65 亿元人民币。其中,交通运输部安排专项资金 12.28 亿元人民币、云南省财政补助资金 25.69 亿元人民币、德宏州配套资金 12 亿元人民币、利用亚洲开发银行贷款 2.3 亿美元,其余资金利用国内银行贷款解决。

项目建设总工期 4 年,2011 年 12 月 30 日举行开工典礼,2012 年 2 月 1 日开工建设。受国家金融政策宏观调控的影响,建设资金困难一度制约了项目建设进度,经云南省委省政府,省交通运输厅,德宏州委、州政府,云南省公路投资公司多方协调,指挥部带领全体参建单位解决建设资金难、征地拆迁难、施工社会环境保障难"三难"问题,仅用 2 年多的有效建设时间,于 2015 年 11 月底全线建成通车,提前 3 个月完工。

1. 前期决策

2008 年 3 月 12 日,《地质灾害危险性评估报告书》通过了云南省国土资源厅组织的专家审查,并出具《备案表》。

2008 年 3 月 10 日,云文考〔2008〕4 号文批复《文物考古调查勘探技术服务评估报告》。

2008 年 12 月 24 日,《压覆矿产资源评估报告》通过云南省国土资源厅组织的专家审查,以〔2008〕407 号文进行备案登记。

2009 年 3 月 6 日,水保函〔2009〕77 号文批复《水土保持方案报告书》。

2009 年 11 月 3 日,环审〔2009〕475 号文批复《环境影响评价报告书》。

2009 年 12 月 25 日,国土资预审字〔2009〕481 号文批复《建设用地预审的复函》。

2010 年 10 月 1 日,发改基础〔2010〕2393 号文《国家发展改革委关于云南省龙陵至瑞丽公路可行性研究报告的批复》发布。

2011 年 2 月 21 日,交公路发〔2011〕52 号文《关于龙陵至瑞丽公路初步设计的批复》发布。对龙瑞高速公路建设项目的线路方案、立交区及隧道设置、管养及服务设施规模、技术标准、路基路面方案、交通工程、三大系统、工程概算等作出了批复。

2011 年 12 月 22 日,云交基建〔2011〕357 号文《云南省交通运输厅关于国家公路网横 12 杭州至瑞丽高速公路 1 至 7 合同两阶段施工图设计批复》发布。

2012 年 2 月 1 日,交通运输部以交公路施工许可〔2012〕5 号,同意龙瑞高速公路开工建设。

2. 参建单位

2009 年 9 月,云南省交通运输厅批准成立云南龙瑞高速公路建设指挥部和云南龙瑞

第十七章 国家高速公路

高速公路有限公司,负责项目建设管理工作,指挥长一人、常务副指挥长一人、副指挥长一人、总支书记兼总工程师一人,指挥部受云南省公路投资公司直接领导。

指挥部通过全国公开招标,共有 69 家设计、施工、监理单位参与龙瑞高速公路建设,各方参建单位均符合国家规定的资质及业绩要求,参建单位见表 17-23。

龙瑞高速公路项目参建单位表　　　　　　表 17-23

序号	参建单位	单位名称	合同段编号及起止桩号	主要负责人
1	项目管理单位	云南龙瑞高速公路建设指挥部	K0+000~K126+400、弄岛联络线 K0+000~K25+251.89	王石亮
2	勘察设计单位	云南省交通规划设计研究院	K0+000~K126+400、弄岛联络线 K0+000~K25+251.89	张发春
3	监理单位	云南元土工程监理有限公司 & 武汉大通公路桥梁工程咨询有限责任公司	土建工程第一总监办 K0+000~K32+400(1~7 合同)	敖选斌
4		云南云岭高速公路工程咨询有限公司 & 云南公路建设监理公司	土建工程第二总监办 K32+400~K75+603.68(8~13 合同)	王洪波
5		云南省公路工程监理咨询公司	土建工程第三总监办 K75+603.68~K107+800(14~17 合同)	刘惠兴
6		中国公路工程咨询集团有限公司	土建工程第四总监办 K107+800~弄岛联络线 K25+251.89(18~22 合同)	蔡小稚
7	施工单位	云南第三公路桥梁工程有限责任公司	土建 1 合同 K0+000~K6+180	陆加毕
8		中交第二航务工程局有限公司	土建 2 合同 K6+180~K14+900	尹洪明
9		云南路桥股份有限公司	土建 3 合同 K14+900~K19+220	李继强
10		中铁九局集团有限公司	土建 4 合同 K19+220~K23+180	刘东跃
11		中国云南路建集团股份公司	土建 5 合同 K23+180~K26+100	蒋文权
12		云南路桥股份有限公司	土建 6 合同 K26+100~K29+130	张金安
13		云南第三公路桥梁工程有限责任公司	土建 7 合同 K29+130~K32+400	陈 春
14		云南第三公路桥梁工程有限责任公司	土建 8 合同 K32+400~K37+540	刘兴元
15		云南阳光道桥股份有限公司	土建 9 合同 K37+540~K45+900	和胜军
16		云南路桥股份有限公司	土建 10 合同 K45+900~K55+194.89	王在杭
17		云南第二公路桥梁工程有限公司	土建 11 合同 K53+089.12~K63+000 长链 2.10577km	吕延海
18		中铁十二局集团有限公司	土建 12 合同 K63+000~K69+800	刘曙光
19		安通建设有限公司	土建 13 合同 K69+800~K75+603.68	丁 涛
20		西南交通建设集团股份有限公司	土建 14 合同 K75+603.68~K84+100	李常聚
21		云南云桥建设股份有限公司	土建 15 合同 K84+100~K93+260	王 坤
22		江西赣东路桥建设集团有限公司	土建 16 合同 K93+260~K101+100	万田泉

续上表

序号	参建单位	单位名称	合同段编号及起止桩号	主要负责人
23	施工单位	新疆兴达公路工程部	土建17合同 K101+100~K107+800	曹长明
24		中铁十一局集团有限公司	土建18合同 K107+800~K111+500	傅超
25		云南第一公路桥梁工程有限公司	土建19合同 K111+500~K117+240	李小刚
26		云南云桥建设股份有限公司	土建20合同 K117+240~K126+400	肖正恩
27		云南建工集团有限公司	土建21合同:弄岛联络线 K0+000~K7+600 长链9.09415km	段军
28		云南路建集团宏程路桥工程有限公司	土建22合同:弄岛联络线 K7+600~K25+251.89	李利明
29		浙江正方交通建设有限公司	路面1合同 K0+000~K32+400	黄富智
30		云南路桥股份有限公司	路面2合同 K32+400~K63+000	吴官钦
31		中国云南路建集团股份公司	路面3合同 K63+000~K101+100	冯庆文
32		云南路桥股份有限公司	路面4合同 K101+100~K126+400	康寿平
33		云南路桥股份有限公司	路面5合同 LK0+000~LK25+251.89	蔡丛兵
34	检测单位	中交第二公路勘察设计研究院有限公司	第三方试验检测:全线路基工程、路面工程、桥梁涵洞工程、隧道工程、绿化等	阳先全
35		江西恒路建工程检测有限公司	桩基检测1合同	曾健
36		北京中交桥宇科技有限公司	桩基检测2合同	周明珲
37		云南公路工程试验检测中心	桩基检测3合同	粟海涛
38		云南航天工程物探检测股份有限公司	隧道检测1合同	范明外
39		中交路桥技术有限公司	隧道检测2合同	朱贤明
40	施工单位	云南绿源建筑景观工程股份有限公司	绿化1合同 K0+000~K13+200	杨旭
41		云南绿源建筑景观工程股份有限公司	绿化2合同 K13+200~K37+200	周发贵
42		云南恒达市政园林工程有限公司	绿化3合同 K37+200~K41+200	叶锦
43		央邦建设集团股份有限公司	绿化4合同 K41+200~K50+200	韩永峰
44	施工单位	云南久久园林建设有限公司	绿化5合同 K50+200~K71+200	杨东华
45		云南长江云通环境工程有限公司	绿化6合同 K71+200~K79+100	杨辉
46		云南利鲁环境建设有限公司	绿化7合同 K79+100~K93+200	苏一波
47		四川艺馨环境景观工程有限公司	绿化8合同 K93+200~K116+930	叶泽富
48		云南福安园林景观工程有限公司	绿化9合同:K116+930~连接线 K0+600	张用生
49		云南云路景观装饰工程有限公司	绿化10合同:连接线 K0+600~K7+220 断链后	郝燕
50		云南新兴绿化工程有限公司	绿化11合同:连接线 K7+220 断链后~K25+251.89	杨力颖

第十七章
国家高速公路

续上表

序号	参建单位	单位名称	合同段编号及起止桩号	主要负责人
51	监理单位	云南交通基建工程监理有限公司	房建总监办:房建1~5合同段	周宇
52		云南纪星交通工程监理咨询有限公司	机电总监办;通信、监控、收费系统工程和隧道通风配电、隧道供配电、隧道消防工等	古家滨
53	施工单位	金华市大路交通安全设施有限公司	交安1合同 K0+000~K45+700	罗宏伟
54		陕西高速交通工贸有限公司	交安2合同 K45+700~K93+260	吉子亭
55		辽宁省交通工程有限公司	交安3合同:K93+260~K126+400、弄岛连接线	张雷
56		江苏安防科技有限公司	机电1合同:K0+000~K126+400、弄岛连接线(通信系统、收费系统)	刘建林
57		陕西汉唐计算机有限责任公司	机电2合同:K0+000~K126+400、弄岛连接线(监控系统)	李细元
58		紫光捷通科技股份有限公司	机电3合同:K0+000~K126+400、弄岛连接线(隧道监控)	闫华学
59		云南贝龙楼宇设备工程有限公司	隧道消防1合同:老绿树隧道、营盘坡1、2隧道、段家田隧道、官坡隧道、奔龙坪隧道、茅草坪1、2号隧道	杨炎
60		云南青山消防电子工程有限公司	隧道消防2合同:茅草坪3号隧道、南天门1、2、3号隧道、三台山隧道	陈有军
61		昆明荣成天宇控制系统工程有限公司	隧道消防3合同:黑山门1、2号隧道	殷寿陶
62		云南省送变电工程公司	供配电1合同 K0+000~K126+400	邓申文
63		北京路安交通科技发展有限公司	通信管道1合同 K0+000~K55+194.89	丁永利
64	施工单位	北京深华科交通工程有限公司	通信管道2合同:K55+194.89~K126+400、弄岛连接线	赵文江
65		江苏安防科技有限公司	通风照明1合同:老绿树隧道、营盘坡1、2隧道、段家田隧道、官坡隧道、奔龙坪1、2、3号隧道、南天门1、2、3号隧道	王克松
66		陕西汉唐计算机有限责任公司	通风照明2合同:三台山隧道、黑山门1、2号隧道	徐少明
67		四川红叶建设有限公司	房建1合同:龙陵收费站、龙陵服务区、官坡隧道变电所(龙陵端)、茅草坪1号隧道变电所(龙玲端)、茅草坪3号隧道变电所(瑞丽端)	胡军

续上表

序号	参建单位	单位名称	合同段编号及起止桩号	主要负责人
68	施工单位	洪宇建设集团公司	房建2合同:芒市收费站及监控通讯分中心、芒市服务区	陶慧生
69		桂林建筑安装工程有限公司	房建3合同:风平收费站、三台山隧道变电所(龙陵端)、三台山隧道变电所(瑞丽端)、遮放收费站、遮相收费站、噶中服务区	范元文
70		广西裕华建设集团有限公司	房建4合同:黑山门隧道变电所(龙陵端)、黑山门隧道变电所(瑞丽端)、畹町收费站、瑞丽东(姐勒)收费站及瑞丽管理所	甘向杏
71		昆明三建建设(集团)有限公司	房建5合同:瑞丽服务区、瑞丽收费站、贺思服务区	明俏

(三)项目实施

1. 工程招标

项目共有土建22个合同段、路面5个合同段、交通安全设施3个合同段、通信管道2个合同段、隧道机电3个合同段、隧道通风照明2个合同段、绿化工程11个合同段、房建网架5个合同段;第三方试验检测1个合同段、桩基检测3个合同段、隧道检测2个合同段;隧道监控量测2个合同段;监理单位采用第三方监理,土建和路面设4个总监办共9个驻地办,另设1个房建总监办、1个机电总监办。

项目于2011年1月开始进行招标,招标均采用公开招标方式进行。其中,土建1~7合同段、路面工程采用国际公开招标方式进行,其余项目采用国内公开招标方式。在整个招标过程中,指挥部严格执行国家招标投标法的相关规定和云南省政府、云南省交通运输厅、云南省公路投资公司有关招标投标的相关规定,在招标过程中没有发生违法违纪现象。

2. 征地拆迁

根据云南省属相关部门与德宏州、保山市签订的责任书要求,征地拆迁与社会环境保障工作由两州市按属地原则管理。德宏州和保山市高度重视征地拆迁协调工作,成立了由交通、林业、公安、国土资源、安监、文化、住建等多部门人员组成的高速公路征地拆迁工作协调办公室;两州市协调办及时协调解决工程建设中的矛盾纠纷,努力形成施工单位与沿线群众相互理解、支持的良好氛围。德宏州人民政府还专门出台了"特事特办、边办边干、依法规范、注重完善"的特殊政策,保障和推进征地拆迁工作。

为了加快推进施工建设,德宏州政府制定了严格的补偿标准,坚持依法征迁;地方百姓也对项目建设给予充分的理解和支持。16合同段K98+820处14×40m T形连续梁桥的施工线路大部分穿过一片橡胶树林,这些橡胶树生长年限长、经济价值高,为当地农户所有。为了不影响工程进度,地方政府、指挥部、承建单位领导在与农户进行充分沟通后就开始进场施工,虽然农户最终也在政府所许诺的时限内拿到了相应的赔偿金,但在项目经理金厚平看来:"农户关注的往往是实实在在的利益,这些农户在还未拿到赔偿金的情况下就同意我们进场施工,这种精神确实令人钦佩。"

"问渠那得清如许,为有源头活水来"。虽然很多合同段在进场后都遇到了这样那样的困难,但许多控制性工程一直没有断,是因为有地方政府和群众的不断给力,这也是促成龙瑞高速公路建设动力不减、活力不断的重要因素。指挥部总工程师谢忠说,这种全力支持龙瑞高速公路建设的举动说白了就是"德宏人办德宏事"。

为此,承建单位也不忘反哺沿线群众:为村民修建便道、帮助搬迁户平整地基、为当地学校师生献爱心……在烈日当空的施工现场,建设者还不时往输送建设物资的临时便道上洒水,为的也是防止扬尘影响附近村民的健康。

3. 合同管理

工程开工建设后,指挥部严格按照合同文件规定开展各项工作,督促监理单位、承包人履行合同义务。同时,按照合同文件规定,提供相应的业主义务。

为加强和规范项目中期结算与支付的管理及流程,明确业主、监理工程师、承包人结算支付的职责与权限,保证结算支付的准确性,严格控制投资,指挥部根据合同文件制定了《云南龙瑞高速公路工程项目中期结算与支付实施细则》,从制度上保障了项目中期支付与结算工作顺利进行,没有发生超计量、多支付工程款的情况,确保了建设资金的安全。

项目在亚行贷款的提取上与云南省内之前的4个亚行贷款项目不同,在以往使用预付款(周转金支付)、归垫(偿还支付)方式基础上,云南龙瑞高速公路有限公司通过沟通汇报,请云南省财政厅与国家外汇管理局云南省分局加强沟通,积极协调,项目使用直接支付方式提取亚行贷款,减少了审批环节、流程,缩短了时间,确保了亚行资金及时到位,一定程度上缓解项目资金压力。

在项目执行过程中,指挥部严格执行合同单价,没有发生篡改、变更合同单价的情况。对原合同清单没有单价的子目,指挥部制定了《云南龙瑞高速公路新增工程项目补充单价编制管理规定》,要求承包人严格按照合同文件,采用投标时的工、料、机预算单价和综合费率编制新增子目单价,指挥部严格按照合同文件规定和交通运输厅、云南省公路投资公司相关规定进行审核,提交指挥部办公会讨论后以文件形式进行批复执行。

对承包人出现履约不力的情况,指挥部及时要求承包人进行改正;对承包人整改不力的,及时发函承包人母体单位,要求承包人法定代表人到项目现场解决实际问题,确保了项目建设正常进行。

通过有效的合同管理,龙瑞高速公路建设项目没有发生合同争议情况和合同违约情况。

4. 工程技术管理

建设初期,指挥部依据龙瑞高速公路项目管理办法和现场实际情况,下发了加强工程变更管理的通知,细化了变更管理工作。在龙瑞高速公路全面展开施工后,指挥部本着确保质量、安全、严格控制投资增加的原则,积极组织设计、监理、施工单位及时确定现场技术方案,认真审批变更设计,并及时批复工程变更,确保技术方案不影响施工。同时,根据工程实际进展情况进行台账更新,加强了工程台账管理工作。

5. 质量管理

(1) "五化"建设

在龙瑞高速公路,"标准化"是建设者口中的一个常用词。全线22个合同段在进行了项目部驻地标准化建设时,首先得选好地点,安全、交通、设计规划等符合要求后,报驻地总监办审批、驻地总监办通过了,再报指挥部审批之后才能建设。在这一系列的程序中,体现出的是指挥部、总监办和项目部发展理念人本化、项目管理专业化、工程施工标准化、管理手段信息化、日常管理精细化的"五化"建设理念,这种理念深深地植根于建设者的潜意识里。

龙瑞高速公路是云南省公路投资公司最先实施"五化"建设的试点项目之一。为扎实开展试点工作,真正发挥典型引路、示范带动、全面发展的作用,紧紧依托龙瑞高速公路建设管理工作实际,梳理项目在前期工作中积累的宝贵经验和先进做法,全面推进"五化"建设,并在其他项目中铺开形成建设管理中强有力的手段。指挥部常务副指挥长谢忠表示,"指挥部以争创国优工程为目标,落实'五化'建设要求、力求工程质量'零缺陷',以'平安工地'建设为抓手、加强宣传教育、强化主体责任落实、深化隐患排查治理、构建安全生产长效机制。"

9合同段云南阳光道桥股份有限公司项目部支部书记曹石京说:"我们的项目部驻地建设,光租用场地就花了70万元,加上建设费用,一共100多万元。"。

谈起龙瑞高速公路建设指挥部的"五化"建设,参与过昆玉、元磨、安楚等公路建设的曹石京对首次执行"五化"建设有着很深的感受。他说,指挥部对项目部驻地建设要求严格,不仅对厨房、食堂、洗澡室、厕所、试验室等的面积至少要达到多少平方米,厕所与生活、工作区间距多少米都有明确的标准,并且还要配备篮球场、图书室等文体场所和设施,几乎每个项目部都有一块标准的篮球场。他还深有感触地说,与过去的项目比较,搞标准化建设,对项目部职工是一件大好事,生活环境、工作环境完善了,大家也就能安心工作了。

项目部驻地标准化建设,着实让项目部职工感到很高兴。通过和老百姓多次协调,17合同段新疆兴达公路工程部建设成了9亩多的项目部驻地,学习室、医务室、物资装备库、战备库等设施一应俱全。新来的武警官兵来到项目部时,看见宽敞、整洁的项目部周围绿树成荫,不禁乐不可支:"我们就像在公园里上班一样!"

像在公园里上班的,还有22合同段云南路建集团宏程工程有限公司项目部的职工们。项目部在选址时,听说有"西瓜大王"美称的一家兄弟姐妹4人要出租房子,兄妹4人在缅甸种西瓜致富后,就在瑞丽买了一块地,错落有致地建了4栋别墅,每家1栋,用围墙将4栋别墅一围,形成了一个整体独立的"别墅区"。项目部和兄妹4人协商谈妥后把房子租了下来,2栋作为办公楼,2栋用做宿舍楼。项目部把试验设备、办公用品、生活家具搬到"别墅区"布置好了,也是一个标准化的项目部驻地建设。平时,大家工作之余累了,就在"别墅区"的鱼塘里钓鱼放松放松。

(2)加强环保、水保管理

龙瑞高速公路结合河流、山形走向,顺势而为,使公路在绿色群山中形成一条似"行云流水"的彩带,体现了连续韵律的美感(图17-70)。针对路线走廊带内的景观、景点的特点,采取"穿针引线"串景,展示原生态风光。路线布设中灵活选用指标,顺应地形,适当增加桥梁和短隧道的比例,严禁大挖大填,尽量避让文物、古树、神树及当地民族风情活动、朝拜场所。项目K100+500~K12+5000段布线时沿大盈江国家级自然保护区边缘以桥、隧方式穿过;K3+680~K3+880段初步设计时采用明挖方式穿过老绿树山梁,挖深在15~30m,边坡稳定性差,施工图设计改为隧道;K46+100、K48+400、K53+600等处在实测放线中为避让大榕树调整线位,用心保护每一棵树,贯彻了"不破坏是最大的保护"原则。

图17-70 龙瑞高速公路在南天门下回环

公路征地范围以内有红椿、大叶竹节树、澜沧七叶树等几十株保护植物,考虑路线对其无法避让,施工中,指挥部在当地林业部门技术人员指导下进行精心策划和准确掌握树木移栽的配套技术,同时加强移栽后的精心管理,确保移栽成功;对位于公路征地范围以外的重点保护植物国家Ⅱ级保护植物、云南省省级保护植物以及本次未调查到的野生保护植物,指挥部都悬挂了醒目的树牌进行保护;离线位很近的名木古树,施工中采取树体包扎等保护措施,防止对树木的直接破损,如树旁取土、堆放材料、土壤碾压、施工机械和运输车辆的损伤等,一般树冠外5m以内必须保持原有的土壤环境。同时,在古树周围设围栏进行防护,所需费用应计入工程环境保护费用;以古树为中心500m范围以内严禁设置取、弃渣场,沥青拌和站,混凝土拌和站,施工营地等临时工程尽量远离古树名木。

此外,指挥部还在环保和水土保持办公室下设置项目公众投诉中心,请求环保局和水保机构将收集到的相关投诉及时送到公众投诉中心来处理,并不时与当地社区联系,询问投诉情况;实行"政府监督、项目业主管理、企业控制、全员实施"的工作机制,加强项目实施过程中环保、水保工作的管理力度,建立有效的环境监控机制,及时处理项目施工过程中出现的环境保护、水土保持问题和群众对环境问题的投诉,主动与属地环境保护、水利行政主管单位成立环境事故投诉处理中心,设置了环保水保办公室,并发公告到各公路沿线村办,受理相关环境投诉事务,转至中心统一处理。

6. 安全管理

指挥部以"平安工地"建设为抓手,强化"一岗双责、党政同责"主体责任落实,加强宣传教育,深化隐患排查治理,加大安全隐患整改落实的力度,构建安全生产长效机制;确保安全生产资金的投入,项目累计投入安全生产费7094.9万元,建设过程中未发生过重大安全生产责任事故。

7. 进度控制

项目位于云南省西部横断山脉之南西端,高黎贡山的南延部分。线路穿行于山间盆地与盆地之间的高山峻岭之中,沟谷纵横,地形地貌、地层岩性、地质构造、风化程度、地下水等条件复杂多变,工程地质条件较复杂,不良地质以滑坡、坍塌、泥石流沟、软土、软弱土及潜在不稳定边坡为主。官坡隧道、茅草坪3号隧道、三台山隧道、畹町隧道、老团坡1号特大桥、老团坡2号特大桥、南天门大桥、三十六道水大桥、黑山门大桥、瑞丽江特大桥(图17-71)为项目的难点工程;老团坡1号特大桥、老团坡2号特大桥、瑞丽江特大桥、畹町隧道为项目的重点及控制性工程。

2011年12月30日项目举行开工仪式后,由于建设资金困难,项目建设一直处于停工状态。2012年4月,项目建设资金有所好转,云南省公路投资公司确立了"控制性工程先行开工,按资金投入情况逐步实现全线开工建设"的工作思路,优先开展控制性工程"三桥一隧"建设。

图 17-71　瑞丽江特大桥

指挥部以"全面推进、重点突破"的工作思路,在保证质量和安全的前提下全力推进项目建设,并以组织保障、技术保障、资源保障、协调保障、质量保障、安全保障为推手,实行领导干部分工负责制,突出难点重点,各负其责,及时处理存在的技术问题,强化技术管理控制;督促参建单位强化人员、设备等资源配置,及时协调处理征地拆迁、工程纠纷、民工上访等问题;强化工程监理,强化质量控制,强化安全生产隐患排查整改力度,组织实施百日攻坚战、强化执行力,加快了工程施工进度。

2015年,云南省公路投资公司与龙瑞指挥部签订的生产目标责任书要求"5月30日前实现芒市至畹町段建成、9月30日前实现畹町至弄岛段建成、11月30日前实现全线建成通车的目标"的三个阶段目标任务;在2015年云南省重点项目建设推进会上,云南省交通运输厅与龙瑞指挥部签订了目标责任书,要求项目在2015年11月底前建成通车。围绕云南省公路投资公司的三个阶段目标任务和云南省交通运输厅要求,指挥部整合参建单位有效人力、机械资源,实行施工单位之间互帮互助、突破施工难点重点,指挥部干部职工坚守在工地一线督促并为施工单位协调解决困难和问题、与各参建单位一起加班加点推进建设进度,取得了较好效果,2015年5月30日、9月30日、11月30日如期实现芒市至畹町段、畹町至弄岛段及全线建成通车目标。

(四)科技创新

针对项目工程建设中一些关键技术问题,指挥部紧紧围绕边坡加固、生态环境与文化景观设计、多雨地区施工等方面开展科技攻关,提高科技含量。先后开展了"高原山区国门生态公路建设综合技术研究""石灰岩在云南省高速公路沥青路面抗滑表层中的应用研究""山区高低墩桥梁的抗震特性及减隔震措施研究""高速公路新型防治技术及智能预警系统研究与应用"共4个科研课题,投入科研经费1324万元。

"高原山区国门生态公路建设综合技术研究"课题成果在龙瑞高速公路全线加以深化利用,形成了《龙瑞高速公路生态及文化景观设计方案》,对提升龙瑞高速公路建设的品质具有重要意义。龙瑞高速公路文化景观装饰遵循安全通畅、多功能相统筹、工程与文化景观相协调、生态化建设原则,即保护与恢复并重、各种特色相统一的原则。在充分提炼沿线特色文化因子的前提下,系统植入沿线特色文化,打造安全通畅、生态和谐、驾乘环境舒适、极具沿线文化特色与艺术鉴赏性的公路文化景观,充分体现了龙瑞高速公路"国门生态和谐"路的主题形象。

"石灰岩在云南省高速公路沥青路面抗滑表层中的应用研究"课题结合龙瑞高速公路玄武岩沿线分布较少、开采成本高的实际情况,提出抗滑表层的抗滑性能与集料性质、混合料级配、潮湿状态、交通量等关系进行研究,从而为云南省高速公路沥青路面抗滑表层中粗集料的选择提供依据,为修筑性价比最高沥青路面抗滑表层提供指导。

第六节　G56杭瑞高速公路昆明绕城线

昆明绕城高速公路是昆明绕城高速公路内环线和昆明绕城高速公路外环线的总称。

昆明绕城高速公路内环线也称昆明市四环路,主要承担过境交通流转换功能,是实际意义上的环城路。

昆明市"四环十七射"工程,四环指二环快速路、三环快速路、昆明绕城高速公路内环和绕城高速公路外环。

昆明绕城高速公路内环由西北四环、东四环(东连接线)、南四环(南连接线)、昆安高速公路(用来连接西北四环与南四环)部分路段构成。

昆明绕城高速公路外环线也称为昆明市五环路,连接昆明主城和呈贡新区、安宁、富民及嵩明的昆明西北绕城高速公路,直接辐射、服务沿线的百万市民,承担过境交通流转换,加强昆明周边卫星城市横向联系功能。

昆明绕城内环线分为4个项目,分别是昆明西南绕高速公路、昆明西北绕高速公路、昆明南连接线高速公路、昆明东绕城高速公路。4条高速公路均列为G56杭瑞高速公路联络线,其中,西南绕城高速公路和西北绕城高速公路编号为G5601,南连接线和东绕城高速公路编号为G56S。

一、昆明西南绕高速公路——滇池之畔现彩虹

昆明绕城高速公路中的西南段位于昆明市南侧安宁市、昆明市西市区、晋宁县境内,

又称安宁至晋宁高速公路,是国家高速公路网 G56 杭州至瑞丽高速公路联络线 G5601 的重要组成部分;是国家西部开发省际通道兰州至磨憨公路的重要枢纽;是云南省"9210"干线公路骨架网(9 条放射线、2 条环线、10 条联络线)的环线之一;是昆明绕城高速公路网"两环五射"的外环之一。

昆明绕城高速公路西南段于 2010 年 12 月 31 日建成通车,又一条彩虹之路在滇池西南岸展现,并成为昆明滇池西南岸一条重要干道。

(一)项目特点

昆明绕城高速公路西南段(安宁至晋宁段)经余家海、海口抵达安宁桃花村,全长38.56709km,连接建成通车的西北绕连接线 3.92km,是连通昆玉、昆安两大高速公路的重要通道,可有效分流滇西至滇南方向交通(图 17-72)。公路通车后,从滇西州、市前往滇东南州、市,滇东南州、市前往滇西州、市的车辆,不必经过经常拥堵的昆明"南过境",直接在昆阳余家海或安宁和平村枢纽转入西南绕城高速公路,行程将从原来的两小时缩短至半小时。从海口前往昆阳、安宁的行程也缩短到 10 多分钟,有力促进现代新昆明"一湖四片"建设,对促进昆明成为现代化的国际性城市、增强中心城市的综合实力具有十分重要的意义。

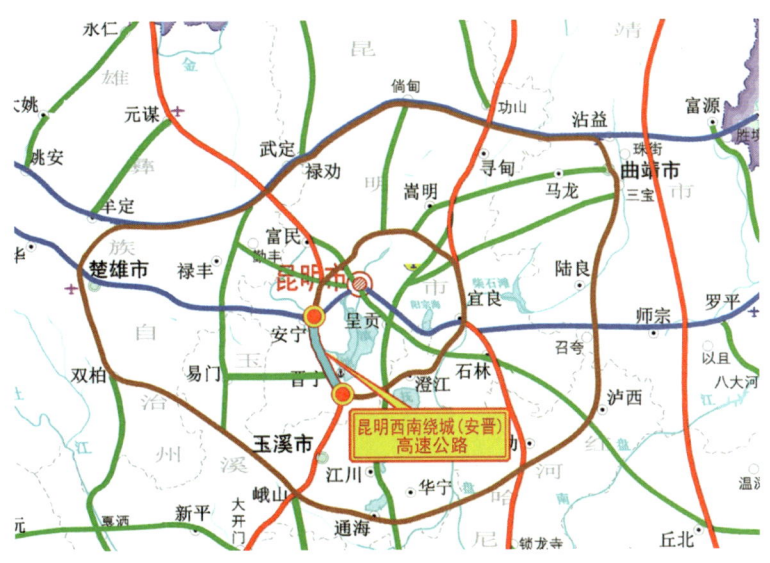

图 17-72 西南绕城高速公路平面布置示意图

西南绕城高速公路项目处于滇池流域的盆地区和水源涵养区,生态环保要求严格,沿线路网复杂,村镇密集、厂矿众多,距离老路较近,施工过程中保通压力大。地质有山丘石岭,有典型的喀斯特溶蚀地貌,有松软的冲积湖盆地形,有强风化岩,由淤泥、黏土、砂砾、碎石等复杂成分组成的地层结构,有多变和多层次的地形地貌,成因复杂,岩相变化大,不稳定,随时可出现崩塌、滑坡等不良情况,极大地增加了施工难度。

云南省公路局作为省交通运输厅委任业主建设国道主干线昆明绕城高速公路西南段,这是一次大胆尝试,为了建设好承担第一条高速公路任务,公路局专门引进专业技术人才,加强对高速公路建设的管理,确保了项目顺利建成通车,证明了公路养护人也是能够建设高速公路的,并且能建好高速公路。

(二)项目概况

西南绕城高速公路起点位于安宁市桃花村西南侧,由北向南布线,止于余家海枢纽立交,连接昆玉高速公路,接规划的东南绕城高速公路,路线全长 38.56709km,较原有老公路缩短里程 5km。全线设有 8 处互通式立交、3 处服务区、6 处收费站、1 处隧道管理所,设有收费(含计重系统)、监控、通信系统和隧道监控、照明系统,以及边坡防护、绿化和交通安全设施。

全线采用高速公路标准建设,设计速度 100km/h,路基宽度 33.5m,设计荷载为公路—Ⅰ级,设计交通量为 50738 辆/昼夜。主要工程数量有路基土石方 1426 万 m^3;防护工程 14 万 m^3;特大桥 4712.76m/4 座(单幅),大桥 7196.4m/20 座(单幅),中小桥 3441.56m/62 座(单幅);隧道 1349.5m/2 座(单幅);涵洞通道 186 道。

路面工程设计总厚度为 76cm,各结构层厚度分别为:级配碎石底基层厚度 20cm,总量为 111.06 万 m^2;水泥稳定碎石基层厚度 38cm,总量为 105.94 万 m^2;AC-25F 型粗粒式沥青混凝土下面层厚度 8cm,总量为 102.67 万 m^2;AC-20C 中粒式沥青混凝土中面层(添加抗车辙剂)厚度 6cm,总量为 137.16 万 m^2;AC-13F SBS 改性沥青混凝土上面层厚度 4cm,总数量为 135.11 万 m^2。

(三)前期决策

交通部以交规划发〔2004〕691 号文《关于国道主干线昆明绕城公路西南段可行性研究报告的批复》批准立项,以交规划发〔2004〕691 号文《关于国道主干线昆明绕城公路西南段可行性研究报告的批复》批准项目工程可行性研究报告,以交公路发〔2006〕279 号文《关于关于国道主干线昆明绕城公路西南段初步设计的批复》批准项目初步设计。云南省交通厅以《云南省交通厅关于国道主干线昆明绕城公路西南段(安宁至晋宁段)两阶段施工图设计的批复》(云交基建〔2008〕122 号),批准两阶段施工图设计。交通部批准安晋高速公路项目总概算 25.9 亿元,中央专项基金(车购税)计划安排 3.27 亿元,其余为国内银行贷款。工程批准开工时间 2007 年 12 月 10 日,建设工期为 36 个月。

(四)参建单位

西南绕城高速公路项目共分 10 个土建合同段、2 个路面施工合同段、2 个绿化施工合同段,施工承包人在本合同段工地现场设置项目经理部,委任一名项目经理,代表承包人履行施工承包合同,对本合同段工程施工管理负责;委任一名项目总工程师,对本合同段技术、质量负责;委任一名质检工程师,对本合同段质量检测工作负责。项目部成立中心试验室,按合同条款要求配备试验检测设备和试验检测人员;建立健全质量、进度、环保、安全、保通、物资、财务、宣传等各项管理制度,并设专人负责各项工作。

根据监督委员会出具的监督报告,经监督人员现场监督,国道主干线昆明绕城高速公路西南段建设项目以上开标、清标、评标工作均严格遵守国家相关法律法规,按照规定的程序和规范,始终遵循公正、公平、公开、科学的原则进行。评标委员会人员和辅助工作人员遵守职业道德,能客观公正地履行职责,自觉遵守评标工作纪律和要求,未发现有违法、违规和违纪的行为。

各合同方均能按照招投标文件认真履行合同,设计方能够及时准确提供图纸资料并派设计代表长期驻守工地;监理方按合同要求设置总监办、高监办和中心试验室,设备、人员均按合同要求按时进场并开展工作,满足合同要求;施工单位在合同签订后,按合同要求及时组建项目部和人员、机械、设备,按投标文件承诺及时进场,项目部主要人员变更按程序申报审批,变更后的人员资质符合招标要求,设计、监理、施工三方均能认真履行合同,未出现违约违规现象。

西南绕城高速公路建设从业单位信息见表17-24。

西南绕城高速公路建设从业单位信息采集表　　　　表17-24

序号	参建单位	单位名称	合同段编号及起止桩号	主要负责人
1	项目管理单位	昆明绕城公路西北段建设指挥部	K0+000~K38+500	陈改昌 马泽辉
2	勘察设计单位	云南省交通规划设计研究院	K0+000~K38+500	张发春
3	施工单位	中国云南路建集团股份公司	土建1标 K0+000~K5+160	冯庆文 张 宁
4		西南交通建设集团有限公司	土建2标 K5+160~K10+600	常安登 杨同军
5		中铁十五局集团第六工程有限公司	土建3标 K10+600~K17+000	王 斌 张开良
6		云南云桥建设股份有限公司	土建4标 K17+000~K20+300	刘明谷 罗春荣
7		云南路桥股份有限公司	土建5标 K20+300~K22+440	高国岗 李 云

续上表

序号	参建单位	单位名称	合同段编号及起止桩号	主要负责人
8	施工单位	四川川交路桥有限责任公司	土建6标 K22+440~K27+342.70	郭振友 唐郁川
9		山西路桥第二工程有限公司	土建7标 K27+342.70~K31+600	王建义 应向明
10		长沙市公路桥梁建设有限责任公司	土建8标 K31+600~K35+000	张建平 张春富
11		上海远东国际桥梁建设有限公司	土建9标 K35+000~K37+100	徐荣祥 王俊伟
12		衡阳公路桥梁建设有限公司	土建10标 K37+100~K38+500	刘书华 陈伟
13		云南第二公路桥梁工程有限公司	路面1标 K0+000~K17+000	王斌 李川
14		云南阳光道桥股份有限公司	路面2标 K17+000~K38+500	王昌政 邓云龙
15		云南长江云通环境工程有限公司	绿化1标 K0+000~K17+000	金少明 王兴
16		云南园景科技产业有限公司	绿化2标 K17+000~K38+500	罗恒 田淑丽
17		云南省公路局道桥技术工程公司	交安1标 K0+000~K17+000	余俊南 余晓江
18		云南长江现代交通设施有限公司	交安2标 K17+000~K38+500	沈学银 灿斌
19		北京诚达交通科技有限公司	机电1标 K0+000~K38+500	刘国发 胡雁鸣
20		云南建工第五建设有限公司	房建1标	夏歆昊 宁伯广
21		云南九州建设集团有限公司	房建2标	毛树荣 张艳斌
22	监理单位	云南云路工程监理咨询有限公司	监理1合同 K0+000~K38+500	马绍坤 覃晓琦
23		云南交通基建工程监理有限公司	房建监理 K0+000~K38+500	耿春咏
24		云南纪星交通工程监理咨询有限公司	机电监理 K0+000~K38+500	冯志新
25	设计咨询单位			

(五)项目建设

1. 项目筹备

根据云南省公路局《关于成立昆明绕城高速高速公路西南段建设的通知》(云路办〔2005〕238号)文件,成立了昆明绕城高速公路西南段建设指挥部,并取得了项目法人资格。指挥部受云南省公路局委托,全面负责安宁至晋宁高速公路的建设管理工作,指挥部下设工程质量督查处、工程技术处、合同管理处、综合办公室、财务处、物资供应管理处、征拆迁、安全保通处共8个处室。指挥部在强化工程组织管理中采取了多种措施,根据投资计划分解下达了各合同段六月目标生产计划,针对各期工程交叉施工的特点,细化工程组织方案,坚持把重难点工程和工程滞后标段作为工作重点,实行领导蹲点、重点监控、进度落后标段采取约见单位法人等措施;突出过程控制,使工程质量始终处于可控状态,加强对监理单位、监理人员的考核管理。

2. 项目实施

经云南省交通运输厅工程质量监督局、云南公路工程试验检测中心技术人员对昆明绕城高速公路西南段工程建设项目的路基进行检测验收,检测结果达到了零换板,质量优异。检测单位认为,这是近年来高速公路工程建设中少有的好成绩。

(1)认真落实云南省交通运输厅提出的"云南交通建设冲刺年"和"云南交通运输管理年"要求,确保西南绕城高速公路建成通车。按照交通运输部批复,昆明绕城高速公路西南段要在2010年底建成通车。如何完成西南绕城高速公路建设任务,向社会交一份满意答卷,让又一条彩虹在滇池之滨升起,是公路建设者们面临的一项艰巨而又光荣的任务。西南绕高速公路是2010年云南唯一一条国家重点公路通车项目,各级领导高度关注,人民十分关心。为确保2010年底建成通车的目标,指挥部制订倒逼工期施工组织计划,对剩余工程量进行细化、量化;组织开展"苦战100天、攻坚保目标"的"百日攻坚"劳动竞赛活动;要求各控制性标段的法人单位派出项目督导工作组进驻施工现场,对本单位工程项目(尤其是控制性工程)进行调研,形成该标段的实施情况和任务完成保障方案,确保实现通车目标;要求施工单位既要保证质量,又要保证进度,绝不能因为赶工期而放松质量标准,又好又快完成西南绕城高速公路建设。

指挥部把开展创先争优活动与开展"个人形象一面旗、工作热情一团火、谋事布局一盘棋"主题实践活动有机结合起来,全体党员以模范行动影响和带领职工,努力完成"大干100天确保西南绕城高速公路年底通车"工作任务,帮助项目部解决实际困难和问题。指挥部党员实行亮牌上岗,接受监督。项目通车之前,指挥部全体工作人员放弃节假日,认真执行一线工作法,领导干部建立责任人制度,到项目部蹲点,帮助解决问题,与项目部共进退,完成任务重奖,完不成重罚,直至调离工作岗位。各项目部党支部在工程艰巨地段设立"党员先锋岗,党员示范岗",党员佩戴党徽,把党员身份亮出来,充分发挥党员先锋模范作用。

(2)以追求完美的态度抓工程建设,不放过任何细节,又好又快建设好西南绕高速公路。指挥部以陈改昌指挥长为首的领导班子把追求完美作为工程质量管理的要求。指挥部从领导到处室人员,下到工地,首先是带着问题下去,下去后现场注重发现新问题,并及时解决问题,不放过任何细节,力增建设出一条优质的绕城高速路。一次,指挥部下工地检查,发现一个施工单位浇筑的近200m水沟不规范,陈改昌当即要求施工单位全部拆除重浇,并处以罚款。为了加强路面质量管理,指挥部举办路面施工技术培训班,请长安大学、东南大学教授对水泥稳定碎石基层施工(图17-73)、沥青路面施工技术进行培训,增强了对路面新规范、新技术的认识和掌握,为路面施工奠定了基础。在施工环节中,指挥部要求施工单位合理安排施工流程,先完成涉土部分工程,再进行油面工程,绝不允许泥土上路污染路面,油面施工前,用高压气泵吹干净路面。

图17-73　西南绕城高速公路水稳层施工

(3)抗大旱、保建设,减少干旱造成损失,积极开展自救,保证工程建设顺利推进。西南绕城高速公路建设期间,云南天气持续干旱,给云南的人民群众生产生活带来了巨大的影响,给绕城高速公路西南段项目建设带来巨大的损失。一是施工工地生产生活用水受到影响。西南段工程路基填筑施工需要大量用水来保证最佳含水率,桥梁、隧道需要大量用水来浇灌养生。由于干旱水源枯竭,导致施工用水取水运距增大,混凝土工程养生浇水次数增加,洒水降尘次数增加,加大了工程建设的成本。施工人员的生活用水也受到影响。二是由于持续干旱、降水稀少,导致电力部门限制用电,由此造成因限制用电导致施工用大量物资如水泥等不能按时供应;石料场随时停电,所需石料不能按量完成;隧道施工和桥梁施工需要大量用电。指挥部投入近百台发电机,成本增加巨大。三是由于持续干旱,导致森林火险等级上升,公路施工大部分路段处于森林覆盖地区,施工地段的森林防火要求提高,管理成本加大,绿化工程实施难度增大。

面对干旱造成的巨大损失,指挥部积极自救,在人力物力上加大投入,保证施工正常进行。发动指挥部和工地职工踊跃向干旱灾区捐款,共有24个项目部和绕城指挥部捐款101398元。

(4) 克服困难,打开局面,加快征地拆迁工作,为公路建设提供用地保证。征地拆迁是被戏称为"天下第一难"的一件事,特别是西南绕城高速公路位于昆明市,地理位置特殊,经济发达,人民群众法律意识强,相比其他州市难度更大、困难更多、阻力更大。西南绕城路全线建设用地4734.057亩。其中:耕地2720.28亩,园地8.7495亩,林地810.0285亩,其他农地399.294亩,国有建设用地463.179亩。概算批复征地拆迁费用为2.24亿元,经过竣工审计实际完成4.86亿元。地方政府负责具体实施征地拆迁工作,指挥部成立了安全保通征迁处负责协调、配合地方政府完成征地拆迁工作。全线拆迁各类房屋32137m^2,管道、电缆、光缆、高压线等线路改造115339m。指挥部积极主动协调,历尽艰辛,克服征地拆迁工作困难重重,正确处理好工程建设与地方群众生产生活的关系,解决施工中因征地拆迁、施工引发的各种矛盾和纠纷,为工程建设营造了良好施工环境,保证西南绕项目建设顺利进行。

(5) 落实科学发展观建设生态高速路。西南绕城高速公路经过滇池流域,为了加强对滇池水体保护,西南绕城高速公路项目已成为"西部公路建设中水资源保护技术研究"的依托工程,由交通运输部科学研究院提供技术支持,对桥梁施工期间(桩基施工)对水体水质的影响,本项目的建设对滇池及其河流水系的影响,泥质边坡、弃土场等处的水土流失防护技术等研究。施工过程中,在每次雨季来临之前,各施工项目部都按要求完成了弃土场、挖方边坡、填方路基、涵洞进出水口的排水系统,保证施工路段河道、灌溉沟渠畅通无阻,施工便道临时排水系统完善。同时,加强与环保、水保行政主管部门的沟通配合。督请行业主管部门继续加强对本项目环保工作的指导和支持,确保环保工作满足国家规范要求,得到社会的认可。

(6) 认真做好工程建设领域突出问题专项治理工作保证工程优质干部安全。指挥部成立了治理工作领导小组,制定工作实施方案,要求从指挥部各职能部门,对工程项目决策和履行基本建设程序工程招投标、工程分包、物资采购、设计变更、计量支付、施工监理、试验检测、质量安全、征地拆迁等重点部位和重点部门、重点人员进行了排查,发现情况及时查处。

指挥部和昆明市人民检察院共同制定了《昆明市人民检察院、云南省公路局关于在昆明绕城高速公路西南段建设项目中共同开展预防职务犯罪工作的实施意见》,成立了预防职务犯罪工作领导小组和日常工作机构,指挥部在与施工单位、监理单位、物资供应单位签订合同的同时,签订《廉政合同》,做到"工程干好,干部不倒。"

(7)突出监管重点确保施工安全。安全是最大的效益,指挥部根据工程进展调整安全管理手段,突出工作重点,努力消除各种安全隐患。坚持把重难点工程放在安全监管的突出位置。持续开展以桥梁和隧道为重点的安全隐患排查专项行动,重点加强安全制度和现场安全防护措施的贯彻落实,对友谊隧道和五标、九标、十标等标段的特大桥重点控制性工程实施重点监管,确保重难点工程安全管理全面可控。抓好安全宣传、教育、培训,做到人人重安全,天天讲安全,时时想安全。加大专项管理措施落实力度,进一步强化安全责任,指挥部与各施工项目部签订了《安全生产责任制》,实行安全生产一票否决制度,凡发生重、特大安全责任事故的单位,一律取消单位和主要领导的评先资格。进一步完善突发事件应急预案,各施工单位都相应制订了预案,全面建立起快捷的动态反应机制,确保了项目从开工到建成通车未发生大的安全事故。

西南绕城高速公路掠影——滇王之眼如图 17-74 所示。

图 17-74　西南绕城高速公路掠影——滇王之眼

(六)科技创新

指挥部邀请湖南大学、加拿大桥梁专家在西南绕城高速公路项目中实施无伸缩缝与施工技术,在桥梁上使用了"无伸缩缝半整体式桥梁设计与施工技术",获 2014 年云南省科学技术进步三等奖。项目在总结分析国内外无缝桥技术的基础上,大胆创新,提出全新的设计理念,通过试验研究和理论分析,将科技成果成功应用于试验桥上。

在同一项目中采用两种结构类型的无缝桥技术成功建造了 4 座(双幅 8 座)试验桥;试验桥全无缝长度达 160m,为国内已建造无缝桥中最长;首次明确提出半整体式无缝桥的设计理论和计算方法;采用 1∶1 足尺模型试验,进行了连续配筋接线路面耐久性研究。系统地进行无缝桥抗震性能研究。该项目的实施,结合云南省桥梁结构的具体特点,采用多种方式和长度范围,将调查研究、理论分析与试验相结合,开展适合云南特点并有推广应用前景的桥梁结构应用于高速公路的建设中,取消桥梁桥面伸缩装置,消除桥头跳车,减少桥梁运营中的养护成本,具有设备简单、施工工序和工艺方便快捷等优点,具有广泛的应用前景和良好的社会经济效益,为提高云南公路的运营形象和无缝桥梁的推广应用打下基础。

(七)运营养护管理

按照云南省政府、交通运输厅的安排,由省公路局与红塔集团昆玉高速公路开发有限公司合作开发建设昆明绕城高速公路西南段,昆明绕城高速公路西南段于2010年12月31日建成通车以后,由安晋公司组织日常养护管理工作。安晋高速公路全线共设6个收费站,全部为匝道收费站,共有38条收费车道(其中21条出口车道、17条入口车道)。2015年1月28日,因高海高速公路联网收费,海丰收费站撤除,安晋高速公路共有收费站5个、26条车道(其中15条出口车道、11条入口车道)。

根据部省有关要求,为满足收费管理需要,安晋高速公路于2014—2015年分期进行收费设备改造建设工程。首先,完成计重设备改造,将动态秤改造为大磅秤,全线共有大磅秤5台,每个站一台,动态秤10台。其次,安装ETC收费设备,2014年8月份完成昆阳收费站、海谷收费站ETC收费设备安装;2015年6月,在古城收费站、中新收费站、小海口收费站安装了ETC收费设备,是云南省首条通过后期改造建设实现全线ETC装置覆盖率达100%的高速公路。全线收费车道属性也因此发生变化,即出口MTC车道10条、入口MTC车道6条;出口ETC车道5条、入口ETC车道5条。

除了不断改善和提升收费硬件性能,更好地满足收费服务需要,安晋高速公路也非常重视营运管理工作,营运管理工作由公司四大部门之一营运管理部负责。部门下设三个管理中心,分别为收费管理中心、监控管理中心、机电维护中心。

公司上下齐心协力,克难奋进,锐意进取,经营不到五年,得到业内、社会的肯定和赞誉。累计获得各类奖项18项以上。在行业内,按照行业标准规范管理的同时,努力创新,提高经营管理水平,虽然路段里程不长,但对省内收费业务、行业标准等管理具有一定影响力和推动作用。

二、昆明西北绕高速公路——"北走蜿蜒"筑坦途

古滇名士孙髯翁在著名的大观楼长联中生动描述了昆明东西南北的四座山:"东骧神骏,西翥灵仪,北走蜿蜒,南翔缟素。"意思是说,东方的金马山像奔腾着的"神马",西岸的碧鸡山像高飞着的"凤凰",北面的长虫山像起伏爬行的"长蛇",南面的白鹤山像羽毛洁白的"仙鹤"。北面的蛇山,俗称长虫山,故用蜿蜒以形容山势似蛇的屈曲爬行。昆明

西北绕城高速公路位于昆明市西北侧,从蛇山通过,"北走蜿蜒"筑坦途。

(一)项目特点

昆明绕城高速公路西北段是云南省公路局继西南绕城高速公路(安晋高速公路)之后建设的第二条高速公路。指挥部在云南省交通运输厅、省公路局领导下,克服了建设资金筹措困难、征地拆迁情况复杂等重重困难,顺利推进项目建设。西北绕城作为绕城高速公路系统中连接西北方向的快速通道,在国家、云南省、昆明市各级路网中地位和作用突出。只有昆明绕城高速公路西北段建成才能充分发挥过境路网体系的整体效益,实现昆明西北过境交通流的分离,缓解昆明主城区交通压力,改善城市景观环境。昆明绕城高速公路西北段的建设,对推进昆明北部地区的开发和实施"一湖四环""一湖四片"的战略目标,促进昆明成为现代化的国际性城市,增强中心城市的综合实力具有十分重要的意义。

(二)项目概况

昆明西北绕城高速公路是昆明绕城高速公路内环、外环共用线,是国家高速公路网G56杭州—瑞丽高速公路联络线G5601的重要组成部分,对实现昆明西北过境交通流的分离,缓解昆明主城区交通压力,增强中心城市的综合实力具有十分重要的意义。经过3年艰苦奋战,工程于2013年11月8日建成通车。西北绕城高速公路地理位置如图17-75所示。

图17-75 昆明西北绕城高速公路地理位置示意图

昆明绕城高速公路西北段主线经桃花村—沙朗—大波村—八宝山,全线新建主线55.217km,利用原有高速公路9.2km,明朗连接线经明朗—太平,长5.2km,全线建设里程为60.417km。全线采用高速公路标准建设,设计速度80km/h,路基宽度32m,行车道宽度6×3.75m,平曲线一般最小半径400m,极限最小半径240m,最大纵坡5%,行车视距110m，桥梁宽度与路基同宽，车辆设计荷载为公路—Ⅰ级，抗震设防烈度Ⅷ度，设计洪水频率为特大桥1/300、大中小桥及其他构造物1/100，设计交通量为68329辆/昼夜（标准小客车）。全线主要工程数量有路基土石方2775万 m^3；防护工程30.7万 m^3；特大桥6879.41m/6座（单幅），大桥23354.35m/73座（单幅），中桥1586.3m/21座（单幅）；隧道17449m/10座（单幅）；涵洞通道208道。

路面工程设计总厚度为81.6cm，各结构层厚度分别为：级配碎石底基层厚度20cm，总量为147.5万 m^2；水泥稳定碎石基层厚度38cm，总量为139.1万 m^2；AC-25F型粗粒式沥青混凝土下面层厚度8cm，总量为106.99万 m^2；AC-20C中粒式沥青混凝土中面层（添加抗车辙剂）厚度6cm，总量为175.81万 m^2；AC-13F SBS改性沥青混凝土上面层厚度4cm，总数量为180.11万 m^2。

（三）前期决策

昆明绕城公路西北段建设项目，前期工作由昆明市交通局组织办理。2006年5月，《工程可行性研究补充报告》报交通部及国家发改委，交通部以交函规划〔2007〕21号文向国家发改委提交了《昆明绕城公路西北段可行性研究报告的审查意见》。2008年7月7日，云南省交通厅以云交规划〔2008〕505号《关于委托代行昆明绕城公路西北段建设项目业主的通知》，将该项目移交省公路局进行筹办。2009年8月25日，国家发改委以发改基础〔2009〕2202号文对国道主干线昆明绕城公路西北段建设项目《工程可行性研究报告》进行了批复。工可立项批复估算总投资55.6亿元，其中，国家安排中央专项基金（车购税）10.83亿元，云南省安排预算内资金5.5亿元、中央转移支付的燃油税3.78亿元作为项目的资本金，共计20.11亿元；其余资金利用国内银行贷款。2009年12月4日，交通运输部交公路发〔2009〕745号文《关于昆明绕城公路西北段初步设计的批复》对初步设计概算进行批复，概算批复总投资70.57亿元。由于项目工可报告编制上报时间为2004年7月，项目开工时间为2010年7月，项目列项跨度时间较长；项目实施过程中受物价上涨因素的影响，人工、材料、机械费用均在上涨；征地拆迁费用投入与概算批复相比相差太大，原工可路线方案在实施过程中由于与昆明市后期城市规划有冲突，路线方案需局部进行调整；建设期贷款利率已在上调。鉴于以上因素，原批复的概算投资已难以完成项目建设工作。根据工程施工实际投入情况，指挥部于2012年9月编制上报关于西北绕城高速公路建设的调概申请。交通运输部对西北绕城高速公路建设指挥部的调概申报资料进行认真审核后，以交公路发〔2012〕510号文《关于昆明绕城公路西北段调整概算的批复》对调整初步设计概算进行批复，调整概算批复总投资91.399亿元。2012年3月14日，交通运输部以交公路施工许可〔2012〕7号进行批复。开工日期：2010年7月1日，计划竣工日期：2013年6月30日。

(四)参建单位

为有力保障建设项目工程质量,保证项目建设规范有序,项目招标投标过程中,根据路基、桥梁涵洞、隧道、路面及其他沿线设施工程性质差异,对投标人的资质作了严格要求。路基、桥涵、隧道工程部分的招标,投标人需具有公路工程施工总承包壹级及其以上资质;路面工程部分的招标,投标人需具有公路工程施工总承包壹级及其以上资质,并具有公路路面工程专业承包一级资质;其他沿线设施部分则需具有相应专业一级及以上资质方可参与投标。西北绕城公路招标工作严格按照国家招投标的规定执行,通过云南省人民政府办公厅批示,采取邀请招标,资格后审。路面、绿化、交安、机电、房建工程均采用公开招标,资格预审。昆明绕城公路西北段土建施工共分为11个合同段,监理服务分为2个合同段,2009年12月21日,土建招标工作结束。专项试验检测2个标段,路面工程3个标段,绿化工程4个标段,交通工程安全设施3个标段,机电工程3个标段,房屋建筑设施3个标段,都采用资格预审、公开招标方式,在"中国采购与招标网"及"云南公共资源交易中心网"上发布"资格预审公告"进行招标工作。

由于本项目土建工程(含路基、桥涵、隧道)招标启动阶段,仅获有国家发改委的工程可行性研究批复,为响应省政府尽早启动项目开工的要求,采用初步设计资料进行招标,从而在项目实施过程中,存在边设计边施工的现象,且施工图设计图纸与初步设计图纸之间存在着很大的偏差,这无疑给项目的工程设计变更、工程台账、计量与支付管理、投资控制带来许多不确定因素,为尽可能避免建设项目先天不足带来的隐患,指挥部采取从项目部、监理、指挥部、审计层层把关的措施,实行一级复核、二级审核、跟踪审计审定制,即项目部对项目工程数据计算复核后报监理审核,监理审核后报指挥部审核,指挥部审核后提交审计单位进行审计定案。

西北绕城高速公路建设从业单位信息见表17-25。

西北绕城高速公路建设从业单位信息采集表　　　　　　　　　　表17-25

序号	参建单位	单位名称	合同段编号及起止桩号	主要负责人
1	项目管理单位	昆明绕城公路西北段建设指挥部	K0+000~K55+222.84	陈改昌 马泽辉
2	勘察设计单位	云南省交通规划设计研究院	K0+000~K55+222.84	张发春
3	施工单位	中国云南路建集团股份公司	土建附1标 K0+000~K1+350	冯庆文 张 凡
4		云南阳光道桥股份有限公司	土建附2标 K1+350~K2+965	罗聪明 杨玉全

第十七章
国家高速公路

续上表

序号	参建单位	单位名称	合同段编号及起止桩号	主要负责人
5	施工单位	云南第二公路桥梁工程有限公司	土建附3标 K2+965~K3+813	王 斌 郭 成
6		云南第二公路桥梁工程有限公司	土建1标 K3+813~K9+380	王 斌 杨建国
7		中交第二航务工程局有限公司	土建2标 K9+380~K15+820	向自立 周忠胜
8		云南第一公路桥梁工程有限公司	土建3标 K15+820~K21+953.97	刘书华 彭国平
9		西南交通建设集团有限公司	土建4标 K21+953.97~K29+787.94（=K31+500）	常安登 杨同军
10		云南阳光道桥股份有限公司	土建附8标 K31+500(=K29+787.94)~K34+20(=K32+487.94)	张林祥 何永林
11		中国云南路建集团股份公司	土建5标 K32+487.94~左K39+140；右K39+100	胡恩聪 杨路强
12		四川武通路桥工程局	土建6标左K39+140、右K39+100~左K41+860、右K41+900	夏 翔 刘长寿
13		云南路桥股份有限公司	土建7标 K41+860、右K41+900~左K44+923、右K44+880	高国岗 向开盛
14		云南阳光道桥股份有限公司	土建8标左K44+923、右K44+880~CK0+000(=左K50+000)、BK2+127.21(=右K0+000)	杨 勇 王俊伟
15		中国云南路建集团股份公司	土建10标左K50+000(=CK0+000)、右K0+000(=BK2+127.21)~左K55+222.84、右K5+511.181	张 凡 赵继武
16		云南第二公路桥梁工程有限公司	路面1标 K3+813~K21+953.97	王 斌 王石林
17		中国云南路建集团股份公司	路面2标 K21+953.97~K39+100	冯庆文 倪生会
18		云南路建集团宏程路桥工程有限公司	路面3标 K39+100~左K55+222.84	贾谨珲 李 勇
19		云南第二公路桥梁工程有限公司	连接线路面 K0+000~K3+813	王 斌 李 川
20		云南红杏园艺有限公司	绿化1标 K3+813~K15+820	戚 波 罗顺云
21		云南海侨园艺有限公司	绿化2标 K15+820~K29+787.94	吴建星 杨学斌

续上表

序号	参建单位	单位名称	合同段编号及起止桩号	主要负责人
22	施工单位	云南云岭高速公路养护绿化工程有限公司	绿化3标 K29+787.94~K44+880	罗素芳 毛红卫
23		云南嘉缘绿色产业有限责任公司	绿化4标 K44+880~K55+222.84	陈建贵 许 武
24		云南长江云通环境工程有限公司	连接线绿化 K0+000~K3+813	罗 恒 田淑丽
25		云南省公路局道桥技术工程公司	交安1标 K3+813~K21+953.97	赵建军 陶长健
26		云南长江现代交通设施有限公司	交安2标 K21+953.97~K39+100	苟用兵 彭兴林
27		云南云桥建设股份有限公司	交安3标 K39+100~K55+222.84	巴毅成 钱云刚
28		云南省公路局道桥技术工程公司	连接线交安 K0+000~K3+813	余俊南 余晓江
29		中海网络科技股份有限公司	机电1标 K3+813~K55+222.84	吴胜喜 范宏程
30		北京诚达交通科技有限公司	机电2标 K8+365~K10+155、K17+175~K18+090、K33+605~K34+120、K37+885~K41+745、K43+425~K44+755	刘国发 胡雁鸣
31		昆明荣成天宇控制系统工程有限公司	机电2标 K8+365~K10+155、K17+175~K18+090、K33+605~K34+120、K37+885~K41+745、K43+425~K44+755	殷寿陶 黄其伟
32		北京诚达交通科技有限公司	连接线机电 K0+000~K3+813	刘国发 胡雁鸣
33		大庆建筑安装集团有限责任公司	房建1标	高波林 曾良焦
34		十四冶建设集团云南第三建筑工程有限公司	房建2标	张 峰 邹来洪
35		云南九州建设集团有限公司	房建3标	苏一宇 李光海
36	监理单位	云南云路工程监理咨询有限公司	监理1合同 K0+000~K21+953.97	张绍成
37		云南省公路工程监理咨询公司	监理2合同 K21+953.97~K55+222.84	吴 军
38		云南交通基建工程监理有限公司	房建监理 K0+000~K55+222.84	耿春咏
39		云南纪星交通工程监理咨询有限公司	机电监理 K0+000~K55+222.84	周海榆
40	设计咨询单位	贵州交通规划勘察设计研究院	K0+000~K55+222.84	冯文刚

（五）建设情况

1. 项目筹备

为了尽早推进昆明绕城公路西北段项目建设工作，云南省公路局于2008年6月28日以云路办〔2008〕323号文批准成立昆明绕城公路西北段建设工作领导小组，于2009年12月下发通知，由陈改昌任指挥长，黄洲源任党总支副书记，马泽辉、付彦、陈荣刚、杨冠武任副指挥长，负责昆明绕城公路西北段建设项目的筹备建设管理工作。工作小组成立后便着手拟定建设项目的实施方案及相关管理办法，建立健全管理体系，以建设指挥部为项目管理机构，下设监管稽查处、工程技术处、合同管理处、办公室、财务处、物资处、征迁安保处，并通过公开招标方式引入第三方监理，成立项目总监办，确保建设项目各项管理到位。

为了对建设项目有效实施管理，各参建单位对应项目建设指挥部管理机构成立了工程施工项目部，项目部施工管理人员，严格按照其投标文件中人员安排进行配置，施工项目部入场后，根据招标文件要求及投标文件承诺，建设工地试验室，配齐试验检测设备，配置施工机械设备。接受监理单位的监督指令，服从指挥部的安排管理，严格按照施工图设计进行施工，严格管理、规范施工、保证质量。

2. 项目实施

为有效推进昆明绕城公路西北段项目建设进程，使工程建设全面有序地均衡进行，确保项目优质按期完成，指挥部本着全面有序、突出重点、超前安排、分解落实、现场督促的原则具体组织实施，做到组织落实、措施落实。同时，根据昆明绕城公路西北段建设总工期及每标段工程量，工程进度实行阶段目标考核管理。以半年为一个阶段目标，指挥部指挥长与项目经理签订阶段目标责任书，在阶段目标责任书中将本阶段承包人需完成的项目工程量、金额、形象进度作出明确规定，作为业主对承包人进行工程进度目标考核的依据。承包人按业主下达的阶段目标任务精心组织、科学管理，充分调度好人、财、物等各种资源，确保目标任务的完成。

（1）全面推行项目管理工作"五化"要求

西北绕城公路共有桥梁31732m/（单幅）100座，隧道17414m/10（单洞）座，有7处互通式立交，桥隧约占路线长度的37.31%。结合项目的这些特点，指挥部以狠抓混凝土工程质量为龙头，努力解决工程的质量通病，做到规范施工、文明施工，使桥隧、路基工程的工程质量都在动态控制纠偏中，工程质量始终处于完全可控状态。按照规范化施工的要求，指挥部要求各项目部必须做到规范化和工厂化施工，提高预制梁板的内在质量及外观质量。指挥部组织开展了"混凝土质量通病治理"主题活动，一是从混凝土生产的源头上进行质量控制，混凝土质量管理做到商品混凝土站自检，项目部现场检测，总监办抽检和指挥部监管几道环节的控制,有效地保证了混凝土的质量;二是开展钢筋保护层厚度专项治理工作,各项目部采用改进垫块质量、加密垫块数量和强化验收制度等措施提高钢筋保护层厚度合格率,经过治理,保护层厚度合格率达到 80% 左右。通过活动的开展,有效降低或减少了混凝土质量通病。在西北绕城公路通车之前经过交通运输厅质监局进行交工检测,没有发现大的质量问题,没有发生桥梁梁板换板情况,取得了优异的工程建设质量。

(2)想方设法打开建设资金筹措新局面

从 2012 年开始,西北绕城公路建设资金一直紧缺,指挥部一边配合公路局千方百计筹措建设资金,一边和西北绕城公路施工的各项目部、材料供应商积极想办法筹措建设资金,确保了西北绕城公路建设持续推进。在银行没有对西北绕城公路项目发放贷款,指挥部连续几个月没有给项目部支付计量款情况下,指挥部千方百计、想方设法筹措部分资金确保控制性工程正常推进,西北绕城公路建设工程得以快速推进,实现了 11 月 8 日建成通车的目标。

(3)不留死角做好征地拆迁工作

西北绕项目由地方政府负责具体实施征地拆迁工作,指挥部成立了安全保通征迁处负责协调、配合地方政府完成征地拆迁工作。全线建设用地 7515.3215 亩。拆迁房屋 489353.63m^2。其中:安宁市征地 1534.7865 亩,拆迁房屋 11000m^2;西山区征地 2541.59 亩,拆迁房屋 45166m^2;五华区征地 1566.7095 亩,拆迁房屋 63915m^2;盘龙区征地 1872.2355 亩,拆迁房屋 369272.63m^2。根据昆明市人民政府《关于西北绕城公路征地拆迁补偿指导意见》的精神,西北绕城公路征地拆迁所需资金总计约为 23.34 亿元。国家交通运输部批复西北绕城公路征地拆迁概算资金为 6.27 亿元,专款用于征地拆迁的建安营业税初步测算约为 1.5 亿元,两项合计为 7.77 亿元,超出概算 15.56 亿元,征地拆迁资金缺口巨大。西北绕城公路全线途经昆明市城郊接合部,沿线情况十分复杂,既要征占集体土地,又要征占各类大型企事业单位及部队土地,在指挥部领导的多方协调下,涉及的这些突出问题得到了解决。经过指挥部和各级部门的协助努力,西北绕城公路征地拆迁工作主体全部完成,影响施工征地拆迁问题全部解决,为西北绕城公路建设提供良好施工环境。

(4)落实安全生产一岗双责制度

指挥部成立了安全生产领导小组,与各施工项目部签订了《安全生产责任书》,建立健全了各级各部门的安全生产责任制,把隧道、特大桥、大桥、边坡、地方道路改移以及雨季施工管理作为安全管理工作的重中之重,采取切实可行的措施,不断强化施工现场管理。施工中重点加强隧道施工安全管理,认真落实指挥部各项管理制度,做到洞口 24 小时值班、进出洞人员登记制度;洞内开挖作业面与二次衬砌距离符合规定,要求作业面必须有逃生管道及应急食品药品等制度措施;坚持隧道每道工序跟班旁站,以确保隧道施工质量及安全始终可控。在西北绕城公路即将通车前夕,指挥部加强对前期已经建成的起点和平村至桃园路段的交通控制,先是请武警进行交通管制,后期由收费员内保堵卡控制社会车辆进入西北绕城公路。通过这些措施和办法,安全和质量得到了有效控制,未发生重大安全事故。西北绕城公路开工以后,部、省、市等多级安全部门先后分别多次对西北绕城公路建设项目进行了系统的安全生产大检查,对检查中指出的安全隐患,指挥部按质按时地进行了整改。西北绕城公路项目取得了未发生重大安全事故的好成绩。

(5)加强综治维稳工作的宣传教育

西北绕城公路建设项目工期紧、任务重,面临的困难多,社会矛盾突出,指挥部领导对综治维稳工作始终高度重视,及时拨付征地拆迁资金,避免了因征地拆迁资金不到位引起的一些安全治安事件,保证项目建设的顺利开展和平稳推进。同时,指挥部针对各项目部的实际,与当地公安机关派出所组织群防联动,对施工场地坚持每天不少于 2 次的治安巡查工作。针对高速公路建设的复杂性和艰巨性,指挥部举办了安全保通人员法制、安全保通、综治维稳培训班。指挥部按照云南省公路局做好综治维稳工作的要求,成立信访工作领导机构,严格信访制度落实,严防严控群体上访和越级上访,及时排查消除信访隐患,形成整个西北绕城公路建设项目信访一盘棋格局。从西北绕城公路 2009 年 12 月 18 日宣布开工,直至西北绕城公路建设接近尾声,没有因为信访工作处理不当而出现重大信访、上访事件,确保了西北绕城公路工程建设顺利推进。

(6)深入开展项目廉洁及预防职务犯罪工作

指挥部加强对昆明绕城公路西北段工程建设领域突出问题专项治理工作。在各项目部指定廉洁督察员,明确督察员具有对整个工程全面的知情权、参与权、问责权、询问权,对工程建设进行廉洁监督,对失职的领导或工作人员及时向组织和上级纪检检察机关汇报。到西北绕城公路建设完成施工任务,在公路局纪委、昆明市检察院和指挥部党总支的共同监管下,没有一起党风廉政方面的举报信,也没有发生任何党风廉政方面的案件,做到了工程优质、干部优秀、施工队伍安全。指挥部严格按照上级有关党风廉政建设的一系列指示精神和要求,认真落实好"一岗双责",建立健全领导班子重大问题决策程序,严格执行《云南省各级领导干部"五不准"》规定,进一步促进西北绕城公路项目的廉政工程建设,有力地促进了指挥部党风廉政建设工作。

晚霞里的西北绕城高速公路如图 17-76 所示。

(六)重大变更

昆明绕城公路西北段附三合同段和平村枢纽立交三次跨越成昆铁路,原设计方案为:主线桥 K3+430 左幅第 7 跨(右幅第 6 跨)采用 60m 现浇箱梁跨越、匝 AK0+872 桥第 23 跨和匝 BK0+461 桥第 1 跨采用 45m T 梁跨越。在施工初期,指挥部就跨越成昆铁路的施工方案与昆明铁路局进行接洽,昆明铁路局从成昆铁路的营运安全和拟建铁路的路基安

全宽度要求出发对原设计方案提出了意见,经双方多次协商,达成重大变更意见:

一是为确保施工期间成昆铁路的运行安全,将原设计 K3+430 桥跨越成昆铁路的 60m 现浇箱梁变更为钢箱梁。二是为保证拟建铁路项目的路基安全宽度,在匝 AK0+872 桥尾增加一跨 20m 的空心板桥,匝 BK0+461 桥头增加一跨 20m 的空心板桥。同时,根据铁道部相关规定,跨越铁路的工程必须是具有铁路施工资质的施工单位才能施工。指挥部根据此规定,通过竞争性合同谈判,确定了由中铁十四局集团有限公司进行施工。涉及跨成昆铁路的几项变更合计增加金额 38635024 元。

图 17-76　晚霞里的西北绕城高速公路

(七)科技创新

指挥部在全线推广使用"桥梁预应力智能张拉系统",提高梁板预应力张拉质量的控制水平,确保了梁板的质量和耐久性。在全国部分省份发生桥梁、隧道坍塌后,指挥部领导认为除保证混凝土质量外,必须加强桥梁、隧道的质量管理,积极推广应用新技术和新设备,进一步加强和提高梁板预应力张拉和灌浆质量的控制,为此,指挥部邀请湖南大学教授、桥梁专家对桥梁预应力张拉施工的质量控制、施工管理及施工工艺控制进行培训。之后,指挥部再次引进预应力管道大循环智能压浆设备一套,提高梁板预应力管道压浆质量,防止预应力锚索的锈蚀,确保梁板的使用寿命。这些先进技术和设备的应用,对提高和确保西北绕城公路梁板预制的质量发挥了重要的作用。

2012 年 4 月 14 日,时任交通运输部质量监督局局长李彦武一行 9 人,按照五年一次的各省高速公路建设质量督查要求,对昆明绕城公路西北段的质量、安全管理进行现场督查。看到西北绕城公路 8 标预制的梁板像镜子一样发亮,督查组对西北绕城公路桥梁梁板预制质量给予极高的评价,肯定了西北绕城公路使用预应力智能张拉和大循环压浆新技术、新工艺对梁板预制质量控制的成绩,特别是 8 标的梁板预制质量,认为达到了全国的一流水平,要求组织省内单位进行学习推广。随后,云南省交通运输厅召开会议,组织全省公路建设指挥部和质监站人员到8标参观学习,按照交通运输厅要求,指挥部因梁板预制质量优异对8标项目部奖励人民币50万元。

(八)运营养护管理

昆明绕城公路西北段于2013年11月8日正式通车营运,并与滇西、滇南高速公路实现联网收费。根据《云南省人民政府关于同意昆明绕城高速公路西北段收取车辆通行费的批复》(云政复〔2013〕74号)文件进行收费,客车车辆通行费基本费率按普通路段0.50元/车公里、计费桥梁隧道1.10元/车公里计算,货车车辆通行费实行计重收费,基本费率按普通路段0.09元/(t·km),计费桥梁隧道0.187元/(t·km)执行。

昆明绕城公路西北段全线共设6个收费站(九龙主线收费、茨坝匝道收费站、桃园匝道收费站、团结匝道收费站、普吉匝道收费站、明朗匝道收费站),共有车道61条。其中,入口MTC车道15条、出口车MTC道32条;入口ETC车道7条、出口ETC车道7条。

云南国道主干线昆明绕城高速公路建设有限公司非常重视营运管理工作,营运管理工作由公司四大部门之一营运管理部负责。部门下设西北绕城高速公路营运中心、中心收费站、监控中心、路产管护稽查大队和隧道管理所等职能部门,统筹协调各部门全力做好通行费征收、道路安全及收费情况实时监控、道路稽查、隧道管理维护及机电设备设施维修维护,切实保障西北绕城高速公路全线道路安全、通行顺畅、队伍稳定,共创和谐、安定的双赢局面。

公司上下齐心协力、克难奋进、锐意进取,按照行业标准规范管理的同时,努力创新,提高经营管理水平,以服务全省乃至全国市民为中心,通过专业的征费营运管理素养和坚持不懈的"铺路石"精神,塑造优良的公路文化形象、优质的公路服务形象。

三、昆明南连接线高速公路——下穿滇池建隧道

昆明南连接线高速公路也称昆明绕城高速内环中线、南绕城高速,是昆明市政府采用BOT方式自行筹资建设的省市重点工程。项目自2004年12月立项,2014年8月30日建成通车,工程建设历时十年。

(一)项目特点

昆明南连接线高速公路是国家高速公路网G56杭州至瑞丽高速公路联络线G560S的重要组成部分。项目建成实现了昆明市绕城高速公路内环系统(南连接线—昆安高速公路一段—西北绕城高速公路—东绕城高速公路)闭合,连接了昆玉、昆石、昆曲、昆安和昆武等5条入昆高速公路,对完善昆明市路网结构、分流过境交通、缓解主城交通拥堵、实

现客货分流、形成"货走外环,客走内环"的新交通格局和货运快速过境通道具有十分重要的作用,被列为云南省和昆明市重点工程。

昆明南连接线高速公路设置了第一条下穿滇池草海通行货车的隧道,有目前西南地区最大的单跨桥梁步履式顶推施工,也是昆明类似项目中跨越道路和水系最多的工程(沿线上跨既有及规划道路20余条,与4条地铁线交叉,上跨5条既有及规划铁路线,跨越19条河道和3个水库)。全线5个控制性节点工程为草海隧道(含滇池路下穿地道)、庄家塘立交、杜家营立交、南昆铁路跨线桥和大冲立交工程。

(二)项目概况

1. 基本情况

昆明南连接线高速公路起点K0+000为昆安高速公路高峣立交桥预留的(A、B)匝道接口,通过草海隧道下穿草海,再下穿滇池路,随即经过大坝村、周家村,在庄家塘与既有环湖公路、广福路、红塔东路构成枢纽立交,向南转向经六甲、罗衙村、中营、傅家营、高庙、云龙村后,向东经照西村跨越昆洛路,在杜家营附近跨越昆玉高速公路以及昆洛公路,分别在堆臼村附近跨越堆臼村塘和倪家营北侧跨越南昆铁路继续东行,最后在K24+998.258与东连接线的民办科技园立交相连接,形成整个南连接线主线(图17-77)。全线在河尾村、庄家塘、杜家营、大冲(民办科技园)4处设置互通式立交。

图17-77 昆明南连接线地理位置图

全线采用高速公路标准建设,双向六车道,主线设计速度采用100km/h和80km/h(草海隧道—主线收费口)两种,匝道设计速度40~50km/h。主线路基宽度33.5m,匝道路基宽度8.75/11.0/16.0m。

全线共计路基工程土石方挖方63万m^3、填方124.1万m^3(不包括草海隧道大坝填、挖土方量),特大桥7座10240.492m,大桥5座2322.26m、通道及涵洞26座、隧道2座

2098m、互通式立交4处。为了便于收费及运营管理,全线设管理用房5处。设置了完善的收费、通信、监控、安全、养护、管理系统。

南绕城高速公路批准概算总投资86.405075亿元,其中股东注册资本金19.71亿元,银行贷款46.69亿元。沿线各区县统筹资金20亿元。

2.参建单位

2011年9月6日,上海隧道工程股份有限公司与上海建元投资有限公司共同成立昆明元朔建设发展有限公司,经过招投标程序成为本项目的合法投资人。

2011年9月21日,昆明元朔建设发展有限公司与昆明市交通运输局签订了《投资建设－经营维护－移交(BOT)合同》。

全线分为1个施工总承包合同段(下设5个土建项目经理部和1个机电项目经理部)、5家土建监理部和1家机电监理部。

本项目勘察设计单位:上海市政工程设计研究总院(集团)有限公司、上海市隧道工程轨道交通设计研究院、中国中铁二院工程集团有限责任公司(表17-26)。

昆明南连接线高速公路建设从业单位信息采集表　　　　表17-26

序号	参建单位	单位名称	合同段编号及起止桩号	主要负责人
1	项目管理单位			
2	监理单位	英泰克工程监理(上海)有限公司	K0+000~K3+600	王渠
3		上海宏波工程咨询管理有限公司	K3+600~K7+600	于云志
4		上海浦桥工程建设监理有限公司	K7+600~K14+000	司锡亮
5		云南省公路工程监理咨询公司	K14+000~K20+000	思锦峰
6		云南铁路工程监理有限责任公司	K20+000~K24+998.258	窦利明
7		重庆中宇工程咨询监理有限责任公司	K0+000~K24+998.258	宁波
8	勘察设计单位	上海市政工程设计研究总院(集团)有限公司	K1+420~K7+600	杨科炜
9		上海市隧道工程轨道交通设计研究院	K0+000~K1+420	顾闻
10		中国中铁二院工程集团有限责任公司	K7+600~K24+998.258	张俊
11	施工单位	上海隧道工程股份有限公司	K0+000~K3+600	秦军
12		上海隧道工程股份有限公司	K3+600~K7+600	秦军
13		上海隧道工程股份有限公司	K7+600~K14+000	秦军
14		上海隧道工程股份有限公司	K14+000~K20+000	秦军
15		上海隧道工程股份有限公司	K20+000~K24+998.258	秦军

上海隧道工程股份有限公司作为施工总承包单位。

本项目监理单位:英泰克工程监理(上海)有限公司、上海宏波工程咨询管理有限公司、上海浦桥工程建设监理有限公司、云南省公路工程监理咨询公司、重庆中宇工程咨询监理有限责任公司、云南铁路工程监理有限责任公司。

(三)建设情况

1. 项目筹备

2003年4月25日,云南省交通厅以云交计〔2003〕139号文《关于昆明绕城公路规划的批复》批复了本项目公路规划,本项目正式立项。

2004年10月29日,昆明市发展和改革委员会以昆发改外资〔2004〕205号文《关于建设昆明南绕城高速公路项目建议书的批复》批复了南绕城高速公路项目建议书。

2009年2月18日,云南省水利厅以云水保〔2009〕34号文《关于昆明南连接线高速公路工程水土保持方案可行性研究报告书的函》批复了本项目水土保持方案可行性研究报告。

2009年5月20日,云南省发展和改革委员会以云发改交运〔2009〕858号文《关于昆明南连接线高速公路可行性研究报告的批复》批复了本项目可行性研究报告。

2009年7月29日,云南省国土资源厅以云国土资预〔2009〕209号文《关于昆明南连接线高速公路建设项目的用地预审意见》批复了本项目用地预审申请报告。

2009年8月18日,云南省发展和改革委员会以云发改交运〔2009〕1560号文《关于昆明南连接线高速公路工程两阶段初步设计的批复》批复了本项目的初步设计。

2011年10月27日,中华人民共和国国土资源部以国土资函〔2011〕1002号文《关于昆明南连接线高速公路工程建设用地的批复》批复了本项目的建设用地。

2011年12月14日,云南省交通运输厅以云交基建〔2011〕345号文《关于昆明南连接线高速公路工程两阶段施工图设计的批复》批复了本项目的施工图设计。

2013年3月25日,云南省交通运输厅以云交施工许可〔2013〕1号文《昆明南连接线高速公路工程施工许可申请书》批复了本项目的施工许可申请。

2013年9月17日,云南省发展和改革委员会以云发改基础〔2013〕1551号文《关于昆明南连接线高速公路工程可行性研究补充报告的批复》批复了本项目的可行性研究补充报告。

2014年3月11日,云南省发展和改革委员会以云发改基础〔2014〕315号文《关于昆明南连接线高速公路补充初步设计的批复》批复了本项目的工程初步设计修编总说明。

2014年6月16日,云南省交通运输厅以云交费〔2014〕175号文《关于南连接线收费有关事宜的批复》批复了本项目的联网收费及站点设置。

2014年7月11日,云南省交通运输厅以云交基建〔2014〕211号文《关于昆明南连接线高速公路施工图预算的批复》批复了本项目的施工图预算。

2014年8月19日,云南省人民政府以云政复〔2014〕28号文《关于同意昆明南连接线高速公路收取车辆通行费的批复》批复了本项目的收费标准。

本项目因前项目公司从2009年开工建设,2010年底,因政策调整及方案变更,投资主体进行了变更,昆明元朔建设发展有限公司成为本项目的合法投资人。昆明元朔建设发展有限公司作为本项目的建设单位,成立之初注册资本金14亿元。2014年4月,为顺利推进项目建成后的运营养护管理及股权回购等相关工作,昆明元朔建设发展有限公司引入昆明市高速公路建设开发股份有限公司入股,同时注册资本金增加至19.71亿元。

2. 项目实施

项目的实施过程中,把抓好工程质量放在第一位,确保了分项、分部、单位工程交工验收合格;同时做好各项安全工作,在建设过程中没有发生重大安全事故。为确保工程进度,在昆明市政府及相关部门的协调下,在主管部门市交运局的大力推进下,区政府协调完成征地拆迁任务,施工单位发扬拼搏奉献、争创一流的精神,监理单位、设计单位、建设单位24小时进行现场监理和服务,在保证施工质量和安全的前提下加快工程进展,确保计划目标实现。

(1) 坚持"质量第一"的方针　强化质量控制

①明确目标。路基工程密实稳定、桥涵工程内实外美、路面工程舒适耐久、交通工程安全协调;消除质量通病,包括路基下沉开裂、软土地基沉陷、桥梁伸缩缝和桥头跳车、沥青路面的早期破损、预应力结构孔道压浆不实等。分项工程合格率100%,杜绝发生重大质量事故和一级一般质量事故,有效防止发生质量问题。按《公路工程质量检验评定标准》及相关规定的要求,全部工程的施工质量达到一次验收合格标准,工程质量满足设计及规范要求,竣工验收达到优良等级。交工验收前,建设单位提供完整的工程试验、质检及质量评定资料,按照《云南省公路工程竣工文件编制实用范本》的要求,完成"公路工程竣工文件编制内容"中的竣工文件编制工作。

②健全体系。建立了健全的"政府监督、社会监理、企业自检"的三级保障体系,并在工程建设中落到实处。政府监督工作由市交通质量监督局负责。市交通质监局从工程第一次工地例会进行监督交底,到首件制的检查和验收、施工过程中的专项检查和综合检查、重要工序的转序验收等,对工程建设现场进行全过程的检查监督,使本项目的质量状况始终处于政府监督之下。社会监理由招标选择的国内监理公司承担。监理部在自己的职责范围内,依据合同文件,坚持所辖全部工程范围的质量巡检,并按规定的频率对工程质量进行抽检,对施工进行全天候、全过程、全方位的旁站监理,充分利用检查、签证等手段对各道工序实行全面质量控制。企业自检由施工总承包部落实,施工单位严格按要求全项目、全频率对材料、半成品及成品、工序控制进行100%自检,并将自检资料报监理部审查,对不合格或缺陷工程进行返工处理。

③控制工序。一是严格控制过程。对一般性分部、分项工程,施工单位编写标准化施工要点和施工工艺要求;对关键部位和技术复杂的分部分项工程,专门编写了作业指导书

(《南连接线小箱梁作业指导书》《南连接线预应力张拉作业指导书》《南连接线商品混凝土管理作业指导书》等),主要内容有工程概况、主要施工方法、操作过程、结构计算、施工详图、质量要求及标准、测试方法和要求、材料和设备计划及要求等,切实做到按规范办事,凭数据说话。建立工序交接制度,上道工序不合格,下道工序不准开工。二是制订关键部位技术措施。对路基压实、软基处理、排水防护、路面结构、台背填筑、桥面伸缩等关键项目,要求各施工单位依据设计文件和有关技术规范,结合现场实际采取明确的施工技术保障措施,确保工程质量。

④加强监控。在认真落实三级质保体系的基础上,通过监理部加大巡检力度,落实月度监理报告、监理质量单、暂时停工令等日常质量管理手段,对重点部位、重要工艺、关键工序等实行全过程旁站,及时发现、纠正、处理工程施工中的各种问题。通过加强全线监理工作检查,及时召开监理会、现场办公会、经验交流会,加强技术指导与交底,突出了质量管理的超前性,强化了服务作用。通过实施监理培训、学习、考试、考勤、考核、奖惩等手段,使监理人员的职业道德和业务素质不断提高。坚持"人员材料不准备好不准开工,未经检验认可的材料不准进场,未经批准的施工工艺不得使用,上道工序未经验收下道工序不得进行"的"四不准"原则,有效把好事前指导关、工序工艺关、过程控制关、试验检测关、事后检查关、质量检评关,对出现的质量问题采取"坚决返工、适当罚款、彻底落实"的措施,确保了工程质量处于受控状态。

⑤加强试验管理。完善质量检测手段搞好工序控制,从每一道工序,每一个细节入手,全过程跟踪检测以确保工程质量。昆明南连接线高速公路工程下设两个施工单位工地试验室。即第一工地试验室(1标、2标、3标)及第二工地试验室(4标、5标),一个专项检测单位(含桩基检测、钢结构检测、预应力检测、功能性检测等非常规试验),同时委托确定了第三方试验检测单位——江苏交通科学研究院做好施工过程标准试验审批及抽检工作。

通过以上一系列的质量控制措施,本工程实现了无重大质量事故和分项工程合格率100%的质量目标,被列为"昆明市质量兴市示范单位"。

(2)坚持"安全第一、预防为主、综合治理"的方针

牢固树立"以人为本、安全发展"的理念,建立年负伤事故频率0.05%以下,杜绝重伤、死亡、火灾、设备、食物中毒等重大事故的安全生产管理目标。建立健全安全生产的各项管理制度,并切实加强安全生产管理。强化"谁管理、谁负责"的原则,切实落实"抓生产必须抓安全"的准则,加强事前控制和事中控制,通过建立安全检查制度,以形成施工单位"自查"、监理单位"监查"、建设单位"巡查"的管理机制。通过检查,及时发现问题,对发现问题按"三定"(定人、定时、定措施)要求并"闭口"处理。

项目建设中没有发生重大安全事故。其中2标段被云南省住房和城乡建设厅列为

2013年度云南省建设工程"质量安全标准化工地"。

(3) 统筹规划、合理安排　确保工程建设顺利实施

①确定工期目标,加强计划管理。根据项目总体工期要求,施工总承包单位编制了总体进度计划、年度进度计划、季度进度计划和月度进度计划,每月的月初安排进度计划会,根据施工进度计划相应制定了资金使用计划、材料供应计划和设备调配计划。施工单位对照形象进度和工作量,按单位、分部工程和月、周将各类计划分解细化到工区、班组,在时间和空间上做到连班作业和合理交叉。

②严格工程重点,加强生产调度。一是加强组织调度,确保施工力量。建设期间,要求各施工、监理单位主要负责人不变,管理人员不减,并根据不同阶段,适时调动补强相应专业化施工队伍,使其满足工程所需。二是加强设备调度,确保施工手段。工程自开工之日起,就要求施工单位的机械设备和检测试验仪器根据合同规定按期保量到场,并组织进场验收。施工期间坚持设备的动态管理,对架桥设备、路基"挖、运、平、压"设备、路面拌和设备、摊铺设备、碾压设备等确定选型和数量标准,同时留有储备余地,使工程建设配置较强的机械作业能力。三是加强材料调度,确保施工资源。施工总承包单位按月收集各标段的材料报表和供货计划,组织监督供需双方供货、进货情况,及时发布材料质量、价格、供货能力以及服务措施信息,协调供需双方合作关系,监督材料结算支付情况,保证了材料及时足量供应。四是加强会议调度,确保施工部署。通过每月召开生产计划会和监理例会,按期部署生产任务,及时发现施工问题,采取相应措施,现场检查,监督落实。

③严格工序环节,加强现场管理。针对各个工艺工序环节,按照施工技术规范,加大现场管理力度。优先安排通道、涵洞、小型构造物施工,广开作业断面,为路基尽早贯通创造了条件。在桥梁施工中,抢抓基础施工,及时组织模板和吊装设备进场到位,确保下部结构到上部结构的工序转换,实行了同步交叉作业。对路面工程,提前抢抓备料,实行拌和、运输、摊铺、压实一条龙作业,基层、面层分幅分层顺序推进,全面展开施工。对于交安工程,路面上基层完成后迅速进行防护立柱插桩,护栏、隔离栅、标志标牌随同顺序施工。对于关键性工程、滞后性工程,采取调整队伍、增大投入等措施,促使其加快进度,确保工程建设连续不断,紧张有序向前推进。

(四) 复杂技术工程

昆明南连接线高速公路工程有两大工程难点,其一是下穿滇池草海的草海隧道,其二是跨越运营中的南昆铁路线的南昆铁路跨线桥。

1. 草海隧道

工程地处西山区境内,是南连接线高速公路穿越草海水域、连接两岸的关键节点工程

（图17-78）。本工程呈东西走向，双向六车道，主线暗埋段全长1297m，A匝道敞开段长190m、B匝道敞开段长245m，新河敞开段长220m。A、B匝道在草海中与主线相接，主线隧道过草海后在新河社区起坡，随后设隧道下穿滇池路。

图17-78　草海隧道前期施工

草海隧道规模大，工程工期紧张，施工难度大。

2. 南昆铁路跨线桥工程

南昆铁路跨线桥工程主桥主跨跨越既有南昆铁路，为一座钢混结合梁桥，桥长230m，中跨长100m，两个边跨分别长65m。南昆铁路跨线桥桥面按双向六车道设计，双幅桥总宽33.5m，每幅桥宽16.5m，两幅桥净距0.5m。根据铁路主管部门批复意见，中跨8号墩侧63m梁段及大里程侧65m边跨，总计梁段长度128m采用顶推法施工，顶推桥段的总质量近2000t。从规模上看，这是云南省最大的步履式顶推施工钢混结合梁桥，也是全国最大的跨越铁路的步履式顶推施工的钢混结合梁桥。

（五）科技创新

昆明南连接线高速公路建设单位结合所承担的工程积极开展相关科学研究工作，通过产学研相结合，一方面解决了工程中的技术难题，另一方面也积累了相关科研成果。

2014年，结合草海隧道工程和跨南昆铁路桥工程开展了相关技术研究和科研攻关，目前已经完成了两个科研项目的研究报告，完成了3个发明专利和2个实用新型专利的申报（国家专利局已经正式受理，并分别发布了申请号或专利号），完成了3个施工工法的初稿（正在办理后续相关程序手续），其中结合南昆铁路跨线桥项目"跨越铁路大跨度钢混结合箱梁桥步履式顶推施工关键技术研究"，全面总结了钢混结合梁桥步履式顶推施工中的关键技术，并开展专项研究。

项目成果对于钢混结合梁桥步履式顶推施工具有重要的指导作用，推动了步履式顶推施工方法在跨越铁路的钢混结合梁桥上的应用,具有广阔的应用前景。

项目成果已应用于昆明南连接线高速公路工程五标段 K22+578(K22+551)南昆铁路跨线桥的步履式顶推施工中。在顺利完成桥梁建设、节省施工工期、保证桥梁施工安全等方面发挥了重要的作用。

(六)运营养护管理

1. 收费站点设置

昆明南连接线高速公路全线设置河尾村、周家村、庄家塘 3 个收费站口。其中,周家村收费站主线收费站共 15 条车道(5 进 10 出,ETC 车道 1 进 2 出);庄家塘匝道收费站含 3 个匝道口共 10 条车道(6 进 4 出,ETC 车道 1 进 1 出);河尾村匝道收费站含 3 个匝道口共 7 条车道(2 进 5 出,ETC 车道 2 出)。

2. 车流量发展状况

昆明南连接线高速公路通车后,车辆通行流量及经济效益迅速增长。2014 年 8 月 30 日通车到 2014 年 12 月 31 日的总车流为 1062920 辆,全线平均交通量为 8572 辆/日,其中小型车辆为 983191 辆,大型车辆为 79729 辆。2015 年 1 月 1 日到 2015 年 12 月 31 日总车流量为 11381492 辆,全线平均交通量为 31182 辆/日,其中小型车辆为 8611165 辆,大型车辆为 2770327 辆。根据工可报告预测,南连接线到 2020 年车流量将增长到 32328 辆/日左右,到 2025 年增长到 48395 辆/日左右。随着社会经济的发展和车辆拥有量的迅猛增长,南连接线高速公路发挥的社会效益和经济效益也会越来越大。

四、昆明东绕城高速公路——一路连通 5 高速

一条路连通 5 条高速公路和 7 条省、市级公路,像一条丝带将散落在各条道路上的"珍珠"串起来,带动昆明东部地区经济的快速发展,大大提高运输效率,对缓解昆明市过境车辆所造成的拥堵发挥了重要作用。这条路就是昆明东绕城高速公路。

(一)项目特点

"一路飞接南北,十八弯瞬间变成一路通!"昆明东绕城高速公路起到了为昆明过境交通与出入城交通"画龙点睛"的作用。昆明东绕城高速公路是一条串起多条"大动脉"的交通纽带,连接了昆曲、昆石、昆玉、南绕城及新昆明国际机场 5 条高速,并与 7204 公路、贵昆公路、昆洛路、安石路、广福路、东二环路、东三环路 7 条省、市级公路相连。东绕城高速公路净高 66.6m 的白沙河特大桥建成时是昆明最高的桥身。

(二)项目概况

昆明东绕城高速公路是国家高速公路网 G56 杭州—瑞丽高速公路联络线 G560S 的

重要组成部分，全长25.482km，主线北起双龙乡乌龙村北侧接昆曲高速公路，经两面寺、阿拉乡等地，跨接昆石高速公路，南止于广福路跨接昆玉高速公路、南绕城高速公路（图17-79）。昆明东绕城高速公路是昆明市和滇东北方向通往滇南、远走东南亚的又一个主要出口。

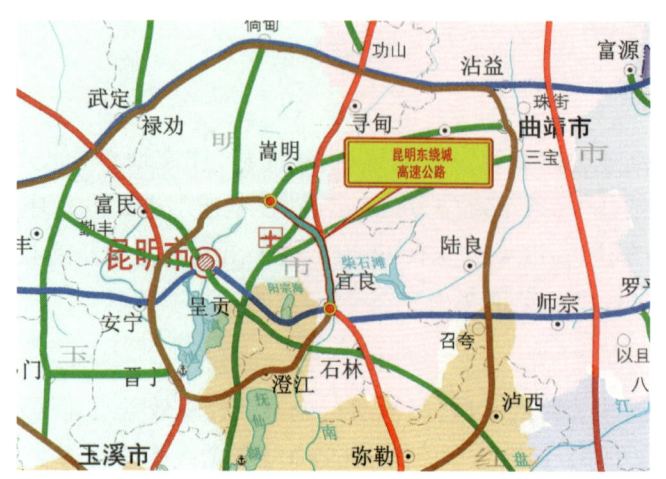

图17-79　昆明东绕城高速公路位置图

昆明东绕城高速公路有黄龙山隧道左右线各一座，大中桥梁共29座，其中特大桥2座、互通式立交桥6座。项目投资审定概算29.38亿元人民币。

昆明东绕城高速公路主线工程为双向六车道高速公路（公路左右幅另设有3m宽紧急停车道各一条），路基宽度35m，路面为沥青混凝土，道路路面结构层81cm（其中碎石垫层15cm、水泥稳定层3×17cm、沥青混凝土6cm+5cm+4cm），桥面混凝土铺装层6cm+4cm改性沥青混凝土。设计荷载为汽超—20、挂—120。

(三) 建设情况

1. 前期决策

本项目于2000年启动，2003年3月17日昆明市建委向市人大汇报城建工作，提出了昆明市西部大开发十大基础设施建设工程，国道昆明东连接线（昆明东绕城高速公路）被列入其中。2000年8月，昆明市建委委托昆明市规划设计研究院完成了东连接线项目建设书编制工作。2000年10月由昆明市城投公司委托云南省公路勘察设计院编制《国道昆明东连接线工程可行性研究报告》。2001年7月，昆明市规划建设委员会第九次会议对东连接线（昆明东绕城高速公路）规划方案进行了批复。2001年3月，昆明市十一届人大一次会议通过了《昆明市国民经济和社会发展第十个五年计划纲要》，东连接线列入了昆明市"十五"计划18项重大基础设施项目，作为现代交通网络的重点工程之一。

2002年4月24日，云南省计委、省交通厅联合以云计基础〔2002〕590号文件对东连接线可行性研究报告进行批复。与此同时,昆明市政府在上述工作基础上开展招商引资工作,先后参加了中国厦门投资贸易洽谈会、北京基础设施招商会、中国东西部合作与投资贸易洽谈会、天津春季全国商品交易会等大型招商会。2002年6月8日,在第十届昆明出口商品交易会上,由昆明市城投公司与深圳市安远投资集团有限公司、香港同诚科技有限公司签订东连接线投资合作协议,确定以"BOT"模式共同投资建设东连接线。2002年9月,项目合资公司——昆明绕城高速公路开发有限公司完成了报批手续正式注册成立。

2002年10月,项目完成了设计同时面向全国开展招标工作;2003年7月,云南省交通厅以云交基建〔2003〕302号文件对初步设计进行批复。设计单位据此转入施工图设计,云南省交通厅对施工图审查验收后,以云交基建〔2004〕350号文件进行了批复。

2002年9月19日,项目取得云南省国土资源厅关于东连接线建设用地地质灾害危险性评估结果的初审意见,并报国土资源部认可;2002年12月16日取得项目用地意见书;2003年取得项目建设用地规划许可证;其间,通过了昆明市滇池管理局审查;2003年3月18日获得了云南省国土资源厅关于《昆明东连接线压覆区及可能影响范围内矿产资源调查》的批复;编报《项目环境影响评估报告》,并于2003年4月16日获国家环保总局批复;2003年6月10日取得云南省水利厅关于东连接线水土保持方案的批复,在征占用林地报批方面,获得国家林业总局使用林地审核同意;在道路建设用地方面,取得省政府与国土资源部批准。项目建设所有法定手续按程序进行。

2. 参建单位

(1)设计单位

本工程的设计分为三个标段,设计第一合同段为主线K0+000~K11+600,设计第二合同段为主线K12+670至终点,设计第三合同段为主线两面寺互通式立交和支线K0+725~K6+850。设计单位分别是铁道第一勘察设计院、铁道第二勘察设计院和上海市政工程设计研究院。交通工程由重庆交通科研设计院承担设计。除虹桥立交在规划基础上新增加规模外,经批准的设计总概算为29.38亿元人民币。

(2)施工单位

本项目施工合同共分为24个,根据项目的总体安排大致分七次完成施工单位的招标。

全线重点控制性的标段第三合同段、第五合同段施工单位分别为重庆城建控股(集团)有限责任公司和重庆对外建设总公司。

主线桩基工程第一合同段施工单位为江苏地基工程总公司,桩基第二合同段和支线桩基施工单位为中铁八局集团昆明铁路建设集团有限公司,桩基第三合同段施工单位为广东地质建设工程集团公司。

主线第二、六、七、八、十一施工合同段的施工单位分别为中铁四局集团公司、中铁十三局集团有限公司、中铁十三局集团第五工程有限公司、中铁八局集团昆明铁路建设有限公司、中铁十六局集团第一工程有限公司。

主线第一、九、十施工合同段的施工单位分别为中铁二十局集团第二工程有限公司、中铁八局集团昆明铁路建设有限公司。

主线第四–A、四–B、支线一、支线二、支线三施工合同段的施工单位分别为云南第五公路桥梁工程有限公司、中铁二十局集团第四工程有限公司、中铁十七局集团第一工程有限公司。

路面一、二施工合同段的施工单位为中国云南路桥建设集团股份有限公司。

交通机电工程、交通安全设施、路灯工程施工合同段施工单位分别为陕西高速交通工贸有限公司、广东六达交通工程有限公司、广州市丰远能源科技有限公司。

（3）监理单位

本工程的监理分为四个合同段，监理第一合同段的监理范围为主线K0+000~K11+302.21，监理第二合同段的监理范围为K11+302.21~K18+460，监理第三合同段的监理范围为K18+460~YK25+551.834，监理第四合同段的监理范围为支线全段。监理单位分别是贵州省交通建设咨询监理有限公司、重庆中宇工程咨询监理有限责任公司、中国华西工程设计建设总公司(集团)工程监理部、昆明建设咨询监理公司。由于工程进度的原因签订监理合同三个月后监理第二合同段申请终止监理服务合同，通过市招标办审查批准，将监理第二合同段的主体变更为贵州省交通建设咨询监理有限公司。

东绕城高速公路建设从业单位信息见表17-27。

东绕城高速公路建设从业单位信息采集表 表17-27

序号	参建单位	单位名称	合同段编号及起止桩号	主要负责人
1	项目管理单位	昆明绕城高速公路开发有限公司	K0+000~K25+482	安代成
2	监理单位	贵州省交通建设咨询监理有限公司	K0+000~K17+500	张大维
3		中国华西工程设计建设总公司(集团)工程监理部	K17+500~K25+482	李兴达
4	勘察设计单位	铁道第一勘察设计院	K0+000~K11+600	周明强
5		铁道第二勘察设计院	K12+670~终点	刘昌义
6		上海市政工程设计研究院	K0+725~K6+850	夏炎军
7	施工单位	中铁二十局集团第二工程有限公司	K0+000~K2+150	雷耀军
8		中铁四局集团有限公司	K2+150~K4+900	姚国明
9		重庆城建控股(集团)有限责任公司	K4+900~K6+600	李相平
10		云南阳光道桥有限公司	K6+600~ZK7+355/Yk7+662	曲丽安
11		中铁二十局集团第四工程有限公司	ZK7+355/YK7+662~K8+300	雷耀军
12		重庆对外建设总公司	K8+300~K11+600	何强

续上表

序号	参建单位	单位名称	合同段编号及起止桩号	主要负责人
13	施工单位	中铁十三局集团有限公司	K11+600~K12+670	苏 杰
14		中铁十三局集团第五工程有限公司	K12+670~K15+460	苏 杰
15		中铁八局集团昆明铁路建设有限公司	K15+460~K18+460	李正平
16		中铁八局集团有限公司	K18+460~K20+830	崔兴德
17		中铁八局集团昆明铁路建设有限公司	K20+830~K24+180	崔兴德
18		中铁十六局集团第一工程有限公司	K21+180~YK25+580	黄美华
19		江苏地基工程总公司	K0+000~K12+670	杜文华
20		中铁八局集团昆明铁路建设有限公司	K15+460~K18+460	眭经理
21		广东省地质建设工程有限公司	K18+460~K25+580	陈少阳
22		中国云南路桥建设集团股份有限公司	K0+000~K12+670	张 敏
23		中国云南路桥建设集团股份有限公司	K12+670~K25+580	张建明

3. 项目实施

昆明东绕城高速公路项目采用"BOT"模式进行建设,由深圳市安远投资集团有限公司和香港同诚科技有限公司共同出资组建外商投资企业——昆明绕城高速公路开发有限公司作为项目公司,负责项目投资、开发、建设和运营管理,取得特许经营权25年。昆明绕城高速公路开发有限公司注册资本为12725.70万美元,合资各方认缴出资和所占注册资本比例如下:深圳市安远投资集团有限公司认缴出资为8780.73万美元,占注册资本的69%;香港同诚科技有限公司认缴出资为3944.97万美元,占注册资本的31%。该项目概算投资总额为35600万美元(折合人民币293800万元),项目投资总额中项目资本金占35%、银行贷款部分占65%,项目资本金由深圳安远投资集团有限公司和香港同诚科技有限公司负责向昆明绕城高速公路开发有限公司缴付出资,银行贷款部分由昆明绕城高速公路开发有限公司作为借款人向商业银行贷款。2010年9月,根据昆政办复〔2010〕2号《关于国道东连接线高速公路回购有关事宜的批复》及昆国资复〔2010〕179号《关于昆明市交投公司回购东绕城高速公路有关事宜的批复》文件精神,深圳市安远控股集团有限公司将绕城公司的全部股权转让给昆明市交通投资有限责任公司,自2010年9月2日,昆明市交通投资有限责任公司持有昆明绕城公司100%股权。

昆明东绕城高速公路于2004年3月开工,主线至2006年12月28日竣工。道路工程共完成路基土石方822.83万m^3,软土地基处理1.88万m^3,混凝土路面244117m^2,沥青路面628212m^2。为了保护沿路植被,工程在设计上采取"宁桥勿填,逢谷架桥"的方法,超常规设置密集的桥梁,大中桥梁共29座,其中特大桥2座,互通式立交桥6座,黄龙山隧道左右线各1座,涵洞44道。

为了减少对环境的破坏,全线3477根桥梁桩基础大多数采用人工挖掘。同时,工程还采取有效措施减少对土地资源的占用和环境的污染。在建设过程中,针对挖方和填方数量相差不大的情况,采取将挖土用作填土的方式,既提高了施工效率,又减少了弃土堆放污染环境的时间,减少了开挖量及弃土的占用,有效保护了周边环境,防止了水土流失。

全线征用土地4582亩。批准机关:昆明市国土局,省国土资源厅(云国土资耕函[2005]69号文件和云政发[2004]35号文件),国土资源部(国土资函[2005]196号文件)。

昆明东绕城高速公路共拆迁房屋76006.675m^2。其中框架结构房屋10173.625m^2;砖混结构房屋20105.91m^2;砖木结构房屋33437.34m^2;简易房屋12289.8m^2。

(四)运营养护管理

昆明东绕城高速公路建成后,设置6个收费站,采取科学、新型的计重收费方式,从源头上控制超限运输车辆对公路、桥梁造成的损害,体现了"少载少缴、多载多缴,空载受惠、超载受罚"的公平合理收费原则。从原来的严查超载转变为通过价格杠杆,鼓励货运人员不要超载。

第七节　G5611 大理—丽江高速公路

大丽高速公路——铸文化旅游品牌

"公路建设中,人民会因两座城想到一条路;公路建成后,人们会由一条路想到两座城。"

这条路就是大丽高速公路(图17-80),两座城就是大理和丽江。

图17-80　活力四射的大丽高速公路

第十七章
国家高速公路

从空中俯瞰,大理—丽江高速公路犹如一条彩练飘舞在洱海东岸,绕山岭,钻隧道,直抵丽江。它将大理、丽江两个世界级旅游城市紧紧相连,沿线及辐射区内汇集着众多名山大川,更有十余个少数民族的历史文化景点和神奇的自然风光,全线配套设施也十分完善,还采用了不少高科技和人性化的新设计,是一条名副其实的"黄金旅游线路",铸造了一条真正意义上的旅游观光之路和文化体验之路。

安全、舒适、养眼的路游体验,是国内外"路人"品鉴大丽高速公路的最直观感受。

(一)项目特点

大丽高速公路连接滇西北大理、丽江、迪庆三个世界级的旅游景区,辐射怒江州,成为连接和通达滇川藏"大香格里拉"旅游区的主要通道。大丽高速公路主线全长192.465km,同步建设深长村、松园桥和丽江A、B四段连接线49.288km,互通式立交连接线17.923km,合计建设里程259km,核定概算为188亿元(含建设期贷款利息126300.63万元),批复工期4年,是云南高速公路建设史上里程最长、规模最大、投资最多的高速公路项目。

大丽高速公路是云南省直接连通藏区的第一条高速公路,是云南省首条按交通运输部新的技术标准调整完善初步设计的高速公路建设项目,是我国首个开展建设理念研究并定位为文化旅游公路组织实施的高速公路项目,是云南省首个推行交通运输部"五化"标准的试点项目,是全国交通基础设施建设"平安工地"创建示范项目,在全国交通建设领域首次探索建立各参建施工单位工会联席会议制度和农民工临时党支部,开创了公路建设领域综治及党建新模式。这些探索和实践在云南乃至全国高速公路建设领域发挥了示范引领作用。

(二)项目概况

大丽高速公路是国家高速公路网规划中G56杭瑞高速公路的联络线G5611,是国道214线西宁至景洪公路云南境内的重要组成部分,也是云南省"9210"干线公路骨架网的连接线丽江至南涧公路中的一段(图17-81)。主线起于大理市凤仪镇小丰乐村,南与楚大高速公路相接,经华营、海东、挖色、双廊、邓川、洱源、牛街、拉渣坡、甸南、剑川、九河、白汉场、石金山、拉市海,止于丽江市黄山垭口西侧。深长村连接线起于大理市南侧关巍二级路与老国道320线交叉口,与关巍公路相接,路线设天井山隧道,过大理市凤鸣村、龙翔村、大凤路、长发村,止于云浪接华营立交;丽江连接线A段接主线止点,经黄山垭口进入丽江坝子,设福慧平交后止于西安路;丽江连接线B段起于束河镇东侧,止于庆云路;松园桥连接线起于白汉场立交,经中坪、中古村、雄古、上元村、齐坪、王家村,止于松园桥南岸桥头,接中甸—松园桥二级公路。

图 17-81 大理—丽江高速公路位置示意图

全线主要控制点为大理市的小丰乐村、凤仪、华营、上登、尊庄、海东、南青山、挖色、双廊、文笔村,洱源县的邓川镇、右所镇、茨碧湖镇、三营镇和牛街乡,剑川县的甸南镇、金华镇,丽江市的九河、石金山、拉市海、丽江。项目主线采用双向四车道高速公路标准建设,设计速度80km/h,路基宽24.5m。深长村、丽江A、丽江B三段连接线采用一级公路标准建设,设计速度80km/h,路基宽24.5m;松园桥连接线采用二级公路标准建设,设计速度80km/h,路基宽12m。互通连接线采用一级、二级公路标准建设。全线设置凤仪枢纽、华营、海东、挖色、双廊、邓川、洱源、牛街、甸南、剑川、白汉场、拉市海等互通式立交12处,2处管理分中心,1处主线收费站,12处匝道收费站,2处服务区,4处停车区,5处养护工区,3处隧道管理站,2处通信监控分中心。

大丽高速公路途经大理、丽江两州市辖区,以山地、平坝、河谷三种地形为主,地貌以山间盆地为主,由沟谷、湖泊等地形组成,地势西北高、东南低,海拔最低点为丽江松园桥,海拔1810m;海拔最高点位于丽江城西马鞍山,海拔2820m。路线所经地段多坝区、山岭区,位于青藏、滇缅、印尼巨型"歹"字形构造体系东支中段偏北与三江南北向经向构造体系复合部位,主要影响公路项目的构造带为南北向构造带、北北西向构造带及北西向构造带。岩性为灰岩、板岩夹砂岩、中-细粒石英砂岩、砾岩、炭质页岩等。深厚湖相软土分布较广,软土路基段长51km,约占全线总里程的20%,沿线山岭河谷区分布有滑坡、泥石流、岩溶塌陷及坍岸等地质灾害。

桥梁多、隧道多是大丽高速公路建设的一大特点,因而不少路段建成后便形成桥接隧、隧连桥奇观。长育大桥风采如图17-82所示。大丽高速公路共设有桥梁435座,单幅长98km,其中千米以上的特大桥15座,单幅总长23868.54m,其中最长的挖色特大桥长

2651m(双幅);有长200m以上的大桥121座,单幅计总长70209m。全路布有隧洞10座,单幅计总长37822m。虽然隧洞数量不多,但单幅隧洞的长度长,施工难度大。其中,花椒箐隧洞单幅长4390m,石金山隧洞单幅长3885m,双龙隧洞长3814m。全线还有涵洞363道。全线桥隧比例高达31%。软地基处理总长73km,占总里程28%,碎石桩1000万m。建设这条高速公路使用钢材44万t、水泥206万t、沥青12万t。

图17-82　长育大桥风采独具

项目工程主要构造物为冲孔桩基、圆形或方形墩柱、T形梁、空心板梁、现浇混凝土箱梁;分离式隧道、连拱隧道等。

项目于2010年6月26日正式开工,2013年12月30日建成通车,较批复工期缩短7个月。

1.前期决策

2009年10月9日,交通运输部向国家发改委报送《关于大理至丽江公路项目建议书的审查意见》(交函规划〔2006〕482号),原则同意采用高速公路标准建设大丽高速公路,建设工期为4年。

2009年10月9日,国家发改委以《国家发展改革委关于云南省大理至丽江公路可行性研究报告的批复》(发改基础〔2009〕2512号),批复了项目的工程可行性研究报告。

2009年12月18日,交通运输部以《关于大理至丽江公路初步设计的批复》(交公路发〔2009〕765号),批准了项目的初步设计及概算。

2010年5月10日,云南省交通运输厅以《云南省交通运输厅关于大理至丽江高速公路土建工程两阶段施工图设计的批复》(云交基建〔2010〕180号),批复项目施工图设计。2010年5月24日,交通运输部批准大丽高速公路开工建设,2010年6月26日,指挥部下达开工令。

2. 参建单位

2006年10月25日,云南省公路投资公司批准组建云南大丽高速公路建设指挥部,担负大丽高速公路的建设管理,对项目工程质量、工期进度、安全生产、环境保护、水土保持、工程投资、党风廉政、综治维稳、公路文化全面负责。任命孙乔宝为指挥长,唐平祥为常务副指挥长,杜江荣为党总支书记,张国辉、刘惠初为副指挥长,赵栋琪为总工程师。

为满足工作需要,指挥部下设综合办、工程处、合同处、财务处、安全处、征迁处、物资处、监管办、大理分指挥部、洱源分指挥部、丽江分指挥部,共有干部职工139人。

指挥部通过全国公开招标,经过公平、公正评审,坚持择优选择的原则,共有110家设计、施工、监理、检测、技术服务单位参与大丽高速公路建设。

大丽高速公路勘察设计共有4个合同段,在大丽高速公路勘察设计工作中,着重考虑公路与自然环境、地形地貌的协调一致,考虑地质条件和工程建设的社会人文环境,强化地质选线,做到环保优先、景观协调,贯彻可持续发展的指导思想,把大丽高速公路建设成为一条具有交通安全性、行车舒适性、景观协调性、生态持续性、经济适用性的山区高速公路。

承担大丽高速公路建设施工任务的各施工单位根据施工承包合同规定的条款,建立健全组织管理机构,建立以总工程师为中心的质量自检体系,成立安全保通队伍,投入机械设备和施工、管理人员,完善党组织领导下的监督保障机制,开展创建"党员先锋岗"和建立"党员责任区"活动,围绕"创全优、争国优"的投标承诺,科学管理,严密组织,昼夜奋战,确保了质量优、进度快、环保好的建设施工目标,全面履行了投标承诺。大丽高速公路施工合同段共有91个。其中,土建44个、路面11个、绿化工程16个、房建工程6个、交通安全设施6个、消防工程3个、机电1个、沿线设施3个、隧道洞门景观工程1个。所有施工单位均能全面履行合同,项目管理人员按时到位并长期驻守工地现场,工作责任心强、业务管理水平高,在确保工程质量的前提下,加快工程进度,圆满完成各项施工任务,最终实现了整个项目提前完工。

大丽高速公路项目实行第三方监理,监理合同段共有16个。其中,设计监理4个、土建和路面工程监理6个、绿化监理3个、房建监理1个、交安监理1个、机电监理1个。监理工作紧紧围绕质量、安全、进度、投资四大重点,成立了在指挥部、各监理合同段总监理工程师领导下的多级管理体系,下设监理管理办公室、中心试验室、总监办和驻地办。各监理单位严格执行监理工作方针、法规、合同文件及业主各项管理办法;以工程质量监理为核心,严格执行监理程序,按规定签认工程数量,控制工程费用;监理人员坚守现场,实行全天候巡查和稽查,发现问题立即整改,切实把质量、安全管理措施落到实处,使工程质量始终处于受控状态。同时,牢固树立廉洁自律意识,忠于职守,做到了对业主负责,让业主放心,使承包人满意。

第十七章 国家高速公路

大丽高速公路建设从业单位信息见表17-28。

大丽高速公路建设从业单位信息表　　　　　　　　　　表17-28

序号	参建单位	单位名称	合同段编号及起止桩号	主要负责人
1	项目管理单位	云南大丽高速公路建设指挥部		孙乔宝、张国辉、赵栋琪、潘　俊、唐平祥、杜江荣、刘惠初
2	勘察设计单位	云南省公路规划勘察设计院	勘察设计1标	韩世华
3		中交公路规划设计院有限公司	勘察设计2标	栗志海
4		云南省公路规划勘察设计院	勘察设计3标	曾云川
5		云南省公路规划勘察设计院	勘察设计4标	杨泽龙
6	施工单位	安通建设有限公司	土建工程1标	蒋志全、马　驰
7		云南第一公路桥梁工程有限公司	土建工程2标	董震、刘兴林
8		江西井冈路桥(集团)有限公司	土建工程3标	胡智矩、王卫益
9		云南路桥股份有限公司	土建工程4标	陈建刚、熊世银
10		中交第三航务工程局有限公司	土建工程5标	凌建国、王　喆
11		云南云桥建设股份有限公司	土建工程6标	敖家学、刘　云
12		中铁七局集团第三工程有限公司	土建工程7-1A标	聂向虎、田战胜
13		中铁十四局集团第二工程有限公司	土建工程7-1B标	李方东、张红岩
14		云南第二公路桥梁工程有限公司	土建工程7-2A标	吕廷海、朱庆文
15		中铁二十局集团有限公司	土建工程7-2B标	阎乾印、李　兴
16		路桥集团国际建设股份有限公司	土建工程8标	郭主龙、薛陆平
17		云南阳光道桥股份有限公司	土建工程9标	刘法良、李云华
18		中交二公局第四工程有限公司	土建工程10标	刘宏伟、丁绍龙
19		云南路桥股份有限公司	土建工程11标	彭正禹、钱文付
20		中铁十一局集团有限公司	土建工程12-1标	杨明亮、何开斌
21		中铁一局集团有限公司	土建工程12-2标	冯光建、孙青海
22		济南通达公路工程有限公司	土建工程13标	张连燚、石广森
23		中国云南路建集团股份公司	土建工程14标	肖国新、蒋文权
24		新疆昆仑路港工程公司	土建工程15标	苗承祥、张文龙
25		中铁四局集团有限公司	土建工程16标	聂　勇、张克伟
26		云南第三公路桥梁工程有限责任公司	土建工程17标	匡松岳、杨　燕
27		中铁十二局集团有限公司	土建工程18-1A标	高治双、冯俊青
28		中铁二十四局集团南昌铁路工程有限公司	土建工程18-1B标	杨楼城、张坤平
29		中铁二十二局集团有限公司	土建工程18-2A标	郭衍敏、陈　健
30		中交第三公路工程局有限公司	土建工程18-2B标	邓金明、刘元炜
31		云南第一公路桥梁工程有限公司	土建工程19标	李绍聪、张朝清
32		云南第二公路桥梁工程有限公司	土建工程20标	潘克俭、朱　锐

续上表

序号	参建单位	单位名称	合同段编号及起止桩号	主要负责人
33		云南阳光道桥股份有限公司	土建工程 21 标	王以安、陈 奇
34		西南交通建设集团股份有限公司	土建工程 22 标	邓元林、文笃泉
35		重庆市公路工程(集团)股份有限公司	土建工程 23 标	龙海伏、杨东升
36		云南第三公路桥梁工程有限责任公司	土建工程 24 标	余 伟、肖 遥
37		温州交通建设集团有限公司	土建工程 25 标	张光杰、赵友亮
38		山东鲁桥建设有限公司	土建工程 26 标	王庆国、贾允波
39		河北燕峰路桥建设有限公司	土建工程 27-1A 标	胡耀东、王朋飞
40		中铁十二局集团第一工程有限公司	土建工程 27-1B 标	马建忠、安建国
41		中铁一局集团第一工程有限公司	土建工程 27-2A 标	王双锁、冀德云
42		成都华川公路建设(集团)有限公司	土建工程 27-2B 标	余 陈、蒋 艺
43		西南交通建设集团股份有限公司	土建工程 28 标	李泽鹏、李常聚
44		新疆昆仑路港工程公司	土建工程 29 标	苑占稳、王玉安
45		中交第二航务工程局有限公司	土建工程 30 标	马荣增、尹洪明
46		宜昌市宏发路桥建设有限责任公司	土建工程 31 标	王春海、洪德满
47		云南建工路桥有限公司	土建工程 32 标	邓 忠、何文祥
48		广西壮族自治区公路桥梁工程总公司	土建工程 33 标	陈 恭、潘伟宏
49		贵州省公路工程集团总公司	土建工程 34 标	周大庆、张焰汾
50	施工单位	江西赣东路桥建设集团有限公司	路面工程 1 标	黄菊平、袁宗平
51		云南路建集团宏程路桥工程有限公司	路面工程 2 标	高家锟、何 臻
52		云南云桥建设股份有限公司	路面工程 3 标	王 坤、朱先华
53		云南阳光道桥股份有限公司	路面工程 4 标	李事明、陈汉斌
54		云南路桥股份有限公司	路面工程 5 标	杨新红、刘红飚
55		云南第三公路桥梁工程有限责任公司	路面工程 6 标	余 伟、白汝康
56		中交第四公路工程局有限公司	路面工程 7 标	吴宏斌、刘俊乐
57		云南第一公路桥梁工程有限公司	路面工程 8 标	杨育明、李 雁
58		中交第二航务工程局有限公司	路面工程 9 标	向自立、余再兴
59		云南第二公路桥梁工程有限公司	路面工程 10 标	王洪山、秦 文
60		中国云南路建集团股份公司	路面工程 11 标	李家和、蒋文权
61		云南云路景观装饰工程有限公司	绿化工程 1 标	郝 燕、段 钧
62		云南园景科技产业有限公司	绿化工程 2 标	杨 斌、陈建勋
63		江西久久园林开发有限公司	绿化工程 3 标	夏黎莎、陈越刚
64		云南绿源建筑景观工程股份有限公司	绿化工程 4 标	李宗辉、陈伟元
65		北京艺苑风景园林工程有限公司	绿化工程 5 标	吴志彬、杨 晓
66		云南利鲁环境建设有限公司	绿化工程 6 标	苏一波、苏一江
67		云南园景科技产业有限公司	绿化工程 7 标	邓文平、邹传武
68		云南绿盛美地园林景观有限公司	绿化工程 8 标	吴朝辉、李如本
69		云南绿盛美地园林景观有限公司	绿化工程 9 标	李卫春、和爱武

第十七章 国家高速公路

续上表

序号	参建单位	单位名称	合同段编号及起止桩号	主要负责人
70	施工单位	云南园林绿化(集团)有限公司	绿化工程10标	李云鹏、罗 恒
71		云南山川园林有限公司	绿化工程11标	杨 春、丁绍云
72		云南云岭高速公路养护绿化工程有限公司	绿化工程12标	罗素芳、毛红卫
73		云南山川园林有限公司	绿化工程13标	李 浩、胡贵友
74		河北风景园林工程有限公司	绿化工程14标	张振卢、谷联会
75		河北风景园林工程有限公司	绿化工程15标	刘素娟、王彦水
76		云南云岭高速公路养护绿化工程有限公司	绿化工程16标	李 军、喻双孙
77		云南惠丰工程建设有限公司	房建网架工程1标	杜学全、李 晓
78		云南省第二建筑工程公司	房建网架工程2标	李洪洲、朱加升
79		云南景升建筑工程有限公司	房建网架工程3标	陈 文、汪志鹏
80		江西忠信建设工程集团有限公司	房建网架工程4标	周小平、侯昌猛
81		云南省第三建筑工程公司	房建网架工程5标	王永钿、孙开祥
82		广西桂川建设集团有限公司	房建网架工程6标	陈登洲、刘 裕
83		湖南天弘交通建设工程有限公司	交安工程1标	刘奉江、李 叶
84		湖南省长路建设有限公司	交安工程2标	付春辉、陈 林
85		中交第一公路工程局有限公司	交安工程3标	徐振伟、张丽惠
86		湖北省路路通公路设施工程有限公司	交安工程4标	胡超明、刘武文
87		广东省交通发展有限公司	交安工程5标	唐宇宁、杨 帆
88		中交一公局交通工程有限公司	交安工程6标	石 磊、刘培芳
89		昆明荣成天宇控制系统工程有限公司	隧道消防工程1标	张庆荣、殷寿陶
90		盛云科技有限公司	隧道消防工程2标	曾 宏、刘帮均
91		新世纪发展控股有限公司	隧道消防工程3标	王文忠、徐建和
92		北京瑞华赢科技发展有限公司	机电工程JDGC标	成学磊、田 强
93		云南第二公路桥梁工程有限公司	石金山隧道进场道路A合同A合同	杜庆希、秦 文
94	监理单位	云南云岭高速公路工程咨询有限公司——武汉中交路桥设计咨询有限公司(联合体)	土建路面监理JL1标段	温树林
95		江苏交通工程咨询监理有限公司	土建路面监理JL2标段	杨贵喜
96		湖南湖大建设监理有限公司	土建路面监理JL3标段	王非平
97		河北华达公路工程咨询监理有限公司	土建路面监理JL4标段	张嘉森
98		四川天接工程咨询监理有限公司	土建路面监理JL5标段	郭 吉
99		云南省公路工程监理咨询公司	土建路面监理JL6标段	王文义
100		云南恒达市政工程监理咨询有限公司	绿化监理LHJL1标段	范继光
101		云南恒达市政工程监理咨询有限公司	绿化监理LHJL2标段	杨汉忠
102		重庆市政建设工程监理有限公司	绿化监理LHJL3标段	陈 遹
103		云南纪星交通工程监理咨询有限公司	机电监理JDJL标段	何 维
104		北京中交安通工程技术咨询有限公司	交安监理JAJL标段	孙海峰

续上表

序号	参建单位	单位名称	合同段编号及起止桩号	主要负责人
105	监理单位	昆明建设咨询监理有限公司	房建监理FJJL标段	熊作海
106		云南云岭高速公路工程咨询有限公司	石金山隧道进洞道路施工监理	周保洪
107	设计咨询单位	山西省交通规划勘察设计院	设计审查咨询地勘监理1标	帖智武
108		山东省交通规划设计院	设计审查咨询地勘监理2标	李振江
109		甘肃省交通规划勘察设计院有限责任公司	设计审查咨询地勘监理3标	景 韧

(三)建设情况

1. 项目筹备

2005年12月22日,云南省交通厅批准成立云南大丽高速公路建设指挥部筹备组。

2006年4月29日,云南省国土资源厅审查通过《国家高速公路网横12杭州至瑞丽公路大理至丽江联络线建设项目地质灾害危险性评估报告》;4月30日,省国土资源厅审查通过《国家高速公路网横12杭州至瑞丽公路大理至丽江联络线建设项目矿产资源评估报告》;5月18日,省文物局审查通过《国家高速公路网横12杭州至瑞丽公路大理至丽江联络线建设文物古迹影响评价报告》;9月9日~12日,交通运输部对《大丽高速公路项目建议书》进行评审;10月25日,省公路投资公司批准组建云南大丽高速公路建设指挥部;11月19日~21日,交通运输部对《大丽高速公路环评报告书》进行评审;12月25日,水利部对《国家高速公路网横12杭州至瑞丽公路大理至丽江联络线水土保持方案报告书》作出批复。

2007年10月,云南省交通规划设计研究院、中交公路规划设计院有限公司启动大丽高速公路初步勘察设计工作。

2008年10月1日~7日,环境保护部对《云南大丽高速公路环境影响报告书》进行咨询评估;11月4日,大丽高速公路通过剑川县剑湖湿地省级自然保护区实验区申请,并获省林业厅行政许可;11月8日~9日,交通运输部审查通过《国家高速公路网横12杭州至瑞丽公路大理至丽江联络线工程可行性研究报告》;11月13日~16日,国家发改委对《国家高速公路网横12杭州至瑞丽公路大理至丽江联络线工程可行性研究报告》进行现场调研咨询评估;11月28日,环境保护部审查通过《国家高速公路网横12杭州至瑞丽公路大理至丽江联络线环境影响报告书》;12月5日,大丽高速公路各勘察设计单位、地勘监理单位全面展开大丽高速公路施工图勘察设计工作;12月16日,国土资源部对《关于国家高速公路网横12杭州至瑞丽公路大理至丽江联络线建设项目用地预审的初审意见》作出批复。12月17日,中国地震局对《国家高速公路网横12杭州至瑞丽公路大理至丽江联络线重点桥隧工程场地地震安全性评价报告》作出批复;12月26日,环境保护部对《国家高速公路网横12杭州至瑞丽公路大理至丽江联络线环境影响报告书》作出批复。

2009年3月30日,交通运输部对《关于大理至丽江公路可行性研究报告的审查意见》进行审查;10月9日,国家发改委对《大理至丽江公路可行性研究报告》作出批复;10月20日~25日,交通运输部对《大理至丽江高速公路初步设计》进行审查;11月6日,云南省交通运输厅在昆明主持召开"大丽高速公路初步设计审查意见完善方案审订会";12月8日~9日,指挥部在昆明开展石金山隧道进场道路开标、清标及评标工作;12月18日,交通运输部对《大理至丽江公路初步设计》作出批复;12月22日,大丽高速公路举行开工仪式;12月24日~30日,指挥部在昆明发售资格预审文件。

2010年1月14日,云南省国土资源厅在大理主持召开"大丽高速公路勘测定界工作部署会";1月15日~27日,指挥部收取资格预审文件,共有253家单位递交了614份土建施工资格预审文件,31家单位递交了62份监理服务资格预审文件。经封闭评审,共有201家单位435份土建施工资格预审文件和20家单位35份监理服务资格预审文件通过审查;2月1日~5日,指挥部对大丽高速公路土建施工、监理服务招标文件进行公开发售;2月26日~3月4日,指挥部在昆发售物资采购招标文件;3月16日~21日,指挥部在昆开展大理至丽江高速公路土建施工、监理招标开标、清标及评标工作;3月16日,云南大丽高速公路征地拆迁及施工环境保障责任书签字仪式在昆举行;3月19日~23日,指挥部在昆明开展大理至丽江高速公路物资采购招标开标、清标及评标工作;3月27日~4月2日,交通运输部、省交通运输厅和省公路投资公司对大丽高速公路施工图设计进行技术咨询和审查;4月6日~4月15日;指挥部在昆对项目44个土建工程施工标段、6个监理服务标段、30个材料物资采购合同包标候选人进行合同谈判;5月6日,云南大丽高速公路土建施工、监理服务及物资供应合同签字仪式在昆举行;5月18日,国土资源部对《关于云南省大理至丽江高速公路项目建设控制工期的部分单体工程先行用地的请示》作出批复;5月24日,交通运输部对《国家高速公路网横12杭州至瑞丽公路大理至丽江联络线项目施工许可申请书》作出批复;5月31日,国家林业局对《大理至丽江公路建设项目征用林地的请示》作出批复。

2.项目实施

大丽高速公路在云南公路史上的特殊定位使其从筹备建设伊始就倍受关注,被列为云南省委省政府和省交通运输厅重点督导的建设项目,各级领导和各族人民群众对项目的建设寄予厚望。

项目建设中,指挥部始终以"建设文化旅游公路,打造建设管理品牌"为主线,以"质量、进度、安全、环保、投资、廉政、维稳"七大目标为核心,全力以赴地开展项目建设。面对建设资金紧张、物资供应短缺等多重困境,指挥部采取打破常规、夜以继日,抓关键、保重点等一系列措施全力推进项目全面建设,在确保工程质量和各项技术指标的基础上,实现了提前半年通车的目标。

(1)按交通运输部新标准调整完善初步设计　提高技术标准

大丽高速公路在路线设计、安全保障、行车舒适度方面走在了全国其他高速公路的前列。在组织初步设计审查时,交通运输部对该项目的设计、建设都提出了较高要求,指挥部和设计单位以部新修订的标准对大丽高速公路技术参数作了多次调整和完善,最终结合地质、地形和地貌确定了"任意3km(个别地段除外)纵坡不超过3%、圆曲线一般最小半径不低于400m、极限最小半径不低于250m"的设计标准,成为云南省技术标准最高的山岭重丘区高速公路。

为降坡展线,取消原设计中花椒箐至挖色东山段的长大坡,改移线路从挖色坝穿过,原设计600多米的花椒箐隧道延长至4385m,新增了全长2651m、平均墩高近40m的挖色特大桥。其他路段也按新标准进行了大量调整和完善,使大丽高速公路成为云南省技术标准最高的山岭重丘区高速公路,也成为行车最舒适、安保最具体的高速公路,为云南高速公路建设树立了新标杆,成为加快云南公路发展方式转变、突出"发展理念人本化"的重要标志。

(2)确立"打造文化旅游公路"的建设理念并系统实施

按照云南省委、省政府"做精大理,做大丽江,做优迪庆和开发怒江"的战略部署,根据交通运输部"大丽高速公路要按典型示范工程的标准组织建设"和省委"要把大丽高速公路打造成提升全省对外形象的标志工程和精品工程;打造成人与自然和谐相处的绿色工程和生态工程;打造成造福人民的民心工程和德政工程"等要求,大丽高速公路指挥部准确定位,在全国高速公路建设领域首次开展建设理念课题研究,提出了"建设文化旅游公路"的建设目标,并按照课题成果系统组织实施,把大丽高速公路打造成全国一流的公路文化作品,对推进交通行业文化建设,提升公路建设理念,提高公路建设品质,丰富行业文化内涵,拓展高速公路服务功能等发挥了重要作用,成为交通运输部确定的"全国公路文化建设示范项目",在全国公路文化建设中具有重要的示范作用和深远影响。通过对项目25个重点工程、4对服务区、2对停车区、4个加水站、9个观景台和12个收费站等的建筑风格、自然景观、服务功能等的文化内涵及景观效果的精心创造,有力提升了大丽高速公路这条文化旅游公路的整体形象,为公路本身赋予了更多的生命力和内涵,得到了社会各界的高度评价和充分肯定。

(3)推行标准化工地试点　全面提升建设管理水平

大丽高速公路在云南省率先推行交通运输部标准化工地建设。在"五化"建设中,指挥部突出发展理念人本化,保护生态环境,移植原生树木,设置隧道自救管道,维护民工权益,建设文化旅游公路等,把人本化理念落到实处;注重项目管理专业化,招标文件明确项目经理、总工及各类管理人员的资质要求,按专业化要求配备管理人员,特殊工种及安全人员实行持证上岗,在农民工队伍中组建大型机械操作、特殊车辆驾驶、电焊工、钢筋工、模板工、混凝土工等专业化施工班组,建成了劳务队标准化营区,充分体现了专业化要求;坚持工程施工标准化,项目建设中全面推行标准化驻地、标准化工地、标准化预制厂、标准化拌和站、标准化钢筋加工厂建设,以标准化工序要求保证质量标准、技术规范和施工工艺,实现标准化管理、标准化施工和标准化控制;实现管理手段信息化,在全线84个重点施工区域安装了远程视频监控系统,及时掌控现场施工动态,降低管理成本,提高管理效能,落实岗位职责,明确各方责任;落实日常管理精细化,指挥部以建设精品工程、推行精细化管理、开展精细化控制为载体,把精细化管理贯穿到质量、安全、进度、投资、环保、廉政、维稳等各个环节。

根据交通运输部"五化"建设会议精神和实施意见,结合施工地域的特殊性,指挥部还制定下发了《云南大丽高速公路标准化工地建设管理实施细则》,在项目全线全面推进标准化工地和样板工地创建活动。项目共建成44个标准化驻地、68座标准化拌和站、71座标准化梁板预制场、35座标准化小型构件预制场,开创了云南高速公路"五化"建设新局面,部分经验成为云南高速公路建设的典型示范,为推进现代工程管理、转变公路发展方式、提高公路建设管理水平发挥了引领作用。

(4)开展"平安工地"创建活动 注重安全生产管理创新

指挥部始终坚持"安全第一、预防为主、综合治理"的方针,大力开展"平安工地"创建活动,与大理州安监局共同成立了"大丽高速公路安全生产指导委员会",加强对安全生产工作的组织领导;施工中注重安全生产管理创新,在隧道掌子面至二次衬砌之间设置管径为800mm、管壁厚度为10mm的钢管自救管道,施工中一旦发生事故,洞内工作人员可以通过自救管道安全撤出,能有效降低和预防安全生产事故,保证建设者的人身安全,并在隧道内配备求救电话和医药箱,做到防患于未然;在桥梁施工中,有针对性地设置安全防护网、安全爬梯和操作平台等,有效预防生产事故的发生;创新安全宣传教育模式,采用更容易接受、效果更好的安全宣传大喇叭,在工地现场广播安全防护常识和安全生产歌谣,取得显著成效。这些安全生产管理做法在云南公路建设史上均属首创。由于"平安工地"工作成效显著,大丽高速公路被交通运输部、国家安监总局联合冠名为"2014年度公路水运建设'平安工程'",这是云南建筑领域唯一获此殊荣的项目。此外,大丽高速公路"平安工地"创建成果还在全国交通基础设施建设领域评比中名列第一。

(5)扩大服务区面积 提升服务区软硬件水平

指挥部充分借鉴国内外高速公路服务区规划建设的经验,本着依山就势、因地制宜、经济适用的原则,规划建设大丽高速公路沿线服务区。由于大丽高速公路沿线经过苍山、洱海、剑湖、拉市海等国家级风景名胜区和自然保护区,因此在设计服务区选址时,着重选择临近风景区的位置布点,做到自然风光与公路风景相互融入;坚持依山就势的理念,通过多次现场比选,确定在坡地上进行服务设施建设,合理利用地形地貌,采用分台的方式进行场地平整,既扩大了服务区面积,又减少了工程投资;坚持人性化的功能规划,完善加油、餐饮、观光购物、特色小吃等服务功能。拉市海服务区现已成为丽江旅游咨询服务中心,在双廊服务区面向环海路开口,在拉市海服务区面向省道开口,拓展了服务范围,给更多的驾乘人员带来了便捷;全线设置双廊、剑湖、拉市海3个廊桥,这是云南高速公路沿线服务设施建设的突破;以玻璃幕墙为建筑外墙,视野开阔,配套室内外电梯,为旅客提供了良好的服务区环境,展示了云南高速公路服务功能完善、运营有序的良好形象;每个服务区都有观景赏景的内容,特别是双廊服务区把银苍玉洱美景展现给每个游客,成为大理自驾游的首选停车观景点,剑湖服务区以居高临下之势把剑湖美景尽收眼底,九河停车区可观赏九河坝区,拉市海服务区可观赏雄伟的玉龙雪山的雄姿和拉市海湿地的秀丽。同时,加大卫生间的建设投入,每个服务区单侧卫生间建筑面积不小于600m^2,男女蹲位数117~127个,服务区水源采用深水井供应,每个服务区建设200m^3生活水池和150m^3消防水池,确保卫生间用水充足。

(6)原生植物移栽　保护生态环境

大丽高速公路是感悟灵山圣水、领略民族风情、体验地域特色和旅游功能突出的快速通道,保护和改善沿线的生态环境极为重要,指挥部为此做了大量卓有成效的工作。原生植物移植是大丽高速公路落实生态环保工程、体现发展理念人本化的一大亮点。指挥部在工程开工前就对大丽高速公路正线内的原生植物进行调查统计,制订移植方案,移植的树木用于大丽高速公路沿线绿化,并将局部有古树的地段通过调整线路为古树"让路",为最大限度地保护公路沿线原有的生态环境发挥了重要作用。大丽高速公路沿线开设了共计300余亩的7个原生植物育苗基地,移植包括黄连木、合欢树、柳树等树木8万多株。在绿化树种的选择上以本地植物为主,既保护了原始生态的自然和谐,又发挥了地标作用;开展大丽高速公路"生态恢复和保护"捐资活动,共收到指挥部干部职工捐款近40万元,为保护和改善高速公路沿线的生态环境贡献了每个人的力量,为驾乘人员提供了视觉享受。这些做法开创了云南公路绿化的先河。

(7)组建农民工临时党支部及工会联席会议　维护民工权益

指挥部着眼于云南公路党建工作特性和大丽高速公路实际,率先在云南公路建设领域成立了"农民工临时党支部",云南省委"学习型党组织"建设领导小组、省直机关工委、省交通运输厅直属机关党委领导对此给予了高度评价,认为此举开创了云南公路党建工作新模式,对今后加强和改进云南公路党建工作具有重要的示范引领作用。项目建设期间,共成立了8个农民工临时党支部,有效加强了农民工党员的教育管理,为长期游离于组织之外的农民工党员找到了"家"。各个农民工临时党支部根据指挥部党总支的安排部署,把大丽高速公路建设管理目标作为工作要求和实践活动主题,建立了"农民工临时党支部责任区",成立了16个"农民工党员突击队"和数十个"农民工党员先锋岗",承担着项目建设中的急难险重任务。在农民工临时党支部组织、管理下,农民工党员有了归属感和荣誉感,他们积极投身到工程建设中,发挥了骨干带头作用。

同时,创新工会工作模式,率先实施项目工会联席会议制度,从工作机制、组织建设、制度建设、活动开展、作用发挥等方面着手,探索和开创高速公路建设工会工作新思路,建立业主与各参建单位工会共同研究、协商解决涉及项目建设以及职(民)工合法权益等方面重大问题的机制体制,通过工会联席会议,项目业主与参建各方共同研究项目建设、综治维稳、民工权益保障、立功竞赛、劳动保护等重大问题,为化解矛盾纠纷、解决热点问题、推动施工生产、调动建设者积极性等提供了新的途径和方法,为营造工程建设的和谐环境发挥了重要作用。工会联席会议制度进一步密切了工会与工会、工会与职民工的联系,更好地调动了广大职民工参与项目建设的积极性和创造性,充分发挥了各参建单位工会在项目建设中的维稳维权作用,成为我国高速公路建设领域首创,中国海员工会还在全国交通基础设施建设领域进行推广。

3. 管理经验

(1)制度建设"实"

指挥部结合实际建立健全管理机构,以管理需要为基础完善规章制度,重点在项目机构设置和管理制度上进行了完善,为项目管理打好了基础。根据招标文件的要求和建设管理的需要,制定了工程质量、进度、计量与支付、变更设计等19个管理实施办法和细则,《云南大丽高速公路建设项目管理办法》由云南省交通运输厅和云南省公路投资公司组织专家进行了3次评审和把关,为规范今后整个行业的制度建设奠定了基础,这在我省公路建设管理史上尚属首次。

(2)工程质量"优"

标准化工地建设是大丽高速公路强化质量管理,落实质量标准的重大创新举措。指挥部在我省公路建设领域率先推行"五化"建设,强化标准化管理、标准化施工和标准化控制,编制了一批工程施工标准化建设管理的指导性文书,组织各参建单位积极开展以"管理规范、工程优质、生产安全、环境优美、施工文明"为主要内容的标准化施工创建活动,"五化"建设得到进一步提升,工程质量得到有效控制。2016年6月2日,大丽高速公路顺利通过了竣工验收,工程质量94.05分,质量等级评定为优良。

(3)生产进度"快"

指挥部分阶段与施工单位签订目标责任书,对每个标段的形象进度,特别是重点控制性工程的形象进度进行严格考核和督导,对完成阶段目标任务的进行奖励,反之进行处罚,必要时约见法人代表或启动履约保函。同时,以创新绩效考核为推手,对项目各施工标段和重点控制性工程的质量、安全、进度等划分了责任人,有序推进工程进度。

(4)工程投资"省"

在工程完善设计中强调前瞻性,实行动态化设计,对每一个需要进行工程变更和方案调整的路段都组织设计代表和专家进行现场考察和反复论证、推敲。确定工程变更设计后,在尽可能降低建设投资、工程变更造价和管理成本的同时,充分考虑到工程质量、安全和环保等因素的可控性,提高工程变更处理效率,从源头上做好建、管、养的服务功能,避免重复投资。通过严格控制工程投资,项目节约概算100559万元,节约概算率为5.3%。

(5)廉政建设"清"

加强"廉政文化示范点"创建的工作力度,全面推进廉政文化建设,制定了廉政文化建设、职务犯罪预防等5个专项实施方案,编印了《工作人员"十不准"》和《廉政手册》,定期发送"廉政手机短信"和开展"廉政宣教日""廉政信访日"活动,使各项工作始终处于严格的监督和预防之中。指挥部干部职工先后5次上缴拒贿金11000元、退回银行卡1张,保持了项目反腐倡廉的高压态势,确保了干部职工队伍的清正廉洁。

(6)社管综治"稳"

在重要活动、重大节日期间,实行综治维稳动态信息日报制度和各参建单位负责人值班制度,开展了不稳定隐患大排查活动,针对不同情况进行分类指导、全面统筹,优先满足民工工资保障,并采取疏堵结合、思想引导与说服教育并举的方针,使民工队伍融入项目建设全局,做到了未雨绸缪,防患于未然,确保项目不发生群体性越级上访事件。

(四)复杂技术工程

大丽高速公路项目复杂技术工程主要有花椒箐、双龙特长隧道,以及众多特大桥和深厚湖相软基段路基施工。

其中,双龙隧道下行线长3814m,上行线长3630m,受地形限制,左右幅距离较近,属小净距隧道。作为大丽高速公路的重点控制性工程,上下行隧道工程水文、地质条件复杂,岩体破碎强烈,差异风化性强。施工中通过短进尺、强支护严格控制围岩变形量,严密监测围岩变形数据,及时调整支护参数。同时,采取了施工保障措施,确保了隧道施工安全快速推进。

此外,大丽高速公路所在区域属南温带季风气候,降雨量集中,干湿季明显,雨热同季,冬春季节风大且持续时间长,对高墩桥华营、挖色、白玉村等特大桥的施工影响较大。

(五)科技创新

根据沿线气候条件和地质水文实际,大丽高速公路开展了"云南高速公路深厚湖泊软土地基处治技术及工程应用""公路与铁路小垂距交叉软岩隧道设计施工关键技术研究""导电沥青混凝土用于路/桥面融冰化雪的研究""三维成像隧道地质超前预报成套技术研究""云南大丽高速公路文化建设和宣传方案设计课题研究合同""云南大丽高速公路建设的意义和理念研究合同协议"6个课题研究。其中,"三维成像隧道地质超前预报成套技术研究"获得2项著作权。AGI(T3)隧道地质超前预报三维分析软件V1.0获得国家版权局颁发的计算机软件著作权登记证书;"公路与铁路小垂距交叉软岩隧道设计施工关键技术研究"获得1项发明专利。

2015年8月16日,中国公路学会在北京分别主持召开云南大丽高速公路"三维成像隧道地质超前预报成套技术研究与工程应用""公路与铁路小垂距交叉软岩隧道设计施工关键技术研究""山区高速公路深厚湖相软土地基处治技术及工程应用"科研课题成果鉴定会。鉴定委员会一致认为:"三维成像隧道地质超前预报成套技术研究与工程应用"研究成果在相关领域中达到国际领先水平;"公路与铁路小垂距交叉软岩隧道设计施工关键技术研究"成果总体达到国际领先水平;"山区高速公路深厚湖相软土地基处治技术及工程应用"研究成果总体达到国际先进水平,其中断陷盆地深厚湖相泥炭土软基沉降变形规律的分析及计算方法达到国际领先水平。

1. 山区高速公路深厚湖相软土地基处治技术及工程应用

大丽高速公路在路堤施工中进行地基表面沉降动态观测,控制并调整填土速率、综合判定等超载预压时间或超载预压的卸载时间,以确保路基结构在施工过程中的整体强度稳定,以控制路面结构层(或其他构造物)合理的施工时间,达到设计的动态再优化和设计合理性有效验证,并控制施工、保证质量。该技术明确了深厚湖相软土地基的固结沉降变形规律及计算方法,提出适用的处治技术、施工工艺与质量控制措施,提高道路使用寿命。

2. 大丽高速公路建设理念及内涵研究

大丽高速公路是云南首条系统开展公路文化建设的高速公路。通过与高校合作,以"路学"为引领,以课题研究成果《大丽高速公路文化建设总体规划》为蓝图,以服务区、停车区、隧道三角区、港湾停靠站、加水站等为平台,用雕塑、文化墙、书法作品、景观工程等形式,让公路、景观、文化相互交融,向世人呈献一条独具特色的文化旅游公路。课题成果把大丽高速公路沿线的历史文化、民族文化、自然文化、交通文化等进行深入全面的梳理、总结和归纳,以公路为载体传承文明,倡导和传播先进的文化和理念,加强民族间、区域间的文化交流,增进民族团结,促进文化融合,推动人类文明共同进步。课题成果提出了项目建设的总体理念和分段理念:"龙跃凤鸣,大丽之道"为项目整体理念,"风光大理"为大理段理念,"智巧剑川"为剑川段理念,"交融九河"为九河段理念,"和合丽江"为丽江段理念,使大丽高速公路的文化建设水平层次与公路本体的标准和质量相适应,适应国际和国内高速公路不断增强的公路文化建设趋势,成为云南第一、国内领先、国际先进的文化旅游公路。

3. 公路与铁路小垂距交叉软岩隧道设计施工关键技术研究

提出新建隧道与既有隧道交叉段合理的间距、支护形式以及支护参数,为公路与铁路隧道立体交叉设计与施工提出技术性指南。通过三维图像显示、分析、解释方法技术,充分利用三维图像数据信息,采用成果直观、能准确预报掌子面前方地质构造和不良地质体的空间分布位置,提高工作效率。

4. 三维成像隧道地质超前预报成套技术研究与工程应用

通过科研单位的研究,经中国工程院院士王思敬的点评和指导,目前该技术已获得发明专利"无线分布式隧道超前预报探测装置、系统及方法"实用新型专利"无线公布式隧道超前预报信号采集器"和外观设计专利"无线公布式隧道超前预报"3项专利。

5. 采用煤转气技术　实施能源承包工程

将煤转气技术应用于筑养路行业极具市场竞争力,代表了筑养路行业的一种发展方向,同时可以给企业和国家带来可观的社会效益和经济效益。采用煤转气技术,环保节能,对降低公路的养护成本,保护生态环境具有非常现实的意义。"沥青拌合站燃烧系统的创新"荣获云南省交通运输行业2015年"优秀质量管理小组"称号。

6. 首次采用地质雷达检测锚索跟管长度　确保边坡防护质量

为客观真实反映锚索施工的跟管长度,率先采用地质雷达进行检测,基本能准确判定跟管的有无和长度,为此类施工提供了科学的检测依据和手段。

7. 采用"钢筋定位架"或"辅助定位筋"　有效提高T梁工程质量

大丽高速公路采用"钢筋定位架"或"辅助定位筋",能有效控制T梁钢筋的位置。使用标准混凝土垫块,施工时将垫块绑扎于钢筋上,以确保钢筋位置的准确性与稳定性,最终控制好钢筋位置及保护层厚度,提高了桥梁结构受力性、持久性、耐火性等多项关键性指标。

8. 成立提高桥梁高墩外观施工合格率QC小组　有效提高高墩外观施工质量

针对桥梁高墩施工初期施工线形、外观质量较差,达不到相关要求,施工过程中其外观质量检测合格率与规范及设计要求还有较大差距,外观质量亟待提高等问题,QC小组经现场调查得出垂直度偏差大和错台是影响桥梁高墩外观质量的主要原因,应优先解决。经QC小组成员研究,针对主要因素制订了对策并进行了方案验证,高墩外观施工合格率得以提高。QC小组提出的"提高桥梁高墩外观施工合格率"荣获云南省交通运输行业

2015年"优秀质量管理小组"称号。

9. 全面推广远程视频监控系统运用

为加大对项目施工现场的监管力度,指挥部着眼于大丽高速公路建设战线长、桥隧比例大、施工环境复杂、工序流程精细等特点,在充分借鉴国内部分高速公路建设管理成功经验的基础上,经过大量的技术咨询和石金山隧道的试点论证,在大丽高速公路重点施工区域安装了64个远程视频监控系统,足不出户便可对重点控制性工程进行实时、全过程以及不间断的质量、进度和安全监管。在重点施工区域安装远程视频监控系统可以及时掌控现场施工动态;降低管理成本,提高管理效能;落实岗位职责,明确各方责任三大优势。此举,有效加强了项目建设管理,成为云南公路建设管理的创新举措。

（六）运营养护管理

大丽高速公路投入试运营后,路面、桥梁、隧道等各项指标控制较好,线性流畅、路面平整、风景宜人,得到了广大驾乘人员的一致好评。在两年的缺陷责任期内,指挥部仅对个别因地质、水毁路段进行了重点处治,其余路段均为正常养护,而且养护成本均控制在合理范围。

大丽高速公路通车后,大理至丽江的行程从原来的4.5h缩短到2h,极大地改善了滇藏公路"通而不畅"的局面。同时,工程投资控制在概算内,项目提前半年通车,降低了建设管理成本,经济、社会效益十分明显。

第八节　G5615 天保—猴桥高速公路

天保—猴桥高速公路是2013年印发的《国家公路网规划（2013—2030年）》中的天保口岸至猴桥口岸高速公路的简称,编号为G5615,是G56杭瑞高速公路的一条联络线。

天保—猴桥高速公路全部位于云南省境内,呈东西走向,路线主要控制点为:天保（口岸）、文山、蒙自、新平、临沧、云县、保山、腾冲、猴桥（口岸）。

G5615 天保—猴桥高速现已建成3段高速公路,分别是鸡街—石屏高速公路、石屏—红龙厂高速公路、保山—腾冲高速公路。

一、鸡石高速公路——敢为人先写新篇

这里曾经有过一条路,一条独特的路。

1910年,滇越铁路建成通车后,个旧的矿商们将修建个旧—碧色寨—石屏铁路提上

了议事日程。1936年10月10日,这条铁路全线建成。它不是准轨,也不是米轨,两轨之间的距离600mm,是全国唯一的寸轨铁路。

21世纪来临的前夕,1999年11月15日,在个碧石铁路穿越的热土上,鸡街至石屏高速公路举行开工典礼。敢为人先的红河人在云南交通史上又写下了新的一页。

(一)项目概况

鸡街至石屏高速公路是国家高速公路网规划中G56杭瑞高速联络线G5615天保至猴桥公路的一段。项目位于红河州中心地带,上至通建高速公路,与玉溪、昆明相通,向南经个旧至元阳二级公路可至元阳、红河、绿春、金平等地,是通往国家一级口岸河口和越南的主要通道之一,如图17-83所示。

图17-83 鸡街—石屏高速公路位置示意图

鸡石高速公路全长98.047km,较老线缩短了27.04km,起点K0+000位于GZ40昆河公路K99+700蚂蝗塘收费站处。路线沿西北方向降坡至鸡街坝子,于K4+410.5处与鸡街至个旧公路交叉,并设置鸡街蝶形互通式立交,此后,路线过白马寨顺倘甸河与蒙宝铁路相伴而行,经倘甸乡北面进入倘甸坝,于K13+280处设置倘甸单喇叭立交。在K18+051处上跨原323线展线过攀枝花垭口,经大树寨、大田山、燕子洞以南马王庄至龙潭冲K31+280处设置燕子洞互通式立交,继续沿山坡布线经达寨村、马家冲、甘龙井左侧,于K46+500过庄子河垭口,经沙沟村降坡至K53+900处与通海至建水高速公路交叉并设置建水全互通式双喇叭立交。后沿西北方向前行,经青山煤矿,顺山沟展线到黄龙寺钢厂,于K60+845处设置黄龙寺立交。过西庄镇以南,过大寨等村寨,路线沿河布设,于K72+219上跨原323线,经坝心镇K75+125.5设置坝心互通式立交。后经白浪、石屏四中等,多处设桥跨越软土基地段,于 K92+695 设石屏 1 号隧道,K93+120 设大桥跨大弯子箐,经大弯子村于 K93+525 再设石屏 2 号隧道,经向阳村翻宝房村垭口,下袁家山于 K97+900 设石屏立交,路线止于石屏坝子 K98+300。

路线主要控制点有:蚂蝗塘、鸡街、倘甸、大田山火车站、燕子洞、庄子河垭口、建水、黄龙寺立交、坝心、大弯子、小水、袁家山、石屏。全线共设置互通式立交 7 处,即鸡街立交、倘甸立交、燕子洞立交、建水立交、黄龙寺立交、坝心立交、石屏立交(图 17-84)。

图 17-84　鸡石高速公路立交

鸡石高速公路设计标准按山岭重丘区高速公路双向四车道标准设计。设计速度 60km/h,设计洪水频率 1/100;路基宽度 K0+000~K61+400 为 22.5m,K61+400~K98+300 为 20.0m;平曲线最小半径 125m;最大纵坡 6%;最短坡长 150m;行车道宽度:4/3.75m;设计车辆荷载标准为:汽车—超 20 级,挂车—120;设计远景交通量 25054 辆/昼夜;抗震设防 K0+000~K20+200 按Ⅶ度区设防、K20+200~K40+000 按Ⅷ度区设防,K40+000~K98+300 按Ⅸ度区设防。项目工程主要构造物为冲孔桩基、圆形、方形墩柱、钢筋混凝土连续箱梁、T 形梁、空心板梁、分离式隧道、特大桥等。坝区多为软地基和膨胀土基,施工处治难度大,工艺复杂。山区地段有高边坡、高挡墙,且受地质条件差等不良因素影响。

鸡石高速公路于 2000 年 9 月 27 日全面开工。由于设计资料、地质原因、征地拆迁、资金等因素影响,主体工程至 2004 年 9 月完工。2004 年 9 月 8 日~21 日,在云南省交通厅的主持下,质监、检测、建设、设计、施工、监理等单位人员组成交工验收工程质量检测组,对工程质量进行了检测和鉴定,同年 11 月 26 日正式通过交工验收,工程质量等级暂定为优良,次日通车试运行。

鸡石高速公路路基土石方挖方 1092.69 万 m^3、填方 983.25 万 m^3、排水与防护工程 102.05 万 m^3、桥梁 12205.6m/218 座、涵洞 12672.34m/473 道、隧道 655m/2 座、互通式立

交7处、收费站7个、监控中心1个、管理中心1处。征用土地7128.776亩,征地费21925万元。

鸡石高速公路批准预算投资268197万元,省级配套资金42158万元,红河州自筹资金175221万元(含2002年4月向广东发展银行贷款2.7亿元;2002年12月向国家开发银行贷款4亿元;2003年初向中国工商银行贷款8亿元),实际到位资金217379.59万元。审定建设成本投资225318.05万元,节约投资42879.09万元,占批准预算的15.99%。

鸡石高速公路打通了红河州与云南省内州、市的快速通道,极大地促进了红河州交通运输、经济、文化、旅游等产业的快速发展,对加快滇南中心城市建设、加速昆河经济带发展、提高红河州对外开放水平等起到了积极的促进和推动作用。项目平均每公里造价3206.76万元。

鸡石高速公路是滇南地区的主要经济干线,是云南省公路建设远景规划"三纵三横""九大通道"主骨架公路网的重要路段,是国道G323线瑞金—韶关—柳州—临沧公路的一段,又是国道主干线GZ40线二连浩特—昆明—河口与国道G213线的横向连接线,是滇南地区的重要运输主干线,其建成通车,对加快滇南中心城市建设、建立发展昆河经济带,提升红河州对外开放水平,加快经济和社会发展有着十分重要的意义。

鸡石高速公路是红河州公路网"三纵三横"主骨架的主要组成部分,往东进出"两广"、东南沿海发达地区,往西进出普洱、临沧、西双版纳地区,是红河州交通运输大动脉。项目建设为推进滇南中心城市的快速发展,加快昆河经济带战略实施和桥头堡建设,促进红河州矿产、农业、水利和旅游业开发,推动红河流域水电、风力发电等资源利用,促进民族团结,特别是开发运用河口国家一级口岸的进程,具有重大的战略意义和现实意义,如图17-85所示。

图17-85 鸡石高速公路在田野间穿行

鸡石高速公路穿山越岭过坝区,沿线坝区多数为软土基础和典型的膨胀土地基,穿越山区有高边坡,加之设计仓促,项目建设从初期的一级公路到建设中期提升为高速公路,工程项目作了重大变更,桥改路、路改桥、特大桥、隧道等重点控制性工程较多;施工与征地拆迁、工期与质量、资金筹措与施工进度、高边坡与高填方、软土与膨胀土的处治、施工中的安全等问题和矛盾,构成了鸡石高速公路建设的特点和难点。

在鸡石高速公路建设中,指挥部管理人员多数是第一次接触和进入建设管理高速公路的人员。在人才、技术力量比较薄弱的情况下,红河交通人面对现实,在困难面前不低头,在全州交通系统挖掘工程技术人才和管理人才,广纳贤士的同时积极走出去向有经验的单位学习,把有管理经验的人才和技术力量强的人才请进来为鸡石高速公路服务。在历史的交叉点、迈入21世纪的新时代,为红河交通的崛起,兴州富民,加快滇南中心城市的建设步伐作出了积极贡献。红河州委、州政府于2000年1月30日首次成立红河州重点公路建设指挥部,开创了由州(市)自己组织修建和管理高速公路的先例;在指挥部管理机构中建立了党组织,成立了红河州重点公路建设指挥部党总支,下设两个党支部,把党建工作和党风廉政建设纳入公路建设管理体系;培养了一大批优秀的技术人才和管理干部,为红河州高等级公路的建设、营运管理搭建了一个良好平台,开创了红河人自己修建高速公路、自己管理高速公路的先例。项目采用最低价评标法进行公开招标,通过面向全国招标,吸纳了一批具有乙级资质以上、能打硬仗、技术力量强、业绩好的国有企业施工队伍参与修建鸡石高速公路,为鸡石高速公路迈入21世纪补足能量。在桥梁建设中,桩基部分采用了冲孔桩和挖孔桩相结合的方式,梁板部分采用了扒杆吊装和架桥机相结合的办法;在路基填实上使用了高能量冲击式压路机,大大缩短了工后沉降的时间,提高了路基的压实度和稳定性;在路面施工中采用了上、下行线全幅铺筑法,使用改性沥青,提高了路面使用性能和使用寿命;在桥面施工中,改进了工艺,使用溶剂型防水黏结剂,采用伸缩缝低于路面3mm的施工工艺,提高了后期行车的舒适度与平稳度。

(二)前期决策

作为滇南主干线,高速公路修建前,鸡街—石屏公路仅为三级公路,已成为瓶颈路段,严重制约着滇南周边4州(市)17个县(市)经济社会发展、改革开放的步伐和红河州内的各行各业发展。云南省公路规划勘察设计院编制完成《鸡街至石屏一级公路工程可行性研究报告》后,经云南省交通厅组织有关专家组评审通过;1999年4月27日,云南省计划委员会、云南省交通厅《关于鸡街至石屏工程可行性研究报告的批复》(云交计〔1995〕95号文)批准立项建设,要求总投资控制在20亿元以内。

该项目按两个阶段设计,均由云南省公路规划勘察设计院承担。初步设计于1999年9月1日通过云南省交通厅公路工程技术专家委员会组织的验收组验收。

云南省交通厅于1999年10月12日《关于发送国道323线鸡街至石屏、通海至建水一级公路初步设计验收报告的通知》(云交基建〔1999〕472号文)下发该项目初步设计验收报告,施工图于2000年7月28日经云南省交通厅公路工程技术专家委员会的组织验收。云南省交通厅2000年8月23日以云交基建〔2000〕351号文《关于发送国道323线鸡街至石屏、通海至建水一级公路施工图设计验收报告的通知》,批准施工图设计方案。

在建设过程中,鸡石公路取消平交道口,与通建公路一起改为全立交、全封闭,完全达到高速公路标准,云南省交通厅于2003年7月28日以云交基建〔2003〕303号文《关于将鸡石、通建两条一级公路的建设标准升为高速公路的批复》明确当时红河州在建的两条一级公路正式改为高速公路。

2008年2月18日,云南省交通厅云交基建〔2008〕第31号文《关于鸡街至石屏高速公路施工图预算的批复》批准鸡石高速公路的投资总预算为268197.15万元。

云南省环境保护局于2000年1月13日以云环自字〔2000〕017号文《关于国道323线瑞金—韶关—柳州—临沧公路鸡街至石屏段一级公路环境影响报告书的批复》,批准了鸡石公路的环保方案。2002年12月12日,云南省水利厅以云水函〔2002〕40号文《关于对报批省道个旧鸡街至石屏一级公路工程水土保持方案初步设计报告的函的复函》批复了水土保持设计方案。

(三)参建单位

1. 项目法人

红河州政府于1997年9月以红人字〔1997〕第24号、红路指发〔1997〕第3号《关于州重点公路建设指挥部抽调人员的通知》,向有关单位抽调有工程组织管理能力的人员,成立了红河州重点公路建设指挥部,并于2000年1月3日任命红河州交通局局长王宝基为指挥长,全面负责红河州境内的鸡石、通建等重点公路的建设管理工作,同时还任命李润生、冯冽、姬志屏为副指挥长。

2. 项目设计情况

鸡石一级公路项目委托云南省公路规划勘察设计院承担,设计着重考虑公路与自然环境、地形地貌的协调一致,考虑地质条件和工程建设的社会人文环境,强化地质选线,做到环保优先、景观协调,贯彻可持续发展的指导思想,目标是把鸡石高速公路建设成为一条具有交通安全性、行车舒适性、景观协调性、生态持续性、经济适用性的山区高速公路。在工程可行性研究阶段进行大方案比选论证的基础上,进一步进行局部方案比选,加大方案比选的深度和力度,力求推荐方案经济合理、工程措施得力。施工图设计阶段,在初步设计的基础上对重点工程段落进行了优化设计。如小水优化线正线软土深达52m，处理费用巨大，而且占良田较多、拆迁量大。优化线则增加了两座隧道，虽然增加了挖方量，但保证了路基的稳定性及安全性，且少占良田。全线共有14段比较线。比选论证里程达191.181km，为推荐采用线里程的1.845倍，比选率达85%。

初步设计于1999年9月1日通过云南省交通厅公路工程技术专家委员会组织的验收组验收。云南省交通厅于1999年10月12日以云交基建〔1999〕472号文《关于发送国道323线鸡街至石屏、通海至建水一级公路初步设计验收报告的通知》下发该项目初步设计验收报告；施工图于2000年7月28日经云南省交通厅公路工程技术专家委员会的组织验收，云南省交通厅2000年8月23日以云交基建〔2000〕351号文《关于发送国道323线鸡街至石屏、通海至建水一级公路施工图设计验收报告的通知》，批准施工图设计方案。

3. 施工单位及监理单位情况

承担鸡石高速公路建设施工任务的施工单位均具备投标要求的施工资质。各施工单位根据施工承包合同规定的条款，建立健全组织管理机构，选派了思想好、作风过硬，技术力量强的施工队伍，投入了先进的机械设备和优秀的管理人员，建立了以总工程师为中心的质量自检体系，成立了安全保通队伍，完善党组织领导下的监督保障机制，开展创建"党员先锋岗"和建立"党员责任区"活动，围绕"创优、争优"的投标承诺，科学管理、严密组织、昼夜奋战，确保了质量优、进度快、环保好的建设施工目标，全面履行了投标承诺。鸡石高速公路共有13个土建合同段、4个路面合同段、2个交通安全设施合同段、7个房建及收费亭工程合同段、6个绿化合同段、2个机电系统合同段综合建设及相应的13个监理服务合同段。所有施工单位、监理单位均能全面履行合同约定，项目管理人员按时到位并积极开展各项工作，长期驻守施工现场，工作责任心强、业务管理能力强，在确保工程质量和施工安全的前提下，加快工程进度，圆满完成了各项施工任务。

项目实行指挥部管理监理，监理工作紧紧围绕工程质量、施工进度、投资等重点，成立了总监理工程师领导下的三级管理体系，下设总监办、总监代表处、中心试验室。指挥部制订了工程质量管理实施办法列入合同条款，根据工程进度制定了工程质量管理规定和针对性的管理措施。13家监理单位到位监理人员302名，监理人员文化程度高，有职称人员比例大。各监理单位严格执行监理工作方针、法规、合同文件及业主各项管理办法；以工程质量监理为核心，严格执行监理程序，按规定签认工程数量，坚持监理原则和规定；监理人员坚守现场，实行全天候巡查和稽查，发现问题立即整改，切实把质量管理措施落到实处，使工程质量始终处于受控状态。同时，牢固树立廉洁自律意识，忠于职守，做到了对业主负责、让业主放心、使承包人满意。

鸡石高速公路建设从业单位信息见表17-29。

鸡石高速公路建设从业单位信息采集表

表 17-29

序号	参建单位	单位名称	合同段编号及起止桩号	主要负责人
1	项目管理单位	红河州重点公路指挥部	K0+000～K98+300	李润生、冯冽、姬志屏等
2	勘察设计单位	云南省公路规划勘察设计院	K0+000～K98+300	倪亦元
3	施工单位	云南省路桥股份有限公司	1标 K0+000～K25+100	段远强、任志远
		贵州省公路工程总公司	2标 K25+100～K51+400	符梦熊、赵廷新
		西南交通工程建设总公司	3标 K51+400～K74+600	杨怀忠、肖智安
		云南第五公路桥梁工程有限公司	4标 K74+600～K98+300	向乔顺、邹成正
4	监理单位	云南省公路工程监理咨询公司	1合同段 K0+000～K51+400	白继明
		云南元土工程监理有限公司	1合同段 K51+400～K98+300	刘春喜

(四)建设情况

1.建设用地批复

1998年12月31日,云南省土地管理局《关于鸡街至石屏一级公路石屏县境内段一期工程建设征用土地的批复》(云土复〔1998〕建字720号)同意征用石屏县坝心镇新街、坝心、五家冲等6个办事处有关31个村社的集体土地58.6003公顷(879.0045亩,其中水田831.0045亩、旱地21.999亩、荒地26.001亩)为国有土地,并作为鸡石一级公路石屏县境内段一期工程建设用地。

1998年12月31日,云南省土地管理局《关于鸡街至石屏一级公路个旧市境内段一期工程建设征用土地的批复》(云土复〔1998〕建字719号)同意征用个旧市鸡街镇龙潭、鸡街、棚旧3个办事处有关6个村社的集体土地64.5387公顷(968.08亩,其中水田911.84亩、荒山56.24亩)为国有土地,并作为鸡石一级公路个旧市境内段一期工程建设用地。

1999年12月29日,云南省土地管理局《关于鸡街至石屏一级公路石屏县冒合乡至宝秀镇段工程建设补办用地手续的批复》(云土复〔1999〕建字485号)同意补办用地手续,征用石屏县冒合乡、陶村乡、异龙镇所属66个村社的集体土地53.046公顷(795.69亩,其中水田644.19亩、荒地61.005亩、其他土地90.495亩)为国有土地,并作为市鸡石一级公路石屏县冒合乡至宝秀镇段工程建设用地。

1999年12月30日,云南省土地管理局《关于鸡街至石屏一级公路个旧市倘甸乡境内段工程建设补办用地手续的批复》(云土复〔1999〕建字500号)同意补办用地手续,征用个旧市倘甸乡倘甸、甸尾村公所有关村社的集体土地64.729公顷,划拨红河州石岩寨林场使用的国有土地1.8公顷,以上共计征、拨用地66.529公顷(合计997.935亩,其中:水田586.085亩、旱地71.95亩、经济作物地266.515亩、荒山73.38亩)作为鸡石一级公路个旧市倘甸乡境内段工程建设用地。

2000年10月9日,中华人民共和国国土资源部《关于红河州鸡街至石屏公路建水县境内段工程建设用地的批复》(国土资函〔2000〕514号)同意建水县征用农村集体农用地169.5629公顷(其中:耕地156.8757公顷)、建设用地2.0494公顷、未利用地31.0742公顷;同意使用国有建设用地0.2439公顷。以上共计批准建设用地202.9304公顷,作为鸡石一级公路建水县境内段工程建设用地。

2.环保、水保批复情况

2000年1月13日,云南省环境保护局《关于国道323线瑞金—韶关—柳州—临沧公路鸡街至石屏段一级公路环境影响报告书的批复》(云环自字〔2000〕017号),认为"报告书"内容全面、重点突出、评价结论准确,所提出的对策措施基本可行,符合国家有关公路建设环评规范的要求和省环保局对"环评大纲"的批复要求,可作为鸡石公路设计、施工、营运过程中的环境管理依据,同意该项目建设。

2002年12月12日,云南省水利厅《关于对报批省道个旧鸡街至石屏一级公路工程水土保持方案初步设计报告的函的复函》(云水函〔2002〕40号),基本同意方案确定的水土保持措施总体布局、水土流失防治分区及防治措施,同意鸡石公路水土保持投资773.59万元,对工程建设中损坏的水土保持设施补偿费58.15万元。按规定,水土保持投资列入工程投资总概算。

3.资金筹措及投资计划

1998年11月10日,云南省交通厅《关于下达一九九八年省财政借款公路建设计划的通知》(云交计〔1998〕506号)安排扩需项目资金2000万元,州(市)自筹资金3000万元。

1999年4月16日,云南省交通厅《关于下达云南省1999年重点经济干线公路建设投资计划的通知》(云交计〔1999〕184号)安排厅规费700万元,国内贷款5300万元,州(市)自筹资金4000万元。

1999年11月12日,云南省交通厅《关于下达1999年扩大投资需求增加投资交通项目计划的通知》(云交计〔1999〕535号)安排扩需项目资金1000万元。

2000年11月2日,云南省交通厅《关于下达2000年省财政追加预算内基本建设投资计划的通知》(2000年云交计〔2000〕460号)安排省财政预算内资金1000万元。

2000年5月15日,根据省交通厅《关于下达云南省2000年重点经济干线公路建设投资计划的通知》(云交计〔2000〕157号),红河州交通局红交发〔2000〕67号文安排国内贷款7000万元,州(市)自筹资金6000万元。

2001年5月24日,云南省交通厅《关于下达云南省2001年路网建设(重点经干线)投资计划的通知》(云交计〔2001〕359号)安排厅规费1800万元,国内贷款4200万元,州

(市)自筹资金4000万元。

2001年10月23日,云南省交通厅《关于下达2001年公路建设财政追加投资计划的通知》(云交计〔2001〕768号)安排省财政预算内资金800万元,州(市)自筹资金1600万元。

2002年5月29日,根据省交通厅《关于下达云南省2002年路网建设(重点经济干线)投资计划的通知》(云交计〔2002〕257号),红河州交通局红交发〔2002〕105号文安排厅规费900万元,国内贷款14100万元,州(市)自筹资金5000万元。

2003年4月15日,根据省交通厅《关于下达云南省2003年路网建设(重点经济干线公路)投资计划的通知》(云交计〔2003〕177号),红河州交通局红交发〔2003〕91号文安排厅规费1500万元,国内贷款8500万元,州(市)自筹资金10000万元。

2004年6月3日,根据省交通厅《关于下达云南省2004年路网建设(地方重点项目)投资计划的通知》(云交计〔2004〕366号),红河州交通局红交发〔2004〕244号文安排厅规费500万元,国内贷款10500万元,州(市)自筹资金14000万元。

4. 招投标及标段划分

鸡石高速公路工程由云南省公路规划勘察设计院设计,红河州重点公路建设指挥部负责组织协调、实施及建设项目招投标工作。下设鸡街、建水两个分指挥部,具体负责项目工程建设的实施、管理、协调、监督工作。全线共划分为13个土建合同段、4个路面合同段、2个交通安全设施合同段、7个房建及网架工程合同段、6个绿化合同段、2个机电系统合同段综合建设及相应的13个监理服务合同标。

工程按照《公路工程国内招标投标文件》规定,严格执行国家《中华人民共和国招标投标法》《公路工程施工资格预审办法》《公路工程施工招标投标管理办法》《公路工程施工监理招标投标管理办法》等有关法律、法规和规章,本着公开、公平、公正和科学择优的原则,在全国范围内公开招标。从省交通厅专家库随机抽取5人和业主代表2人组成评标专家组,在完全封闭的情况下进行评标工作。在工程项目整个投标、开标及评标过程中,有上级纪检监督部门、公证机关进行全程监督和现场公证。以"公开、公平、公正"的原则,择优选择了具有相应公路工程施工资质和施工经验的专业施工单位和监理单位。整个招标过程严格遵循了"三公"原则和国家颁布的法律、法规和规章制度,未发生任何违规违纪行为,做到了依法建设和依法管理。

5. 征地拆迁

鸡石高速公路征地7088亩。其中,水田3205亩、旱田1476亩、林地694亩、其他1712亩。拆迁建设筑物33546m²,电力、通信电杆918根,征地拆迁费用20984.77万元。

(五)项目实施过程

鸡石高速公路建设不仅是红河州各族人民多年来梦寐以求的愿望,也是红河州基础设施建设历史上投资规模最大、技术标准最高、建设里程最长的项目。项目得到了个旧、建水、石屏县(市)委、政府以及沿线人民群众的大力支持。红河州重点公路建设指挥部与设计、施工、监理单位团结协作、共同努力,在沿线膨胀土分布广、处治难度大、软弱地基等不良地质较多,建设管理经验不足,建设资金紧张等困难下,与时俱进,大胆探索,战胜各种各样的难题,圆满地完成了鸡石高速公路的修建任务,为今后地方实施高速公路建设提供了宝贵经验。指挥部在州委、州政府的直接关心和领导下,主动与广发银行、国家开发银行、工商银行等金融机构洽谈,争取贷款资金,在全省率先采取以"BOT""TOT"的建设模式进行公路建设融资,解决了鸡石高速公路的建设资金问题。建设中,指挥部严格执行基本建设程序,项目各项报建审批手续齐全。

指挥部还建立健全了有效的管理机构,在项目建设的组织、管理、监督、协调及征地拆迁等各方面工作统一协调、指挥有力。项目实施过程中,指挥部制订了完善的工程建设质量、进度、费用控制,以及合同管理、水保、环保等各方面的管理制度、办法和工作职责,并落实到位,责任明确,使管理有章可循;牢固树立"质量责任重于泰山""工程质量如同生命""宁当恶人、不当罪人"的质量意识,切实落实政府监督、社会监理、企业自检的三级质量保证体系;制定了《鸡石、通建一级公路变更设计管理办法》《工程质量管理办法》和《工程质量处罚实施细则的规定》等质量管理规章制度,成立质量稽查机构,加强现场稽查和施工过程中的质量控制,对施工中出现的质量问题做到及时解决、返工重来、不留质量隐患。根据工程进展情况,突出重点,适时组织对单项工程的督促、稽查和工程质量大检查,严格工序管理,充分利用试验检测手段,严把原材料质量关,以科学数据指导施工,对工程质量进行全面控制,使工程进展顺利,工程质量得到有效控制;注重环境保护和水土保持工作,针对沿线地质、气候复杂的特点,制订了"预防为主,开发建设与防治并重,采取必要的措施,因地制宜,因害设防,达到恢复水土保持设施,改善公路沿线水土保持能力,最终保证主体工程安全运行的目的"的水土流失治理工作指导方针,科学处置弃土,及时恢复植被,并对一些特殊路段作了重大技术方案变更,使项目区水土资源及自然环境得到较好的保护;严格合同管理,认真执行合同文件规定,严把计量支付关,保证计量及时准确;严格财务管理,严格执行国家规定的基本建设拨款程序和工程价款结算办法,按照合同支付条款的有关规定支付。项目建设历时四年,经过建设、设计、施工、监理等单位的通力协作,共同努力,使鸡石高速公路主体工程顺利完成建设任务。

设计单位较好地把握住建设原则,设计严格按照工可报告批复及有关要求进行,施工图设计满足交通部部颁公路工程技术标准和有关设计规范,各项技术指标运用较好,路线顺适,路面结构合理,桥涵、隧道等构造物设置合理,结构安全,设计内容全面,设计达到和满足使用及交通发展要求。

施工单位严格按施工合同承诺,配备了施工所需的管理、技术力量及施工机械和试验检测设备,并建立内部质量自检体系,做好施工组织和现场管理,在施工中能有效地对工程进行管理和控制,严格按照设计要求和施工合同完成工程内容,保证了工程施工的整体质量。

监理实行第三方监理,监理工程师具备监理专业基本素质,履行了监理工程师职责,按照监理规范和监理服务合同要求对工程质量、进度和投资进行了全方位的监控和计量,严格执行工序检测验收制度,特别对重点工程、重点部位、关键工序加强了旁站监理和现场抽检,保证了建设项目的工程质量和工期。

(六)科技创新

封闭式高速公路收费系统的研究与开发,是鸡石高速公路科技创新的一大亮点和特色。

鸡石高速公路建成时,云南已建成收费的高速公路14条,共1000多公里。部分区域高速公路路网基本上成形,已具备开展联网收费的条件。已建成通车、在建、待建的高速公路投资主体则呈现出多元化特点,不同路段有不同的投资来源和业主,有的路段为几个业主所共有,管理体制、结算方式如何在各个业主之间做到公开、公平、公正;联网区域内不同路段、各业主之间的关系如何协调;涉及联网技术改造方面的资金如何组织;联网后软件是使用全省统一的软件、数据格式,还是使用中间软件进行转换;IC卡和IC卡的密钥系统管理如何统一;ETC和MTC车道等新技术在云南的应用是否必要等问题,也随着联网收费工作的启动进一步显露。

鸡石、通建高速公路是国道213与323线的连接线,也是连接红河、玉溪两州市的重要经济干线,与整个云南省高速公路形成一个统一封闭的收费网络,网内联合收费、统一拆账,拆账计算过程在收费车道完成,便于软件的快速修改和调试,同时同省联网收费软件编制要求相结合,为将来的联网收费预留条件和接口。

鸡石、通建高速公路采用的是BUT模式,存在多个投资主体。因此,成立一个联网收费机构来进行两条路的联网收费管理,可以保障各业主的利益,确保结算工作的顺利进行,体现联网收费资金结算的公平、公正、安全、准确、便捷、高效的要求,又可以为业主提供优良的服务,为社会提供更加便利缴费方式和更加高效、便捷、安全的交通服务,并为整个云南省的高速公路管理提供统一的软硬件平台,为全省公路联网及山区运输系统智能化奠定基础。

项目主要技术创新有:

1. 防倒卡功能

在封闭式高速公路上,不法车户为了偷逃通行费,往往通过调换 IC 卡的手段减少应缴通行费额,长距离联网收费公路上该现象尤为严重。课题为此设计了防倒卡功能,即出口车道在显示收费信息时,根据 IC 卡记录的网络节点信息,可同时显示该车入口图像,收费员对比出入口图像,如有不符则判定为"倒卡",并对其进行惩罚式收费。

2. 车型自动识别系统

传统高速公路收费系统采用"人工判型、自动收费"的方式,车型判别依赖收费员人工进行。该系统依靠车牌识别仪进行车牌识别,并与养路费征缴系统接口,自动进行车型判别,大大提高了车型判别的准确度,有效杜绝使用假车型证明偷逃通行费的行为。同时,收费系统的自动化程度也大为提高。

3. 车道级通行费拆分系统

该系统具有车道级通行费拆分功能,实现了分布式拆分,极大地提高了拆分的准确性与实时性。在区域收费中心能够做到每班一拆,拆分时间在 5min 以内,同传统收费中心每日一拆相比有极大提升。

(七)运营养护管理

鸡石高速公路设置鸡街、倘甸、燕子洞、建水、黄龙寺、坝心、石屏共 7 个收费站,设鸡街、石屏 2 个监控所以及建水监控中心、蒙自管理中心,建筑面积 146402.732m^2,分别由加油站、办公室、宿舍楼、公厕、水泵房、配电房和室外道路组成。

鸡石高速公路通车试营运后,经缺陷责任期维护维修,经云南省交通厅组织的竣工验收鉴定为优良工程,正式移交红河州公路开发投资有限公司维护、营运和管理。缺陷责任期间,除正常维修维护和病害处治外,未发生大修养护情况。

鸡石高速公路经过十多年的通车运营,车辆通行量及社会经济效益日益增长。但因有的驾驶员不按规范运输货物,严重超载,导致高速公路路面结构提前受损,于 2015 年 3 月~9 月份进行了一次工程大修。鸡石高速公路自 2004 年 11 月建成通车投入运营以来,截至 2015 年 7 月底,已累计通行车辆 2770 万辆次,累计收取车辆通行费 9.89 亿多元。

二、石红高速公路——修条大道"走西头"

明朝中叶,由于省外汉人的大量迁入,滇南的"鱼米之乡"石屏逐渐呈现出人多地少的局面。为寻求出路,石屏人开始外出与较近的西边思普地区经商贸易,逐渐形成了石屏茶帮、石屏盐帮、石屏百货帮、石屏烟帮……其中以石屏茶帮最为出名。从此,石屏历史上出现了延续 500 多年的"走西头"热。石屏至红龙厂高速公路前身正是当年石屏人向西外出谋生的、在崇山峻岭中蜿蜒前行的茶马古道。

(一)项目概况

石红高速公路(图 17-86)位于云南省红河州和玉溪市境内,属于国家高速公路网 G56 杭瑞高速公路联络线 G5615 天保至猴桥高速公路中的一段,东连鸡街至石屏高速公路,并连接国家高速公路网 G80 广州至昆明高速公路及其联络线 G8011 开远至河口高速公路、省道 214 线(晋思线)通海至建水高速公路;西端于红龙厂与国家高速公路 G85 银川至昆明高速公路的联络线 G8511 昆明至磨憨高速公路连接,如图 17-86 所示。项目建设前,此路段在云南高速公路网建设中仍处于断头状态,打通此路,对于完善云南省高速公路网,发挥高速网高效、快捷的规模效应十分重要。

图 17-86　石屏至红龙厂高速公路位置示意图

石红高速公路起点位于石屏县城南大白仓,接鸡石高速公路止点 K98+200。止点接玉元高速公路红龙厂立交,属于"高接高"的一段。路线全长 54.782km。按双向四车道高速公路标准新建,设计速度 60km/h,路基宽度 23m(特殊困难地段 20m)。路线主要控制点:大白仓、宝秀、茴水、岔河、小寨、回水头、红龙厂。区内地势北高南低、西高东低,海拔介于 700~2600m,K35+800 附近低点岔河海拔 750m,K15+600 附近海拔 1690m。区内雨量丰富,但差异性较大,年平均降雨量 944mm,多集中于 5~10 月。

项目主要工程数量为挖方 8255811m³、填方 5130224m³。共设置特大桥 1983m/2 座、大桥 13541m/54 座、中桥 1114m/19 座;分离式立交跨线桥 221m/3 座,互通内主线桥 637.4m/4 座;分离式隧道 3550m/2 座(单洞);连拱短隧道 1745m/6 座。桥梁占路线总长的31.52%,隧道占路线总长的6.42%,桥隧比为37.94%。涵洞2226.4m/75座,通道814.22/25座;设置互通式立交3处、综合服务区1处,收费站3处,监控管理分中心1处,养护工区1处,隧道管理所1处,停车区1出,加水站2处,管养房26226m²。

项目批准概算为53.05亿元。其中,中央补贴占11.4%,地方自筹占20.2%,银行贷款占68.4%。

石红高速公路除K0~K15处于石屏盆地边缘外,大部分处于山岭重丘区,横坡陡峻、地形起伏,相对高差较大,地质条件较为复杂,主要特点为:高速公路地跨石屏、元江两县,有K17+350~K34+700、K45+380~K54+798.678两段长大纵坡。工程地质条件复杂,沿线软土、滑坡、泥石流等不良地质较为发育。部分路段沟谷切割较深,采用大跨径桥梁跨越,且跨越断裂带,桥梁高墩技术相对复杂。部分路段路基工程量大、边坡高、废方多、地质差,且桥梁多、投资大,如图17-87所示。

图17-87 石红高速公路穿过沟谷

按照云南省委省政府"2015年内全省要建成通车14条高速公路"的安排,开工较晚的石红高速公路在确保安全质量的前提下,着力加强进度管理,始终保证项目建设顺利推进。

在抓好项目建设管理工作的同时,指挥部还高度重视文化建设工作,并取得了一定成效。

指挥部在办公区、宿舍区墙面上粘贴了云南省公路投资公司"路畅人和"企业文化和指挥部质量安全、廉政建设等宣传标语,营造了浓厚的项目文化氛围,充分彰显了指挥部"以人为本""以文化人"的管理理念。

指挥部订阅各种报刊,购置了运动器材,设置了文体活动室,丰富干部职工业余生活。在各种文体比赛活动中,指挥部鼓励有特长的员工积极参与,每年都有员工在上级或当地组织的羽毛球、游泳、长跑、登山及散文、书法、绘画、摄影等比赛项目中获奖。

为提高职工职业素养,为未来发展获得更多的积淀,指挥部还鼓励员工参加各种职业资格或者职称考试,并全力提供方便与支持。

(二)前期决策

石红高速公路项目是国道 323 线江西瑞金—韶关—柳州—临沧公路的重要组成部分,在《云南省公路网规划(2005—2020 年)》中属省高速公路网红龙厂至鸡街的组成路段。国道 323 线在云南省境内起于云南与广西交界的罗村口,经文山州富宁、砚山县,红河州开远市、建水、石屏县,玉溪市的元江县,普洱市的墨江、宁洱、景谷县,到达临沧市的临翔区,向西通往孟定国家一类口岸,是东西方向横贯云南省南部地区横向最重要的通道。原有公路全长约 85km,始建于 1960 年,历经几十年沧桑,后经不断改造,石屏—扬武公路于 20 世纪 90 年代初改建为三级公路,扬武—红龙厂公路于 20 世纪 80 年代中期新建的三级公路(山岭重丘区),路基宽 7.5m、路面宽 6m,最大纵坡 8%、最小平曲线半径 30m,回头曲线 3 个,半径 21m,改建时由于受各方面条件的限制,建设标准低、平纵面线形差。

随着社会经济的快速发展,区域路网初步形成,交通量迅猛增加,使该路段已处于饱和状态。2010 年,该路段平均交通量已达 7330 辆(小客车)/日,且超载现象比较突出,道路破坏较为严重,路况差,地形条件呈"V"形状,路线连续降坡高差达 1100m,升坡 450m,车辆行驶速度低,平均行车速度为 25~30km/h,是相连高速公路行车速度的 1/3 左右,运输成本高、安全性差、路网等级结构极不协调。

2003 年 4 月,红河州石屏县交通局委托云南公路规划勘察设计院开展编制项目的工程可行性研究工作。同年 11 月,可行性研究报告编制完成,红河州随即以红计产业〔2003〕682 号文上报云南省发改委,云南省发改委于 2004 年 4 月以云发改交运〔2004〕297 号文对该项目进行了批复。

由于项目所处位置的重要性和特殊性,项目批复后,云南省交通厅和有关部门组织人员再次对该项目的地位和作用以及修建标准进行研究。云南省公路规划勘察设计院于 2004 年 7 月修订了该项目高速公路的工程可行性研究报告,并经专家审查。2004 年 9 月,红河州发展计划委员会以红计基础〔2004〕269 号《关于请省将国道 323 线瑞金至临沧公路石屏至元江(红龙厂)段按高速公路建设的请示》及云南省交通厅云交计〔2004〕66 号《云南省交通厅关于转报石屏至元江(红龙厂)高速公路工程可行性研究报告咨询审查报告的函》报云南省发改委审批。2004 年 12 月,云南省发改委以云发改交运〔2004〕1154 号文《云南省发展和改革委员会关于国道 323 线瑞金至临沧公路石屏至元江(红龙厂)段按高速公路建设的批复》,批复同意按高速公路标准建设。

根据云南省对本项目的工可批复意见,石屏县交通局组织开展了项目勘察设计招标等相关工作。2005 年 9 月,云南省公路规划勘察设计院完成了该项目两阶段的初步设计。2005 年 11 月,收到云南省交通厅云交基建〔2005〕186 号文《云南省交通厅关于对石屏至元江公路初步设计意见的复函》;2006年2月,收到云南省发改委云发改交运〔2006〕139号文《云南省发展和改革委员会关于国道323线瑞金至临沧公路石屏至元江(红龙厂)段按高速公路两阶段初步设计的批复》。

2007年底,石红高速公路先期开工建设土建标一、二合同段。但由于国家宏观调控、投融资政策等的调整变化,项目业主建设资金筹集方案难以按原计划落实到位,项目建设在完成部分征地拆迁及一合同段部分土建工程后被迫停工。

因该项目原为云南省地方高速公路网规划项目,不属于国家资金支持范围。多年来,云南省发改委、省交通厅反复向国家有关部门汇报,努力争取国家建设资金的支持,希望早日复工建设。云南省委、省政府高度重视石红高速公路建设的问题。在多方共同努力下,交通运输部给予云南特殊政策支持,于2011年度计划安排了云南在建的石红高速公路等地方资金补助,解决云南在建地方高速存在资金短缺的实际困难。

为使项目尽快复工,2011年11月15日,云南省人民政府批示,由云南省公路投资公司接手该项目,随后,项目建设工作重新启动。由于地质条件、材料价格、方案调整及政策性变化等因素的影响,按照国家建设项目管理程序的相关规定要求,首先对项目进行了可行性补充研究,补充报告在2012年2月得到云南省发改委的批复同意;随后,进行了初步设计修编;2012年11月完成施工图设计报审稿;2013年3月12日,在云南省交通运输厅组织下,完成了项目两阶段的施工图设计审查。

2012年11月,项目进场道路开始施工;2013年6月,进场道路完工。在此期间,指挥部在云南省公路投资公司的支持协助下,开展融资工作,为项目建设实施做好准备。

(三)参建单位

2012年2月28日,经云南省交通运输厅批复同意,云南省公路投资公司正式组建项目建管机构云南石红高速公路建设指挥部,负责项目建设工作的具体实施。石红指挥部班子成员包括指挥长沈康鉴、总工程师罗绍建、总监理工程师郭凯。为抓好项目的党建、党风廉政建设等工作,还成立了中共云南石红高速公路建设指挥部总支委员会,总支书记朱春武。根据项目建设实际、指挥部职能及管理理念,经省公投公司批准同意,指挥部内设"两办""六处",即综合办公室、总监理工程师办公室、财务处、工程技术管理处、合同管理处、物资处、安全保通处、征迁协调处。石红指挥部作为云南省公路投资公司在石红高速项目上的派出机构,负责项目建设各项相关工作的组织实施。

指挥部组建后,立即着手编制并完成了建章立制等基础管理工作,共编制完成包括质量、进度、安全、环水保、廉政建设等27项建设管理办法;完成了指挥部内部管理规章制度22个;成立了安全、环水保、党建等专业组织机构13个,为项目的规范管理从制度上奠定了基础。

指挥部实行业主自办监理的模式。项目建立了以总监理工程师为中心的管理体系，下设1个总监理工程师办公室、1个中心试验室和3个驻地办。随着机电工程、沿线建筑设施工程的展开，机电监理和沿线建筑设施监理也进驻工地。监理工作围绕质量、安全、进度、投资、环水保等重点工作展开。

项目勘察设计工作由云南省交通规划设计研究院承担。该院具有公路行业勘察、设计、测绘等业务的甲级资质，是云南省公路勘察设计最具实力的龙头企业，有丰富的山区高速公路勘察设计经验。为提高项目的设计质量，指挥部采取了"两院制"形式，聘请在全国同行中实力名列前茅的四川省交通运输厅公路规划勘察设计研究院作为项目的设计审查咨询单位。

石红高速公路共有土建6个合同段、路面2各合同段、绿化工程3个合同段、机电工程（通信管道预埋）1个合同段、机电工程（三大系统）1个合同段、机电工程（隧道机电）2个合同段、沿线建筑设施3个合同段、隧道消防2个合同段、交通安全设施3个合同段。各施工单位均通过公开招标择优选择，具备相应的施工资质与能力，能够胜任各项工程施工任务。

石红高速公路建设从业单位信息见表17-30。

石红高速公路建设从业单位信息表 表17-30

序号	参建单位	单位名称	合同段编号及起止桩号	主要负责人	备注
1	项目管理单位	云南石红高速公路建设指挥部	全线 K0+000~K54+798.68	沈康鉴	
2	勘察设计单位	云南省交通规划设计研究院	全线 K0+000~K54+798.68	李志厚	
3	施工单位	云南阳光道桥股份有限公司	SHSG[2014]011：K0+000~K14+900	赵波	土建1合同段
4		云南路桥股份有限公司	SHSG[2014]020：K14+900~K24+000	蔡从兵	土建2合同段
5		中铁十二局集团第一工程有限公司	SHSG[2014]006：K24+000~K27+700	毛刚	土建3合同段
6		四川公路桥梁建设集团有限公司	SHSG[2014]021：K27+700~K36+600	寇光明	土建4合同段
7		中铁十四局集团有限公司	SHSG[2014]005：K36+600~K44+850	李峻岭	土建5合同段
8		云南云岭高速公路养护绿化工程有限公司	SHSG[2014]019：K44+850~K54+798.68	陈凌霄	土建6合同段
9		西南交通建设集团股份有限公司	SHSG[2014]065：K0+000~K24+000	赵嘉彪	路面1合同段
10		云南路桥股份有限公司	SHSG[2014]064：K24+000~K54+798.68	攀元幸	路面2合同段

续上表

序号	参建单位	单位名称	合同段编号及起止桩号	主要负责人	备注
11	施工单位	昆明园冶园林景观工程有限公司	SHSG[2014]061：K0+000~K24+000	罗顺云	绿化1合同段
12		云南今业生态建设集团有限公司	SHSG[2014]062：K24+000~K36+600	黄少国	绿化2合同段
13		云南云岭高速公路养护绿化工程有限公司	SHSG[2014]063：K36+600~K54+798.68	杨国庆	绿化3合同段
14		衡水橡胶股份有限公司	SHSG[2015]005：K0+000~K54+798.68	杜书宁	桥梁伸缩缝1合同段
15		成都市新筑路桥机械股份有限公司	SHSG[2015]006：K27+700~K27+700	李继光	桥梁伸缩缝2合同段
16		广州航天海特系统工程有限公司	SHSG[2015]013：K0+000~K54+798.68	龚南江	机电工程(通信管理预埋)
17		云南云岭高速公路交通科技有限公司	SHSG[2015]014：K0+000~K54+798.68	钟秋	机电工程(三大系统)
18		北京诚达交通科技有限公司	SHSG[2015]015：K14+900~K24+000	钟剑	机电工程(隧道机电)
19		中咨泰克交通工程集团有限公司	SHSG[2015]016：K27+700~K54+798.68	任智春	机电工程(隧道机电)
20		广东电白建设集团有限公司	SHSG[2015]017：K0+000~K24+000	李志华	沿线建筑设施1合同段
21		中国铁路通信信号贵州建设有限公司	SHSG[2015]018：石屏服务区	李雪凌	沿线建筑设施2合同段
22		云南景升建筑工程有限公司	SHSG[2015]019：K27+70~K54+798.68	戴仕镇	沿线建筑设施3合同段
23		昆明荣成天宇控制系统工程有限公司	SHSG[2015]026：K0+000~K24+000	殷寿陶	隧道消防1合同段
24		盛云科技有限公司	SHSG[2015]027：K27+70~K54+798.68	曾宏	隧道消防2合同段
25		杭州萧山金鹰交通设施有限公司	SHSG[2015]028：K0+000~K24+000	刘仲春	交安1合同段
26		建德市路安交通设施有限公司	SHSG[2015]029：K24+000~K36+600	吴小龙	交安2合同段
27		北京深华科交通工程有限公司	SHSG[2015]030：K36+600~K54+798.68	吕艳	交安3合同段
28	监理单位	云南公路建设监理公司	SHJL[2014]008：K0+000~K24+000	李劲	监理1合同段
29		武汉中交路桥设计咨询有限公司	SHJL[2014]009：K24+000~K36+600	胡永常	监理2合同段
30		中国公路工程咨询集团有限公司	SHJL[2014]010：K36+600~K54+798.68	赵西平	监理3合同段
31		重庆中宇工程咨询监理有限责任公司	SHJL[2015]011：K0+000~K54+798.68	林波	机电监理
32		云南交通基建工程监理有限公司	SHJL[2015]012：K0+000~K54+798.68	徐安峰	沿线监理
33	设计咨询单位	四川省交通运输厅公路规划勘察设计研究院	YNSHGSGLFW-004：K0+000~K54+798.68	陈强	

(四)建设情况

1. 项目筹备

2004年,云南省国土资源厅以云国土资〔2004〕59号文《关于石屏至元江(红龙厂)公路的用地预审意见》通过项目用地预审;2004年,云南省文物管理委员会以云文管〔2004〕29号文《国道323线石屏至元江(红龙厂)段文物考古调查勘探评价的函》通过项目文物考古调查勘探评价;2005年,云南省国土资源厅以云国土资储〔2005〕20号文《关于国道323线石屏至元江(红龙厂)段高速公路建设用地矿产资源调查的批复》通过项目矿产资源调查。

2006年4月,收到云南省水利厅云水保〔2006〕58号文《云南省水利厅关于批准国道323线云南石屏至元江红龙厂段高速公路水土保持方案报告书的函》。

2007年3月,收到云南省建设项目环境审核受理中心的云环评估书〔2007〕68号文《关于国道323线云南石屏至元江红龙厂段环境影响报告书的技术评估意见》;2007年5月,收到云南省环境保护局的云环许准〔2007〕96号准予行政许可决定书。

项目建设工作重新启动后,根据工程实际,将石红高速公路划分为6个土建施工合同段、3个监理服务合同段。2013年11月,项目已具备招标条件,土建、监理及中心试验室招标工作启动。招标工作严格遵循《中华人民共和国招标投标法》《公路工程施工招标投标管理办法》《公路工程施工监理招投标管理办法》等法律法规的要求,本着公开、公平、公正、择优的原则开展了各项招标工作。在招标过程中,严格遵循了国家相关法律法规,符合"三公"原则,未发生任何违规违纪行为。

随着建设实施工作的开展,指挥部适时开展了统供材料(钢筋、水泥、钢绞线)、桩基及隧道检测;路面工程及景观绿化工程施工;沥青采购及伸缩缝采购安装;机电工程施工、沿线建筑设施施工、机电监理、沿线设施监理;交通安全设施施工、隧道消防设备采购及安装等分项工程的招标工作。

石红高速公路途径石屏、新平、元江三县。征地拆迁工作由地方政府出资并负责办理。全线共占用土地4465.4亩,其中石屏县境内线路长34.89km,占地2782.8亩;新平县境内线路长1.001km,占地23.3亩;元江县境内线路长18.89km,占地1659.3亩。

按照云南省政府的安排以及云南省交通运输厅、发改委、国土资源厅、林业厅、玉溪市、红河州政府及云南省公路投资公司共同签订的《石红高速公路建设项目征地拆迁及施工环境保障责任书》,石红高速公路建设项目的征地拆迁工作由玉溪市、红河州人民政府负责组织实施并承担相应费用。经元江、新平、石屏三县政府的共同努力,圆满完成了石红项目的征地拆迁任务,确保了项目建设的顺利推进。

2.项目实施

(1)强化进度管理

石红高速土建施工与监理招标于2014年初结束,各合同段中标单位进场,随着各自准备工作的开展情况陆续进入施工阶段。按照云南省委、省政府的要求,石红高速公路真正的施工时间不足两年。因此,在抓进度管理方面,指挥部采取了如下措施:

一是指挥部与各施工、监理单位签订各阶段的《生产目标责任书》。分解目标责任,定期进行考核,建立并实行严厉的奖惩机制。

二是按照2015年内建成通车的总体目标,倒排工期,制订各分部、分项工程施工节点计划;加强过程管控,每周进行考核检查,实行重奖严惩激励机制。对完成计划目标的施工单位,每月一次及时兑现奖励。

三是落实责任,指挥部领导带头,各部门人员参与,根据各合同段的工程特点,分头带队任工程进度督导组组长,对各合同段实行工程进度挂钩督导。各合同段每一座桥梁、每一个隧道的进度管理都有责任人。

四是各施工单位根据各项剩余工程情况和工期节点要求,针对性地加大施工资源投入,加大对施工作业队的奖罚力度。

五是指挥部积极与地方政府沟通协调,确保及时提供施工用地,确保工程进度均衡有序。

六是指挥部工作人员进驻施工现场,协调解决施工中出现的问题。由于工期紧,交叉施工现象较多,各驻地办、指挥部人员认真履行职责,坐镇现场及时为施工单位解决施工难题,全力为工程施工做好服务,确保通车目标的实现。

(2)推行标准化施工

指挥部督促各参加单位按照《云南省高速公路施工标准化管理指南》和指挥部标准化施工管理规定,认真做好项目驻地建设和临时设施建设,规范现场管理和施工工艺,并通过指挥部的验收以确保达到标准化施工要求;通过在石红项目开展高速公路标准化建设活动,大力推进施工管理标准化、规范化、精细化,将"规范管理、精细施工"的理念贯穿于工程施工全过程,促进管理制度更加完善,现场管理更加规范、人员技能更加精湛、材料加工和施工工艺更加精细、试验检测更加可靠、参建人员标准化意识明显增强,达到工程质量、安全管理水平进一步提高的目的。

(3)抓平安工地建设

结合交通运输部《关于开展公路水运工程平安工地建设活动的通知》(交质监发〔2010〕132号)和云南省交通运输厅《云南省公路水运工程"平安工地"建设活动实施方案》的文件精神,积极开展"平安工地"建设活动,通过创建活动,落实"一岗双责",完善制度、强化管理、起到了良好的效果。2014年7月,云南省交通运输厅安全生产专业委员会首次组织"平安工地"检查考评时,石红项目6个合同段全部通过考评。

3. 项目重大变更

在变更方案的确定和审核过程中,指挥部严格贯彻执行《云南石红高速公路建设项目工程设计变更管理办法》的规定,加强设计变更原因的调查和审核,严格遵守设计变更的审批权限和报批程序,建立了设计变更处理卡台账、设计变更明细台账。从现场技术方案确定开始,指挥部便坚持四方参与会审制度,同时增加了设计咨询单位方的参与,杜绝一方单独确定、事后通报的现象发生。涉及重大设计变更和技术难度大的变更方案,由云南省交通运输厅,云南省公路投资公司,设计单位,设计咨询单位及施工、监理等单位的专家现场调查论证,确定安全、合理经济的处置方案。项目重大变更主要有:

(1)二合同段K19+000~K20+230段桥改路。该段路线位于V形河谷地带,线位距河底高度约20m。地质表层为碎石土,主要成分为板岩、粉砂岩充填黏性土,局部夹块石,下层为薄~中厚,层状板岩夹粉砂岩。共设莫沙琅1号大桥、莫沙琅2号大桥、莫沙琅3号大桥,三座桥单幅共计880.09m。由于三座桥均位于半坡上,局部在河道内,最大墩高分别为18m、8.5m、12.5m,为实施桥改路基优化设计提供了条件。土建二合同段总计弃土169.2万m^3,其中隧道弃渣47.5万m^3,路基挖方弃土121.7万m^3,共设7个弃土场,整个合同段内弃方量较大。为兼顾经济和安全的原则,经云南省交通运输厅专家组研究决定同意,取消三座桥梁(共43孔20m),取消K22+300右侧150m和K23+400右侧160m两个弃土场及相关工程,改设为路基,利用挖方弃土来填筑,完善改河及路基排水,同时兼顾地方道路改移。经估算,桥梁部分减少建设资金3039.6万元,路基部分增加建设资金298.2万元,净减少建设资金2741.4万元。

(2)增设撮科立交。原设计在主线K36+096处设小寨停车区,2014年4月1日玉溪市人民政府以《玉溪市人民政府关于请求在石红高速公路K35+000(撮科)增设出入口的函》(玉政函〔2014〕13号)至函云南省公路投资公司,要求在石红高速公路K35+000(撮科小寨)处增设一个出入口。2014年5月21日,经云南省交通运输厅专家组研究决定,为改善沿线群众生产生活条件,加快撮科革命老区经济社会发展,同意在K36+084.565处增设撮科立交,并与停车区统筹考虑,增加投资7867万元。

(五)复杂技术工程

石红高速公路技术复杂工程主要有高家山隧道、大中山3号隧道(图17-88)。高家山分离式隧道右幅全长1763m,最大埋深约212m;左幅全长1760m,最大埋深约196m。左右幅隧道累计总长3523m。隧址区共经过四条断层破碎带、五段富水区,围岩为褐黄色全风化~强风化薄~中厚层状板岩、砂质板岩夹粉砂岩,受断层破碎带的强烈影响,节理裂隙发育,岩体破碎,呈碎裂状、土状结构,富含地下水,常有股状地下水流出,围岩整体稳定性及完整差,多次发生突泥、突水,初支开裂变形的情况。施工中采用了优化开挖方法,加强 φ108×6 超前管棚注浆加固,涌水段落采用注水泥-水玻璃浆液进行赌水加固的方法处理危险段落。

图 17-88　用《石屏赋》装饰隧道洞门

大中山 3 号连拱隧道由于实测地面线与设计不符,位于隧道中段的暗洞 K31+540～K31+600 段左洞外露,且横坡陡峻、偏压严重,隧道开挖、施工困难。外露部分采用暗洞明做,设桩基承台偏压墙,反压回填消除隧道偏压。由于施工工艺复杂、安全风险较高,施工前组织了施工方案评审,并在施工过程中严格按评审的施工方案实施,最终顺利实现贯通。

(六)科技创新

"山岭区高速公路长大纵坡与隧道及隧道群耦合路段的安全运行环境研究"课题是石红高速公路在科技创新方面的重要体现。其目的是针对石红高速公路长大纵坡与隧道及隧道群耦合路段线形、空间结构和交通安全运行环境条件,从典型长大纵坡路段、隧道路段、隧道群路段、长大纵坡与隧道及隧道群耦合路段的事故特征、驾驶员行为特性、道路条件、路侧净空、立交、桥梁、服务区、收费站、隧道及隧道群运行环境等系统层面,分析石红高速公路长大纵坡与隧道及隧道群耦合路段可能的事故形成机理,研究满足驾驶员驾驶安全舒适性的长大纵坡与隧道及隧道群耦合路段的驾驶需求及给予驾驶需求的安全诱导、预警和防范技术,有效提高其运行质量、服务水平和社会经济效益;在石红高速公路研究成果的基础上,凝练云南省山岭区高速公路长大纵坡与隧道及隧道群耦合路段的安全运行成套技术。

通过课题研究,指挥部从驾驶员驾驶需求的系统角度,研究适合云南省地方特色的长大纵坡与隧道及隧道群耦合路段交通安全设施的安全保障体系，提出保障驾驶员在长大纵坡与隧道及隧道群耦合路段行车安全所需的交通工程系统解决方法，有效减少或避免了因道路、环境运行条件引发的重特大事故的发生，大幅降低事故死亡率，从根本上解决了长大纵坡与隧道及隧道群耦合路段的道路行车条件安全问题，为石红高速公路乃至云南省山岭区高速公路长大纵坡与隧道及隧道群耦合路段安全设计和安全运行管理提供了理论与技术支撑。

该课题主要研究内容为：长大纵坡路段运行条件研究、长大纵坡路段隧道及隧道群运行光环境研究、隧道及隧道群与长大纵坡路段耦合技术研究，山岭区高速公路长大纵坡与隧道及隧道群耦合路段的安全运行成套技术研究。

该课题的创新点在于：综合应用人因工程、交通工程、道路工程、汽车工程、隧道工程光环境等多学科、跨学科的理论和方法，采用理论和试验相结合的方法，在石红高速公路施工图设计阶段长大纵坡安全运行环境优化工程的基础上，研究提出基于云南省山岭区高速公路长大纵坡与隧道及隧道群耦合路段驾驶员驾驶期望特性的交通安全特性、光环境特性和驾驶行为特性，从驾驶需求、路线、路面、隧道光环境、隧道群光环境和路侧安全净空区等安全工程层面，系统提出了一套适合石红高速公路乃至云南省山岭区高速公路长大纵坡与隧道及隧道群耦合路段的交通安全运行成套技术。

（七）运营养护管理

石红高速公路沿线附属设施共设3个收费站、1个服务区、1个停车区。

宝秀收费站位于石屏县宝秀镇郑营村委会张本家村民组，共7车道（3进4出），其中1进1出为ETC车道，其余为人工收费车道。

撮科收费站位于元江县甘庄街道办事处撮科村委会撮科小寨村民组，共4车道（2进2出），其中1进1出为ETC车道，其余为人工收费车道。

红龙厂收费站位于元江县甘庄街道办事处，共6车道（2进4出），其中1进1出为ETC车道，其余为人工收费车道。

石屏服务区位于石屏县异龙镇李家寨村委会李家寨村民组及石屏县宝秀镇郑营村委会张本家村民组。

撮科停车区位于元江县甘庄街道办事处撮科村委会撮科小寨村民组。

当年，石屏人在"走西头"的时候用双腿和马蹄踩踏出来的古道，500年来塑造了滇南一带的社会与经济风貌。20世纪中叶以来，随着现代公路交通的发展，这条古道风光不再，被淹没于崇山峻岭间。但新建成通车的石红高速公路则是古道的重生与涅槃，正以现代的方式续写着新的辉煌。

三、保腾高速公路——"云中的路"到边陲

2016年4月,一首歌曲《云中的路》在极边大地突然走红。歌中所唱的"云中的路"就是保腾高速公路。歌曲中的MV画面多为龙江特大桥航拍和建设过程的精彩瞬间。

腾冲市是著名的侨乡、文献之邦和翡翠集散地,也是省级历史文化名城,在西汉时称"腾越",大理国中期设腾冲府。由于地理位置重要,历代都派重兵驻守,明代还建造了石头城,称之为"极边第一城"。

2013年2月6日,随着保山至腾冲高速公路的贯通,这条由"极边第一城"腾冲进入缅甸,最后抵达印度的国际大通道在促进中国与缅甸、印度乃至孟加拉国的区域交往,加速推进云南桥头堡建设,扩大腾冲面向南亚开放,拉动区域经济增长的过程中开始扮演着全新的角色,形成了新的"南方丝绸之路"。

在建设过程中,建设者面对二次开工、物价上涨、资金紧张、沿线雨量充沛、雨季时间长、地震频发等各种不利因素,克服了重重困难,奋战30多个月,终于使保腾高速公路按期建成通车,使千年丝绸古道变成国际大通道。

（一）项目特点

保山至腾冲高速公路是国家公路网规划中G56杭瑞高速公路联络线G5615天保至猴桥高速公路的一段,是云南省公路网规划的"9210"骨架路网的第六条联络线,是云南省高速公路网4号线——S10云县至猴桥口岸高速公路中的重要路段,是云南省干线公路骨架网保山至缅甸的重要通道之一,也是昆明至缅甸、印度国际大通道及亚洲公路网的重要组成部分。

保山至缅甸密支那公路是从云南通往印度等南亚地区交通条件最优越、路程最短、最为便捷的通道,保腾高速公路是其中的重要路段,沿线自然资源和旅游资源丰富。项目建设对实施"兴边富民工程",促进区域经济发展,促进自然资源和旅游资源开发,加强民族团结,巩固国(边)防,完善通边干线公路网,推进中缅、中印公路国际大通道建设,复兴南方丝绸之路,扩大云南面向南亚开放,拉动区域经济增长,促进保山"两极带动"战略和旅游经济的发展,实施"走向南亚保山先行"战略、把腾冲打造成中国连接南亚大陆通道上的第一座桥头堡等,具有十分重要的意义。

保腾高速公路经过高黎贡山断裂带,地震烈度高,沿途多为火山地貌,山高谷深,建设难度较大。在项目建设中,软弱围岩隧道开挖、五合立交滑坡处治、腾冲坝区的软土地基处治等,是施工中的难点工程;小田坝枢纽立交、大尖坡隧道、勐连1号隧道、勐连2号隧道、五合立交滑坡处治等是项目重点控制性工程;滑坡处治和软弱围岩隧道开挖构成了保腾高速公路建设的特点和难点。

在云南高速公路建设中,保腾高速公路项目首次严格执行"边开挖、边防护、边绿化"的路基边坡开挖理念,减少了水土流失和边坡病害,提高了路基边坡绿化效果;首次引用双组分均匀分布结构型雨线,提高了交通标线的耐磨性和路面的排水。

(二)项目概况

保腾高速公路路线起于保龙高速公路小田坝,接保龙高速公路 K581+650 处,向西沿箐沟升坡至大尖坡,设大尖坡隧道,穿越山梁后路线开始降坡,过硝塘至大勐柳设立交与地方路相连,而后继续降坡,至龙江设龙江特大桥,于帮焕连接龙江特大桥的大件运输通道,过龙江升坡至五合乡接五合联络线,经五合联络线接五合立交,升坡至鹿山村隧道和勐连1号隧道,穿越山梁后降坡至勐连乡,沿北至关坡脚,设勐连2号隧道,穿越山梁后沿关坡脚沟箐降坡至腾冲坝子,设腾冲立交,而后沿水映寺南侧、芭蕉关、和顺景区规划南侧展线,止于腾冲县中和镇毛家营自然村南侧,与已建成通车的腾冲至猴桥二级公路、腾冲至陇川二级公路相接,主线全长63.319km,其中高速公路61.06km、二级公路2.259km,共占用土地4834亩,如图17-89所示。

图17-89 保山—腾冲高速公路位置示意图

项目主线设计速度80km/h,路基与桥涵宽度24.5m,双向四车道,车道宽度4×3.75m;最大纵坡4.98%,设计荷载为公路—Ⅰ级,设计交通量为2030年远景平均交通量35639辆(小客车)/日。抗震设防烈度为Ⅷ度。项目概算投资49.07亿元(不含龙江特大桥)。工程主要控制点有:小田坝、硝塘、大勐柳、龙江特大桥、大丙弄、勐连、中和。

保腾高速公路全线共有挖方1502万 m^3,填方619万 m^3,防护工程42.78万 m^3,排水工程29.88万 m^3,特殊路基处理23.369km,涵洞通道222道,路面工程156.78万 m^2,大桥 29009m/118 座（按单幅计），中桥 2563m/42 座（按单幅计），小桥 152m/5 座（按单幅计），隧道 7089m/8 座（按单幅计），枢纽型立交 1 处，互通式立交 3 处；全线设综合服务区 1 处、收费站 5 处、管养房 22461m²，以及标志、标线、护栏、隔离栅、收费、通信、监控等交通安全设施。

项目位于云南高原的西部边缘，地形北高南低、东高西低，山脉、河流多呈南北向，路线所经区域地形地貌主要有：中切割中山陡坡地貌、火山穹丘地貌、山间盆地地貌。

项目工程主要构造物有挡土墙、抗滑桩、框格梁、桩基、圆形双柱墩柱或 T 形墩柱、T 梁、现浇箱梁、空心板梁、分离式隧道等。

保腾高速公路建设工期 3 年，于 2009 年 11 月 12 日施工许可申请书通过云南省交通运输厅批复开工建设，2013 年 2 月 6 日建成通车（不含龙江特大桥）。

（三）前期决策

原有的保山至腾冲公路全长 160km，三级公路长度占路线总长的 89%，平纵面线形标准低，路基宽度 8.5m。经过多年运营，路基病害多、路况差，已不适应地方经济发展和出境通道发展的需要。

2005 年 2 月，云南省委、省政府在保山市腾冲县召开云南省实施"兴边富民工程"工作会议，部署了"兴边富民工程"3 年（2005—2007 年）行动计划，要求在 3 年内使边境地区的基础设施建设明显改善。此会议也将保腾高速公路列入了初步规划。同年 8 月，保山市政府启动了该项目的前期准备工作。

2005 年 9 月 29 日，云南省国土资源厅对云南保山至腾冲高速公路工程建设项目地质灾害危险性评估报告进行审查并出具专家审查意见书。

2005 年 10 月 14 日，云南省国土资源厅批复保山至腾冲公路建设项目矿产资源调查（云国土资储〔2005〕286 号）。

2006 年 6 月 20 日，云南省发展和改革委员会批复同意了项目建议书（云发改交运〔2006〕648 号）。

2006 年 10 月 19 日，云南省水利厅批复同意保腾高速公路的水土保持方案（云水保〔2006〕155 号）。

2006 年 12 月 6 日，云南省文物管理委员会批复保腾高速公路建设工程地面文物调查评价。

2006 年 12 月 7 日，云南省发展和改革委员会文件批复了工程可行性研究报告（云发改交运〔2006〕1488 号）。云南省发展和改革委员会认为"项目建设是必要的"，"项目建设对完善我省公路干线骨架路网结构，构建中国面向南亚陆上大通道，改善全省和滇西地区交通运输格局，完善云南省骨架网体系，促进滇西地区旅游事业和社会、经济的发展具有十分重要的意义"。

2007年8月6日,云南省环境保护局批准保腾高速公路的环境保护方案(云环许准〔2007〕178号)。

2007年10月26日,云南省发展和改革委员会批复了两阶段初步设计(云发改交运〔2007〕1513号),对保腾高速公路建设项目的线路方案、技术标准、路基方案等进行了批复。

2009年11月12日,云南省交通运输厅批准了施工许可申请书,同意保腾高速公路开工建设。

2010年4月23日,云南省交通运输厅批准了第4、第6合同段施工许可申请书,同意第4、第6合同段开工建设。

(四)参建单位

2007年4月9日,云南省公路投资公司批准成立云南保腾高速公路建设指挥部和云南省公路投资公司业主代表处,负责项目的前期筹备及今后的建设管理工作,任命胡嘉鸿为指挥长及业主代表处代表,并根据有关规定办理了事业单位法人资格证书。指挥部业务上受云南省公路投资公司管理。

2007年8月13日,聘任刘建彪为总工程师;2007年11月9日,变更杨汝凌为副指挥长兼总工程师;2007年11月27日,云南省公路投资公司党委任命柏建忠为保腾指挥部党总支书记;2008年7月18日,变更王裕先为指挥长;2009年6月29日,变更杜红彬为总工程师;2010年10月25日,聘任杜红彬为副指挥长,变更李平为总工程师。指挥部内部共设"六处两室"。

结合工作需要,指挥部成立了招投标、工程质量管理、安全生产、水环保、党风廉政建设、综治维稳工作、农民工工资支付管理、节能减排等领导小组;制订了工程技术管理、质量管理、安全管理、合同管理、财务管理、征迁协调、综治、廉政建设、农民工工资管理等共22个规章制度和办法,建立起一整套管理体系,并列入合同文件的组成部分,作为进行项目建设管理的重要依据,使管理走上规范化、制度化的轨道,有力地保障了项目建设的顺利开展。

指挥部通过全国公开招标,经过公平、公正评审,坚持择优选择的原则,共有30家设计、施工、监理单位参与保腾高速公路建设,各方参建单位均符合国家规定的资质及业绩要求。

保腾高速公路勘察设计工作由云南省公路勘察设计院负责,该院成立了测设项目组,组织人员按勘察设计工作大纲的要求,以"一个中心,五个基本点"展开勘察设计工作,即以设计管理为中心;安全——将行车安全放在首位;生态——以不破坏就是最大保护为理念;经济——充分考虑经济技术的合理性,尽量降低工程造价;服务——服务于社会,有利于社会进步和发展;创新——技术合理,设计创新为五个基本点,在保证行车安全、舒适,环境保护措施合理的前提下,采用合理的技术指标和设计手段,使工程数量、工程造价得到有效控制,节省公路运营成本。

考虑到沿线地质地形复杂、地震频发、滑坡路段多,保腾高速公路在边坡施工中还严格按照"边开挖、边防护、边绿化"的理念,有效减少公路建设对环境的影响和水土流失,避免了因边坡裸露而导致的边坡滑坍(图17-90)。同时,优先选取当地物种,采用"乔、灌、草多品种相结合的绿化恢复模式"进行防护,整体景观绿化既充分体现了沿线地域的特色,又保护沿线自然植被,维持了原有生态系统的连续性和路域生态系统稳定性(图17-91)。

图17-90 保腾高速公路边坡防护

图17-91 鲜花扮靓公路边坡

保腾高速公路共有26个合同段,其中土建11个合同段(不含龙江特大桥)、路面2个合同段、交通安全设施3个合同段、机电工程5个合同段、绿化工程3个合同段、沿线设施

2个合同段。承担建设施工任务的施工单位均具备要求的施工资质。各施工单位根据施工承包合同规定的条款,建立健全组织管理机构,上足施工队伍,投入机械设备和管理人员,建立以总工程师为中心的质量自检体系,科学管理,严密组织,在地质复杂、条件艰苦、任务繁重、资金紧张的条件下,以对国家和社会高度负责的精神,顾全大局、奋力拼搏,全面履行了投标承诺和合同规定的各项职责,较好地完成了施工任务。参建的项目管理人员和农民工长期坚守工地,用辛勤的汗水谱写了一曲美丽动人的路歌,顺利实现了"极边通高速、丝路变通途"。

保腾高速公路项目实行第三方监理,共有土建监理、沿线设施监理、机电工程监理各1个合同段。土建监理采用总监理工程师办公室、驻地监理工程师办公室、二级监理模式,总监办下设工程技术科、中心试验室等部门和3个驻地办;沿线设施监理和机电工程监理均采用一级监理模式,根据工程特点配备了总监理工程师和专业监理工程师。所有监理合同段的工作严格遵循了"严格监理、优质服务、科学公正、廉洁自律"的监理原则,认真执行监理工作方针、法规、合同文件及业主的各项管理办法;坚持实事求是、公正合理的原则,以高度的责任心自觉规范监理行为;以工程质量监理为核心,严格执行监理程序,按规定签认工程数量,控制工程费用;深入工地现场,对重要工序进行跟班监理,对施工现场坚持监理旁站;加强服务意识,提高办事效率,牢固树立廉洁自律意识,忠于职守,围绕"质量好、进度快、投资省"和"安全生产、文明施工"目标开展工作,较好地完成了监理任务。

(五)项目建设

1. 项目筹备

2008年2月7日,国家林业局准予保腾高速公路建设占用征用林地(林资许准〔2008〕039号);2009年3月14日,《国土资源部关于云南保山至缅甸密支那公路保山至腾冲段工程建设用地的批复》(国土资函〔2009〕392号),批复同意保腾指挥部建设用地。

2008年3月28日,云南省交通厅批准了土建工程1~3合同段、7~12合同段施工图设计(云交基建〔2008〕56号);2010年4月7日,云南省交通厅批准了土建工程4合同段、6合同段施工图设计(云交基建〔2010〕122号)。

2010年9月14日,《云南省交通厅关于保山至腾冲高速公路环境监理实施方案的批复》批准了环(水)保监理实施方案。

2010年12月22日,《云南省水利厅关于云南保山至缅甸密支那公路保山至腾冲段水土保持方案补充报告书的函》(云水保〔2010〕352号),批复同意保腾高速公路的水土保持补充方案。

2. 资金筹措

保腾高速公路经初步设计修编后批准概算为49.07亿元(不含龙江特大桥),其中交通运输部安排9.39亿元、云南省财政统筹8.3亿元、银行贷款30.24亿元,其余资金为征地拆迁费用,由保山市负责筹措。

3.招标情况

指挥部把招标工作作为重点来抓,成立了招标工作领导小组,严格依据《中华人民共和国招标投标法》《公路建设市场管理办法》《工程建设项目施工招标投标办法》《工程建设项目货物招标投标办法》《公路工程施工招标投标管理办法》等相关法律法规开展各项招标工作。资格预审文件及招标文件、资格预审评审结果及评标结果均经云南省交通运输厅公路工程项目招标监督委员会审议并报省交通运输主管部门审查或备案,严格按相关规定从交通运输主管部门专家库中抽取专家进行评标工作,投标控制价上限均按规定委托具有编制资格的单位(或个人)进行编制,并报云南省交通运输厅公路造价监督局审核。中标候选人名单均按规定在云南交通信息网进行了公示。

指挥部先后进行了土建工程施工、监理招标;水泥、钢材、钢绞线等统供物资招标;桥梁桩基检测招标、隧道地质超前预报及监控量测招标;路面工程、绿化工程、交通安全工程、沿线设施、机电工程等施工招标。

主线监理招标划分为1个合同段,采用国内竞争性公开招标(资格预审),评标办法为综合得分法,中标人为云南元土工程监理有限公司。

(1)土建施工招标

土建工程划分为11个施工合同段(不含龙江特大桥),采用国内竞争性公开招标(资格预审),评标办法为最低投标价法,于2007年8月进行资格预审、12月24日签订合同,中铁三局集团第二工程有限公司、中铁隧道集团有限公司、安通建设有限公司、新疆昆仑路港工程公司等单位中标。其中,土建4合同段招标失败,于2009年7月~11月进行二次公开招标,评标办法为合理低价法(招标人设控制价上限),中标单位为云南第二公路桥梁工程公司。

(2)路面施工招标

路面工程划分为两个路面施工合同段,委托国信招标集团有限公司为代理人组织招标工作,于2009年11月~2010年2月进行国内竞争性公开招标(资格预审),评标办法为合理低价法,中标单位为安通建设有限公司、中国云南路建集团股份公司。

(3)绿化施工招标

绿化工程划分为3个绿化施工合同段,委托云南云岭高速公路工程咨询有限公司为代理人组织招标工作,于2009年11月~2010年2月进行国内竞争性公开招标(资格预审),评标办法为合理低价法,中标单位为云南万得凯园林景观有限公司、云南绿源建筑景观工程股份有限公司、云南云岭高速公路养护绿化工程有限公司。

(4)机电工程、交通安全设施、沿线设施施工招标

机电工程共分5个合同段、交通安全设施分为3个合同段、沿线设施分为2个合同段,共计10个合同段,于2011年7月8日在昆明举行了开标会。其中,机电工程三合同段3家投标人的投标报价均超过投标控制价上限,按废标处理,该合同段招标失败。其余工程招标工作均按正常程序进行。机电工程中标人分别为云南康迪科技有限公司、北京路安交通科技发展有限公司、中铁十二局集团电气化工程有限公司、昆明荣成天宇控制系统工程有限公司;交通安全设施中标人为安徽天洋交通工程有限公司、湖南省郴州公路桥梁建设有限责任公司、云南长江现代交通设施有限公司;沿线设施中标人为云南省东方中安建筑工程有限公司、云南昀锋建筑有限公司。机电工程三合同段二次招标于2012年1月6日在昆明举行了开标会,由于提交投标文件的投标人不足3家,二次招标失败。鉴于以上两次国内公开招标失败,根据国家七部委第30号令《工程建设项目施工招标投标办法》等相关规定,通过进行竞争性竞价谈判的方式来确定施工单位。2012年3月16日,在保腾指挥部进行竞价谈判会,采用经评审的最低价法进行谈判(招标人设控制价上限),中标单位为云南康迪科技有限公司。

保腾高速公路建设从业单位信息见表17-31。

保腾高速公路建设从业单位信息采集表 表17-31

序号	参建单位	单 位 名 称	合同段编号及起止桩号	主要负责人
1	项目管理单位	云南保腾高速公路建设指挥部	AK0+000~K63+319.54	王裕先 柏建忠 杜红彬 杨仲恺 李 平
2	勘察设计单位	云南省公路规划勘察设计院	AK0+000~K63+319.54	吉建宏 卢 阳
3	施工单位	中铁三局集团第二工程有限公司	土建1合同段 K0+000~K3+727.69	张中军 吕海军
4		中铁隧道集团有限公司	土建2合同段 K3+727.69~K8+440	周柏倩 尹胜辉
5		安通建设有限公司	土建3合同段 K8+440~K13+660	陈顺先 刘志宏
6		云南第二公路桥梁工程有限公司	土建4合同段 K13+660~K19+740	朱庆文 秦 文
7		新疆昆仑路港工程公司	土建6合同段 K21+850~K28+980	武志成 杨 林
8		中铁十五局集团有限公司	土建7合同段 K28+980~K32+661.22	张建辉 李文军
9		攀枝花公路建设有限公司	土建8合同段 K32+661.22~K36+805.48	楚利庆 卢 勇

第十七章
国家高速公路

续上表

序号	参建单位	单位名称	合同段编号及起止桩号	主要负责人
10	施工单位	长庆石油勘探局筑路工程总公司	土建9合同段 K36+805.48～K42+001.53	齐 锐 陈 忠
11		山西省晋中路桥建设集团有限公司	土建10合同段 K42+001.53～K49+000	仵向前 杨愉峰
12		西南交通建设集团有限公司	土建11合同段 K49+000～K54+200	黄社敏 郭 强
13		衡阳公路桥梁建设有限公司	土建12合同段 K54+200～K63+319.54	李小刚 古建军
14		安通建设有限公司	路面1合同段 K0+000～K19+700	袁光明 杨国民
15		中国云南路建集团股份公司	路面2合同段 K22+436～K63+409.33	李华兴 秦 川
16		云南万得凯园林景观有限公司	绿化1合同段 K0+000～K20+500	余必成 李融冰
17		云南绿源建筑景观工程股份有限公司	绿化2合同段 K20+500～K38+300	李宗辉 陈汝才
18		云南云岭高速公路养护绿化工程有限公司	绿化3合同段 K38+300～K63+409.33	毛红卫 官建华
19		云南康迪科技有限公司	机电1合同段	段永坤 孙连江
20		北京路安交通科技发展有限公司	机电2合同段	范俊松 唐 农
21		云南康迪科技有限公司	机电3合同段	郭家成 王方仁
22		中铁十二局集团电气化工程有限公司	机电4合同段	梁卫兵 王德虎
23		昆明荣成天宇控制系统工程有限公司	机电5合同段	张庆荣 李声元
24		安徽天洋交通工程有限公司	交安1合同段	曾杏香 李福喜
25		湖南郴州公路桥梁建设有限责任公司	交安2合同段	邓立东 王 华
26		云南长江现代交通设施有限公司	交安3合同段	沈学银 灿 斌
27		云南东方中安建筑工程有限公司	沿线设施1合同段	宋桃建 钱 伟
28		云南昀锋建筑有限公司	沿线设施2合同段	冯万益 江 涛
29	监理单位	云南元土监理工程有限公司	土建监理	张忠文
30		云南纪星交通工程监理咨询有限公司	机电监理	何 维
31		云南交通基建工程监理有限公司	沿线设施监理	李春湖

777

4. 征地拆迁

保腾高速公路征地拆迁涉及龙陵、腾冲两县8个乡镇28个行政村近384个自然村，涉及人口3.6万人。全线需征永久用地4834亩、临时用地1804亩，搬迁房屋217余户，迁坟2513冢，搬迁网线电杆1683棵。

根据云南省公路投资公司与保山市人民政府签订的协议，保腾高速公路征地拆迁资金由地方人民政府筹措，由于龙陵、腾冲两县人民政府财政困难，征迁工作十分复杂和艰巨，难度非常大。为此，龙陵、腾冲两县成立了征地拆迁协调办，指挥部成立了征地拆迁处负责协调、配合地方政府完成征地拆迁相关工作。在沿线各级党委、政府和各族人民群众的支持下，在征迁工作者的努力下，征地拆迁工作顺利完成，被征用土地的单位和个人作出了很大贡献。

在征地拆迁工作中，工作人员讲究工作方法，以理服人、以情动人、因人制宜，尽量把工作做深、做好、做实，在全线的征地拆迁过程中未出现大的纠纷事件和群体性上访事件，为保腾高速公路按期完工奠定了基础，保证了沿线的社会稳定与和谐。

5. 项目实施

（1）强化施工组织，提高服务水平，确保工程进度

保腾高速公路在实施过程中，合理制订施工计划，要求各施工、监理单位按阶段目标要求组织施工，上足人员、机械，确保施工质量、安全，加快进度。

一是突出重点，落实责任。围绕云南省公路投资公司下达的年度目标任务，结合沿线气候特点抢抓施工黄金季节，制订了切实可行的施工计划，进行任务分解，与各施工单位签订半年目标责任书，明确责任和任务，加大人、财、物等各方面的投入，强化施工组织和合理调度，优先组织实施立交、大桥、隧道等控制性工程建设，实现规模化生产。

二是狠抓内部管理，提高服务水平。根据工程实际进展情况，指挥部科学编制资金使用计划，加强资金拨付管理和使用监管，严格执行财经纪律，确保资金使用安全；提高工作效率，做到优质、科学服务，严格遵循服务承诺；加强技术指导，主动跟踪协调服务，为施工单位创造和谐的施工环境；加强部门间，指挥部与施工、监理单位间的协调统一，完善各项内业资料，加强内业资料管理。

（2）质量管理和工程实体质量

根据交通运输部、云南省交通运输厅、云南省公路投资公司有关工程质量管理规定，指挥部建立了严格的"政府监督、法人管理、社会监理、企业自检"的四级质量管理体系，把质量管理作为建设工程的重中之重，贯穿于施工的全过程。通过严格的质量控制，使工程质量符合设计及施工规范要求。

一是加强思想教育工作，提高参建人员的质量意识。把"百年大计、质量第一""质量

责任重于泰山"的宣传教育始终贯穿于整个项目管理的全过程,使各参建单位的质量管理人员增强责任感和使命感;加强质量管理人员的业务培训,不断提高质量管理人员的业务素质。

二是切实抓好各责任主体的质量保障体系建设,建立质量岗位责任制,加强考核和监督检查,提高质保体系的运行质量,使工程质量处于可控状态。指挥部成立了工程质量管理工作领导小组,设立了指挥部监理工程师管理办公室,建立了工程质量管理体系,针对现场施工事前、事中加强质量监督检查和预防;建立定期的质量检查、不定期的质量抽检或巡查制度,督促承包人建立完善的自检和质量保证体系,并按照属地管理的原则加强与地方相关部门的沟通联系。总监办专门成立了中心试验室和质量监督科,做好对监理、施工单位、检测单位的质量监督管理工作,加大了对各驻地办及试验室的监督管理力度,督促现场监理人员严格执行监理程序,认真落实以现场控制为重点,以防治质量通病为突破口,坚持工序验收制度,坚持实事求是、以数据说话的原则,严把各工艺工序关。各项目部成立了质量控制管理领导工作小组,严格执行施工人员登记制度,加强施工人员的管理,明确岗位职责,建立健全质量自检制度。加强项目中心试验室的建设管理,使其按照技术规范要求完成各项标准试验和现场质量检测试验,确保试验数据的真实性。

三是加强监督和监测工作。质量稽查人员、中心试验室、旁站监理均按施工图、施工规范要求,严格对每道工序、每个环节的监督检查,严格查处不按设计规范施工的违规行为;加强试验检测工作,特别是针对桥梁混凝土、钢绞线工程施工、特殊结构、特殊路基处理、隧道、高大边坡锚索、锚杆等工程施工,加大了抽检及验证试验的频率。截至通车之日,指挥部共计发出稽查指令49份,整改回复49份;开出违约处罚494份;计处违约金2865750元;发出指挥部质量、安全检查通报5份,并已回复整改;发出监理指令820份,回复781份,回复率达95.24%。

四是实行标准化施工。指挥部要求施工单位严格按相关文件规范施工场地,严格按规范、按程序作业,加强过程控制,严格施工工艺,实行标准化生产。

五是加强设计变更管理工作。为加强项目管理,控制工程造价,搞好设计变更以及完善设计工作,指挥部制订了《云南保腾高速公路工程设计变更管理实施办法》《云南保腾高速公路补充单价编制管理实施办法》,结合地形、地质的实际情况,由业主单位负责牵头,设计、监理、施工单位四方代表共同参加,对全线路基工程、桥梁工程、隧道工程、环水保工程设计深度不足以及其他原因造成的工程设计变更进行优化完善。

(3)安全生产管理和工程现场安全生产

指挥部高度重视安全生产工作,始终坚持"安全第一,预防为主,综合治理"的方针,将合同管理和目标责任考核有机结合起来,加强领导,落实责任制,建立规章制度,健全管理体系,完善应急机制,狠抓各项安全生产措施的落实。

一是加强领导,健全管理机制。根据云南省公路投资公司的要求,结合保腾高速公路项目建设的实际,成立了安全生产委员会,加强领导,明确责任,制订安全生产制度及各项保证措施,建立健全了安全生产管理体系。各监理、施工单位都建立了相应的安全生产委员会,明确职责,层层分解,并且编制出综合与分项安全应急救援预案。

二是各项措施落实到位。以合同管理为纽带,落实安全生产目标考核责任制,指挥长与各处(室)及各施工、监理单位分别签订责任书,明确各自的职责;贯彻"谁主管,谁负责"的原则,实行"一岗双责",层层分解落实安全责任,做到职责明确,责任到人。

三是认真执行交通运输部2007年1号令,在招投标阶段计入了1%的安全专项经费。

四是扎实开展安全生产教育培训及应急演练。为提高安全生产意识和业务水平,按照"条块结合、属地管理"的原则,不同层次地组织安全生产培训。建设期间,施工、监理单位共组织了30次安全生产方面的培训,进场人员培训达到3900多人次;各参建单位还利用多种形式对从业人员进行安全生产教育;指挥部根据生产安全事故应急处置预案,有针对性地组织预案演练。

五是加大监督检查,强化安全隐患整改。指挥部安全管理部门定期与不定期地对各施工单位进行日常检查工作,到施工现场进行检查达163次;排查出安全隐患129处,整改129处,整改率达100%。

六是积极协调,部门联动,统筹兼顾,全面落实。指挥部与地方安监部门建立例会交流通报制度,定期与驻地安监部门和公安部门座谈交流,共同促进安全生产工作。由于指挥部和各参建单位认识到位、管理到位、投入到位、预防到位,保腾项目建设安全态势平稳,为创建"平安工程"打下了良好的基础。

(4)合理工期有序执行

保腾高速公路土建工程招标结束后,各土建施工、监理单位于2008年1月相继进场开展驻地建设、施工复测、选择砂石料场、建立原设计工程台账等工作。但因建设资金未能及时筹措到位,致使本项目未能及时开工建设。经建设单位与各合同中标单位协商,开工时间顺延。2009年6月,项目建设资金基本筹措到位,根据云南省公路投资公司的安排,指挥部通知各施工、监理和其他参建单位二次进场;2009年11月12日,保腾高速公路正式批准开工建设。

(5)资源节约和环境保护

在工程建设过程中,指挥部认真落实科学发展观的要求,特别注重生态环境保护,遵循"不破坏就是最大的保护"的理念,坚持"最大限度地保护、最小程度地破坏、最强力度地恢复",努力使工程建设顺应自然、融入自然。

一是建立水、环保管理体系,提高参建各方的水、环保意识,做到"四个保证"。首先是组织机构保证。指挥部成立水环保领导小组,明确了参建各方的职责、权利和义务,把水、环保纳入合同管理,严格执行"三同时"。其次是制度保证。指挥部制订了《环境保护与水土保持管理办法》,认真落实责任制,通过环保教育强化环保意识,通过环保控制提高预测预防能力,通过环保检查消除环保隐患。第三是监督保证。实行"政府监督、业主管理、企业控制、社会监理、全员实施"的环保保证体系。第四是奖惩保证。依照有关规定,结合施工建设的具体情况,实行"一保一奖一处罚""二挂钩"的奖惩措施。将水、环保工作从设计、工可阶段抓起,从源头控制环境影响。在项目前期工作中,充分考虑水、环保问题,将其作为一项关键环节来抓紧抓好。

二是在项目实施过程中,尤其注重保护基本农田,坚持科学合理用地。尽量优化设计,提高土地利用率,最大限度节约土地、保护耕地,减少施工临时占地;制订对临时占地进行复耕和生态恢复措施,合理设置取土场、弃渣场,对采石、弃土、弃渣进行水土流失防护,确保基本农田的环境安全;加强与地方各相关部门的联系,协助地方征地拆迁部门开展公路用地的征迁工作,加强施工组织管理,尽量减少或压缩设计外临时用土地的征地拆迁,督促施工单位严格按工程设计和规范有序施工,减少工程建设对沿线群众生产生活的不利影响。

三是实施科技文化示范工程,推进环境保护和水土保持。指挥部始终坚持用"保腾高速——文化之旅"的基本理念,按照"以文化为特色、以科技作支撑、以道路为载体、以开放促发展"的基本思路,努力把保腾高速公路打造成科技文化示范路品牌。

(6)党建和廉政建设工作

指挥部成立党总支,云南省公路投资公司纪委派驻纪检组,成立指挥部党风廉政建设领导小组,形成了党政主要领导带头抓,分管领导具体抓,"一级抓一级,一级带一级"和行政领导"一岗双责"的党风廉政建设工作格局。

一是认真落实党风廉政建设工作目标责任制和工程建设"双合同制"。在与承包人签订《廉政合同》的同时,由指挥部党总支与指挥部各处室、各施工、监理单位签订了廉政建设责任书,把反腐倡廉工作纳入到保腾公路建设总体工作之中,统一部署、统一实施、统一检查、统一落实。

二是加强制度建设,明确工作职责。制订了《云南保腾高速公路项目廉政建设实施办法》《云南保腾高速公路建设指挥部廉政谈话制度》《云南保腾高速公路建设指挥部工作人员十条禁令》等规章制度,使党风廉政建设工作走上制度化、规范化道路。

三是深入开展警示教育活动。采取参观警示教育基地、通报行业内外发生的腐败案件、进行案例分析、观看警示教育片等形式,提醒领导干部及职工"前车之覆,后车之鉴",认真算好"七笔账",自觉遵守廉政规定。

四是与市、县人民检察院建立工作联系制度,积极开展路地共建预防职务犯罪活动和治理商业贿赂工作,签订预防商业贿赂承诺书,邀请地方检察机关介入工程建设工作的重点环节,加强对重点环节、关键部位的监管,依靠法律监督预防职务犯罪。

五是完善廉政档案,建立监督机制,拓宽监督渠道。指挥部内部完善纪检监察员工作体制,充分发挥纪检监察人员职权职能作用,规定凡涉及工程招标、工程变更和人、财、物等重大事项,必须有纪检监察人员参加,并在进场的施工监理单位明确纪检监察员,共同对项目建设实行监督;对指挥部的工作人员、监理人员、项目经理、征迁协调工作人员等重点人员的监督,建立廉政巡查机制,完善领导干部廉政档案,加强廉政目标考核;通过公布举报电话、公布"廉政八不准",主动接受社会监督和舆论监督;认真落实政务、党务公开制度,加强对权力运行过程的监督。

(7)综治维稳和农民工工资管理工作

指挥部成立了"社会管理综合治理领导小组",健全制度,与各监理、施工单位签订了《社会管理综合治理目标责任书》,明确职责,加强同地方相关部门的联系,及时解决各种矛盾纠纷,处理好民工、农户上访事件,共同做好社会管理维稳工作,保证了施工建设的正常推进;指挥部、施工、监理单位狠抓职工的学习教育,通过各种形式,不断提高干部职工的政治、业务素质和管理水平,要求从领导到职工自觉遵守法律法规和单位纪律,自觉维护单位形象,确保稳定和谐的建设环境。

为加强农民工工资支付管理,指挥部还成立了农民工工资管理领导小组,根据《云南省建设领域农民工工资支付管理试行办法》和云南省公路投资公司的要求,制订了保腾指挥部《农民工用工及工资支付管理办法》,与各施工、监理单位签订了《农民工工资保障责任书》,并实行工程款二次支付、定期返还农民工工资保障金,确保农民工工资按时、足额支付。施工单位项目部有专人负责农民工管理和工资发放,做到"人来有记录,人走知去向";定期向指挥部上报农民工花名册,掌握好民工动态;项目部拨款给承包队时,公告通知民工或直接发放民工工资,民工工资在项目部监督下直接兑付;定期向指挥部上报农民工工资发放花名册。由于制度落实、措施到位,确保了农民工工资按时足额发放。

在项目建设过程中,指挥部严格按照有关规定控制变更数量和金额,未出现重大变更。

(六)复杂技术工程

保腾高速公路项目复杂技术工程最突出的表现就是勐连1号隧道软弱围岩开挖。

勐连1号隧道是一座左右幅分离式隧道,左幅全长1357m、右幅全长1398m,为保腾高速公路的重点控制性工程。该隧道围岩裂隙发育明显、松散不稳定、岩体差异化明显,为花岗岩、混合花岗岩,风化程度高,多为全风化,间夹强风化、弱风化透镜体。全—强风化花岗岩为软质岩,遇水易软化、崩塌,形成软弱结构面,而且地下水极为丰富;隧道大部分为Ⅴ级围岩,根据隧道的地质特点,Ⅴ级围岩采用"三台阶五步法"进行开挖。在左幅 K31+900~K32+177,右幅 K31+900~K31+970、K32+080~K32+168.7 开挖推进过程中,多次发生坍塌、涌水、突泥等地质灾害;地质超前预报结果揭示本段为Ⅴ级围岩偏弱。为确保洞内支护稳定与施工安全,上述段落采用交叉中隔壁法(CRD法)进行开挖,同时调整初期支护的参数,制定施工保障措施,最终得以顺利通过。

(七)科技创新

保腾高速公路在建设过程中,注重科研和新技术的应用,结合工程实际与重庆交通大学及招商局重庆公路科研院等,联合开展科研课题研究工作,先后开展和实施了"反光材料在短隧道节能照明中的系统试验研究""高速公路蓄水缓释绿化关键技术研究及应用示范"等课题研究项目,对施工方案、施工工艺和施工材料进行技术创新,以科研成果指导生产,通过在施工中推广和应用科研成果,提高了工程的建设水平。

1.反光材料在短隧道节能照明中的系统试验研究

云南处于云贵高原山区,大部分国土面积是山岭区或重丘区,高速公路通车里程中隧道工程所占的比例较大。公路隧道在降低能耗、保护环境和减少用地方面起到了积极作用。但随着隧道工程规模的增大,隧道的运营和维护费用越来越高。对于短隧道而言,运营费用的大部分都用于了照明电费的开支,照明电费在运营和维护费用所占的比重长期居高不下。因此,节能降耗已经成为降低隧道运营成本的重要研究课题。在国家发改委发布的《节能中、长期专项规划》中,明确提出交通运输及绿色照明工程是节能的重点。为实现在保证行车安全的前提下有效降低隧道照明能源消耗的目的,保腾高速公路实施了"反光材料在短隧道节能照明研究"。

该课题综合应用理论分析、模型试验、数值仿真和现场实测等手段,系统地研究了反光材料辅助隧道照明技术。首次开展了反光材料(含自发光材料)在隧道节能照明中的基础理论和辅助功能的系统研究,为隧道照明节能开辟了新的途径;提出等效节能照明,利用材料的光反射作用降低照明系统的负荷,引入人眼视觉功效作为评价指标,对隧道内行车安全进行评价,实现了节能降耗;系统研究了反光材料与常用光源的匹配问题,评价了反光材料在隧道照明环境下的使用性能,为反光材料在隧道照明领域的推广应用打下基础;利用自发光材料的蓄光、余辉发光作用,降低了隧道照明对电力需求的依赖,提高了隧道火灾断电条件下隧道内人员的安全逃生与救援能力。同时,编制了《反光(含自发光)材料辅助隧道节能照明应用设计指南》。

该课题研究成果已在保腾高速公路鹿山隧道得到应用。经云南省交通运输厅科技成果鉴定委员会鉴定,该课题研究成果具有明显的社会效益、环境效益,推广应用前景广阔,达到国际领先水平。

2. 高速公路蓄水缓释绿化关键技术研究及应用示范

高速公路的绿化植物容易出现缺水。采用洒水车等进行浇水需要大量的经费和人力投入,且影响高速公路畅通,存在一定的行车安全隐患。因此,缺水尤其是在高温干旱季节缺水是导致许多地区高速公路绿化长期效果差的主要原因之一。在高速公路绿化植物易于缺水、实际养护条件又有限的情况下,研究开发一种新的绿化技术是非常必要和紧迫的。为此,保腾高速公路建设指挥部与重庆交通大学共同开展"高速公路蓄水缓释绿化关键技术研究及应用示范"项目的研究工作。

项目研究如何将自然降落的雨水蓄存起来资源化利用,作为供水水源,再采用创新的"大孔出流微灌技术"和"毛细材料输水技术",将所储存的雨水缓慢地向种植土壤释放,有效地解决高速公路绿化植物的缺水问题。项目主要进行中央绿化带雨水集蓄与太阳能——智能化变孔径大孔管轮灌、服务区雨水集蓄与PLC智能灌溉、种植槽和种植花盆毛细缓释提水灌溉的理论研究与技术研发,并在保腾高速公路进行三项示范工程的施工。

即使在全年降水比较丰富的地区,也常会发生季节性缺水,所以高速公路蓄水缓释绿化关键技术研究及应用示范课题研究开发的蓄水缓释绿化技术在大多数地区都具有实用性。而且,蓄水缓释绿化技术属于成套技术,针对中央绿化带、服务区绿地、挖方边坡和桥外侧立面等绿化对象各自的特征可分别采用不同的技术手段,适应性较强。所以,该研究成果具有较广阔的推广应用前景。

3. 引进新技术、新材料、新工艺,确保道路行车安全

保腾高速公路为多雨多雾山区高速公路,山区公路多雨多雾路段的行车安全历来就备受关注。为解决多雨多雾路段的行车安全问题,指挥部对国内外道路标线展开了研究,最终选择了普通热熔标线、振荡标线和双组分均匀分布结构型雨线三种道路标线进行了对比:热熔标线建设成本低,但由于其有一定的厚度,不利于路面排水,在标线处易积水形成水膜影响路面的抗滑性能和标线的视认性,且在雾天车辆偏离行车道时不能提醒驾驶员;振荡标线建设成本较高,在雾天车辆偏离行车道时能提醒驾驶员,但同样存在一定的厚度,不利于路面排水,在标线处易积水形成水膜影响路面的抗滑性能和标线的视认性;双组分均匀分布结构型雨线既能在雨天迅速排除路面水又能在雾天车辆偏离行车道时提醒驾驶员,但建设成本相对最高。

在保证雨雾天气行车安全的情况下,指挥部综合考虑保腾高速公路沿线的天气情况和工程建设成本后,最终作出分段选择交通标线类型的决定:K0+000～K19+700段降雨量大,雾天频繁,采取引进欧洲Ⅱ型道路标线"双组分点状均匀分布结构型雨线";K22+493.9～K42+001.58段雾天频繁,采用振荡标线;其余段落采用普通热熔标线。

双组分均匀分布结构型雨线为首次引入国内应用,采用专用的大型双组分划线车进

行施划,施工速度快,经排水性能、视认性、耐磨性等指标的检验,该表现的各种性能均优于热熔标线。

（八）运营养护管理

保腾高速公路设置腾冲服务区1对,由加油站、营业楼、宿舍楼、公厕、水泵房、配电房、停车场和室外道路组成。

保腾高速公路投入运营通车后,由云南省公路开发投资公司保山管理处组织日常养护管理工作,云南省昆瑞路政管理支队负责路政管理工作。经两年缺陷责任期内,除正常维修维护和病害处治外未发生大修养护情况。

根据工可报告预测,保腾高速公路2011年全线平均交通量为5032辆/日,2020年为13954辆/日,2030年为36192辆/日。从2013年11月6日开始征费至2015年5月31日期间的监测情况来看,保腾高速公路各收费站点的累计通过车辆为龙江收费站:32.8万辆,勐柳收费站:181.7万辆,五和收费站:146万辆,腾冲收费站:159.4万辆,中和收费站:52.5万辆;平均车流量龙江收费站:574辆/日,勐柳收费站:3182辆/日,五和收费站:2557辆/日,腾冲收费站:2792辆/日,中和收费站:919辆/日。

从各收费站统计的车流量来看,保腾高速公路的车流量远未达到预测车流量,这是由于龙江特大桥段(帮焕至五合段)尚未通车,车辆需从龙江特大桥运输与大件运输通道绕行,未开放"总重4.5t以上的中、重型载货汽车(核挂黄色号牌的载货汽车)及21座以上(含)客运车辆"通行的缘故。

第九节　G60 上海—昆明高速公路

G60上海至昆明高速公路简称沪昆高速,起点在上海,途经杭州、金华、衢州、上饶、南昌、宜春、萍乡、株洲、湘潭、邵阳、怀化、麻江、贵阳、安顺、曲靖,终点在昆明,全长2730km。沪昆高速公路在云南境内共分胜境关—曲靖、曲靖—嵩明、新嵩明—昆明三段,除新嵩明—昆明在建外,其余两段已建成通车。曲嵩段为与杭瑞高速的共用段,此节不再重述。

曲胜高速公路——东出胜境连贵州

曲靖至胜境关高速公路东连贵州镇宁至胜境关高速公路,南接曲陆高速公路,西与曲嵩高速公路贯穿一线,全段均位于曲靖市境内,是"省际大通道""云南东大门"。其路线宽阔平坦、线形优美,建成后大大缩短了云南向东开放的时空距离,有力地推进了滇黔两省的深度融合。

(一)项目特点

曲靖至胜境关高速公路从云贵两省交界的富源县胜境关进入贵州,是云南省第一条出省高速公路。其项目特点如下:

1.进度快

曲胜高速公路一期工程曲靖至富源段于2000年1月开工建设,2002年10月完工试通车,较批准计划工期提前2个月;二期工程富源至胜境关段于2001年7月开工,2003年12月建成试通车,较计划工期提前半年完工。另外,项目交工验收存在缺陷修复、竣工审计、竣工结算、竣工验收等工作进度快、衔接紧凑。

2.质量优

施工期间,云南省交通厅曾于2000年7月、2001年7月两次组织质量检查组进行质量大检查,综合合格率分别达到94.32%和97.78%。2000年8月6日,交通部质量检查组对曲胜高速公路的施工质量给予了高度评价,综合评分为92.5分,是云南省同期公路建设质量检查得分最高的项目。2002年10月和2003年12月,云南省交通厅组织交工验收,评分为96.05分和96.00分,为当时全省最高评分。2005年竣工验收评定为优良工程。通车后未发生和发现任何大的质量事故和质量隐患。

3.投资省

曲胜公路竣工决算总投资为22.11388亿元(含征地拆迁及建设期贷款利息等),占曲胜高速公路项目总概算22.434亿元的98.57%,共计节约投资3200万元,节约概算率为1.43%。为了总结曲胜公路建设过程中投资控制管理经验,深入研究高速公路投资控制措施,云南省交通厅还将曲胜高速公路作为科研项目立项,经指挥部与云南大学经济管理学院共同研究,出版专著《山区高速公路投资控制与管理——云南曲胜高速公路投资控制启示》,供同行学习借鉴。

4.环保好

曲胜高速公路项目的水土保持和环境保护所需工程及设施严格按相关技术规范要求实施,获得了水利、环保部门的好评为树立云南东大门形象,把曲胜高速公路建设成为一条具有山区旅游特色的高速公路,指挥部加大了绿化美化的投资力度,绿化环保投资是原设计的三倍,使其成为一条绿色走廊。

5.创新多

指挥部以工程建设为载体,进行了多项科研和创新。如:路面施工中用粉煤灰替代部分水泥技术,以及机制山砂的应用技术、边坡植生混凝土植草技术、中央绿化带滴灌技术、中央防撞墙喷刷绿色减少驾驶疲劳技术、桥头跳车解决技术等。这些技术的成功研发和应用,对于提高曲胜高速公路建设质量,节约工程投资,促进高速公路建设科技进步起到了积极作用。

(二)项目概况

曲胜高速公路是国家高速公路网规划中 G60 上海至昆明高速公路云南境内的起始段,是国家"五纵七横"主干线之一的组成部分,是云南联贵州、进内地的东大门。路线全长 74.824km,概算总投资 22.434 亿元,起于昆曲公路 K126+510,向东北经曲靖市区以东、沾益、天生桥、白水、太子山、回隆、富源,止于胜境关(小街子),如图 17-92 所示。全线采用高速公路标准建设,其中曲靖至天生桥段 24.3km,路基宽 26m,双向六车道,设计速度 100km/h;天生桥至富源段 40.2km,路基宽度 24.5m,双向四车道,设计速度 80km/h;富源至胜境关段 9.274km,路基宽度 22.5m,双向四车道,设计速度 60km/h。棠梨湾至小坡段 39km 为水泥混凝土路面,其余均为沥青路面。设计荷载:汽车—超 20 级,挂车—120。桥梁外缘与路基同宽。地震烈度为Ⅶ度设防。

图 17-92 曲靖至胜境关高速公路位置示意图

全线共设有 8 座全互通式立交、8 个收费站、1 个服务区,主要工程数量为:路基土石方 1563.83 万 m^3;排水及防护工程 108.57 万 m^3;特大桥 1 座、大桥 6849.77m/23 座、中桥 4826.28m/55 座、小桥 1756.16m/38 座、涵洞 5991.47m/212 道、通道 4406.85m/132 道、特殊路基处理 39.86km,水泥混凝土路面 125.69 万 m^2;沥青混凝土路面 62.42 万 m^2。

因与贵州省的接线点确定较晚,工程分两期实施:一期工程曲靖至富源 65.55km,于 1998 年 8 月开始测设,1999 年 11 月完成施工图设计,2000 年 1 月 8 日开工,2002 年 10 月 18 日完工试通车;二期工程富源至胜境关段 9.274km,于 2001 年 2 月开始测设,2001 年 7 月完成施工图设计,2001 年 7 月开工,2003 年 12 月完工试通车。

曲胜高速公路建设从业单位信息见表 17-32。

曲胜高速公路建设从业单位信息采集表

表 17-32

序号	参建单位	单位名称	合同段编号及起止桩号	主要负责人
1	项目管理单位	曲胜高速公路建设指挥部	K0+000～K74+824.3	孙永祚
2	勘察设计单位	云南省公路规划勘察设计院	K0+000～K74+824.3	范绍家
3	土建施工单位	云南省第二公路桥梁工程公司	第1-1合同段 K0+000～K5+328.18	徐华安
4		中国武装警察部队交通一总队	第1-2合同段 K5+328.18～K9+550	马建功
5		云南省第一公路桥梁工程公司	第2合同段 K9+550～K17+123.09	李思明
6		云南第五公路工程处	第3-1合同段 K17+123.09～K23+100	荀家正
7		铁道部第十八工程局第四工程处	第3-2合同段 K23+100～K24+334	王段坤
8		中国云南公路桥梁工程总公司	第4合同段 K24+334～K33+800	赵光良
9		海南公路工程公司	第5-1合同段 K33+800～K39+600.57	李立峰
10		云南公路桥梁工程处(牵头方)与云南林业工程总公司(成员方)联营体	第5-2合同段 K39+600.57～K45+760	支有苏
11		云南第三公路桥梁工程公司	第6合同段 K45+760～K52+360	李胜忠
12		云南公路桥梁工程处	第7合同段 K52+360～K59+000	支有苏
13		云南省第四公路桥梁工程公司	第8合同段 K59+000～K65+550.51	王云祥
14		云南省第四公路桥梁工程公司	第9合同段 K65+550.51～K71+500	王云祥
15		云南公路桥梁工程处	第10合同段 K71+500～K74+824	支有苏
16	路面施工单位	云南第五公路工程处	第1合同段 K0+000～K17+123.09	荀家正
17		中国云南公路桥梁工程总公司	第2合同段 K17+123.09～K48+000	邓小顺
18		云南省第三公路桥梁工程公司	第3合同段 K48+000～K74+824.3	李胜忠
19	机电施工单位	北京诚达交通新技术公司	K0+000～K74+824.3	徐小岚
20	绿化施工单位	曲靖市麒麟区园林绿化工程队	第1合同段	荀翔
21		云南省公路局高新科技开发中心	第2-1合同段	纪晓岚
22		昆明乡村高尔夫俱乐部	第2-2合同段	李勃
23		昆明大色彩绿化公司	第3合同段	王荣均
24		昆明骏达园林绿化工程有限公司	第4合同段	陈登福
25		云南昆瑞综合经营开发有限公司	第5合同段	肖祥
26	交通工程施工单位	云南长江现代交通设施有限公司	K0+000～K74+824.3	王世衡
27	房建施工单位	曲靖市驰创有限责任公司	第1标段	赵英奎
28		云南省第二建筑工程公司	第2标段	谢其华
29	土建监理单位	云南省公路工程监理咨询公司	第1合同段	王康
30		云南省公路工程监理咨询公司	第2合同段	王康
31		北京育才交通工程咨询监理公司	第3合同段	陈晔
32		云南省公路工程监理咨询公司	第4合同段	王康
33		云南省公路工程监理咨询公司	第5合同段	王康

续上表

序号	参建单位	单位名称	合同段编号及起止桩号	主要负责人
34	房建监理单位	云南交通基建工程监理有限公司	K0+000~K74+824.3	杨光国
35	机电监理单位	云南省公路工程监理咨询公司	K0+000~K74+824.3	王 康
36	设计咨询单位	云南省公路规划勘察设计院	K0+000~K74+824.3	范绍家

(三)项目实施

曲胜高速公路所经的曲靖坝区软基较多,处理困难;村落密集、水系纵横、道路交错,17.4km 的路段共设置了涵洞、通道、桥梁共 194 座,全长 8000m,平均每 90m 就有一座涵洞、通道或桥梁,在云南省内罕见。进入富源境内,山高谷深,喀斯特地貌显著,地下河、地下溶洞众多,加之气候多变,阴雨天居多,施工难度极大。

1. 征地拆迁

曲胜高速公路有近 20km 路线穿越城区和村落稠密、人群聚集、良田好地的坝区,全线涉及企业、厂矿、学校、部队、监狱、科研院所等单位 77 家;涉及乡镇 9 个,村民委员会(社区委员会)37 个,村民小组(居民委员会)214 个。合计征地 6656.1 亩;砍伐树木 50.3 万株;拆迁建筑物 799 户共 83981.23m^2;拆迁坟墓 970 冢;拆迁电力、电信、电缆、光缆线共 71.16km,竣工决算共计支付各类征地拆迁补偿费 1.36734 亿元。

为弥补征用土地及公路拆迁对公共基础设施和居民生活的影响,曲胜高速公路采取合同方式与当地政府签署征迁补偿协议,以概算所列补偿费用包干给当地政府,对所占用的土地、征伐的树木、拆迁的房应等建筑和设施给予适当经济补偿。

2. 环保措施

高速公路建设是"功在当代、利在千秋",是国家发展经济、增强国力、提升交通运输条件所必需的重要战略步骤。但高速公路建设工程浩大,对沿线地貌植被的破坏和对环境的影响亦相应较大。曲胜高速公路从环保评估到工程设计、工程管理、工程施工至交付营运,在对策上采取不间断的一条龙环保措施,不仅实现了经济、生态、社会效益的统一,且取得了"车在山中行,人在画中游"的景观效果,实现了保持生态环境、维护生态平衡、防止水土流失的总体目标(图 17-93)。

曲胜高速公路从地形上途经三种不同的自然区段。K0+000~K24+300 为平微区,地表形态主要是水田及村庄;K24+300~K65+550 为重丘区,多为荒地及少量林地;K65+550~K74+824 为山岭区,生态条件、地质条件均多变复杂,水土流失较为严重。因此,曲胜高速公路的环保对策是按不同地形、地质条件分别采取不同工程措施的。

(1)在平微区路堤两边坡脚,设置路堤墙、路肩墙、排水洞,增设通道、涵洞、跨线桥并完善排水系统；路堤边坡设置菱形空心砖网格植草护坡，防止边坡冲刷及洪涝灾害以及尽可能地满足当地居民的生产、生活需要。

图17-93　巨龙舞大地

（2）在山岭重丘区路基边坡，除设监护面墙、上挡墙、截水沟外，还根据土质的不同采用"一坡一设计"方案，在设置抗滑桩、杭滑挡土墙等稳定的地质条件较差的高大边坡后，分别采用放缓边坡及六角空心砖、拱形窗口、混凝土隔板、挂网喷铺、植生混凝土护坡等工程措施对路堑边坡进行防护，既有效地防止了边坡崩塌或滑落，减轻雨水对路基边坡的冲刷，防止水土流失，又有利于边坡景观的绿化。

（3）在与铁路、公路交叉的地方，修建立交桥，以免互相干扰，保障交通功能和运输通畅；在与乡村道路交叉的地方设置通道、跨线桥，以方便公路两边村庄群众和农用车辆的交往和通行。

（4）在弃土场下游修筑挡土墙和拦沙坝，并将取土场和弃土场平整成耕地和绿化用地，以防弃土堆形成泥石流或被雨水冲刷造成水土流失。

（5）对被占用或干扰的河道、农灌沟、电力和电信线路、地方道路等生产、生活设施，采取架桥跨越、留设涵洞、恢复或改造等措施，以保障原有功能不受影响。

（6）在线路经过居民区、学校时设置声屏障（如隔声板、隔声峰等），有效避免了营运期车辆噪声对居民及学校区的影响。

曲胜高速公路建设项目对环境的影响，主要是建设施工期对环境的影响和建成营运期对环境的影响。建设施工期对环境的影响主要表现在占用土地对农业的影响和对林地的破坏，路基挖方和填方、借方和弃方对地表的破坏，修建桥涵对铁路、公路交通的影响，房屋拆迁对居民生活的影响，施工扬尘和噪声对施工现场附近居住环境和农作物的影响等；营运期对环境的影响主要是汽车尾气、交通噪声对公路沿线居住和教学环境的影响等。为此，指挥部十分注重加强管理，并结合实际制订了具体的绿化措施。

在加强管理方面：一是各类环保设施、辅助性环保设施及绿化措施严格按环保同时设计、同时安排施工、同时运行"三同时"规定，保证环保措施在项目竣工时能及时办理竣工验收手续并交付使用。二是在施工承包合同中设立环保保证金并签署环保协议。项目以合同总价的1%设立环保保证金，有效控制并监督各工程的施工承包人自觉遵守环保协议，增强环保意识。三是在采备、拌制用量最大的路面砂、石料过程中，采取集中破碎、集中拌和、集中管理调配的"三集中"工厂化生产管理模式，选择在温泉、天生桥、太子庄三个远离厂矿、学校、车站、人群的荒坡山凹中设大型扎拌场，场区设置围墙、蓄水消尘池、排污沉淀池等设施，并在工程结束后进行拆除、平整及绿化处理，有效地降低了施工期尘埃、噪声对环境的污染并使植被得到恢复。四是在桥梁桩基钻孔等排污量较大的工程项目施工中，尽量采取人工挖孔成孔，并设置泥浆沉淀池循环用水工艺，对人工构造植物挖基弃土进行集中堆放并绿化，实现了防污、防水土流失的目标。五是严禁在距学校、居住区300m范围内使用破碎机、搅拌机等强声源设备，对城镇、学校、村庄、火车站、农田经济作物等敏感地段的施工中均要求采取洒水、覆盖等措施，尽量减少地面扬尘。对机械停放地、沥青拌和地均要求设置在居民区、学校、火车站的下风向，避免或减轻噪声及有害气体对居民环境的影响。六是通过招标直接采购熔化沥青，根据供货计划用多少运多少，杜绝了因现场熔化沥青造成的环境污染。七是建立营运期环保监测管理制度，设专人负责对环保防护工程的监督与管理，并随时与当地环保部门通报联系。

在绿化措施方面：一是采取全线绿化与工程防护相结合，工程防护与绿化面积≥95%的对策。根据不同路段地质、土质条件筛选既适合于景观要求，又能固土护坡的绿化方案（如植生混凝土护坡植草、菱形网络、六角空心砖、拱形窗口、台板护坡混播植草等）。二是以恢复植被、加强防护、实现公路整体景观与外界环境相适应为目标，通过选种、选择速生、抗污染、耐瘠薄、耐干旱，观赏价值高且四季常绿的树种、草种（如圣诞树、高羊茅、火棘等），并坚持以植草实现近期效应、植灌木实现长期效应为原则。三是在土质较差地段采用客土种植法，并采用土壤保湿剂，GA激活剂等先进科学的方法，确保树木成活、健康快速生长。采用先进的滴灌技术对中央分隔带种植的树种、草种进行养护，使之达到既保证树木、草坪的生长、成活，又节水、省工、环保的目的。

3."五子工作方针"和"七项管理制度"

在曲胜高速公路建设管理过程中，指挥部结合实际，创造性地提出了"五子工作方针"和"七项管理制度"。

(1)"五子工作方针"

"五子工作方针"，即"建好班子、摆正位子、找对路子、堵死口子、做出样子"。

"建好班子"，就是组建和培养一支能征善战的管理队伍。在云南省交通厅的支持下，指挥部通过选贤任能，集中了一支作风优良、素质过硬，能打硬仗、善打硬仗的精干管理队伍。

"摆正位子",就是正确处理好建设单位与施工、监理单位的关系。在以往的建设工程中,建设单位与施工、监理单位的关系往往近乎命令与服从的关系。指挥部积极转变观念,把指挥部与施工、监理单位的关系净化为经济合同关系,合同的甲乙双方是平等的,各有自己明确的责、权、利,双方共同严格履行合同的过程就是曲胜高速公路建设、管理的过程;指挥部强化服务意识,全力为施工一线做好服务,为施工、监理单位创造了一个宽松、和谐、良好的生产环境,极大地调动了他们的生产积极性,形成了建设单位、施工单位、监理单位三方一条心的局面。2000年7月7日、8日,云南电视台"云南新闻"栏目分别刊播了《公路的润滑剂》《凝聚的力量》两条新闻;2000年7月25日、27日,云南日报分别刊载了《同心同德修好曲胜路》《解决问题不过夜》两篇文章,对指挥部的工作作风和管理成效作了纪实报道,并给予了充分肯定。

"找对路子"就是抓住工作重点,采取正确有效的办法解决问题。指挥部把质量、进度、投资、安全、环保、廉政6项内容确定为工作和管理的重点,制定了科学、严格的管理制度,坚持按制度办事。建设过程中,指挥部把工作重点放在与地方关系的协调上,为施工建设创造了良好的环境。在工作中,大力提倡调查研究、实事求是的工作作风。

"堵死口子"就是按章办事、一丝不苟、不出纰漏。指挥部制定了多个管理办法,建立健全了各级各类人员的约束机制,使各项管理业务有章可循;重大决策集体研究,杜绝个人行为;坚持工程质量把关坚持原则,宁当恶人不当罪人;在众多的招投标活动中,始终做到严守纪律、公开、公平、公正。1999年11月4日,云南省纪委、省监察厅在云南电视台的"党风廉政"专栏以《跨世纪之路》为题对曲胜高速公路招投标工作的阳光操作给予了充分肯定。

"做出样子"就是要求全体建设者积极努力,做出好成绩,争创一流,争取全面胜利。

(2)"七项管理制度"

"七项管理制度",即只设一级管理机构、实行现场办公制、实行劳务性发包最低单价控制及合同管理制、实行阶段目标责任制、实行工程质量巡回稽查制、实行单位负责人连带处罚制、实行质量举报有奖制。

①只设一级管理机构。曲胜高速公路与云南省内其他在建公路的机构设置不同,指挥部下面未设分指挥部,仅在富源县设了一个指挥部的派出机构——富源管理处。该管理处只具有代指挥部加强管理、监督、协调的职能,不具有工程审批权和计量支付权。管理处日常费用开支为年度计划审批,月报销制。不设分指挥部,明显具有权力相对集中、机构人员精简、节约管理成本、管理效率高等优点。

②实行现场办公制。指挥部提出了"一切为施工一线服务"的口号,自上而下形成廉洁、务实、高效的工作作风,摒弃"老爷"习气,做到急施工单位所急,上门服务。对施工过程中发生的问题,多数由指挥部领导或职能部门到现场办公,及时协调处理,不让施工单

位多跑一趟,多报一遍。

③实行劳务性发包最低单价控制及合同管理制。指挥部出台了《关于曲胜高速公路各施工单位对外劳务性发包最低单价控制及劳务性发包合同管理的规定》,规定了各施工单位各单项工程劳务性发包的最低单价,同时劳务性发包合同必须报指挥部审批备案,否则发生的工作量监理工程师不予计量。这一措施有效地遏制了违法分包、层层盘剥、偷工减料、吃"黑心钱"等建筑行业的通病,稳定了民工队伍,对工程施工质量起到了治本的效果。

④实行阶段目标责任制。指挥部根据工期及工程实际,把建设过程划分为四个阶段,明确每个阶段的进度、质量要求,与各施工、监理单位签订了《阶段目标责任书》,按期进行检查考核奖惩兑现,把工程的工期和质量落到实处。

⑤实行工程质量巡回稽查制。为强化工程质量管理体系,指挥部专门成立了"质量稽查处",代表项目法人不间断地在工地巡回检查,监督施工人员、监理人员按规范和规定履行好自己的职责。在巡查中发现存在工程质量问题时,对施工单位和监理单位按章一并处罚,杜绝了监理无人管、乱做人情、互相串通营私舞弊等行为。

⑥实行单位负责人连带处罚制。指挥部管理人员和质量稽查人员在工地检查,发现质量问题或违规行为并符合处罚规定的,除对该施工单位或监理单位实施处罚外,还对该单位负责人(项目经理、监理组长)同时处予单位罚款金额0.5%~1%的罚款,以此追究其管理责任。

⑦实行质量举报有奖制。指挥部公布了质量问题举报电话,凡经查证属实的举报,视情节给予举报人违质工程量1%~5%的奖励,并对举报人实行免受打击报复的保护,让工程质量接受全体建设者和社会的广泛监督。

(四)科技创新

针对施工中存在的关键技术难题,指挥部与科研单位合作,开展技术攻关,提高了工程的科技含量,在云南公路建设史上写下了多项"第一"。

曲靖至天生桥24.3km,路基宽26m,是云南第一段6车道水泥混凝土高速公路;在水泥混凝土路面中,其中17.4km为钢纤维混凝土路面,建成时是全国最长的一段钢纤维水泥混凝土路面。

曲胜高速公路是云南第一条隔离栏全绿色的高速公路、绿化带采用滴灌技术的高速公路、第一次实现部分粉煤灰兑水泥的成功尝试。

曲胜高速公路开展的粉煤灰利用研究,降低水泥用量10%~15%,路面工程造价降低了3%~5%。

2004年,曲胜高速公路获云南省建设厅优秀工程设计一等奖。

第十节　G78 汕头—昆明高速公路

G78 汕头至昆明高速公路是国家高速公路网路线方案中的第 17 条横线,简称汕昆高速公路,途经广东、广西、贵州、云南四省区,起点为广东汕头,经梅州、韶关、贺州、河池、兴义、石林,止点为昆明,全长 1710km。

汕昆高速公路在云南有三个项目:江底至召夸公路、西桥至石林公路、石林至昆明公路,总长 225.877km。其中西桥至石林、石林至昆明两个项目已建成通车,长 117.84km。江底至召夸项目全长 108.037km,一期工程 49.51km 已于 2016 年 1 月 30 日建成通车;二期工程 58.53km 于 2016 年年初开工,正在建设中。

一、江召高速公路(一期工程)——"滇东门户"通高速

罗平地处滇、桂、黔三省(区)交界地带,素有"滇东门户""滇东明珠"之美誉,是云南面向贵州、广西、广东的东大门,建设高速公路,是罗平几代人盼望已久的事。

为完善云南高速公路网布局,加快建设出省通道、促进沿线旅游业发展、加快推进滇中城市经济圈建设,进一步带动沿线经济发展,实现国家和云南省的路网安全、快捷,江召高速公路全长 108.037km,一期改扩建工程于 2015 年 4 月 16 日开工建设,并于 2016 年 1 月 30 日建成通车。

江召高速公路的开工建设,给罗平旅游、经济、文化带来了全新的变化,真正打通了罗平县的交通大动脉,实现与外部高速连接,罗平真正成为云南通江达海最便捷的通道之一,成为出省入滇的重要枢纽。

(一)项目特点

江召高速公路是《国家高速公路网规划》中 G78 汕头—昆明高速公路一段,其东端连接贵州已建板坝—江底高速公路,西端连接召夸—西桥、西桥—石林高速公路。该方向的云南出省大通道可分为江底—召夸(江召)、召夸—西桥(西召)、西桥—石林(西石)、石林—昆明(昆石)4 段。

项目以公路使用寿命更长、环境更美、行车更舒适、投资更节省为总体目标,统筹考虑规划、建设、养护、运营全过程,系统解决工程结构的耐久性、抗疲劳性、车辆行驶的安全性、养护维修的可行性及环境景观的协调性等问题。

江召高速公路项目地形条件复杂、投资大、环境敏感、桥梁结构多、工程数量大,为保证按期优质完成施工,根据工程特点和难易程度,项目划分为 4 个土建合同段,并采用国内招标方式,选择和组织具有相关技术实力的施工队伍进场施工。各合同段的填挖方数

量相对平衡,避免产生跨越合同段的土石方调运给施工带来的相互干扰,做好各分项工程和各工序施工监管特别是路基与环保工程施工的衔接、协调与配合,项目建设始终做到有条不紊。

(二)项目概况

江召高速公路全长108.037km,设计标准为双向四车道高速公路,设计速度80km/h,路基宽22.5~24.5m。同步按二级公路标准建设辅道83.192km,设计速度40km/h,路基宽8.5~12m。

项目起于曲靖市罗平县江底,止于曲靖市陆良县召夸镇,所经过的地区均属于云南省曲靖市,总体走向自东向西(图17-94)。

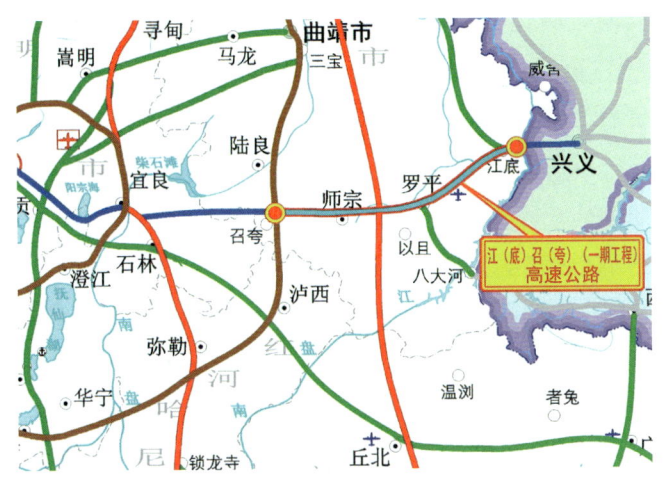

图17-94 江召高速公路(一期工程)位置示意图

工程主要控制点:江底村、长底乡、九龙河、以则、榨冲村、新发村、张口洞、金鸡村、卢沟村、法金甸、纳租白、老寨、腊庄、简西、大堵、恩荣、凤城隧道、法雨、石口、长坡岭、阴凉箐、鱼膜龙、雄壁、果河村。

项目设置隧道14092m/10座(单幅);大桥20278.4m/50座(单幅),中桥2652.04m/19座(单幅),小桥186m/4座(单幅);涵洞通道178道;互通式立交6处;分离式立体交叉37处;匝道收费站6处;主线收费站1处;服务区3处;高速公路管理分中心和监控中心各1处;设置1处隧道管理所。

路线位于滇东高原向黔西高原过渡的斜坡上,穿越的地貌单元有构造侵蚀浅切割中、低山地,峡谷和岩溶断陷盆地,路线所处的中、低山和峡谷地段地形起伏大、工程地形条件较差。

江召高速公路按"新建段"和"改扩建段"分期、分步实施。一期实施的改扩建工程主线全长49.51km[其中,江底(起点)至玉马段长21km;法雨至召夸(止点)段长28.51km],

辅道长 55.5km。

项目估算总投资 102.699 亿元(新建段 65.144 亿元、改建段 37.555 亿元)。其中,申请交通运输部补助资金 35.12 亿元,其余部分由云南省公路投资公司筹集(自筹 20.27 亿元;向商业银行贷款 47.31 亿元)。

(三)前期决策

2005 年 12 月,云南省交通规划设计研究院受曲靖市交通局的委托,进行江召一级公路改建高速公路的方案设计工作,并于 2006 年 1 月完成方案设计工作,改建标准为《公路工程技术标准》(JTG B01—2003)、设计速度 60km/h 的高速公路。但由于各种因素制约,当时没有及时实施改建成高速公路。

为进一步完善云南省高速公路网布局,加快建设出省通道,2013 年,罗平(江底)至陆良(召夸)高速公路项目重新启动。2014 年 11 月,云南省公路投资公司与曲靖市政府签订了罗平江底至陆良召夸、沾益至会泽两条高速公路投资合作框架协议。受云南省公路投资公司委托,云南省交通规划设计研究院对罗平(江底)至陆良(召夸)高速公路项目进行前期工程可行性研究。

2013 年 10 月 23 日,云南省发展和改革委员会《关于同意开展罗平(江底)—陆良(召夸)高速公路项目前期工作的函》(云发改基础函〔2013〕379 号)同意开展项目前期工作。

2015 年,云南省发展和改革委员会《关于罗平江底至陆良召夸高速公路可行性研究报告的批复》(云发改基础〔2015〕392 号)同意建设江召高速公路项目。

(四)参建单位

2015 年 6 月 11 日,根据云南省交通运输厅和云南省公路投资公司的批复,成立云南江召高速公路改扩建工程建设指挥部,全面履行江召高速公路建设项目管理职责。指挥部下设综合办公室(含党办)、总监理工程师办公室、财务处、工程技术管理处、质量稽查处、合同物资管理处、安全保通处、征迁协调处。

为加强项目建设管理,确保工程质量优良,有效控制工期、费用,提高投资效益和工程管理水平,指挥部制定了工程质量管理办法、工程进度管理、环境保护与水土保持、安全生产、廉政建设等共 19 项 828 条管理办法或实施细则,对工程建设项目各项工作依法管理,确保江召高速公路工程质量、进度、费用、安全 4 大控制目标及典型示范工程顺利实现。

项目以全国公开招标的方式进行,招标程序均在云南省交通运输厅公路工程招标监督委员会的监督下开展工作。经过公平、公正资格预审、评审,坚持择优选择的原则,共有 2 家设计、2 家土建施工、3 家监理单位参与江召高速公路建设,各方参建单位均符合国家规定的资质及业绩要求。

第十七章
国家高速公路

在江召高速公路勘察设计工作中,云南省交通规划设计研究院、贵州省交通规划勘察设计研究院股份有限公司引进先进的设计软件和勘测设备,勘测设计期间采用新技术、新材料、新设备、新工艺,外业勘测平面控制测量采用 GPS 卫星定位系统进行,中桩放线采用 GPS 和 TPS 型全站仪进行;内业设计采用设计院研制的 RiCAD 软件,利用计算机对外业资料进行数据处理,完成横断面设计、土石方计算和平、纵面设计,桥梁设计采用桥梁之星软件;互通设计采用 HintCAD 软件;地质设计采用地质 CAD 软件进行计算并采用计算机成图制表。此外,还采用了航片、卫片、数字化地面模型、遥感、物探等勘探手段。

江召高速公路共有土建 4 个合同段(含路面)、交通安全设施 4 个合同段、绿化工程 4 个合同段、机电工程设施 4 个合同段、房建工程 5 个合同段,共 21 个合同段。所有施工单位均能全面履行合同,项目管理人员按时到位并长期驻守工地现场,工作责任心强、业务管理水平高,在确保工程质量的前提下加快工程进度,圆满完成了各项施工任务。

江召高速公路项目标段划分情况见表 17-33。

江召高速公路项目标段划分情况表　　　　表 17-33

起止桩号	工程内容及长度	施工单位
K0+000~K21+000	主线 21km,土建、路面工程;对应辅道 30km 的土建、路面工程	云南云岭高速公路建设集团有限公司
K90+700~K119+500	主线 28.8km,土建、路面工程;对应辅道 40.4km 的土建、路面工程	云南公投建设集团有限公司
K21+000~K32+500	主线 11.5km,土建、路面工程;对应辅道 12.792km 的土建、路面工程	云南云岭高速公路建设集团有限公司
K32+500~K54+200	21.7km,土建、路面工程	云南云岭高速公路建设集团有限公司
K54+200~K80+000	25.8km,土建、路面工程	云南公投建设集团有限公司
K80+000~K81+550.04	1.55km,土建、路面工程	云南公投建设集团有限公司
—	起点主线收费站、长底收费站、板桥收费站、一级路主线收费站	湖南奉天建设集团有限公司
—	法雨立交收费站、雄壁立交收费站、雄壁服务区	昆明三建建设(集团)有限公司
—	罗平匝道收费站、金鸡服务区、法金甸隧道变电所	江西建工第二建筑有限责任公司
—	师宗服务区、师宗隧道变电所、荷包冲隧道管理所、荷包冲 1 号隧道变电所、荷包冲 2 号隧道变电所	宏峰集团(福建)有限公司
—	师宗匝道收费站、法雨收费站、陆良监控分中心	广西建工集团第三建筑工程有限责任公司
K0+000~K21+000	21km,机电工程	云南康迪科技有限公司
K90+700~K119+500	28.8km,机电工程	云南云岭高速公路交通科技有限公司

续上表

起止桩号	工程内容及长度	施工单位
K0+000~K21+000	21km,交通安全设施工程	云南云岭高速公路交通科技有限公司
K90+700~K119+500	28.8km,交通安全设施工程	云南公投物资(集团)有限公司
K0+000~K21+000	21km,绿化工程	云南公投市政园林工程有限公司
K90+700~K119+500	28.8km,绿化工程	云南恒达市政园林工程有限公司
K0+000~K21+000	主线21km,土建、路面工程;对应辅道30km的土建、路面工程施工监理	云南省公路工程监理咨询公司
K90+700~K119+500	主线28.8km,土建、路面工程;对应辅道40.4km的土建、路面工程施工监理	云南云路工程监理咨询有限公司
K21+000~K54+200	主线33.2km,土建、路面工程;对应辅道12.792km的土建、路面工程施工监理	云南云路工程监理咨询有限公司
K54+200~K81+550.04	27.35km,土建、路面工程施工监理	云南云岭高速公路工程咨询有限公司
—	本项目扩建段所有房建网架工程(包括收费站、管理中心、综合服务区、养护用房、收费站雨棚等)的全部房间网架施工监理工作	云南易通工程监理咨询有限公司
—	本项目(新建段)房建网架工程施工监理(含收费站、综合服务区、监控分中心、收费站雨棚、隧道管理所、隧道变电所等)	云南镕诚建设项目管理(集团)有限公司、云南云岭高速公路工程咨询有限公司(联合体)
K32+500~K90+700	本项目(新建段)机电工程施工监理(包含项目全线通信系统、监控系统、收费系统、隧道通风照明及供配电系统、隧道消防系统等全部机电工程施工监理)	北京兴通工程咨询有限公司
K32+500~K89+200	本项目(新建段)交通安全设施工程施工监理(含正线、引道和立交匝道、路线交叉、综合服务区的标志、标线、护栏、隔离栅、轮廓标、防眩板、声屏障等所有交通安全设施工程施工监理)	云南交通基建工程监理有限公司
K0+000~K35+000	主线45km,辅道35km;包括本标段路线、路基、路面、桥涵、隧道、路线交叉勘察设计,包括地形图测量、初步设计、技术设计(如有)、施工图设计(含方案比选)、初步设计概算、施工图预算、环保专篇、水保专篇及本项目后续服务等	贵州省交通规划勘察设计研究院股份有限公司
K45+000~K108+037	主线63.037km,辅道48.192。包括本标段路线、路基、路面、桥涵、隧道、路线交叉以及项目全线景观绿化、交通工程、沿线设施、其他工程等的勘察设计,包括地形图测量、初步设计、技术设计(如有)、施工图设计(含方案比选)、初步设计概算、施工图预算、桥梁隧道工程安全风险评估、环保专篇、水保专篇、服务区加油站安全专篇及本项目后续服务等	云南省交通规划设计研究院

江召高速公路项目实行总监办—驻地办二级监理机构,监理工作紧紧围绕质量、进度、投资三大重点,成立了总监理工程师领导下的管理体系。指挥部制定了监理、施工质量、环水保、计量支付等管理实施办法,根据工程进度制定了相应的管理措施。监理单位到位监理人员 250 人,各监理单位严格执行监理工作方针、法规、合同文件及业主各项管理办法;以工程质量监理为核心,严格执行监理程序,按规定签认工程数量,控制工程费用;监理人员坚守现场,实行全天候巡查和稽查,发现问题立即整改,切实把质量管理措施落到实处,使工程质量始终处于受控状态。

（五）建设情况

1. 项目筹备

2013 年 10 月 23 日,云南省发展改革委员会《关于同意开展罗平(江底)—陆良(召夸)高速公路项目前期工作的函》(云发改基础函〔2013〕379 号),同意通过了江召高速公路开展前期工作。

2005 年 12 月 14 日,云南省文物局以《关于罗平(江底)—陆良(召夸)高速公路沿线文物考古调查勘探评价的函》(云文考〔2015〕4 号),同意了云南省文物考古研究所关于《罗平(江底)—陆良(召夸)高速公路沿线文物考古调查勘探评价报告》的评估意见及结论。

2015 年 2 月 25 日,云南省固定资产项目节能评估审查中心给予《罗平(江底)—陆良(召夸)高速公路建设项目节能评估报告》固定资产投资项目节能进行登记。

2015 年 4 月 9 日,曲靖市国土局以《关于江召高速公路建设项目矿产资源调查结果的备案证明》(曲国土资矿压备〔2015〕7 号)同意《罗平(江底)—陆良(召夸)高速公路建设项目压覆矿产评估报告》的结论,可以作为拟建公路(推荐线)工程项目建设中涉及矿产资源评价的依据。

2015 年 4 月 14 日,云南省环保厅以《关于江召高速公路环评审批有关问题的复函》(云环函〔2015〕125 号)、《关于江召高速公路环境影响评价报告书的批复》(云环审〔2015〕134 号)批复同意江召高速公路环境保护方案。

2015 年 4 月,云南省水利厅以《关于罗平(江底)—陆良(召夸)高速公路水土保持方案的复函》(云水保许〔2015〕44 号)批复同意江召高速公路水土保持方案。

2015 年 3 月 30 日,云南省地震局以《对江召高速公路建设项目工程场地地震安全性评价报告的批复》(云震安评〔2015〕86 号),同意了云南省地震工程勘察院完成的《罗平(江底)—陆良(召夸)高速公路工程场地地震安全性评价报告》中的分析评价意见,并认定该报告可作为罗平(江底)—陆良(召夸)高速公路重点桥隧工程抗震设计的依据。

2015年4月15日,云南省发展和改革委员会《关于罗平江底—陆良召夸高速公路可行性研究报告的批复》(云发改基础〔2015〕392号),同意建设江召高速公路。

2015年8月28日,云南省发展和改革委员会《关于罗平江底—陆良召夸高速公路改建段初步设计的批复》(云发改基础〔2015〕1150号),2016年2月22日云南省发展和改革委员会《关于罗平江底—陆良召夸高速公路新建段初步设计的批复》(云发改基础〔2016〕230号),完成了对江召高公路初步设计给予批准。

2015年11月,曲靖市人民政府、云南省发展和改革委员会、云南省林业厅、云南省交通运输厅与云南省环境保护局共同签订《罗平(江底)—陆良(召夸)高速公路建设征地拆迁及施工环境保障责任书》,征地拆迁工作由曲靖市政府负责成立领导机构,组织各相关部门成立征迁办公室和建设环境维护协调办。江召高速公路项目用地涉及罗平、师宗、陆良3个县,共占用各类用地9715亩(不含弃取土场等临时用地),平均每公里占地为5.99hm^2。

2015年12月9日,云南省交通运输厅《关于对罗平江底至陆良召夸高速公路改建段两阶段施工图设计的批复》(云交基建〔2015〕341号),2016年7月28日云南省交通运输厅《关于对罗平江底至陆良召夸高速公路新建段两阶段施工图设计的批复》(云交基建〔2016〕168号),完成了对江召高速公路施工图设计的验收。

2. 项目实施

在时间紧、任务重的情况下,江召高速公路建设指挥部克服资金短缺、施工队伍不稳定、技术要求高、管理难度大等重重困难,在保证工程安全、质量的前提下,有效促进了工程建设进度,改扩建段(一期工程)于2016年1月30日建成通车,取得了显著的建设管理成效。

(1)抓质量,明职责

指挥部始终坚持工程质量第一的方针,以标准建设和创建平安工地为抓手,将质量管理贯穿于工程建设的全过程,严格执行质量一票否决制;坚持"谁设计谁负责、谁施工谁负责、谁监理谁负责、谁检测谁负责"的原则,明确职责,形成人人有责、事事尽责、相互负责的责任链,从质量源头开始抓起,严防死守质量管理的每一道关口。施工单位桥梁工程用钢模板、高强度垫块等材料实行市场"准入制",有效控制了混凝土保护层的合格率,确保了桥梁外观整体质量;实行"关键工程部位联检制",由质量稽查处牵头联合监理单位、施工单位成立稽查大队,常驻施工现场,24小时不间断轮流进行质量稽查。同时,实行"责任挂钩夜间巡查制",由领导班子成员牵头联合各处室进行夜间巡查,发现质量隐患,现场督促整改,并定期进行专项检查,以杜绝各种施工关键部位的质量通病,避免在重要工序转换中埋下质量隐患。对路基工程、桥梁工程等部位实行联检。通过在土建1标召开墩柱混凝土浇筑现场交流会、在土建2标召开梁板孔道压浆现场观摩会、在2标雄壁隧道出口梁板预制场召开桥梁支座垫石施工工艺现场观摩及支座安装培训会、在四陵碑大桥召开现浇箱梁盘扣式脚手架搭设观摩会,大力推广使用工程"联检制",进一步加强工程质量管理、规范施工方法、施工工艺、总结提高工程质量新方法和新工艺,确保各道工序的施工质量。

(2)抓进度,促工期

江召高速公路改扩建段于2015年4月14日批复工可,因市政府与云南省公路投资公司就路线走向未达成共识,于8月28日才批复初步设计,随即开展招标工作;10月9日完成招标公示,10月份完成合同签订,施工单位才正式进场施工,项目工期紧、有效施工时间短。

首先,指挥部倒排工期,细化进度目标,每5天为一个节点进行考核。对进度滞后、完不成节点目标的合同段,采取重点"帮扶"方式,邀请其公司领导到工地现场督促施工,采取有效措施,及时扭转局面;对质量和进度相对滞后的控制性工程,指挥部专人定点督促,限期整改完善。

其次,采取强有力措施,加大人员、机械、资金等投入,采用加班加点、交叉平行作业、不留施工空白点的办法,有效安排机械设备、千方百计组织好材料供应,全力确保工期目标任务的完成。尤其是路面的施工进度取决于设备和材料,为避免路面在抢抓工期时"缺粮",指挥部提前谋划,年初就开始备料,确保能满足后续路面施工的石料供应。

最后,指挥部实行节点目标责任挂钩考核制度,对各合同段进行全方位、全过程指导帮助、协调服务和督促检查等工作;分管领导和节点目标挂钩责任人深入施工现场,及时协调解决问题。

通过以上措施,江召高速公路改扩建段于2016年1月28日建成通车,实现了云南省委、省政府提出的春节前通车的目标。

(3)抓安全,创和谐

指挥部、监理单位、承包单位分别成立安全生产领导机构,落实"一岗双责"责任制,设立安全生产办公室,指定专人负责安全生产工作,制定安全生产管理实施办法,建立健全安全生产责任制。

各参建单位贯彻落实"安全第一、预防为主、综合治理"的安全方针,把安全生产和工程质量视为同等重要的大事来抓,加强宣传教育,加强检查防范,排除安全隐患,把安全事故的发生率降到最小限度。

针对危险性较大的分部分项工程,施工前单独编制专项施工方案,并经监理工程师审批或专家论证通过后,对现场施工作业人员进行安全交底,施工区域安全措施到位方可施工;对施工机械、车辆、设备实行专人管理,定期进行检查、维修和保养,建立相应的资料台账。特殊工种必须持证上岗;现场施工管理人员、施工人员(包括民工)按照国家有关法律法规办理人身意外伤害保险。

各施工单位认真学习和贯彻执行《中华人民共和国安全生产法》《建设工程安全生产管理条例》《公路水运工程安全生产监督管理办法》《国务院关于进一步加强企业安全生产工作的通知》《交通运输部关于开展公路水运工程"平安工地"考核评价工作的通知》《云南省公路建设工程施工脚手架与支架模板支撑系统安全管理规定》《云南省公路工程安全生产暨"平安工地"检查评价办法》《公路工程施工安全技术规程》《爆破安全规程》等法律法规、相关技术规范、操作规程和行业标准,以及云南省交通运输厅、云南省公路投资公司、云南江召高速公路改扩建工程建设指挥部安全生产的相关规定,项目建设过程中未发生重、特大安全事故,安全生产处于可控状态。

指挥部自施工单位进场起就一直坚持以人为本,努力构建和谐的劳动关系,指挥部与项目部之间增强协作意识,互助友爱,讲大局、讲团结、讲奉献、讲协作,关爱外来务工人员,切实维护农民工合法权益。一是完善领导干部巡查基层工作制度,深入基层一线,倾听职工心声;二是制定通讯录,公开领导电话,接收各方问题和诉求,并及时组织解决,将关爱覆盖到各类人群。比如:在春节前一个月就调查农民工工资发放、民工维权等问题;积极研究出台各项措施方案,保障工人权益,杜绝各类违规违法事件发生;指挥部领导积极带头,以身作则深入施工一线,现场帮助协调解决施工中遇到的困难;各处室派出人员现场蹲点,征迁协调处派员与项目部人员同吃同住同劳动,将主要管理力量下沉一线,加强现场征地拆迁服务,发现问题立即与地方政府进行协调;工程技术处与设计代表对项目建设中存在的技术问题及时处理,优化设计方案,保证技术方案不影响施工;指挥部领导班子成员挂钩联系各家施工单位,及时有效地解决现场难题,建立了指挥部、设计、监理、施工单位四方联席工作制度,对重大疑难问题实行集中研究、现场会签,提高服务效率,快速扫除了影响施工进度的一系列障碍。

(六)科技创新

在江召高速公路施工建设中,指挥部高度重视科技创新工作,积极组织动员参建职工参与科技创新,发挥聪明才智,集思广益。各单位积极采纳参建员工提出的合理化建议、开展技术攻关、技术革新、技术改造,不断提高工程建设科技含量和创新水平。江召项目采用现代化大型拌和站进行混凝土拌和,有效控制了混凝土质量;钢筋采用工厂化集中加工来保证钢筋构件加工的质量和工艺要求。采用桥梁模板、高强度等级垫块的准入控制,提高了桥梁混凝土外观质量和结构尺寸控制;路面工程采用大型拌和、摊铺、碾压设备,同时引入数控技术对沥青、混凝土拌和的矿料级配、沥青含量、出厂温度、摊铺速度、摊铺温度、碾压温度等指标进行严密监控,一旦出现偏差自动向管理者的手机发送报警信息,提示管理者及时处理,不仅保证了路面施工质量,也增加了公路施工的科技含量。

二、西石高速公路——连线成环促发展

2015年2月16日,西桥至石林高速公路建成通车,将旅游景区陆良彩色沙林和云南石林世界地质公园两个景点串联起来,并与昆曲高速公路形成了一个环形,昆明至曲靖之间又增添了一条高速通道。

西石高速公路(图17-95)是云南省政府确定的交通综合基础设施建设"三年攻坚"建设项目之一,也是按照全新管理模式开展的"一改高"建设项目。项目实施过程中,建设者克服了边施工、边通车、边保通、边征迁、边封闭等困难,整体联动、快速推进,全面确保了按期建成通车的目标,被誉为"西石速度"。

图17-95 西石高速公路

(一)项目背景

西石高速公路是《国家高速公路网规划》G78汕头至昆明高速公路的重要组成路段,是国道324线、国道326线的交汇段和云南省高速公路网的重要组成部分,也是云南省连接中、东部发达省份的重要经济干线。西石高速公路原为一级公路,是云南省干线公路网(9210网)中第3条放射线,东与曲靖至陆良、西桥至召夸高速公路连接,西与昆明至石林高速公路相接。随着昆石、曲陆、西召高速公路相继建成通车,该路段在区域路网及国道、省道网中已形成了交通瓶颈,"一改高"已是大势所趋。项目建设对于完善国家高速公路网,完善云南省高速公路网布局和出省通道建设,实现安全、快捷的高速公路路网功能,促进沿线经济发展,加快推进滇中城市经济圈建设起到了积极作用。

(二)项目特点

西石高速公路建设中具有三个特点:

一是保通压力大。由于项目属"一改高"项目,39.77km主线中就有33km是在原西

石一级公路上进行提升改造,边通车、边施工,安全保通压力大。

二是两侧道口封闭压力大。由于西石高速公路地处平坝区,毗邻石林、陆良两县县城,沿线村镇和人口密集。"一改高"过程中,需封闭沿线进村入社的162个平交道口,封闭不在拆迁红线范围内的136处沿线建筑物及12个加油站的进出口,道路两侧道口封闭压力大。

三是工期压力大。按上级要求,西石高速公路须于2015年春节前通车,以完成昆嵩高速公路春节后半封闭大修分流任务。由于该项目辅道建成分流后才能掀起主线施工高潮,而原西石一级公路经省政府批准于2014年9月10日才停止收费,故辅道和主线工程建设的有效施工时间短、工期压力大。

西石高速公路项目的主要有两个创新点。

一是全线将原双向四车道设计改为准六车道、局部八车道设置,既充分利用了高速公路的路面资源,提高了公路设施的利用率,又保证了整体车流的快速、畅通,减少了因超车而引发的交通事故,降低了车辆行驶中潜在的安全隐患,从而提升了道路通行能力和服务水平。

二是全线强化了路面整体质量,水稳基层采用抗裂型设计和震动成型法理念,形成骨架抗裂级配,从而减少基层裂缝,提高基层质量;沥青路面采用S型改进AC级配设计,增强了高温稳定性与水稳定性能,提高了路面耐久性;路面原材料均采用5档碎石规格材料,特别是细集料的规格设置,保证了混合料均匀性,从而提升了路面的整体质量。

(三)项目概况

1. 基本情况

西石高速公路(图17-96)起于曲陆高速公路西桥收费站,路线自东北向西南经新哨、阿油堡、大莫古、天生关垭口,下穿南昆铁路、北大村等,往西经后首田,跨越九石阿公路至阿玉林,往阿玉林水库西经过止点石林县龙潭附近,设置石林半互通立交接昆明—石林高速公路K75+745,路线全长39.771km。项目主线设计速度100km/h;路基与桥涵宽27~33m,双向六车道,局部八车道;设计荷载为公路—Ⅰ级;设计交通量为2035年远景平均交通量47689辆/日,抗震设防烈度为Ⅷ度。

主要工程量为路基土方339.6万m^3、防护工程50万m^3、路床加强层189万m^3、沥青混凝土路面(单幅)278.42km^2;特大桥2399m/2座(单幅)、大桥932m/4座(单幅)、中桥860m/10座(单幅)、小桥316m/12座(单幅),跨线桥15座,涵洞、通道1359.27m/89道;设有西桥、陆良南、大莫古、北大村互通式立交4处,石林半互通立交1处,立交匝道收费站3处,服务区1处,以及边坡防护、标志、标线、护栏、隔离栅、收费、通信、监控等交通安全设施。

第十七章
国家高速公路

图 17-96　西桥—石林高速公路位置示意图

同时,为解决原西石一级公路平交道口封闭后沿线群众的出行问题,同步建设辅道 36.862km。路基宽度 7.5~12m。

西石高速公路批准概算为 27.777 亿元。其中,云南省公路投资公司自筹 9.7786 亿元,其余由银行贷款。

西石高速公路建设工期计划为两年,2013 年 12 月 19 日举行项目建设启动仪式;2014 年 2 月辅道开工建设,2014 年 10 月辅道建成通车;2014 年 5 月主线开工建设,2015 年 2 月 16 日建成通车(图 17-97)。

图 17-97　西石高速公路在石峰间穿行

2. 前期决策

在云南省政府、省交通运输厅及曲靖市、昆明市的关心支持下,西石高速公路于 2013 年 5 月启动项目建设筹备工作。

项目由云南省交通规划设计研究院完成工程可行性研究报告,2013年12月13日,云南省发改委批准了西石高速公路工程可行性研究报告。

2014年4月23日,省发改委批复了西石高速公路初步设计,对西石高速公路建设项目的线路方案、立交区设置、管养及服务设施规模、技术标准、路基路面方案、交通工程、工程概算等作出了批复。

3. 参建单位

2013年8月8日,经云南省交通运输厅批准,云南省公路投资公司成立西石高速公路建设指挥部,负责项目建设管理工作,聘任彭赛恒为指挥长,李永庆为党总支书记,姚勇为副指挥长兼总工程师,高国红、王琳淇为副指挥长,韩忠贵为总监理工程师。

指挥部通过全国公开招标,经过公平、公正评审,坚持择优选择的原则,共有17家设计、施工、监理单位参与西石高速公路建设,各参建单位均符合国家规定的资质及业绩要求。

各施工单位根据施工承包合同规定的条款,建立健全组织管理机构,上足施工队伍,投入机械设备和管理人员,建立以总工程师为中心的质量自检体系,成立安全保通队伍,完善党组织领导下的监督保障机制,科学管理、严密组织、昼夜奋战,确保了质量优、进度快、环保好的建设施工目标,全面履行了投标承诺。西石高速公路共有12个施工合同段,分别是4个土建合同段、1个路面合同段、2个交通安全设施合同段、2个绿化工程合同段、2个机电工程合同段、1个沿线设施房建工程合同段。

西石高速公路项目实行指挥部自办监理,监理工作围绕质量、进度、投资三大重点,成立了总监理工程师领导下的三级管理体系,下设总监办、中心试验室和驻地办。4家监理单位到位监理人员160余人,监理人员文化程度高、有职称人员比例大。各监理单位严格执行监理工作方针、法规、合同文件及业主各项管理办法;以工程质量监理为核心,严格执行监理程序,按规定签认工程数量,控制工程费用;监理人员坚守现场,实行全天候巡查和稽查,发现问题立即整改,切实把质量管理措施落到实处,使工程质量始终处于受控状态。同时,牢固树立廉洁自律意识,忠于职守,做到了对业主负责、让业主放心、使承包人满意。

西石高速公路建设从业单位信息见表17-34。

西石高速公路建设从业单位信息采集表 表17-34

序号	参建单位	单位名称	合同段编号及起止桩号	主要负责人
1	项目管理单位	云南西桥至石林高速公路建设指挥部		彭赛恒、李永庆 姚 勇、王琳淇 高国红、韩忠贵
2	勘察设计单位	云南省交通规划设计研究院	K0+000~K39+783.77(主线) K0+000~K35+770(辅道)	赵 剑

续上表

序号	参建单位	单位名称	合同段编号及起止桩号	主要负责人
3	施工单位	云南第一公路桥梁工程有限公司	K0+000~K13+700	陈先龙 杨烨
4		云南云桥建设股份有限公司	K13+700~K33+309.14	陆加华 陈锡华
5		云南云岭高速公路养护绿化工程有限公司	K33+309.14~K39+783.77（主线）K0+000~K35+770（辅道）	李书繁 段玉平
6		中交第四公路工程局有限公司	K0+000~K39+783.77	曲军洋 张鹏
7		昆明三建建设(集团)有限公司	K0+000~K39+783.77	陈俊杰 蒋义滨
8		云南长江现代交通设施有限公司	K0+000~K20+000	胡智彬 徐洪建
9		四川嘉和交通工程有限公司	K20+000~K39+783.77	王永春 徐洪建
10		云南云岭高速公路养护绿化工程有限公司	K0+000~K17+146.95	林芝敏 吴朝辉
11		云南万得凯园林景观有限公司	K17+146.95~K39+783.77	王德军 孙昱
12		云南云岭高速公路交通科技有限公司	K0+000~K17+000	王俊涛 郭华
13		北京诚达交通科技有限公司	K17+000~K39+783.77	刘国法 胡雁鸣
14	监理单位	云南省公路工程监理咨询公司	K0+000~K39+783.77	田德朝
15		云南纪星交通工程监理有限公司	K0+000~K39+783.77	马聪
16		云南交通基建工程监理有限公司	K0+000~K39+783.77	李学良
17	设计咨询单位	云南交通咨询有限公司		

(四)建设情况

1.项目筹备

2013年6月7日,曲靖市政府与云南省公路投资公司签订《国道326线陆良(西桥)—石林一级公路改高速公路建设项目合作框架协议》。

2013年7月25日,云南省发展和改革委员会《关于同意开展陆良西桥—石林一级公路改高速公路项目前期工作的函》(云发改基建〔2013〕1235),同意开展西石一级公路改高速公路前期工作。

2013年12月11日,云南省水利厅关于准予陆良西桥—石林一级公路改高速公路水土保持方案的行政许可决定书(云水保许〔2013〕608号),批复同意西石高速公路水土保持方案。2014年4月16日,省环保厅对项目环境影响报告书进行批复(云环审〔2014〕88号)。

2013年12月16日,指挥部成立陆良西桥—石林高速公路建设项目招标领导小组,开展西石高速公路的招标工作。工程按照有关法律、法规和规章,本着公开、公平、公正和科学择优的原则,在全国范围内公开招标。

2014年1月26日,在中国采购与招标网、云南省公共资源交易中心、云南省交通运输厅网站同时发布了辅道土建施工招标公告,同步发布辅道土建施工招标文件。

2014年2月25日~26日,云南省交通运输厅抽取评标专家组成"评标委员会",在完全封闭的情况下,对辅道土建施工招标进行评审。

2014年2月26日,在中国采购与招标网、云南省公共资源交易中心、云南省交通运输厅网站同时发布了主线土建、路面施工、监理招标公告,同步发布主线土建、路面施工、监理招标文件。

2014年3月24日~4月1日,云南省交通运输厅抽取评标专家组成"评标委员会",在完全封闭的情况下,对主线土建、路面施工、监理招标进行评审工作。

在工程项目整个投标、开标及评标过程中,由纪检监察部门进行全程监督。

指挥部严格按照《中华人民共和国招标投标法》的有关规定,对交通安全工程、绿化工程、交通机电工程、房建等工程项目进行公开招标,确定承包单位及监理单位。整个招标过程严格遵循了"三公"原则和国家颁布的法律、法规和规章制度,未发生任何违规违纪行为,做到了依法建设和依法管理。

西石高速公路途经昆明、曲靖两市的陆良县和石林县,征地拆迁工作由地方政府负责。项目批准用地137.7466hm^2,其中服务设施用地批准同意征用林地38.0577hm^2。

项目建设拆迁各类地面附着物种类繁多、任务艰巨,共拆迁建筑物29154.1m^2,拆迁电力电信线15440m,沿线进村入社的162个平交道口,封闭不在拆迁红线范围内的136处沿线建筑物及12个加油站的进出口。

西石高速公路征地拆迁概算费用为29235万元,实际已支付34126万元,比例达116.73%。

征地拆迁工作中,指挥部积极维护沿线群众利益,支持地方建设,着力保障和改善民生、支持沿线城市建设,增加了小联络线等工程,为改善群众生产生活条件、推动地方建设作出了重要贡献,各级地方党委、政府及沿线群众十分满意。

2. 项目实施

针对西石高速公路建设项目时间紧、任务重、施工干扰多、保通难度大的特点,指挥部在项目建设管理过程中,着力从以下方面开展工作。

(1)借势助力 快速推进沿线道口封闭工作

充分利用打好全省综合交通基础设施建设"三年攻坚战"的有利时机,紧紧围绕省委、省政府要求西石高速公路"2015年春节前建成通车"的目标,在沿线地方党委、政府的高度重视和大力支持下,指挥部针对工作中存在的普遍性、特殊性和个别性问题,采取多种形式配合地方政府,本着"做实做细、少留后患"的原则,逐一破解工作中的难题,快速推进沿线道口的封闭工作。

(2)整合资源 全面做好安全保通和项目建设工作

针对项目边通车、边施工、边保通,安全生产形势严峻的特殊性,在安全保通工作中,指挥部与沿线交警、路政部门建立了安全保通联动机制,构建了路地共建大保通格局;依托东部路政支队组建了一支40余人的直属专业保通维稳应急分队,并派驻到各土建合同段,实现了每个工点、每个道口的安全保通工作全覆盖,一旦发生情况确保能及时处置。

项目建设过程中,聘请东南大学作为路面设计施工技术支撑单位,并长驻施工现场,在指挥部授权下开展现场质量控制;聘请重庆交通大学为桥梁设计咨询单位,对小箱梁桥结构进行优化;委托云南云审建设工程造价咨询有限公司开展新增单价的咨询工作,并同质监、安监、设计、咨询、检测、安全评估等相关单位建立了项目施工质量、安全联动监督管控体系,努力形成充分整合利用社会专业资源的"小业主、大咨询"项目建设管理格局。

(3)狠抓落实 推进项目质量、安全和进度控制

指挥部、施工单位、监理单位"三心合一",提前谋划、整体联动、交叉运作,始终在抓落实上下功夫。通过细化目标、分解落实指标,实行责任挂钩奖惩和"5天一个节点"的考核机制,确保每个节点目标和整体工期目标的实现;注重质量细节管理,严把各道施工质量关,精心组织每道工序、每个分项工程的施工,强化质量检测整改,全面确保质量目标的实现;采取定人、定岗、定时、定责,分工负责,落实安全生产管理和"平安工地"建设的办法,从安全管理细节入手,坚持安全管理标准化,确保安全生产始终处于可控状态。

(4)原则性与灵活性相结合 妥善处理各种矛盾问题

指挥部采取原则性和灵活性相结合的方式,因地制宜,妥善处理征地拆迁、道口封闭、施工建设等工作中的各种矛盾,从而保障了项目建设中的稳定和谐,实现了按期建成通车的目标。

(五)科技创新

1. 积极推广和使用新技术、新材料和新工艺

指挥部结合西石高速公路项目的特点,将具有安装施工方便快捷,接头少、排水顺畅,防渗、防漏效果好等优点的聚乙烯(HDPE)塑钢 $\phi 60$ 缠绕排水管,用于路堑段落两侧埋置式边沟,将镀锌 $\phi 60$ 用于路面超高段横向排水管,这在云南省公路建设中尚属首次。

2. 积极开展项目科研工作

"一改高建设项目经济带边界模型构建与经济社会效益测算及评价——以西石高速公路为案例"课题由云南省交通运输厅立项;指挥部还申报了"云南省高等级公路'白改黑'工程关键技术研究""公路改扩建工程综合技术集成""高可靠性小箱梁建设关键技术研究与工程示范"3个课题。

(六)运营养护管理

西石高速公路设置母鸡山服务区,房屋建筑面积 14569.68m²,由加油站、营业楼、宿舍楼、公厕、水泵房、配电房等组成,另设有室外道路、绿化带等。

全线设陆良南、大莫古、石林北 3 处收费站;设置陆良南监控分中心。

三、昆石高速公路——打造旅游"黄金线"

2003 年 11 月 16 日,云南省第一条旅游高速公路——昆明—石林高速公路建成并正式通车。昆石高速公路是昆明通边、出海、通向东南亚国际大通道的起始段,是昆明通往滇南、到国家级著名风景区石林、九乡的旅游"黄金线",是云南省对外开放和迎接国内外宾客的主要窗口,在一定程度上代表着省会昆明的形象和地域风貌。这条高速公路的建成,汽车行驶时间由原来的两个半小时减少至 50 分钟,游客从昆明到石林参观游览更加便捷。高速公路沿途隧道穿山,桥梁飞挂峻岭,绿草鲜花相伴,成为了红土高原上一道亮丽的风景线。

(一)项目概况

昆石高速公路(图 17-98)是《国家高速公路网规划》中 G78 汕头—昆明高速公路的末段,是我国实施西部大开发的基础设施建设项目,是云南省"三纵三横"干道路网通向贵州、广西及中国通向老挝、越南等东南亚国家的重要路段,也是云南省第一条通往旅游风景区的高速公路。路线起于昆明市东郊石虎关,东出大石坝,经呈贡、七甸、松茂、马郎至玉溪澄江阳宗海,绕阳宗海南海湾穿隧道至宜良草甸,跨南盘江至小渡口与原石林—安宁二级公路交汇,再东延到青山村、半截河至石林风景区,全长 78.07km,设计速度为 80~100km/h。其中,

第十七章
国家高速公路

起点至小石坝 6.72km 为双向八车道,路基宽 40.5m,是云南首段八车道高速公路(图 17-99);小石坝至半截河 67.07km 为双向六车道,路基宽 26m;半截河至石林 4.28km 为双向四车道,路基宽 24.5m。路面结构为沥青混凝土,最小平曲线半径为 300m,最大纵坡为 5%,路线海拔高差 200m。不良地质占线路总长 8.6%,软基长 3958m,占路线长的 5.1%。

图 17-98　昆明—石林高速公路位置图

图 17-99　昆石高速公路起点段为云南首段八车道高速公路

昆石高速公路共完成土石方 1828 万 m^3,平均每公里 23.4 万 m^3;建成桥梁 115 座(单幅计)28745 延米,占路线长 36.8%。其中,特大桥 6 座 6835 延米、大桥 36 座 16063 延米、中小桥 73 座 5847 延米、互通立交桥 10 座 1433.5 延米(图 17-101)、分离式桥 91 座、跨线桥 14 座、涵洞及人行通道 280 道;隧道 4 座 8971 延米,占路线长 11.5%,其中双洞 2 座 7715 延米、连拱隧道 2 座 1256 延米、单洞 6 座 8971 延米,桥隧占路线总长 48.3%。全线建监控室 2 个、收费站 7 个、服务区 1 个,路面 191 万 m^2,占用土地 5315987.66579m^2。

项目总投资374430万元,平均每公里造价4795万元。由于公路穿越滇池流域软土层和喀斯特地貌地区,是云南当时在建高速公路中标准最高、每公里投资最大的高速公路建设项目。昆石高速公路于2000年12月8日开工建设,2003年11月16日建成通车,获2004年度"省优工程奖"、2005年国家优质工程银质奖。

昆石高速公路建设从业单位信息见表17-35。

昆石高速公路建设从业单位信息采集表 表17-35

序号	参建单位	单位名称	合同段编号及起止桩号	主要负责人
1	项目管理单位	云南昆石高速公路建设指挥部	K0+000~K77+800	熊玉朝
2	勘察设计单位	云南省公路规划勘察设计院	K0+000~K77+800	向 辉
3	施工单位	西南交通工程总公司	土建一合同 K0+000~K5+700	廖启讯、郭志忠
4		中国人民武装警察部队交通二总队	土建二合同 K5+700~K11+334.01	陈少慧
5		铁道部第三工程局	土建三合同 K11+334.01~K17+095.01	赵常焕、乔 才
6		中铁十二局集团有限公司	土建四合同 K17+095.01~K19+500	邓尤东、张 隽
7		中港第二航务工程局	土建五合同 K19+500~K23+841.9	董汉军
8		中国云南公路桥梁工程总公司	土建六合同 K23+841.9~K31+037.7	胡瑞宁、苏伟峰
9		云南公路桥梁工程处	土建七合同 K31+037.7~K36+933.18	赵云锦、王 坤
10		中铁第十五工程局	土建八-1合同 K36+917.26~K39+230	雷文礼、李 明
11		中国铁道建筑总公司	土建八-2合同 K39+100~K41+100	徐东清、吴太华
12		云南省第四公路桥梁工程公司	土建九合同 K41+100~K47+097.36	陈建刚、黄晓东
13		云南省第二公路桥梁工程公司	土建十合同 K47+097.36~K52+300	刘 波、陶开金
14		云南省第五公路工程处	土建十一合同 K52+300~K60+046.09	刘法良、杨 勇
15		云南省第三公路桥梁工程公司	土建十二合同 K60+046.09~K66+000	何兴荣、罗志祥
16		中国人民武装部队交通第一总队	土建十三合同 K66+000~K72+500	张振武、潘建春
17		中国冶金建设集团公司	土建十四合同 K72+500~K77+800	李炳武、李发忠
18		云南省第一公路桥梁工程有限公司	路面一合同 K0+000~K11+334.01	张国辉、李伟东
19		云南省第三公路桥梁工程公司	路面二合同 K11+334.01~K23+841.39	娄 伟、白汝康
20		中国云南公路桥梁工程总公司	路面三合同 K23+841.39~K31+037.7	胡瑞宁、苏伟峰

第十七章 国家高速公路

续上表

序号	参建单位	单位名称	合同段编号及起止桩号	主要负责人
21	施工单位	云南省第四公路桥梁工程公司	路面四合同 K39+100~K52+300	陈建刚、黄晓东
22		云南省第五公路工程处	路面五合同 K52+300~K66+000	刘法良、杨 勇
23		云南省第二公路桥梁工程公司	路面六合同 K66+000~K77+800	刘 波、陶开金
24		北京绿洲科技发展有限公司	绿化一合同 K0+000~K17+334.01	敖东韶、李海林
25		昆明骏达园林绿化工程有限公司	绿化三合同 K17+095~K37+700	陈登福、杨华松
26		湖南根苑环境工程有限公司	绿化四合同 K39+100~K77+800	张 朝、王德军
27		云南省公路局绿色高新科技开发中心	绿化五合同 K52+300~K66+000	赵庆云、王永海
28		昆明伸鲁绿化装饰有限公司	绿化六合同 K69+450~K69+700	甄晓云、苏一波
29		成都曙光光纤网络有限责任公司	机电三大系统合同 K0+000~K77+800	彭 威、邱秀金
30		昆明荣成天宇控制系统有限公司	机电消防合同	殷寿陶、毛建军
31		云南长江现代交通设施有限公司	交通安全设施一合同 K0+000~K39+100	赵金辉、徐志远
32		北京深华科交通工程有限公司	交通安全设施二合同 K39+100~K60+046.09	宋国荣、周保忠
33		杭州萧山金鹰交通设施有限公司	交通安全设施三合同 K60+046.09~K77+800	魏峰明、张武通
34		云南第六建筑工程公司	房建一合同	陈兴龙、姜 源
35		玉溪市马桥建筑工程有限公司第二工程处	房建二合同	刘德斌、聂安林
36		云南省勤丰建筑经营有限公司	房建三合同	徐天顺、胡如志
37		云南省陆良县第二建筑工程公司	房建四合同	黄甫自文、王文兴
38		云南东方建筑工程公司	房建五合同	李国云、谢桥富
39	监理单位	云南公路工程监理咨询公司	土建监理一合同 K0+000~K11+334.01	高一峰
40		云南云路工程监理咨询有限公司	土建监理二合同 K11+334.01~K19+500	高一峰
41		云南公路建设监理公司	土建监理三合同 K19+500~K31+037.7	高一峰
42		云南公路工程监理咨询公司	土建监理四合同 K31+037.7~K39+230	高一峰
43		云南公路工程监理咨询公司	土建监理五合同 K39+100~K47+097.36	高一峰
44		云南公路工程监理咨询公司	土建监理六合同 K47+097.36~K52+300	高一峰
45		北京华路捷公路工程技术咨询有限公司	土建监理七合同 K52+300~K66+000	高一峰

续上表

序号	参建单位	单位名称	合同段编号及起止桩号	主要负责人
46	监理单位	北京华宏公路工程监理咨询公司	土建监理八合同 K66+000~K77+800	高一峰
47		云南省公路工程监理咨询公司	路面监理一合同 K0+000~K11+334.01	高一峰
48		云南云路工程监理咨询有限公司	路面监理二合同 K11+334.01~K19+500	高一峰
49		云南公路建设监理公司	路面监理三合同 K19+500~K31+037.7	高一峰
50		云南省公路工程监理咨询公司	路面监理四合同 K31+037.7~K39+230	高一峰
51		云南省公路工程监理咨询公司	路面监理五合同 K39+230~K47+097.36	高一峰
52		云南省公路工程监理咨询公司	路面监理六合同 K47+097.36~K52+300	高一峰
53		北京华路捷公路工程技术咨询有限公司	路面监理七合同 K52+300~K66+000	高一峰
54		云南云路工程监理咨询有限公司	路面监理八合同 K66+000~K77+800	高一峰
55		云南纪星交通工程监理咨询有限公司	机电监理同 K0+000~K77+800	高一峰
56	设计咨询单位	云南交通基建工程监理有限公司	房建监理合同 K0+000~K77+800	高一峰

(二)项目实施

昆石高速公路所经地段,有的地下水网密布、路基软弱,有的又属典型的喀斯特地貌,地下溶洞、暗河多,施工难度大。

云南省委、省政府对昆石高速公路的建设极为重视,将其质量目标定位为"创全国高原山区一流的高速公路"。

1. 园林景观设计理念

中央分隔带上,天竺葵争相开放,有的深红,有的粉红,六车道的高速公路被装点得缤纷多彩。公路边坡上,三角梅紫红色的花朵鲜艳夺目,已经过了花期的波斯菊同样不甘寂寞,星星点点的小花在微风中频频点头……在昆石高速公路,这样的场景并不鲜见(图17-100)。其引入设计新理念,将地域文化、云南民族风情和园林艺术融合到公路建设景观中的做法也赢得了社会的广泛赞誉。

昆石高速公路一头连接着省会昆明,一头连接着著名风景区石林,既是云南通边、出海的主要通道,也是重要的旅游干线。云南省首次在这条公路引入园林景观设计理念,力求将其建成能够反映云南公路建设水平、公路与周围景观协调的旅游景观路,建成镶嵌在高原红土地上的一条绿色通道。经过公路建设者3年的辛勤劳动,美好的设想终于变成了现实。

第十七章
国家高速公路

图 17-100　鲜花扮靓昆石高速公路

(1) 景观工程　展现云南地域文化特色

昆石高速公路有一道"云南 18 怪"的文化墙,展示的是云南特有的民俗、民风。沿昆石高速公路前行,浓郁的地域特色扑面而来。从云南少数民族歌舞、服饰、绘画、雕塑等提取的文化符号,如青铜凤纹、太阳纹饰等通过现代设计手段,成功地运用到了高速公路绿化带、隧道口、上跨桥和文化墙上。清水沟一号隧道用石林"阿诗玛"的景观装饰隧道口,使人未到石林便已领略了"阿诗玛"的风采。小团山隧道口景观给人留下的却是古滇文化的韵味,这道景观面积达 1480 m^2、投资 70 多万元、主题为古滇文化特有的"牛虎铜案"。

特殊的文化符号,突出了滇中地区民族文化和地域特征,给人以一种美的享受。

(2) 客土喷播　石质边坡长出灌木花草

昆石高速公路属典型的山区高速公路,大部分路段属喀斯特地貌,石质边坡的绿化成了一个难题。云南省交通运输厅将此作为科研课题,组织攻关。在搞好常规路段绿化、美化的同时,工程建设指挥部在云南高速公路建设中首次引入客土喷播技术,使石质边坡上也长出了灌木花草。具体做法是:用种植土、泥炭土、纤维料、长效肥、生物菌肥、保水剂等按一定比例配制成"客土"基材;通过钉锚、挂网,在基材中加入土壤稳定剂、结合剂后,进行高压喷射;遇有边坡陡急、岩基不稳定等情况则先采用格笼、抗滑桩、锚索等工程防护措施,使山体稳定,然后再进行绿化;绿化时,将植物种子混合在表层基材中一起喷附在边坡上,或者喷浆后用普通液压喷播法进行喷播。

2002 年 1 月,昆石高速公路试验客土喷播 1 万 m^2,取得经验后,2002 年 8 月又客土喷播 9 万 m^2。客土喷播选择适合当地气候、地质条件,具有较强抗旱、耐瘠薄能力的草、灌、花相结合的立体配置混合植物种类,取得了比较好的效果,10 万 m^2 石质边坡得到了绿化。

昆石高速公路用于绿化、美化的投资约为 7000 万元。指挥长熊玉朝说:"这些钱花得值,它换来的是一条令人赏心悦目的绿色大通道。"

2.规范化管理

谈到业主的管理,昆石高速公路建设指挥部首任指挥长夏保祥感受最深的是"没有规矩不成方圆"。

对公路工程而言,"规矩"就是合同。业主管投资、管质量、管工期,以什么为依据?合同。夏保祥认为,业主与施工单位的关系是合同关系。一切必须按合同办事。合同是基础。有了好的合同,才能有效地实施规范化管理。

(1)合同:增强预见性

昆石高速公路在招投标和签订施工合同时,认真吸取云南其他公路项目建设过程中的经验教训,加大合同的预见性,避免了施工单位与业主间可能出现的扯皮。

按以往的惯例,隧道施工中,塌方的清理以及由此而增加的工程量,业主要另外支付费用。塌方发生,承包人的经济利益不仅不会受到影响,反而还可以增加工程费。因此,施工单位不重视塌方的预防工作,有的施工单位甚至只考虑赚钱,采取放大炮的方法施工,人为造成塌方,以增加工程量。为防止类似现象发生,昆石高速公路指挥部在与施工单位签订的合同中明文规定,由于承包人施工不当造成塌方而增加的隧道工程量,全部由承包人负责。具体实施时,工程技术人员、监理人员对隧道里发生的塌方进行现场调查、分析;施工不当造成的,由承包人负责;由于水文、地质原因造成的,则实事求是地处理。这样就对施工单位起到了约束作用,既确保了隧道施工的进度,也保证了质量。

预应力张拉中,钢绞线的计量也是施工单位与业主容易扯皮的一个环节。昆石高速公路在合同中明确规定,以张拉后的长度计量,并充分考虑所用钢绞线与实际张拉长度的差异,确保了合同的顺利实施。

(2)复测:四方"会审"

施工单位进场后,首先要进行地面线连测、放线。按惯例,施工单位自行测量,监理参与、签字即可。其结果往往是,原设计500m³的土方,施工单位放线说有1000m³。施工量越大,地形越复杂的路段,类似的情况便越多,设计变更也越多。这一环节也往往成为项目突破概算的一个原因。

昆石高速公路改变常规做法,对复测实行"四方会审"。施工单位进场后,原设计单位、监理及时跟进,介入复测,指挥部技术处也派人参加,在原设计的基础上,哪里该增、哪里该减,如有变更,四方都要签字认可。这样做,使设计的变更更为科学、合理,控制了投资,对设计单位也是一种促进。如果设计变更太多,对设计人员就是一种无形的压力。

(3)资金:专款专用

在资金的管理上,昆石高速公路指挥部也有严格的"规矩"。为了确保每一笔公路建设资金都用于工程上,指挥部采取了两项切实可行的措施。

一是不借款。公路施工过程中,常常会出现这样的情况:有的施工单位先向业主"借"钱,计量出来后,"借"的钱超出了业主应支付的数额,业主反过来还得去向施工单位"要"钱。此举避免了这种现象。

二是与银行签订协议,由银行把关,防止资金外流。指挥部财务处随时与银行取得联系,了解施工单位每一笔资金的使用情况,避免将昆石高速公路的资金用于其他项目。

(4)规范:从指挥部做起

昆石高速公路的规范化管理,从指挥部做起。夏保祥出任指挥长后,首先宣布了一条用人原则:除有相应的学历、专业对口外,指挥部不搞家族式,不能拖儿带女,夫妇两人同在指挥部的,只能留下一人。副科级以上干部,除签订廉政合同外,还要签订廉政保证书。处室的工作按岗位职责进行考核。指挥部人员按时上下班,从指挥长到每个员工,上班都坚持打卡。

规范化的管理,使昆石高速公路顺利克服了地形、地质复杂和边通车、边施工带来的保通难等困难,质量、工期和资金都得到较好控制。图17-101为石林立交桥。

图17-101　石林立交桥

3. "青年突击队"大显身手

把汗水洒在火热的工地,让青春放射出绚丽的光彩,昆石高速公路的建成通车,离不开"青年突击队"的默默奉献。

云南省路桥三公司第二桥梁分公司承担昆石高速公路1.4km路段的施工任务。1.4km路段内有一座大桥和一座特大桥,桥梁的长度占了1.066km。其中K61+560特大桥全长776m,位于S形曲线上,是一座集弯、坡、斜、高为一体T形连续梁桥。施工地段地质复杂,地下河流众多,溶洞交错,上部构造每片梁板又各有各的尺寸,工艺复杂,施工难度大。

这座特大桥在路桥三公司的筑路史上,还写下了两项第一:其一,它是公司承建的最大的一座桥梁;其二,特大桥最重的一块梁板净重65t,也是公司建桥史上最重的一块梁板。

这座特大桥无疑是一块难啃的硬骨头。而承担施工任务的第二桥梁分公司是一支以年轻人为主的施工队伍,干部职工中80%是35岁以下的年轻人。

路桥三公司党委、桥二分公司党支部都意识到,啃下这块硬骨头,必须充分发挥青年职工突击队的作用。2001年4月,根据职工自愿申请、组织考核和选拔的原则,桥二分公司从63名职工中选出了46人组成"青年突击队"。6月,路桥三公司团委为突击队授旗。8月,32岁的桥二分公司党支部书记、行政主持郭廷勇接任队长,25岁的分公司技术副经理李相东和24岁的分公司团支部书记余艺梅担任副队长。46名青年突击队员在青年突击队的旗帜上郑重地签下了自己的名字,并举起右手庄严宣誓:爱国、爱企,自信、自强,在急、难、险、重任务面前,在科技攻关中,充分发挥突击队员的生力军和示范作用。

在桥二分公司工地,哪里有困难,哪里有危险,哪里便会有青年突击队员。一次,在浇筑桥墩基桩时,意外发生卡管,如提起后马上浇筑,就有可能导致混凝土不连续而断桩,给大桥带来重大质量隐患。突击队副队长李相东与分公司领导一起研究,决定将浇好的混凝土体全部报废,重新浇筑。突击队员们轮番上阵,奋战7个昼夜,终于将质量隐患消除,并浇出了质量达全优的桩基础。

还有一次,一个18m深的基桩孔12m深处侧壁发生涌水,碗口粗的水流直往孔里灌。李相东系上安全绳,下到孔里。他本想用手探探水流的虚实,不料却被汹涌的水流冲到了一边,弄得浑身泥水。一番探查后,他召集突击队里的技术人员一起商量,确定了对策:浇筑基桩护壁时,在护壁模板上预留一个孔洞,安上钢管,将水流引入护壁模板之内,待护壁浇好后,用事先设计好的螺栓将钢管封住,阻断水流再浇筑桩体。

由于受地形限制,有的基桩在挖孔时无法使用机械,只能人工作业。人工开挖,容易出现安全隐患。为确保质量和安全,突击队员汪威、吴锋一连数十天、每天24小时轮流驻守在工地现场,就连吃饭时间也坚守在工地上。由于他们的出色工作,这部分桩基从下挖到浇筑一次成功。

一道道难题在突击队员们的手中被攻克。由突击队员组成的安全巡视组,协助安全技术人员轮流巡视工地,难点和危险施工地段重点防范,确保了施工安全;由突击队员组成的质量保障巡视组对重点部位进行重点把关,确保了施工质量。

突击队副队长余艺梅是位筑路工人的后代,从小就跟着父母辗转于各个筑路工地。她的爱人薛四才是桥二分公司工会主席,也是一位青年突击队员。2001年,他们在工地举行了简朴的婚礼。工地上,一间18m²的工棚就是他们的新房。结婚第二天,人们依然在工地上看到了他们忙碌的身影。小薛负责特大桥6至15跨施工现场管理。他像一位忠实的哨兵,兢兢业业地坚守在自己的岗位上。5月3日,小余的母亲从老家保山来到工地。老人身体不好,她希望女儿能够陪自己去思茅老伴那里。小余是团支部书记,正逢青年节到来,要忙着组织团员青年开展活动。她没有更多时间陪伴母亲。老人见女儿忙,独自一人乘上了回滇西保山的班车。中途下车时,老人不小心被车撞伤,后因抢救无效而去世。谈起此事,余艺梅悔恨不已。她说,这是自己一生中最对不起母亲的一件事。

事实是最有说服力的。青年突击队队长郭廷勇将突击队组建前后的施工进度作了对比。桥二分公司在参加大保高速公路施工时,进场第一年完成投资400多万元;在昆石高速公路,进场第一年就完成投资1800多万元。

青年突击队奋进的大旗高举,不仅加快了工程进度,而且工程质量也得到了保证。桥二分公司副经理解天云是位老同志。他感慨地说:"有了青年突击队,团员青年的凝聚力增强了,学习的空气浓了,好学上进的人多了。"在青年突击队里,要求加入党团组织的人也增多了,他们中很多人都向党组织递交了入党申请书。

(三)科技创新

昆石高速公路建设过程中,与有关科研机构和院校合作,开展技术攻关,一批科技项目分别被列为国家科学技术部项目、交通部西部交通建设科技项目、省科技攻关项目和省交通运输厅科技项目。

1. 山区公路高架桥新结构和施工方法研究

研究了节段施工体外预应力混凝土桥梁的设计与施工技术,提出了山区公路高架桥抗震设计方法及减震构造措施。

2. 边坡加固施工工艺与施工控制技术研究

为解决边坡加固施工工艺与施工控制关键技术问题,该项目以研究边坡变形破坏机制及其演变规律为基本出发点,研究开发出具有广泛应用前景的边坡加固新方法、新工艺、新材料和新产品,以及与之配套的施工工艺,施工质量检测与控制方法。形成一类产品(岩土灌浆材料产品)、一套工艺(边坡施工工艺与加固工艺)和一套体系(边坡加固质量保证体系)三大成果。使我国边坡加固技术迈上一个新台阶,节约了工程投资,提高了工程施工及运行质量。项目的主要研究内容和目标是:

(1)边坡变形破坏机制及开挖过程模拟研究。包括边坡形破坏特征及发展演化规律研究;边坡开挖过程模拟研究。

(2)锚杆、锚索质量检测与控制技术研究。包括锚杆、锚索加固边坡效果评价及形式选择;锚杆、锚索防腐技术开发;锚固段质量检测研究。

(3)预应力抗滑桩设计与施工技术研究。包括预应力抗滑桩设计计算方法、预应力抗滑桩合理构造形式、预应力抗滑桩施工工艺和预应力抗滑桩的质量及检测研究。

(4)压力灌浆加固边坡的施工工艺研究与材料开发。包括廉价灌浆材料及特殊灌浆材料开发、灌浆施工工艺及浆液跑、漏控制技术和灌浆质量评价指标及检测方法的研究。

该课题是2001年交通部西部交通建设科技项目,由云南昆石高速公路建设指挥部承担,重庆交通科研设计院、云南省公路科学技术研究所参加完成,总研究经费420万元,起止期限为2001年9月~2004年3月。2004年8月21日,云南省交通厅受交通部西部交通建设科技项目管理中心委托,在昆明主持召开了"边坡加固施工工艺与施工控制技术研究"预评审会,与会专家确认该项目研究的创新成果在"总体上达到了国际先进水平"。4个月后,受交通部科技教育司委托,交通部西部交通建设科技项目管理中心又在昆明主持召开了交通部西部交通建设科技项目"边坡加固施工工艺与施工控制技术研究"鉴定会。鉴定委员会确认"该项目通过现场调查、资料收集、分析计算和实体工程验证,在总结归纳和吸收现有研究成果的基础上,分析研究了典型公路边坡的变形破坏机制和不同类型边坡的加固机理,提出了相应的加固方法及施工工艺与质量控制技术,开发了基于GIS的云南昆石高速公路边坡病害防治管理评价系统",确认该项目研究成果"在云南昆石高速公路、国道108线广元段等实体工程中得到应用,取得了显著的社会经济效益,具有推广应用价值。项目研究成果总体上达到了国际先进水平"。

项目取得三项创新性成果。

一是矩形和梯形两种断面形式的部分预应力钢筋混凝土抗滑桩,结构与构造形式、设计计算应力系数法、施工工艺及快速质量检测技术。

二是开发了适用于水泥—黏土浆液的LFZ活化剂及用于锚杆(索)防腐的聚合物乳液水泥砂浆。

三是建立了锚杆质量检测的反射波法及评价锚固质量的工程分级指标,提出了边坡灌浆加固施工工艺及质量评定方法。

3. 高速公路大断面隧道围岩稳定性与施工监测技术研究

昆石高速公路小团山、阳宗隧道净跨均为14.8m,是当时国内公路跨径最大的隧道,其设计和施工都没有成熟的技术和经验可供借鉴。指挥部与重庆交通科研设计院合作,开展了"高速公路大断面隧道围岩稳定性与施工监测技术研究"。课题组以新奥法原理为基础,应用岩体力学理论,依托两个隧道开展现场围岩监控量测,对大断面公路隧道围岩稳定性进行了分析研究,制定出一套有效的监控量测方法和动态综合分析系统,提出合理的支护措施和施工方法。项目研究填补了云南省三车道大断面公路隧道研究领域的空白,综合研究成果达到国内领先水平,在模型试验及其手段上达到国际先进水平。经测算,103m的结构试验段比原设计预算费节约资金109.53万元,完成每延米单洞隧道节约投资10%,实际工期缩短4个月。

该课题为云南省2002年科技攻关项目,共投入资金390万元。项目依托小团山、阳宗隧道,开展围岩监控量测,进行模型试验,开发了大断面公路隧道围岩稳定性综合分析管理系统,提出了合理的施工方法。课题于 2001 年 9 月正式开展工作,2004 年 3 月完成全部课题研究,历时两年半。项目于 2005 年 1 月 21 日在云南省科技厅主持召开的专家鉴定会和验收会均获通过,鉴定委员会确认该项目"研究成果已在云南昆石高速公路的小团山、阳宗隧道实体示范工程中得到应用,取得了显著的社会经济效益,具有推广应用价值""综合研究成果达到了国内领先水平,在模型试验及其手段上达到国际先进水平"。项目取得的成果有:通过对小团山、阳宗隧道监控量测资料的综合分析和数值模拟计算分析,对支护参数进行了优化,减少了锚杆和钢支撑数量,并通过优化仰拱曲率,减少了开挖量、节省了工程投资,试验段每延米单洞隧道造价节省经费 20%;开发了"公路隧道监控量测综合管理分析系统",对三车道大断面公路隧道围岩和支护结构的监控和动态控制提供管理平台,实现了围岩动态时空效应的自动化分析,并在小团山、阳宗隧道的监控量测中得到应用;通过大断面公路隧道的数值模拟计算,对隧道开挖过程的围岩位移和应力状态进行了分析,为调整隧道设计支护参数、确定合理的施工方法,保证施工安全提供了依据。根据阳宗隧道开挖的围岩结构特征、节理裂隙、地下涌水等情况,对地质状况重新做出客观评价,并反馈于原设计,由此节省了工程投资,并加快了工程进度;通过对大断面公路隧道监控量测数据进行统计分析,得到三车道大断面公路隧道在复杂应力状态下开挖的变形、应力变化规律,提出了不同围岩情况下二次衬砌的施作时间;采用"公路隧道围岩稳定与结构综合试验系统",开展了三车道公路隧道开挖过程中位移全过程的研究,提出并模拟了围岩开挖前位移、开挖时释放位移、开挖后收敛位移的位移全过程,反映出围岩变形时空效应的特征。

4.昆石高速公路生态环境保护与景观设计研究

根据昆石高速公路沿线气候、地形、人文、民族等特点,结合公路美学、公路景观及生态环境要求,对昆石高速公路进行景观设计与研究,精心设计、合理布局、科学配置,达到高速公路与自然环境协调一致,提出一整套系统的道路景观评价标准。云南省交通厅将该课题列入 2001 年度科技项目,并且专门立项进行高速公路景观设计与生态环境课题研究。在高速公路建设初期,指挥部邀请了全国从事高速公路景观设计、园林绿化设计及环境保护的专家确定了昆石高速公路景观设计与生态环保科研课题研究大纲,邀请从事高速公路景观设计与生态环保设计的北京深华科交通工程有限公司进行昆石高速公路的全线整体景观设计与生态环保措施设计,确立了昆石高速公路景观设计的指导思想和设计原则。2005 年 6 月 20 日,云南省交通厅在昆明主持召开了"昆石高速公路生态环境保护及景观设计研究"科技成果鉴定会,鉴定委员会确认该项目达到预期目标,"总体上达到了国内领先水平",取得了以下主要成果:依托昆石高速公路,总结提炼了公路景观设计的指导思想、设计原则、设计内容及设计评价方法,对西南山区高速公路景观设计及评价具有一定的指导意义;将全景动态透视系统用于公路景观设计,并在系统中加入对公路沿线周围自然环境模拟建模和实时驱动技术,具有一定的创新性;依托昆石高速公路的岩石边坡生态恢复试验工程,总结和完善了适用于类似条件下岩石边坡的生态防护技术及施工工艺。经西南地区多条公路的实例验证,项目研究成果具有推广应用价值,项目共投资142万元,由指挥部承担、北京深华科交通工程有限公司和上海同济大学参加。

5. 高速公路填方路基非均匀沉降综合处治技术研究

填方路基是山区高等级公路路基的主体结构。路基不均匀沉降会导致路面结构过早破坏,既增加了公路养护和维修费用,也影响交通运输的正常运行,往往会产生不良的社会后果。为此,指挥部与重庆交通科研设计院合作,开展了"高速公路填方路基非均匀沉降综合处治技术研究",课题组通过现场调查,分析计算和实体工程验证,提出了高速公路填方路基非均匀沉降机理和不同类型加固机理及加固方法,结合依托工程,采用强夯和压力灌浆法进行路基非均匀沉降处治,并用表面波法检测强夯处治效果和灌浆质量,开发出廉价、稳定的水泥—水玻璃浆液和新型水泥—黏土浆液岩土灌浆材料和适用于水泥—黏土浆液的 LFZ 活化剂,通过工程试验,提出了边坡岩土灌浆加固施工工艺和质量检测方法。

6. 高速公路隧道防排水技术研究

为解决公路隧道渗漏水问题,保证隧道内设备的正常运转和行车安全,保证隧道结构的使用安全,减少隧道的维修费用,延长隧道的使用年限,指挥部与重庆交通科研设计院、北京交通大学合作,开展"高速公路隧道防排水技术研究"。课题组以昆石高速公路为依托工程,结合云南特有的水文地质情况,重点分析公路隧道防排水的薄弱环节,提出了"凿槽引排"和涂刷渗透结晶型防水材料的渗漏水综合整治措施。在小团山隧道行车横洞实施了 30m 长的纤维高性能湿喷混凝土(HPS)单层永久衬砌防水试验,解决了防水、承载和耐久性问题,而且工程造价比原设计的复合衬砌节省 961.08 元/延米。在阳宗隧道 152m 围堰涌水严重地段进行科研试验,成功解决了复合式衬砌隧道富水段的防排水技术难题。课题研究成果在昆石高速公路的小团山、阳宗隧道、清水沟 1 号隧道、2 号隧道实体示范工程中得到应用。依托工程试验段拱墙无渗水,地面不冒水,提高了隧道运营期间的驾驶安全性,美化了隧道运营环境。

7. 交通工程外场设备电子防盗系统研究

安全标志是交通工程的重要组成部分,是防止和减轻交通事故危害,保证交通流顺畅、行车高速、舒适的重要手段。昆石高速公路机电系统较完善,外场有紧急电话、摄像机等外场机电设备,中央分隔带预留有足够的光电缆。道路的监控中心有相应的计算机系统,网络设备齐全。但是,由于高速公路沿线少数居民缺乏相应的安全知识和一定的法律常识,仅从安全标志材料的经济价值方面出发,大量盗取标志牌,不仅造成对高速公路沿线设施和交通安全的破坏,甚至因此对道路使用者的生命安全构成严重的威胁。随着我国高速公路建设里程的增加,外场设备被偷盗现象越来越严重。据不完全统计,广西钦北路、柳南路、内蒙古呼集老路、青海平西路、云南楚大、昆玉等高速公路开通后一年内均因安全设施丢失直接造成经济损失达100多万元,给高速公路运营带来了极大的麻烦,给国家造成了巨大的经济损失。为了减少高速公路外场设备的被偷盗,减少国家经济损失,实现对高速公路外场设备的远程监控,提高高速公路的管理、运营效率,云南省交通厅批准了"高速公路外场设备电子防盗系统的研究"的课题立项,项目承担单位是云南昆石高速公路建设指挥部,合作单位是北京深华科交通工程有限公司。起止时间为2002年10月~2004年3月。2005年6月20日,云南省交通厅于在昆明主持召开了"交通工程外场设备电子防盗系统研究"科技成果验收会。验收意见确认项目组通过大量的现场调查、资料收集、分析研究和依托工程验证,针对高速公路外场设备,提出了高速公路外场设备电子防盗报警系统的整套系统研究模型,并取得了以下研究成果:提出了高速公路外场设备电子防盗系统的理论模型;应用太阳能供电、GSM公网传输及闭合环路信息检测等技术,开发了高速公路标志牌防盗报警系统实物模型。经昆石高速公路标志牌电子防盗试验工程实例的验证,项目研究成果具有推广应用价值。

8. 山区公路弯道混凝土护栏的开发

开发出安全可靠、经济实用、能满足安全评价标准要求的山区公路弯道混凝土护栏结构,提出可供实际应用的护栏结构设计图和施工工艺要求。所开发的山区公路弯道混凝土护栏具有良好的防撞性能,能够有效阻碍失控车辆冲越或翻越护栏坠落山崖,具有良好的导向功能,车辆碰撞后不就地横转,一般不驶出相邻于护栏的车道,具有一定吸纳冲撞能量的性能,以减轻对乘员和车辆的伤害,减少公路交通事故的伤亡人数,提高公路的运营效益和社会效益。

第十一节　G80 广州—昆明高速公路

G80 广州—昆明高速公路起于广州,止于昆明,简称广昆高速公路。广昆高速公路途经广东、广西、云南三省(区),路线全长1610km,所经主要城市有广州、肇庆、梧州、玉林、南宁、百色、富宁、砚山、石林、昆明。广昆高速公路从广西百色市进入云南富宁县,在云南分为罗村口—富宁、富宁—广南—砚山、砚山—平远街、平远街—锁龙寺、锁龙寺—石林、石林—昆明6个高速公路项目,全长436.0919km。石昆高速公路为广昆高速公路与汕昆高速公路的共用段,此节不再复述。

广昆高速公路沟通珠江三角洲与西南,是西南地区重要的出海通道。

广昆高速公路在云南主线的6个项目已全部建成通车。

一、罗富高速公路——东出广西通大海

云南远离大海。离云南最近的海是北部湾。他安卧在南海西北部的弧形臂弯里。一湾海水将中国与东盟成员国越南、马来西亚、新加坡、印度尼西亚、菲律宾和文莱连在了一起。北部湾自古就是云南重要的出海口。

在与广西壮族自治区毗邻的富宁县,县城里有一块醒目的宣传牌:"云南,从这里走向大海!"这块宣传牌,标明了富宁县的地理区位优势,也标明了罗富高速公路的地位和作用(图17-102)。

图17-102　罗村口大桥把滇桂两省区紧紧相连

从高山大川走向蔚蓝的大海,云南人一代接一代,谱写了一部壮阔的交通史,罗村口—富宁高速公路的建设就是其中辉煌的一章。

(一)相关背景

历史上,北部湾一直是中国对外海上交通贸易、交往的重要通道和出口。"海上丝绸之路"从广西合浦出发,通过北部湾,经过马六甲海峡进入印度洋,到达南亚、西亚,再通往非洲、欧洲。

据有关资料,早在公元863年,云南就初通了从鄯阐(今昆明)经左右江流域达邕州(今南宁)的道路。大理国商人从鄯阐赴横山寨售马,由横山寨南下则达海边。南宋建都临安(今杭州)时,由于北方马贵,派员专程赴大理购马,每年购进大理马1500匹。大宗骡马先沿滇桂驿道运往广西,然后再运往北方。

滇桂古道,留下了大理马的足迹。这说明,云南先民们早就看准了广西这一出海通

道,开始了从这里走向大海,走向世界的探寻。

滇桂古道造就了滇桂交界处的一个著名古镇——剥隘。这里是右江的起点,而右江曾经是我国南方贸易的一条黄金水路。明朝初年,剥隘便开始设立商埠,成为云南省对外贸易重要的商品集散地。小小古镇,拥有百家商号。全国各地的商旅、南来北往的驿马从早到晚声声驮铃,响彻大街小巷。

剥隘自古就是云南出海通边的要冲,有"滇粤关津"之称,水码头接广西来船,陆码头迎滇南马帮。2005年8月26日,广西百色水利枢纽建设工程下闸蓄水,驮娘江水被牢牢锁住,辉煌了上千年的剥隘古镇伴随着周围方圆 $600km^2$ 的土地消失在浩渺烟波之中。一座集航运、商贸、旅游为一体的崭新剥隘正在罗富高速公路旁崛起。

由于历史和地域的原因,云南人走向大海的步伐显得沉重、缓慢。中华人民共和国成立时,云南与广西相连的道路依然是先辈们走了一个又一个世纪的那条古老的滇桂驿道。直到20世纪50年代,云南才修通了砚山—广南、广南—富宁、富宁—剥隘的公路,正式形成三罗线(开远三台寺至罗村口),往东延伸68km至广西百色。

1987年,国家将三罗线列入国道323线。随后,三罗线的一些路段又被列入衡阳—昆明国道主干线。

1992年,云南省委、省政府作出了"大干3年,基本完成6条干线公路改造任务"的决定。平远街—罗村口公路就是其中之一。这段公路全长389km,坡陡弯急,仅有126km三级公路,其余为四级公路。这次改造基本沿用老路,局部调整线形,酌情改善路面,重点解决卡脖子路段。由于没有从根本上解决问题,改造后的平罗公路依然适应不了云南经济和社会发展的需要。云南出省入海的大量物资要经过这条公路,省外和国外进入云南的大量物资也要通过这条公路,而且,运输车辆多数是超长、超载车辆,堵车成了令驾驶员头疼的问题。

随着西部大开发战略的实施,改造云南通往广西公路的行车条件又一次提上了省委、省政府的议事日程。2002年9月27日,云南省人民政府做出《关于加快公路建设的决定》,提出了以"三纵""三横""九大通道"为主的云南高等级公路建设目标。"九大通道"中昆明至广西南宁、北海通道就是其中之一。

(二)项目特点

罗富高速公路(图17-103)是国家高速公路网G80广州—昆明高速公路云南境内的起始路段,也是国道主干线GZ75衡阳—南宁—昆明公路云南境中的首段,是云南省出省通往广西及沿海港口的运输大动脉。罗富高速公路的修建是完善国道主干线公路系统的客观需要,是发展云南边境经济,扩大云南与广西、越南的经济文化交往与合作的需要,是加快资源开发,发展旅游事业的客观需要。

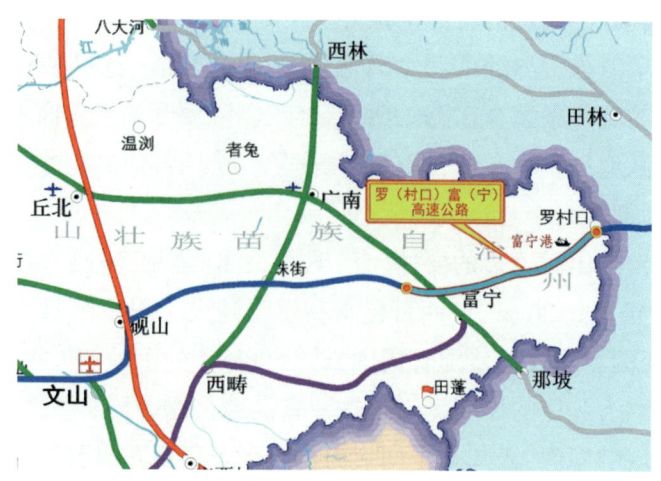

图 17-103 罗村口—富宁高速公路位置示意图

(三)项目概况

1. 基本情况

罗富高速公路起于桂滇交界处的罗村口,由东向西,跨谷拉河,越六益山脉,经平年、者桑、皈朝、高邦,止于富宁县城北,与富砚高速公路相连,全长79.3659km,较原有老公路缩短里程31km。工程总投资45.65亿元,平均每公里造价5752万元。主要控制点包括罗村口、平年、者桑、皈朝、高邦、富宁,总共占用土地6472.28亩。

全线采用山岭重丘区四车道高速公路标准建设,桥梁与路基同宽。起点至皈朝段(K0+000~K53+120.496)长53.50345km,设计速度60km/h,路基宽度22.5m,行车道宽4×3.50m;皈朝至富宁段(K52+961.875~K78+803.584)长25.86245km,设计速度80km/h,路基宽度24.5m,行车道宽4×3.75m。桥涵及构造物设计荷载:汽车—超20级、挂车—120;抗震设防烈度为Ⅵ度;设计洪水频率:特大桥为1/300,大、中、小桥及涵洞为1/100。设计交通量:2026年远景全线年平均交通量26167辆/昼夜(小汽车)。抗震设防烈度Ⅵ度,地震动峰值加速度为0.05g,地震动反应谱特征周期为0.35s。

全线主要工程量有:路基土石方1558.31万m³;防护工程53.67万m³;大桥42149.77m/186座(单幅)、中桥5089.72m/76座(单幅)、小桥299m/11座(单幅)、跨线桥454.14m/8座;隧道12914.78m/20座(单幅);涵洞122道、通道43道;全线共设互通式立交5处。沿线设施工程量有:房建工程包括富宁监控中心综合楼,平年主线收费站综合管理用房,沿线设有高邦五车道收费站、皈朝、者桑、剥隘四车道收费站,收费站区均设有综合管理用房、配电房、水泵房等。六益隧道两端、岩河隧道富宁端设有隧道变电所及隧道管理所,共计18157m²;皈朝服务区建筑面积2165m²,加油站659m²,场地面积各23400m²。机电工程包括通信系统(含通信管道)、收费系统、监控系统(包括隧道监控)、隧道供配电及通风照明以及消防工程。交通安全设施包括标志板 1889 块、波形护栏 144169m、隔离栅 108374m、标线 66605m²、防眩板 10319m。

路面工程设计总厚度为 78cm(其中 K0+000~K9+000 结构层总厚度为 82cm),除沥青下面层厚度为 12cm(AC-25)外,其余结构层全线一致,分别为:级配碎石底基层厚度 20cm、水泥稳定碎石基层厚度 40cm、沥青下面层厚度 8cm(AC-25),总量为 110.27 万 m²;沥青中面层厚度 6cm(AC-20),总量为 175.56 万 m²;沥青上面层厚度 4cm(SMA-13),总量为 177.04 万 m²。

罗富高速公路建设项目批准工程概算投资 456556 万元(含建设期贷款利息)。实际到位资金 330398 万元,其中:交通部专项资金计划拨入 72800 万元,实际拨入 72800 万元;省预算资金拨入 6500 万元;国开行贷款计划拨入 180000 万元,实际拨入 152380 万元;其他商业银行贷款 98718 万元。

罗富高速公路项目所在区山脉走向与区域地质构造线基本吻合,河谷的发育多受地质构造和岩性制约,常见断裂谷、背斜谷,属中切中山、浅切中低山和低山沟谷地形。根据地貌特征分类,测区划分为河谷地貌、低山陡坡地貌、中山陡坡地貌、盆地地貌。路线所经区域水系发育,普厅河、甫定河、谷拉河、那马河等支流均汇入右江,属珠江水系。

罗富高速公路建设工期 3 年,2005 年 1 月 1 日开工建设,2007 年 10 月建成通车。

2. 前期决策

为完善国道主干线公路系统的客观需要,2004 年 2 月,交通部批复了云南省交通厅上报的由云南省公路规划勘察设计院完成的工程可行性研究报告,并要求认真做好该路的初步设计工作,以及初步文件报交通部的审批工作。

3. 参建单位

罗富高速公路建设指挥部于 2003 年 11 月 17 日依据云南省交通厅云交人〔2003〕870 号文件成立。熊玉朝任指挥长,指挥部对该项目的质量、工期、投资及建设管理负责。下设总监办、技术处、合同处、中心试验室、财务处、物资处等 10 个处室和 2 个代表处。

指挥部及时依法办理项目建议书、可行性研究、初步设计、施工图设计、开工报告等基本建设依据。在招标过程中,指挥部坚持公开、公平、科学、择优的原则依法进行。资格预审文件、投标文件递交及开标过程由公证机关予以公证,招标计划、招标文件、标底确定、评标结果等经招标监督委员会议审议报上级部门批准,标底编制、评标均在全封闭严保密的状态下及授权监督员监督下进行,所有招标工作均符合国家有关规定和法定程序,没有出现违纪违规违法现象。

指挥部按时筹措用于工程建设的资金,专款专用,按时支付工程款,为承包人及时采购原材料及机构设备以保证工程的顺利实施起到了关键作用。在履行业主的义务时,严格按合同条款执行,及时征地拆迁,并提供施工场地,对投资控制和进度合理安排,科学管理,因地制宜。

各监理单位坚持"严格监理、热情服务、秉公办事、一丝不苟"原则,认真执行监理工作方针、法规、合同文件及业主各项管理办法;坚持实事求是、公正合理的原则,以高度的责任心自觉规范监理行为;以工程质量监理为核心,严格执行监理程序,按规定签认工程数量,控制工程费用;深入工地现场,对重要工序进行跟班监理。同时,增强服务意识,提高办事效率;牢固树立廉洁自律意识,忠于职守,围绕"质量好、进度快、投资省"和"安全生产、文明施工"目标开展工作,做到了对业主负责,让业主放心,承包人满意。

参与罗富高速公路项目建设施工的37家承包人按照合同的约定认真履行自己职责,认真履行合同、重视安全文明施工及廉政建设。

罗富高速公路建设从业单位信息见表17-36。

罗富高速公路建设从业单位信息采集表 表17-36

序号	参建单位	单位名称	合同段编号及起止桩号	主要负责人
1	项目管理单位	云南罗富高速公路建设指挥部	K0+000~K78+803.58	熊玉朝 苗鹤龄
2	勘察设计单位	云南省公路规划勘察设计院	K0+000~K78+803.58	刘学华
3	施工单位	中铁十二局集团有限公司	土建一合同 K0+000~K3+230	胡国明、周大庆
4		四川武通路桥工程局	土建二合同 K3+134.933~K6+826.443	年春修、郑庆军
5		云南第一公路桥梁工程有限公司	土建三合同 K6+938.22~K12+300	罗 昌、段有刚
6		云南第二公路桥梁工程有限公司	土建四合同 K12+300~K18+986.65	李曾尚、王云超
7		中铁二十一局集团第三工程有限公司	土建五合同 K18+986.65~K25+652.1	
8		中交第三公路工程局有限公司	土建六合同 K25+625.1~K30+010	王显龙
9		中铁十九局集团第三工程有限公司	土建七合同 K30+010~K34+060	马南反、李永波
10		云南第三公路桥梁工程有限责任公司	土建八合同 K34+060~K37+500	吕光富、钟建华
11		中国云南路桥建设集团股份有限公司	土建九合同 K37+500~K41+571.48	赵继武
12		云南阳光道桥股份有限公司	土建十合同 K41+571.48~K47+000	邹成飞
13		云南路桥股份有限公司	土建十一合同 K47+000~K53+120.5	李 撝

第十七章
国家高速公路

续上表

序号	参建单位	单位名称	合同段编号及起止桩号	主要负责人
14		湖南路桥集团建设公司	土建十二合同 K52+961.88~K61+470.40	赵建华
15		路桥二公局第三工程有限公司	土建十三合同 K61+470.40~K66+712.45	扈成照、饶文羊
16		贵州省公路工程总公司	土建十四合同 K66+712.45~K72+731.58	李维明、于洪亭
17		云南云桥建设股份有限公司	土建十五合同 K72+731.58~K78+803.58	段　磊、方跃光
18		云南阳光道桥股份有限公司	路面一合同 K0+000~K18+986.65	夏建昆
19		云南第二公路桥梁工程有限公司	路面二合同 K18+986.65~K37+500	李曾尚、王云超
20		中国云南路建集团股份公司	路面三合同 K37+500~K53+120.5	胡恩聪
21		云南第一公路桥梁工程有限公司	路面四合同 K53+120.5~K78+803.58	李　鹏
22		昆明云海环境工程有限公司	绿化一合同 K0+000~K18+986.65	
23	施工单位	云南星星绿化工程有限公司	绿化二合同 K18+986.65~K37+500	李光祥、马　超
24		昆明骏达园林绿化工程有限公司	绿化三合同 K37+500~K53+120.496	杨学松、邹国林
25		云南利鲁环境建设有限公司	绿化四合同 K52+961.88~K78+803.58	甄叶之、吴　琳
26		厦门合顺公路交通工程有限公司	交通安全设施一合同 K0+000~K37+500	郭芊根、蔡文生
27		福建省漳州市公路机械修配厂	交通安全设施二合同 K37+500~K53+120	杨清江、林国英
28		江苏华夏交通工程集团有限公司	交通安全设施三合同 K53+120~K78+804	杨　群、王卫东
29		云南省第二建筑工程公司	房建一合同 K0+000~K12+300	杨　存、徐光直
30		云南建工集团第六建筑工程有限公司	房建二合同 K12+300~K66+712	徐旭东、刘文中
31		云南九州建筑工程有限公司	房建三合同 K66+712~K78+870	吴军民、朱紫宏
32		云南九州建筑工程有限公司	房建四合同 K0+000~K78+870	苏一宇、王　品
33		云南九州建筑工程有限公司	房建网架合同 K53+000~K53+000	吴军民、朱紫宏

续上表

序号	参建单位	单位名称	合同段编号及起止桩号	主要负责人
34	施工单位	昆明荣成天宇控制系统工程有限公司	机电消防一合同 K1+945~K79+417	
35		盛云科技有限公司	机电消防二合同 K1+945~K40+555	袁 露、姚 谢
36		中铁十三局集团电务工程有限公司	机电通风照明一合同 K0+000~K12+300	黄一清、闫功松
37		江苏智运科技发展有限公司	机电通风照明二合同 K12+300~K78+870	张军民、朱兴智
38		北京诚达交通科技有限公司	机电三大系统 K0+000~K79+417	苏 勇、傅清道
39		贵州省桥梁工程总公司	机电通风管道一合同 K0+000~K41+571	陈浩华、李明第
40		南京好望系统工程有限公司	机电通风管道二合同 K41+571~K78+803	刘俊山、吴瑞涛
41	监理单位	云南省公路工程监理咨询公司	土建监理一合同 K0+000~K18+986.65	沈存明
42		北京华宏监理公司	土建监理二合同 K18+986.65~K37+500	沈存明
43		云南公路建设监理公司	土建监理三合同 K37+500~K53+120.5	沈存明
44		云南交通基建监理公司	土建监理四合同 K53+120.5~K78+803.58	沈存明
45		云南纪星监理咨询公司	机电监理合同 K0+000~K78+803.58	沈存明
46		云南纪星监理咨询公司	房建监理合同 K0+000~K78+803.58	沈存明
47	设计咨询单位			

4. 项目筹备

项目建设依据:2004年2月27日,交通部《关于衡昆国道主干线罗村口(桂滇界)至富宁公路可行性研究报告的批复》(交规划发〔2004〕76号)。

项目设计依据:2004年9月22日,交通部《关于衡昆国道主干线罗村口(桂滇界)至富宁公路初步设计的批复》(交公路发〔2004〕537号);2004年12月30日,《云南省交通厅关于对衡昆国道主干线(GZ75)罗村口至富宁高速公路两阶段施工图设计的批复》(云交基建〔2004〕426号)。

环保审批文件:2004年10月29日,国家环保总局《关于国道主干线衡阳—昆明公路罗村口至富宁段环境影响报告书审查意见的函》(环审〔2004〕416号)。

水土保持批复文件:2005年1月24日,国家水利部《关于国道主干线罗村口至富宁高速公路水土保持方案的复函》(水函〔2005〕38号)。

使用林地批复文件:2005年2月4日,国家林业局《使用林地审核同意书》(林资林地审字〔2004〕028号)。

用地预审批复文件:2005年2月3日,国土资源部办公厅《关于国道主干线罗村口至富宁公路项目建设用地预审意见的复函》(国土资厅函〔2004〕102号)。

工程项目建设用地批复文件:2005年10月10日,经国务院批准,国土资源部《关于衡阳至昆明国道主干线罗村口至富宁段高速公路工程建设用地的批复》(国土资函〔2004〕984号)。

初步设计批复文件:2004年9月,交通部交公路发〔2004〕537号。

施工图批复文件:2004年12月,云交基建〔2004〕426号。

开工许可申请审批机关及时间:2005年8月18日,交通部。

罗富高速公路勘察设计招标严格按照《中华人民共和国招标投标法》《公路工程勘察设计招标管理办法》(交通部〔2001〕第6号)规定及相关法律法规实施招标,采用综合评标法,即对通过符合性审查的4家勘察设计投标申请人独立评分,然后根据其综合得分的高低,最后确定中标人。经过综合评审,最终确定云南省公路规划勘察设计院为中标人,由云南省公路规划勘察设计院承担罗富高速公路初步勘察设计、施工图设计及后续服务工作。

罗富高速公路依据《中华人民共和国招标投标法》及相关法律法规,对所有公开招标的项目进行公开招标,按照招标程序确定中标人。不须公开招标或不须招标的项目参照云南省交通厅〔2005〕336号文件精神,在厅网站公告3家及以上候选人后,再通过竞价及合同谈判确定中标人。最后选定了15家土建工程施工单位。路面、绿化、交通安全设施、房建网架、三大系统、通信管道、消防、通风照明等施工承包人及统供物资采购供应商等其他招标项目也按上述招标程序选定。

罗富高速公路土建工程施工监理招标工作于2004年8月开始在全国范围内公开招标,2004年11月基本结束。通过资格预审确定了潜在投标人,并采用最终报价与复合标底计算所得的最优标价进行评比,选取了云南省公路工程监理咨询公司等4家监理单位作为中标人,并与之签订了合同协议。

2007年2月9日,通过公开竞价方式邀请3家监理单位参加竞价机电工程施工监理,最终确定由云南纪星交通工程监理咨询有限公司中标,房建工程施工监理委托云南交通基建工程监理有限公司承担。

罗富高速公路涉及富宁县新华、板仓、者桑、剥隘、皈朝5个乡(镇)16个村(居)委会89个村小组和1个国营林场(金坝林场)8个营林区。交通部批准土地占用数量6472.28亩,征地拆迁费概算187450696元。2004年11月,云南省交通厅委托文山州人民政府具体组织实施征地拆迁工作。罗富高速公路建设指挥部成立安全保通征地拆迁协调处,负责衔接罗富高速公路业主与地方人民政府的征地拆迁维稳工作的相关事宜。全线拆迁各类房屋 45792.76m²,管线 278.278km。

(四)项目实施

1. 采取多项措施　控制工程投资

(1)投资控制从设计抓起

罗富高速公路控制投资从设计抓起。勘察设计开始后,指挥部总工程师率领工程技术人员进入测设现场,与勘察设计单位同步开展项目的跟踪设计工作。

在罗富高速公路的初步设计中,舨朝路段穿越舨朝老街。这一方案影响到两处重点保护文物并拆迁大量民房。指挥部与设计单位和云南省文物考古研究所共同研究,将舨朝路段改线,使公路避开了文物保护单位,线路较原方案还减少里程 1400m。设计单位在现场放样时,指挥部技术人员发现,在第一次改线方案的基础上,舨朝路段还有优化的余地。该路段在舨朝互通式立交结束后,设一座 7×30m 的 T 形连续梁桥跨越普厅河,然后设 325m 的连拱隧道穿越象鼻山,接着又设一座 7×30m 的 T 形连续梁桥再次跨越普厅河。在两座 T 形梁桥间设连拱隧道,施工不便,而且还要改造老路,造价高,指挥部再次提出更改意见。设计人员现场调查,反复比选,再次进行改线。线路虽然增加了 320 多 m,但却取消了连拱隧道和一座桥梁,工程量明显减少,方便施工,减少了投资,也保护了环境。

罗富高速公路指挥部还将湾山坡 1 号连拱隧道和者桑 1 号连拱隧道改为分离式隧道,降低了工程造价和施工难度。

(2)严格合同管理

按照招标程序,公开招标确定工程施工承包人和统供物资供应单位,在对资质、履约能力、信誉、性价进行全面比较后进行择优选择,一旦合同签订后即严格按约定条款执行。

(3)制定《工程变更设计管理办法》

严格执行设计变更四方会签制度,规范变更设计审批程序,尽量控制因变更而加大工程造价。

(4)严格控制新增工程和零星工程

对施工过程中发生的新增工程和零星工程,采用多方会审,逐级报批的方式进行严格控制,尽量避免工程量加大而导致工程造价增长。

(5)正确处理合同外发生的各种新增单价

在依据合同文件条款进行审批的基础上,召开专题会议集体讨论决定,确保更加合理。

(6)加强合同及计量支付管理

坚持"客观公正、实事求是"的原则,完善工程合同及计量支付管理办法,规范计量支付程序,健全工程台账。

(7)加强资金的严格管理使用

根据国家和云南省的有关规定,指挥部制定《工程资金使用管理办法》作为合同文件的组成部分,全面进行工程资金的控制,对工程设资金实行专款专用。

2. 工程变更管理

总监办协助指挥部技术处严格执行云南省交通厅《云南省公路工程变更设计管理办法》《云南省公路投资公司公路工程设计变更管理办法(试行)》《云南罗富高速公路变更设计管理办法》规定的审批程序,首先由施工单位提出变更设计要求,总监代表处、设计单位、监理单位和施工单位四方代表进行会审,确定方案后由施工单位编制变更设计申报资料,设计单位提供详细的变更设计图纸资料,经各职能部门按权限审批后实施。

在工程变更的审批过程中,指挥部认真处理好工程变更申报并合理地确定工程变更后的估价与费率,对变更项目现场考察、测量,分析变更项目的可行性与合理性,对由变更而产生的工程量估算进行认真复核,要求变更申报中的工程草图和工程量计算必须有现场监理签字认可,充分尊重和考虑驻地监理的合理化建议,维护承包商和业主双方利益不受损害,公正合理地审批变更内容,下达变更指令。共审批土建、路面、交通工程、房建网架工程等各项变更3187份,下达工程变更指令3187份,变更金额96286767.00元。

3. 科学管理 确保工期

抓工期,是高速公路建设重要的一环。罗富高速公路能够提前建成通车,与指挥部的科学管理密切相关。指挥长熊玉朝有个通俗的说法"修路好比老百姓种田"。农民误了农时,收成就会受到影响。公路施工也一样,关键工期、有效工期一定要抓紧。比如桥梁下部结构,有时拖延半个小时、一个小时,有可能就要影响工期半年、一年。2005年初,施工队伍进场后,指挥部在第一次开工现场会上就明确提出,3年工期一定要提前,保证2007年10月底公路建成通车。在制定这一工期目标的同时,指挥部提出了"先水下后水上,先主线后支线,先重点后一般,先下穿后上跨"的施工程序,提醒施工单位抓住重点,避免遍地开花。指挥部每月召开一次生产会,半年召开一次阶段目标表彰会,做到每个六月目标施工有重点,有总结,奖罚分明。

第一个六月目标,罗富高速公路突出桥梁桩基施工;第二个六月目标突出路基土石方的开挖和填筑;第三个六月目标突出桥梁梁板预制……

科学管理,使工程施工紧张而又有序。

由贵州省公路工程总公司施工的14合同段沿河布线,多次跨越普厅河,桥梁占总里程的46%,近40%的桥梁桩基在河床上。这些桩基直径1.4~1.6m,桩长一般为20~25m,最深的超过30m,是全线水下工程量较大的一个合同段。项目部认真落实指挥部提出的"先水下后水上"的施工程序，集中30多台打桩机突击施工，率先在全线浇出第一棵基桩，第一个六月目标综合评比在全线名列前茅，所有水下桩均高出河面，为后面的施工创造了条件。

承担路基4合同段和路面2合同段施工的云南第二公路桥梁工程有限公司，连续两年被指挥部评为施工优胜单位。项目经理李增瑞总结他们的经验同样是科学的组织管理。他说："二公司的做法就是一句话，以桥梁大梁吊装为龙头，合理安排好路桥隧施工"。路基4合同段起点有桥，止点也有桥，与路基施工关系密切的桥就有15座。项目部按照桥梁吊装的顺序，设置预制场，然后确定施工的路基段落，使路基施工配合桥梁吊装。路基施工与桥梁施工相互呼应，协调一致。15座大桥，570片大梁，采用两套吊装设备，按顺序推进。路桥隧相互协调，步调一致，既确保了进度，也减少了成本的投入。

李增瑞认为，公路施工要抓好三个环节：一是怎么做，也就是方案、方法；二是拿什么做，也就是机具、设备；三是用什么人做。为了确保桥梁施工万无一失，项目部高薪聘请一名技术人员把关。

在路面施工中，路桥二公司项目部突出抓好平整度控制。项目部同样聘请了一位经验丰富的退休老工人专门把关，铺筑路面时，跟着摊铺机走，不停地用3m直尺量测。按照技术规范，路面平整度用累计颠簸仪检测数据不能大于1.2，也就是说，1km内颠簸不能超过1.2cm。罗富高速公路建设指挥部严格要求，将颠簸仪检测数据降低到0.6，仅为规范要求的1/2。由于严格把关，路桥二公司铺筑的路面完全达到了指挥部的要求，既确保了工期，也保证了质量。

第一个六月目标施工高峰时，全线有1.4万人上阵。有段公路要通过村民的洋芋地，由于洋芋还没有成熟，一时无法施工。指挥部当机立断，让项目部将村民的洋芋买下，确保了工程如期开工。2005年6月，雨季到来之前，罗富高速公路水下工程90%都已抢完，争得了主动。

4.抓质量 "宁当恶人，不当罪人"

在工程建设实施过程中，指挥部坚持"百年大计、质量第一""宁当恶人、不当罪人""质量责任重于泰山"的质量工作原则和方针，实施三级质量保证体系和质量稽查制度，对质量、安全、进度、环保、投资、保通及廉政建设等各个方面进行全方位稽查。按照指挥部制定的《云南罗富高速公路项目建设管理办法》《云南罗富高速公路违约处罚实施细则》《云南罗富高速公路项目施工监理实施办法》《云南罗富高速公路工程试验检测管理办法》《云南罗富高速公路项目安全生产管理办法》等16个对监理、施工、管理等过程进行控制的制度和办法，严格操作程序、监理程序和管理程序，按照合同条款规范施工，规范管理，使整个工程施工规范化、制度化、程序化，保证了工程建设的质量。

施工单位确立质量管理意识，健全质量保证体系。建立以项目经理、总工程师、项目副经理及质检、试验室主任等为成员的质量保证体系,建立层次分明,责、权、利相结合的质量责任制,将质量管理与效益挂钩,把质量目标责任分解到工程项目的各级职能部门和技术、质检管理个人,各司其职,做到各种质量工作有专人管、专人抓、专人负责,确保自检体系完整实在,运行真实准确。严格按开工报告→工序自检报告→工序检查认可→中间交工报告→中间交工证书→中间计量的程序,坚持上道工序不完成,未经检查验收,下道工序不进行施工的原则,严格把好质量过程控制关。

监理单位依据质量评定标准、合同条款、技术规范和设计文件,强化测量、试验控制手段,对工程实施过程进行全方位巡视、全过程旁站,全环节检查,严格执行监理程序。把好原材料、工序质量关,杜绝质量隐患,将"常见病、多发病"消灭在萌芽状态。具体措施主要有六项:抓好对承包人的质量自检体系的控制;施工过程实行全方位监控,严格审查承包人提交的开工报告、施工组织设计,对料场、预制场及拌和场进行适时监控,在施工过程中做到现场旁站监理、现场巡视和测量,在质量监控中做到四勤(眼勤、嘴勤、手勤、脚勤);严格工序交接检查,坚持上道工序未经检查签认,下道工序不许施工的原则;加强隐蔽工程的检查工作;做好监理抽检试验及标准试验;做好监理日记的记录,及时、准确、真实地反映工程施工的全过程。

罗富高速公路建设指挥部实行的是全员质量管理。对工程质量,指挥部既敢管,又善管,重点是把好原材料、工艺、检验三关。质量工作从源头开始管起,石料、沙子,中心试验室直接介入,直接管到料场。钢筋、水泥实行统一供应。橡胶支座、伸缩缝型钢,指挥部做不了试验,就派人到生产厂家,委托厂家取样试验,合格后再发货。在施工工艺上,实行过程控制,每个分项工程,指挥部注重抓好样板工程,施工实行首建制。施工之前,施工单位要有作业指导书,监理要有监理指导书。施工单位先明确怎么施工,监理弄清楚旁站些什么、量测些什么、要检查些什么内容,施工单位都有严格的质保体系,全过程实行质量控制,监理24小时旁站,指挥部进行巡查。关键工序,比如梁板的张拉、注浆,将相关责任人身份证进行登记,明确责任。在盖梁、支座和梁板的质量控制中,指挥部对梁板采取"锤击听音法"检测,各代表处、高监办和项目部都成立了"钉锤班",要求项目总工、高监及副代表必须亲自动手。每一片梁板在吊装之前,必须经过四道检验,在施工单位自检的基础上,高监办和代表处100%复查,总监办再抽检后才能吊装,不合格的梁板坚决不准吊装。

敢管加善管,一环扣一环,使罗富高速公路的质量始终处于受控状态。

5. 注重细节　打造精品

细节决定成败。罗富高速公路建设从全寿命周期理念出发,在细节上下功夫。

有一段路基,新路与老路交叉。老路原来有一座8m的桥,但对老路改造时却只设了一个1.5m的涵洞。经过现场勘察,桥下的箐沟里淌着水,一旦发生山洪,小小的涵洞很难确保公路安全,指挥部果断决定将涵洞改为13m桥,并要求施工单位一个月内完工。

施工单位如期完工后,指挥部还按约定奖励了2万元。涵洞改桥,尽管投资有所增加,但却保证了公路的寿命和使用周期。

桥梁中央防撞墙在公路建设中算不上难点,但这样的细部工程,指挥部同样认真对待。以往的常规做法,施工时在防撞护栏上做一钢架,再搭盖板,然后放入机电管线。使用这种方法钢架容易锈蚀。指挥部便与设计人员一起研究,在防撞护栏下面设计状如牛腿的混凝土支架,上面安放混凝土盖板,机电管线从盖板上走,盖板上再填土绿化。这样,桥梁中央取消了防眩板,全部种植防眩树。除部分小桥外,全线大部分桥梁都采用了这种方法。由于"牛腿"与防撞护栏一起现浇,既牢固又不会锈蚀。

桥头跳车也是罗富高速公路指挥部着力解决的一个细节。以往的常规做法是在桥背浆砌片石或采用搭板。这种做法,由于桥面刚性结构和路面柔性结构间没有过渡,刚性和柔性结构沉降不同,通车后容易形成错台,不能从根本上解决跳车的问题。指挥部大胆创新,与设计单位多次研究,设计出桥台跳车处理设计图,在刚性和柔性结构之间嵌入浆砌片石楔形块。楔形块成倒梯形,像楔子一样,越压越紧,避免了错台现象的发生,造价降低,效果却比较理想。

在桥梁伸缩缝这一细部结构上,指挥部也动了不少脑筋。以往,桥梁伸缩缝采用模数式,两块异形钢之间夹橡胶,一旦损坏修复起来很麻烦,需将整个伸缩结构更换。而且,伸缩缝接缝在桥板端头的中央容易出现跳车。指挥部将大的160模数式改为RB模块式伸缩缝,并将伸缩缝设在梁板上。这样一来,伸缩缝如有损坏,更换一块即可。

在桥梁上,就连钢管扶手这样的细节指挥部也认真对待。考虑到钢管扶手容易生锈,罗富高速公路又地处偏远,容易被偷盗,指挥部决定将钢管扶手取消。

罗富高速公路还有一个有趣的做法:"别人栽花我栽刺。"铁丝网是高速公路防护中普遍采用的材料。铁丝网难免会生锈,时间长了更换也十分麻烦。罗富高速公路建设指挥部试验用刺篱进行防护,采集野生植物种子900kg,落实试验边坡5291.58m^2、生物刺篱993m。刺篱越长越高,越长越密,与铁丝网相比,养护也方便得多。

图17-104为罗富高速公路为"青年文明号"授牌。

(五)科技创新 攻难克险

开展科技创新,提升公路品质,是罗富高速公路建设的一个显著特点,7个项目先后被列为云南省交通厅的科技项目,与施工同步开展,共投入科研经费1778.5万元。其中,云南省交通厅安排资金185万元,指挥部配套资金1593.5万元。

1. 公路工程项目招标成本价控制方法研究

课题主要研究公路工程造价理论和法律依据、企业定额统一格式(或模板)、成本价控制理论研究、企业定额计算机管理系统四方面的内容,出版了《公路工程项目招标成本价控制方法研究》一书,2004年投入使用了《企业定额计算机管理系统》软件,《海巍招标投标项目工程量清单管理系统》软件于2005年6月由人民交通出版社正式出版并在全国范围内发行。

图17-104 罗富高速公路为"青年文明号"授牌

2. RDS公路工程三大核心数据库的开发及应用

该课题以数据库应用为核心,以网络应用为主要表现形式,将施工过程中的工程计量与支付、工程质量、试验数据处理三大核心业务数据管理控制系统等诸多功能集成一体,采用分布应用集中管理的思想,设为施工标段、监理单位、总监办、业主、厅局级行政主管部门等多级管理权限,充分满足用户协同业务处理和业务信息共享的网络化集成管理信息系统。课题于2005年9月21日通过了专家组的鉴定。

3. 小间距隧道设计施工技术研究

该课题依托罗富高速公路平年小间距隧道工程,对小间距隧道的设计与施工技术进行研究,通过小间距隧道室内相似模型试验研究和数值模拟研究,并通过与分离式隧道的技术经济对比分析,建立净间距超过10m以上小间距隧道的适应性以及相应设计施工的关键技术指南。

4. 高速公路沥青路面柔性基层结构形式及设计方法研究

该课题针对柔性基层沥青路面,通过理论分析与计算、室内外试验,系统研究沥青路面柔性基层和组合式基层结构设计方法、结构组合设计、材料组成及其路用性能、施工工艺、施工控制技术与检测方法,并通过铺筑试验路,提出适合云南省具体情况,具有良好耐久性和抗车辙能力、经济性好的路面结构形式。

5. 罗富高速公路生物防护体系的研究与示范

该课题主要针对云南山区高速公路建设及运行过程中所产生的一系列生态环境问

题,结合云南罗富高速公路的生物防护,重点进行三个方面的研究和示范。

一是罗富高速公路原生植物引种驯化繁育研究。

二是罗富高速公路植物刺篱部分代替刺铁丝网防护栏。

三是岩石边坡综合生物防护研究与示范。完成岩石边坡工程示范面积50000多平方米,进行客土喷播和植物培植袋的试验和示范,生产植物培植袋100多万个,进行不同客土喷播基材选料和配方的研究和比较,利用当地原材料生产客土喷播基材取得了良好效果。

6. 山区高速公路附属区污水生态处理及循环利用研究与示范

该课题主要针对高速公路服务区、收费站等污水排放对河流、农田等生态环境的影响,提出一套土壤深度处理的技术体系,研究开发污水中的油质处理去除技术,使处理后的水质达到污水排放标准中的一级排放标准,保障处理过的水能够充分得到回收和利用,具有一定的生态景观效果。

7. 云南高速公路速度限制标准与速度控制技术研究

该课题主要研究高速公路速度控制的设置依据、影响因素分析、设置流程、速度控制手段及实施后效果评价等方面内容,研究建立一套适合于云南省高速公路的速度限制标准和实施指南。

(六)路地团结 共筑致富路

罗富高速公路全部在富宁县境内。中共富宁县委、县政府把高速公路建设当成分内的事,积极做好群众工作,搞好征地拆迁,为工程建设创造了良好的施工环境。县委领导多次在相关会议上强调"基础设施落后是制约富宁经济社会发展的关键。罗富高速公路横穿县城及县内4个乡镇,是拉动富宁经济发展的一条致富大道。这条高速公路的建成,富宁将会在这条大动脉的牵引下步入'高速'发展的快车道。"县领导多次到公路沿线做乡村干部的工作,做群众工作,号召群众支持罗富高速公路建设。

剥隘镇有两个村寨、46户村民需要搬迁。副县长直接到村民中做工作。剥隘镇两个副镇长一人负责一个村,使征地拆迁工作很快便落到实处。

罗富高速公路提前建成通车,其中也有地方党委政府和公路沿线群众的无私奉献。

指挥部及时与地方党委政府沟通、交流。地方政府为指挥部、施工单位着想,指挥部和施工单位也为公路沿线的群众着想。施工队伍进场时,指挥部及时与县政府和相关村镇沟通,对公路沿线水系通道进行认真调查,对地方小型便道和水系进行完善。路地团结,使罗富高速公路建设有了和谐的施工氛围。

罗富高速公路投资最多、施工难度最大的要数第7合同段。这个标段长4.077km,投资2.35亿元,有大桥11座、中桥1座、连拱隧道1座,桥、隧结构比重大,而且线位高,线路横跨沟谷山壑,山高坡陡,地势险要。工程动工之初,7合同段别说作业面,就连运输通道都不具备。承担施工任务的中铁十九局集团第三工程有限公司把创建平安工地,营造和谐施工环境作为一项重要的工作来抓。项目部结合当地群众生产生活需要,投入100多万元修建了20km高标准的施工便道,确保了物资运输和设备就位,同时也方便了当地群众出行。

7合同段项目部还提出了"既要为社会奉献一条高标准的高速公路,也要给沿线百姓留下一片青山绿水"的施工理念。在保证正常施工的情况下,坚持做到能不挖的土坚决不挖,能不砍的树坚决不砍,尽量做到公路建设与环境和谐。项目部驻地那乙村因为没有村公路,农民出行困难,项目部投入人力和机械,为该村整修了5.5km乡村公路。村民们实现了修路的愿望,项目部进场的材料运输也更加方便。这条路也因此被称为"友谊路"。当地发生山林大火,项目部主动组织400多人上山扑救;当地发生雹灾,项目部组织员工捐款捐物,为村民搭建临时住房……

7合同段项目部用实际行动赢得了群众的信任和支持。一次,一伙不明身份的人到7合同段盗窃堆放在工地上的钢材,当地群众发现后及时通报,并自发协助当地派出所抓捕盗贼,使7合同段避免了损失。

二、富砚高速公路——山与海深情对话

2008年2月,富宁—砚山高速公路(图17-105)建成通车,标志着文山壮族苗族自治州乃至云南省通往东南沿海及港澳经济发达地区、走向越南及东盟国家的重要通道行车条件大为改善。富宁—砚山高速公路的成功建设,被云南省政府誉为云南省招商引资、合作建设的成功典范,开启了云南省与央企合资建设高速公路的先河。

图17-105 富宁—砚山高速公路位置示意图

富宁—砚山高速公路的成功建设,使彩云之南通边达海的愿望成了现实。这是一次大山与大海的深情对话。

(一)项目特点

富宁—砚山高速公路分为富宁—广南、广南—砚山两段,是国家高速公路网 G80 广州—昆明高速公路的重要路段,是国家"五纵七横"国道主干线衡阳至昆明公路的重要组成部分,是云南省连接广西出海通边的主要通道。

2004 年,云南省人民政府批准成立了云南富砚高速公路有限公司,公司作为投资、建设、经营管理富砚高速公路的项目法人,中国中铁股份公司拥有公司 90% 股权,云南省公路局拥有公司 10% 股权。

2005 年 9 月,富砚高速公路开工建设,全体参建者克服资金紧张、遭遇油荒、50 年不遇的冰冻天气等重重困难,工程建设按计划有序推进。2008 年 4 月 27 日,富砚高速公路建成通车,比交通运输部批复的工期提前了 4 个月。

(二)项目概况

1. 基本情况

富砚高速公路位于云南省文山壮族、苗族自治州的富宁、广南、砚山县境内,东接罗村口—富宁高速公路,西接砚山—平远街高速公路,南连文山、西畴、马关、麻栗坡、河口等县及天宝、河口、田蓬等边境口岸。主要经过八宝、马街、曙光、珠街、那洒、六诏、者腊,路线全长 141.216km。

全线主要工程量有路基土石方 3898 万 m^3,其中挖方 2457 万 m^3、填方 1441 万 m^3;特大桥 8489.78m/9 座、大桥(含互通内主线桥)37784.54m/113 座、中桥 3597m/30 座、小桥 1263m/23 座、分离式立交桥 207.66m/12 座、互通式立交桥 7583.92m/7 座、天桥 624.3m/10 座;隧道 31904 单洞 m/27 座;涵洞 6008.8 横延米/182 座;通道 2854.3 横延米/102 座。桥隧占总里程的 27.83%。涵洞排水、防护石砌工程 95 万 m^3;服务区 2 处、收费站 7 处;交通安全设施工程和收费、通信、监控三大系统及隧道机电工程;绿化及排水沟、拦沙坝、弃渣场等水保、环保工程。

富砚高速公路项目投资及资金来源为交通部专项补助资金 13.17 亿元、项目法人资本金 16.52 亿元及银行贷款 52.86 亿元。

富砚高速公路处于山岭重丘群,山高路险,工程地质条件复杂,软弱地基、岩溶等不良地质分布广,土石方工程量大,工程艰巨。全线主线按山岭重丘区双向四车道高速公路标准建设,路基宽 24.50m,设计速度 80km/h。

交通部批复富砚高速公路项目建设期为 3 年。富砚高速公路项目 2005 年 9 月 1 日开工,2008年4月27日建成通车,提前工期4个月。

2. 前期决策

2004年3月2日,交通部《关于衡昆国道主干线广南(鸡街)至砚山公路可行性研究报告的批复》(交规划发〔2004〕78号)批复同意广南(鸡街)—砚山公路项目立项实施,项目全长约75km,主线采用四车道高速公路标准建设,设计速度80km/h,路基宽度24.5m。桥涵设计车辆荷载采用汽车超—20级,挂车—120。连接线采用二级公路标准。总投资32亿元,建设工期3年。

2014年,交通部《关于衡昆国道主干线富宁至广南(鸡街)公路可行性研究报告的批复》(交规划发〔2004〕80号)同意富宁—广南(鸡街)公路项目立项实施,项目全长约71km,主线采用四车道高速公路标准建设,设计速度80km/h,路基宽度24.5m。桥涵设计车辆荷载采用汽车超—20级,挂车—120。连接线采用二级公路标准。总投资29亿元,建设工期3年。

2004年9月22日,交通部《关于衡昆国道主干线广南(鸡街)至砚山公路初步设计的批复》(交公路发〔2004〕538号)和《关于衡昆国道主干线富宁至广南(鸡街)公路初步设计的批复》(交公路发〔2004〕539号),确定了项目设计规模、技术标准和总投资。

2005年2月3日,国土资源部办公厅《关于衡昆国道主干线富宁至广南(鸡街)公路项目建设用地预审意见的复函》(国土资厅函〔2005〕101号)和《关于衡昆国道主干线广南(鸡街)至砚山公路项目建设用地预审意见的复函》(国土资预审字〔2005〕185号),同意通过项目用地预审。

2005年12月29日,云南省人民政府《关于同意成立云南富砚高速公路有限公司的批复》(云政复〔2005〕95号),批准同意成立公司,注册资本4亿元,营业期限自2004年9月16日至2034年9月16日。公司负责云南富宁至广南、广南至砚山高速公路及附属设施的建设、经营和管理。

3. 参建单位

广砚高速公路工程建设指挥部以刘三强为指挥长,唐晖为副指挥长,陈祥为副指挥长和总工程师的领导班子,负责广砚项目建设管理工作。

富广高速公路工程建设指挥部以李昊宝为指挥长、刘兴富为副指挥长、刘青松为副指挥长和总工程师的领导班子,负责项目富广项目建设管理工作。

指挥部按照《中华人民共和国招标投标法》等规定程序依法对工程施工、工程监理等进行了招标,并委托具有建设部工程招标代理甲级资质的中国远东国际贸易总公司为本项目土建工程施工及监理招标的招标代理。

建设项目通过全国公开招标,经过公平、公正评审,坚持择优选择的原则,设计单位分别由云南省公路规划勘测设计院、中交第一公路勘察设计研究院进行设计;监理单位由河北华达公路工程咨询有限公司等8家监理公司进行监理;施工单位由广东中人集团建设有限公司等25家施工单位进行土建施工,后续工程由中国铁路工程总公司进行总承包施工。各方参建单位均符合国家规定的资质及业绩要求。

富广高速公路建设从业单位信息见表17-37,广砚高速公路建设从业单位信息见表17-38。

富广高速公路建设从业单位信息采集表　　表17-37

序号	参建单位	单位名称	合同段编号及起止桩号	主要负责人
1	项目管理单位	云南富砚高速公路有限公司	衡昆国道主干线(GZ75)云南富宁至广南高速公路	陈安惠
2	勘察设计单位	中交第一公路勘察设计研究院	国道主干线(GZ75)衡阳至昆明公路云南富宁—鸡街段高速公路工程勘察设计	胡春明
3	施工单位	中铁五局集团第三工程有限责任公司	衡昆国道主干线(GZ75)云南富宁—广南高速公路土建工程施工第1合同段	刘强
4		中铁十局集团第二工程有限公司	衡昆国道主干线(GZ75)云南富宁—广南高速公路土建工程施工第2合同段	陈敬柏
5		中铁二十三局集团第一工程有限公司	衡昆国道主干线(GZ75)云南富宁—广南高速公路土建工程施工第3合同段	王洪喜
6		云南云桥建设股份有限公司	衡昆国道主干线(GZ75)云南富宁—广南高速公路土建工程施工第4合同段	李维勇
7		贵州省桥梁工程总公司	衡昆国道主干线(GZ75)云南富宁—广南高速公路土建工程施工第5合同段	陈学亮
8		中铁二局第四工程有限公司	衡昆国道主干线(GZ75)云南富宁—广南高速公路土建工程施工第6合同段	刘凡亮
9		湖南环达公路桥梁建设总公司	衡昆国道主干线(GZ75)云南富宁—广南高速公路土建工程施工第7合同段	周建华
10		重庆市渝通公路工程总公司	衡昆国道主干线(GZ75)云南富宁—广南高速公路土建工程施工第8合同段	周文建
11		中铁二局第五工程有限公司	衡昆国道主干线(GZ75)云南富宁—广南高速公路土建工程施工第9合同段	何建府
12		中铁二十一局集团第三工程有限公司	衡昆国道主干线(GZ75)云南富宁—广南高速公路土建工程施工第10合同段	张保军
13		西安铁路工程(集团)有限责任公司	衡昆国道主干线(GZ75)云南富宁—广南高速公路土建工程施工第11合同段	曹建国
14		中国铁路工程总公司	衡昆国道主干线云南富宁—广南高速公路采购—施工总承包	唐永军

第十七章
国家高速公路

续上表

序号	参建单位	单位名称	合同段编号及起止桩号	主要负责人
15	监理单位	中交国际工程咨询有限公司	衡昆国道主干线云南富宁—广南高速公路施工监理第Ⅰ合同段	李元华
16		北京中通公路桥梁工程咨询发展有限公司	衡昆国道主干线云南富宁—广南高速公路施工监理第Ⅱ合同段	宋鸿雁
17		中国华西工程设计建设有限公司	衡昆国道主干线云南富宁—广南高速公路施工监理第Ⅲ合同段	陈忠权
18		厦门市路桥咨询监理有限公司	衡昆国道主干线云南富宁—广南高速公路施工监理第Ⅳ合同段	杨华东
19	设计咨询单位			

广砚高速公路建设从业单位信息采集表　　表17-38

序号	参建单位	单位名称	合同段编号及起止桩号	主要负责人
1	项目管理单位	云南富砚高速公路有限公司	衡昆国道主干线（GZ75）云南广南至砚山高速公路	陈安惠
2	勘察设计单位	云南省公路规划勘察设计院	国道主干线（GZ75）衡阳至昆明公路云南省广南（鸡街）—砚山高速公路工程勘察设计	李红卫
3	施工单位	广东中人集团建设有限公司	衡昆国道主干线（GZ75）云南广南—砚山高速公路土建工程施工第1合同段	王才业
4		中铁二局股份有限公司	衡昆国道主干线（GZ75）云南广南—砚山高速公路土建工程施工第2合同段	孙广廉
5		中铁十四局集团有限公司	衡昆国道主干线（GZ75）云南广南—砚山高速公路土建工程施工第3合同段	吴建伟
6		中铁隧道集团二处有限公司	衡昆国道主干线（GZ75）云南广南—砚山高速公路土建工程施工第4合同段	陈凤熔
7		中铁七局集团有限公司	衡昆国道主干线（GZ75）云南广南—砚山高速公路土建工程施工第5合同段	田战神
8		山西远方路桥(集团)有限责任公司	衡昆国道主干线（GZ75）云南广南—砚山高速公路土建工程施工第6合同段	徐华
9		路桥集团国际建设股份有限公司	衡昆国道主干线（GZ75）云南广南—砚山高速公路土建工程施工第7合同段	王宇
10		云南阳光道桥股份有限公司	衡昆国道主干线（GZ75）云南广南—砚山高速公路土建工程施工第8合同段	赵有红
11		中铁十七局集团有限公司	衡昆国道主干线（GZ75）云南广南—砚山高速公路土建工程施工第9合同段	刘建秀
12		中铁十九局集团第四工程有限公司	衡昆国道主干线（GZ75）云南广南—砚山高速公路土建工程施工第10合同段	刘建军

续上表

序号	参建单位	单 位 名 称	合同段编号及起止桩号	主要负责人
13	施工单位	核工业华南建设工程集团公司	衡昆国道主干线（GZ75）云南广南—砚山高速公路土建工程施工第11合同段	王金友
14		中铁二局第五工程有限公司	衡昆国道主干线（GZ75）云南广南—砚山高速公路土建工程施工第12合同段	杨 建
15		云南阳光道桥股份有限公司	衡昆国道主干线（GZ75）云南广南—砚山高速公路土建工程施工第13合同段	刘 欣
16		四川川交路桥有限责任公司	衡昆国道主干线（GZ75）云南广南—砚山高速公路土建工程施工第14合同段	宋辉林
17		中国铁路工程总公司	衡昆国道主干线云南广南—砚山高速公路采购—施工总承包	袁克远
18	监理单位	河北华达公路工程咨询有限公司	衡昆国道主干线云南广南—砚山高速公路施工监理第Ⅰ合同段	周运栋
19		四川铁科建设监理公司	衡昆国道主干线云南广南—砚山高速公路施工监理第Ⅱ合同段	余红军
20		云南省公路工程监理咨询公司	衡昆国道主干线云南广南—砚山高速公路施工监理第Ⅲ合同段	李焰炬
21		中交国际工程咨询有限公司	衡昆国道主干线云南广南—砚山高速公路施工监理第Ⅳ合同段	朱永祥
22	设计咨询单位			

（三）建设情况

1. 改革的对话：引资建路　勇当第一

2004年9月1日，在昆明市翠湖宾馆，当3位股东代表及云南省交通厅副厅长吴卫平在《共同出资建设经营富砚高速公路合同书》慎重地签名、盖章之后，云南省就书写了引资建设高速公路即采取BOT方式的第一笔。

书写这第一笔的三方股东分别是云南省交通厅东部高速公路有限公司、中国通达电子网络系统公司和云南通达翔路桥投资发展有限公司。

9月16日，云南富砚高速公路有限公司正式注册成立，担负起云南富宁至广南、广南至砚山高速公路的建设、经营和管理的重任。随后，合资公司按照基本建设程序，进行公开招投标。

2005年8月，富宁—广南、广南—砚山中标建设施工的单位开始进场施工。

2006年9月，经云南省交通厅和省政府批准、股东会同意，中国通达电子网络系统公司将其70%的股权转让给中铁二局集团有限公司，中铁二局于2006年9月正式进入富砚公司,聘任陈安惠女士为总经理,从此,富砚高速公路开始进入攻坚战阶段。

富砚高速公路资金来源主要是银行贷款和股东投入资本金,共计80.97亿元。其中:资本金28.01亿元,包括中铁交通投资集团有限公司投入的资本金14.44亿元,云南省公路局投入资本金0.4亿元,交通部投入专项补助资金13.17亿元;银行贷款52.96亿元,包括中国工商银行昆明大观工行34.96亿元、交通银行8亿元、中国民生银行深圳分行10亿元。

2.速度的对话:迎难而上 加压拼搏

到2006年8月,富广、广砚高速公路进场施工正好1年,期间由于股东变换、资金落实晚等各种原因,富广、广砚两段高速公路建设多数合同段停工、半停工达6个月以上,进度严重滞后。

截至2006年12月25日,云南富宁—广南高速公路累计完成项目投资123923万元,占概算总额324358万元的38.21%;云南广南—砚山高速公路累计完成项目投资152421万元,占概算总额358242万元的42.55%。按36个月工期计算,时间过半,建设投资完成不足40%。

在这种情况下,富砚高速公路的建设者要按时完成任务,肩上的担子异常沉重。

刚上任的总经理陈安惠,曾任中铁二局集团公司项目建设管理公司总工程师兼重庆垫忠高速公路项目总经济师,拥有"四川省五一劳动奖章""优秀共产党员"等多项荣誉。面对资金紧张的局面,她率队开始了紧张而有序的"筹资之旅",在短短的3个月之内,多次穿梭在成都—昆明、昆明—成都两地的14家银行之间,反复地陈述富砚高速公路项目的发展前景,介绍股东实力。2007年2月中旬,由工商银行云南大观支行和成都草市支行以银团贷款方式组成的项目长期贷款35亿元通过了总行的评审。2月25日,工商银行总行35亿元项目长期贷款的批文正式下发。3月底,35亿元项目长期贷款已开始陆续发放,资金瓶颈全面打开。

理顺了资金供给链条后,全线参建单位对按时完成富砚高速公路建设任务充满信心,在2007年1月25日的工作会议上,陈安惠自信地把通车时间提前了2个月,安排在2008年6月底,并采取了一系列措施,如:加强融资和资金管理工作,确保工程建设资金的足额到位和安全使用;加强路地协作,为公路建设创造良好的外部环境;加强现场管理和控制,全力打好2007年项目建设攻坚战;按照提前2个月通车的目标倒排了工期。

从2月开始,富广、广砚项目都召开动员大会,掀起了"大战100天"的施工高潮。

2007年6月4日,云南省交通厅在了解施工进展情况后,下达了"2008年2月底基本完成"的工期目标,又把工期提前了4个月。

由于滇南多年不遇的连日阴雨及征地拆迁工作的影响,"大战100天"的效果不如人意。截至2007年7月22日,开工累计完成投资36.97亿元。其中,建安投资31.43亿元、其他投资5.54亿元,占概算总额68.26亿元的54.16%。

如按2008年2月基本完成的目标测算,在余下不到8个月的时间里必须完成31.29亿元的投资任务,任务十分艰巨。

7月27日~30日,交通部部长李盛霖、副部长冯正霖到云南调研时强调,一定要抓好在建国道主干线的建设进度,部将与省积极配合,加大力度,按国务院规划要求,在年底完成国道主干线改造。冯正霖副部长特别指出"富广、广砚路段,云南省决定采取BOT方式,采取社会融资的方式加快高速公路建设,部里是支持的,核心问题是企业要按照规划要求,按照政府建设目标的要求完成工程建设"。

8月1日,云南省交通厅召开会议,要求确保国道主干线建设任务的完成,大多数路段必须在年底完工,没有调和的余地,不能含糊,不能拖全国的后腿。

富砚高速公路建设形势更加严峻。

时间不仅是金钱、效益,在富砚高速公路,时间也成为政治任务。富砚高速公路领导层再次向3方股东汇报情况,中铁二局集团公司主要领导立即赶到富砚公司,决定再次动员、再次加压、再次倒排工期。

8月9日,富砚公司在文山召开了确保完成部省建设任务动员大会,分析施工面临的严峻形势和有利条件,号召全体建设者振作精神,树立决战意识,顽强拼搏,向云南人民交出一份满意的答卷。会后,云南省交通厅督导组、中铁二局工作组、富砚公司工作组和富广、广砚指挥部工作组全部进驻工地督战。多数建设工地展开了24小时3班倒的全天候作业。

在富砚高速公路全体建设者充满激情与信心、血与汗的全力拼搏下,到2007年底,富砚高速公路土建工程基本完成,2008年2月全线贯通,胜利实现了预定工期目标。

3.质量的对话:加大投入　打造精品

项目实行"政府监督、法人负责、社会监理、企业自检"四级质量保证体系,实行在设计使用年限内的质量责任终身负责制。

在质量控制上,富砚公司建立健全质量管理制度和体系,明确建设各参与方的质量责任,建立了质量终身负责登记制度;严格质量标准,按规范和设计要求进行质量控制,按验收标准进行检验和评定,以质量评定促进工程质量的持续改进;采取定期、不定期检查、日常巡查等方式进行过程控制,对疑点工程抽样鉴定;开展样板引路活动,开展优质样板工程质量评比,奖罚兑现。采取必要的手段促进质量管理,充分利用生产会、质量专题会、监理工作会、工地会议等提高各级管理人员的质量意识,加强质量检测和认定工作;引入第三方检测单位的方式,加强质量控制,先后聘请了5家社会专业监控、检测单位,分别对隧道、桥梁、路面、路基、机电三大系统等重点工程进行控制。通过各项质量控制措施的落实,富砚高速公路的工程质量处于可控状态,未发生质量事故。

项目建设过程中,富砚公司、指挥部高度重视安全生产,加强领导,落实责任,提高认识,全线各单位齐抓共管,高度重视安全生产,没有发生大的安全生产责任事故,安全生产达到国家标准。

质量和速度似乎是天生的矛盾,但富砚高速公路从建设开始就强调工期紧,不能因抢工期而忽视安全质量;工期紧,更要加强安全质量管理工作。在施工大战当中将隧道施工、桥梁架设、高边坡防护、土石方爆破和火工产品管理等作为安全控制的重点,并明确专人负责。

公司、指挥部和驻地办采取明查与暗查、普查与抽查相结合的方式监控安全质量,坚持每月定期进行安全、质量检查,确保安全质量工作措施落到实处。

广砚高速公路项目第9合同段由中铁十七局集团有限公司承担施工任务。项目部树立"开工必优,一次成优"的思想,坚持"纵向到底,横向到边,控制有效"的内部质量承包制,保证质量责任到人,所施工的工程多项获得样板工程。

由中铁二十一局三公司富广高速公路项目部承建的第10合同段,坚持"质量就是企业的生命"这一准则,紧紧抓住质量管理这个"牛鼻子",采取层层签订质量责任书,实行质量责任人负责制,注重施工过程,紧盯每一道工序,严把材料进场关,开工前与监理部门一道现场查看材料,经过试验合格后方可签订供货合同。在实际工作中要求技术、质检工程师坚持做到"三铁""四个一样",即铁面无私、铁的纪律、铁的手腕以及附属工程和主体工程一样、小工程和大工程一样、夜间施工和白天施工一样、隐蔽工程和外露工程一样。为了杜绝质量事故的发生,对施工过程中的每一道工序现场技术人员都要认真检查,对不符合要求、达不到规范的坚决不允许进入到下步工序,有效地确保了工程质量。

为保证质量,富砚公司不惜加大资金投入。

(1)由于富广、广砚高速公路地形地质复杂,施工中发生隧道突泥、施工牵引性滑坡等,请云南省公路规划勘察设计院根据现场实际需要对有关地段进行了补充工程地质勘察工作。

(2)为保证工程质量,请西南交通大学工程监测中心对富砚高速公路路基复合地基处治检测、路基浅层处治基底检测、挡墙质量无损检测、三背回填检测、锚杆(索)无损质量检测。

(3)为加强路面质量控制,确保路面工程质量,请云南省公路科学技术研究所进行路面质量监控。

(4)为提高路面质量,富广、广砚高速公路调整路面结构工程设计,将沥青路面下面层粗粒式沥青混凝土(AC-25I)由原设计的6cm厚变更为8cm厚,即增加2cm厚沥青混凝土路面;将底基层由20cm厚变更为18cm厚,即减薄2cm厚的底基层。仅此一项,调整后总费用增加约5237.1万元。

根据新规范和新标准实施的要求,富砚公司提出了较高的质量目标要求,所有工程符合《公路工程质量检验评定标准 第一册 土建工程》(JTG F80/1—2004),交工验收合格,竣工验收优良。

4. 土地的对话:开路环保 创造和谐

为确保本项目征地拆迁工作顺利开展和资金的筹措,富砚公司及时筹措、拨付费用,注重融洽路地关系,帮助地方修建便道、水井等促进征地拆迁工作开展;与文山州政府签订了征地拆迁保障责任书。

富砚高速公路项目批准用地358.4607公顷,其中服务设施用地1.267公顷;批准同意占用征用林地107.7164公顷,拆迁补偿款共计198410281.59元。

项目建设用地的征地及拆迁涉及10个乡镇、35个村民委、162个村民小组,农户14592户、58368人,29家单位,共征用土地14330.4394亩。拆迁各类房屋共计86438.79m²,水管25.331km、电缆6.138km、电力线123.266km、架空光缆136.162km,地埋光缆14.143km。

土地是农民赖以生存的基础,农民视土地为生命。占用农民的土地,不论合理与否都会发生矛盾。修建高速公路除红线内用地外,生活用地、弃土用也还会占用大量的土地。富砚高速公路的建设者在珍惜使用的每寸土地的同时,也和土地上的人民结下了深厚的情谊,把对当地人民群众的热爱深深地镌刻在高速公路上。

征地拆迁工作涉及富宁、广南、砚山3个县,10个乡(镇),39个村委会,145个村小组,涉及电力、电信、移动、联通、广播电视及国主干线光缆等管线拆迁。涉及面广、工作任务重,地方征迁部门在文山州人民政府的领导下,抽调大量人力、物力全面展开征地拆迁工作。主管征地拆迁工作的副州长多次深入工地现场协调解决征迁问题。2005年8月各施工单位进场施工时,基本提供了施工和生活用地。到2007年7月中旬,红线范围内拆迁工作全部完成。

尽管征地拆迁工作总体上在地方征迁部门协调下基本顺利进行,但局部的矛盾还是存在的,全线25个施工单位为减少征地拆迁纠纷,加强路地友谊,在修路、助学、修水渠、接电、打井、接水管等方面做了大量工作。

广砚高速公路第4合同段施工的珠街隧道由于地质条件差,施工中山体顶部距隧道70余米的董来村发生几处下陷。为保证村民安全,富砚公司增加投资460万元搬迁费用,董来村78户村民全部完成搬迁。

中铁二局广砚高速公路第12合同段项目部把驻地当作第二故乡,视百姓为亲人,在安全高效优质做好本职工作的同时,积极为当地群众做好事办实事,赢得了当地壮族群众的爱戴与尊重。他们在修建临时道路期间,正值抗旱保苗的关键时刻,员工们为老百姓利益着想,将工程用水车交阿猛镇当地政府统一调度,无偿使用,投入抗旱第一线。从阿猛加油站路口至顶丘村原有的路况差,项目部决定将其修筑为乡村公路,经过两个月的雨季施工,投资30万元修通了9km的机耕路。项目部领导还向顶丘村小学赠送价值3000元的学习用品。2006年6月,阿猛镇在六合村开展新农村建设,项目部又无偿支持2万元。

西安铁路工程有限公司在参建富广高速公路项目第11合同段3年中,坚持干一方工程、为一方老百姓、做一件好事。曙光乡小水井、糯堆两村民小组原人畜饮水管道多年失修、破旧,公司动用挖掘机、打夯机,新买PVE标准人畜用水胶管,为两村民小组无偿地各敷设了一条长1.9km饮水管道,共投资10万余元,较好地改善两村人畜饮水困难。在曙光乡铁厂村民小组的新农村建设中,应村民小组的求援,公司捐赠325水泥10t,并送货到家,村民们不胜感激。在标段沿线有铁厂小学、红石岩小学、小水井小学,每次"六一"儿童节公司领导都要带上书包、字典、学习用品和孩子们一起欢度节日,捐资助学上万元。

广砚高速公路第14合同段为附近交通不便、出行十分艰难的革豆村修出一条宽4m、长6km的道路。

广砚高速公路第10合同段附近下兔董村一位80多岁的老太太身体虚弱,常常生病。每次施工爆破时,虽然距离在300m以外,可这位老人听到炮声就吓得发抖。得知这一情况后,项目部主管征地拆迁的老胡在几个月的时间里每次施工爆破前都要赶到老太太家,把这位老人背到车上,拉到稍远处安顿好,等爆破完成后再把老人送回家。天气冷时老胡还要备好大衣,让老人保暖不着凉;过午时还要备好饼干、水果、矿泉水让老人吃饱喝好;更重要的是还要备一些药品,防止老人病发。

富广、广砚高速公路建设全线25个土建合同段、8个监理单位,加上工程后期的交安、房建、绿化、路面等数十个单位在3年多的施工时间里没有与当地村民发生大的矛盾,大都能和谐相处,互助互利,结下了深厚的友谊,正是修一段公路、交一方朋友、留一段佳话。

(四)科技创新

富砚高速公路建设期间,富砚公司坚持科研与生产相结合,对质量控制的重点、难点组织科技攻关,对施工方案、施工工艺和施工材料等方面进行深入研究和创新,以科技成果指导施工,施工中加以推广应用,提高了工程建设水平取得了"高性能胶粉改性沥青的性能研究与应用""云南混凝土桥梁桥面防水体系的研究与应用"2份科研合同,与科研单位共同进行研究,并在工程建设过程中实际进行了应用。同时,云南省交科所以富砚高速公路董来隧道为依托,进行了"云南公路隧道节能技术应用研究"。

1. 高性能胶粉复合改性剂材料制备技术

主要内容为分子相结构设计技术理论。通过对废旧橡胶材料的红外和热分析特征进行调查分析,设计了类SBS的废橡塑基热塑性弹性体材料结构。以双螺杆挤出机为反应混合器,将废橡胶粉、聚合物、相溶剂和脱硫助剂混合反应挤出,发明了以深度动态脱硫的橡胶为软段区域、以聚烯烃作为硬段区的新型热塑性弹性体复合材料,并且开发用于"干法"改性和"湿法"改性的不同系列产品。在反应挤出过程中,交联废橡胶发生快速脱硫的化学反应和颗粒细化的物理作用,所得热塑性弹性体中胶粉分散均匀、粒径明显减小、交联密度降低、在混合料生产时可直接投放使用。

2. 稳定化、高性能胶粉复合改性沥青的制备方法

通过采用等密度化学方法和动态硫化改性技术,研究提出了高低温性能兼顾的胶粉复合改性沥青制备技术,得到了高速剪切机直接剪切法的最佳工艺条件。弹性体材料在沥青中形成微米级网状结构,所制备的胶粉复合改性沥青高低温性能突出,储存稳定性强,可以用于工厂化生产"湿法"改性沥青。

通过研究胶粉复合改性沥青的机理,发现胶粉复合改性沥青可以达到微米级网络结构。采用等密度力化学稳定方法,复合改性剂在沥青中形成网状结构,助剂和橡胶偶联结合后产生了与沥青的等密度稳定化作用,攻克了废胶粉改性沥青储存稳定性技术瓶颈,因此高性能胶粉复合材料在沥青中形成微米级网状结构,制备的改性沥青具有良好的储存稳定性,48h 软化点差小于 2.5℃。

3. 密级配、低油石比的胶粉改性沥青混合料设计技术

科研项目结合云南沥青路面使用性能气候分区,充分考虑了该区夏热多雨的气候特点,设计中兼顾了抗车辙性能、水稳定性能和抗滑性能,针对夏热多雨湿润地区、行驶重载交通的高等级公路用密级配沥青混合料,提出了高性能胶粉改性沥青混合料建议的工程设计级配范围和典型级配,采用此级配沥青用量仅为 5%,相比传统胶粉改性沥青混合料沥青使用量大幅降低,显著提高了路面的经济效益。通过车辙试验、SPT 动态模量试验、低温弯曲小梁试验、冻断试验及疲劳试验验证了高性能胶粉改性沥青混合料具有较强的高低温性能和长期性能。

4. 基于 PG 分级的高性能胶粉改性沥青评价技术

国际上现有的胶粉改性沥青分级标准主要有两种。一种是依据胶粉改性沥青的组成进行分级,如亚利桑那州根据基质沥青进行分级,且只有黏度一个指标,佛罗里达州按胶粉掺量进行分类,分成 5%、12%、20% 三种类型;另一种是根据应用的气候环境及胶粉改性沥青的高低温性能特点分为热区、温区和寒区。我国的胶粉改性沥青一般采用针入度分级评价指标。

项目研究表明,橡胶粉颗粒的大小对针入度试验结果有一定程度的影响,针入度试验数据存在着一定的离散性,呈正态分布,试验结果随机误差较大。由针入度换算来的指标,如针入度指数、当量软化点、当量脆点都不宜作为胶粉改性沥青控制指标。胶粉的掺

加,改变了胶粉改性沥青的微观结构,使得用延度来评价其低温性能存在一定的缺陷,这主要是因为在接近常温条件下,橡胶颗粒的变形远远小于沥青受拉产生的变形,在两者的界面上会产生很大的应力集中,导致改性沥青提前断裂,因此用延度指标评价胶粉改性沥青存在着局限性。项目研究采用 PG 分级抗车辙因子 $G^*/\sin\delta$ 和蠕变速率 m 指标能较好地评价胶粉改性沥青的性能,常规试验指标如软化点、5℃低温延度、当量脆点指标可作为参考性评价指标。

(五)运营养护管理

2011 年 6 月,云南省交通运输厅工程质量监督局组织对富砚高速公路进行竣工检测,主要缺陷已由公司委托有资质的设计单位作加固方案,并由有资质的加固施工单位完成施工。通过检测,质量评定合格,总体质量较好,满足使用功能需要。路基、桥梁、隧道主体结构稳定,满足设计要求和功能要求,无遗留问题和质量隐患,除正常维修维护和病害处治外未发生大修养护情况。

富砚高速公路 2008 年 4 月通车运营后,以"服务高速、奉献社会"为宗旨,以"加强养护管理确保道路畅通""加强运营管理确保通行收入"为中心。公司机构设收费管理部、安全养护部、财务会计部、办公室,下设 8 站,即监控站、八宝、马街、曙光、珠街、那洒、六诏、者腊收费站。其中,八宝、马街、曙光、那洒、六诏、者腊收费站为 2 进 2 出 MTC 收费四车道,珠街收费站为 2 进 2 出为 MTC 收费,1 进 1 出为 ETC 收费六车道。

富砚高速公路自通车后,车辆通行流量及经济效益迅速增长。2008 年交通总流量为 927601 辆,平均流量 3725 辆/日;2009 年 1252299 辆,平均流量为 3431 辆/日;2010 年 1287996 辆,平均流量 3529 辆/日;2011 年 1578900 辆,平均流量 4326 辆/日;2012 年 1914522 辆,平均流量 5231 辆/日;2013 年 2504325 辆,平均流量 6861 辆/日;2014 年 3043827 辆,平均流量 8339 辆/日。

随着社会经济的发展和车辆拥有量的迅猛增长,富砚高速公路发挥的社会效益和经济效益正日益彰显。

三、砚平高速公路——"三七之乡"第一路

砚山县是名贵中药材三七的原产地,1995 年被命名为"中国三七之乡"。砚山—平远街高速公路是广昆高速公路云南境内建成的第一段高速公路,是云南高速公路建设中第一条采用锯石机加工外面石面的高速公路,是第一条征地拆迁费用不突破概算的高速公路,被评为 2005 年度云南省优质工程一等奖。砚平高速公路的通车,结束了文山壮族苗族自治州没有高速公路的历史。

(一)项目特点

砚山—平远街高速公路(图 17-106)是国家高速公路网 G80 广州—昆明高速公路的一段,是国道主干线 GZ75 衡阳—南宁—昆明公路中的一段,是国家建设"五纵七横"框架网中的组成部分,是云南省"三横三纵、九大通道"连接广西出海的主要通道,是滇中与滇东的运输大动脉,对云南乃至大西南经济发展起着极其重要的作用。

图 17-106　砚山—平远街高速公路位置图

砚平高速公路是新世纪元年云南省第一个开工兴建的重点公路建设工程项目。

砚平高速公路建设,克服了雨季开工给施工单位带来的重重困难,攻克了沿线膨胀土、高液限土、软基、溶洞等技术难题,实现了"质量、工期、投资、安全、廉政、环保"等各项生产责任目标。

(二)项目概况

1. 基本情况

砚平高速公路东起于砚山县听湖以东 2km 的城脚村,经布标、统卡、三尖山、接音坡、路马黑、小稼依,止于平远街。路线全长 67.133km,按四车道高速公路标准建设,设计速度 80km/h,路基宽 24.5m。

砚平高速公路各项技术指标按照中华人民共和国交通部颁发的《公路工程技术标准》(JTJ 001—97)执行。全线在布标、炭房、小稼依、平远街设置 4 处互通式立交,分别在布标设置监控中心及管理处,在平远街设置监控分中心及管理所,在布标、平远街设置加油站,在沿线起点设置临时收费站,在 4 处互通式立交分别设置匝道收费站以及功能齐全的收费、监控、通信系统,边坡防护、绿化、标志、标线、护栏、隔离栅等交通安全设施。

主要工程数量为路基土石方(含变更)1221 万 m^3,碎石桩 36.1m,片、碎石垫层

93.8万m³,防护工程48.8万m³,混凝土工程0.99万m³,大桥1427m/1座(单幅设计),中桥619.6m/25座,涵洞、通道6658m/247道,全线设置互通式立交4处。

全线公路用地5449.86918亩,平均每公里用地81.452亩,拆迁建筑物21084906m²,搬迁坟1112冢。

砚平高速公路路线经过区域高程为1440~1630m,主要山脉走向与区域构造线一致,为北东—西南方向。总体地貌为丘峰谷地、丘坡地及岩溶洼地,地形相对平坦。主要不良地质有岩溶、软土、滑坡、膨胀土、高液限土。

砚平高速公路批准概算总投资15.48亿元,建设工期3年。

2. 前期决策

砚平高速公路的前期准备工作起始于1999年。项目启动后,各有关部门进行了大量的调查工作,严格履行工程建设项目管理程序。依照相关法律法规,进行了可行性研究报告及投资估算批复。

1999年初,根据云南省政府《关于加快干线公路建设的决定》和云南省交通厅《关于加快六条干线公路改造方案》,云南省交通厅决定将砚平高速公路可行性研究工作下达云南省公路规划勘察设计院完成。

2000年3月,云南省交通厅向交通部上报了工程可行性研究报告,交通部《关于衡昆国道主干线砚山至平远街公路可行性研究报告的批复》批准项目工程可行性报告,估算总投资13.6亿元(未含建设贷款利息及政策性调整费用)。

3. 参建单位

2000年11月,云南省交通厅批准成立云南砚平高速公路建设指挥部,负责项目的计划、实施、建设管理。

指挥部通过公开招标,按照招标程序,确定了施工和监理单位。

砚平高速公路建设从业单位信息见表17-39。

砚平高速公路建设从业单位信息采集表 表17-39

序号	参建单位	单位名称	合同段编号及起止桩号	主要负责人
1	项目管理单位	云南砚平高速公路建设指挥部	K0+000~K66+850	
2	勘察设计单位	云南省公路规划勘察设计院	K0+000~K66+850	
3	施工单位	中国铁道建筑总公司	土建一合同 K0+000~K7+472.09	徐高山、王伟
4		云南省第一公路桥梁工程有限公司	土建二合同 K7+472.09~K12+700	杨本贵、杨建明
5		云南省第二公路桥梁工程有限公司	土建三合同 K12+700~K18+400	朱锐、陆廷超
6		云南公路桥梁工程处	土建四合同 K18+400~K25+041.8	胡晓宁、胡新航

续上表

序号	参建单位	单位名称	合同段编号及起止桩号	主要负责人
7	施工单位	中南市政建设总公司	土建五合同 K254+041.8~K31+149.96	周立军、刘安能
8		中国云南公路桥梁工程总公司	土建六合同 K31+149.96+K36+810.22	赖锡斌、倪生会
9		云南省第三公路桥梁工程有限责任公司	土建七合同 K36+810.22~K43+000	杨勇、杨杰
10		中国水利水电第十四工程局	土建八合同 K43+000~K49+000	宗敏、宋志祥
11		云南第五公路工程处	土建九合同 K49+000~K55+800	赵有红、刘雪峰
12		中国人民武装警察部队交通第一总队	土建十合同 K55+800~K62+000	陈卫萍、赵建国
13		中国葛洲坝水利水电集团公司	土建十一合同 K62+000~K66+850	候建常、易先长
14		中铁第十八工程局	联络线土建合同 K0+000~K5+790.02	郭忠良、晁要斌
15		云南省第一公路桥梁工程有限公司	路面一合同 K0+000~K12+700	龚四江、朱瑜
16		云南省第二公路桥梁工程有限公司	路面二合同 K12+700~K31+149.96	朱锐、陆廷超
17		云南公路桥梁工程总公司	路面三合同 K31+149.96~K49+000	赖锡斌、倪生会
18		云南省第五公路桥梁工程有限责任公司	路面四合同 K49+000~K66+850	赵有红、刘雪峰
19		建水县驰宇置业建筑工程有限公司	房建一合同	姚国松
20		云南明岭建筑工程有限公司	房建二合同	李瑞其、聂顺春
21		上海交技发展股份有限公司	机电一合同 K0+000~K66+850	朱磊、吴顺喜
22		河北银达交通工业集团有限公司	交通安全设施一合同 K0+000~K12+700	贾永志、张桦
23		湖南郴州公路桥梁建设有限公司	交通安全设施二合同 K12+700~K31+149.96	杨道福、胡天星
24		湖南郴州公路桥梁建设有限公司	交通安全设施三合同 K31+149.96~K49+000	杨道福、胡天星
25		云南长江现代交通设施有限公司	交通安全设施四合同 K49+000~K66+850	颜光庆、江河昆
26		云南长江现代交通设施有限公司	交通安全设施五合同 K0+000~K66+850	颜光庆、江河昆
27		云南云路装饰设计工程有限公司	绿化一合同 K0+000~K12+700	王供宾、董成林

续上表

序号	参建单位	单位名称	合同段编号及起止桩号	主要负责人
28	施工单位	云南高夫草坪园林有限公司	绿化二合同 K12+700~K31+149.96	尚谝智、张 平
29		云南世博园艺有限公司	绿化三合同 K31+149.96~K49+000	李 忠、张建昆
30		云南华龙园林绿化工程有限公司	绿化四合同 K49+000~K66+850	林朋义、李华军
31	监理单位	云南省公路工程监理咨询公司	土建监理一合同 K0+000~K12+700	李荣盛
32		云南交通基建工程监理有限公司	土建监理二合同 K12+700~K31+149.96	李荣盛
33		重庆中宇工程咨询监理有限公司	土建监理三合同 K31+149.96~K43+000	李荣盛
34		北京中通公路桥梁工程咨询发展有限公司	土建监理四合同 K43+000~K55+800	李荣盛
35		云南公路建设监理公司	土建监理五合同 K55+800~K66+850	李荣盛
36		云南隆强建设工程监理有限公司	房建监理合同 K0+000~K66+850	李荣盛
37		云南纪星交通工程咨询监理有限公司	机电监理合同 K0+000~K66+850	李荣盛
38	设计咨询单位			

4. 项目筹备

依据交通部《关于衡昆国道主干线砚山至平远街公路可行性研究报告的批复》(交规划发〔2000〕175号)批准对该项目的批准文件,进行了如下初步设计及概算批复。

2000年8月,云南省交通厅以《关于请求审批国道主干线GZ75衡阳—昆明公路砚山—平远街段高速公路两阶段初步设计的请示》(云交计〔2000〕222号)向交通部上报了砚平高速公路初步设计。

2001年1月15日,交通部以《关于衡昆国道主干线砚山至平远街公路初步设计的批复》(交公路发〔2000〕703号)批准项目初步设计,预算总投资15.47694亿元,项目建设总工期3年。

2001年3月5日~3月22日,交通专家委员会组织对衡昆国道主干线GZ75砚山—平远高速公路施工图设计进行了验收。

按照招标程序规定,2001年1月15日,指挥部在《中国交通报》《中国经济信息导报》

《云南日报》上正式发布了12个合同段(包括路基、桥涵工程)项目资格预审通告,共91家潜在投标人购买了资格预审文件。

2001年1月29日,指挥部从交通厅专家库中随机抽取专家组成资格预审评审工作委员会开始评审工作。

2001年2月5日,经砚平高速公路招标委员会审定,74个施工企业通过了资格预审,并审定通过了招标文件、评标办法。

2001年2月6日,砚平高速公路资格预审报告与招标文件由省交通厅上报交通部核备。

2001年2月13日,砚平高速公路招标文件经省交通厅组织专家审查后,以云交基建〔2001〕90号文进行了批复。

2001年2月15日,指挥部开始发售招标文件,共收到73家投标单位递交的90份投标书(有1个投标单位因超过投标截止期限而被拒收投标书),并在云南省公证处公证下现场进行了公开开标。

2001年3月20日,评标工作在严格保密的前提下开始进行,根据《中华人民共和国招标投标法》的规定,交通部公路司随机从专家库中抽取了三位专家与省交通厅推荐的2位专家共五人组成评标委员会。评标严格按照《云南砚平高速公路土建工程招标文件及招标文件补遗书》的要求和规定及响应的具体评标办法执行。评标工作坚持"公平、公正、客观"的原则。砚平高速公路途经砚山县境内平街远、稼依、维摩、江那、千河5个乡镇近30个村社。面对征地拆迁工作涉及面广,困难大的实际,指挥部从土建工程招标一开始,就早着手、早安排,指定工作负责人,配备交通工具先期达到砚山提前介入工作。

在砚山县委、县政府的支持下,征地拆迁工作人员积极主动,密切配合县有关部门,协调各方关系做好征地拆迁工作。由于工作措施得力,公路全线需征用的7000多亩土地仅用了半个月就全部丈量完毕,按时提供建设使用。地方政府把征地拆迁工作当成自己的事来办,加大宣传力度,认真做好群众的思想工作。由于宣传教育工作扎实深入,征地拆迁工作自始至终未发生过一起扯皮、纠纷矛盾,为全线开工创造了条件,取得了组织细致、周到,费用控制较好,地方关系融合、密切,矛盾纠纷少的效果,受到了省、州有关部门的肯定。

(三)项目实施

1. 强化资金管理

为加强砚平高速公路项目工程资金的管理,保证工程资金专款专用,使工程建设资金管理科学化、程序化、规范化,指挥部制定了《工程建设资金使用管理办法》,并将其作为合同文件的一个组成部分全面进行工程资金控制。指挥部对工程建设资金实行专款专用，按照工程建设资金只能用于工程建设、不能用于砚平公路以外工程其他建设的原则进行监督和管理，对违反规定、挪用和转移工程项目资金的单位，指挥部按有关管理办法严肃处理。

通过加强对工程建设资金的监督和管理，确保工程建设资金全部用于工程建设，既降低了工程资金使用成本，又对工程质量、进度起到了保障作用。

2. 强化质量监督管理

指挥部明确提出"以地基、基床处理为前提，结合工程稳定为依托、压实度为重点、路面平整度为结果、工程质量内外兼顾、具有观光价值"的质量原则，并实施三级质量保证体系和质量稽查制度，对质量、安全、进度、环保、投资、保通及廉政建设等各方面进行全方位的稽查。指挥部还制定多种制度和办法，严格操作程序、监理程序和管理程序，确保工程施工规范化、制度化、程序化。

一是规范管理，强化质量管理。指挥部从进场开工初期就按照合同的规定进行了严格管理和规范管理，按照合同文件办理，规范指挥部、监理单位和施工单位的工作行为。为有效控制施工质量，指挥部根据砚平高速公路砂石材料丰富的特点，从根治施工中的常见病、多发病入手，发出《关于认真做好云南砚平高速公路石砌工程的通知》和《砚平高速公路填前处理办法》，规范了石砌工程和填前处理施工标准。根据设计挡墙及类别不同，指挥部要求挡墙、涵洞的石砌筑勾凹缝，村镇密集路段的通道、桥梁支砌工程采用锯石加工外露面；砂浆拌和全部使用机械拌和；磅秤计量不准使用人工拌制砂浆；支砌必须用靠坡架控制砌件几何尺寸，不准降低丁石、走石背镶石的规格与数量；采用坐浆挤浆施工，砂浆拌制按重量比控制，层高控制在最小不小于20cm，最大不大于27cm；对不执行规定的，按不合格工程处理，不准进行计量支付和下道工序施工。由于质量管理工作得力，工程施工中的常见病、多发病得到了有效控制。

二是建立工程质量稽查制度。指挥部按照《砚平高速公路工程质量管理办法》《砚平高速公路工程质量违约处罚实施都则》的规定进行质量稽查控制。针对工程质量控制设立了专职的工程稽查部门，加强对监理工程师行为的稽查和管理，对承包人工程质量的管理、质量行为、合同履行等方面按照"三不放过"的原则实施稽查，自始至终严格监督工程质量，对发现的工程质量问题和质量隐患给予严肃处理。

三是加强监督管理工作。指挥部根据交通部《公路工程监理规范的规定》和《云南砚平高速公路项目施工监理实施细则》的规定，要求各高监办在整个项目实施过程中除了严格执行上述规定和要求外，必须按照"严格监理、热情服务、秉公办事、一丝不苟"的监理原则，严格要求每一位监理人员。在工程实施过程中，指挥部重点对监理工作进行检查督促，对监理人员进行跟踪考核，及时纠正存在的问题。对工作不认真、不负责和发生

"吃、拿、卡、要"行为的监理人员,要求高监办直接及时进行处理,确保了监理工作的顺利进行。对发生工程质量事故及违约行为的,除对施工单位进行处罚以外,还对监理人员进行教育和处罚,该处理的坚决进行严肃处理。

四是加强现场质量控制。指挥部从抓监理工程师对监理职责的履行情况入手,督促监理人员从材料的送用到各道工序的施工工艺控制进行严格检查,实行全方位、全过程的质量监理和把关控制。在施工过程中,指挥部始终把工地现场的质量控制作为质量工作的关键来抓。督促监理工程师抓好"人、料、机、场",通过监理旁站,指挥部通过巡回检查、工程稽查控制施工人员的质量行为,同时抓好施工单位的质量管理工作,督促施工单位强化质量管理,增强全员质量意识,有效地控制了工程质量。

五是加强检测工作,多环节把好质量关。按照《云南砚平高速公路工程试验检测管理办法》的规定,指挥部除加强施工过程的质量控制外,还采用先进的检测设备开展检测工作,多环节把好质量关。全部桥梁桩采用声波透射无损检测,采用探测地雷达和地震波面仪对全线岩溶地段进行溶洞查验和检测;对软土地基地段的碎石桩均单桩和复合地基承载力的检测,对高填方路基和特殊不良地质地段均设置了沉降观测。通过检测数据,有效控制和保证了工程质量。

六是加强技术、工程变更设计管理。在总结和借鉴其他高等级公路建设管理经验的基础上,指挥部坚持集体讨论决定技术、工程变更设计方案,发扬"百家争鸣"的方针,博采众家之长,做到技术方案在确保标准和质量的前提下科学、合理、经济,有效地从源头上控制了投资。设计变更的处理,实施施工、监理、设计、指挥部四方现场共同研究审定会签制度,避免技术方案处理的盲目性,保证变更设计方案的合理、可靠和安全,保证设计和施工方案的科学性。

3. 抓好安全保通 强化安全生产和社会治安管理

在抓好质量管理和施工进度的同时,指挥部认真落实各项安全生产责任制,通过合同文件的形式,按照《云南砚平高速公路项目安全生产管理办法》的有关规定,与各施工单位签订《安全生产责任书》,强化安全生产、文明生产控制和考核。指挥部加强对易燃易爆物品的采购、运输、储存、使用的管理,采取有效防范措施,严格管理、健全制度、明确责任,把事故苗头和隐患排除在萌芽状态。

4. 抓好合同管理和工程进度控制

指挥部制定项目合同管理、计量支付等管理办法,认真执行合同条款,严把计量支付关。从建立工程进度台账入手,紧紧抓住变更设计和新增单价的申报、审批,保证计量支付的及时准确,保证工程建设资金的及时到位,为工程施工进度提供了资金保障。

在工程进度保证方面,指挥部针对工程项目特点,每半年与施工单位签订阶段目标责任书,采取奖惩兑现手段,通过阶段目标进度保证措施,保证了整个工程项目的工程进度。在具体生产组织过程中,指挥部力求做到均衡生产、突出重点、科学组织,紧紧抓住施工黄金季节,统筹规划、层层落实,对特殊不良地质地段和地质病害,邀请专家及勘察、设计单位及时会诊,提出处治方案,及时组织现场施工,确保了项目的按期建成通车。

5. 抓好公路景观建设、环境保护和水土保持工作

为确保项目建设与环境保护相协调,保护生态环境,防止水土流失,指挥部把公路施工沿线的环境保护列入主要议事日程来抓,制定保护措施,规范施工行为。指挥部对各施工合同段规定:环境保护工作与道路工程同步实施;桥涵、通道、立交等构造物施工时,尽量减少对原有水系及道路的影响;停车区、收费站、综合服务区等位置设置污水处理系统;合理选择施工场地,减少施工期间污水、废料、噪声、占地;所有施工场地竣工后必须恢复原有地貌景观。在保证工程质量的基础上,指挥部充分考虑路容的美化,力争建成一条现代化高速公路与自然景观相协调的一道风景线。

对中央分隔带绿化和景观设计,指挥部遵循满足高速公路的防眩要求,根据当地自然气候条件,选择适应性强、景观和环境美化效果好的植物进行栽植,确保整条高速公路安全、美观和富于变化,达到了较好的景观和使用效果(图17-107)。同时,针对立交区、收费站点进行了专门的景观和绿化设计。

图17-107 砚平高速公路为大地添彩

为防止水土流失,指挥部在沿线9个弃土场增设了大量的拦沙坝、排水沟等工程措施,同时对取、弃土场采用了复垦、栽树、植草等防护处理,最大限度地减少了水土流失。

(四)项目重大变更

砚平高速公路的三大系统设计最初由云南省公路规划勘察设计院完成。鉴于科技和电子技术的飞速发展,指挥部根据市场变化情况,组织有关专家和科技人员,依照工程实际和科技发展水平,对三大系统进行了优化设计,保证了所选设备和技术的适用性和先进

性,建立了当时较为领先的收费、监控和通信系统。同时,指挥部还对沿线设施进行了优化设计。

(五)科技创新

结合项目沿线岩溶发育、膨胀土多的工程实际,为保证建设工程的安全,岩溶地段还未开工之前,指挥部委托设计单位与有关科研院所合作,采用地段雷达物探对岩溶进一步查明,提出科学合理的处理方案指导施工,路基工程完成后再对岩溶地段进行检测,确保工程建设安全可靠。

指挥部与云南省交通厅公路科研所合作,开展科技创新和科技攻关,进行了"膨胀土路基病害防治技术研究",有力地推动了科技进步和生产发展。

四、平锁高速公路——分台路基过难关

平远街—锁龙寺高速公路大部分路段地处南盘江及其支流甸溪河沿岸,地势陡峭、地质复杂,沿线古滑坡体和膨胀土较多。大山挡道,隧道穿过去;沟壑阻隔,大桥跨过去。平锁高速公路建设者历经4年多的风风雨雨,在南盘江畔的崇山峻岭间铺筑出了一条壮丽的交通风景线(图17-108)。

图17-108 平锁高速跨越南盘江

(一)项目特点

平锁高速公路是国家高速公路网 G80 广州—昆明高速公路的一段,是国道主干线 GZ75 衡阳—南宁—昆明公路的一段,是云南省列为"九五"和"十五"期间改造的6条主要干线公路之一。平锁高速公路途经文山、红河州的砚山、弥勒、开远等县(市),起点东连砚山—平远街高速公路,止点连接锁龙寺—石林高速公路,南接广昆高速联络线 G8011 开远—河口公路锁龙寺—蒙自高速公路,继续前行通往国家级边境口岸那发、河口、船头等地,西接国道主干线 GZ40 及国道326线、国道323线,服务于滇中、滇东、滇南、滇东南

等广阔地域,是云南出海通边的陆地运输经济大动脉,对云南特别是文山、红河州的生产力与经济发展,改善投资环境及路网结构、强化资源开发、提高社会效益、加强民族团结、巩固边疆建设和国防起着十分重要的政治、经济意义。

平锁高速公路于2003年11月16日开工,通过建设、设计、施工、监理、科研、检测、材料供应等从业单位全体建设者的共同努力,克服了地质、地形、水文较为复杂,施工难度较大,水、环境保护标准要求高,建材价格上涨等困难,顺利完成了工程建设的各项内容,于2007年2月12日进行试通车。

(二)项目概况

1. 基本情况

平锁高速公路路线起于砚山县平远街镇北侧,经平远街互通式立交,连接平远街镇及平远街—文山二级公路后,公路沿平远街坝子北侧向西布线,经平远街砖瓦厂、狮子山,到达阿三龙村北侧与弥勒至砚山老公路相交后,路线向西布线,设置阿三龙互通式立交,经麦地冲坡、老玉坡、鹰嘴岩、芭蕉沟,设置桥梁跨过南盘江,止于攀枝花村北侧,路线全长62.825km(图17-109)。

图17-109 平远街—锁龙寺高速公路位置示意图

全线主要工程数量为路基土石方1283.5402万 m^3,防护工程94.5701万 m^3;大桥18515.01m/78座(单幅)、中桥3877.07m/64座(单幅)、小桥213.76m/16座(单幅),隧道5002m/7座(单幅);涵洞109道、通道71道;全线共设互通式立交1处、平交1处。

平锁高速公路全线设2个收费站、1个综合服务区、1个隧道管理所。设有功能齐全的收费(含计重系统)、全程监控、通信系统和隧道监控、照明系统,以及边坡防护、绿化和交通安全设施系统。

平锁高速公路建设工期3年。2002年10月22日交通部批准项目开工报告,项目实际开工日期为2003年11月16日,2007年2月12日建成试通车。

2. 参建单位

2003年3月31日,云南省交通厅以云交人〔2003〕193号文批准:在云南砚平高速公路建设指挥部的基础上成立云南平锁高速公路建设指挥部,负责项目的质量、工期、投资及建设管理。指挥部实行三级管理体制,下设技术处、合同处、物资处、财务处、征地拆迁处、安全保通处、中心试验室、办公室、党办及平远、弥勒总监代表处,工地现场设置了7个高级驻地监理工程师办公室。

指挥部通过全国公开招标,经过公平、公正评审,坚持择优选择的原则,共有31家设计、施工、监理单位参与平锁高速公路建设(表17-40),各方参建单位均符合国家规定的资质及业绩要求。

平锁高速公路建设从业单位信息采集表　　　　　　　表17-40

序号	参建单位	单位名称	合同段编号及起止桩号	主要负责人
1	项目管理单位	云南平锁高速公路建设指挥部	K66+200~K128+200	冯恩耀
2	勘察设计单位	云南公路勘察设计院	K66+200~K128+200	向晖
3	施工单位	云南第三公路桥梁工程有限公司	土建一合同 K66+200~K72+500	杨勇、杨杰
4		四川武通路桥工程局	土建二合同 K72+500~K80+600	雷如海、杨远弥
5		云南第五公路桥梁工程有限公司	土建三合同 K80+600~K87+200	赵俞、刘永锋
6		云南路桥股份有限公司	土建四合同 K87+200~K91+752.4	孙德贵、刘天飞
7		中铁十二局集团有限公司	土建五-1合同 K91+752.4~K93+000	冯荣柱、尉备战
8		中铁十八局集团有限公司	土建五-2合同 K93+000~K95+300	金永福、晁容斌
9		中国云南公路桥梁工程总公司	土建六合同 K95+300~K100+280.91	赖锡斌、倪志会
10		云南公路桥梁工程有限公司	土建七合同 K100+280.91~K107+682.4	胡晓宁、胡新敏
11		云南第一公路桥梁工程有限公司	土建八合同 K107+682.4~K114+500	张如羽、杨雄旭
12		云南第二公路桥梁工程有限公司	土建九合同 K114+500~K122+000	宋锐、陆廷超
13		湖南省郴州公路桥梁建设有限责任公司	土建十合同 K122+000~K126+300	杨道福、杨根生
14		核工业华南建设工程集团公司	土建十一合同 K126+300~K128+200	栾贵平、杨立基
15		云南第五公路桥梁工程有限公司	路面一合同 K66+200~K82+300	赵本才、施正成
16		云南公路桥梁工程有限公司	路面二合同 K82+300~K96+300	赵肖、杨家东
17		云南第一公路桥梁工程有限公司	路面三合同 K96+300~K112+500	马乔生、尹志鹏
18		云南第二公路桥梁工程有限公司	路面四合同 K112+500~K128+200	宋锐、陆廷超
19		四川京川公路工程集团公司	交通安全设施一合同 K66+200~K86+200	陈开明、王忠

续上表

序号	参建单位	单位名称	合同段编号及起止桩号	主要负责人
20	施工单位	湖南金达工程建设有限公司	交通安全设施二合同 K86+200～K106+200	江承忠、申德绍
21		北京市高速公路交通工程公司	交通安全设施三合同 K106+200～K128+200	歆光庆、郭灵瑜
22		云南长江现代交通设施有限公司	交通安全设施四合同 K66+200～K128+200	赵金辉、苟永兵
23		上海交技发展股份有限公司	三大系统合同 K66+200～K128+200	朱 磊、吴胜喜
24		云南官房建筑集团股份有限公司	机电合同 K66+200～K128+200	赵渝洲、龚荣江
25		宜良狗街建筑公司	房建合同 K66+200～K128+200	李新志、聂 磊
26		云南云路景观装饰工程有限公司	绿化一合同	段 钧、黄建新
27		昆明金鼎园花林有限责任公司	绿化二合同	魏顺安、李 竹
28		云南华龙园林绿化工程有限公司	绿化三合同	孟永谦、孙德贵
29		云南玉厦市政园林绿化工程有限公司	绿化四合同	李家驹、陈宝玲
30	监理单位	云南云路工程监理咨询有限公司	监理一合同 K66+200～K87+200	严绍明
31		中国公路桥梁工程监理咨询总公司	监理二合同 K87+200～K93+000	严绍明
32		海南交通监理公司	监理三合同 K93+000～K100+280.91	严绍明
33		云南省公路工程监理咨询有限公司	监理四合同 K100+280.91～K114+500	严绍明
34		云南交通基建工程监理有限公司	监理五合同 K114+500～K128+200	严绍明
35		云南实信工程监理有限公司	监理六合同 K66+200～K128+200	严绍明
36	设计咨询单位	云南纪星交通工程监理咨询有限公司	监理七合同 K66+200～K128+200	严绍明

参加平锁公路建设的各从业单位在资金紧、任务重、地质地形复杂多变的情况下，牢固树立"百年大计，质量第一"的指导思想，以建优良工程为目标，顾全大局，精心组织，按要求顺利完成了建设任务。

3. 项目筹备

1999年，交通部《关于衡昆国道主干线平远街至锁龙寺公路可行性研究报告的批复》（交规划发〔1999〕586号）批准工程可行性研究报告。

2003年，交通部《关于衡昆国道主干线平远街至锁龙寺公路初步设计的批复》（交公路发〔2003〕156号）批准初步设计。

2003年，云南省交通厅《关于衡昆国道主干线云南平远街至锁龙寺公路施工图设计的批复》（云交基建〔2003〕444号）批准施工图设计。

2003年，交通部以交公路发〔2003〕156号文批复核定项目的初步设计总概算为20.19亿元。根据云南省交通厅上报交通部的《云南省交通厅关于衡昆国道主干线平远街至锁龙寺高速公路概算执行审计情况的报告》（云交基建〔2006〕757号），预测项目总投资为

28.7593亿元。

平锁高速公路由云南省交通厅委托云南省公路规划勘察设计院承担全部设计工作。

项目的施工、监理单位采用国内公开招标方式进行招标选择。

进场道路招标情况：经省计委、省交通厅批准，平锁高速公路进场道路3个合同段、1个监理单位按邀请招标、最低评标价法选择施工、监理单位。2003年4月30日，招标监督委员会召开第一次会议，审议进场道路招标日程安排、招标文件及邀请投标的单位。经过开标、评标，云南省交通厅以云交基建〔2003〕257号文批准开远公路桥梁工程总公司（第一合同）、云南第五公路桥梁工程有限责任公司（第二合同）、西南交通建设工程总公司（第三合同）、云南省公路工程监理咨询公司分别承担进场道路的施工、监理任务。施工结束后，由指挥部组织验收合格，并移交地方政府作为通村公路使用。

土建施工、监理招标情况：2003年5月9日，招标监督委员会审议了土建施工、监理招标资格预审文件，云南省交通厅以云交基建〔2003〕185号文作了批复；6月30日，招标监督委员会审议了资格预审评审报告及施工、监理招标文件，云南省交通厅分别以云交基建〔2003〕281号、280号文作了批复；9月18日监督委员会审议了土建施工、监理评标报告，云南省交通厅分别以云交基建〔2003〕397号文批准云南第三公路桥梁工程有限责任公司等12家施工单位、云南公路工程监理咨询有限公司等5家监理单位分别承担平锁高速公路土建工程的施工、监理任务。

路面等其他项目的招标情况：检测、路面、交通安全设施、机电、房建等工程施工、监理招标均按照《中华人民共和国招标投标法》的规定程序，依据公平、公正、公开的原则选择了施工、监理单位。甲方供应材料采购严格遵照云南省交通厅《关于明确公路建设主要材料招标采购通知》（云交基建〔2003〕556号文）的规定，实行国内公开招标采购供应。

质量检测单位的招标情况：通过公开招标和云南省交通厅批复，质量检测单位为云南地震工程研究院、云南省红星物探岩土工程公司、云南航天质量无损检测站、昆明勘察院科技开发公司，并委托云南省公路工程试验检测中心对桩基进行抽检和桥梁荷载试验。

平锁高速公路用地涉及文山、红河州的2县1市1乡1镇15个村委会60个村民小组，共征地6577.30亩（图17-110）。其中，红河州实际征地5032.014亩、文山州实际征地1545.2855亩。共迁坟344冢，其中红河州坟269冢、文山州75冢；拆迁房屋共17184.06m^2。

（三）项目实施

工程建设期间，交通部、云南省委省政府、省人大、省重点项目稽查办多次视察工地现场，帮助指导工作；云南省交通厅、云南省公路投资公司领导也经常深入工程现场进行指导,召开现场办公会议,及时研究解决工程建设中的关键性问题;省交通厅、质量监督站多次派员到现场审查、优化设计,解决重大工程技术难题;定期不定期组织工程质量大检查;路基工程竣工时,组织了路基工程质量检测验收;在公路建设的关键时期,文山、红河两州的各级政府给予了大力协助和支持。通过建设、设计、施工、监理等单位的共同努力,团结协作,奋力拼搏,圆满地完成了平锁高速公路的建设任务。

图 17-110　平锁公路穿越红土地

1. 制定项目各项目标

质量管理原则:以无沉降路基、无车辙路面为目标,保证地基、基床承载力为前提,以边坡、结构工程安全稳定为依托,压实度为重点,路面平整度为结果,质量内外兼修,具有质量特色。

质量目标:工程项目的合格率100%;交工验收综合评分不低于95分;竣工质量评定等级优良;保证工后沉降不超标、质量稳定,符合设计年限的质量使用标准,争创国优或"鲁班奖"。

投资目标:将费用控制在批准的概算(调概)内,最大限度地节省投资,提高投资效益。

工期目标:在合同工期内交工验收并投入使用,做到周密计划、合理安排、均衡施工,在合理的前提下提前工期。

水土保持、环境保护目标:按国家有关部门批准的水土保持、环境保护大纲和专项设计,做好水土保持、环境保护的施工、监测、监理工作,使水土保持、环境保护工程一次通过国家水利、环境保护部门的专项验收。

安全目标:保证工程施工安全和工程安全符合国家的安全规定,杜绝施工安全事故的发生和工程安全隐患的存在。

档案目标:保证施工竣工文件和监理文件符合国家档案管理规定,资料真实与实际相符,一次性通过竣工文件档案专项验收。

质量保证体系:工程实行政府监督、法人管理、社会监理、企业自检的四级质量保证体系。

2. 强化质量控制措施

在工程项目建设的具体实施过程中,指挥部在砚山—平远街高速公路经验的基础上,把管理纲要进一步作为管理工作的出发点和落脚点,在强调目标管理的同时,重视抓好过程控制与管理,主要是对人和事都制定细化、量化的过程考核指标措施,形成定期或不定期的考核制度。同时,把质量、进度、安全、环保方面的管理要求及考核措施、方法列入招标文件强制性执行;制定《指挥部职工考核管理办法》《指挥部对代表处目标责任考核管理办法》,并签订施工、质量、进度责任考核目标。实践证明,过程考核在项目建设过程中发挥出了积极有效的作用,保证了目标的顺利实现。

有效利用好国家资金,修建一条高质量高水平的高速公路,为云南交通建设和文山、红河州经济建设的发展作出应有的贡献,是指挥部的头等大事。为此,在工程项目开工之前,指挥部制定了详细的《施工监理实施细则》《施工质量控制程序、措施及要求》《工程质量违约处罚实施细则》等管理制度办法和规章制度,确保项目的质量管理在开工之初就处于规范的科学管理制度之中,做到"有法可依,有据可寻"。

指挥部在《合同文件》中约定,从合同价中提取 0.5% 作为质量奖励基金,按完工评比、交工验收、质量检测、竣工资料、竣工验收、省优、国优七个阶段评比奖励,采取奖惩分明的管理制度,并以此进行二次分配。这一制度的实施,极大地激发起了施工单位抓好工程质量、确保优质工程的决心。除在分阶段进行目标责任考核奖励外,指挥部还成立了以指挥部领导和各处室负责人为组员的质量稽查小组以及 QC 质量小组,对全线进行不间断的质量稽查管理活动。

施工、监理单位对质量问题高度重视,建立健全了以项目经理及监理组组长为首的质量保证体系,严格按技术规范和指挥部的要求进行施工。

有两项措施在项目建设中起到了重要作用:一是路基填料质量好,二是采用了大吨位的压实设备。平锁高速公路施工中,指挥部除了严把路基填料关外,对桥梁梁板、桩基等结构件,从材料的使用上提出了严格要求。尽管公路附近也有一些水泥厂,但指挥部宁愿"舍近求远",选用国家免检的优质产品。按照指挥部的要求,第九合同段项目部投资近百万元,购置了一套移动式混凝土搅拌站以及两台 $8m^3$ 的混凝土罐车。过去用小拌和机拌和,一天浇灌两跨 30m 的桥还得两头黑。有了先进的搅拌站,一天便可以浇灌出 6 跨 30m 的桥,工效大大提高。

严密的组织管理、严格的质量措施,确保了平锁高速公路的施工进度和施工质量。平锁高速公路控制性工程的 4 座隧道提前 10 个月全部贯通,位于文山州境内的一至三合同段路基工程提前 1 年成形,其余路基工程在 2005 年 12 月基本完工。

3. 强化项目进度控制措施

一是实行阶段目标进度合同管理办法,指挥部根据工程的实际和气候季节情况和云南省交通厅、云南省公路投资公司下达的年度计划,适时提出阶段性生产目标,与施工、监理单位签订协议,按时考核,奖惩分明。

二是强化合同管理意识。通过规范工程招标,规范工程管理办法,严把施工、监理单位的进场关、承诺关,强化工程参与单位及人员的合同意识。

三是优化工程施工方案,加快工程施工进度,采取强制措施,解决施工进度的关键环节。指挥部对控制进度的关键环节实行单项工程进度考核,调集全线各施工单位力量开展施工会战,打破标段划分界线,采取与进度滞后的施工单位法人代表进行履约谈判等多种办法。

四是以小项工程的分项开工申请为单元,加强工程计价与合同管理。指挥部严格设计变更审批,坚持四方会审制度,计价数量必须是经监理工程师审核重新计算的实际完成数量。新增单价严格按合同规定及实际情况、市场价格综合确定。

五是及时支付工程价款。指挥部根据工程建设的实际完成情况,及时计量与支付,确保工程的顺利实施。

4. 加强资金的严格管理使用

为搞好项目工程资金的管理,保证工程资金专款专用,确保工程建设资金管理科学化、程序化、规范化,指挥部根据国家和云南省的有关规定,制定了《工程资金使用管理办法》,并作为合同文件的组成部分全面进行工程资金的控制。在整个工程建设期,对工程建设资金实行专款专用。

5. 加强安全生产管理

指挥部要求全线从业单位都必须建立安全管理机构,明确单位一把手为安全管理第一责任人;制定文明工地建设标准和奖惩办法,实行安全事故一票否决制度;树立全员安全生产意识,在分项开工申请中增列安全措施与设备的检验。各施工单位领导强化安全意识,采取得力的安全措施,普遍注重工作实效,监理工程师把安全生产与质量等同看待,加强监理,各级管理部门坚持对工地进行专项和巡回检查,及时查处各种安全隐患,安全施工得到了有效控制。

(四)复杂技术工程

鹰嘴岩因整座山岩酷似鹰嘴而得名。鹰嘴岩前后均为"V"形峡谷,平锁高速公路通过这里时,在峡谷上架桥,两个峡谷之间为鹰嘴岩一号隧道,过了峡谷紧接着又是鹰嘴岩二号隧道,因此,这里形成了两座大桥与两座隧道紧紧相连的壮观场面。

鹰嘴岩一号隧道上行线长1830m,下行线长1820m。由于地势险要,施工场地十分狭窄,在隧道掘进过程中又遇到了深不见底的大溶洞。建设者合力攻关,投入大量机械设备。2004年12月,鹰嘴岩一号隧道贯通。

对建设者来说,还有比鹰嘴岩一号隧道更大的难题摆在他们面前。他们要在鹰嘴岩一号隧道和二号隧道的悬崖峭壁之间建桥,将两座隧道连接起来。这是一座连续刚构特大桥,上行线中跨103m,两个边跨各为57.5m;下行线中跨133m,边跨分别为73.5m。

这座特大桥最难的是桩基施工。按设计,大桥主墩柱为空心薄壁墩,高68m,墩柱下为深67m的4根灌注桩。按施工规范,如此深的灌注桩必须用机械钻孔。然而,大桥的桩基刚好在峡谷底部,峡谷两岸是近70°的陡坡,从隧道口到谷底高差达110m,足有30层楼那么高,施工便道无法修至谷底,施工机械也无法运至谷底,只能改为人工挖孔。

由于石质破碎,挖孔不断加深,难度也不断加大。建设者采取了不少应急措施,向孔内定时供风,工人戴上钢盔,穿上防弹背心,施工2个小时轮换一班。工人们辛辛苦苦奋战,有时,轮换1天只有20cm的进度。经过筑路人的顽强拼搏,平锁大道顺利通过了鹰嘴岩。

南盘江是平锁高速公路必须跨越的一道天堑。按照设计,南盘江上要建一座长620m的特大型连续箱梁桥。传统的箱梁长20m,但南盘江大桥的箱梁却有30m,每块箱梁重达130t。大桥墩柱也有创新,江中部分采用的是独墩柱独盖梁,设有19排、38根墩柱,盖梁采用三台张拉。这样的设计,给箱梁的吊装、盖梁的张拉都带来了一定的难度。

按照原设计,平锁高速公路南盘江沿岸主要工程为路基开挖。由于山高坡陡,开挖路基必然造成大量高边坡,给环保、水保带来巨大压力。指挥部从实际出发,将13.8km的路基分为两台,不少路段一台建路一台建桥。这项措施减少了土石方开挖量30多万m^3,同时也形成了平锁高速公路独特的一道景观——半边是路半边是桥。

在南盘江边施工,施工人员还要克服气候和地质条件带来的不利影响。南盘江畔年平均气温29℃,室内的最高气温达到38℃。而且,公路沿线还分布着大量古滑坡体、泥石流和粉沙层。第七合同段就有近1km路段从粉沙层上通过。建设者通过咨询,采用城市建设中常用的沉管灌注桩,终于越过了粉沙层。

(五)科技创新

结合项目桥梁、隧道密集,地质地形及水文复杂,膨胀土、高液限土分布广,沿河路段粉砂地质的工程实际,为保证工程安全,指挥部与省内外有关单位密切协作,不断引进新技术、新工艺和新材料加以应用,还与有关设计单位、科研所和重庆交通大学合作,开展科技创新和科技攻关,先后进行了"平锁高速公路柔性基层沥青路面施工质量控制技术研究""松散边坡岩土改性治理技术工程化研究""高速公路干热河谷地区边坡环境保护及景观生态恢复综合技术研究""云南高速公路柔性基层沥青路面结构非线性研究""公路隧道光纤分布式温度检测与报警系统的应用研究"5个科研课题的研究,有力地推动了科技进步和生产力发展,增加了平锁高速公路建设的科技含量。

（六）运营养护管理

平锁高速公路设计公路等级为全高速公路,预计远景交通流量为52898辆/昼夜,桥涵设计荷载为汽车—超20级,挂车—120,洪水设计频率1/100(特大桥1/300)。其中,平远街—老玉坡段(K66+200~K83+917.76);腻落江—锁龙锁(K102+066.20~K128+200)路线长43.33km,设计速度为80km/h,路基宽24.5m,行车道宽4×7.5m,平曲线一般最小半径400m,极限最小半径250m,路线最大纵坡6%,桥梁宽度24.5m,抗震设防烈度Ⅶ度;老玉坡—腻落江段(K84+111.33~K101+981.2)路线长17.86km,设计速度为60km/h,路基宽22.5m,行车道宽4×7m,平曲线一般最小半径200m,极限最小半径125m,路线最大纵坡6%,桥梁宽度22.5m,抗震设防烈度Ⅵ度。

平锁高速公路全线设2个收费站、1个综合服务区、1个隧道管理所。

五、石锁高速公路——广昆收官石锁开

石林、锁龙寺两地的第一个字连起来就是"石锁",一把深重的"锁"。石锁高速公路通车前,锁龙寺前方有平锁、砚平、富砚、罗富4条高速公路,石林前方有昆石高速公路,只有石锁一段为二级公路。石锁真的像一把大锁,锁住了汽车行驶的速度,也锁住了云南走向沿海地区的步伐。

石锁高速公路建设成为广昆高速公路云南境内的最后一场攻坚战,成了广昆高速公路的收官之作。

石锁高速公路的建成通车,彻底打开了"石锁",广昆高速公路一路畅行。

（一）项目特点

石林—锁龙寺高速公路是国家高速公路网G80广州—昆明高速公路的一段,是国道主干线GZ40二连浩特—昆明—河口公路、国道主干线GZ75衡阳—昆明公路云南省境内的重合路段,也是云南与广西、广东、港澳地区交通联系的公路主通道,以及云南省内昆明连接红河州、文山州,对外接越南及东南亚的重要国际大通道。石锁高速公路是亚洲公路网A14越南河内—云南昆明—缅甸曼德勒的组成部分,是红河州通往昆明及外省的主要通道。

原石林—锁龙寺公路虽已达到二级公路标准,但部分路段路基窄、弯大坡陡,穿越村庄和乡镇,人、畜、车辆混合行驶,横纵向干扰较大,通行能力很小,制约了云南省及沿线地

区交通运输和经济的发展。

石锁高速公路的建设,能够使属地红河州畅通内联外接,在经济发展中连接、辐射、交换、服务等功能和得天独厚的区位优势进一步显现。同时,为适应国家实施西部大开发战略的需要,对全云南省成为连接中国西南和东南亚的一座大陆桥,构筑我国西部地区与东盟各国间的重要国际运输大通道,完善国家和云南省高速公路网,改善西南边陲地区交通条件,促进沿线地区资源开发以及少数民族地区经济社会的协调发展,进一步突破交通"瓶颈"的制约,凸显云南省在中国—东盟自由贸易圈中的重要地位,具有重要的作用。

石锁高速公路项目建设中,路基高填深挖等关键部位的质量控制,竹园隧道工程的开挖、防水、支护工程的质量控制,桥梁工程在预应力、混凝土、钢筋工程及桩基、地基承载力的质量控制等,构成了石锁高速公路建设的重点和难点。

(二)项目概况

1. 基本情况

石锁高速公路起点设在昆石高速公路 K73+700 半截河互通处,经石林、蓑衣山、西一、弥勒、竹园、锁龙寺,终点接锁龙寺至蒙自高速公路,主线设计全长 107.482km,纳入项目建设的连接线包括新哨立交连接线和弥勒立交连接线(图 17-111)。新哨立交连接线是拟建公路用连接线,将石哨二级汽车专用公路(弥勒县城)与石锁高速公路主线相接,全长 8.869km,连接线按照山岭区二级公路设计(路基宽度 10m,设计速度 60km/h)。弥勒立交连接线是拟建公路与弥勒县城、石哨二级汽车专用公路的公路通道,全长 4.114km,连接线按照山岭一级公路设计(路基宽度 24.5m,设计速度 80km/h)。路线经石林县境内 26.261km,弥勒市境内 81.221km,共占用土地 699.1363 公顷。

图 17-111　石林—锁龙寺高速公路位置示意图

第十七章

国家高速公路

项目主线设计速度为100km/h,路基宽26m,山岭重丘区双向四车道,桥涵设计汽车荷载等级采用公路—Ⅰ级,其他技术指标按《公路工程技术标准》(JTG B01—2003)执行,设计交通量为2029年远景平均交通量42091辆/日(小客车)。抗震设防烈度为石林县Ⅷ度,弥勒市Ⅶ度。

主要工程数量为路基土石方2040.2万 m^3,防护与排水工程95.2440万 m^3,隧道长1194延米/1座(按单幅计列),主线桥12572.72延米(大桥31座、中桥43座、小桥21座),全线设置互通式立交7处,收费站6处。

交通部批准石锁高速公路项目初步设计总概算49.817亿元。其中,国家安排中央专项基金7.38亿元,云南省安排财政资金4.5亿元,交通规费20.6亿元,共计32.48亿元作为项目的资本金,约占总投资的68.4%,其余资金利用国内银行贷款解决。

石锁高速公路地处云南省昆明市南部(石林县境内)、红河州东北部(弥勒市境内),位于东经103°00′~103°30′、北纬23°00′~23°20′,沿线多经过坝区、丘陵区、山岭区,构造形式以断裂占主导地位,区内地层除缺失奥陶系、侏罗系、白垩系地层外,其他均有出露,元古界分布于西南隅及北部海邑一带,由板岩、粉砂岩、千枚状页岩组成。石林县地处滇东高原的腹心地带,地势起伏平缓,由东向西阶梯状逐渐倾斜下降,最低处位于巴江出口处。县境西部及东南部高原面受南盘江及其支流(巴江、普拉河)的切割,形成相对高起的山地。石林大部分地区都被石灰岩所覆盖,由于地下水的长期溶蚀,形成比较典型的岩溶地貌,其中以溶蚀洼地、石芽、高石芽及峰林孤峰等较普遍,石林、溶洞、暗河较发育。弥勒市地处滇东高原的南部,北部起伏和缓,高原面较完整,南部、西部由于受南盘江及其支流的侵蚀切割,形成山谷相间的中山山地。地势北高南低,东西高中间低凹,形成北极、南乡、虹溪3个大坝区。坝区外围有相对高起的山地,山区间有岩溶地貌,孤峰突出,山峰之间形成洼地。市内最高点为金顶山,海拔2315m,最低处在西南端南盘江处,海拔933m。

项目工程主要构造物为冲孔桩基、圆形或方形墩柱、预应力空心板、预应力T梁、箱梁、箱形连续刚构、分离式隧道等。

石锁高速公路批准开工时间为2009年5月,工程开工时间为2009年9月(局部控制性工程开工),交工时间为2012年9月28日,交工后进入试验试通车阶段。

2. 前期决策

石锁高速公路批准建设之前,原有昆河公路修建于20世纪90年代初期,其中石林至新哨段长75km为二级汽车专用公路,设计速度80km/h、60km/h,最大纵坡5%、6%,路基宽11m、9m,路面为沥青路面。设计车辆荷载为汽车—超20级,挂车—120。根据交通量调查,该路段2004年年平均日交通量已接近5000中型车辆/日,且大型车辆比例高,达26.1%,载重量大,并且严重超载,车速低,仅为40km/h左右,只有经济时速的一半,大小车辆混合通行,通过能力较低,严重制约了红河州地方经济的发展。

在云南省交通厅的指导下,云南省公路规划勘察设计院按照交通部《水运、公路建设项目可行性研究报告编制办法》、国家发改委《投资项目可行性研究指南(试用版)》,编制完成了国道主干线(GZ40)二连浩特—河口公路石林至锁龙寺段工程可行性研究报告。2004年1月,云南省交通厅组织有关单位和专家对本可行性研究报告进行了审查。2004年6月,交通部组成专家组对本可行性研究报告进行了现场审查,根据审查意见修改、完善、编制完成了石林—锁龙寺段工程可行性研究报告。

2007年,国家发展和改革委员会《关于云南省石林至锁龙寺公路可行性研究报告的批复》(发改交运〔2007〕3056号)批准了石锁高速公路工程可行性研究报告。《批复》指出:为适应国家实施西部大开发战略的需要,构筑我国西部地区与东盟各国间的重要国际运输大通道,完善国家和云南省高速公路网,改善西南边陲地区交通条件,促进沿线地区资源开发以及少数民族地区经济社会的协调发展,同意建设石锁高速公路。

2008年,交通部《关于石林至锁龙寺公路初步设计的批复》(交公路发〔2008〕487号)批准了石锁高速公路项目初步设计,对项目的建设规模与技术标准、路线方案、路基路面方案、桥梁、隧道、互通立交、交通工程及沿线设施、概算等作出了批复。2009年5月,交通部批准公路开工报告,同意石锁高速公路开工建设。

3. 参建单位

2008年5月14日,云南省人民政府《关于同意成立云南石锁高速公路有限公司的批复》(云政复〔2008〕35号)批准成立云南石锁高速公路有限公司,负责项目建设管理工作,并成立云南石锁高速公路建设指挥部,指挥部领导机构由指挥长、常务副指挥长、副指挥长、总工程师组成,管理机构由工程处、质量管理处、总工办、合同处、综合管理处、物资处、党群工作处、征迁处、安监保通处、财务处组成。

通过招标,共有8家设计、施工、监理单位参与石锁高速公路建设(表17-41),各方参建单位均符合国家规定的资质及业绩要求。

石锁高速公路建设从业单位信息采集表 表17-41

序号	参建单位	单位名称	合同段编号及起止桩号	主要负责人
1	项目管理单位	云南石锁高速公路有限公司	K0+000~K110+583.97	
2	勘察设计单位	重庆交通科研设计院	土建一合同段 K0+000~K52+532.2020	
		云南省交通规划设计研究院	土建二合同段 K56+000~K110+583.97	
		安徽省交通规划设计研究院	路面优化 K0+000~K110+583.97	
		中国公路工程咨询集团有限公司	交安、机电 K0+000~K110+583.97	

续上表

序号	参建单位	单位名称	合同段编号及起止桩号	主要负责人
3	施工单位	中国建筑股份有限公司	K0+000~K110+583.97	
4	监理单位	北京华路捷公路工程技术咨询有限公司	监理一合同段 K0+000~K32+700	
		云南省公路工程监理咨询公司	监理二合同段 K32+700~K77+000	
		安徽省高等级公路工程监理有限公司	监理三合同段 K77+000~K110+583.97	
5	设计咨询单位			

(三)建设情况

1. 项目筹备

2010年,云南省交通厅下发《关于石林至锁龙寺高速公路土建工程两阶段施工图设计的批复》(云交基建〔2010〕357号),批准了两阶段施工图设计。

2005年,国土资源部下发《关于国道GZ40二连浩特至河口公路石林至蒙自段项目建设用地预审意见的复函》(国土资预审字〔2005〕453号),批准了项目建设用地。

2006年,水利部下发《关于国道主干线GZ40二连浩特—河口公路石林至锁龙寺段水土保持方案的复函》(水保函〔2006〕550号),批准了项目水保方案。

2007年5月25日,国家环境保护总局下发《关于国道主干线二连浩特—昆明—河口公路石林至锁龙寺段环境影响报告书的批复》(环审〔2007〕192号),批准了项目环保报告书。

石锁高速公路建设项目设计招标土建中标设计单位为重庆交通科研设计院、云南省交通规划设计研究院,路面优化设计为安徽省交通规划设计院。

石锁高速公路建设项目工程总承包招标共收到4家投标单位的投标文件。2009年3月28日,在云南省监察厅驻交通厅监察室人员的监督下开展评标工作,最终中国建筑股份有限公司为中标单位,并于4月16日签订建设承包合同。石锁高速公路共有土建22个合同段,路面4个合同段,交通安全设施11个合同段。

2009年2月27日~2009年3月5日,石锁公司在"昆明日报"、中国采购与招标网上发布了石锁项目监理招标公告。随后经由云南省交通厅随机抽取专家评审,采用综合评标法评标。2009年4月8日,北京华路捷公路工程技术咨询有限公司、云南省公路工程监理咨询公司、安徽省高等级公路工程监理有限公司3家单位最终中标,并于4月22日签订了监理合同。

石锁高速公路途经石林县、弥勒市,征地拆迁工作按照云南省发展和改革委员会、省国土资源厅、省林业厅、省交通厅与红河州人民政府签订的《云南石林至锁龙寺高速公路征地拆迁及施工环境保障责任书》要求，征地拆迁工作由地方政府具体负责。指挥部负责筹措经交通部批准的石锁高速公路概算中的征地拆迁费用。项目启动后，沿线各县（区）都成立了公路建设征地拆迁领导小组，负责办理相关事宜。

2009年2月23日上午，红河州在蒙自召开石锁、锁蒙高速公路项目建设汇报会，专题听取了石林至锁龙寺、锁龙寺至蒙自高速公路项目建设工作情况汇报，并就如何加大石锁项目征迁工作力度，按照预期进度推进项目建设提出了希望和要求。

2009年4月9日，昆明市副市长陈勇同石锁公司总经理伍新签订了石锁高速公路建设（昆明境内）征地拆迁及施工环境保障责任书，石锁高速公路建设昆明境内的征迁工作正式进入实施阶段。

为方便地方人民生产生活，石锁项目多次变更设计，如应石林县政府要求增加7座跨线桥、互通连接线增加1.6km；弥勒县政府要求增加位于锁龙寺互通区的朋普镇专门出口通道1条1.4km，弥勒扩宽连接线2km。

2009年5月2日，石锁项目第一块征迁用地在弥勒朋普交用后，到2009年底，石锁全线主线设计里程107.482km及互通式立交7座、施工便道25条用地征迁工作基本完成。到2010年底，项目用地征迁完成了东风农场所有主线用地征迁任务，并提供施工单位使用。全线共完成征地699.1363公顷，其中，耕地409.4047公顷、园地46.4257公顷、林地211.6073公顷、其他农用地7.2780公顷、建设用地23.7712公顷、未利用地0.6494公顷。

2. 项目实施

石锁高速公路自2009年9月开工后，通过建设、设计、施工、监理、科研、检测等全体建设者的共同努力，克服了干旱、洪涝、暴雨、大风、冰雹、雷电、大雾等类型的气象灾害以及暴雨诱发的滑坡等地质灾害，实现了"质量、工期、安全、环保"等计划目标，顺利完成了土建、路面、交安工程建设的各项内容。

（1）加强监督管理 树石锁形象

一是狠抓工程进度保通车。指挥部紧抓通车目标不放松，落实工作责任，细化工作要求，严格目标管理，加强工作督促和服务，抓好项目建设各个环节的工作。指挥部抓住每一天，以时不我待的紧迫感，争分夺秒，全力推进工程建设。

二是合理安排工序，科学组织施工，重点突击控制点。各施工单位根据各自实际情况，按照指挥部下达的施工计划，把工程量分解到每个月、每周、每日，分解到每个单项工程，合理安排工序，做到环环相扣，无缝衔接，并实行进度月报制度，把进度月报及时上报石锁公司和省交通厅。

三是加大投入，做好生产保障。指挥部要求施工单位认真分析和落实工程所需的劳力、材料、机械设备配备情况，把生产要素配齐配够，确保材料、机械设备和人力资源投入充足,不因投入不足而影响生产。对工程进展不理想的施工段落,及时调整工作安排或加大投入力度。

四是狠抓工程质量严要求。指挥部在加快工程建设的同时,始终坚持"质量第一"的方针,采取有效措施,确保工程质量。质量控制实行最严格的标准,指挥部工程处建立质量、进度巡查制度,在巡查中发现质量问题立即返工整改。同时,加强质量过程控制,严格把好"三关"。首先,把好质量"验收关"。坚持对每一道工序进行严格验收,只有验收合格后才能进入下一道工序施工。其次,把好施工"程序关"。施工中严格按规范抓好每一个环节、每一道工序;加强监理工作,做好现场管理,从基础工作入手,从第一道工序抓起。第三,把好材料"准入关"。加大原材料使用的抽检力度,不合格、未经批准的材料绝不允许进入工地。实行质量月报制度,把质量月报及时上报公司和省交通厅。

五是狠抓安全生产保平安。安全重于泰山,安全就是生命。在项目建设中抓好工程质量,加快进度的同时,指挥部强化安全责任意识,狠抓安全生产,确保施工顺利进行。

六是狠抓文明施工精细化。按照精细化施工与管理实施细则的要求,指挥部狠抓建设管理的科学化、规范化和程序化,全面提升建设管理水平,确保做到"工程内实外美、管理规范有序、现场井井有条",努力把项目文明施工的形象提升到较高水平。

(2)确保通车工作措施

为确保实现石锁高速公路通车的目标,指挥部在建设过程中采取一系列科学、有效的管理方法和措施。

一是倒排工期,谨密计划,将计划细化到每周。根据总体目标,倒排工期,把总体计划细化到每周。为确保周计划工作的完成,指挥部采取了三项措施:坚持周生产会议制度,每周召开指挥部办公会,通报本周工作生产完成情况,安排部署下周生产计划,责任落实到人;严格执行周计划,根据天气及实际完成情况,进行科学合理的适当调整,对提前完成计划的将周工作计划适当前移,对未完成计划的通过加大资金、人员、设备投入,以追赶进度;针对全线生产过程中的重点和难点,指挥部主要领导细化分工,责任到人,发挥主观能动性,包干完成分工任务。

二是增加资金投入,采用工期奖金方式激励施工单位加快生产进度。指挥部组织开展"石锁杯"劳动竞赛活动,与各施工单位签订目标考核责任状,兑现奖罚,在全线掀起生产建设高潮。对路基控制性工程施工实行目标管理。通过梳理排查,找出影响全年目标任务的关键,抓住有限的施工时间,对施工单位下发指令,限期完成交验任务。根据目标完成情况重奖重罚,对剩余工程施工实行目标管理。根据通车目标倒排工期,梳理剩余工程量,对路基、桥梁、路面、房建、机电、交安等节点实行目标管理,每月进行考核,兑现奖罚。采取多种激励措施,充分调动全员工作积极性,确保通车目标。

三是组织项目生产突击队。对无法按期完成计划任务的工作内容,指挥部制订预案,组织生产突击队进行突击作业,确保总体计划的实现。对拖延工期的施工单位,由指挥部工程处下发书面指令整改,如没有得到回应,剩余工程由突击队顶上,决不因施工延误而影响通车目标的实现。

四是做好资金年度使用计划。及时与相关银行进行深入、详细的沟通,使其充分了解项目建设情况,按照工程进度及时发放工程款,确保项目建设资金没有问题。

五是加强与地方政府的沟通与协调,请求县政府、沿途各乡镇领导支持项目建设。各乡镇通过加大宣传力度,促进沿线群众对项目建设情况的了解,更加支持项目建设,营造良好的施工环境。积极做好征地拆迁扫尾工作,扫除障碍,确保通车目标。

(四)运营养护管理

石锁高速公路设置石林、弥勒、朋普服务区,建筑面积11500m^2,分别由营业室、加油站、宿舍楼、公厕、超市、水泵配电房、室外道路等组成。蓑衣山、竹园停车区建筑面积2652m^2,分别由公厕、临时休息区、水泵配电房、室外道路等组成。

全线设鹿阜、蓑衣山、弥勒北、弥勒南(图17-112)、竹园、锁龙寺6处收费站,设置石锁路监控通信分中心(弥勒南)。

图17-112 石锁高速公路弥勒南收费站

石锁高速公路进入试验试通车阶段,验收报告报云南省交通厅备案15天后正式投入试运营。运营通车后由云南石锁高速公路建设指挥部组织实施日常养护管理工作,由云南省石锁高速公路路政管理大队负责路政管理工作。缺陷责任期内,除正常维修维护和病害处治外,未发生大修养护情况。根据云南省人民政府及省纪委相关会议精神,2013年10月20日,由云南省公路局托管石锁高速公路;2014年4月,由云南云路红石公路投资有限公司接管石锁高速公路。

石锁高速公路通车后,车辆通行流量及经济效益迅速增长。根据工可报告预测,石锁高速公路 2010 年全线平均交通量为 10188 辆/日,2020 年为 23337 辆/日,2029 年为 42091 辆/日。石锁高速公路通车当年,车流量为 16914 辆/日,2013 年为 17767 辆/日,2014 年为 17445 辆/日,2015 年上半年为 18531 辆/日。

第十二节　G8011 开远—河口高速公路

广昆高速公路联络线 G8011 开远—河口公路有锁龙寺—蒙自、蒙自—新街、新街—河口 3 个高速公路建设项目,全长 270.47237km,已全部建成通车。

一、锁蒙高速公路——首建矮塔斜拉桥

蒙自是中国西南内陆通向东南半岛地区的咽喉,处于辐射国内西南地区和东南亚国家两大"扇面"的交汇点和中国昆明至越南河内国际经济走廊的中心节点。光绪十五年(1889 年)落成并正式开关的蒙自海关是近代云南第一个海关,也是近代中国 21 大海关之一。随着锁龙寺—蒙自高速公路的建成,云南乃至大西南通往距离最近的出海口——越南海防的出海大通道随之形成,不仅让越来越多的人认识了有"中国过桥米线之乡""中国石榴之乡"和"中华特色美食名城"等美称的蒙自,也为滇南中心城市半小时经济圈连通了"动脉",更为红河经济社会的快速发展插上了腾飞的翅膀。

锁蒙高速公路在开远市境内跨越南盘江。1962 年,南盘江上建成当时中国最大跨径的石拱桥——开远长虹桥,桥长 127m,单孔跨径 112.5m。锁蒙高速公路在南盘江上建成云南首座矮塔斜拉桥——南盘江特大桥(图 17-113),在云南公路桥梁建设史上又写下了新的一页。

图 17-113　云南第一座矮塔斜拉桥——南盘江特大桥

(一)项目特点

锁蒙高速公路是国家高速公路网 G80 广州—昆明高速公路联络线 G8011 开远—河口公路的一段,也是国道主干线 GZ40 二连浩特—昆明—河口公路、国家重点公路汕尾—清水河公路云南省境内的重合路段,同时也是云南省连接我国西北、西南及通向东南亚、南亚各国的主要公路通道。

锁龙寺至蒙自原为二级公路,交通事故频发,已不适应交通量增长需要,制约了高速公路网络效益的发挥。锁蒙高速公路的建设有利于完善国道主干线和国家高速公路网,有利于促进少数民族地区加速奔小康和建设和谐社会,有利于开发滇南矿产和旅游等资源,有利于激活口岸边贸、促进东南亚贸易,有利于稳定发展、巩固边疆和防灾、救灾等快速反应的需要。

项目勘察设计期间,广西壮族自治区交通规划勘察设计院作为本项目设计监理单位,对项目的勘察设计全过程进行监控,为项目的优质创新奠定了基础。

勘察设计统筹考虑规划、建设、养护、运营全过程,系统解决工程结构的耐久性、抗疲劳性,人车行驶的安全性,养护维修的可行性及环境景观的协调性等问题,以实现公路使用寿命更长、环境更美、行车更舒服、投资更省的总体目标。如:在路线平纵面线性较好路段,必要时提高一级设置超高,在平纵指标较差、连续长上坡路段,超高设计降低一级,保证行车安全;地形困难地段,平纵指标适当降低,避免极限指标的同时应用。

锁蒙高速公路建设项目地形条件复杂、投资大、环境敏感、桥梁结构多、工程数量大,为保障按期优质完成施工,根据工程特点和难易程度,项目划分为 4 个合同段,并采用国内招标方式,选择和组织具有相关技术实力的施工队伍进场施工。各合同段的填、挖方数量相对平衡,避免产生跨越合同段的土石方调运给施工带来的相互干扰,做好各分项工程和各工序施工监管,特别是路基与环保工程施工直接衔接、协调与配合,使之有条不紊。

(二)项目概况

1. 基本情况

锁蒙高速公路路线起点 K110+000 位于红河州弥勒市朋普镇锁龙寺,接石林至锁龙寺高速公路止点,终点 K188+716.25,位于蒙自市小东山,接蒙自至新街高速公路起点(图 17-114)。沿线主要城镇:朋普、雨洒、开远市、羊街、草坝、蒙自县。主要中间控制点:南盘江、雨洒、开远、驻马哨、羊街、草坝、蒙自。锁蒙高速公路全长 78.75937km,设计速度 100km/h,路基宽度 26.0m,设计荷载为公路—Ⅰ级,桥面净宽 2×11.75m。建特大桥 1714m/1 座(单幅),大桥 21801.056m/35 座(单幅),中桥 2318.92m/17 座(单幅),互通式立交4处,停车场2处,服务区1处,投资概算41.69亿元,平均每公里投资概算约5300万元。

图 17-114 锁龙寺—蒙自高速公路位置图

锁蒙高速公路路线由北向南布设,穿过朋普盆地,跨越南盘江,沿开远盆地东侧布线,路线向南沿盆地东侧山脚布设,路线位于红河州弥勒、开远、蒙自市境内。弥勒段地处滇东高原的南部,北部起伏和缓,高原面较完整,南部、西部由于受南盘江及其支流的侵蚀切割,形成山谷相间的中山山地,山区间有岩溶地苗,孤峰突出,山峰之间形成洼地。开远段地处滇中湖盆高原的南部,境内以高原地形为主,由于南盘江及其支流深切,形成相对隆起的东西南侧山地,东部石灰岩分部广泛,发育有较典型的岩溶地貌。蒙自段地处滇中湖盆区的南缘,隔元江与横断山系纵谷区相望,地势东南高、西北低,自南向北渐次倾斜,石灰岩地层分部广泛,岩溶地貌发育较好。整个路段最高峰为开远东部山地老寨西南主峰,海拔2749.7m;最低处在弥勒西南端南盘江处,海拔933m,相对高差大,地形地貌复杂。所经区域依成因类型可划分为四种次级地貌单元:岩溶断陷盆地地貌、构造侵蚀低中山山地地貌、岩溶丘洼地(漏斗)地貌。所经区域位于青藏滇缅"歹"字形构造体系,川滇径向构造体系及云南"山"字形构造体系交接地带,多种构造相互叠加,构造形迹比较复杂。影响本区域的构造体系主要有开远"山"字形构造体系、南北向构造体系、北西向构造体系。路线区域地震基本烈度值为Ⅶ级。

锁蒙高速公路建设工期4年,2008年10月28日举行开工奠基仪式,2009年6月6日开工建设。2010年初,由于各种原因,施工建设碰到了困难,难以推进。为打通锁蒙高速公路这条重要干道,云南省政府与云南省交通运输厅有关领导多次巡视工地,展开深入调研,经过多方考察论证,决定引进山东高速集团有限公司建设该项目。2010年5月,山东高速集团有限公司与云南省交通运输厅签署战略合作协议。2010年11月16日,山东高速集团有限公司正式承接云南锁蒙高速公路项目的投资建设任务,并于2013年10月9日顺利建成通车。

2. 前期决策

为适应国家实施西部大开发战略的需要,构筑我国西部地区与东盟各国间的重要国际运输大通道,完善国家和云南省高速公路路网,改善西南边陲地区交通条件,促进沿线地区资源开发以及少数民族地区经济社会协调发展,2003年初,云南省公路规划勘察设计院和华杰工程咨询有限公司共同承担项目的工程可行性研究任务。

2007年11月16日,国家发展和改革委员会批准了云南省锁龙寺至蒙自公路可行性研究报告,2008年7月1日,交通运输部批准了关于锁龙寺至蒙自公路初步设计,并印发了《关于云南省锁龙寺至蒙自公路可行性研究报告》(发改交运〔2007〕3055号)、《关于锁龙寺至蒙自公路初步设计的批复》(交公路发〔2008〕158号),同意锁蒙高速公路开工建设。

3. 参建单位

2008年5月22日,云南省人民政府批准成立云南锁蒙高速公路有限公司,负责锁龙寺至蒙自高速公路及其附属设施建设。云南锁蒙高速公路有限公司建设指挥部根据项目特点,成立安全保通处、征地拆迁处、办公室、工程技术处、计划处、财务处。

为加强云南锁蒙高速公路工程项目建设管理,确保工程质量优良,有效控制工期、费用,提高投资效益和工程管理水平,指挥部制定了工程质量管理办法、工程进度管理、工程计量与支付管理、工程变更设计管理、施工监理管理、试验检测、工程稽查管理、工程违约管理、档案及竣工资料编制、工程物资供应管理、工程资金、典型示范工程、环境保护与水土保持、安全生产、道路保通、宣传报道、廉政建设等19项828条管理办法或实施细则,对工程建设项目各项工作依法管理,确保锁蒙高速公路工程质量、进度、费用、安全四大控制目标及典型示范工程的顺利实现。

锁蒙高速公路建设项目通过全国公开招标,整个招标的每道程序均在云南省交通运输厅公路工程招标监督委员会的监督下开展。经过公平、公正的资格预审、评审,坚持择优选择的原则,共有1家设计、4家土建施工、1家监理单位参与锁蒙高速公路建设(表17-42),各方参建单位均符合国家规定的资质及业绩要求。

锁蒙高速公路建设从业单位信息采集表　　表17-42

序号	参建单位	单 位 名 称	合同段编号及起止桩号	主要负责人
1	项目管理单位	云南锁蒙高速公路有限公司	K110+000~K188+716	孙正甫、袁英杰
2	勘察设计单位	云南省交通规划设计研究院	K110+000~K188+716	黄 勇
3	施工单位	云南路桥股份有限公司	TJ-1(K110+000~K131+120)、 TJ-3(K145+080~K159+440)	蔡丛兵、陈建刚

第十七章
国家高速公路

续上表

序号	参建单位	单位名称	合同段编号及起止桩号	主要负责人
4	施工单位	云南云桥股份有限公司	TJ-2（K131+120～K145+080）	洪 云、陈江宇
5		云南阳光道桥股份有限公司	TJ-4（K159+440～K188+716）	赵有红、槐可康
6		湖北省民族建筑工程有限责任公司	FJ-1、FJ-2	张 云
7		重庆锦通建设(集团)有限公司	FJ-3	王一军
8		远通建工集团有限公司	FJ-4	赵增宝
9		紫通捷通科技股份有限公司	DJ-1（K110+000～K188+716）	张宏正
10		山东省路桥集团有限公司	AFH-1（K110+000～K145+080）	杨海洋
11		盛世国际路桥建设有限公司	AFH-2（K145+080～K188+716）、GLS-2（K145+080～K188+716）、JBX-1（K110+000～K188+716）	李洪东、付经东
12		青岛建工集团有限公司	GLS-1（K110+000～K145+080）	腾金龙
13		深圳市金群园林实业发展有限公司	JBZ-1（K110+000～K188+716）	李家湖
14	监理单位	北京路桥通国际工程咨询有限公司	TJ-1（K110+000～K131+120）、TJ-2（K131+120～K145+080）、TJ-3（K145+080～K159+440）、TJ-4（K159+440～K188+716）、DJ-1（K110+000～K188+716）、AFH-1（K110+000～K145+080）、AFH-2（K145+080～K188+716）、GLS-1（K110+000～K145+080）、GLS-2（K145+080～K188+716）、JBX-1（K110+000～K188+716）	王卫东
15		山东省交通工程监理咨询公司	FJ-1、FJ-2、FJ-3、FJ-4	李天一

在锁蒙高速公路勘察设计工作中，云南省公路勘察设计院投入巨资引进先进的设计软件和测设设备，勘测设计采用新技术、新材料、新设备、新工艺，外业勘测平面控制测量采用 GPS 卫星定位系统进行，中桩放线采用 GPS 和 TPS 型全站仪进行。内业设计采用设计院研制的 RiCAD 软件，利用计算机对外业资料进行数据处理，完成横断面设计、土石方计算和平、纵面设计。桥梁设计采用桥梁之星软件，互通设计采用 HintCAD 软件，地质设计采用地质 CAD 软件进行计算并采用计算机成图制表，并采用了航片、卫片、数字化地面模型、遥感、物探等勘探手段，确保了勘察设计任务的早日完成。

项目设计着重考虑公路与自然环境、地形地貌的协调一致，充分考虑地质条件和工程建设的社会人文环境，强化地质选线，做到环保优先、景观协调，贯彻可持续发展的指导思想，争取把锁蒙高速公路建设成为一条具有交通安全性、行车舒适性、景观协调性、生态持续性、经济适用性的高速公路。

各施工单位根据施工承包合同规定的条款，建立健全组织管理机构，上足施工队伍，投入机械设备和管理人员，建立以总工程师为中心的质量自检体系，成立安全保通队伍，完善党组织领导下的监督保障机制,全面履行了投标承诺。锁蒙高速公路共有土建4个合同段、路面工程2个合同段、交通安全设施6个合同段、绿化工程8个合同段、房建机电工程5个合同段,共25个合同段。

锁蒙高速公路项目实行总监办—驻地办二级监理机构。监理工作紧紧围绕质量、进度、投资三大重点,成立了总监理工程师领导下的管理体系。指挥部制订了监理、施工质量、环水保、计量支付等管理实施办法,根据工程进度制订了相应的管理措施。监理单位到位监理人员125人。各监理单位严格执行监理工作方针、法规、合同文件及业主各项管理办法,以工程质量监理为核心,严格执行监理程序,按规定签认工程数量,控制工程费用。监理人员坚守现场,实行全天候巡查和稽查,发现问题立即整改,切实把质量管理措施落到实处,确保工程质量始终处于受控状态。同时,牢固树立廉洁自律意识,忠于职守,做到了对业主负责,让业主放心,使承包人满意。

(三)建设情况

1. 项目筹备

2008年,云南省交通运输厅《关于对锁龙寺至蒙自高速公路两阶段施工图设计的批复》(云交基建〔2008〕309号),完成了对锁蒙高速高速公路施工图设计的验收。

2005年,国土资源部《关于国道GZ40二连浩特—河口公路石林至蒙自段项目建设用地预审意见的复函》,同意通过了锁蒙高速公路用地预审。

2006年,国家环境保护总局《关于国道主干线GZ40二连浩特—河口公路锁龙寺至蒙自段环境影响报告书的批复》(环审〔2006〕448号),批复同意锁龙寺至蒙自高速公路环境保护方案。

2006年,国家水利部《关于国道主干线GZ40二连浩特—河口公路锁龙寺至蒙自段水土保持方案的复函》(水保函〔2006〕557号),批复同意锁蒙高速公路水土保持方案。

2007年,国家发展和改革委员会《关于云南省锁龙寺至蒙自公路可行性研究报告的批复》(发改交运〔2007〕3055号),同意建设锁龙寺至蒙自公路。

锁蒙高速公路项目工程可行性研究报告估算总投资39.34亿元。其中,交通运输部补助5.93亿元,云南省财政、交通规费安排7.839亿元,其余资金向中国农业银行贷款12亿元,云南省自筹13.571亿元。

施工总承包招标工作由中国远东国际招标公司进行代理招标。整个招标过程均由云南省监察厅驻云南省交通运输厅监察审计室委托云南锁蒙高速公路有限公司监事会及监审室的监督人员进行监督。2009年1月16日发售招标文件,共有25家单位进行投标,开标程序符合招标文件规定,开标会议严格按相关法律、法规进行。2009年6月9日,由云南省昆明市国正公证处、云南省监察厅驻云南省交通运输厅监察审计室委托云南锁蒙高速公路有限公司监事会及监审室的监督人员对开标活动进行公证和监督,最终以评标价最低的投标人为第一中标候选人。

2008年11月,红河州人民政府、云南省发展和改革委员会、云南省林业厅、云南省交通厅与云南省环境保护局共同签订《国道主干线GZ40锁龙寺至蒙自段高速公路建设征地拆迁及施工环境保障责任书》,征地拆迁工作由红河州政府负责成立领导机构,并组织各相关部门成立了征迁办公室和建设环境维护协调办。

锁蒙高速公路项目用地涉及蒙自、开远、弥勒3个市8个乡镇(蒙自3个、开远4个、弥勒1个)的21个村委会(蒙自市9个、开远市10个、弥勒市2个),共124个村民小组(蒙自市48个、开远市51个、弥勒市25个),共146个权属单位。

项目勘测定界工作由红河州国土资源事务所承担,拟征用永久性用地7412.907亩,交通运输部《关于锁龙寺至蒙自公路初步设计的批复》(交公路发〔2008〕158号),批准锁蒙高速公路建设需征用征收永久用地6116.65亩,概算征地拆迁费23405万元。实际征收永久用地8571.456亩,完成房屋拆迁面积38877.16m^2(超概算8020.47m^2)、水泥及混凝土地坪24208.732m^2,房屋拆迁及电力、通信、管线迁改补偿费11782.95万元,实际拨付支付比例达100%。

2.项目重大决策

锁蒙高速公路自2009年6月开工至2010年9月期间,业主数次更换,历经波折,工程建设一度处于停工或半停工状态,损失有效工期9个多月。2010年11月,山东高速集团接手锁蒙高速公路项目后,新组建的云南锁蒙高速公路有限公司创造性地开展工作,在时间紧、任务重的情况下,克服资金短缺、施工队伍不稳定、技术要求高、管理难度大等重重困难,在保证工程安全、质量的前提下,有效促进了工程建设进度,并在2年多的时间内实现了全线通车。

(1)抓安全促和谐发展

2010年12月,指挥部组织各级监理、各施工单位召开全线工程复工调度会,鉴于项目因长时间处于停工或半停工状态,安全意识淡薄,安全投入较少,安全生产形势不容乐观的情况,指挥部决定建立安全管理制度——安全管理体系,并以《中华人民共和国安全生产法》为核心,加快相关规章制度建设。安保处共3人,在保证日常安全管理工作及征地拆迁协调工作的基础上,实行"白加黑、五加二"工作制,并多次积极向云南省交通运输厅安委办咨询,经过4个月的努力,完成了27项安全管理制度的编制工作。2011年9月20日,《安全管理体系》顺利通过了云南省交通厅验收。

(2)抓进度保民生

一是抓认识,始终坚持把民生工程作为头等大事。二是抓进度,始终坚持把完成任务作为根本保证。倒排工期,责任到人。在保证质量的前提下,抢时间、提效率、抓进度、保工期。三是抓管理,始终坚持把一流服务作为重要路径。四是抓感情,始终坚持把服务为民作为持久动力。指挥部就如何扎实完成民生工程提出了具体办法,以"质量、进度、安全、廉政、履约诚信、文明协作"为主题,并分别于2011年3月、2011年12月、2012年2月组织了"百日会战""大干三十天""大干六十天"活动,加快了锁蒙高速公路建设步伐。

3. 项目重大变更

锁蒙原桥位 K126+170 的左幅为 $5 \times 25 \mathrm{m}$、右幅 $4 \times 25 \mathrm{m}$ T形连续梁桥,该桥梁墩柱最高为18m,由于在桥位的右侧洼地设置了一个巨大弃土场,占地81.28亩,弃方总量达45万 m^3。为了缓解本路段弃土场紧张状况,节约投资,指挥部决定将该桥变更为路基,采用填石路基处理,中桩处填土最高达23.92m,并根据原设计(大桥工程)和变更设计路基工程技术经济指标比较表,为确定变更方案提供比选论证数据。经最终审计结算,共节省工程费用1191.79万元。

(四)复杂技术工程

锁蒙高速控制性工程之一——南盘江特大桥为矮塔斜拉桥,在云南首次采用,主塔为 $108\mathrm{m}+180\mathrm{m}+108\mathrm{m}$ 预应力混凝土变截面矮塔斜拉桥,结构复杂,技术含量高,施工中受到的影响因素较多。地质复杂导致空壁保护、成孔困难,主桥墩身防裂要求高,合龙段悬臂浇注连续梁的施工等成为该项目的重点和难点。

(五)科技创新

锁蒙高速公路建设项目依托信息技术、智能监控技术、网络技术及计算机技术进行整合和开发,以沥青混合料拌和、碾压及桥梁混凝土质量、预应力张拉过程数字化控制、公路质量过程控制指标体系和评价方法、试验数据的采集与异常判别为主要研究内容。

指挥部研发了沥青混合料拌和、水泥混凝土生产质量的实时在线智能监控设备、沥青混合料碾压质量智能在线监控设备、室内混凝土全仿真强制拌和机、混凝土强度试验数据实时采集与智能管理设备,开发了路面试验检测数据管理系统、沥青路面和桥梁工程施工质量过程控制指标体系与评价系统以及路面和桥梁施工过程智能监控数据分析、评价、反馈计算云平台系统,取得了6项专利。指挥部将研究成果应用于锁蒙高速公路建设,取得了较好的应用效果。

通过研究,指挥部在以下方面取得创新。

1. 实现沥青混合料数字化监控

开发了 IPC 工控机、平板电脑和3G无线上网卡一体化的硬件系统,以及集数据查询、数据统计、异常警报三大功能模块为一体的全网页软件平台,实现了沥青混合料生产全过程数字化实时监控。通过高速工业照相机捕捉热料仓下料图像,利用图像连续识别技术,反推热料仓级配实际级配组成,实现混合料动态控制,并通过远程传输、动态诊断、实现实时反馈和控制,指导不同冷料进料速率,保证连续生产过程中沥青混合料均质稳定。

2. 实现沥青混合料生产可溯源

依托 GPS 实时定位技术,集成应用振动加速度及红外测温传感器,开发了碾压质量实时监控系统,实现对碾压轨迹、碾压遍数、碾压温度及压实度的实时监控,有效保证了沥青路面的压实质量。利用 RFID 技术,将沥青拌和楼实时生产结果与摊铺机 GPS 坐标位置通过时间序列进行匹配,实现沥青混合料生产、运输、摊铺、碾压全过程可溯源。

3. 开发了室内混凝土全仿真强制拌和机

借助该设备研究了影响新拌水泥混凝土内在品质的各个要素与拌和机电流的相关性,建立了电流特性与混凝土扭矩、坍落度之间的关系。

4. 通过监控拌和机电流预测混凝土工作性能

建立了电流与扭矩之间的关系,应用电流数值在线分析了混凝土的流变特性,预测了混凝土出机后的工作性能,有效监控了水泥混凝土的生产质量。

5. 开发了压力机实时数据采集设备

应用二维码等技术对水泥混凝土室内强度试验进行有效监管,保证了试验数据的客观性、准确性和真实性。利用二维码示踪技术,将室内混凝土抗压试块与公路工程结构物施工部位进行匹配,实现结构物原材料、工程质量、施工进度的数字化。

6. 实现桥梁预应力张拉四项同步

基于自适应预应力同步张拉控制算法和变速率预应力张拉控制算法,开发了四项同步张拉的预应力智能张拉设备,利用数据无线传输技术,考虑桥梁混凝土强度分布,动态调整不同千斤顶加载速率,实现了桥梁施工中四顶同步预应力钢筋张拉。

7. 构建通用型桥梁施工控制体系

在对通用型桥梁进行统一的分项工程划分基础上,从"材料、设备、人员、工艺、环境"五个方面,采用层次分析法对各分项工程进行施工过程质量评价,构建了通用型桥梁工程施工质量过程控制指标体系。

(六)运营养护管理

锁蒙高速公路设置黄凉田停车区、开远服务区、草坝停车区,建筑面积 60245m^2,并配套了相应服务设施,如加油站、营业室、公厕、水泵房、配电房等。全线设雨洒、开远、羊街、蒙自 4 处收费站,设置蒙自监控中心、蒙自管理中心及开远养护工区。

锁蒙高速公路通车后,车辆通行流量及经济效益迅速增长。根据工可报告预测,锁蒙高速公路2012年全线平均交通量为12230辆/日,2020年全线平均交通量为23573辆/日,2030年为41748辆/日,2031年为43745辆/日。2013年锁蒙高速公路通车后,当年车流量平均为13826辆/日,2014年平均为14395辆/日,2015年平均为14685辆/日,通车后每年日均交通量增加为440辆左右。车流量基本与预测目标值持平。

锁蒙高速公路自2013年10月9日全线通车以来,缺陷责任期内,除正常维修维护外,未发生需进行大修养护的情况。

二、蒙新高速公路——洞中建桥堪称奇

蒙自—新街高速公路修建前,有地质专家曾断言:"这里是典型的地质垃圾,这种地质基本不具备修建高速公路的条件。"蒙新高速公路穿越喀斯特地貌及红河大断裂层,多次穿越古滑坡体,地质十分复杂,是地质灾害易发多发地区,所处区域常年雨多雾浓,滑坡及泥石流灾害时有发生,有"地质博物馆"之称。由于地形地貌复杂,建成的公路形成了桥隧相连、隧道中建桥和长弯隧道群的奇观。尤其是从冷泉至蛮耗红河边连续38km的长大下坡,相对高差1450m,在云南乃至全国高速公路建设史上也属罕见。

(一)项目特点

1.项目的地位和作用

蒙新高速公路位于云南省红河州境内,是国家高速公路网G80广州—昆明高速公路联络线G8011开远—河口公路的一段,也是国道主干线GZ40二连浩特—河口公路云南省境内昆明—河口公路中的重要一段,是我国外接越南及东南亚的重要国际大通道,也是云南滇东及滇南的主要经济干线,更是促进红河州经济发展的交通运输枢纽。

按照交通部的发展战略规划,该项目是"五纵七横"国道主干线公路系统的重要组成部分。项目的实施,对改善昆明至河口大通道,促进中国和东盟的经济发展,建立中国—东盟经济自由贸易区、促进我国及云南区域经济发展具有重要作用。

蒙新高速公路位于云南省东南部,纵贯红河州境内,是云南公路网的主骨架组成部分。区内有GZ40、GZ75国道主干线,有323、32国道,有昆明—河口、文山—蒙自、河口—金平、个旧—蒙自、鸡街—蒙自、个旧—河口等省级公路,有较为稠密的地方县乡道路,还有滇越铁路。原有公路修建始于20世纪50~60年代,等级低、路基窄、弯急坡大、路况差,早已不能满足社会经济发展的需要。因此,本项目的建设,可以满足不断增长的交通量,强化公路连接纽带,提高综合运输能力,形成完善的公路交通运输综合网络。

滇南地区土地资源、水资源、矿产资源、生物资源、旅游资源丰富且蕴藏量大,包含锡、铁、银、铜、金、铅、钨、锰等金属,有煤、大理石等矿产,国家一级保护动物黑长臂猿、懒猴、

黑熊等,国家重点保护植物桫椤、苏铁、树蕨、董棕等。红河州境内旅游资源丰富,有多处国家风景名胜区和自然保护区,展示着浓郁的民族特色和历史文化景观。蒙新高速公路建设项目的实施,有效地改善了区内的交通运输条件,创造了良好的投资环境,进一步开发利用了当地丰富的资源,加快了红河州的民族文化交流和旅游业的发展兴旺,推动了旅游业的发展,促进了经济增长。

2. 建设重点和难点

蒙新高速公路地处云贵高原的南缘部分,大部分属红河流域(K0~K11 蒙自段为南盘江流域),地理坐标东经 103°20′~103°35′,北纬 22°50′~23°15′,地形地貌受地层岩性、地质构造控制明显,山脉走向、河流分布严格受构造的控制。区内以构造岩溶化山地地形地貌为主,岩溶发育有峰丛洼地、漏斗、落水洞等形态,地下水埋深大;次为构造侵蚀堆积河谷(红河谷北东岸)及湖沼相堆积盆地(蒙自盆地南缘部分)地形地貌。沿线山高坡陡,沟谷纵横,地形复杂,地形切割较大,向南倾斜,由斜坡地带过渡,直达红河河谷。区内地质构造十分复杂,路线区为青藏滇缅"歹"字形构造、川滇经向构造体系及南岭纬向构造体系的交接地带,断裂、褶皱发育,著名的构造形迹红河深大断裂沿红河谷呈北西—南东向延伸。区内对路线影响较大的构造(路线经过的主要构造)为新现—河口帚状构造及水田北东向构造。新现—河口帚状构造使红河北区向南东移动,是以红河深大断裂为界面两侧扭动的结果,其断裂皆属压扭性。水田北东向断裂两端被河口—新现帚状构造所切。故蒙新高速公路被誉为"矗立在地质垃圾带上的彩虹",堪称"公路工程地质博物馆",工程建设非常艰巨。

3. 项目主要创新点

蒙新高速公路地形、地质、水文条件极为复杂,山高谷深、沟壑纵横,走廊狭窄,较长里程高速公路需与蒙蛮公路、102 县道、红河交错穿插,悬崖峭壁、危岩落石比比皆是,岩堆、滑坡、泥石流分布较广。蒙新高速公路路线方案充分注重了地形选线、安全选线、地质选线、生态选线,工程设计、施工方案不仅先进、合理,符合国家和行业设计标准、规范及相关强制性条文的要求,技术上还具有许多创新、创造。

(1) 连续长大下坡全国之最

从 K22+300 连续降坡至 K60+580,连续长下坡长达 37.826km,平均纵坡 3.83%,最大纵坡 6.0%;最高海拔 1607.41m,最低海拔 157m,连续下降高差为 1450.41m。线路集中了湾田、凉水沟、蛮耗 3 个隧道群和河岩脚、金竹坪、五背冲、绿水河、清水河隧道,共 27 座隧道和 92 座特大桥、大桥及中桥,桥隧相连,桥隧比达 64.3%,是全线安全行车的特殊控制段。

项目对长大下坡交通安全进行了专题研究综合治理,相关课题"山区高速公路危险路段交通安全设施系统的研究"为交通部西部交通建设科技项目。该课题研发了强制减速车道、消能减速护栏、网索式避险车道三种新型安全设施并成功应用于蒙新高速公路,被权威专家评价为失控车辆驾乘人员的救命稻草。本项目节约工程建设投资1599万元,降低后期管养成本1987万元,2010年因成功实施救援减少人民生命财产损失超千万元,实现了通车1年长下坡路段失控事故人员零死亡率的巨大社会效益。课题研究成果具有创新性和显著的社会经济效益,总体上达到国际领先水平。

(2)科学处治岩堆、危岩等地质灾害

根据项目所处的自然因素与地质条件,结合施工、养护、运营等综合因素,项目采取了科学的路基设计方案。

①沿线岩堆较多,设计结合地形采用了分台式路基方案和桥梁方案跨越,并运用了桩板墙、抗滑桩及锚杆(索)框架梁等支护处治措施。

②沿线危岩分布较广,设计了SNS主动和被动防护、锚固支挡等防护措施,确保运营安全。

(3)灵活采用桥梁方案避让深谷

项目沿线地形、地貌、地质构造复杂多变,沟谷纵横,水文地质条件较为复杂。综合考虑老公路、河道、水电站对路线线位的影响,特别是经过安全、经济、环保、可实施性等方面比选论证后,项目合理布设桥梁148座。项目依山伴势,顺河架桥,严格控制对破碎山体的扰动,避让了大量的滑坡、岩堆等不良地质,桥梁与奔腾的河流并驾齐驱,成为蒙新高速公路独特一景。

(4)巧妙运用隧道突破大山阻隔

蒙新高速公路全线隧道18处/29座(联拱隧道7处/7座、分离隧道11处/22座),单幅长23600m,桥隧占路线总长的39.5%。和其他公路建设项目的最大区别在于隧道中架设桥梁和布设梁板预制厂的高超创意。

①土建第9合同段湾田3号隧道穿越喀斯特地形,出现较大溶洞,首创隧道中架设桥梁的方案。选用的"洞中桥"方案较为合理地结合了实际地形、地质情况,开创了我国山区高速公路隧道施工的先河,宣传和倡导了山区高速公路隧道设计的新理念、新思路,开阔了视野,得到了交通部专家的认可和赞赏。

②沿线山高坡陡,沟谷纵横,地形复杂,地形切割较大,地形相对切割高差1600～2400m,向南倾斜,由斜坡地带过渡,直达红河河谷。施工场地极为有限,为确保工程施工进度,建设者想出了在隧道中设立梁板预制厂的方法,既解决了施工场地限制的问题,又保障了工程的进度,可谓"一举两得"。

(5)完善的交通工程系统

蒙新高速公路交通工程设计以"保障安全、提供服务、利于管理"为原则,最大限度地实现功能、技术、经济、生态及人文的统一和协调,保证高速公路快捷、安全、经济、舒适地运营,保障行车安全,为用路者提供良好的服务,并使新建公路获取最大的社会效益和经济效益。同时,实现了交通工程各子系统间相互协调,形成完整的、现代化的道路管理体系,选用的设备具备可扩充性及维护方便性,系统安全可靠。

(二)项目概况

1. 基本情况

蒙新高速公路的路线起点 K0+000 位于蒙自县城南侧红河学院东侧山脚大东山下村,接石林至蒙自高速公路止点 K190+200,途经凉水井、冷泉、水田、窑头、蛮耗,止于河口县新街,与新街—河口高速公路相接(图 17-115)。线路从蒙自盆地南升坡至凉水井隧道、冷泉隧道后沿河岩脚、绿翠潭沟槽降坡,再经红河河谷北岸斜坡中部的湾田、西都底、蛮耗、绿水河电站降坡至红河边的清水河一带,之后路线大致沿红河北东岸的个旧—河口公路展布,途经下甘塘、二道河、莲花滩,止于新街(止点 K84+161.52)。整条线路最高海拔 2070m(凉水井隧道顶附近),最低海拔 125m(新街红河边),高差 1945m。路线全长 85.413km,其中,从 K22+300 连续降坡至 K60+580,连续长下坡长达 37.826km,平均纵坡 3.83%,最大纵坡 6.0%;最高海拔 1607.41m,最低海拔 157m,连续降高差为 1450.41m。

图 17-115 蒙自—新街高速公路位置示意图

蒙新高速公路建设项目技术标准为山岭重丘区高速公路,路基宽 24.5m,设计速度 80km/h,设计荷载汽车—超 20 级,挂车—120,预算投资 57.89 亿元,平均每公里造价 6778 万元,项目总工期 3 年。

云南蒙新高速公路设 4 个互通式立交,立交联络线 1.95579km;主要完成路基土石方 2241 万 m³,排水、防护工程 80.447 万 m³;特大桥 789.1m/2 座、大桥 39507.32m/108 座、中桥 3265.32m/29 座、小桥 119.12m/2 座、匝道桥 941.68m/6 座；涵洞及人行通道 140 道；隧道 23484.08m（按单幅计）/29 座；路面工程 197.0963 万 m^2，房屋建筑面积 24512m^2。沿线建设功能完善的高管处 1 处、监控通信中心 1 处、服务区 1 个、停车区 1 个、隧管所 1 个、变电所 6 个、收费站 4 个，并配套建设了完善的交通工程和齐全的通信、收费、监控三大系统。

交通部《关于二河国道主干线蒙自至新街公路初步设计的批复》（交公路发〔2004〕512 号）批复蒙新高速公路概算总投资 578978.45 万元（含建设期贷款利息余额 322943.800 元），2012 年 10 月 16 日～11 月 23 日，经云南省审计厅审计，审计报告（云审投报〔2013〕25 号）审定的蒙新高速公路实际完成投资为 607015.31 万元（其中含尾工工程费用为 18246.00 万元）。

云南蒙新高速公路于 2005 年 1 月 1 日开工建设，2009 年 8 月 6 日建成通车。

2. 前期决策

根据云南省交通厅安排，2003 年 4 月，云南省公路规划勘察设计院开始进行室内及现场的调研工作，同年 8 月编制完成了蒙新公路的工程可行性研究报告（代项目建议书）。

2003 年 12 月，云南省交通厅运输行文《关于上报国道主干线（GZ40）二连浩特—河口公路蒙自至新街段工程可行性研究报告（代项目建议书）的请示》（云交计〔2003〕993 号）上报交通部。2004 年 3 月 12 日，交通部《关于二河国道主干线蒙自至新街公路可行性研究报告的批复》（交规划发〔2004〕113 号）批准工程可行性研究报告。

2004 年 9 月，交通部运输《关于二河国道主干线蒙自至新街公路初步设计的批复》（交公路发〔2004〕512 号）批准了项目初步设计。

2004 年 12 月，云南省交通厅《云南省交通厅关于对二河国道主干线蒙自至新街高速公路两阶段施工图设计的批复》（云交基建〔2004〕482 号）批准了项目两阶段施工图设计。

2005 年 8 月 18 日，交通部批准开工许可申请，同意蒙新高速公路开工建设。

3. 参建单位

2004 年，云南省交通厅批准成立云南蒙新高速公路建设指挥部，负责履行蒙自新街高速公路项目的建设管理。

蒙新高速公路土建工程部分共分 19 个施工合同段、8 个驻地监理合同段；路面工程部分共分 4 个合同段、2 个路面监理合同段；绿化及水环保共分 5 个施工合同段、1 个监理合同；4 个进场道路施工合同段于 2005 年 5 月完工并投入使用；沿线服务设施（房建）工程共分 4 个合同段、1 个监理合同；交通安全设施共分 6 个合同段，三大系统（机电、消防及收费）共分 7 个合同段、1 个监理合同。承建和参建单位由众多国内知名施工、监理单位组成，见表 17-43。

第十七章

国家高速公路

蒙新高速公路建设从业单位信息采集表

表 17-43

序号	参建单位	单位名称	合同段编号及起止桩号	主要负责人
1	项目管理单位	云南蒙新高速公路建设指挥部	K0+000～K85+413	张汝文
2	勘察设计单位	云南省交通规划设计研究院	K0+000～K85+413	李忠祥
3	施工单位	东北军辉路桥集团有限公司	土建工程1合同 K0+000～K5+400	陈德明
4		中铁大桥局集团有限公司	土建工程2合同 K5+400～K10+140	贺建平
5		中铁十五局集团第五工程有限公司	土建工程3合同 K10+140～K14+500	李鸿伟
6		中铁一局集团有限公司	土建工程4合同 K14+500～K20+680	廖劲松
7		西南交通建设工程总公司	土建工程5合同 K20+680～K25+640	杨捍东
8		云南路桥股份有限公司	土建工程6合同 K25+640～K29+600	毛兴荣
9		云南云桥建设股份有限公司	土建工程7合同 K29+600～K34+150	王 坤
10		四川武通路桥工程局	土建工程8合同 K34+150～K39+200	孟永谦
11		中铁十八局集团第三工程有限公司	土建工程9合同 K39+200～K42+867.45	龚 清
12		浙江省交通工程建设集团公司	土建工程10合同 K42+867.45～K44+670	邬兴祥
13		中铁十七局集团有限公司	土建工程11合同 K44+670～K46+800	陈德明
14		中国建筑第三工程局	土建工程12合同 K46+800～K49+600	魏修红
15		宜昌市宏发路桥建设有限责任公司	土建工程13合同 K49+600～K54+400	王春海
16		中铁二局第四工程有限公司	土建工程14合同 K54+400～K57+560	宋伦才
17		中国云南路桥建设集团股份有限公司	土建工程15合同 K57+560～K61+533.75	胡瑞宁
18		云南阳光道桥股份有限公司	土建工程16合同 K61+533.75～K67+700	张林祥
19		云南第一公路桥梁工程有限公司	土建工程17合同 K67+700～K73+500	龚四江
20		中国建筑第五工程局	土建工程18合同 K73+500～K79+320	陆家碧
21		内蒙古天骄公路工程有限责任公司	土建工程19合同 K79+320～K84+161.52	贾生荣

续上表

序号	参建单位	单位名称	合同段编号及起止桩号	主要负责人
22	施工单位	云南省文山道路桥梁工程公司	进场道路1合同 土建5~8合同段进场道路	杨延喜
23		黑龙江华龙建设有限公司	进场道路2合同 土建9合同段进场道路	李明辉
24		曲靖公路桥梁工程公司	进场道路3合同 土建10~12合同段进场道路	杨 清
25		云南通谷公路工程有限公司	进场道路4合同 土建13~15合同段进场道路	谭亚明
26		云南第二公路桥梁工程有限公司	路面工程1合同 K0+000~K14+500	郑 勇
27		中铁四局集团有限公司	路面工程2合同 K14+500~K34+150	黄爱民
28		中交第三公路工程局有限公司	路面工程3合同 K34+150~K67+700	李瑞卿
29		新疆昆仑路港工程公司	路面工程4合同 K67+700~K84+161.52	张洪涛
30		昆明骏达园林绿化工程有限公司	绿化工程1标 K0+000~K20+680	杨学松
31		云南长江云通环境工程有限公司	绿化工程2标 K20+680~K39+200	金绍明
32		昆明恒建绿化有限公司	绿化工程3标 K39+200~K54+400	陈 麟
33		云南交林林业勘察绿化有限公司	绿化工程4标 K54+400~K67+700	杨帅章
34		云南利鲁环境建设有限公司	绿化工程5标 K67+700~K84+161	石 彬
35		北京华纬交通工程有限公司	交通安全工程1合同 K0+000~K34+150	张世民
36		云南长江现代交通设施有限公司	交通安全工程2合同 K34+150~K84+161.52	赵金辉
37		北京深华科交通工程有限公司	交通安全工程3合同 K0+000~K34+150	夏晓津
38		山西奥威路桥实业有限公司	交通安全工程4合同 K34+150~K84+161.52	贾志刚
39		云南省公路局道桥技术工程公司	交通安全工程5合同 K0+000~K34+150	李冀昆
40		太原路桥建设有限公司	交通安全工程6合同 K34+150~K84+161.52	郭亚宁
41		云南建工集团第十建筑有限公司	房建网架工程1合同 管理处办公楼及A、B栋宿舍楼	刘 迅

第十七章
国家高速公路

续上表

序号	参建单位	单位名称	合同段编号及起止桩号	主要负责人
42	施工单位	昆明新跃建筑经营公司	房建网架工程2合同 监控中心办公楼及蒙自服务区	张洪祥
43		云南同兴建筑实业(集团)有限公司	房建网架工程3合同蛮耗、新街综合用房,湾田服务区及窑头、绿水河等变电所	李江良
44		湖南省建筑工程集团总公司	房建网架工程4合同 4个收费站及冷泉综合用房	柳诗顺
45		北京诚达交通科技有限公司	机电工程TFZM-1凉水井、河岩脚、金竹坪、蛮耗1号~4号、绿水河、清水河隧道共9个隧道通风照明工程	孙 铭
46		江苏智运科技发展有限公司	机电工程TFZM-2湾田1号~4号、五背冲、窑头1号~4号隧道共9个隧道通风、照明工程	陈 卫
47		上海交技发展股份有限公司	机电工程TXSF全线通信(含通信管道工程)、收费设施工程	朱 磊
48		亿阳信通股份有限公司	机电工程GPD-1凉水井、河岩脚、金竹坪、蛮耗1号~4号、绿化水河、清水河隧道共9个隧道供配电工程	屈江山
49		南京凌云科技发展有限公司	机电工程GPD-2湾田1号~4号、五背冲、窑头1号~4号隧道共9个隧道供配电工程	于 俊
50		北京云星宇交通工程有限公司	机电工程JK全线监控(含隧道监控)系统工程	倪有政
51		昆明荣成天宇控制系统工程有限公司	机电工程XF全线隧道消防工程	殷寿涛
52	监理单位	江苏交通工程咨询监理有限公司	土建监理1合同 K0+000~K14+500	彭 毅
53		云南省公路工程监理咨询公司	土建监理2合同 K14+500~K25+640	毕 辉
54		云南省公路工程监理咨询公司	土建监理3合同 K25+640~K34+150	王逸庶
55		江苏交通工程咨询监理有限公司	土建监理4合同 K34+150~K44+720	彭 毅
56		云南云通监理咨询有限公司	土建监理5合同 K44+720~K54+400	付胜利
57		云南公路建设监理公司	土建监理6合同 K54+400~K61+528.66	李 劲
58		北京华宏路桥咨询监理有限公司	土建监理7合同 K61+528.66~K73+500	邓甲友
59		云南云通监理咨询有限公司	土建监理8合同 K73+500~K84+161.52	虞树元
60		云南省公路工程监理咨询公司	路面监理1合同 K0+000~K34+150	李先延

续上表

序号	参建单位	单位名称	合同段编号及起止桩号	主要负责人
61	监理单位	云南省公路工程监理咨询公司	路面监理2合同 K34+150~K84+161.52	毕 辉
62		昆明苑囿园林工程监理咨询有限公司	绿化监理全线绿化工程监理	杨汉忠
63		云南恒丰工程建设监理有限公司	房建监理全线房建监理	王进先
64		云南纪星交通工程监理咨询有限公司	交通工程监理全线交通工程监理	何 维
65	设计咨询单位			

在项目建设筹备初期，勘察设计招标工作由云南东部高速公路有限公司和项目筹备组组织完成，并按照规定的程序完成了招标评标工作，确定了蒙新项目的勘察设计单位为云南省公路规划勘察设计院。

指挥部按照规定的程序，先后完成了土建、路面、景观绿化、交安设施及三大系统、沿线设施等项目的监理服务招标工作。按照公平、公正、公开的原则，选择了江苏交通工程咨询监理有限公司等13家监理中标单位。

2004年10月~2007年3月，指挥部按照规定的程序，先后完成了土建、路面、景观绿化、交安设施及三大系统、沿线设施等项目的公开招标工作。按照公平、公正、公开的原则，选择了东北军辉路桥集团有限公司、中铁大桥局集团有限公司等49家中标单位。

(三)建设情况

1. 项目筹备

2004年3月，云南省交通厅以云交人〔2004〕242号文《关于成立富广等七个高速公路建设指挥部的通知》(含蒙新指挥部)成立了项目法人。

2004年6月，云南省国土资源厅《关于蒙自—新街高速公路建设用地地质灾害危险性评估结果的审查意见》(云国土资环函〔2004〕228号)对项目建设用地地质灾害危险性评估结果审查意见进行了批复。

2004年10月，云南省地震局《对蒙自至新街高速公路重点隧桥工程场地地震安全性评价报告的批复》(云震安评〔2004〕44号)对地震安全进行了评估与评价。

2004年11月，国家环境保护总局《关于国道主干线(GZ40)二连浩特—河口公路蒙自至新街段环境报告书审查意见的复函》(环审〔2004〕426号)对环评作了批复。

2004年5月，云南省文物管理委员会《关于蒙自—新街高速公路文物考古调查勘探评价的函》(云文管〔2004〕10号)对文物考古调查勘探评价作了批复。

2003年12月，国家水利部《关于国道主干线(GZ40)二连浩特—河口公路蒙自至河口段工程水土保持方案的复函》(水函〔2004〕201号)批准了项目水土保持方案。

国土资源部《关于二河国道主干线蒙自至新街高速公路工程建设用地的批复》(国土资函〔2005〕959号);

2004年12月,国土资源部办公厅《关于二连浩特至河口国道主干线蒙自至新街公路建设用地预审意见的复函》(国土资厅函〔2004〕736号)同意用地预审意见;

云南省国土资源厅《国道主干线(GZ40)云南蒙自至新街高速公路控制工期的单体工程临时用地的函》(云国土资耕函〔2005〕88号);

2004年6月,云南省国土资源厅《关于蒙自至新街高速公路建设用地压覆矿产资源的批复》(云南土资储〔2004〕86号)批准了建设用地矿产资源压覆评价报告。

2005年2月,国家林业局《国家林业局关于批准二河国道主干线蒙自至新街公路项目临时占用林地的行政许可决定》(林资许准〔2005〕007号)批准了临时占用林地,并以《使用林地审核同意书》(林资许准林地审字〔2005〕006号)批复林地使用。2005年3~4月取得个旧、蒙自《林木采伐许可证》。

根据《中华人民共和国招投标法》及国家发改委、交通部及省交通云南省厅等单位的有关法规,指挥部通过公开招标选择设计、监理、施工单位和物资供应商。本项目招标的所有资格预审文件、招标文件、评审报告、评标报告都经过云南省公路工程项目招标监督委员会的审议,并经公证机关公证,充分体现了公开、公平、公正和诚实信用的原则。在完成土建、路面、统供材料物资采购、绿化、路面、隧道机电、三大系统、房建与网架和交通工程等所有项目的全部招标工作后,未发生任何不良举报与投诉。

按照《中华人民共和国招标投标法》、交通部《公路工程勘察设计招标、投标管理办法》和《关于认真贯彻执行公路工程勘察设计招标投标管理办法的通知》的规定,2004年3月,指挥部对本项目进行了公开招标,云南省公路规划勘察设计院中标担负本项目的勘察设计任务。

为更好地控制建设投资,节约成本,在实行完全开放的公路建设市场准入的基础上,指挥部在施工招标中采用了最低评标价法进行评标,尽量减少人为因素,使招标工作成为阳光工程。云南蒙新高速公路于2004年10月完成了土建项目招标工作。经过公开招标,最后选定土建工程施工单位19家,均为国家公路工程一级及一级以上施工企业。

在随后的施工中,又按上述招标程序分期、分阶段完成了材料物资(水泥、钢绞线、锚杆、PVC防水板、钢筋、桥梁支座、伸缩缝、沥青)、路面、绿化、房建、隧道机电、三大系统和交通工程的招标工作。

经过公开监理招标,指挥部先后选定11家施工监理单位为本项目提供土建、路面、机电等工程的监理服务。

2004年11月,云南省审计厅《云南省审计关于蒙自至新街高速公路建设项目事前审计的意见》(云审事意〔2004〕33号)审计通过了建设资金,同意开工。

2. 征地拆迁

蒙新高速公路建设项目征地拆迁工作由红河州政府负责组织实施。2004年9月，省发改委、省国土资源厅、省林业厅、省交通厅、红河州政府共同签订了《国道主干线（GZ40）二连浩特至河口公路云南蒙自至新街高速公路征地拆迁及施工环境保障责任书》，明确了征地拆迁工作由红河州政府负责组织，沿线各级政府及土地行政主管部门按程序组织实施，费用由建设单位负责筹措，由红河州政府下设的红河州蒙新高速公路建设协调领导小组办公室实行包干使用，包干经费12780万元。在项目建设过程中，红河州审计局进行了两次审计，出具了审计报告。

3. 项目实施

蒙新高速公路开工后，沿线多次遭遇了不同程度的洪灾。指挥部投入大量的人力、物力进行抢险、救灾，并进行重建、修复、加强防护、综合治理。

蒙新路的地质和气候各标段差异极大。蒙自县城还是艳阳高照，可到了6标、7标所在地冷泉就寒气袭人。蒙新高速公路虽然只有85.4km，但却穿过温带、亚热带、寒带、热带等气候带。用蒙新高速公路建设者的话说，这里一路有四季，每季有冬夏，"立体性"气候十分明显。

位于19标的红河特大桥是蒙新路上最长的特大桥，也是全线的控制性工程之一，仅桥桩就有110多棵。开工后，由于红河多次涨水、军用光缆的拆迁等原因，项目部进场较晚，工程进度曾一度滞后。情况报到远在内蒙古的集团公司总部，公司总经理崔明直奔工地，指挥队伍进行突击。6月的工地，地面温度高达47℃，加之项目部人员大多来自北方，酷热难受的高温让很多人都中暑倒下，不少人还得了疟疾。项目部及时调整施工时间，增派医护人员。没有预制厂，就花大钱租用新街唯一的停车场；桥的梁板太重，就立即投入资金，制成100t大龙门吊。很快，大桥、路基施工进度跨入全线前列。

由于蒙新路的线路走向正好处在印度洋、太平洋暖湿气流交汇点，所以，只要两股气流一交汇这里的天气就要变，再遇到太平洋上刮台风更是暴雨倾盆。2016年7月、10月，太平洋的两次强台风，就使蒙新路一些标段受到了罕见的特大山洪的袭击，很多设备和刚做好的路基、桩孔全被洪水毁于一旦。7月24日，这里发生特大自然灾害，造成人员、机械设备损失惨重，施工道路基本全部冲毁，现场一片狼藉，指挥部人员不得不靠步行去组织抢险工作。此次受灾主要是施工道路和物资材料及工人临时工棚，损失4000多万元。

频繁的灾情引起了各级领导的高度重视。中央、省和交通部等领导先后作出重要批示，要求查清灾情，搜救失踪人员，做好受伤人员的救治和善后工作，并切实做好预防预报工作。蒙新高速公路发生重大山洪灾害后，省政府、国家防总办公室、交通部有关领导亲临灾害现场，安排抢险救灾工作。

在蒙新高速公路灾害现场,云南省公路投资公司组织了最强的救灾指挥机构,并紧急拨付600万元资金用于抢险救灾。经过公司和指挥部的艰苦努力,抢通了被冲毁的进场道路。

(四)复杂技术工程

1. 矗立在垃圾地质带上的彩虹

蒙新高速公路因受复杂的地质构造影响,沿线地形陡峻,不良地质交错存在,全线穿过并处治古滑坡体共33处,综合采用了碎石桩、拱形护坡、锚杆(索)框格梁护坡、十字锚索坡面防护、锚索肋梁、主(被)动柔性防护网护坡、喷锚护坡、三维植被护坡、抗滑桩、桩板墙、抗滑挡墙、钢管桩注浆、小导管注浆、大管棚注浆及自进式锚杆等多种路基、边坡、滑坡及隧道工程处治新技术。已建成的蒙新高速公路可称得上是"新时期公路工程处治新技术展览馆",其中16合同K62+970~K63+345段设置的375m长的桩板墙为全国之最。故蒙新高速公路被誉为"矗立在垃圾地质带上的彩虹"。

2. 独特的互通式立交

全线分别在新安所、冷泉、蛮耗和新街设置了互通式立交,新安所和冷泉立交为普通喇叭形立交,蛮耗和新街立交因其所处的特殊位置具有独特的造型。

其中,蛮耗立交所在处蒙新高速公路与蛮耗—新街老公路同在红河左侧,路线走廊带狭窄、高差较大,高速公路与老公路仅相隔180多米,但高差高达70多米,同时还受乡村道路干扰。如何在如此狭窄的路线走廊带上克服如此大的高差,同时确保乡村道路畅通,对立交方案布设、匝道展线提出了严峻的考验。施工图设计采用变异喇叭形立交形式,立交中心桩号为K59+263(匝AK0+051.67),交角为65°,按三级立交设计。该立交由于地势陡峻、地形狭窄,形成了同一条匝道两次下穿高速公路的独特奇观,共设置了9座桥梁共长2330.75m,桥梁最大墩高49m,创造了我国山区高速公路互通式立交桥梁长度和墩高的新纪录。

新街立交所在处,蒙新高速公路及立交匝道与老326国道、3条溪河、地方乡村道路全部拥挤在同一个狭窄的山箐里,因此如何理顺高速公路与老326国道、地方道路、3条溪河及立交收费相关配套设施间的关系,成为新街立交方案设计的关键点及难点。为了理顺河道,立交区共设置了8道涵洞、1800多米浆砌河道,将河道布设于主线路基及改移老326国道间的狭窄地带。为了利于布设立交匝道收费站,满足匝道分流端部至立交收费站中心间距不小于75m的规范要求,并达到降坡的目的,匝A下穿主线后采用S形线形,达到了克服高差及满足匝道分流端部与立交收费站中心间距的双重目标。根据匝B(河口—新街方向匝道)右侧挖方边坡高的特点,将地方道路改移至匝B右侧碎落台上通过,采取加宽碎落台、在碎落台上设置混凝土护墩确保安全等措施。指挥部在狭窄的地带充分发挥设计者、施工者的智慧,有效解决了多路多河并存的问题,实现了在狭窄的河谷地带3条河流和3条道路和谐共处的完美景观。

3. 罕见的长大下坡及壮观的桥梁隧道群

冷泉—蛮耗(K22+320~K60+600,短链453.67m)连续长大下坡37.826km为全国之最,平均纵坡3.83%,连续下坡段最高海拔1607.41m,最低海拔157m,克服高差1450.41m。该路段地形陡峻,桥隧相连,桥隧比例约64.3%,工程艰巨,气候多变,地质复杂,是蒙新高速公路的控制性工程和关键工程。

同时,该路段因受喀斯特地貌影响,沿线溶洞、漏斗、落水洞、地下暗河等普遍发育,给路基、桥梁和隧道工程建设造成了巨大影响。其中,土建9合同段湾田3号隧道左幅在掘进至中部时(左幅K40+230处)遇到了跨度较大溶洞。溶洞在880m高程的水平断面形状为锥形,南东宽,北西尖,其长轴方向为S7°E~N7°W,水平长33m,与隧道中轴线方向(145°)呈28°角斜交,最大宽度18m,溶洞延长33m,延深大于36m,延深大于延长,隧道轴线方向溶洞宽度为17m,是一个受断层控制以垂向溶蚀为主形成的溶洞。洞内可听到流水声,溶腔四周均较潮湿,溶洞内地下水有可能和地表贯通,特别是雨季,可能会出现突泥、涌水。为了不改变该溶洞的排水系,建设者在隧道内采用了35m长的桥梁进行跨越,创造了我国公路建设史上隧道中架桥的"洞中桥"独特奇观(图17-116)。

图17-116 在出现溶洞的隧道内建桥

该路段因地形陡峻、克服高差大的特点,沿线桥隧相连,形成壮观的桥梁隧道群独特景观,共有湾田、凉水沟、蛮耗3个隧道群共17处隧道(单洞34座),创造了我国高速公路上隧道最多的区段。隧道之间多为桥梁连接,形成独特的桥隧景观,如8合同段湾田1号隧道左幅蒙自端因位于悬崖峭壁上,形成了桥梁伸入隧道7m的奇观,而11合同段凉水沟2号隧道新街端则形成了长隧道与特大桥相连的奇观。诸多奇观的形成,凝聚了广大建设者的智慧和心血,广大的工程技术人员可从中受到启发和教益。

(五)科技创新

蒙新高速公路指挥部依托科技进步和技术创新,强化科技攻关意识,从筹建之日起,就把"科技是第一生产力"作为先导,贯穿于蒙新高速公路建设的始终。依靠科技对整个工程实行动态设计、动态施工,以全优型工程、环保型工程、节约型工程为总目标,把存在困难的劣势变为科技攻关的优势。采用了大量新技术、新工艺、新材料、新设备,紧紧围绕交通安全、桥梁工程、隧道工程、边坡加固、路基路面工程、生态环保技术难题,联合国内著名院校及科研院所开展了多项科技攻关。蒙新高速公路立项并开展了11个科研项目,9个项目完成了鉴定、验收工作。8个课题获得15项科技奖项,其中省科技进步一等奖1项、二等奖2项、三等奖3项,技术发明二等奖1项,云南省公路学会科学技术特等奖1项、一等奖1项,中国公路学会科学技术一等奖3项、二等奖2项、三等奖1项。

1. 山区高速公路膨胀土综合利用研究

课题研究获得1项发明专利(一种用于膨胀土治理的化学改良方法)和1项实用新型专利(用于加固边坡的盲沟排水拱梁),研究成果获得云南省2009年度科技进步三等奖。

2. 山区高速公路填石路堤应用技术研究

课题研究获得中国公路学会2008年度科学技术三等奖和云南省2009年度科技进步三等奖。

3. 山岭高速公路沥青路面混合料抗车辙剂综合应用技术研究

课题研究获得云南省2009年度科技进步二等奖。

4. 新型土体加固技术(TACSS)研究应用

该项目为云南省交通建设科技项目,于2009年5月13日通过了云南省交通厅组织的专家验收。

5. 山区高速公路危险路段交通安全设施系统的研究

该课题为交通部西部科技课题。项目取得的主要研究成果有:

(1)建立了山区高速公路长大下坡路段车辆制动失控概率和事故预测模型;
(2)研究开发了长大下坡路段制动失灵车辆专用减速带;
(3)研究开发了消能减速护栏;
(4)研究开发了网索式避险车道;
(5)编写了《连续长下坡路段安全保障系统设计与施工指南》。

该课题研究成果总体达到国际领先水平。获得2项发明专利——"搅拌式阻尼器"

和"长大下坡路段制动失灵车辆专用强制减速垄";1项实用新型专利——"混凝土减速防撞护栏"。课题研究成果获中国公路学会2010年度科学技术一等奖和云南省2010年度科技进步一等奖。

6. 热区山岭公路大跨径桥梁动静态长期监测系统研究与应用

该项目属于云南省公路投资公司科技项目,2011年3月10日,课题通过了云南省科学技术奖励办公室组织的专家鉴定,课题研究成果总体达到国际领先水平。2012年7月20日,课题通过了云南省公路开发投资有限公司组织的项目验收。课题研究成果获云南省公路学会2011年度交通科学技术一等奖和中国公路学会2011年度科学技术二等奖。

7. 山区高等级公路非饱和土测试技术及新型生态固坡方法研究

该项目属于云南省交通建设科技项目,于2013年4月20日通过了云南省科学技术奖励办公室组织的专家鉴定(验收),项目研究成果总体达到国际领先水平。课题研究成果获中国公路学会2013年度科学技术一等奖和云南省2013年度技术发明二等奖。

8. 山区在役大跨桥梁结构动力特性演化机理与实时监测评估技术研究

该项目属于云南省交通建设科技项目,于2013年4月20日通过了云南省科学技术奖励办公室组织的专家鉴定(验收),项目研究成果总体达到国际领先水平。课题研究成果获得中国公路学会2013年度科学技术二等奖和云南省2013年度科技进步三等奖。

9. 山区公路隧道灾害预警集成技术与集成装备研究

该项目属于科技创新强省计划省院省校科技合作专项科技项目,于2014年1月10日通过了云南省科技交流中心主持的项目验收,2014年4月26日通过了云南省科学技术奖励办公室组织并主持的专家鉴定,课题研究成果总体达到国际先进水平,获得云南省公路学会2014年度交通科学技术特等奖、中国公路学会2014年度科学技术一等奖和云南省2014年度科技进步二等奖。

10. 关键技术研究与应用

该项目属于云南省科技厅科技惠民计划项目,于2015年4月29日通过了中国公路学会主持的项目成果鉴定会,成果总体上达到国际领先水平。

11. 在役大跨桥梁监测评估及安全保障技术研究与应用

该项目完成云南省科技计划项目任务书的所有内容。2015年8月19日,云南省科技厅政务服务窗口受理了项目验收材料。

以上科研项目的实施,对提高蒙新高速公路的建设质量起到了很好的效果,也提升了云南省公路建设水平。这些科研项目的科技成果通过在蒙新高速公路项目中不断实践及应用,其技术水平得到了升华和社会的认可,有力推动了行业和区域的科技进步。11个科研课题共投入科研经费5381万元,争取各级专项科研经费补助1708万元,指挥部及相关成员单位配套3673万元。以上项目中,有1项被列为交通部西部科技课题,2项被列为云南省科技厅科技惠民计划项目,1项被列为云南省科技厅省院省校科技合作计划项目,6项被列为云南省交通厅科技项目,1项被列为云南省公路投资公司科技项目。

项目研究获国家专利13项(发明7项、实用新型6项),并通过与中国科学院地质与地球物理研究所和重庆交通大学分别签署的"专利共有协议书",共享了21项国家专利权(发明专利17项、实用新型专利4项);获软件著作权2项;交通部科技成果推广证书5项;编制地方标准1部,编写技术指南5部;发表论文60余篇;培养博士、硕士20多名和大批工程技术人才。研究成果获云南省政府和中国公路学会科学技术进步一等、二等、三等多个奖项。

蒙新高速公路获得了云南省高速公路建设的多项"第一":全国连续长下坡里程最长的一条高速公路(38km);连续长下坡路段克服高差、温差较大的一条高速公路;首次在隧道中架设桥梁的一条高速公路;首次选用三种不同的路面抗车辙材料进行技术经济比较分析研究的一条高速公路;率先将人工神经网络和灰色理论引入到填石路堤的沉降计算;率先对路基进行高能冲击碾压;率先规范沥青拌和场建设,确保路面集料质量等。

蒙新高速公路各项技术和经济指标都达到设计要求,无任何影响使用功能的质量问题和危机结构安全隐患。工程符合国家施工质量验收统一标准和行业施工质量验收规范及有关技术强制性条文的要求,所有分部工程检测验收全部合格。

蒙新高速公路在建设过程中运用了"四新"技术,较好地践行了"安全、和谐、服务、创新"建设新理念,建成了一条安全、和谐、科技的高速公路典型示范,实现了公路、自然、车的和谐。

(六)运营养护管理

红河管理处提供的统计数据表明,蒙新高速公路的车流量和通行费指标均呈逐年增长的态势。2009年度车流量266305辆,平均昼夜通行量1811辆,通行费收入1469.60万元,享受车辆通行减免的金额205.02万元;2010年度车流量1139770辆,平均昼夜通行量3122辆,通行费收入5740.63万元,享受车辆通行减免的金额527.04万元;2011年度车流量1184475辆,平均昼夜通行量3245辆,通行费收入6207.63万元,享受车辆通行减免的金额579.19万元;2012年度车流量1273484辆,平均昼夜通行量3489辆;2013年度车流量1846845辆,平均昼夜通行量5060辆;2014年度车流量2432847辆,平均昼夜通行量6665辆。

蒙新高速公路建成通车后,全线行车时间仅需1小时左右,缩短了行车时间,增加了车辆通行能力,提高了驾乘人员的行车舒适度,减少了交通事故造成的生命和财产损失;

实现了降低运营成本、节约旅客时间、减少交通事故等三项国民经济效益。

项目的建设,加快了人流、物流、信息流和资金流传递的速度,有力推动了地方经济、文化交流和旅游业的发展。据调查了解,本项目直接影响区的蒙自、个旧、河口及金平县4个县(市),年生产总值、三产增加值占生产总值的比重、城镇化建设、旅游业、矿产开发、招商引资等,均发生了显著变化。

三、新河高速公路——优质工程获金奖

这是云南第一条通达国门的高速公路,是云南海拔最低的高速公路。与低海拔相关联的是高温酷暑、施工环境艰苦。建设者攻坚克险,在国门前唱响了一曲高亢激昂的大路歌。2011年12月,新河高速公路建设项目被国家工程建设质量奖审定委员会评为2010~2011年度国家优质工程金奖和国家优质工程奖30年经典工程,是全国荣获该奖项的唯一高速公路项目;2013年7月,被中国土木工程学会和詹天佑土木工程发展基金会评为第十一届中国土木工程詹天佑奖。新河高速公路成为云南第一条获得国家两个最高荣誉工程奖项的高速公路。

(一)相关背景

新河高速公路止点为河口。河口因"红白两水之交",即红河与南溪河交汇而得名。河口镇隔红河、南溪河与越南谷柳市、老街市成三足鼎立之势(图17-117),历来为对外贸易和兵家必争之地。

图17-117 新河高速公路止点河口与越南老街和谷柳隔河相望

据《河口县志》记载,早在汉代红河就已成为沟通中越之间经济、文化的主要航道。1895年,根据《中法商约》,河口辟为商埠,每日千余艘大小木船,载运各种货物往返于红河。历史上,从河口通往越南有石夹槽、莲花滩、老新街、新桥等4条古道。位于红河岸的莲花滩,船运沿河而行,陆行则沿岸而走,形成了陆水并行的格局。

第十七章
国家高速公路

1904年,法国将铁路从越南海防修至老街后,历时6年,以死伤十数万中国劳力为代价,修通了河口至昆明的昆河铁路。20世纪20年代和30年代,滇越铁路成了中国西南对外贸易的交通大动脉。河口商贾如云,曾被誉为"小香港"。

"云南十八怪"里有关交通的有两"怪":火车没有汽车跑得快,火车不通国内通国外。这两"怪"指的就是滇越铁路。

1937年,云南省主席龙云指示在蒙自组建蒙河工务处,勘测、兴修由蒙自经屏边到河口段公路。1940年初,蒙自至屏边段路基大部分完成,屏边至河口段亦大部分破土,桥涵已局部完工。同年9月,日军在越南海防登陆,中国在海防的大批物资落入敌手。国民党部队炸毁中越大桥,拆除碧河段铁路,屏边至河口段公路停工。

1950年6月23日,碧色寨—河口公路开工。这条公路沿用原铁路路基,将其恢复为4.4m,线形不变。每间隔300m及隧道出入口处设长15m、宽2m的让车道,以利错车。施工部队及民工克服重重困难,仅用半年时间便建成了碧河单行道公路,汽车首次驶入河口。

由于是在铁路路基上赶修出来的,碧河公路的行车条件很差,汽车在这段公路上,一个驾驶员驾驶,还要有一个司炉烧木炭,177.6km公路颠颠簸簸要走两天。

1957年,中国人民解放军铁道兵部队重新修复了碧河铁路,中断了17年的滇越铁路重新响起隆隆的火车声。

碧河公路尽管等级低,通行时间也不长,但在云南公路史上却有重要位置,它是中华人民共和国成立后云南修建的第一条公路。

从20世纪60年代开始,国家投资新建了多条通往河口的公路。鸡街—河口、砚山—河口、蛮耗—新街、卡房—蚂蟥堡、白寨—南溪、古木箐—南溪等公路相继通车。1965年,鸡河公路通车后,河口通行了汽车客运班车。

20世纪90年代是云南公路建设的又一个春天。1992年,中共云南省委、省政府做出了"大干3年,基本完成6条干线公路改造任务"的决定。1993年,投资2亿多元、全长116km的弥勒新哨至蒙自二级公路竣工。随后,蒙自至河口段公路也被改造为三级公路。

西部大开发战略的实施,给云南的公路建设又带来了千载难逢的大好机遇。中共云南省委、省人民政府确定了建设中国连接东南亚、南亚国际大通道的宏伟目标,正是在这样的大背景下,新河高速公路提上了云南高速公路建设的议事日程。

(二)项目特点

新街—河口高速公路是国家高速公路网G80广州—昆明高速公路联络线G8011开远—河口公路的最末一段,也是国道主干线GZ40二连浩特至河口公路中的最后一段,是我国外接越南及东南亚的重要国际大通道,也是滇东及滇南的主要经济干线。

项目起自云南省红河州河口瑶族自治县新街镇东南约 4.5km 处,接蒙自至新街高速公路,止于河口城北槟榔寨。

河口与越南老街相连,是国家级口岸,新河高速公路是云南第一条通达国门的高速公路。

项目所在地区位于云南省东南部,属于云贵高原南缘、横断山系纵谷区南段哀牢山余脉的大围山地区,地势总体倾向东南。全线地貌类型有三类,即构造侵蚀中深切割山地、山前丘陵及河谷地貌。

路线走廊附近的山坡地面高程一般为海拔 200~380m,山丘顶部高程一般为海拔 150~200m,沟谷底部地面高程为海拔 90~120m;最低点位于河口口岸红河与南溪河的交汇处,海拔 76.4m。

路线主要展布在山坡坡麓及红河左岸岸坡,K106+750 以后路段展布于山前丘陵区。山坡及山前丘陵地形一般较陡,丘陵区地形起伏频繁,沟谷横断面多为"V"字形,个别为"U"字形,沟谷底部宽度一般为 60~100m,地面横坡一般为 20°~30°,部分地段可达 35°~45°。坡脚及山、丘接合地带地形相对较平缓,地面横坡一般为 5°~15°。

项目所在区域属亚热带山地季风雨林湿润气候类型,其主要特点是雨热同期、干湿季节分明、日照充裕、雨量丰沛、高温高湿、终年无霜。

(三)项目概况

1. 基本情况

新河高速公路全长 56.3km,设计标准为双向四车道高速公路,路基宽 24.5m,设计速度 80km/h,圆曲线一般最小半径 400m,汽车荷载等级汽车—超 20 级,挂车—120,设计地震动峰加速度系数 0.05g,设计洪水频率特大桥 1/300、其他桥梁及路基 1/300。

全线主要工程数量为:路基土石方 2375 万 m^3,防护工程 58 万 m^3,排水工程 16 万 m^3,路面 128.3 万 m^2,特大桥 9145m/8 座(按单幅计),大桥 26783m/122 座(按单幅计),中小桥 2731m/42 座,隧道 3572m/8 座,全线设有南屏、北山 2 处互通式立交。设综合服务区 2 处(北山服务区缓建)、收费站 2 处、监控站 1 处、管理站 2 处,房屋建筑面积 8693m^2(未包括北山服务区)。

新河高速公路建设项目批准工程概算投资 358420 万元(含建设期贷款利息),实际到位资金 230655 万元。其中:交通部专项资金 46400 万元,省预算资金 14100 万元,其他商业银行贷款 170155 万元。

新河高速公路地理环境特殊,与越南隔河相望(图 17-118),气候炎热,沟深箐密,地质情况复杂,大桥、特大桥多,软基地段多,高液限土多,桥隧占路线总长达 37.56%,工程艰巨。

图17-118 红河岸边,左边五道河特大桥,右边是越南的边境公路

新河高速公路建设工期3年,于2005年3月2日与土建施工单位正式签订施工合同,2005年5月工程控制性工程预先开工。交通部2005年8月18日批复施工许可申请。2005年8月28日,总监理工程师签发了新河路全面开工的文件。2008年1月30日,新河高速公路交工验收结束,比计划工期提前3个月。

2. 前期决策

2004年,交通部《关于二河国道主干线新街至河口公路可行性研究报告的批复》(交规划发〔2004〕112号)批复项目工可报告。

2004年,交通部《关于二河国道主干线新街至河口公路初步设计的批复》(交公路发〔2004〕630号)批复项目初步设计。

2005年,云南省交通厅《云南省交通厅关于对国道主干线(GZ40)二连浩特至河口公路云南新街至河口段高速公路两阶段施工图设计的批复》(云交基建〔2005〕99号)批复项目两阶段施工图设计。

2005年8月18日,交通部批准开工许可申请,同意新河高速公路开工建设。

3. 参建单位

云南省交通厅批准成立云南新河高速公路建设指挥部,负责项目建设管理工作,任命马万权为指挥长。

指挥部通过全国公开招标,经过公平、公正评审,坚持择优选择的原则,参与新河高速公路建设的各设计、施工、监理单位均符合国家规定的资质及业绩要求。新河高速公路建设从业单位信息见表17-44。

新河高速公路建设从业单位信息采集表

表 17-44

序号	参建单位	单位名称	合同段编号及起止桩号	主要负责人
1	项目管理单位	云南新河高速公路建设指挥部	K83+500～K139+725.55	马万权
2	勘察设计单位	四川省交通厅公路勘察设计研究院	K83+500～K139+725.55	
3	施工单位	中国云南路桥建设集团股份有限公司	土建一合同 K83+500～K88+185	解国强、陈树明
4		中铁二十局集团有限公司	土建二合同 K88+185～K93+400	陈正明、曾志林
5		云南云桥建设股份有限公司	土建三合同 K93+400～K97+500	蒋云涛、珏禹寿
6		中国路桥(集团)总公司	土建四合同 K97+500～K101+150	钱小勤、杨文华
7		中铁十二局集团第四工程有限公司	土建五合同 K101+150～K107+660	曹俊伟、白建文
8		云南路桥股份有限公司	土建六合同 K107+660～K115+000	郎维保、赵江宇
9		云南第三公路桥梁工程有限责任公司	土建七合同 K115+000～K121+000	杨 勇、杨艳梅
10		云南阳光道桥股份有限公司	土建八合同 K121+000～K126+000	刘代星、李帝生
11		云南第二公路桥梁工程有限公司	土建九合同 K126+000～K130+000	赵相章、李竹江
12		中铁四局集团有限公司	土建十合同 K130+000～K132+300	崔 洁、聂云超
13		中铁十二局集团有限公司	土建十一合同 K132+300～K136+700	杨 琪、范洲林
14		西南交通建设工程总公司	土建十二合同 K136+700～K139+725.55	文笃泉、肖士奇
15		中交第二航务工程局	路面一合同 K83+500～K115+000	郑文斌、梁拥军
16		中铁十九局集团第三工程有限公司	路面二合同 K115+000～K139+725.55	袁宗勇、程 义
17		云南长江现代交通设施有限公司	交通安全一合同 K83+500～K97+500	赵金辉、苟永兵
18		云南省公路局道桥技术工程公司	交通安全二合同 K97+500～K115+000	赵建军、陶大建
19		贵州省交通工程有限公司	交通安全三合同 K115+000～K130+000	封 宁、王 军
20		北京深华科交通工程有限公司	交通安全四合同 K130+000～K139+725.55	宋国英、闵 江
21		云南绿大地生物科技股份有限公司	绿化一合同 K83+500～K97+500	何学敏、沈 羡
22		昆明竣达园林绿化工程有限公司	绿化二合同 K97+500～K115+000	杨学松、黄永光
23		云南今业生态建设集团有限公司	绿化三合同 K115+000～K130+000	邓辅唐、曹明军
24		云南万子红园林花卉有限公司	绿化四合同 K130+000～K139+725.55	魏彦疆
25		中国有色金属工业第十四冶金建设公司	房建一合同 K83+500～K139+725.55	王 健、解 琨
26		云南九州建筑工程有限公司	房建二合同 K83+500～K139+725.55	李先海、杨 纲
27		上海交技发展股份有限公司	机电一合同 K83+500～K139+725.55	朱林泉、朱 磊
28		重庆市华驰交通科技有限公司	机电二合同 K83+500～K139+725.55	高颂今、张 影
29		四川高路交通信息工程有限公司	机电三合同 K83+500～K139+725.55	孙连洪、段永坤
30	监理单位	湖南大学建设监理公司	监理一合同 K83+500～K97+500	陈仁建
31		云南云路监理咨询有限公司	监理二合同 K97+500～K115+000	陈仁建
32		云南省公路工程监理咨询有限公司	监理三合同 K115+000～K130+000	陈仁建
33		江苏交通工程咨询监理有限公司	监理四合同 K130+000～K139+725.55	陈仁建
34		云南纪星交通工程监理咨询有限公司	监理五合同 K83+500～K139+725.55	陈仁建
35	设计咨询单位			

新河高速公路由四川省交通厅公路规划勘察设计研究院负责勘察设计。该院精心勘察,全线总体设计方案经济合理,各项技术指标满足规范要求。路线平、纵、横组合相互协调,路线走向和线形设计充分考虑了地形地貌的特点和环境保护的需求,在设计中较好地应用了各种曲线设计的理论和方法,设计成果所展示的线形较为美观、平滑和顺适,给人轻快、舒坦的感觉。路面各结构层设计充分考虑到河口地区的气候特点和路面使用效果,既充分发挥了各结构层次的功能作用,又充分考虑了施工的便利。桥梁、隧道设置合理、结构可靠,交通安全设施规范、齐全。绿化设计充分考虑了河口地区的环境特点和新河路创建"生态高速公路"的需求。隧道机电设施配置合理、功能实用。收费、监控、通信系统成熟、可靠、实用,既满足了与蒙新高速公路联网收费的功能需求,又能相对独立发挥其功能效果。整个设计在施工过程中未发现严重错误、遗漏现象。设计的后期服务良好,设计代表能及时解决施工中提出的有关设计问题,做到有问必答,有请必到,急施工之所急,服务态度好,为工程质量和工程进度提供了良好的保障,有效地保证了工程的顺利进行。

施工单位在条件艰苦、任务繁重、资金紧张的条件下,以对国家和社会高度负责的精神,顾全大局、奋力拼搏、全面履行合同规定的各项职责,较好地完成了新河高速公路的施工任务。

监理单位严格遵循"严格监理、热情服务、秉公办事、一丝不苟"的监理原则,认真执行监理工作方针、法规、合同文件及业主各项管理办法;坚持实事求是、公正合理的原则,以高度的责任心自觉规范监理行为;以工程质量监理为核心,严格执行监理程序,按规定签认工程数量,控制工程费用;深入工地现场,对重要工序进行跟班监理。同时,加强服务意识,提高办事效率,急工程建设之所急,想工程建设之所想;牢固树立廉洁自律意识,忠于职守,围绕"质量好、进度快、投资省"和"安全生产、文明施工"目标开展工作,做到了对业主负责,让业主放心,使承包人满意。

(四)项目筹备

1. 各项批文报批情况

2004 年,云南省国土资源厅《关于国道二连浩特至河口公路云南省新街至河口段高速公路建设用地矿产资源调查的批复》(云国土资储〔2004〕163 号),同意项目建设用地矿产资源调查。

《关于国道主干线(GZ40)二连浩特—河口公路新街至河口段环境影响评价大纲的评估意见》(国环评估纲〔2004〕212 号)、《关于国道主干线(GZ40)二连浩特—河口公路新街至河口段环境影响报告书的审查意见》(云环发〔2004〕946 号)、《关于国道主干线(GZ40)二连浩特—河口公路新街至河口段环境影响报告书审查意见的复函》(环审

〔2005〕123号），批准通过项目建设环境影响评价。

《二河国道主干线新街至河口公路水土保持方案大纲技术评估意见》（水保监方案〔2004〕160号）、《关于二河国道主干线新街至河口公路水土保持方案的复函》（水保函〔2004〕135号），批准项目建设水土保持方案。

《关于二河国道主干线新街至河口公路项目用地预审的初审意见》（云国土资预〔2004〕53号）、《关于二河国道主干线云南新街至河口段高速公路建设用地预审意见的复函》（国土资厅函〔2004〕889号）、《关于国道主干线（GZ40）云南新河高速公路建设临时用地的函》（云国土资科函〔2005〕94号），批准项目建设用地。

《关于办理我省重点公路和铁路建设立项确认及使用林地审核同意书的函》（云国土资函〔2005〕1号）、《使用林地审核同意书》（林地审字〔2005〕011号）、《国家林业局关于批准二河国道主干线新街至河口公路项目临时占用林地的行政许可决定》（林资许准〔2005〕012号）、《国家林业局采伐林木批准书》林资批（〔2005〕43号），批准建设项目使用林地。

2. 招标与评标工作

指挥部根据《中华人民共和国招标投标法》《公路工程勘察设计招标管理办法》《公路工程施工资格预审办法》《公路工程施工招标投标管理办法》《公路工程施工监理招标投标管理办法》等有关法律、法规和规章制度，本着公开、公平、公正的原则，按法定的程序，在全国范围内对设计、施工、监理、统供材料等按规定必须进行招标的项目进行公开招标。

指挥部编制的《资格预审文件》《招标文件》均按规定的程序提交招标监督委员会讨论并报云南省交通厅批准。所有招标项目均在《中国经济导报》和《中国采购与招标网》同时公开发布招标公告，并在公告规定的时限之内出售资格预审文件和招标文件。

新河高速公路的各项招标、评标工作严格按国家、交通部、省交通厅的有关规定进行。根据招标规模，评标专家由交通部、省交通厅分别从其专家库中随机抽取，评标委员会的组建满足《中华人民共和国招标投标法》有关规定，整个清标、评标过程在严密封闭、严格监督下按规定的评标办法进行。每次评标结果经招标监督委员会审议后，均在云南交通信息网上进行公示，若在规定的公示时限内未收到投诉举报，则向中标人发中标通知书，进行合同谈判后签订合同。

经过招标和评标，共有勘察设计、施工监理、土建工程、路面工程、绿化工程、交通安全设施、房建工程、通信管道、机电工程、保险、检测等34家单位中标参加了新河高速公路施工建设。统供物资采购供应商也均按上述招标程序选定。

设计单位招标采用国内公开、由业主组织的方式招标，2004年3月，指挥部按照交通部《公路工程勘察设计招标管理办法》（交通部〔2001〕第6号），《公路工程勘察设计评标办法》（交通部〔2001〕第582号）及云南新街至河口高速公路工程勘察设计《招标文件》等相关文件规定要求,最后确定由四川省交通厅公路规划勘察设计研究院中标承担全线设计勘察任务,中交第一公路勘察设计研究院中标承担全线初步勘察设计、施工图勘察设计的审查、咨询服务工作。

施工、监理单位招标采用国内公开、由业主组织的方式招标,2004年9月,指挥部开始招标工作。根据国家发展计划委员会等七部委《评标委员会和评标办法暂行规定》(〔2001〕12号令)、《工程建设施工招标投标办法》(〔2003〕30号令)、交通部《公路工程施工招标评标委员会工作细则》(交公路发〔2003〕70号令)、交通部《公路工程施工监理招标投标管理办法》(1998年9号令)以及云南新河高速公路施工、监理招标文件的规定和程序,最后确定土建工程、路面工程、绿化工程、交通安全设施、房建工程、通信管道、机电工程、保险、检测等27家单位中标参加了新河高速公路施工建设,湖南大学建设监理中心等5家监理单位承担新河高速公路项目监理任务。

新河高速公路途经河口新街、橡胶农场等地,共征用土地6065.78亩。征地拆迁由云南省交通厅委托当地政府具体组织实施,总费用包干。指挥部成立了安全保通征迁处负责协调、配合地方政府完成征地拆迁相关工作。

新河路沿线几乎全是橡胶林和热带经济作物,涉及乡镇、农场、电力、通信等单位的集体和个人利益,征迁工作十分复杂和艰巨。指挥部在省交通厅、林业厅、国土厅、农垦总局及省投资公司、红河州和河口县人民政府的领导下,在沿线各级政府和各族人民群众的支持下,顺利完成了征迁任务。全线拆迁各类房屋28005m^2,电力、广电、长通、联通、移动通信电缆、光缆拆迁改造140.45km,水管拆迁改造15317m,坟基搬迁676座,搬迁收胶站5个、液化气1个、修理厂1个。

(五)项目实施

1.酷暑 挡不住筑路人的脚步

谈起新河高速公路的建设,施工人员、监理人员记忆最深的是一个"热"字。酷暑成了新河高速公路建设遇到的最大一道难题。

中铁四局集团公司中标承建新河高速公路第十合同段。这个合同段长2.3km,合同造价1.15亿元,重点控制性工程是南吉特大桥。2005年1月21日,项目经理崔浩到河口看工地,28日返回公司驻地安徽组织施工队伍进场。大年初三,崔浩带领项目部人员从安徽出发。那天,安徽下着大雪。项目部人员全都穿着棉衣。家属们担心衣服带少了会冷着自己的亲人,拎着大包小包的行李到火车站送行。崔浩向家属们解释,河口天气热,气温有20多摄氏度,不用带那么多衣服,劝他们把衣服拿回去。家属们硬是不相信。

大年初四,中铁四局大批施工人员开始从安徽出发。大年初八,施工队伍到了河口。经过前期工作,5月初,工程正式开工。这时也是河口天气最热的时候。成群的黄蚂蚁、蚊子，还有小黑虫，令人防不胜防。小黑虫叮咬，痒得人十分难受，一咬就红一片，然后红肿。被蚊子叮咬后，手一抓就破，流黄水。很快，施工人员出现了下身溃烂的严重情况。有的施工队每天有30多人输液。民工们受不了那份苦，不要工钱便悄悄走了。200多人的民工队伍，半个月内便只剩下17人。

中铁四局项目经理部有每天7点20分点名的制度。崔浩感慨地说："刚到河口那段时间，头脑昏沉沉的，点名时都不知当天该干啥。室外最高气温达52℃，室内气温也达到42℃，又闷又热，就连呼吸都感到困难。"

民工走了，南吉特大桥刚刚开始的工程只得停了下来。

千万不要以为中铁四局的员工和民工吃不了苦，河口的气候的确让人太难以承受了！

河口位于北回归线以南的河谷丘陵地带，其中红河与南溪河交汇处海拔仅76.4m，是云、贵、川海拔最低的地方。由于接受太阳辐射较多，加之地处东南海洋气流的要冲，暖湿气流源源不断得到补充，因而形成高温高湿的气候特点，相对湿度和总云量均为云南省之冠。中华人民共和国成立之前，河口是有名的"瘴疠之乡"，民间曾流传这样的俗语：要到河口去，背着棺材走；脸黄牙齿白，定是河口客。距今100多年前，参与修筑滇越铁路的民工有4万多人死于疟疾。滇越铁路动工第一年，仅河口至腊哈地一段就死亡民工5000人，占该路段筑路民工的70%。1941年，国民党军队在河口的一个连队120人中有107人病死。

新中国成立后，河口一带的疫情虽然早已扑灭，但酷暑依然是挡在筑路人面前的一个拦路虎。特别桥梁桩基施工，人工挖孔施工，在又热又潮的桩孔内，比在洞外又多了几分难耐。

和中铁四局一样，所有参与新河高速公路建设的施工企业几乎都经受了酷暑的考验。由云南云桥建设股份有限公司施工的五道河特大桥工地，民工来一批跑一批，先后跑了上千人。有几支小的施工队，钱不要就跑了。整个项目部进场时有民工700多人，民工最少的时候只剩14人。

同样的难题也困扰着承担二合同段施工任务的中铁二十局项目部。二合同段施工队伍进场时轰轰烈烈，1000多人浩浩荡荡开赴工地。2005年4月8日工程开工，但不到一个月民工就只剩下100多人。就连公司的员工也受不了河口的酷热，85%的员工提出要求休假。为稳定队伍，二十局项目部领导带头坚守工地，并做出一条规定，职工暂停休假。为让新的民工队伍尽快进场，项目部给民工寄去来回的路费。但有的民工来了，到河口转一圈，就不再回工地了。

河口热，热到什么程度？中午时桥梁脚手架烫得人上不去，螺纹钢拿在手里直烫手，最多能坚持5秒，戴上手套也不行。这是施工人员通俗的描述。

刚开始，人们怀疑施工人员脚趾溃烂，可能是地下有毒气。卫生防疫部门到现场对水质等进行分析,最后得出结论,主要原因是气温高,湿度大,民工身体溃烂主要是由热毒引起。

原因找到后,为了让民工队伍进得来留得住,中铁四局项目经理部采取了相应措施:适当提高工程单价;调整作业时间,中午休息,下午五点半上班;经理部投入30多万元,为外协队伍搭建砖瓦结构的临时住房20余间,为民工宿舍配备空调15台;邀请红河州医院、省农垦医院医学专家到工地指导卫生防疫工作,开办疟疾、艾滋病等传染病预防知识讲座;建立了工地保健站,采购万余元的非处方药品和防疫、防暑、消毒药品,为员工、民工防病治病;在施工现场搭建遮阳棚,配备各种防护用品,经常把西瓜、饮料等清凉降温用品送到现场工人手中;传统节日组织全体民工会餐并发放节日慰问品,让民工感受到集体的温暖;投入20多万元添置高空作业防护设施,有效保护了民工的劳动积极性。项目部从当地群众中了解到,越南生产的一种膏药涂抹在身上有预防蚊虫叮咬的作用,便想法买来这种膏药分发给施工人员。

为了抵御酷暑,确保正常施工,施工单位购买了大量的十滴水、藿香正气水、人丹等防暑药发给民工。指挥部也购买了大量药品分发到各个项目部。

承建十一合同段的中铁十二局集团董事长、党委书记到新河高速公路工地了解情况后作出决定:在施工队伍的房间配空调。为了让职工有好的生活和休息环境,项目部配了冰箱、冰柜,将绿豆汤送到工地,以保证施工一线工人的身体健康。

新河公路的建设者们谈起河口,都有一个共同的感受,这里的气候2006年比2005年凉,2007年又比2006年凉,一年比一年变凉了。其实,不是气候变凉了,而是他们经受住了酷暑的考验,逐步适应了这里的气候。

100年前,为建设滇越铁路,4万多筑路人被酷暑夺去了生命,永远长眠在红河岸边的大山里。还是在当年的那些山,还是当年的那片热土,新河高速公路建设过程中却无一人病亡,这不能不说是一个奇迹。前后对比,彰显的是时代的进步和中华民族的振兴。

2. 规范管理　建设优质高速路

修建高速公路,指挥部就好比部队的司令部。工程的进度、质量和投资控制等与指挥部的工作都息息相关。

新河公路指挥部把"建高原山区一流的生态高速公路""建优质工程,培养优秀干部"作为目标,确立以"质量、进度、安全、廉政"为工作重点的全过程管理,成立以指挥长马万权为组长,总监陈仁忠、总工沈康鉴为副组长,各处室主要领导为成员的质量管理领导小组,下设稽查处(总监办)和工程技术质量管理处。各项目部也相应成立以项目经理为组长的质量管理领导小组,从组织上对质量工作给予保证。在《招标文件》中,指挥部将"16个管理办法"作为附件。这些附件包括"云南新河高速公路工程质量管理办法""云南新河高速公路工程质量稽查管理实施办法""云南新河高速公路工程违约处罚实施细则"等,使质量管理有章可循,规范了质量管理。

从设计开始,新河高速公路就严格实行招投标制,率先实行"双院制",即一家单位设计,另一家单位对设计过程进行跟踪审查验证,确保设计先进、科学、安全。

在设计过程中,严格地勘监理。根据监理和设计的要求,需要在哪里地勘就在哪里地勘。在招标选择施工队伍时,招标文件明确规定,施工单位的项目经理和总工程师中途不准更换,并制定了相应的制约措施。对施工单位的材料、设备也提出严格要求。比如:桥梁工程模板要求用6mm厚的钢板制作,而且必须是全新的;碎石必须采用联合破碎机生产;结构工程使用的混凝土必须采用带自动配料机的混凝土拌和站拌和。

指挥部管设计、管施工,就连施工单位的驻地建设也要管。指挥长马万权认为,在河口这样闷热、潮湿的地方修路,没有好的生活环境,工作就干不好。指挥部在合同谈判备忘录中要求施工单位驻地建设必须具有一定的标准,以保证职工有一个安全、舒适、干净的工作和生活环境。室外道路、办公室、试验室、宿舍、食堂、厕所等地面必须采用水泥地坪,房屋建筑必须采用砖木结构以上标准,并粉刷为白色。项目经理部必须具备开展正常工作、生活所需的设施,如会议室、办公室、职工娱乐室等。对项目部驻地面积、建筑形式,甚至宣传的标语口号都有统一的规定。因此,新河路承包人的驻地建设比较规范、统一,比以往上了一个档次。

(1)工程质量的"警示教育"

为提高工程建设质量,2005年5月26日~28日,指挥长马万权带领指挥部总工、总监、相关部门负责人和设计、施工、监理单位的领导一行30余人,对云南已建成的部分高速公路进行考察、学习。

在考察学习中,大家看到了路基、桥梁、隧道等通病处理不好造成的后患,深刻认识到高速公路建设的成败关键在质量,质量控制是公路建设的重中之重。在考察总结会上,大家对出现质量通病的原因进行了深入分析,最主要的还是缺乏"认真"态度,没有认真按规范去做。以云南已建成公路的质量病害为鉴,新河公路建设指挥部明确提出:要花气力处理好路基通病,加强质量管理,认真做好填前处理、填挖结合部、土质台阶、地下排水、三背回填要认真抓施工的过程控制,每道工序都要从源头抓起,不留盲点、死角,上道工序不合格不得进行下道工序施工。

在昆安高速公路和昆明高海高速公路,指挥部领导发现桥梁墩柱不仅内在质量好,而且浇得光滑美观,便明确要求施工单位必须选购质量好的模板。指挥部牵头,组织施工单位对省内外模板生产厂家进行实地考察,通过对质量、价格、耐久性进行综合比选后,指挥部要求采用广东汕头一个厂家生产的模板。开始,部分施工单位不理解,不太乐意接受。通过实践,由于模板质量好、周转的次数多,浇出的桥墩不仅内在质量好,外观也令人赏心悦目。工程完工后,模板基本完好无损耗,省内一些施工项目还到新河路购买这些已经用过的模板。事实让这些施工单位口服心服。他们说,指挥部当初舍近求远,目的就是要确保工程质量,多花的那点钱相当值得。

新河高速公路桥梁长度占路线长度的38%。指挥部自始至终对桥梁工程的施工抓得很紧,除了对模板提出明确要求外,要求碎石必须用联合破碎机生产,混凝土拌和必须采用有电子计量的拌和设备集中拌和。施工过程中,指挥部再次提出严格要求:梁板用的水泥必须是开远水泥总厂生产的。按相关规范要求,严禁不同厂家的水泥混用;外加剂统一采用经考察后确认的广东湛江外加剂厂生产的产品;钢筋通过招标选用昆钢和柳钢两个大厂的产品,主要受力钢筋不得混用两个厂的产品。

(2) 少留遗憾多创优

新河高速公路建设指挥部办公室的走廊里有一条醒目的标语:人生难修几条路,少留遗憾多创优。这也是新河公路指挥部全体人员的座右铭。为了让新河高速公路少留遗憾,最终实现创优目标,他们注重从细节抓起,将工作做实做细。

防撞护栏在桥梁施工中算不上重点部位,但新河公路建设指挥部依然十分重视。指挥部制订了外挂板施工方案,要求施工单位先预制外挂板,将其作为外模板,再立内模板,然后进行整体浇筑。全线桥梁防护栏1万多米,采用统一的模式预制安装,规范统一。由于外挂板预埋了钢筋,护栏的安全性也大大提高。

细节决定成败。在类似护栏这样不显眼的部位,新河高速公路建设指挥部下足了功夫。

增强预见性是新河公路指挥部的又一特点。工程动工前,指挥部预料到大量施工队伍进场后,必然会出现电力供应紧张的情况,而正常的电力供应是高速公路建设必不可少的条件。指挥部在工程开工前便提前将施工所需的电力线架好,使施工单位进场后很快就用上了电。监理的驻地也在招标前提前租好。这样做,既为施工争取了时间,也对施工和监理单位体现出一种人文关怀,密切了相互间的关系。

在路基施工中,指挥部从河口一带石料材质较差的实际出发,聘请钻矿单位和专家进行石场调查,为路面施工做准备。指挥部在工程动工初期的考察中了解到江苏的联合破碎设备加工出的石料规格较好,根据调查情况,反复试验后,选择了2t多不同料场的石料,用火车运到江苏,请生产厂家试验,获取准确数据,对原有设备进行改造,料场和设备由指挥部控制,实行准入制,既保证了石质,又确保加工出的石料达到工艺要求。经试验,全线路面磨耗层选用金平县清水河的石料,尽管运距达100多公里,但对全线路面工程的质量却起到了至关重要的作用。

在管理上,新河高速公路建设指挥部重视示范作用,抓好样板,以点带面。全线桥梁墩柱工程量大,混凝土的用量大,为确保质量,针对当地气候高温高湿的情况,指挥部要求每个合同段桩基施工时,先在桩基外浇筑四五米高的试验柱,质量达到要求才开始正式施工。石砌工程、路基填方同样要求做好样板工程。指挥部加强检查指导,发现做得好的工程,组织所有合同段的相关人员参观、学习。

对边坡采用动态设计。路基开挖后,形成的边坡往往与地勘提供的资料不一定完全一致,如果照搬照抄,按原设计施工,难以确保工程质量。每当遇到这种情况,指挥长便组织总工、总监一起到现场分析研究,优化设计,该省的省,该做的做,确定最佳的施工方案。

(3)认真抓好第一次施工

新河高速公路指挥部树立全员质量意识,在施工过程中实行首建制。无论桥梁施工,还是路基压实、三背回填,都认真抓好第一次施工。做好后,组织参观、学习。

桥梁施工中,第一棵桩基、第一棵墩柱、第一块空心板、第一片T梁,指挥部工程技术人员都要到现场查看,质量认可后,施工单位才可以接着施工。梁板吊装时,桥梁组人员逐一进行检查,逐块签字,名字印在桥板上,责任是谁的一目了然。重点部位,项目部总工逐一检查,指挥部进行抽检。

(4)认真监理 不留死角

规范管理还体现在监理的工作上。湖南湖大建设监理有限公司承担了新河公路第一高监办的监理工作。这是该公司第一次到云南开展公路监理工作。公司非常重视,精挑细选了24名工程师担任监理。施工之前,高监办对每个单位施工准备情况,如人员、机械、材料控制、材料试验等进行检查,严把开工关。施工过程中开展近程控制,关键部位、关键工序,监理人员检查到位。对桥梁混凝土的灌注、预应力张拉、压浆等实行全过程控制。重点部位,如桥梁支座,高监与项目部总工检查后才可进行下道工序的施工。路基台背回填,每处都要经高监查看,指挥部台背、路基质量组检查,填料合格、填前处理合格后,才开始填筑,现场监理跟踪旁站。桥面铺装时,桥面清理干净,专业工程师检查合格、高监复查,指挥部桥梁质量组检查认可后,才可布设钢筋。有个土建合同段进度一度滞后,高监办分析原因,主要是内部管理有偏差。他们及时向指挥部书面汇报,要求中标企业撤换施工队伍。更换队伍后,工程进度很快加快,成为后来居上的合同段。有个隧道晚上施工时,监理发现有偷工减料的情况。钢拱架50cm的间距提高到了54cm。钢拱架的数量明显不够,少了2榀。监理要求补进去。在补的时候,按要求本来应该用工字钢,但施工人员却用钢板代替。监理旁站发现后立即要求停工,并向指挥部汇报,更换了施工队伍,问题得到及时处理。

层层把关,使新河公路的工程质量得到有效控制,桥梁桩基合格率达100%,无损检测一次合格率达100%。

(5)严格控制变更设计

根据现场情况,遇到地质原因,高监办现场核对,情况属实的,变更联系单位签字,指挥部工程处现场复核,现场通知设计、业主、指挥部、监理,签变更处理卡,设计单位先出变更设计图,办理变更手续,不得随意变更。对计量报表内部三点把关,专业工程师核对质量合格、完成范围,合同工程师核对工程量,高监核对手续是否齐全,附件资料是否完整。

严格规范的管理,使新河高速公路工程质量得到了有效控制。2005年,在云南省交通厅召开的质量管理工作会上,新河公路指挥部是经验交流单位之一;在2007年全省交通工作会议上,新河公路建设指挥部又做了书面经验交流;2007年4月,云南省交通厅召开公路工程路面质量建设管理会议,新河公路又作为现场参观单位;新河高速公路的路面工程被列为交通部的示范工程。

(六)复杂技术工程

桥梁工程是新河高速公路的一大亮点,其中南吉特大桥和五道河特大桥最具特点。中铁四局集团承建的南吉特大桥是云南省当时连续刚构排名第一的公路桥梁。南吉特大桥系高墩大跨径连续刚构施工,技术要求高、施工难度大。项目经理部重视新工艺、新材料的运用。2007年3月27日顺利合龙,薄壁墩施工误差控制在1cm以内,合龙时轴线和高程偏差被控制在1.5cm以内。

(七)科技创新

新河高速公路建设指挥部依靠科技攻克公路建设中的难题,科技创新成了施工中的一大亮点。

1. 攻克不良土施工难关

新河高速公路遇到的一个难题是不良土。这些不良土主要是高液限土和含砂低液限粉土。

高液限土具有透水性差、毛细现象显著、亲水性强、浸水后能较长时间保持水分、孔隙大、干密度较小、有较大的可塑性和膨胀性等特性,不利于压实与稳定。

粉质土由于其黏性含量少,塑性指数低,稳定性差,施工中压实困难,达不到压实要求。

在以往的公路施工中,不良土一般都作为弃方不予使用。新河高速公路沿线石料缺乏,石料运距在20km以上,而且挖方量小于填方量。如果把不良土作为弃方处理,将大幅度增加工程建设费用,借方征地也将加剧水土流失,不利于水土保持和环境保护。

除了路基压实困难,不良土挖方路堑、填方路堤的主要病害有冲蚀、剥落、溜塌、滑坡等。如何采用不良土填筑路基成了新河高速公路建设的关键技术难题。为破解这一难题,新河高速公路建设指挥部邀请云南省公路科研所、重庆交通科研设计院,设立"新河高速公路不良土路基填筑技术研究"课题,开展技术攻关。开始,有人提出,路基开挖后,将不良土晒干再用作填料,但量太大,根本没有堆放处,在哪里晒?而且,河口雨多,湿度大,白天晒干,晚上回潮,今天晒干,明天下雨又返本还原。这一办法根本无法采用。课题组提出在关键部位对不良土采用"包裹法"施工,但结果也不理想。

为确保不良土的填方质量,经反复试验,施工中一是加强排水,经过水塘或水库地段路堤高于设计水位0.5m以下范围采用片块石或砂砾材料填筑和增做排水盲沟。二是按规定压实度严格控制施工,按规范要求,填土厚度到1.5m时增加冲击辗压,厚度5m范围内采用冲击碾和10t重的夯锤强夯,确保路基压实度。施工时,夯锤提高8m,一锤一锤砸下去,路基被砸得严严实实。三是在路槽顶面换填80cm的碎石土,提高路基整体强度。"三背"回填是路基施工中容易出现质量通病的部位,指挥部要求施工单位在回填时,选用透水性好的填料,而且必须报高监和指挥部到现场逐一检查验收并签认,确保了回填质量。

2. 原生态恢复体现地域特色

新河高速公路开展攻关的科技项目有3个。除不良土研究利用外,原生态恢复也是一个亮点。

在地形复杂和多山的地区修建高速公路,离不开深挖高填,往往会造成山脊的切割面较大,影响生态环境。为了使新河高速公路成为一条国门生态路,指挥部邀请北京深华科交通工程有限公司开展"高速公路边坡原生态恢复技术研究"。

课题以新河高速公路为依托,从工程学、生态学、植物学等学科的角度综合考虑,在对新河高速公路沿线植被调查分析、沿线边坡表土进行采集化验分析、沿线公路边坡的工程地质情况进行分析的基础上,提出了利用原边坡开挖以前的表土进行处理固定防护在原边坡上,利用表土中的野生植物树种进行自然植被恢复,结合人工点种原生灌木、乔木、藤本的原生态植物恢复方案。指挥部明确提出,新河高速公路的绿化不引进洋树种,全部选用本地土生土长的本土植物。课题组深入开展当地植物群落调查,采集大量树种进行培育试验,并建立了苗圃。在边坡绿化中,采集公路沿线边坡表土,回复到成形的公路边坡上,让表土中土生土长的草种在公路边坡上自然生根发芽。从2005年9月开始,新河公路在科研单位的指导下开始做绿化试验。施工人员选择了3个有代表性的边坡,采用挂网、人工扶土的方法进行原生态恢复,积累经验,为大面积绿化打下基础。

全线绿化,花草、灌木、乔木相结合,河口一带特有的海芋、红叶树、竹子、攀枝花等物种成了主角。指挥长马万权从昆明到河口时,总是沿路走,沿路看,看到好的树种就将其加入到备用的绿化树种内。原生态恢复,有利于边坡植被恢复和植物群落保护,使新河高速公路更具地域特色。

3. 路面施工引入"第四方"检测监控

由于气温高,新河公路沥青路面施工也面临新的挑战,而且,按计划,新河高速公路采用柔性基层沥青路面结构。由于新河高速公路沿线气候炎热,夏季高温多雨潮湿,地理气候条件对沥青路面非常不利。为确保路面施工质量,新河高速公路指挥部将"新河高速公路沥青路面全过程质量控制研究"作为科研课题。这一课题引入业主、施工单位、监理单位之外的第四方,以具有先进的检测设备、高级技术人才、掌握最前沿沥青路面研究发展动态的专业单位为基础,组成路面质量技术咨询工作组,以提高沥青路面质量为目标,以规范为基础,从材料标准的制定和检测开始,对沥青路面施工的全过程进行质量检测和控制,及时发现沥青路面施工中可能存在的问题,提出有利于提高沥青路面施工质量的建议措施,使业主能够更及时、更准确地掌握沥青路面施工动态,更好地控制和保证沥青路面质量。在路基施工过程中,"第四方"重庆交通科研设计院便提前介入,开展路面施工研究,从石料选择、施工控制等开展多方探索,寻求最佳的施工方案。

(八) 路地和谐

河口的酷热令新河高速公路建设者们难忘。新河高速公路良好的施工环境同样令他们难忘。参与新河高速公路建设的施工企业,大都是在云南修建过多条高速公路的知名企业。项目经理、总工们谈起新河公路的施工,都说这条公路是外围环境最好的一条。

1. 河口最大的投资项目

新河高速公路良好的施工环境,得益于中共河口县委、县政府对公路建设的高度重视。县委书记叶翠萍说,新河高速公路是国道主干线,对河口的作用非常大。这项工程一下投入30多亿元,是河口开天辟地以来最大的投资项目。如果光靠河口自身的力量,100年也干不起。县委、县政府领导都意识到,新河高速公路的建设,必将为河口腾飞插上翅膀。修好新河高速公路这条国门路,对树立国门形象,充分展示国家形象,同样有重要作用。路修好了,代表的不仅仅是河口,而是代表中国。

2005年2月1日,新河高速公路尚未正式动工,河口县五套班子便到指挥部进行春节慰问,与指挥部领导、各部门负责人进行了座谈,就新河公路的工程建设交换意见。

2. 县委、县政府为公路建设着想

新河高速公路的征地拆迁实行委托制。云南省交通厅委托红河州,红河州又委托河口县。县政府专门成立了征迁环保指挥部。由于对新河高速公路建设认识到位,河口县委、县政府把这条公路的建设看成是难得的发展机遇,公路尚未开工便加大宣传力度,明确提出:举全县之力,修好新河公路。河口县成立了征地拆迁小组,由一名副县长任组长。征地拆迁小组根据《中华人民共和国土地管理法》《中华人民共和国森林法》等相关法规,结合河口县的实际,制订出补偿方案,然后举行听证会,让全县人民都知道,资金兑现一步到位,直接补到农户,各级政府只做服务,杜绝了征迁过程中可能出现的腐败。

河口县委、县政府高度重视,把新河公路建设当成自己的事,把指挥部的人当成了自己人,征地拆迁的事相互商量,相互通气。

新河高速公路的征地拆迁涉及农民、农场工人、部队,还涉及难民,难度较大。但河口县委、县政府有一个共识:工作再难也要为高速公路着想。县委、县政府要求相关单位或群众,有事找县委、县政府,找当地党委、政府,不要找施工单位扯皮,更不能阻止公路施工。施工中发生的一些矛盾、纠纷,都能得到及时解决。

新河公路征用的土地基本无荒地,全都种有橡胶、香蕉、菠萝等经济作物,其中有近3000亩橡胶林被占用,这些橡胶林涉及坝洒、河口两个农场,而这些胶林土地权属是云南省农垦总局,橡胶树、地上附着物又属橡胶产业公司,权属较为复杂。为做好协调工作,征地拆迁领导小组组长在昆明整整守了一个星期,反复与云南省农垦总局商谈,取得了他们的支持。为了做好群众工作,征地拆迁领导小组成立了纠纷调解组。他们苦口婆心,工作直接做到农户。

新河公路拆迁还涉及一个难民村。400多难民的村子,3/4要搬迁。县委、县政府与指挥部共同研究确定,先盖房,后搬迁,投资300万元建盖了54套难民房,每户60m²,三室一厅。房子盖好后,搬迁工作一个月便全部完成,难民得到了妥善安置。

新河高速公路的拆迁工作还涉及6条电力线、长话线。新河公路采用一次包干的办法,电力线和长话线的拆迁同样十分顺利,从没有影响到工程的施工。

河口县委、政府工作到位,说话算数,群众相信理解县委、县政府,新河高速公路的征地拆迁工作认证15天,兑现一个多月,两个月就拆迁完毕。

3. 有难处一起想办法

河口县委、县政府不仅为新河高速公路建设积极做好征地拆迁工作,还主动关心公路施工人员。县委书记叶翠萍经常到指挥部和工地了解工程情况,询问农民工有无困难。她爱与大家说一句话:有难处一起想办法。她不仅自己身体力行,还要求县里有关部门、乡镇的领导经常到新河公路工地看看,自觉做好服务工作。

省领导到越南访问,县里特意让省领导和越南朋友到工地参观,中央巡视组到河口巡视,县里也特意让巡视组到工地参观,以鼓舞施工人员的士气。

地方关系协调是新河公路建设的一个亮点。县委、人大、政府、政协四套班子每年都要到新河高速公路工地进行慰问。在2007年初的慰问中,县里组织了专场文艺晚会,给施工人员送了4头牛,给节日期间坚守在施工第一线的500多民工每人50元慰问金。叶翠萍说,河口气候条件差,高温高湿,修路费力。县里组织慰问,目的就是要造成声势,让农民工安心工作。

在路面施工中,由于公路沿线石料缺乏,材料供应成了新河公路建设急需解决的问题。河口县领导了解情况后,与海关、边防、检验检疫等有关部门协调,减免相关费用,从越南进口近10万t半成品石料,为工程正常施工创造了条件。

令指挥部和施工单位感动的还有农场职工。为了新河高速公路,一些农户赖以生存的橡胶树被砍了,但他们以大局为重,从不找施工单位扯皮。

河口县委、县政府,以及当地群众为公路建设着想,为施工创造和谐环境,公路建设者们也尽量为当地政府和群众着想,树立为国门建设出力、为边疆人民造福的意识。

施工单位进场时,把修筑的便道与农场的生产用道结合起来,为以后群众的生产生活提供方便,为他们留下财富。建盖的工棚、简易房工程完工后也可为群众所用。十一合同段修建44km施工便道,其中修了3.4km可作为农场工人的生产便道。

承担第六合同段施工任务的云南路桥股份有限公司与驻军开展军民共建活动。部队的一块篮球场年久失修,项目部出人出机械帮助整修;项目部施工中清理出的一些树枝提供给部队做柴火;每逢中秋、春节,项目部与部队一起联欢。部队则对项目部的社会治安、保通提供支持。

路地协调,新河高速公路建设谱写和谐乐章。

第十三节　G4216成都—丽江高速公路

上海—成都高速公路是国家高速公路网规划中的第十条横线,编号G42,其联络线G4216成都—丽江高速公路以成都为起点,经仁寿、沐川、金阳、会东、攀枝花,止点为云南丽江。

该联络线云南境内路段为丽江—攀枝花高速公路。这是川西南、滇西北区域内唯一的一条东西向高速公路,是京昆高速公路(G5)和杭瑞高速公路(G56)之间的横向连接线。丽攀高速公路四川境内51.294km,云南境内规划163.711km。云南境内现已建成华坪至滇川界(攀枝花)段高速公路,即华攀高速公路。

华攀高速公路——川滇两省新通道

丽江市华坪县矿产资源丰富,煤炭资源现已探明保有储量0.9亿t,远景保有储量约3.5亿t。这对于支撑攀枝花市的钢铁产业发展至关重要。2016年2月9日,华坪—攀枝花高速公路建成通车,从华坪县到攀枝花市区实现全程高速,华坪县的煤炭资源可大大解除攀钢的后顾之忧,极大推动了两地资源的整合,两地经济联系更加紧密。

华攀高速公路通车后,攀枝花获得了一条出省大通道,除了获取能源之外,这条大通道也是攀枝花市乃至四川省融入湄公河流域和东南亚经济圈、进入南亚的必经之路。作为华坪县首条高速公路,华攀高速公路同样是出省大通道,其建成直接促进了华坪融入攀西经济圈的进程,同时还有利于华坪县乃至云南省向北融入成渝经济圈和长江经济带。

从国家层面看,华攀高速公路建成通车,也及时补充和完善了国家西南部高速公路网,破解了川西南、滇西北旅游经济发展的瓶颈,这是川滇两省间继京昆高速公路和银昆高速公路之后又一条新的高速公路通道。

(一)项目特点

华攀高速公路荣将段(含华坪互通)地形受限,穿越城镇居民区、农田和省道,征地拆迁量大,工作难度大,施工安全管理难度大;华坪互通立交桥梁两次跨河支架现浇箱梁;华坪隧道属浅埋隧道(最大埋深左洞76.18m,右洞87.45m),围岩非常差(为罕见的第三系昔格达地层,遇水软化、强度将急剧衰减、自稳性极差),极易出现洞顶、侧壁坍塌,其施工组织、安全管理难度大、压力大;路线与民主渠7次交叉改移以及沿线改移道路和沟渠工程量大,改移省道的交叉、干扰施工组织难度大;沿线昔格达地层分布较多,边坡稳定性差;高强度混凝土及路面抗滑层砂石材料缺乏;野猫田大桥跨越水库施工,建设难度大。

(二)项目概况

华攀高速公路项目经云南省人民政府批准,采取政企合作模式,由四川高速公路建设开发总公司与丽江市人民政府联合共建。该项目路线起点为华坪县荣将镇,止于川滇两省交界的丽攀高速攀枝花段起点(图17-119)。施工图设计路线长12.010km,华坪联络线全长0.972km。荣将联络线全长0.683km,工程概算投资13.6277亿元。主线为双向四车道,路基宽度24.5m,桥梁与路基同宽,设计速度80km/h;路面为沥青混凝土路面。华坪联络线采用一级公路标准,沥青混凝土路面;荣将联络线采用二级路标准,沥青混凝土路面。主要工程数量有挖方约279.1万m³、填方约199.8万m³、隧道单洞累加1575m/1座、桥梁2855m/19座、桩基622根、梁板1145片、涵洞通道46道、互通式立交2处。

图17-119 华坪—攀枝花高速公路位置示意图

项目于 2012 年 8 月 3 日开工,2016 年 2 月 19 日正式试运营通车。

1. 前期决策

2011 年 3 月 22 日,云南省发展和改革委员会批示《关于开展丽江至攀枝花高速公路华坪至滇川界段项目前期工作的通知》(云发改办基础〔2011〕218 号)。

2011 年 5 月 12 日,丽攀高速公路华坪至滇川界段土地预审获云南省国土资源厅审批(云国土资预〔2011〕72 号)。

2011 年 5 月 20 日,云南省发展和改革委员会批复了丽攀高速公路华坪至滇川界段《工程可行性研究报告》(云发改基础〔2011〕1030 号)。

2011 年 6 月 17 日,云南省人民政府办公厅对丽攀高速公路华坪至滇川界段项目投资建设模式及收费权进行了批复。

2011 年 8 月 6 日,丽江市人民政府出具了该项目特许经营权授权书。

2011 年 9 月 16 日,云南省发展和改革委员会批复了丽攀高速公路华坪至滇川界段项目初步设计(云发改基础〔2011〕1970 号)。

2. 参建单位

2010 年 3 月,川高公司与丽江市人民政府达成了丽攀高速公路华坪—攀枝花(滇川界)段的投资意向,经川高批准该段建设管理交由川高下属子公司四川丽攀高速公路有限责任公司承担,任命梁毅为总经理,曾利能为分管副总经理。

通过全国公开招标,经过公平、公正评审,坚持择优选择的原则,共有 14 家设计、施工、监理单位参与项目建设(表 17-45),各方参建单位均符合国家规定的资质及业绩要求。

丽攀高速公路华坪至滇川界段项目管理机构及负责人　　　　表 17-45

机　　构	负　责　人	机　　构	负　责　人
项目业主	梁　毅	施工单位(A4 合同段)	曾　刚
设计单位	孟书涛	施工单位(A5 合同段)	纪　标
监理单位(J 总监办)	周天文	施工单位(A6 合同段)	吉子亭
监理单位(J1 总监办)	张兴凯	施工单位(A7 合同段)	陈红洁
施工单位(A1 合同段)	曾方俊	施工单位(A8 合同段)	盛铁桥
施工单位(A2 合同段)	刘兴福	检测单位(JC1)	孙红蕾
施工单位(A3 合同段)	宋辉林	检测单位(JC2)	谷从国

(三)建设情况

1. 项目筹备

2011 年 10 月 11 日,云南省交通运输厅签署同意了项目法人资格申报表。

2011年12月6日,云南省交通运输厅工程造价管理局下达了项目造价监督通知书(云交造价〔2011〕338号)。

2012年8月23日、12月7日,2013年3月26日,云南省交通运输厅根据工程界面分三此批复了丽攀高速公路华坪至滇川界段项目施工图设计文件(云交基建〔2012〕190号、云交基建〔2012〕322号、云交基建〔2013〕80号)。

报经云南省交通运输厅、川高公司同意,2011年11月28日,项目土建路基施工、监理、第三方试验检测单位资格预审工作开始,并于2012年12月16日完成土建路基A2标段、监理标段、第三方检测标段的招标工作,A1、A3标段流标。

由于土建路基A1、A3标段流标,经请示云南省交通运输厅、川高公司同意,2012年5月21日开始土建路基A1、A3标段二次招标(资格后审),并于2012年6月23日完成土建路基A1、A3标段招标工作。

2012年9月15日,丽江市公路工程质量监督站下达了项目工程质量监督通知书。

报经云南省交通运输厅、川高公司同意,2012年10月26日开始本项目路面、房建、绿化、交安、机电工程施工招标资格预审,并于2013年4月25日完成路面、房建、绿化、交安、机电工程施工招标工作。交安工程由于参与投标人数不足流标。

经请示云南省交通运输厅、川高公司同意,于2013年6月9日开始交安工程施工二次招标(资格后审)。

土建路基A2标段、监理标段、第三方检测标段于2012年5月上旬进场开展施工准备工作,2012年8月3日正式开工。

土建路基A1、A3标段于2012年7月进场开展施工准备工作,2012年9月3日正式开工。

路面、绿化、房建、机电施工单位合同于2013年5月签订,交安单位合同于2013年7月签订。其中路面、房建、绿化施工单位于2013年7月进场开展施工准备工作,绿化和房建工程于2013年9月3日具备施工条件,发布了开工令。

全线标段划分为设计1个标段,土建3个标段,路面、交安、绿化、房建、机电各1个标段,机电监理1个标段,其余工程监理1个标段,监理试验室1个标段,第三方检测单位2个标段,见表17-46。

丽攀高速公路华坪至滇川界段项目标段划分　　　　表17-46

标 段 号	起 止 桩 号	工程内容及长度	施 工 单 位
A1	K180+000~K183+630	土建	江西井冈路桥(集团)有限公司
A2	K183+630~K86+680	土建	中铁二十局集团第四工程有限公司
A3	K186+680~K192+010	土建	四川川交路桥有限责任公司
A4	K180+000~K192+010	路面	攀枝花公路建设有限公司

续上表

标 段 号	起 止 桩 号	工程内容及长度	施 工 单 位
A5	K180+000~K192+010	绿化	江西绿巨人市政园林有限公司
A6	K180+000~K192+010	交安	陕西高速交通工贸有限公司
A7	K180+000~K192+010	机电	陕西高速交通工贸有限公司
A8	K180+000~K192+010	房建	广西盛丰建设集团有限公司

2．项目实施

（1）环境独特：奋力攻坚独辟蹊径

地形复杂、陡峻，沟谷狭窄纵横交错，金沙江河谷深切并横贯其中，对路线展布制约多；南亚热带亚湿润气候，旱、雨季分明，昼夜温差大、气候干燥、降雨量集中（集中在7月至9月）、日照多，太阳辐射强、蒸发量大、小气候复杂多样；地质构造复杂、项目周边地区地震活动频繁，地震基本烈度为Ⅶ度，工程地质条件差。谈起华攀高速公路的建设，丽攀公司总经理梁毅历历在目。该区域独特的自然环境，给施工造成了重重困难。

以这里独特的昔格达地层为例，"该地层遇水急剧软化、开挖暴露后强度急剧衰减、填筑路基易沉降、施工非常困难。"梁毅说，"尤其是隧道施工，更是难上加难，连爆破都不能用。"

梁毅所说的隧道，是该区域的一条长为800m的穿过昔格达地层的隧道。

在该隧道的开挖过程中，丽攀公司根据昔格达地质的特点，制定了"短进尺，强支护，快封闭"的开挖原则，根据围岩地质情况，采取非爆破挖掘机静态开挖，并伴随开挖及时进行临时支护，永久衬砌紧跟。

昔格达地质的特殊性，使这条并不长的隧道前后耗时近2年之久，施工过程中先后发生过3次坍塌，好在丽攀公司有完善的预案并开展了科学研究，及时准确进行了预报和预判，未造成安全事故。其中一次坍塌前18分钟，全部14名施工作业人员及时撤出，避免了重大安全事故发生。

山高谷深，地质特殊，除了施工困难，生态恢复也是难题。

为了把对沿线生态环境的影响降到最低，丽攀公司将环保、水保设施与主体工程同步实施。项目开工前，丽攀公司分别和各施工单位签订了环境保护和水土保持合同，加强领导、落实责任，并完善环境保护和水土保持管理机构、制度，配备专职和兼职环保检查人员，专职环保监督员，督促各单位规范施工。对本合同段内的弃土场、高边坡、河道中的施工围堰、施工便道、临时堆料场等进行认真清查，编写环境保护和水土保持防护、恢复专项方案，上报监理单位、丽攀公司安全部审批后严格执行。

为了将取弃土场最大限度地利用，丽攀公司通过研究，建议华坪县在弃土场上种植经济作物芒果。

与此同时,由于该地区夏季较长,高温环境下作业时间相对较长。丽攀公司在充分考虑施工人员身体承受能力的前提下,在夏季施工中采取"抓两头"的施工方式,即早晚施工,中午休息,既体现了以人为本的精神,也保证了施工进度。

(2)路地共建:解征迁之难树品牌形象

除了自然环境,征地拆迁工作也是华攀高速公路的一只"拦路虎"。

华攀高速公路路线走廊狭窄,建设用地较为紧张,线路要经过城镇、工业园、矿区、高压线走廊与变电站、水库等,且多处跨越省道、县道、灌溉渠等,大大增加了征地拆迁和地方协调上的难度。

为了确保这一问题得到妥善解决,丽攀公司将丽攀高速公路攀枝花段的建设模式——路地共建模式移植到了此段。经云南省人民政府批准,该模式得以成功运用。地方各级政府、部门对征地拆迁、建设环境保障全力支持,工程建设得以顺利进行。

经过双方召开预备会等方式精心准备,丽攀公司和丽江市政府联合召开了有参建单位、地方各区乡(镇)政府、市级各部门、沿线涉及的各企业等单位负责人广泛参加的动员大会,引导合作发展方向。丽攀公司在会上与参建单位签订了目标责任书。根据丽攀公司要求,丽江市政府也与各区政府和市级相关部门签订了目标责任书,并逐级分解落实征地拆迁环境保障责任。在不断推进地方工作的过程中,丽攀公司围绕战略部署不断创新思路,结合丽江华坪工作实际,适时"借力发力",积极应对,探索化解各种征拆矛盾、营造良好施工环境的有效措施,寻求扫清工程建设障碍的有效办法,主动推动地方征拆和环境保障工作,变被动为主动,为工程建设顺利实施奠定了坚实基础。

"作为我公司承接的第一条四川省外高速公路项目,我们十分重视。希望在省外打响公司的品牌。"梁毅说。

建设期间,丽攀公司华坪业主代表处处长解超平专门负责协调工作。他说:"公司为了做好服务,成立了专门的组织机构,在云南境内负责建设、协调。派驻人员也都是精挑细选的。"

华攀高速路是华坪县第一条高速公路,该县十分重视,但却缺乏相应的建设管理经验。鉴于此,丽攀公司将攀枝花段路地共建模式中的经验与华坪县进行分享,并多次联系攀枝花市相关负责人来华坪县交流。这种方式,将路地共建模式在华坪县进行了成功的移植。

丽攀公司考虑到华坪县的煤炭多销往攀钢,因此在项目设计和建设中,将华坪至攀枝花方向的路面进行了加厚处理。

细心的服务精神,让丽攀公司获得了华坪县各界的一致好评。2013年,丽江市交通运输局专门授予丽攀公司"突出贡献奖"。

(3)质量安全:一条路一座丰碑

"建一条路,树一座丰碑。"这是丽攀公司的哲学。

"作为公路人,修路,某种程度上讲,就是给我们自己树碑立传。"梁毅说,"只有树立了这种思想,才能把牢质量关。"

在项目管理过程中,丽攀公司始终坚持"百年大计、质量第一"的原则。全面实施精细化管理,重点做好工地标准化建设;围绕总体质量目标,通过严把原材料进货关,严格施工工序控制;实行质量责任追溯制、实名制和首件工程认可制;推行拌和站、预制场标准化建设;开展"混凝土质量通病治理""检测数据打假"等主题活动……这些,就是他们把控质量关的分解动作。这些动作,强化了质量意识,规范了管理行为,保证了工程质量。

为了保证每一个"动作"都做到位,丽攀公司不断优化制度设计。制定了详细的工程质量管理制度;明确了质量管理措施和目标;落实各级质量责任制,切实落实施工单位工程质量主体责任,强化监理在工程质量形成中的关键控制作用。梁毅将这种制度归结为"业主管理、监理控制、施工负责"。在这种制度的基础上,丽攀公司还建立健全了承包人自检体系,完善了监理和监理试验室的抽检体系,并加强现场巡视和重点工程的检查,动态掌握工程质量状况,使得项目建设质量处于受控状态。整个建设过程中未发生质量事故,工程合格率达100%。

要树"丰碑",也要"以人为本",在梁毅看来,质量与安全同等重要。

"安全第一、预防为主、综合治理",项目建设始终认真贯彻这一方针,落实安全生产责任制,强化安全生产专项治理,加强应急管理,在制度、措施、技术、应急预案等多层面保障安全生产。为此,丽攀公司建立健全了安全组织管理机构,成立了以总经理梁毅为组长、副总经理为副组长,各部门负责人和各参建单位负责人为成员的安全生产领导小组。同时,还成立了环保、水保、防汛、应急救援领导小组,并对各项工作进行了详细的安排。

"我们的安全生产目标是:杜绝重特大安全事故的发生,遏制较重大事故,最大限度地减少一般安全事故的发生。"项目建设副总经理曾利能说。

落实安全生产的主体责任,明确项目业主、监理工程师的安全生产监管责任;强化安全生产的"一岗双责";层层签订安全生产责任书,并严格实行责任追究制度。这一系列安全生产管理制度和安全管理措施,书写了项目零伤亡的记录。

(4)建设者特写:"此事古难全"

家住成都的张志刚是四川丽攀高速公路有限公司管理处路安科负责人,2013年四川省五一劳动奖章获得者。

从2013年华攀高速公路开工建设以来,他平时就很少回家,跟家里的沟通都基本靠电话和互联网。一是因为忙,二是从攀枝花到成都路程太远,需要走7个小时的高速公路。

张志刚的妻子同样是在交通系统工作,平时工作也比较忙,虽然能够每天回家,但一样早出晚归,也不能很好地陪伴孩子。

"小孩子总是崇拜父亲。在外面受委屈了,总希望自己父亲能为自己撑腰、出气。"张志刚说。但他的儿子自从6岁上小学以来都是自己坐公交车上学,只有第一次入学,他妻子接送过一次。

"小孩子需要陪伴,我亏欠他有点多。其实不光对我儿子,其他亲人我也心中有愧。"张志刚说。

2014年3月23日这一天,张志刚永远不会忘记。

张志刚的岳父蔚远光有心脏病、肾囊肿等多种疾病。那年3月,蔚远光的疾病突然恶化,医生下达了三次病危通知书,但当时华攀高速公路正处在拆迁安置工作的关键时刻,张志刚实在走不开。等到下达最后的病危通知书时,张志刚决定回家见岳父最后一面,他把工作妥善交接给同事,叮嘱接手的同事,一定要按既定的工作程序开展工作,千万不要懈怠马虎。但当他赶到医院时,岳父已经永远地离开了。对于这个深深的遗憾,张志刚说:"此事古难全。"

(四)复杂技术工程

丽攀高速公路复杂技术工程主要是华坪隧道。该隧道单洞总长1575m,其中左洞长792m、右洞长783m。隧道穿越主要围岩级别为Ⅳ、Ⅴ级,其中Ⅴ级围岩占全隧道的87%。

围岩主要穿越昔格达组地层,岩体具有强度低、胶结弱、变形大、自稳性差,力学性质随环境条件变化大的特点。实际开挖围岩以全-强风化为主,水平分层,层间地下水以点滴或线流状渗出,拱角、拱底地下渗水较为集中,遇水软化后围岩强度急剧衰减,自稳能力极差。华坪隧道于2012年10月12日进洞施工,采用进出口四个洞同时施工,每个掌子面平均每天进尺仅为1.5~2m。

华坪隧道在施工过程中采用短台阶分部法开挖,采用挖掘机配合人工方式进行静态开挖;采用大管棚进洞,洞内采用超前小导管进行超前支护;初支采用强支护,主要由中空注浆锚杆、钢筋网和工字钢联合支护,仰拱、二衬全部采用钢筋混凝土及时跟进(不超过20m);采用地质雷达、局部超前钻、高密度电法综合超前地质预报,洞内监控量测和地表监测选择专业单位,及时准确地提供监理控量测和地表监测信息。

(五)运营养护管理

沿线设银江、瓜子坪、华坪等7处互通式主交收费站和主界石龙坝支线收费站,设攀枝花西服务区1处。

华攀高速公路收费期限为30年,于2016年2月25日零时对过往车辆收取车辆通行费。基本费率标准为普通路段客车0.50元/(车·km)、货车0.90元/(t·km),500m及以上桥梁隧道客车1.40元/(车·km)、货车0.23元/(t·km)。

第十八章
地方高速公路

云南省高速公路由国家高速公路和省高速公路(地方高速公路)组成。在《云南省道网规划(2014—2030年)》中,省高速公路由19条南北纵线、11条东西横线、3条绕城高速公路和6条联络线组成。为加快构建布局合理、功能完善、覆盖广泛、互联互通的道路交通运输体系,促进云南与全国同步全面小康和面向东南亚、南亚辐射中心建设,经第十届省委常委会第21次会议、省人民政府第113次常务会议研究审议,通过了《云南省道网规划修编(2016—2030年)》,这是云南最新的道网规划方案。

《云南省道网规划修编(2016—2030)》按照"五纵五横一边两环二十联"对云南高速公路网进行布局,规划总里程1.45万km。

本章将对《云南省道网规划修编(2016—2030年)》中已建成的高速公路进行介绍。线路方案在上篇第二章中有详细介绍,此章不再重述。

需要说明的是,本章中的高速公路是按照《云南省道网规划修编(2016—2030年)》相应的编号编排的。2017年6月2日《云南省道网规划修编(2016—2030年)》由云南省人民政府办公厅印发。而上篇第三章中的"云南高速公路明细表"所列高速公路为2016年以前通车的,所用编号为《云南省道网规划(2014—2030年)》中的编号。由于《云南省道网规划修编(2016—2030年)》对《云南省道网规划(2014—2030年)》中的部分高速公路进行了调整,有的高速公路编号出现了不一致的情况。比如曲靖—陆良高速公路原为S18易门—弥勒高速公路的一段,"修编"后为S8012滇中环线高速公路的一段;黄土坡—马金铺高速公路、呈贡—澄江高速公路原为S27黄土坡—澄江高速公路,"修编"后为S26呈贡—元阳高速公路的组成部分。

"云南高速公路明细表"所列高速公路中有三段高速公路因里程较短,不作专题介绍,分别是:G348武汉—大理公路太平村—拆分点8.5km高速公路;G8013砚山—文山公路文山—文山城区3.872km高速公路;S81汕昆高速公路支线石林—拆分点2.04km高速公路。这三段高速公路总长14.412km。

第一节 S71 泸水—孟连高速公路

《云南省道网规划修编(2016—2030年)》"五纵五横一边两环二十联"高速公路中的

"一边",即沿边高速公路,也就是泸水—富宁高速公路。起点为泸水,经腾冲、梁河、盈江、陇川、瑞丽、畹町、龙镇桥、镇康、清水河、耿马、沧源、西盟、孟连、勐海、景洪、勐醒、江城、绿春、元阳、蔓耗、河口、马关、西畴、富宁。其中泸水—孟连段编号为 S71、孟连—富宁段编号为 S72。瑞丽—陇川高速公路系 S71 泸水—孟连高速公路的一段。

瑞陇高速公路——兴边富民路先行

瑞陇高速公路项目是国家高速公路 G56 杭瑞高速公路的延伸线,系云南省高速公路网规划方案中 S47 腾冲—瑞丽高速公路的最末一段。在云南省同期建设的高速公路建设项目中,具有隧道里程长、施工难度大、有效施工时间短的特点。

瑞陇高速公路建设过程中,瑞陇指挥部坚持"团结协作、科学决策;务实诚信、创新管理;高效安全,公正清廉"的工作理念,与参建单位一道真抓实干、攻坚克难,大力推动项目建设。

瑞陇高速公路的建成,对于完善国家公路网、强化云南省干线公路网及完善德宏州骨架路网,构建瑞丽—陇川经济带、促进陇川(章凤)城市建设具有重要意义,同时也实现了瑞丽至陇川 10min 左右直达的目标,带动了沿线地方经济的快速发展,瑞陇高速公路也因此成为一条兴边富民的发展之路。

(一)项目概况

瑞陇高速公路是《云南省道网规划修编(2016—2030 年)》"五纵五横一边两环二十联"高速公路中的沿边高速公路的一段,也是德宏州芒市—瑞丽一体化经济走廊战略中"一廊三环"高速公路网中瑞丽—陇川—遮放、芒市—梁河—盈江—陇川—瑞丽高速公路环的组成部分。项目起于瑞丽北姐勒附近,自南向北布线,与 G56 龙陵—瑞丽高速公路讫点(K126+400 处)姐勒立交相连,经岗雷、帕色坝、南京里、南兰河、棒畹坝,止于陇川县章凤东,接市政大道同心路路口(图 18-1)。批复路线全长 24.21km(由龙瑞指挥部修建弄岛连接线 5.2km,瑞陇指挥部修建 19.01km),工程总概算 26.98 亿元,设计速度 80km/h,路基宽 24.5m,行车道宽度 $2\times2\times3.75$m,圆曲线极限最小半径 250m,最大纵坡 3.9%,荷载等级为公路—Ⅰ级。

项目主要控制点有:姐勒、瑞丽北(岗雷)、帕色坝、南京里山、南兰河、棒畹坝、章凤东、同心路路口。

项目开工建设后,由于陇川县城市规划布局调整,德宏州向省交通运输厅申请增加陇川县工业园区连接线,2014 年 7 月 11 日得到《云南省交通运输厅关于瑞陇高速公路止点段设计变更的批复》(云交基建〔2014〕210 号),同意增加工业园区连接线。实际路线调整为:正线 K0+000~K19+153.43,全长 19.153km;陇川工业园区连接线全长 2.462km。

实际里程全长共计 21.615km,其中正线 K16+260~K19+153.43 段及连接线 2.46km 按一级公路标准建设。

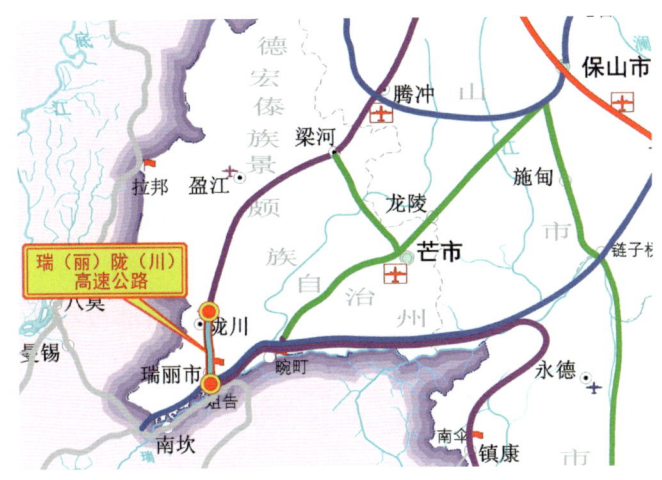

图 18-1　瑞丽—陇川高速公路位置示意图

项目全线桥隧比 34.49%(不含跨线桥),共设桥梁 16 座,其中大桥 4 座、中桥 7 座、跨线桥 5 座;设分离式特长隧道 2 座(单洞设计)长 10543m,左幅长 5270m,右幅长 5273m;设互通式立交 1 处。

瑞陇高速公路正线于 2014 年 2 月开工建设,2015 年,16.26km 高速公路建成通车,2017 年 4 月 8 日全线建成通车。

(二)前期决策

2012 年 9 月,德宏州人民政府决定启动瑞陇高速公路建设。

2012 年 12 月,项目立项、环评、水保等报告取得省有关部门的批复或备案,省发改委以《关于瑞丽至腾冲高速公路瑞丽至陇川段工程可行性研究报告的批复》(云发改基础〔2012〕2542 号)批准可研报告。

2013 年 2 月 16 日,取得《云南省发展和改革委员会关于瑞丽至腾冲高速公路瑞丽至陇川段项目姐勒至南京里隧道出口段(一期工程)两阶段初步设计的批复》(云发改基础〔2013〕291 号)、《云南省发展和改革委员会关于瑞丽至腾冲高速公路瑞丽至陇川段项目南京里隧道出口至章凤段(二期工程)两阶段初步设计的批复》(云发改基础〔2013〕290 号)。

2013 年 7 月 25 日,设立瑞丽重点开发开放试验区瑞陇高速公路投资开发有限公司(以下简称"瑞陇公司")作为项目业主,负责项目实施。

2014 年 4 月 8 日,云南省发改委以《关于瑞陇高速公路车辆通行费收费标准预审预核的有关意见的函》(云发改物价函〔2014〕81 号)明确了瑞陇高速公路经营性收费公路设置条件,收费期限确定为30年。

(三)参建单位

1. 建设单位

2013年7月26日,瑞丽试验区成立瑞陇高速公路投资开发有限公司(以下简称"瑞陇公司")作为项目主体,负责项目融资、运营、管理、养护等任务;2013年8月29日,云南省公路局与瑞丽市人民政府、陇川县人民政府签订瑞陇高速公路代建协议;2013年9月3日,云南省公路局党委批准成立云南瑞陇高速公路建设指挥部(以下简称"瑞陇指挥部")负责项目建设,竣工验收后由瑞陇公司运营管理。指挥部内部设有综合办、财务处、技术合同处、安全处、总监办5个处室,共有管理岗位工作人员20名。

2. 施工单位

项目正线工程分4个标段,通过公开招标,西南交通建设集团股份有限公司、云南路桥股份有限公司、云南第二公路桥梁工程有限公司、云南阳光道桥股份有限公司4家施工单位中标。为满足工程融资需要,瑞陇公司于2014年1月10日分别与4家中标单位签订《增资扩股协议》,并于2014年2月21日完成工商注册变更。

3. 监理单位

指挥部采用"业主总监领导,引入第三方驻地监理的管理模式"对项目进行管理。指挥部设立总监理工程师办公室,下设2个驻地监理工程师办公室,以路基标相对应划分为2个监理标,分别负责4个合同段的工程监理任务。这样一来,不仅强化了业主对监理工作的直接控制权,也进一步保障了监理工程师在施工管理过程中的核心地位,使监理工程师能利用建设方赋予的权利,对建设目标实施全面监理,有效确保工程建设施工质量。

此外,项目还有交通安全设施2个合同段、消防工程2个合同段、沿线设施2个合同段等共计13家参建单位,各参建单位齐心协力、紧紧围绕项目建设目标任务,倒排工期、精心组织,在确保质量和安全的前提下,稳步推进项目实施。

(四)建设情况

1. 项目筹备

2012年,云南省发展和改革委员会发布《关于开展瑞丽至腾冲高速公路瑞丽至陇川段前期工作的通知》(云发改办基础〔2012〕105号),同意瑞陇高速项目的立项筹备工作。

2013年6月8日,云南省交通运输厅发布《关于瑞丽至腾冲高速公路瑞丽至陇川段两阶段施工图设计的批复》(云交基建〔2013〕138号)对二阶段施工图进行了批复。

2013年9月16日,云南省公路局委员会成立"云南瑞陇高速公路建设指挥部",主导瑞陇高速公路的招标工作。根据工程实际,瑞陇高速公路共分为4个土建施工合同段(表18-1),2个监理服务合同段。工程按照《公路工程国内招标投标文件》规定,严格执行《中华人民共和国招标投标法》《公路工程施工资格预审办法》《公路工程施工招标投标管理办法》《公路工程施工监理招标投标管理办法》等有关法律、法规和规章,本着公开、公平、公正和科学择优的原则,在全国范围内公开招标。

瑞陇高速公路标段划分情况表　　　　　　　　　　表18-1

标段号	起讫桩号	工程内容及综合里程	施 工 单 位
1	K0+000~K6+017.05	路基、桥梁6.017km	西南交通建设集团股份有限公司
2	K6+017.05~K9+160	路基、特长隧道3.143km	云南路桥股份有限公司
3	K9+160~K11+808	特长隧道2.65km	云南第二公路桥梁工程有限公司
4	K11+808~K19+153.43	路基、桥梁7.35km	云南阳光道桥股份有限公司

2013年9月25日,在云南省交通运输厅官方网站、云南信息网、中国采购与招标网同期发布施工招标和监理招标公告。

2013年9月25日~9月30日,正式发售《招标文件》。

2013年11月4日~11月7日,评标、编写评标报告。

2013年11月15日~11月16日,发中标通知书。

在工程项目整个投标、开标及评标过程中,均有上级纪检监督部门、公证机关进行全程监督和现场公证。

此外,指挥部还严格按照《中华人民共和国招标投标法》的有关规定,对路面工程、交通工程、绿化工程、机电、消防、房建、中心试验室、隧道检测单位等工程项目进行公开招标,确定承包单位及监理单位。整个招标过程严格遵循了"三公"原则和国家颁布的法律、法规和规章制度,未发生任何违规违纪行为,做到了依法建设和依法管理。

瑞陇高速公路途经瑞丽市、陇川县,征地拆迁工作由地方政府负责。项目共征用地3446.79亩,拆迁房屋97户58205m^2。因项目建设拆迁各类地面附着物种类繁多,任务艰巨,共拆迁、迁改各种电力、通信、杆线设施114道,搬迁坟墓105冢。征地搬迁概算费用153324000元。

征地拆迁工作中,指挥部积极维护沿线群众利益,支持地方建设,在保障和改善民生、支持沿线城市建设等方面,为改善群众生产生活条件,推动地方建设做出了重要贡献,各级地方党委、政府及沿线群众十分满意。

2.重大变更

(1)瑞陇高速公路在K0+585处跨越中缅石油天然气管线。由于该油气管线属于国家重大战略物资运输管线,其重要性不言而喻。在建设过程中,石油管道管理部门严格对此部位的施工进行监督。经请示上级部门,同意将此部位原设计的3m×3m涵洞变更为

1-30mT形梁桥,解决了管道的安全和公路运营的安全,但同时也使瑞陇高速公路增加约500万元的变更费用。

(2)瑞陇高速公路原设计总长19.02km,由于陇川县城市规划布局调整,在路线尾端增加了章凤工业园区布局,为使瑞陇高速公路与陇川城市规划布局衔接合理,让章凤工业园区及沿线新型产业的开发同陇川县城的发展形成一体化,使瑞陇高速公路更好地为瑞丽—陇川经济带发展服务,德宏州交通运输局于2014年初向云南省交通运输厅上报了《德宏州交通运输局转报陇川县交通运输局关于瑞丽至腾冲高速公路瑞丽至陇川段设计变更的请示》(德交发〔2014〕88号文),经云南省交通运输厅组织专家现场勘查后,于2014年7月给予批复,同意瑞陇高速公路变更增加连接章凤工业园区的连接线1.15km。同时,由于原设计瑞陇高速公路止点段附近处于深挖路堑范围,最大挖深达20m,土石方工程及防护工程数量大,并对陇川县城连接线、章凤工业园区连接线两侧的土地形成分割,势必增加城市开发建设费用,而且降低了土地利用效率,不利于城市开发建设,并对自然生态破坏较大,不利于环境保护,本次变更批复同意将尾端段线形在不改变原设计技术指标的前提下,进行局部调整,以便充分利用土地及保护环境。经过变更,正线总长度变更为19.153km,连接线总长度变更为2.46km,预算总投资增加约7200万元,路线等级为一级公路,维持与原设计等级不变。

3. 项目实施

瑞陇高速公路项目地处德宏州瑞丽市、陇川县,由于雨季时间长、有效施工时间短、隧道施工里程长、工期非常紧张。瑞陇指挥部紧紧围绕项目建设的工期目标和年度投资任务,通过强化工期责任意识,细化阶段目标考核,确保各项生产目标任务按计划稳步有序推进。

(1)实施"五个超前"

瑞陇高速公路项目自2014年2月21日开工建设,工程快速推进得益于"五个超前"的工作方式。一是征地拆迁超前。2013年8月瑞丽市和陇川县政府就开展征地拆迁工作,涉及征地1790亩、拆迁户97户共58205m^2。二是技术准备超前。各种报批手续2013年年底基本完成,施工单位进场就下发施工图,提前做好设计技术交底、施工组织设计等技术准备工作,不等不拖,征迁部门提交一段土地就开始动工一段。三是组织准备超前。围绕指挥部"抢时间、遵规范、强质量、保安全、重环保、求稳定、抓廉政、获效益"的工作方针,在项目建设中要求做到精细管理、精算成本、精准作业,认真落实项目管理,健全各项奖罚制度。四是人员配备超前。配齐配全施工中所需的管理、技术、操作人员,超前做好施工人员的安全教育培训、安全风险评估、应急措施。五是施工用电和材料供应超前。指挥部提早安排了施工用电的架设、材料联合采购和试验检测等工作,为工程建设快速有序推进奠定了基础。

(2)采取双重考核方式

瑞陇指挥部紧紧围绕项目建设的总工期目标和年度投资任务,采取"三月责任目标"及"隧道单项进度"双重考核的方式,与施工单位签订生产目标责任书,严格进行考核奖惩,充分调动了参建单位的积极性和创造性;针对南京里隧道里程长、围岩变化大、施工难度大的问题,指挥部安排工作人员蹲点隧道施工单位,实行专人负责,为隧道施工提供强有力的保障措施。

(3)践行两个"三严三实"

2015年,瑞陇指挥部认真贯彻落实全省公路工作会议确定的目标,狠抓落实,提出在项目管理中要做到两个"三严三实":一是"严以遵规、严以监理、严以监督,工程要实、资料要实、计量要实";二是"严格自检、严格抽检、严格检测,两个强度(混凝土强度、路基压实度)要做实,钢筋保护层要做实,工程外观要做实"。为落实抓好项目工作,指挥部成立了两个综合督导组,对项目建设过程中的进度、质量、安全进行综合督导,有针对性地加强项目管理,有效推进项目建设。指挥部主要领导直接挂钩施工单位,督促指导质量、安全、进度工作。

(五)复杂技术工程

瑞陇高速公路南京里隧道全长10543m(以单幅计),为特长隧道。隧道进口端穿越帕色河底,出口端穿越南兰河底,隧道施工过程中渗水较为严重,施工单位采取有效措施进行排水才能正常组织施工。加之地层岩性规律差、构成复杂,与设计比较围岩变化大,对隧道掌子面爆破技术要求较高,光面爆破无法实施。

施工过程中,由于电力、风力按一般隧道施工配置无法满足需求。施工单位一方面采取在隧道内设置630kV·A变电箱以保障隧道施工中的电力供应保障,一方面采用最大功率2×200kW的风机送风,以满足隧道施工过程中的通风要求。

(六)科技创新

项目委托云南省公路科研院对沥青路面进行技术服务,在云南省高速公路上首次采用1cm沥青同步碎石下封层施工技术。同步碎石封层拥有较强的高温稳定性、低温抗开裂性以及抗疲劳、抗水损坏的优点,有效解决了以往稀浆封层固化后会随着基层开裂而开裂的问题,导致沥青面层产生反射裂缝,失去封水作用的不足。

(七)运营养护管理

瑞陇高速公路在正线K17+188.5处左、K17+617.5处右设置两处停车区,建筑面积总计4622.8m²,分别由停车区、加油站、公厕、水泵房、配电房组成;在正线K6+093处右、

K12+380处左设置2处加水站,建筑面积总计760m²。

全线设两处收费站:瑞丽帕色收费站和陇川收费站;在瑞丽帕色收费站设置瑞丽监控分中心及养护工区;在南京里隧道入口端设隧道管理所、1号变电所,在南京里隧道出口端设2号变电所。

根据2015年12月德宏州人民政府与云南省公路开发投资有限责任公司签订的《瑞丽至腾冲高速公路瑞丽至陇川段建设项目投资运营协议书》,项目建成后移交云南省公路开发投资有限责任公司运营管理。

第二节 S8012滇中环线高速公路

S8012滇中环线高速公路是《云南省道网规划修编(2016—2030年)》"五纵五横一边两环二十联"高速公路中"两环"中的一环。起点为麒麟,经陆良、泸西、弥勒、华宁、通海、峨山、易门、双柏、楚雄、牟定、禄丰、武定、禄劝、寻甸、沾益,止点为麒麟。滇中环线高速公路弥勒—楚雄段属国家高速公路,编号G8012,其余路段属地方高速公路,编号S8012。曲陆高速公路是S8012中的一段。

曲陆高速公路——股份建路开先河

曲靖—陆良高速公路在云南高速公路建设史上曾经创下三项第一:第一条以股份制融资形式建设的公路项目;第一条全线铺筑水泥混凝土路面的试点公路;第一条率先使用"IC"卡收费的高速公路。

它的建成沟通了滇东北地区与南昆铁路的连接,形成昆明、曲靖、陆良、石林的环形通道,改善了恩洪煤炭的外部运输条件,对陆良彩色沙林的旅游业有巨大推动作用,便捷了昆明—曲靖—贵州—广西的物流运输。

(一)项目特点

曲靖—陆良高速公路是《云南省道网规划修编(2016—2030年)》中"滇中环线"高速公路中的一段。

曲陆高速公路建成,为云南公路建设拓宽了投资渠道,探索出了一条新的路子,取得了成功经验。

曲陆高速公路起于曲靖市南关,连接昆曲公路曲靖互通式立交;讫点K63+750.04位于陆良县城西南的西桥,可向西南延伸与石安公路相连。

(二)项目概况

曲陆高速公路主线全长87.034km,比原老路缩短里程4km。项目起点为G56杭瑞高速公路曲靖—嵩明段曲靖立交,止点为陆良县召夸小坝村,穿过曲靖、越州、陆良3个坝子,上接国道320线的昆曲高速公路、下接国道324线,是连接贵昆铁路、南昆铁路,与连接曲靖至陆良的国道326线并行的一条重要的交通干线(图18-2)。项目按山岭重丘区高速公路标准建设,设计速度80km/h,路基宽度为:曲靖—西桥19.5m,西桥—召夸21.5m,双向四车道,行车道宽度曲靖—西桥2×(3.5+3.5)m、西桥—召夸2×(3.5+3.75)m,最小平曲线半径曲靖—西桥415m、西桥—召夸300m,最大纵坡曲靖—西桥5%、西桥—召夸6%,桥涵构造物设计荷载汽车—超20级、挂车—120,远景设计交通量曲靖—西桥19096辆/昼夜、西桥—召夸10348辆/昼夜。

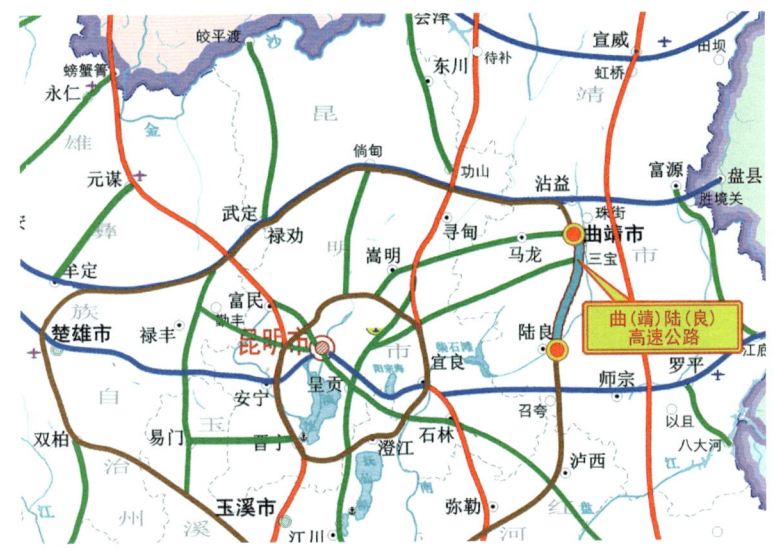

图18-2 曲靖—陆良高速公路位置示意图

主要工程数量为路基土石方971.474万m^3,防护工程64.56万m^3,水泥混凝土路面160.11万m^2;小桥1741.9m/82座;中桥1594.56m/30座,其中上跨桥有1008m/17座,公路主线中桥586.56m/13座;大桥158m/1座,互通式立交7处;全线设服务区6个,收费站9个,监控管养中心1个,管理用房27449.69m^2,以及边坡防护、标志、标线、护栏、隔离栅、收费、通信、监控等交通安全设施。

项目批准概算129976.71万元,资金来源按入股形式筹集。其中,云南省交通厅以现金参股占总投资42%,用于支付工程材料费;云南省公路局所属施工单位与社会施工单位以工程机械和劳务参股占总投资33%;曲靖市政府以征地拆迁费和现金参股占总投资22%;云南省公路规划勘察设计院和云南省公路工程监理咨询公司以技术服务参股各占总投资1.5%。从各股东筹集到的资金总额中,按上述比例有10000万元是股本金,其余为向股东单位的借款。

曲陆高速公路路线位于曲靖地区境内,整个路线地形呈中间高两头底,起、止点两边分别是曲靖盆地和陆良盆地,中部为断块山和台地。路线最高点为 K29+840~K30+020 之间的垭口,海拔 1947.37m;最低点为陆良盆地,海拔 1826.14m,相对高差 123.23m。K0+000~K1+040 段为中低平的曲靖坝区地形;K1+040~K36+250 段为中低山丘陵起伏地形,分布有断块山和台地,中间发育有大小不一的凹地;K36+250~K47+200 段为中低平的板桥坝区地形;K47+200~K87+034 段为缓丘状起伏的陆良盆地地形。

项目工程主要构造物为浆砌片块石和钢筋混凝土薄壁桥台、圆形墩柱、预应力钢筋混凝土空心板梁。曲陆高速公路水泥混凝土路面如图 18-3 所示。

图 18-3　曲陆高速公路水泥混凝土路面

曲陆高速公路共分两期建设:一期工程曲靖—西桥段全长 64.50km,工期 32 个月,于 1996 年 12 月 28 日开工建设,1999 年 10 月 1 日建成通车;二期工程西桥—召夸段全长 23.186km,工期 27 个月,于 1998 年 3 月 28 日开工建设,2000 年 8 月 1 日建成通车。

1. 前期决策

1998 年,云南省交通厅发布《关于发送曲靖至陆良一级公路西桥至召夸段施工图设计验收报告的通知》(云交基建〔1998〕144 号),同意对曲陆高速公路施工图设计进行验收。

1999 年 8 月,云南省计委以云计能交〔1999〕629 号文批复同意曲靖至陆良按高速公路标准建设。

曲陆公路原按山岭重丘区汽车专用一级公路标准设计。由于交通部修订后的《公路工程技术标准》从 1998 年 1 月 1 日开始实施,新的标准取消了汽车专用一级等级。根据曲陆公路在建设过程中除路基宽度外,其余技术指标及沿线设施均能达到高速公路标准,经云南省计委云计能交〔1999〕629 号文《关于曲靖—陆良按高速公路建设的批复》同意按高速公路标准建设。

2. 参建单位

1996 年 3 月,经云南省人民政府批准,曲陆高速公路建设项目业主——云南省曲陆高速公路开发有限公司成立,负责筹措资金、项目建设管理、车辆通行费收取、道路管养,依法自主经营、独立核算、照章纳税;任命全性怡为总经理,孙永祚、李培发为副总经理。

项目由云南省公路规划勘察设计院设计。以云南省公路局为主体的19家参股施工单位负责路基、路面和房建工程施工,以北京诚达公司为代表的8家社会施工单位承担机电、交通、绿化、标线、防眩板制安工程施工。曲靖市、麒麟区、陆良县政府负责征地拆迁工作。

曲陆高速公路共有土建26个合同段、路面2个合同段、交通安全设施1个合同段、机电1个合同段、绿化1个合同段。

项目由云南省公路工程监理咨询公司负责监理。曲陆高速公路开发有限公司董事会与监理单位签订了《监理责任书》,工程建设质量由监理单位对董事会全面负责。监理单位对项目委派了总监理工程师,成立了曲陆公路总监办,下设四个监理组,每个标段派1~2名驻地监理工程师。监理单位认真执行"严格监理、热情服务、秉公办事、一丝不苟"的监理方针,严格遵守监理制度和监理程序,按照"国内公路工程招标文件范本"和"技术规范"对项目进行工期、质量、投资控制;制订了各工序的操作规程和工艺流程及控制措施,把住人、机、料、场质量关和开工、检验、测试、转序验收、质量评定关,现场签证手续齐全,对重点部位和关键工序进行全过程旁站监理或重点检测;与建设、设计和施工单位密切配合,对工程质量通病和现场发现的问题及时研究处治方案,及时审批变更设计,使项目建设的工程质量得到有效控制。

曲陆高速公路建设从业单位信息采集表见表18-2。

曲陆高速公路建设从业单位信息采集表 表18-2

序号	参建单位	单 位 名 称	合同段编号及起讫桩号	主要负责人
1	项目管理单位	云南省曲陆高速公路开发有限公司	K0+000~K87+034	全性怡
2	勘察设计单位	云南省公路规划勘察设计院	K0+000~K87+034	范绍家
3	施工单位	云南省第五公路工程处省交通机械厂	第1合同段 K0+000~K3+700	
4		云南省路桥四公司省交通机械厂	第2合同段 K3+700~K5+700	
5		云南省路桥三公司省交通机械厂	第3合同段 K5+700~K9+800	
6		云南省桥梁工程处省交通机械厂	第4合同段 K9+800~K12+200	
7		云南省曲靖总段省交通机械厂	第5合同段 K12+200~K13+980	
8		云南省路桥二公司省交通机械厂	第6合同段 K13+980~K17+860	
9		云南省路桥一公司省交通机械厂	第7合同段 K17+860~K21+350	
10		云南省路桥总公司省交通机械厂	第8合同段 K21+350~K26+500	
11		云南省汽车经贸总公司省公路科研所	第9合同段 K26+500~K28+000	
12		云南省交通工程公司省公路科研所	第10合同段 K28+000~K31+000	
13		云南省曲靖房地产公司省公路科研所	第11合同段 K31+000~K34+300	
14		云南省油路工程处省公路科研所	第12合同段 K34+300~K40+200	
15		云南省嵩明机械化公司省公路科研所	第13合同段 K40+200~K44+000	

续上表

序号	参建单位	单位名称	合同段编号及起讫桩号	主要负责人
16	施工单位	云南省林业工程总公司省公路科研所	第14~18合同段 K44+000~K62+925	
17		云南省林业工程总公司省公路五处	第19合同段(西召段)K0+000~K1+000	
18		云南省路桥总公司省公路五处	第20合同段(西召段)K1+000~K3+500	
19		云路汽贸总公司省公路五处	第21合同段(西召段)K3+500~K6+000	
20		云南省路桥一公司省公路五处	第22合同段(西召段)K6+000~K9+000	
21		云南省路桥三公司省公路五处	第23合同段(西召段)K9+000~K12+000	
22		云南省路桥二公司省公路五处	第24合同段(西召段)K12+000~K15+500	
23		云南省路桥四公司省公路五处	第25合同段(西召段)K15+500~K19+100	
24		省公路五处	第26合同段(西召段)K19+100~K23+184	
25	监理单位	云南省公路工程监理咨询公司	K0+000~K87+034	王 康
26	设计咨询单位			

(三)项目实施

1. 征地拆迁

曲陆高速公路沿线通过麒麟区与陆良县的城关、环城、三宝、越州、板桥、三岔河、中枢、马街、召夸9个乡镇。由于公路线位均为坝区与村镇,人口稠密,国营单位及乡镇企业多,农灌沟渠、地方道路、通信、电力网纵横交错,公路建设的征地拆迁涉及面广、情况复杂,关系到各方利益。

曲靖市委、市政府、麒麟区委、区政府、陆良县委、县政府高度重视,及时召开政府常务会议,将征迁工作列为政府的工作重点,并指定各级政府的"一把手"挂帅,指令各乡镇主要领导亲自抓征迁工作;制订出解决重点、难点、热点问题的办法和措施,并研究确定切实可行的补偿标准和方案,从上到下层层签订了责任书;利用会议、广播、电视、文件、通告等多种形式广泛深入地宣传修建曲陆公路的意义,倡导局部利益服从全局利益。在对空军部队的输油管道、通信电缆、航行干扰、机场道路和召夸镇的土地征用及房屋拆迁等意见分歧较大的难点问题处理上,陆良县征迁办经充分调查研究后,采用思想工作与行政手段、按部就班与特事特办相结合的方法使问题得到妥善解决。

曲陆高速公路建设全线共征用各类土地6774.91亩,征迁费13941.94万元。共拆迁各类房屋28696.28m²,砍伐各类经济林980463株,迁移水管5323m,迁坟4713冢,迁改邮电、电力线杆30960m/1032个,迁改通信线缆8510m,迁改输油管路3580m,拆除围墙1013.5m。

2. 重大决策

(1)抓好股份制试点

曲陆高速公路建设是云南省解放思想、更新观念的产物,云南省委、省政府高度重视和关注,云南省交通厅、曲靖市委、市政府,各股东把建设好曲陆高速公路作为一项政治任务,在资金紧、任务重、困难多的情况下,以大局为重,群策群力,为曲陆高速公路实现优良工程目标做出了辛勤努力。由于各方通力合作、解放思想、开拓创新,在云南省成功地探索出了一条股份制集资修路的新路子。

2000年,为足额筹集云南省交通厅在曲陆高速公路的参股现金,曲陆高速公路开发有限公司积极配合云南省交通厅财务处做好4.0亿元人民币规模的"云南省98(二期)公路建设债券"的申报和市场发行工作,通过社会融资解决了曲陆高速公路建设资金急需问题,保证了工程进度。

(2)水泥混凝土路面试点

为积极探索水泥混凝土路面在云南省高速公路上的修筑技术,充分利用当地的水泥资源和石料资源,经云南省交通厅批准,将曲陆高速公路全线铺筑水泥混凝土路面,并采用当时国内较为先进的大型滑模机械施工。此外,还在曲陆高速公路 K26+500~K28+000 路段进行了"钢纤维水泥混凝土路面"试验,对改善水泥混凝土路面的抗变形能力、减少路面厚度、减少材料用量、降低建设成本做了有益的尝试。通过试点,在建设投资较沥青路面增加不多的情况下铺筑水泥混凝土路面,既提高了路面的强度与稳定性和耐久性、延长使用寿命、减少了维修费用、降低了养护成本、增加了股东收益,又为云南大面积推广大型滑模机械技术铺筑水泥混凝土路面积累了成功的经验。

(3)介入施工图设计,确保设计经济合理

为确保曲陆高速公路的工程设计质量,自施工单位进场,曲陆高速公路开发有限公司就指定分管领导负责,选派相应人员配合、协调和跟踪设计工作。重点对路线的起止点、路基软土处治及取土场选定、路面各结构层的合理性及材料要求、桥涵布跨、施工方案可行性、立交设置形式、施工干扰和征迁等问题进行协调和把关,特别是对涉及群众利益的"地方道路、农灌沟渠"的桥梁、通道、涵洞位置、跨径和净空设计方案确定,配合设计单位现场进行逐一调查,认真听取当地政府和群众意见,对其可行性、合理性做到考虑充分、调查细致、一步到位,避免和减少了交叉与排水工程的设计变更。

3. 质量管控

(1)建立健全工程质量与工期责任制。曲陆高速公路开发有限公司制定了《曲陆公路工程质量奖惩办法》和确保优良工程的一系列规定和措施,与各施工单位签订了项目责任书,制订了各阶段的工期与工程质量目标及竣工验收质量奖惩办法,把工程质量、工程进度与经济责任挂钩考核,形成奖惩与激励机制,在工作中认真落实、严格执行、从严检查、从严考核、奖惩分明;对施工单位按审定预算下浮8%计量支付工程价款。其中,公路施工队扣5%作为质量保证金、3%作为管理费及奖励基金;房建施工队扣3%质保金、3.30%代扣税金、1.70%奖金及管理费。经竣工验收总分在92分及其以上的给予1.5%

的奖励,在一年缺陷保修期无施工质量问题的,返还全部质保金;经竣工验收达到优良工程,总分在92分以下,不给奖励;经竣工验收只达到合格工程,不予验收,必须在一年缺陷保修期内达到优良,如仍达不到优良工程,质保金不返还并处完成建安工作量2%的罚金;在施工单位和公司内部实行全员工程质量风险抵押金制,工程按期竣工交验并评定为优良工程,方可退还抵押金并给予奖励,否则不退还并处罚。

(2)建立工程质量保证体系。首先,建立了施工单位自检、监理单位全方位监理、建设单位监督的三级工程质量保证体系,建立健全了"政府监督、社会监理、企业自检"的质量网络体系,并实行总监办、驻地监理组、监理工程师三级监理,强化监理力度,形成了业主全面负责、监理单位控制、设计与施工单位保证和政府监督相结合的质量管理体系。其次,成立了曲陆高速公路开发有限公司中心试验室,配置了80余万元的检测试验设备,并要求每个施工单位按规定设置工地试验室,购置必要的试验检测仪器,为工程质量提供科学与可靠的数据保证。试验人员分头把关,跟班作业层层把关,发现问题及时处理,使工程质量处于全过程监控之中。

(3)提高路基的强度和稳定性。对路槽0~30cm范围(无论挖填)均换CBR值大于8的填料进行补强;对路基压实度标准在路槽以下0~80cm范围内采用$K_0 \geq 95\%$、80cm以下(除填前处理压实度采用$K \geq 90\%$外)全部采用$K_0 \geq 93\%$;增设挖方明槽的路基排水工程和边坡防护工程;桥台背填料的CBR值必须大于8,并在桥台胸墙至台尾、深100cm范围内采用级配碎石填筑后,增设桥头搭板;在铺筑水泥混凝土路面时,对桥头搭板连接处10m范围及明涵顶部均设置钢筋网补强;对桥梁钻孔桩逐桩进行无破损性检测。

(4)严格材料控制。水泥选定国家建材局"水泥质量监督检测中心"检验合格并批准生产"道路硅酸盐水泥"的曲靖水泥二厂、陆良县水泥厂和三岔河水泥厂三家供给;选用上海"山宝"大型联合破碎机破碎路面专用碎石;采用相应碎石机轧制的合格山砂;对外加剂、养护剂等辅助材料用量及混凝土配合比均严格控制;对交通机电工程材料采购实行价格公开、厂家公开、社会监督"两公开一监督"制度。

(5)改进施工工艺。为吸取一期工程路面在滑模摊铺前将桥头搭板、桥面铺装及桥面中央分离带等工程与路面基层同步施工完成形成桥头跳车的教训,二期工程采用摊铺机通过路面构造物连续作业收到良好效果。还对混凝土面板的切缝时间进行严格控制,避免了路面"断板"和"不规则裂纹"的产生。

(6)把好工序质量关。工程转序时,严格检测路基工程质量,严格验收,严把质量关;机电工程的分段硅管安装完成后,要求进行贯通试验,合格后方能安装中央防撞墙;对机电工程的土建、安装、调试等分项工程完工后,均办理中间验收手续。

(7)控制好设备质量。招标时要求投标单位对设备产地、规格型号、厂家逐一界定,供货保证书必须完整齐全,售后服务及时到位;设备、材料进场后,派专人配合监理工程师严格按标书要求逐一清查核对,确保各项指标符合设计文件与标书要求。

4. 投资控制

(1)严格审查施工图预(结)算。要求各施工标段严格按公路工程预算编制办法及相关规定编制施工图预算,凡控制在设计预算范围内的,经审定认可,按审定预算下浮8%后根据进度支付工程款。

(2)严格按照设计施工,禁止出现计划外工程。制定了设计变更、隐蔽工程管理办法,严格执行设计代表和监理工程师现场签审制度,严格控制增加工程量,严格按照设计文件或工程招标书的工程明细施工,禁止出现计划外工程与计划外费用。

(3)对工程主要材料统购统供。公司对直接影响工程质量的水泥、钢材、沥青、支座、伸缩缝、钢纤维、防水材料、钢绞线、锚具、土工产品等十种大宗材料统一采购,对碎石、山砂自办石料厂自行加工,根据用量按预算价统一供给各施工标段,实现材料价差约1500万元,直接用于冲减基建投资。

5. 廉政建设

人事用工和干部任用由领导班子集体研究决定。在工作中,遇到送礼者做工作劝其带走,强行留下的礼品都交到分管部门并电话通知送礼者取走,没有取走的最后交办公室处理;在工程建设与物资采购合同签订时都与施工单位、供应商或厂家同时签订了《廉政建设合同》;认真贯彻执行云南省委"五不准"和云南省交通厅"九要求"等廉政建设规定,没有因工程建设和人事用工问题发生过违法行为。

(四)科技创新

1. 收费、监控、办公联网管理系统

曲陆高速公路开发有限公司收费系统始建于1999年5月,2000年10月建成并进行系统试运行,2000年10月正式使用IC卡收费管理,是云南省第一条使用IC卡收费的高速公路。收费系统服务器基于Windows NT Server 4.0中文操作系统运行。数据库采用SQLserver 6.5,应用软件在VB 5.0环境下开发,办公网络服务器基于Windows Server 2000中文操作系统。数据库采用IT Ifor 1信息办公平台,要通过办公网络服务器来访问收费系统服务器,是联网的一大难题,经曲陆高速公路开发有限公司与北京诚达公司多次协商,北京诚达公司同意提供数据库接口,由曲靖创想电脑有限公司进行软件二次开发。

根据云南省交通厅云交科教〔2002〕720号文《关于下达2002年第一批科技项目计划的通知》要求,曲陆高速公路开发有限公司与云南省交通厅签订了《科技项目合同书》,项目名称为《曲陆高速公路收费、监控、办公联网管理系统》。项目主要是结合该曲陆高速公路开发有限公司既有收费系统,在既有办公设施基础上,增加部分网络设备,开发相应软件,完成办公系统与收费系统的联网。其目的在于建立曲陆高速公路开发有限公司内部局域网,实现办公自动化,并与收费系统无缝连接,以达到数据资源的共享。

项目共投入资金40万元,委托曲靖创想电脑有限公司组织实施,并于2003年1月签订了《曲陆公司办公联网实施合同》。

2003年3月,《曲陆高速公路收费、监控、办公联网管理系统》正式完成。在曲陆高速公路开发有限公司各个办公室的各台终端上,都可以利用办公网络达到访问收费数据、交通量数据及全线特殊图像查询等目的,做到数据资源的共享。而且,在各部门之间可以很轻松地进行文件、资料的交换,节约了大量的时间、经费和纸张,曲陆高速公路开发有限公司成为云南省高速公路收费管理中首家将收费系统与办公网络联网的单位。

2004年3月30日,云南省交通厅主持对"曲陆高速公路收费、监控、办公联网管理系统"课题进行项目验收。验收组形成的验收意见确认"该系统是曲陆公路公司根据公司发展的需要,结合曲陆公路收费、监控系统,在原有办公设施的基础上,增加部分网络设备,建立了办公系统,开发相应软件实现办公系统与收费系统的连接,能通过办公系统查询收费系统数据,具有一定的技术水平和较好的实用价值;网络采用Windows 2000 Server操作系统,采用IT Ifor 1信息管理办公平台,解决了曲陆公司日常办公部门之间的信息传递、办公数据的分布和查询,以及日常的项目、人事、资源等管理工作;数据库采用关系数据库系统MS SQL SERVER 2000,为系统安全和性能优化提供了可靠保证;系统根据部门管理需要,建立了财务部、办公室、人事部、路政大队等子系统,为曲陆公司提供了高效的网络办公环境,节约了公文流转费用,提高了办公效率"。确认该项目"系统设计合理、模块化强、易于操作、便于维护、管理功能可靠,具有较高的技术水平和较强的实用价值"。

2. 水泥混凝土路面早期养护技术应用研究

曲陆高速公路是云南省第一条全线铺筑水泥混凝土路面的试点公路。2007年6月~2009年12月在曲陆高速公路养护建设中,曲陆高速公路开发有限公司采用了云南省交通厅科技项目"水泥混凝土路面早期养护技术应用研究"的多项成果。

该成果根据水泥路面早期养护的特点,结合曲陆高速公路的实际养护工程,研究总结了由于水的原因引起的各种水泥混凝土路面早期病害。针对各种不同病害特点,提出了板底压浆技术,同时对破碎较严重的板块也提出现浇方法和拼装方法的快速换板技术。

3. "路面早期养护技术应用研究"课题研究

2010年12月24日,曲陆高速公路开发有限公司"路面早期养护技术应用研究"科研课题研究项目通过专家验收组、验收委员会鉴定验收,得出的成果鉴定结论为:"该项目成果对于提高我国水泥混凝土路面养护技术水平具有积极的促进作用,社会效益和经济效益显著,总体达到国际先进水平。"通过对水泥混凝土路面养护技术的研究和应用,曲陆高速公路开发有限公司总结出了一套适合曲陆高速公路水泥混凝土路面养护的方法和措施,对云南省内的水泥混凝土路面养护起到了示范作用。

(五)运营养护管理

管养情况

曲陆高速公路设曲靖、黄泥堡、西桥、板桥、唐梨哨、召夸6处服务区,建筑面积19000m²,分别由加油站、营业室、宿舍楼、公厕、水泵房、配电室和室外道路组成。全线设曲靖、温泉、黄泥堡、响水坝、板桥、陆良、西桥、彩色沙林、召夸9处收费站,设置曲靖监控中心1处。

曲陆高速公路通车营运后,经两年缺陷责任期维护维修,通过云南省交通厅组织的竣工验收鉴定为优良工程,曲陆高速公路开发有限公司正式从建设期转入维护、营运和管理。缺陷责任期间,除正常维修维护和病害处治外未发生大修养护情况。

曲陆高速公路通车后,随着社会经济的发展和车辆拥有量的迅猛增长,车辆通行流量及经济效益迅速增长。因此,曲陆高速公路开发有限公司严格按照《公司法》规范运作,把提升公司社会信誉,增加公司效益,回报股东利益作为公司经营工作的目标。同时,结合经营收费工作实际,不断加强内部管理,完善激励机制,经营效益逐年提高。

为降低经营成本,拓展经营渠道,走出单一经营模式,曲陆高速公路开发有限公司还成立了独立核算的科技中心、房地产公司、工程分公司和经营分公司,增加了利润,安置了公司精简机构后的分流人员。

曲陆高速公路初期采用合同委托收费方式,曲陆高速公路开发有限公司与曲靖总段、曲靖养征处签订委托收费合同,由对方组织人员负责具体收费工作,站长和财务主办由公司委派。自2004年4月起,全线收费人员全部是曲陆高速公路开发有限公司员工,所有收费人员全部签订为期一年的劳动合同,实行同岗同酬。理顺管理关系后,收费人员费用成本得到大幅降低,仅2004年就比2003年少开支24.3万元。

曲陆高速公路开发有限公司自2001年起取消岗位技能工资制,全员实行岗位工资制。根据岗位责任,工作量程度定薪。工资分配原则为"以岗定薪、岗变薪变、按绩取酬"。打破了"正式工"与"临时工"界限,打破了学历、身份等界限。奖金实行每月考核分配制,层层考核。曲陆高速公路开发有限公司将收费站的办公与低值易耗品、通信费、水电费、设施设备维修费、车辆维修费、车辆油耗六项成本按计划指标划拨各站,由收费站自主控制,调剂使用,年末结算后,所节余六项成本费用的60%奖励兑现给收费站作为奖金发放,40%冲减公司经营成本。2005年,收费站比计划节约开支5.1万元,节约11.36%。

为降低道路管养成本,曲陆高速公路开发有限公司成立了工程分公司,由2名专业技术管理人员全面负责曲陆高速公路全线的道路养护管理、工程质量监督工作。从2004年起日常管理养护工作采取合同承包方式,与有资质的专业道路管养公司签订道路养护合同,按200元/km·年的单价总额承包,仅日常道路清扫养护费一项,2004年就比2003年减少5.03万元。

(六)改扩建工程

由于曲陆高速公路是一条"非标"高速公路,路基宽21.5m(标准四车道高速路基宽24.5m),双向四车道却无硬路肩,全程也缺少港湾式停车带,发生交通事故无处暂停事故车辆,大量车辆只能堵在路上。加之车流量增长很快,每到冬天气候恶劣路面结冰时,长时间拥堵经常发生,且全程为水泥路面,不能满足车流量增长和养护的需要。

2016年3月21日,曲陆高速公路改扩建工程正式动工(图18-4),2016年12月29日建成通车。改扩建工程绝大部分里程是在原有高速的两侧进行拓宽,路基由21.5m加宽为33.5m,路面由双向四车道扩建为双向六车道加应急车道(图18-5)。

图18-4 改造提升工程边施工边保通

图18-5 改造后的曲陆高速公路变成六车道的沥青路面

曲陆高速公路扩建工程从业单位信息采集表见表18-3。

曲陆高速公路扩建工程从业单位信息采集表　　　　　表18-3

序号	参建单位	单位名称	合同段编号及起讫桩号	主要负责人
1	项目管理单位	云南曲陆高速公路扩建工程建设指挥部	K0+000~K86+626	韩忠贵 彭赛恒
2	勘察设计单位	云南省交通规划设计研究院	K0+000~K86+626	张　坤
3	施工单位	云南云岭高速公路建设集团有限公司	TJ1（K7+040~K42+100）	李玉昌
4		云南公投建设集团有限公司	TJ2（K42+100~K86+626）	林芝敏
5		桂林建筑安装工程有限公司	FJ1（曲靖、温泉、黄泥堡收费站）	范元文
6		贵州建工集团第五建筑工程有限责任公司	FJ2（板桥收费站、松山服务区）	王　明
7		江西建工第四建筑有限责任公司	FJ3（沙林、陆良北收费站）	谢海水
8	监理单位	云南省公路工程监理咨询公司	JL-1（K7+040~K42+100）	刘惠兴
9	监理单位	北京路桥通国际工程咨询有限公司	JL-2（K42+100~K86+626）	张爱情
10	监理单位	云南镕诚建设项目管理（集团）有限公司、云南云岭高速公路工程咨询有限公司（联合体）	FJJL1（6个收费站及服务区）	张　梁

施工期间，部分路段实行占道、半幅封闭或者并道施工作业，对交通影响较大。项目动工后，先封闭原曲陆高速公路陆良至曲靖方向半幅路面进行扩宽改造，从曲靖到陆良半幅路面正常通行。从陆良开往曲靖的车辆需从326国道绕行。陆良西桥至召夸方向的半幅高速公路封闭施工，从昆明开往师宗、罗平、贵州兴义方向的车辆，需从西石高速公路陆良南收费站下高速公路，走324国道至召夸再上江底—召夸高速公路。

作为滇中城市群外环的重要路段，曲陆高速公路改扩建工程按照路基33.5m宽、双向六车道加应急车道的标准设计。从曲靖到召夸79km的改扩建里程绝大部分在老高速公路上拼宽。从曲靖罗汉山北侧开始，新建主线收费站，在2km之外新建罗汉山立交与曲靖绕城高速公路互通，然后继续利用老路拼宽，经温泉、黄泥堡到响水坝。之后，路线向右侧新建半幅，左幅利用老路作为上坡幅，右幅绕过响水坝，过1.2km隧道穿越关咀山，再并上老路拼宽，经板桥、陆良到西桥立交，继续由西桥到召夸段拼宽改造，经沙林，到召夸接江召高速公路。新建或扩建的立交桥有：新建罗汉山立交、扩建温泉立交、移建黄泥堡立交、移建板桥立交、新建陆良北立交、既有陆良立交拆除、新建分离式立交；沿用2015年通车的西石高速公路已改建的西桥立交。

第三节　S24呈贡—那坡高速公路

S24呈贡—那坡高速公路是《云南省道网规划修编（2016—2030年）》中"二十联"高速公路中的第六联，起点为呈贡，经石林、泸西、丘北、广南、富宁，止于那坡，简称呈那高速公路。富宁—龙留高速公路是其中的最末一段。

富龙高速公路——快捷通道连滇桂

富宁—龙留高速公路是云南省第一条与周边省区共建的高速公路,是云南通往广西北海最为快速、最为便捷的一条通道。随着富龙高速公路的通车,沿着昆明一路向东,边走边赏喀斯特地貌,直达北海看风景,8个小时的行程就能完成从昆明到大海的畅快之旅。

(一)项目特点

1. 创新建设管理模式,云桂两省(区)合资建设

为加快推进项目的开工建设,富龙高速公路由云南省公路投资公司与广西交通投资集团有限公司共同出资建设,并由双方派出人员组建项目公司,项目公司作为项目法人。指挥部工程管理分专业管理,按路基、路面、桥梁、隧道、房建、绿化、机电等专业进行工程技术管理,使项目建设过程中各施工部位均有专人负责,管理更为顺畅。

2. 实施精细化管理,提高项目管理水平

指挥部先后出台工程计量、路基填筑施工、桥梁梁场建设、桥梁护栏施工、桥面铺装、梁板预制、隧道衬砌等项目管理及施工技术指导意见,有效提高了项目管理水平及施工质量水平;加强对参建单位人员的培训,通过召开现场会、采取集中培训,利用PPT图文并茂的形式先后对标准化施工、路基桥梁隧道各专业技术培训、桥梁负弯矩施工、生态绿化、内业资料等培训,有效提高参建人员技术水平及施工水平。

3. 设置施工现场视频监控系统

在两座特大桥、二合同段1号梁场设置视频监控系统,现场施工质量及安全情况均可随时随地通过电脑或手机进行查看。

4. 涵洞施工中首次采用钢波纹管涵

与盖板涵相比,在洞桥施工中采用钢波纹管涵,既节约了投资,又加快了施工进度。

5. 积极倡导绿色公路修建技术理念

项目开工前期,指挥部就组织人员学习《绿色公路评价标准》(DB53/T 449—2013),力求按照绿色公路标准建设富龙高速公路。建设过程中,以创金牌绿色公路为目标,以《绿色公路评价标准》(DB53/T 449—2013)相关标准为指导,通过开办绿色公路修建技术专题讲座;加强施工现场的文明施工管理;隧道开展零开挖进出洞,减少对原生植被的破坏;增设临时停车点,提升人本化理念;加强隧道洞口美化、边坡绿化,种植乡土化、本土化物种,提升苗木的存活率及草坪的覆盖率;采用废旧轮胎再利用边坡防护技术等措施,真正实现绿色公路建设。

(二)项目概况

富龙高速公路是云南省"十二五"规划中重点公路建设项目,是云南、广西两省(区)间的第二条便捷通道,也是云南省富宁县和广西那坡县之间联系的重要通道。项目位于云南省文山州富宁县境内,起点接 G80 广昆高速公路罗村口—富宁段,设那谢立交相连,止于滇桂交界(龙留)的那圩隧道(图 18-6)。那圩隧道在广西那坡县城厢镇那桑村的部分属于靖西—那坡高速公路,接连广西壮族自治区"四纵六横三支线"高速公路网中的横六合浦(山口)—那坡(弄内)高速公路。

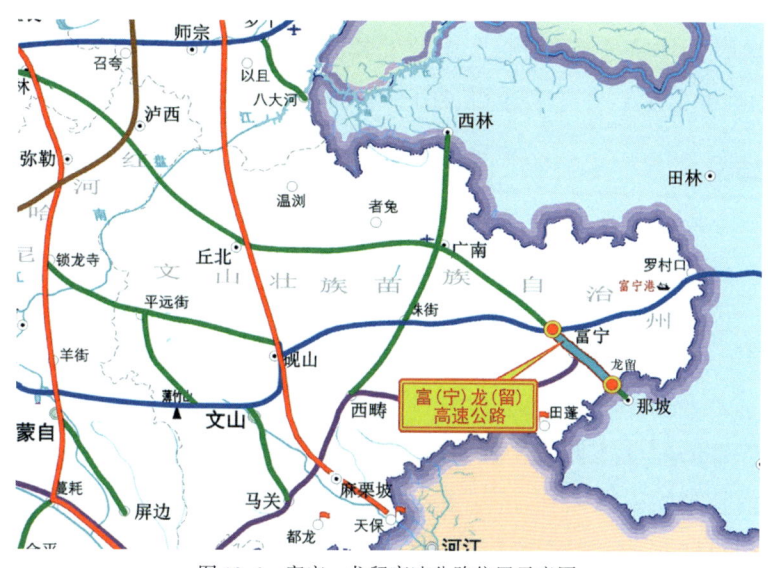

图 18-6 富宁—龙留高速公路位置示意图

富龙高速公路主线路线里程 22.09km。全线采用双向四车道高速公路标准,设计速度 80km/h,路基宽为 24.5m(分离式路基宽为 12.25m),全线地形地质条件复杂,工程艰巨,桥隧长度约占路线总长度的 63.8%。

项目主要工程数量为:路基挖方 460 万 m^3、填方 360 万 m^3,路面 54 万 m^2,涵洞通道 767.38m/18 座,桥梁单幅 19795.88m/57 座,梁板共 2285 片,隧道整幅 4466.8m/6 座。全线设互通式立交 2 处,综合服务区 1 处,收费站 2 处,监控中心 1 处,隧道管理所 1 处,以及边坡防护、路面、标志、标线、护栏、隔离栅、收费、通信、监控、隧道机电系统等交通安全设施。

项目工程主要构造物为:钢波纹管涵、混凝土盖板涵、浆砌片石挡土墙、混凝土挡土墙、混凝土框格梁、矩形抗滑桩;挖/钻孔桩基、圆柱墩、Y 形墩、空心薄壁墩、钢箱梁、现浇混凝土箱梁、T 形梁、连续刚构混凝土箱梁;分离式隧道等。

项目沿线为云贵高原向桂东溶原过渡的斜坡地带,总体地势南高北低,由南向北呈近阶梯状降低。路线穿越富宁断层和板仓 1 号断层、平耶断层、凉水阱断层及新厂 1 号断层、新厂 2 号断层、新厂 3 号断层、当门坡 1 号断层、当门坡 2 号断层。地质条件复杂,路线范围内存在滑坡、不稳定斜坡、溜坍、岩堆、危岩落石、岩溶、采空区、软弱土、尾矿渣、高液限土等不良地质条件。

项目批复总概算27.1331亿元。其中,交通运输部安排专项基金5.14亿元,云南省安排公路建设资金1.36亿元,云南省公路投资公司投资0.1463亿元,广西交投投资3亿元,地方安排财政资金1.03亿元,国内银行贷款资金16.46亿元。

富龙高速公路对完善云南省干线公路网,改善滇东南地区的交通条件,加强滇东南地区与广西西部地区的相互联系,对于落实云南省桥头堡建设和"一路一带"建设,完善国家和云南省公路网布局,改善区域交通条件,促进云桂两省区资源开发和经济社会协调发展及滇东南地区社会经济发展、旅游资源开发具有重要意义。

项目于2014年3月1日开工建设,2015年12月28日建成通车。

(三)项目建设

1. 前期决策

2010年9月15日,广西壮族自治区交通运输厅与云南省交通运输厅签订《关于西南出海大通道云南(文山)至广西(钦州)高速公路滇桂两省(区)交界处接线方案的协议》,确认两省(区)交界接线点位于广西壮族自治区那坡县城厢镇那桑村与云南省富宁县板仑乡龙留村交界处的那圩隧道内。协议约定两省(区)的对接单位为广西交通投资集团有限公司和云南省公路投资公司。其中涉及的靖西—那坡高速公路已于2009年9月25日开工建设,富龙高速公路的建设变得迫在眉睫。

2011年9月21日,云南省公路投资公司成立富宁至那坡高速公路项目建设筹备组。当年12月9日,筹备组与云南省交通规划设计研究院签订合作合同,由该院完成工程可行性研究报告。

2011年12月23日,云南省发展和改革委员会批准了云南省交通规划设计研究院编制的《富宁至滇桂界(龙留)高速公路工程可行性研究报告》。批复认为,富龙高速公路是促进区域经济合作的重要基础设施,是发展云南边境经济,扩大云南与广西、越南的经济、文化交往与合作的客观需要。

2012年2月21日~23日,《富宁至滇桂界(龙留)高速公路两阶段初步设计》通过云南省人民政府投资项目评审中心审查,并报云南省发展和改革委员会批准,对公路等级、技术标准、路线走向、主要控制点、建设规模、工程方案和项目概算投资等作了批复。

2. 参建单位

2012年11月19日,云南省交通运输厅批准成立云南富龙高速公路建设指挥部,并接受云南省公路投资公司管理。2013年6月7日,云南省公路投资公司与广西交通投资集团有限公司签订富龙高速公路项目的合作协议,双方共同出资建设、经营富龙高速公路,并于 2013 年 8 月 13 日注册成立云南富那高速公路投资有限公司,任命李国锋为指挥部指挥长、项目公司董事长,颜景有为指挥部常务副指挥长、项目公司总经理,冯恩耀为指挥部党总支书记、副指挥长、项目公司副总经理、总工程师,俞韶秋为指挥部副指挥长、总监理工程师、项目公司副总经理。项目实行"一套人马、两块牌子",指挥部(项目公司)管理人员均由双方抽调组建,对项目建设进行管理。

指挥部通过全国公开招标,经过公平、公正评审,坚持择优选择的原则,共有 12 家设计、施工、监理、检测(监控)单位参与富龙高速公路建设,各方参建单位均符合国家规定的资质及业绩要求。

承担富龙高速公路项目的勘察设计单位具有较高的设计水平以及丰富的经验,设计严格执行指挥部提出的"美丽富龙、绿色富龙"的建设理念,多次对选线方案进行评选调整,着重考虑本项目与自然环境相协调,结合地貌情况,做到线形美观、景观和谐,着力把富龙高速公路建设成为一条具有行车舒适、景观协调、环境优美的山区高速公路。

富龙高速公路共有土建工程 2 个合同段,通信、监控、收费系统及交安设施工程 1 个合同段,隧道机电 1 个合同段,隧道消防 1 个合同段。项目实行大标段管理,承担富龙高速公路建设施工任务的施工单位均具备较高的施工资质、较高的企业信誉以及丰富的施工经验。由于本项目工期短、建设任务重,各施工单位均严格按要求上足施工队伍,投入充足的机械设备和管理人员。在指挥部的号召下,开展创建"党员突击队"活动,科学管理,严密组织,昼夜奋战,在确保质量、安全的前提下抢抓进度,确保按期完成项目建设任务。

为确保桥梁、隧道工程质量、安全、进度等管理处于可控状态,指挥部通过国内公开招标委托第三方检测(监控)单位对本项目桥梁(抗滑桩)桩基、隧道质量检测、监控以及特大桥的施工监控等进行管理,桩基检测 1 个合同段,隧道地质超前预报、质量检测、监控量测 1 个合同段,特大桥施工监控 1 个合同段。所有检测(监控)单位均能严格履约,管理人员工作积极认真,检测(监控)数据客观公正,为本项目工程施工质量、安全等管理提供了真实可靠的基础管理数据,圆满完成了合同约定的工作任务。

富龙高速公路项目实行指挥部自办监理,成立了总监理工程师领导下的管理体系,指挥部下设总监办,并通过国内公开招标择选 1 家指挥部中心试验室和 2 家高监办。其中,指挥部中心试验室负责全线项目的试验检测等管理;土建工程高监办负责 2 个土建合同段以及交通安全设施工程的监理;机电工程高监办负责 3 个机电工程施工合同段的监理。指挥部将制定的质量、安全、进度、环保管理实施办法、违约处罚管理办法等列入合同条款,强化中标单位严格履约,中心试验室以及监理单位到位监理人员 50 人,仪器设备均满足试验及监理工作的开展。各监理单位严格执行业主各项管理办法,严格执行监理程序,圆满完成了项目建设监理任务。

3. 重大变更

（1）工金中桥改路。由于项目二合同段桥隧比例高达70%，地形陡峭，可利用建设梁板预制场的路基段落不足，K14+933处原设计为工金中桥。如维持原设计不变，该段落无法设置梁场，经指挥部研究决定，将工金中桥改为填方路基，并在外侧增设锚索桩板墙，变更后该段落可利用350m路基设置梁场，有效缩短梁板转运距离及加快预制进度。

（2）K14+555~K14+896.96段左上边坡处治。2014年4月开挖后，由于边坡顶部为岩堆，该段多次发生坍塌，2015年11月，经省交通运输厅组织专家现场查看后，认为继续采用常规刷坡+支护的施工方案施工难度及安全隐患均较大，且工程规模难以控制，决定采用棚洞方案对该段路基进行处治，共设置棚洞140m（双幅），增加投资金额为2112.9416万元。

（3）K15+620~K15+820段处治。该段路基设计为切削陡峭山体，路堑最高设6台边坡，最大坡高为70.54m，原地面横坡陡达到1:0.41，施工机械（如挖机、钻机）难以进入坡顶，且上部开挖面较窄，设备无工作平台，难以进行施工作业。加之本段边坡岩体较破碎，溶蚀发育，施工期及营运区均存在较大安全隐患。经云南省交通运输厅组织专家现场查看后，同意该段路基采用左幅设置单幅棚洞的处理方案，棚洞设置于路基左幅，断面形式为半拱形棚洞，设置棚洞长度为142m，增加投资金额573.3801万元。

（4）K18+640~K19+030段左上边坡处治。自2014年5月开挖以来，改段多次发生变形、坍塌，经省交通运输厅组织专家现场查看，认为该边坡上方为岩堆，边坡下部岩体破碎、边坡整体自稳性较差，决定对该边坡采取清除部分岩堆体后，采用抗滑桩+预应力锚索框架梁加强支挡的处治方案，增加投资金额为2953.1163万元。

（5）K19+600~K20+300段路基填方普遍超过30m，填方数量达到66万m^3，借方数量达到56万m^3，且大部分借方调运需跨越新厂特大桥。受既有交通条件限制，调运十分困难，经云南省公路开发投资有限责任公司组织专家对现场查看后，要求设计单位对该路段平、纵、横进一步深入比选，尽量使K18+650~K21+775段土石方挖填基本平衡。变更后K19+409~K20+250.495段挖方计80.751万m^3，填方75.0852m^3，增设30m T形梁桥一座，增加边坡防护面积24577m^2，累计增加投资2241.0511万元。

4. 项目实施

（1）拓宽经营思路，实现合作共赢

项目规划伊始，不管是地方主管部门还是具体的对接单位都在有意促成滇桂两省（区）的合作。2012年，为积极推动富龙高速公路建设，有效缓解项目建设筹融资压力，云南省公路投资公司力求改变发展模式和经营思路，与广西交通投资集团有限公司开展了多次相互考察交流，双方于2012年5月3日签订了项目合作框架协议，并于同年7月获得云南省人民政府批准合作建设和经营富龙高速公路项目的批复。随后,云南省公路投资公司组织召开了公路建设拟建项目融资工作专题会议,提出"必须进一步解放思想,统一认识,上下总动员,破解融资难题,确保项目顺利开工建设",借鉴省外的一些成功做法,会议初步形成了两种融资意见:一是借资合作,二是合资建设。在此基础上,云南省公路投资公司与广西交通投资集团有限公司经过多次沟通与洽谈,最终双方合作意向达成一致,在2013年6月7日首届中国—南亚博览会暨第21届中国昆明进出口商品交易会经贸合作项目集体签约仪式上签署了《富宁至龙留高速公路项目合作投资建设合同书》。

富龙高速公路是滇桂招商引资合作的重大项目,双方很快组建富那公司,负责项目的投资建设和运营管理。富龙高速公路项目公司的成立开创了滇桂两省(区)合作的新蓝本,两省(区)共同成立项目公司,是两省(区)营造的一个范例,可以做到优势互补、互利共赢,使之成为两省(区)民族团结、工作协调的一个标志工程。

项目公司融合了双方母体公司的企业文化精神,提出了项目建设核心文化理念,并结合实际情况制定出项目建设的基础目标——三个准入、两个零、一个绿。三个准入,即严格材料准入、设备准入、劳务队伍准入(所有材料进场前必须经取样试验合格,满足规范要求并经核备同意后方可入场;施工机械设备必须满足标准化施工需求,经核备同意后方可入场;劳务队伍选择必须符合合同要求,并经过考核合格后方可入场)。两个零,即零开挖、零污染(隧道严格实行零开挖进洞,不得破坏环境;施工现场必须实现全方位、全过程零污染)。一个绿,即建设一条优质、低碳、绿色、环保的富龙高速公路。

(2)强制度,抓现场,促安全

指挥部严格践行云南省公路投资公司"更高、更严、更好"和广西交通投资集团有限公司"干成事、不出事"的企业精神,通过创建"平安工地"、开展"平安交通"及六月安全生产月等活动,落实安全生产目标、层层分解任务,在确保施工安全的前提下加快施工进度。

一是设置了专职安全管理部门,先后于2014年4月、2015年5月制定和完善了项目管理《安全管理体系》文件;以《安全管理体系》为抓手,强化项目日常安全生产检查管理工作,强调安全生产工作无小事,重申安全工作无终点;坚持把"平安工地"建设作为项目安全生产管理工作的核心,以检查促整改,以整改保安全,促进项目生产安全态势。

二是强化培训,加强教育。指挥部除要求施工单位按安全生产管理工作中强化技术交底、日常教育培训和班组工前教育外,先后邀请由云南省交通运输厅指定的、具有专业培训资质的培训机构进行桥隧一线工人施工安全生产培训,参与教育培训职民工2000余人(次)。

三是点面结合,以点带面。项目计划工期22个月,工期紧、任务重。在项目施工中,桥梁高墩柱施工是整个项目实施安全生产的关键和重点,也是项目安全生产管理目标能否顺利实现的重中之重。针对这一情况,指挥部与监理、施工方认真研究,精心推算,通过树立高墩柱施工安全防护典范样板,以点带面,全面推广,为"平安工地""平安交通"创建工作寻求突破。

(3)攻坚克难抢进度

项目位于云桂交界山岭重丘区,路线穿越陡坡、河谷、沟壑众多,全线墩柱530个,其中40m以上高墩109个,高墩比例达到21%,最大墩高为芭洪4号大桥4号墩高度达81.5m。由于部分高墩位于陡峭边坡之上,便道修筑困难,机械设备难以到位,基本靠人工转运材料。如:板仓6号大桥4号墩位于70°的陡峭岩石边坡上,由于承台开挖及防护数量较大,虽然墩柱形式由Y形墩改为圆柱墩,但由于墩位边坡陡峭,无法修筑便道,造成该位置在桩基施工期间均为人工转运材料、施工困难;新厂特大桥6号主墩上方为不稳定斜坡,为确保主墩施工安全,在不稳定斜坡上设置抗滑桩,抗滑桩施工在施工单位进场即开始施工,由于进场前期水、电、路未通,前期抗滑桩施工机具、材料均采用人工及马匹转运,用电依靠小型发电机。

基础工程大规模施工时恰逢雨季,陡坡上的桥梁桩基施工期间存在落石、坍方、泥石流等安全风险,由于雨量大,造成部分冲沟位置被泥石流掩埋,大桥部分桩基开挖过程中被泥石流反复掩埋。针对这一情况,指挥部通过采取工钢栏杆上档防护、主动防护网等形式加强防护、抢抓雨天等措施保证桩基基础施工。

由于工期紧,板仓河、新厂两座特大桥从基础施工、下部结构到上部结构施工每道工序安排都十分紧凑。建设过程中,参建各方通力合作,加强进度管理及考核奖惩。板仓河特大桥4号主墩由于场地狭窄塔吊数量不足,两座连续刚构桥T构箱梁节段施工时,通过制订合理的奖惩措施,充分调动施工人员的积极性,形成"两班倒"的施工局面,有效加快了施工进度;新厂特大桥主墩最大墩高72m,且为双肢薄壁墩,每个主墩有4个墩柱,为保证墩柱及0号块施工进度,每个主墩配置了2台塔吊进行施工。新厂特大桥7号主墩由于地质变化造成钻孔进度缓慢,还在原采用正循环冲孔工艺的基础上增加了2台反循环钻机钻孔施工。

为保证高墩施工进度,高墩模板基本上是每个墩一套模板,基本没有办法进行周转。为此,建设者通过创新高墩施工方法,空心墩翻模施工减少每次浇筑高度、改善提升方式,使施工进度达到1.5m/d。通过引进滑模施工方法,板仓五号、六号大桥6号~8号墩施工进度达到了5m/d。

(四)复杂技术工程

富龙高速公路里程虽然只有22.09km,但地形地质复杂,桥隧比高达63.8%,主线桥梁长度达到9.4km,为保证梁板进度,全线设置9个梁板预制场共151个预制台座。项目

第十八章
地方高速公路

复杂技术工程主要有"两桥两隧",即板仓河特大桥、新厂特大桥和板仓隧道那圩隧道。

1. 板仓河特大桥

板仓河特大桥全长488.5m,全桥共62根桩基,30m T形梁共45片,主桥采用挂篮悬浇施工工艺。3号、4号主墩为群桩基础,每个主墩桩基础为18根(左右幅分别9根),桩基最长为28m,墩柱为双肢空心薄壁墩,主墩最高为66m,0号块高度为10m。每个主墩节段数量为:悬臂浇筑20个节段,一个边跨合龙段,一个中跨合龙段。过渡墩最大墩高44m。桥址区上覆崩坡积碎块石、坡残积层粉质黏土,下伏基岩主要为辉绿岩,不良地质主要为危岩落石、岩堆及溜坍,危岩体主要为灰岩陡崖受节理切割及辉绿岩侵入影响所形成,对桥梁影响较大;溜坍体主要分布在大里程端主墩所在斜坡,多为松散状碎石,对桥墩影响较大。

大桥施工场地狭窄、地势陡峭,为避免对0号台下方桥墩以及周边居民的爆破影响,0号台及相邻路基段1万多立方米石方开挖施工采用液压破碎锤劈裂施工,施工周期长、成本高。由于0号块长度仅12m,挂篮安装空间不足,主墩T构0号、1号块采用一起浇筑的施工方法。为减少0号、1号块分次浇筑的间隔时间,施工采取一次立模、二次浇筑的施工方法。0号、1号块托架悬臂长度3.5m,过渡墩边跨现浇段支架最高达47m,0号、1号块托架、边跨现浇段落地钢管质检均要求较高的强度、刚度、稳定性,通过结构验算、专家评审、加强现场安装焊接质量管理,保证支架结构安全。

2. 新厂特大桥

新厂特大桥(图18-7)全长845m,共138根桩基,30m T形梁155片,主桥采用挂篮悬浇施工工艺。6号、7号主墩为群桩基础,每个主墩桩基础为20根,6号主墩桩基长35m,7号主墩桩基长63m,墩柱为双肢空心薄壁墩,6号主墩高70m,7号主墩高72m,0号块高度为11m。桥址区上覆坡残积层碎块石及粉质黏土,下伏基岩主要为灰岩、钙质泥岩、泥岩、页岩;地质构造主要为断层,桥址区被2条断层所切割,软质岩岩体极为破碎,对桥梁基础影响较大。6号主墩桥墩基础采用嵌岩桩,桩端持力层选择中风化灰岩、钙质泥岩、泥岩或页岩;7号主墩位置强风化页岩较破碎,桥墩基础均采用摩擦桩。桥址区不良地质主要为新厂滑坡及新厂1号不稳定斜坡;新厂滑坡左侧下缘通过,应对其进行加固处理,设置有效的支挡工程;桥梁从新厂1号不稳定斜坡中部通过,现状条件下处于稳定状态,施工期间边坡开挖时应及时进行有效支护。

大桥7号主墩基桩施工过程中,由于工期紧、场地下载限制,钻机布置1轮仅能布置6台,且不同基桩、不同钻孔进尺地质变化较多,岩层分布有碎石、页岩、灰岩、砂质泥岩、辉绿岩,由于正循环钻机在页岩地质钻孔过程中存在黏锤、出渣困难的难题,进尺缓慢,每天进尺不足50cm。鉴于该特殊地质情况,增加了两台反循环钻机针对页岩地质采用反循环成孔工艺,最快进尺达到每天 3m,大大提高了进尺进度。由于桩基深度达 63m,施工周期长,钻孔分三轮进行施工:第一轮 6 根、第二轮 6 根、第三轮 8 根。由于第三轮部分桩基距离较近,为避免钻孔过程中相互影响造成塌孔,在相邻桩孔间采取了增加管棚支护、相邻桩孔进尺差等有效措施,确保了施工质量及进度。

图 18-7　建设中的新厂特大桥

大桥主墩承台为整体式,尺寸为 23.2m×18.2m×5m,混凝土方量为 2111.2m³,为保证承台质量防止二次浇筑接缝开裂,承台浇筑采取一次浇筑工艺,如此大方量的大体积混凝土浇筑,对混凝土材料准备、运输、浇筑均存在较大挑战,大体积混凝土浇筑通过指挥部、监理、施工及监控单位事先召开专题会,从混凝土原材料、外加剂、入模温度、冷却管布置、冷却循环系统布置、温度检测等各方面进行有效控制,混凝土内外温差等关键控制指标均未超规范要求,未出现温度应力裂缝等质量通病,使混凝土质量得到保证。

0 号块长度为 13m,挂篮安装空间小,为保证挂篮顺利安装,在项目初期挂篮设计将挂篮长度与 0 号块进行匹配,且挂篮施工悬挂重量较大,最大质量达 219t,对挂篮结构设计要求较高。过渡墩边跨现浇段支架最高达 51m,0 号、1 号块托架、边跨现浇段落地钢管质检均要求较高的强度、刚度、稳定性,通过结构验算、专家评审、加强现场安装焊接质量管理,保证支架结构安全。

3. 板仓隧道

板仓隧道上行线长 1965m,下行线长 2000m,为富龙高速公路项目"两桥两隧"控制性工程之一。该隧道进口端穿越 F1 富宁断层,受断层破碎带及侵入蚀变带的影响,进口左右线各有约 300m 围岩以炭质泥岩为主,稳定性差。参建各方通过加强监控量测,动态调整支护参数,严格执行"先预报、管超前、严注浆、短进尺、弱爆破、强支护、早封闭、勤量测"的理念,严格控制掌子面与仰拱和二次衬砌的步距,采用"三台阶七步开挖法"等避免了初期支护开裂侵限、掌子面塌方冒顶等病害,顺利通过了不良地质带。板仓隧道施工场景如图 18-8 所示。

第十八章

地方高速公路

图 18-8 板仑隧道施工场景

4. 那圩隧道

那圩隧道云南段上行线长 358m,下行线长 368m,进口左右线各约有 110m 埋深为 2～17m,且围岩以红褐色饱和性黏土为主,全靠人工开挖,沉降速率快,累计沉降量大(最大达 27cm),单洞平均月进尺仅有 33m,施工难度极大。穿越浅埋段后,掌子面岩溶非常发育,最大溶洞长约 21m,环向宽约 15m,高度大于 7m。溶洞内普遍填充有饱和性黏土夹孤石,施工难度大。参建各方通过加强超前地质预报与监控量测工作,根据监控量测结果及时调整支护参数并确定施做二次衬砌时间,严格控制掌子面与仰拱开挖进尺,采用三台阶预留核心土法以及动态调整支护参数等确保了施工的安全与质量。

(五)科技创新

富龙高速公路结合实际情况设立了"公路隧道美学技术研究""富龙高速公路连续刚构特大桥混凝土配制方法及施工关键技术研究""耐久性沥青路面设计及施工关键技术研究"3 个研究课题。2015 年 7 月 15 日,经云南省交通运输厅组织召开立项评审会,3 个课题均同意立项。

1. 公路隧道美学技术研究

隧道洞口是展示隧道美学的关键部分。该研究重点针对山区公路隧道建设,尤其是隧道洞口段建设所涉及的系列问题,系统分析各个问题产生的原因,以富龙高速公路项目为依托工程提出规避和解决措施,将公路隧道洞口的规划、设计、施工与安全、景观及环境保护进行一体化研究,并据此重点对隧道进出洞方案进行优化,进而在对景观设计理论进一步研究的基础上,提出系统完善的洞口景观设计理论,并将研究成果应用至依托工程进行验证,着力将山区公路隧道洞口工程建设导致的安全问题、环境问题降到最低。

2. 富龙高速公路连续刚构特大桥混凝土配制方法及施工关键技术研究

该研究针对富龙高速公路连续刚构特大桥机制砂泵送混凝土的配合比、力学性能、施工性能和耐久性进行优化设计,并提出有针对性的桥梁施工关键技术,形成了系统的高墩大跨径连续刚构特大桥高性能机制砂混凝土配制方法及施工关键技术体系,形成了复杂地质条件下高墩大跨径预应力混凝土连续刚构桥快速安全施工和高服役寿命的技术体系,可以提高抗裂能力,提升制砂混凝土耐久性问题,保证公路桥梁使用年限。研究成果具有很强的创新性和实用性,不但适用于云南地区的公路桥梁建设,同样也适用于其他具有类似地形、环境特征的地区,还能为我国其他地区公路桥梁建设提供重要参考,其具有明显的社会、经济效益和推广应用前景,对推动我国西部交通建设具有重要作用。

3. 耐久性沥青路面设计及施工关键技术研究

该课题结合富龙高速公路地区环境、交通条件进行耐久性沥青路面设计、施工综合技术研究,研究重点为:基于沥青路面力学行为分析,进行沥青路面结构材料优化设计研究;沥青路面施工质量控制新技术应用研究,包括基于 PQI 的路面离析评价与控制、SBS 改性沥青剂量检测与控制等;基于预防鼓泡唧浆的桥面铺装结构与材料设计,包括鼓泡唧浆评价方法与影响因素研究、桥面沥青铺装耐久性材料设计、基于防鼓泡唧浆的桥面铺装组成结构推荐。通过研究,全方位(包括路基段路面、桥面铺装)、多角度(包括结构设计、材料设计、施工质量控制)地构建适合于云南地区的耐久性沥青路面技术体系,推动云南乃至全国公路建设向资源节约型、环境友好型方向快速发展。

第四节 S25 平远街—马关高速公路

S25 平远街—马关高速公路属《云南省道网规划修编(2016—2030 年)》中"二十联"高速公路中的第七联锁龙寺—马关高速公路。主要控制点有锁龙寺、平远街、文山、马关、砚山。其中砚山—锁龙寺段为 G80 国家高速公路路段。平远街—文山—马关段为地方高速公路,编号 S25,平远街—文山高速公路为其中的一段。

平文高速公路——壮乡苗岭添坦途

平远街—文山高速公路(图 18-9)起于砚山县平远镇,经文山市德厚镇,止于文山市薄竹镇,项目由北向南布线,讫点 AK35+596 处与蒙文砚高速公路 K68+000 处相接。

文山壮族苗族自治州自古就是云南通往"两广"和越南的重要通道,素有"滇桂走廊"之称,是中华人民共和国成立后全国经历战争时间最长的地区,曾孕育了全国闻名的"老山精神",这片饱经战火沧桑的土地,其改革开放整整晚了14年,交通基础设施建设滞后一度是制约全州经济社会发展的主要瓶颈和短板。

图18-9 平远街—文山高速公路

2016年12月29日,承载着"壮乡苗岭"300多万人民期盼的平文高速公路正式建成通车。这是文山州通往昆明最便捷的快速通道,也是文山州第一条自筹资金建设、自主运营的地方高速公路。它的出现,拉近了文山州与滇中城市经济圈的时空距离,为实现"文砚平""个开蒙"半小时经济圈打下了坚实的交通基础,为促进文山州经济社会跨越式发展,更加主动地参与区域合作开辟了新途径。

(一)项目特点

平文高速公路主要构造物根据地质情况分别采用冲孔桩基及扩大基础,圆形或方形墩柱,T形梁、空心板梁、小箱梁、钢箱梁板,分离式隧道,连拱隧道等。

项目首先实施施工便道,以保证大桥和高填深挖路段能提前开工,确保工期。部分路段地形复杂,地面横坡陡预制场地有限,施工过程中利用桥台两岸附近的主线路基作为预制场,提前施工桥台附近的路基。

对深挖路堑、大桥、隧道、互通立交几个工程集中等控制工期的关键工程,则创造多个作业面同时机械施工或提前进场施工,确保全段按时完工。

路基边坡结合土石方平衡情况,有条件的地段尽量采用较缓的坡比,采取以生态绿化为主的路基边坡防护形式,最大限度地恢复自然植被、掩盖人工痕迹;尽量减少采用沿线所缺乏的圬工材料,既节省工程数量,又与沿线自然环境相协调。

路面工程结合项目所处区域的气候条件,基层顶面采用乳化沥青稀浆封层,有效地减少水损害,延长路面使用寿命;表面层采用改性沥青混凝土SMA-13,保证沥青路面抗车辙及抗水损的性能,延长路面使用寿命。

桥梁大量采用先简支后连续的上部结构,综合简支和连续两种结构的特点,具有预制装配、施工简单方便的优势,又避免过多较弱的桥面连续接缝,具有变形小、伸缩缝少的优点,有利于减少车辆的冲击和震动,提高结构的抗震能力、耐久性,改善行车的舒适性。桥梁施工中,对岩溶地段桩基施工时逐桩超前物探采用了比较先进的超声探测仪探测桩底高程以下5m范围内是否有溶洞存在。

(二)项目概况

平文高速公路是"滇东南城镇群规划"的区域经济发展轴之一,是加快形成云南省"一圈、一带、六群、七廊"的发展战略格局的交通基础之一。项目起于广昆高速公路经过的砚山县平远镇,经文山市德厚镇,止于文山市薄竹镇(图18-10),按四车道高速公路标准建设,路基宽24.5m,设计速度80km/h,全长32.556km。全线设置桥梁4535.54m/26座,其中特大桥1168.08m/1座、大桥2527.14m/8座、中桥675.88m/11座、小桥164.48m/6座、跨线桥380.8m/5座,设置涵洞、通道86道,隧道共1382.5m/2座;设置红新、平远、德厚互通立交共3处,服务区1处。

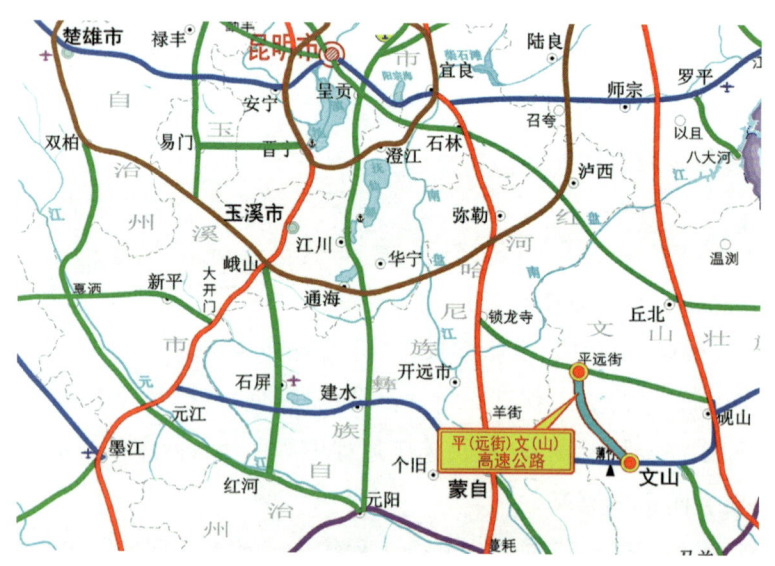

图18-10 平远街—文山高速公路位置图

平文高速公路平远街至老回龙段项目建设工期3年,2013年10月30日举行征地拆迁暨进场道路开工仪式,2016年12月29日建成通车。主要工程数量为路基土石方892.6万m^3、防护工程7.1万m^3、排水工程8.2万m^3、路面工程69.8万m^2,全线设综合服务区1处、收费站2处、监控中心1处、养护中心1处、隧道变电所1处,并设有边坡防护、标志、标线、护栏、隔离栅、收费、通讯、监控等交通安全设施。

平文高速公路的建成,实现了文山至砚山至平远三点的全高速沟通,形成了"文砚平"城市群半小时经济圈,使"文砚平"城市群和"个开蒙"城市群相连接,闭合形成滇东南经济三角区,加速了资源、要素、产业、城镇、人口向沿线区域聚集。

(三)前期决策

1. 前期工作

2013年2月17日,文山州委、州政府决定启动平文高速公路建设。

2013年10月29日,云南省发展和改革委员会以云发改基础〔2013〕1759号文批准平远至文山高速公路平远至老回龙段工程可行性研究报告。

2014年1月20日,云南省发展和改革委员会以云发改基础〔2014〕114号文批准平文高速公路平远至老回龙段工程初步设计。

2014年4月15日,云南省交通运输厅以云交基建〔2014〕158号文批复平文高速公路平远至老回龙段工程两阶段施工图设计。

2016年7月30日,国土资源部以国土资函〔2016〕423号文批复平文高速公路(平远至老回龙段)工程建设用地。

2. 资金筹措

根据《云南省发展和改革委员会关于平文高速公路平远至老回龙段工程初步设计的批复》(云发基础〔2014〕114号文),项目总投资约30.986亿元,按照银行对公路建设贷款资本金不得低于35%的规定,在文山州委、州政府、州财政局、州城投集团公司等部门的协助下,州交通运输局经与多家商业银行对接、谈判,在无任何实质性抵押的情况下,最终争取得到云南省农村信用联社20亿元贷款支持,占项目建设总投资的64.5%,剩余的35.5%共计10.98亿元为公路建设资本金,由地方政府筹集。

根据《平文高速公路建设贷款合同》要求,贷款发放前提是按照资本金到位同等比例放贷,文山州委、州政府针对项目建设要求及时召开会议研究决定,项目采取BT资本金的模式筹集资金,成立文山州平文高速有限责任公司作为项目建设、营运及贷款主体。对于项目10.98亿元资本金的筹集,一是采取项目设置两个合作承包建设标段进行投资人暨合作承包建设者招标,每一合作承包建设标段中标人即为股权转让目标投资人之一,按签约合同价的20%预计为3.3亿元作为合作建设股权计入项目建设资本金,待项目交工验收合格后60个工作日,文山州平文高速有限责任公司按当年基准利率上浮10%由文山州州级财政纳入预算托底进行回购;二是两县(市)政府自行承担征地拆迁及林地、建设用地报件费用3.8亿元;三是省级补助资金0.33亿元、云南省交通运输厅借款0.1亿元、前期工作经费补助0.03亿元、财政贴息资金0.05亿元;四是通过争取国家建设基金等方式地方政府配套3.37亿元。

3. 征地拆迁

2013年9月30日,由沿线的文山、砚山两县(市)政府负责的项目征地拆迁动工作启动,文山州政府分别与两县(市)政府签订了目标责任书。征地拆迁工作涉及砚山县平远镇、华侨农场,文山市德厚镇、马塘镇1个农场,以及两县(市)的16个村委会(社区)、27个村民小组(自然村)。在文山、砚山两县(市)人民政府及沿线乡镇、村组的大力支持配合下,共完成征用土地5206.5亩,拆迁各类房屋2780m²,拆迁各类杆线26.63km、水管2512m,迁坟326冢。支付相关征迁等各种费用3.1亿元。两县(市)政府于2014年1月正式开展征地拆迁工作,6月基本完成全线征地拆迁工作。

(四)建设过程

2013年9月3日,经文山州人民政府批准,文山州平文高速公路有限责任公司成立,由文山州交通运输局代表人民政府履行出资人职责。

2013年11月18日,文山州人民政府批准成立平远至文山高速公路平远至老回龙段工程建设指挥部,任命龚卿为指挥长(2016年6月,由于工作调动,改任李成明为指挥长),杨畅华为常务副指挥长,杨建华为副指挥长兼总工程师(2016年11月改任邓仕勇为总工程师),汤建昆为副指挥长兼总监理工程师。

2014年1月21日,文山州交通运输局机关委员会批准成立中共平文高速公路工程建设指挥部临时党支部,任命李兵为支部书记。

平远至文山高速公路平远—老回龙段工程建设指挥部,内设综合办公室、财务处、合同管理处、总工程师办公室、工程技术管理处、物资处、安全保通处、总监办、征迁协调处9个职能处室。

平文高速公路建设项目共有8个合同段,其中土建工程2个合同段,路面、交通安全设施、隧道机电、三大系统(通信、监控、收费)、绿化工程、沿线设施各1个合同段。项目严格按照《中华人民共和国招标投标法》的有关规定,本着公开、公平、公正和科学择优的原则,在上级纪检监督部门、公证机关的全程监督和现场公证下,在全国范围内对土建工程、交通工程、绿化工程、机电、消防、房建等工程项目进行公开招标,确定施工单位及监理单位。通过公开招标,共有14家单位参与平文高速公路的建设,各参建单位均符合国家规定的资质和业绩要求(表18-4)。

平文高速公路建设从业单位信息采集表 表18-4

序号	参建单位	单位名称	合同段编号及起讫桩号	主要负责人
1	第一合同段	西南交通建设集团股份有限公司	K0+000~K23+426	王应祥
2	第二合同段	中铁二十三局集团有限公司	K23+426~K32+400	刘顾集
3	景观绿化	云南嘉缘花木绿色产业有限公司	K0+000~K32+400	黄 波

第十八章
地方高速公路

续上表

序号	参建单位	单位名称	合同段编号及起讫桩号	主要负责人
4	交通安全	北京深华科交通工程有限公司	K0+000~K32+400	吕艳
5	沿线设施	云南惠丰工程建设有限公司	K0+000~K32+400	杜学全
6	隧道机电	紫光捷通科技股份有限公司	K0+000~K32+400	刘金彤
7	隧道消防设施	北京市亚太安设备安装有限责任公司	K0+000~K32+400	杨校丽
8	三大系统	北京诚达交通科技有限公司	K0+000~K32+400	刘国法
9	土建监理	云南省公路工程监理咨询公司	K0+000~K32+400	杨文华
10	机电监理	云南纪星交通工程监理咨询有限公司	K0+000~K32+400	何维
11	勘察设计单位	云南省交通规划设计研究院	K0+000~K32+400	王天星
12	中心试验室	云南路建集团欣业工程质量检测有限公司	K0+000~K32+400	胡先磊
13	第三方试验检测机构	苏交科集团股份有限公司工程检测中心	K0+000~K32+400	崔相会
14	路面咨询单位	江苏东交工程检测股份有限公司	K0+000~K32+400	李华

平文高速公路作为地方自筹资金建设、自主运营的地方高速公路，也是关乎文山州经济社会发展的基础性工程。参与建设的各级各部门特别是相关县（市）和施工单位攻坚克难，奋力拼搏，做了大量的、卓有成效的工作，为项目建设提供了良好的实施条件和外部环境。

1. 落实施工运行保障

项目实施后，文山州各级党委、政府和各有关部门高度重视，抢抓有利时机，调动一切积极因素，攻坚克难，奋力拼搏，强力推进平文高速公路建设。2013年11月6日召开平文高速公路施工合同签字暨"百日攻坚"生产竞赛活动启动仪式后，指挥部按照省委、省政府提出的加快"五网"建设的目标，严格基本建设程序，开展"百日攻坚"生产竞赛活动，细化分解目标任务，倒排工期，抢抓施工黄金季节，加强工程进度、监理、质量监督，及时排除、纠正、改进项目建设中存在的问题，做到项目建设"程序合规、进度达标、管理规范"。2014年4月29日和6月6日，文山州委、州政府先后召开文平高速公路建设推进会和全州重点项目推进会议，要求加快推进平文高速公路建设，确保完成全州固定资产投资目标任务。在项目组织上，各施工单位认真履行施工承包合同规定的条款和承诺，建立健全施工组织管理机构，投入技艺精湛的施工队伍及先进的机械设备和资质较高、管理经验丰富的管理人员，成立高效的质量自检队伍和安全保通队伍，完善党组织领导下的监督保障机制，创建"党员先锋岗"和建立"党员责任区"活动，围绕"创优、争优"的投标承诺。面对工期紧张、施工难度大等困难，科学管理、严密组织、昼夜奋战，以强大的责任心，积极协调、认真组织施工，确保了质量优、进度快、环保好的建设施工目标，圆满完成了各项施工任务。

项目任征迁协调处处长桂铭银是一名"50后"。他起早贪黑，深入农户家中做宣传解释工作,及时协调处理各种矛盾纠纷400余起,基本没有因征地拆迁工作而影响施工,确保了平文高速公路顺利施工。

"60后"的常务副指挥长杨畅华肩负重任,从项目启动,到环、水保等报告批文通过,跑部门、拿批文,仅用了116天就完成了各种报告的报批任务。

总工办主任何如峃、安保处处长陈宗碧是"70后"代表,他们与同事一起,秉持"读千秋桥史,筑万里路"的初衷,为工程建设倾尽心力。何如峃苦干加巧干,突出急需解决的问题,先后处理了近800份"现场处理卡"。陈宗碧勇于担当,认真落实安全生产责任制,及时发现并督促整改安全隐患400余处,工程施工中没有发生过安全事故,顺利通过"平安工地"考评和文山州人民政府安全生产考核。

此外,很多"80后""90后"也在平文高速公路建设中担起了重任,把自己融入高速公路的建设中,把青春和热血撒播在这条承载了无数人梦想的大道上。

2. 落实施工环境保障

各级各有关部门、参建单位密切配合、通力协作,主动作为、大胆创新,多措并举筹措建设资金,千方百计做好征地拆迁工作,迅速掀起施工建设热潮,工作卓有成效。

建设指挥部严格要求施工企业加强诚信体系建设,在加强民工工资管理方面,在动员预付款支付中直接扣除一定金额的民工工资保证金,定期对施工单位农民工工资支付情况进行检查,保证了农民工合法权益,切实维护好驻地群众利益。

此外,指挥部还积极开展文体活动,先后组织开展了平文高速公路参建单位职工运动会及文山州在建高速公路职工运动会,并定期利用雨季空闲时间组织各种文体活动,让各参建人员从繁忙和枯燥单调的工作生活中调节出来,增进友谊和团结协作意识,鼓舞斗志,更好地为平文高速公路建设服务。

在平文高速公路建设工地上,山、水、路相融一体,业主、企业和当地政府相互合作,相处融洽。每到一处工地,施工单位负责人都说:"业主的科学管理、企业的实力和规范作业是环保、进度和质量的有力保障。"

3. 落实工程质量保障

"百年大计,质量第一。质量就是生命,安全更是大过天,一点儿都不能马虎,哪怕是一个小小的细节我们也要把它做好,要严把每一道质量关和安全关。"平文高速公路一合同段项目经理周建昆、二合同段项目经理郑朝俊在接受记者采访时的回答如出一辙。

为把平文高速公路建成优良工程、精品工程、放心工程,指挥部也始终绷紧建设质量这根弦,统筹好质量和进度,不断加强相关政策法规学习,在努力提高自身素质的基础上,多次组织到其他高速公路施工一线学习取经,借鉴成功经验,引进实时监控系统等技术措施,并积极争取云南省交通运输厅及质量监督部门的技术支持,保障工程质量。具体质量管控措施主要有：

(1)严格按照《云南省交通运输厅关于公路工程项目推行第三方试验检测的通知》(云交基建〔2010〕91号)、《云南省交通运输厅关于印发〈云南省公路工程工地试验室管理办法〉的通知》(云交基建〔2011〕117号)要求建立三级试验检测体系构建质量工作的三道防火墙。

(2)根据文山地区红黏土分布、石灰岩地区喀斯特地貌、地质复杂的特点，将云南省交通运输厅编制的《云南省高速公路施工标准化实施要点》中相关技术指标直接列入设计图纸中明确了技术要点。如：平文高速路床填料全部设计为碎石土，在以往的项目中相关规范对碎石土按筛分判定的方法较粗糙，争执较大；按标准化实施要点中粒径、0.075mm通过量、塑性指数综合进行判定得出结论的碎石土得到了广大技术人员的认可，回弹模量、弯沉指标检测效果良好。

(3)实行物资准入制度。根据省交通运输厅《关于水泥在公路工程结构混凝土中使用管理的有关规定及要求的通知》(云交质监〔2011〕39号)文件对主要地材、钢材、水泥、沥青等实行物资准入制度，所有物资须经监理试验室、中心试验室或第三方检测机构检测合格并从中选优；如在本项目优选开远水泥作为桥梁、隧道混凝土水泥，该水泥性能稳定、凝结时间较长，减少了结构物的收缩裂缝发生；水稳碎石优选开远水泥厂生产的道路水泥，避免了收缩裂缝的发生。

(4)积极申请质量监督部门对平文高速公路进行质量督查，及时发现工地存在问题，厅质量监督局对平文高速公路完成2次系统的质量、安全检查；文山州质量监督站亦不定期对本项目进行督查；每次督查均对提升平文高速公路质量管理水平起到了重要作用。

(5)邀请公路学会专家对试验、质量检查资料进行检查，对施工、监理、中心试验室、第三方检测机构、指挥部相关科室进行培训，以规范资料的编制、归档工作。

(6)援引外部技术力量提升技术水平。为提升路面施工质量，引入路面咨询机构单位提供级配、水稳、沥青混凝土的咨询及电子监控设备对路面施工过程进行监控。

4. 落实安全生产保障

指挥部牢固树立"安全第一，预防为主，综合治理"的科学理念，进一步强化施工现场安全管理，大力推行施工安全标准化、制度化、规范化建设，强化安全生产责任体系，成立由项目建设单位牵头，设计、施工、监理等单位项目负责人共同参与的工程项目安全生产领导小组，制定安全生产目标，分解目标任务，明确各部门在管理中的职责，项目建设中未发生过一起安全事故。

平文高速公路施工难度最大、危险系数最高的乐竜隧道是一座两车道分离式隧道。右洞处于喀斯特地质段，地形复杂，在施工过程中经过了大大小小20余个溶洞、1处冒顶、5次塌方，施工单位中铁二十三局先后邀请国家和省地质隧道专家3次实地勘察，施工方案也进行了3次调整。最终采用新奥法原理组织施工和钻爆法开挖掘进，以管超前、短开挖、强支护、快封闭、勤量测为手段，克服了严重偏压、沉降量大、初支变形等施工难题，实现了"零事故"的预期目标。左洞开挖过程中也是困难重重，但通过建设者的艰苦努力，隧道最终顺利贯通，为平文高速公路2016年年底实现全线通车奠定了坚实的基础。

（五）科技创新

平文高速公路土基冲隧道原设计为中墙式连拱隧道结构，经优化后为无中隔墙连拱隧道，即左右幅隧道共用一段加厚的初期支护。隧道不设置中导洞、中隔墙，两洞均采用复合式支护结构、单洞工法施工。为确保工程安全、质量可靠，平文指挥部委托云南省交通规划设计研究院开展了"无中隔墙连拱隧道单洞工法研究"科研工作。该工法的关键技术是：先行洞采用不对称初期支护结构，以抵抗后行洞开挖引起的偏压荷载以及爆破震动造成的不利作用；对后行洞的Ⅴ级围岩段采用挖机开挖为主辅以破碎锤开挖的开挖方式，Ⅳ级及以上围岩段采用控制爆破开挖为主辅以破碎锤开挖的开挖方式，从而实现对先行洞二次衬砌的保护；取消中导洞开挖，两洞间初期支护钢架直接采用焊接连接，同时对搭接处采用喷射混凝土加钢筋网进行圆顺处理，工艺更简单，质量更可靠，避免对围岩的多次扰动和传统连拱隧道中墙顶混凝土密实度难以控制、中墙偏移和开裂等问题，改善了隧道结构受力。

土基冲隧道如图18-11所示。

图18-11 土基冲隧道

与现有技术相比，无中隔墙连拱隧道单洞工法具有五个方面的优点。

一是主洞均采用单洞工法开挖，最大限度地减少了对围岩的扰动次数，避免了中导洞施工对抑制围岩变形不及时的情况，减小了衬砌荷载。

二是取消中导洞施工和中隔墙施作，采用左右两幅隧道单独施工，简化了施工工序，既加快了施工进度,又减少了工程投资。

三是取消了中导洞临时支护,将其用于加强先行洞中墙侧的初期支护,实现了永临结合,避免了废置工程。

四是取消中隔墙,避免了传统连拱隧道中墙顶混凝土密实度难以控制的缺点,施工质量更易得到保证。

五是避免了传统连拱隧道中墙在复杂的受力状态下易出现中墙偏移和开裂的缺点。

此工法对Ⅳ、Ⅴ级围岩隧道的开挖有着很强的适应性,与传统工法相比,该工法在结构上采用两洞共用初期支护,结构搭接圆顺,解决了传统工法主洞初期支护与中隔墙混凝土间搭接难题。此外,该工法取消了传统工法的中导洞开挖、支护以及中隔墙施作,可节约工程造价(节省造价 0.8~1.0 万元/延米),缩短建设工期(在土基冲隧道施工中,使用该功法节省工期达 6 个月)。

无中隔墙连拱隧道单洞工法在土基冲隧道建设上的成功应用,为新型连拱隧道在地形条件复杂的山区推广奠定了现实基础,实现了该隧道科研的目的,社会意义巨大。

(六)运营管理

平文高速公路设置德厚服务区 1 对,分别由加油站、营业室、餐厅、超市、公厕、水泵房、配电房和室外道路组成。

全线设置平远、德厚 2 处收费站;设置德厚监控中心、养护中心、乐竜隧道管理站。

平文高速公路建成通过交(竣)工检测验收合格后,由文山州平文高速公路有限责任公司进行维护、运营,路政管理由文山州公路路政管理支队负责。

平文高速公路通车后,根据工可数预测,2017 年全线交通量为 12502 辆/日,2027 年为 23268 辆/日,2037 年为 32649 辆/日,平文高速公路发挥的社会效益和经济效益将实现预期目标。

第五节　S26 呈贡—元阳高速公路

《云南省道网规划修编(2016—2030 年)》中"二十联"高速公路中的第八联,即曲靖—元阳高速公路,其中含三宝—清水路段。主要控制点有麒麟、马龙、嵩明、昆明、呈贡、江川、通海、建水、元阳、三宝、清水。其中曲靖—昆明为国家高速公路 G56 路段,清水—呈贡(新昆嵩)路段为国家高速公路 G85 路段。三宝—清水、呈贡—元阳两段为地方高速公路,编号 S26。

黄土坡—马金铺高速公路、呈贡—澄江高速公路、通海—建水高速公路为 S26 呈贡—元阳高速公路的组成部分。

一、黄马高速公路——"转体"跨越南昆线

2016 年 9 月 13 日,黄土坡—马金铺高速公路浑水塘特大桥 1.87 万 t 重的 T 构桥转体跨越南昆铁路的新闻为众多媒体报道,黄马公路随之进入人们的视野。

黄马高速公路是昆明市重点建设项目,于 2010 年 2 月 25 日开工建设。其建设对昆明新南站的建成使用中客流的集散将起到重要作用,使昆明主城区与新城区间的交通更加便捷,还将实现昆明国际新空港与环滇池城市群快速的交通联系,使环湖四大物流中心连成一体,构建起昆明现代化的物流体系,对促进地区经济技术合作,凸现城市"一湖四片"发展格局,加强主城区与新城区间的联系,解决跨区交通,拓展昆明城市发展空间和构建昆明现代化的物流体系具有十分重要的意义。

(一)项目特点

黄马高速公路与沪昆高铁、昆明—石林二级公路、昆明—石林高速公路、呈贡—七甸公路、昆河铁路、南昆铁路、昆明东南环枢纽铁路、月马路、昆玉高速公路交叉施工,上跨昆石高速公路采用顶推法施工、浑水塘特大桥及呈贡北立交上跨南昆铁路采用转体法施工,沿线大量分布的高液限红土地基处治及高边坡滑坡处治,新老路基(桥涵)拼宽搭接……诸多条件的限制,形成了施工的特点和难点。

针对这些实际,项目首次采用投资、融资、建设各负其责的管理模式,采用最低评标价法进行招标;在云南公路桥梁建设中首次采用转体法施工,且转体墩高达 44m,属国内最高,质量达 18700t,属西南地区最大的转体施工项目;在云南高速公路建设中首次设置货运待驶区,分时段通行,缓解城市交通压力。

(二)项目概况

黄马高速公路是 S26 呈贡—元阳高速公路中的一段,也是昆明市"4 环 17 射"骨架路网中重要高速"放射线",连接空港经济区、主城区,即新嵩明—昆明高速公路的止点昆明市经开区黄土坡村,与昆石高速公路搭接,途经呈贡区与呈七公路、呈贡东外环路连接,途经马金铺高新区、滇池旅游度假区与昆玉高速公路连接(图 18-12)。其中,主线讫于上庄子立交 K24+575.5 处即呈澄高速公路起点,并向西设置路线全长为 5.2km 的马金铺连接线与昆玉高速公路相接。

项目主线设计速度 100km/h,路基与桥涵宽度 33.5m,行车道宽度 6×3.75m,最大纵坡 4%,汽车荷载等级公路—Ⅰ级;马金铺连接线段设计速度 100km/h,路基与桥涵宽度

26m,行车道宽度 4×3.75m,最大纵坡 4%,汽车荷载等级公路—Ⅰ级。设计洪水频率:特大桥 1/300;大、中、小桥及其他构造物 1/100。远景交通量:2031 年全线平均 41930 辆/昼夜(标准小客车)。根据《中国地震动参数区划图》,本项目设计基本地震加速度值为 0.20g,相应地震基本烈度值为 8 度。

图 18-12　黄土坡—马金铺高速公路位置示意图

项目建设总规模为 30.448km,其中主线长 25.248km,马金铺连接线长 5.2km。主线按双向六车道高速公路设计,路基宽 33.5m,设计速度 100km/h;连接线按双向四车道设计,路基宽 26m。

项目路线长度 25.24822(5.20)km,主要工程数量为路基土石方 254.5646(28.1593)万 m^3,路面 583164(97963)m^2,边坡防护 299906.72(44460.69)m^2,防护排水工程 24374.18(5299.51)m^2,特殊路基处治 2.741(1.12)km;特大、大桥 9084.28m/12 座(2812.08m/2 座),桥梁长度按双幅计列;隧道 505m/1 处;互通式立交 4 处(1),分离式立交 32 处(7)。其中,括号内数据为马金铺连接线数据。

项目沿线可划为三类小的地貌单元,第一类为中山侵蚀地貌,分布于拓磨山至浑水塘、段家营段;第二类为低中山溶蚀地貌,分布于黄土坡、浑水塘至白龙潭山;第三类是滇池盆地湖相沉积地貌,分布于小营、马金铺段。路线沿线覆盖层较薄,不良地质现象及特殊性岩土有岩溶、滑坡、膨胀土及软弱土。

项目工程主要构造物为冲孔桩基、圆形或方形(花瓶)墩柱、钢筋混凝土拱形梁、T 形梁、轻质混凝土箱梁,分离式隧道等。

项目重点控制性工程为:小团山立交、浑水塘特大桥、呈贡北立交、段家营隧道、呈贡南立交、上庄子立交、马金铺立交等。

黄马高速公路批准概算 34.71 亿元,全部为银行贷款。

项目于 2016 年年底建成。

(三)建设情况

1. 参建单位

2010年5月,昆明市交通投资有限责任公司注册成立昆明黄马高速公路有限公司,任命王丽娟为总经理;任命梁德荣为常务副总经理,负责项目融资;成立昆明黄马高速公路建设指挥部,任命孙鲲鹏为指挥长,负责项目建设管理工作;任命龙高云为总工程师。

黄马高速公路共有土建7个合同段,路面2个合同段,交通安全设施1个合同段,通信管道1个合同段,隧道机电1个合同段,通信、监控、收费系统1个合同段,绿化工程5个合同段,沿线设施1个合同段。通过全国公开招标,经过公平、公正评审,坚持择优选择的原则,共有24家检(监)测、设计、施工、监理单位参与黄马高速公路建设,各方参建单位均符合国家规定的资质及业绩要求(表18-5)。

黄马高速公路建设从业单位信息采集表   表18-5

序号	参建单位	单位名称	合同段编号及起讫桩号	主要负责人
1	项目管理单位	昆明黄马高速公路有限公司	K0+000~K24+575.5	雷升迓
2	勘察设计单位	云南省交通规划设计研究院	K0+000~K24+575.5	王新国
3		成都西南交通大学设计研究院有限公司	K6+432、上庄子A、C匝道桥	李显明
4	土建施工单位	上海市第一市政工程有限公司	K0+000~K2+556.88	张良文
5		云南路建集团宏程路桥工程有限公司	土建第2合同 K2+556.88~K3+930	何 臻
6		中铁八局集团有限公司	土建第3合同 K3+930~K8+900	苏 成
7		核工业西南建设集团有限公司	土建第4合同 K8+900~K13+470.89	彭四根
8		西南交通建设集团股份有限公司	土建第5合同 K13+470.89~K23+000	贺富会
9		云南圣迪交通工程有限公司	土建第6合同 K23+000~K24+575.5	海宇帅
10		江西中煤建设工程有限公司	土建第7合同 LK1+347.96~LK5+376.73	石 俊
11	路面施工单位	中铁十四局集团有限公司	K0+000~K14+800	刘光照
12		云南建投交通建设股份有限公司	K14+800~K24+575.5 及 LK0+000~LK5+737	邓元林
13	路面监理单位	云南省公路工程监理咨询公司	K0+000~K24+575.5 及 LK1+347.96~LK5+376.73	吴 军
14	土建监理单位	北京帕克国际工程咨询有限公司	土建第1监理合同 K0+000~K8+900	刘丽泉
15		江西交通建设工程监理所	土建第2监理合同 K8+900~K23+000	罗 易
16		云南省公路工程监理咨询公司	土建第3监理合同 K23+000~K24+575.5 及 LK1+347.96~LK5+376.73	方 铭
17	设计咨询单位	云南交通咨询有限公司	K0+000~K24+575.5	段 祥
		中国公路工程咨询集团有限公司	上庄子立交A、C匝道上跨铁路及浑水塘特大桥(80+80)m T构上跨南昆铁路	何秒猜

各施工单位根据施工承包合同规定的条款,建立健全组织管理机构,施工队伍充足,投入机械设备和管理人员,建立以总工程师为中心的质量自检体系,成立安全保通队伍,完善党组织领导下的监督保障机制,开展创建"党员先锋岗"和建立"党员责任区"活动,围绕"创全优、争国优"的投标承诺,科学管理,严密组织,昼夜奋战,确保了质量优、进度快、环保好的建设施工目标,全面履行了投标承诺。所有施工单位均能全面履行合同,项目管理人员按时到位并长期驻守工地现场,工作责任心强,业务管理水平高,在确保工程质量的前提下,加快工程进度,圆满完成各项施工任务。

指挥部引入3家第三方检测单位成立中心实验室,成立稽查部,实行总监办负责制。全线共设3个总监办,围绕质量、进度、投资三大重点开展监理工作。各监理单位严格执行监理工作方针、法规、合同文件及业主各项管理办法;以工程质量监理为核心,严格执行监理程序,按规定签认工程数量,控制工程费用;监理人员坚守现场,实行全天候巡查和稽查,发现问题立即整改,切实把质量管理措施落到实处,使工程质量始终处于受控状态。同时,牢固树立廉洁自律意识,忠于职守,做到了对业主负责,让业主放心,使承包人满意。

2. 征地拆迁

黄马高速公路的修建是昆明市市委、市政府及沿线人民群众极为关注的一件大事,路线经过呈贡区沿线各乡镇人口相对密集,村庄较多,为使沿线构造物既能符合公路本身的使用要求,又能满足人民群众的生产、生活需要,同时做到经济合理、节约投资。因此在测设过程中,对路线走向、桥涵位置等已充分征求了沿线政府和相关部门的意见,并根据实际情况作了综合考虑。另外,公路沿线部分路段植被覆盖较好,处于滇池流域水污染重点防治区东侧,为了减少破坏植被,防止水土流失,保护周围环境,施工中特别注意自然环境保护,减少对生态环境的破坏。因此,项目建设打破常规,超前预谋,精密策划,科学管理,严密组织,妥善处理施工与通车、质量与工期这两对主要矛盾,确保了提前通车、争创国优、培养人才的建设管理目标。

黄马高速公路途经昆明市经开区、呈贡区、马金铺高新区、滇池旅游度假区,征地拆迁工作由属地各区地方政府负责。项目批准用地284.0391公顷(林地66.1511公顷)。其中,农民集体所有用地215.5494公顷、建设用地6.5688公顷、未利用地34.0983公顷、国有建设用地27.8226公顷。

项目建设拆迁、改迁各类地面附着物种类繁多,有加油站、农家乐、天然气管道、高压线等,任务艰巨。征地拆迁工作中,指挥部积极维护沿线群众利益,支持地方建设,在保障和改善民生、支持沿线社区建设等方面,变更增加工程投资,为改善群众生产生活出行条件,推动地方建设做出了重要贡献。

3. 抓党建,促"双优"

指挥部探索建立了从指挥部到施工、监理单位的党的组织体系,制定了《黄马高速公路工程项目管理实施办法》《黄马高速公路建设指挥部党支部工作目标管理考核实施办法》《黄马高速公路建设廉政建设管理实施办法》等一系列规章制度,为建设项目开展党建及党风廉政建设提供了组织保障和制度保障;指挥部党支部建立了"中心组"学习制度、民主生活会制度和党政联席会议制度,充分发挥了党组织的政治核心作用;严格执行工程建设"双合同"制,认真做好招标监督工作,在与施工、监理单位签订承包合同时,同时签订《廉政建设合同》,明确双方的廉政职责、义务和权利;抓紧各级管理人员的廉洁从业教育,筑牢思想防线,充分发挥了监督保障作用。

4. 抓保通,顾大局

黄马高速公路三大互通立交在营运的道路上施工,浑水塘特大桥在营运的南昆铁路、昆河铁路上施工,这给施工和安全保通都带来极大困难。在如此大的保通压力下,道路不能断交,工程建设不仅不能延期,而且要提前建成通车,而安全保通工作就是实现这一目标的保障。为此,昆明市政府专门为黄马高速公路项目成立了安全保通领导小组。指挥部也把安全保通工作列入重中之重,把安全保通上升到与工程质量、施工进度和投资控制同等重要的位置来抓,制订全面详细的保通措施和应急预案。一是成立保通领导机构,组建保通队伍,制订工作制度,落实保通责任,加强现场巡查和值守,加大舆论宣传,根据总体进度计划制订详细的分阶段保通方案。二是采取工程措施,严密组织,狠抓落实;在与昆石高速公路的搭接施工中,经反复研究决定采用对交通影响最小的施工方案,桥梁施工采用顶推法施工;上跨南昆铁路的施工,会同昆明铁路局反复研究对铁路大动脉影响最小、最安全可靠的设计方案,最终采用国内最先进的转体法施工;在与昆玉高速公路的搭接施工中,根据现场地形地貌,会同昆玉公司反复研究保通方案,最终采用改移昆玉高速公路的保通方案,对昆玉高速公路未造成任何影响的情况下顺利完工。

5. 项目重大变更

(1)黄马高速公路途经呈贡区各社区人口相对密集,村庄较多,为使沿线构造物既能符合公路本身的使用要求,又能保障沿线美丽乡村建设及社区长远发展,满足人民群众的生产、生活需要,全线共增设了一座 $4\times12m$ 桥梁、2座 $4\times4m$ 通道涵变更为 $4\times12m$ 桥梁、2座 $2\times2m$ 涵洞变更为 $4\times4m$ 通道涵。

(2)黄马高速公路浑水塘至段家营段面向呈贡新区,为实现绿色环保,提高城市景观形象,改善城市视觉效果,增加了边坡生态恢复措施,构建了层次较丰富的复合型植被群落;桥梁地段为减少混凝土的硬质工程痕迹,在桥墩种植爬藤植物进行立体绿化。

(四)复杂技术工程

2016年9月13日下午,黄马高速公路的控制性工程——浑水塘特大桥上跨南昆铁路立交转体T构桥在计算机控制系统的精确控制下,两台自动连续千斤顶牵引着18700t的转体T构桥顺时针旋转,经过78分钟顺利到达设计桥位,成功跨越了南昆铁路(图18-13)。

图18-13　浑水塘特大桥1.87万t重的T构桥转体跨越南昆铁路

浑水塘特大桥起讫里程为K6+034~K6+801,全长767m,全桥孔跨布置为5×29m简支连续T形梁+(90+160+90)m连续刚构+(80+80)m T构+4×29m简支连续T形梁。在K6+567.1处上跨南昆铁路,与铁路交角79°,距铁路轨面高度44.3m,墩高31m,墩顶箱梁采用全幅挂篮悬臂浇筑施工,全幅桥宽33.5m,箱梁断面为变高度直腹板单箱三室;下设12棵50m长2m直径钻孔桩基础;承台分为上下承台,上承台为直径12.6m、高4.3m的圆柱形,下承台为尺寸13.6m×18.2m×5m的矩形,上下承台间安装直径4.2m钢球铰转盘体系。(80+80)m T构上跨铁路采用转体法施工。

由于施工难度大、技术含量高、施工安全风险高,转体钢球铰由专业专利厂家生产并现场指导安装,上承台圆弧定型钢模板按厂家设计方案加工,悬臂段浇筑施工中监测单位全程监控,确保施工安全、精确控制,施工完距离旋转墩中心每端49m后进行旋转。整个施工过程关键部位为钢球铰的安装调试施工。

(五)科技创新

根据工程施工的具体情况,指挥部实施了"云南省高重宽T形钢构桥转体施工成套控制技术研究",取得了丰硕的研究成果,并将研究成果转化应用于工程建设中。

在我国跨线桥不断增加的情况下,采用平转施工方案从根本上解决了跨线桥施工过程中对相交线路运营干扰的难题。黄马高速公路浑水塘特大桥跨越新呈七公路、昆河铁路和南昆铁路,是该路段的重要控制性工程。为避免桥梁施工对南昆铁路等交通运输线营运造成影响,指挥部委托成都西南交通大学设计研究院有限公司进行专项设计,将原设计采用挂篮施工的连续钢构桥跨越南昆铁路变更为采用平转施工的T形钢构桥。

课题组以转体系统—桥墩—主梁复合系统作为研究对象,对桥梁转体施工形式与适应性进行研究,分析T形钢构桥梁施工力学行为的影响因素;利用三维数值分析方法,分别研究列车振动、风荷载、转动速度,以及纵向不平衡荷载对桥梁结构施工力学行为的影响,并对称重试验进行研究;采用相似比为1∶10的转盘模型,对球铰铅垂面以及水平面静、动摩擦系数进行模型试验研究。

基于以上理论分析、数值模拟、模型试验以及现场试验研究,建立T形钢构桥转体施工前、转体施工过程中、转体施工后三阶段成套控制技术体系。

课题建立的T形钢构桥转体施工成套控制技术体系促进了项目的顺利完工,也增强了浑水塘T形钢构桥梁转体施工安全性、保证桥梁工程建设期间的稳定,避免了人民群众生命财产损失,充分体现了该项技术在同类桥型中的实用性及推广价值,具有良好的经济效益和社会效益。

(六)运营养护管理

黄马高速公路沿线主要设施有:大营主线收费站、呈贡南匝道收费站、呈贡北匝道收费站、万溪冲服务区。

大营主线收费站布置于马金铺连接线,桩号LK3+220,设置18条收费车道(6进12出),设置4条ETC车道(2进2出),主线收费站管理设施用地为23亩,总建筑面积3370.4m^2,建筑占地面积772.9m^2,地上四层,建筑总高度16.2m,主体结构为框架体系,设计使用年限50年,抗震设防烈度Ⅷ度。

呈贡南匝道收费站布置于黄马高速公路主线,桩号K14+000,设置11条收费车道(3入8出),设置3条ETC车道(1进2出),收费站管理设施用地为10.36亩,总建筑面积2386.7m^2,建筑占地面积772.9m^2,地上三层,建筑总高度12.01m,主体结构为框架体系,设计使用年限50年,抗震设防烈度Ⅷ度。

呈贡北匝道收费站布置于黄马高速公路主线,桩号K7+591,设置10条收费车道(3入7出),设置3条ETC车道(1进2出),收费站管理设施用地为10.36亩,总建筑面积2237.6m^2,建筑占地面积728m^2,地上三层,建筑总高度12.01m,主体结构为框架体系,设计使用年限50年,抗震设防烈度Ⅷ度。

万溪冲服务区布置于黄马高速公路主线左、右幅,桩号K16+700,内设服务区综合楼、加油站、修理库、员工宿舍、配电房、水泵房等,用地面积:左幅80亩、右幅50.4亩,总建筑面积:左幅10677.36m^2,右幅33600m^2,建筑占地面积:左幅6157.6m^2,右幅5347.1m^2。

根据趋势和诱增交通量预测:2020年,黄马高速公路总流量为11986965辆,日平均流量为32841辆;2025年,总流量为15580025辆,日平均流量为42685辆;2032年,总流量为20083395辆,日平均流量为55023辆。

二、呈澄高速公路——构建昆玉一体化

呈贡—澄江高速公路通车前,昆明至澄江主要通过澄江—马金铺、澄江—阳宗海两条二级公路。随着抚仙湖和帽天山旅游线路的升温,两条公路交通流量较大,加之道路狭窄,无法满足市民的出行需求。

2016年2月2日呈澄高速公路贯通后,昆明市区和澄江县之间不需再经重重山路,从昆明石虎关立交桥到澄江的行车里程缩短至40余千米,车程由原来的1小时40分钟缩短至1个小时,真正开启了昆明—澄江"1小时生活圈",加快构建昆玉一体化发展格局,真正推动两市县实现深度融合。

(一)项目特点

1.工期紧、任务重

项目有效施工时间短,加之各种矛盾复杂、协调难度大、原材料供应不足等诸多客观因素,给工程建设顺利推进带来了较大难度。建设单位在短期内集中投入大量人力、机械设备和周转性材料,并对施工组织设计和施工方案作出周密部署和安排,做到环环相扣、步步为营。

2.不良地质多、安全风险较大

部分桥梁施工场地狭窄、墩柱高、施工道路困难;路基深挖高填多、陡坡和填挖交接路堤多,石方开挖量大,多数挖方地段边坡稳定性差,岩石风化破碎强烈,节理裂隙很发育,层间结合力差,易产生顺层滑塌。

3.环水保要求高

项目直接穿过西龙潭饮用水源保护区,且白土坡特大桥标尾段则紧靠梁王河水库,直接进入了抚仙湖径流区域,这就决定了呈澄高速不仅是一条高速、快捷路,还必须是一条生态路、环保路。为达到生态路的建设目标,项目全线都采取了极高的水保、环保建设要求;凡需要进行混凝土搅拌作业和钻孔桩施工的现场,都设置沉淀池,清洗机械和混凝土等的废水经过二次沉淀后,方沿排污路线排出;所有渣土运输车辆都覆盖严实,防止扬尘污染;配备专用洒水车降尘,配备专职保洁员对运输车辆途经村道进行清扫,避免污染环境。其次,考虑到侯家庄大桥桩基施工过程可能对梁王河水库水质造成影响,在对桥址地区的水文地质深入勘察后,将桥梁部分改为高填方路基施工,填方高度达到41m,同时在路基K15+100坡脚处设置容量为250m³的五级沉淀池,在水库西北方增设三级沉淀池,

尽量减少高速公路施工可能对水质造成的影响。此外,由于挖方施工区内分布着大面积的深约 5m 的红黏土,该土质液限指数超标,不能直接用于路基填筑,经过多方探讨和对比,最终采用掺石灰粉改良土质的方法改良土体约 80000m³,减少了施工机械、施工车辆,加快了施工进度,降低了对自然生态环境的破坏。

（二）项目概况

呈澄高速公路是 S26 呈贡—元阳高速公路中的一段,也是玉溪市骨架公路网的重要组成部分,是联系昆明、澄江抚仙湖高原明珠两地之间的快捷通道。项目对形成云南省高速公路网,改善滇中地区的交通条件,实现滇中城市群"1 小时经济圈",加快形成以昆明为中心的放射性高速公路网,密切昆明与周边城市的交通联系起到重要支撑点的作用。

项目起于黄土坡—马金铺高速公路上庄子互通,于小营设置小营互通与马金铺—澄江公路连接后沿马澄公路走廊布线至提古铺以东,穿梁王山隧道至下关,走马澄公路东侧西大河水库上游冲沟至水库北侧,经白土坡、萝卜村后接昆明东南绕城高速公路龙街互通,与东南绕城高速公路相接(图 18-14),新建路段长约 15.316km(其中,昆明市高新区境内长约 3.978km、玉溪市澄江县境内长约 11.338km)。全线按六车道高速公路标准建设,设计速度 80km/h,路基宽度 32m。其中特大桥 1 座、大桥 5 座、中桥 4 座、长隧道 1 座,沿线设置提古铺服务区 1 处,在澄江设置主线收费站 1 座,小营设置匝道收费站 1 座。

图 18-14　呈贡—澄江高速公路位置示意图

项目位于昆明市东南山区与玉溪东北澄江盆地区的毗邻地带,区内地势较高,地形多陡峻,以中山、中低山为主要特征,山脉延伸方向多与构造线一致,总体呈北北西~南南东向。区内山岭连绵、峰峦叠嶂、深沟险壑、岩溶发育。测区内海拔高程一般在 1730~2100m。区域内以中低山、低山为特点,有小河、大河及其支流由北向南发育,形成典型深切河谷。

项目概算为 287794.79 万元。其中,建安工程费 177023.61 万元,工程建设其他费用

93629.12万元,设备及工具、器具购置费4551.67万元,预备费12590.39万元。

呈澄高速公路于2013年11月动工,历时2年零85天建成,于2016年2月2日通车,主道收费站澄江站投入运营,匝道小营收费站于2016年6月27日正式通车。

(三)建设情况

1. 参建单位

呈澄高速公路项目建设管理单位为呈澄高速建设指挥部。指挥部由昆明市政府组建,是协同昆明、玉溪两市相关政府的职能部门,主要负责项目筹备、投资、建设等相关工作。

2013年3月1日,云南建投出资注册资本成立昆明呈澄高速公路有限公司,对项目进行融资、投资、建设,特许经营30年的运营管理。公司下设合同造价部、资源开发部、工程管理部、综合管理部、财务部,负责在公司领导安排部署下完成项目建设管理工作。

本着"公开、公正、公平、诚信"和"依法、依规"的原则,并严格按照招标程序,择优选择了勘察设计单位、监理单位、技术咨询单位、第三方检测单位和造价咨询单位。施工单位为云南建投集团有限公司;设计单位为中国公路工程咨询集团有限公司;质量监督单位为昆明市交通建设工程质量监督局;第三方检测单位为江苏交科集团股份有限公司工程检测中心、安徽省高速公路试验检测科研中心有限公司;征地拆迁单位为昆明市高新区管委会、玉溪市澄江县政府;监理单位为云南公路工程监理咨询公司、云南交通基建工程监理有限公司、铁四院(湖北)工程监理咨询有限公司、昆明建设监理咨询有限公司(表18-6)。

呈澄高速公路建设从业单位信息采集表　　表18-6

序号	参建单位	单位名称	合同段编号及起讫桩号	主要负责人
1	项目管理单位	昆明呈澄高速公路有限公司	K3+521.946~K18+837.946	高有德
2	勘察设计单位	中国公路工程咨询集团有限公司	K3+521.946~K18+837.946	朱成
3	施工单位	云南建工集团有限公司	K3+521.946~K18+837.946	李学华
4	监理单位	云南省公路工程监理咨询公司	K3+521.946~K7+521.946	石晓芳
5	监理单位	云南交通基建工程监理有限公司	K7+521.946~K14+521.946	张建斌
6	监理单位	铁四院(湖北)工程监理咨询有限公司	K14+521.946~K18+521.946	杨勇
7	监理单位	昆明建设咨询监理有限公司	沿线房屋建筑及机电工程	熊作海

2. 项目实施

(1)加强项目实施前各项准备工作。接到建设任务后,昆明市交通运输局立即组织人员开展项目建设的前期准备工作,为工程建设提供了有力的服务保障。

(2)在征地拆迁方面,由昆明市征地处为总牵头单位,指挥部征迁处全力配合,按时完成了高新区段和澄江县的征地拆迁工作。同时,确保了征地拆迁资金的及时拨付,加快了征地拆迁的进度,创造了良好的施工环境。

（3）制度制定与落实管理。为加强呈澄高速的建设管理，指挥部结合实际编制了《呈澄高速公路工程管理办法汇编》，并发放到每个参建单位；在施工管理过程中，要求各参建单位严格执行《管理办法》规定，使工程项目建设管理实现制度化、标准化、规范化、程序化。

（4）加强工程进度管理。一是明确目标，整体推进。开工前，结合工程建设总体目标要求，安排施工单位对施工任务进行了计划安排，对工程的征地拆迁、招标投标、资金筹措等作了总体上的安排，分解目标，落实措施。建设过程中，根据"两桥一隧"控制性工程特点，制订阶段性计划目标，确保形象进度均衡推进。二是规范管理，实现数据信息动态控制。及时编制了周报、半月报、月报等对工程进度进行动态管理，并通过加大现场巡查频率、定期召开工程例会、适时召开专题协调会等形式，及时掌握各工程尤其是关键分项工程的进展情况和影响工程进展的因素，针对问题及时制定相应对策，采取有效措施，保证了工程建设的顺利推进。三是超前预控，按时完成阶段工期目标。始终坚持"超前谋划、精心组织、重抓落实"的工作要求，将工程划分为若干攻坚目标，即 2015 年 6 月 30 日主体工程完工、2015 年 9 月 30 日路基贯通、2015 年 11 月 30 日全线贯通、2015 年 12 月 31 日具备通车条件等阶段目标。各参建单位高度协调配合，按时完成节点工期目标。

（5）加强质量控制。一是加强勘察设计管理，实现质量管理关口前移。在初步设计阶段，认真调研沿线地理环境，对路线走向及构造物进行了优化，尽可能降低路基填土高度，路线选线既顺应了地形、地物的要求，又最大程度减少了拆迁量和农田占用量；在施工图设计阶段，重点加强对"两桥一隧"控制性工程进行专项审查，确保了施工图设计的质量，同时对下发的图纸及时组织人员仔细读图和审图，一方面帮助施工、监理单位熟悉、领会和掌握图纸，另一方面便于及时查找图纸中出现的"差、错、碰、漏"等，在施工前将错误降到最低；在施工阶段，充分考虑沿线群众出行耕作的需要，多次联合设计单位、地方政府对全线通道、涵洞等工程进行了优化设计，在满足工程建设要求的同时最大限度地保证了沿线原有路网、水系不受破坏。二是充分重视和抓好监理的现场监管作用。要求监理单位严格按被授予的职责权限开展监理工作，如：核实进场原材料质量检验报告和施工测量成果报告等原始资料；检查施工方用于工程建设的材料、构配件、工程设备使用情况，并做好现场记录；检查并记录现场施工程序、施工工法等实施过程情况等。三是严把材料进场关，抓好质量控制的源头管理。工程建设过程中，对重要材料严格实行准入制度，对生产厂家考察，选择产品质量好、信誉好的厂家作为材料供应单位；严格控制原材料质量，组织各级工地试验室加大抽检力度，管理人员加强巡查、监督，并及时下发材料质量通报，不合格材料一律不得发运和进场。四是加大现场巡查频率，注重质量过程控制。重点加大了对施工现场的管理力度，严格实施本道工序检查合格后才允许实施下一道工序的原则，并适时组织设计单位对重点工程关键部位施工技术进行技术交底，将工程质量隐患消除在萌芽状态。五是全面落实"首件工程认可制"。在严格贯彻执行"首件工程认可制"的基础上,进一步强化对其实施过程的监控力度,要求各总监办必须对首件工程的各项质量指标进行综合评价、现场评价,把首件工程的实施当作一项重要任务来抓,首件工程达不到精品的,分部分项工程不允许开工,后续工程达不到首件工程技术要求的,不允许施工。为了统一标准、规范施工行为,重点检查首件工程确定的各项施工工艺、机械组合等施工参数在大面积施工过程中的贯彻执行情况,力求质量保证措施到位、施工工艺精细、实体效果完美。一旦发现施工过程中出现工程质量达不到首件工程质量要求的现象,则要求有关单位立即停工整顿,对施工作业人员进行质量技术再培训和施工技术再交底,并对该工程重新进行首件认可,切实发挥了首件工程认可制的指导、示范作用。六是严格规范各级试验检测工作。重点从抓好各级工地试验室建设、加大试验检测频率和覆盖面、确保检测数据的真实性、狠抓一次报检合格率及提高检测人员的技术水平等方面入手,不断强化了质量检测体系的运作和管理。七是引进路面施工技术咨询服务,为提高施工质量保驾护航。委托云南省公路工程检测中心对呈澄高速公路的沥青路面施工进行技术咨询、指导。咨询单位进场后,从场站建设、原材料质量检测、配合比设计、试验路段铺筑指导等多方位、立体化的进行指导帮助。

(6)加强安全管理。坚持"安全第一、预防为主、综合治理"的安全生产方针,2014年以来,以开展"平安工地"创建活动为总抓手,以落实安全生产主体责任、加强过程管理、推进施工安全标准化、强化临时用电、高空作业防护、起重机械、脚手架等设施设备安全隐患排查治理为主要措施,治理纠正各类"三违"行为,有效防范和坚决遏制各类事故的发生,有效促进呈贡至澄江高速公路建设工程施工安全生产形势持续稳定。

(7)加强变更管理工作。为加强呈澄高速公路工程设计变更管理工作,明确工作职责和工作程序,确保工程质量、控制工程造价,保障工程建设安全、按期完成,针对工程建设中存在的不确定因素,特别是涉及施工图设计考虑不周、地方通行、水系的调整、地方矛盾等方面而引发的设计变更、损失补偿等事宜,始终坚持以积极、认真、谨慎的态度,寻求科学的解决办法,及时按照合同文件及相关规定妥善处理,重大变更组织会审会或专家会讨论确定。

(8)加强造价管理控制。在高速公路建设中,为了适应工程建设过程中各方经济关系的建立,适应项目管理和工程造价控制的要求,昆明市财政局指派云南昊海工程造价咨询有限公司对呈澄高速公路进行过程跟踪审计,在施工过程中,由造价审核人员不定期进驻工地对隐蔽工程情况、材料使用情况、设计变更情况等及时办理签证记录,杜绝不负责任的"现场签证"行为;同时,合理确定工程造价,及时筹措资金,支付工程款,降低财务费用,有效地控制成本,取得了一定的效果。

(9)加强廉政建设。呈澄高速公路有限公司成立了监察处,在工程建设过程中对各参建单位进行"微服私访"并设立了监督举报电话,有效防范了建设过程中的舞弊行为,预防职务犯罪,确保工程质量优良、队伍优秀。建设期间,没有收到任何举报信,没有发生一起违纪违法案件。

(四)复杂技术工程

1. 小营互通立交

小营互通立交区由主线和五条匝道组成,有4座大桥和1座中桥,桥梁总长1363.5m。立交区共预制梁165片,现浇箱梁4联,钢混组合梁15联,墩柱259根,桩基478个。

小营互通立交实施期间主要受高压线迁改和征地拆迁等因素影响,工程推进困难。经多方协调,为加快施工进度,通过改变小营1号大桥上部结构形式等技术手段,有效缩短了建设工期。

2. 梁王山隧道

隧道位于玉溪市澄江县境内,左线全长1684m;右线全长1730m。隧道为双向六车道山岭隧道。隧道单幅净高5m、净宽14.25m。

梁王山隧道位于小江断裂带,全线穿越3个断层,遍布喀斯特地貌,地质情况复杂、地下水丰富。其中,隧道呈贡进口段约140m长为浅埋段堆积体,覆盖层为黏土夹孤石,厚度较薄,稳定性较差;隧道出口(澄江端)位于陡坡上,土质为软弱泥岩,覆盖层松散,左洞存在偏压作用,隧道施工难度极大。在施工过程中,施工方根据围岩具体等级分别采用双侧壁、单侧壁、三台阶法等多种施工方法,历时527天实现隧道主体顺利贯通,期间未发生一起质量、安全事故。

3. 侯家庄大桥群

大桥群由左幅2座大桥和右幅3座大桥组成,桥梁左幅长1199.5m、右幅长1164m。全桥共预制T梁518片,60m钢箱梁1跨,墩柱70根,桩基205个。

侯家庄大桥位于澄江县城西北侧,桥尾段有部分高墩位于采石场内,周边存在高达50多米岩石陡壁,陡壁表层风化破裂严重,破碎岩石随时有滚落的危险。其中有12个桩刚好位于陡壁边坡上,工作人员无法上去施工。为施工和后期运营的安全,公司多次组织专家现场勘查,最后决定对危岩进行削坡处理。设计削坡坡度为1:0.5,每10m高设碎落台一道。

因5座大桥穿越澄江县西龙潭水源保护区,并通过西龙潭地下水补给通道,在桩基施工阶段,严禁采用打桩设备施工,以免影响水源补给。为此,施工方采取技术措施,采用人工挖孔的方式进行成孔,耗费了大量的人力、财力、物力,圆满完成了目标任务,期间未发生一起生态环境事故。同时,因桥址位置地质岩溶比较发育,桩基施工中遇到大小溶洞25个,其中最大溶洞深53m,长宽均为7m。为处理该溶洞,在技术上采取了取消桩基、墩柱,增加一跨60m钢箱梁的技术措施进行跨越。

4. 白土坡特大桥

特大桥为 38×30m 预应力简支梁桥，桥梁全长 1147m。全桥共预制梁 532 片，墩柱 74 根，桩基 311 个。

在桥梁施工中，因受高压线和征地拆迁等因素影响，工程推进异常艰难。为完成目标任务，施工方采取了新增一个预制梁场的措施，有效缓解了工期压力。同时由于白土坡大桥平面位于 $R=600m$ 圆曲线、缓和曲线上，纵坡为 2.95%、3.95%，横坡 5%，桥梁上部结构形式为预应力混凝土简支 T 形梁桥，桥面宽 15.75m，上跨梁王河公路、西大河水库泄洪通道和白土坡农用沟渠，桥址区村庄、集镇林立，墩柱高度最大为 38m，纵坡、横坡较大，上部结构吊装安全防范措施要求较高。

(五)科技创新

1. 采用大直径拼装式钢波纹管涵

大直径拼装式钢波纹管涵在云南高速公路建设中属首次采用，施工工艺已顺利通过省级工法。

2. 首次使用钢混简支组合箱梁

将传统的现浇混凝土箱梁改为钢结构箱梁，共 52 跨 156 片；钢混简支组合箱梁桥面混凝土移动滑模施工技术的应用使小营立交 1 号桥工期缩短了 3 个月，并申报了省级科技创新项目。

3. 采用钢箱梁整体提升施工技术

侯家庄大桥钢箱梁是全线唯一的高墩大跨度钢箱梁，抬升 45m，重达 670t。采用整体提升施工技术及应用已申报省级科技进步和省级工法。

4. 使用水稳层节水保湿养护膜

节约用水，大大缩短了养护周期，保证了工程质量，提高了经济效益。

5. 在桥梁和隧道防水层上使用碎石封层即同步碎石

增强了桥面和隧道防水功能和粗糙度及黏结性能，防止沥青面层起皮和推移，减少放射裂纹，提高了工程质量。

6. 对预制 T 形梁封端混凝土的模板进行创新和改进

提高了工程质量，获省级工法和省 QC 优秀质量成果二等奖。

7. 前瞻性高标准设计建设

呈澄高速公路全线按双向六车道标准设计建设，满足未来 30 年车流量预测需求。为解决收费站拥堵的瓶颈问题，提高通行效率，呈澄高速在收费车道的设计上总结了以往高速公路因收费站车道设置少而重复建设的问题,主线站澄江收费站设计了16个收费车道(其中ETC车道4条),在匝道站小营收费站设计了13个收费车道(其中ETC车道4条),并根据"不停车收费系统"的发展趋势,以及道路朝夕现象,预留了往复车道,满足未来扩容要求。

8. 收费站全部使用一体化票亭

经过对省内外多条高速路的考察对比,在澄江、小营收费站采用一体化票亭收费系统,系统以嵌入式低功耗工控机与高清硬盘录像机为核心,以集成收费功能为一体,减少了故障点,降低了运营维护成本。收费亭内整体设备系统布置,改变了传统高速公路收费系统中数据、音视频、对讲、报警、字符叠加等功能实现均采用相对独立的设备配置模式,改善了设备种类多、线缆繁杂、结构复杂、可扩展和稳定性较差、故障率较高、维护工作量大等问题。同时,收费设备整体安装,占用空间小、整洁,改善了收费员的工作环境。

9. 预设自动发卡系统

在澄江和小营收费站建站之初,所有车道都预埋了全自动无人值守发卡机管线,每个收费站设一条车道加装全自动无人值守发卡机。全自动无人值守发卡机系统分客车、货车两层取卡、读卡。该自动发卡机集自动抓拍、识别、记录车牌和自动发放通行卡等功能于一体,提高机电工程智能化及现代化水平,节约人力成本,提高车辆通行效率。

10. 引进省内领先车牌自动识别系统

引进省内前沿车牌识别技术,安装车牌自动识别系统,高清识别率达95%以上,高于省内车道平均水平。该系统能够自动捕捉车牌号与行车轨迹,减少车辆通行时间,提升收费系统技术水平,并在网内任何一个出入口进行跟踪识别,有效遏制了换卡、倒卡现象,改善了公路服务质量、提高了收费站的通行能力和路网营运管理水平。

11. 动态计重收费系统的应用

率先使用国际大型物流系统中使用的先进计重设备,并为以后计重设备实现"不停车收费"提供了硬件条件准备。动态计重收费系统具有以下优势:其一,具备动静结合两种称重模式功能,便于维护、调校。其二,加密动态滤波补偿算法,使动态精度最高可达动态0.2级,达到目前业内最高精度。从称重准确率、快速稳定等方面为车连续称重提供了有效可靠保障。其三,特殊合金材料加工耐压抗冲击承压接口套件,超越静态秤体50%动载疲劳测试,使秤体在长期动载称重状态下,最大限度地保证包含承压部分的整个秤体长期稳定,复位良好。其四,加工过程中,模拟正常连续过车动载称重状态,对整秤进行冷轧预拱,减少秤体动载疲劳强度,大大提高整秤使用寿命。其五,针对非正常过车特殊环境,如汽车碾压后或紧急刹车喷溅水、静电、二次雷击等环境进行特殊设计,提高整体电器部门防护等级。

12. 交通标线新型材料的应用

标线采用 MMA 双组分新型高亮环保材料,具有附着力强、耐磨、耐水、耐酸碱、耐候性好、耐久、高亮等特点;在隧道进出口、急转弯段、临时停靠区、ETC 车道使用了彩色防滑标线,既能起到警示作用,又能有效降低交通事故率。

13. 设置雷达实时车速显示器

该显示器设置在长下坡、隧道口等特殊路段,及时提示、警示过往车辆,预防和降低因车速过快而发生交通事故。

14. 全程无死角高清监控系统的应用

采用全程无死角监控系统,全路段加装了高清监控摄像头,加强对全路段的监控,及时发现并处理突发事件,确保运营安全、畅通。

15. 智能化系统在沿线设施管理中的应用

一是管理用房主出入口采用门禁系统管理,车牌自动识别无卡系统。门厅设置智能化刷卡自动门控制,宿舍区采用用电、用水刷卡使用系统,公共部分、室外照明均根据实际需求设置自动控制。二是在龙街、小营及提古铺服务区全面采用中水回收利用技术,利用中水绿化养护、道路清洗等,不仅节约了资源,同时也降低运营成本。

16. 节能降耗

在梁王山隧道照明中,灯具全部采用 LED 照明。同时,隧道照明采用智能化进行控制,按照晴天、云天、阴雨天、夜间、深夜五级进行控制,根据当地季节、气候、日照等变化规律,利用设置在隧道的亮度检测器反馈的检测值,通过 PLC 可编程控制器运算,确定所需投入的照明回路数。分不同的时间段和照明亮度控制灯具的开关数量,既可保证隧道的行车安全,又可降低照明用电能耗。

(六)运营养护

呈澄高速公路通车以来,昆明呈澄高速公路有限公司以设计前瞻、科技引领、节能环保、旅游高速为理念,采用新技术、新设备、新材料,以"管理规范化、运营专业化、服务标准化"为理念,保障高速公路安全、畅通。一是在小营、澄江收费站设置了管理用房,在提古铺设置服务区。二是建立健全养护管理制度,加强档案管理。对高速公路高边坡、高回填区、隧道、桥梁等重点部位建立日常巡查记录,收集高速公路特种设备、收费机电设备基础资料逐步建立和完善养护管理档案。三是按照高速公路运营管理要求,加强高速公路隧道、桥梁、高填方区、高边坡等重点部位的监测、检查、巡视和管理工作。四是加强路面、沿线设施养护管理,提高道路通行效率和道路环境质量,确保道路安全通畅。

三、通建高速公路——双线联动促发展

玉溪市通海县和红河州建水县有深厚的历史渊源。

建水旧称"临安",这一地名最早出现于元初。《元史·世祖本纪》载:元至元十三年(1276年)春正月,蒙古军占领宋国都临安(杭州),立宣慰司于临安,并改临安府为杭州路。此后,除杭州西边继续保留一个临安县外,杭州就不再称临安了。同年正月,云南省平章政事赛典赤改定云南诸路号上报元朝中央。原南诏国时期的通海都督府、大理国时期的秀山郡,被命名为临安路。至元十七年(1280年)在建水设临安广西道宣抚司,管辖临安、广西、元江三路。明洪武年间,改路为府,将临安府治所由通海迁至建水,建水才正式成为临安。

一个是云南的经济强县、一个是云南的文化名邦,如今的通海、建水两县联系同样紧密。2004年11月,联通玉溪市和红河州的高速公路——通海—建水高速公路建成通车,传统的时空限制被打破,两县的经济文化交流变得更加便捷,红河州对外开放的整体形象也大为提升。

(一)项目特点

通建高速公路是由玉溪市人民政府和红河州人民政府全面组织建设的高速公路项目,开创了云南省由州市一级政府组织建设高速公路的先例。

在公路建设过程中,公路全线使用了高能量冲击式压路机,既保证了路基质量,又大大缩短了施工后沉降的时间,保证了路面的质量。此举当时被云南省交通厅列为科技开发项目并批复科学技术实验经费20万元。

通建高速公路平均每公里造价仅为1960.8万元,是同期云南省高速公路建设工程投资造价最低的项目之一,为地方实施高速公路建设提供了宝贵经验,探索出了一条成功之路。通建高速公路于2004年11月建成并被云南省交通厅评为优良工程。

(二)项目概况

1. 基本情况

通建高速公路是《云南省道网规划修编(2016—2030年)》中S26呈贡—元阳高速公路中的一段,是云南省"九五"重点经济干线公路项目,是经云南省交通运输厅、红河州和玉溪市政府批准建设的重要交通基础设施,是连接红河、玉溪两地的重要经济干线,也是与国道323线和213线的主要交接线、云南省公路建设远景规划"三纵三横""九大通道"主骨架公路网的重要路段之一、红河州公路网"三纵三横"主骨架中的一段,位于红河州建水县和玉溪市通海县境内,上连玉元高速公路,下接鸡石高速公路,与玉溪、昆明相通,

向南经个旧—元阳二级公路可至元阳、红河、绿春、金平等地,是通往国家一级口岸河口和越南的主要通道之一,对进一步形成大流通网络具有十分重要的地位。

路线起于玉溪市通海县县城,经通海县乌龙潭、大黑冲、小黑冲,建水县侯家箐、曲江、东山、李浩寨、刘家寨,止于鸡石高速公路建水立交(图18-15),全长61.75km,较老线缩短里程10.5km。项目按山岭重丘四车道高速公路标准建设,设计速度60km/h,路基宽度分别为22.5m和20m;最大纵坡6%,最小平曲线半径125m,最短坡长150m;桥涵设计荷载为汽车—超20级、挂车—120,抗震设防烈度按Ⅸ度设防。路面设计 K53+600~K61+750段为普通混凝土路面,其余地段为沥青混凝土路面。

图18-15 通海—建水高速公路位置示意图

项目批准概算总投资12.55805193亿元。实际每公里造价1960.8万元,节约投资5450.4851万元,占批准预算的5.544%。

2. 主要工程量

通建高速公路通海段共完成路基土石方350万 m^3,边坡喷锚防护72434m^2,截水沟8515.4m^3,护面墙17887.16m^3,拱形护坡248684.6m^2,植草181776.6m^2,挡土墙48494m^3,盖板沟15841.1m^3,填方脚排水沟8027.4m^3,碎落台排水沟11539.58m^3,急流槽2618.2m^3,浆砌片石护坡7475m^3。建成涵洞47道1461.8m,中桥261m/2座,小桥240m/4座,上跨桥299m/3座;级配砾石底基层332736m^2;水泥稳定基层327512m^2;细粒、中粒式沥青混凝土306495m^2;粗粒式沥青混凝土304175m^2;水泥混凝土面板5434m^2;设互通式立交1处。路基工程完成投资15800万元;路面工程完成投资5600万元。

通建高速公路红河段共完成路基土石挖方542.69万 m^3,路基土石填方507.06万m^3;排水与防护50.85万 m^3;桥梁6236.2m/107座;涵洞5158.16m/188道;设互通式立交5处。路面工程完成19167.04万元;隔离栅工程完成492.77万元;安全设施完成3949.15万元;机电工程完成2040.84万元;绿化工程完成1191.32万元;绿化二期完成

441.52万元;沿线设施一期工程完成842.55万元;其他零星工程完成520.19万元。

(三)前期决策

1999年4月27日,云南省计划委员会、云南省交通厅发布《关于通海至建水公路工程可行性研究报告的批复》(云交计〔1995〕94号文)批准通建高速公路立项建设。项目按两阶段设计,均由云南省公路规划勘查设计院承担,初步设计于1999年9月1日通过云南省交通厅公路工程技术专家委员会组织的验收组验收。

1999年10月12日,云南省交通厅《关于发送国道323线鸡街至石屏、通海至建水一级公路初步设计验收报告的通知》(云交基建〔1999〕472号)下发该项目初步设计验收报告,施工图于2000年7月28日经云南省交通厅公路工程技术专家委员会的组织验收。

1999年11月15日,通建高速公路开工建设。

(四)参建单位

1997年9月,红河州人民政府发文向有关单位抽调有工程组织管理能力的人员成立了红河州重点公路建设指挥部。

2000年,按照玉溪市人民政府玉政发〔2000〕69号文件"关于成立通建公路通海段建设领导小组的通知"及玉溪市交通局玉交发〔2000〕178号文件"关于成立通建公路(通海段)工程建设指挥部的通知",市交通局组建了玉溪市通建公路工程建设指挥部,任命玉溪市交通局副局长赵铨为指挥长,履行工程建设管理职能。

通建高速公路(通海段)设计由云南省公路规划勘察设计院承担,根据通建公路实际情况,路基划分为4个合同段,路面划分为1个合同段。路基工程由中国对外建设总公司(K0+000~K4+000为1-1合同段)、中国有色金属工业第十四冶金建设公司(K4+000~K6+500为1-2合同段)、广东佛山公路公司(K6+500~K10+600为2-1合同段)、中铁十七局(K10+600~K14+400为2-2合同段)承建,路面工程由中国云南公路桥梁工程总公司承建。云南省公路工程监理咨询公司玉溪分公司担任监理工作。工程质量监督由玉溪市公路工程质量监督站代表政府进行质量监督(表18-7)。

通建高速公路建设从业单位信息采集表 表18-7

序号	参建单位	单位名称	合同段编号及起讫桩号	主要负责人
1	项目管理单位	红河州重点公路指挥部	K14+400~K61+750	冯冽、姬志屏、李润生等
2	勘察设计单位	云南省公路规划勘察设计院	K14+400~K61+750	倪亦元
3	施工单位	云南省路桥二公司	1合同段 K14+400~K34+500	李乔华、缪尔全
		云南省公路桥梁工程总公司	2合同段 34+500~K53+600	肖卫、姚进喜
		云南省路桥一公司	3合同段 53+600~K61+750	罗明兴、揭基鸿

第十八章
地方高速公路

续上表

序号	参建单位	单 位 名 称	合同段编号及起讫桩号	主要负责人
4	监理单位	云南公路建设监理公司	K14+400~K61+750	常旭坤
9	设计咨询单位			

（五）建设情况

1. 项目批复

2000年1月13日，云南省环境保护局以云环自字〔2000〕016号文《关于通海至建水一级公路环境影响报告书的批复》，批准了通建路的环保方案。

2000年8月23日，云南省交通厅以云交基建〔2000〕351号文《关于发送国道323线鸡街至石屏、通海至建水一级公路施工图设计验收报告的通知》，批准施工图设计方案。

2000年9月27日，云南省交通厅下达了开工通知书，建设过程中取消了平交道口，通建、鸡石公路改为全立交、全封闭，完全达到高速公路标准。

2002年12月12日，云南省水利厅以云水函〔2002〕41号文《关于对报批省道通海至建水一级公路工程水土保持方案初步设计报告的函的复函》批复了水土保持设计方案。

2003年7月28日，云南省交通厅以云交基建〔2003〕303号文《关于将鸡石、通建两条一级公路的建设标准升为高速公路的批复》明确通建一级公路正式改为高速公路。

2. 资金筹措

通建公路通海段资金由省市筹集，累计到位资金24134万元，其中：省级资金16618万元、市级资金7520万元。

红河州通建公路建设指挥部主动与国家开发银行昆明分行、红河州建设银行等金融机构洽谈，争取贷款资金，在全省率先采取以"BOT"等建设模式进行公路建设融资，存在多个投资主体，解决了建设资金难题。

3. 征地拆迁

通建高速公路通海段征用土地经云南省国土资源厅以云国土资复〔2000〕221号文件批准使用，共计征地981亩。其中水田674亩、旱地307亩，拆迁资金2009万元。实际全线共征用水田754.138亩；旱地413.8289亩；征用林地总面积679.53亩；迁坟71冢；搬迁小水池141个；拆迁征占企业集体及私人用地16853m²。通建高速公路通海段征地拆迁费融资工作由通海县筹措，征地拆迁费总计支出1996万元。

通建高速公路红河段征地3589.5亩，征地拆迁费用9921万元，其中，水田1728亩、旱地218亩、林地314亩、其他用地1328亩，拆迁建筑物14967m²，电力、通信电杆716根。

4. 项目实施

通建高速公路地处云贵高原西南部，地形略呈北西高、南东低之势，项目最高点乌龙潭海拔1984m，最低点止点建水海拔1313m，其次为曲江桥位处，海拔1316m。全线呈低—高—低—高—低两上两下态势。路线由北向南穿越三道弧形构造带，区内岩石的节理裂隙较发育，以石灰岩、白云岩为主，夹少量粉砂岩、板岩，中厚层构造，局部碎裂呈碎石状、碎块状，岩石节理裂隙发育，表层为全风化灰岩覆盖，表现为红色黏性土层。局部边坡崩塌及岩溶、膨胀土基等不良地质条件的处治是通建高速公路建设的难点。

工程历时4年，2004年9月主体工程完工，2004年11月27日通车试运行。建设中，指挥部严格执行基本建设程序，项目各项报建审批手续齐全；建立健全了有效管理机构，在项目建设的组织、管理、监督、协调及征地拆迁工作等各方面工作统一协调、指挥有力；项目实施过程中，制定了完善的工程建设质量、进度、费用控制、合同管理、水保、环保等各方面的管理制度、办法和工作职责，并落实到位，责任明确，使管理有章可循。

项目工程监理实行业主领导下的总监理工程师负责制，总监理工程师通过总监办和现场指挥部的总监代表实施对驻地监理组的监督、检查和指挥，并对监理工作负责。监理工作紧紧围绕工程质量、施工进度、投资等重点，成立了总监理工程师领导下的三级管理体系，下设总监办、总监代表、中心试验室。指挥部制定了工程质量管理实施办法列入合同条款，根据工程进度制定了工程质量管理规定和针对性的管理措施。9家监理单位到位监理人员240名，监理人员文化程度较高、有职称人员比例大。各监理单位严格执行监理工作方针、法规、合同文件及业主各项管理办法；以工程质量监理为核心，严格执行监理程序，按规定签认工程数量，坚持监理原则和规定；监理人员坚守现场，实行全天候巡查和稽查，发现问题立即整改，切实把质量管理措施落到实处，使工程质量始终处于受控状态。同时，牢固树立廉洁自律意识，签订廉政合同，忠于职守，做到了对业主负责，让业主放心，使承包人满意。

(六)科技创新

作为国道213与323线的连接线和连接红河、玉溪两州市的重要经济干线，为了与整个云南省高速公路形成一个统一封闭的收费网络，同省联网收费软件编制要求相结合，为其后的联网收费预留条件和接口，通建高速公路进行了封闭式高速公路收费系统的研究与开发，主要技术创新有防倒卡功能、车型自动识别、车道级通行费拆分。

(七)运营养护管理

通建高速公路共设6个收费站，设曲江综合服务区一处，设有功能齐全的收费、监控、通信等管理系统，以及边坡防护、绿化和交通安全设施(图18-16)。

图 18-16　通建高速公路通海收费广场

项目通车试营运后,经缺陷责任期维护维修,通建高速红河段以云南省交通厅组织的竣工验收鉴定为优良工程,正式移交红河州公路开发投资有限公司维护、营运和管理。缺陷责任期间,除正常维修维护和病害处治外,未发生大修养护情况。

通建高速公路通车运营以来,对加快滇南中心城市建设、加速昆河经济带发展、提高红河州对外开放的知名度发挥了重要作用,其发挥的社会效益和经济效益也远超预期目标。但由于不少驾驶员不按规范运输货物,严重超载,导致高速公路路面结构提前受损,于 2014 年 9 月~2015 年 6 月间进行了一次工程大修。

第六节　S43 丽江—上关高速公路

S43 丽江—上关高速公路是《云南省道网规划修编(2016—2030 年)》五纵五横一边两环二十联高速公路"二十联"中的第十三联,主要控制点有丽江、鹤庆、上关,简称丽上高速公路,丽江机场高速公路是其中的重要路段。

一、丽江机场高速公路——景观优美入画图

作为丽江机场的配套工程,丽江机场高速在公路景观设计、打造上下足功夫,全线分为原农田景观区、质朴村庄景观区、山区越岭景观区三大典型景观区和田园村庄段、平原农田段、山区越岭段,公路景观与当地农田、村落景观相呼应,车行丽江高速公路,让人心旷神怡。

丽江机场高速公路建成通车,结束了滇西北没有高速公路的历史,在丽江市区至机场间形成了一条高效、舒适的连接通道,也在滇西北营造了一道流动的风景。

(一)项目特点

丽江机场高速公路是 S43 丽江—上关高速公路的一段,是丽江机场至丽江市的唯一

通道,也是丽江机场扩建为国际机场的主要配套工程。

丽江机场高速公路位于大理州鹤庆县及丽江市古城区境内,东经丽江华坪可通四川省攀枝花市,南过丽江机场连接大理,西经国道214线可往西藏,向北经丽江宁蒗可达四川省甘孜州。其建设对于连接国道干线,完善云南西北部地区的公路网,改善丽江机场交通运输条件,实现云南省旅游发展战略,提升大理州、丽江市的对外形象和旅游品质,促进区域社会经济发展都具有十分重要的意义。

项目一期工程有9.8km在原二级公路上进行改扩建,在施工过程中需要保证每天9000辆左右的车辆正常通行,保通压力非常大。在原有老二级公路两侧,有许多房屋需拆迁,困难较大,对施工造成了较大干扰和影响。

项目关坡路段有750多米的新线从陡峻石岩上穿过,该路段上方为飞机航线,路基下方有供应七河乡4万亩农田的灌溉渠东山河,东山河下方则是二级公路和水电站,该段控爆施工的难度和安全保通压力在公路建设中也是罕见的。

(二)项目概况

丽江机场高速公路建设项目分两期建设:一期工程丽江机场—关坡段主线长13.715km;二期工程鹤庆—丽江机场段主线长13.915km,两期主线全长共计27.630km,辅道长10.697km,批复征用土地113.5416公顷,征地拆迁由当地政府具体组织实施,费用由地方政府负责。

丽江机场路高速公路位置示意如图18-17所示。

图18-17 丽江机场路高速公路位置示意图

一期工程丽江机场—关坡段起点位于大丽高速公路K152+300处,沿原老路布线,过飞机场出口、龙吉村、南六村、北六村、新面村、仁和村、沙河村、木光村、太平村,于太平村处向右偏离老路,另劈新线,在胜利村处提前升坡展线,过三家村,路线讫点位于原丽江市关坡收费站,即 S221 线大理—丽江公路 K166+100 处;设计速度 60km/h,汽车荷载等级为公路—Ⅰ级,路基宽 23m;路基土石方 156.85 万 m^3,排水工程 4.18 万 m^3,防护工程 13.37 万 m^3,桥梁 595.06m/14 座,涵洞通道 3304.72m/168 道,路面面层 379202m^2;设管理区、监控中心 1 处,收费站 1 处,12 个收费车道。

二期工程鹤庆—丽江机场段起点 K0+000 位于鹤庆县城至火车站连接线 K1+192.588 处,过太平村、土官村,跨过海尾河、漾弓江,经北水槽、甘铎河、达丽江与鹤庆县交界处下排村,过中排村、北排村,讫点(K13+915.457)位于大丽二级公路 K152+300 处,接丽江机场—关坡段起点 K0+000 处;设计速度 60km/h;路基土石方 100.42 万 m^3,排水工程 1.86 万 m^3,防护工程 14.44 万 m^3。桥梁 257m/7 座,涵洞通道 2923m/91 道,路面面层 317273m^2。

项目工程主要构造物为冲孔桩基、圆形或方形墩柱、预应力混凝土 T 形梁、空心板梁、箱梁等。

丽江机场高速公路批准概算投资 11.72 亿元。其中,交通部专项资金 0.26 亿元、省财政统筹 2.97 亿元、丽江市政府配套资金 1.23 亿元、鹤庆县政府配套资金 0.78 亿元、银行贷款 6.48 亿元。

项目建设工期为 2 年。一期工程于 2010 年 3 月 1 日开工,2012 年 1 月 20 日全线完工并放车通行,比计划工期提前 40 天。二期工程于 2010 年 10 月 21 日开工,2012 年 6 月底全部完工,比计划工期提前 90 多天。2012 年 7 月 12 日,项目通过交工验收,2012 年 7 月 26 日举办通车典礼,全线通车试运行。

1. 前期决策

丽江机场—关坡垭口二级公路修建于 1998 年,全线铺筑沥青混凝土路面,路基宽 10.5~12.0m,关坡垭口路段为上下行分离式错台三级公路,单幅路基宽 7.5m。随着丽江市社会经济发展、旅游业的快速发展及交通量的日益增长,2007 年日均交通量已达 6360 辆。2009 年,丽江机场改扩建为国际机场,飞行区等级提升为 4D,航空吞吐量将由 2007 年的 192 万人次增加至 2015 年的 450 万人次,原有道路已不能适应机场客货运输的需求和沿线地区社会经济发展的需要,路段改造迫在眉睫。

2009 年 2 月,丽江机场高速公路指挥部成立,同步启动项目建设的前期准备工作,工程可行性研究报告由北京交科公路勘察设计研究院有限公司负责完成。2009 年 9 月 30 日,云南省发展和改革委员会批准了丽江机场高速公路工程可行性研究报告,认为"建设丽江机场高速公路十分必要,对加速缓解丽江地区交通运输紧张状况,促进国际大通道的形成及沿线地区经济发展等具有重要意义,项目的社会效益和经济效益较好"。

2009 年,云南省发展和改革委员会批复了丽江机场高速公路一期初步设计,2010 年批复了二期工程初步设计,对项目线路方案、立交区、管养及服务设施规模、技术标准、路基路面方案、交通工程、三大系统、工程概算等作出了批复。2011年5月5日,云南省交通运输厅批准一期施工许可申请,2012年1月6日,批准二期施工许可申请,计划工期为2年。

2. 参建单位

2009年2月4日,云南省公路投资公司批准成立云南丽江机场公路建设指挥部,负责项目的建设管理工作。任张亮为指挥长,赵银江为党总支书记、纪检组组长、工会主席,雷新文为总工程师。

指挥部通过全国公开招标,经过公平、公正评审,坚持择优选择的原则,共有18家设计、施工、监理、检测单位参与丽江机场高速公路建设。

在丽江机场高速公路勘察设计工作中,北京交科公路勘察设计研究院有限公司组织相关人员,引进先进的设计软件和测设设备,确保了勘察设计任务的早日完成。设计着重考虑公路与丽江地区的自然环境、地形地貌的协调一致,考虑地质条件和工程建设的社会人文环境,强化地质选线,做到环保优先、景观协调,贯彻可持续发展的指导思想,把丽江机场高速公路建设成为一条安全、舒适、环保、和谐的高速公路。

承担丽江机场高速公路建设施工任务的施工单位均具备要求的施工资质,各施工单位根据施工承包合同规定的条款,建立健全组织管理机构,施工队伍充足,投入机械设备和管理人员,建立以总工程师为中心的质量管理自检体系,成立安全保通队伍,完善党组织领导下的监督保障机制,积极参加指挥部组织的"党员示范岗""创先争优""平安工地""安康杯""季度生产目标竞赛"等各项活动,围绕指挥部提出的"科学管理、务实创新、优质高效、争创一流"的管理目标,严格按"政府监督、业主管理、社会监理、企业自检"建设四级质量保证体系,确保了丽江机场高速公路的施工质量优、施工进度快、投资控制好、环境保护好、安全畅通的施工目标,全面履行了投标承诺。

丽江机场高速公路共有土建4个合同段、路面2个合同段、绿化3个合同段、庭院绿化1个合同段、房建网架1个合同段、机电1个合同段、交通安全设施1个合同段。

项目实行第三方监理,施工监理在全国范围内公开招标。一期工程监理中标人为云南云路工程监理咨询有限公司,二期工程监理中标人为云南公路建设监理公司。两家监理单位严格遵循"严格监理、优质服务、科学公正、廉洁自律"的监理原则,认真执行监理工作方针、法规、合同文件及业主各项管理办法,坚持实事求是、公正合理的原则,以高度的责任心自觉规范监理行为;以工程质量监理为核心,严格执行监理程序,按规定签认工程数量,控制工程费用,深入工地现场,对重要工序进行跟班监理。同时,加强服务意识,提高办事效率,牢固树立廉洁自律意识,忠于职守,围绕"质量好、进度快、投资省"和"安全生产、文明施工"目标开展工作,较好地完成了监理任务。

丽江机场高速公路建设从业单位信息采集表见表18-8。

第十八章
地方高速公路

丽江机场高速公路建设从业单位信息采集表

表 18-8

序号	参建单位	单位名称	合同段编号及起讫桩号	主要负责人
1	项目管理单位	云南丽江机场公路建设指挥部	丽江机场至关坡段：K0+000~K13+740.924；鹤庆至丽江机场段：K0+000~K13+911.826	张 亮
2	勘察设计单位	北京交科公路勘察设计研究院有限公司	丽江机场至关坡段：K0+000~K13+740.924；鹤庆至丽江机场段：K0+000~K13+911.826	王健富
3	监理单位	云南云路工程监理咨询有限公司	施工监理服务第一监理合同段：丽江机场至关坡段 K0+000~K13+740.924	李 东
4		云南公路建设监理公司	施工监理服务第二监理合同段：鹤庆至丽江机场段 K0+000~K13+911.826	王荣金
5	施工单位	云南阳光道桥股份有限公司	土建1合同：丽江机场至关坡段 K0+000~K6+700	樊兴文
6		湖南省怀化公路桥梁建设总公司	土建2合同：丽江机场至关坡段 K6+700~K13+740.924	冯美林
7		中铁十二局集团有限公司	土建3合同：鹤庆至丽江机场段 K0+000~K5+500	崔书华
8		云南阳光道桥股份有限公司	土建4合同：鹤庆至丽江机场段 K5+500~K13+911.826	景玉昆
9		云南第三公路桥梁工程有限责任公司	路面1合同：丽江机场至关坡段 K0+000~K13+740.924	郝华兴
10		云南第三公路桥梁工程有限责任公司	路面2合同：鹤庆至丽江机场段 K0+000~K13+911.826	施广泰
11		云南红杏园艺有限公司	绿化1合同：丽江机场至关坡段 K0+000~K6+700	张俊波
12		云南恒苑绿色产业开发有限公司	绿化2合同：丽江机场至关坡段 K6+700~K13+740.924	张 潮
13		云南万子红园林花卉有限公司	绿化3合同：鹤庆至丽江机场段 K0+000~K13+911.826	叶 锦
14		云南惠丰工程建设有限公司	房建网架工程合同段：管理中心	杜学全
15		中海网络科技股份有限公司	机电合同段：丽江机场—关坡段和鹤庆—丽江机场段全线	江国栋
16		北京路安交通科技发展有限公司	交通安全设施合同段：丽江机场—关坡段和鹤庆—丽江机场段全线	姬秋月

(三)建设情况

1.项目筹备

2010年,《云南省交通运输厅关于丽江机场高速公路丽江机场至关坡段改扩建工程两阶段施工图设计的批复》(云交基建〔2010〕79号)、《云南省交通运输厅关于丽江机场高速公路鹤庆至丽江机场段两阶段施工图设计的批复》(云交基建〔2010〕409号)批准了丽江机场高速公路的施工图设计方案。

2010年,《云南省环境保护厅关于丽江机场高速公路改扩建工程(鹤庆县城至丽江机场段)环境影响报告书的批复》(云环审〔2010〕220号);2011年,《云南省环境保护厅关于丽江机场高速公路改扩建工程(丽江机场至关坡段)环境影响报告书的批复》(云环审〔2011〕75号)批准同意丽江机场高速公路环境保护方案。

2010年《云南省水利厅关于批准丽江机场高速公路改扩建工程(鹤庆县城至丽江机场段)水土保持方案报告书的函》(云水保〔2010〕162号);2011年,《云南省水利厅关于报批丽江机场高速公路改扩建工程(丽江机场至关坡段)水土保持方案报告书的复函》(云水保〔2011〕78号),批准同意丽江机场高速公路水土保持方案。

指挥部委托国信招标集团有限公司云南分公司为丽江机场高速公路建设项目的招标代理,负责所有的招标工作。根据《中华人民共和国招标投标法》《公路工程勘察设计招标管理办法》《公路工程施工资格预审办法》《公路工程施工招标投标管理办法》《公路工程施工监理招标投标管理办法》等有关法律法规和规章制度,本着公开、公平、公正的原则,按法定的程序,指挥部在全国范围内,先后对设计、施工、监理、统供材料等按规定必须进行招标的项目进行了公开招标。在工程项目投标、开标及评标过程中,有上级纪检监督部门、公证机关进行全程监督和现场公证。指挥部还严格按照《中华人民共和国招标投标法》的有关规定,对土建、路面、绿化、房建网架、机电工程、交通安全设施、监理等项目进行公开招标,确定承包单位及监理单位。整个招标过程严格遵循"三公"原则和国家颁布的法律、法规和规章制度,未发生任何违规违纪行为,做到了依法建设和依法管理。

2.项目实施

指挥部成立之初就明确提出了"要把丽江机场高速公路建成安全、舒适、环保、和谐的高速公路"的目标。为此,指挥部打破常规、超前预谋、精密策划、科学管理、严密组织,在资金紧张、工期紧、保通压力大的形势下,妥善处理施工与安全保通、施工与环保、质量与工期等矛盾,确保"优质高效、争创一流"的管理目标。

(1)抓党建 确保工程优质、干部优秀

云南省公路投资公司党委发文成立了云南丽江机场公路建设指挥部党总支,派出原大理管理处工会主席赵银江到指挥部任党总支书记、纪检组长、工会主席。党总支的政治核心作用、先锋模范作用和监督保障作用,对丽江机场高速公路建设项目实现"工程优质、干部优秀"的目标发挥了保驾护航的重要作用。

指挥部党总支积极探索指挥部及施工、监理单位的党建组织体系,制定了《中共云南丽江机场公路建设指挥部总支委员会工作制度》《云南丽江机场公路建设指挥部党支部工作目标管理考核实施办法》《云南丽江机场公路建设指挥部党员发展工作实施办法》《云南丽江机场公路建设指挥部廉政建设管理办法》等一系列规章制度,为建设项目开展党建及党风廉政建设提供了组织保障和制度保障。

指挥部还成立由中层以上领导干部组成的党总支"理论中心组",坚持理论学习制度、民主生活会制度和党政联席会议制度,充分发挥了政治核心作用;严格执行工程建设"双合同"制,与施工、监理单位签订承包合同,签订《廉政建设合同》,明确双方的廉政职责、义务和权利;与丽江市人民检察院共同组建"云南丽江机场高速公路建设项目预防职务犯罪工作指导委员会",制定《丽江市人民检察院云南丽江机场公路建设指挥部关于开展预防职务犯罪工作的实施意见》,通过开展一系列的预防职务犯罪工作,指挥部预防职务犯罪工作取得实效。

在指挥部党总支及施工、监理党组织的带领下,全体建设者发扬"白加黑""五加二"和不畏艰苦、连续作战的奉献精神,主动放弃休息日,昼夜坚守在工地,确保工程优质、高效,各级管理人员没有发生任何违规违纪行为。

(2)抓安保　确保社会和谐稳定

指挥部始终贯彻落实"安全第一、预防为主、综合治理"的方针,把安全生产工作摆在与工程进度、工程质量同等重要位置来抓,做到防治并重,开会必讲安全,检查工作时必查安全。

一是领导重视,健全机构。成立了以指挥长为安全第一负责人、分管领导和有关部门负责人参加的安全生产领导小组,使安全生产在组织上得到了保证。

二是建立健全安全目标责任制。指挥长与各项目经理、驻地高监签订年度安全生产目标责任书,签责率达100%;各施工项目部与各施工队逐级签订安全责任书。通过一级抓一级,层层落实安全生产工作责任,每年进行检查考核、奖惩兑现。

三是抓安全生产和保通措施的落实。丽江机场高速公路丽江机场至关坡段大部分路段是在老路上改扩建,工程要施工,还要保障每天9000辆左右的车辆通行,确保丽江机场至丽江市区的唯一通道的安全通畅,这给施工和安全保通都带来了极大困难。施工开始后,指挥部一方面与地方交警部门密切联系,工作上得到地方交警的大力支持,另一方面要求二个土建合同段各组织10余名交通协管员经交警培训后在施工交叉道口值班。双方共同在《丽江日报》、丽江电视台发布了施工交通安全公告,与交警部门在部分重要路段共同设置了交通安全标志牌。指挥部要求各施工单位建立健全施工车辆安全管理制度,证照不全的车辆禁止进入工地,行车严格遵守交通法规,服从交警部门的指挥。部分路段因施工需并道的,要求交警部门协助设置好标志牌,经过几天试通行后才正式放行。

指挥部除按招标文件和合同文件规定对承包人提出相应的安全保通要求外,还与丽江市古城区交警大队签订了《丽江机场高速公路建设期安全保通协议》,由交警负责丽江境内建设期的安全保通工作。同时,由交警对施工单位的保通人员进行培训后纳入交通协管员队伍统一管理。由于措施得当,从开工到完工,丽江机场至市区的唯一通道没有发生交通堵塞事故,做到了安全畅通。

四是对高危地段进行重点监控。丽江机场高速公路关坡段有70多万立方米的爆破石方,是机场高速公路的控制性工程。爆破段下方,有涉及4万亩农田的农灌主沟和二级公路、一座发电站;上方则是飞机航线。因此,上级主管单位、地方政府和社会非常关注,安全管理工作十分严峻。针对丽江机场立交区和关坡挖方段两个高危路段,指挥部请交警、安监、公安、路政、机场等地方政府有关部门对施工及保护方案进行讨论,在各方都认为可行的情况下才进行施工。同时,要求施工单位报批专项施工组织计划,在施工中严格按方案进行重点监督,确保了该段工程施工的安全。

(3) 严格管理　保护沿线生态环境

为实现把丽江机场高速公路建设成"安全、舒适、环保、和谐的高速公路"建设目标,指挥部对环境保护工作非常重视,制订了强有力的管理办法及措施,向每一个施工、监理单位灌输"千秋功业,造福后代"的建设理念;对每一个取、弃土场都由指挥部会同设计、施工、监理单位进行现场认真调查后逐一确定,并严令施工单位禁止将废土及施工生活垃圾倒入河流中;加强环保水保的检查和处罚力度,并在每期计量支付中按招标文件规定的比例扣留了环保水保保证金;成立了专门的环保水保办公室,对全线的环保水保进行全过程督察和控制。由于各级领导重视,措施得力,施工中有效杜绝了破坏生态环境、乱挖乱弃事件的发生,丽江机场路沿线的自然环境、生态、河流没有因施工而受到破坏和污染(图18-18)。

在公路景观设计方面,丽江机场高速景观序列分为景观区、景观段两个层次。

景观区从大的地貌单元上看,云南丽江机场高速公路沿线所经地区大致由原农田景观区、质朴村庄景观区、山区越岭景观区三大典型景观区组成。

原农田景观区路线经过村落均有农田,层层叠叠的水田一望无际,视野开阔,给人心旷神怡之感。

质朴村庄景观区沿线村镇建筑独具云南丽江纳西族民族风情,别致的建筑风格展现了民族特有的文化魅力。

山区越岭景观区路线穿梭于山林之间,所经之处植物资源丰富、丛林茂密、郁郁葱葱,可尽情感受清新秀美的山林景观。

第十八章
地方高速公路

图 18-18 丽江机场高速公路大道风采

景观段依据线路走势,三种景观元素呈现出相应的组合变化。

起点~K5+450 田园村庄段,以红叶李和山茶交替栽植作为防眩树种,增加色彩变化,下层沿路边石内侧栽植杜鹃,以丰富中央分隔带绿化层次,并弱化护栏的人工痕迹。

K5+450~K10+000 平原农田段,以叶子花作为防眩树种,中间点缀大叶黄杨增加色彩变化,下层沿路边石内侧栽植金叶女贞,以丰富中央分隔带绿化层次,并弱化护栏的人工痕迹。

K10+000~终点山区越岭段,以毛叶丁香作为防眩树种,中间点缀红枫来增加变化,下层沿路边石内侧交替栽植杜鹃和金叶女贞(500m 为一个种植单元),以丰富中央分隔带绿化层次,并弱化护栏的人工痕迹。英中红枫、毛叶丁香、杜鹃、叶子花等植物均为当地乡土植物,耐候性强,景观效果佳。

(4)多措并举 确保工程质量

指挥部结合丽江机场高速公路的实际情况,采取了一系列强制性措施,狠抓施工过程中的质量控制,提出"科学管理、务实创新、优质高效、争创一流"的管理目标,制订了《项目建设管理办法》,确立了"百年大计、质量第一"的管理思想,严格执行政府监督、业主管理、社会监理、企业自检四级质量保证体系,确保了丽江机场路的施工质量始终处于有效控制之中。

指挥部注重从设计和材料的源头上抓质量控制。在项目设计和招标阶段,要求设计单位对软基处理、老路拼宽等对质量影响较大的关键环节进行认真勘察和设计,并专门要求在路床下设置 80cm 的未筛分碎石结构层。在招标文件中,规定混凝土集料必须采用联合碎石机制作且级配应满足相应的技术指标要求,混凝土的拌和必须采用经计量局检验合格的自动配料机准确计量;各土建合同段均按要求建立了混凝土拌和站,并配备了强制式拌和机和自动计量设备,全线做到了混凝土集中拌和,从源头上保证了混凝土的质量。为从源头上对材料的质量进行控制,指挥部还对水泥、钢材和沥青进行了统供,所有统供材料的供货商,均通过公开招标确定;加强对工地试验室的管理工作,在各施工、监理单位进场初期,指挥部对工地试验室的建设就提出严格要求,对各工地实验室从业人员的配置、工作管理制度、仪器设备、工作环境进行了全面的规范建设,所有工地实验室均一次性通过了云南省交通运输厅质监局的考核。

(5)抓进度　确保工程项目按时完工

为了最大限度地避免丽江机场高速公路建设给来丽江旅游的游客及沿线各族群众的正常出行造成不便,指挥部领导一致要求:"必须以最短的时间来完成丽江机场高速公路建设,最大限度地减轻工程建设对丽江地区经济社会发展造成的影响,最大限度地减轻对大理、丽江两地各族人民正常生产生活带来的干扰。"

为确保项目按时完工,指挥部以3个月为一个阶段,合理地提出阶段目标生产计划及相关要求;与施工单位签订目标责任书,每月进行检查;阶段目标结束时进行综合检查考核,根据考核情况,按责任书的相关规定进行奖励或惩罚。

在进度管理中,指挥部与施工、监理单位一道,对关键性工程采取有效措施,优化施工方案或工艺,有针对性地解决施工进度的关键问题,对控制性工程的关键环节实行了单项工程进度考核及相应的奖惩规定。对进度滞后的施工单位,采取对法人代表进行约谈等多种措施和办法来确保工程进度。

(四)运营养护管理

丽江机场高速公路设置三义收费站,建筑面积$35612m^2$,由办公楼、宿舍楼、食堂、活动中心、收费天棚、水泵房、变电所、消防水池、室外工程及附属工程等组成。

丽江机场高速公路通车营运后,经两年缺陷责任期维护维修,通过云南省交通运输厅质量监督局组织的竣工验收鉴定为优良工程,正式移交云南省公路投资公司大理管理处维护、营运和管理。缺陷责任期间,除正常维修维护和病害处治外未发生大修养护情况。

丽江机场高速公路通车后,车辆通行流量及经济效益迅速增长。随着社会经济的发展和车辆拥有量的迅猛增长,丽江机场高速公路发挥的社会效益和经济效益也远超预期目标。

二、上鹤高速公路——路在仙鹤落脚处

位于大理苍山云弄峰之麓的上关是自唐代以来形成的拱卫大理的要塞,鲜花铺地、姹紫嫣红,人称"上关花",其与下关风、苍山雪和洱海月齐名,合为"大理四绝"。上关往北则是大理州的"北大门"——鹤庆。相传当年在初建县城时,正值城楼竖柱上梁的大好之

日,成群的白鹤栖息在城楼屋架上庆贺,人们就把这个仙鹤朝贺的吉祥之地称为"鹤庆"。鹤庆文化璀璨、工艺发达、"泉潭"汇聚,其丰厚的文化底蕴和独特的自然风光一直吸引着众多游客的目光。

2016年12月26日,人们再次将目光投向鹤庆——该县历史以来投资最大的基础设施建设项目上关—鹤庆高速公路建成通车。这条高速公路起于大理市上关镇大凤路末端,终点就在"仙鹤落脚的地方"——鹤庆县松桂镇蝙蝠洞南侧。

交通承载着发展,承载着未来,承载着希望。在27万鹤庆人民计日以待的目光中,建设者们争分夺秒、日夜鏖战,仅用一年半时间就建成了这条贯穿大理州北部地区、沟通大理州南北的现代化高速大通道,被称为"全省建设速度最快的高速公路"。

(一)项目特点

上鹤高速公路是云南省公路投资公司与大理白族自治州政府务实合作的结晶,也是自治州完善高速公路投融资体制的大胆尝试。项目具有投资规模最大(达63亿元)、推进速度最快(2015年6月10日举行开工仪式,9月1日陆续进场施工,2016年12月26日建成通车,计划施工时间18个月,实际施工时间13个月,比原计划提前6个月)、管理及时效最高(4个月内完成"一改高"申报审批手续,3个月内完成征地工作,6个月内完成拆迁工作)的特点。

(二)项目概况

上鹤高速公路是《云南省道网规划修编(2016—2030年)》S43丽江—上关高速公路的重要路段,是贯穿大理州北部地区,沟通大理州南北的一条主要连接线,起点位于洱源县邓川镇军马场附近(通过设置军马场枢纽立交与大丽高速公路K69+990相连),经大理市上关镇,洱源县邓川镇、右所镇,鹤庆县黄坪、西邑、松桂3个乡镇,讫于鹤庆县松桂镇蝙蝠洞南侧(图18-19),线路全长61.418km(其中,洱源县境内3.45km、大理市境内8.8km、鹤庆县境内49.168km),项目概算投资63.071828亿元,全线按双向四车道高速公路标准建设,路基宽度24.5m,设计速度80km/h。项目共有隧道3345m/5座(其中长隧道2285m/2座),有立交5处,有桥梁16204m/72座(其中,大桥58座、中桥8座)。

上鹤高速公路的筹资和建设由云南省公路开发投资有限责任公司负责,征地拆迁及施工环境保障由鹤庆、洱源、大理三县(市)人民政府负责。

上鹤高速公路建成通车,不仅使滇西北地区又增加了一条高速公路,还为大理、丽江以及大理到四川攀枝花的高速公路提供了捷径,鹤庆至下关不到90分钟即可到达,对改善大理自治州路网结构、拉动经济增长、优化投资环境具有重要意义。

图 18-19　上关—鹤庆高速公路位置示意图

随着上鹤高速公路建成通车,加之大丽铁路、丽江机场、机场高速等,鹤庆县也成为大理州唯一同时拥有民航、铁路、高速公路的县份,在全省也是为数不多的几个县份之一。

(三)前期工作

上鹤高速公路申报时间紧、程序复杂。鹤庆县委、县政府多次召开专题会议,明确项目按高速公路标准建设,设计路基宽度为 24.5m,设计速度 80km/h,并在原有一级公路设计线路上进行优化设计和充分利用原一级公路林地审批、土地预审、施工图设计等前期工作成果,开展工程可行性研究报告和施工图设计等工作;直接委托原勘察设计和支撑性文件编制单位编制高速公路可研、初设、施工图设计及支撑性文件,由上鹤高速项目建设领导组负责商谈、决定高速公路可研、初设、施工图设计前期工作经费、支撑性文件编制等相关费用;根据交通运输部《经营性公路建设项目投资人招标投标管理规定》和省委、省人民政府《关于深化财税体制改革加快建立现代财政制度的意见》(云发〔2014〕28 号),明确鹤庆县人民政府为上鹤高速公路招标人,成立招标委员会。此外,还确定以上鹤高速公路特许经营权为标的面向社会公开招标确定投资人,委托云南中咨海外咨询有限公司为招标代理单位,招标方案由鹤庆县交通运输局报大理州交通运输局审批、鹤庆县人民政府报大理州人民政府备案,适时发布招标文件。鹤庆县相关部门也积极支持配合做好支撑性文件编制工作,并将相关报批手续直接对口办理到省级部门获得批文为止。2015 年 5 月底,项目各项前期工作的报批完成,具备开工建设条件。

(四)重大变更

1. 桥梁工程

(1)ZK2+267红卫村4号桥设计为23×20m T形梁桥、K2+407红卫村5号桥设计为7×20m T形梁桥,两座桥鹤庆端桥台分别与军马场隧道进口端左、右幅洞口相接,将洞口桥梁优化为路基,既可作为隧道施工场地,同时也能节约工期,根据现场实际情况,取消ZK2+267红卫村4号19~23跨,优化为路基填方,节约投资约158.4万元;取消K2+407红卫村5号桥,优化为路基填方,节约投资约为248.6万元。

上鹤高速公路起点处的军马场立交如图18-20所示。

图18-20 上鹤高速公路起点处的军马场立交

(2)ZK14+944宋家坡6号桥设计为5×20m T形梁桥、K14+971宋家坡7号桥设计为7×20m T形梁桥,两座桥上关端桥台分别与野鸭塘3号隧道出口端左、右幅洞口相接,将洞口桥梁优化为路基,既可作为隧道施工场地,同时也能节约工期,根据现场实际情况,取消宋家坡6、7号大桥,优化为填方路基,节约投资约486万元。

(3)松桂立交联络线LK0+473桥原设计为14m+18m+14m现浇混凝土连续箱梁,桥梁为跨越河流正交布置,桥梁宽12m,桥长52m,最大墩高为8.0m,为加快工程进度,节约工期,根据现场情况,将联络线LK0+473桥优化为填方路基,节约投资约162.39万元。

(4)K57+695石龙1号中桥为右幅半幅桥,设计为2×20m T形连续梁桥,最大墩高为5.5m,为避免路基与桥梁交叉施工,根据现场情况,取消K57+695石龙1号中桥,优化为路基,节约投资约90万元。

2. 路基工程

ZK1+970~ZK2+030段设计在左侧布设2.0×2.5m锚索桩板墙,间距5m,共13个,根据现场情况,取消ZK1+970~ZK2+030段锚索桩板墙,将边坡防护采用锚索框格梁加强防护,按该方案优化后,节约投资约为242.52万元。

(五)建设过程

上鹤高速公路工期紧、任务重,2015年6月开工仪式启动后,中标单位云南省公路投资公司迅速成立了1个项目建设指挥部、2个建设项目部(下设13个施工工区),并于9月初组织了大批精兵强将跑步进场,开工不到1个月就创下了2.29亿元的投资记录。

2015年9月17日,云南省委书记李纪恒视察上鹤高速公路,看到工地机械声隆隆,施工人员一片忙碌;听到开工当年就要完成15亿元投资任务,次年底就要建成通车,他感到非常满意,高兴地对建设者说:"你们就是要这样做。"

1. 合力推征迁

上鹤高速公路项目鹤庆段涉及3个乡镇14个村民委员会60个村民小组,需征用土地4200多亩;涉及拆迁农户18户、迁改坟墓800余冢;需迁改电力、广电网络、自来水管道等近20km(档、杆);涉及与中缅天然气管道丽江支线2处交叉和3处下穿铁路,征地拆迁工作量大、矛盾多,协调工作任务十分繁重。

面对繁重的征地拆迁任务,上级领导频频督查,召开协调会、推进会、现场办公会解决农田水渠、杆线迁移、协调服务等问题;地方政府坚持以人为本,始终把群众利益放在第一位,把征迁工作做深、做细、做实;沿线群众相信政府,支持和理解征迁政策,为早日在家门口建成上鹤高速公路作出了巨大贡献。

西邑镇北衙村赵家坟群有双合墓、石碑墓达30余冢,涉及4大家族50多户,征迁协调工作难度较大。征迁工作组在鹤庆县委、县政府领导的带领下,夜晚入户做思想工作,白天与坟主座谈、上山寻找坟地,解决迁坟的具体困难和问题。最后,双方顺利达成共识,坟群集体搬迁。

军马场枢纽立交经过一户村民的鱼塘,在政府与村民达成协议,办理完征用该鱼塘周边部分土地的手续后,项目部决定按设计方案进行施工。但该村民担心施工会对鱼塘造成影响,于是聚齐了一家十几口人到鹤庆县政府反映情况。项目部得知这一情况后,认真向村民做好施工并不会影响鱼塘的解释工作,为了让该村民放心,还主动拿出了50万元的保证金。军马立交施工结束后,该村民的鱼塘安然无恙,项目部原先交的50万元保证金如数退回。

在征地拆迁过程中,施工单位还免费为老百姓平地基、平坟地,为老百姓提前搬迁和迁坟做了有利工作。此外,沿线房屋的拆迁工作也由拆迁户民主选择、相对集中的方式选定评估中介机构,项目建设领导组工作人员随同评估机构入户进行实物登记和宣传评估方式,评估报告预稿送交农户核对是否漏项,无漏项才送交正式评估报告。

深入细致地工作,创造了征迁工作的"上鹤速度"。2015年10月初,项目施工红线范围内征地拆迁全部结束,并向施工企业提供了全部用地。如此快的速度,让项目指挥部指挥长罗红星也颇感意外:"我们进场3个月就拿到了90%的用地,这也是我们多年参与高速公路建设遇到的最快的一次。"

2."金子"铺便道

上鹤高速公路大都处于沟谷地段,地形复杂,属于让建设者十分头疼的"鸡爪"地形。有些工区建设任务只有三四公里,施工便道却长达六七公里,部分建设任务较多的工区施工便道更是长达几十公里。这些弯弯曲曲、盘旋而上的施工便道,有的直奔上鹤高速公路施工现场,有的则采用耗资较大、"别出心裁"的方式,从农民的村舍、田地旁经过,极大地方便了群众的生产生活。常规情况下,施工便道往往是"能过则过",但在修建这些长短各异、功能不同的施工便道时,项目部很是花了一些功夫。

然而,真正花工夫的,却是便道修好后遇到的难题。

2015年6月工程开工后,建设者一度遭遇被当地人称之为"五十年一遇"的雨水。为了实现"一天一个变样"的目标,指挥部提出了"小雨大干,大雨小干,无雨拼命干"的口号,耗资近200万元硬化施工便道。

四工区主线只有4.5km,但施工便道长达5.6km。这些便道处于松林地带,红泥黏性极强,车轮"打滑"现象非常严重,运输车辆陷在便道上动弹不得。建设者翘首以盼,但施工材料根本运不进来,大家急得像热锅上的蚂蚁。经指挥部和项目部共同商议,一种在雨天也能正常施工的方法诞生了——便道两边全部被安上了钢架、搭起了雨棚(该方法后来又成功地运用在了梁板预制场上)。

雨棚建好后,无论晴雨,运输车辆都能在便道上往来穿梭,施工秩序恢复了正常。但是由于地层松软,便道在使用了一段时间过后,路面又开裂破损,雨天流水携红泥而下,车子"打滑"的问题又再度困扰着大家。然而,附近根本找不到符合硬度要求的石块,指挥部、项目部又积极与当地政府协调,最终耗资近80万元从8km远的北衙金矿公司买进尾矿矿石,为"打滑"特别严重的一工区、四工区重新铺垫了施工便道,这些便道也因此被建设者戏称为"金子便道"。

3."家什"制梁板

锅炉、蜂窝煤、电热毯……这些常用于家庭生活中的"家什"听起来和公路建设没有太大联系,但却被上鹤高速公路建设者在进行梁板预制时运用得"出神入化"。

为了抢工期,指挥部采用的是见缝插针、交叉施工的方法。往往是桥梁高墩还在施工,梁板预制就要快步实施。四工区共需预制2743片梁板,为了加快进度,光预制场就建了15个,最快时每天可以出22片梁。但是由于当地气温较低,加上多数施工时值雨季,这样的速度依然不尽人意。为此,项目部放开思路、多管齐下。除了采用成本较高的蒸汽发生器对混凝土进行养生外,还采用相对省钱的锅炉、电热毯、蜂窝煤加热等方法快速达到温度要求。预制一片梁,一边就有20个大锅炉,紧张施工的场面可见一斑。

由于采取了多种行之有效的方法,全线梁板预制在质量和数量上都达到要求,始终牢牢控制在计划内,没有因为外界条件受限而影响到工程进度。

4."人和"促进度

上鹤高速公路共有路基挖方1200多万立方米,路基填方近500万 m^3,桥梁85座、隧道5座,桥隧比达34%,建设任务重、工期异常紧张。施工高峰期,全线共有3800多人在同时施工,光管理人员就有320余人。从上级领导到指挥部,从项目部到各参加单位,全部上紧"发条",暑天战高温、冬日斗严寒,以"战雨天、抢晴天、点起灯泡当白天"的连续作战精神,全力实现通车目标。

这种上下一心、高度协调的局面,实际上同指挥部着力营造的"一家亲"的思想分不开。为了给建设者创造一个良好的生产生活条件,从项目建设伊始,指挥部就认真分析指挥部、项目部、地方政府、施工单位等各方面的责、权、利,努力寻求到最佳的利益平衡点。一合同项目部建设任务重、工区多,项目经理张波长期驻扎工地,在同事们眼里是个"守得住工地"的人。他说:"项目建设通常讲究天时、地利、人和,在上鹤高速公路,'人和'就是最大的生产力。因为工期紧、沿线地质复杂,加之大部分时间都在进行雨季施工,'天时''地利'都无从谈起,但我们高度重视'人和'。无论大事小事,只要施工单位提出来,我们都会尽量帮助解决,虽然大家来自不同的单位,但关系都很好,合作起来非常愉快。"

高度的"人和",让上鹤高速公路真正实现了"一天一个变样"。2016年11月5日,项目主线全部贯通,但一些重难点工程依旧在艰难推进。为确保项目按时建成通车,指挥部按照"以日保周,以周保月"的工作思路,用节点指标来促进工程进度,并结合每月的工程进展情况进行考核,对工期进度进行动态管理和纠偏。

一工区在进行桥梁桩基施工时,由于地层松散,前后漏桩高达19次,项目部采用15台冲击钻日夜不停地打桩,但两个月过去了,却连一棵桩基都没有打出来。项目部只好邀请专家进行实地勘测,重新改变施工程序和受力情况,并改机器钻孔为用人工开挖,终于克服了漏桩现象,赶上了计划指标。

由云南公投建设集团公司承建的上鹤高速公路野鸭塘1号隧道前期施工专线是没有通电的,后期施工为了抢时间90多名工人采取大循环式24小时作业方式,经过建设者110天的艰苦努力,最终顺利打通了隧道。

按照指挥部确定的节点目标,各参建单位倒排工期,采取"两班倒"的方式,快速推进项目建设。一工区工区长袁刚因糖尿病住院20多天,眼看日子一天天过去,他心急如焚,一出院就往工地跑;项目部副经理朱祥涛每天只能保证两三个小时睡眠,其余时间全部

"泡"在了工地上;拌和站机器生产厂家的4位工作人员被要求留在工地上,拌和站负责人陈文友也同他们坚守在此,目的是确保机器正常运转、一旦出现问题能立即现场研究解决……

一座座塔吊,正在紧张地施工着;一座座隧道,运输车正来往穿梭;一座座边坡,正在抓紧浇筑防护网……上千名建设者平时抢抓工期,逢年过节也不能回家与亲人团聚,但大家都没有一句怨言。

5."源头"把质量

对于承建单位云南公投建设集团的全体干部职工而言,上鹤高速公路是公司进行机制改革后承建的第一个项目,也是检验团队水平的第一块"试金石"。公司上下高度重视,始终坚持"争速度、创一流"的精品意识,以铸造精品工程为目标,健全质量保证体系,完善质量检验制度,从"源头"把好质量,杜绝质量通病。

首先,通过全面推行标准化施工,严抓质量控制,确保工程优质。制定下发统一的施工、监理、试验用表格及相应的填写示例,确保资料统一规范;明确监理工作程序,严格按照规范、合同要求监督完成相关工作。全长5199m的军马场隧道是上鹤高速公路最大的控制性工程,该隧道地质复杂、地下水丰富、自稳能力极差,施工难度极大。指挥部、监理及施工单位专门成立了军马场隧道现场工作小组进驻项目,项目部成立"军马场隧道突击队"严格隧道开挖各工序标准化控制,采用不同的开挖方法施工,及时根据围岩类别制定相应的支护方案。同时,严格控制每循环掘进榀数,一榀一榀艰难掘进。2016年11月5日,隧道最终按节点计划顺利实现贯通。

除了推行标准化施工,指挥部还认真实施"首件工程",开好"警示会""观摩会",通过梳理正面榜样和抓出反面典型,以榜样和典型引路,进一步提高各参建单位的质量意识。"警示会"针对有施工质量问题的工程,要求其进行现场整改或违约处理从重;"观摩会"则针对做得好的工程,现场进行通报表扬。一次,指挥部在一个隧道施工过程中发现仰拱厚度不足,于是立即召开现场警示会,责令当场返工。

实行工序现场验收制,也让上鹤高速公路的工程质量与工作进度达到了完美配合。二合同项目的张经理说:"工期太紧,任何一个环节出错都会导致时间和成本的双倍浪费,工序现场验收制,让我们做到了'不等问题、控制过程'。"如他所言,在上鹤高速公路,混合料、梁板、钢筋……无论每道工序都需要通过现场专项验收,上一道工序不合格坚决不允许进行下一道工序的施工。

6."控爆"保安全

除了注重工程进度,指挥部还十分注重安全管理工作,确保安全可控在控。项目建设伊始,指挥部就及时成立了上鹤高速公路安全生产管理委员会,明确了安全管理工作职责,并将安全管理工作纳入年度考核目标体系,实现安全事故一票否决制。

鹤庆县北衙是难得一见的多金属富集成矿区,仅2014年新增探明黄金资源储量就高达35t,有望跻身世界级巨型黄金矿床。上鹤高速公路在进行路基施工时,有400多米路段的下边坡正好处于这一多金属富集成矿区的过采保护区域。如采用常规施工使用的爆破方法,爆破时产生的沙土及石渣势必会滚落至金矿公司的过采保护区域,甚至极有可能对保护区域造成破坏。经双方协调,项目部最终采用破碎头和切割的方式进行"控爆"施工,同时认真做好相关水土防护工程,确保了公路施工的正常运行和金矿过采保护区域的安全。

除了在施工中注重安全管理,指挥部也高度重视加强安全宣传教育活动。2016年1月1日交通运输部颁布《公路工程交(竣)工验收办法》19条正式实施当天,指挥部还组织各施工单位学习了新的《公路工程交(竣)工验收办法》,逐条学习,对照检查,做到居安思危、警钟长鸣。

7. 文化显特色

上鹤高速公路是连接大理、丽江两个世界级旅游文化名城的快速通道的重要路段,其文化景观建设以服务区、隧道、收费站、立交区为主要载体,有机融入了茶马古道文化、鹤庆银饰文化及白族民族文化等进行点缀装饰,着力打造一条特色鲜明、历史文化底蕴深厚的"滇西白族风情走廊"。

在服务区设置时,既有体现茶马古道的元素,也巧妙地融入了"小锤敲过一千年"的银器文化。沿线文化景观设计则充分考虑大理、鹤庆、丽江旅游资源,突出当地浓郁的历史文化和多姿多彩的民族风情,通过当地民间传说和历史典故,用情景小品分别展示,让驾乘人员走过上鹤高速公路不仅领略自然风光,还能学到知识。文化景观的主要脉络是"古道寻梦",目的在于重点展示一条线路——"滇藏茶马古道";二个人物——阿十妹、黏堆;三个节点——松桂、鹤庆、新华村;四个美誉——"茶马重镇""银铜手工艺中心""滇西骡马互市之乡""海拔最高的文明古道";五者结合——茶马文化、银饰工艺、白族文化、商业贸易、旅游。

上鹤高速公路途经崇山峻岭,一路劈山跃涧。为了固土护坡,防止水土流失,兼顾生态景观效果,项目在进行设计、施工时,也将边坡的固化、绿化、美化作为高速公路建设的一个重要组成部分,与公路建设同步进行。

上鹤高速公路不仅在大理州、鹤庆县的交通建设史上占有重要地位,就算放在云南省高速公路建设的历史簿册上,也是一道异常独特的亮丽风景。它就像一道闪闪发光的银器,通体散发和弥漫着"银都水乡"的精神气质。

(六)历史一瞥——天生桥上建新桥

鹤庆县城南14km的蝙蝠洞外,一条长丈余、宽三四尺的天然花岗岩石板横跨东坡河下游出水口处的峡谷,形成了天生桥。桥两端耸立着陡峭险峻的赤色石崖,过去有一条弯弯曲曲的驿道从桥上通过。石板之下是一个约5m高的椭圆形狭窄洞口,天生桥犹如一座钢打铁铸的天然闸门,东坡河通过"闸门"汇入下游的枫木河。此处林茂景美,涨水时节可观红色飞瀑(彩虹倒映在河水中形成的景观),极具传奇色彩。1935年红军长征过云南,贺龙所率的红二方面军经鹤庆至丽江石鼓渡口途中,曾在波罗庄和长头一带驻扎。相传红军队伍还从天生桥上走过,天生桥因此留下过红军长征的足迹。

如今,一座崭新的现代化高速公路大桥——上鹤高速公路蝙蝠洞4号桥(图18-21)在天生桥上方岿然挺立。老桥底蕴丰厚,新桥路阔车疾。老桥新桥两相辉映,折射的是鹤庆县交通发展的变迁和时代的进步。

图18-21　蝙蝠洞大桥

第七节　S30 高峣—海口高速公路

S30 高峣—海口高速公路是《云南省道网规划修编(2016—2030年)》"五纵五横一边两环二十联"以外的"其他"高速公路中的一条,起点为高峣,讫点为海口。

高海高速公路——滇池之滨卧"巨龙"

昆明西山之麓、滇池之滨,驱车沿滇池西岸的高海高速公路行驶,沿途人性化的观景台设计既体现了"高速、环保、旅游、景观"的建设理念,也可以让驾乘人员择地停车,尽览西山风景区和"高原明珠"滇池的美丽风光。

高峣—海口高速公路是环滇池旅游、观光、度假、休闲的重要通道。山、水、城、林、路的相互交融,构成了一条亮丽的风景线。从飞机上俯瞰高海公路,它就像一条静卧在滇池畔的"巨龙",见证着昆明主城区和"滇之出水口"海口镇的发展变迁,守护着春城秀丽的风光和安宁的时光。

(一)项目特点

高海高速公路是云南第一条环湖高速公路,是昆明"一湖四环"中的重要一环(环湖公路的西段),也是"一湖四环"的第一个示范线,最突出的特点是"高速、环保、旅游、景观"。

高海高速公路能满足半小时从昆明主城区到海口的快速通达交通功能需求,并通过高海高速公路起点与昆安高速公路高峣枢纽立交、讫点与安宁—晋宁公路连接,为昆明至滇南方向增加了一个快速通道。

高海高速公路地处滇池西岸、西山之麓,生态环境十分敏感。为此,筑路方和设计单位一道,加大设计方案比选论证,在路线布设、工程设计中充分考虑环保问题,使高海高速公路在满足高速公路技术标准的前提下,尽量减少对滇池水体的影响,尽量减少对沿线生态植被的破坏,满足环保要求,并使主体工程与沿线自然环境相协调。除了降低施工对滇池沿线的生态破坏外,施工方还在施工过程中加大环保管理力度,最大限度地降低公路施工对沿线周围环境的影响。在跨越滇池水面的桥梁(如海口特大桥),设置了桥面水收集、集中排放系统,通过泄水管将桥面的雨、污水集中排放到桥面两侧的纵向 PE 管中,再通过 PE 管集中排放到设置于两岸桥台处的沉淀池中,通过沉淀池沉淀过滤后,再进入滇池水体,避免了对滇池水体的污染,其作为一道"天然的屏障",为滇池的水体恢复起到了重要作用。这在云南公路建设中也是第一次。

高海高速公路沿线旅游资源非常丰富。如:沿线的西山、观音山为著名的景区;白渔口为云南省传统的疗养胜地;路线讫点的海口地区有中国第一座水电站——石龙坝电站,是我国第一架望远镜、第一挺机枪的诞生地,曾经为我国的工业文明做出过重要贡献,具有深厚的工业旅游开发潜力。而沿线得天独厚的区位优势,也为农家乐旅游创造了良好条件。所以,施工方严格按照"以人为本、场地适宜、生态优先、经济合理"的原则建设高海高速公路,使之成为驾乘人员行车犹如画中游,漫步可观山、赏水、看大桥的亮丽风景线。

在建设过程中,为了能让车主驻足观赏风景,建设者专门修建了停车带作为高海高速公路的观景平台,既满足了旅客的观景需要,又确保了道路的安全和畅通。为了不破坏观音山的景观,公路还绕了一个弯,虽然增加了投资,但也增加了公路的观赏性。

除了以上特点,为满足沿线经济发展、旅游开发的需要,方便沿线人民群众的出行,高海高速公路还设置了一条新建二级公路作为辅道,即主线高速公路为快速系统、辅道二级公路为慢速系统,辅道是对高速公路交通功能上的补充,且主、辅道通过立交解决连通问题并有机地结合起来。这在省内的道路建设史上甚至是国内道路建设史上都是一个全新的尝试,为以后的筑路提供了新型模式。

(二)项目概况

高海高速公路起点碧鸡镇高峣村接昆明—安宁高速公路 K1+410.16,讫点 K31+428 处为海口镇海丰村,连安宁—晋宁高速公路,上可达国道主干线昆明—磨憨高速公路,是昆明市和滇池西岸方向通往滇南而远走东南亚的又一个主要出口(图 18-22)。公路沿线厂矿林立、村镇密布,可为解决群众长期以来行路艰难提供便利,对缓解昆明入城交通、过境交通及昆明东西出入拥堵等起到重要作用。

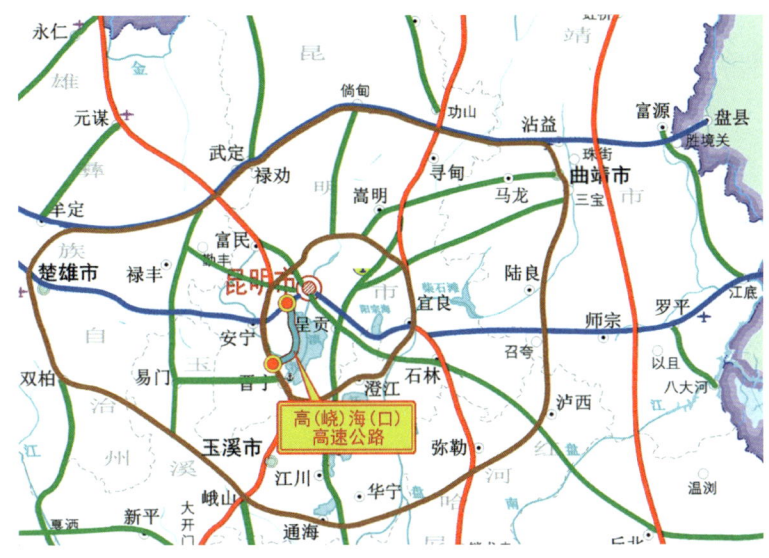

图 18-22　高峣—海口高速公路位置示意图

高海高速公路为双向六车道高速公路,主线路路基宽 26m,汽车—超 20 级、挂车—120;辅道路基宽 12m,为二级公路。现建成的高海高速公路主线长 30.23km,辅道长 27.5km,总投资 26.8 亿元。公路全线建设大桥(含特大桥)13 座、中桥 2 座、小桥 28 座,桥长总数达 17.6km,占高海公路总长的 58%。涵洞 245 道、通道 35 道、互通式立交 3 处、分离式立交 5 处、辅道平面交叉 18 处、人行天桥 7 座。建设绿地面积达 100.5 万 m^2,建设路灯线 30.23km。

项目批准概算为 26.77 亿元,竣工结算为 23.56 亿元,资本金 9.3695 亿元,占概算总投资的 35%,其余 65% 由昆明市财政向国内商业银行贷款。资本金由云南省交通厅出 1.4875 亿元,占 15.85%;由昆明市国资公司出 4.7663 亿元,占 50.87%;由昆明市土地投资开发公司出 3.1182 亿元,占 33.28%。

项目于 2003 年 3 月 11 日开工建设,2006 年 12 月 28 日完工。

高海高速公路的建成通车,解决了海口镇 10 万人民群众的"行路难"问题,为海口老工业基地的复兴插上了翅膀,也为现代新昆明的"大8字形"交通网络增添了重要的一环。

(三)建设情况

高海高速公路是十五期间云南省、昆明市两级政府投资兴建的重点工程建设项目之一。按照国家基本建设程序,2000年6月昆明市交通局委托云南省公路规划勘察设计院对高海公路进行工程可行性研究;2000年11月17日,云南省发展计划委员会、省交通厅批准高海一级公路工程可行性研究报告(云交计〔2000〕331号)。云南省公路规划勘察设计院对高海一级公路进行两阶段施工图设计。2001年10月29日,云南省交通厅批准高海一级公路初步设计(云交基建〔2001〕784号)。2002年11月18日,云南省交通厅批准高海一级公路施工图设计(云交基建〔2002〕781号)。项目设计未实行公开招标。2003年3月11日,云南省交通厅批复高海公路的开工报告,高海公路动工建设。

2002年10月~2006年12月,项目征地拆迁安置工作共征用土地4009亩,拆迁房屋147888m^2,共支付补偿费用3.45亿元。

2003年5月30日,云南省委、省政府"建设现代新昆明"现场办公会决定,为适应现代新昆明建设发展的需要,高海公路提高原设计的技术标准,由双向四车道一级公路改为双向六车道高速公路。

2003年3月11日,云南省交通厅批复高海公路开工报告,高海公路动工建设;8月7日,云南省交通厅批复高海公路技术标准变更(云交基建〔2003〕318号);云南省公路规划勘察设计院再次对"四改六"后的工程可行性研究报告和施工图设计进行补充完善。

2004年6月16日,由云南省交通厅主持,云南交通咨询公司负责并组织有关领导、专家和工程技术人员40人对高海高速公路两阶段施工图设计进行评审;7月12日,云南省交通厅批复高海高速公路工程可行性研究报告(云交基建〔2004〕230号);11月22日,云南省交通厅批复昆明市高峣至海口高速公路施工图设计(云交基建〔2004〕499号)。

2003年6月~2004年12月,由于"四改六"的原因,工程一度处于停工等待设计状态。

2006年12月,高海公路主线主体工程全面完工;12月15日~20日,进行交工验收质量鉴定;12月28日,进行试通车。

2007年2月26日,昆明市公路工程质量监督站出具"高峣至海口高速公路工程交工验收质量检测报告"(市交质〔2007〕12号),评定工程质量为合格。

2007年6月,辅道全面完工;6月26日~30日,辅道进行交工验收质量鉴定;8月24日,昆明市公路工程质量监督站出具"高峣至海口辅道工程交工验收质量检测报告"(市交质〔2007〕70号文),评定工程质量为合格,并正式通车。

第十八章

地方高速公路

2010年3月15日~18日省交通运输厅工程质量监督局,昆明市交通建设工程质量监督局,对高海高速公路进行竣工验收质量检测,"高海高速公路工程项目竣工验收质量鉴定报告的通知"(市交质〔2010〕62号),项目质量鉴定得分为91.85分,质量等级为优良。

高海高速公路建设从业单位信息采集表见表18-9。

高海高速公路建设从业单位信息采集表　　　　　表18-9

序号	参建单位	单位名称	合同段编号及起讫桩号	主要负责人
1	项目管理单位	高海公路建设指挥部	K1+410.16~K31+428	
2	勘察设计单位	云南省公路规划勘察设计院	路基、路面及沿线服务设施	杨 延
3		南京林业大学林产业工业设计院	景观绿化设计	张武兆
4	施工单位	西南交通建设工程总公司	路基土建第一合同段(K0+300.32~K3+100.00)	李国中
5		中港一航局第四工程公司	路基土建第二合同段(K3+100.00~K8+000.00)	杜振龙
6		云南第一公路桥梁工程有限公司	路基土建第三合同段(K8+000~K12+600)	古家全
7		中国建筑第五工程局	路基土建第四合同段(K12+600~K17+120)	朱文彬
8		山西路桥第一工程有限责任公司	路基土建第五合同段(K17+120.00~K20+100.00)	王建义
9		攀枝花公路桥梁总公司	路基土建第六合同段(K20+100.00~K24+040.00)	章 南
10		中交第三公路工程局有限责任公司	路基土建第七合同段(K24+040.00~K29+265.00)	杨代驹
11		云南公路桥梁工程有限公司	路基土建第八合同段(K29+265.00~K31+428.00)	任金荣
12		云南第三公路桥梁工程有限责任公司	路面工程主线第一合同段	李胜忠
13		中国云南路桥建设集团股份有限公司	路面主线第二合同段	杨 氺
14		云南交通建设工程公司	K1+410.16~K31+429	黄灿明
15		昆明市市政工程有限责任公司	路基、路面及沿线服务设施	张丽红
16	监理单位	云南交通基建工程监理有限公司	监理第一合同段	杨光国
17		云南公路建设监理有限公司	监理第二合同段	王云忠
18		云南省公路工程监理咨询有限公司	监理第三合同段	王 康

(四)复杂技术工程

高海公路包括了5座特大桥的施工建设,其中杨家村1号桥长3725.88m,杨家村2

号桥左幅长1238m、右幅长1161.03m,杨家村3号桥左幅长526.5m、右幅长438m;完成跨越滇池水体的特大桥2座:观音山大桥长743.66m,海口大桥长756m。

高海高速公路海口大桥如图18-23所示。

图18-23　高海高速公路海口大桥

（五）科技创新

在高海高速公路设计建设过程中,科技创新贯穿始终。"利路力在高海公路建设中的推广应用""钢管混凝土系杆拱桥设计施工关键技术研究""钢管混凝土拱桥混凝土配合比设计及其质量检测技术研究"等一批科研项目的实施,使一批新技术新工艺得到了推广应用,大大提高了高海高速公路的科技含量。

在路面工程中,采用了沥青路面就地热再生技术,即用就地热再生机组将旧沥青路面加热、翻松、添加再生剂、新沥青混合料、然后重新搅拌后摊铺、压实成型的路面维修工艺。

就地热再生技术是指利用专用的就地热再生设备,对沥青路面进行现场加热、翻松,掺入一定数量的新集料、新沥青、再生剂等,经混拌、摊铺、碾压等工序,一次性实现对表面一定深度范围内(一般不超过6cm)的旧沥青混凝土路面再生的一种技术。

这项技术实现就地再生利用,节省了材料转运费用,原路面材料利用率高,而且对交通的影响降到了最低。这种施工工艺以改善已产生裂缝、坑槽、车辙的沥青路面的形状和混合料性质为目的,一般在路面的损坏程度还没波及基层时采用这种维修方法。在一些发达国家公路的沥青路面大、中修工程中,普遍采用就地热再生来恢复损害路面的原有功能,就地热再生已经成为一项成熟的技术得到了大面积的推广。

加热系统主要由燃烧装置、加热装置、燃料罐、液压装置、发动机、操纵装置和基础车辆等组成;再生系统主要由新料接料斗、供料装置、路面耙松装置、搅拌装置、添加剂喷洒装置、熨平装置、辅助加热装置及行走装置等组成。

沥青就地热再生施工是一个资金、技术密集型工程,技术门槛相当高,只有具有一定实力的企业才有可能进入该领域。因此,就地热再生设备市场也长期被国外品牌垄断。就地热再生技术是 20 世纪 70 年代兴起的新技术、新工艺,经过 20 多年不断探索和发展已经成为沥青路面大、中修时首选的施工方法。2001 年我国引进了第 1 台就地热再生设备,2002 年做的试验路段标志着我国在沥青路面再生技术的一个新历程的开始。

就地热再生技术对于合理利用资源、保护环境、维持我国庞大的高速公路网的通行能力、提高公路的服务质量和保障安全运营具有十分巨大的社会意义和经济效益,是实现我国公路交通事业"可持续发展"战略的重要技术之一。因此,高海高速公路建设中采用就地热再生技术进行公路维修也是一种趋势,具有广阔的市场前景。

(六)运营养护管理

1. 高海公路服务区

高海公路服务区及高海公司管理用房项目位于高海公路中段西华村收费站旁,分两个区域,用地性质为交通用地,其中与高海公路主道相连的地铁用地面积约为 41.3 亩,与高海公路负担相连的地铁用地面积为 83.3 亩。高海公路服务区选择在自然环境优美、靠近滇池旅游景区的点位,将作为一个地区标志性的亮点工程,充分满足旅客休闲和旅游需求,既为旅客提供宜人的自然条件,又达到为旅游景区提供全方位服务、促进规模经济发展的目的,同时也有利于吸引车流、人流和发展旅游经济。

高海公路服务区是保证高海高速公路安全、畅通、方便、快捷的重要配套设施。其中,服务区设立了餐厅、商店、汽修、加油、住宿、停车、卫生设施等直接服务每个驾乘人员,间接服务于整个社会,是高海高速公路重要的通行保障和高速公路产业经济的重要"窗口"。

高海高速公路是封闭式经营,服务区总体设计时对运营后的车流、客流进行预测,根据不同车型特点分别布置轿车、客车、货车停车位,做到车辆进出流畅。免费服务的卫生设施和短暂休息场所要进出方便,并考虑客流高峰时的要求;有偿服务的项目如餐饮、购物、休息等满足旅客不同层次需求,形成一条龙服务。

高海高速公路车流量递增速度快,近 10 年干线公路的车流量以每年 20%~30% 的速度递增,为此设计服务区规模应考虑 10~20 年的发展前景,设计中将一次统一设计,预留发展空间,在使用中不断完善。

随着私人车辆的拥有量迅猛增长,人们出行、消费的需求日趋强烈。加之高海高速公路地理资源条件优越、稀缺,因此,服务区设计中充分引进了市场意识,拓展功能、灵活发展,如提供大型、多功能服务场所和餐饮服务场变封闭经营为开放经营,以吸引车流、人流驻足停留,同时使服务区成为高速公路经营公司的市场窗口,做到社会效益与经济效益的双赢。

服务区设计上充分考虑人性化特点,服务设施以强调对人、车服务、休息为目的,以绿化等来烘托舒适、温馨、闲适的休息气氛。

为更好地满足服务区的功能和拓展性服务要求,设计在临高海公路主道的地块内布置两个加油站,开口一个临主道,一个临辅道,通过场地内自然高差进行分隔,各服务于主道和辅道车流。在主道的地块内设置大众餐厅、购物超市商店、汽修、停车、卫生设施等服务用房,满足短暂停留的车辆的服务需求,建筑面积3545m^2。主道的地块设有大量的露天停车场,周边用绿化作屏障,营造一种与高速公路隔绝且完全不同的氛围,以缓解旅客和驾驶员的疲劳,满足人们休息的需要。

通过两条8m宽的高架车道(牵引闸道)与辅道相接地块有机连接,进入18m宽的观景大平台,连接两栋靠山面海的高海公司服务管理用房和拓展的多样化的休闲娱乐中心,使服务区功能更完整,充分满足有需要长时间修整休息的驾乘人流。

高海公司服务管理用房设有办公、窗口、宿舍、休息区域,建筑面积13398m^2;休闲娱乐中心设有住宿、餐饮、娱乐、会议等设施,建筑面积18985m^2。

环形的交通组织,使人、车设施布局更合理,避免主辅道车流的交叉,也避免了车与人流线的交叉,使人们休息场所更为安全、舒适、幽静、惬意。

2. 收费站设置

高海高速公路在晖湾、西华街、白鱼口、海口、海丰设置收费站。2014年10月10日~2015年1月10日,昆明市高海公路建设投资开发有限公司对在海口、西华收费站对匝道进行扩宽改造,同时增设大货车通行的板秤计重收费道。此次施工是在原有土地基础上进行改扩建,无须征地拆迁,主要是改扩建西华、海口收费站匝道。

第八节　S34 玉溪—江川高速公路

S34 玉溪—江川高速公路是《云南省道网规划修编(2016—2030年)》"五纵五横一边两环二十联"以外的"其他"高速公路中的一条,起点为玉溪,止点为江川。

玉江高速公路——打造"山水田园路"

玉溪—江川高速公路是云南以地方为主体修建的第一条高速公路,它的建成,连通了玉溪、江川、澄江、华宁、通海的高等级公路网络,缩短了玉溪市通往各县的行车里程和行车时间,对当地的经济发展起到了积极的促进作用。

(一)项目特点

玉溪—江川高速公路是玉溪市北上昆明,东南接红河州、文山州的重要通道,是玉溪东部出境的经济大动脉。

玉江高速公路辐射5个县(区),面积466100km²,占玉溪市面积的30.49%;辐射人口135万人,占玉溪市总人口的62.87%。项目建设为推动玉溪市经济发展,促进民族团结共荣,加强国防建设等具有重大的战略意义和现实意义。

(二)项目概况

1. 基本情况

原玉溪—江川公路长34km,弯急、坡陡、路窄,已不能适应经济发展的客观需求。原玉溪地委、行署深谋远虑,于1995年6月13日的地区专员常务会上决定:"九五"期间修建以玉溪市为中心,连接各县高等级公路网络和玉溪—江川高速公路。

项目主线全长26.2km(红塔区段10.2km,江川段主线长16km),九溪联络线长1.4km。技术标准:平原微丘高速公路,路基宽度分为K0+000~K4+449段和K22+100~K26+200段按城市道路标准设计,路基宽60m,机动车道双向六车道宽6×3.75m,非机动车道宽2×5m,人行道宽2×5m,中央分隔带宽12.5m,机动车道与非机动车道间设2m宽分隔带;K4+449~K22+100段按标准高速公路设计,路基宽26m,六车道双向设计,中央分隔带宽1.5m,封闭全立交。设计速度:城市道路40km/h,封闭路段100km/h。最小平曲半径250m,最大纵坡5.4%,抗震烈度为Ⅷ度。设计载荷:汽车—超20级,挂车—120,路面结构为20cm厚级配层+20cm厚水稳层+24cm厚混凝土面层。

玉江高速公路起点为李棋镇下赫小学旁的玉九路环岛中心,沿途经下赫村、李棋村,跨州大河,在冯家冲设全互通立交与东风路延长线相交,跨东风大沟,于K7+879.6处设4×30m桥跨赵元河,经北山林场,跨九溪河,经前营村、化元村、小关山、紫红坝,止于江川县城接澄江—江川二级公路(图18-24)。玉江高速公路讫点路段如图18-25所示。

2. 主要工程量

路基工程于1998年10月开工,到2000年10月完工,共开挖土石方827.4711万m³,完成路基填方462.2575万m³,换填片块石、碎石47.247万m³,铺土工格栅45.2114万m²,支砌挡墙、拦沙坝、护坡、边沟、排水沟、截水沟等24.4152万m³,涵洞7093m/104道,大桥132.69m/1座、中桥362m/8座、小桥61m/3座。

图 18-24　玉溪—江川高速公路位置示意图

图 18-25　玉江高速公路讫点路段

路面工程于 2001 年 1 月开工，2001 年 7 月完工，共铺筑底基层、水稳层 69.9 万 m^2，铺筑水泥混凝土路面 64.2 万 m^2，铺沥青路面 6.06 万 m^2，支砌下水道双向 4.7km；安装路灯 866 套，种植行道树 3400 株，种植草坪及造型植物、防眩植物 14 万 m^2。

收费站工程于 2003 年 6 月开工，2004 年 2 月建成，共完成挖方 2.2615 万 m^3、填方 1.2484 万 m^3，支砌构造物 1220.59 m^3，建钢结构收费站 659m^2，建盖办公综合楼 1331.22m^2。

玉江高速公路项目于 1998 年 10 月 16 日开工，2002 年 12 月 27 日建成完工，2004 年完成配套工程。2004 年 1 月 29 日由玉溪市高等级公路公司实施收费。

玉江高速公路总投资 61809 万元，平均每公里造价 2359.12 万元。

(三)前期决策

项目于1997年3月,由原玉溪地区交通局正式委托云南省公路设计所进行工程可行性研究和初步设计,同年6月份完成全部设计资料并上报云南省交通厅,1998年9月19日云南省交通厅批准了《工程可行性研究报告》,同年9月23日省公路局批准了公路初步设计,1998年10月16日正式开工建设。

(四)参建单位

玉江高速公路前期准备工作和工程管理由原玉溪市玉江公路建设开发有限公司全权负责。1998年9月28日,按"一路一公司"的管理模式,由玉溪市公路建设开发公司、红塔区公路建设开发公司、江川县公路建设开发公司成立了玉溪市玉江公路建设开发有限公司,代表政府行使建设单位的职能。

路基与路面设计由云南省公路局施工测量队和省公路科研所完成。路基工程划分为10个合同段,路面工程4个合同段,交通工程、绿化工程、路灯工程、收费站各分2个合同段。工程监理由云南省公路工程监理咨询公司承担,工程质量监督由玉溪市公路工程质量监督站承担(表18-10)。

玉江高速公路建设从业单位信息采集表　　　　表18-10

序号	参建单位	单位名称	合同段编号及起讫桩号	主要负责人	备注
1	项目管理单位	红塔区公路建设开发公司	K0+000~K16+000	杨德远	
2		江川县公路建设开发公司	K16+000~K26+200	张延明	
3	勘察设计单位	云南省公路局道桥设计所	K0+000~K26+200路基工程	廖增亮	
4		云南省公路科研所	K0+000~K26+201路面工程	李凤林	
5	施工单位	云南云路水泥混凝土路面有限公司	K0+000~K3+400	茶红松	路基工程3.4km
6		西南交通建设工程有限公司	K3+400~K6+520	毛志红	路基工程3.12km
7		云南省第二公路桥梁工程有限公司	K6+520~K9+290	徐华安	路基工程2.77km
8		云南鸿发道路桥梁工程有限公司	K9+290~K12+400	尹燕云	路基工程3.11km
9		中国有色金属工业第十四冶金建设公司	K12+000~K16+000	施颖杰	路基工程4km
10		玉溪富豪建筑装饰公司	K16+000~K17+800	朱燕林	路基工程3.32km
11		西南交通建设工程公司	K17+800~K21+100	张胜利	路基工程3.32km
12		云南第三公路桥梁工程公司	K21+100~K23+300	高鸿鸣	路基工程2.2km
13		玉溪市第七建筑工程公司	K23+300~K26+200	代宝盛	路基工程2.9km
14		云南第二公路桥梁工程有限公司	K18+094.57~K18+280.50	洪进	桥梁工程185.93m
15		云南云路水泥混凝土路面工程有限公司	K16+000~K21+651	贺建昆	路面工程5.651km

续上表

序号	参建单位	单位名称	合同段编号及起讫桩号	主要负责人	备注
16	施工单位	中国云南公路桥梁工程总公司四处	K21+651~K26+170	李永泰	路面工程4.52km
17		中国建筑第六工程局	K7+000~K16+000	陶万平	路面工程
18		云南云路水泥混凝土路面工程有限公司	K0+000~K7+000	贺建昆	路面工程
19		昆明公路总段机械工程公司	K16+000~K26+200	胡发林	交通工程10.2km
20		云南交通工程公司	K0+000~K16+000	邱梦麟	交通工程16km
21	监理单位	云南省公路工程监理咨询公司	K0+000~K26+200	潘伟明	路基、路面及附属工程
22	设计咨询单位				

（五）建设情况

1. 项目批复

1997年6月，玉江公路工程可行性研究报告经云南省交通厅专家技术委员会审查通过；1998年9月19日，云南省交通厅云交计〔1998〕447号文《关于下发玉溪—江川—华宁公路工程可行性研究报告审查意见的通知》；云南省公路局云路计〔1998〕225号《关于下达1998年一般经济干线修建计划的通知》；云南省公路局云路工〔1998〕554号《关于玉溪—江川—华宁公路初步设计的批复》；云南省公路局云路工〔1999〕465号《关于玉江一级公路施工图设计的批复》；云南省公路局云路工〔1999〕569号《关于玉江一级公路开工报告的批复》；云南省交通运输厅云交基建〔2003〕82号《关于将玉（溪）江（川）公路纳入高速公路管理的批复》。玉溪市交通局玉市交发〔1999〕174号文下达投资规模控制数为2.8亿元。

2. 资金筹措

玉江高速公路是以地方为主体修建的第一条高速公路，建设资金筹措问题，是地方政府和建设单位遇到的巨大压力。为了确保公路建设资金的需要，玉溪市委市政府和红塔区、江川县政府专门成立了"公路建设资金协调组"，使建设资金的筹措工作有了组织保障。与此同时，市级政府加大筹资力度，在争取省级补助的同时，结合地方实际采取以下措施筹措资金：

（1）解放思想，打破不敢负债修路的观念，项目总投资5.32亿元。

（2）积极向省级争取补助资金，即省补助标准：路基50万元/km、路面30元/m²，共补助2514万元。

（3）市级财政筹措补助资金，补助标准为路基50~120万元/km、路面50元/m²，共补助 1.3346 亿元。

(4)红塔区和江川县先后向银行贷款 3.734 亿元。

(5)通过优化设计、反复比较,在不降低标准的前提下,尽量节约投资。

(6)县委、县政府重视,在安排资金上予以倾斜。

(7)施工单位垫付工程总概算的 20% 以上,作为工程施工招标的一个条件。

3. 征地拆迁

根据云土法〔1996〕19 号、玉地土矿发〔1996〕57 号文,玉江高速公路红塔区段共征用土地 1179.417 亩。其中,水田 347.051 亩、旱地 49.983 亩、菜地 209.829 亩、鱼塘 24.194、宅基地 107.47 亩、道路 24.537 亩、果园 76.705 亩、松林 321.166 亩、疏林 10.557 亩、灌木林 2.354 亩、桉林 4.726 亩、经济林 0.845 亩、林地 72 亩、荒山 405 亩;拆迁房屋 50291m^2。玉江高速公路江川段共征用土地 1112 亩。其中,水田 338 亩、旱地 297 亩、林地 72 亩、荒山 405 亩。

拆迁补偿情况:红塔区征地拆迁补偿费 6690.6254 万元;江川县征地拆迁补偿费 614.3347 万元。

4. 项目实施

该项工程开工后,红塔区和江川县公路建设开发公司始终以工程质量为管理重点,以实现优良工程为目标,以工期、投资服从工程质量为原则,全面管理,严格要求,坚决执行各项技术规范和指标,落实各项管理制度和措施,使公路的建设任务顺利完成。

2004 年 11 月 28 日,云南省公路局派员前往玉溪市,组织由玉溪市人民政府、玉溪市交通局和市有关部门、玉溪公路管理总段、红塔区人民政府、红塔区交通局、江川县人民政府、江川县交通局和区县有关部门,以及建设、设计、施工监理单位代表组成的竣工委员会,对玉溪至江川高速公路工程进行了竣工验收。验收工作由云南省公路局主持。

全部工程经市区审计局审定,并下发审计决定书。该公路于 2004 年 1 月 29 日由玉溪市高等级公路公司实施收费。

5. 绿化工程

除了建设与邻近县区的高速公路网以外,玉江高速公路还通过打造"山水田林路",实施路域环境整治,在道路两侧栽起大量行道树,绿化面积达 39.81km^2,成为连接红塔区和江川区的一条城市林荫大道。

经过近 3 年的精心抚育管护,大乔木和小乔木的成活率均达 100%,灌木和藤本植物的成活率和保存率达 95% 以上,超过国家标准。通过多树种(草种)的混交造林配置模式,形成复层林分结构,增加了生物多样性,提高了突然蓄水保水能力,对稳定路基起到了重要作用。

郁闭成林,花、果、叶相互交融的道理景观,真正串联起了玉溪的山水、人文景观,促进了城乡融合,把一座历史悠久、人文荟萃、环境优美的精品城市呈现在世人面前。

(六)复杂技术工程

玉江高速公路重点桥梁工程灵秀河大河于 K18+188.23 处跨越灵秀河谷,为 4×30m 部分预应力空心板桥,本桥处于 3.804% 和 2.5% 的反向纵坡上,交点在 K18+300 处,半径为 5658.7m 的凹曲线。地质报告揭示,桥跨内有断面层,约在 K18+166 附近。地基分别为震旦系南沱组(zbn)紫红色砂质页岩及震旦系陡山组(zbd)灰黄色中厚层状长石石英砂岩夹页岩,底部为灰白色白云岩。

采用静定体系的多跨简支梁桥型方案适宜跨过断面,同时便于以折线拟合曲线,以简单的构造处理,可使桥面形成平顺的竖曲线。技术标准,荷载标准:汽车—超 20 级,挂车—120。桥面宽 2×11.5m+防撞栏杆。下部构造:桥墩为双柱式桩墩,一柱一桩,桩基置于中等—强风化软质岩地基上,桥台为明挖浅基础,该桥为高桥,桥面至桩顶最高达 30m,因此上部结构建筑高度不受限制能够适当加大以提高其承载能力,增大结构刚度,同时降低墩身高。上部构造采用部分预应力空心板梁,板梁高 1.8m。灵秀河大桥于 1999 年 4 月 15 日开工,2002 年 4 月 25 日完工。2000 年 5 月 16 日预制梁板抗压试验。2000 年 7 月 26 日预制梁板安装完工。2002 年 4 月 14 日进行桥梁荷载试验。

(七)运营养护管理

1. 收费站设置情况

根据《关于玉溪至江川高速公路车辆通行费收费标准的通知》(云计收费〔2004〕5号),同意在玉江高速公路 K10+300 处设置玉江收费站和九溪收费站,对过往玉江高速公路的车辆收取车辆通行费。

2. 养护管理

为保证公路全天候畅通,玉溪市交通局制订了公路养护管理各项制度。玉江高速公路项目公路养护由玉溪市交通局委托红塔区和江川县交通局管理。养护费用由收取的车辆通行费支出,公路运营以来尚未实施大修工程。

第九节　S20 昆明长水机场高速公路

S20 昆明长水机场高速公路是《云南省道网规划修编(2016—2030 年)》"五纵五横一边两环二十联"以外的"其他"高速公路中的一条。

第十八章
地方高速公路

长水机场高速公路——门户大道通四海

在壤接三国、毗邻四省区的彩云之南,中国—东盟自由区的交通中枢正在实现从"末梢"向"中枢"的转变。

转从路上起,变从昆明始。2011年夏天,衔接昆曲高速、城市快线与地方道路的昆明新机场高速路径直伸向远方(图18-26)。这条国内最高标准的双向八车道机场高速路穿梭于春城昆明与各主干道之间,衔接起昆明新国际机场——中国第四大门户枢纽机场与昆明两个节点。在昆明新机场高速路的辅助下,新国际机场这个空港经济区的复合中心带动了周边经济区域的发展,形成了完整的经济版块,云南也因为这个航空港加更加便捷地走出大山,走向世界。

图18-26 崭新的机场和高速公路

彩云之南多绮丽,飞鸟一跃连通途。昆明新机场高速公路,进一步成就了昆明飞速通往世界的坦途……

(一)项目特点

1. 建设难度大

昆明新机场高速公路全长14.89km,虽然路线不长,但建设难度大。云南特殊的喀斯特地貌溶洞多、土质差,主要以膨胀土为主,尤其是项目启动后,汶川大地震发生,云南正处在地震断裂带上,本来就复杂的地质给工程施工带来了很大难度。

2. 设计标准高

昆明新机场高速公路设计为双向八车道、中间10m宽的绿化隔离带,这样的设计标准在全国的机场高速公路中都不多见。绿化是这条路的最大亮点,云南素有"七彩云南"

"植物王国"和"动物王国"的美誉,昆明是"春城",如何通过这条路的建设把生态景观充分展现出来,昆明市委、市政府分管此项工作的领导多次率队赴全国其他地区的机场高速公路调研,就机场高速公路的绿化方案邀请有关专家开了不下 20 次的专题研讨会,机场路的绿化最初是由德国一家著名的设计单位最先拿出的方案,后会同昆明市园林局、当地的科研院所,就机场路的绿化如何与周边的大环境、大背景、大生态有机地融合在一起,进行了多次评审论证,花了很长时间才确定最终方案。

3. 昆明市 BOT 模式运作的成功典范

昆明新机场高速公路的建设采用的是 BOT 模式,由北京昭德投资有限公司、北京市公联公路联络线有限责任公司、云南恒众市政工程有限公司三家共同投资建设。在昆明市,在现有的 BOT、BT 项目当中,该项目运作顺利、规范,BOT 市场运作方与政府之间合作愉快,合作满意度高。项目已成为昆明市 BOT 模式运作的成功典范,具有一定的示范和积极意义。

(二)项目概况

昆明新机场高速公路是昆明新机场的重要配套工程,是云南的门户大道,是沿线工农业生产开发的重要基础设施工程。该工程是以 BOT 形式,即建设、运营、移交的建设模式运作的大型基础设施建设工程。

昆明新机场高速公路起点是两面寺立交,终点与新机场站前广场相接。路线全长 14.89km,走向为昆明市东连接线两面寺立交桥,与支线对接,从两面寺村南侧绕避两面寺小学,穿越人工林后折向东北方向前行,从铜牛寺水库堤坝下游跨越凹地,行经金马村、瓦角村,跨越沾益—昆明铁路后在李其村设置大板桥立交,往东北方向经过园艺场医院、云南司法警官学校西侧,在园艺场一队接入昆明新机场站前区(图 18-27)。主要控制点为两面寺立交、两面寺村、西南输油管道、铜牛寺水库、瓦角村泉眼、市东郊变电所及周边高压铁塔、大板桥镇、沾昆铁路、云南司法警官学校、机场站前区道路。道路设计等级为高速公路,设计速度 100km/h,是双向八车道即四上四下加紧急停车带,全封闭、全立交的高速公路。中央分隔带宽 10m。工程概算 24.57 亿元。

全线设有特大桥 5630m/4 座;大桥 671m/2 座;中桥 231m/3 座。主线桥梁总长 6.532km;涵洞和通道 26 座;互通式立交 2 座。

项目于 2006 年 5 月 5 日进行全国公开招标,通过公平公正的竞争,昆明新机场高速公路发展有限公司于 6 月 2 日中标,并于 6 月 6 日在昆交会上与政府签订了框架性协议,于 2007 年 1 月 25 日在昆明签订了项目特许经营权合同。项目于 2008 年开工建设,2011 年 8 月建成通车。

第十八章
地方高速公路

图 18-27　长水机场高速公路位置示意图

昆明新机场高速路是昆明市的主轴,也是一条景观大道。其建设对云南省、昆明市都有着极为重要的意义。新机场建成后,到 2020 年预计将有 3800 万人次的旅客年吞吐量,95 万 t 的货邮吞吐量。到 2040 年达到 6500 万人次的旅客年吞吐量,230 万 t 的货邮吞吐量。大量的人流、物流将随着机场高速公路这个重要通道,实现与昆明主城的链接。另外,机场高速将与铁路、轨道交通,形成高效快捷、现代化"四位一体"的综合交通体系。同时,昆明新机场高速公路也是构建现代新昆明交通路网建设"4 环 17 射"的重要组成部分,对昆明城东南优化完善交通路网结构起到重要作用。

(三)建设过程

2011 年 8 月,昆明新机场高速路建成通车。这条仅为 14.89km 的双向八车道高速公路融低碳理念与云南特色景观为一体,打造了一条名副其实的四通八达的门户大道。

1. 设计——美学及节约理念的完美结合

昆明新机场高速公路建设之初,便与北京市政工程设计研究总院"喜结良缘"。这条路从孕育到诞生,凝结了设计师太多智慧和汗水,得到了云南省、昆明市和投资建设方的高度认可。

在设计中,北京市政工程设计研究总院针对每一个项目的特点,始终贯彻"安全、耐久、节约、和谐"的八字方针。项目的设计主要从四个方面体现设计理念:

(1)以人为本,安全第一,最大限度地保护驾驶员的安全。在提高行驶的安全性和舒适性方面,重点考虑科学舒适的平纵组合设计、纵断面设计避免大的填挖方、采用运行速度检验、重点处理红黏土和软弱地基、采用合理桥梁结构形式等。

(2)设计体现出节约能源的理念。在设计中统筹利用线位资源,道路位置尽量远离耕地、基本农田,提高土地节约利用程度;不用大的填挖以节约土方;照明系统选用高效率低损耗的变压器及高效率照明灯具,局部路段采用LED灯,比以前所采用的高压钠灯节约30%~50%的能源。

(3)坚持道路与周围景观相结合,将保护环境的理念贯穿始终。道路线位充分利用地形地势,道路基本上沿山边通过,尽量少破坏田地;道路纵断面与周边地势协调;收费站建筑设计与新机场的建设风格统筹协调。

(4)坚持高速公路的耐久性原则。从路面结构、地基处理、边坡防护设计等方面进行了周密计算、科学合理地设计,全面提升工程质量。

由于线位经过许多区域,控制条件较多,北京市政工程设计研究总院多次到现场详细核对,并与当地政府、线路途经单位、铁路、水务、电力等部门及村庄、老百姓多次协调,虽然带来了线路的调整、路桥方案的变更、排水及通道等设施的增加等问题,一些特殊地基处理论证、桥梁结构的选型等都进行了相应的变更设计,但整体设计也因此变得更加科学和合理。

在收费大棚的设计方案上,由于该方案需要单独拿出来在全国范围内进行方案征集,云南省、昆明市两级政府高度重视,在道路建设紧锣密鼓进行之际,建设方又向全国进行了收费大棚的方案征集,北京市政工程设计研究总院也参与了投稿。经过多次的专家评审后,昆明新机场高速公路收费大棚的设计方案最终定稿,专家认为,北京市政工程设计研究总院的设计方案与整条道路以及新机场的设计理念相吻合,并决定由该院来设计收费大棚。为了展现新云南、新昆明活力四射、青春向上的精神风貌,昆明新机场航站楼采用了"七彩云南"的设计理念,将线条、动感、青春、时尚等元素加在其中;收费大棚的设计方案依然延续了新机场航站楼"七彩云南"的设计理念,从建筑材料的选择到灯具的调配,再到整个大棚的外观设计,都融合了云南的地域特色和人文景观的元素。项目设计涉及路、桥、水、电、监控、收费、概算等多种专业,仅项目组设计人员就有40余人。

2. 绿化——绿树环绕、鲜花簇拥的绿色生态景观大道

昆明新机场高速公路集云南道路桥梁建设技术之大观,展中国优秀旅游城市之风采,既是"大昆明"战略与"美丽与发展双赢"战略成就的具体体现,更为打造云南新的经济增长插上了一双翱翔之翼。

2010年2月,中共中央政治局委员、中央书记处书记、中组部部长李源潮到昆明调研

时指出:"要把新机场高速公路建成绿树环绕、鲜花簇拥的绿色生态景观大道。"为了实现这个目标,新机场项目部将这条景观大道按照层林尽染山林篇、彩云之南品味篇、金色原野和谐篇三个主题,因地制宜,从树形、花色、花期等方面营造了"七彩云南花四季,三冬无雪四时春"的高原景色。

如果说层林尽染、彩云之南、金色原野林间走廊是昆明新机场高速公路景观大道的画龙之笔,那么分布在这条高速公路节点上的景观便是点睛之作。大板桥立交是昆明新机场高速最为复杂的一段,也是景观最为独特的一段。车辆还未驶上立交,起伏变化的微地形和层次丰富的林木相映成趣,公路本身飘逸的线性美和景色浑然一体,"天羽霓裳,舞动云南"的韵律油然而生。

昆明新机场高速公路上栽种的大多数花木都是云南特有的,花期长,色彩多样。每年二三月份正是云南樱花开得最妩媚迷人的时刻,配之紫色的叶子花、葱翠的滇朴、红色的滇丁香,让人还未进入昆明便可领略"高原樱花城"的美景。

整条路的绿化设计按照"自然生态最大化,人工痕迹最小化"的要求,充分利用高速公路周围的景致,将农田、葡萄园、果园、山林与高速公路绿化有机整合到一起,达到了路景交融的效果。驱车行驶其间,苍翠的云南松、白如碧玉的玉兰、艳丽的杜鹃……四季常绿、三季有花、错落有致、红绿交织,"春城"与"植物王国"的魅力尽显无遗。高速公路沿途,边坡栽种的绿藤红花毫无痕迹地融入连绵起伏的葱翠之中,果园里忙碌的农民与挂满枝头的果实、农田里还未抽穗的稻谷与偶尔惊起的小鸟、葡萄园中整齐的葡萄架与郁郁葱葱的葡萄树汇聚一起,加之云南特有的蓝天白云,宛然一幅至美的七彩风景画。这幅画作仿佛欲将云南的美景尽展尽现。在即将进入新机场的路段两旁,带有鲜明云南特色的"石林"景观跃入画中:各种形态的石峰错落分布在绿树红花掩映的草坪上,"雄、奇、险、秀"各具情态。

这条按照国际一流标准设计施工的高速公路,绿化施工方案经历了近乎苛刻的论证。负责绿化方案指导工作的专家孙扬回忆起方案修改的过程至今仍历历在目:"云南很多重点路段的绿化工作我都参加了,但是机场高速公路的绿化绝对是按云南省最高标准要求的。一次又一次的修改让负责绿化的设计部门和施工单位不得不尽全力做到完美极致。"

这条景观大道同时也被寄予了太多的期望。中央、云南省、昆明市有关领导多次到施工现场视察和调研,给予工程建设者深切的关怀和鼓励。走"美丽与发展双赢"之路,是昆明市委、市政府既定的方针,昆明市新机场高速公路作为城市基础设施建设的引领工程,不仅为昆明增添了一道亮丽的风景,更对加强区域经济协作,带动云南及东南亚经济的发展起到了积极的作用。

3. 施工——一流队伍建精品工程

新机场专用高速公路是连接新机场与主城区、优化周边区域交通综合布局的交通基础设施。根据确定的机场选址,在场区西北侧6km有昆曲高速公路通过,东侧1km有S101省道通过,西侧有金辉公路通过。

昆明新机场高速公路是目前国内最高等级的机场专用高速,虽然线路不长,但标准高、要求严,施工与管理难度大。加之高速公路所经路段系喀斯特地貌,处在地震断裂带上,地质条件相对复杂。而且由于修建高速公路所需原材料相对缺乏,项目管理公司只有十多个人。尽管有诸多条件的制约,但是"建一流高速公路"的目标从来没有偏离过。

为了确保质量,项目管理公司领导几乎每天都要沿着高速公路跑一遍,每一段路基都要亲自检查,发现不合格的立即要求重来。

一家施工单位为了赶工期,在拆模板时早拆了一天,T形梁出现了小裂缝。管理公司与监理人员在排查中及时发现了问题,立即提出了拆除重建的要求。虽然这段梁再处理后可以用,并且拆除重做要损失20多万元,但由于不能达到最高标准要求,管理公司仍然作出了"确保一流"的决定。

路基一标施工段受地质条件影响,岩面起伏很大,溶洞较多,打桩不易成孔。为了保证质量,项目部组织人员提前将片石、红黏土预备在作业区,挖掘机、装载机24小时双人就位,搅拌站混凝土供应采用双保险,全面布控。一旦出现问题,确保能在10分钟内及时处理,保证每一根桩基的质量。

贵昆铁路是中国西南地区铁路重要干线,与湘黔、浙赣、沪杭三线共同组成中国南部的东西交通大动脉,现为"八横八纵"的沪昆通道的一部分,每天的行车量达到100多次。新机场高速两度横穿如此繁忙的铁路线,对建设者的协调能力与风险控制能力提出了极高的要求。管理公司负责人介绍说,在最初的设计方案中,平面交叉的交角太小,将影响铁路行车。为此,管理公司组织专家对方案进行重新审定与修改,同时,严格限定高速公路施工在规定时间内安全、快速完成。此外,管理公司还邀请行业内的资深专家实地考察,制定了具体的解决方案。

经过一场激烈的拉锯战,2010年8月,两段横跨贵昆铁路的关键施工段提前竣工,新机场高速公路的难点工程施工画上了圆满的句号。

2011年8月,承担着国家"民航强国"战略和云南省"面向西南开放桥头堡"战略重大任务的昆明新机场高速公路全线贯通,整个新机场犹如欢乐的海洋,参建者所有的辛酸、劳苦都化成了激动的泪花。春雷般的礼炮在机场上空鸣响,而随着礼炮升空的,还有云南人民对大西南腾飞的期待与希冀。

(四)复杂技术工程

1. 钢箱梁吊装施工与道路保通矛盾突出

由一标负责施工的四座立交桥中有 B、D 两座匝道桥需要跨越现有的东绕城和金瓦路两条路,这两条路分别是全封闭六车道高速公路和双向四车道地方道路,施工中必须保持两条路的畅通。而根据施工工艺要求,这两个跨越段都必须采用钢箱梁的形式施工。因为场地狭窄、起重量大、起重高度较高,钢箱梁的吊装施工情况非常复杂,与保持两条路的畅通形成突出的矛盾。

为解决这一难题,项目部成立了专门领导小组,查阅大量资料,请来了云南省公路局吊装方面的专家以及业内同行,结合现场实际,共同研究制定施工组织设计方案。吸纳了多方建议,先后对方案进行了 5 次修改和完善,最终制定出一套切实可行的实施方案。然而意想不到的是,东绕城高速公路管理公司考虑到原有桥梁的安全和通行车辆不受干扰,不允许两台轮式吊车进入绕城高速公路大桥进行吊装。方案被否定,这意味着吊装只能改在地面进行,起重高度将达到 18m 以上,吊车的跨度也需要比原方案增加近一倍,现场的工作空间将变得更加有限。

经过对现场进行反复勘测,项目部最终决定采用大吨位履带吊机取代两台轮式吊车的吊装方案,由一台 400t 履带吊独立作业,将原计划的 17 个节段钢梁先独立吊装,空中焊接改为运抵现场先焊接拼装成 5 个节段的组合梁,然后再起吊的方式,起重质量最小的为 105t,最重的达 306t。这样的吊装质量在云南公路史上也是一个创举。

为保证吊装顺利进行,项目部对施工场地进行科学规划,组织人员对现场实地情况、吊车臂长、跨度及旋转半径进行详细勘测与高精度计算,有的组合梁与现有的桥梁仅仅以 10cm 的间距擦身而过。

为满足东绕城高速公路和金瓦路的通车要求,保证施工期间东绕城高速公路通行车辆安全快速通过,项目部还在施工现场安置了交通导流设施,并安排了多名保畅人员在现场执守,在路政、交警等多家单位的协助下,跨路吊装施工圆满完成。

2. 铜牛寺特大桥——以超常手段追赶时间

全线最大的桥梁——铜牛寺特大桥左幅 39 跨、右幅 38 跨。由于跨度大,桩基最长达 61.8m,桩径达 2.2m,加之复杂的喀斯特地质地貌,桥梁主体又处在地震断裂带,为避免地震灾害导致桥体损坏,业主单位在设计方案中提高了抗震等级设计,要求桥梁抗 8 级地震,施工难度非常大。

由于各种原因,施工进场较晚,第二标段工期稍有滞后。为保证质量和工期,项目部在科学组织、高效管理、合理调配、质量监督和安全监管等方面提出了更高的要求。项目经理余登元决定,采取超常措施,加大投入,增加预制厂。比如正常施工条件下,建设 3 个用于加工原材料的预制厂即可满足施工需要,但为了加快工程进度,弥补进场晚、拆迁延误等原因造成的工期滞后,项目部建设了 5 个预制厂,增加了 300 万元的场地建设费用和模板费用投入。此外,项目部还加强人员组织调配,增加人力和机械设备,迅速掀起施工高潮。工地上,两个塔吊、七台吊车,机器轰鸣,随着阵阵哨声和挥舞着的旗帜,施工现场热火朝天,工程进度突飞猛进。

3. 桩基施工——日夜奋战,攻克技术难题

由于地处典型的喀斯特地貌区,项目三标在桩基施工过程中,每根桩都要遇到 1~4 个上下层位不等的溶洞,有的溶洞深达 8~9m,给施工带来了很大技术难度和安全隐患。为克服冲孔过程中因溶洞迅速漏浆造成塌孔的难题和在混凝土灌注过程中溶洞坍塌埋桩等问题,项目部发扬不怕苦、不怕累的精神,安排四个值班组,每个班组由一名副经理带队,每天 24 小时现场解决溶洞问题,确保安全和每一根桩基的质量。施工中,由于部分桩基处在 110kV 和 220kV 高压线下,地面净高仅 14m,存在吊车距离不够、钢筋笼分段不能太多、因受溶洞影响桩孔等待时间不能太长等问题,为了顺利完成该区域的桩基施工,项目部积极与设计单位协调,将所有受影响的桩基位置向下挖 5~6m,增加施工净高,采用接桩的方案完成上部桩基。经过项目全体班组 4 个月的日夜奋战,不仅按计划全面完成了所有桩基的施工任务,而且桩基检测全部合格,一类桩达到 95%以上。

(五)科技创新

由于地质条件复杂、施工难度大,项目部实施了一系列技术创新和新技术应用。针对喀斯特地貌,在桩基施工中采取冲击成孔的施工工艺和钢护筒防治漏浆措施;针对云贵高原的高液限红黏土地质,采取片石垫层、碎石垫层、盲沟组合成透水、渗水层的设计方案;水泥稳定碎石施工中,为保证水泥终凝延迟时间,采用特配的 PSB325 型水泥;为保证路基与地下石油管线的安全距离,制定"加筋土生态陡边坡"设计方案。

第十节　S36 楚雄—广通高速公路

S36 楚雄—广通高速公路是《云南省道网规划修编(2016—2030 年)》"五纵五横一边两环二十联"以外的"其他"高速公路中的一条,主要控制点为楚雄、广通。

第十八章

地方高速公路

楚广高速公路——对接滇中"旱码头"

在云南,没有哪个镇的交通区位优势能与广通相媲美。处于滇中与滇西大经济圈之间的楚雄州禄丰县广通镇具有得天独厚的交通区位优势,成昆铁路纵贯全境,设有3个火车站,境内铁路专用线达13条,货物转运站(场)22个,占全省铁路货运吞吐量的1/4。除了铁路,广通的公路四通八达,周边有柏油公路连通320国道和安宁—楚雄、楚雄—大理高速公路,是滇西重镇和滇西八州(市)大宗货物的物资集散中心,素有"西来之锁钥,九郡之咽喉"之称。楚雄—广通高速公路建设项目是连接楚雄市与滇中"旱码头"广通镇的重要交通枢纽之一,对彝州楚雄经济快速发展及云南经济社会发展都起着至关重要的作用。

(一)项目特点

楚雄是昆明通往滇西的必经之地,有成昆、广大铁路和G56杭瑞高速公路穿境而过,向东与昆明连接,西出大理,南达普洱,北进四川省攀枝花市,是云南省滇中地区重要的陆路交通枢纽,在全省综合交通运输网络中占有重要的地位。广通是成昆铁路的重要客货集散地,同时也是广大铁路的起点,楚广高速公路是《云南省道网规划修编(2016—2030年)》"五纵五横一边两环二十联"以外的"其他"高速公路中的一条,也是省道S322线大旧庄—楚雄公路中的一段,承担着滇西八州(市)茶叶、白糖、水果、木材、化肥、矿产品等大宗货物物流集散,不仅是铁路客货集散的重要公路通道,还是楚雄州政治、经济、文化中心楚雄市与交通重镇广通相连的最便捷通道,是楚雄州重要的经济干线之一。

楚广高速公路南与昆瑞高速公路相连,向西直通大理、瑞丽至缅甸,向东直达昆明,北与县道XE71和S103省道在广通相接,继续向西延伸可达黑井古镇、元谋和牟定,向东延伸可达禄丰县(图18-28),是云南省干线公路网规划中"骨架路网"外环线楚雄至元谋、"一般干线路网"联络线皎平渡至易门公路的辅助路网。

楚广高速公路是楚雄州重要经济干线之一,作为楚雄市与广通之间的连接线,项目具有重要的交通集散作用,承担着繁重的客货运输任务。项目起点与安楚高速公路相连接,形成高速公路直接相连,路网布局合理,整体运营效益显著,对楚雄州与全省的物流、人流、信息流、资金流,尤其对全州经济社会快速发展具有明显的带动作用。

楚广高速公路路线起点接已建成的安楚高速公路,高接高,马房立交A、D匝道上跨安楚高速公路,A、B、C、D匝道拼宽安楚高速公路。控制性工程马房枢纽立交须改移中石化昆明至大理成品油输油管道720m。路线于K0+990、K0+764.8处上跨广大铁路既有线,于K7+373、K9+200处上跨广大铁路在建新双线。路线范围内须改移军事光缆

26km,沿线地形、地质、水文情况复杂,有滑坡、软弱土、泥质页岩等地质灾害,部分边坡顺层严重。路线虽短,但须拆迁的房屋、经济大棚、药材大棚较多,区域内与老国道 G320 线、老省道 S322 线及乡村道路交汇、交叉,穿越村庄,全线地材缺乏,特别是路面料须到较远的禄丰、祥云等地方远运。

图 18-28　楚雄—广通高速公路位置示意图

楚广高速公路全线设马房、小草村 2 个立交,隧道 2 座,长 2785m(单幅)。2013 年 9 月 1 日,隧道掘进过程中出现有毒有害气体,主要成分为 HF、NO_2、CO 等 13 种有害气体,成为楚广高速公路建设的特点和难点之一。

(二)项目概况

1. 基本情况

楚广高速公路起于苍岭镇马房,接已建成的安楚高速公路 K140+000 处。K0+000 处设置定向型枢纽立交马房立交,向东北方向布线,上跨省道 S103 线。K0+990 处上跨广大铁路,K2+500 处设小草村互通式立交,缓缓升坡。K4+200 处往白家屯西经过,路线继续向北升坡,K5+880 处设桥跨越山间沟谷。K7+850 处上跨广大铁路,K8+000 处至最高点马鹿阱垭口附近,路线展线降坡至小旧庄,设置小旧庄分离式隧道,右幅长 1390m、左幅长 1395m。K13+800 处经过下珊琅东南侧,K15+300 处至全家弯子南,路线沿山谷继续向东布线,讫点为 K16+929.12,其中 K9+800~K12+860 处为分离式路基,长 3.05978km。路线总体走向为西南至东北向,主线全长 16.929km。广通联络线起点 K0+000 处位于省道 S322 线,路线沿山脚向东南方向布线,K0+800 处过文星中学、K2+100 处至苏公坝村,路线继续沿东南方向布线,K3+000 处往徐克岭东北侧经过,止点为 K3+354.23,止于大旧庄至广通公路上,接广大公路,长 3.35423km,路线全长20.28km。路线经楚雄州楚雄市及禄丰县,其中经楚雄市11km,禄丰县9.28km,项目占地1969亩。

楚广高速公路主线设计速度80km/h,路基宽度24.5m,双向4车道,设计荷载公路—Ⅰ级,设计交通量为2030年远景平均交通量25282辆/日,抗震设防裂度为楚雄市Ⅶ度,禄丰县Ⅵ度。广通联络线采用一级公路标准建设,设计速度80Km/h,路基宽采用24.5m。

楚广高速公路主要工程数量为路基土石方442万m^3,防、排水工程15.5万m^3,大桥9562.556m/29座、中桥511.9m/7座、小桥110m/5座,桥梁共10192.496m/41座(按单幅计,含1座跨线桥),涵洞及通道82道;隧道2785m/2座(单幅计);全线设互通式立交2处、收费站2处,管养房2930m^2,以及边坡防护、标志、标线、护栏、隔离栅、收费、通信、监控等交通安全设施。

楚广高速公路批准概算为16.57亿元(含广通联络线),省、州联合建设模式,其中楚雄州自筹建设资金4.97亿元,云南省公路投资公司自筹11.6亿元(含利用国内银行贷款)。

楚广高速公路沿线为山岭重丘地形地貌,分布平坝、高山、山箐,沿线绝大部分段落为"滇中红层"地质,软岩分布占路线总长90%。沿线坝区大量分布软土地质,沿线部分挖方段落岩层倾向与路线一致,边坡稳定性差。

楚广高速公路工程主要构造物为冲孔桩基、圆形或方形墩柱、T形梁、现浇箱梁、钢箱梁、分离式隧道等。

楚广高速公路建设工期为两年半。2012年9月26日举行开工典礼,2013年3月9日开工建设,2014年12月29日建成通车,比计划工期提前半年。

2. 前期决策

楚广高速公路批准建设之前,原有楚雄至广通公路全长约33km,修建于20世纪50年代,虽历经多次改造,但技术标准低,路基宽仅6.0~6.5m,沥青表处路面,平曲线最小半径15m,最大纵坡9%,桥涵设计荷载汽车—15级,挂车—80,线形曲折,平纵线形组合差,基本只能达到四级公路标准,严重制约着广通镇经济社会的发展。

2008年6月,楚雄州发展和改革委员会上报了《楚雄至广通公路建设工程可行性研究报告》。

2009年5月18日,云南省发展和改革委员会以云发改交运〔2009〕859号文批准了楚广高速公路工程可行性研究报告。2011年7月22日,云南省发展和改革委员会以云发改交运〔2011〕1483号文批准了楚广高速公路工程可行性研究补充报告。

2012年1月11日,云南省发展和改革委员会以云发改基础〔2012〕52号文批复了楚广高速公路初步设计,对楚广高速公路建设项目的线路方案、立交区及隧道设置、管养及服务设施规模、技术标准、路基路面方案、交通工程、三大系统、工程概算等作了批复。

2012年10月27日,云南省交通运输厅以云交施工许可〔2012〕3号文批准施工许可,同意楚广高速公路开工建设。

3.参建单位

2010年10月25日,云南省公路投资公司批准成立云南楚广高速公路建设指挥部,负责项目建设管理工作,任命李晶哲为指挥长,指挥部业务上受云南省公路投资公司管理。

指挥部通过全国公开招标,经过公平、公正评审,坚持择优选择的原则,共有22家设计、施工、监理单位参与楚广高速公路建设。

在楚广高速公路勘察设计工作中,云南省公路勘察设计研究院着重考虑公路与自然环境、地形地貌的协调一致,考虑地质条件和工程建设的社会人文环境,强化地质选线,做到环保优先、景观协调,贯彻可持续发展的指导思想,积极抓好楚广高速公路设计工作。

承担楚广高速公路建设施工任务的施工单位均具备招标文件要求的施工资质。各施工单位按照合同条款,建立健全组织管理机构,合理组织施工队伍,建立以总工程师为中心的质量自检体系,成立安全保通部门,完善党组织领导下的监督保障机制,科学管理,严密组织,确保了质量优、进度快、环保好的建设施工目标,全面履行了投标承诺。楚广高速公路共有2个土建合同段,1个路面合同段,1个交通安全设施合同段,隧道机电、通信、监控、收费系统1个合同段,2个绿化工程合同段,1个沿线设施合同段,1个消防工程合同段,共9个合同段。所有施工单位均能全面履行合同,项目管理人员按时到位并长期驻守工地现场,工作责任心强,业务管理水平高,在确保工程质量的前提下,努力加快工程进度,圆满完成了各项施工任务。

楚广高速公路项目实行第三方监理。指挥部成立监理工程师管理办公室,总监办认真履行监理"三控三管"(控进度、控质量、投资控制;安全管理、水环保管理、农民工工资管理)的职能作用,按照"严格监理、优质服务、公正科学、廉洁自律"的原则,对所辖全部工程范围的质量巡检,按规定的频率对工程质量进行抽检,对施工进行全天候、全过程、全方位的旁站监理,并充分利用检查、签证等手段对各道工序实行全面质量控制。依据合同文件,总监办到位监理人员58人,监理人员文化程度高,有职称人员比例大。监理工程师严格执行监理工作方针、法规、合同文件及业主各项管理办法;以工程质量监理为核心,严格执行监理程序,按规定签认工程数量,控制工程费用;监理人员坚守现场,实行全天候巡查和稽查,发现问题立即整改,切实把质量管理措施落到实处,使工程质量始终处于受控状态。同时,监理单位牢固树立廉洁自律意识,忠于职守,做到了对业主负责,让指挥部放心,使承包人满意。指挥部制定了29个管理实施办法列入合同条款,根据工程进度补充完善了各项的管理措施。

楚广高速公路建设从业单位信息采集表见表18-11。

第十八章 地方高速公路

楚广高速公路建设从业单位信息采集表 表 18-11

序号	参建单位	单位名称	合同段编号及起讫桩号	主要负责人
1	项目管理单位	云南楚广高速公路建设指挥部	主线 K0+000~K16+929.12、广通联络线 K0+000~K3+354.23	李晶哲 张仕华
2	勘察设计单位	云南省交通规划设计研究院	主线 K0+000~K16+929.12、广通联络线 K0+000~K3+354.23	李忠祥
3	施工单位	云南第二公路桥梁工程有限公司	TJ1 合同 K0+000~K8+200	王 斌 李 俊
4		云南阳光道桥股份有限公司	TJ2 合同 K8+200~K16+929.12；广通联络线 K0+000~K3+354.23	李事明 陈汉斌
5		云南云岭高速公路养护绿化工程有限公司	LM1 合同 K0+000~K16+929.12；广通联络线 K0+000~K3+354.23	杨育明 李 雁
6		云南云岭高速公路养护绿化工程有限公司	LH1 合同 K0+000~K8+200	罗素芳 毛红卫
7		云南隆闽园林建设工程技术有限公司	LH2 合同 K8+200~K16+929.12；广通联络线 K0+000~K3+354.23	徐玉琴 韩洪恩
8		云南杰联市政工程有限公司	FJ1 合同 K0+000~K16+929.12；广通联络线 K0+000~K3+354.23	蒋 锐 杨 平
9		北京瑞华赢科技发展有限公司	JD1 合同 K0+000~K16+929.12；广通联络线 K0+000~K3+354.23	杨善双 于 洲
10		江苏三有交通设施有限公司	JA1 合同 K0+000~K16+929.12；广通联络线 K0+000~K3+354.23	李志刚 邵剑华
11		云南金亚消防工程有限公司	XF1 合同 K0+000~K16+929.12；广通联络线 K0+000~K3+354.23	李 鑫 李金祥
12	监理单位	云南升盟公路工程监理有限公司、云南云通监理咨询有限公司(联合体)	土建 JL1 合同 K0+000~K16+929.12；广通联络线 K0+000~K3+354.23	樊思林
13		云南交通基建工程监理有限公司	房建 JL1 合同 K0+000~K16+929.12；广通联络线 K0+000~K3+354.23	耿春勇
14		云南纪星交通工程监理咨询有限公司	机电 JL1 合同 K0+000~K16+929.12；广通联络线 K0+000~K3+354.23	李润华
15	设计咨询单位	云南交通咨询有限公司	主线 K0+000~K16+929.12；广通联络线 K0+000~K3+354.23	刘剑涛

(三)建设情况

1.项目筹备

2009年5月18日,《云南省发展和改革委员会关于省道 S322 线大旧庄至楚雄公路楚雄至广通段工程可行性研究报告的批复》(云发改交运〔2009〕859号),原则同意云南省交通规划设计研究院编制的《省道 S322 线大旧庄至楚雄公路楚雄至广通段工程可行性研究报告》。2011 年 7 月 22 日,《云南省发展和改革委员会关于省道 S322 线大旧庄至楚雄公路楚雄至广通段工程可行性研究补充报告的批复》(云发改交运〔2011〕1483 号),原则同意云南省交通规划设计研究院编制的《省道 S322 线大旧庄至楚雄公路楚雄至广通段工程可行性研究补充报告》。

2008 年 11 月 11 日,《云南省水利厅关于批准省道 S322 线大旧庄至楚雄公路楚雄至广通段工程水土保持方案可行性研究报告书的函》(云水保〔2008〕411 号),批准项目水土保持方案确定的水土保持措施总体布局、水土流失防治分区及防治措施。

2008 年 8 月 11 日,云南省国土资源厅《地质灾害危险性评估报告备案登记表》对地质灾害评估确认为"符合评估工作有关规定,同意备案"。

2008 年 8 月 14 日,云南省国土资源厅《关于楚雄—广通高速公路工程建设项目用地矿产资源调查结果的备案证明》(〔2008〕213 号),对楚雄州上报的《楚雄—广通高速公路工程建设项目压覆矿产资源评估报告》进行合规性检查,结论符合实际情况,同意备案。

2008 年 8 月 11 日,云南省文物局《云南省建设工程文物保护意见书》关于对《楚雄至广通高速公路沿线文物考古调查勘探技术服务评估报告》(云文考〔2008〕14 号)认为,该项目没有需要进一步处理的文物,同意工程选址,进行建设,在施工中如有其他文物发现,请及时报告当地文物部门。

《云南省环境保护厅关于楚雄至广通公路工程环境影响报告表的批复》(云环审〔2009〕33 号),对项目环境影响报告进行了批复。

2007 年 12 月 16 日,云南省人民政府专题会议纪要《省政府楚雄现场办公会会议纪要》(第 70 期),经云南省交通厅批准,确定楚广高速公路建设项目由云南省公路投资公司与楚雄州联合进行建设,云南省公路投资公司作为建设业主,负责楚广高速公路的筹建和组织实施。之后,楚雄彝族自治州人民政府和云南省公路开发投资有限责任公司签订了《楚雄州楚雄至广通高速公路建设项目合作协议书》。

2012 年 1 月 11 日,云南省发展和改革委员会《关于省道 S322 线大旧庄至楚雄公路楚雄至广通段高速公路两阶段初步设计的批复》(云发改基础〔2012〕52 号),批复了项目初步设计。

2012 年 9 月 26 日,项目举行开工仪式。云南省交通运输厅批准工程项目开工时间为 2012 年 12 月 10 日,实际开工时间为 2013 年 3 月 9 日。

《云南省林业厅准予行政许可决定书》(云楚林资许准〔2012〕398 号),批准建设项目征用林地 24.4006 公顷。

2012 年 12 月 28 日,《云南省交通运输厅关于 S322 线大旧庄至楚雄公路楚雄至广通高速公路两阶段施工图设计的批复》(云交基建〔2012〕351 号),批准了项目的两阶段施工图设计。

《国土资源部关于楚广高速公路工程建设用地批复》(国土资函〔2012〕1012号),批准建设用地112.3896公顷,由当地人民政府按照有关规定提供,作为楚广高速公路工程及配套设施用地。

指挥部依据相关规定,通过邀请招标方式委托中技国际招标公司承担项目的招标代理工作。

楚广高速公路所有招标文件根据交通运输部《公路工程标准施工招标文件》(2009年版)、《公路工程标准施工招标资格预审文件》(2009年版)、《公路工程施工监理招标文件范本》(2008年)以及中华人民共和国《标准施工招标文件》(2007年版)、《标准施工招标资格预审文件》(2007年版)等相关条款,以及相关法律、法规的有关规定和要求执行,并结合楚广高速公路项目建设的实际情况编制完成。

项目招投标工作严格按照《中华人民共和国招标投标法》(中华人民共和国主席令21号)、《公路工程施工招标投标管理办法》(交通部令2006年第7号)、《公路工程施工招标评标委员会评标工作细则》(交通部公路发〔2003〕70号)、《中华人民共和国招标投标法实施条例》(中华人民共和国国务院令第613号)、《云南省招标投标条例》等相关法律法规的规定,公开招标选择设计、监理、施工单位和物资供应商。所有资格预审文件、招标文件经云南省公路开发投资有限责任公司招标监督委员会和云南省公路工程项目招标监督委员会的审查;资格预审评审报告、评标报告、监督报告、招标控制价都经过云南省公路工程项目招标监督委员会的审查,充分体现了公开、公平、公正和诚实信用的原则。上级监督人员、公证机关对各个重要环节进行监督、公证,所有招标程序符合法律、法规要求。在完成土建、监理、统供材料采购、路面、绿化、交安、机电等所有项目的全部招标工作后,未发生任何不良举报与投诉。

楚广高速公路征地拆迁工作由地方政府负责。在征地拆迁工作中,指挥部积极维护沿线群众利益,支持地方建设,在保障和改善民生、支持沿线城市建设等方面,变更增加工程投资达861多万元,各级地方党委、政府及沿线群众十分满意。

2.项目实施

由于楚广高速公路的特殊区位,项目直接影响有着滇中"旱码头"之称的广通镇的社会经济的发展。在投资紧张、工期紧缩的严峻形势下,工程建设中的一些重大决策、重大变更和重要事件,直接关系到楚广高速公路建设的成败,关系到项目功能的发挥,关系到各级管理人员的成长与进步。

(1)依法建设和管理

楚广高速公路项目建设里程虽短,但也属于工程艰巨、涉及面广、协调工作任务繁重的建设项目。依据国家相关法律法规,结合项目建设实际,指挥部制定了《项目建设管理办法》《工程质量管理办法》《首件工程认可制管理办法》等 29 个管理办法,覆盖工程建设的各个方面,并作为合同文件组成部分,力求对项目建设各项管理工作制度化、规范化。按照国家规定的基本建设程序,楚广高速公路项目建设管理履行了工程可行性研究、初步设计、施工图设计、建设用地、征用林地、水土保持方案、环境保护方案、文物考古调查报告编制、开工建设申请及审批等基本建设程序。按照国家招标投标法等法律法规,指挥部公开招标选择设计、监理、施工单位和物资供应商,所有项目资格预审文件、招标文件、资格预审、投标控制价、评审报告、评标报告都经过云南省公路工程项目招标监督委员会的审议,并对中标候选人进行了公示。在项目建设过程中,认真接受政府监督。项目跟踪审计单位适时分阶段向指挥部提供审计报告,为指挥部依法进行规范化管理提供有效的监督和保证。

(2) 地方政府高度重视　施工环境保障给力

楚广高速公路需要征用和占用大量土地、林地,征地拆迁涉及面广泛,涉及领域多,很多工作直接关乎民众的民生、生计,需要多部门联合推进,共同完成,并协调和整合多部门、多单位的利益关系。项目开工建设后,沿线各级政府及协调办始终以"主人翁"的姿态,真正把楚广高速公路当成自己的路来修,为项目建设创造了优良的施工环境。各级领导坚持高位推动,亲自调度指挥,确保协调工作力度大、成效好。指挥部与州协调办组织沿线政府和乡镇及设计人员对沿线沟、桥、涵渠等进行逐一调查、完善,同时,各参建单位始终秉持"和谐"宗旨,紧紧依靠各级地方政府,以诚信协调为基础,以感情协调为润滑剂,以老百姓利益为重,以大局为重,坚持文明施工,和谐共建,为楚广高速公路建设顺利推进创造了有利的条件,确保项目建设平安顺畅。

(3) 切实履行质量管理职责　落实主体责任

在工程建设中,指挥部坚持"诚信履约、齐抓共管"的理念,以建立健全"政府监督、法人管理、社会监理、企业自检"的四级质量保证体系为载体,紧抓质量不放松,努力打造优质工程。首先是创造重视质量、狠抓质量的良好氛围。牢固树立"质量责任终身制""以质量论成败"的质量观念,不断增强政治责任感和社会责任感。每个工程建设者都绷紧质量这根弦,使每个参与施工的人员对质量工作都有"如履薄冰,如临深渊"之感。其次,正确处理质量和进度的关系。不论在何种情况下,指挥部增强质量第一位意识,绝不允许以牺牲质量为代价来换取进度。三是对不合质量要求的分项工程坚决返工,毫不手软,尤其是对影响工程质量的主要因素和关键环节严格控制,层层严格把关,不留隐患,对工程质量始终保持"零容忍"。指挥部通过举办质量工作现场会、观摩会等方式,对质量做得好的合同段,树立典型,大张旗鼓地宣传和推广经验;对质量不过关或存在问题的合同段,及时通报、责令整改和处理,防微杜渐。

(4) 以合同为纽带　强力推进建设目标

指挥部注重抓紧抓好施工现场管理和落实阶段目标责任这一主线,突出以计量支付、资金拨付监管为手段,切实提高执行力,将全部工程划为阶段目标,以分期目标确保总目标的实现,使项目建设有序推进,保证了总工期目标的实现。指挥部在要求各承包人认真履行合同的同时,还按合同文件要求自觉规范自己的管理行为,并主动把"搞好服务、服务上门"等理念落实到建设管理工作中。

(5)切实加强党风廉政建设　实现"双优"目标

针对楚广高速公路建设工期紧、涉及面广、任务重的特点,指挥部围绕"干部优秀、工程优质"的总体目标,加强党风廉政建设,坚持"标本兼治、综合治理、惩防并举、注重预防"的方针,从加强惩防体系建设入手,在从严管理上下功夫,为项目建设保驾护航。

一是按照云南省公路投资公司党委"党建三项派驻制度",治理"源头",管好"龙头",遏制"苗头",履行"一岗双责"制度。加强对权力运行和制度执行情况的监督,坚决遏制各种违纪苗头,严格落实廉洁自律有关规定。

二是成立党风廉政建设工作领导小组,贯彻《云南省公路开发投资有限责任公司惩治和预防腐败体系制度汇编》,制定《云南楚广高速公路建设指挥部党风廉政建设责任制实施意见》《党风廉政建设"六不准"》,突出"加强作风建设,促进科学发展",严肃党纪政纪及生活纪律,增强服务现场的理念。在与各合同单位签订《楚广高速公路建设项目施工合同》和《供货合同》的同时,签订《廉政合同》,实施"双合同"管理,把廉政建设与工程建设放到同样的高度来进行考核。

三是开展"路地共建廉政工程"活动,成立预防职务犯罪工作领导小组,设立"反腐倡廉举报箱、举报电话",不定期地派员深入工程现场调研、检查和监督,送法下工地,鼓励、鞭策建设者在建好楚广高速公路的同时群策群廉,共筑防腐长堤。

四是加强廉政教育,多种形式开展廉政交通主题教育活动,使广大干部职工时刻警钟长鸣。深入开展警示教育、学习党的群众路线教育实践活动和党总支中心组学习活动,创先争优;积极开展治理商业贿赂工作,召开廉政建设专题会议,观看防腐警示片,全体参建人员廉洁自律能力明显增强。

通过这些工作和措施,从思想上、组织上、制度上构筑起不想腐败、不能腐败和不敢腐败的有效机制,项目建设期间没有任何投诉事件发生。

(四)复杂技术工程

楚广高速公路项目复杂技术工程主要为马房枢纽立交、K0+990及K7+764.8处上跨铁路桥、小旧庄隧道、软土路基处治及红层软岩地质处治等。

1. 马房枢纽立交

马房枢纽立交(图18-29)连接已建成运营的安楚高速公路,主要为解决安楚高速公路交通流出、入楚广高速公路而设。主线设计速度为80km/h,匝道设计速度为60km/h,匝道全部采用单向双车道全宽10.5m。立交中心为K0+000,交角75°,采用Y形立交。A匝、B匝主要解决楚广高速公路交通流入安楚高速公路而设,C匝、D匝主要解决安楚高速公路交通流入楚广高速公路而设。马房枢纽立交共设置大、中、小桥13座,桥梁结构形式为T形梁、普通钢筋混凝土现浇连续箱梁、预应力混凝土现浇箱梁、连续钢箱梁、空心板、预制小箱梁及现浇板,其中匝道A、B、C、D设置大桥,分别为匝AK0+509.528桥、匝BK0+360.459桥、匝CK0+452.943桥、匝DK0+919.602桥。其中匝A、匝D主跨采用35m+50m+35m连续钢箱梁上跨安楚高速公路。

图18-29 楚广高速马房立交

为确保钢箱梁吊装施工安全及安楚高速公路运营安全,经指挥部、总监办、施工单位多次对吊装方案进行比选,确定采用改移安楚高速公路,封闭上跨段,进行连续钢箱梁吊装,最终优质、高效地完成了上跨安楚高速公路连续钢箱梁吊装施工任务。

马房立交区域内还存在720m昆明至大理成品油输油管道,设计时对输油管道进行了改移。改移协调难度大、周期较长,指挥部、总监办积极督促施工单位采取见缝插针方法,完成了桥梁下部工程施工,为后续桥梁上部施工打下了坚实的基础。

2. 上跨广大铁路桥

指挥部、总监办、施工单位积极与昆明铁路局沟通、协调,根据批复的天窗节点,在做好各项确保铁路运营安全的前提下,顺利完成了上跨铁路桥施工任务。

3. 小旧庄隧道

施工过程中出现有毒有害气体,成分为HF、NO_2、CO等13种有害气体。指挥部会同设计等单位采取"预排放、强通风、勤监测、强封闭"的处治原则,制定施工保障措施,顺利完成了有毒有害气体段落隧道施工,确保了隧道施工安全快速推进。

4. K13+721 大桥(左幅)

项目实施过程中,经云南省交通运输厅、云南省公路投资公司、指挥部和参建单位现场研究、确定,将原设计 K13+721 桥(9×20m T 形连续梁桥)调整为路堤穿越,单项调整节约投资约 500 万元。

5. 借方填筑

"滇中红层"软岩地质路段占楚广高速路线总长 90%,泥岩遇水崩解、软化,无法满足路基填料要求。为确保路基强度和耐久性,施工中对泥岩利用方进行废弃,采用借方填筑,仅此项路基处治就增加投资 3000 万元。

(五)科技创新

楚广高速公路建设实施了多项科技攻关项目,取得了丰硕的科研成果。

1. 云南公路边坡非饱和特殊土低碳修复关键技术研究与应用

通过研究西南地区尤其是生态脆弱区的特殊土非饱和土力学特性,掌握公路边坡岩土体的物理力学性能,研发非饱和特性边坡防护技术,开展特殊土公路边坡低碳天然修复关键技术攻关,优化施工工艺,提出标准化技术规程,创立全新的公路生态节能固坡设计施工理念,对路基挖方边坡防护工程质量及生态恢复发挥了关键作用,充分体现了技术的实用性及推广价值。

膨胀土 PAS 化学稳固剂通过离子交换、联结、包裹、凝胶作用,与黏粒表面产生较大分子力,形成空间网络结构,大大改善了膨胀土的颗分级配、胀缩特性、强度特性、水理特性等物理力学性质。

改良后的膨胀土黏粒减少,粉粒增多,孔隙明显减少,结构更加致密,稳固剂的"团聚""凝胶"效果显著。

改良后的膨胀土的抗剪强度、CBR 值有明显提高,水理特性更加稳定,这对于路基稳定性、安全性有重要意义,可见 PAS 稳固剂对土的工程性质有很大程度的改善。

土工格栅在限制水平方向位移比限制垂直方向位移更有效,它能将上覆荷载有效地分布到更宽的底层路基,对于防止路基的不均匀沉降有明显作用。土工格栅加筋能使路基承载力显著提高,并改善土体应力环境,有效减小沉降量。在总加筋力相当的前提下,铺设适量多层强度适中的格栅,比铺设少层高强度格栅能更好地抑制路基沉降。

2. 高原山区公路工程抗震关键技术研究

云南省属于我国地震多发地区。为切实提高高原山区公路抗震安全性和合理性,课题以云南地震高烈度地区的典型公路工程构筑物为主要研究背景,以新的《公路工程抗震规范》修订为载体,针对公路工程抗震中所涉及的重大关键技术进行系统研究,为新的

《公路工程抗震规范》的修订提供可参考的技术基础。课题以提高我国公路工程抗震设计水平,保证交通生命线工程的安全,减少由于公路工程破坏而对震后救援应急工作带来的不利性及损失的严重性,推动我国公路工程抗震防灾减灾水平的快速发展为研究目标。

课题研究采用概率标定为主,并结合公路工程在路网中的重要程度,确定了具有不同抗震风险水平的公路工程的重要性分类和修正系数的确定方法。

通过拟静力试验和实桥缩尺模型振动台试验,解析支座的本构特性和机理,开发了高强细密钢丝网复合橡胶减隔震支座。

针对云南地区不同坡角、坡高、土体含水量等土质特点,研究了不同地震输入角度的边坡地震响应特性,揭示了高路基边坡动力稳定性的基本规律。

采用多屈服面弹塑性本构模型,建立了强震作用下土体与公路典型倾斜式重力挡土墙的相互作用有限元分析模型,揭示了考虑不同土体性质、典型高度的倾斜式重力混凝土挡土墙上的地震土压力的分布规律。

3. 采用先进设备,确保工序质量

采用大吨位振击式压路机对全线路基进行冲击碾压,确保了路基压实度。采用电脑自动计量拌和站进行混凝土生产,提高了生产效率,确保了混凝土质量。

(六)运营养护管理

全线设广通、腰站街2处收费站,监控中心优化利用资源与原有楚雄监控分中心整合。广通收费站右侧设置项目养护工区,满足后续项目管理养护需求。

第十一节　S27 羊街—鸡街高速公路

S27 羊街—鸡街高速公路是《云南省道网规划修编(2016—2030 年)》"五纵五横一边两环二十联"以外的"其他"高速公路中的一条,也是蒙自绕城高速公路的一段。

羊鸡高速公路——畅通路网增活力

蒙自绕城高速公路是红河州与山东高速集团合作的一个重大项目,也是红河州综合交通 3 年攻坚行动计划的一个重大支撑项目,全长 45.05km,工程分两期开工建设。一期工程羊街—鸡街高速公路全长 17.5147km,与锁蒙、蒙新高速公路一起构成滇南中心城市"一轴一环"全辐射路网枢纽,于 2016 年 7 月 21 日建成通车;二期工程新安所—鸡街高速公路全长 37.5332km,与蒙文砚高速公路相接,于 2015 年 8 月 20 日开工建设,目前尚未建成。

蒙自绕城高速公路项目将开远—河口高速公路、天保—猴桥高速公路两大国家高速公路围绕滇南中心城市的规划发展有机地结合在一起,大大增强了滇南中心城市的辐射带动作用,对加快"两廊一圈"的建设具有十分重要的意义,也为进一步加快桥头堡建设提供了基础支持。

项目的建成,极大地改善了红河州交通路网结构,促进个、开、蒙城市群之间以及与越南之间的交通往来,对加快和促进"个开蒙中心城市群"的协同发展具有重要的推动作用,蒙自绕城高速公路也因此成为一条名副其实的兴州之路。

(一)建设背景

羊街—鸡街路段属地方道路,始建于20世纪50～60年代,为三、四级或等外公路,公路等级标准低、绕行里程长,路面为泥结碎石和砂石路面,很多路段道路破坏严重,路基窄、弯急坡大、路况差,根本不能满足锁蒙、蒙新两条高速公路及区域路网之间的连接和交通转换的繁重任务,无法承担日益增长的交通量需求,成为交通的"瓶颈"路段,营运压力大、通过能力低,与日益增长的经济发展速度极不协调,制约了云南省及红河州地方经济与边境贸易的发展。加强鸡石、石蒙高速以及区域路网之间的连接,缓解交通转换的繁重任务,就成了羊街—鸡街高速公路建设的历史使命。

(二)项目概况

羊街—鸡街高速公路于2014年4月1日开工建设,建设里程为17.5147km,批准概算总投资149431.64万元,于2016年7月21日建成通车。

项目位于云南省红河州的蒙自、个旧、开远三县(市)境内,路线起点K0+000处设置羊街立交接锁蒙高速公路K162+000处,路线沿着山形布设线位,在K1+700处红狮水泥厂设置中桥预留下穿通道,至K3+000处路线左转沿着山脚布线,在K5+495处设置大桥跨越灌溉渠,从雷公哨右侧山嘴通过沿着山脚升坡布线,于K7+700处通过就能村右侧,在K9+014处设置中桥预留马鞍村互通,路线右转布设至K11+531处设大桥跨越蒙自市雨过铺安南邑石料溶剂厂,路线过铁厂K12+800处右侧,设置芦槎冲特大桥上跨老昆河铁路和泛亚铁路,再设置大桥上跨红河大道后,讫于蚂蝗塘K17+514.70处,建设用地1870.9亩。

羊街—鸡街高速公路位置如图18-30所示。

全线按照高速公路技术指标进行建设,项目主线设计速度80km/h,路基与桥涵宽度24.5m,双向四车道,汽车荷载等级采用公路—Ⅰ级,设计速度其余技术指标均符合部颁《公路工程技术标准》(JTG B01—2003)的规定值。

项目共有路基土石方404.02万m^3,防护及排水工程8.101万m^3,路面(上中下面层)

工程124.794万m^3;特大桥2509.16m/1座,大桥2822.4m/4座,中桥700.8m/5座,涵洞通道51道,跨线天桥7座,互通式立交1处;全线设综合服务区1处,收费站1处,管养房10165.4m^2,以及边坡防护、标志、标线、护栏、隔离栅、收费、通信、监控等交通安全设施。

图18-30 羊街—鸡街高速公路位置示意图

路线所经区段内不良地质及特殊岩土主要表现为软土、软弱土、膨胀土、高液限土等几类。

(三)前期决策

1. 项目工可批复

2012年9月4日,云南省发展和改革委员会以《云南省发展和改革委员会关于羊街至鸡街高速公路工程可行性研究报告的批复》(云发改基础〔2012〕1708号)文件,对本项目工可进行了批复,批复认为该项目的实施,对于形成全省横向南部通道,完善公路网布局,改善区域交通条件,具有重要的意义,项目建设是必要的;2013年11月5日,以《云南省发展和改革委员会关于蒙自绕城高速公路羊街至鸡街段公路工程可行性研究补充报告的批复》(云发改基础〔2013〕1800号),对项目工可修编进行了批复,同意建设羊街—鸡街高速公路。

2. 初步设计批复

2014年1月3日,云南省发展和改革委员会以《云南省发展和改革委员会关于蒙自绕城高速公路羊街至鸡街段工程初步设计的批复》(云发改基础〔2014〕1号),批复了红河州发展和改革委员会《关于请求审批蒙自绕城高速公路工程(羊鸡段)两阶段初步设计的请示》(红发改基础〔2013〕764号),明确了项目的建设规模、技术标准和概算。

3. 两阶段施工图设计批复

2014年6月5日,云南省交通运输厅以《云南省交通运输厅关于蒙自绕城高速公路(羊鸡段)两阶段施工图设计的批复》(云交基建〔2014〕163号),批复了红河州发展和改革委员会《关于请求审批蒙自绕城高速公路工程(羊鸡段)两阶段初步设计的请示》(红发改基础〔2013〕764号),明确了项目的建设规模、技术标准和概算。

4. 其他报建批复

羊鸡高速项目的矿产资源、环保、沿线文物考察等,分别以《云南省国土资源厅关于国道G323线羊街至鸡街公路工程建设项目用地矿产资源调查结果的备案证明》(〔2011〕129号)、《云南省环境保护厅关于国道323线羊街至鸡街公路工程环境影响报告书的批复》(云环审〔2012〕447号)、《云南省建设工程文物保护意见书》(云文考〔2010〕26号)等进行了批复。

(四)参建单位

2013年12月18日,由红河州人民政府授权的红河州公路开发经营有限责任公司与山东高速云南发展有限公司合资组建成立山东高速红河交通投资有限公司,实施羊鸡高速项目建设管理。项目公司注册资本人民币1亿元,红河州人民政府持股比例10%,云南发展公司持股比例90%。

2014年1月9日,山东高速红河交通投资有限公司成立羊鸡高速公路建设指挥部,负责项目建设管理工作。

公司按照施工总承包方式通过全国公开招标,经过公平、公正评审,坚持择优选择的原则,确定了设计、施工、监理单位参与羊鸡高速公路建设,各方参建单位均符合国家规定的资质及业绩要求。

羊鸡高速公路的勘察设计由云南省交通规划设计研究院组织实施。设计着重考虑公路与自然环境、地形地貌的协调一致,考虑地质条件和工程建设的社会人文环境,强化地质选线,做到环保优先、景观协调,贯彻可持续发展的指导思想,把羊鸡高速公路建设成为一条具有交通安全性、行车舒适性、景观协调性、生态持续性、经济适用性的高速公路。

承担羊鸡高速公路建设施工任务的山东省路桥集团有限公司具备施工总承包特级资质。施工单位根据施工总承包合同规定的条款,建立健全组织管理机构,投入了高素质的施工队伍、机械设备和管理人员,建立以总工程师为中心的质量自检体系,成立安全保通队伍,完善党组织领导下的监督保障机制,科学管理,严密组织,昼夜奋战,确保了质量优、进度快、环保好的建设施工目标,全面履行了投标承诺。

羊鸡高速公路项目由山东东泰工程咨询有限公司承担监理任务,监理工作围绕质量、进度、投资、安全、环保五大重点。总监办严格执行监理工作方针、法规、合同文件及业主各项管理办法;以工程质量监理为核心,严格执行监理程序,按规定签认工程数量,控制工程费用;监理人员坚守现场,实行全天候巡查和稽查,发现问题立即整改,切实把质量管理措施落到实处,使工程质量始终处于受控状态。同时,牢固树立廉洁自律意识,忠于职守。

（五）项目实施

羊鸡高速公路开工以来,面临汛期时间长、降雨频次高、作业现场排水能力差、有效工期短的严峻形势,指挥部超前规划,精细管理,科学组织,保证了工程建设稳步推进,各项工作有序开展。

1. 探索"党团工会一体化"模式

根据工程建设的实际,为更好地发挥党员、职工在工程建设中的积极性和创造性,指挥部积极探索"党工团一体化"模式,把党风廉政建设与行政管理工作、班子自身建设、干部队伍建设、工会工作管理和工程建设各项工作结合起来,一起部署、一起安排、一起落实、一起检查、一起考核,严格实行责任追究制、政务公开、厂务公开制,加强监督和管理力度,确保各项工作公开透明化,形成良好的考核机制,建立适合工程建设激励机制,充分发挥党工团的作用,对工程建设实现"进度有保障、质量创精品、安全零事故"的目标提供了坚实的后盾和强有力的支撑。

同时,指挥部全面落实廉洁风险防控、"三重一大"决策制度、落实"八项规定"、反"四风"问题等重要决策,认真贯彻执行党风廉政建设责任制,把党风廉政建设和反腐败斗争纳入目标责任管理,以党的群众路线教育实践活动为契机,狠抓学习教育,积极开展反"四风"活动,制定完善的学习制度,做到用制度管理和规范党员职工行为,切实提高党员干部素质、干部队伍建设和拒腐防变能力,扎实开展反腐倡廉工作,保证了党员干部廉洁自律。建设过程中,指挥部未出现一起违规、违纪、违法行为。

2. 质量安全进度"一手抓"

在面临汛期时间长、降雨频次高、有效工期短的严峻形势下,为了项目能顺利建成通车,指挥部将工程质量、安全、进度三者放在同等重要的位置"一手抓",确保实现工程又好又快推进。

指挥部始终坚持"质心质行,尽善尽美"的质量理念,严格贯彻落实国家及云南省工程质量法律法规和标准规范等相关要求,制定严格的质量管理措施,落实质量责任追究制度,执行工序质量检验认可制度,不断建立健全质量保证体系,完善工程管理办法,明确质量管理职责,对工程质量进行有效控制和管理。同时,指挥部还成立质量稽查领导小组,监理单位成立质量验收检查组,对施工过程进行控制和管理,对项目建设所用材料、构件、成品(半成品)、工程实体的质量或技术指标进行实时监控和检查,并要求施工单位每月组织一次全面的自检自查,及时找出质量隐患和质量通病;组织监理单位、设计单位、施工单位对质量隐患和质量通病进行研究讨论,制定有效可行的处理方案,并及时整改,坚决杜绝类似问题再次出现,保证后续施工严格按规范、设计及其相关办法开展。

为确保工程安全工作的顺利开展,公司按照"人员落实、经费落实、责任落实、机构健全"的要求,建立完善《安全生产管理体系》等各类规章制度,建立健全安全生产管理组织机构,严格按要求配备专职安全管理员,加大安全检查力度,细化安全责任,确保责任到人,让安全生产管理实现制度化、规范化、常态化。

为充分利用有效建设工期,指挥部还根据工程建设实际,结合红河州本土特色,在工地开展"60日攻坚"活动、质量通病专项治理活动、安全生产百日攻坚活动、"百日会战"劳动竞赛、梁板预制专项活动等生产专项活动,以活动为载体,找出工程建设中的不足并加以修正,发挥职工的积极性和创造性,确保工程建设进度、质量、安全都在指挥部可控范围内。

3. 严格控制项目投资

为保证项目建设资金的专款专用,指挥部要求工程处和财务处安排专人进行审核监管,加大资金使用和审批管理力度,规范资金审批流程,保证公司和项目资金的合理运用。

指挥部安排专人负责项目的财务核算和管理工作,严格按照财务管理办法要求进行资金拨付,确保财务处理做到规范,核算内容清晰、合规、支付款项依据充分,保证资金专款专用。

由于工程建设过程中,工程重大变更导致费用支出出现些许变化,指挥部加强工程变更控制,严格变更申报审批程序,保证工程费用不超概算。一是注重变更方案的优化比选,在满足工程需要的前提下,尽量选择造价较低的方案;二是要求设计单位认真进行设计交底,指挥部、施工、监理等单位认真领会设计意图,对不合理之处及时提出处理方案,避免工程实施后再进行变更,导致废置工程的发生;三是加强工程变更资料的审查,重点审查工程变更方案的经济合理性、数量计算的准确性、单价套用的合理性。

4. 项目重大变更

(1)跨铁路转体施工

羊鸡高速公路在工程建设中,芦槎冲特大桥19号与20号桥墩之间需跨越玉蒙(玉溪至蒙自)电气化铁路。由于原设计跨越玉蒙铁路的一联采用 $3 \times 40m$ 预应力混凝土T形梁跨越,在T形梁架设施工时需要搭设防护棚架,存在一定的安全隐患,且所需铁路天窗时间较长,而玉蒙铁路为电气化铁路,昆明铁路局对保障铁路运营安全及铁路天窗时间有硬性要求。

为减少工程施工对铁路的干扰、减少占用铁路天窗时间、消除工程施工对铁路运营带来的安全隐患,羊鸡高速公路建设指挥部将主线芦槎冲特大桥跨越玉蒙铁路3×40m联装配式T形梁桥,调整为2×40m T构转体+1×40m预应力混凝土T形梁。工期增加10个月,变更增加费用近481万元。

(2)主线上跨天桥变更

羊鸡高速公路主线横穿蒙自市雨过铺安南邑工业园区北部区块,为保障羊鸡高速公路北侧物流园区与羊鸡高速公路出入口及南侧片区的顺畅连接,蒙自市政府要求:将原设计7m宽,桥跨布置为13m+31m+13m的车行天桥扩建为21m宽,桥跨布置为20m+30m+20m的车行通道桥;将原设计K10+620处3.5m宽人行天桥取消,在K10+540处新建11m宽,桥跨布置为20m+30m+20m的车行天桥。变更增加投资总费用约1079.6万元。

(六)复杂技术工程

1.芦槎冲特大桥跨玉蒙铁路转体施工

为减少羊鸡高速公路工程施工对铁路的干扰,减少占用铁路天窗时间,消除工程施工对铁路运营带来的安全隐患,羊鸡高速公路建设指挥部将主线芦槎冲特大桥跨越玉蒙铁路3×40m联装配式T形梁桥,调整为2×40m T构转体+1×40m预应力混凝土T形梁。

2.喀斯特地质条件下成孔成桩质量控制

在羊鸡高速公路项目前期冲击钻钻孔施工过程中,因喀斯特复杂地质条件,造成卡钻头、偏孔、扩孔、水下灌注混凝土超方等一系列问题,严重影响成孔、成桩质量,同时造成大量混凝土浪费。针对此一系列问题,羊鸡建设指挥部联合施工单位项目部成立QC联合攻关小组着手解决喀斯特复杂地质条件下成孔、成桩质量问题,提高成桩质量,减少混凝土超方,降低建设施工成本。通过小组成员的认真分析总结,小组成功攻克了喀斯特地质条件下桩基施工的一系列难题,并形成相应的作业指导书,将桩基超方系数由活动前的1.14降低到1.03,经初步估算减少浪费混凝土约3000m^3,节约成本约240万元。

3.膨胀土改良应用技术研究

羊鸡高速公路有相当部分的路段分布在膨胀土地质区。鉴于大面积膨胀土换填所带来的种种不利因素,指挥部综合考虑,依托羊鸡高速公路项目,实施了"膨胀土改良应用技术研究"。本研究采用中、弱膨胀土进行改良,提出了一套相对完善的膨胀土改良施工工艺工法,进一步填补了行业空白,对确保路基工程质量发挥了关键作用,充分体现了技术的实用性及推广价值。

(七)科技创新

针对工程建设施工过程中所遇到的技术难题,羊鸡高速公路建设指挥部通过以建设项目为依托,积极开展技术攻关活动以及有针对性的实施科学技术研究,并将研究成果应用于工程建设中,不仅取得了丰硕的研究成果,同时还有效降低了工程造价,减少了工程施工对公路沿线环境的扰动破坏。指挥部采取的技术攻关项目主要有科研项目攻关和QC技术攻关。

1. 科研项目攻关

羊鸡高速公路 K12+999 处老虎山冲大桥为 13 孔 30m 结构连续预应力混凝土 T 形梁桥,下部为双柱圆墩,采用挖孔灌注桩基础,桩基均按摩擦桩设计。桥下因原有废铁厂除锈水池,造成土壤酸性污染,大桥 1~3 号墩处 12 根桩基处于污染核心区域,其他墩柱桩基所在位置土壤也不同程度地受到酸性污染。根据现场勘察和污染区域的取样分析结果,依据《公路工程地质勘察规范》(JTG C20—2011)及《公路工程混凝土结构防腐蚀技术规范》(JTG/T B07-01—2006),确定其污染区域为酸性强腐蚀 E 类环境,Cl^- 含量高,属强腐蚀环境。该腐蚀环境将加快钢筋的锈蚀速度,缩短钢筋混凝土保护层开裂时间,致使桩基混凝土结构承载力下降,使用寿命远达不到原设计基准期 100 年的要求。

鉴于此,指挥部决定联合交通运输部公路科学技术研究院,针对老虎山冲大桥酸性土壤环境开展了混凝土的耐久性和防腐蚀技术研究,特别是强酸与 Cl^- 的耦合腐蚀研究。

该研究旨在研究酸性环境中混凝土腐蚀劣化规律及其影响因素,从而开发低渗透耐酸性腐蚀内养护混凝土制备技术,对比分析桩基结构现有耐腐蚀防护技术措施,提出老虎山冲大桥桩基结构耐腐蚀防护综合措施,以延长桥梁桩基混凝土结构在强酸、高 Cl^- 腐蚀环境下的服役寿命,并为后续的类似腐蚀环境下的交通基础设施建设和工程的后期养护提供充分的技术支持。研究成果已成功应用于工程建设中,有效保证了老虎山桩基结构的耐久性。

2. QC 技术攻关

针对工程技术难题,指挥部负责牵头组织指挥部及施工单位成立 QC 联合攻关小组。2014 年,针对喀斯特地质条件下桩基质量问题及预制 T 形梁外观质量问题,分别成立了蒙自绕城高速公路(羊鸡段)工程联合攻关 QC 小组和蒙自绕城高速工程(羊鸡段)预制 T 梁 QC 小组。

2015 年,两个 QC 小组均被云南省交通工会和云南省交通企业管理协会评为"2015 年度云南省交通运输行业优秀质量管理小组"。其中,蒙自绕城高速公路(羊鸡段)工程联合攻关 QC 小组还在云南省第三十七次质量管理小组代表会议中被云南省质量协会评为"2015 年度云南省优秀质量管理小组"。

第十九章
桥梁隧道

云南山高谷深、江河纵横、地势险峻,在这样一个大山的王国里,人们的交通出行主要是依靠公路。

一条条高速公路,或横亘崇山峻岭,或穿越峡谷河流,或高挂悬崖峭壁……高速公路发展的每一步,都写满了建设者改造自然、征服自然的智慧和勇气。

无论在哪一个时期,同穿山越岭、不断延伸的高速公路相伴而生的,是一座座各具特色的桥梁和隧道。桥梁多、隧道多,这是云南高速公路的一大特点。这些桥梁和隧道虽然耗去了建设者太多的时间和精力,有的甚至为之付出了生命的代价,但却使得一条条高速公路在线路布局上实现弃弯取直,同时把大量的时间归还给了赶路的驾乘人员。

在云南已建成通车的高速公路中,桥隧比最高的是麻昭高速公路,该路大关县境内 45km 有超过 38km 都是桥梁和隧道,桥隧比高达 85.47%,高速公路几乎都是在群山中穿越。

逢山凿隧,遇壑架桥。在云南高速公路发展的历史进程中,公路建设者始终将这些桥梁和隧道当作"大地的艺术品"来构思、来创作、来塑造,因而这些桥梁和隧道也如同人一样,有着各自的性格和命运。

第一节　各具特色的高速公路桥梁

桥,不仅是一种建筑或工具,更是承载历史、传播文化、见证发展的重要载体。

从古代的藤、竹、木、石桥发展到现代的钢筋混凝土梁、拱桥及斜拉桥等,云南在桥型、结构、跨度及材料等方面都实现了巨大的飞跃。云南公路桥梁以其蕴藏的丰富奇特,可称为我国桥梁博物馆。

自 1996 年云南拥有第一条高速公路起,建设者就根据云南特殊的地形、地质条件,创造性地建造了大量旱桥、半路基桥、桥隧相连和结构独特、造型美观的高速公路桥梁。据云南省交通运输厅 2016 年编写的《云南省交通运输统计资料汇编》,截至 2015 年底,云南共有公路桥梁 25384 座、总长约 2222km,其中高速公路桥梁 8350 座、总长约 1387km。

高速公路桥梁约占全省公路桥梁总数的 33%,而长度则占 72.5%。

第十九章
桥梁隧道

一座座桥型各异、雄伟壮观的大桥在云南万山丛中拔地而起,飞架在江河、沟壑之上,成为一道道新奇的风景线。它们不仅是云岭大地一道道独具魅力的景观,也是一面面云南人民抗争自然、寻求开放开通的大旗。

本节选取的15座高速公路桥成桥时间不一,发挥的作用不同,可谓各有千秋,但都是云南高速公路桥梁建设的一个侧面、一道缩影。通过这些侧面和缩影,亦可以斑窥豹,观照云南高速公路桥梁建设的全貌。

一、G5京昆高速西游洞特大桥——用西天取经的精神攻克难关

昆明—禄劝二级公路边有一个当地人称为"天生桥"的地方。桥下有一"天生桥洞",因洞上有路,路下有洞,洞中有河,沙朗河穿洞而过,系自然形成,故冠以"天生"二字。"天生桥洞"由西游洞、水帘洞、观音洞构成,明代著名旅行家徐霞客游览观音洞后曾留下"天下第一奇洞"的美誉。后因电视剧《西游记》到此拍摄取景,"天生桥洞"更名为"西游洞"。如今,在天生桥的一侧,建设者用西天取经的精神攻克了重重难关,终于建成了一座足以与天生桥媲美的大桥——西游洞特大桥。

(一)大桥概况

西游洞特大桥(图19-1)中跨达160m,桥面到谷底深160m,全长336m,是武定—昆明高速公路头号重难点工程,也是云南省最大跨度连续刚构公路桥之一。

图19-1 武昆高速公路西游洞特大桥

西游洞特大桥跨越深沟,桥墩高达84m,为对开六车道。在陡峭的山坡上修建双薄壁空心高墩,运输材料困难。此外,大桥谷底是沙朗中学学生每周放学后的必经之路,也是昆明市五华区的饮用水源之一,安全和文明施工标准要求极高。工程难度之大在云南建桥史上实属罕见。

(二)施工建设

西游洞特大桥由中铁十八局集团路桥工程公司负责承建。大桥施工难度大,建设过程充满艰辛。

1. 重托下受命的项目经理

西游洞特大桥跨越深沟,两岸均为悬崖峭壁,除了象鼻岭坡度稍显缓和外,昆明岸几乎垂直于地面。

项目经理王永生第一次到现场时,站在山上往下看就感到一阵阵眩晕。由于工作出色,中铁十八局集团路桥工程公司任命他担任公司在武昆高速公路中标的4个标段的常务副经理,并独自负责施工难度最大的西游洞特大桥。

在160m的高空建设跨径160m的连续刚构桥,这对路桥工程公司来说还是首次,这样难度的工程对于中铁十八局来说也屈指可数。好多技术员看了现场之后纷纷打起了"退堂鼓",实地考察后的王永生也有一种无处下手的感觉。

了解到王永生的想法后,公司总经理龚清和他长谈了一次:"这个工程必须干,而且要干好。这个工程我们既然能拿下来,就说明业主对我们很信任。如果我们都没有信心,那以后怎么开拓云南市场?又有谁能放心地把工程交给我们?"

身负重托的王永生暗暗下定决心不再给自己找退路。随后,他带着几十名建设者再次奔赴西游洞特大桥施工现场。

2. "蜘蛛人"开辟桥台

由于所有桩基都在半山坡,离谷底最近的桥台也有60多米,加上两侧山体陡峭,又没有施工便道,在平原地区最简单的放线测量在西游洞特大桥施工都变得格外困难。陡峭的山壁不仅岩石嶙峋、树木丛生,而且由于气候潮湿,石面极其光滑,稍有不慎就有掉下深谷的危险。测量人员凭着坚强的毅力和超乎常人的勇气,一次次摸索在丛林巨石之间。待桥台测量放样完成后,每个人都练就了一双爬山涉岭的铁脚板,好比电影里的"蜘蛛人"。

西游洞特大桥的桥台设在距离谷底70多米的昆明岸峭壁一条80cm宽、180多米长的蜿蜒小路上。工程部长赵颂说,当时昆明岸桥台因谷底仅有3m宽的便道,又临近水源,为了避免污染,无法修建供大型设备行进的便道,所有桩基都采用人工挖孔。当时开挖桩基和桥台的20多名工人就是每天沿着这条小路,背着安全绳,扛着风镐、炸药在悬崖上打孔,在峭壁上放炮,用了4个月的时间才开挖出7000m³的碎石,两个桥台初见规模。

武昆指挥部的领导检查工地时,看到近乎直角的峭壁上的两个桥台,也不禁连连称赞这是一支能打硬仗的队伍。

第十九章
桥梁隧道

3. 空中索道解决运输难题

西游洞特大桥跨越深沟，墩身高度最高达84m、最低高度达70m，并且是在陡峭的山坡上修建双薄壁空心高墩，运输材料困难，普通汽车式吊车根本不能满足施工要求。按照施工计划，为了满足大桥的正常施工，应配备4台塔吊，分别立在桥台的两侧，以便解决薄壁空心墩施工过程中的翻模施工问题。但由于桥台离地面比较高，谷底狭小的场地也不能满足吊车架设的要求，且谷底又是昆明市五华区的饮用水源之一，因此从谷底运输塔吊至桥台的方案最终被放弃，改由昆明岸山顶上方的路基上进行吊装。

塔吊安装方案确定了，还缺一台能在高差84m的山顶上吊装塔吊零件的设备。工作人员跑遍了整个昆明，才找到了一台500t的吊车，但仅吊车租金就花了20万元。

很快，材料运输问题又摆在了建设者面前。昆明岸近乎直角，山体根本不能修建运输便道，所有的材料只能从坡度相对平缓的象鼻岭运过来，但是这些材料又如何跨过300多米长的深沟运到对岸呢？为此，中铁十八局工程专家王华山亲自出马，为建设者出了一个"妙招"：从象鼻岭架设一根直径5cm、长360m的索吊直通昆明岸，采用索吊、配合塔吊和混凝土输送泵工艺进行施工，将施工所需材料运过去。

4. 八次试验攻克技术难关

西天取经每次"柳暗花明"的时候总是会出现新的磨难。西游洞特大桥的建设也是如此。

建设时，有一条170多米长的白色铁皮槽从昆明岸的山顶拌和站直通到桥台底部的输送泵上。它就像一条为西游洞特大桥输送血液的大动脉，将搅拌好的混凝土源源不断地灌入桥台模板，托起大桥的脊梁。这条可以算得上是国内首创、长度第一的溜槽正是王永生的"奇思妙想"。

索吊解决了昆明岸靠人工运输施工材料的难题，但混凝土的浇筑又成为制约工程进度的难题——承台距离谷底达60多米，根本无法将混凝土输送上去，国内也没有这么大泵送能力的输送设备。一天，王永生灵感突现，想到了原来施工中用过的溜槽。方案报到业主和监理部门后，他们都认为这简直就是"天方夜谭"。因为西游洞特大桥所使用的都是高标号混凝土，对灌注时间有着严格要求，搅拌好的混凝土经过一段时间后就会自动固化，而且在自流状态下远距离的运输很可能出现离析，导致水泥和里面的石子出现分离，有可能出现严重的质量问题。

王永生决定用事实来说话。他组织项目部员工订做了一套170m的铁皮溜槽。从溜槽的倾斜角度到设计高差，王永生指挥施工人员不断地进行调试，先后试验8次，最后将高差调整为72m，终于使流桩混凝土驯服地顺着这条大动脉流入支护好的模板。武昆指挥部的业主和监理也不得不佩服王永生的确是一个"怪才"。

5. 强化安全生产意识

西游洞特大桥四周都有行人、游客,大桥谷底就是沙朗中学学生每周放学后的必经之地。为打造平安工程,保证大桥工程进度,指挥部已对项目部的施工保障措施提出了三项要求:提高认识,扎实加大组织协调力度;强化督导,扎实提高协调服务能力;细化目标,强化责任落实。为把要求落到实处,项目部出面与当地安监部门和沙朗中学进行沟通,签订了安全保通协议;每周五、周六下午3点为通行时间,该时间段内停止两侧爆破施工;放学后的学生由现场的安全员带领通过施工区,顺利通过后将通道关闭。同时,抽调4名安全员,配备对讲机,24小时轮流值班,随时排除安全隐患。项目部还将安全隐患和风险源编成小册子发到每一名作业人员手中,并与其签订安全协议,要求他们必须在安全交底上签字,提高安全意识。

2010年,西游洞特大桥建设项目部被武昆指挥部评为"安全生产先进单位"。

二、G85银昆高速滴水岩特大桥——依山傍河跨越"一线天"

悠悠五尺道,牵出乌蒙群山沧桑久远的岁月;惊涛拍岸的关河,诉说着滇东北高原挣脱闭塞的艰辛步履。

从麻柳湾沿关河下行,河谷突然收缩为一线天,两岸是陡峭的悬崖,中间是咆哮的河水。在与喇叭溪交汇之后,河水显得更加湍急,除老水麻公路劈出的一线外,几乎找不到立足之地。

沿着幽深狭长、险象环生的关河峡谷,水麻高速公路建设者沿河架设了一座依山傍河的特大桥——滴水岩特大桥。该桥曲线优美流畅,身形圆润矫健,穿越苍翠雄浑的关河峡谷,与关河一起奔涌前行,气势恢宏、蔚为壮观。

(一)大桥概况

滴水岩特大桥(图19-2)位于云南省昭通市大关县境内,全长5.2km,中标价为2.3亿元,合同工期30个月,是水麻高速公路的重点咽喉控制性工程。

大桥由中国路桥总公司第27合同段项目经理部承建。因为地处关河V字形的深山峡

图19-2 水麻高速公路滴水岩大桥

谷之中,该段河水湍急,沿线两岸都是悬崖峭壁,在合同段内没有一块平地可作为桥梁梁板预制场地,施工极为困难。

(二)设计过程

在滴水岩地段,山顶上浸出的水沿悬崖流下,形成无数个小瀑布,过往的车辆可以在瀑布下洗去风尘,但这一地段却也处处险象环生。修路架桥,占用老公路不可能,劈山削岭填河为路更不可能。设计者大胆提出:沿河架桥,留下完整的河谷。这样一来,高速公路与峡谷绝壁两相辉映,形成独特的景观,过往的车辆就如同驶入了大自然的画廊。

思路打开,难题迎刃而解。这一段也因此成为水麻高速公路桥梁最为集中的路段。除中间有一小段架在山体上,滴水岩特大桥如巨龙般缠绕在关河岸边山腰上,十分壮观。

(三)建设过程

"滇东北人民盼交通,云南大发展需要大通道。建设者敢为人先、无私奉献,利用精湛的施工技术攻克了一道又一道施工难关,滴水岩特大桥才得以诞生。"回忆起大桥建设的点点滴滴,项目经理郑世勇深有感触。

滴水岩特大桥沿关河而上,沿线地形狭窄险峻,河水湍急,两旁是陡峭的高山,施工现场在GZ40国道对岸,桥梁的基础大部分在水中。2004年9月进场后,测量人员每天钻铁路隧道穿树丛,在没有路的山林中往返4个多小时进行测量放点,身上经常被树枝刮得伤痕累累。

郑世勇是个富有管理才能、敢于开拓创新的技术领导干部,面对恶劣的自然环境、复杂的地质结构、艰难的施工条件和精品的质量目标,他认为不管挑战有多大,只要遵循客观规律、理性管理、顺势而为、依靠科技、勇于创新,就能破解面临的各种难题。为了让施工队伍和机械尽快进入现场,他带领项目部人员克服了没有电、没有水、没有场地的困难,在GZ40国道边用发电机供电,在2个多月的时间里建成了4座通往对岸的施工便桥。刚进场时,项目部只有一辆车,驻地离工地又有4km远,郑世勇每天早、中、晚亲自驾车往返接送工人上下班。他经常起早贪黑,总是睡不了一个饱觉。经过60多天的苦战,项目部在短时间内修建了3.5km的施工便道,很快就进入了主体工程施工。

合同段有直径2.2m的钻孔桩243个。其中,216个在水中,平均桩长25m。由于受场地限制,要充分考虑施工的先后顺序和机械的进退,而且关河属季节性河流,枯水期只有五六个月,经常遭遇山洪袭击,相对施工周期短。此外,立体复杂的地质情况带来的桩基成孔突发事故多,建设者经常遇到坍孔、掉钻和卡钻的情况。为此,施工单位采取了水下爆破、水下切割、潜水捞钻、回填片石黄泥处理溶洞等措施。在项目部领导班子的带领下,工程技术人员结合现场的实地情况,群策群力,通过周密调查、反复论证,编制了详细的施工方案,增加了机械和人员的投入。经过精心组织、昼夜加班,桩基和下部结构施工在一年多的时间里顺利完成,质量合格率达100%。由于场地狭窄,参建人员住的是山洞,喝的是山水。他们风餐露宿,不畏艰难,攻克了施工难关,得到了业主和监理单位的肯定。

滴水岩特大桥上部为跨径30m的预应力混凝土T形梁,全桥共计1280片梁,为水麻线T形梁最多的标段。工程所处V形峡谷地带,整座桥梁沿关河而上,整个标段内无路基、无场地可作为T形梁预制场,破解T形梁多而又无预制场地问题是最大的难题。工程技术人员在郑世勇和总工罗金明的带领下,认真阅读图纸以及多次对现场进行实地考察,对预制场地问题进行多方论证,制定了多种方案进行筛选,确定了在标段起点和终点各设一个预制场,从两端往中间推进合龙,再跨间搭设支架浇筑T形梁,先形成桥面,再在桥面上形成预制场的总体方案。

在前期施工中,施工队克服重重困难,战胜各种艰险,硬是在没有场地的峡谷里建起了一个T形梁预制场。该方案获得成功,形成了日预制4~6片T形梁的生产能力,满足了工期要求,解决了无路基、无场地预制30m T形梁的技术难题,成为水麻路首家在梁上形成预制场的单位,为在山区峡谷地带修桥积累了宝贵的经验,得到了专家及同行的称赞。

在跨间搭设支架,在支架上形成T形梁台座,T形梁浇筑张拉压浆后横移T形梁到位落梁,完成横隔板和桥面湿接缝的浇筑后形成桥面,完成三跨桥面后将桥面作为预制场地制作台座和安装龙门吊、架桥机,形成小规模生产能力,随着T形梁向前推进再逐步增加台座,扩大生产能力直至满足要求……受地形条件限制和关河季节性涨水的影响,每跨间支架只能搭设一个预制台座,所有的大型机械无法施展,所有支架搭设、T形梁模板的安拆转移、T形梁的横移、落梁、混凝土的浇筑等一系列工作只能完全依靠人工完成。

由于场地狭窄,线内根本无法建立拌和站,要完成标段11万多立方米混凝土的浇筑,是摆在工程技术人员面前的又一难题。在多方协调下,项目部在沿线老公路旁临时征用了两块不足500m^2的山凹空地。由于场地太小,无法安装混凝土拌和设备的配料斗,必须对设备进行技术改造,只保留一个砂仓和一个石仓。然而,因为只有一个石仓,碎石的级配控制也成了一个难题。针对这一特殊情况,项目部试验室与指挥部中心试验室、高监办试验室多次协商,反复试验,决定碎石不采用分仓进料,改用连续级配碎石拌制混凝土,级配碎石在石料场进行混合,达到连续级配要求后才将石料拉到混凝土拌和站进行混凝土拌制。料场太小,只能存放200多立方米砂石料,每天都要从石料厂不间断地转运砂石料,以保证后仓混凝土的拌和。

因施工环境恶劣、地形险峻地质复杂、施工难度艰巨,滴水岩特大桥的建设始终饱受社会各方关注。2007年4月16日,建设者顶风冒雨战寒暑,加班加点奋战在工地一线的艰辛终于被大桥提前半个月顺利贯通的消息所取代,他们用心血、智慧和行动谱写出的建设者之歌,响彻乌蒙大地,也是水麻高速公路建设者自强不息、百折不挠精神的绝好写意。

三、G85银昆高速牛家沟特大桥——从"熊"到"牛"的嬗变

牛家沟特大桥因高墩、大跨成为麻柳湾—昭通高速公路全线"八桥八隧"重点控制性工程之一。大桥桥面距谷底高差达217m,建成时为云南省高速公路连续刚构第一高桥。在前期工作滞后、施工场地狭窄、安全风险大的情况下,大桥承建单位中铁十六局充分发挥"铁军"精神,攻坚克难、顽强拼搏,按既定时间提前15天完成了施工任务,为麻昭高速公路建成通车奠定了坚实基础。

(一)工程概况

牛家沟特大桥(图19-3)全长556m,左右幅均为3.0m桥台+2×30m T形梁+(95+180+95)m连续刚构+4×30m T形梁+3.0m桥台;下部3号、4号连续刚构主墩采用双肢薄壁空心墩;最大墩高136m;采用20根直径2.0m群桩基础;连续刚构为C55混凝土;主墩为C55混凝土;过渡墩C40混凝土。大桥位于昭通市大关县悦乐镇青林村,属低中山地貌,冲沟发育,地形起伏较大,桥区范围内中线地面高程1261~1478m,最大相对高差217m。桥梁主跨采用挂篮施工。

图19-3 麻昭高速公路牛家沟特大桥

(二)建设过程

牛家沟特大桥起初叫熊家沟特大桥。2013年4月开工建设后,由于地势险要、施工场地狭窄、施工条件极为艰苦,施工进度一直达不到指挥部的工期目标计划。2014年春节过后,指挥部组织开展了"万人千机、百日大干"劳动竞赛活动,看到牛家沟施工进度的滞后现状,指挥部领导提出将熊家沟特大桥改名为牛家沟特大桥。

从"熊"到"牛",大桥的名称仅改一字,对施工单位触动却很大。项目部采取了三项

积极措施：一是抽调了十多个责任心强的工程技术人员到大桥施工现场蹲点服务；二是选派大桥施工经验丰富的施工班组替换原有施工人员，进一步优化施工组织方案、细化生产目标任务，狠抓工作落实；三是采取每天三班倒的作业方式，全天24小时加班加点地抢抓桩基和墩柱施工任务。

面对前期工作滞后的严峻挑战，施工单位发扬"责任重于能力，意志创造奇迹"的企业核心精神，齐心协力、迎难而上。从62m的深基开挖到136m的高墩施工，再到180m大跨的连续梁浇筑，建设者先后创造了一个又一个奇迹，被指挥部誉为"敢打硬仗的'铁军'创造的'麻昭速度'"。

牛家沟特大桥由具有资深桥梁施工经验的专家进行技术监督和指导。主墩为薄壁变截面空心墩，采用液压自动爬模系统施工。该工艺是通过液压油缸对导轨和爬架交替爬升实现爬架连同内外模板和内吊架自动爬升，具有自动化程度高、操作简单方便、安全可靠、施工速度快等特点。

2015年10月29日，牛家沟特大桥比预定时间提前15天实现主跨合龙，成为麻昭高速公路建设项目最后一座合龙的桥隧控制性工程，也为麻昭高速于2015年12月26日建成通车创造了条件。获悉喜讯，云南省分管交通的副省长丁绍祥还通过电话向大桥建设者表达了祝贺和感谢。

四、G85银昆高速牛栏江特大桥——双虹跨越"江底三桥"

云南曲靖市会泽县与昭通市鲁甸县交界处的牛栏江是交通咽喉。从古至今，这里都是云南通往四川的必经之地。这一V形峡谷有一个形象的称谓：江底。昔日的古道，以及213国道都是沿V形峡谷下到江底，然后再上对面的山头。清同治十三年（1874年），牛栏江上建成一座铁索桥。桥长61m、宽3.5m、高10m，由10根直径4cm、长2m的铁棒扣链组成，铁链上铺有枕木、木板，取名永安桥。1947年，一座长74m的鱼腹式钢梁公路桥建成，江底有了第二座桥。1979年，借改革开放的春风，一座跨度108m的钢筋混凝土结构双曲拱桥在江底跨越牛栏江。双曲拱桥与铁索桥、鱼腹式钢梁桥常常被同时摄入同一照片里，"江底三桥"于是被人们津津乐道。

2005年春，昭通—待补公路动工，牛栏江特大桥从山腰一跨而过，主墩高126.06m，超过有"同类型桥梁世界第一高桥"之称的红河大桥墩高2.56m。

2013年6月，昭通—会泽高速公路正式动工，又一座牛栏江特大桥跨越江底峡谷，主墩高130m，比第一座牛栏江大桥又高了3.94m。

两座牛栏江大桥形成了云南第一、第二刚构高桥并驾齐驱的奇观。它们犹如江底的两道彩虹，高高地挂在"江底三桥"的上空。两座大桥形成巍峨的井字形交叉，引领昭会高速公路跨越牛栏江，一座为上行线，一座为下行线，让"只有飞鸟才能抵达"的空间变成了汽车高速行驶的坦途。

(一)昭待公路牛栏江大桥

牛栏江大桥是昭待公路最具代表性的桥梁,也是昭待公路全线的控制性工程之一。大桥全长600m,单幅桥宽12m,主桥为90m+170m+90m三跨一联预应力混凝土刚构,两侧边跨各为3跨40m的T形梁,边跨交界墩为双柱墩,主墩为矩形空心薄壁墩,高126.06m,修建时为云南第一高墩。

牛栏江大桥桥址壑深坡陡、地势险峻、场地狭小、水流湍急,加之墩身高、跨度大,施工难度极大,是昭待公路三大"咽喉"工程中任务最艰巨、环境最艰苦、施工难度最大的桥梁,也是全线最重要的控制性工程。

承担牛栏江大桥施工任务的是20世纪50年代建成万里长江第一桥武汉长江大桥、曾16次获中国建筑工程鲁班奖的中国中铁大桥局集团。

开工初期,为了克服地质条件差、道路狭窄、工程物资运输困难等不利因素,施工单位围绕大桥施工,紧贴现场,优化方案,精心组织,选用液压爬模工法等先进施工方法,保证了主桥墩安全高效、优质稳健施工。在困难和挑战面前,建设者知难而上,他们喊出的口号是"没有过不去的'火焰山'"。他们坚持因地制宜、科技创新、安全第一、质量至上,用桥梁施工的最新技术、最新工艺与行之有效的老办法、老经验相结合,克服了陡坡高墩施工的困难,保证了施工顺利进行。针对大桥墩身高、跨度大的特点,他们还一改国内连续刚构桥梁施工传统的"先边后中"合龙的施工方法,创造性地采用"先中跨合龙,后边跨合龙"的施工方案。尽管这样加大了施工难度,也增加了施工风险,但经过严密论证和精心操作,在中跨合龙前通过中跨顶推,有效减少了箱梁收缩徐变的影响,改善了高墩受力形式,使大桥整体受力更加均衡合理,有效避免了大跨连续刚构桥梁主跨下挠的病害,充分体现了新中国桥梁工人的聪明智慧。

为了加强对项目的管理,项目部建立了以"项目经理负责制"为核心的各级施工、管理人员岗位责任制,以"100-1=0"的质量意识狠抓各个环节的管理。同时,加大设备投入和科技攻关,形成高、精、尖各类专业技术人才的大会战。承台浇筑的混凝土面积有篮球场一样大,需要浇筑水泥混凝土数千立方米。由于牛栏江河谷常年气温高,混凝土体内的热气无法散发出来,必然导致混凝土开裂,对承台质量带来很大的影响。为此,QC小组采用增加预埋冷却管施工工艺来人为地控制混凝土温度。浇筑混凝土时,指定由专人每天观测混凝土温度的变化情况,超过正常值时及时往冷却管里加冷水降温,混凝土温度过低就用"蒸汽养生法"使混凝土一直保持在质量要求的范围内;桥面浇筑采用反力架压载挂蓝浇箱技术,使大型箱梁施工得到快速进展;采用先进的真空压浆技术,使主梁的预应力体系孔道压浆质量得到了可靠保证。

(二)昭会高速公路牛栏江特大桥

1.工程概况及相关技术指标

牛栏江特大桥(图19-4)也是昭会高速公路的控制性工程之一。桥型为:7×30m+(102+190+102)m+5×30m连续刚构桥,全长760m,8号、9号主墩为变截面空心墩,墩高130m,主跨190m,桥面距牛栏江江面180m。

图19-4 昭会高速公路牛栏江特大桥

牛栏江特大桥施工单位为中铁十二局三公司(昭会土建第三合同段),设计单位为云南省交通规划设计研究院。主桥上部结构为(102+190+102)m三跨预应力混凝土连续刚构箱梁,箱梁根部梁高11.7m,跨中梁高4.2m;顶板在0号节段厚50cm,并于1(1')号节段变化至28cm,其余梁段顶板厚均为28cm;底板厚从跨中至根部由32cm变化为130cm,腹板从跨中至根部分五段采用90cm、70cm、50cm三种厚度,箱梁高度和底板厚度按1.8次抛物线变化。箱梁顶板横向宽12.0m,箱底宽6.5m,翼缘悬臂长2.75m。箱梁0号节段长13m,每个悬浇"T"纵向对称划分为22个节段,梁段数及梁段长从根部至跨中分别为7×3.5m、9×4.0m、6×4.5m,节段悬浇总长87.5m。悬浇节段最大控制重量3000kN,边、中跨合龙段长均为2m,边跨现浇段长6.0m。箱梁根部设四道厚0.8m的横隔板,中跨跨中设一道厚0.4m的横隔板,边跨梁端设一道厚1.50m的横隔板。

主桥主梁纵桥向按全预应力混凝土设计,横桥向按部分预应力A类构件设计。主桥上部构造采用三向预应力,纵、横向、部分竖向预应力采用国家标准《预应力混凝土用钢绞线》(GB/T 5224—2003)高强度低松弛钢绞线;为提高竖向预应力的有效性,箱梁竖向预应力在梁高大于7m的节段(0号至12号梁段)采用15-3钢绞线,其余梁段采用精轧螺纹钢筋且辅以采用千斤顶进行二次张拉、扭力扳手进行锚固等措施。

主桥主墩墩身采用双肢变截面矩形空心墩,墩柱双向放坡(按1:80放坡),单肢顶部截面尺寸8.5×4m,纵向壁厚0.8m,横向壁厚1.0m。每个主墩双肢之间设一道预应力横系梁。主墩承台厚5m,基础采用桩径2.5m的人工挖孔桩,基桩按纵向四排、横向三排布置,每墩共12根桩。

过渡墩墩身采用横向放坡的空心墩,按1:100放坡,顶部截面尺寸为6.0×3.5m,壁厚0.6m。过渡墩承台厚3m,基础采用桩径2.2m的钻孔灌注桩,基桩按纵向两排、横向两排布置,每墩共4根桩。引桥下部构造根据墩高变化采用空心墩和双柱式墩、跨G85高速的门架墩。

2. 施工特点

牛栏江特大桥主墩基础形式为群桩基础,桩径2.5m、长33m的人工挖孔桩,在施工过程中引入了南非深井采矿技术进行施工。

牛栏江特大桥主墩承尺寸为20.5m×20.5m×5m有2100m³混凝土属于大体积混凝土工程,采取了在混凝土配合比中添加粉煤灰减少水泥用量,减少水化热,设置了五排冷却管降温,通过这些措施有效降低了大体积混凝土开裂风险。

大桥主墩矩形薄壁空心墩施工采用液压自爬模进行施工。主墩墩身每肢每次浇筑6m,配置4套模板。为满足墩身施工需要,每个主墩配80塔吊1台,垂直电梯1部,三一双电机90混凝土输送泵1台组织施工。钢筋等材料采用塔吊垂直运输,混凝土采用集中拌和,罐车运输到施工点,三一双电机90输送泵垂直泵送到灌注点,利用串筒入模浇筑混凝土。每段施工周期6天。

主桥连续箱梁采用挂篮悬臂浇筑法施工,0号段、1号段采用托架现浇法进行施工,边跨直线段及边跨合龙段利用既有的挂篮底模、外模和内模搭设钢平台,在挂篮底模纵梁前段支撑到边墩设置的牛腿上通过牛腿受力,另一端通过三角挂篮后锚和底模后吊杆锚固受力,通过适当改装的挂篮施工边跨直线段。其余梁段采用对称平衡悬臂逐段浇筑法施工。

主桥连续箱梁挂篮采用了液压走行式三角挂篮施工,减少了工人的劳动强度。在0号段底板施工过程中也设置了两排冷却管降温防止混凝土开裂。

昭会高速公路牛栏江特大桥与昭待公路牛栏江大桥一样,采用"先边跨合龙,后中跨合龙"的施工方法,有效避免了大跨连续刚构桥梁主跨下挠的病害。

3. 质量进度控制措施

指挥部狠抓进度管理,确保计划稳步实施。一是严格按照工程年度计划任务,认真制订季、月、周计划,明确各项保障措施,做到科学组织,精心安排,突出重点,整体推进。二是突出工地例会和现场办公会的作用,认真细化分解任务,强化检查督办力度,确保施工单位按照施工组织计划和阶段施工计划安排施工,合理安排、科学施工。三是严格合同管理。四是召开攻坚动员大会,号召所有参建单位以时不我待的精神,全力奋战,确保施工进度。五是充分结合指挥部当前的实际情况,专门成立昭会指挥部现场工作领导小组,深入各施工现场,主动服务、靠前服务,为施工单位各项工作的快速推进提供帮助和保障,及时高效地解决施工中出现的各种问题。六是加大投入,强化管理,倒排工期,层层签订专项目标责任书,以严格的奖惩办法调动各方积极性,形成合力,抢抓施工进度。

在抓工程进度的同时,指挥部始终加强质量监督,严把质量关口。进一步完善质量保证体系,督促施工、监理单位认真做好自检、抽检工作;落实质量检查措施,加强对施工材料、施工工艺及现场管理的检测和监管,切实做到按规范施工,凭数据说话,使工程质量始终处于受控状态。大桥自开工建设以来,无任何质量事故,顺利通过了云南省交通运输厅质检局的交工检测及验收。

牛栏江特大桥于2013年8月6日桩基开挖,主跨于2015年8月4日合龙,用时2年,比原计划提前了5个月。

五、G8511昆磨高速化皮冲大桥——云南首座钢管混凝土劲性骨架拱桥

化皮冲大桥是以具有强度高、先期加工制作方便、吊装重量轻等特点的钢管混凝土组合材料为拱圈劲性骨架的上承式肋拱桥,为云南省首座大跨径钢管混凝土劲性骨架上承式拱桥。施工中,建设者利用无支架吊装的办法,在预制场上安装了跨径48m、高13m的龙门吊,解决了大吨位钢管劲性骨架的运输、安装难题,这在云南省公路建设史上尚属首次,既降低了施工难度,又节约了施工成本。大桥荣获2001年度全国公路建设优质工程奖和2003年云南省优质工程一等奖。

(一)工程概况

玉溪—元江高速公路化皮冲大桥(图19-5)跨越化皮冲水库下游,位于分离式路线上。下行线桥孔布置为$7 \times 20m + 1 \times 180m + 2 \times 20m$,全长412.5m;上行线桥孔布置为$6 \times 20m + 1 \times 180m + 2 \times 20m$,全长382.5m。其中,180m主跨的主拱圈及拱上建筑按整体式结构设计、施工,其中心里程为K136+560。引桥部分按左、右、上、下行两个分离单幅桥设计、施工。主跨位于-3%的纵坡上,主拱圈做成正拱,两拱脚起拱线位于同一高程。下、上行线分别为8孔和9孔20m的引桥,采用预应力混凝土空心板梁。每一岸的引桥桥面连续。全桥桥面分三联,按左、右幅车道各设四道XF80型伸缩缝。引桥左、右帽分别采用双柱式桥墩(盖梁分离)。墩柱截面为方形。墩柱基础为4根直径120cm的桩基,桩顶设H形承台。引桥两岸桥台为4个单幅重力式桥台。

化皮冲大桥设计荷载:汽车—超20级,挂车—120;设计桥宽:全桥宽21.5m,上行线12m,下行线9.5m;桥面横坡:直线段设2%双向横坡,曲线内设超高横坡;抗震设防烈度为Ⅷ度。

图 19-5 玉元高速公路化皮冲大桥

(二)180m 主桥结构构造

化皮冲大桥主桥采用跨径 180m 的上承式混凝土箱形肋拱桥。主拱圈由 4 个混凝土箱肋组成。箱肋中心距 5.5m,每个箱肋高 3.5m、宽 2m,4 个箱肋用 8 道永久性横撑连成整体。每个箱肋内设 14 道横隔板,其中 8 道设于永久性横撑处,沿拱轴线径向设置;其余 6 道设于拱上立柱处,按竖向设置。

主拱箱肋的拱轴线采用悬链线,拱轴系数 $m = 2.24$,矢跨比 $f/L = 1/5.5$。箱肋按等截面设计。

主拱箱肋上的拱上建筑采用梁式腹孔,拱顶不留实腹段,采用跨径 12.5m 的钢筋混凝土空心板梁从一岸的拱座跨到另一岸的拱座,一共 17 孔。每一腹孔墩由 4 根立柱组成,立柱横向间距 4.3m,断面为矩形。高度较大的立柱设横系梁,中部六排不设。

(三)主桥的施工

主拱 4 个箱肋采用钢管混凝土劲性骨架现浇施工,分为三个阶段:

第一阶段,用钢管和型钢分段制作钢骨架,吊装合龙成拱形钢骨架。

第二阶段,在钢管内压注混凝土,拱形钢骨架成为钢管混凝土劲性骨架。

第三阶段,用混凝土将钢管混凝土劲性骨架包裹起来,形成 4 个混凝土主拱箱肋,最后在拱箱肋上施工拱上建筑。

1. 钢拱骨架的分段制作及吊装成拱

钢拱骨架在工地分五段,按坐标放出 1:1 的大样制作。每段骨架重约 26.5t,全桥共 20 段。拱形骨架的四根上下弦杆用直径 $\phi 299 \times 12$mm 的钢管制作,其余的竖杆、斜腹杆、平联、斜平联、交叉杆均用 L100×100×8 的角钢制作。永久横撑用 L110×110×10 及

L75×75×8 的角钢。临时横撑用 L120×120×10 及 L100×100×8 的角钢。全部钢材均为 16Mn 钢。节点板采用全焊结构。焊缝是全桥质量和安全的关键。钢结构所有焊缝等级不低于一级,并用超声波探测仪检验合格。桥钢拱骨架的焊接达到了设计要求。上、下弦杆钢管每隔 4~5m 钻一个直径 1cm 的出气孔。

钢拱骨架分段预制完成后,进行试拼,检验接头、骨架线形等项符合要求后,运至桥孔现场,用缆索吊装。吊装顺序为,先吊两岸边段,次边段,最后吊跨中段合龙。每段横向有四片钢骨架,先吊装中间两片,再吊装外侧两片。每吊装一片,用扣索悬挂,用临时横撑与先吊的节段相连。边段使用两道临时横撑,次边段和合龙段各用一道临时横撑。吊装边段,将边段钢骨架的上、下弦杆插入拱座的预埋钢管内,拱脚下弦处于铰接,上弦处于自由状态,安装第一道临时横撑,用扣索调整边段钢骨架顶端高程,当顶端高程符合要求,安装第二道临时横撑。吊装次边段,用扣索悬挂后安装第三道临时横撑。此时上、下弦杆的拱脚处于铰接状态。吊装跨中段合龙,调整钢拱骨架坐标符合要求后,拧紧各接头法盘及临时横撑螺栓,并全部施焊,形成整体。然后充填拱脚套管内混凝土及起拱线以下弦杆钢管内的混凝土(均为 C40),浇筑拱座预留槽口混凝土(C40),混凝土强度达到要求后,拱脚已由铰接变为固接。最后徐徐松脱各段扣索,一个整体的钢拱骨架形成。

2. 弦杆钢管内混凝土的浇注

钢拱骨架吊装形成后,在骨架上、下弦杆钢管内压注 C40 混凝土。在压注管内混凝土的过程中,混凝土仅是荷载,其重力是由钢拱骨架来承受。为使钢拱骨架受力均匀、变形小,泵送压注混凝土时其进度应两半拱对称,4 个骨架的钢管弦杆左右对称进行。先注下弦 8 根钢管混凝土,当最后浇筑部分的混凝土达到设计强度的 75% 以上时,再浇筑上弦 8 根钢管混凝土。浇筑中各工作面同步,避免钢拱骨架扭转。上、下弦杆钢管混凝土浇筑完毕,待最后浇筑部分的混凝土达到要求的强度后,钢管与混凝土将共同承受荷载,形成一个拱形的钢管混凝土劲性骨架。

3. 拱箱混凝土的浇筑

拱形钢管混凝土劲性骨架成形之后,作为浇筑拱箱混凝土的施工支架,且在完成浇筑拱箱混凝土的过程中,拱形钢骨架将逐渐被混凝土裹覆于其中,成为拱箱截面中的重要组成部分。因为拱箱截面中混凝土的面积比钢骨架的截面积大得多,荷载将主要由混凝土来承受。因此,成桥状态下,拱的材料特性主要是一座混凝土拱桥。

拱箱混凝土采用分环、分段、分阶段的浇筑方法,做到两半拱对称,桥中心线左、右对称。拱箱混凝土分底板、腹板、顶板等部分的浇筑,做到 4 个拱箱同时浇筑。

(1) 浇筑拱箱底板

底板混凝土浇筑高度 $h=64cm$,为第一环,按两个阶段分 8 段浇注完成,每个阶段中的各段必须同时完成。

(2)浇筑拱箱腹板

腹板分上、下两环浇筑合龙。下环腹板为第二环,浇筑高度 $h=111cm$,按四个阶段分 10 段浇筑完成。横隔板与该处的下环腹板同时浇筑,每个阶段中的各段同时浇筑完成。上环腹板为第三环,浇筑高度 135cm,按三个阶段分 6 段浇筑完成,每个阶段中各段同时完成。横隔板与该处的上环腹板同时浇筑。

(3)浇筑拱箱顶板

腹板混凝土强度达到要求后,拆除侧模板,安装顶板内模及钢筋。顶板浇筑高度 40cm,按一环(第四环)浇筑合龙。第四环按两个阶段分 4 段浇筑完成,每个阶段中的各段同时完成。

(四)创新点

化皮冲特大桥是云南省交通厅科技攻关项目,工期紧、安全和质量风险大。按原设计,580 多吨钢管劲性骨架要在工厂加工成段后再运到工地吊装。按此方法,运输成了大问题。承担施工任务的云南公路桥梁工程处三分公司领导和技术人员经过实地查看,大胆提出了在现场焊接劲性骨架的方案。桥工处调集 10 多名熟练焊工现场焊接,既解决了大型构件运输难的问题,又确保了焊接的质量。攻克了焊接关后,三分公司又相继攻克了劲性骨架单肋吊装合龙和调整加载程序等难题,于 2000 年 1 月按期建成了化皮冲特大桥,填补了云南公路桥梁建设史上的一项空白。

六、G8511 昆磨高速红河大桥——建成时为同类型桥梁"世界第一高桥"

在云南元江—磨黑高速公路上,有一座跨越元江的高速公路预应力混凝土连续刚构桥——红河大桥,大桥桥面距江面高度 163m,桥墩高 123.5m,为同类型桥梁世界第一高桥。该桥也是云南建设规模和施工难度最大、科技含量最高的公路桥梁。

(一)大桥概况

红河大桥(图 19-6)位于云南省元江县,是元江—磨黑高速公路上的一座特大型桥梁,采用(58+182+265+194+70)m 预应力混凝土连续刚构,悬臂浇筑最大吊装质量达 312t。主梁采用悬臂浇筑方法施工;基层为微风化板岩,桥台和 1 号、4 号边墩采用扩大基础,2 号、3 号中墩采用群桩基础,承台下设 20 根直径 2m 桩。

该桥由云南省公路规划勘察设计院桥梁勘测设计处和北京建达道桥咨询公司于 2000 年 8 月完成设计,由云南元磨高速公路建设指挥部组织施工、管理,由中港二航局元磨项目部等单位施工,由北京华通监理公司等单位监理。大桥于 2000 年 5 月开工,2003

年 5 月建成。

红河大桥跨越 V 形深谷,谷深 170 多米,采用主跨为 265m 的 5 跨不等跨的连续刚构,桥梁总长 801m。平面第一跨中的 56.66m 位于半径 800m、转角 1451°25″的缓和曲线内,其余各跨均位于直线上。

图 19-6　元磨高速公路红河大桥

大桥箱梁采用直腹板单箱单室结构,结构轻巧,美观。2 号、3 号主墩单 T 箱梁梁高按 1.5 次抛物线变化,其余主梁梁高采用 2 次抛物线。底板厚度均采用二次抛物线变化。箱梁腹板厚度采用 40、50、60cm 3 个标准梯度变化,仅在边跨梁端和主梁零号块稍有加厚。

大桥 2 号、3 号墩顶梁高为 14.5m,高跨比为 1/18.3;根部底板厚度为 130cm,底板厚跨比为 1/127;根部腹板厚度为 60cm,腹板厚跨比为 1/442;跨中腹板厚度仅为 40cm;箱梁顶板横向悬臂长度最长达到 5.5m。在次边跨和中跨合龙段位置各设置两道厚 40cm 的横隔板。

大桥主墩均采用双柱式薄壁墩身,墩身外轮廓为矩形,墩身横桥向宽度与箱底同宽,即 11.5m。

(二)构造特点

2006 年,红河大桥获得云南省优秀设计一等奖。其独特的构造特点主要表现在以下方面:

1. 跨中合龙段设置横隔板

大桥由于中跨跨径较大,中跨跨中底板钢束较多,纵向预应力沿底板曲线布置,对底板产生径向分力,对于跨中附近只有 32cm 厚的底板来说,要承受一定长度范围内的径向力,是比较困难的。跨中设置横隔板后,由于横隔板的强大作用,在距离跨中一定范围内径向力将被横隔板平衡,对底板非常有利。

2. 设置径向力平衡钢筋

为了防止由于底板受到纵向钢束的径向力作用而产生劈裂,按计算要求在底板内设置径向力平衡钢筋,即采用"["形钢筋将底板上下横筋框住,使底板上、下缘整体受力。

3. 高墩设置横隔板

2号、3号桥墩高度均在100m以上。为了增强桥墩的稳定性,在两片墩中间沿墩高等间距设置了两道横系板。

(三)施工关键技术和创新点

红河大桥工程技术含量高,所遇到的施工难点之多在云南大跨径、高桥墩的桥梁建设史上实属罕见,为元磨高速公路的重点控制性工程。为攻克施工难关,指挥部与重庆交通学院、中港第二航务工程局依托大桥工程开展了"元江高墩特大桥施工关键技术研究",进行了全年持续高温燥热气候下高性能泵送混凝土的研究;长索管道真空压浆及水泥浆配合比的研究;元江大桥箱梁竖向预应力钢绞线应用研究;高温气候条件下的大体积混凝土温控技术研究;大型构件、设备整体安装技术研究;新型模板和脚手架应用技术研究;大跨径桥梁施工监控技术研究等多项技术攻关。

2005年4月30日,云南省交通厅主持科技成果鉴定会,该项目研究经专家鉴定,成果达到国际先进水平。课题研究成果在云南元磨高速公路红河特大桥工程中应用,效果良好,确保了桥梁施工安全和质量,并在保龙高速公路的7座连续刚构大桥、保山昌宁澜沧江特大桥上推广使用,对于同类桥梁工程建设的设计、施工都有极其重要的借鉴作用和学术参考价值。主要创新点有:

在昼夜温差大的情况下,大桥采用高性能混凝土长距离、高泵程泵送的施工工艺技术处于国内领先水平,对类似桥梁施工具有重要参考价值。

大桥采用的超长弯曲管道真空辅助压浆施工技术对类似桥梁施工具有重要参考价值。

首次在特大跨径连续刚构桥中采用竖向预应力钢绞线,解决了现有连续刚构桥中竖向预应力粗钢筋有效预应力难以控制的问题,为建立竖向有效预应力提供了保证,对类似桥梁设计、施工具有重要参考价值。

对连续性刚构桥特高柔性高墩垂直度、主跨线形、应力施工监测和控制技术研究的成果,确保了红河大桥墩身垂直施工误差小、主跨线形圆顺、合龙精度高,可在类似桥梁施工中推广使用。

通过持续燥热气候条件下的高性能、长距离(400m)、高泵程(150m)混凝土配合比的研究和运用,确保了大桥泵送混凝土的质量。其高性能、长距离、高泵程混凝土配合比及其施工技术处于国内领先水平。

通过超长（264m）预应力弯曲管道真空辅助压浆技术的应用研究，很好地解决了管道内浆体的密实度及饱满度问题，确保了压浆质量。编制了《元磨高速公路项目后张预应力管道真空辅助压浆工艺技术要求》，推进了真空辅助压浆工艺技术的发展。

大桥在连续刚构桥中竖向预应力首次采用钢绞线束，并通过竖向预应力钢绞线的相关测试及研究，解决了竖向预应力钢绞线的施工工艺，解决了竖向预应力失效的问题，确保了竖向预应力效应。

大桥2号、3号主墩承台为长23.2m、宽18.2m、高5m的钢筋混凝土结构，混凝土强度等级为C30，体积2111.2m³。一个承台就有篮球场那么大。大体积混凝土在施工中，由于水化热作用，会产生温度应力而出现温度裂缝。根据理论计算分析，进行了各种试验和系统研究，确定了红河大桥承台混凝土施工时温度控制方案和应对措施。在承台混凝土施工中，进行跟踪监测和控制取得了令人满意的效果，在浇筑完成后的成品检查中没有发现温度裂缝。

红河大桥上部结构为单箱单室直腹式箱梁，箱室最大高度14.5m，有5层楼那么高，箱梁顶宽22.5m，最大悬臂长度为129.5m。受地形和高度的制约，采用悬臂浇筑法施工。红河大桥中箱梁翼缘板边缘较薄，设计提供的边缘能承受的单点荷载为10t，不足以承受半个挂篮。通过对大型构件、设备整体安装技术研究，解决了红河大桥的挂篮安装难题。

红河大桥2号、3号墩墩身均采用双柱式薄壁柔性桥墩，经过现场反复试验研究，墩身施工的模板采用了翻升模板装置。该装置将施工脚手平台与模板结合起来设计，既节省材料，又降低设备耗费。施工时充分利用现场材料提升机，不需要另行配置专用提升设备，其安全性和可操作性更优于普通的模板形式，适合于特殊地形条件下高墩柱的施工。该装置不仅拼拆简单，而且提高了施工效率，混凝土外观质量得到保证。

红河大桥所在地自然环境差，施工应力变化、风荷载、温度变化等因素的影响大。因此，在施工的全过程进行了内应力、高程、线形、温度、风荷载的跟踪监测，进行实时结构应力、应变计算分析的全过程监控。大桥线形圆顺，合龙精度高。大桥中跨合龙允许误差3cm，实际误差只有2cm；边跨误差允许3cm，实际误差只有1.4cm；墩柱误差允许2cm，实际误差只有9mm。

（四）冠名权拍卖

为开发元江大桥的无形资产，为公路建设筹措更多资金，经云南省交通厅批准，云南昆磨高速公路有限公司委托云南翰荣轩拍卖有限公司对大桥冠名权进行拍卖。红河卷烟厂等8家企业参与竞买。

这次拍卖采用无标的的方式进行。红河卷烟厂以 619 万元的竞拍价最终得到了大桥 30 年的冠名权,并得到了相关广告位 3 年的使用权,大桥冠名为"红河大桥"。

七、G56 杭瑞高速北盘江第一桥——"世界第一高桥"连滇黔

云贵万重山,一桥跨云贵。2016 年 9 月 10 日下午,尼珠河大峡谷之上,最后一块桥面板吊装成功,平稳镶嵌,标志着横跨云贵两省交界的世界第一高桥——北盘江第一桥成功合龙;2016 年 12 月 29 日,这座由云贵两省共建、共管的桥梁建成通车,标志着以我国东部城市杭州为起点至云南瑞丽口岸等 7 省 3404km 的杭瑞高速公路打通了"最后一公里",缩短了云南至贵州约 3 小时的车程。

这座堪称中国桥梁建设杰作的特大桥,将现代化的气息带入深山峡谷,河谷两岸人民的生活面貌也因此迎来了巨变。

(一)项目概况

北盘江第一桥(图 19-7)位于云南省宣威市普立乡腊龙村与贵州省六盘水市水城县都格乡交界处,横跨尼珠河大峡谷上,是杭瑞高速公路控制性节点桥梁工程。大桥于 2013 年开工建设,其中云南出资 5.37 亿元、贵州出资 4.91 亿元。建成后的北盘江第一桥全长 1341.4m,桥面离河底垂直高度 565m(1850 英尺,相当于 200 层楼的高度),成为当之无愧的世界第一高桥,同时还以主跨 720m 的钢桁梁斜拉桥,成为同类型桥梁中跨度世界第二。

图 19-7　普宣高速公路北盘江第一桥

北盘江第一桥是云贵两省乃至全国桥梁建设史上一座新的里程碑。它的建成通车,结束了云南宣威与贵州六盘水等地不通高速的历史,对云南建设"面向南亚、东南亚的辐射中心"和"一带一路"国家规划具有重要意义。

(二)建设过程

1. 在峡谷中奠基

北盘江第一桥的工程项目部位于云南宣威与贵州六盘水交界的峡谷深处。山间削出一块平地，上面建起活动板房，这里的筑路者只需抬头，就可看见他们的作品——云雾缭绕的山间，北盘江第一桥横跨在峡谷之上，极为壮观。

工程队的到来，改变了这片坐落在大山深处的古老村庄。宣威普立乡腊龙村是离桥最近的村子。5年前，这里的村民生活还依赖喂养的马匹、骡子，这是不可替代的脚力，得依靠它们进出村子、驮运物资。山间的田地里种植着大片玉米，由于缺水，生长得十分缓慢。水源，成为制约腊龙村发展的最大障碍。"每家挖一两个水窖，下雨了把水窖蓄满。如果水用完了，又不下雨，就麻烦了。"腊龙村委会书记刘家恩说，一些自然村里只留下了几个老人，年轻力壮的人都带着孩子外出打工去了。靠种地难以养活家人，他们别无选择。

听说北盘江第一桥动工，一部分人返回村里，在家门口的工地上打工。建桥墩时，平均每天有六七十个当地人参与施工。"技术性的活可能做不了，但体力活我们能做。"刘家恩的房子也租给了这些外来者，每个月能收1000多元租金。

如何在高山峡谷间将水、电引入工地，如何将钢材、物料运送到项目部？要建桥，必须实现水、电、路三通。这是桥梁建设最为艰苦的开始。

附近的村子依靠水窖蓄水。无法从村里引水，只能将谷底的河水作为唯一的工程用水来源。为了在山脚建蓄水池，项目部向当地人家雇了两匹马，驮运水泥和沙石。小马长在深山里，一天只愿意驮运两趟，上午、下午各一趟。山路陡，雨又多，马曾经摔下山去受了伤，项目部为此还赔了几千元钱。

由于没有路，抽水用的变压器只能依靠人力抬下山，32个人用撬棍抬了一个多月，才把1t多重的变压器安装完毕，把谷底的水抽到了565m高的桥面上，"大约过了半年时间，才把水搞通。"

之后，云、贵两侧又先后修建山间便道，耗时几个月。路修好了，施工物料才陆续从宣威、六盘水两地运送到工地上。

当地人说，北盘江第一桥早在十年前就已出现在规划图纸上。实际动工始于2012年初春。云南侧施工方进了场，却未能如期开工——大桥选址的建设点涉及几十户人家的搬迁问题，但搬迁协议迟迟未能达成。

"故土难离"，住了几十年的房子，村民不愿离开，宣威普立乡各级政府相关人员做了半年多的工作，平整好土地，把搬迁户安置在桥的另一侧，并按照征地标准给予补偿，工程才开始动工。

2. 在艰险中施工

北盘江第一桥成为目前世界第一高桥,对此,大桥的总设计师彭运动表示:"我们没有刻意去建世界第一高桥,而是根据自然环境去设计桥面的高度。"

桥之所以高,较为通俗的解释是:六盘水海拔约2300m,北盘江第一桥桥面海拔约1500m,两地之间距离二三十公里,那么,毕都高速六盘水至北盘江第一桥段将是"一路下坡"。按照当前的设计,该段高速公路坡度已达3.8%左右。若再降低桥面高度,成本固然减少,但会导致路面坡度增大,不利于行车安全。

北盘江第一桥的设计花费了2年多时间,一直到2012年才开工建设。当地以喀斯特地貌为主,地下溶洞不少。工程技术人员并不怕溶洞,怕的是有溶洞却查不出来,他们说:"只要查出来,我们都有能力处理。"

孔桩开挖是最艰苦的。通风、瓦斯检测、处理溶洞……。在云南一侧,桥墩建设期间,挖孔桩就挖了半年多。遇到溶洞,泥浆全漏下去,把钢钻头埋在里面。

地探提示"有裂隙",但并未显示是大型溶洞,这是工程队意料之外的事。在勘查阶段,技术人员运用了CT扫描技术。与医院检查人体一样,CT扫描就像切豆腐一样,把岩层划分为网格,点、线、面结合,探查岩层中不易发现的空隙。但这种方法有一个缺陷,网格剖面的溶洞难以探查。于是还需要进一步钻孔探查,确保桩基底下8~10m没有溶洞。

此前,国内有过"桥建起来了,运营阶段又垮塌"的先例。彭运动说:"桩基往下两三米如果存在溶洞,将来这座桥肯定会垮。北盘江大桥的桩只有60多米,但我们钻孔深110~120m,这是为了保证桥梁的稳固。"

从地质条件来说,将桥型确定为斜拉桥是最为合适的。如果建悬索桥,需要建两个超大型的锚锭,但北盘江第一桥建设选点的位置找不到适合的位置,一旦开挖山体,对自然环境的破坏极大。因此,北盘江大桥被定为斜拉桥。

所谓"斜拉桥",是将主梁用许多拉索直接拉在桥塔上的一种桥梁。北盘江第一桥在云南侧和贵州侧各建有一座桥塔。那么,如何将混凝土分别输送至247m和269m高的桥塔上?山区修桥,多用山沙。山沙的性能劣于河沙,但贵州地区缺乏河沙,只能使用山石经机械加工制成的山沙。山沙是有棱角的,增加了混凝土工艺难度。施工人员通过优化配额比、优化管道布设方案、改进机械设备性能,通过高空泵送混凝土,解决了这一难题。

修这座桥,用的是钢桁梁。钢桁梁桥在山区十分常见,这是因为云贵山区交通不便,建钢桁梁桥,可将钢结构分节、分段、分块,用卡车送到工地现场。建桥的这些钢结构是从遥远的山海关运来的,一直送至云贵交界处的北盘江第一桥工地现场的。

3. 工地上的日日夜夜

3000多公里外的山海关，25000t的钢桁梁杆件在中铁山桥集团制作完成，浩浩荡荡的运输队伍将这些杆件陆续运往工地，经工人拼装与整体吊装，钢桥的主体结构逐渐成形。

今天，现代桥梁建造技术已经十分先进，但杆件的拼装依然要靠人工完成。一个接口的拼装至少需要两个人以上，对接、穿螺栓、拧螺栓。此外，为了拧紧螺栓，还得有一个人钻到桁片里固定螺栓。桁片类似中空的钢管，个子瘦小的人才能钻进去。

"有的人愿意钻进去，里边比较安全。外边是吊篮，吊篮里人一多，就晃来晃去的。"负责钢桁梁拼装的姜彦学说，"人进到桁片里之后，要把四周的螺栓都拧完，才能出来，一待就是几个小时，等人出来之后，才能封闭这个节段的开口。"

大部分工人与项目部长期合作。他们使用电动扳手，它可以设定力度，拧到恰当的位置就自动停止。每次作业，每个工人的名字与扳手编号对应，并作记录，便于质量控制。下班之后，每把扳手要校准，如果发现某把扳手不合格，这把扳手拧过的螺栓都要重新拧一次。之后，还要经过初拧、复拧、终拧三道程序反复检查。

由于涉及征地搬迁问题，大桥云南侧动工比贵州侧晚了几个月。钢桥是要合龙的，这要求两边施工的时间差距不能拖得太长，时间长了，桥两侧钢材受力不一样，对桥的结构、安全、性能就有影响。

为了保证两侧尽量同步完成施工，云南侧项目部采用先整体拼装完毕、就位，再整体提升的办法缩短工期。"纵移悬拼的优势在于，地面拼装，安全风险小；高空与地面平行作业，降低在空中作业的时间；降低施工成本。"云南侧项目经理刘天贵说。

云南侧的项目部建在平地之上，便于进行地面拼装；而贵州侧是山地，无法进行地面拼装，采取空中作业的方式，运用步履式顶推工艺，完成一个节段的拼装之后，向桥中心推进一段，再拼装下一段。"从工效上，两种工艺各有所长，纵移悬拼耗时短、但整体拼装不利于校合，步履式顶推容易调整校合。"贵州侧项目经理喻文浩说。

2016年9月10日，云贵两侧同步拼装的钢桁梁斜拉桥在北盘江大桥的中心点位置成功接合，北盘江第一桥正式合龙。这个过程选择在夜间进行，因为技术要求温度必须在15℃以下，而那几天白天天气热，没法施工。得等到晚上7点半到次日凌晨5点之间，工人钻到桁片里，先把一边拼上，拧紧螺栓，等周围温度适宜了，再拼装另一边。

大桥合龙之前，最怕的是风。毛育明曾见过这座钢制的大桥在风中摇晃的瞬间，但最重要的合龙时刻，他却因之前的手术伤口感染而住进了医院，没能看到合龙的那一幕。"很遗憾。守这个桥守了四年半，结果那天我不在。"毛育明原来是修公路的，来修这座桥时他47岁，桥建好时他已经51岁了。他很为此自豪，因为"参与修建世界第一高桥，算是人生的一个亮点"。

4. 黄金旅游新通道

北盘江第一桥连通的,同时也是一条黄金旅游新通道。高桥之下的河谷里,散布着亿万颗奇石;北盘江支流河水清澈,参天古木依旧枝叶繁茂,山中不时可见猕猴的身影。2016年国庆节期间,当地迎来8000人次游客,当地政府正在计划打造"原生态峡谷探险旅游"。

"天生一个仙人洞,无限风光在险峰"。峡谷底,毛泽东的诗句被刻在一座古老的吊桥锚锭上面。这座吊桥位于海拔900多米的谷底,与另一座横跨峡谷的吊桥一起,接起峡谷两侧的云贵居民相互来往的通道。

这座吊桥,与峡谷之上的北盘江第一桥平行。吊桥之上一座现代化大桥横空出世,老桥与新桥连接着云贵两地口音迥异的居民,毛育明觉得,这有很重大的意义。

峡谷两侧的人家,通过长年婚丧嫁娶的往来,有些成了亲戚。北盘江第一桥未通车前,他们需要由宣威或者六盘水经由峡谷两侧高山的山路下到峡谷底,再经过两座吊桥,才可以去到对岸的亲戚家。通车后,从云南宣威城区到贵州六盘水的车程将从此前的5个多小时缩短为1个多小时。

(三)科技创新

北盘江第一桥是目前世界上最高的钢桁梁斜拉桥,工程规模大、建设条件复杂、技术难度高、气候气象条件恶劣,在设计、施工和运营养护等方面缺乏可以直接借鉴的经验,面临着一系列需深入研究的关键技术问题。为了支持北盘江第一桥的建设,交通运输部给予了大力支持,10余家单位50余名有丰富经验的专家学者组成攻关队伍,依托交通运输部重大科技专项《都格北盘江大跨度钢桁梁斜拉桥建设与养护管理关键技术研究》开展科技攻关,重点开展了山区特大跨径钢桁梁斜拉桥结构体系和构造设计技术、主梁施工架设技术、运营及养护管理三个方面的关键技术研究,为北盘江第一桥的顺利实施和运营期的管理养护提供了保障,同时也为西部高山峡谷地区大跨度桥梁建设提供了借鉴和指导。

八、G56杭瑞高速普立特大桥——国内首座钢箱加劲梁山区悬索桥

普立特大桥(图19-8)是G56杭瑞高速公路云南境内首段普宣高速公路三座特大桥之一,横跨普立大峡谷,于2015年8月25日正式建成通车。普立特大桥为高速公路悬索桥,是云南普宣高速公路控制性工程之一,建设条件复杂。大桥桥面至谷底高500m,是国内首座采用钢箱加劲梁跨越深谷的山区悬索桥,也是国内首座采用"缆索吊机旋转架梁法"实施钢箱梁节段吊装的悬索桥。

图 19-8 普宣高速公路普立特大桥

(一)特色及亮点

1. 建成时的世界第一高桥

普立特大桥是主桥设计为单跨 628m(全长 1040m)的钢箱梁悬索桥,主体结构包括锚碇、索塔、缆索系统和钢箱梁。普立特大桥由 53 节长 12m、宽 28.5m、高 3m、重 146t 的箱体组成。大桥塔高 153.5m,峡谷谷底距主塔顶达 563m,桥面超出普立大峡谷谷底 500m,在 2016 年底北盘江第一桥(桥面离河谷 565m)建成前为世界第一高桥。北盘江第一桥建成后,普立特大桥在钢箱梁悬索桥中高度仍独占鳌头。

2. 国内山区第一座钢箱加劲梁悬索桥

普立特大桥是国内第一座采用钢箱加劲梁跨越深谷的山区悬索桥。由于受地形、交通等条件的限制,山区悬索桥一般采用钢桁加劲梁的架设方案,目前国内山区仅有普立特大桥采用钢箱加劲梁建成通车,因此它的建成既是国内山区钢箱加劲梁悬索桥的新突破,也是国内山区桥梁技术的新突破。钢箱梁方案具有造价低、工厂化整体节段制造保证质量、现场安装效率高、成桥景观效果好、后期养护方便等优点。

3. 国内第一座采用"缆索吊机旋转架梁法"吊装钢箱梁节段的悬索桥

普立特大桥是国内首座采用"缆索吊机旋转架梁法"实施钢箱梁节段吊装的悬索桥。大桥钢箱梁在厂内预制钢箱梁板件单元,运至桥位宣威岸车间组装钢箱梁节段并储存。宣威岸引桥先建设完成作为施工平台,采用"缆索吊旋转架设法"进行钢箱梁架设。首先,钢箱梁节段平转 90°纵向运输至起吊位置,用缆索吊机起吊箱梁节段,小距离荡移后吊运至预定位置旋转 90°回至设计状态,通过缆索吊运至设计位置就位。其次,钢箱梁由主跨中向两端对称安装,每个节段吊装到位后安装吊索,并与相邻梁段进行临时连接。当所有钢箱梁吊装完毕后,进行梁段环向接缝焊接,形成整座大桥。

4. 云南省第一座主跨 600m 以上悬索桥

普立特大桥主桥设计为单跨 628m(全长 1040m)的钢箱梁悬索桥,是云南省第一座主跨 600m 以上悬索桥,它的建成标志着云南省的桥梁建设掀开了崭新的一页。

5. 云南第一次(国内第三次)使用火箭抛掷输送先导索

抛送先导索、牵引架设拽拉钢缆是悬索桥进入上部结构施工的关键环节,抛送先导索后,才能架设空中便桥,开辟主缆和桥面施工工作平台。目前,国内外悬索桥施工可采用直升机牵引、船舶运送、人工拽拉、火箭抛掷等方法输送先导索。普立特大桥跨越普立大峡谷,谷深 500 多米,跨度近 1000m,地势陡峭、地形起伏大、峡谷中气流变幻无常,若采用直升机进行牵引,由于山谷中风速变化快、没有直升机升降平台,极易造成机毁人亡的惨剧,且造价非常昂贵。普立特大桥桥位处为干沟,不具备轮船航行条件,无法采用船舶运送;由于山高、坡陡、林密,采用传统的人工拽拉方法不仅施工费用大、耗时长,且极易发生作业人员伤亡事故,加之人工架设要砍伐大量林木,而此处为生态脆弱区,不宜采用人工拽拉。

2013 年 1 月 11 日,主缆先导索输送火箭抛掷法在普立特大桥施工现场成功实施(图 19-9)。火箭抛掷输送先导索技术在国内是第三次运用,在云南还是第一次。前两次国内火箭抛绳进行先导索技术分别是在沪渝高速公路湖北省内的四渡河特大桥和长沙至重庆公路通道吉首—茶洞高速公路的矮寨大桥。

图 19-9 普立特大桥采用火箭抛送先导索

6. 隧道锚和重力锚并用的单向坡非对称悬索桥

由于地形限制,普立特大桥主桥平面布置及纵坡由线路总体设计确定,桥面处于 1.65% 直线纵坡上,两岸主塔高差 10.36m,普立岸采用隧道锚,宣威岸采用重力锚,大桥为隧道锚和重力锚并用的单向坡非对称悬索桥。一般悬索桥桥面线形都是跨中起拱,对称设置。对于非对称悬索桥,主缆线形非对称,两塔位主缆与水平线的交角不同,主索鞍及散索鞍设计两岸不同,索鞍预偏量两岸不同,设计中需进行更为细致的分析和构造设计。

7. 主塔左右塔柱不等高设计

由于普立特大桥受地形条件的控制,桥位横坡较大,为减少对山体的大开大挖,减少对自然环境的破坏,主塔采用不等高塔柱创新设计,左右侧塔柱高差15m。

8. 在岩溶发育地区成功运用隧道锚

普立特大桥桥位普立岸地形适宜采用隧道锚,但由于桥位处于石灰岩地区,岩溶发育,且该隧道锚与松山隧道相距较近,锚塞体距隧道最小间距20m。为保证隧道锚的安全、可靠,同时指导设计,开展了隧道锚的专题研究,主要工作有现场平硐勘察、现场模型试验及数值仿真分析。通过这些工作,查明了锚碇场地岩溶形态、分布范围及规模,岩体内裂隙的发育程度和卸荷裂隙带的分布范围,充分论证了隧道锚可靠性。

(二)设计要点

1. 总体设计

普立特大桥设置双向四车道,设计速度80km/h,公路Ⅰ级荷载,无人行道,仅设检修道。大桥全长1040m,主桥为单跨628m简支钢箱加劲梁悬索桥,其主体结构包括锚碇、索塔、缆索系统和钢箱梁。索塔为直塔柱门式框架结构,群桩基础,普立岸采用隧道锚,宣威岸采用重力锚。钢箱主梁全宽28.5m,主缆横向间距26m,顺桥向布置为(166 + 628 + 166)m,矢跨比1/10。主桥平面布置及纵坡由线路总体设计确定,由于地形限制,桥面处于1.65%直线纵坡上,两岸主塔高差10.36m,为非对称悬索桥。

2. 主塔

桥位地震等级低,仅为Ⅵ度,场地整体稳定性较好。桥址区普立大沟卸荷带厚度不大,大桥主塔与普立大沟陡崖最近的平距均在200m以上,卸荷带对大桥主塔影响较小。桥址区属于岩溶发育区,大桥主塔位处于岩溶垂直入渗带,岩溶形态多为溶槽、溶缝、充填型或空腔型溶洞。岩溶发育对场地稳定性影响小,但降低了地基岩体的完整性和承载力,对局部地段的浅部岩溶,其顶板稳定性差,基础穿越溶洞置于稳定的岩体之上。

由于桥塔处地形横坡陡峭,索塔采用直塔柱、分离式承台,左右承台高差15m。承台下均行列式布置6根φ3.0m的挖孔灌注桩基础,按照嵌岩桩设计。索塔采用钢筋混凝土门形框架结构,由于承台高差,主塔左右塔柱不等高,分别为153.5m、138.5m。塔柱采用矩形空心薄壁断面,横桥向截面等宽为5m,顺桥向截面宽度分别为6.2 ~ 8.24m、6.2 ~ 8.04m,上、中、下塔柱塔壁厚度分别为0.7m、0.8m、0.9m,塔底设置2m实心段。索塔在桥面以上的高度为67.9m。塔柱之间设3道横梁,均采用箱形断面,按照全预应力构件设计。

3. 锚碇

综合考虑地形、地质、施工、工期、造价等方面的因素,宣威岸锚碇采用嵌岩重力式锚碇,锚座基础利用中风化灰岩作为基础持力层,基底地基容许承载力按不小于 2.0MPa 设计。锚碇长 56.7m、宽 41m、倾角 43.5°。普立岸锚碇采用隧道锚,锚塞体长 35m、倾角 42°,锚塞体置于弱、微风化溶蚀带内。

由于重力式锚碇大部埋于土中,为减少锚碇渗水,大桥进行了防水及耐久性设计。锚碇混凝土采用防渗混凝土,回填线以下的锚碇外表面和前后锚室内表面设置防水层,针对最容易渗水的施工缝和后浇段分别采用了止水带和微膨胀混凝土防水。由于普立岸隧道锚锚塞体尺寸较大,为使锚塞体与围岩充分接触且避免浇筑施工后出现收缩与温度裂缝,锚塞体采用抗渗微膨胀混凝土并掺入聚丙烯纤维。

为减少用钢量、方便施工,并保证结构的耐久性,锚固系统采用灌水泥浆防腐的"永久式"预应力钢绞线锚固系统,锚固方式为前锚式。根据已有工程经验,"可换式"预应力锚固系统所灌注油脂难以密封,会不断渗漏,沿锚体混凝土裂缝渗至锚碇其他部位,影响锚碇混凝土的耐久性及锚碇内的排水;而预应力筋束很难达到可更换的目的,故设计采用"永久式"预应力钢绞线锚固系统。锚固系统由索股连接器和预应力钢束及其锚固装置组成。索股连接器由拉杆及连接平板等组件构成;连接器分单锚杆连接器和双锚杆连接器,单索股对应于 1 根 13-ϕs15.24 预应力钢束,双索股对应于 1 根 27-ϕs15.24 预应力钢束。主缆索股经散索鞍散开后,通过锚头、连接器及预应力钢束将缆力传给锚块,锚块通过自身的压缩和剪切变形将缆力传至地基,实现锚碇功能。

4. 缆索系统

主索鞍鞍体采用全铸式,鞍体下设不锈钢板——聚四氟乙烯板滑动副,以适应施工中的相对移动。塔顶设有格栅底座,以安装主索鞍。为减轻吊装运输重量,将鞍体分成两半,吊至塔顶后用高强度螺栓拼接。半鞍体最大吊装质量 19.6t。散索鞍为摇轴式,鞍体为铸焊结合式,鞍体最大吊装质量 30.2t。在索股全部就位并调股后,在顶部用锌填块填平,在压紧梁下放上垫板,然后上紧压紧梁,再将鞍槽侧壁用螺栓夹紧。

考虑国内制造、安装等方面的经验和设备条件,主缆采用预制平行钢丝索股(PPWS)。每根索股由 91 根直径为 5.1mm、公称抗拉强度为 1670MPa 的高强度镀锌钢丝组成。每根主缆共 91 股,边跨不设背索,主缆索夹内直径为 512.5mm,索夹外直径为 518.9mm,钢丝总截面面积为 169166mm^2。在恒载、活载及温度作用最不利组合时,主缆安全系数大于 2.5。主缆防护采用主缆系统涂装配套体系,采用柔性漆、圆形缠丝,另外增加除湿系统。

根据吊索的受力特点,并综合考虑材料性能、制造加工、安装维护、后期更换等因素,采用销接式吊索与钢箱梁连接，每一吊点设置两根吊索，吊索为挤包护层扭绞型拉索，截面为 73 丝 ϕ5.0mm 低松弛镀锌平行钢丝束，钢丝极限抗拉强度为 1670MPa。跨中最短吊索长 3.8m。在最不利组合作用时，吊索截面最小安全系数大于 3.0，活载应力幅为 116.5MPa 小于 150MPa。根据抗风研究，对靠主塔侧 2 根长吊索中央设置减振架，将一个吊点两根吊索互相联系，减少吊索的风致振动。

索夹均采用上下对合的结构形式，两半索夹用螺杆相连并夹紧于主缆上，接缝处嵌填橡胶防水条防水。除安装吊索的索夹外，还有夹紧边跨主缆的索夹和安装缆套的锥形索夹。各类索夹上均设有安装主缆检修道立柱的构造。

5. 钢箱梁

普立特大桥主桥采用单跨流线型单箱单室扁平钢箱梁结构，钢箱梁总长 626.7m，全宽 28.5m，桥轴线处净高 3.0m，顶面设有 2% 双向横坡。钢箱梁设计为正交异性钢桥面板，预计运营期多运煤等重载车辆，桥面板厚采用 16mm；底板与上斜板厚为 10mm，索塔区段底板局部加厚至 16mm；桥面板、底板均采用 U 形肋加劲。钢箱梁每 3.0m 设一道横隔板，其中非吊点处板厚为 10mm，有吊索吊点处板厚为 12mm，而在设置支座处及端横隔板等特殊部位根据受力需要，板厚采用了 16mm。全桥共设 2 对竖向支座、2 对横向抗风支座及 2 对纵向阻尼器。竖向支座、抗风支座及阻尼器沿桥轴线方向分别设置于索塔中横梁上。钢箱梁节段最大吊装质量 146t（图 19-10）。

图 19-10 普立特大桥吊装施工

活载作用下钢箱加劲梁挠度最大上挠为 0.883m，最大下挠为 1.568m（$L/4$ 处），挠跨比小于规定的 $L/250$。百年风作用下，加劲梁最大横向位移 0.986m，小于规定的 $L/150$。桥中钢箱梁第一体系应力水平较低，满足设计要求。

主跨共 53 个钢箱梁节段，总质量约 7680t。其中，51 个标准梁段、1 个节段 B（普立侧梁端节段）和 1 个节段 C（宣威侧梁端节段）。

大桥钢箱梁制造、安装施工基本工序如下：首先在厂内预制钢箱梁板件单元，运至桥位宣威岸车间组拼制造钢箱梁节段涂装存放。宣威岸引桥首先建设完成作为施工平台，采用"缆索吊旋转架设法"进行钢箱梁架设。节段钢箱梁平转90°纵向运输至起吊位置，用缆索吊机起吊箱梁节段，经小距离荡移后吊运至预定位置旋转90°回至设计状态下放就位。钢箱梁由主跨中向两端对称安装，每个节段吊装到位后安装吊索，并与相邻梁段进行临时连接。当所有钢箱梁吊装完毕后进行梁段环向接缝焊接，完成大桥主结构工程。

（三）科研成果

1. 大桥主桥抗震安全性评价

普立特大桥抗震安全性分析研究是在国内外同类桥梁调研基础上，确立大桥的抗震设防目标和设防标准，然后针对多点非一致激励作用、桩土作用等问题展开研究讨论，确定最终的大桥有限元分析计算模型，并对主桥减隔震措施进行研究，根据研究结果对大桥的施工图设计方案进行抗震评价，给出研究总结和建议，以确保大桥在设计地震作用下满足设防标准要求。

针对普立大桥设计施工方案开展研究，提出了主桥的抗震设防目标和标准，分析给出大桥主要振型和周期，并给出纵向单个阻尼器阻尼系数、速度指数及两岸阻尼器阻尼力和阻尼器行程；分析认为安装阻尼器后大桥主塔、桩基和横梁纵、横桥向抗剪和抗弯强度均满足E1、E2阶段抗震要求，主桥竖向和抗风支座均满足抗震需求。

2. 大桥抗风性能研究

普立特大桥主桥跨度较大、塔较高，桥位所处的西部山区地形起伏很大、气象条件复杂，桥址处存在典型山区脉动风产生的条件，因此，充分考虑了结构的抗风安全性。

普立特大桥抗风性能研究在西南交通大学单回流串联双试验段工业风洞（XNJD-1）内进行了钢箱梁静力节段模型风洞试验、节段模型颤振试验、气动优化试验，根据气动优化试验对拟定的钢箱加劲梁外形提出改进意见，并进行了截面优化后截断模型涡激振试验。

3. 高山峡谷地区悬索桥隧道锚设计施工关键技术研究

普立岸隧道锚是整座大桥的受力关键之一，由于桥位处于石灰岩地区，岩溶发育，且该隧道锚与松山隧道相距较近，锚塞体距隧道最小间距20m。为保证隧道锚的安全、可靠，同时指导设计，开展了隧道锚的专题研究，主要工作有现场平硐勘察、现场模型试验及数值仿真分析。通过这些工作，查明了锚碇场地岩溶形态、分布范围及规模，岩体内裂隙的发育程度和卸荷裂隙带的分布范围，论证出隧道锚在设计主缆力作用下，具有不小于6的安全系数。

2015年8月,普立特大桥建成通车,其作为中国山区桥梁文化"新地标",对于国内尤其是山区悬索桥的建设具有重要的工程示范意义和技术参考价值。

九、G56 杭瑞高速昆安公路高架桥——云南最长公路桥

昆明—安宁高速公路起点与昆明南过境高架桥相连,设高架桥,继续一路西去,于是,从石虎关至碧鸡关形成了长16.125km的高架桥。这是云南最长的公路桥,也是云南最长的高架公路。

(一)相关背景

昆明南过境高架桥东起石虎关立交,西讫大观河桥,全长7.1221km。项目包括:正桥桥梁工程307跨、长6.534km,正桥引道长0.589km;春城路、滇池路立交匝道桥共76跨,桥跨总长1.601km,引道长1.425km。设计速度60km/h,桥面宽度25.5m,双向六车道。昆明南过境高架桥于1997年12月28日开工,1998年12月18日完工,12月28日正式开放交通。

(二)项目概况

昆安高速公路高架桥(图19-11)起点位于原大观公路收费站,与昆明南过境高架公路相接,路线采用四车道分离式高架桥沿石林—安宁公路改建,路基宽度为26m。高架桥上层道路为快速干道,下层道路为新的城市主干道。与南过境高架桥不同,昆安高速公路高架桥采用分离式,使下层道路有了开阔的空间。桥上桥下,车辆穿梭,让昆明西大门变得宽敞、通畅。

图19-11 昆安高速公路高架桥夜色

在起点处,从南过境整体式高架桥过渡为昆安路分离式高架桥,工程设计了7跨大型盖梁,梁长37.55m,自重750t。如此大的盖梁,在云南公路设计施工中尚属首次。因此,

这些盖梁被称为"云南第一盖梁"。吊装这些盖梁时,承担施工任务的中铁十七局项目经理部可动了不少脑筋。盖梁刚好位于石安公路大观河桥上方。公路不能中断交通,而原有的大观河桥又承载不了如此重的盖梁。为了确保施工安全,项目部采用铁路上常用的钢支架施工方法,动手加工每片自重25t左右的6片钢支架。在原大观河桥上铺上钢板,钢板上面安放吊车,让钢板均匀受力,终于攻克了难关。盖梁吊装成功,大观河上,老桥上面架新桥,公路桥旁边还有铁路桥,3桥汇聚,成了大观河一个独特的景观。

昆安高速公路通车后,车过昆安高速公路,人们能够看见的只有高架桥如林的桥墩和宽阔平坦的桥面,这些上部工程也就12m左右。其实,每个桥墩之下都有七八倍于地上工程的地下基础、地下工程。大观河桥最深的一根桩桩基就打了97m,这是昆安高速公路桩基最深的一根桩。

论土石方的开挖和回填,昆安高速公路仅相当于普通三级公路的挖填量。全线挖方设计量为2242924m^3,填方设计量为1321425m^3,平均每公里仅为10万m^3和59000m^3。但混凝土的施工量却相当大。施工高峰期,全线每个月水泥的用量达1万多吨。

昆安高速公路全线有1800多根桥墩。桩基深多数在80m以上。以每根桩80m计算,公路建设者们在地下打了14多万米。如此深、如此大规模的钻孔桩在云南还是第一次。桥梁采用的是单桩独柱式,也就是说,在地下打80多米的深孔,放入钢筋笼,浇筑混凝土,然后在基桩上浇筑承台,承台上再浇筑桥墩。

为确保工程质量,全线桥梁全部采用商品混凝土。通过招标,全线设5个混凝土拌和站。配合比和石料统一。要求每个拌和站必须有两个拌和楼,混凝土运输设总调度,5个拌和站相互联系,确保桥梁浇筑万无一失。每车混凝土由罐车运到现场后,技术人员要及时检测坍落度,质量不合要求坚决不准进行浇筑。桩基浇筑后,要用超声波进行检测,有缺陷的桩坚决返工。

在立交区、大跨径跨越的路段采用钢箱梁。钢箱梁具有轻薄、结构漂亮的特点。全线有50m和60m两种规格的钢箱梁。仅一合同段有7跨钢箱梁,共56片,每片重50多吨。高峣立交在横跨石安公路时同样采用了钢箱梁。

与云南最长的高架桥相连的是云南省规模最大的一座立交桥高峣立交桥。这座大型立交桥共有5个道口,除连接昆明、安宁外,还连接高海高速公路、昆明南连接线、石林—安宁高等级公路,占地700多亩,涉及2个街道办事处、6个村子,投资达6亿元。

据相关资料,20世纪30年代,高峣还是滇池的一个码头。沧海桑田,昔日的码头早没了踪影,但立交桥所在位置有村民11万m^2鱼塘。主线高架1.5km,匝道3km多,立交加通道总里程超过12km。不是鱼塘的地方,地下1m也全是水。工程动工后,下部全为淤泥潭,在匝道上还遇到了滇池的清淤堆积。施工单位只得先将淤泥清除,垫上石渣,筑土围堰,才能开始钻孔施工。在如此条件下建一座大型立交桥,难度可想而知。在昔日的鱼塘和淤泥之上,云南最大的立交桥横空出世,桥墩、梁板、直线、曲线,构成一幅幅优美的画面,无论从桥上看还是从下层道路看,都会让人感受到一种磅礴的气势,让人不得不从内心深处对创造了这独特美景的公路建设者产生深深的敬意。

十、G56 杭瑞高速公路长田水库大桥——云南首座扁斜桩大桥

安宁—楚雄高速公路从安宁前行后,在禄丰县境内要跨越长田水库。水库上方,横跨着一道漂亮的"彩虹",它就是曾在云南公路史上写下"两项第一"(第一座扁斜桩大桥;第一座采用钢绞线张拉、千斤顶做动力吊装的大桥)的长田水库大桥。

长田水库大桥一半是老桥,一半是新桥,新桥老桥"合二为一"浑然天成,变成一座崭新的高速公路大桥。

（一）大桥概况

长田水库大桥位于安楚高速公路六合同长田段,因跨越长田水库而得名（图 19-12）。

图 19-12　安楚高速公路长田水库大桥

该桥在保留使用原安楚二专线老桥的基础上拼宽新建,建设者们充分发挥聪明才智,用两项创新工艺解开了长田水库大桥的施工难题,土石方开挖量仅为普通基础桩开挖量的 1/3,既确保了老桥安全,又避免了对桥下水库造成污染。

该桥于 2005 年 6 月 27 日建成通车。

（二）建设背景

从安楚汽车专用二级公路到安楚高速公路,时间刚好过去 10 年。有意思的是,安楚高速公路的建设者中,不少人当年就参加过二专线的建设。第六合同段项目经理朱恩利

第十九章
桥梁隧道

就是其中的一位。安楚汽车专用二级公路通车后,朱恩利先后参加了玉元、昆曲高速公路以及香格里拉—德钦公路的施工。

在香德公路,朱恩利参与施工的是全线环境最艰苦的白茫雪山路段。2002年底,香德公路竣工,朱恩利和同事们告别白茫雪山,还未来得及休整,便上了安楚高速公路。

当年的安楚二专线有一个桥隧集中的路段,即羊老哨至细细坡一段。7km路段内便有9座大桥和4座隧道,25岁的朱恩利担任了其中一座大桥的主任工程师。安楚二专线在云南桥梁建设中第一次出现了弯、坡、斜、高桥。这也曾经是安楚二专线建设的一个亮点。弯者,桥梁刚好建在弯道上。修低等级公路,路线服从桥位,桥总是直的。修高等级公路,桥梁要服从线路走向,于是有了弯桥。坡者,桥梁刚好建在坡道上,桥面本身就是斜坡。斜者,桥与河流、沟壑斜交。高者,即高高在上。

二上安楚线,朱恩利所在的云南省桥梁工程处施工的第六合同段基本上还是原来的路段,只不过高速公路已将当年桥隧集中的羊老哨坡全部甩开,桥工处当年修建的那些大桥只有长田水库大桥依然为高速公路所采用。六合同段与当年的那段二专线一样:桥梁比重大、施工难度大、技术含量高。4.6223km路段内,集中了1座特大桥、6座大桥、2座中桥和1座小桥,桥梁里程长达2.156km。这些桥同样具有弯、坡、斜、高的特点,有的刚好位于曲线上,有的纵坡达6%,有的横坡达8%。经过10年磨炼,弯、坡、斜、高桥对在公路桥梁建设中累建奇功的云南省桥梁工程处来说已经不是大的难题,难的是10座桥同时施工,设备、人员的投入都比较大。而最让项目经理朱恩利头疼的是长田水库特大桥。

安楚高速公路开工后,经业主、设计、施工、监理等单位的相关领导、技术人员多次到现场进行研究分析,2003年3月20日,经云南省交通厅组织专家论证比选后确定,安楚高速公路跨越长田水库时,按新桥四车道、老桥维持原两车道的方案重新进行设计。

紧靠老桥建新桥,新老两桥要"合二为一",变成一座崭新的高速公路大桥,摆在施工单位面前的是一道又一道的难题。新桥基础开挖不能对老桥结构产生挠动,必须确保老桥的安全,新桥吊装时,必须确保旁边的老桥正常通车;施工中的建筑垃圾和土石方不能掉入桥下的水库中。

当年,长田水库大桥建成时,在云南公路桥梁建设史上曾经写下了"两项第一":大桥主跨130m,是全省当时最大的开口箱形拱桥;枯水期桥面至水面高70m,是当时全省离水面最高的一座桥。

(三)施工建设

从二专线桥变为高速公路桥,长田水库大桥经历的是脱胎换骨的改变。具体方案是:

在原桥左侧再建一座宽17.975m、跨径138m的四车道箱形拱桥,其中3个车道作为高速公路的上行线,1个车道作为下行线的超车道。老桥作为下行线的另外两个车道。新老桥之间设5cm的沉降缝,老桥左侧设置1.475m宽的安全带设施。

老桥是一座主跨130m的预制吊装开口箱钢筋混凝土箱型拱桥,两岸主拱台为仰坡形片石混凝土明挖扩大基础,引孔为石砌U形桥台,上部为五柱式排架立柱墩,10m跨径5梁式预制装配式T形梁。

新桥施工大胆创新,成功破解了难题。

1. 第一次采用扁斜桩基础

长田水库大桥的施工有三大难点:一是老桥旁边建新桥,老桥保留通车,新桥基础开挖时不能对老桥结构产生挠动,必须确保老桥的安全;二是新桥吊装难度大;三是环保压力大。施工中,建筑垃圾和土石方不能掉入桥下的水库存中。老桥建设时,在这方面就有过教训,因土石落入水库,项目部付了10多万元的赔偿费。

按设计图纸提供的方案,长田水库大桥采用在老桥旁明挖基础的办法施工。朱恩利带着他的施工队伍进场后,经实地勘察发现,若按这一方案施工,必然会影响老桥桥台的稳定,并且开挖出的大量土石很难避免落入桥下的水库中。项目部很快将这一情况向指挥部和云南省交通厅报告。

安楚高速公路建设指挥部和云南省交通厅对长田水库大桥的施工也十分关注。针对大桥施工中的三个难点,云南省交通厅专门邀请了10多名全国知名的桥梁专家到云南调研,共商长田大桥的施工方案。

2003年3月20日,专家论证会在云南省交通厅举行,著名桥梁专家杨高忠提出的扁斜桩方案得到了大家的一致认可。具体做法是:新桥不设常规的桥台,而是分别在昆明岸和楚雄岸打10m和24m的扁斜桩,与水平面呈45°角,犹如两个巨型楔子斜插进山体里,桩高4.4m、宽11.8m。这一方案,开挖的土石方量仅有普通基础桩开挖量的1/3,施工中,开挖基本不在地表进行,便于水保和环保。大桥建好后,主拱圈轴向力直接传递给扁斜桩,并通过扁斜桩分布于山体,受力简单明了,施工过程中,老桥的稳定和行车也不会受到影响。

扁斜桩基础,在云南省公路桥梁施工中尚属首次。建一个扁斜桩,实际上要打3个高4.4m、宽3m的斜洞,近似于打一个连拱隧道,难度相当大。施工时,先将两边的洞打好,边打边支护,然后再打中间一个洞,使3个洞连成一个整体,最后布设钢筋笼,浇筑混凝土。

扁斜桩的桩位刚好位于长田水库两岸陡峭山岩的半山腰上,没有施工平台,施工人员只好搭建了两个高20多米工作平台,一锤一凿向山体掘进。为了确保老桥安全,开挖爆破时采用微量控制爆破。开挖出的土石则通过天线运走。整个施工过程中,水库管理人员严格监视,没有发生土石落入水库的情况。

由于设计变更,项目部直到2003年7月19日才拿到扁斜桩的施工图纸。项目部拿到图纸后,很快组织精兵强将,每天24小时不间断作业,确保了大桥施工与整条高速公路的施工同步。

2. 第一次使用钢绞线吊装

基础开挖的问题解决后,长田大桥最棘手的问题就是吊装。以往的箱形拱桥,箱梁质量一般只有40多吨。在此以前,云南省桥梁工程处施工的桥梁中最重的箱梁出现在金沙江上的松园桥上,重量达62t。长田大桥最重的箱梁达到70t。常规方法吊装箱梁时采用钢丝绳和卷扬机。这种方法吊装70t重的箱梁存在一定风险。不仅如此,这种吊装方法,钢丝绳牵引不能一次到位,必须进行侧拉。新桥旁边就是车水马龙的老桥,吊装时必然要阻断交通。显然,传统的吊装方法在长田大桥上是行不通的。在2003年3月20日云南省交通厅召开的专家论证会上,专家们对此也提出了一致的看法。

常规的吊装方法行不通,这就逼着施工单位必须另想办法。云南省桥梁工程处很快成立了由总工程师郭树彬亲自挂帅、安楚项目部总工肖正恩等参加的科技攻关组,探索新的桥梁吊装方法。

通过反复设计和论证,攻关组提出了用钢绞线张拉取代钢索滑车组、千斤顶代替卷扬机做动力的吊装方法(图19-13)。这种方法在国外和省外已有人采用过,但在云南尚属首次。为慎重起见,郭树彬与项目经理朱恩利、项目党支部书记徐梅万、项目总工肖正恩一起,带着图纸前往广西柳州OVM建筑机械总厂考察,定做专门设备。攻关组的设计十分严密,既考虑到钢绞线、千斤顶等主要设备,也考虑到吊装时钢绞线与钢丝绳的连接,专门定做了连接器。

图19-13 长田大桥在滚滚车流旁进行吊装

从柳州定做的吊装设备很快运到了工地。

2004年4月8日,长田大桥开始第一片箱梁的吊装。安楚高速公路指挥部指挥长孙乔宝亲临现场,云南省桥工处总经理林梅雄、总工郭树彬也亲临现场。尽管经过多方论证、详细计算,新法吊装安全可靠,但这毕竟是第一次,他们还是有些放心不下,担心有的细节没有考虑到而出现意外。上午8点,吊装正式开始。蒙蒙细雨中,70t重的箱梁随着技术人员的指令,在钢绞线的牵引下自如地起落,老桥上依然车来车往,一派繁忙。下午6点,箱梁稳稳地落在扁斜桩支座上,人们悬着的心终于落了地,欢呼声顿时响了起来。

从吊装第一片箱梁起到5月8日长田大桥成功合龙,仅仅过了1个月。整个吊装过程中,老桥的交通并未受到影响。项目经理朱恩利用"少、快、好、省"4个字来概括这种新的吊装方法。

少,指的是它与老的吊装方法相比,使用的设备少、材料少、投资少。长田大桥如果采用老办法吊装,起重、牵引、侧拉,要用32台卷扬机,需用钢丝绳2万m以上,滑车起码要用70台。光这些滑车,每个价值8000多元,要投入50多万元。一辆东风牌汽车可以拉20个,4辆车才能拉完,问题是长田大桥的场地根本无法为这些设备提供施展空间。新法吊装主要设备是千斤顶和钢绞线。所需千斤顶为26套,每个千斤顶长80cm、直径30cm,体积不大。所用钢绞线强度高、材质好,与钢丝绳相比,在同等截面的情况下,受力大3倍。

快,指的是吊装速度快。老办法吊装一天只能吊装一片梁,新法吊装一天能吊两片梁。长田大桥共有56片梁,如果按照老办法,吊装时间起码也要2个月。采用新法吊装却只用了1个月。

好,指的是好操作。老办法吊装,主钢索不会移动,完全依靠吊装师傅的经验指挥,箱梁难以一次到位,吊到一定高度后,必须通过钢丝绳反复侧拉就位,操作十分麻烦。新法吊装依靠精确的计算,钢绞线受力精确,且主索可以在吊塔顶部平移,实现箱梁的正就位。

"少、快、好"最终的结果是省时省力省投资。经测算,长田水库大桥吊装费用与常规方法相比,节约20%以上。

缆索吊装技术的创新是长田水库大桥施工中取得的一项宝贵的技术成果,负责该技术项目的QC小组被评为2004年"全国交通行业优秀质量管理小组"。该项技术还在云南跨越金沙江的羊拉大桥、跨越澜沧江的糯扎渡大桥和高海公路海口跨海大桥的施工中得到推广使用,收到了较好的效益。

十一、G56杭瑞高速金厂岭澜沧江大桥——云南首座大跨径不对称T形连续刚构桥

金厂岭澜沧江大桥位于大理—保山高速公路上,横跨澜沧江,是国家高速公路网中

G56 杭州—瑞丽高速公路的一座重要桥梁,也是云南第一座大跨径不对称 T 形连续刚构桥。

(一)大桥概况

金厂岭澜沧江大桥(图 19-14)主桥上部结构为(130＋200＋85)m 三跨预应力混凝土连续刚构。主桥下部结构由一个高 62m 和一个高 69m 分别用两片等截面矩形空心薄壁墩组成;基础由直径 1.5m、桩长 38m 的 34 棵和 42 棵钻孔灌注桩组成;承台采用 4.5m 厚的矩形钢筋混凝土浇筑。由于两桥墩较高,每桥墩设计主筋用直径 32mm、间距 10cm 的 1012 根螺纹钢筋组成,主桥全长 415m。

图 19-14 大保高速公路澜沧江大桥

该桥桥面宽 22.5m。其中,行车道宽度 2×(2×3.75)m,紧急停车带 2×2.5m,中央分隔带 1.5m,外侧护栏宽 2×0.5m。设计荷载为汽车—超 20 级,挂车—120。桥面纵坡为 0。设计速度为 60km/h。地震基本烈度为Ⅶ度,按Ⅷ度设防。设计洪水频率为 1/300。箱梁为单箱单室断面,三向预应力结构,顶宽 22.5m,底宽 12.2m,桥面横坡 2%。全桥由两个不对称"T"构成,大"T"主墩高 62m,悬臂长 120m,根部梁高 13m,跨中梁高 4m;小"T"主墩高 69m,悬臂长 80m,根部梁高 9m,跨中梁高 4m。两个"T"在两个主墩上采用挂篮对称悬臂浇筑,大"T"分 32 轮浇筑,小"T"分 18 轮浇筑。每一轮悬臂长度根据设计长度施工,边跨采用支架现浇,中跨采用劲性骨架合龙。

该桥耗用混凝土 36000m³、钢材 4600t、预应力管道 7 万余米、锚具 4808 套、水泥 18780t,工程总造价 1.15 亿元,平均每延米造价 24.45 万元。

(二)相关背景

千百年来,澜沧江一直是横断山中的一道天堑。云南最古老的民谣《博南谣》曾述说了先民们开山渡江筑路的情景：

汉德广,开不宾。

度博南,越兰津。

渡澜沧,为他人。

兰津、澜沧,指的都是澜沧江。

直到汉明帝时,由官家操办,民众出力,兰津古渡上才修建起一座竹木软桥。明成化十一年(公元1475年),兰津桥再次修葺,由竹木软桥更新为铁索吊桥,并改名为"霁虹桥"。这座有"西南第一桥"之称的铁索桥于1986年10月被山洪和泥石流冲毁。霁虹桥曾经是南方丝绸之路上的重要桥梁。

20世纪30年代,滇缅公路建成通车,澜沧江上的功果桥曾是云南也是全国最早通车的钢索吊桥。

1972年,澜沧江上建成了主跨80m的钢筋混凝土下承式肋拱桥永保桥。

大理—保山高速公路在永保桥下游10多千米的地方跨越澜沧江。于是,一座更为壮观的大桥——金厂岭澜沧江大桥应运而生。

(三)设计和施工

金厂岭澜沧江大桥由云南省公路规划勘察设计院第一桥梁勘测设计处和交通部公路规划设计院珠海分院联合设计。主要施工单位为云南公路桥梁工程有限公司大保公路十六合同段项目部。监理单位为云南公路建设监理公司。

建设者们给这座特大桥归纳了四个特点:高、难、新、特。高者,大桥桥面距江面80余米;难者,工程量大,施工难度大;新者,该种桥型在云南是第一座,桥型新颖;特者,施工工艺特殊,采用的是悬臂施工,梁上还有纵、横、竖三向预应力。用项目总工杨之云的话说,大桥的施工中要闯三道难关。

第一关:水下桩基施工。这座大桥有两个桥墩,永平岸靠河,保山岸靠山。施工单位形象地将其称为大"T"和小"T"。大"T"下有42根38m长的基桩,小"T"下有34根33m长的基桩。施工单位接到图纸已经是1999年12月,基桩施工必须在2000年雨季前完成,否则就会延误一年的工期。为攻克这一难关,云南公路桥梁工程有限公司调集了曾在楚大公路和玉元公路桥梁施工中立下战功的二分公司和三分公司,分别承担大"T"和小"T"的施工。两个分公司你追我赶,终于在2000年5月以前完成了全部基桩的施工任务。经检验,所有基桩工程均达到质量优良,顺利攻下了大桥施工的第一道难关。

第二关:高墩施工。澜沧江大桥墩柱高达70m,而且系薄壁空心墩,壁厚仅60cm,每个墩柱内还有1012根32mm的螺纹钢筋。这些钢筋需要高空接长。若采用常规电焊,既费时费工,也不安全,还很难达到焊接规范的要求。项目部经过多次试验,得到指挥部批准后,在云南首次采用中国建筑科学院开发的钢筋镦粗直螺纹连接接头新技术,确保了主墩施工的进度和质量。在墩柱浇筑中,他们将传统的小模板施工改为大翻转模板施工,每段浇筑由以往的80cm一下变为4m,减少了墩柱接缝,使70m高的墩柱既壮观又美观。由于大胆创新,云南公路桥梁工程有限公司仅用4个月便攻克了高墩施工关。

第三关,也是最关键的一关:T梁浇筑。大桥采用挂篮悬臂施工,即在70m高的墩柱上向两侧依次分段进行浇筑,仿佛两个巨人不断伸长手臂,当它们的"手臂"牵在一起,大桥即告合龙。这是一项十分复杂的施工工艺,大桥主T总长260m、宽22.5m,每边分32个节段,需浇筑100轮才能合龙。未来的T梁实际上是一个高4.5~13m的钢筋混凝土"箱子",人可以在其间通行,以便测试大桥的各种数据。

第三关中,最难的又是0号段的浇筑。这次浇筑要在70m高的墩柱上首次浇出一段T梁,难就难在没有施工平台。工程技术人员开动脑筋,在墩柱支架距墩柱顶部50cm的地方搭建平台,为0号段的施工创造了条件。2001年3月6日,经过14个半小时的紧张奋战,项目部顺利完成了0号段的浇筑。

悬臂浇筑,每段梁的长度在2.5~4.5m,最大质量320t。这就要求挂篮自身的质量不得超过160t,一旦超过,0号段就难以承受。项目部聘请昆明理工大学、西南交通大学对挂篮进行验算设计,制作了适合澜沧江大桥施工的专用挂篮。全桥浇筑顺序为:悬臂对称浇筑—边跨现浇—边跨合龙—中跨合龙。

第三关中,还有一个关键的环节—合龙时的体系转换。两位"巨人"在大江上"牵手"时,误差只能在2cm以内。云南省桥梁工程公司在施工中采用了螺纹钢筋对接新技术,大大提高了施工效率和对接质量,并采用桁架三角形挂篮施工,效果良好。1999年5月大桥开工,2002年2月22日大桥合龙,2002年9月大桥建成通车。大桥造型线条简洁流畅、雄伟美观,荣获"2004年云南省优秀工程设计一等奖"和"2004年度云南省优秀工程一等奖"。

从霁虹桥到功果桥到永保桥再到澜沧江大桥,云南500多年的建桥史形象地浓缩到澜沧江上。如今,霁虹桥不在了,功果桥不在了,永保桥也不在了,澜沧江上的桥梁告别了历史,澜沧江目睹了从古老的南方丝绸之路到滇缅公路再到今天的大保高速公路的交通变迁。有了大保路这样的现代化高速公路,我们才能理直气壮地说,横断山,不再路难行。

有人曾用"背路过江"来形容桥的作用。霁虹桥把纤细的博南古道"背"过了澜沧江,同时也把马铃声"背"过了澜沧江;功果桥把滇缅公路"背"过了澜沧江,同时也把汽车的喇叭声"背"过了澜沧江,把中国远征军"背"过了澜沧江;澜沧江特大桥"背"过澜沧江的是一条高速公路,同时也是随高速公路而来的现代化。

十二、G56 杭瑞高速公路怒江特大桥——云南最长跨江公路桥

这是一片英雄的土地。英雄的土地上有条英雄的江——怒江。怒江上有座英雄的桥——惠通桥。惠通桥是滇缅公路上的重要桥梁。今天,当高速公路跨越怒江时,云南最长跨江公路桥——怒江特大桥横空出世。

(一)相关背景

怒江发源于青海省唐古拉山,它经西藏流经云南,横贯怒江傈僳族自治州、保山市、德宏傣族景颇族自治州,奔腾咆哮 650km 后流入缅甸,称萨尔温江,最后注入印度洋。

怒江进入云南后,撕裂开高黎贡山和碧罗雪山,形成了每公里约 2m 的落差,怒江与高黎贡山、碧罗雪山的高差一般都在 3000m 左右。

"水无不怒石,山有欲飞峰。"谷深水急的怒江峡谷是我国最大的纵谷。山雄水奇,舟船难度,溜索是怒江上最古老的"桥"。

怒江上第一座真正的桥当数双虹桥。该桥建于清乾隆五十四年(1789 年),以江心一天然石为桥墩,桥身分为两段,东段 15 根铁链,桥宽 3.1m,净跨 67m;西段 12 根铁链,桥宽 2.8m,净跨 33.8m。

双虹桥后,经历了 160 次春夏秋冬的更替,到 1949 年怒江上载入交通史册的只要惠人桥和惠通桥。惠人桥建于清道光十九年(1839 年)。惠通桥始建于清道光之间,原先为铁链桥,1935 年改为柔性钢索桥,1938 年又改为公路桥。1940 年 10 月 28 日~1941 年 2 月 27 日,日本侵略军为了切断滇缅公路,先后出动飞机 168 架次,六次对惠通桥进行狂轰滥炸。1942 年,龙陵失陷,日军前哨窜抵惠通桥西岸松山山头,为阻止日军前进,守桥人员奉命将惠通桥东岸桥塔炸毁。惠通桥以自身的毁灭,阻敌于怒江西岸,使怒江以东的大片国土得以免受日本侵略者的践踏。1944 年 5 月,中国军队强渡怒江,8 月 1 日开始修复惠通桥。军火物资源源西运,保证了前线作战的需要,加速了中国人民的胜利和日本侵略军的灭亡。

怒江和惠通桥在抗战史上写下了不朽的传奇。

中华人民共和国的成立,使怒江的桥梁建设进入了崭新时期。

1974 年 6 月 1 日,在距惠通桥仅 400m 的怒江上,云南省第一座无支架施工钢筋混凝土箱形拱桥、主孔跨径 116m 的红旗桥竣工通车,结束了怒江上没有永久性桥梁的历史,该桥也是当时全国跨径最大、无支架施工的箱型拱桥,1981 年获得国家 20 世纪 70 年代优秀设计奖。

20 世纪 80 年代,云南建成第一座斜拉大桥——东风桥横跨怒江。1994 年 12 月,

怒江上建成当时云南最大跨径、最高塔身斜拉大桥———怒江曼海大桥。

保龙高速公路怒江特大桥在云南公路桥梁史上又写下了新的篇章。

(二)工程概况

怒江特大桥(图19-15)主桥为4跨全长500m的连续刚构桥,怒江东西两岸分别为26孔、8孔的50m T形梁桥,加上两岸桥台,总长2208m,为云南目前跨越江河最长的一座公路大桥。桥跨布置为:26×50m T形连续梁+90m+2×160m+90m连续刚构+8×50m T形连续梁,其中主桥采用90m+2×160m+90m四跨预应力混凝土连续刚构,设计速度80km/h,桥面净空2×10m(车行道),荷载标准为汽车—超20级、挂车—120。

图19-15　保龙高速公路怒江特大桥

保龙高速公路怒江大桥墩柱高度最高为60m、平均高度为50m。

(三)工程难点

怒江特大桥施工过程有5个特点,也可以说是5个难点。

工程量大是怒江大桥的第一个特点。大桥2m直径的钻孔桩有2536m,1.5m直径的钻孔桩9684m,1.6m直径的钻孔桩有160m,有承台69个,30～60m高墩37个,50m T梁340片,主桥箱梁135段。全桥需混凝土11.2万 m^3、预应力钢绞线2441t、钢材13391t、锚具11602套、波纹管21万 m。如此大的工程量,在云南跨江桥梁中是从来没有过的。

怒江特大桥最大的难点是水下基础的施工。大桥28号、29号两个主墩位于江中。每个桥墩下是直径2m的16根钻孔桩,桩深55.5m。

怒江大桥的第三个难点是高桥墩的施工。大桥主墩高60多米,而且是薄壁空心墩,墩壁的厚度仅50～60cm。

怒江大桥的第四个难点是主桥箱梁的浇筑。大桥有3个主礅,因而有3个"0"号块的浇筑。也就是说，要在3棵直立的高60多米的桥墩上浇出单个重量达1700余吨的"0"号块箱梁，然后，以"0"号块为依托，分别向左右悬臂浇筑126个箱梁节段，还要在50多米的高空浇筑2个重量分别达620多吨的现浇段，最后用4个合龙段合龙。主桥共需浇筑135个节段，精度要求特别高。

怒江大桥的第五个难点是引桥50m T形梁的预制和安装。在云南桥梁以往的施工中，30m T形梁用得较多，梁重也就70~80t。50m T形梁质量达140多吨，预制和安装的难度和风险都比较大。不仅如此，怒江大桥T形梁的数量大，总数达340片，而且，由于怒江西岸没有预制场地，所有的T形梁必须在东岸预制，西岸8孔80片T形梁只有主桥合龙后，才能从东岸运至西岸安装，工期压力非常大。

(四)工程施工

2004年12月，承担怒江特大桥施工任务的云南云桥建设股份有限公司拉开大桥施工序幕(图19-16)。项目部领导清醒意识到，两个主墩水下基础能否在2005年洪水到来之前完工是整座大桥能否如期建成的关键。洪水不等人。如果不能在洪水到来之前完成水下基础工程，整座大桥的工期就得推迟一年。28号墩位于怒江江心，水下施工必须先架便桥，将设备物资运到现场。针对怒江水流湍急的特点，项目部对便桥的方案进行了认真筛选，决定用钢管焊成四四方方的大笼子，四壁护边后将其沉到江里，再往钢管笼里填入140多立方米石头，形成一个个临时桥墩，上面架设钢架桥。在填筑第4个临时桥墩时，意想不到的事情发生了。头天做好的"桥墩"，第二天就变得无影无踪，140多立方米的石头不知去向。施工人员首次领教了怒江的厉害。好在项目部早有预案，钢管石笼不行，就改用钢桩方案。施工人员将60号工字钢一头削尖后，用50t的打桩机强行将其打入江里，用以支撑钢架桥。不到一个月时间，120m长的便桥终于架通，自重25t的钻机和其他设备在拖车的牵引下运进了江心。

图19-16　怒江特大桥桥墩施工

第十九章
桥梁隧道

便桥架通后,水下基础的施工随即开始。桥墩承台四边边长19m、厚4.5m,所用混凝土达1700多立方米,承台下由16根直径2m、深55m的钻孔桩支撑。由于引进了冲击带反循环钻机,钻孔桩的施工还算顺利,承台的施工却遇到了麻烦。怒江水下是砂砾石层,并伴有大量漂石,承台开挖时,边挖边塌,进展十分缓慢。项目部经认真分析研究,在承台外围用挖机挖4m深的沟,加入水泥,边挖边搅,三四天后,开挖出的沟"有了强度",形成具有封水固壁功能的"墙",再开挖、浇筑承台。2005年雨季到来之前,怒江大桥水下工程如期完成。

项目部采用大型翻转模板工艺,圆满攻克了第三道难关。

尽管难点多,但怒江大桥的施工进度和质量在保龙高速公路一直处于领先位置。云南云桥建设股份有限公司总经理林梅雄认为,怒江大桥的施工关键是抓住了四个环节。

1. 有一支作风过硬的队伍

为了搞好怒江大桥的施工,云桥公司组建了精干的项目部,施工队伍也是经过认真挑选的。尽管怒江峡谷一年大部分时间高温难耐,但施工人员争分夺秒巧施工,确保了工程进度和质量。

2. 注重科技创新和设备投入

为了搞好怒江大桥的施工,云桥公司新购了1600多万元的设备。怒江大桥工地,有了电脑控制的先进拌和站,有了高压泵等先进的桥梁设备。

3. 注重计划管理

每个部位每道工序的施工做到超前计划、全面有序、均衡生产、重点突破。

4. 抓好技术关

这是特大桥施工成败的关键。项目部精心计算,合力攻关,认真制定了20多项合理可行的施工技术方案,很多重大技术方案还准备了第二、第三套预案,确保了大桥施工的顺利进行。

整座大桥共耗钢材13391t、预应力钢绞线2441t、混凝土11.2万 m^3。

怒江特大桥如一条伏卧在怒江上的长龙,大桥下成片的香蕉、芒果等热带经济绿色作物和火红的木棉花在怒江峡谷形成一幅刚柔相济、舒适美观的风景画,且大桥平稳对称、高大雄伟,极具观赏价值,如横亘在怒江上的一道靓丽的走廊。为了在两岸山坡之间平缓衔接和建设观景走廊,设计人员还专门到香港考察了青马大桥。怒江大桥设计加高桥墩、延伸引桥,云南公路桥梁建设中首次采用通透式金属拉力柔性护栏,使过往旅客能在行驶的车辆中欣赏怒江风光。

流水将道路隔断,桥又将它连接。

桥,代表了改变,象征着飞跃。桥梁设计者、桥梁建设者,正是给怒江大峡谷插上腾飞翅膀的人。

十三、G5611 大丽高速公路挖色特大桥——云南高速公路最长 T 形连续梁桥

从凤仪立交进入大丽高速公路,行驶到 42km 处便是挖色特大桥。这是第一座能够望见洱海的桥梁,也是目前云南最长的高速公路 T 形连续梁桥。

放眼望去,湛蓝的洱海海面氤氲着水汽滋润着大理坝子。为了让驾乘人员停车观赏这一片海,大丽公路建设指挥部建立了公路两侧的"风花雪月港湾停泊站",遥可观苍山、洱海和大理古城景致,近可赏挖色特大桥之宏伟,这是大丽高速 15 座特大桥之首,最高墩柱 51m,其墩柱平均高度超 40m。

在挖色坝子,这座大桥本身就是一道靓丽的风景。

(一)大桥概况

挖色特大桥(图 19-17)为 T 形连续梁桥,全长 2651m。大桥由中铁十二局集团四公司承担施工任务。该特大桥桥跨结构为 113 孔 16m 后张法预应力混凝土桥。桥梁基础除 0 号台为明挖基础外,其余全为钻孔桩基础,共有 1m 直径钻孔桩 806 根,大部分桩基为超长桩基础,平均桩长达 44m,最长桩达 62m,是大丽高速 15 座特大桥之首,施工地段为洱海沉积软土地基,为全线的重点控制工程。

图 19-17　大丽高速公路挖色特大桥

(二)建设过程

1. 设计变更

大丽高速公路在做可行性研究报告时,连接海东镇和挖色乡的高速公路只设计了 600m 的花椒箐隧道,之后,高速公路将在挖色坝子西边的山脊上绕来绕去降坡,但坡

度还是很难降到3%以下。云南省公路投资公司董事长、大丽高速公路指挥部指挥长孙乔宝请设计单位给出多个降坡方案,一个最佳的降坡方案是:把花椒箐隧道的高程降低,长度从600m增加到4400m,出洞后架设桥梁穿越挖色坝子。为了节约投资,设计单位把挖色特大桥的平均墩柱降低到21m,桥形就变成一只舀水瓢,其上下坡度都较大。

孙乔宝对坡度还不满意。他问:"把挖色特大桥拉平,只保留便于排水的坡度,墩柱有多高?"设计单位说:"最高墩柱51m,一共有592根墩柱,投资会增加好几千万元。"在各方讨论后,全体人员决定采用增长隧道、拉平桥梁的方案,虽然会增加一两个亿的投资,但节约了绕山绕水的路基建设费用,两项一减,增加的投资并不是不可接受,但取得的安全效应则会使群众终身受益。

2. 建设情况

挖色特大桥工程地质状况因湖相沉积层较厚,软基处理比较复杂,所以造价高。工程开工前,大丽公路指挥部制订了详细的安全、质量、进度、现场管理、成本控制、降耗增效等各项管理制度和办法。在施工中,施工单位采取随时召开现场办公会,利用每天早会、每周"诸葛亮会"、每月工程总结会的方式,及时解决施工中存在的问题。同时,采取见缝插针、穿插施工等方法,形成流水线作业,以超常规的节奏拼抢每一天,使施工进度突飞猛进,创造了日完成桩7根、日浇筑承台2个、日浇筑桥墩3个的历史纪录。

建设中的挖色特大桥桥墩下为建于清朝末年的石拱桥,如图19-18所示。

图19-18 建设中的挖色特大桥桥墩下为建于清朝末年的石拱桥

2012年底,大丽指挥部召开了指挥长办公会,总体目标是"一般工程加速、重点工程加码、招标工作加快、路基转序加紧",努力确保2013年建成通车目标实现。

为切实达到"出实招、见实效、出成果"的目的,大丽指挥部着眼于质量、安全、进度、投资、环保、廉政和稳定七项重要指标,坚持抓质量、保安全、促进度的总体工作思路,着力加强人员、设备的统筹调度,抓住当前这个重要节点,精心组织、强化管理、大干快上,采取了"重点攻坚、难点攻克、有保有压"的方式推进项目建设。

重点攻坚,即对项目所有重点控制性工程进行工期倒排,重点对双龙隧道、花椒箐隧道、挖色特大桥、白玉村特大桥等制订专项施工组织计划,在资金保障上给予倾斜,确保重点控制性工程一个一个攻坚;对长期严重影响正线和桥梁施工的征地拆迁难点问题进行督办,积极协调当地政府党政主要领导深入现场办公,限期解决落实;把指挥部中层以上干部与项目各施工标段和重点控制性工程进行责任挂钩,划分责任区,树立公示牌,凡责任人督导的施工标段和重点控制性工程在指挥部规定时限内不能完成阶段施工任务的,将纳入年度绩效考核实施处罚,反之则进行奖励。

一系列行之有效的措施,使挖色特大桥于2013年底如期建成通车。建成后的挖色特大桥气势恢宏,与高大巍峨的苍山、碧波荡漾的洱海、形若金印的小普陀岛相映成趣。过往驾乘人员无论站在什么角度,无论如何摆弄相机,映入眼帘的总是一幅怡然自得的画卷。

十四、G5615天猴高速公路龙江特大桥——亚洲山区最大跨径钢箱梁悬索桥

丝绸古道/山重水复/龙川江上/架桥引路/高空挥洒/不畏险阻/披星戴月/情满山谷/天空之中把路铺筑/铺出一条云中的路/历经每一步每一步/天地都会记住/一座大桥穿越云雾/通向天边连接幸福/高黎贡下玉带明珠/一江天堑变通途。

2016年4月,由云南飞虎文化传播有限公司邀请国内知名音乐人创作、香格里拉组合演唱的歌曲《云中的路》在极边大地突然走红,上传当天24小时内点击人数过20万,一周内就超百万。这首歌唱的就是龙江特大桥。

一座大桥一次飞跃,一条路一首歌,这在云南高速公路建设中或许还是第一次。建设者们用5年时间,在龙川江上、高黎贡山下、火山热海边建起一座丰碑,在极边大地通向南亚的路上筑就了一座天籁之桥,丝绸古道天堑变通途。歌曲记录传唱了他们,历史也将永远铭记他们。

(一)工程概况

龙江特大桥(图19-19)位于云南省西部,大桥垂直跨越龙川江;桥面离江面280m,最高的索塔顶到江面470m,主桥跨径布置为320m+1196m+320m,是云南省首座特大跨径钢箱梁悬索桥,也是亚洲最大的山区悬索桥。全桥总长2471m,保山岸索塔高169.7m,腾冲岸索塔高129.7m,概算投资19.55亿元。大桥于2011年5月签订施工合同,2016年4月底建成通车。

第十九章

桥梁隧道

图 19-19　保腾高速公路龙江特大桥

为了建造这座"人间天桥",大桥建设者浇筑了 318823m^3 水泥混凝土,仅钢筋就用了 25371t,钢绞线用了 870t。

(二)工程特点

龙江特大桥是云南省综合交通三年攻坚最后一个通车项目,是云南交通建设的一件大事。2013 年 2 月 6 日,已建成的保腾高速公路其他路段已经贯通,龙江特大桥建设滞后带来一系列矛盾突显,社会、经济压力大,大桥的早日建成通车显得迫在眉睫。为加强龙江特大桥建设项目管理工作,2013 年 6 月 8 日,云南省交通运输厅批准成立云南龙江特大桥建设指挥部,任命常文为指挥长。

龙江特大桥是保腾高速公路的控制性工程。由于受孟加拉湾暖湿气流影响,大桥所在区域每年 5～10 月为雨季,降雨充沛,且桥位区为中切割低中山峡谷地貌,属火山岩溶台地。龙江两岸切割深度大,河段相对高差近 300m,桥位纵断面岸多见陡崖峭壁,植被发育、溯源侵蚀强烈、堆积作用甚微。长达半年的雨季和复杂的地质给大桥建设带来了严峻挑战。腾冲岸锚碇开挖多次塌方,最后形成开挖近百万立方米的世界级悬索桥锚碇坑;2014 年 8 月 3 日,保山岸主塔面坡塌方威胁,主塔基础治理及桩基冲孔遇到的困难让建设者历尽艰辛;雨季环境下,60m 深的桩基冲孔、百余米高的塔柱施工、近 300m 江上空钢箱梁吊装和高湿度环境下钢箱梁焊接、涂装、冬季霜雾下进行桥面钢箱梁焊接等也给建设者在质量、安全、工艺上出了许多意想不到的难题。

大桥建设指挥部积极进行科技创新,攻克了一道又一道难关,在云南桥梁建设史上写下了崭新的篇章。大桥在全风化玄武岩地区采用重力式锚碇构造,这在国内尚属首次;钢箱梁施工采用缆索吊装,规模为世界同类桥梁之最;在国内大跨径桥梁施工中首次采用无人飞行器牵引先导索过江的施工技术;在国内首次成功采用索股入鞍段预成型及架设技术;在国内首次采用圆形缠丝+缠包带方式+除湿系统方式进行主缆防护;在国内首次采用喷洒葡萄糖酸钠作为缓凝剂,配合水枪冲刷的施工方法进行锚碇混凝土凿毛施工;在桥梁大体积混凝土中成功采用火山灰作为混凝土外掺剂。

(三)设计和施工

在建设过程中,来自指挥部、中咨集团、中交二公局、中交路桥集团、中铁宝桥集团、重庆智翔铺道公司等20余家建设、施工、监理单位的上千名建设者克服了雨季长、地质条件复杂、施工技术要求高、高空作业安全风险大、材料运输艰巨等困难,进行了五项技术创新和20余项技术攻关,用集体智慧和高科技手段铺筑了一条神奇的"云中之路"。

1. 建设充满艰辛

索股牵拉和箱梁吊装队队长蒋勇曾在国内多座桥进行索股牵拉和箱梁吊装。在索股牵拉和箱梁吊装的半年时间里,他和工友们几乎没有吃过一顿安稳饭,睡过一个安心觉,每天都在"天上"行走,中午饭大都在猫道或空中箱梁上吃。能够平平安安完成大桥建设任务,他已经非常知足了。

28岁的四川凉山彝族青工阿约古坡是A标上部施工"青年突击队"副队长,他和吉克伍来、颇里日洛、阿尔瓦体等20余位同乡参加了架猫道、搭门架、拉索股、吊箱梁、架内爬梯、拆猫道等高危作业,比起之前他们建设过的6座大桥,他们说,龙江大桥干得很安全很顺利,加班加点都有工资,收入也很好。

来自贵州晴隆二十四拐的吊装队长罗天选、弟弟罗天建和同村的梁庭华、刘小兵、周忠诚、河南焦作人郭万普、四川内江人胡仁刚、左幅索股牵拉队队长重庆人段勇、箱梁吊装队长郭宏及腾冲岸主塔施工队长湖南人游新明、龙陵岸主塔施工队长李文明等上百高空施工一线负责人和作业工人,他们身披朝霞、肩扛星光、头戴安全帽、身系安全绳,如"啄木鸟""蜘蛛人"。他们离家别子,春夏秋冬、日出日落、风吹日晒都在高塔上、猫道上坚守着岗位;他们放绳收索、焊接紧丝、牵索吊梁,在大桥上浇筑心血、浇筑灵魂,是大桥真正的脊梁。

困难和艰辛还远不止这些。大桥建设用的河砂来自180km外的德宏州盈江县,石料来自90km外的潞江坝和146km外的腾冲曲石青山石场,主缆吊索来自上海,索夹来自四川德阳,钢箱梁板单元从江苏扬州运至保山完成一次拼装后再运至龙江两岸完成主拼,伸缩缝从奥地利海运到天津港,阻尼器从美国布法罗抵达广州港后又经火车、汽车运至龙江大桥。从数百公里到数千公里,船舶、火车、汽车联运,路途的遥远和艰辛可想而知。

2. 智慧的结晶

龙江特大桥的建成,是设计、建设、管理者智慧的结晶。作为龙江特大桥联合设计体的云南省交通规划设计研究院和中交公路规划设计院有限公司,要在高原山区地震带建设一座千米级跨径桥梁,这对设计人员也是一种挑战。

设计之初,设计人员在设计理念上还有过一些争议。在采用钢箱梁还是钢桁梁、是否设置人行道等方面进行了反复研究后,决定将龙江特大桥设计为钢筋混凝土弧四边形索塔、单跨钢箱梁悬索桥,桥两边还设置了人行观光通道。在建设过程中,设计代表长期服务一线,与建设、监理、施工单位密切沟通,及时进行设计变更。建设者在国内首次采用无人飞行器牵引先导索(图19-20),索股入鞍段预成型及架设技术创造了索股牵拉速度世界第一,圆形缠丝+缠包带方式+除湿系统、喷洒葡萄糖酸钠作为缓凝剂、火山灰作混凝土外掺剂等技术创新极大提高了大桥建设的科技含量,而"强震山区千米级跨径悬索桥关键技术研究"等20多个项目课题攻关也取得了丰硕成果;三次部省联合技术专家组专家为大桥建设亲自把脉,为大桥建设提供锦囊妙计,使大桥建设锦上添花;指挥部、项目部加强技术管理人员外出交流学习培训,学以致用,一大批新型桥梁建设人才在大桥建设中得到锻炼,茁壮成长。

图19-20　龙江特大桥利用无人机航拍工程施工

原保腾高速公路建设指挥部指挥长王裕先说,大桥能取得这样骄人的成绩,证明前期土建招标选择的"中字头"队伍是有实力的一流队伍。

现场指导主缆缠包带施工的美国专家迈克说,龙江特大桥建设证明中国桥梁技术已到达国际领先水平。

云南交通规划设计院设计代表李航说,设计和建设的天然统一才造就了这样一座智慧之桥。

2016年4月1日~3日,中国西部桥梁建设技术研讨会在腾冲召开,原交通部部长黄镇东、中国工程院院士郑皆连、中国工程院院士王景全、中国工程院外籍院士、美国国家工程院院士邓文中莅临会议。他们在参观了龙江特大桥后,对大桥建设取得的科技成果、建设意义及大桥将产生的经济效益、社会影响等给予了很高的定位和评价。

大桥设计负责人、中交设计院的副总工程师李正熔在研讨会上演讲时说:"大桥的设计注重美观协调和综合价值,钢筋混凝土圆弧四边形截面索塔,轻盈的流线型钢筋加劲梁加白色调,目的是使大桥具有从整体到细节的现代、典雅、简洁的美感,人行观光道赋予桥梁人文关怀,设计者希望大桥不仅是经济、文化交流大通道,同时是搭建当地百姓及观光客交流和观光的一个平台。"

2016年4月4日~5日,龙江特大桥进行通车前的荷载试验。当68辆每辆35t总重2380t的载货汽车排成横17排纵4列,统一车速、浩浩荡荡、气势磅礴地从大桥东岸引桥缓缓驶向西岸,载货汽车巨龙驶入钢桥面时,历史再次在龙川江上空定格。龙川江沸腾,高黎贡山震撼,两岸围观的千名群众欢呼。长达数百米的车队如演练的战车,步调一致、威武庄严地从东岸到西岸,又从西岸退回东岸,来来回回、走走停停不断读出的一组组数据,再次验证了龙江特大桥是一座智慧之桥。

3. 和谐之桥

(1)征地拆迁

龙江特大桥征地拆迁涉及腾冲市、龙陵县2个乡镇4个行政村1600个农户,受影响村民2500多人,共征用永久性用地498.04亩,临时用地231.58亩,拆迁农户4户。地方政府大力支持龙江特大桥建设,保山市、龙陵县、腾冲市人民政府都分别成立了征地拆迁协调领导小组,成立了办公室,市县从交通、国土、林业、环保、水利、公安等部门抽调专职人员从事征地拆迁、综治维稳等工作,龙陵县龙江乡、腾冲市五合乡也成立了以副乡长任组长的征地拆迁机构,直接入村入户做好征地拆迁工作。

龙陵县2011年底解决了A标钢箱梁厂、项目部驻地及弃土场征地,2014年底解决了A标弃土场的土地续租、农户要求提高租金和要求永久性征用,2014年8月解决了A标索塔面坡塌方治理征地,2016年初解决了路面施工粉尘、沥青气体污染农户春烟、油菜、蔬菜等问题;腾冲市解决了锚碇开挖反复征地达8次、大桥施工影响100余亩江边田灌溉的补偿、上部施工垃圾影响耕作、桥面箱梁焊接引起桥下森林火灾等问题。在施工过程中,两县市征迁协调办为大桥建设解决施工用水用电、临时用地、借用村道、影响农灌沟渠、30多辆乡村货车提价抢拉施工弃土等40余件路地矛盾问题,每解决一起矛盾,地方政府征地拆迁人员、指挥部综治办和项目部专职人员都要反复细致地做好群众工作,按地方政府制定的补偿标准,严格按标准补偿,不应补的坚决不补,甚至做个别农户的思想工作多达8次。在建设资金保障上,省市县政府给予了大力支持,云南省财政补助7300万元、保山市财政补助5000万元、腾冲市财政补助5000万元,专项用于大桥建设。

龙江大桥建设指挥部办公室副主任尹可启说:"征地拆迁问题多,很棘手,在实际工作中有时心里也很矛盾,但大桥如期建成了,心里得到了许多慰藉。"

何绍荣是龙陵县保龙、保腾高速公路和龙江特大桥的三任征迁协调办主任。他说,作为国家级贫困县,龙陵县为龙江特大桥征地拆迁付出不少,但大桥东岸龙陵地界却没有服务区设施,很感遗憾。

腾冲市征迁办常务副主任李生勇说,开发项目用地征一片,公路项目土地征一线,点多面广,县级征地拆迁补偿标准相对较低,邻县之间还有差距,群众很难接受,做工作很困难,若能制订州市级以上统一的补偿标准或以土地入股方式来征地,可能工作要好做得多。

(2)群众的理解、支持

但无论有多少困难,受大桥建设影响的群众仍对大桥建设给予最大限度的理解和支持,及时为施工单位借路让道、接水搭电、拆屋砍树,营造了和谐的环境。

地方村民打小工、做粗活也得到了实惠。邦焕村王朝顺、五合街李平、丙弄村闫志仁和杨永成等村民各组织了二三十人的队伍,给项目部做拉砂运土、承包挡墙、支砌侧沟、绑扎钢筋等工作,门口打工、就近拿钱,还学到了技术。

隆阳区潞江坝人宇应平夫妇自大桥开工就在A标岔路口开了一个"龙江鱼庄",摆了个水果摊,项目部接待、工人"打牙祭"、过路驾乘人员都喜欢到他的鱼庄吃饭和买水果,岔路口因大桥建设应运而生的十余家食馆、水果摊就数他家的生意最好。宇应平说,项目部的人都很客气,与领导商量接接电、用用水都很好办,工人师傅也从不赊账欠账。大桥通车后,他和几家生意人进入服务区干起了"老本行"。

(3)各部门积极配合

在2014年8月3日A标主塔面坡塌方影响大件运输通道和钢箱梁吊装保通期间,地方交警、路政部门起早贪黑积极主动支持指挥部、项目部的工作,既保障车辆通行又保证施工安全。在大桥通车前进行荷载试验的两天时间,70辆30t重的统一型号载货汽车从周边云集排队上桥、下桥,如果没有地方交警、路政、公安等部门的协调配合支持,荷载试验根本无法按时完成。

保腾高速公路腾冲路政中队队长李朋连中说:"保通是我们分内的事,能为大桥建设出点力,我们愿意。"

B标常务副经理梁玺说,中交路桥和中交二公局多年前本是一家集团公司,现在干的又是一件事,借点场地、接下水搭下电,费用自然张不开口,就算相互支持吧。

A标80后项目副经理、内蒙古呼和浩特人赵强说:"及时就近提供箱梁主拼场地才能按期提供箱梁,最终才能保证吊装工期,实现双赢。"

在建设期间，B 合同让出项目驻地篮球场给 A 合同上部施工分部、提供 30 亩平整好的场地给中铁宝桥腾冲岸分部用于箱梁主拼和涂装、共用水电；A 合同为中铁宝桥提供 40 余亩使用过的场地用于箱梁主拼和涂装，让出使用着的 10 余弃土场地给路面单位建拌和场和工人驻地使用。在上部施工工期紧、交叉作业密集的情况下，为着一个共同目标，项目与项目之间相互理解、相互支持；工友与工友之间相互谦让、以诚相待，建设、监理、施工单位之间各司其职，敢于担当，桥上桥下、东岸西岸共同唱响了一曲和谐之歌。

4.关爱之桥

龙江特大桥建设得到了交通运输部，云南省委、省政府，省交通运输厅，云南省公路投资公司，省直相关部门和地方各级党委政府的大力支持。建设期间，省委书记李纪恒，省委常委李培，交通运输部原总工凤懋润和周海涛、总工周伟，原云南省副省长、省铁路和高速公路建设领导小组组长梁公卿，原云南省交通运输厅厅长刘一平、现任厅长何波、厅党组书记王云山，云南省公路投资公司董事长孙乔宝、党委书记张之政，原保山市委书记李正阳、市长吴松，保山市委书记赵德光、副市长王力等领导亲临施工现场调研，及时解决建设过程遇到的困难和问题，充分体现了各级领导对大桥建设的关爱和支持。

社会各界对大桥建设也给予了极大关注和关爱。

"那么大的桥到底怎么修啊？"建设之初两岸村民和路过行人都有着相同的疑问。

从猫道架设开始，当地村民就对大桥建设给予极大关注，每天都有数十人在大桥两岸围观。箱梁吊装期间，每天两岸观看吊装的群众达百人。在大件运输通道的大拐弯处，每天都有人将车停在安全地段，用手机或相机拍摄横空出世的缆索和正在吊装的箱梁。

箱梁一节节增加，大桥一天天形成。"哦，好高啊！""大桥什么时候通车？""大货车能过吗？""桥会不会摇摆？""有没有人行道？"……这些都是大家常常议论的话题。

70 岁的常家美家住五合镇大丙弄村，1 岁时失去母亲，新中国成立前父亲跑去了缅甸，12 岁爷爷奶奶去世后成为孤儿，计划经济时他曾到瑞丽口岸倒卖自行车、手表、胶鞋。改革开放后，他第一个在村里买了摩托车、开办饵丝厂，第一个办红茶厂、养猪场。几年前，他把家务都交给儿子儿媳，开始"享清福"。从架猫道开始到吊梁结束，他骑着摩托到东岸看了十多次大桥，而离家不远处的高塔他每两三天就会去看一次。他说："我家列祖列宗都没见过这么大的桥，我若能在桥上走一走，死也值了。"

在钢箱梁吊装完毕大桥成型后，当地周边民众、市县有关单位闻讯前来观光大桥的人越来越多，2016 年春节期间每天到大桥两岸观光的群众有几千人，观光群众对大桥赞不绝口、关爱有加。

龙江乡大旱坝村张钧鹏、张德高、章正卫等20多个村民本来在外地打工,听说村旁要建一座大桥,他们纷纷从外地赶回来,参加了锚碇、索塔、拉索股、吊箱梁、拆吊耳等施工。他们自豪地说:"能参加这么大的一座桥建设,一生荣幸。我们很爱这座大桥。"

西南交通大学在大桥下建了一个风观测点,临时占用了坝哈自然村杨大科家的一亩多水田。从2013年开始,杨大科的新婚妻子就一个人在观测点上班守机器、抄报数据。白天,杨大科在主塔、猫道上干各式各样的活,从高空看桥下侧方妻子上班的天蓝色小屋,一年四季看妻子在绿色、金色的田间小路走来走去。每天下班后,他就骑上摩托车赶回妻子那里幸福地吃住,观测点成了他们俩新婚的婚房。2014年初,他们在观测点生了个可爱的宝宝。为了纪念大桥建设给予他们的关爱,也为了纪念他们参加大桥建设的快乐岁月,他们特意把宝宝的名字取作"桥生"。

邦焕村王支书说,大桥建设给邦焕村带来了从未有过的发展机遇。街铺好了、道路硬化了、村容村貌搞好了,重要的是建设者给村民带来许多新理念,村民素质提高了。

邦焕完小美女老师孙小丽说:"有了大桥,龙江峡谷不再寂寞。大桥为学校增添了一道亮丽的风景,我们在学校工作生活更加幸福,更加安心。"

邦焕完小二年级女生刘容容说:"我爸爸就在桥上干活,我爱我爸爸修的大桥,我好想和同学们到大桥上唱首歌、跳个舞。"

A合同项目部书记段煜感触地说:"学会感恩,尊重当地风俗,不损坏当地群众的利益,应该成为修桥铺路人的一个理念。"

沥青拌和站地处邦焕村,不到两百米就有小学、农户、街子及油菜、春烟等农作物。为避免粉尘污染,项目部对拌和站场地每隔1小时进行洒水降尘,回收粉采取螺旋加湿方式进行处理,最大限度减少粉尘对周边污染。项目副经理胡向东说:"我们不仅要把一座洁净的大桥留在龙江上空,还要把一个清秀的环境留给周边群众。"

施工单位最大限度吸纳当地群众参加大桥建设。一住几年,借路接水,烧柴煮饭,为表感恩,A标B标项目部给邦焕完小、丙弄小学捐助文具图书,路面施工单位给邦焕完小赠送书包文具,施工单位还为村子架水管、铺村道,平整借用的临时用地,借沟还沟,借路还路。而指挥部、施工、监理单位在建设过程中开展的"路地共建阳光工程"、"建功在龙江,党员走前头"、劳动竞赛及丰富多彩的节日活动,大大激发了职工民工激情,禁毒防艾活动给职工民工送去禁毒防艾知识和用品,和谐工地、平安工地之花在龙江两岸盛开。

5. 天籁之桥

桥是路的引伸,路是桥的归宿。龙江特大桥桥两边设计有人行观光通道,在龙陵岸设有观景平台,在腾冲岸设有服务区,充分体现了大桥在设计和建设中以人为本的理念。大桥以乳白色为基色,与两岸青山、峡谷天然融为一体,和谐安详。从空中俯瞰,大桥是一个倒置的"π",肩扛绿水青山,身背龙川江,计算着千年丝路的分量;从正侧面看,大桥是两个天上下凡的仙女,手牵着手在龙江上空翩翩起舞,婀娜英姿舞出千年古道新篇;从桥下仰看,大桥是飞跃在龙江上空的一杆巨箫,两个仙女用纤纤玉手弹出天籁神曲。

春天桥两岸野樱浪漫,水绿山青;夏天桥下白鹭群飞,农歌远传;秋天两岸稻谷金黄,天蓝云苍;冬日玉桥琼江,桥入云端。而夜间从桥上走过,两岸千家万户星火点点,夜幕苍穹下,大桥犹如一座时光通道,让行人穿越时空。

打柴河是离大桥正侧面最近的一个村寨,村民刘家义说:"夜晚大桥灯光非常漂亮,就像驶向夜空的一艘大船。"

家住老保腾二级公路路边的村民魏灿菊说:"看大桥是我们在田里干活的快乐事情,大桥就像一只在龙江上空飞舞的雄鹰,远远地看着我们劳动。"

大桥建成通车,自然给行人带来了极大方便。腾冲洞山出租汽车师傅尹志勇已近60岁,他17岁就跟着师傅开货车在老保腾线来回运货,"那时候拉一车货到保山一天要两头黑,保山到昆明要3天;到2000年保腾二级公路通车后,货车从腾冲到保山不到半天,现在龙江大桥一通车,保山到腾冲全程高速,小车不到2小时,现在的驾驶员真是幸福多了,少苦少累节省时间,效益也高了"。

大客车驾驶员邵忠平说,保腾高速公路通车后,39座以上大客车走了保腾二级公路三年,现在终于可以上大桥全程走保腾高速公路了,"大桥是一道风景,走在大桥上,我们高兴乘客也喜欢。"

在高黎贡山下、在火山热海边建成一座世界级的地标,自然成为当地一个新增的旅游景点。腾冲市旅游局的一位领导说,地方政府、旅游部门正在规划将龙江大桥两岸打造成"AAAA"以上旅游风景区,腾冲旅游又将新增一种"大桥文化"。

最后一节钢箱梁合龙当天,在登上塔顶、感受猫道、走完大桥后,保山市交通运输局局长成德君说:"建设龙江特大桥的确不容易,大桥的建成是保山交通的一个骄傲,是保山交通的一个新标杆、新亮点。"

据《保山地区交通志》介绍,龙川江上,在距龙江特大桥不远处有座始建于清咸丰二年(1852年)的龙安桥。民国31年(1942年)腾冲沦陷,日本兵住在三甲街,到处烧杀抢掠,龙安桥被毁。1945年腾冲光复。1947年,在原基础上,龙安桥改铁链为钢索,建成中型柔性钢索吊桥,供人马通行。

在修复龙安桥的过程中,丙弄村的常启兴不仅捐了钱,还担任了吊桥施工的技术指导。70年后,担任龙江特大桥建设指挥部指挥长的常文则是常启兴的孙子。祖孙二人参与龙川江上不同时期两座桥的建设,在龙江特大桥建设指挥部和丙弄村成了人们争相谈论的一段佳话。

常文用"机缘巧合"四个字来概括这段佳话。他说:"爷爷当年有钱,有技术,所以他能在修复龙安桥的过程中发挥作用。要修现在这样的大桥,首先得有国家财力作支撑。当年祖辈们修桥非常不容易,构件和钢丝索都要到国外购买。龙江特大桥是国家经济实力和科技水平发展到现在这个程度的必然产物。"

国外的考察团曾问常文:"你们建这座桥请了多少外国专家?"常文回答说:"构件的制造全部国产,设计、安装也是自己干。"

常文说,龙江特大桥投资19亿多元。修建这样的大桥,爷爷那时不敢想,就是他读书的时候也不敢想。

1980年,常文高中毕业,考上重庆交通学院。从龙川江畔的丙弄村出发,他坐了一个星期的车才到昆明。当时,学校还没有正规的高速公路建设的教材,他们能够见到的只有一些用蜡纸刻印的油印资料。

大学毕业后,常文投身云南公路建设,亲身经历了云南高速公路建设的全过程。龙江特大桥的建设在他的人生履历中无疑是浓墨重彩的一笔。

十五、G8011开河高速南盘江特大桥——云南第一座矮塔斜拉桥

南盘江特大桥是锁龙寺—蒙自高速公路建设项目的控制性工程之一。该桥为跨越南盘江而设,大桥起讫桩号K128+391~K129+248,桥跨布置为:30m预应力T梁+(108+180+108)m矮塔斜拉桥+14×30m预应力T梁。全桥总长857m(含桥台长),2013年10月建成通车。

(一)工程特点

南盘江特大桥由(108+180+108)m双塔三跨矮塔斜拉桥和15跨30m预应力T梁引桥组成(图19-21),全桥共布置19个墩台。主桥采用墩塔梁固结体系的预应力混凝土单索面矮塔斜拉桥,主跨180m,边跨108m,边跨各设置1个过渡墩。主塔采用矩形实心断面,桥面以上塔高29m。结构复杂,技术含量高,施工中受到的影响因素较多。这是云南第一座矮塔斜拉桥。同时,南盘江位处构造侵蚀剥蚀中山地貌区,该桥位为跨越南盘江而设,桥址区河床深切呈宽"U"字形,两岸坡面陡峭,地势险峻,场地狭窄。主塔墩较高(主桥2号、3号桥墩高98m和95m,加上主梁和矮塔高度达130m),大风对墩塔高空作业和主梁悬臂施工影响大。主桥桩基桥位处地质复杂,主要为灰岩、泥石岩,钙化严重、裂隙较多,空壁保护、成孔困难;主塔承台、塔座尺寸大,一次浇筑混凝土量多,属于大体积混凝土;主桥墩身采用宽墩、薄壁、空心结构,防裂要求高;合龙段施工作为梁体浇筑最后一个块段,是连续梁施工关键,包含线性控制、设计控制应力、体系转换、合龙精度、箱梁温度伸缩等一系列悬臂浇注连续梁的施工成为该项目的重点和难点。

图 19-21　锁蒙高速公路南盘江特大桥

(二)工程创新点

南盘江特大桥有七个特点。一是结构新颖、受力合理、造型优美、线形流畅。

二是桥梁为标准双塔三跨近百米高墩大跨特大桥,国内既有同类桥型中少有展现,是矮塔斜拉桥在西部山区的一种典型展现。

三是塔上索塔连接构造采用分丝管式索鞍,简化了索塔之间连接构造、缩小了桥塔的构造尺寸,方便了施工。

四是加劲梁采用变截面单箱三室箱梁,在增加结构刚度的同时,减小了斜拉索的应力幅,与标准斜拉桥相比,斜拉索的疲劳问题不突出,斜拉索的耐久性得以加强。

五是考虑到矮塔斜拉桥在我国应用的时间较短,除主梁辅以斜拉索减小后期可能出现的下挠外,在跨中设预抬高值,多种措施共同抑制大跨梁桥可能出现的跨中下挠。

六是针对该种桥型开展了课题专项研究,对设计、施工进行保驾护航。

七是箱梁顶板预埋外伸钢筋,加强箱梁与铺装调平层之间牢靠连接。

(三)精细施工

斜拉桥因施工产生较大误差而影响结构机能,造成合龙困难等结果并不鲜见。因此,该桥型的施工以科学、合理、严谨的监控方案为基础,采取严格的施工监控措施。

1. 搞好监控

南盘江大桥主桥矮塔斜拉桥的施工监控采用基于最小二乘法的纠偏终点控制方法进行,主要从主梁的线形控制、主梁与索塔的应力控制、斜拉索索力控制以及主梁、索、塔的温度测量四个方面进行施工控制。为使监控工作能更好地配合施工,也为理论计算提供结构实际参数,指挥部进行了必要的辅助试验,如混凝土弹模及容重测试、温度观测及钢绞线摩阻损失试验等。

2. 墩身采用爬模施工

上部矮塔斜拉结构的施工分为主梁、塔柱、斜拉索三个部分。其中，主箱梁有个"T"构，采用挂篮悬臂浇筑法施工，依次浇筑1号~24号并张拉对应斜拉索，再支架现浇边孔现浇段，然后进行边跨合龙。

3. 避让岩堆

该桥址区主要不良地质及特殊性岩土有岩堆、钙华层。岩堆分布于K128+420左侧约31m处，岩堆高65m、宽130m、长70m。本桥设计已对岩堆进行了避让，故对本桥有影响的不良地质作用主要为钙化层。

4. 混凝土浇筑采用降温措施

2号、3号墩承台、塔座体积大，属典型的大体积混凝土，其混凝土施工按高度方向分三次施工，一次浇筑2m，采取分层连续灌注，分层厚度为50cm，分层间隔灌注时间不得超过试验所确定的混凝土初凝时间。其他承台均采取分层连续灌注，一次成型，分层厚度宜为30~50cm。下料时采用滑槽和串筒，以避免混凝土出现离析，混凝土自由坠落高度过大(一般不能超过2m)。同时在混凝土内部布置冷却水管循环系统，控制混凝土内部温度，把混凝土的内外温差控制在允许范围25℃以内，防止大体积混凝土裂缝的产生，水流方向每天改变一次，冷却水在浇筑混凝土初凝后开始通水，连续通水时间一般为14天。冷却水管及其布置：每1m厚混凝土布设一层冷却水管，采用热传导性能较好的黑铁管，每层冷却水管分别设1个进口和1个出口，进(出)水口分别与带有水阀的进(出)水支管和杆管相连，冷却水经过水泵压入冷却水管，而后自流进入冷却水箱，形成循环系统。

5. 合龙段精细施工

合龙段作为梁体浇筑的最后一个块段，是连续梁施工的关键。它包含了线性控制、设计控制应力、体系转换、合龙精度、箱梁温度伸缩等一系列悬臂浇筑连续梁的施工的重点和难点。主桥连续箱梁合龙段的施工顺序为先两个边跨，后中跨。合龙采用吊架合龙，在吊架平台上进行合龙劲性骨架的安装、焊接、钢筋、预应力、模板和混凝土施工。为方便和简化施工，直接利用一个挂篮底盘和模板。合龙时将挂篮继续前移，使其底篮和侧模伸到相邻悬臂端的梁体下，然后运用吊杆将挂篮两端分别锚在箱梁的两个悬臂端上，形成合龙吊架，挂篮的其他部分则移走或拆除。

6. 钢筋及预应力管道施工

在底模、侧模固定后，首先绑扎箱梁底板、腹板钢筋和安装预应力管道，然后及时吊装底板合龙段劲性骨架，安装内模及顶板钢筋、预应力管道。

7. 合龙锁定

由于合龙口两端结构体系不同,同时受温差等影响,悬臂端与现浇段竖向变位也不尽相同。因此,在合龙段混凝土强度形成前,两端结构的变位必须通过强制约束协调一致。采用外部压重、内部加设劲性骨架、张拉临时钢束等手段强迫合龙。根据设计及施工的要求,合龙前精确测量合龙两边梁段中线、高程、误差是否在设计规定值范围内,确定需进行调整误差值的大小;合龙前10~15天,收集现场实测间隔1h的温度资料,从中确定一天中温度较低且较稳定,最接近结构设计温度的时间,作为合龙锁定和灌注混凝土的施工时间。施工高程控制的重点是对悬臂梁24号节段的施工高程进行控制,使悬臂箱梁高程接近设计高程。

为缩短合龙时劲性骨架的安装及焊接时间,一般分2次完成。当劲性骨架安装就位时先焊接固定一端,待合龙时再焊接固定另一端。在劲性骨架焊接前,两悬臂端用水箱(或橡胶水袋)压重,以保证结构合龙过程中的平衡与稳定。

为防止合龙段混凝土产生早期裂缝,劲性骨架焊接后,左右对称同步张拉临时束20%的控制应力,待合龙后重新补足应力。

合龙段混凝土浇筑采用对称换重法施工,采用早强混凝土,并加强养护。其灌注选择在一日内气温最低的时段进行,灌注前对两梁端一定范围内洒水降温。混凝土灌注结束,及时加强养护,达到张拉强度后及时张拉,并将临时束补拉到设计吨位。

预应力张拉与压浆。连续束张拉应对称进行,先长束后短束,张拉后及时压浆。张拉过程中需连续监测箱梁挠度变化情况,并及时将数据反馈给监控单位。

第二节 各具特色的高速公路隧道

大山是道路前行的最大障碍。当道路被大山挡住了去路的时候,古代愚公采用的办法是率领子孙"挖山不止",将大山搬开;后来的道路开拓者们采用的办法是路随山转,用弯弯曲曲的道路去将就大山。今天的公路建设者显然要高明得多,他们不用搬山,也无须再去挖弯弯曲曲的公路,打个洞,便让公路从大山肚子里顺畅地钻了过去。

楚大高速公路的九顶山隧道、玉元高速公路小甸中隧道、安楚高速公路大红田隧道、大保高速公路的四角田隧道、元磨高速公路的大风垭口隧道、昆安高速公路的小河边隧道、保龙高速公路的高黎贡山隧道……几乎每座隧道的施工都经历了千难万险,留下令人难忘的故事。

云南公路隧道施工,经历千难万险,隧道建设者以豪迈的气概,一次次凿穿大山筑坦途,把心血和汗水洒在大山深处。

元磨高速公路上的大风垭口隧道为云南公路隧道建设步入成熟阶段的重要标志。此后,云南高速公路隧道建设渐入佳境。

思小高速公路设计理念前进了一大步,在路线布设上提出了结合实际地形"宁隧勿挖,宁桥勿填"的原则,隧道从工可时的1座增加到15座。最后的实施方案与工可时的方案相比,深路堑改隧道,使17.5多万平方米地貌得到了保护,新路比老路缩短里程24.6km。

作为云南公路隧道建设走向成熟标志的还有水麻高速公路。水麻路老堡山路段地形狭窄、山高水急,采用螺旋曲线围绕老堡山盘旋展线的办法集中升坡。其中,老店子1号隧道转角就达155°、河嘴大桥转角98°。如此大转角的螺旋曲线桥、隧设计,在全国均属于首创,在世界高速公路史上也极为罕见。这段公路的成功修建,为山区高速公路建设提供了新的展线思路。

隧道建设,既能有效保护环境,又能减少公路里程,是一项利在当代,功在千秋的事业。

在云南公路史上,昆明碧鸡关是一个很特别的地方。云南公路每次大的变化,几乎无一例外都要在碧鸡关打下深深的烙印。

昆安高速公路设置1430m长的碧鸡关隧道,从此,汽车无须再上碧鸡关,从关下的高崚就穿山而过。

西出碧鸡关,70多年前的滇缅公路曾有10个令驾驶员生畏的大坡,羊老哨坡就是其中之一。安楚高速公路大红田隧道的修建,使汽车完全甩开了羊老哨坡。

九顶山上的红岩坡也曾经是昆明至大理公路上的一个有名的大坡。楚大高速公路九顶山隧道建成后,汽车也从此远离了红岩坡。

昆明通往滇南方向的公路上同样有化念坡、元江坡、老苍坡等大坡。玉元公路小甸中隧道的修建,使汽车无须在峨山坡、化念坡上绕来绕去。元磨高速公路上,元江一号、元江二号隧道和红河大桥一起,让汽车不必在元江坡上上下下,行车里程大大缩短。老苍坡上,隧道群和一座座大桥,使行车不再艰难……

据相关资料,昆明至西双版纳的公路全程实现高等级化后,里程与原来的老路相比减少了近200km,昆明至瑞丽的公路里程则减少了近250km。公路里程的缩短应归功于大量桥梁和隧道的建设。

除了能缩短公路里程、减少公路建设投资、提高公路技术标准外,隧道还能减少公路建设对土地的占用,增强公路的抗震性能,战争期间还可以提供隐蔽条件。由于公路里程缩短,公路隧道可有效节约油料,减少汽车的机械磨损,降低运输成本,经济效益和社会效益都十分明显。

如今,公路隧道已经成为云南交通一道独具特色的风景。一条条通边、出省、入海高速公路大通道,已经将云南同世界各地紧紧地联系在了一起,把现代化的气息传递到了云岭大地的各个角落。跨越天险的高速公路隧道,既是云南高速公路上一道独特的风景,又让越来越多的人认识到了隧道在云南高速公路建设中的地位和作用。截至2015年底,云南共有公路隧道815座、总长约630km,其中高速公路隧道554座、总长约477km(分上下行)。

高速公路隧道约占全省公路隧道总数的68%,长度则超过75%。

一、G85 银昆高速公路螺旋隧道曲线桥——云南高速公路个性化名片

20世纪30年代,中国工农红军进行了艰苦卓绝的二万五千里长征,把足迹印在了连绵起伏的乌蒙山中,也留下了一代伟人"乌蒙磅礴走泥丸"的豪迈诗章。如今,水麻高速公路穿山越岭破雾驾云而来。从水富到老堡山,仰头可见河嘴螺旋曲线大桥像两条玉带蜿蜒飘逸在距地面60多米高的半山腰,视线可沿圆顺的曲线、翘首挺胸的桥梁绕过苍翠的山林,飘上老堡山顶;从麻柳湾下行至老堡山,可以看到水麻高速公路的几叠圆形曲线犹如梯田的埂子旋转而下,潜入复兴河谷。航拍老堡山全景,螺旋隧道曲线桥好比一组魔幻城堡,人们甚至不知道路从哪里钻进山肚子里,又从哪里钻出来。无论是穿越隧道,还是顺桥绕行,从水富方向上行,驾乘人员总感到车子一直在向右转;从麻柳湾方向下行,总感到车子一直在向左转。这一迷宫似的桥隧组合,是水麻高速公路建设最富创意的亮点,也成了云南公路的个性化名片。

(一)工程概况

水麻高速公路(图19-22)沿老堡山山嘴的螺旋展线实现高程差达658m的太平控制点($K28+400$,$H_D=472m$)与凉风凹隧道进口($K45+450$,$H_D=1130m$)采用自然展线顺利衔接,为全国第一座螺旋形展线隧道,开创了我国山区高速公路特殊展线思路的先河。螺旋展线区域起于老堡山东北麓复兴河右岸 $K39+400$,南行展线并集中升坡,沿老堡山山坡盘旋而上,5次连续右转回头,于老堡山南腰螺旋交叠,转东南向沿复兴河左岸前行,迄于 $K42+700$。在这组螺旋展线区域内,集中升坡达88.91m,尤其是 $K39+600\sim K41+720$ 这短短2km的路段内,集中升坡就达80m。螺旋展线区域共设分离式隧道1座(老店子1号隧道),单洞长2332m;设联拱式隧道1座(老店子2号隧道),单洞长840m;设大桥6座,单幅长1951m,中桥1座,长65m。螺旋曲线由5个连续右偏卵形曲线组成,其间夹7段缓和曲线,全部桥、隧均位于右偏螺旋曲线上,整个螺旋隧道曲线桥组合总转角近360°,形成一个巨大的希腊字母"α"。

如此大转角的螺旋曲线和桥、隧相连,在全国高速公路建设中尚属首例,在世界高速公路史上也极为罕见。

图 19-22　水麻高速公路螺旋隧道

(二)建设过程

老堡山路段的螺旋隧道曲线桥组合是水麻高速公路奉献给乌蒙大地最神奇的礼物,最令驾乘人员叹为观止的一道交通风景线,在施工示意图上,飘带似的线路在老堡山上仿佛打了一个"结",建设者自豪地把这组螺旋桥隧称呼为"水麻之结"。

如今,螺旋隧道曲线桥像一组工艺品留在了乌蒙高原的青山绿水间,展现在过往行人的眼前。但其艰苦卓绝的施工硝烟,依稀还萦绕在老堡山的深涧里、山巅上。

1. 奇思妙想巧设计

路线设计是公路设计的核心,合理的路线方案是公路建设可持续发展的保障。水麻高速公路地处乌蒙高原北部倾斜地带,地势南高北低。从水富循河谷来到老堡山地段,有一种抬头望天的感觉。突兀的老堡山阻断了前行线路,简直就找不到出路,打隧道是唯一的选择。为了大幅度缩短凉风凹隧道的长度,尽早实现沿溪布线,充分利用复兴河谷底以上 10～30m 范围以内的有利地形,避免大量穿越悬崖断壁和跨越松散岩堆及扰动危岩掉块,减少环境破坏和保障运营安全,公路设计师们反复踏勘、验算、谋划,大胆选定螺旋形升坡展线的特殊设计方案,设计了全国第一座螺旋形展线隧道,书写了云南交通建设史上光辉的一页。

这一设计,克服了地形高程差集中的难题,有效避开岩堆、悬崖、危岩等不良地质,合理利用地形,不仅有利于水土保持、环境保护及运营安全与畅通,而且还降低了工程施工难度,节省投资 1.14 亿元,得到了交通运输部专家的赞同和认可,开创了我国山区高速公路特殊展线思路的先河,该项目被评为"新中国成立 60 周年公路交通勘察设计经典工程"。

2. 科技引领精施工

由于老堡山山坡陡峻,位于山麓的路线与山腰的路线间平面纵深较小,特别是平行展线段 K39+400~K39+700 段与 K41+800~K42+200 段均位于老堡山东坡,虽有 70 多米的高程差,但路线横向间隔 70 多米,且有施工进场主便道位于其中,施工建设互相间干扰影响势必是一大难题。加之螺旋展线区域立体施工干扰和受地质、地貌等因素影响,如采用一般路段施工组织设计方法,必然会出现组织不到位、计划不周全、评价出现误差,从而导致突发事件频繁,实施管理混乱,施工过程中管理压力增大,计划调整困难。

面对这一组科技含量较高的螺旋隧道曲线桥组合,从开工伊始,指挥部就将其作为整个水麻项目建设的关键控制性工程来组织管理。针对该区域施工与一般路段施工的差异性,对该区域施工组织体系和管理体系进行了多次研究讨论,并根据该区域施工相互干扰大,施工单元划分不能单纯按工程量进行平衡,季节性施工差异以及流水作业不能充分发挥优势,机械设备功能不能充分利用和立体施工造成的道路布置困难等等因素,制定切实可行的施工方案和严谨的施工进度计划,同时根据施工方案和进度计划的需求,制定专门的质量、安全生产保障体系和材料物资供应体系,加大管理和投入。

螺旋隧道曲线桥的咽喉工程施工主要由中铁十二局集团第四工程有限公司承担。面对复杂的地质、地形条件,连绵的阴雨天气,雨季暴涨的溪流和可能出现地震、泥石流、滑坡、落石等自然灾害,以及时常中断的交通、通信,还有电力供应根本无法保障等因素,中铁十二局四公司水麻项目部凭着敢打硬仗的精神和成熟的施工管理经验,迅速对可能出现的各种问题和危害情况进行了综合评估。于是,隧道防坍塌抢险应急预案制订了出来;雨季洪水暴发及山体滑坡应急预案制订了出来;预备电源保障措施制订了出来。还有一个个符合施工现场实际情况的施工方案也相继出台:隧道单口掘进方案;雨季隧道进洞方案;桥梁空心薄壁高墩施工方案;困难场地下螺旋曲线桥跨墩龙门吊制梁、提梁方案;无存梁场地边制边架小半径螺旋曲线桥的运梁、架梁方案……

老店子 1 号隧道出口全部位于右偏卵形曲线上,最小曲线半径只有 254m,最大横坡 7%,整个隧道总转角约 155°,且进口段存在严重的长距离浅埋偏压。原进洞及施工方案采用中铁十二局四公司传统成熟的施工工艺"七步流水作业法"组织施工。2004 年 11 月,因为工期紧迫,老店子 1 号隧道被迫冒雨进洞,开挖后发现,整个隧道及周边围岩均为堆积、崩积体,地下水极为发育,刚施工完毕的初期支护钢拱架随即发生较大变形且持续不止,直径 30cm 的圆木临时支撑被压裂,新加的密排 20b 工字钢架临时支撑受压后变形,扭成麻花状,整个形势异常危急,随时都有发生大规模坍塌的可能。为确保安全施工,避免大的塌方,项目部严格按照 CRD 施工原理制定了应变方案,将隧道化整为零,开挖一段支护一段,然后将各个小部分扩大为大断面,并及时封闭成环,改善结构的整体受力效果。正是由于方案合理、措施得当、组织严密、控制精妙,在 4 个多月的时间内,安全稳妥地通过了 150 多米长的严重浅埋偏压洞口段。

在隧道的掘进中,项目部发现围岩较为破碎,紫红色泥砂岩开挖时较硬,但是随着继续掘进，紫红色泥砂岩暴露后，随即发生较大程度的风化，围岩变形随之剧增，局部初期支护发生开裂，必须进行加固。为此，项目部及时采用了"开挖阶段快支护、初期支护增刚度、全部支护早封闭（成环）、收敛停顿速衬砌"的整体施工方案，确保不留任何安全质量隐患。

对于1km左右长度的双车道高速公路隧道，爆破作业后，通常采用一台110kW轴流式通风机采用主动压入式排烟方式排2~3h即可基本满足隧道内空气质量要求。原施工方案中老店子1号隧道也采用这种排烟方式。但由于这种螺旋隧道转角较大，通风机的输出风压、风量，新鲜风在风带内的漏风系数和风阻，污浊风和岩壁之间的风阻等一系列参数均有大幅提高，因此，原定的通风方案不能满足要求，隧道内空气污浊不堪，作业时间被近推迟、延长，工序流程被打破。面对新情况，项目部没有惊慌，经反复查阅资料，并组织技术人员对现场实际情况进行综合分析、计算，最终采用185kW大功率通风机压入、110kW通风机抽出的混合式通风方式，顺利地解决了隧道内通风排烟问题。在施工中积极推广应用国内外隧道施工新技术、新工艺，投入大型机械设备，形成挖、装、运、锚、衬等多条机械化作业线。并在施工中进行超前地质预报，采用先进的测量、探测技术，取得围岩状态参数，通过数据的分析和处理及时反馈，指导施工。经过430天的艰苦奋战，螺旋曲线长隧道终于在2005年12月18日优质、安全地提前贯通。

河嘴大桥全长561m，全部位于右偏小半径螺旋曲线上，跨越一个陡峭的"V"形山沟，沟谷中常年流水，雨季常有山洪暴发。桥墩均沿沟谷分布，40m以上的桥墩就有7个，可谓山高谷深，场地狭窄，连合适的储料场都没有，更不用说制梁场地了。项目部因地制宜，首先改河，在左右两线之间河谷中创造一块狭长的场地，然后在桥墩下设少量制梁台座，梁制好张拉完毕后，采用跨墩龙门吊提升到位，首先架设第一、二两跨，然后在已架设到位的第一、二两跨桥面上拼装架桥机进行架梁作业。由于没有存梁场地，只能边制边架。于是，一套制梁、养护、张拉注浆、横向移梁、跨墩龙门吊提梁、桥面轨道运梁、喂梁架梁的流水作业程序形成了。项目部通过受力检算，自行设计、制造了大高跨比的跨墩龙门吊、64式军用梁拼装小半径双导梁架桥机及运梁辅助设施。通过努力，2007年元旦，河嘴大桥185片梁稳稳当当地架设完毕。

水麻高速公路螺旋隧道曲线桥组合设计，体现了科技创新、勇于突破、注重环保的现代化设计新思路，其施工过程也体现了艰苦卓绝、精心管理、科技引领、爱护河山、造福后人的一种文明施工理念，体现出现代化高速公路建设的高水准、新成果。

二、G85银昆高速公路豆沙关隧道——将高速公路轻轻放在文物古迹旁

昭通市盐津县的豆沙镇三面环山，风景如画。镇尾的关口，两面是陡峭的悬崖绝壁，犹如巨人用一把巨斧将大山一劈两半，湍急的关河从中穿过。

从历史深处走来的豆沙关是中原文化、荆楚文化、巴蜀文化、古滇文化的交汇融合之

地,具有浓郁的地方特色和深厚的历史文化底蕴。五尺道、石门关守着关隘,唐代袁滋题记摩崖石刻、僰人悬棺和清代观音阁等一大批国家级、省级和县级重点保护文物,成为豆沙珍贵的古遗迹。

水麻高速公路豆沙关隧道穿越了石门关、五尺道和豆沙古镇,隧道左幅出口下方 6~7m 处的悬崖绝壁间,还有一座建于清代乾隆年间的观音阁。依靠新的爆破技术,豆沙关隧道奇迹般地在文物古迹旁大大小小成功起爆成百上千次,创造了现代的高速公路与古老的文物胜迹交相辉映的奇迹,成为公路建设上一个文明和谐的典范。

(一)隧道概况

豆沙关隧道(图 19-23)为分离式双线隧道,经豆沙镇北侧,平行于悬崖间的"五尺道"。隧道出口在豆沙关关口北崖的峭壁上,下面是出滇主干线 213 国道和内昆铁路。

图 19-23　水麻高速公路穿越豆沙关

(二)建设过程

2004 年 10 月,由云南路桥建设集团承建的豆沙关隧道开始了穿越千古豆沙的使命。

既要修好路,更要保护好历史文物,这是对施工技术的一次大考验。在这样的地方建高速公路,只有依靠科技手段才是唯一可行的方法。因此,进场之初,项目部就对豆沙关隧道及周边地形进行了详细的复测。为了保护豆沙关镇古遗迹,项目部提出了"要将高速公路轻轻地放在千年古迹旁边"的思路。施工人员依靠科技创新,采用多种控爆手段,辅以笨拙的甚至全人工的办法,像蚂蚁啃骨头一般,一寸寸将隧道向绝壁深处掘进。施工中,建设者连说话都不敢太大声,怕惊动观音阁的钟磬、怕飞砂滚石伤害悬崖下车辆行人。如今,豆沙关隧道穿崖而过,隧道旁的观音阁却安然无恙,得到了社会各界的称赞。

观音阁位于豆沙石门关北崖峭壁间的青莲洞洞口,观内左、右、后三面都依岩石为壁,阁门飞悬洞口,峻拔挺立于悬崖之间,天然的地势险要,成为滇东北少见的奇观之一。观音阁内有许多钟乳石,天然地构成各种形态,其中有一钟乳石极像南海观世音菩萨,栩栩如生。观音阁与豆沙关隧道距离最近处平距仅有8m,斜距也仅有12m。

三、G85 银昆高速公路上高桥隧道——牵引高速公路穿绝壁

上高桥隧道位于昭通市"腹心地带"大关县的上高桥乡,是麻昭高速公路第三长大隧道。由于隧道进口处于悬崖绝壁的半山腰间,地势十分险要,施工技术难度极大。指挥部和各参建单位因地制宜,频出妙招,施工采用钻爆法开挖上、下断面,独头掘进,装载机装渣,无轨运输出渣,解决了施工便道运输难题。

(一)工程概况

上高桥隧道(图 19-24)左幅长 2722m,右幅长 2625m,位于分离式路基段,为普通分离式隧道,出口段净距 19～20m,属小净距隧道。隧道以Ⅲ级围岩为主,主要为玄武岩,但岩体较破碎。隧道两端洞口均位于悬崖峭壁上,进洞条件极为困难,施工难度较大。

图 19-24 上高桥隧道旁险峻的施工便道

(二)建设过程

上高桥隧道为中铁十一局麻昭高速公路 C2 工区承建,隧道左右两幅全长为5347m,位于大关县上高桥乡陈家园子社。这里全年冰冻、雾霾天气约60%,其中冰冻天气就长达 3 个月之久,并穿越多条地震断裂带与 300 多米的松散堆积体。按照工期安排,C2 工区必须开 4～6个作业面才能确保工期安全,但上高桥隧道进口处于悬崖绝壁的半山腰间,被一个巨大的"V"形冲沟隔断,建设者连立足之地都无法找到,更不用说布设施工作业面。

面对如此施工困境与工期的巨大压力,C2 工区项目经理申家喜与党工委书记田波带领班子成员与员工一道,不等不靠、群策群力,最终确定以"蜘蛛人式"的身背安全绳,悬空钻炮眼、打锚杆的方式,以每天不到2m的进度向洞口艰难地掘进,硬是在悬崖绝壁上

凿开了洞门前一条200多米的便道。按照普通的地质地貌，一条4~5km的便道几天就能修筑完成，然而这条仅200多米的便道就耗费了项目部近100天时间。

C2工区项目副经理周宇说："上高桥隧道之所以难，难在复杂的地质条件，其上方六七米处就是盘山的乡道，这也是麻昭B、C标仅有的一条物资供给通道，如果便道修筑过程中药量、操作稍有不慎，就可能导致大面积的坍塌事故，这不仅会给当地居民造成严重的生活不便，也将直接切断麻昭B、C标的全部后勤补给线，造成不可预估的经济损失。"

面对极为不利的自然地理条件，项目部一是确定了"加强安全质量环保控制，加强施工组织协调，创造条件迎难而上"的工作思路；二是根据施工场地环境条件制定了"管超前、严注浆、短开挖、弱爆破、强支护、细观察、勤测量"的开挖原则；三是制定了夜间值班表，上至项目领导，下至各部室负责人、技术人员全部参与夜间值班，做到人停机不停、24小时不间断作业；四是明确项目人员责任分工，确保进度、环保、文明施工等方面都得到了有效控制。

在指挥部的领导和参建单位的共同努力，上高桥隧道于2014年9月21日贯通，比预计工期提早3个月解除安全预警。

四、G85银昆高速公路中梁子隧道——云南高速公路最长隧道

中梁子隧道是云南省目前已建成的高速公路隧道中最长的一座，是云南省委省政府重点督导项目，也是待补—功山高速公路全线重点控制性工程。它似蜿蜒彩云之南的云梯，疏通了云南省"南北大通道"的"咽喉"，为云南的经济腾飞插上了翅膀。

（一）隧道概况

中梁子隧道（图19-25）由中铁一局集团第五工程有限公司承建，为双线四车道公路隧道，设计速度80km/h，隧道净宽10.25m，净高5.0m，其中左线全长4587m、右线全长4509m。

图19-25 中梁子隧道

隧道于 2013 年 7 月 20 日开工建设,左洞于 2015 年 2 月 9 日贯通,右洞于 2015 年 4 月 26 日贯通,比合同工期提前 6 个月。

(二)建设过程

1. 消灭"拦路虎",扫清施工生产障碍

中梁子隧道地处云贵高原分界处,山高谷深、交通极为不便,隧道位于中梁子山脉之中,采取进出口同时开挖施工,从进口到出口便道长达 30km,且便道狭窄崎岖、施工环境极为恶劣。要在地势险要、林木成群的荒山野岭中劈山造路,开展驻地建设,建拌和站、钢筋加工场……一切工作都十分艰难。而最先摆在项目部面前的"拦路虎"则是征地拆迁和施工临时用电。

中梁子山脉具有丰富的植被,是省级重点保护林场区域,每一棵林木都必须经过林业单位批准,签订砍伐协议后才能砍伐。据统计,隧道里程段内红线征地 89 亩,临时征地 105 亩,红线内永久性树木砍伐 700 多株,临时性砍伐 2000 多株;房屋拆迁 22 户,4 根电线杆需要迁移,水池改迁 4 座。

项目部从实际出发,把红线内征地拆迁工作作为首要任务,以项目党支部书记王建辉为首的征迁先遣队迅速组建,以和谐征迁为出发点,不等不靠主动出击,正式拉开征迁工作序幕。

征迁过程中,征迁人员以"和谐拆迁、和谐征地、和谐路地关系"为原则,每天走村串户,给村民们做思想工作,与地方政府及村委会沟通,多次与县征迁办一道进行现场办公并组织召开征地拆迁协调会,晚上连夜整理征迁资料,及时上交征地报告。

经过 2 个多月艰苦卓绝的努力,终于在 2013 年 8 月底圆满完成了管段内所有征地拆迁工作,啃下了征地拆迁这块"硬骨头"。

征地拆迁刚解决,另一只"拦路虎"——施工用电的难题接踵而至。工程施工及当地生产生活用电负荷较大,高压线路太长和线径小,造成供电很不稳定,跳闸、停电现象频发,设备经常烧坏,无法正常施工。为了平衡生产,项目部及时自购发电设备,采取错峰自发电的办法,制订了可行的用电方案,满足了现场施工用电,保证了施工生产的顺利推进。

"功夫不负有心人",中梁子隧道于 2013 年 7 月 10 日正式进洞施工,为待功高速全线首家进洞施工的单位。

2. 把好"安全关",确保工程质量达标

项目部严格执行隧道施工"六严格、六必须、六严禁"规定,按照《云南省高速公路标准化施工实施要点》以及《高速公路隧道标准化施工技术指南》的要求,加强施工前的技术交底和培训工作,严格标准化施工、规范化操作,强化施工过程管控,坚持重点工程、关键部位旁站制度,严格执行首件工程制、材料模板准入制及关键工序联检制,加强隧道超前地质预报及监控量测数据的准确性,做好隧道二衬、初支及仰拱的混凝土强度、钢筋保护层厚度、表面平整度、竖直度的检测及控制,对工程质量达不到要求的,坚决返工重做。

项目部坚持领导带班制度和关键工序、重点部位24小时旁站制度,严格执行带班巡查制度;每个隧道均配备一名经验丰富的现场安全管理员,每一道工序开工前,落实现场安全质量交底,坚持日常安全巡查,定期开展安全自查,对存在的问题按照"五定"原则进行整改;依托各种载体,丰富安全质量管理内容和形势;制订了切实可行的活动方案,积极开展"安全生产月"主题活动;质量提升年及"质量宣传月"活动。截至隧道贯通,共下发整改通知书224份,开展各类培训11次1200余人,做到了培训全覆盖,项目部还邀请云南云岭公路工程注册安全工程师事务所有限公司相关人员到施工现场开展大型安全教育培训两次,起到了显著成效。

同时,项目部还对现场作业人员安全实行人性化和信息化管理。隧道进出口均安装了隧道施工人员考勤、区域定位、安全预警、灾后急救、日常管理等功能于一体的隧道远程信息管理监控系统,洞内安装了有线应急电话及无线对讲系统,安装了指纹刻录、脸部识别、刷卡一体机,洞内逃生管道及时跟进掌子面,各种信息化管理系统的使用起到了很好的安全预防效果。

在严防死守中,项目部做到了严把安全关和质量关,2013年、2014年均一次性通过云南省交通运输厅"平安工地"考核。

3. 拧紧"进度钟",创造条件抓生产

中梁子隧道双幅全长9km,合同工期20个月,工期紧、任务重、难度大。按照任务要求,2013年中梁子隧道完成掘进2800m,这就意味着每月每个洞进度必须保持在120m以上才能完成年度任务目标。

项目部进场便道狭窄崎岖、施工环境恶劣、气候变化多端。项目部多次遭遇冰雹、强降雨、雨雪冰冻等自然灾害,致使边坡滑塌,导致便道中断,材料及生活用品根本无法运输,严重影响施工生产及生活。施工过程中,发生过三次较大自然灾害,造成直接经济损失700余万元。建设者知难而上,克服重重困难,尽最大努力减少灾害损失,稳步推进施工生产。

为确保施工生产,项目部及时进行灾后恢复及便道抢修,动员一切可以动员的力量,组织人员进行修复,要求劳务队伍分段轮流进行维护及修复,派专人24小时加强对主便道易坍塌及滑坡、坑塘、路面积水路段的监测,遇到突发状况第一时间上报并组织人员进行处理,确保便道随时畅通,尽最大努力减少灾害损失。隧道内,项目部加强超前地质预报、监控量测及支护加强来应对隧道围岩差、涌水涌泥频发的状况。

项目部通过统筹安排,主动创造条件,积极与指挥部协调,增加人员设备投入,先后增加投入赶工期资金1928万元,机械设备46(台)套,保证了进场主便道畅通,确保施工生产不因材料运输而受到影响。

4. 注入"新活力",抓好党建促生产

施工生产中,项目党支部以生产经营为中心、以精细化管理为主线、以劳动竞赛为抓手、以责任考核为载体、以加快进度为目标,多策并举,充分发挥基层党组织战斗堡垒作用、党员干部模范带头作用与青年员工生力军和突击队作用,为中梁子隧道的安全顺利贯通保驾护航。

党支部以"当好主力军、打好攻坚战、奉献待功路、建功桥头堡"为中心,先后开展"百日攻坚""抢晴天、战雨季""七比一创(比工程质量、比建设工期、比安全生产、比技术创新、比文明施工、比环保成效、比廉政建设和创和谐团队)""大干120天打好年度收官战"等劳动竞赛活动8次,不断掀起施工大干高潮,保证施工进度快速推进。隧道开挖掘进每月均保持在120m以上,2014年11月隧道出口开挖还创下了192m的施工记录。

项目部还高度重视"三工"建设,关注职工身心健康。多次自行组织或联合指挥部以及会泽县政府开展慰问送温暖活动,将食用油、花生、鸡蛋、肉、米等生活用品发放至施工一线的全体劳务工手中;邀请医疗队为项目职工及部分劳务工进行健康体检,同时对特殊工种组织进行健康体检,根据工种职务选择检查项目;利用节假日及业余时间开展丰富多彩的文娱活动,组织员工及家属积极参与,增加了生活乐趣,让大家感受到了组织的温暖和关爱。

五、G8511昆磨高速公路山心坡隧道——云南第一座三车道大跨度隧道

昆玉公路从鸣泉村向前延伸42.5km后,山心坡像一只拦路虎横亘在前。昆玉汽车专用二级公路从此通过,昆玉高速公路同样从此通过。

1992年动工的二专线山心坡路段曾被列为控制性工程,工程完工后,山心坡一个山头硬是被"劈"成两个。其后5年,昆玉高速公路通过山心坡时,将原二专线改造成下行线,上行线采用了隧道方案,山心坡680m隧道以三车道的跨径创了云南隧道建设之最。

如今的山心坡,昆玉高速公路一边是明槽,一边是隧道,上行线和下行线形成鲜明对照。从开挖明槽到打隧道,说明了公路建设理念的变化。

(一)项目概况

修建二级路时,开挖大明槽,一座山变成了两座山。修建高速路时,隧道悄然穿越山心坡(图19-26)。

图 19-26 昆玉高速公路山心坡路段

山心坡隧道全长 680m，是昆明—玉溪高速公路唯一的一座隧道，也是云南第一座三车道大跨度扁平隧道。由于本段公路为双向六车道高速公路，这就意味着隧道也必须设计为六车道，即单幅隧道宽度按三车道设计。然而三车道大跨度隧道当时在全国刚刚起步，所有的规范均未涉及该问题。设计人员提出，修建设计高跨比为 0.585 的三心圆拱曲墙扁平断面隧道最为合理。

山心坡隧道采用有效净宽 13.25m，有效净高 5m 的净空限界，为满足该净空限界的要求，隧道设计净跨 11.82m、净高 8.25m 的三心圆拱曲墙断面。洞内设置了通风、照明、消防等设施。

为配合路基，山心坡隧道洞门采用翼墙式洞门。隧道内路面采用水泥混凝土路面，其面层为 24cm 厚的 C35 水泥混凝土，基层为 16cm 厚的水泥稳定级配碎石。为配合照明、通风的需要和提高隧道的防灾能力，隧道内装了以灭火器消防为主的隧道消防系统，每隔 50m 对称设置一个消防设备洞，每洞配置两台 6kg 灭火器和 1 台推车式干粉灭火器。

山心坡隧道是云南路桥二公司参与施工完成的云南第一座大跨度隧道。隧道于 1997 年 11 月 16 日开工建设，1998 年 4 月底贯通，其后投入使用，为迎接参加"1999 年世界园艺博览会"的各方宾朋好友提供了便捷通道。该路获得交通部优秀设计三等奖和中国建筑工程鲁班奖。

(二)建设过程

1992 年，昆玉汽车专用二级公路鸣狗段动工，山心坡一度成为控制性工程。600m 明槽，最高挖深 41m，土石方 49 万 m^3。山心坡被劈开了，承担施工任务的云南省公路五处留下了这样一组统计数字：打洞室炮井 500 个，仅钢钎就耗用了 2t 多，耗用合金钻头 1600 多个。公路通了，山心坡一个山头硬是被劈成了两个山头。

昆玉高速公路开工，山心坡又一次成了全线最为艰巨的控制性工程。大明槽再行降坡，路基开挖33万m^3，加上取土石作其他路段路基填料，总挖方量达71万m^3。紧接大明槽是一座745m的长桥。明槽和长桥作为下行线。明槽左侧，山心坡又被洞穿，680m长的隧道作为高速公路上行线。

三大控制性工程集中在山心坡，从指挥部到施工单位，人们都捏着一把汗，担心山心坡拖整个工程的后腿。有人甚至断言，昆玉公路能否如期完工，关键就看山心坡。

承担施工任务的云南省路桥二公司变压力为动力，调集精兵强将，兵分三路，决战山心坡。公司所属第三桥梁工程处开进长桥工地，第五工程处负责明槽降坡，隧道工程处与中铁十二局一起开凿隧道。

明槽开挖，二公司采取从内部抽调和外部租用的办法，汇集了大型推土机5台、挖掘机4台、凿岩台车2台、装载机8台、自卸汽车80辆。一天24小时，工地上机器轰鸣，汽车往来穿梭，开凿出的黑色玄武岩被一车车运往料场。玄武岩被凿碎后，黑色的灰尘满天飞，一班工作下来，工人们一身一脸全是黑灰。加之隧道就在旁边，明槽只能用小炮一层一层地剥。尽管如此，工程却在快节奏中进行，凿岩台车3分钟打一个炮眼，每天开挖4000m^3。最终，明槽降坡工程提前11天完成。

山心坡长桥是一座28孔的预应力空心板梁桥。光预制板就要制作224块。工程开工后，二公司投入5台钻机突击基础工程，并在长桥两端分别设立大型预制场，以三天出两片空心板的进度确保工期。

山心坡隧道跨径13.97m，高8.75m，是云南当时跨径最大的公路隧道。山心坡系二类危岩，隧道掘进后，塌方多，加之玄武岩内大量渗水，给施工带来了很大难度。二公司项目部从实际出发，制订了"短进尺、弱爆破、强支砌、多循环、勤测量、限衬砌"的施工方案，与中铁十二局一起，从隧道两端分别向中间推进，最终使隧道比计划提前8天贯通。

干部职工团结奋战，使令人担心的山心坡工程变成了放心工程。山心坡工程，集中体现了筑路工人无私奉献，一往无前的精神。这种精神，正是将昆玉高速公路建成精品工程的最根本的保证。

六、G8511昆磨高速公路大风垭口隧道——超前地质预报显威力

汽车驶入哀牢山腹地的大风垭口隧道，车前灯的两道光柱探向隧道深处，一个个隧道灯向后隐去。此时，这条3000多米的隧道会显得特别长，像是在时间的隧道中旅行。

这个上下行分离式的单向隧道是云南当时已建成和在建公路中较长的隧道，曾有"云南第一隧"之称。它的特别之处不仅在于距离的长短，还在于它穿越的山脉是世界上地质条件最复杂的地区之一。由于其特殊的地理位置和复杂的地质情况，隧道施工过程中遇到的困难和技术难题在全国乃至世界地下工程中都是罕见的。

(一)工程概况

大风垭口隧道(图 19-27)是元磨高速公路控制性工程,位于元江、墨江两县交界处,地处哀牢山脉和无量山脉分水岭地带,两次穿越南溪河,地质条件复杂,为上、下行线分离的双洞单向行车双车道隧道。上行线隧道长 3373m,下行线隧道长 3354m,上下行线隧道两侧中线间距离为:元江口约为 52m,磨黑口约为 44m。上行线隧道纵坡采用 +0.5%、−1.29%的人字坡,最大埋深约为 309m;下行线隧道纵坡采用 +0.5%、−1.47%的人字坡,最大埋深约为 331m。隧道设计净跨为 10.9m、净高为 7.2m,上、下行线均设置 5 处紧急停车带及相应 5 条行车横洞。

图 19-27 大风垭口隧道磨黑端

项目施工单位为中铁五局和水电十四局。监理单位为河北冀民工程咨询有限公司。项目总投资达 3.29 亿元,于 2003 年 11 月 18 日正式通车。

(二)地质条件

大风垭口隧道跨越哀牢山大断裂的次生带区,洞内岩性变化频繁,地下水极为丰富。隧道经过自稳性极差的炭质板岩、泥岩,溶洞、溶缝极为发育的灰岩及较为富水的砂岩。隧道穿过 5 座山,2 次穿越南溪河的冲积层,线路在较长地段顺冲沟而行,地质条件较为恶劣。隧道围岩属上三叠统一碗水组 T_3y 地层,少量属路马组 T_31 地层,岩性相对比较复杂。硬质岩有炭质板岩、弱变质灰岩、超基性侵入岩;软质岩有砂岩、泥岩。由于受哀牢山大断裂及次一级构造的影响,隧道基本上出露灰、深灰色板岩和炭质板岩。表层强风化破碎,围岩范围内板岩基本上呈现出弱风化碎块状或块状,节理裂隙发育,不均匀风化。弱变质深灰色灰岩及超基性侵入岩为弱风化大块状,隧道围岩出现的浅黄色砂岩和紫红色泥岩属软质岩类。

隧道范围内有断裂穿过。断裂延伸30~90km,沿断裂带常见片理岩、糜棱岩、碎裂岩、挤压角砾岩及岩石破碎带等,并有超基性岩浆侵入,断面多倾向北东,局部倾角为45°,为压扭性构造。

路线区域内分布松散层孔隙水,碳酸盐岩岩溶水和基岩裂隙水三大类。基岩裂隙水分布最为广泛,其中以碎屑岩裂隙水为主。基岩裂隙水接受大气降水、地表水和其他水源补给,水力梯度大,排泄运移速度大。

(三)建设过程

由于隧道洞内岩性十分复杂,地下水极为丰富,隧道施工难度极大。施工过程中,滑坡、塌方、突泥、涌水、喷泉、断层、溶洞、瓦斯……一个接一个的拦路虎相继出现在隧道建设者面前。

下行线K255+276出现的涌水,日涌水量达15万 m^3,涌水长度达1500m,洞内水沟及路面全部淹没,钻杆常常被水流从山体内推出。工人们只得穿上雨衣在泥水里艰难地掘进。

2003年9月20日凌晨5时15分,下行线在洞身贯通114天后,突然之间发生特大塌方,隧道冒顶,河水从天而降,强大的水流夹杂大量的破碎角砾、泥沙直冲而下,像一条黄色的巨龙,顿时淹没整个隧道,长达几百米的支护被毁。

为及时、准确探明掘进方向的地质状况,承担施工任务的中铁五局和水电十四局从国外引进TSP2003地质超前预报仪,实行长距离地质预报,使用GPR地质雷达仪器,实行短距离地质超前预报。在大风垭口隧道施工过程中,技术人员共成功进行了46次长距离预报探测和88次短距离地质预报。地质预报和监控量测数据,及时反馈到设计单位和施工单位,使施工单位能及时调整施工方法,修改技术参数,以适应变化的地质状况,终于成功攻克了这一难关。

"早进洞、晚出洞、重地质、管超前、严注浆、短进尺、强支护、快封闭、勤监测、速反馈"这30个字,既传承了新奥法技术的核心,又对其进行了创新和发展。

(四)科技创新

大风垭口隧道施工中采用TSP203超前地质预报仪、地质雷达及钻孔取芯等手段进行超前地质预报,采取多种形式的开挖作业方式,充分利用围岩的自稳时间,做到"信息化施工",追求"零"塌方。采取多种形式的监控量测及质量检测手段,对已施工的初期支护及二次衬砌进行全面无破损检测,对发现的缺陷部位采取工程措施,使施工完成的隧道无不合格点,追求隧道营运期"零"返修率的目标。

七、G56 杭瑞高速公路小河边隧道——下穿铁路施工创奇迹

云南山高坡陡,不管是修铁路还是建公路都得攻克不少难关。昆安高速公路小河边下穿成昆铁路隧道的施工就碰到了一个全国之最——铁轨上方成昆铁路上火车正常行驶;铁轨下方完全悬空,高速公路要从下面穿过。

受地理条件的限制,小河边下穿隧道工程和成昆铁路的夹角只有21°,这样小的交叉角度意味着将有120多米的铁路在下穿隧道施工过程当中被悬空。为此,该隧道在国内首次大规模使用了能拆装、方便公路运输的B型便梁,并在施工中进行了B型便梁由简支变连续的体系转换,终于攻破了技术难关。

(一)项目概况

小河边隧道(图19-28)位于昆安高速公路K27+249.46～K27+550路段,为下穿铁路隧道,长度为290.54m,净空高度9.5m,共分21个节段框架,合同总价1.238亿元。因上方通行火车,隧道施工采用了架设临时支撑柱的工艺,确保施工期间火车不间断通行。整个设计及施工过程中没有出现任何安全及质量问题,荣获云南省2008年优秀设计一等奖。

图19-28 在通行火车的铁路下方建隧道

(二)项目特点

小河边下穿铁路隧道是昆安高速公路全线急、难、险、重的控制性工程,技术含量高、施工难度大、安全压力大。隧道有5项施工技术创造了全国之最:昆安高速公路与成昆铁路立体交叉21°通过,这样小的交叉角度国内还没有先例;采用战备用的5孔B型便梁架空铁路轨道150m,这在国内也是首次;在铁路线下爆破挖运石方11万 m^3,开挖长度300m,深达15m,这也是国内从没有过的;对5孔B型梁先简支后连续并对支点体系进行

转换,这也是没有先例的;经与铁路部门协商,列车经过施工路段时减速慢行时间最长,达201天,封闭施工最多,达33次。

(三)建设过程

昆安高速公路到达小河边时,成昆铁路横亘在前,一道技术难题也摆到了公路建设者们面前。如果采用上跨铁路方案,纵坡无法达到高速公路的要求,唯一的办法就是公路从铁路下穿过。但是这种方法存在很大风险,建设方案讨论了好长时间,直到2006年初,也就是昆安高速公路动工1年之后,以隧道下穿成昆铁路的施工方案才确定下来。

下穿工程全部在成昆铁路30m的范围内施工,20m范围内有320国道和民居。承担施工任务的中铁四局项目经理部把这一工程分为8个节点工期,实行里程碑式的目标管理,优质、安全、高效、按期完成了每一个节点的施工任务。

2006年2月23日,小河边下穿隧道全面展开施工。仅仅过了5天,第一个节点的施工任务便圆满完成,2根175m的无缝线路开口、300根木枕与混凝土枕成功对换、80根12.5m线路扣轨加固,7对14根25m标准轨成功更换。

又过了一个月,第二个节点的施工任务又圆满完成,紧靠铁路枕木边完成了16根长2m、宽1.5m、深21m的B型便梁桩基爆破浇筑。

2006年4月8日~15日,完成第三个节点施工目标,5孔B型便梁、2孔配跨梁架设成功。

第四个节点,要在成昆铁路既有线下完成10多万立方米石方的爆破挖运,这是工程难度最大的一个节点。上有铁路和20kV高压电线路,旁边有320国道,附近还有村子、军用光缆,稍不小心,石头飞起来,就会带来严重后果。关键时刻,项目经理部举行"云岭先锋"共产党员突击队授旗仪式,引导党员、突击队员奋勇当先,带领员工攻克难关。为确保万无一失,中铁四局集团公司有名的爆破专家陆先炎专程从合肥前往工地,设计了科学的深孔大药量松动爆破方案。项目经理部领导分工负责,分兵把守,坚持夜间值班;经理姜喆盯在现场,科学指挥。很难想象,在成昆铁路之下,公路建设者们用炸药36t,启爆3.5万次,铁路安然无恙,南来北往的列车每天依然从这里经过,这不能不说是一个奇迹。

攻克了第四个节点的施工难题后,中铁四局项目经理部一鼓作气,完成了21节段框架施工、支点体系转换、道床恢复、B型便梁拆除和无缝线路焊接四个节点的施工任务。

2006年11月28日15时30分,小河边下穿隧道安全拆除5孔B型便梁和两孔配跨梁,提前18天实现施工区段成昆铁路线路全面恢复通行速度。

据中铁四局项目经理部统计,施工期间,铁路曾被架空150m,用了500m³方木、2万多对脚手架,主体工程共使用钢筋8663t、C40P12混凝土4.5万m³,16000多颗螺丝、螺栓,每天都要进行检查、紧固。按常规,像这样的工程,正常工期起码要两年,但中铁四局仅用了10个月就攻克了昆安高速公路的这一头号难关。施工期间,每天有35对列车通过,共安全通行列车1万多对。

(四)节能技术

小河边隧道采用最新的无极灯(LED),价格更高,但更节能、寿命更长。隧道的控制台还可以根据隧道外光线的强弱来调节开灯的多少。其防水能力可以达到用消防水龙头冲都不会进水,寿命也可以达到3~5年,节能可达1614906kW·h/年。

八、G56杭瑞高速公路大红田隧道——四支"铁军"同台竞技展风采

每条公路都会有一些影响施工进度的控制性工程,安楚高速公路也不例外。这些控制性工程往往也是施工中的难点。在安楚高速公路最难的一个点当数大红田隧道。这座全长2835m的隧道位于易门县和禄丰县交界、海拔2100m的老黑山下,是安楚高速公路最长的一个隧道。

承担隧道施工任务的中铁十八局、十九局、二十局、中铁隧道集团四支"铁军"齐聚大红田,把企业最具实力的一面展示在云南人民面前。大红田隧道成了四支"铁军"展示企业形象的舞台。

(一)隧道概况

大红田隧道(图19-29)是上、下行分离单向的三车道长隧道。中心桩号为:上行线K2841+954,下行线K2841+969。上行隧道位于半径为4000m的曲线上,长2835m,纵坡为-2.182%的单向坡,最大埋深448m;下行隧道位于直线上,长2785m,纵坡为+2.20%的单向坡,最大埋深436m。净宽13.75m,净高7.5m,断面为三心园曲墙。路面为26cm厚的35号水泥混凝土。

图19-29 大红田隧道

隧道横穿象山复式向斜,并沿轴向发育北东10°~20°的白涵厂、大龙潭断裂。由于受地质构造的强烈影响,隧道所经地段岩体破碎,围岩类别为Ⅱ~Ⅳ类。隧道中部即两条断层所夹的地块为白云质灰岩、岩溶发育强烈,含强岩溶水,是一条富水带。针对地下水发育,施工单位按照"因地制宜,以防、堵为主、限量排放"的思路,采用深孔帷幕注浆堵水等工艺,确保了隧道上方两村庄人民生活、生产用水。

隧道由云南省公路规划勘察设计院隧道交通工程设计处设计,中铁十八局、十九局、二十局和中铁隧道集团施工。云南省公路工程监理咨询公司和北京中通公路桥梁工程咨询发展有限公司监理。2002年12月19日开工,2005年6月27日建成。

隧道因地质条件特殊和地下涌水丰富,下行线出现了岩溶、流沙、崩塌、滑坡和断层,Ⅱ、Ⅲ类围岩占总长的98%。岩体为黑色板岩和灰色石灰岩,呈碎石角砾状和粉砂状,用手一捏即成粉末,松散破碎,有些连通的松散体还形成一种不规则的腔体形状,风化强烈,开挖后侧壁极不稳定,容易坍塌,是安楚高速公路11座隧道中最破碎的隧道,被业界誉为"百里安楚,头号烂洞"。2004年9月5日,隧道下行线安全贯通,水平误差仅为1.5cm,中线误差2.5cm。上行线也按计划提前半年贯通。隧道内实外美,受到交通部和云南省交通厅的好评。

隧道耗用钢材22430t,水泥97185t。总投资3.08亿元,平均每米造价5.49万元。

(二)建设过程

承担隧道施工任务的四支铁军从4个洞口分别向大黑山腹部挺进,谁都想在这场没有硝烟的竞争中占得先机。

1. 十八局——齐心协力,闯过"死亡地带"

大红田隧道水文地质复杂。施工开始后,十八局遇到了第一个难题:拱顶下沉。

在隧道施工中,如果遇到Ⅰ、Ⅱ类围岩,初期支护时就要采取加固措施,用工字钢衬垫钢筋网然后再喷射混凝土。根据大红田隧道的地质条件,下行线出口端除采用加固措施外,事先还预留了下沉量(图19-30)。

2003年4月28日,隧道监测人员发现隧道拱顶的下沉量远远超过了预留量。钢架支撑、小导管注浆,加做临时仰拱……能想到的办法几乎都用了,但拱顶下沉始终没有得到控制。

险情引起了安楚公路建设指挥部的高度重视。指挥长孙乔宝来了,副指挥长、总监代表邓有左来了,年过花甲的隧道专家张永康也来了。

张永康是指挥部聘请的顾问,原来在昆明铁路局工作,隧道施工经验丰富。他有一条经验:洞内有问题,不能光在洞内找,还得到洞顶去看看。他与指挥部、施工单位的领导一起,扒开杂草、灌木丛,爬上陡峭的大黑山一看,大吃一惊:山体撕开了一条10多厘米宽、

2m多深的裂缝。他初步断定,这条裂缝可能已经波及掌子面。

弄清情况,大家悬着的心平静了许多。相应对策很快付诸实施:用黏土封闭裂缝,两侧采用小导管注浆,封闭山体。

图19-30　建设中的大红田隧道

山顶裂缝封闭后,洞顶压力消除,拱顶下沉果然明显减少。

拱顶下沉消除后,对原来下沉超过预留量的初期支护必须换拱,清除下沉的土石后,再重新进行初期支护。这项工作十分麻烦。施工人员必须先用凿岩机打眼,一点一点清除混凝土,再用电焊将钢管割断,将工字钢拱架一品一品地换下来。

隧道施工,没有进尺就没有效益。有的农民工担心挣不到钱,悄悄走了。困难面前,十八局项目部号召干部职工发扬当年铁道兵"特别能吃苦特别能战斗"的优良传统,同心协力战胜困难。徐进祥副书记与副经理郑典发轮流到位于隧道口的值班室值班,现场协调处理施工中出现的各种问题。掌子面打眼时,他们要看炮眼的间距控制装药量,放炮后要仔细查看轮廓线,处理围岩时要亲自用钢钎抠抠。

隧道口有1个小值班室。室外,发电机、抽风机嗡嗡作响,室内交谈得加大说话的"分贝"。4张拼起来的木桌,外加几把木椅,把小小值班室挤得满满当当。桌上,几顶红色安全帽全都熏了一层深深的黑烟。值班人员刚换下的口罩上布满了浓浓的黑烟,监理人员头上白色的安全帽也有一层厚厚的黑烟。隧道施工的艰辛,全写在了安全帽上,写在了口罩上。郑典发说,手电筒、尺子、安全帽、口罩是值班人员的必备品。尽管每天24小时不停地往隧道里送氧、排烟,但施工人员每次进洞都要戴上双层口罩,即便如此,进洞后,吐出的痰都是黑的。

隧道施工,除了在前面掘进的农民工,最苦的就要数技术科测量班。冒着洞内呛人的黑烟,测量、放样,一干就得两三个小时。测量班长陈真兵虽然名叫"真兵",却没有当过兵。不过,在他的身上却很有些兵味儿,干活随叫随到,只要洞里有情况,他便会带领队员及时进洞测量。

施工队长吴庆生是位福建人。他带领170多名民工承担了隧道打眼、放炮、出渣和初期支护的任务,年纪不大,但却精明干练。他说,刚开始到大红田的时候,因围岩差,险情不断,随时都有掉块。掘进时,不敢放炮,只能用十字镐一点一点抠,有劲使不上,听到山体挤压工字钢发出的嘎嘎声,看到变得像麻花一样的工字钢,头发都发麻。这样的情况在隧道施工中称为"死亡地带"。2003年6月25日上午8点,掌子面遇到了断层,肉眼都能看到初期支护正在下沉,测量人员监测,下沉达30cm,农民工害怕了。吴庆生指挥人员和机械撤离后,与值班的郑典发一起冒着危险到掌子面认真观察围岩变化,提出应急措施,从洞外运土回填,"顶"住掌子面,避免泥石往下掉,然后再采用管棚注浆等方法,稳固山体再继续开挖。

隧道开挖是与死神打交道的活儿。农民工出来打工,目的就是挣点养家糊口的钱。吴庆生特别感激十八局项目部的领导,每当遇到困难的时候,他们总是与农民工同在。项目部把农民工当成自己的职工看待,逢年过节进行慰问。施工队也把项目部当成了自己家。

相互理解,成了一种无形的动力。花了近1年时间,十八局项目部仅掘进了300多米。对隧道施工来说,没有进尺就意味着没有效益。但吴庆生的施工队始终坚守在大红田,与十八局项目部的干部职工一起攻难克险,闯过"死亡地带"。2004年9月6日,他们终于与项目部干部职工一起迎来了大红田隧道下行线的胜利贯通。

2. 十九局——战涌水,提前打过"三八线"

中铁十九局承担的是上行线出口端1360m的施工任务。他们遇到的最大难题是隧道涌水。

2003年11月22日,隧道掘进了930m。掌子面爆破过后,喷泉似的涌水突然从掌子面喷出,水柱喷出10多米远。每小时涌水量达640m^3。很快,300多米长的隧道被水淹了五六米深,隧道施工不得不停下来。

面对突发的涌水,是堵还是排?指挥部与十九局项目部现场研究确定:以排为主。

项目部迅速组织了20多人的排水工班,买来管线、水泵,全力排水。2台75kW的排水泵满足不了需要,很快被改为3台,接着又被改为4台。工人们连夜赶制了3个容量各为3m^3的铁皮水箱,用12台功率为5.5~7.5kW的小水泵将涌水集中到水箱里,再通过大水泵将水排出洞外。

23天后,隧道又恢复了施工。

涌水制服了,但掌子面上依然像下雨一样,工人们只得穿着皮衣皮裤,在"雨"中打眼,采用防水炸药进行爆破。

尽管排除涌水耽误了大量时间,但项目部依然提前打过"三八线"。2004年7月20

日,大红田隧道上行线贯通,十九局项目部掘进1730m,比原定目标多打了370m,平均每月成洞100m。

总结17个月施工的成功经验,项目经理秦殿明认为,关键是农民工组织到位、现场管理到位、施工方法得当。

项目部采用的是正台阶法施工。隧道开挖时分两个台阶作业。第一步开挖上拱部。下部开挖时分成左右两个部分,左右错开施工。左边施工时,右边作为物资运输通道。右边施工时,左边又作为通道。这种方法确保了隧道内车辆正常通行,确保了材料物资的正常供应。

上拱部开挖是隧道施工最关键的一环,也是难度最大的一环。根据大红田隧道特殊的地质状况,项目部采用"预留核心土"的办法进行施工。在开挖隧道顶部时,只开挖1.5m左右的高度,拱部下方形成梯形核心土,开挖部分进行初期支护后,再开挖核心土。这种方法,由于操作空间较小,施工人员在开挖拱顶和对拱顶进行初期支护时,只能蹲着施工,有些不便。但预留的核心土形成了一个工作平台,还可以起到稳定工作面的作用。在楚大高速公路九顶山隧道和大保高速公路大箐隧道的施工中,十九局都曾采用过这种方法,并取得了很好效果。在大红田隧道施工中,十九局再一次创造了不良地质条件下隧道从未出现过坍塌的好成绩。

管理也是生产力。这一场漂亮的攻坚战,与现场指挥也分不开。施工队长吴正华长期坚守工地,现场组织协调,共产党员黄河清任劳任怨,协助吴正华在现场调动人员、设备。开挖、支护、喷锚、出渣,十多道工序,被他们安排得井井有条,环环相扣,就连交接班也被安排得紧紧凑凑。

3. 二十局——遇流沙,历经生死大营救

二十局项目部承担的下行线进口端,既遇到过拱顶下沉,也遇到过涌水。洞里的水,掌子面在冒,地下在冒,侧面也在冒。排水泵不停地往外排水,掘进班的工人只得穿着雨衣作业。

最让总工李小刚和项目经理范登乾放心不下的是603m附近的一段隧道。2003年11月13日,隧道已经掘进至630多米处,但603m附近已经进行了初期支护的一段隧道拱顶有下沉的趋势。这段隧道地质不好,处于地震断裂带,山体破碎,而且有不少溶洞,施工过程中曾出现过掉块。那天,范登乾还进洞三四次,与工程技术人员一起反复进行观察。晚饭前,他还特意嘱咐监测人员搞好监测,随时注意拱顶的变化。晚上10点多钟,他还是有些放心不下,吩咐技术员柳吉焕:"你赶快进洞看看。"

柳吉焕离开项目部不到半小时,范登乾的手机响了。只听柳吉焕急匆匆地说:"不好了,范经理。工字钢断了!"

范登乾没有再问什么。他马上叫齐项目部的20多名干部和技术人员,立马赶到现场。

出事时间是当晚 11 点多钟。范登乾赶到现场时，隧道早已被流沙淹埋。这段隧道位于溶洞区。大大小小的溶洞里，有的有水，有的则是亿万年前地壳运动留下的大量泥沙。隧道拱顶的工字钢断裂后，溶洞里的泥沙便铺天盖地压了下来。

到了现场，范登乾做的第一件事就是清点施工人员。

情况很快弄清。隧道 598～605m 一段初期支护的工字钢被压断，山顶落下的泥沙把隧道堵得严严实实。现场安全员发现拱顶掉渣后，及时发出信号，在现场施工的五六十名工人绝大部分冲出危险地带，安全撤离，只有在掌子面上施工的严大定、蔡宏超被堵在了洞内。

险情很快传到安楚公路建设指挥部。指挥长孙乔宝、隧道专家张永康等连夜赶赴现场。易门县也派出医务人员和救护车赶到现场。

营救两名被困人员的工作很快展开。范登乾和李小刚分析，发生坍塌的地段离掌子面还有 30 多米，坍方与掌子面之间有足够的空间，即使洞里有水淹上几米，严大定和蔡宏超一时不会有太大的危险，当务之急是把他们尽快营救出来。

洞顶坍塌下来的是松散的泥沙，用机械清除很不容易，下面的流沙清除了，上面的流沙又会继续往下落。这样的情况李小刚以前也遇到过，最有效的方法是将工字钢焊成三脚架形状，旁边垫上木板，从侧面刨开流沙，三脚架不断往里推进，最后形成一个"猫儿洞"。

14 日下午 5 点 30 分，往洞内送氧的钢管通过了坍塌体，被困了 15 个小时的严大定、蔡宏超欣喜地用石块猛敲钢管，救援人员知道他们安然无恙，高兴得跳了起来。

15 日凌晨 4 点 30 分，经过 29 个小时紧急大营救，1.5m 高、1.5m 宽的"猫儿洞"终于打通。看到被困的严大定、蔡宏超皮毛未伤，范登乾和众人悬着的心终于踏实了。

堵在洞里的人员被救出，但清除洞顶坍塌下来的泥沙成了又一道难题。如果采用机械清挖，下面清，上面坍，泥沙就会源源不断地落下来。指挥长孙乔宝和隧道专家张永康与项目部经理、总工一起研究确定，在坍塌体内打入小导管，往里输入混凝土，使松散的流沙变成一个整体，再进行开挖。初期支护时，对洞顶出现的空洞及时用混凝土进行封填。

为了早日打通隧道，项目经理、总工、副总工一直坚守在工地，24 小时轮流到隧道值班。已经成家的女职工把年幼的孩子托付给自己的父母。家在陕西的李鹏斌好不容易请了 10 天假回家看望父母，可头天晚上刚到家，第二天便匆匆乘飞机赶回工地整理工程计价资料。

大家的心血和汗水没有白流。2004 年 9 月 4 日，大红田隧道下行线胜利贯通，比原定工期提前了 8 个月，二十局项目部比原定目标多掘进了 300 多米，二十局和十八局胜利会师。

4. 隧道集团——攻难克险，三战泥石流

中铁隧道集团一处三公司承担着安楚高速公路1.897km的施工任务，其中2835m长的大红田隧道上行线，三公司承建进口段1475m。这段隧道起始段425m就位于山体滑坍的堆积体上，山体大龙潭断层垂直于线路从洞身穿过，二类、三类围岩占了56%。2002年12月20日安楚高速公路开工典礼第二天，一处处长刘少巍、副处长王华平带领工程技术人员翻山越岭，徒步考察线路地形。他们每天走几十公里，渴了喝口山泉水，饿了用方便面充饥。面对茫茫大山，刘少巍与三公司领导一起研究确定了人员设备进场时间短、准备工作时间短、形成正常生产能力快"两短一快"的指导思想，仅用了20多天便完成了施工便道、临时房屋、线路铺架、场地平整等前期工作。2003年1月15日，洞口刷坡，土石方清理完毕，大红田隧道在隆隆的开山炮声中正式开工。

尽管三公司进场之初就成立了技术攻关小组，根据不同地质条件制订了相应施工方案，但破碎的岩体依然让大家陷入了困境。

2003年7月7日晚11点30分，来自山体的巨大偏压导致隧道拱部发生突变，钢拱架严重扭曲，变形断裂，地表裂缝最宽达到60cm，拱顶不断下沉……

险情就是命令。刘少巍和总工程师曹红彬、工程部长刘学勤第一时间赶到工地指挥抢险。为确保施工安全，变形的钢拱架必须作换拱处理。经理王伟天不亮就到工地，直到繁星当空才拖着疲惫的身子回到驻地。公司总工程师李书静以掌子面为教材，一次次给工程技术人员指点迷津。副经理陈志华夜晚值班，白天还加班看图纸，协调生产，几乎没睡过一个囫囵觉。在领导的感染下，现场施工人员生产热情空前高涨。掌子面上气温高达40℃，又热又潮，隧道工们挥汗如雨，衣服湿透了，脱下来拧拧又穿上接着干。挖隧道拱脚时，由于空间狭窄，只能弯着腰作业，工具使不上，班长康钦坤、张国云就用双手一点点往外抠，一干就是几个小时。立拱作业由于场地限制，机械无法使用，一榀工字钢重达400多公斤，隧道工们硬是用他们的肩膀硬扛上去，没人叫苦喊累，更没人打退堂鼓。通过近40天的艰苦奋战，8月13日，侵限段64榀换拱顺利完成，全部满足设计要求。

然而，接二连三的泥石流也随之而至。

9月28日凌晨4点40分，隧道掘进到175m处，三公司首次遇到泥石流。开始，隧道掌子面上流出一股不大的清水。随后，清水变成了浑水，水越来越大，最后变成了来势汹汹的泥石流。泥石流在洞内蔓延长度达100多米，数量足有2000多立方米，注浆机、模板台车、电焊机，以及施工用的钢筋、工字钢、模板被淹埋，初期支护明显下沉，掌子面顶部形成高20多米、长30多米、宽约25m的空洞。

危急时刻，由60多名35岁以下的党团员和青年组成的青年突击队挺身而出。党总支书记、项目经理王伟顶着39.8℃的高烧到现场指挥；队长吴华冒着被石头砸伤的危险，带领突击队员，穿着裤衩，光着膀子将一包包水泥硬塞进泥石流形成的空洞里，其他队员则采用排水、打导管、管棚注浆等方法往泥石里注入混凝土。一班累了,另一班接着干。突击队员康钦坤在抬水泥时手指甲被抠掉了,疼痛难忍,依然不下火线;衬砌分队队长王孝国抢险中背上被划开了口子同样坚持工作;片区指挥长佟平妻子在河南老家做手术,他请人到医院护理,自己却坚守在现场指挥抢险;突击队员李光辉已经批准休假,却毅然留了下来……经过十五六个小时的紧张苦战,当晚10点多钟,险情终于得到控制。

10月8日晚11点,隧道掌子面再次发生涌水,至次日0点30分,涌水变成的泥石流在洞内蔓延60多米,涌泥量达980m^3。

11月3日上午10点30分,掌子面第三次发生泥石流,涌泥量达620m^3。

困难面前,项目部党支部号召党团员用自己的模范行动影响和带动职工,用"做最难的,交最好的"的中铁隧道集团理念要求职工,团结拼搏,共渡难关。11月12日,中铁隧道集团一处三公司最终战胜了泥石流。在19个月的施工中,中铁隧道一处三公司从未发生过安全和质量事故。从2003年12月起,隧道开挖屡创新高。2004年6月创造了同跨度隧道施工月掘进163m的全国纪录。

2004年7月20日下午3点10分,大红田隧道上行线最后一炮的爆破按钮按响,震耳欲聋的巨响打破了大黑山的寂静,中铁隧道集团与中铁十九局胜利会师,大红田隧道上行线成功贯通。

九、G56杭瑞高速公路孔家庄隧道——从二级公路隧道到高速公路隧道的变迁

1991年8月,安楚汽车专用二级公路开工时,有一个260m长的孔家庄隧道,这座隧道的建成通车,实现了云南高等级公路史上大断面公路隧道"零"的突破,填补了云南高等级公路史上的一项空白。10年后,安楚高速公路同样在孔家庄设计了双洞六车道隧道。新的孔家庄隧道为连拱隧道,规模和施工难度远远超过了原来的孔家庄隧道。新隧道位于老隧道右侧,与老隧道相比,距离殷家阱水库更近,隧道侧墙距水库坝脚仅三四十米,隧道拱顶与水库大坝的底线处在同一个水平面上,水库的过水隧道刚好在公路隧道上方。

有趣的是,新老两座孔家庄隧道均由云南路桥股份有限公司的前身——云南省路桥四公司承担施工任务。修建安楚二专线时,由于没有承担隧道施工的能力,路桥四公司只得把孔家庄隧道的施工任务委托给其他施工单位。新的孔家庄隧道,路桥四公司却完全依靠自己的力量攻克了一道道难关,圆满完成了施工任务。

新、老孔家庄隧道,记述了云南公路隧道快速发展的历史,也记述了云南公路施工企业快速成长的历史。

左方可见水库,右方可见已经弃用的原二级公路隧道(图19-31)。

图 19-31　孔家庄隧道楚雄端

(一)项目概况

安楚高速公路孔家庄隧道全长 375m。隧道进口位于 $R=691.13m, L_s=120m$ 的左转曲线上,出口位于直线上,纵坡为 +3%。设计为整浇曲中墙的整体式双跨连拱结构。单跨净宽为 16.5m,净高为 8.4m,隧道净宽为 33.0m,最大开挖总跨度为 35.16m。中墙为整浇曲中墙,厚 2.4m。隧道围岩级别为Ⅴ、Ⅳ级。Ⅴ级围岩地段采用中导洞—双侧导洞工法施工。Ⅳ级围岩地段采用中导洞—微台阶工法施工。该隧道于 2001 年设计,于 2005 年建成通车。

(二)建设过程

承担安楚高速公路第十二合同段施工任务的云南路桥股份有限公司(原云南省路桥四公司)和桥工处一样,也是二上安楚路,而且施工的路段基本就是原来的老路段。修建二专线时,控制性工程是孔家庄隧道,修建高速公路,控制性工程依然是孔家庄隧道。

二专线上的孔家庄隧道长 260m,虽然距离不长,可在当时也算是开创性的工程。

此前,云南的公路隧道还只零星见于低等级公路上。

第十九章

桥梁隧道

中华人民共和国成立以前,云南没有一座公路隧道。1952年,在修建东川铜矿公路时,开凿了两座短隧道,开云南公路隧道建设的先河。其中一号隧道长28m,二号隧道长21.3m,净宽均为4.6m,净高4.7~4.9m。两座隧道相隔126m。负责隧道技术指导的老技工周清标不顾年老体弱,坚守工地,因突起大风,失足坠岩,以身殉职。为纪念他,二号隧道命名为"清标洞"。1959年,东川矿务局对两座隧道进行了扩建,一号隧道长39m、净宽4.8m、净高8m;清标洞长22m、净宽4.7m、净高8m。

截至1985年,云南先后建成公路隧道21座,长1395.3m,其中禄丰至一平浪复线公路上5座,利用废弃的铁路隧道改建。

1987年3月~1988年10月,会泽县修建上村至曲靖市德泽乡的地方公路时,由云南省投资213万元,建成云南当时最长的公路隧道——大小隔障隧道。大隔障隧道长340.80m,小隔障隧道长319.53m,两座隧道相隔726.65m。

1991年11月,交通部副部长王展意到云南视察。在省交通厅处以上干部会上,他指出:"云南修路还可以打一些隧道,希望设计部门思想解放一点。山区修路不打一些隧道线型和纵坡要有大的改善比较困难。"随后,交通部9人专家组在现场审查安楚汽车专用二级公路初步设计时提出,羊老哨坡段深挖路堑较多,为保山体稳定,减少养护困难,宜与短隧道方案比较。根据专家的意见,设计单位补充设计了芹菜塘、老石洞、大箐、三棵树和孔家庄5座隧道,总长804m。这些隧道宽11m、净高7.5m。5座隧道中除孔家庄隧道外,其余4座均在羊老哨坡上。

安楚汽车专用二级公路开创了云南高等级公路隧道建设的先河。而5座隧道中,最有代表性的又数孔家庄隧道。

孔家庄隧道距楚雄市区20多公里,地理位置比较特殊。隧道上方是车水马龙的老320国道,隧道右前方是建于20世纪70年代初的殷家阱水库。

水库旁,苍岭公社竖立的一块水库隧道的竣工纪念碑深深地打上了那个时代的烙印。纪念碑最上方是最高指示:"人民,只有人民,才是创造世界历史的动力。"纪念碑的正文写道:"殷家阱水库隧道工程在毛主席革命路线的指引下,高举党的九大团结胜利的旗帜,在农业学大寨的新高潮中,以毛泽东思想为武器,发扬艰苦奋斗、自力更生、一不怕苦、二不怕死的革命精神,在各级党委的领导下,以民兵为骨干,计100多人,经过126天的团结战斗,开凿隧洞147m,以及275m的全部支砌工程,共用劳力25447个,完成土石方36187m^3,共投资金23020元……工程于1971年7月10日竣工。"

这段读起来有些拗口的文字,告诉了人们殷家阱水库的修建过程。这是一个小乙型水库,为周围3个村委会的4000多亩农田提供灌溉。由于修建时间较长,加之白蚁危害严重,水库坝坡已经出现渗漏,经楚雄州、市水利专家评审,已被列为病险水库。

在一个病险水库旁修隧道,困难是可想而知的。安楚二专线建设时,殷家阱水库的渗水问题就曾令施工人员伤透了脑筋。施工中,隧道大量涌水,水深过膝,8 台 120kW 的抽水机每天 24 小时不停地抽水方能保证正常施工。加之山体多为二类围岩,土质松、软、散,将施工单位折腾得够呛。

新建的孔家庄隧道与老隧道相比,施工难度有增无减。新隧道位于老隧道右侧,距离殷家阱水库更近,隧道侧墙距水库坝脚仅三四十米,隧道的拱顶与水库大坝的底线处在同一个水平面上,水库的过水隧道刚好在公路隧道上方。孔家庄隧道的施工能否确保殷家阱水库的安全,成了水利部门和当地群众极为关注的一个问题。不仅如此,新隧道离老隧道最近处仅有 4m。隧道开挖还必须确保老隧道的安全,确保老隧道通行车辆。

十二合同段项目经理龙元照也是位两上安楚线的老公路。安楚二专线竣工后,他先后参加过昆嵩、楚大、元磨等高速公路的建设,繁忙的工作之余,勤奋学习是他的最大特点。10 年间,他从一名材料会计成长为分公司副经理、分公司经理、项目经理,并在实践中摸索出一套独具特色的施工管理方法:抓好现场管理,协调各方关系,重视安全生产,搞好成本控制。

项目部常务副经理高康也是二上安楚路。当年,他从学校毕业后参加修建的第一条公路就是安楚汽车专用二级公路。

两上安楚,龙元照和高康感受最深的是企业的发展变化、云南交通事业的发展变化。10 年前,修建安楚二专线的时候,150 多人的一个工程队一个月完成的工程量也就 100 多万 m^3。10 年后,人员减少,一个工程队就六七十人,人员只有原来的一半,由于机械实力大大增强,一个月完成的工程量却是四五百万,施工能力成倍增长。修建二专线时,路桥四公司还没有承建隧道的能力,因此,孔家庄隧道只得委托专业从事打洞的中国有色十四冶第二井巷工程公司施工。10 年后,四公司却完全依靠自己的实力修建新的孔家庄隧道。

为了确保老隧道的安全,项目部采用光面爆破的方法,尽量减少震动;为确保水库安全,在水库与隧道明洞之间打入 25 棵 $2m \times 1.5m$、深 20m 的抗滑桩。明洞开挖时,在水库坝顶、大坝中部和坡脚分别设立观测点,仔细观测大坝有无变化,做到万无一失。

除孔家庄隧道外,隧道与二专线结合部也是十二合同段施工的一个难点。隧道进口处紧靠二专线,但却比二专线低了 6m。项目部采用先打下行线隧道,下行线隧道通车后再集中突击隧道附近路基的办法,确保了施工过程中车辆的通行。

在突击洞口四五百米长的路基时,老二专线路基要降低 6m,还要确保通车,难度很大。项目部四五十名工程技术人员全力以赴,坚持三班倒,并采用两个车道分别开挖的办法,即一个车道开挖,另一个车道通车,交替进行,6 台挖掘机坚持 24 小时作业,终于攻克了难关。

安楚二专线通车时,隧道口昆明一侧右方曾出现过路基开裂沉降的现象。因此,安楚高速公路开工后,指挥部特别提醒十二合同段项目部予以注意。后来,经勘察,在二专线与老320线之间有一大软塘,如果处理不好,路基就难以稳定。为避开这一大软塘,有人提出建桥。但要建桥,投资起码也要600万元。项目部进行多方案比较,经专家论证,最后用22万 m³ 土石将大软塘填起来并加做抗滑桩的办法,既控制了投资,又确保了路基的质量。

孔家庄隧道的施工得到了指挥部的肯定和水利部门的好评,更受到了当地政府和群众的赞扬。

在修建隧道的同时,施工单位还建成了一条长约10km的水库排灌大沟。楚雄市苍岭镇副镇长周志远感慨地说:"这条排水大沟苍岭镇早晚都得修,即使不发工资也得修,因为它对当地百姓太重要了。安楚公路为老百姓做了一件大好事。"

十、G56 杭瑞高速公路九顶山隧道——云南第一座高速公路隧道

1999 年,楚大高速公路建成通车,这是云南继昆明—嵩明高速公路之后建成的第二条高速公路,而楚大公路上的九顶山隧道则是云南第一座高速公路隧道,成为云南山区高速公路建设的一座里程碑。作为云南第一座特长公路隧道,九顶山隧道的修建,使云南的公路隧道建设少走了不少弯路,它的建成,标志着云南已具备修建特长公路隧道的能力。

(一)隧道概况

九顶山隧道(图 19-32)位于楚雄—大理高速公路上,上行线长 3204m,纵坡 +1.3070;下行线长 3199m,纵坡 -1.32%,总长 6403m。设计净宽 10.50m、净高 7.4m,为单向双车道曲墙式隧道,复合式衬砌结构。隧道穿越的九顶山处于金沙江、澜沧江、红河三大水系的支流源头,相邻宾川大断层和洱海深断层,处于不同构造体系的复合部位,属Ⅸ度地震区。

图 19-32　九顶山隧道

该隧道由云南省公路规划勘察设计院隧道交通工程设计室设计;由云南省路桥二公司、中铁十八局、十九局施工。该工程属于亚行贷款项目,按"菲迪克"条款管理。

该隧道于1995年5月开工,1999年5月建成通车。面对复杂的地质条件,施工单位克服了种种困难,历时4年,于"1999年世博会"前打通了通往滇西的大动脉。它的建成,为云南省的公路隧道建设积累了经验。

（二）设计过程

楚大高速公路全长178.78km,其中从祥云板桥至大理小江西段有北、中、南3个方案。南线方案长54.3km,内有2×1950m长隧道两座;中线方案长53.82km,内有2×2100m长隧道两座;北线方案长45.70km,内有2×3200m特长隧道一座。经过多次比选,北线方案里程较中线方案短8km,投资省5000多万元,比南线方案节约投资8300多万元,经济效益十分可观。本着为国家和人民高度负责的态度,最终选择了投资省、经济效益好的北线方案。但在这一方案中,九顶山隧道长约3.2km,是当时全国最长的公路隧道,工程集中,是全线控制性工程。该隧道的建设也是楚大高速公路能否顺利通车的关键。

九顶山隧道是当时全国最长的公路隧道,没有任何可以借鉴的案例,而工期又短,各项技术难度之大前所未有。设计人员全身心地投入到攻克难关的过程中。通过查阅国内外大量资料,反复研究比较和邀请全国著名专家咨询论证,在众多的技术难题中选择了最关键的通风和防灾救灾技术进行攻关。设计人员通过大量计算、分析、研究、论证,大胆突破了在高海拔隧道中不设竖井、纵向通风只适用于长度小于2000m的规定,结合我国的国情及云南省公路交通的特点,合理确定了设计参数,首次把纵向诱导式通风技术用于长度大于3000m的九顶山隧道中。通过该技术的成功运用,九顶山隧道仅土建费用比同类隧道就节省投资2000多万元,每年还可节约大量的运营管养费。在机电设施设计中,设计人员首次在国内创立了根据交通量大小及隧道长度来确定隧道的重要程度,根据重要程度来确定需救援的车辆数量,划分隧道防灾和救灾区段及区段长度,按区段设置机电设施,并按区段进行救灾的理论,使设施的配置更有目的性,既节约了投资,又提高了救援水平。

（三）建设过程

九顶山隧道穿过地层工程地质、水文地质条件复杂多变;横穿多处大小断层破碎带;围岩岩质破碎、块状、软硬不均;地下水丰富,开挖后多处大量涌水;开挖后围岩稳定性极差,围岩变形、坍方造成支护、衬砌破坏频频发生。下行线东口进洞即坍方,大坍方2次掩埋洞口。为争取工期,工作人员只能绕行进洞掘进。西端两洞口进洞即遭大小坍方6次,其中3次坍顶"开天窗";洞内大小涌水坍方高达数十次。

隧道施工系地下作业,受地质条件影响较大,难以预料的难度和险情较多,面对九顶山隧道施工中遇到的困难,施工人员无奈地写下了这样的诗句:"九顶山下九顿坡,一条山洞穿山过。我为人民来修路,上帝山神保佑我。"1998年4月11日,中共云南省委书记令狐安在楚大公路视察时,修改了这四句诗中的两句:"九顶山下九顿坡,金光大道穿山过。我为人民来修路,千难万险奈我何。"不惧千难万险,正是云南公路隧道能够快速发展的最根本的原因。

针对九顶山隧道施工中遇到的困难,指挥部及时进行了设计变更,及时采取多种工程措施。如:原设计Ⅴ类衬砌80%以上变为Ⅱ类或加强;西端下行线K312+110增设长276m斜井一座;东端上行线增设出渣横洞一座,长78m,断面4.5m×5.5m,并增设上下行线间施工联络横洞一座,长67.5m,断面4.4m×5.5m;东端上行线为绕过大坍方体争取工期,增打长132m平行导坑一座,断面4.4m×5.5m。

在加强全隧初期支护方面,采用大管棚、迈氏锚护、喷射钢纤维混凝土增强初支中的钢格栅或钢拱代替钢格栅等方法。为了预测围岩稳定和水文地质情况,项目部还采用地质雷达超前探测。由于在施工技术上采取了种种措施,最大限度地避免了坍方,确保了工程质量,加快了施工速度。

为了有效吸取国内外隧道施工技术方面的先进技术和经验,楚大高速公路公司先后6次召开不同规模的隧道专题会,并邀请了国外隧道咨询专家到现场调查、咨询。

(四)经验总结

作为楚大高速公路全线工期和投资的控制性工程,经各方面的最大努力,九顶山隧道实耗工期38个月,平均单月成洞42m。虽然结合当时全国情况和滇西地质状况来看,这是合理偏先进的月进尺指标,但仍比预定工期推迟约8个月。对此,指挥部也认真进行了经验总结:对隧道工程,尤其是2km以上的长大隧道、地质不良隧道,建议加大勘测工作,尤其是加大地质勘探工作,力求提供比较准确的工程地质和水文地质资料,争取作出较科学合理的设计,选定合适的施工方法和工程措施;对单洞长2km以上的长隧道,可能成为全线控制性工程,应在施工图设计的基础上作出施工组织设计,以确定合理的工期,同时,结合全线的工期安排提前开工,以实现全线同步开通运营。

十一、G56杭瑞高速公路四角田隧道——艰难掘进除"五害"

四角田隧道是大理—保山高速公路上最艰巨的隧道,其复杂的地形和地质情况令众多的隧道专家忧虑。施工中,曾多次出现初期支护钢支撑下沉、内移,侵入衬砌设计断面,严重影响了施工人员人身安全及衬砌结构的稳定。通过采取增设大管棚,加密、加长系统锚杆、注浆等进行优化,从施工上改变以往先拱后墙法为先墙后拱法(或全断面),从而有效控制了结构的下沉、变形,确保了隧道施工的安全和结构的稳定性。

(一)隧道概况

大保高速公路四角田隧道上行线中心桩为国道主干线 GZ65 的 K3204＋100,长 1528m,纵坡＋1.5%,最大埋深 242.70m;下行线中心桩为国道主干线 GZ65 的 K3204＋148,长 1488.90m,纵坡－1.77%,最大埋深 246.30m。断面为三心园曲边墙,净宽 10.90m、净高 7.2m。

四角田隧道(图 19-33)由云南省公路规划勘察设计院隧道交通工程处设计;云南省路桥二公司、中铁二十局集团二公司、中建五局等单位施工;北京中通工程监理咨询公司监理。1999 年 5 月开工,2002 年 10 月建成。

图 19-33　四角田隧道

该隧道位于"滇西红层"地层、构造侵蚀深切割高中山峡谷地形。谷深坡陡,谷坡冲沟和基岩裂隙水发育,地表水丰富。由于大范围内受滇西横断山脉构造影响,小范围内受腾冲至下关、潞西至剑川两条地震活动带影响,地质复杂多变、病害频繁。洞内膨胀土、软弱岩、泥石流、坍方、涌水"五害"融为一体。

隧道在大跨度、软弱围岩等条件下施工,曾被称为"西南第一难隧"。2004年获云南省优质工程二等奖。总投资3.55亿元,平均每米造价11.75万元。

(二)建设过程

四角田位于永平县杉阳乡普棚村,因山顶一块有四个翘角的田而得名。大保高速公路从四角田下穿过,于是有了四角田隧道。

在大保高速公路的24座隧道(单洞)中,论长度,四角田隧道排不上名次。它单洞长3000m左右,只是大箐隧道长度的一半。然而,四角田隧道却因施工的难度而成了大保高速公路上一块难啃的硬骨头。

四角田隧道施工难在何处?难在围岩软弱,地质复杂。有人用烧过的石灰石比喻四角田隧道的围岩,看似坚硬,但一遇水,马上变成稀泥。在洞里,掌子面掘进极为困难,已做了二衬的地段,因围岩膨胀造成挤压变形,最大时向中线挤进达1.8m。用施工人员的话说,进1m坏1m。原设计50cm厚的钢混防水层,加厚到1.2m,特殊地段加厚到1.8m,原设计3.5~4m长的锚杆加长到6m,螺纹钢换成工字钢,依然无济于事。支砌好的拱架常常因山体的挤压而开裂、变形,3m厚的仰拱因山体的挤压下面形成了空洞,工字钢被挤压变成了"麻花"。于是,施工人员不得不用炸药炸,用氧焊割,采取"换拱"措施。隧道口常常堆放着一堆堆从隧道里拆除的已经严重变形的工字钢和钢筋。据云南省路桥二公司隧二分公司党支部书记张敏志介绍,仅隧二分公司就已经卖了七八百吨这种从隧道里拆除的废钢材。他说,四角田隧道每米就要用钢材3t。

令施工人员头疼的还有泥石流。二分公司施工的上行线进口端,仅2001年12月25日~2002年3月18日间就发生过5次大的泥石流。2002年3月18日,不到1个小时,掌子面上70多米的范围内便堆积了5000多立方米泥石。现场施工人员发现隧道异常后及时撤离,人跑出来了,设备却埋在了泥石里。几个月的辛劳顿时化为乌有,工人们情绪低落,不愿再走进那可怕的隧道。困难面前,二分公司党支部充分发挥战斗堡垒作用和党员的先锋模范作用,通过积极的思想工作,引导工人克服恐惧心理。公司加大资金投入,并指派一名副总经理到四角田蹲点指挥。经过5个多月的紧张抢险,终于越过了25m长的涌水泥石流地段。

面对四角田隧道遇到的困难,大保高速公路建设指挥部和永平现场指挥部各派出两名管理人员长期在施工现场蹲点,及时帮助施工单位解决施工中遇到的各种问题。指挥部还多次请来隧道施工方面的专家,现场"会诊"。一些有数十年隧道施工经验的专家们看了四角田隧道,摇头说,从没有见过这样的地质条件。

2001年8月初,为加快四角田隧道的施工进度,大保指挥部采取特殊措施,调集中铁二十局大保项目部前往四角田支援。二十局在大保路上,已经打了两个漂亮的攻坚战,分别提前一年和半年打通了大箐隧道和万宝山隧道。2001年8月5日,二十局有关人员到四角田看现场,6日报方案,7日便组织施工队伍进入工地。当时,四角田隧道上行线尚余450m,下行线还有240m。二十局从下行线横洞进入上行线,开辟新的工作面。

困难一个接一个地拦在二十局这支铁军的面前。大山深处,由48名党团员和青年组成的青年突击队冲锋在前。隧道里施工,泥水遍地,烟尘呛人,突击队长雷耀军在隧道里却一待就是两天两夜,饭在洞里吃,困了就在洞里随便躺一下。一次,项目经理祝建周在前往大理途中出了车祸,第二天,右手绑着绷带的他便出现在了工地上。他晚上到医院治疗,白天坚持在工地指挥。退休后返聘的党委书记范用章患有低血糖,但依然坚守在施工现场。

二十局的干部工人用丰富的施工经验,用顽强拼搏的精神,终于使四角田隧道在2002年10月实现贯通。

十二、G56杭瑞高速公路大箐隧道——高速公路穿越横断山

云南地处山区,地质复杂,技术要求高。修一条路、架一座桥、开凿一个隧道……一件件看似巧夺天工的"杰作",凝聚着修路人太多的血汗。

位于滇西红层区域的大箐隧道最大埋深达687m,建设者针对原结构设计中未考虑外水压力的情况下,经过结构计算、工程类比,先后提出多种处理方案,最终成功地解决了滇西红层区域隧道施工地形、地质、水文特点复杂多变,多涌水、多塌方等不良地质情况,隧道整整提前1年实现贯通,创下了单洞月掘进150m的云南公路隧道掘进新纪录,真正诠释了"人定胜天"的内涵。

(一)隧道概况

大箐隧道(图19-34)地处澜沧江边高山深箐间,为上、下行线分离的单向双车道隧道,是大保高速公路最长的隧道,建成时是云南仅次于九顶山隧道的第二长隧道,也是首座穿越横断山的高速公路隧道。

上行线中心桩号为国道主干线G265的K3197+684,长3091m,纵坡+1.8%,最大埋深687m;下行线中心桩号为国道主干线G265的K3197+694,长3126m,纵坡-1.88%,最大埋深659m。隧道有效净宽9.75m、净高7.2m。单洞累计长6217m,断面为半圆拱曲墙式。洞门为双柱式。

该隧道地处云南西部高原、横断山脉南段,气候湿润、雨量充沛,由于强烈的构造侵蚀形成了中山峡谷地形,属典型的"V"字形河谷地貌,谷深坡陡、地势险峻,施工场地狭窄,地表植被覆盖茂密,地表水发育呈树枝状。地质主要为白垩纪、侏罗纪(J_3b),以紫红、灰黄、灰绿色、泥岩、泥岩粉砂岩、灰质板岩为主。构造复杂、多变,砂岩Ⅱ泥岩互置,岩层节

理裂隙发育、风化破碎,上覆坡积碎石土及严风化石层,地下水十分丰富,围岩自稳能力差。地震烈度为Ⅶ~Ⅷ度区,按Ⅷ度设防。

图 19-34　大箐隧道

该隧道东端洞口位于坡积层上,地面横坡为 1∶2~1∶1.5,地势平坦,纵向距洞口 50m 后,地面突然变陡,有石英砂岩裸露,地质较好。进洞方案采用暗洞明做,隧道沿纵向分台阶拉槽,将石英砂岩层开挖暴露,明洞缩短。从岩层位置采用大管棚超前支护,进入暗洞施工,既缩短了工期,又节约了投资。

西端洞口位置处于箐沟边,距箐底约 20m,地面横坡陡峭,约为 1∶0.5,地质为千枚状板岩,产状对隧道施工有利,距洞顶 30m 为进场便道。进洞方案为平整场地,将 20m 深箐沟填平,采用大管棚超前支护直接进洞。在施工中,为确保隧道洞口和进场便道行车安全,将上、下行线分别接长 17m 和 29m。

该隧道总造价 3 亿元,每米造价 4.82 万元,由云南省公路规划勘察设计院隧道交通工程处设计,云南大保高速公路建设指挥部建设管理,铁道部第十九、二十工程局施工,四川二滩国际工程监理咨询公司监理。工程于 1999 年 5 月开工,2002 年 10 月建成通车。该工程获 2004 年度铁道部优质工程"火车头杯"一等奖;2005 年 12 月,获国家工程建设质量奖审定委员会颁发的"国家优质工程银质奖"。

(二)施工建设

大保高速公路共有 12 座隧道,其中最长的就是大箐隧道。大箐隧道原计划开工日期是 1999 年 5 月 28 日,但由于优化路线方案,直到 1999 年 10 月才拿到施工设计图纸开始进洞。隧道因地质构造十分复杂,地下水又非常丰富,被隧道专家称为"水帘洞"。大箐隧道施工中,水囊、泥石流、断层破碎带多次出现,施工难度非常大,主要难点有:

地质复杂,岩性变化多,开挖难度大;隧道长,施工通风难度大;隧道涌水量大,增加了施工难度;断层多而长,易出现塌方;地理环境差,场地狭窄,增加了施工难度;隧道施工环保要求高。

除地质情况复杂外,大箐隧道最大的一个难题是涌水量大。中铁十九局施工的下行线进口端和上行线出口端,每小时涌水量达 1800m³。为确保施工的正常进行,项目部专门组织了 38 人的抽水班,50 多台水泵昼夜抽水,每月光抽水耗用的电费就达 30 多万元。即便如此,施工人员依然要身穿水袂(雨鞋雨裤连在一起的特殊着装)打眼放炮。风钻手打眼后,还常常要捂着鼻子,猫着腰往被涌水淹没的炮眼里装炸药,有时,装进的炸药还会被水冲出。由于身穿不透气的水袂作业,不少人身上都长满了痱子。

一次,永平分指挥部指挥长许斌全到隧道了解施工情况,刚好遇上停电,涌水越积越深,他只得坐进装载机的铲斗里,到作业面查看施工情况。

承担大箐隧道下行线出口端和上行线进口端施工任务的是中铁二十局。项目经理部副经理范用章用"难、高、狠、实"四个字来概括大箐隧道的施工。"难"是指二十局从没有遇到过像滇西这样艰难的隧道施工条件;"高"是指高起点、高标准,铸造精品工程;"狠"是指"宁当恶人,不当罪人",下狠心抓质量、抓进度、抓安全;"实"是指实实在在做人,踏踏实实做事。他像钉子一样"钉"在隧道里,严把质量、进度关,职工们还给他起了一个雅号"黑脸包公"。有人粗略计算了一下,在隧道内,他走过的路起码也有 8000km。

为了克服地质不明的困难,监测单位采用了地质雷达超前探测,对即将开挖的 20m 以内的围岩进行了定性分析,对围岩是否完整和前方是否存在破碎带、软弱带、断层带以及是否有水囊、溶洞等一系列影响结构安全的特殊地质情况,进行探测分析,然后确定排炮的炮眼间距、炮眼深度和装药量以及支护参数。

在支护参数中,根据开挖围岩的稳定性、破碎程度和涌水量的大小,经指挥部、设计代表、现场监理工程师、承包商、技术员一起研究,及时确定出初期支护中格栅间距、喷混凝土厚度、二次衬砌混凝土厚度及配筋间距、径向锚杆数量、弹簧排水管的数量等,确保了结构的安全。

为了保工期、保质量,指挥部及时提醒承包商在变更申报时应注意的问题,包括资料是否齐全、理由是否充分、数量是否真实、计算是否正确、格式是否规范等。经驻地监理审核无误后上报现场指挥部工程合同科、总监代表处,再按金额大小上报建设指挥部或云南省交通厅基建处,经各级审核无误后才能进入计量支付。虽然程序较为复杂,但是对于大箐隧道的变更,各级都采取特事特办的认真态度,定期由指挥长、总监理工程师带队,每月到现场进行变更清理,及时缓解承包商资金紧缺的局面。

2001 年 5 月 27 日下午 2 时 40 分,在大箐隧道隧道口,云南省交通厅厅长李裕光亲手按下爆破启动按钮,随着一阵隆隆的爆破声从隧道传出,大箐隧道全部贯通,比计划工期整整提前了一年,创下了单洞月掘进150m的云南公路隧道掘进新纪录。

十三、G56杭瑞高速公路高黎贡山隧道——高速公路首穿高黎贡一路向西行

保山—龙陵高速公路建设过程中,三大控制性工程之一的高黎贡山隧道的施工显得尤为艰巨。隧道每掘进一尺都铭记着建设者生命的印迹。建设者在高黎贡山隧道奋战了1000多个日日夜夜后,终于实现了人类对高黎贡山的首次穿越……

(一)工程概况

高黎贡山隧道(图19-35)地处保山市龙陵县境内,位于保龙高速公路土建第11合同段,是保龙高速公路三大控制性工程之一,也是保龙高速公路全线13座隧道中最长、最后贯通的一座。隧道设计为左、右幅分离的双洞单向双车道。左幅起讫桩号为K572+165~K575+061,全长2896m;右幅起讫桩号为K572+165~K575+040,全长2875m。隧道有效净宽9.75m,有效净高5m。

图19-35 高黎贡山隧道

(二)建设过程

1. 地质:"五毒俱全"难以逾越

高黎贡山隧道位于怒江支流南亢河与三岔河分水岭部位,属构造剥蚀中等切割中山陡坡地貌区。隧道穿越于怒江大断裂和大坪子断裂夹持的地块中。受断裂影响,隧道两侧30~40m内岩石节理裂隙发育,岩层破碎,工程地质条件极差,隧道坍塌、变形、侵限、涌水、涌泥等地质病害成了家常便饭,施工风险十分巨大。高地应力、高埋深、高富水、大变形、次生断层和节理裂隙发育共同构成了高黎贡山隧道的

"五毒俱全"。

受地质因素影响较大,高黎贡山隧道原设计出口端位于两个发育的浅层滑坡,但为确保施工安全和工程安全,经专家、技术人员研究决定该出口改线,由云南交通规划设计院完成修改设计后于2005年4月20日下发设计文件。虽然如此,受不良地质因素影响,高黎贡山隧道建设中仍先后7次发生大规模塌方,其中3次冒顶。不良地质状况及隧道涌水严重制约了隧道的施工进度。为确保隧道顺利施工,指挥部会同设计方多次至现场制定处治方案,并聘请知名专家到现场进行指导、咨询,研究制订了"重地质超前预报、管注浆超前、弱爆破、短进尺、少扰动、强支护、早成环、二次衬砌紧跟""重地质、短进尺、弱爆破、少扰动、早喷锚、勤量测、速反馈、紧封闭、强支撑、早成环"等技术措施,最终逾越了地质的艰难。

2. 穿越:困难重重,历尽艰辛

承担施工任务的中铁十九局的施工人员从高黎贡山隧道的进出口两端同时掘进施工时,隧道区内那些时代不明的花岗片麻岩首先给了他们一个"下马威"——受地质条件的影响,刚刚开挖,进出口都同时出现了浅埋偏压地段滑坡的地质病害,其中保山进口端有70余米,龙陵出口端长达120m的隧道主线范围出现了滑坡影响带滑动变形、围岩巨变、洞顶塌陷、洞内塌方……建设大军面临着前所未有的考验。

2005年4月15日,上行线进口端开始施工洞口段20m偏压半明洞,施工人员采取先回填后开挖施工的方法,再前进了24m的偏压浅埋后,麻烦来了,5月14日,洞外边坡滑动,20m的偏压明洞挡墙被挤压断裂,洞内初期支护纵向开裂变形,施工被迫停止。后经过采用反压回填、洞外边坡采用3排长钢管桩、2排锚筋束注浆、洞内锚筋束联合处治等方法进行综合治理,经过艰苦卓绝的连日突击,首战告捷。而近70m的偏压浅埋地段,竟花费了3个月时间才完成。上行线出口端于2005年6月26日掘进至K574+985时,由于地表埋深浅和受地质构造影响,发生地表沉陷,工程技术员们采用地表注浆、超前大管棚注浆和型钢拱架密排等处理措施进行处理,这次地表沉陷处理历时4个多月。2006年1月14日,在K573+918~K574+904段由于发生洞内塌方和地表沉陷,施工人员对洞顶塌穴范围内打设深孔注浆管进行注浆,并对塌方段地表位置采用地表注浆固结,洞内采用超前大管棚注浆、型钢拱架密排、超前导管和锚杆等措施进行处理,对受塌方影响发生侵限的初期支护进行拆换,对未塌方段采用方木垛加强支撑等方法进行处治,时间又达7个月之久。2007年12月17日,当掘进至K573+960处时,由于受地质构造和地下水影响,K574+006~K573+960段初期支护严重变形,局部地段发生突泥,施工人员采取方木垛支撑、长锚杆束、径向小导管注浆加固、塌腔回填混凝土和换拱等处理方式进行处理,该段处治耽搁工期4个月。再往前掘进,每前进一步却显得十分艰难。

困难和危险还远不止这些。2006年8月的一天,上行线进口端施工至K572+989

时,施工遇到未知断层,隧道再次出现规模较大的塌方。塌方处理过后,项目部采用较强支护(I16 工字钢,85cm 间距),但上断面开挖前进 27m 后,初支变形,拱架扭曲,施工人员采取钢木联合支撑径向注浆的方法进行加固,但变形依然没有停止,最大侵限达 2m 以上。在这种情况下,项目部只好采取边换拱边跟进二衬的方法,开挖十多米,掌子面停工,施作二衬,初支进一步加强。在处治中,初支仍然时有变形侵限的现象。整整 1 年零 5 天,隧道只完成成洞 85m,其间项目部多次处理变形侵限的换拱,有的地段甚至进行二次、三次的换拱,初支才得以相对稳定。

在上行线开挖的过程中,这种现象也极为常见。一年多时间,进口端仅完成成洞 260m,基本上均在典型的断层破碎带内施工,经常出现初支变形、拱架扭曲、折断现象。由于初支较强,预留变形较大,只好采用径向长短管交错打设注浆,长锚杆锁拱,二衬紧跟等措施,侵限换拱才得以控制,但变形问题一时找不到彻底解决的办法。2006 年 8 月和 2007 年 8 月,高黎贡山隧道 K574 + 334 和 K573 + 733 处再次发生 2 次塌方,工程技术人员采用混凝土回填、超前小导管注浆、型钢拱架密排、超前锚杆等方式进行处理,塌方处治又分别耗时一个月和半个月。

上行线艰难,下行线也不例外。下行线出口端开挖由于对线路进行了优化,线路比原设计靠近三岔河 25m,出口与三岔河相交,再加之围岩受几大断裂的影响,围岩破碎地质复杂。为确保进洞安全,项目部首先对三岔河进行了处理,在进洞之前又采用了超前大管棚注浆、套拱,对边仰坡锚杆和花管注浆。然而,在 2005 年 4 月 16 日,当掌子面施工至 K574 + 995 处时,由于构造挤压带影响,还是发生了浅埋段地表塌陷,工程技术人员通过采用超前小导管注浆、注双液浆、地表注浆和型钢拱架密排的办法进行处理,该次塌陷处理历时半个月。

塌方像一头怪兽一直伴随着隧道施工。2006 年 12 月 12 日,当下行线保山端施工至 K573 + 317 时,受延伸断层的影响,一次较大规模的塌方发生了。塌方发生后,采用回填混凝土、施作大管棚的方法稳住了塌方体后,施工人员继续向前开挖。当前进了 60 多米后,问题又出现了,已完成的初支出现大面积的开裂、变形,于是不得不停止掌子面的掘进。项目部采用方木垛支撑后进行径向注浆等加固措施控制变形问题,但效果甚微,变形在一天天加剧,初支侵限愈加明显,最大侵限达 1m 以上。经指挥部、项目部专家现场踏勘、商讨,决定采用长、短小导管交错布置,多次径向注浆加固围岩,边换拱边跟进二衬,同时对二衬的厚度和配筋都进行了加强。很多地段由于无法有效控制变形,要进行二次、三次的反复换拱才完成二衬的施工作业。由于初支变形严重,149m 的隧道地质病害地段处治历时 7 个多月。

2007 年 12 月 3 日,下行线上断面贯通后,由于受地质构造和 X 形节理影响,K573 + 757 ~ K573 + 632.5 段初支再次发生严重变形,K573 + 820 ~ K573 + 757 行车方向左侧发生滑塌,工程技术们采用方木垛支撑再径向长锚杆束、径向小导管注浆加固和换拱的方式进行处理,耗时 3 个多月才处理完毕。

据不完全统计,高黎贡山隧道单是小塌方,就影响工期达 3 月之久,仅下行线处治隧道病害路段就达 493m。不仅如此,在开挖过程中隧道还伴随着大量涌水。由于出口方是下坡向施工,涌水给施工带来许多困难,投入大量人力物力排水,既增加成本投入又制约了工期。2006 年 12 月 5 日,隧道在 K574+195 处发生较大涌水,最大涌水量达 880m³/h;2007 年 1 月 13 日和 2007 年 3 月 19 日,在 K574+140.6 和 K574+066 处又连续发生较大涌水,喷出水柱长达 5m 多。项目部采用架设专用动力线路,设置管路采用多级泵站的办法进行抽水,投入排水资金上百万元,抽水排涌共造成掌子面停工达 2 个多月。项目经理贾忠东说,高黎贡山隧道施工大大小小塌方、涌水无数次,工程技术人员几乎没有安心睡过一个好觉,安心吃过一顿好饭,每次塌方、涌水都是一种生死考验,如同噩梦一般。

3. 回顾:岁月悠悠,感慨万千

办法总比困难多。在经历无数次病害处理,通过对处治方式方法及效果的对比后,施工人员总结出一些较为有效、可行的措施,如开挖尽可能采取微台阶的施工方法,使初支尽早成环,形成整体环向受力结构,初支采用较强的工字钢拱架,工字钢不小于 20b,间距控制在 50cm 以内;为克服围岩自稳性差,节理裂隙发育及爆破造成围岩松动圈较大,开挖后拱部压力造成超前支护向净空方向挤压,对超前支护刚度进行加强,超前钢管与大直径超前砂浆锚杆配合使用;为防止围岩变形,采用刚柔结合的支护方式,在初支内侧另外加设双层或单层钢筋网,以增加支护强度;围岩长期不趋于收敛,可采用长、短交错结合的注浆形式,以固结围岩,使支护外侧形成注浆固结圈,长管采用不小于 9m 的 R51 自进式锚杆,注浆的同时还可以施加预应力,对围岩进行进一步的加固;在大跨位置或拱腰位置增加长锚杆束,注浆固结,以抑制初支向内挤压;在拱架范围内增加锁拱锚杆,使支护与围岩形成联合受力结构,以防止由于围岩压力造成支护骨架失稳,而造成初支全面失稳等。这些经验的取得,无不凝聚着项目管理者、隧道专家、工程技术人员和农民工的无数心血与汗水,无不说明建设者的伟大和筑路的艰辛。

2007 年 12 月 2 日,高黎贡山隧道 1440m 深处一声沉闷的炮响,将一堵 3m 厚的掌子面成功炸开,两面的灯光相互穿透、辉映,被大山阻隔 3 年多的钻山工们拥抱、雀跃、欢呼,高黎贡山隧道下行线率先贯通了,人类第一次成功实现对高黎贡山的深度穿越(图 19-36)。

作为亚行项目,在保龙高速公路全线通车后的一天,项目咨询专家陈松森走访保龙高速公路时说,没想到保龙高速公路修得比预计中要好。

图 19-36 建设者庆贺高黎贡山隧道顺利贯通

十四、G5611 大丽高速公路双龙隧道——筑路人 39 个月啃下"硬骨头"

受复杂地质条件影响,位于大丽高速公路剑川段的双龙隧道施工中先后出现坍塌、突泥、涌水等不良地质现象千余次,成为大丽高速公路所有隧道中施工难度最大、施工周期最长的隧道,一度制约着项目建设的整体进程,建设者历尽千辛万苦,花了 39 个月才把隧道打通。

(一)隧道概况

双龙隧道位于大丽高速公路剑川段,为分体式单向两车道隧道,左幅全长 3630m、右幅长 3805m,最大埋深 170m。由于所在区域地质结构复杂,围岩主要以高度风化的玄武岩为主,且多成碎屑或碎石状,这些碎屑或碎石遇水会形成不易处理的泥浆,因此施工过程中一旦渗水便很容易引发突泥、塌方和冒顶等事故。

隧道于 2010 年 6 月开工建设,2013 年 7 月,隧道左洞贯通;2013 年 9 月 9 日,双龙隧道右洞贯通。至此,大丽高速公路施工难度最大的重点控制性工程被顺利攻克。

(二)建设过程

1. 意外接踵而至,半年干了一周的活

从双龙隧道开工起,坍塌、突泥、涌水等不良地质始终困扰着建设者。

2012 年 9 月 24 日 22 时 30 分,隧道左幅施工工人在完成立架支护后发现,隧道 1139m 处左侧接近拱顶的位置有水流出,出水点很快发展到碗口般大小,并形成水柱向隧道内喷涌。负责隧道工程技术和现场管理、已在隧道内工作了 10 余个小时的陈凤科接到报告,立即前往查看。

不久,水流开始变得浑浊,流量也从起初的 130m^3/h 增大至 500m^3/h,同时伴有泥沙涌出。现场种种迹象让陈凤科感觉到,这绝非简单的涌水,泛浑的水柱很可能带来一次大的突泥或塌方,危险正步步逼近。

"不好！涌水越来越大,而且越来越浑。大家先撤离到安全地带……"

在陈凤科和安全员的指挥下,所有施工工人开始向安全地带转移。几个小时后,隧道拱顶上方部分泥土夹着石块开始塌落,进而相继发生多次突泥,影响长度达66m,涌泥量2000余立方米。

这次突泥,仅清理现场和制订对策就花去陈凤科他们近一个月的时间。然而,更大的考验才刚刚开始。

建设中的双龙隧道如图19-37所示。

图19-37　建设中的双龙隧道

10月30日,刚刚复工的陈凤科等人再次遭遇涌水困扰。工人们在完成超前及径向注浆后发现,隧道掌子面左侧拱脚有股状水流出,水量约$30m^3/h$。正在隧道内与项目经理等人一同研究专家意见的陈凤科闻讯前去查看。

才一靠近出水口,陈凤科就听到涌水处传来"咕咕咕"的声音,低头一看,流水正夹杂着大量泥沙不断向外喷涌。情况危急,他来不及多想转身便招呼所有人向60m外的安全区域撤离。

然而,撤离过程中,隧道开工建设以来最大规模的突泥发生了。伴着流水,泥石流快速向陈凤科等人袭来,大家一路狂奔,身后不时传出涌泥发出的闷响,待跑到安全区域再往外30m后大家才发现,泥土已漫过他们的膝盖,若再晚一分钟撤离,后果不堪设想。

经查看,这次隧道涌泥影响长度超过90m,总量达$6000m^3$,台车被推出9m后侧向倾倒。更为严重的是,检测人员在检查中还发现,隧道上方地表出现了一个深坑,面积约$480m^2$,深度14m(此处埋深82m)。这意味着本次涌水不仅引发了突泥,还出现了塌方。刚刚复工的项目部不得不再次将工作转入清理现场……

第十九章
桥梁隧道

屋漏偏逢连夜雨。11月9日,工人们正对此前的涌泥进行处置,隧道掌子面左侧又发生连续性涌水和突泥,致使隧道地表塌陷面积在10月30日的基础上进一步扩大,周边出现多处裂缝,最大宽度达30cm,总塌陷面积增至757m²。

"所有精力都用在轮番处理涌水、突泥、倾陷上了。半年时间才掘进了23m。"面对接二连三的涌水、突泥,陈凤科十分沮丧。他说,按正常情况,23m只是一个星期的活儿。

值得庆幸的是,虽然水患频频,但由于安全预警到位、管理措施到位,隧道从开工后还未发生过任何安全事故。而通过各级专家、指挥部和建设单位及时有效地处置,涌水、突泥等情况也未对隧道周边地质造成大的危害。

2. 闻水色变,工人为隧道改名

除陈凤科所在的中铁十二局外,一同建设双龙隧道的还有18-1B标段的中铁二十二局、18-2A的中铁二十四局和18-2B的中交三分局。施工中,这些单位同样遭遇涌水、突泥及塌方等困扰,其中18-2A标段2011年夏天的一次涌水,出水量甚至达到700m³/h,使整个隧道瞬间变为汪洋。前来会诊的专家们都得划着小船才能进入隧道了解情况。

"干了40多年的交通,我还是头一次遇到如此复杂的地质条件,这在云南很少有。"提起双龙隧道,大丽高速公路建设指挥部洱源分指指挥长任金荣同样一脸无奈。围岩级别差,地质结构不稳定,储水太丰富,因此施工难度大,安全风险高。隧道大大小小的涌水可谓成百上千。每次发生大的涌水或突泥,工期少则耽误10余天,多则耽误2~3个月。受够了水的折磨,四家承建单位早已是闻水色变。就连双龙隧道的名字,也被视为影响工程进度的原因。

在陈凤科等人看来,龙向来与水结缘。因为双龙隧道带有"龙"字,因此才涌水不断。为此,工人们专门用胶带纸将立于隧道入口标牌中的"龙"字改为了"尤"字,以此希望隧道涌水能有所减少。

而事实上,双龙隧道丰富的储水源于其所处的拉渣山区域正好位于南北冷暖气流的交汇处,因此降水充足。加之隧道上方植被茂密,保水性好,所以造成了隧道内水患连连。对隧道涌水的原因,陈凤科他们其实也心知肚明,但为了工程早日完工,他们把该想的办法都想了。

3. 硬骨头,项目经理换了又换

按照计划,双龙隧道建设周期为27个月,早在2012年7月就应结束。但受涌水和地质条件等影响,工期一延再延。截至2013年3月,隧道左幅和右幅仍有300余米和600余m需要掘进(图19-38)。

图 19-38　建设中的双龙隧道

因为建设进展缓慢,各项目部曾多次对施工队伍和管理人员进行调整,陈凤科所在的中铁十二局更是连续更换了两任项目经理。

可对任何一个项目经理来说,双龙隧道都是一块硬骨头。据了解,由于工程耗时太长、太费精力,好多工人都因为没有工程进度而拿不到奖金。加之地质环境复杂,安全的不确定因素增加,因此建设者们对双龙隧道普遍态度消极,甚至有了畏难情绪。项目经理一方面要为员工鼓劲打气,鼓励大家好好干,一方面还要应对各种意想不到的突发状况。每一次的复工、停工和整理现场都极大地考验着大家的意志,时间一长有的经理甚至自己都产生了动摇。

2012 年,比双龙隧道长 1km 多的花椒箐隧道完工。看着周围开始陆续撤离的施工队,陈凤科心里很着急。虽然心急,但他也清楚,隧道进展到关键阶段最重要的还是稳扎稳打。因为稍有不慎或一次不大不小的涌水、突泥都有可能使工程再次陷入停滞。在复杂的地质条件和艰难的掘进过程中,他也经历和积累了许多宝贵的经验和财富。双龙隧道给了他最大的收获。

2013 年 9 月 9 日隧道贯通后,来自福建的隧道施工班组长林世云感慨道:"我打隧道干了 23 年,双龙隧道是我遇到困难最大、施工时间最长的隧道,3 年没回家和家人团聚了,现在终于可以回家团圆、歇口气了。"隧道建设 3 年来,林世云从未回家一次,每年仅大年三十和初一休息,其他时间都和他的班组在双龙隧道潮湿、泥泞的环境中坚守着、鏖战着。

十五、G56S 昆明南连接线高速公路草海隧道——中国高原湖泊第一座软土隧道

长久以来,由于广福路和十里长街只能通到西华路,昆明南市区与外界联系的东西向大动脉只有南过境高架路一条。随着草海隧道建成通车,昆明南市区迎来了第二条东西向出口。从南市区通往西市区,不再需要借道二环快速系统,走草海隧道会更加快捷,其建成也为南市区的经济发展注入了一支强心剂。

(一)隧道概况

草海隧道(图19-39)是云南省第一条下穿滇池草海通行货车的隧道,是昆明南连接线高速公路的控制性工程,也是昆明市三环闭合工程的四个控制性工程之一。隧道呈东西走向,起点位于昆安高速公路高峣立交桥预留的(A、B)匝道接口,A匝道敞开段长190m、B匝道敞开段长245m,主线暗埋段全长1297m,新河敞开段长220m。A、B匝道在草海中与主线相接,主线隧道过草海后在新河地区与南连接线高速公路相接,终点桩号为K1+420,双向六车道,总造价约10亿元。

图19-39 草海隧道

(二)工程特点

1. 规模大,工期紧张

草海隧道主体暗埋段总长约1297m,隧道主体结构宽度为31.2m,为两孔一管廊的结构形式,结构安全等级为一级,设计使用年限为100年,抗震设防烈度为Ⅷ度,控制结构构件裂缝宽度≤0.2mm。结构采用C35混凝土,抗渗等级为P8;素混凝土垫层采用C20早强混凝土。为了确保施工进度,将草海隧道分为两个工区,每个工区都独立组织施工劳动力和设备;加大设备和劳动力投入,便于提前进入围护结构施工和基坑开挖、结构回筑阶段(图19-40)。根据施工流程和设计图纸要求设施工缝,变形缝和施工缝防水按照防水构造要求施工。开挖至基底后立即浇筑素混凝土垫层,避免长时间暴露基坑。浇筑前基槽内不留浮土、杂物、建筑垃圾,施工过程中做好基坑排水工作,保证地下水位于坑底以下1m。

图 19-40 草海隧道前期施工

草海隧道基坑支护形式共有两种:SMW 工法和钻孔灌注桩+旋喷桩止水帷幕。基坑坑边两侧为滇池水域,基坑深度为 11.2～14.32m,采用 $\phi 850@600$ 的 SMW 工法桩作为基坑支护结构,AM20、AM21 段支护桩桩长 29.9m、型钢长 27m,AM22 段支护桩长 28.4m、型钢长 26.5m,型钢采用 $700 \times 300 \times 13 \times 24$ H 型钢。支护桩顶部采用 1200×800 的钢筋混凝土冠梁连接。采用三排对撑,第一排为 800×700 的混凝土支撑,第二、三排为 $\phi 609$ 钢管支撑,钢管支撑与坑壁采用钢围檩连接。

隧道工程量大、工期十分紧张,采用水中填土筑坝明挖法施工从草海底部穿越,在草海水域中沿隧道轴线方向填筑土石坝,坝顶宽 63m,坝坡 1:2,隧道基坑围护结构宽 32.9m,两侧施工便道宽各 15m。围护结构采用 SMW 工法和钻孔灌注桩+旋喷桩止水帷幕(高压线下),基坑开挖深度最深达 14.32m。

2. 地质条件不良

隧道穿越草海水域,工程地质条件复杂,场地范围内广泛分布着工程性质很差的泥炭质土。从工程沿线场区揭示的地层情况分析,地表下分布多层泥炭质土,分别以层状、薄层状、透镜体状出现,有机质含量不均。

由于滇池盆地特殊的水域和地质环境,在其周边形成了工程性质极差的泥炭质土,其主要组成为植物残体。滇池盆地泥炭质土常见有机质含量在 23.2%～58.4%,其工程特性与现行规范中的淤泥、淤泥质土有本质的差别。

不良的地质条件使草海隧道工程施工的难度和风险加大,实现工程的计划工期目标也非常困难。建设单位上海隧道工程股份有限公司根据其建设水下隧道的丰富经验,采取了筑坝,像建设地铁站一样的方式修筑草海隧道。从 2011 年开始,工作人员就在东风坝到柳苑度假区之间的草海,用泥土堆出了一条宽 63m 的大坝,看起来仿佛在草海上建起一条"跨海"公路,这就是工程机械施工草海隧道的"载体"。在 63m 宽的大坝上,施工单位首先施工隧道的围护结构,把隧道的外围做好后,把维护结构内当初的填土再挖出来,这些土质基本是泥炭质土,含水率大、力学性能差、稳定性差,要在这样的底部浇筑80cm到1m厚的隧道底板是非常困难的,为了克服水底隧道的浮力,在隧道底部下钻4排桩基,每一棵桩基的深度基本有20多米。

像地铁站的施工一样,2条隧道围护结构上面再浇筑顶板,覆土1m左右,再回水,草海恢复到以前的状态,仿佛看不出水底还有一条宽阔的隧道。隧道顶部距草海水面有3~4m,在草海东岸附近,为了保证通航的需求,隧道顶盖覆土后到水面的高度是4.5m,可以满足游船通行。

与西北三环的草海隧道相比,南连接线草海隧道是一条24小时通行大货车的隧道。为了限制严重超载的大货车通行草海隧道,在高速立交进入南连接线的入口设置了4.8m高的限高架,昆明西收费站采取计重收费,对超载大货车在通行费上按几何数级进行处罚。

(三)科技创新

针对草海隧道的工程特点和难点,承建单位上海隧道工程股份有限公司对深厚泥炭质土层条件下草海隧道深基坑工程施工综合技术开展了《深厚泥炭质土条件下SMW施工技术研究》《深厚泥炭质土条件下钻孔灌注桩施工技术研究》《深厚泥炭质土条件下旋喷桩施工技术研究》等专项研究,为草海隧道的安全施工以及施工质量的保证提供了可靠的保证,并申报了4项专利技术(3项发明专利和1项实用新型专利),形成了3项施工工法。

附录

云南高速公路建设大事记

1989年12月29日,石林—安宁公路全线通车。公路全长119.792km,其中一级公路41.916km、二级公路77.876km,这是云南第一条高等级公路。

1992年4月~7月,云南省委、省政府先后16次听取公路建设的情况汇报,明确提出"大干三年,基本完成六条干线公路的改造任务"。六条干线指的是昆明通往景洪、瑞丽、曲靖、水富、罗村口、河口的六条公路,都是云南通边、出省、入海的重要通道。

1992年6月26日,云南省交通厅成立干线公路建设领导小组,厅长杨粥亮任组长,下设办公室,工程处长任办公室主任。

1992年7月11日,云南省交通厅干线公路建设领导小组办公室与昆明市重点干线公路建设指挥部签订了昆玉公路鸣泉村至余家海高等级公路施工责任书。其中,鸣泉村至晋城32km由汽车专用二级公路提高为半幅高速公路。这是云南公路建设中首次提出"高速公路"这一概念。

1992年7月27日,云南省人民政府第54次常务会议提出,加大公路建设投资,将"八五"计划投入的资金从27亿元增加到45亿元,省财政每年投入5亿元用于公路建设。

1993年9月3日,在云南省交通厅副处级以上干部会上,交通部部长黄镇东说,云南并不富有,但省财政每年拿出5亿元投入公路建设,这很不简单。没有哪个省拿这么多。他希望这一做法能坚持下去。

1994年2月28日,云南省公路工程监理咨询公司挂牌成立。对工程建设质量和造价实行全方位控制,独立行使第三方监理。

1994年9月27日,昆曲公路昆明—易隆段开工建设。其中,昆明—嵩明段45km为高速公路;嵩明—易隆段为二级公路。云南高速公路建设由此拉开序幕。

1995年4月19日上午,中国人民银行按亚行的条件和条款,将亚行1.5亿美元贷款转贷给云南省政府,云南省政府再以人民银行和亚行的条件和条款,将贷款再转贷给楚大公司,用于楚雄—大理高速公路建设。楚大公路成为云南首条引入外资建设的高速公路。

1995年4月,云南省人民政府批复《1991—2020年云南省公路网规划》,其中高速公路规划总规模约 1800km(含汽车专用一级公路 667km)。

1995年7月21日,经云南省第八届人民代表大会常务委员会第十四次会议审议通过,《云南省高等级公路管理条例》正式颁布,1995年10月1日起执行。

1996年2月1日,云南省省长和志强在楚大公路起点——楚雄市达连坝下达楚大公路开工令。云南第二条高速公路开工。

1996年8月14日,石安公路有偿有限期分段转让经营权(特许收费权)转让合同在昆明签订。转让期12年,转让后可收回资金7299万美元(折合人民币6亿元)。此举将沉下来的资金盘活。

1996年10月25日,昆明—曲靖公路昆明—易隆段通车,其中昆明至嵩明段45km为高速公路。云南实现了高速公路零的突破。

1996年12月28日,曲靖—陆良高速公路一期工程开工。项目资金来源按入股形式筹集。其中,云南省交通厅以现金参股,占总投资的42%,用于支付工程材料费;云南省公路局所属施工单位与社会施工单位以工程机械和劳务参股,占总投资的33%;曲靖市政府以征地拆迁费和现金参股,占总投资的22%;云南省公路规划勘察设计院和云南省公路工程监理咨询公司以技术服务参股,各占总投资的1.5%。

1997年4月7日,云南省政府召开协调会研究确定,红塔集团出资10亿,云南省交通厅出7.8亿(含昆玉二专线4.8亿),昆明、玉溪负责征地拆迁费用约1.14亿,四方入股建设昆玉高速公路。

1998年10月16日,玉溪—江川高速公路开工。这是云南首条由地县组织建设的高速公路。

1998年12月28日,昆明南过境高架桥正式开放交通。高架桥全长7.1221km,是云南第一条高架高速公路。

1999年4月17日,昆明—玉溪高速公路建成通车。公路全长85.71km,是云南第一条六车道高速公路。

1999年5月1日,楚大高速公路全线贯通。公路全长178.779km,与原有公路相比,缩短里程47.8km。

2000年6月17日,云南省交通厅提出,以质量求生存,以质量求效益,以质量为"生命线",树立工程质量"100-1=0"及"百年大计,质量第一"的观念。

2000年8月1日,曲靖—陆良高速公路全线通车。曲陆高速公路全长87.034km,分为两期工程,其中一期工程于1999年10月1日通车。

2000年9月27日,《云南省收费公路管理条例》经云南省第九届人民代表大会常务委员会第18次会议通过,正式颁布施行。

2000年10月29日,玉溪—元江高速公路试通车。公路长112.091km,与原有公路相比,缩短里程31.2km。

2000年,云南公路建设完成投资100.72亿元,实现冲刺百亿元目标。

2001年7月2日,云南昆瑞高速公路有限公司正式挂牌成立。昆瑞公司承担云南省交通厅授权的云南西部高速公路建设项目的融资、建设、营运、管理、养护、收费、开发和还贷任务。为加快公路建设,省交通厅决定成立昆瑞、昆磨、东部三个高速公路公司。

2001年11月6日,国务院总理朱镕基在第五次东盟与中国领导人会议上说,建设昆明—曼谷公路的条件已经成熟,中方愿以援助的方式,承建昆曼公路老挝境内三分之一路段。

2002年9月28日,全长165.84km的大理—保山高速公路建成投入使用。项目概算总投资70.4亿元,为当时云南投资规模最大的工程,其投资相当于新中国成立后云南公路建设前40年投资的总和。

2002年10月18日,曲靖—胜境关高速公路建成通车。公路全长74.82km。这是云南建成的第一条出省高速公路。

2002年11月1日,云南省人民政府做出《关于加快公路建设的决定》,提出确保"十五"完成公路建设400亿元,新增公路3000km,高等级公路占公路总里程的比重达2.6%左右。提出了以"三纵、三横、九大通道"为主的云南高等级公路网建设目标。

2003年1月27日下午,昆明—石林高速公路昆明出口段建成通车,起始段8km为八车道高速公路。这是云南首段八车道高速公路。

2003年6月20日,云南省交通厅出台《云南省公路工程建设项目监督管理若干规定》,明确了监督单位、部门的职责,重申了坚决执行国家公路工程项目四项规定,强调了评标中的多方面纪律规定。

2003年9月16日,全省公路建设质量会议提出"以国优为目标推进工程质量再上新台阶"。

2003年10月14日上午,元江—磨黑高速公路连续刚构世界第一高桥冠名权成功拍卖,红河卷烟厂以619万元的报价成为赢家,大桥冠名"红河大桥"。

2003年11月16日,昆明—石林高速公路试通车。公路全长78.07km,为云南第一条通往旅游风景区的高速公路。同日,平远街—锁龙寺高速公路破土动工。

2003年12月8日,嵩明—待补公路通车。嵩待公路全长119.521km,其中嵩明—功山56.505km为高速公路,功山—待补63.015km为二级公路。

2003年12月28日,元江—磨黑高速公路通车。公路全长147km,与老路相比,缩短里程66.92km。

2003年,云南交通固定资产投资140.37亿元,其中公路建设投资138.28亿元。年底,高速公路里程达1129km。

2004年1月18日,砚山—平远街高速公路建成通车。砚平高速公路长67.133km,是云南第一条征地拆迁费用没有突破概算的高速公路。

2004年1月29日,玉溪—江川高速公路通车,路线全长34km。

2004年4月23日,为进一步加快公路建设步伐,云南省交通厅从项目管理、施工管理上推行三项改革。一是完善项目法人制,把项目组织形式从指挥部改为项目公司,确立昆瑞、昆磨、东部三大高速公路公司的法人实体和市场主体地位。二是推行最低评标价法。三是开展第三方监理试点。

2004年11月26日,以红河州为主建设的高速公路——鸡街—石屏、通海—建水高速公路建成通车。鸡石高速公路长98.53km,通建高速公路长61.8km。通建高速为红河州与玉溪市合建。

2004年12月,国务院审议通过《国家高速公路网规划》。国家高速公路网规划由7条首都放射线、9条南北纵向线和18条东西横向线组成,简称为"7918网",总规模约8.5万km。途经云南省的国家高速公路网主要有6条路线和3条联络线。

2005年6月27日,安宁—楚雄高速公路建成通车。公路全长129.93km,双向六车道。

2006年3月,《云南公路网规划(2005—2020年)》经云南省人民政府常务会审议通过。云南省高速公路网由国家高速公路和省高速公路组成,总规模约6000km。其中,国家高速公路主线6条、联络线3条、绕城线1条,规模约3900km;省高速公路路线11条,规模约2100km。

2006年4月6日,思茅—小勐养高速公路建成通车。老挝、泰国、柬埔寨、马来西亚、缅甸、越南6国驻华使节参加了通车典礼。思小高速公路长97.7km,与老路相比缩短里程24.6km。

2006年5月13日,中共中央总书记、国家主席、中央军委主席胡锦涛视察思小高速公路。胡锦涛说,我们的一切工作,都要全面落实科学发展观,科学发展观落实了,环境就可以得到保护;要是科学发展观落实不好,在建设中就会对环境造成破坏。

2006年5月28日,云南省公路投资公司挂牌成立。该公司为省人民政府出资设立的国有独资有限责任公司,注册资本50亿元,成立时有资产850亿元,是云南最大的国有公司。

2006年12月28日,昆明东绕城、高峣—海口两条高速公路同日通车。东绕城公路长25.48km;高海公路长30.23km,为六车道高速公路。

2006年,云南完成公路建设投资336.57亿元。从2003年到2006年4年,全省交通投资共完成909.58亿元,连续上了200亿元、300亿元两个台阶。

2007年2月12日,平远街—锁龙寺高速公路建成通车,路线全长61.3km。

2007年2月28日，昆明—安宁高速公路建成通车，路线全长22.37km，双向六车道。昆安项目以桥、隧为主，桥隧长占总里程的60%。

2007年10月24日，全长79.37km的罗村口—富宁高速公路建成通车。罗富高速公路与广西南宁—百色高速公路相连，是云南重要的出海通道。

2007年10月28日，以曲靖市为主体承建的曲靖—嵩明高速公路建成通车。公路全长76.224km，其中曲靖—马龙段为双向八车道。曲嵩高速公路是云南以地方政府为主承建的第一条国家高速公路。

2007年12月18日，昭通—待补公路建成通车。公路全长148.81km，其中昭通—会泽110.77km采用二级公路标准建设，按远期扩建为高速公路标准预留设计；会泽—待补38.04km为四车道高速公路。

2008年2月9日，一年一度的云南省交通工作会议通报：到2007年底，云南高速公路通车里程达到2508km，跃居全国第七位，西部地区第一位。

2008年2月19日，西双版纳旅游局通报，思小高速公路通过国家AA级旅游景区评定，正式成为我国第一条也是唯一一条国家AA级旅游景区高速公路。

2008年2月26日，全长56.3km的新街—河口高速公路建成通车。这是云南第一条通达国门的高速公路。

2008年3月5日，《云南省高级人民法院、云南省人民检察院、云南省公安厅关于办理偷逃收费公路车辆通行费违法犯罪案件适用法律若干问题的意见》正式出台施行，这是我国第一个专门针对防范和打击偷逃收费公路车辆通行费违法犯罪的地方规范性法律文件。

2008年3月21日，小勐养—磨憨高等级公路建成通车。小磨公路联络线小勐养—景洪18km为高速公路。小磨公路通车，使昆曼国际大通道中国境内路段全程实现高等级化。昆曼国际大通道起于昆明，出磨憨口岸后，经老挝北部，止于泰国曼谷，全长1818km，中国境内路段长688km。

2008年4月7日，云南省人民政府颁布施行《云南省收费公路车辆通行费免交包交管理办法》。2008年5月27日，云南省交通厅配套下发了《云南省收费公路车辆通行费免交包交管理实施细则》，规范、加强了收费公路车辆通行费免交和包交管理工作。

2008年4月15日，永仁—元谋高速公路通车，路线全长56.66km。

2008年4月27日，全长141km的富宁—砚山高速公路建成通车。这条公路采用引资合作的方式建设，由富宁—砚山高速公路有限公司负责投资、建设、经营和管理。

2008年7月1日，水富—麻柳湾高速公路试通车，路线全长135.34km。

2008年8月8日，云南省人民政府对取得土地使用资格的罗村口—富宁高速公路建设指挥部颁发土地使用证。至此，云南共有大保、楚大、玉元、思小、砚平、曲胜等多条高速公路获得了土地使用的合法资格,面积达 6527 公顷,公路里程达 1100km。

2008 年 9 月 8 日,保山—龙陵高速公路建成通车。保龙高速公路主线长 76.27km,是继楚大、元磨高速公路之后云南第三个利用亚行贷款的高速公路项目,也是法国开发署在基础设施领域来华投资的第一个项目。

2008 年 11 月 18 日,中共中央政治局常委、中央书记处书记、国家副主席习近平在云南调研期间视察了思小高速公路。他鼓励云南要主动抓住扩大内需的机遇,以抓好学习实践科学发展观活动的实际成效促进经济平稳较快发展。

2009 年 8 月 6 日,蒙自—新街高速公路通车,路线全长 85.396km。

2009 年 12 月 18 日,由云南省公路局承建的昆明绕城高速公路西南段建成通车,路线全长 38.56km。

2010 年 2 月 3 日,云南省交通运输厅召开银政企座谈会,加强与金融界的合作,共同谋求创新发展。交通运输厅将 2010 年定为"建设冲刺年"和"行业管理年",力争完成 400 亿元交通投资。

2010 年 6 月 1 日,中共中央政治局常委、国务院副总理李克强在云南调研期间视察了安宁—晋宁高速公路施工现场。他说,云南在向西、特别是向西南开放中具有特殊、不可替代的优势,也有一定的国际竞争力,要把这招棋下活、走好,为国家的西部大开发战略作出新的更大贡献。

2010 年 11 月 11 日,云南省交通建设项目管理工作会提出,交通建设要做到发展理念人本化、项目管理专业化、工程施工标准化、管理手段信息化、日常管理精细化"五化"要求。

"十一五"期间,云南完成交通投资 2042 亿元,是"十五"期间 790.8 亿元的 2.58 倍。到 2010 年底,全省高速公路通车里程达 2630km。

2011 年 4 月,磨黑—思茅高速公路通车,路线全长 64.51256km。

2011 年 12 月 27 日,中国施工企业管理协会在北京召开国家优质工程奖设立三十周年纪念大会,新河高速公路建设项目被国家工程建设质量奖审定委员会评为2010—2011年度"国家优质工程金奖",成为全国第三条获得国优金奖荣誉的高速公路。在"国优级工程奖设立 30 年"评选中,新河、思小两条公路分获经典、精品工程称号。至此,云南获国优级工程奖的项目已达 8 个。

2012 年 2 月 8 日,南北大通道建设指挥部办公室召开第一次工作会议,南北大通道建设被提上议事日程。云南南北大通道起于水富县,止于龙留(滇桂界),路线全长 1032km。

2012 年 6 月 26 日,昆明长水国际机场专用高速公路通车。公路长 14.89km,为双向八车道高速公路。

2012年9月28日，石林—锁龙寺高速公路通车。至此，广昆高速公路云南境内路段全部建成。石锁高速公路长107.482km。

2012年7月26日，丽江机场高速公路通车。公路长27.63km，是滇西北首条高速公路。

2013年2月6日，保山—腾冲高速公路（不含龙江特大桥）通车。保腾高速公路全长63.19km。

2013年5月24日，国家发展改革委发布了《国家公路网规划（2013年—2030年）》。其中，云南境内国家高速公路19条总里程约6640km。

2013年8月，云南省人民政府出台《关于进一步加快高速公路建设的实施意见》，明确提出，优化投资环境，加大招商引资力度，创新建设模式。

2013年10月9日，锁龙寺—蒙自高速公路通车，公路全长78.759km。至此，广昆高速联络线开远—河口高速公路全线建成通车。锁蒙高速公路是云南招商引资建设的典范项目，由山东高速集团投资、建设和运营管理。

2013年10月26日，武定—昆明高速公路建成通车，路线全长63.58km。至此，京昆高速公路云南境内路段全部建成通车。

2013年11月8日，昆明西北绕城高速公路建成通车。公路全长60.417km。

2013年12月30日，大理—丽江高速公路通车，路线全长192km。大丽高速公路通车，使大理、丽江两大世界级旅游地融入2小时旅游圈。

2014年1月11日，一枚重43kg、携带1350m长先导索的火箭腾空而起，将先导索抛送到普宣高速公路普立特大桥预定地点，成功解决了大桥先导索过深切峡谷的难题。这是我国第三次、云南第一次采用特大桥先导索火箭抛送技术。

《云南省道网规划（2014—2030年）》经云南省人民政府审核批准，云南省发展和改革委员会以云发改基础〔2014〕802号文件印发执行。云南省高速公路网由云南境内国家高速公路和省高速公路组成，规划总规模约13820km。其中，云南境内国家高速公路19条里程约6640km、省高速公路39条里程约7180km（含展望线1690km）。

2014年3月13日，云南省政府与中国交通建设股份有限公司在北京签署《高速公路合作投资建设协议》，双方创新合作模式，共同投资，采用"整体打包"方式建设新嵩明—昆明、宣威—曲靖、蒙自—文山—砚山3条高速公路。

2014年8月30日，昆明南连接线高速公路正式向社会车辆开放通行，昆明开始跨入环线路网时代。

2014年12月12日，一架拖拽着直径2mm过渡索的无人飞行器由保腾高速公路龙江特大桥保山岸塔顶缓缓升空，经过3分钟飞行顺利抵达腾冲岸塔顶，这是我国大跨径悬索桥首次采用无人驾驶飞行器牵引先导索过江技术。

2014年12月29日,楚雄—广通高速公路建成通车。公路长20.28km,是云南第一条省地联建的地方高速公路。

2015年2月16日,西桥—石林高速公路建成通车。主线长39.771km,为双向六车道高速公路。西石公路是云南省公路投资公司和曲靖市合力共建的"一改高"公路项目,为国高网公路建设推行省市合建模式做了有益的尝试。

2015年1月19日,习近平总书记到云南视察时指出:"基础设施特别是交通设施建设滞后,是制约云南发展的重要因素。要以改革的思路,多渠道筹措建设资金,着力推进路网、航空网、能源保障网、水网、互联网等设施网络建设,加快国际大通道建设步伐,形成有效支撑云南发展、更好服务国家战略的综合基础设施体系,从根本上改变基础设施落后状况。"

2015年3月2日,云南省政府与中国建筑股份有限公司在北京签署战略合作协议,中建公司将把云南省作为重要战略投资区域,在"十二五"末及"十三五"期间,计划在云南投资1000亿元,并把华坪—丽江高速公路作为合作启动项目。

2015年4月24日,由中国电力建设集团旗下子公司中电建设路桥集团有限公司、中国水利水电第十四工程局有限公司、中国水利水电第四工程局有限公司与云南玉溪市高等级公路有限责任公司四家单位通过PPP模式投资建设的晋宁—红塔区高速项目获得银行贷款支持。晋红高速公路是中国电建集团和云南省政府框架协议下的第一个工程项目,也是云南首个PPP项目。

2015年7月9日,省长陈豪在省交通运输厅调研时强调,习近平总书记视察云南的重要指示精神,以及"一带一路""长江经济带"和孟中印缅经济走廊等的实施,给云南发展带来了千载难逢的历史机遇。他希望全省交通系统的干部职工进一步认清形势、明确目标、凝心聚力,夺取高速公路三年攻坚全面胜利,开启五年会战大幕。

2015年7月13日,云南省公路局与云南建工集团签署香格里拉—丽江高速公路建设移交责任书,标志着云南建工集团以项目投资人和项目业主的身份全面接手香丽高速公路组织建设工作。

2015年7月28日,云南省高速公路成功并入全国ETC联网系统,全国ETC联网省份已达22个。云南ETC专用车道达304条,客服网点97个,用户51.5万。持有云南卡的用户可以在已经联网的22个省市区畅行ETC。

2015年8月25日,普立—宣威高速公路建成通车。普宣高速公路全长90.69km。

2015年8月31日,滇中城市经济圈高速公路网三条高速公路项目江川—通海、武定—易门、功山—东川高速公路开工,标志着云南高速公路五年会战拉开序幕。

2015年9月25日,昭通—会泽高速公路、待补—功山高速公路建成通车。昭会高速公路长104.41km,是云南省第一条一次规划、分期实施的高速公路,利用已建成的二级公路作为半幅路基,新建半幅路基,达到高速公路双向四车道的标准。昭会高速公路同时也是云南省第一条跨省修建的高速公路。待功高速公路全长 67.179km。

2015 年 9 月 28 日,云南省交通运输厅与云南省公路投资公司签订曲靖—陆良高速公路《股权划转及管理事项移交书》《股权划转协议书》。省交通运输厅把持有曲陆高速公路公司 46.8657% 的国有股权无偿划转云南省公路投资公司,并明确了股权划转后各方的责任、权利、利益。

2015 年 11 月底,龙陵—瑞丽高速公路建成通车,结束了德宏州"没有一公里高速公路"的历史,从昆明到中缅边境口岸畹町、瑞丽均实现 8 小时到达。龙瑞高速公路长 128.46km。

2015 年 12 月 26 日,全长 105.72km 的麻柳湾—昭通高速公路建成通车。至此,银昆高速公路云南境内路段全部建成,北起水富、南至文山富宁全长 1100km 的云南南北大通道也全部打通,云南实现了"千里高速一线牵南北"。

2015 年 12 月 28 日,富宁—龙留高速公路建成通车。公路全长 22.24km,是云南通往广西最便捷的一条通道,也是云南与广西合作建设的首个高速公路建设项目。

2015 年 12 月 31 日,石屏—红龙厂高速公路通车。石红高速公路长 54.782km。

云南省高速公路"十三五"发展规划(2016—2020 年,展望至 2030 年)提出,建设"五纵五横一边两环二十联"高速公路网络,到 2030 年,建成高速公路 1.45 万 km,高速公路密度达 3.8km/百 km^2,形成 25 个省际高速公路通道、15 个出境高速公路通道。

2016 年 2 月 2 日,呈贡—澄江高速公路通车。路线全长 15.316km,按六车道标准建设。呈澄高速公路由昆明市交通运输局牵头组建项目指挥部,负责建设管理,由云南建工集团有限公司承建。

2016 年 2 月 19 日,华坪—攀枝花高速公路通车。华攀高速公路长 12.010km,是继永武、水麻两条高速公路之后云南通往四川的第三条高速公路。

2016 年 3 月 27 日,云南省委书记李纪恒、省长陈豪率队赴广西、贵州两省区学习考察回来的云南党政代表团在昆明召开总结会。李纪恒、陈豪强调,要虚心学习借鉴广西、贵州的好经验、好做法和干事创业的精气神,以更大的决心补齐以综合交通为重点的基础设施短板。云南省交通运输厅厅长何波展示了滇桂黔三省区公路建设基本情况对比表,让与会人员看到了云南与广西、贵州的差距。

2016 年 4 月 20 日,亚洲山区跨径最大的钢箱梁悬索桥——保山—腾冲高速公路龙江特大桥建成通车。昆明至腾冲实现全程高速。

2016 年 4 月 21 日,云南省交通发展投资有限责任公司挂牌成立。该公司为国有独资公司,云南省交通运输厅作为省政府授权的出资人代表,行使股东会职权。

2016 年 5 月 30 日,《中共云南省委、云南省人民政府关于加快高速公路建设的意见》

出台。省委、省政府决定,从2016年开始,省财政预算每年专项安排60亿元高速公路建设资金,地方高速公路项目补助标准从1000万元/km提高到2000万元/km,相关州市配套补助资金1000万元/km以上,与省级补助资金同步到位。利用省财政统筹安排的专项资金,通过省交通发展投资公司设立云南交通产业基金,筹措不低于600亿元高速公路建设资金。

2016年12月26日,上关—鹤庆高速公路建成通车,路线全长61.418km。

2016年12月27日,小铺—乌龙高速公路建成通车。小龙公路全长42.777km,是国家高速公路网G85、G56、G60的共线段。小龙高速公路通车,标志着云南高速第一路——嵩明—昆明高速公路完成了历史使命,华丽转身,其中兔耳关—乌龙段9.645km成为小龙高速公路的组成部分,其余路段将作为滇中开发区城市大道的组成部分。

2016年12月29日,横跨云南宣威市普立乡和贵州省水城县都格镇之间尼珠河大峡谷的北盘江第一桥正式通车。这是一座钢桁梁斜拉桥,全长1341.4m,主跨720m,桥面距水面565m,为世界第一高桥。

2016年12月29日,平远街—文山高速公路建成通车。项目起于广昆高速公路经过的砚山县平远镇,止于文山市薄竹镇,按四车道高速公路标准建设,路基宽24.5m,设计速度80km/h,全长32.556km。平文高速公路的建成,实现了文山至砚山至平远三地的全高速沟通。

2016年12月30日,曲靖—陆良高速公路改扩建工程完工,新曲陆高速公路正式通车。改扩建项目全长79.18km,路基由原来的21.5m加宽为33.5m;路面由原来的水泥混凝土路面改铺沥青路面;标准由原双向四车道扩建为双向六车道加应急车道。

到2016年底,云南高速公路通车里程达4134km。

主要参考书目

[1] 编委会.新编云南省情[M].昆明:云南人民出版社,1996.
[2] 编写组.云南公路史第一册[M].北京:国际文化出版公司,1989.
[3] 编写组.云南公路运输史(第二册)昆明:云南大学出版社,1998.
[4] 交通运输部办公厅.西部开发10周年交通运输发展文集[M].北京:人民交通出版社,2011.
[5] 云南省地方志编纂委员公办公室,云南省地方志学会.云南发展报告2014[M].昆明:云南教育出版社,2014.
[6] 云南省地方志编纂委员会,云南省交通厅.云南省志(卷33)·交通志[M].昆明:云南人民出版社,2001.
[7] 云南省交通运输厅.云南省交通运输统计资料汇编,2016.
[8] 薛绍铭.黔滇川旅行记[M].重庆:重庆出版社,1986.